太极拳知识大全

杨 丽 主编

北京体育大学出版社

策划编辑：曾　莉　吴海燕
责任编辑：曾　莉　吴海燕
责任校对：张志富　王泓滢
版式设计：高文函　张程凯

图书在版编目（CIP）数据

太极拳知识大全 / 杨丽主编. -- 北京 : 北京体育大学出版社，2023.12

ISBN 978-7-5644-3845-6

Ⅰ. ①太… Ⅱ. ①杨… Ⅲ. ①太极拳 – 基本知识 Ⅳ. ①G852.11

中国国家版本馆CIP数据核字(2023)第110528号

太极拳知识大全
TAIJIQUAN ZHISHI DAQUAN
杨丽　主编

出版发行：北京体育大学出版社
地　　址：北京市海淀区农大南路1号院2号楼2层办公B-212
邮　　编：100084
网　　址：http: //cbs.bsu.edu.cn
发 行 部：010-62989320
邮 购 部：北京体育大学出版社读者服务部 010-62989432
印　　刷：河北盛世彩捷印刷有限公司
开　　本：787mm × 1092mm　　1/16
成品尺寸：260mm × 185mm
印　　张：45.5
字　　数：960千字
版　　次：2023年12月第1版
印　　次：2023年12月第1次印刷
定　　价：398.00元

编　委　会

本书各部分撰稿人名单

第一部分　太极拳综述	杨择令	郑州大学文学院教授
第二部分　太极拳拳理	武　冬	北京体育大学中国武术学院教授、博士生导师
第三部分　太极拳基本技术	李艳君	北京体育大学中国武术学院套路教研室主任、副教授
	廖本露	河北地质大学体育部讲师
	陈　娟	广东省陈氏太极文化促进会常务副会长
第四部分　太极拳套路	孙志英	中国民间文艺家协会会员
	张成明	北京体育大学中国武术学院副教授
第五部分　太极拳式架	王玉林	清华大学体育部教授
	胡秀娟	华北电力大学（北京）体育部教授
第六部分　太极推手	乔　熛	河南省体工大队武术高级教练
	张　震	华东师范大学体育与健康学院副教授
第七部分　太极器械	陈建云	北京体育大学中国武术学院副教授
	杨　丽	北京体育大学中国武术学院教授
	吴阿敏	美国国际太极文化中心主任
第八部分　太极拳段位	宗维洁	北京体育大学中国武术学院副教授
第九部分　太极拳人物	杨　丽	北京体育大学中国武术学院教授
	杨敢峰	苏州大学体育学院主任、副教授
第十部分　太极拳诀、拳谚、名言	黄康辉	北京体育大学中国武术学院教授
附录		
一、太极拳运动重要事件	王玉龙	广西医科大学教师
二、太极拳文献书目提要	王　力	西北大学体育教研部讲师
	苏付亮	民族传统体育专业硕士、重庆市公安局警察
三、太极拳论文索引提要	李英奎	北京体育大学中国武术学院教授、博士生导师
	陈　静	深圳市高级中学一级教师
	汪　琳	北京大学附属中学体育教师

前言

近些年，太极拳的传播规模越来越大，从国内走向了国外，在国内、国际上的影响力更是与日俱增。为了使太极拳运动能更好地发展与传播，我们想编写一本综合性的太极拳图书，既能把相关的资料收集起来，方便这些知识的保存，又能为广大太极拳爱好者提供一本参考书，方便他们的查阅，于是就有了这本《太极拳知识大全》。

本书是对太极拳运动相关资料的全面梳理与收集，规模大、任务重。我们约请了北京体育大学中国武术学院的专业教师以及一部分博士生、硕士生参加，尽可能地扩大编写力量。在本书的筹备阶段，我们广泛征求了太极拳界的武术前辈、学者的意见；初稿完成后，又邀请他们审阅稿件，认真采纳了他们的建议。对于他们的付出，在这里一并表示感谢！

本书共收录近 1500 个词条，约 96 万字。本书具有以下特点：

第一，坚持贯彻全民健身国家战略，让太极拳为提高广大人民的生命质量和健康质量服务。为此，我们在体例上特设“普及推广套路”板块，将国家规定的新编普及推广套路置于传统太极拳套路之前，以方便读者查阅。

第二，坚持社会主义核心价值观。作为一部太极拳百科全书式的工具书，必然要涉及学术思想和学术体系问题。考虑到本书的性质，我们在坚持一种学术思想的同时，也照顾到了工具书的特点，尊重不同地域、不同学派、不同读者的需求，较为客观地将不同主张、不同认识、不同提法加以介绍。

第三，坚持开拓创新意识。《太极拳知识大全》不仅是一部知识检索的工具书，还是一部了解和研究太极拳文化、太极拳历史的参考书。第一、二部分“太极拳综述”与“太极拳拳理”，属“拳史”与“拳理”，是全书内容的大纲；第三、四、五、六、七部分为“太极拳基本技术”“太极拳套路”“太极拳式架”“太极推手”“太极器械”，属太极拳的知识核心部分；第八部分为“太极拳段位”，是太极拳的技术考评标准；第九、十部分为“太极拳人物”“太极拳诀、拳谚、名言”，属于百科。面对林林总总的太极拳知识，通过本书分类梳理，即可概知一个博大精深的太极拳知识系统。

第四，《太极拳知识大全》增加了附录部分，内容丰富、资料性强、检索性强。

编好一部太极拳大型工具书，是一个浩大的工程，我们深感学识浅薄，积累不厚，经验不足，难以把控，加之本书出自众人之手，如有纰漏，敬请方家不吝赐教。

编　者

2020 年 7 月 26 日

凡例

（1）《太极拳知识大全》是太极拳百科全书式的大型工具书，共收录近 1500 个词条，约 96 万字，力求涵盖与太极拳相关的各方面知识，方便太极拳习练者、研究者随时查阅参考。

（2）兼有普及与提高两方面的内容。为贯彻全民健身国家战略，基于普及套路习练群体人数多、普及率高，便于大多数人查阅，在同一大类中，特将国家规定的普及推广套路和条目放在前面。例如，在“套路”和“式架”类里，先列国家普及推广套路，次列国家规定的竞赛套路，再列各流派的传统套路。在具体条目的安排上，大体也体现了这种原则。

（3）由于历史原因，太极拳各种套路里式架、动作名称前后写法歧出，如“白鹤亮翅”和“白鹅亮翅”，“懒扎衣”和“揽插衣”“揽扎衣”，“云手”和“纭手”，“倒卷肱”和“倒卷浤”“倒撵猴”，等等。在引用过程中，对于传统套路拳谱和国家规定套路中的动作名称，在行文里我们尊重各流派的原著和原创，不作更动。

（4）条目释文，开始一般先作定性叙述或写有概括性说明，再作进一步阐释。据字数多少，条目分大、中、小三级，一般大、中条目分段，小条目不分段。

（5）简缩称谓如下：竞，指竞赛套路，包括国家规定的竞赛套路和国家规定的各流派竞赛套路，如 42 式拳（竞）、42 式剑（竞）等。杨，指传统的杨式太极拳套路，如 85 式（杨），余类推。普，指国家普及推广套路，如 24 式（普）、48 式（普）等。

（6）所用资料一般截至 2019 年。由于出版过程较长，部分内容更新至 2019 年之后。

目录

第一部分　太极拳综述

第二部分　太极拳拳理

第三部分　太极拳基本技术

第四部分　太极拳套路

第五部分　太极拳式架

第六部分　太极推手

第七部分　太极器械

第八部分　太极拳段位

第九部分 太极拳人物

第十部分　太极拳诀、拳谚、名言

附录

第一部分　太极拳综述

说明：本部分主要回答了什么是太极拳，介绍了太极拳的历史沿革及基本内容，又着重勾勒了中华人民共和国成立以来太极拳的发展历程，为读者阅读本书提供了一个总体思路。

太极拳

太极拳是中华武术拳种之一，是以攻防技击动作为素材，以古代太极学说为依据，吸取中医的经络学、古代养生的导引吐纳术而创编出来的，融攻防、健身为一体的一种特殊拳种。因其理根于太极学说，故名太极拳。初有长拳、绵拳、软手、十三势等多种称谓，清王宗岳《太极拳论》面世后，“太极拳”这一专名大显。

“太极”一词来源于《周易》。《周易·系辞》称：“易有太极，是生两仪。”古人认为太极指宇宙初始的混沌状态。两仪指阴与阳两个相对范畴，二者是互生互衍关系，是产生万物的本源。

太极图象征世界万物存在的根本形式，是易学思想的形象化体现。易学哲理和太极图启迪了太极拳的创编。太极拳的拳架运行、推手较艺、技击搏斗等都体现了太极图中所蕴含的阴阳消长、互相包含、互相交融的理论思维，如身心一元论思维、整体性思维、变易性思维、易简式思维、均衡性思维以及圆形运动原则等。太极拳不仅充满了深刻哲理，还包含着中国传统文化的人文精神与审美旨趣。太极拳是形体和意识的统一，个人和宇宙的统一，天和人的统一。

太极图

关于太极拳的起源，历来有多种说法，主要有以下几种：①唐代许宣平所创；②宋徽宗时武当山丹士张三峰所创；③元末明初武当山道士张三丰所创；④明初陈卜所创；⑤明末清初陈王廷所创。20世纪30年代，武术史学家唐豪经过实地考察、文物考释、文献辨证、技理分析和源流梳理，证明太极拳最早传习于河南温县陈家沟陈氏家族，其第九世陈王廷创编了最初形式的太极拳。这一研究得到了武术界多数识者的认可。20世纪末，国家体委（国家体育运动委员会，1998年3月改组为国家体育总局）又特设课题，组织专门调查研究，证实唐豪的研究不误。2007年6月，经当代专家进一步考察，中国民间文艺家协会将温县确认为中国太极拳发源地，并在温县建立中国太极拳文化研究基地；同年7月，中国武术协会命名温县为“中国武术太极拳发源地”。长期以来，有关太极拳源头的争论至此尘埃落定。

“中国武术太极拳发源地”牌匾

太极拳经过三百多年的流传演变，发展出许多流派，其中流传较广、特点较显著的有五大流派。改革开放以来，由于研究的发展，又将和式太极拳列为大流派之一，遂有陈式太极拳、杨式太极拳、吴式太极拳、武式太极拳、孙式太极拳、和式太极拳六大流派之说。太极拳的各种流派在步法、身法、拳法上各有特点，但基本拳理拳法一致。

太极拳的核心内容有八法五步之说。八法：掤、捋、挤、按、採、挒、肘、靠；五步：进、退、顾、盼、定。太极拳术的特点有：①在精神状态方面，要求做到心静体松、虚灵顶劲、中正安舒；②在身型技术方面，要沉肩坠肘、含胸拔背等；③在动态技术方面，要柔和缓慢、连绵不断、弧形运动、上下相随、虚实分明等；④在技击方面，要求用意不用力，以意导气，以气催力。

除徒手练习外，各流派尚有种类繁多的器械运动，较为突出的有太极剑、太极刀、太极枪、太极棍等。近20年来，在全民健身运动中，新涌现出来的太极扇、太极拂尘、太极笔等也成了人民群众喜闻乐见的演练器械。

同其他拳种相比，太极拳在技击方法上也独具特点，集中反映在它的推手对抗练习上。太极拳要求以静制动，以柔克刚，引进落空，借力发力；主张一切从情境出发，随人则活。其技理核心为“彼微动，己先动”，后发先至，乘虚而入，全力还击。

推手图
（左：沙国政，右：何福生）

太极拳的奥秘在于它的动作和演练十分适合人体生理特征和人的生命节律，也十分符合中国人的整体思维习惯。因此，它的健身功能带有综合性质，是一种“整体健身术”，集健身、防身、祛病、养性、乐群等作用于一身。长期练习太极拳可以兴奋思维，活跃情绪，使大脑功能得到恢复和改善。轻松舒缓的太极拳运动，对多种慢性疾病有一定预防和治疗作用。

太极拳不仅是一种拳术、一种体育项目，还是一种文化，是中国传统文化的一部分。它在初创期，即有古朴的阴阳哲理融入，其典雅质朴的风格和气质盖源于此。它在长期发展中，又不断渗入了儒、释、道文化，中国传统的伦理学、民俗学、兵学、美学、养生学等多种思想对太极拳也产生了很大影响。因此，它博大精深，仰之弥高，俯之弥深，任何一种拳术都难以像太极拳这样具有如此巨大的文化容量与负载能力。它几乎成了中国传统文化的一个象征，是中国传统文化的一个鲜明符号。

太极拳源流

自明末清初产生至中华人民共和国成立为太极拳的创编期，其中又可分为形成期、成熟期与衍生期三个历史阶段。

形成期

从近代的研究成果看，明末清初是太极拳的初创期。据现代武术史学家唐豪、太极拳理论家顾留馨考证，太极拳的创始人是河南温县陈家沟人陈王廷（1600—1680）。陈氏家族向有练武之传统，据其家谱载，名家里手，代不乏人。陈王廷是陈氏家族第九世，文武兼备，是当时有名的武林高手，明亡后归隐乡里。他在祖传武术的基础上，结合一生习武经验，运用易学哲理，依据明戚继光、程冲斗等武术家规范、提倡的武术套路运动形式，参以道家《黄庭经》的导引吐纳之法和中医的经络学说，创造了太极拳的最初拳套。据《陈氏拳械谱》载，陈王廷所创拳架共有7套，有太极拳（一名十三势）五路、长拳108势一路、炮捶一路等。同时，陈王廷还综合了擒、拿、跌、打、听、化等技巧，研创出双人推手法。在理论上，陈王廷所撰写的《拳经总歌》奠定了陈家沟陈式太极拳拳技理法的基础。陈氏所创之拳，成为中国太极拳的肇端。

陈王廷像

成熟期

至清代中后期，太极拳发展进入成熟期，代表人物有陈长兴、陈有本、陈清平、杨露禅、武禹襄。

陈长兴（1771—1853）系陈氏第十四世，他对陈王廷创编的拳套进行整理，由博返约，创编了陈式太极拳一路和炮捶（后称陈氏第二路），此即至今仍广为传习的陈式太极拳老架（亦称大架）。陈有本（1780—1858）与陈长兴同辈，他根据健身需要，去掉老架中的某些比较难的动作，编成新架太极拳，亦称小架。陈清平（1795—1868），也称陈清萍、陈青平，陈氏第十五世，陈有本弟子、族侄。他在师传拳架的基础上，又创编了一套小架。因陈清平于温县赵堡镇设馆授拳，故时人称其拳为赵堡架。杨露禅（1799—1872），名福魁，河北永年人，从陈长兴学艺，学成返里设教，后出任京师瑞王府教练。为适应达官显贵缺乏运动和体弱年迈的体质，他删改了陈式老架中的发劲、跳跃等难度较大的动作，创编了一套式架大气、动作舒缓的绵拳，后称杨式太极拳。武禹襄（1812—1880），名河清，河北永年人。他善文好武，初从杨露禅学得陈式老架，后从温县陈清平学陈式小架，结合对王宗岳《太极拳论》的钻研，创编出武式太极拳。

陈有本的小架、陈清平的赵堡架、杨露禅的绵拳架以及武禹襄的武氏架，创编的目的都是突出太极拳的健身效能。

此一时期，正式出现太极拳文论。1852年，武禹襄于其兄武澄清所任职的河南舞阳县得王宗岳《太极拳论》。他以该拳论为指导，做习练和体悟，后来将所得整理成文，经其甥李亦畬编定为太极论文合集——《太极拳谱》，后世一直奉此书为太极拳论之经典。

衍生期

20世纪上半叶，太极拳发展进入繁衍枝生期。河北武清（今天津市武清区）人李瑞东（1851—1917）从王兰亭习杨式太极拳，进而创编太极五星椎（后也称李式太极拳）。民国初年，郝为真（1849—1920）至北京首传武式太极拳，因其对武家拳有所发展，亦有称其拳为郝式太极拳。河北完县（今河北省顺平县）人孙禄堂（名福全，1860—1933）得郝为真所传，于民国初年融形意拳、八卦掌技法，创编出孙式太极拳。河北大兴（今北京市大兴区）人吴鉴泉（1870—1942）随其父全佑习杨式太极拳，进而创编出吴式太极拳。1928年，陈长兴曾孙陈发科（1887—1957）至北京授陈式老架，遂创编出陈式新架一、二路。温县赵堡镇人和兆元（1810—1890），师从陈清平，在原传赵堡架基础上，创编了和式太极拳。赵堡镇新庄人李景炎（1825—1893）师从陈清平，创编出忽雷太极拳（忽雷架）。以上诸名家皆不固守师承，而是在继承中创新，使太极拳苑出现了流派纷呈、百花争艳的局面。

在太极拳理论建设方面，清末民初陈鑫所著的《陈氏太极拳图说》，系统地总结了陈式太极拳技术与理论，受到拳坛推崇。时太极拳起源之说繁出，见仁见智。为此，唐豪、徐震、顾留馨等人于20世纪30年代深入研究，发表了许多卓有见识的文章，特别是唐豪的《太极拳根源》《少林武当考》《内家拳的研究》等，调查翔实，论证缜密，首次提出河南温县陈家沟人陈王廷首创太极拳之说，影响深远。

太极拳流派

太极拳流派指历史较久、流传较广、影响较大的太极拳拳派。以“源流有序、拳理明晰、风格独特、自成体系”为据，清朝至民国初期先后出现陈式太极拳、杨式太极拳、武式太极拳、吴式太极拳、孙式太极拳五大流派。2000年后，随着研究的深入，又将和式太极拳列为太极拳第六大流派。除上述流派，还有赵堡太极拳、郝式太极拳、李式太极拳等流传于世。

20世纪50年代，在拳派的命名与字形的写法上，出版界曾有过一次讨论，最后决定：拳派冠以姓氏字，肯定创拳人的辛勤劳动和卓越贡献；不用“氏”而统一用“式”，更能显示这套拳广泛的群众性和长远的社会意义，从此“氏”废而“式”行。

陈式太极拳　太极拳主要流派之一。太极拳诸流派中最古老的拳种，为清初河南温县陈家沟人陈王廷所创。经本族陈长兴、陈发科等多代人的积淀，最后形成6个拳套：老架一路（74式）和二路（炮捶，41式），新架一路（83式）和二路（71式），小架一路（74式）和二路（48式）。老架一路以柔为主，二路以刚为主。新架在老架的基础上增加了刚猛发力动作。小架拳架稍高，以运劲走气为主。陈式太极拳的基本特征为内容丰富、攻防独特、功能多样、审美奇特。其技术特点为快慢相间、松活弹抖、顺逆缠丝。快慢相间指动作如行云流水，蓄而待发，凡在转换折叠时慢，转换后用加速劲发力时快。松活弹抖指以螺旋形式发出来的一种爆发力。顺逆缠丝指要求拳势动作采用螺旋缠丝式的伸缩旋转，内气发于丹田，以腰为轴，节节贯穿（古拳谱中也有使用“贯串”一词者）。2006年5月20日，陈式太极拳被列入第一批国家级非物质文化遗产名录。

陈长兴像

杨式太极拳　太极拳主要流派之一。早期称绵拳，为河北永年广府人杨露禅始创。杨露禅删改了陈式太极拳中原有的发劲、纵跳、震足等难度较大的动作，创编了一套新拳架，后由其子杨健侯修改为中架子，又经其孙杨澄甫一再修订，遂定型为杨式太极拳大架。杨式太极拳传统套路有108式和85式两种。杨式大架的特点：舒展大方、轻灵沉稳，速度缓慢均匀，由松入柔、积柔成刚、刚柔相济，能自然地表现出气魄大、形象美的独特风格。杨露禅次子杨班侯创杨式小架太极拳，其特点为：姿势适中、速度慢、动作幅度小，两手常似抱球运转，无发劲状，然其内涵却有了质的飞跃，将阴阳、刚柔、虚实、动静、内外、蓄发合为一体。架子虽小，但小中寓大、无中寓有。杨式太极拳松静自然，舒缓儒雅，老少咸宜，是国内外习练人数最多的一个拳种。2006年5月20日，杨式太极拳被列入第一批国家级非物质文化遗产名录。

杨露禅像

武式太极拳　太极拳主要流派之一。为河北永年广府人武禹襄所创。武禹襄从温县赵堡镇陈清平习拳，在师传太极拳的基础上进行改革创新，并由其甥李亦畬进行整理改进，形成了武式太极拳。其特点为：身法严谨、动作紧凑舒缓；步法小巧灵活、虚实分明；迈步时，脚尖先着地，而后脚跟再徐徐放下，全脚踏平；弓步时，前腿膝关节不超过脚尖，后腿不挺直；左右手各管半个身体，出手不过脚尖。武式太极拳拳式讲求起、承、开、合四个程序，动作连贯顺遂；要求“神宜内敛”“先在心，后在身”“以心行气，以气运身，意动气随，意到气亦到”，用动作的虚实转换和“内气潜转”来支配外形。

武禹襄像

吴式太极拳　太极拳主要流派之一。河北省大兴县（今北京市大兴区）人全佑（满族，吴福氏，1834—1902）为吴式太极拳奠基人。全佑曾从杨露禅习杨式太极拳大架，后遵师命拜杨露禅次子杨班侯为师学杨式小架，以善柔化著称。后传于其子吴鉴泉，弟子王茂斋、郭松亭、夏公甫等。其子鉴泉，改从汉族姓吴，又名爱绅，幼秉承家学，擅长小架太极拳。1914—1927年，他受聘于北京体育研究社及北京体育讲习所，杨澄甫教授杨式大架，吴鉴泉教授小架。其间，他刻苦钻研，在杨式拳架的基础上逐步修改，形成了风格独特的吴式太极拳。1928年，吴鉴泉应邀南下，到上海教拳，并以上海为中心，将吴式太极拳传播至江南及港澳地区。王茂斋则在

吴鉴泉像

北平（今北京市）教拳，以北平为中心将吴式太极拳传播到山东、河北、东北等地区。因传播地域的区别逐渐形成了南北两大传承体系，被世人称为南吴北王。两大传承体系在传承的过程中，均保持了吴式太极拳的核心技术特点。

孙式太极拳 太极拳主要流派之一。为河北完县（今河北省顺平县）人孙禄堂所创。孙禄堂先拜形意拳宗师郭云深习形意拳，继拜八卦宗师程廷华习八卦掌，尽得精意。民国初复得武式太极拳名家郝为真真传，独练太极。之后他将形意、八卦、太极三门绝技融会贯通，创孙式太极拳。孙式太极拳的特点有：①用老子学说指导太极拳的修炼，习者可感悟老子学说的精意——顺应自然，抱元守一，并易于培养出超越自我、识理知度的人格倾向；②在技术上强调进步必跟，退步必随，小巧圆活，动作灵敏，转变方向时多以开合手相接，故又称开合活步太极拳；③在技击方面，强调空中，即在两劲相接中使彼劲走空。

孙禄堂像

和式太极拳 太极拳主要流派之一，亦称赵堡太极拳。为温县赵堡镇人和兆元所创。和兆元师从陈清平，他在保留师传拳术精华的基础上，以理学和中医理论指导规范拳架，使理论与技术密切结合，形成了走架轻灵圆活、柔顺自然的技术风格。和式太极拳由于拳架强调体用一致、技理相合，被传习者称为代理架。代理架渐成赵堡太极拳的代表性拳架，后又被称为和家拳或和氏拳。和兆元长孙和庆喜致力于传播太极拳，授徒日众，遂将其所传拳架命名为和式太极拳。和式太极拳有高、中、低三种拳架，徒手、推手、器械都有其特点。拳法套路有72式，式式皆为立式圆圈，连环不断。和式太极拳强调三直（头直、身直、小腿直）、四顺（顺腿、顺脚、顺手、顺身）、六合（身与足合、肘与膝合、膀与胯合、心与意合、气与力合、筋与骨合）、意贯四梢（齿、舌、发、毛孔）；强调理法自然，顺其自然，合乎自然。近年来，和式太极拳在河南、四川、重庆、江苏等地有较大发展。参见“赵堡太极拳”条。

赵堡太极拳 太极拳流派之一。创编人为陈清平。师承关系有两说。一说据《陈氏家乘》与《陈氏太极拳械汇宗》载，陈清平师从陈有本，学得陈式太极拳小架，后随父移居赵堡镇经商，设馆授拳。他在师传基础上又加圈缠丝，进一步形成了与师传小架不同的小架套路，时称赵堡架，后称赵堡太极拳。另说源自《太极拳正宗》一书，认为赵堡拳首传系山西太谷县王林祯，王林祯依次传蒋发、邢喜槐等，直至陈清平。赵堡太极拳有高架、中架、低架之分，演练主导思想是通过动作练技击，练内功。代表拳架有代理架、灵落架、腾挪架、忽雷架等。其特点有：每一个动作都要求走成圆，从整体看是一个大圆圈，有“圈套圈、环套环”的说法，以走立圆为标准。动作要求：头直、身直、腿直；做到四大顺，即腿顺、脚顺、手顺、身顺。

要求内三合、外三合，做到四大节、八小节都要顺随。

郝式太极拳　武式太极拳的另一称谓。武禹襄创武式太极拳，因其出身官宦之家，无须授拳自给，且不乐为拳师，故只将其艺授其甥李亦畬、李启轩二人。李亦畬为邑绅，虽鲜课徒，然广府等地从其学者亦甚众，唯广府南街郝为真得其拳术精髓。李亦畬辞世后，郝为真始授拳，在拳技上也有了自己的风格和特点，时称其拳为郝架。1903 年，郝为真先后到邢台、北京等地授拳，后其子郝月如、孙郝少如又将其艺传入南京、上海一带。至此，武式太极拳方在全国流传，故有“武氏拳，郝家传”之说。郝为真、郝月如、郝少如一族三代也都成了武式太极拳的重要代表人物。因此，不少太极拳爱好者及传人亦称这一支所传武式太极拳为郝式太极拳。参见“武式太极拳”条。

陈清平画像

李式太极拳　太极拳拳种，又称太极五星捶或刚柔太极拳。为近代武术家李瑞东所创。李瑞东为河北省武清县（今天津市武清区）人，熟悉多种拳术，后师从杨露禅学太极拳。他以杨式老架太极拳的肘底捶、撇身捶、搬拦捶、指裆捶、进步栽捶 5 种捶法为基础，揉入太极十三势、八卦掌、形意拳的一些手法，创编了特色鲜明的李式太极拳。初称武清太极拳，其第四代传人方改称为李式太极拳。

李式太极拳强调养生与技击并重。有多种养生功法，如筑基功、九转还丹功、钓蟾功等。讲究练理、练势、练气、练机。以理为主导，认为明理，才能势正、气畅、机灵。拳架中有大架、小架、松架、紧架、刚架、柔架、快架、慢架之分。该拳种在北京、天津、河北、山东一带多有流传。

武当太极拳　太极拳拳种。该拳派尊宋传承张三丰为宗师，历经张松溪、黄百家等传承，当代传承人为武当山道宗徐本善。共有八路歌诀，108 式动作。武当太极拳主张内外兼修，尤重内在修炼。其演练动静相生、刚柔相济、行云流水、连绵不断。走架用缠丝弧形内劲。其风格空灵飘逸，虚实莫测，有仙风道骨之誉。

太极拳运动

太极拳运动特指 1949 年中华人民共和国成立至今的太极拳发展史，是太极拳体育化、社会化、国际化和创新化的历史新阶段。在这 70 多年的时段里，武术的发展曾在某个特殊的历史时期受到影响，但从总的形势看，特别是改革开放 40 多年来，太极拳运动获得了前所未有的发展。太极拳运动的特点为：国家把太极拳提升为国家推广的体育项目，纳入全民健身计划；把太极拳作为中华传统文化的一部分，进行发掘、整理、弘扬；让太极拳走向世界，推进国际化。太极拳在经过数百年的风雨征程之后，迎来了蓬勃发展的新时代。这一时代可称为太极拳的繁荣发展期。

创编新拳套

1952年6月10日，毛泽东为中华全国体育总会成立大会题词："发展体育运动，增强人民体质。"为了响应这一号召，1954年，国家体委对武术工作制定了全面发展方针，决定从太极拳着手，编定统一规范的武术教材，为开展全民健身活动创造条件。基于原有传统太极拳套路流派歧出、缺乏统一的形式与规范，1955年，国家体委运动司武术科组织武术专家，带着全新的理念，以传统杨式太极拳为基础，创编了普及推广套路简化太极拳（后也称24式太极拳），并于1956年向全国公布。1957年、1977年，由国家体委组织专家先后编订而成的88式太极拳、48式太极拳，是初学太极拳后的提高拳套。前者是对传统杨式太极拳套路的整理和改编，后者以杨式太极拳为基调，带有综合性质。24式、48式、88式三个新编拳套的推出，在全社会掀起了学练太极拳的热潮，让太极拳真正获得了新生。太极拳的规范化发展也为太极拳比赛和大型集体演练活动奠定了基础。1998年，在天安门广场举行万人简化太极拳集体表演，规模宏大，气势磅礴，充分体现出中国作风和中国气派。几十年来，简化太极拳已经成为中国乃至世界的一张互动交流的名片。为适应国内外竞赛需要，特别是便于将武术列为亚运会比赛项目，1989年，中国武术研究院组织专家为各大流派编写出传统的"陈、杨、吴、孙"四式太极拳竞赛套路以及带综合性质的通用42式太极拳竞赛套路，将太极拳规范化运动提高到一个新阶段。新编套路的推出推进了太极拳技术的规范化进程，也为太极拳的社会化和国际化创造了条件。嗣后，在创新思维的驱动下，一些专家学者也就某种社会需要，创编出了自己的太极拳套路，诸如张文广教授的广播太极拳、徐伟军教授的16式太极拳、栗小平的轮椅太极拳以及门惠丰教授创编的东岳太极拳等，都为中华太极苑地增加了亮点和色彩。

实现社会化

中华人民共和国成立初期，国家制订了全民健身计划，曾经创编推行过广播体操、集体舞等，而最接地气、最有成效的是推行太极拳。通过几十年的普及，太极拳已变成中国各行业、各年龄层人们喜爱的运动。首先是让武术走进学校。1961年，国家规定将新编简化太极拳列入体育学院武术教材，如今太极拳成了中国大专院校体育课的内容。改革开放以来，体育院校增设民族传统体育学科，招收武术硕士生、博士生，这些举措提升了武术专业的地位，为太极拳运动培养了大量人才。其次是推向社会，从农村、工厂、企业到机关、部队都在练习太极拳。改革开放40多年来，机关、厂矿、企业不仅内部举办太极拳比赛，还承办社会上不同层次的太极拳大赛。现在全国建立起了社会体育指导员制度，国家每年举办各层次的武术社会体育指导员培训，提升各级指导员的技术水平。如今，太极拳已遍及中华大地的各个角落，基层武术协会达数千个，基层太极拳辅导站不可胜计。太极拳馆、太极拳社、太极武术学校也遍布中华大地。太极拳社会化提高了国民素质，也活跃了中国人的精神文化生活。

上海民众晨练太极拳

抢救非遗

1954年，国家体委对武术工作制定了“发掘、整理、研究、提高”的方针，这为太极拳带来了新的生命力。1962年至1965年，人民体育出版社出版了《陈式太极拳》《杨式太极拳》《武式太极拳》《吴式太极拳》《孙式太极拳》5个大流派的专著，这5部专著皆为嫡传或大师级专家整理编写，为日后各流派的发展提供了理论和技术的支撑。1979年，国家体委发出《关于发掘整理武术遗产的通知》，通过3年“抢救武术遗产，普查武术家底”，查明流传各地的拳种达129个。这是中国历史上前所未有的武术大发掘，一批极有价值的太极拳拳技、拳理的祖传孤本、善本、抄本，成为继承、发展太极拳的宝贵资料。2006年，太极拳被列入第一批国家级非物质文化遗产名录，接着各流派的代表人物被列为国家级太极拳非物质文化遗产传承人。挖掘整理的过程也是发动过程，其间各式传人纷纷走向前台，广传各家之长。社会公认的陈、杨、武、吴、孙五大拳派发展的同时，太极五星捶（又称李式太极拳）、和式太极拳、腾挪架、忽灵架、忽雷架、八卦太极拳、六合八卦拳、经络太极拳、傅式太极拳、太乙拳等散见于民间的太极拳架也随着深入的挖掘活动在全国范围内复苏发展，形成百拳闹神州的局面。

竞赛运动

太极拳、剑、推手比赛于20世纪80年代后期兴起。1986年，国家体委决定将太极拳这一特殊拳种列为国家级单项比赛，这是迄今为止设立的唯一以拳种单列的全国赛制。此决定对推动太极拳运动在全国的普及和发展具有战略意义。根据国际、国内武术交流比赛活动的需要，1989年，国家体委武术研究院组织有关专家，依据创新性、传统性、科学性、竞赛性的原则，先后创编并公布了用于全国传统太极拳比赛的陈式56式、杨式40式、吴式45式、孙式73式、武式46式太极拳竞赛套路。此举突破了民间太极拳与竞技太极拳之间的隔阂，把传统武术纳入竞技体系。为迎接第11届亚运会在北京召开，有关专家还创编了综合式通用的竞赛套路——42式太极拳竞赛套路和42式太极剑竞赛套路。通过每年一度的全国太极拳锦标赛和各省、市、县的比赛，以及其他辅助性比赛，诸如邀请赛、武术节、对抗赛、精英赛、联谊会、少年“武士杯”赛、演武观摩大会等，竞技太极拳逐渐在全国太极拳运动中起主导作用。一则，它大大提高了国内太极拳的运动水平，培养和锻炼了一大批专业理论技术骨干，为参加国际性竞赛活动做了准备；二则，它促进了群众性太极拳运动的发展；三则，它培养出无数太极拳名家。他们的表演，动中有韵，静中有势，气宇轩昂，震荡人心，使世界人民得以从直观上认识太极拳的价值，从而热爱太极拳。除太极拳套路比赛外，太极推手比赛也逐步走向成熟。2017 年，首届正式的全国武术太极推手比赛在河南省焦作市举办。2018 年，第三届全国武术运动大会中，太极推手被列为竞赛项目；首届全国高校太极推手教练员培训班举办，标志着太极推手开始向全国各大高校推广普及。

群众性比赛大会照

繁荣学术

中华人民共和国成立后，国家体委及时提出使武术理论科学化的口号。1986 年，国家建立中国武术研究院，中国武术协会也组织力量从哲学、美学、医学、心理学、文化学、养生学等方面对太极拳进行广泛的理论研究。改革开放以后，这种研究进入繁荣发展期。在古典文献出版方面，由中国武术协会审定，人民体育出版社于 20 世纪八九十年代出版了《中华武术文库》，其中太极拳方面有清末刊印的《太极拳谱》（王宗岳等著），这部被历代太极拳家奉为圭臬的书，经过专家校勘、比对、考译，于 1991 年出版，成为可读性强的太极拳谱最佳版本。在史学研究方面，有国家体委武术研究院组织、张耀庭任主编的《中国武术史》（1997 年版），书中对太极拳的内容进行了梳理和总结。在辞书建设方面，有中国武术研究院组编、张山主编的《中国武术百科全书》（1998 年版），杨丽主编的《太极拳辞典》（2004 年版），余功保主编的《中国太极拳大百科》（2011 年版），等等。在图文阐释方面，有李杰主编、康戈武执行主编的《中华武术图典》（1998 年版）。永年县所编《永年太极拳志》（2006 年版）、温县所编《陈氏太极拳志》（2008 年版）填补了专业拳种地方志的空白。此外，各太极拳流派也都出版了自己撰写的书，有理论的、知识的和技术的，汗牛充栋，蔚为大观。其中虽有参差，但也不乏精品。

实行段位制

1998 年，中国开始实施武术段位制。它是一套全面评价习武者武术水平的等级制度，旨在建立规范的全民武术锻炼体系，从而推动武术运动的发展。这是中国武术发展史上一件具有划时代意义的大事。太极拳六大流派——陈式、杨式、武式、吴式、孙式、和式都成了段位制的重要门类。由中国武术协会审定出版的中国武术段位制系列教程（高等教育出版社）中即含有《陈式太极拳》《杨式太极拳》《吴式太极拳》《武式太极拳》《孙式太极拳》《和式太

首批中国武术段位制授段仪式——三位泰斗合照
（左：何福生，中：张文广，右：蔡龙云）

极拳》6个专册，规定了这6种太极拳的晋级标准。其中，对各自的段级套路和拳技的描述，都具有传统性、代表性、规范性、可行性的特点。实践证明，段位制推向学校、推向社会，从制度上保证了中国武术科学健康发展，也为太极拳的普及增加了后劲和活力。

走向世界

太极拳源于中国，属于世界。所谓武术国际化，即让武术逐步成为国际化的运动项目，让太极拳进入国际体坛赛场和大众休闲体育场。2000年4月，中国武术协会制定太极拳全球发展战略——太极拳健康工程。是年7月，国际武术联合会决定，把每年的5月定为世界太极拳健康月，每两年举行一次世界太极拳健康大会。2002年3月，中国武术协会和三亚市政府联合主办了首届世界太极拳健康大会。2009年8月，国家体育总局和河南省人民政府主办了第五届中国·焦作国际太极拳交流大会和国际太极拳高峰论坛。2014年，中国成都成功举办了首届世界太极拳锦标赛。这些国际大型活动使太极拳迅速向海外传播，让它成为全世界太极拳爱好者共同的运动项目。2018年8月7日，国际武术联合会设立了世界武术日。由于国际化的推进，世界上许多国家也定期举办本国的太极拳单项大赛，不少外国人还踊跃参加了中国各地举办的国际太极拳交流和比赛活动，或者到中国求学深造。中国也通过不同渠道派出专家、教练到世界各国或地区传授中国武术。据载，目前有150多个国家和地区近3亿人在练太极拳。太极拳已经成为增进中国与世界各国人民友谊的桥梁，成为东西方文化交流的重要纽带。可以预见，太极拳作为中国的一位“形象大使”，将会乘着经济全球化、信息网络化以及人类命运共同体的东风，迎来更为广阔的发展前景。

国际太极拳高峰论坛照

第二部分　太极拳拳理

说明：本部分是太极拳核心的理论部分，包括十个部分。“基础术语”是太极拳技术源头内容，这一部分主要突出太极拳作为中国武术经典拳种的攻防属性，揭示了太极拳上位概念的“武术”“拳种”含义以及太极拳包含的“四击”“八法”等技法内涵。“一般术语”是太极拳拳理部分的主要拳诀、拳歌、拳谱等基本概念，为读者深入研读太极拳拳理建立了逻辑起点。“哲理术语”部分充分体现了太极拳的哲理特征，对太极拳中具有哲学范畴的术语进行了解读。“拳理术语”从各式太极拳具有共性特征的宏观层面解释了太极拳运动的一些抽象概念，如丹田、九窍、三节等。“身型术语”重点对关于太极拳身型要求的“常识”作了科学性诠释，直指具体的太极拳要领。“呼吸术语”是太极拳重要方法之一，从科学角度厘清各种呼吸方法，界定、明确各种说法。“意识术语”突出解释太极拳心理活动知识，指导太极拳练习者了解“用意”的理论与方法。“动态术语”是与“身型术语”对应构成“动静”状态的方法术语。相对静止为身型，即静中寓动；相对的虚实转化等为运动状态，则为动中寓静；应从动静结合中理解太极拳的具体技术要领。“劲法术语”解读了太极拳内在的运动模式产生的效能，解释了各种劲法的含义，这一部分是理解太极拳的重中之重。“经典拳论”撷取论述传统太极拳的代表性文献，精要提示核心宗旨，为读者深入探索太极拳拳理提供支持。

基础术语

武术　武术依运动形式可分为套路运动、搏斗运动、功法运动。

（1）套路运动。套路运动是以技击动作为素材，遵循攻守进退、动静疾徐、刚柔虚实等矛盾运动的变化规则创编的整套练习形式。套路运动按演练形式又可分为单练、对练和集体演练3种类型。单练指单人演练的套路，包括徒手的拳术和器械。对练是两人或两人以上，按照预定的程序进行的假设性实战演练，分为徒手对练、器械对练、徒手与器械对练。集体演练是集体进行的徒手、器械或徒手与器械的演练。集体演练在竞赛中通常要求6人以上演练，可变换队形，也可用音乐伴奏，要求队形整齐，动作协调一致。

（2）搏斗运动。搏斗运动是两人在一定条件下，按照一定的规则进行的斗智、斗技的对抗实战形式。目前列为武术竞赛的搏斗运动项目有散打、推手等。散打是两人按一定的规则，使用踢、打、摔等方法制胜对方的竞技项目。推手是两人遵照一定的规则，使用掤、捋、挤、按、採、挒、肘、靠等劲法，与对方沾连黏随，通过肌肉的感觉来判断对方的用劲，然后借劲发劲将对方推出，以此决定胜负的竞技项目。

（3）功法运动。功法运动是为获得武术某项专门技能而进行的专门练习。不同拳种都具有各自独特的功法，如陈式太极拳有缠丝功，杨式太极拳有圆活功，形意拳有三体式桩功等。

拳种　武术术语。拳种是以核心技法为载体，以独特的拳理为依据，以功、套、用有机整体为表现形式，有序传承、体用多能的技击门类。

拳种强调武术“体用兼备”的技术特征，这一特征是武术的主要存在形式。武术拳种源于中国古代传统武艺，是武术家们长期武术实践经验的总结，是对武术攻防格斗技能的提炼和规范。武术拳种的产生使中国武术的理论和技术体系从本质上摆脱了原始的攻防格斗技能和军事武艺，形成了有别于世界上任何一种格斗技术的文化形态。武术拳种的产生体现在3个基本条件上，即成熟的攻防格斗技术构成了武术拳种产生的基础条件，独特的攻防格斗理论构成了武术拳种产生的必要条件，优秀的创拳关键人物构成了武术拳种产生的充分条件。从基本形式上看，武术拳种应该是攻防格斗技术的多元集合体，强调了武术“功法、套路、实用”三位一体的本体存在。经过长期发展，我国已形成多种内容不同、风格独特的拳种，如戚继光《纪效新书》记载：“古今拳家，宋太祖有三十二势长拳，又有六步拳、猴拳、囮拳，名势各有所称，而实大同小异。至今之温家七十二行拳、三十六合锁、二十四弃探马、八闪番、十二短，此亦善之善者也。吕红八下虽刚，未及绵张短打。山东李半天之腿，鹰爪王之拿，千跌张之跌，张伯敬之打……”

太极拳　武术拳种名称。根据不同需求和不同临近的属性，可以将太极拳界定为不同定义，如从非物质文化视角，太极拳是以自然阴阳哲理命名并作为立拳理论基础，以十三势为技术要素的、通过身心合一修炼体悟宇宙之道的武术实践活动。参见“太极拳综述·太极拳”条。

太极拳拳理　武术术语。广义的太极拳拳理实指整个太极拳的拳种理论体系，包括太极拳产生的哲理、医理、拳理以及练拳技术要求的机理、推手技击原理等。狭义的太极拳拳理特指太极拳徒手拳术技术的理论。

理的本义是物质组织的条纹，引申为纹理、事理、道理。理是北宋哲学家程颐理学思想的核心。他认为，客观事物之所以存在，必然有其存在的根据，即理。

太极拳拳理是人们在长期攻防格斗实践中对技击经验的理性提升，也是从武术实践中概括出来的关于太极拳拳种或拳术的产生、应用、表现的知识体系。

太极拳中的拳谱、拳谚、拳论、拳经都属于拳理范畴。按照功用划分，有演练原理、健身机理、攻防道理等。例如，太极拳论、十三势歌诀、撒放秘诀等，都属于太极拳拳理。

太极拳拳理深受传统哲理、医理影响。随着时代变迁，人们早在民国时期就发出了“国术科学化”的呐喊，开始运用现代生理学、力学知识分析太极拳。21世纪，科技高速发展，现代科学对拳理产生了深远影响，逐渐形成了传统理论与现代科学结合的太极拳拳理体系，如《太极拳动力的科学》《太极拳劲之剖析》等专著。

长拳　太极拳古代名称，另有哲拳、柔拳、沾黏拳、文拳等称谓。“长拳”一词源于王宗岳《十三势》中的“太极拳，一名长拳，又名十三势”“长拳者，如长江大海，滔滔不绝也”。太极拳因为其运动连绵不断，势如长江之水而得名长拳。这里所称的长拳与现代长拳概念不同。现代长拳是一种动作舒展大方，兼有蹿蹦跳跃的拳术，在动作速度、身型要求、指导思想上都与太极拳差别很大。

神拳　太极拳别称。早期，有人将太极拳称为神拳，其意有二：①太极拳为练意用神之拳；②太极拳技击时变化无端，神妙难测，冷快绝伦。

四击　武术术语。传统武术把拳（掌）打、脚踢、近身摔、贴身拿合称四击，即四种技击方法。戚继光《纪效新书·拳经捷要篇》列：“山东李半天之腿，鹰爪王之拿，千跌张之跌，张伯敬之打……皆今之有名者。”书中提到了踢、打、跌、拿4种技法，这里的跌有人认为是摔法。其实，跌是传统武术中重要的一种打倒对方而自己站立的技法，不同于摔。

八法　武术术语。传统太极拳把手、眼、身法、步、精神、气息、劲力、功夫8个要素和方法总称为八法。

蔡龙云在《武术运动基本训练》一书中解释武术运动方式在方法上的要求：拳如流星，眼似电；腰如蛇行，步赛粘；精要充沛，气宜沉；力要顺达，功宜纯。

长拳的八法：手快捷，眼明锐，身灵活，步稳固，精充沛，气下沉，力顺达，功纯青。

太极拳的八法：掤、捋、挤、按，为四正劲法；採、挒、肘、靠，为四隅劲法。

八卦掌（拳）的八法：推、托、带、领、搬、拦、截、扣。

戳脚的八根（法）：丁、踹、拐、点、蹶、错、蹬、碾。

形意拳的八手（法）：展、截、裹、胯、挑、顶、云、领。

八极拳的八大招（法）：猛虎硬爬山、野马撞槽、白蛇吐蕊、黄狼搜肚、外把桩、漂沙腿、阎王三点手、硬插手。

螳螂拳的八刚：泰山压顶、迎风直通、

顺步双掌、叠肘硬攻、贴门靠壁、硬崩伏底、左右双捆、摔将两分。

心意六合八法拳的八法：气、骨、形、随、提、还、勒、伏。拳谱：行气集神，骨劲内敛，象形模仿，圆通策应，顶拔虚空，往来反复，静定守虚，隐现藏机。

二十四要　武术术语，是长拳类基本技法中四击、八法、十二型的合称。四击指踢、打、摔、拿，为套路或对抗的基本技法内容。八法指手法、眼法、身法、步法、精神、呼吸、劲力、功夫八个方面，要求做到：拳如流星，眼似电；腰如蛇行，步赛粘；精要充沛，气宜沉；力要顺达，功宜纯。十二型指动、静、起、落、站、立、转、折、快、缓、轻、重十二种运动方式，并把自然景象、事物现象和动物形象比喻为动如涛、静如岳、起如猿、落如鹊、立如鸡、站如松、转如轮、折如弓、轻如叶、重如铁、缓如鹰、快如风。

这二十四要中的有些内容要求也适用于太极拳演练。

内外合一　武术术语。内指心、神、意、气、血、脉、精、感等内在的心志活动和气息的运行，外指手、眼、身法、步、皮、肉、筋、骨、劲、力等外在的形体活动。合指内与外的协同，以及内和外本身的关系，即内里意、气、神、血等要相互配合；外的筋、骨、皮、劲等相互协同，使内与内、外与外、内与外高度协同，称内外合一，又称内外一气、内外一致、内外相随等。传统武术谚语“内练一口气，外练筋骨皮”“内练精气神，外练手眼身”即此意。

各拳种都追求内外统一。例如，太极拳要求“以心行气，以气运身”“其根在脚，发于腿，主宰于腰，行于手指，由脚而腿而腰，总需完整一气”。杨澄甫口述太极拳之练习讲：“属于内者，即所谓用意不用力，下则气沉丹田，上则虚灵顶劲，以意领气，气贯全身；属于外者，周身轻灵，节节贯穿，由脚而腿而腰，沉肩坠肘是也。”太极拳传统练法是“始而意动，继而内动，然后形动”，是内动带外形，外形和内动，由内及外，以外引内，最后做到内外合一、表里一致。通常以由内及外为主，以由外引内为辅，最终达到内外相合。

太极推手　太极拳运动形式。太极推手是以太极拳的劲法（掤、捋、挤、按、採、挒、肘、靠）为核心，以拳势为载体，以以柔克刚为理念，以听、问、引、化、拿、发为程序，以肢体沾连黏随为形式的训练形式。

太极推手有多种称谓。不同地区、不同太极拳流派、不同太极拳师对其称谓不同。早期在陈家沟，太极推手有擖手、打手之称，也有诸靠、扳跌、挤手、缠手、交手、演手、搭手、散手等名称。民间太极拳师称其为打轮、画圈、摸手、摸劲等。在杨式太极拳传系中，有不少人惯用揉手，如杨式太极拳家汪永泉先生称，“为避免因用推手而产生猛推硬搡之误解，故在此引用前人揉手之称谓”。

太极推手与太极推手竞技运动不同。太极推手主要指承传太极拳传统训练的一种练习形式。太极推手竞技运动简称太极推手运动，是指在竞技体育背景下，以竞赛规则为准则的对抗竞赛活动。

二者最大的不同是目标锁定不同。太极推手以找劲、求劲为主要目标，补充套路练习的不足，以对练形式为主，兼有解释拳势用法等作用。太极推手竞技运动是以取胜为目标，只要不违反规则条件，可以不考虑传统太极推手的技法和原则。

推手雏形似乎可以追溯到“两两相角”的古典技击活动。

从出土的战国时期的角抵图，《汉书·艺文志》中《手搏》篇所记载的“相错蓄，相散手”，宋代的相扑图等史料中可以看出，古代的手搏、相扑、角抵等技击活动，反映了一种“言二人之手臂错相聚蓄，其意即搏”的技法，其源头久远。

近代，唐豪先生认为陈王廷的《拳经总歌》的开头两句“纵放屈伸人莫知，诸靠缠绕我皆依”中，“诸靠”指的是推手八法，是两人手臂互靠，用推手八法粘贴缠绕，以练习懂劲和放劲的技巧，通过严格和正确的锻炼反复练习，不断提高技术水平，达到“人不知我，我独知人”的推手高级技术水平。在陈王廷时代，最初的太极推手技术包括擒、拿、跌、掷、打等，以扳跌技术见长，对身体素质要求较高，推手时后腿屈膝下蹲，前腿脚尖翘起，腿肚着地，可见其难度之大、技击性之高。以后发展的杨式太极推手相对早期推手而言，难度显然降低了。

太极推手

一般术语

拳诀　武术术语。拳诀是根据武术技术内容、练功方法、技术招式等核心要点编成的便于记忆的语句，是表达武术技术招式的窍门或妙法的口诀字词。“诀”的本义是窍门、妙法。“诀”语出《送棋僧惟照》诗“学成九章开方诀”。拳诀通常是以口诀的形式表达，有口语和文字两种形式。口语形式的拳诀的特点为通俗化、口语化，多比喻，形象生动，如“白鹤亮翅飞上天”。文字形式的拳诀常常与歌诀解释联合使用，如太极拳《打手歌》：“引进落空合即出，沾连黏随不丢顶。”拳诀具有用字简洁、概括精深、语意深长、生动形象的特点。

拳诀又称要道、秘诀、要诀、诀窍、一口真等，与拳谚、歌诀有相似性，但是拳诀多是单字、短句表达，并无特殊的固定程式。早在汉魏时期就有了关于要道的记载，如曹丕《典论》记录，曹丕与邓展比剑，用甘蔗代剑较技，三中其臂；曹丕对邓展说：“今余亦愿邓将军捐弃故伎，更受要道也。”这里的要道可以认为是斗剑的诀窍。明清时期，戚继光在《纪效新书·拳经捷要篇》中有对套路拳势的诀注，称“今绘之以势，注之以诀，以启后学”。

太极拳中有九诀：全体大用诀、十三字诀、十三字用功诀、八字法诀、虚实诀、乱环诀、阴阳诀、十八字诀、五字经诀。

拳诀的内容不只局限于徒手的拳术，还应该包括兵器、对练、对打等。例如，太极拳中按项目分有拳诀、剑诀、枪诀、刀诀、推手诀（敷、盖、对、吞四字秘诀）。内家拳有敬、紧、径、劲、切五字诀。

拳歌　武术术语。拳歌指带韵律的、可以说唱的、反映拳艺的文句，如打手歌、走架歌。其歌押韵上口、活泼通畅、便于记忆，常与拳诀合而流传。

拳谱 武术术语。记录事物类别或系统的表册称为谱。广义的拳谱是记录拳种传承世系、套路名称、拳势技法、内功修炼等内容的表册总称。狭义的拳谱特指和拳技有关的表册。太极拳拳谱分为3种：一为传承世系，记录创始渊源、历代传人、流传范围等内容；二为拳械谱，按照套路动作顺序记录动作名称；三为专门收录太极拳艺的书籍。

记录拳种世系的拳谱，通常采用模拟家谱的谱表，创拳者相当于家族的立祖之人，列为一世，以后依次类推。有的拳种也按是否是血缘关系分内外之传、普传与嫡传。

记录拳势名称或用法的拳谱，一般都以五言或七言句为主。拳谱与拳歌、拳经、拳论有相同之处，有时也被混称。拳歌带有韵律，拳经更为工整押韵，拳论要有核心论点，拳谱相对较为宽泛，其中，多用通俗俚语、习惯叫法和形象的词句。古时拳谱不要求对仗押韵，但是诗文成句，读之上口，便于传抄背诵，兼而有之。

在两晋南北朝时期就出现了带“谱”的专著《马槊谱》，编撰者是梁简文帝箫纲。到了明清时期，拳种流派出现，大量拳谱问世，一些较为成熟的拳种都有自己的拳谱，有些拳谱相当完整。例如，陈式太极拳就有世传家谱记录传承人物，有《十三势拳谱》记录动作名称，有《打手要言》记载用法。戚继光在《纪效新书·拳经捷要篇》中总结了当时的32家拳法，并以拳谱形式配图记录，具有极高的学术价值。例如，书中记录的第一式懒扎衣，其拳谱为：“懒扎衣，出门架子，变下势，霎步单鞭，对敌若无胆向先，空自眼明手便。”

懒扎衣（古谱）

拳谚 武术谚语。拳谚是历代武术习练者在长期武术实践中，总结经验或感受而形成的通俗简练、生动活泼的韵语或短句。历史上称谚语是鄙谚、野语、俚言、俗语等。武术谚语主要出自民间拳师、拳家，以及广大习武“鄙俚”之口。在形式上，拳谚主要以口语的形态在广大习武群体中口头流传。

拳谚具有立意明确、言简意赅、通俗易懂、形象生动、朗朗上口、雅俗共赏、含蓄显豁、藻丽质朴、幽默郑重、诗情画意等特点。拳谚涉及习武之人的做人、行事、练功、用技、养生、格斗、教学等多方面。拳谚具有技术指导、生活劝诫、记忆动作、启发思想、增强智慧、理解文化等作用。拳谚也伴随武术的发展形成了自己的体系，大致有以下几种。武德谚：“拳以德立，无德无拳”“文以评心，武以观德”。武技谚：“南拳北腿，东枪西棍，山东查”“枪怕摇头棍怕点”“单刀看手，双刀看肘（走），大刀看顶手”“把式把式，全凭架势，没有架势，不算把式”等。武理谚：“一寸长，一寸强”“打拳容易，改拳难”“拳打千遍，其理自现”。养身谚：“打拳壮筋骨，踢腿活四肢”“走为百拳之长”“拳后满身汗，避风如避箭”等。比武谚：“好汉不打抄手人”“圈里招连招，圈外环转步”“举手不让过，落手不留情”等。传艺谚：“师徒无老少”“投师不如访友”“三分靠教、七分靠学”等。练功谚：“学拳三年，丢拳三天”“一日练，一日功，一日不练，百日空”等。

拳经　武术术语。拳经指经典论著或记载一事一艺的专著。太极拳中有多篇拳经传世，主要论述拳法要义，指导实际练习。近代常将经、论、谱、诀融为一体。《太极拳论》又被尊称为太极经。

拳式　武术术语。拳式指太极拳动作外形规格，包括手脚位置、关节角度、运行轨迹等，按照运动状态分为定式和行式。定式为一式动作完成时的相对固定的造型；行式是每一动作的运动过程，突出运动中肢体的时空特征。

拳势　武术术语。拳势是构成武术拳种套路、格斗等运动的基本单位，概括而言，拳势是具有攻防属性的技战术单个或组合动作。拳势具有技势、气势、阵势等多种含义。①技势，又称招式、招法、拳架，是指由接法立势、转法化势、发法实势三部分组成的动作。②气势，指打拳的态势，即完成某些动作或完成一个套路时，习练者所表现出来的精神状态与气质。③阵势，是带有战略性思维的拳势走转变化以及成套的不同拳势连接，构成一种类似排兵布阵的形势。

唐顺之《武编》前集卷五“拳”曰：“拳有势者，所以为变化也。横邪侧面，起立走伏，皆有墙户，可以守，可以攻，故谓之势。”这是有关拳势非常经典的论述，说明拳势具有攻防性和战略性，不是单纯的局部肢体动作。戚继光在《纪效新书·拳经捷要篇》中言：“故择其拳之善者三十二势，势势相承。遇敌制胜，变化无穷，微妙莫测。”反映出拳势的攻防逻辑性，所谓“不招不架，只是一下，犯了招架，便是十下”的拳势独特技击功能。

中国武术拳种都有自己独特的拳势作为标志，如八极拳的两仪顶，山西形意拳的三体势，河南心意六合拳的十大形，杨式太极拳的白鹤亮翅，陈式太极拳的金刚捣碓，八卦掌的单、双、顺势掌，少林拳的和尚撞钟，劈挂拳的单劈手，番子拳的旗鼓势，等等。

八面　太极拳术语。八面指四正四隅。拳论有“支撑八面”之说。如果将太极拳比作一个立体的球，其前后、左右、上下、两个斜角，八个空间方向的对称用力，平衡稳定状态，即为“支撑八面”。传统太极拳又称其为浑圆力。

八体　太极拳术语。八体指人体的八个主要部位，即顶、裆、心、眼、耳、手、足、腰。陈鑫曰：“八体关紧君须记，人力运成夺天工。”

八不传　太极拳术语。拳以德立，太极拳师不可传授八种人技击方法。此八种人为不忠不孝之人、根底不好之人、心术不正之人、鲁莽灭裂之人、目中无人之人、无礼无恩之人、反复无常之人、得易失易之人。此为约定俗成。

内家拳　武术拳种流派名称。按照产生的时间顺序，内家拳分为旧内家拳和新内家拳。所谓旧内家拳，是指黄百家《内家拳法》所言的以张松溪为代表流传的拳，有的人也称之为南宗、武当派。晚清以来，受小说和影视作品影响，人们习惯把太极拳、形意拳、八卦掌统称为内家拳，这属于新内家拳。

在武术界和人们的习惯思维下，通常把以柔克刚、主于御敌、重内劲修为的拳称为内家拳。相对地，以刚克刚、主于搏人、重外功锻炼的拳称为外家拳。也有人称，和尚因出家，练的拳是外家拳，而在家练的拳是内家拳。

黄宗羲的《王征南墓志铭》中记载："所谓内家者，盖起于宋之张三丰夜梦玄武大帝授之拳法。"据唐豪考证，其说荒诞。黄宗羲之子黄百家在《内家拳法》中载："内家其法主于御敌，拳法有应敌打法、穴法、所禁犯病法，练手者三十五，练步者十八，而总摄于六路和十段锦之中。"该书还载："心险者、好斗者、狂酒者、轻露者、骨柔质钝者五不可传。"

从科学角度看，武术拳种都是内外兼修的运动，很难以快慢、刚柔、先发制人、后发先至等技术层面的特点区分内外家。武学大师孙禄堂言："今之谈拳术者，每每有内家外家之分，或称少林为外家，武当为内家；或以在释为外家，在道为内家。其实皆皮相之见也。名则有少林武当之分，实则无内家外家之别。"

盘架子 武术术语。盘架子是指武术反复体悟拳势劲道的练习拳势以及套路的一种方法。"盘"的本义为回旋、回绕、屈曲、周旋、进退。架子指拳势、功架、架势、动作、套路。盘架子，有的传统拳中称盘练、拉架子、耗架子，俗称练拳、练套路、练单势。"盘"的引申义是反复折叠、缱绻、环绕练习，不同于直线的单维度练习，更不同于单一肢体重复机械运动。盘重在抻筋拔骨，锻炼整劲，意识控制，体悟劲法，揣摩技法，熟练套路，感知节奏，掌握拳势变化。这是一种身心内外一致的修炼过程。

心意六合拳中有专门的盘练功夫，针对人体的各大关节以及韧带、肌腱进行高强度、多次数的重复练习，以求得特殊劲道。在太极拳的训练中，传统拳师很讲究盘架子，盘的方法有慢、有快或快慢相兼，如吴式太极拳入门就要求不断地进行单势或套路的慢速盘练。

盘架子通常根据身体重心的高低和大小腿之间的角度分为三种：练拳时身体近似自然站立为高架子，大腿与小腿呈135°～150°角为中架子，大腿与小腿呈90°角为低架子。

查拳有专门的弹腿练习套路，通常十路弹腿入门要求一招一式，通过耗架子来盘练套路，以达到锻炼筋骨、增长气力的目的。通背武艺的劈挂拳也有"慢拉架子，急打招"的方法，一般情况下需要快慢相间地盘架子。

老三本 太极拳术语。老三本专指《太极拳论》的三个传流版本。武式太极拳名家李亦畬将王宗岳的《太极拳论》和其师武禹襄以及自己的拳论合订，手抄三本，一本交给其弟李启轩，一本交给弟子郝为真，一本自己留存，人们称之为"老三本"。此中拳论皆为经典之作，对太极拳的练习具有十分重要的作用。

新架、老架 太极拳术语。新架、老架是相对而言的。①与中华人民共和国成立后新编整理的太极拳套路相比，较早的传统套路称老架，如陈式传统太极拳就分为老架一路、二路，新架一路、二路。②与新编太极拳套路的不同做法也称老架，如传统杨式太极拳连续搂膝拗步时无后坐翘脚，新编简化24式太极拳则后坐翘脚，前者称老架，后者称新架。

四忌八要 太极拳术语。练习太极拳应避免的四个方面的错误为四忌，要遵守的八个要领为八要。四忌即一忌用力蓄气，二忌挺胸塌腰，三忌耸肩缩项，四忌动作停滞。八要即沉肩坠肘、贯顶吊裆、扣齿抵腭、含胸松腰、纯任自然、内外相合、阴阳相济、动中求静。

精气神学说 精、气、神原属中医理论范畴，也是传统太极拳和养生学关于人的生命活动与生理认识的基本理论，而且是传统武术练功、演练、技击的基本依据。

中医里，广义的精是指构成人的生命和维持生命活动的基本生命物质，包括精、血、津液等。狭义的精专指肾脏之精，是促进人生长、发育并具有生殖功能的基本物质。由于精在人的生命中具有如此重大的意义，古人认为“夫精者，身之本也”(《黄帝内经·素问·金匮真言论》)。气是既具有哲学思想意义又具有生理学意义的重要概念。在中医养生理论中，一方面，它被认为是人体中一种基本的精微物质；另一方面，它更多地表现出是精这种生命物质的功能态和能量态，因此人们通常将精、气合称。神的概念较为复杂，既具有生命本体和生命物质性意义，又表现为知觉、意识、知识乃至精神思想、道德等方面的总和。神也分先天神和后天神。先天神亦称元神、元性、真性等。先天神禀父母精气而成。后天神以先天神为基础，借后天精气所养。

精、气、神三者的关系是，神由气生，气由精生，神又反过来统御人体一切生命活动。精是生命物质的基础，气是精的功能状态，神则是这种功能状态最高级、最集中的表现形式。三者实为一体，即精、气、神一体不离，相互作用，密不可分。

在传统武术中借用中医精气神理论，一方面，将其作为修炼的目标，要精满、气足、神盈；另一方面，常常通俗地把武术演练时的神态、气质称为精、气、神。

传统武术拳种极其重视精、气、神的修炼和应用。长拳要求“外练手眼身法步，内修精神气力功”。形意拳讲究“练精化气，练气化神，练神还虚”。少林五拳对应：龙拳练精，蛇拳练气，虎拳练力，豹拳练骨，鹤拳练神。形意拳内功四经之《神运经》称：“练形而能坚，练精而能实，练气而能壮，练神而能飞。”

太极拳理论秉承中医理论，认为精、气、神是组成人体的精微物质，也是人体功能的表现。太极拳把精满、气足、神真作为修炼目标，重在锻炼人体功能的完整性。其练习过程具有整体性、互补性和递进性，如《拳意述真》所说“练精化气，练气化神，练神还虚”等。

太极拳中神 太极拳术语。太极拳中神指人受大脑中枢控制表现出来的精神状态和全身内外的协调能力，如“立身中正神贯顶，满身轻利头顶悬”“神者，形之用”等。

太极拳中意 太极拳术语。太极拳中意是指人体的思维活动对机体运动的整体调控，包括对肌肉以及内脏功能等的调控。从意识思维状态角度看，静态的意识关注某一点，叫意守；动态地注意身体某一点到另一点，或者某一部位与其他部位的联系，以及假想的运转，叫意动。《太极拳论》中有“用意不用力”“意气君来骨肉臣”等说法。

太极拳中气 太极拳术语。气是中国古典哲学、医学的重要概念。气，在哲学、医学、拳术三个维度具有不同含义。对气的理解，最初来源于对云的观察，《说文解字》载：“气，云气也。”从甲骨文的

“气”字中可以看到象形的含义，具有取象比类的思维特征。从飘云到风，气的含义扩大，风吹树动不见风的风是气，气具有了易动和无形的特性。人们把看不到原因而变化的现象当作气作用的结果，如四季变化，称为天气变化。“气被抽象出来，成为无形而有能量的物质概念，并被广泛应用”，在中医里被用来说明人体的各种功能，有所谓中气、营气、卫气、荣气、先天之气、后天之气、水谷之气等。太极拳的气深受中国传统哲学、医学的影响，具有生理上的呼吸、气感至本体感觉、神经传导与综合功能的代名词三种含义。在太极拳中，气是内练的对象，也是一种感觉、一种状态。练太极拳讲究“人在气中，气在人中”“总须完整一气”“太极即一气”等。

哲理术语

无极 古代哲学术语。“无极”语出《老子》：“复归于无极。”无极原指：①宇宙最原始的无形无象的本体；②无形态无方所，即“无极而太极”；③太极未变化之前，阴阳双方不动不发，处于相对稳定的状态。太极拳以哲理说拳理，借用“无极”，引申为：①全身相对静止状态为无极。姜容樵《国术源流·无极说》称：“无极形者即寻常姿势也。”②练拳之前思想意识处于寂静混沌状态，身体外形没有运动为无极。孙禄堂在《太极拳学·无极学》中讲：“无极者，当人未练拳之初，心无所思，意无所动，目无所视，手足无舞蹈，身体无动作，阴阳未判，清浊未分，浑浑噩噩，一气浑然者也。”陈鑫语：“学者上场打拳，端然恭立，合目息气，双手下垂，身桩端正，两足并齐，心中一物无所着，一念无所思，穆穆皇皇，浑然如混沌无极景象，故其形不无名，名之曰无极，象形也。”③指腹部。孙禄堂在《八卦拳学》中依据“近取诸身”说比附人体，认为“腹为无极”。

有极 古代哲学术语。一种说法为：无极生有极，有极生太极，太极分阴阳。有极介于无极、太极之间，相当于先哲所说的“宇宙卵”，即天地混沌如鸡子，鸡子有阴阳二气，方能生成生命。有极犹如《道德经》二十一章对道的论述：“道之为物，惟恍惟惚。惚兮恍兮，其中有象。恍兮惚兮，其中有物。”有极处于无极至太极的萌动阶段，在太极拳中引申为介于预备势和开始动作之间的身心状态。

太极 古代哲学术语。“太极”一词出于《周易·系辞上》：“易有太极，是生两仪，两仪生四象，四象生八卦，八卦定吉凶，吉凶生大业。”易学中以太极作为最高的理念范畴，认为太极是派生万物的本原。宋代朱熹认为“总天地万物之理，便是太极”。太极思想以其混沌至极及分阴分阳的理论对中国宇宙学说、中国古代科技，乃至世俗的文化都产生了影响。太极拳家借用此词，引申其义：①有意动无形动的状态就是太极。陈鑫说：“打拳上场，手足虽未运动，而端然恭正之中，其阴阳开合之机，消息盈虚之数，已俱寓于心腹之内。此时壹志凝神，专主于敬，而阴阳开合，消息盈虚，特未形耳。时无可名，亦名之曰太极。”②指中和之气。孙禄堂在《太极拳学·自序》中讲：“一理者，即太极拳术起点，腹内中和之气，太极是也。”③指脐。孙禄堂《八卦拳学》依据“近取诸身”说比附人体，认为“脐为太极”。④命名拳种。清代王宗岳《太极拳论》称："太极者，无极而生，动静之机，阴阳之母也。"前人以太极作为拳艺套路的名称，着重点就在于把阴阳对立于统一体，具体地应用到太极拳领域中。

两仪　古代哲学术语。两仪即阴阳。阴阳是指阴阳两性有别，但同处于一个整体中。阴阳之间既相互对立又相互制约，又相互统一、相互依存，消长与共，阴阳互根。阴阳是天下相互对立又统一于一个整体的万物的总代名词，包括天地、日月、男女等。太极拳家借用此词，引申其义：①指动静。孙禄堂在《太极拳学·自序》中讲："二气者，身体一动一静之式，两仪是也。"②指左右对称的拳势。传统陈式太极拳一路，由于第五式单鞭以左手运动为主，与第三式懒扎衣以右手为主，拳势方位、手法相对，互为二仪势。③指两肾。孙禄堂《八卦拳学》依据"近取诸身"说比附人体，认为"两肾为两仪"。

三才　古代哲学术语。"三才"一词出于《周易·系辞下》："有天道焉，有人道焉，有地道焉。兼三才而两之，故六。"三才指天、人、地，包含了上、中、下3个空间位置。太极拳家借用此词比附人体头、手、足，并引申为上、中、下三盘。孙禄堂在《太极拳学》中讲："三才者，头手足，即上中下也。"

四象　古代哲学术语。四象原指：①太阴、太阳、少阴、少阳。太阴表示事物的阴性占主导地位；太阳表示事物的阳性占主导地位；少阴表示事物的阴性初生未充，或是在分化减少；少阳表示事物的阳性初生未充，或是在分化减少。所谓"两仪生四象"，就是指阴阳二气相互作用，由量变到质变的互相转变衍生的过程。②春、夏、秋、冬四季。③伏羲八卦，一分为二，二分为四。④指金、木、水、火。《周易正义》："（四象）谓金、木、水、火。震木、离火、兑金、坎水，各主一时。"⑤指朱雀、玄武、白虎、青龙。太极拳家借用此词，引申其义：一是指上下肢。孙禄堂《八卦拳学》依据"近取诸身"说比附人体，认为"两胳膊两腿为四象"。二是指四个方向。孙禄堂在《太极拳学》中讲："四象者，即前进、后退、左顾、右盼也。"

五行　古代哲学术语。五行语出《尚书·洪范》。五行原指水、火、木、金、土五种物质，并以五行配五方，即北方为水，南方为火，东方为木，西方为金，中央为土。春秋战国时期出现相生相克说，即木生火，火生土，土生金，金生水，水生木，火克金，金克木，木克土，土克水，水克火。太极拳家借用此词，引申其义：五步配五行。《太极拳释名》中讲："进步、退步、左顾、右盼、中定，此五行也，即金、木、水、火、土也。"孙禄堂在《太极拳学》中讲："五行者，即进、退、顾、盼、定也。"

八卦　古代哲学术语。八卦是指乾、坎、艮、震、巽、离、坤、兑。阴阳二气交感而化生四时，因而出现了天、水、山、雷、风、火、地、泽8种自然现象。从中可以揭示出生化之道，即自然现象都是物质的气化运动变化的结果。《黄帝内经·素问·天元纪大论篇》中说："在天为气，在地成形，形神相感，而化生万物矣。"《类经·摄生类》也指出："夫生化之道以气为本，天地万物莫不由之。"太极拳家借用此词，引申其义：①八种劲别，八个方位。《太极拳释名》："掤、捋、挤、按，即坎、离、震、兑，四正方也。採、挒、肘、靠，即乾、坤、艮、巽，四斜角也。”②指人体八个部位。孙禄堂《八卦拳学》：“若在拳中，则头为乾，腹为坤，肾为坎，心为离，尾闾[1]第一节至第七大椎为巽，项上大椎为艮，腹左为震，腹右为兑，此身体八卦之名也。”

阴阳　古代哲学术语。其本义：阴指暗，阳指明。日称太阳，月称太阴。由阳光的向背引申到自然界中两种对立和互相消长的物质势力。《老子》中说：“万物负阴而抱阳。”肯定了阴阳是万物本身固有的。《易传·系辞上》曰“一阴一阳之谓道”，把阴阳看作宇宙的根本规律。太极拳家认为“一阴一阳谓之拳”，用阴阳比附人体，规范动作。例如，太极拳中以正面为阳，背面为阴；动为阳，静为阴；进为阳，退为阴；攻为阳，守为阴，以掌握动中寓静、刚柔相济等规律。参见“太极图”条。

体用　古代哲学术语。体用在太极拳中应用于功用方面。①指太极拳健身和技击两种功用。体是指以套路练习为主的健身作用，包括拳术、拳架、各种功法和固定套路练习；用是指以推手练习为主的技击作用，包括太极拳拳式的各种用法等。杨澄甫著《太极拳体用全书》突出此意。②指柔静和刚动两种状态。李先五在《太极拳》中称：“太极拳以柔静为体，刚动为用。”体用兼备是太极拳整体技术的要求，孙禄堂在《太极拳学》中讲：“有体无用，弊在无变化；有用无体，弊在无根本。”

太极图　古代文化符号。太极图是表示阴阳哲理的一种图形。太极图有两种：一种是双鱼形太极图，用一个圆圈来表示，内含阴阳两个半弧形，类似鱼形的图案；另一种为北宋周敦颐所做，分无极而太极，有阳动、阴静、五行、顺布、万物化生等5个层面。太极拳家多用太极图阐述拳理：依据太极图外形特征解说拳势，太极图呈圆形，内含S线，引申为太极拳动作非圆即弧；依据太极图寓意解释拳理，称太极图中包含了阴阳消长、转化、互根等原理，引申为太极拳中刚柔、虚实、动静的变化规律。

拳理术语

丹田　太极拳术语，也是中国传统医学、丹道中的重要概念。丹田一般有以下几种含义：①指人体一定的部位。有三丹田之说，分别是上丹田，位于头部两眉中间；中丹田，位于心窝部；下丹田，位于腹部脐下。②指具体穴位，如印堂、膻中、关元三穴。③指意念凝注之处，可以是体内，也可以是体外，正所谓“周身处处皆丹田”。

道家将一定方式的修持活动称为炼丹，这种思想也引植于太极拳之中。王宗岳在《太极拳论》中讲：“虚领顶劲，气沉丹田。”将丹田视为内功练习的重要部位。

顾盼　太极拳术语。太极拳中有八法与五步之说，五步中有左顾右盼之分。一种说法指眼法，另一种说法指身法，也有人认为是步法。太极拳是一种内外统一的运动，无论哪种说法，其实质都要求练习时神意内外呼应，动作之间连带照应。顾盼就是指这种意、形的相承性。

1：尾闾指尾椎底部。

九窍　太极拳术语。九窍指人体与外界沟通信息、气息、能量的9个部位，分别为口、双眼、双耳、双鼻孔、前阴尿道及后阴肛门，在练习太极拳中均有相应的作用。

七星　太极拳术语。七星指人体的7个关键部位，即头、肩、肘、手、胯、膝、足。太极拳中有上步七星的动作，7个身体部位具有明显的对应状态。

四心　太极拳术语。人体上下有四心：腹为重心，腰为轴心，脑为枢心，手足为中心。明此四心的作用及变化，坚持练习，天长日久，自然能做到“眼到手到腰腿到，心真神真劲力真”。

三盘　太极拳术语。①传统武术把人体分为3个区域，称三盘。较为笼统的划分为：上盘指胸以上，中盘指腰胯间，下盘指两腿与两足。较为准确的划分为：胸部横膈膜以上部位为上盘，包括头、颈和上肢；横膈膜以下到肚脐之间为中盘；肚脐以下到足为下盘，包括胯、腿、足。另一说，锁骨以上部位为上盘，锁骨至胯为中盘，胯至足为下盘。也有人认为，上盘为胸、头部分，中盘为腰际上下，下盘为腿以下。②受“天人合一”思想的影响，传统武术把天、地、人看作一个系统，按照空间位置将其划分为3个层次，即天、人、地，也称三盘。孙禄堂在其武学体系中，把太极剑、形意剑、八卦剑熔于一炉，按照天盘剑、人盘剑、地盘剑编排。剑体超越头顶的剑法为天盘剑，如天边扫月剑；剑体围绕腰带部位的旋转剑法为人盘剑，如磨盘剑；剑体在腰带以下的剑法为地盘剑，如白蛇伏草。

西汉儒家代表人物董仲舒（前179—前104）强调“天地人，万物之本也”，建立了完整的天人感应说理论体系。道家的“三生万物”，释家的“含三为一”，引申《周易》中“天地人”三才之义，对传统武术三盘划分影响深远。

三盘划分有利于劲力发放、技术性定位和攻防体系建立。戳脚拳把发腿分为上、中、下三盘，下盘又叫低盘腿，如丁腿，伤人；中盘腿，如点腿，放人；上盘腿，如戳枪腿，补人。技击中，根据三盘位置，有击打三盘九点之说。为了劲力完整，通背拳要求三盘六合、三盘贯通。

三节　太极拳术语，也称三体。传统武术根据用劲顺序，把人体相对分为3个环节，分别为梢节、中节、根节。一般，正常体位下，就全身而言，头为梢节，胸为中节，腹为根节；就上肢而言，手为梢节，肘为中节，肩为根节；就下肢而言，足为梢节，膝为中节，胯为根节。

“人身处处有三节”，在某一节里，又可以分为三节，如手为梢节，而对于手来说，指尖为梢节，掌心为中节，掌与尺骨连接处为根节。同时，三节是假设，当应用三节理论时，梢、中、根三节又可根据需要互换。例如，当手臂由屈到伸时，手为梢节，肘为中节，肩为根节，遵循“梢节起、中节随、根节催”的用劲顺序。但是，当梢节被擒拿控制时，可以把手变为根节，肩为梢节回抽或屈肘折叠化解。所谓三节的关系如同长蛇之阵，击头（梢节）则尾应（根节），击尾（根节）则首应（梢节），击腹（中节）则首尾应（梢、根节）。这个过程中，随时都可根据需要转化三节关系，灵活多变。

大的三节之中又各包含小三节，合称九节。在三节中又有相应的窍穴对应，如手为梢节，对应劳宫穴；肘关节为中节，对应曲池穴；肩为根节，对应肩井穴。足为梢节，对应涌泉穴；膝为中节，对应阳陵穴；胯为根节，对应环跳穴。头为梢节，对应百会穴；胸为中节，对应膻中穴；腹为根节，对应气海穴。

各家对穴的对应因人和拳种有所区别。传统武术要求“三节要明”，即遵循“梢节起，中节随，根节追”“起于根，顺于中，达于梢”“节节贯穿”“四体百骸总为一节”的整体性。

四大节　太极拳术语。四大节指两膀和两胯，其中膀为梢节之根，胯为中节之根。赵堡太极拳十分强调四大节的作用。

双轻　太极拳术语。沈家桢、顾留馨在《陈式太极拳》中说：“在心意虚灵不昧和清明在躬的行气之下虚领顶劲，上则两膊相系，下则两腿相随，虚实仅有微末之分，但却能自然轻灵地转换，是为双轻，所以不为病。”

双重　太极拳术语。双，可指形、意两部分。重，指身体的某一部分落实。双重，指双足、双手不分虚实，阴阳不明，成为双重，以致僵直，变换不灵。双重既为练拳之病，亦为推手之病。王宗岳在《太极拳论》中说：“偏沉则随，双重则滞。”又曰：“每见数年纯功，不能运化者，率皆自为人制，双重之病未悟耳。”

双沉　太极拳术语。沈家桢、顾留馨在《陈式太极拳》中说：“双沉是双足虽未分虚实，或微分虚实，成为双实，但是双手却是全虚，或微分虚实，这样就成了腾虚，如十字手，上下相随的双实双虚……但内中仍有主次之分，所以不为病。”

双浮　太极拳术语。沈家桢、顾留馨在《陈式太极拳》中说：“双浮是双手虚，双足由于过分大虚大实，致使在运动过程中不但那只虚足浮起，连那只过实的足在变换时也被牵动得站立不稳而浮起，以致全身缥缈无着落，成为双浮，所以为病。”

虚实　太极拳术语。“虚实”语出武禹襄《十三势说略》：“虚实宜分清楚，一处自有一处虚实，处处总此一虚实。”它是练拳中承重、着意、开合等方面相互对立统一的一个名词术语。虚实在太极拳中占有重要地位，懂得虚实、开合，就抓住了太极拳的主要矛盾。

在承重方面，一般讲重心在右腿为实，左腿为虚，反之亦然。在开合方面，合为虚，开为实。沈寿《太极拳法研究》中说：“虚实的变化应该随着动作的开合去变化，亦即开时为实，合时为虚。”在着意方面，意识集中在哪里，哪里为实。顾留馨在《太极拳术》中说：“意念集中在右手，右手为实，左手为虚。”

虚手　太极拳术语。虚手指无实际进攻意义，而用于干扰、引诱、试探对方的手法。

实手　太极拳术语。实手指有实际进攻用意，击发和作用于对方的手法。

蓄劲如张弓，发劲如放箭　太极拳术语。太极拳之劲力为内功，一要外无形，使敌无从把握；二要圆满充沛，如弓张满。发劲时要准确、迅捷，敌尚不觉，而作用过程已实施完成。

着　太极拳术语。着指太极拳的具体练习形式，有操作、拳式、招式等综合含义。

王宗岳在《太极拳论》中讲："由着熟而渐悟懂劲。"李雅轩论曰："拳术中的一腿一脚，一掌一拳，皆可说是一着。"

左顾右盼　太极拳术语。顾、盼属太极十三势，是太极拳运动时的变化动势。例如，左动为顾，右动为盼；形动为顾，意动为盼；动为顾，静为盼。参见"顾盼"条。

内三合　武术术语。传统武术把可以感知而不易直观看到的隐藏在体内的物质或感觉称为内，而且内的各要素之间要协调一致。内三合通常指心、意、气、力4个要素两两协同，即心与意合，意与气合，气与力合。古代的心并不是组织器官的心脏，而是有思考、想法的含义，意本身也是想法。用现代生理学解释，心相当于具有思维、意识功能的中枢部分，意相当于运动神经系统的传导功能活动，气是呼吸之气，力是能量。这个相合过程就是人体神经控制肌肉运动的最佳运动模式。

刘殿琛在《形意拳术抉微》中言："心与意合、意与气和、气与力合，是为内三合。"凌善清在《形意五行拳图说》中云："身无偏倚（谓不可歪斜），心平气和，意不他动，动作自然，谓之心与意合，意与气和，气与力合。"

外三合　武术术语。外三合与内三合对应。传统武术把人体直观易见的部位两两配合，称外三合，即手与足合，肘与膝合，肩与胯合。

外三合的合包括形体之间的空间位置呼应关系，如在做金鸡独立时，肘与膝同向上下对应成一条垂线，称为合。根据是否是同侧肢体，细化为顺合与逆合。如果提左膝挑左掌，为顺合；如果提左膝挑右掌，则为逆合。

合，除了形体之间的空间位置关系，还包括不易看见的用力方向、方式与状态。《形意五行拳图说》中说："动作时两手扣劲，两足后跟向外扭劲，是曰手与足合；两肘往下垂劲，两膝往里扣劲，是曰肘与膝合；两肩松开抽劲，两胯里根抽劲，是曰肩与胯合，此外三合也。"做到手与足、肘与膝、肩与胯两两上下相照外三合时，可以产生整体劲力，也可以最大限度地防护身体，达到了完整一气。

不同拳种的外三合不同，六合门以手、眼、身相合为外三合。心意六合八法拳中有，体合于心，心合于意，意合于气，气合于神，神合于动，动合于空。其中，体合于心，神合于动，动合于空显示体、动、空3个要素更倾向于外三合。张长信在《华岳心意六合八法拳》中解释：体合于心，指人的身体需由大脑控制，也就是躯体由大脑来主宰，听从指挥，并且做到步调一致。神合于动，在精神振奋的时候，身体随着精神行动。动合于空，就是在精神不受外界干扰、不分散的情况下，集中思想，按照拳路的动作，连绵不断地一口气练习到结束。

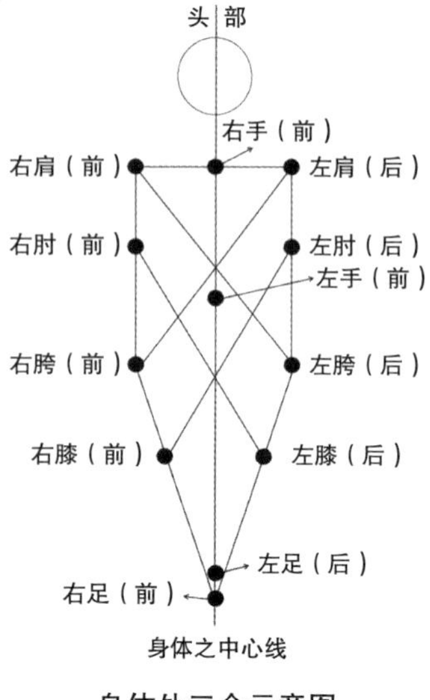

身体外三合示意图

六合 太极拳技术术语。六合包括内三合和外三合。内三合是指心与意合，意与气合，气与力合，简称为意、气、力相结合。古代称心，心即意，意即大脑。练拳时要以意领气，气贯全身；意到气到，气到力（劲）到。实际锻炼当中，只要大脑支配全身，只要意想，气就随之而来，有气就有力。这里的气是指丹田之气，力是指劲法而不是僵力。以上是指技击方面的意、气、力的关系。若为健身，则可改为意、气、血，即意到气到，气到血行。锻炼当中只要意领在先，气随之而至，气到则催血，遍布全身。实际练拳时，大脑在想走架的动作，不必去管气和血，如起势，周身放松，双手缓缓上抬，指尖即有气感。

外三合是指手与足合，肘与膝合，肩与胯合。外三合的作用主要是合住之后动作紧凑和有章法，便于发出整劲。一般是指有关部位上下垂直，合住劲不是绝对的对应关系，以杨式左单鞭为例：左手食指与左足大趾上下相合，左肘与左膝上下垂直，左肩与左胯上下相对；同样，右手与右足、右肘与右膝、右肩与右胯上下合住。

从理论上讲，外三合是对“三尖相照”论的进一步发展，它与内三合相融相契，共同组成了传统武术训练理论中的六合学说。

不同拳种、不同人的六合之说不同。①形意拳的六合为：手与足合，肘与膝合，肩与胯合；心与意合，意与气和，气与力合。前三者为外三合，后三者为内三合。“内外相关，统之曰六合”（见《形意拳术抉微》）。②六合门以手、眼、身相合为外三合，以精、气、神相合为内三合。内外相合，总称为六合。③孙禄堂《太极拳学·自序》：“精合其神、神合其气、气合其精，是内三合也；肩与胯合、肘与膝合、手与足合，是外三合也。”④《太极拳十大要论》记载：“心与意合，气与力合，筋与骨合，内三合也。手与足合，肘与膝合，肩与胯合，外三合也。”

从中医上讲，内合即心与目合，脾与肉合，肺与肤合，肾与骨合，肝与筋合；外合即头与手合，手与身合，身与步合。与六合之说有同有异。

六合原指天地四方，即上（天）、下（地）和东西南北四方，在武术中逐渐被吸收并形成六合理论。尽管各家六合所指不同，但都在技术上规范了招式的形体动作，保证了动作质量；在健身中，延迟疲劳的出现，有利于身体健康；在技击中，有助于更好地发放劲力。

四梢 太极拳技术术语。四梢指双手的指尖和两脚的脚尖。另说指舌为肉梢、牙为骨梢、爪为筋梢、发为血梢。赵堡太极拳传人杜元化将“发为血梢”改为“毛孔为气梢”。

齐四梢 太极拳技术术语。齐四梢是指发劲时，四梢要同时用劲，即上下牙扣合需咬紧，意欲咬断筋皮；舌尖向上顶牙龈，舌前部向前抵牙，意欲向前催牙；手指甲和脚指甲要向下扣，使全身力量透达手指和足趾梢端，聚集一身力量的整劲，传到肢体的梢端，全神贯注，催动血梢，有发欲冲冠之势。

身型术语

虚领顶劲 太极拳术语。虚领顶劲是太极拳对头顶的用力状态要求，在不同式太极拳中称谓不同，如称虚灵顶劲、顶头悬、提顶、贯顶、悬顶。

文字记载最早见于王宗岳《太极拳论》："虚领顶劲，气沉丹田。不偏不倚，忽隐忽现。"太极拳《十三势歌诀》中言："尾闾中正神贯顶，满身轻利顶头悬。"陈鑫语："头为六阳之首，周身之主，五官百骸，莫不体此为向背。""顶劲领过则上悬，领不起则倒塌。""至于头，耳能听敌来之声，眼能视敌发之色，头能前后左右触之，且左右手又能上行助之。"杨澄甫在《太极拳术十要》中列虚领顶劲为主要技术要求，并解释："顶劲者，头容正直，神贯于顶也。不可用力，用力则项强，气血不能流通，须有虚灵自然之意。"徐致一注解说："虚领者，谓当用虚灵之意（不用力），自引其顶。"吴公藻在《太极拳讲义》中言："顶劲者，即顶头悬。头顶正直……"李雅轩论："虚灵顶劲者，是身势端正，稳静舒适之后，虚灵之气自然上升之谓。非头部犟力上顶之谓耳。如犟力上顶，则有挺硬性而无虚灵性，乃为太极功夫之最忌者也。"

所谓虚领顶劲，是指脊椎松直，两肩平稳端正，竖项，额前天庭处向前顶劲，头顶百会穴略上领起，下颌微微内收，颈部肌肉不是强直用力；要求保持颈肌有弹性，周身放松，两脚平踏地面，有头顶天、足入地之感；全身的关节虚虚拉开，肢体放长开展，神意充沛内敛，既练筋骨皮，又练神意气；全身以脊柱为核心，保持一种弹性舒适的状态。这是一种自然用劲状态。

其他拳种，如形意拳、八卦掌，没有完全一致的术语名称，但是讲究顶，也是异称同义。

提顶　太极拳身型技术对头部要求的术语。武式太极拳创始人武禹襄首讲"提顶"。郝月如解释："头颈正直，不低不仰，神贯于顶，提挈全身。"意同虚领顶劲，参见"虚领顶劲"条。

顶头悬　太极拳身型技术对头部要求的术语。所谓顶头悬，即悬顶弛项。"顶头悬"语出《十三势歌》："尾闾中正神贯顶，满身轻利顶头悬。"《十三势行功心解》说："精神能提得起，则无迟重之虞，所谓顶头悬也。"徐致一在《吴式太极拳》一书中讲："顶头悬者，谓人之头顶当如悬于空中一般。"意同虚领顶劲，参见"虚领顶劲"条。

贯顶　太极拳身型技术对头部要求的术语。姚馥春、姜容樵在《太极拳讲义》中讲："贯顶者，虚领顶劲，神贯于顶，始能提起精气，拿住丹田之气。"

悬顶　传统太极拳对头部要求的术语。悬顶即贯顶、提顶，参见"提顶"条。

沉肩坠肘　太极拳对肩和肘部要求的术语，又称沉肩垂肘、掩肘等。杨澄甫在《太极拳术十要》中云："沉肩者，肩松开下垂也。""坠肘者，肘往下松坠之意。"陈鑫："打拳运动全在手领，转关全在松肩……骨节开则肩自松下。""肩塌下，不可架起来。""两肩要常松下，见有泛起，即将松下；然不得已上泛，听其上泛，泛毕即松。""肘向下，膝关节与脚尖上下相照。""两肘当下沉，不下沉则肩上扬，不适于用。"孙剑云在《太极拳总说》中讲："两肩务要松开，下垂。切勿耸肩，否则气涌上浮。""两肘要向下松垂，两臂自然弯曲。"武式太极拳要求松肩，以意松肩，气向下沉，再加一静；沉肘，以意行气达于两肘，手腕灵活，肘尖下垂之意。

沉肩坠肘，即以意识舒展肩部肌肉和韧带，放松两肩关节，将肩顶骨（肩峰）落下，肩井穴处放松，在松肩的前提下，肩关节向下位移沉劲，两肩向前合抱，微前扣。这些都是用意识调控，非拙力所为。

坠肘是肘尖常有下垂之意。在练拳过程中，除肘部需高于或平于肩部的动作外，肘尖都应下垂。即使手臂上举也一样，肘尖总是保持对地面之意向，肘始终要微屈并具有下坠劲。

沉肩、坠肘、含胸、拔背、气息是相互关联的整体，沉肩是坠肘的基础，坠肘是沉肩的进一步发展。做到了沉肩坠肘，胸部就完全涵虚，最大限度地放松，背部呈弧形，胸腔横纵径加大，气息平稳下沉，肢体圆活，灵活变化。沉肩坠肘的过程和状态：一是两臂由于肩肘的沉坠而有沉重之感，贯劲上肢末端，外似软绵，内实刚健，犹如绵里裹针，即沉肩坠肘力量到手，运劲于肢体末端；二是在动态中时时处处做到沉肩坠肘，可以有效防护软肋，起到防守作用。

除太极拳明确沉肩坠肘，形意拳、八卦掌，包括长拳等拳种，均有相似要求。

护肫　太极拳身型技术对肘部要求的术语。护肫（zhūn）是武式太极拳身法之一。郝月如解释：“两肋微敛，取下收前合之势，内中感觉松快，谓之护肫。”“尚有肫不护，则竖尾无力，便一身无主宰矣（竖尾，有尾闾前收之意）。”沈寿进一步解释：“两肘以意微合，两肋微敛，使肘部和前臂沉着地前合，随时护住大腹及心窝等要害部位。”

“肫”原义指鸟胃，借作人的胃部。护肫的保护范围已超出人的胃部。实际上，护肫是护住上身要害部位，相当于垂肘的作用。裹裆护肫，可用“束肋下气把裆撑”这句口诀来概括和帮助体会。

展指坐腕　太极拳身型技术对手指、腕部要求的术语。坐腕又称塌腕。坐腕时，手指一般要自然舒撑，手指间微分开约有十指交叉时的距离或者微并拢，手背呈浅弧形或螺旋形，有内劲达于指尖之意，即形于手指。坐腕要求手腕部沉着塌落，外形上通常保持一定曲度，一般手背与前臂不呈 90° 角形成死弯，而要使腕部关节有韧性地活动，既不可强硬，也不能软弱，有沉着下塌之意，以增大腕部支撑力。

两膊相系　太极拳身型技术对两臂要求的术语。运动时，两条臂膀好像被一根绳子系住一样，一臂运动时，另一臂亦能在绳子上跟着运动，两臂始终含有掤劲。

竖腕　太极拳身型技术对手指、腕部要求的术语。竖腕时，手指向上竖起，手腕与手臂的夹角接近 90° ，但是不可用力折腕。

坐腕　太极拳身型技术对腕部要求的术语。腕部下沉放松，手掌平展，臂与手连成一体，劲贯指尖。参见“展指坐腕”条。

鼓腕　太极拳身型技术对腕部要求的术语。鼓腕即鼓起手腕，使手背与前臂保持放松平直状态。

直腕　太极拳身型技术对腕部要求的术语。直腕即手腕平直运转，如陈式太极拳中的白蛇吐信。

叠腕　太极拳身型技术对腕部要求的术语。叠腕即两手腕交叉重叠运转，如陈式太极拳双推掌接三换掌中就有叠腕。

含胸拔背 太极拳身型技术对胸、背部要求的术语。含胸拔背特指胸、背部的状态和运动原则。含胸又作涵胸；拔背，也有人称扩背。含胸拔背需与头顶颈竖协调完成。

胸为颈下与腹上部位，胸与背相对应，拔背必含胸。含胸，是肩锁关节放松，两肩略向前扣相合，胸、背部和肋间肌肉在意识指挥下自然放松，促成胸部略微内含的姿势。含胸时，胸部有宽舒的感觉。含胸犹如肺部透视时两肩向前靠板之象，使撑起来的胸廓微内收，绝非凹胸或用力形成驼背之势。拔背，是对脊柱两侧上自肩、下至腰部的要求。脊就是脊柱（分颈、胸、腰、骶尾四节），要求脊柱在适度拉伸中，保持正直而且骨关节（椎间盘）虚虚对准，背部肌肉往下松沉，两肩中间脊骨（颈下脊椎第三根脊骨）鼓起上提并略往后上方拉起，还要分别向纵横方向伸张，形成拔背、扩背之势，促成两臂略伸长的姿势。拔背时，背部皮肤绷紧，有气贴背的感觉。

陈鑫言："胸要含住劲，又要虚。""胸要虚含如磬。""中间胸腹自天突穴至脐下阴交、气海、石门、关元，如磬折如鞠躬形，是谓含住胸，是为合住劲，要虚。"杨澄甫在《太极拳术十要》中解释："含胸者，胸略内含，使气沉于丹田也。胸忌挺出……拔背者，气贴于背也。能含胸，则自能拔背，能拔背，则能力由脊发，所向无敌也。"郝月如讲："两肩中间脊骨处，似有鼓起之意，两肩要灵活，不可低头，谓之拔背。"孙式太极拳要求："胸要含蓄，不可挺出。胸含则气沉丹田。胸挺则气涌胸际，上重下轻，脚跟漂浮，为拳家所忌。胸含则气贴于背，力由脊发是为真力。"

太极拳的含胸与少林拳的腆胸相反，平时含胸是浅含的，不凹不凸。含胸能扩大肺活量和腰胯转动的幅度，有助于化解来力的攻击。在推手、散手、对拳之时，如遇到强攻，在化劲发劲的一刹那要加深含胸，以保持均势。

含胸拔背不仅是太极拳、八卦掌、形意拳等内家拳的要求，也是通背拳、劈挂拳的一种技术要求，而且其含胸拔背的幅度较太极拳更大。通背拳要求"前空后丰，胸如空洞，掩胸蜗背，虚胸探背"，劈挂拳要求"前握后扣，胸部吞吐，脊背伸缩，吞胸凸背"等，其目的主要是利用身体的背部发劲。

扩背 太极拳身型技术对胸、背部要求的术语。扩背与拔背基本相同，但有区别。拔背是意想背部肌群上提，有如摔跤中大背胯所用的劲势；扩背则是含胸之后背部肌群向左右两侧扩展。拔背与含胸是相互依存的，能含胸即能拔背。"拔背者，气贴于背也。"气贴于背是指发力之时含胸；扩背，丹田之气上提，通过脊背的蓄劲点（在脊背约一巴掌大的地方）经过四肢向外发出。气贴脊背时，蓄劲愈深则发力愈大，因之尚有"气敛入骨""气敛入骨髓"之说，与"气贴脊背"道理相同，不过层次较深而已。

松腰敛臀 太极拳身型技术对腰、臀部要求的术语。松腰指尾闾上提，腰背的肾俞、命门后塌。这里的塌腰与长拳的塌腰截然不同，是指腰向后塌，即通过收臀抱胯等动作，使附着于腰椎间的肌肉收缩，并向下沉住尾闾，脊柱尾骨根向前托起丹田，从而减小脊椎"S"形生理曲线，形成塌腰，并使得尾闾中正。这要用意识通过放松腰部来做到。敛臀是指臀部稍做内收，不向后撅起，保持后臂自然收进的姿势。

弓腰收臀　太极拳身型技术对腰、臀要求的术语。弓腰即坐腰，又称塌腰。坐身时向下松腰，使腰部向外弓，与一般向上拔腰，使腰部向里瘪进的姿势完全相反。收臀是弓腰后臀部自然收进的姿势。参见“松腰敛臀”条。

中正安舒　太极拳身型术语。中正安舒是太极拳习练者在心理和生理上达到的一种平衡状态。“中正”语出太极拳《十三势歌》：“尾闾中正神贯顶，满身轻利顶头悬。”相关术语有“尾闾中正”“不偏不倚”“立身中正”等。武禹襄解《十三势歌》：“立身中正安舒，支撑八面；行气如九曲珠，无微不到，所谓‘气遍身躯不稍滞也’。”

中正安舒，首先是身型舒展端正，躯干始终保持与地面垂直，重心投影落在支撑面内，保持身体稳定。练太极拳有四宜，即宜正、宜缓、宜匀、宜展。正者，全身中正安舒，两肩平齐，防止左歪右斜、转动时一高一低、低头猫腰、前仆后倾的通病。其次是心理上的安静舒泰，在形体基础上，消除肌肉和关节的紧张点，保持呼吸自然和顺，体松心静。最后是心理与生理统一，在行拳走架、盘手技击时，身体形态端庄，内心静舒，技术方法连绵不断，中正圆满，不丢不顶，神意内敛，动而不躁，静而不呆，气势浑厚，不偏不倚，守中用中。

各式太极拳的中正表现有所不同。吴式太极拳也强调中正，但是其特点是斜中寓正，看似身体躯干轴线与地面有近似45°的角，实则依然要求脊柱保持直、正，所谓与地面有夹角的直，含义在于保持垂直轴的稳定。杨式太极拳外形要求的中正实际上也不是躯干与地面完全呈90°角。以杨澄甫定型的杨式大架太极拳为例，大架太极拳身型虽要求立身中正，但其躯干倾角应为80°（除个别下势动作）。

尾闾收　太极拳身型技术对尾椎要求的术语。尾闾收，亦称“提肛”，即肛门向上提起，由于名词不雅，已不多用。尾闾收要求中正身躯，防止撅臀，这是稳定重心的重要方法之一。人的腰部一般是向前凸出的曲线。人经常做顶头悬、尾闾收，即头部百会穴上领和尾闾骨向前、向上收，如同将小腹托起的动作，上下对拉，可以调正上身，还可以纠正低头猫腰的习惯。腰部进一步将命门向后拉，肚脐向命门靠拢，使上身形成一张弓，这是人体形成球体的重要步骤。尾闾收住之后，身躯自然中正，重心下降，平衡稳定，人有安静舒适之感。

尾闾正中　太极拳身型技术对臀部要求的术语。尾闾正中指练习太极拳时不管如何运动，始终都要保持脊柱尾段端正。尾闾正中与尾闾中正基本是一致的，不过前者说明了尾闾所处的位置。

“尾闾中正”语出《十三势歌》：“尾闾中正神贯顶，满身轻利顶头悬。”尾闾正中是武式太极拳身法之一，郝月如解释：“两股有力，臀部前收，脊骨根向前托起丹田（小腹）。”尾闾正中与尾闾收的结果一致。在练习太极拳时，尾闾脊骨根微微向前托起丹田，始终保持脊骨根对准鼻、脐连线。参见“尾闾收”条。

上下一线　太极拳身型技术对躯干要求的术语。所谓上下一线，即人的百会穴与会阴穴上下对正，上身无倾斜之弊，肩井穴与涌泉穴对准，从头到足形成铅垂之势，犹如纛旗竖起，立身挺拔，精神抖擞，自有顶天立地的气概。

立身中正　太极拳身型技术对躯干要求的术语。立身中正指躯干始终保持与地面相对垂直，重心投影落在支撑面内，保持身体稳定。练太极拳有四宜，即宜正、宜缓、宜匀、宜展。正者，全身中正安舒，两肩平齐，防止左歪右斜、转动时一高一低、低头猫腰、前仆后倾的通病。参见“中正安舒”条。

身肢放长　太极拳身型技术对姿势的要求。练习太极拳时要求主动放长身肢，即通过虚领顶劲和气沉丹田使躯干放长，通过沉肩坠肘使手臂放长，通过松腰圆裆和开胯屈膝使腿部放长。

不偏不倚　太极拳身型技术术语。“不偏不倚”意指姿势中平，语出王宗岳《太极拳论》。顾留馨解释：“不偏是指形体上、神态上都要自然中正；不倚是不丢不顶，不要依靠什么来维持自己的平衡，而要中正安舒，独立自主。”

一身备五弓　太极拳身型技术术语。五弓，即身躯、两手、两足。身弓，以腰为弓把，哑门（第一节颈椎，陈式太极拳称大椎）和尾闾骨为弓梢。手弓，以肘为弓把，手腕和锁骨为弓梢。足弓，以膝为弓把，胯与足跟为弓梢。五弓以身弓为主，手弓、足弓为辅。五弓合一，则全身内外劲整。

泛臀　太极拳身型技术对臀部要求的术语。臀部放松有泛起之意，通常在发力前使用。

溜臀　太极拳身型技术对臀部要求的术语。在身体下蹲时，臀部自然呈松垂状态。

敛臀　太极拳身型技术对臀部要求的术语。臀部微内收，使腹部充实，裆部松开，保持身体的中正安舒。参见“松腰敛臀”条。

圆裆　太极拳身型技术对裆部要求的术语。陈鑫云：“裆要圆，圆则稳。”“裆撑圆，虚虚合住。”股骨头与髋臼连接处及周围肌肉组织部位称髋关节（武术中称胯），两胯构成的拱形内弧称裆部。圆裆，即放松髋关节，使附着其上的肌群在此基础上有胯根（股骨头）向内抽缩的变化，此时形成的状态即为开裆合住劲。圆裆并非一定要外形的大开展，实为内意内劲的要求，即主动与被动肌肉配合完成的松胯圆裆。《太极拳谱》讲到“束肋下气把裆撑”“提顶吊裆心中悬”，意即此。

缩胯　太极拳身型技术对胯部要求的术语。髋关节在适度撑开状态下要屈住胯，同时往里收股骨大转子，使两胯之间的裆部呈半圆形，此时传统太极拳称裆劲自足，也称圆裆开胯。参见“圆裆”条。

裹裆　武式太极拳身法要求术语。郝月如解释：“两膝着力，有内向之意，两条腿如一条腿，能分虚实。”沈寿进一步解释：“两膝用意里裹，使裆部开圆，并寓有以膝护住裆部的意念，能裹裆，在行动中就易于分清虚实，易使下盘稳固，增强两腿负荷能力。”裹裆的作用与圆裆相同，是使腿部拉长的方法。

吊裆　武式太极拳身法要求术语，也称调裆。郝月如解释："两股用力，臀部前送，小腹有上翻之势。"姜容樵说："调裆系拿住丹田之气，勿使外溢，谷道提起，如忍粪状。"实际上，吊裆相当于尾闾收。

荡裆　太极拳描述胯部出现错误时所用的术语。荡裆指裆部松垮，即在股骨大转子处来回摆动摇晃，劲气涣散。荡裆是练习太极拳时易犯的错误之一。

尖裆　太极拳描述胯部出现错误时所用的术语。尖裆指两腿根部用力向里夹，裆部形成锐角，臀部较为紧张，髋关节处于"锁定"状态，无外撑内合之力。尖裆是练习太极拳时易犯的错误之一。

敞裆　太极拳描述胯部出现错误时所用的术语。敞裆指两腿根部用力向外开展，裆部敞开大于90°角，无内合之力。敞裆是练习太极拳时易犯的错误之一。

坐腿　太极拳身型技术对腿部和膝关节要求的术语。坐腿指膝关节保持适当弯曲的状态，重心落于屈腿上，不可僵直。

提肛　太极拳身型技术对肛门要求的术语，又称撮谷道，即微提肛门。传统太极拳称使气不外泄，聚丹田之气，裆与头顶上下相合，促进小周天[1]气息循环。

太极九如　太极拳练习的九大要领，即头如悬丝，尾如柱地，背如背锅，胸如抱树，颏如夹球，腰如挂柱，两手如撕棉，两脚如行船，两腿如扯弦。

呼吸术语

气法　太极拳呼吸术语。太极拳气法泛指肺部的呼吸方法和运使内劲的本体感受。气在中国古代哲学、医学中占有极其重要的位置，并不单纯是生理学上的肺部呼吸之气。气具有构成万物开始的物质基础、精神状态、命运气数等多种含义。气，语见"天地之气，不失其序"（《国语》）、"浩然正气"（《孟子》）、"气便是命"（《二程遗书》）。中医里气的含义更多，有宗气、卫气、营气等。传统武术借用气并丰富了其内涵，各家拳法都非常重视气法。

《吴斌楼戳脚翻子全书》中篇，《温家教育术》记载："搏刺之道，有形者为四肢，无形者为气力，四肢所以运用气力也。无气力，则四肢总练架势为无用者。故气力为四肢之本，练气力为技术之要诀。"戳脚拳的气法是聚气于丹田、运气于四肢，使气达于四肢梢节、变化为力，向外击出的方法。练劲必须先练气，气充则生力，力足则生劲。苗拳的气法是指气之呼吸、运使对黏劲的作用。

传统武术中强调内练一口气，围绕练气、运气、养气有一套方法。徐震《苌氏武技书》有"中气论"。《少林拳术秘诀》："柔术之派别，习尚甚繁，而要以气功为始终之则，神功为造诣之精。"

武术气法包括各种呼吸方法和方式，如提、托、聚、沉和腹式呼吸、胸式呼吸等；也包括运气使劲的方法，如闭气，将气运使到某部位，产生强大的抗击打力。这其实主要是人体对局部血充盈、肌肉紧松变化的感觉，有如"气"到。

1：指内丹功法的第一阶段，即炼精化气的过程。

气沉丹田　太极拳呼吸术语。把气运使到腹下丹田部位，小腹膨胀称为气沉丹田。“气沉丹田”语出王宗岳《太极拳论》：“虚领顶劲，气沉丹田。”郝月如解释：“能做到尾闾正中，含胸，护肫，松肩，吊裆，就能以意送气，达于腹部，不使上浮，谓之气沉丹田。”一般认为，丹田在脐下三寸，具体地说，是在肚脐的后边、命门前边、会阴上边的部位。按现代生理学讲，气沉丹田并不是真的气（呼吸之气）行到丹田处，实际上是在腹式深呼吸的深吸气基础上，用意识引导气下行，通过膈肌的升降、腹肌的松缩使小腹凹凸，从而刺激腹部所产生的一种本体感觉，就像气沉到了丹田一样。

气沉丹田与意守丹田不同，沉在于用意识向丹田贯劲，守是意识冥想，不强调使劲过程。

太极拳不仅要求气沉丹田，还要求丹田内转。因此，太极拳有一套丹田练习方法，如陈式太极拳的缠丝功、杨式太极拳的圆活功。形意拳有搓丹田、搬丹田、砸丹田、射丹田等各种丹田练习方法。在传统武术中，还采用顶大杆的方法练习气沉丹田，即开始时在杆头与腹部之间置放碗，加大顶击面积，逐渐去掉碗，减小顶击面积，增大压强，提高气沉丹田的功力。

做到气沉丹田，即实腹，也是气海穴充盈，能刺激人体腹内脏器运动，催动全身气血流畅运转，有强身健体之效。

腹式呼吸　太极拳呼吸术语。生理学上讲，腹式呼吸是让横膈膜上下移动，吸气时腹部隆起，呼气时腹部凹陷（顺呼吸）或者吸气时腹部凹陷，呼气时腹部隆起（逆呼吸）的呼吸方法。武术气法，是在腹式呼吸的基础上增加了意识对丹田部位的控制，由于吸气时横膈膜会下降，把脏器挤到下方，肚子会膨胀，而非胸部膨胀。不少拍打功专门用这种方法练习小腹的抗击打能力。

腹式呼吸能够增加膈肌的活动范围，而膈肌的运动直接影响肺的通气量。研究证明：膈肌每下降1厘米，肺通气量可增加250～300毫升。腹式呼吸具有多种保健作用，如：扩大肺活量，改善心肺功能；减少肺部感染；改善腹部脏器的功能；调节脾胃功能；疏肝利胆，促进胆汁分泌；降腹压，降血压，安神益智等。

腹式呼吸的关键在于，无论是吸还是呼，都要尽量达到极限量，即以吸到不能再吸，呼到不能再呼为度；同理，腹部也要相应收缩与膨胀到极点，如果每口气直达丹田则更好。

气宜鼓荡　太极拳呼吸术语。气宜鼓荡是对气和神的要求。气宜鼓荡语出武禹襄著《十三势说略》：“气宜鼓荡，神宜内敛。勿使有缺陷处，勿使有凹凸处，勿使有断续处。”陈微明注：“气鼓荡则无间，神内敛则不乱。”这里的气有两种含义：一种是指呼吸，另一种是指身体感觉。呼吸之气是生理上肺的气体交换；身体感觉之气是一种本体感觉。通常，在意识引导下，身体感到像有一股热气到处流动。鼓是如同被敲鼓面的波动，荡是像秋千一样摇摆。练拳过程中，无论是呼吸之气还是身体感觉之气，都要像水波的荡漾一样川流不息，绵绵不绝。除此之外，其他一切外在环境、杂音等皆视而不见，以免分散注意力，产生身心散乱的毛病，即要神收敛于内。

气宜鼓荡可以产生能量周流全身，并产生一种动力，称鼓荡劲。一方面，在意识指挥和气息鼓荡的作用下，人体被激发，重心整体位移，动员更多身体部位参与运动，进而获得更大的冲击力量，当作用于对方时，可以在不知不觉中将对方鼓荡而出，这是太极拳气宜鼓荡的重要作用；另一方面，鼓荡可以促进人体新陈代谢，起到延年益寿的作用。

气宜鼓荡是身体的运动，必须配合神的内敛，否则鼓而出局，荡而失衡，不能形成鼓荡劲。因此，只有内敛在一个自稳定平衡状态，才是身虽动、心贵静的太极拳平衡运动。

内练一口气，外练筋骨皮　武术术语，也是太极拳的呼吸术语。太极拳把内练与外练结合作为基本要求。内与外相对，内的气是指各种呼吸之法、运劲之道，也包括练心、肝、脾、肺、肾等内脏，不易察觉。传统武术称筋为“大筋”“老牛筋”。筋既是生理解剖学说的肌腱、肌膜、韧带这类致密结缔组织的统称，也包括中医讲的十二经筋等内容。骨是指骨头，包括骨膜、骨质和骨髓。皮是指皮肤，由表皮、真皮和皮下组织三层组成的。

内练的方法很多，不同拳种的内练方法不同，但是核心都是提高人体潜能，表现都是内脏参与运动，功效都是做到内外兼修。练筋重在拉伸，传统武术称“抻筋”，有各种柔韧练习方式，更有对具体筋的专门练习。骨的练习，主要是对骨质的改变和关节的开展度进行练习，传统武术称“拢骨”，积累了丰富的练习方法。例如，六合心意拳就有针对肩、肘、胯的专门练习，汤瓶七式拳有崩、撕、扫的练习。皮的练习是对皮肤耐受力的锤炼，有用木棒擀撵、由轻渐重拍打等方法。

太极拳要求“外练”与“内练”统一，“外形”与“内气”协调一致。一方面，如此练习可大大提高太极拳功力，因为内气充盈，带动内脏参与运动，激发内劲，可以使击打力成倍增长，而锻炼肌肉、骨骼、皮肤等体表组织又能促进抗击力提高，可谓攻守能力剧增。另一方面，如此练习可健身强体，正所谓“筋长一寸，增寿十年”“老筋长，寿命长”“运动强筋骨，吐纳肺腑良”。筋长，则关节窍开，无阻滞，血管弹性增加，促进血流的运行，生命体征自然得到改善。

传统太极拳的三易（易筋、易骨、易髓）功法就是很好的锻炼法门。

拳势呼吸　太极拳呼吸术语。拳势呼吸是太极拳的一种呼吸方法，即在拳势动作过程中，呼吸的出入、深浅等变化与拳势的开合、动静、虚实、收放等运动相结合。基本原则为“吸为合为蓄，呼为开为发”。具体包括：外展为呼，内收为吸；沉降为呼，提升为吸；发劲为呼，蓄劲为吸。例如，野马分鬃，抱球时为合、为吸，两臂分开时为开、为呼等。

拳式呼吸　太极拳呼吸术语。拳式呼吸是指整个练拳（以套路练习为主）过程中呼吸与太极拳拳势动作紧密配合、协调进行的呼吸方法。但是，拳式呼吸不一定是将呼吸与每一个拳势动作完全固定吻合，也绝非刻意、机械地与动作一一对应相合。基本原则是在太极拳套路练习中，遵循拳势呼吸方法。

开合呼吸　太极拳呼吸术语。开合呼吸是指动作与呼吸配合的基本原则。“开合呼吸”语出李亦畬《五字诀》：“吸为合为蓄，呼为开为发。盖吸则自然提得起，亦拿得人起；呼则自认沉得下，亦放得人出。此是以意运气，非是以力使气也。”这里的开与合是以内动的劲力发放为标准的。唐豪、顾留馨《太极拳研究》讲："内动为合（吸），外发为开（呼）。屈、退、进、俯、落等使外发的工作为开（呼）。"实际操作：做动作凡是开、实、伸、进、落、往、放、打、击为呼，吸则对应合、虚、蓄、退、起、仰、来、入、收、化、外、柔。太极拳中的呼吸为腹式深呼吸，要长、深、细、匀。

开吸合呼　太极拳呼吸术语。开吸合呼是指动作与呼吸配合的基本原则之一。开吸合呼以胸廓的运动为标准：胸廓扩大为开则吸气，胸廓缩小为合则呼气，其实这与开合呼吸并不矛盾，只是划分标准不同。

意识术语

太极拳心法　太极拳意识术语。太极拳心法是通过人心（意念）的活动控制身体和技术招式的各种方式和手段。尧舜十六字心法"人心惟危，道心惟微，惟精惟一，允执厥中"，被认为是中国最古老的心法。太极拳要求"以心行气，务令沉着，乃能收敛入骨""命意源头在腰隙""用意不用力""以心行气"。《研手法（二）》中有"意上寓下后天返"。《十三势行功歌诀》讲"命意源头在腰隙""变转虚实须留意""势势揆心须用意""刻刻留意在腰间""意气君来骨肉臣"。《太极拳解》讲"心为令，气为旗""先在心，后在身""全身意在蓄神，不在气"。《五字诀》讲"彼无力，我亦无力，我意仍在先。要刻刻留意，挨何处，心要用在何处""此全是用意，不是用劲"。《太极拳术十要》第六点用意不用力讲"若不用力而用意，意之所至，气即至焉"。

太极拳心法有健身意，着重练体，以健身为主要目的，具体分为：①松静意；②身正意；③虚实意；④贯穿意；⑤开合意；⑥螺旋意；⑦蓄放意；⑧呼吸意；⑨经窍意；⑩卦象意。此外还有技击意。

心动形随　太极拳意识术语。太极拳强调心为主宰，形体运动称心动形随。心动形随与"以心运身""意动形随"等同义。古拳谱言"心在势前，势居心后""心动形随，意发神传""心动形随，随意而动，尚意不尚拙力，打法灵活，以化取胜"。

《拳经拳法备要》中的千金秘诀问答歌第一首："问曰，势雄脚不稳，何也？答曰，在势去意来。"这里的"势去意来"，就是心与形之间的关系，表述了心动形随的规律。武术中的心（意）有四种，即去、来、攻、守之意；对应的形，即去、来、攻、守四个动作。实际上，心动形随的规律是心（意）去—形（势）去—形（势）回—心（意）回。在动作的开始和结束时，心动与形随方向一致，中间过程则是心领形，意在力前，心向不同形的运动方向。

意守丹田　太极拳意识术语。太极拳受道家丹功修炼影响，重视丹田修炼。在练功打手时注意力关注脐下三寸区域，即为意守丹田，也有的人称意贯丹田、气沉丹田等。丹田，原是道教修炼内丹中的精气神时用的术语，有上中下三丹田：上丹田为督脉印堂处，又称泥丸宫；中丹田为胸中膻中穴处，为宗气之所聚；下丹田为任脉关元穴处，即脐下三寸之处，为藏精之所。

通常，武术中的丹田指下丹田。据道书《性命圭旨》介绍，丹田位于"脐轮之后，肾堂之前，黄庭之下，关元之上，脐下三寸"。《黄庭经》云："脐下一寸三分为丹田。"

武术对丹田极为重视。形意拳称："丹田养就长命宝，万两黄金不予人。"

传统太极拳意守丹田，不仅是意识对丹田部位的关注，而且有一套修炼方法，如在心意六合拳中，有抱丹田、转丹田、晃丹田、搓丹田、揉丹田、击丹田、折丹田、喷丹田、提丹田、撞丹田等多种方法。

丹田位于人体重心处，是全身核心部位，在武术中具有带动身体运动，产生整劲的作用。习练者通过意守丹田，可排除杂念而入静，使大脑得到充分休息和调整；还可形成腹式呼吸，使之静细匀长。气沉丹田，并通过腹式呼吸按摩肠胃，可帮助消化吸收，促进精气的产生和旺盛，为精气沿经脉运行打下基础。

气宜鼓荡，神宜内敛 太极拳意识术语。气宜鼓荡的气指内气，是人身先天之气。一呼一吸，脉行三寸，故有"三寸气在人常在，三寸气断一命亡"之语。此气为体内的混元之气，它沉聚在腹内丹田，其运行特点为鼓荡，为升降聚散。吸气（腹式逆呼吸）时气由丹田扩散至四肢百骸，表现为酸、麻、胀，通常见于手指和上肢，是练拳达到一定程度的感觉，亦称气感或得气，呼气时又沉入丹田。

神宜内敛的神是大脑活动的表现，指挥人体的活动。内敛指的是练拳时精神要集中，而不外驰，要想太极拳的法则和要求，将一切杂念排斥出去，否则将出现许多缺陷，如时断时续，凹凸掤劲不满，为人所乘。

以意导体，以体导气 太极拳意识术语。以意导体是把注意力集中于练拳，以意念引导动作。具体做法有很多种，一般来说，初学时先想动作外形状态。刚开始练拳，应从上到下意想是否做到了身型要求，重点是身体各个部位的位置及本体感，突出外形规格要求，以及记忆动作的路线和要求。待动作熟练后，内意活动应想肢体之间的配合、内劲的传递、呼吸与动作的结合，具体是通过意想关节和穴位来实现。之后，再想技法变化，想劲力在传递过程中的变化以及每个动作的技击含义。最后，进入似想非想的最高境界，只要一动意念或似想非想，即会出现全身高度和谐运动。

以体导气是指通过正确的外形动作引导气血运行，如有意识地以动作结合呼吸，以呼吸配合动作。一般来说，凡是用力含蓄轻灵、肩胛开放、胸腔舒张时应该有意识地吸气；而用力沉稳坚实、肩胛内合、胸腔收缩时应该呼气。就开合来说，当做开、起、升、屈等动作时，就要有意识地深吸气；当做合、落、降、伸等动作时，就要有意识地呼气。就虚实而言，一般由实转入虚的动作，就应吸气，由虚转入实的动作，就要呼气。

以意导体，以体导气的关键是用意，即在意识的主导下，使动作和呼吸紧密地结合起来。用意使人的思想集中在动作上，排除大脑其他思绪的干扰，提高神经系统的自我控制能力和运动中枢的兴奋性，改善神经系统功能，起到健脑的作用。

意气运动 太极拳意识术语。"意"指的是用意念支配身体和气息的运动，使动作完全在意念的控制下，按意想的内容引导外形动作。"气"指的是呼吸之气与体内之气，在意念的指挥下运动。

神气鼓荡 太极拳意识术语。在演练太极拳动作时，"神"主要指精神与眼神，前者与用意相同，后者是通过眼神的变化表现出动作的神韵（俗称味道），以及个人演练的气质风格特点。“气”是指呼吸之气与体内之气运动。呼吸之气随运动变化，表现为膈肌上下鼓动，小腹凸凹，将动力传递全身；体内之气运动表现为沿经络运行，即所谓周天循环。

心静体松　太极拳意识术语。太极拳把心理安静和生理适度放松的状态称为心静体松。李亦畬在《五字诀》中说：“一曰心静：心不静则不专，一举手前后左右全无定向，故要心静。起初举动未能由己，要悉心体认，随人所动，随屈就伸，不丢不顶，勿自伸缩。彼有力，我亦有力，我力在先；彼无力，我亦无力，我意仍在先。要刻刻留意，挨何处，心要用在何处，须向不丢不顶中讨消息。从此做去，一年半载，便能施于身。此全是用意，不是用劲。久之则人为我制，我不为人制矣。二曰身灵：先以心使身，从人不从己；后身能从心，由己仍是从人。”

心静，要求思想上排除杂念，专心练拳，通过各种意识活动指挥身体；体松，是身体有序运动，从头到脚一松到底。松是在大脑皮质兴奋与抑制的协调控制下，使太极拳运动过程中的主动肌群适度收缩，被动肌群主动舒张，机体的肌肉紧松恰到好处，既不懈怠，又不过度紧张。保持身体放松，做到松而不懈。

心静与体松是互为作用的关系，没有心静，身体不可能放松。反之，身体肌肉强直收缩，心里一定不会安静。所以说，太极拳是身心协同的运动。

心静的方法有很多，可以意想某一点，以一念代万念，也可以意想每个关节的运动，还可以专注于身体穴位，等等。体松的辅助练习也有很多，如对身体的关节做适度伸展练习，加大关节活动范围；也可以通过站桩，在静态练习中对身体各个部位的紧松进行训练，达到体松的目的。

动态术语

蓄发　太极拳动态术语。蓄发主要指劲力上的运动。《十三势行功心解》中有“蓄劲如张弓，发劲如放箭”的说法。发劲前肌肉放松，架势拉开，思想集中为蓄；蓄后肌肉收缩，改变架势，意识专注于一方为发。劲力的蓄发常常配合呼吸的变化。

动静　太极拳动态术语。动静主要指太极拳运动状态。《太极拳论》讲：“动之则分，静之则合。”盘架走势为动，收势为静。动之则分，行拳如行云流水；合之则静，如山岳峙立，仍归无极状态。进一步讲，静极始动，动中求静。预备势要求大脑镇静下来，排除一切杂念，周身放松，静立片刻，则有欲动之感，此谓静极始动，此乃自然之动。杨式太极拳十要中有“动中求静”之说。以静御动，虽动犹静。故盘架之时要求动作缓慢，慢则呼吸深长，气沉丹田，自无血脉偾张之弊。动作中能够镇静清醒，则不致慌乱，为敌所乘。

快慢　太极拳动态术语。快慢主要指太极拳运动速度。《十三势说略》称：“周身节节贯串，勿令丝毫间断。”《孙式太极拳歌诀》云：“动作绵绵永相连。”《打手要言》云：“运劲如抽丝。”太极拳动作较一般武术动作慢，而这种慢是相对的，各式太极拳也不尽相同，如陈式太极拳就有快慢相间的要求，其他各式太极拳要求动作缓慢匀速。就太极拳整体而言，要求运动速度慢，这是练意、运气、长劲的需要。

慢是有条件的，是相对的，同时要求匀速，即身体各部分类似于匀速运动（其实不是完全的匀速运动，因为肢体的长短不同，运动轨迹路线各异，加上意念的变化，实际上是有节奏变化的，只是直观上看似匀速运动）。练拳时用意识支配每个动作，不管是局部还是整体，其运动过程由等距的点组成，像一条虚线，按点进行，以保证缓慢均匀，劲力贯通，从而体会“迈步如猫行，运动如抽丝”“进退有阻，举按有物”，盘架时“无人时似有人”，用时则做到“有人时似无人”。慢的标准是连绵不断，如行云流水，全身一动无有不动，精神要提得起，意气要换得灵，不出现呆滞现象。陈式太极拳突出发力，快慢相间要做到柔行气、刚落点。行气转关折叠时要慢，发劲时则要由慢到快，发出刚劲。其他各式太极拳开始练习时都应该缓慢，因为慢就有时间体会动作的要点，揣摩姿势的正确与否，逐渐分出劲别来。

虚实分清（虚实分明）　太极拳动态术语。郝月如解释：“两腿虚实必须分清。虚非完全无力，着地实点要有腾挪之势。腾挪者，即虚脚与胸有相吸相系之意，否则便成偏沉。实非全然占煞，精神贯于实股，支柱全身，要有上提之意。如虚实不分，便成双重。”太极拳运动中，不仅两腿要虚实分清，实际上全身各处都要虚实分清。参见“虚实”条。

开合虚实　太极拳动态术语。开合虚实是太极拳锻炼原则。《陈鑫太极拳论分类语录》：“开合虚实，即为拳经。”开指伸、进、俯、落等动作；合指屈、退、仰、起等动作；虚指意念不专注处、辅助用力和放松部位以及合的动作；实指意念所专注部位，主要着力处和开的动作等。前人以“阴阳”二字代表开合虚实，并以“阴中有阳，阳中有阴”“阴阳互为其根”来指导拳术训练，也就是把开合、虚实这两组各含一对矛盾的表现形式统一于每个动作中，使之“开中有合，合中有开；虚中有实，实中有虚”。例如，如封似闭的两掌前推动作，两臂因内旋前推而使桡侧含内合之劲，尺侧则含外开之劲，即合中有开，两掌前推的一面为实，背面为虚，即实中有虚。此外，动作的开合虚实要与呼吸和劲力的蓄发结合起来。

内外相合　太极拳动态术语。内外相合指内意与外形的协调配合。所谓合者，不但手足合，心意亦与之俱合，能内外一气，则浑然无间。杨澄甫口述太极拳之练习讲：“属于内者，即所谓用意不用力，下则气沉丹田，上则虚灵顶劲，以意领气，气贯全身；属于外者，周身轻灵，节节贯串，由脚而腿而腰，沉肩坠肘是也。”太极拳传统练法是“始而意动，继而内动，然后形动”，是内动带外形，外形和内动，由内及外，以外引内，最后做到内外合一，表里一致，通常由内及外为主，由外引内为辅，最终达到内外合一。

上下相随　太极拳动态术语。上下相随指上下肢以及躯干协调配合运动。“上下相随”语出《打手歌》：“掤捋挤按须认真，上下相随人难侵。”亦即《太极拳论》中所说：“其根在脚，发于腿，主宰于腰。形于手指，由脚而腿而腰，总须完整一气。”手动、腰动、足动，眼神也随之动，如是方可谓之上下相随。有“上下相随人难侵”“手到脚不到，打人打不倒”之说。若做好上下相随，必须做到上欲动而下自随之，下欲动而上自领之，上下动而中部应之，中间动而上下和之。具体地讲，上下相随要做到三尖相照和同时到点，如杨式太极拳大架的左搂膝拗步定势，右手对准鼻尖，鼻尖对准左脚大趾尖，此时左脚要略向内扣，产生一种合力；同时眼神领路，右手立掌前推，左手在左胯下按，左脚掌落地，左膝前弓和右脚后蹬成左弓步，五者同时到点。

节节贯穿 太极拳动态术语，也作“节节贯串”。节节贯穿指练习太极拳时各个关节依次而动，一动无有不动。节节贯穿的目的是使全身9个主要关节，即颈、脊、腰、胯、膝、踝、肩、肘、腕，贯穿地运动起来。一方面，使劲力传递依次贯通周身，产生较大合力，练就周身一家的功夫，为发劲提供条件。另一方面，关节经常活动有助于保持关节面上软组织的正常结构，延缓附属组织的进一步老化，促使关节液的分泌，起到阻止关节快速退化的作用。贯穿9个关节要运用缠丝螺旋式上升的贯穿劲。以下半身为例：劲起于脚跟，通过踝关节，环绕着小腿上升至膝关节，再由膝关节旋转上升，环绕大腿至髋关节，做到没有丝毫间断，若不通过大腿、小腿而单由踝、膝、髋等关节运动，由一节飞跃到另一节的动作则为零断劲。以上肢为例：做到贯穿的关键是要减少腕关节的小动，增加腰脊为主宰的大动，即使脊柱放长，一直一弯的动作加大。所谓“练太极拳要练在身上，不要练在手上”，把脊柱看作一根竖立的车轴，从而产生动分、静和，运用离心力达到节节贯穿。

轻灵 太极拳动态术语。“轻灵”语出王宗岳《十三势论》：“一举动，周身俱要轻灵，尤须贯串。”轻指以意念引导动作，使得动作轻缓；而不能过于着力，使得动作重滞。灵指手脚灵活，动作自如，感觉灵敏。

一动无有不动 太极拳动态术语。一动无有不动指动作时全身要贯穿一气，上下相随，转接处无凸凹缺陷，周身内外保持一体，达到连贯圆活自如的境界，即力起于脚跟，主宰于腰，发于脊背，形于手指，周身完整一气。

绵绵不断，势若抽丝 太极拳动态术语。绵绵不断，势若抽丝指太极拳连贯匀速的运动特点。绵绵不断指动作与动作之间的衔接处没有停顿和断续的迹象，整套动作式式贯穿，一气呵成。势若抽丝是比喻运动速率像抽丝一样徐缓不躁地抽拉，即从始到终以同一速度运行。

腾挪 太极拳动态术语。武式太极拳称：“有动之意而未动，即预动之势，谓之腾挪。”腾挪指拳式在将动未动之时，要以精气神贯于肢体各部。其具体做法是：拳式虽未动但精神团聚，毫无散漫之意；精气神贯注于两脚、两腿、两手、两臂前节之间。彼挨我何处，我注意何处，周身无一处无精气神，腹内鼓荡，一气贯穿。

以静制动 太极拳动态术语。传统武术把以静制动作为一种区别于主搏于人的有修为的技战术，它通常是内家拳法的精髓，即以相对静止的姿态迎接主动进攻者，后动而制服先动者。静与动相对，静不只是物理属性下的没有位移的概念，更是一种境界。主静是宋明理学家的道德修养方法，源于古代儒家（如《礼记·乐记》称“人生而静，天之性也”），并掺杂佛、道的寂静无为思想。“主静”一语由周敦颐在其《太极图说》中首次提出：“圣人定之以中正仁义而主静，立人极焉。”周敦颐认为，人性原是善的，“中也者，和也，中节也，天下之达道也”，人因为过度的欲望失去中节，难以成圣成贤。因此，要通过静修行，无欲是主静的重要条件，即要做到“无欲故静”“无欲则静虚而动之”。主静的思想直接影响了中国武术，特别是内家拳法。清黄宗羲《王征南墓志铭》载：“少林以拳勇名天下，然主于搏人，人亦得乘之。有所谓内家者，以静制动，犯者应手即仆，故别于少林为外家……”以静制动成为区别内外家拳法的重要标志之一。

太极拳在行拳走架时要求平心静气，用心体认劲道；推手技击时，静心觉察对方的一举一动，舍弃自己的主观想法，以对方变化为依据，时刻准备，彼不动，己不动；彼未动，己先动，后发先至，不发则已，一发必中，看似被动静待，实则意识在人先，处处让对方被动，以静制动，不贸然主动。

劲法术语

太极劲　太极拳劲法术语。太极劲是指开发人体攻防潜能的整体功能。传统武术中有整劲、混元劲、六面劲等不同说法，在太极拳中叫太极劲。太极拳通过一定的训练程序与方法，使力在大小、方向、作用点、动态传递等方面得到提高、改善，成为一种升华了的人体肌肉力。太极拳的劲力可分为多种类型，并具有多层次。较为常见的分类是把太极拳的劲分为掤、捋、挤、按、採、挒、肘、靠8种。其他分类方法有：太极拳的劲按照太极阴阳学说分为阳劲、阴劲，按照劲力属性分为刚劲、柔劲，按照劲力表现分为明劲、暗劲，按照用力点分为实劲、虚劲，按照肢体运动形式分为开劲、合劲，按照用力协调程度分为僵劲、拙劲、硬劲、巧劲、妙劲、灵劲，按照身体用力部位参与程度分为整体劲、局部劲，按照劲力路线分为直力、斜力、横力、螺旋力、三角力、波浪力，按照劲力作用的时间分为持续力、爆发力、撞击力，按照劲力作用距离分为尺劲、寸劲、长劲、短劲，按照承接攻击力分为顺劲、顶劲、合劲、借劲、分劲、截劲、堵劲、随劲、收劲，按照格斗过程中接触对方肢体的程度分为粘黏劲、摩擦劲，按照用力方向分为向上提劲、向下沉劲、前进劲、后撤劲、左拨劲、右化劲，按照象形取义分为缠丝劲、推碾劲、鞭梢劲、弹簧劲、陀螺劲、炮燃劲、雷震劲、闪电劲、蹦豆劲，按照技击方法分为钻劲、劈劲、卷劲、撅劲等，按照对劲力信息的感知分为摸劲、找劲、听劲、喂劲、问劲、辩劲、知劲、懂劲等。

抽丝劲　太极拳劲法术语。抽丝劲指通过太极拳练习所产生的各种劲力总称。拳谱云：“运劲如缠丝。”这与“用力如抽丝”的说法一致。因为抽丝是旋着抽出来的，在直抽与旋转之中，自然就形成一种螺旋的形状，这是曲直对立的统一。在演练太极拳的全过程中，四肢伸缩、曲直、旋转都会产生一种抽丝螺旋形象，所以不论开展大动作或紧凑的小动作，千万不可离开这种对立统一的太极劲。练纯熟之后，这种缠丝圈就越来越小，甚至达到有圈不见圈的境界。

缠丝劲　太极拳劲法术语。太极拳的缠丝劲既有螺旋形的自身旋转，又有抛物线的弧线运动路线。这两者表现于上肢是转腕旋肘，表现于下肢就是转踝旋膝，表现于上身就是转腰旋脊，结合起来则形成跟在脚、主宰于腰而形于手指的空间旋转运动。这种螺旋式的缠丝运动能促使全身节节贯穿，并由此练成内外结合、一动无有不动、周身一家的功夫。这不但为技击提供了重要条件，而且对健身非常有利，对内脏器官起到按摩的作用，使全身获益。

太极拳是缠丝螺旋劲，走的是圆圈，上半圈化，下半圈发，出击路线短而快，这种缠丝螺旋劲犹如子弹通过枪膛中的来福线（亦称来复线），是很有穿透力的。要防止出手时直伸直缩而不翻转掌心，腿前弓后蹬而没有左右旋转的配合，发生顶抗的缺点。为此必须用缠丝螺旋劲来解决，因为螺旋曲率半径是变化的，任何压力在这根螺旋杆上都会很自然地因旋转而被化去。

缠丝的做法是在一动全身动的要求下，双手皆以食指引导。以右手为例，掌心由内往外翻转为顺缠丝；也可以钟表时针为参照：顺时针方向为顺缠丝，逆时针方向为逆缠丝。缠丝基本分为 12 种，除顺逆缠丝外，尚有 10 种缠丝：左右缠丝、上下缠丝、里外缠丝、大小缠丝、进退缠丝。操练太极劲作为基本功时以腰带手，亦可分为单手、双手顺逆缠丝，左右顺逆缠丝，上下缠丝等，并应注意单手、双手顺逆缠丝时要有前掤后撑，上下缠丝要加上掤下按的动作。总之，太极劲是顺逆缠丝、曲直、伸缩对立统一，翻转掌心的螺旋运动。

劲与力　太极拳劲法术语。劲原义是强、有力。太极拳的劲是太极拳特有的一种综合力量素质。它是以各关节间骨缝松开，韧带、肌腱伸长，肌肉适度用力为基础，通过大脑意识支配，呼吸配合，经柔练之后而产生的一种力量素质。这种劲极其灵活多变，在力度、力向、力点、力速方面能因敌而变。通常所说的太极八法，其核心是劲，因其常常隐于体内，也有人称之为内劲。力原义指力气、劲力、生力。在太极拳中劲与力比较，劲是劲法、内力多变的力量素质；力是僵力、拙力，意指单纯的力量素质。劲是灵活、巧妙的力，是通过锻炼得来的，好像百炼之后的钢；力则是天生的，好像未经冶炼过的生铁。具体表现为：劲是大脑意识支配、呼吸配合，经柔练之后而产生的一种力量素质，所包含的要素多；力是指较单纯的肌肉收缩力。劲作用于外界，常常表现为整体多变的力；劲是后天通过特殊的练习程序练出来的，力主要是先天所具有的力量素质。

在太极拳中，练劲的过程就是换劲过程，即要将僵力换成松柔之力，这是锻炼的必然阶段。要在大脑的支配下，将意念集中，肢体放松，拉长肌肉和韧带，由柔而刚，配合逆腹式呼吸，使丹田之气充盈，使神经系统支配全身能力，达到高度协调、完整，在转瞬间能发出化解力、防御力和攻击力。

但力有时也代表劲法，如意、气、力，这要根据其代表的内容而定。拳谚讲：“力不打拳，拳不打功。”“一力降十会。”意思是说，只有力气的人打不赢练拳的，因为他不懂劲法，不会变化，用的是拙力、斗气之力、僵直之力。知道了劲法还不行，还要练功力，即脱离不了必要的肌肉收缩力量素质。可见，劲与力有一定的内在联系，所以人们常常将两者合称为劲力。

内劲　太极拳劲法术语。内劲指经过训练获得的一种能随意转换方向、变化大小的力。因其运转隐于内而不显于外，故名内劲，也称整劲、内功、懂劲等。“内劲”语出:《太极拳论》中“由着熟而渐悟懂劲，由懂劲而阶及神明”“虚领顶劲”“懂劲后，愈练愈精”；《十三势》中“始而意动，既而劲动”；《十三势行功心解》中“运劲如百炼钢”“蓄劲如张弓,发劲似放箭”“劲以曲蓄而有余”；《走架打手行工要言》中“劲起于脚跟，变换在腿，含蓄在胸，运动在两肩,主宰在腰”“劲由内换”；等等。

内劲锻炼注重以意识引导动作，以呼吸配合力的蓄发，从而提高神经中枢系统驾驭肌肉张弛的机能和以气催力的能力。

在太极拳中有一套内劲训练方法，具体如下：

①用意贯力。用意贯注于身体每个部位，特别是常用的发力点，这是练内劲的首要条件。这种用意贯力重在想，练的是神经指挥肌肉的能力，并不是真实的肌肉收缩的用力，可谓形松意紧。②柔缓练劲。这是以柔缓为主的练习过程，实质上是通过较长时间肌肉适度用力，以缠绕绞旋的方式练习肌肉良好的伸缩性，提高弹性，正所谓极柔软而极坚刚，这是产生内劲的物质基础。③贯穿通劲。内劲要通过身体各部分高度和谐用力才能产生，其中重要的是周身节节贯穿，即由下向上，由内向外，形成合力，所谓由脚而腿，由腿而腰，由腰而手,由手而形于手指。明确发力过程，练出整劲，这是产生内劲的保证。④快速发劲。内劲并不能永远内含不露，如果要练出一定的技击作用，还要在运劲充足的条件下适当发出内劲，适应应用的需要。总之，这些方法要综合使用，这样才能练出灵活多变的内劲。内劲练习可以促进全身血液循环，利于健康。

刚柔　太极拳劲法术语。刚柔指太极拳劲力及变化。“刚柔”语出《周易·系辞上》：“刚柔相推，而生变化。”刚是快速短促的发力，以直击进攻为主；柔是缓和绵长的运动，多呈螺旋形运动，用于防守。刚柔是一对矛盾，共处于统一体中。刚中有柔，柔中有刚，刚中寓柔，柔中寓刚，刚柔相济。刚劲是从柔中产生的，柔是从肢体放长中得来的。肢体放长需要周身放松，放松后将原有的僵硬劲摧毁，转化成柔劲。老子曰：“专气致柔，能婴儿乎？”意思是专精守气，使身体柔顺，是否做到最为纯真的婴儿状态？太极拳中暗喻身体像婴儿肢体一样的柔和。刚是从柔中产生的，运劲如“百炼钢，无坚不摧”。有心求柔，无意求刚刚自生。经过长期的锻炼，即能达到“阴则柔，显则刚”，达到柔中寓刚，绵里藏针。运劲当中要刚柔相济，行气用柔，落点用刚。每个拳势动作必有开合，合时蓄劲、行气，行气之时如车轮滚动，要用柔劲，到达落点时要开，用刚劲。运劲到达高层次时，则不假思索，“刚柔俱泯，一片神行”。

方圆　太极拳劲法术语。“方圆”语出《太极正功解》：“太极者，圆也，无论内外、上下、左右，不离此圆也。太极者，方也，无论内外、上下、左右，不离此方也。圆之出入，方之进退，随方就圆之往来也。方为开展，圆为紧凑。”方圆是相对的，圆指太极拳动作轨迹圆形圈走，沿弧形运动;方指表现劲发力时突出力点,表现方点。方圆是太极拳的两种技术特征，具有对立统一性。

方圆相生　太极拳劲法术语。方指起落点，落点要表现出四正、四隅的劲别来。圆指柔行气，柔行气、刚落点是运动的过程，方圆相生是柔行气、刚落点的概括。方由圆中产生，圆中含方，方中寓圆，方圆互寓其中。拳论云：“只圆无方是滑拳，只方无圆是硬拳。”

十三势　太极拳劲法术语。十三势包括八劲五步。八劲又分四正、四隅：四正为掤、捋、挤、按，四隅指採、挒、肘、靠。五步指前进、后退、左顾（移）、右盼（跨）、中定。八劲中的四正分别走东、西、南、北四正方；四隅分别走四个隅角，即东北、东南、西北、西南角。

掤劲　太极拳劲法术语。太极拳中按照四个方向，分四正劲，把由内向外、向上的力法称掤劲。掤，名词，字典上为“冰”音，意指圆形的箭筒盖。太极拳界习惯读“朋”音，有人写成“捧”。“掤”，语出《八门五步》“掤，南，坎”。

杨澄甫在《太极拳体用全书》中解释：“掤法向外，驾驭敌人之按手，使其不得按至胸腹贴近，故曰掤。”又说：“掤之方式……最忌板滞，又忌迟重。板者，不知自己之运动。滞者，不知敌人之取舍。既不知己，又不知彼，则不成其为推手矣。迟重者，必以力御人，便成死手，非太极家之所取也，必曰掤者，粘也，非抗也。手向外掤，意欲粘回，又不使己之掤手与胸部贴近。得化劲全赖转腰，一转腰则我之掤势已成矣。”

《八法秘诀》对掤的方法解释为：如水负行舟，先实丹田气，次紧顶头悬，周身弹簧力，开合一定间，任尔千斤重，飘浮亦不难。

掤劲是太极拳各种劲法的基础，被称为母劲。掤劲按掤的部位，可分为手臂、躯干、腿的掤劲；按方位，可分为立掤、斜掤（左、右掤）、上掤、下掤等。各家太极拳掤的动作外形有所不同。常见杨式太极拳的手臂掤，在外形上，两肘关节有一定的曲度，手臂圆撑。能圆撑，则手臂的抗压力增强，合乎“掤撑圆而沉”的要求。拳谱言“掤在两臂”“掤要撑”。太极拳出手就掤，其意在防御，无意主动进攻，也表达了内倾防御思维，同时，具有粘而不抗、寓守于攻的技术特点。

捋劲　太极拳劲法术语。太极拳中按照四个方向，分四正劲，与掤相对，把由外向内、由上向下的力法称捋劲。“捋”，语出《八门五步》“捋，西，离”。在某些太极拳著作中，“捋”作“履”字，也有把“捋”写作“摅”的。不同版本，捋的方位和对应卦不同。

杨澄甫在《太极拳体用全书》中解释：“捋者，连着彼之肘与腕，不抗不採，因彼伸臂袭我，我顺其势而取之，是收回意，谓之捋。”《八法秘诀》将捋解释为：引导使之前，顺其来势力，轻灵不丢顶。力尽自然空，丢击任自然，重心自维持，莫为他人乘。顾留馨认为：“凡是用意念贯注于手臂任何部位，粘贴对方臂部作螺旋式划弧向后或右或下地履化来劲，引进落空，使对方立身不稳的，都是‘捋劲’的作用。”

捋劲与掤劲相对用力，但是，捋中也要保持掤劲的撑拨双向力，否则将会在对方变化中失去平衡。杨式太极拳的捋是捋在掌中，推手时，对方用掤劲相击，我则一手粘住其腕部，另一手粘住其肘部，双手向自身左侧或右侧牵引捋化，改变对方用力方向，顺势捋出对方。捋是借对方之力，做到引之使来，不得不来。要求回捋手臂不可贴着自己身体，做到肘不贴肋，留出空间将对方发力出去，防止对方顺势撞击自己。捋的力量来源于转腰坐胯，与对方掤力合二为一。

挤劲　太极拳劲法术语。太极拳中按照4个方向，分四正劲，把由侧向内合力、压迫的力法称挤劲。“挤”字，本义为压榨，互相推、拥，紧挨着，不容转动；也有排斥的意思。“挤”语出《八门五步》，“挤，东，兑”。

杨澄甫在《太极拳体用全书》中解释：“挤者，正与捋式相反，捋则诱彼敌之按劲，使其进而入我之陷阱而取之，必胜矣。设我之动力，先为彼所觉，则彼进劲必中断，而变为他式，则我之捋势失效，则不可不反退为进，用前手侧採其肘，提起后手，加在前手小臂[1]内侧乘势挤出。”《太极拳势图解》对挤的解释为：用手或肩、背挤住敌方使其不得动，从而将其推掷出去。《太极拳讲义》对挤的解释为：挤是撞，就是排挤，即以手腕、臂、肘推捆敌人各部，使其不能前进。徐致一将挤定义为：“是一种向前而又向下用力压迫的斜线动作。”顾留馨将挤定义为：“挤是进攻的手法，挤劲是我用力尽量挤去的意思。”《八法秘诀》对挤的解释为：用时有两方，直接单纯意，迎合一动中，间接反应力，如球撞壁还，又如钱投鼓，跃然击铿锵。

杨式太极拳挤的动作为：前臂横屈体前，另一掌跟接近前臂腕关节脉门处，合力前挤。拳谱要求“挤要横”“挤在手背”。挤劲看似在手背，其实还是要腰腿及全身的整劲，特别是当身体鼓荡产生较大冲量时，确实可以将对方排挤出击，就像硬币投于鼓上，砰然弹飞。

按劲　太极拳劲法术语。太极拳中按照四个方向，分四正劲，将两手弧形由前向后，再向下、向前的推按动作称为按。“按”，语出《八门五步》“按，北，震”。“按”字本义为：用手压或摁，止住，压住对方。

杨澄甫在《太极拳体用全书》中解释：“因挤势不得其机势”转而采用按法。《太极拳势图解》对按劲的解释为：当敌用挤劲攻来时，用手按来抑制和止住敌人，使其不得逞。《太极拳讲义》认为：按有抑制，按摩、据、捺等意，即遇敌袭击时用劲抑制，压住敌人身体相应部位，使其劲力失效。徐致一认为：“（按）是一种向下而又向自身方向用力下沉和引带的斜线动作。”顾留馨认为：“凡是向下而又向自身的方向用力下沉和引带的弧线动作；以及微微带弧形向上或中或左、或右按出的动作，都是按的作用。”《八法秘诀》对按的解释为：“运用似水行，柔中寓刚强，急流势难当。遇高则膨满，逢洼向下潜，波浪有起伏，有孔无不入。”

按劲字面的意思与实际练拳推手中的含义差别很大。按劲绝不是单纯由上向下的直劲。拳谱曰“按在腰攻”“压弧逼出”。按劲，一方面，是在腰的主宰下的全身鼓荡劲；另一方面，用于推手，在按压对方时，对方本能地反抗，顺势借助对方力，利用身体荡动惯性按出。

採劲（采劲）　太极拳劲法术语。太极拳中按照四个斜方向，分四隅劲。採法属于四隅方法，由上向下，瞬间十指紧握，加上身体沉坠整劲，称採劲。“採”也可写为“采”，但从手部参与运动来看，写为“採”更确切。“採”，语出《八门五步》

1：小臂即前臂。

“採，西北，巽。”

《太极拳讲义》对採的解释为：採法是以手抓住对方手腕或肘部，往下沉採，其效用与捋相似，可在敌重心前倾时，乘机施以採劲，使其更向前倾。採时发劲并非在手，如只用手劲採功效小，採时应用腰腿劲，并加以意气。採如得势，能使对方头昏眼眩，重心上浮，身体抬起。当对方被採得重心上浮、脚下无根时，我即可施以发劲，将其发出。徐致一将採定义为：“向下沉劲随即向自身左方或右方用于提带的一种动作。与採物时一落即起的动作相像。”《八法秘诀》对採的解释为：“如权之引衡，任尔力巨细，权后知轻重，转移只四两，千斤亦可平，若问理何在，杠杆之作用。”

採劲在四正方法之外，常常使对方猝不及防，获得出奇制胜的效果。在拳势中，孙式太极拳的披身伏虎动作中双手採劲明显，杨式太极拳中也有採法，如蹬脚后接双峰贯耳的过程中就有採法，海底针中也有採法。实际应用中，採劲常与其他劲法联合使用，如採捋、採挒等。

挒劲 太极拳劲法术语。太极拳中按照四个斜方向，分四隅劲。挒劲属于四隅方法，相错发力，有撕开的作用。挒劲，也有写为“列劲”的。“挒”，语出《八门五步》“挒，东南，乾”。

《太极拳势图解》将挒解释为：太极拳转移敌人的力还制敌人之身。《太极拳讲义》将挒解释为：挒住敌人各部，使其前倾或趁其来劲使其后仰。徐致一将挒定义为：“顺着对方主力的方向循弧线用力，使对方身体旋转的一种动作。”傅钟文在《杨氏太极拳》中认为“以闪为挒掌”“当甲左履后，接着右肘下沉，右带化开乙之靠劲作为挒”。还有人认为“以手臂的侧击为挒”。《八法秘诀》对挒的解释为：“旋转若飞轮，投物于其上，脱然掷丈寻，君不见漩涡，卷浪若螺纹，落叶堕其上，倏尔便沉沦。”

实战中挒法可以使对方被困住，难以脱身，摔跌翻倒。挒劲在太极拳中是一个重要的劲法，在各式太极拳中，许多技术招式中或多或少都有挒劲，如在杨式太极拳的拳势中，野马分鬃是一个典型动作。而且，挒劲按照方向，可分为正、反、横、闪等多种方法。例如，吴式太极拳的斜飞势为斜挒，陈式太极拳的野马分鬃为穿靠挒，孙式太极拳的单鞭为横平挒，等等。

肘劲 太极拳劲法术语。太极拳中按照四个斜方向，分四隅劲。肘法属于四隅方法，肘劲泛指通过肘尖发出的力。“肘”，语出《八门五步》“肘，东北，坤”。

《太极拳势图解》将肘解释为：拳术家以肘击人为“肘”，太极拳用肘之法皆为“肘”。《太极拳讲义》将肘解释为：各派拳术中都有用肘的地方，而别派用肘多以臂直抵敌胸腹各部，只有太极拳用肘多在推、挤、拥、靠中求其妙用。《杨式太极拳》道，“被捋者摺肘以使用肘法”“肘下沉化开靠劲”。徐致一将肘定义为：“以肘击人或者用肘沉带对方手臂的动作。”《八法秘诀》对肘的解释为：“方法有五行，阴阳分上下，虚实须辨清，连环势莫当，开花捶更凶，六劲融通后，运用始无穷。”

在太极八法中，所有用词都是动词，唯有“肘”为人体部位，是名词。有人认为肘是河南话，意思是向上举，北方叫“掫”（zhōu），意思是从一侧或一端托起重物，生活中指当人非常气愤时，将桌子等物体掀翻。从太极八法分析，有由下向上的掤劲，有由外向内为主的捋劲，有由上向下为主的按劲，有由内向外的挤劲，有由上向斜下的採劲，有由斜上到斜下顺向用力而复逆向用劲的挒劲，有平行向下或上用力的靠劲，唯独缺少由下向上的劲别。因此，有人认为肘实际上是北方人说的撅，其含义是由下向斜上方的一种旋转力，恰似把人体比作桌子，而将人掀翻抛出，存此一说。

肘劲借助肘的部位，可以产生较大的冲击力，实战中肘法短促，如肘击反关节等，可以使对方翻跌或被掀倒。在陈式太极拳的拳势中，退步压肘是一个典型的运用肘劲的动作。

靠劲　太极拳劲法术语。太极拳中按照四个斜方向，分四隅劲。靠法属于四隅方法，以肩为主要部位，通过重心整体移动产生较大的冲力。“靠”，语出《八门五步》“靠，西南，艮”。“靠”字，本义为倚靠、挨近、依靠。

《太极拳势图解》将靠的方法解释为：靠即依，依附于他物。太极拳近身时以肩胯击人即为靠，有肩靠胯打之说。《太极拳讲义》将靠的方法解释为：靠就是偎、依的意思。拳术中有靠手、靠打等名词。太极拳中靠手尤为重要。因为无论何势不相靠不能懂劲，都能沾连黏随以击敌人。徐致一将靠定义为：靠是用肩去靠击对方的动作，它同时是不及换手时趁势追击的一种方法。《四十八式太极拳》一书将靠定义为：“肩、背或上臂向斜处发力。”《八法秘诀》对靠的解释为：其法分肩背，斜飞势用肩，肩中还有背，一旦得机势，轰然如捣碓，仔细维重心，失中徒无功。

常用的靠有肩靠、胯靠、臂靠、臀靠、背靠。实战中，靠法可以使对方被撞击跌出。在杨式太极拳的拳势中，白鹤亮翅等拳势中有此方法，在大捋中非常明显。

中土常守　太极拳技术术语，亦称中土不离位。中是东西南北中的中，土是金木水火土的土，二者都是指中心。练拳或者技击时都须牢记不离开中心，即不离开人的重心。

听劲　太极推手劲法术语。太极拳强调舍己从人的感知力，在推手中，意识专注，用肢体皮肤触觉感知对方各种劲力变化的过程称听劲。听劲语意源于《太极拳论》的“一羽不能加，蝇虫不能落”“人不知我，我独知人”“任他巨力来打我，牵动四两拨千斤”。《陈式太极拳》注：“所谓听劲，乃是由皮肤的触觉和内体感觉来探测对方劲的大小、长短和动向的意思。”运用听劲时，应“先将己身呆力俗气抛弃，放松腰腿，静心思索，而敛气凝神以听之”（《太极拳刀剑杆散手合编》）。

听劲与摸劲、懂劲相似。通常只是声音才用耳听，似乎用皮肤“听”劲不合常理，事实上，听劲一词既巧妙又有科学性。首先，听代表对事物感知的细腻和精确。按照接触的感知部位，听劲可分为骨感听之、皮感听之、毫感听之，三种听劲感知的力度依次降低，敏感度依次提高。其次，从耳的生理结构和功能看，耳确实参与听劲。人体平衡依赖于视觉、本体感觉、前庭三个系统，称三联平衡。耳又称位听器，不仅是听觉，也是位觉和平衡的重要器官，半规管和前庭是接收头部位置改变和加减速度指令的感受器。太极推手实际上就是保持自己平衡、破坏对方平衡的运动，所以，用耳听劲具有科学性。最后，听劲是耳听、眼观及周身肌肤触觉的综合感知。

听劲，需要懂劲，才能听出对方劲源、劲点、劲路、劲向和劲度，其核心是把握力的三要素，进而控制对方，达到“舍己从人，从人由己”的境界。听劲训练也是锻炼平衡能力、预防前庭功能低下造成身体失衡的重要运动处方。

四两拨千斤　太极推手劲法术语。“四两拨千斤”语出《太极拳论》：“察四两拨千斤之句，显非力胜。”即用巧力，是以巧破千斤，而不是用拙力，你来力，我去力，互相顶撞，形成“顶牛”之势。太极拳技法要求以小力胜大力，以弱胜强，力从人借，这是符合力学原理的。四两拨千斤常用方法如下：①用叠加力，即顺着对方来力的方向，及时加少量力，即能使对方重心不稳而跌出，这是借人之力最常用的方法。②用惯性力，物体有保持自身静止或运动的特征，力学上叫惯性。比如，人站在行驶的汽车里，是在与汽车同时向前运动，当急刹车时，人就向前倾斜或跌倒。用力推击对方时，如对方用力抵抗，我立即松手撤力（术语叫空劲），对方身体受到惯性的支配，会不由自主地继续向前，失去平衡，此时若再轻轻一拨，对方便可跌出。③用旋转力，如当对方以右手击我左肩时，我应顺着对方来力的方向转腰不动步避让，并立即以右手击其左肩，无须用很大的力，就能使对方身体旋转，进入不稳状态。④将自身练成“气球体”，随时运用屈伸的螺旋缠丝劲，遇来力随化随发，或者趁对方旧力已尽、新力未生的一刹那，运用四两之力，即可使对方失去重心而跌倒。

弹簧劲　太极拳劲法术语。太极拳通过将身体对拉拔长的动作产生掤劲。特别是陈式太极拳，要求发力做到松、活、弹、抖，其劲力连绵不断，螺旋出入，酷似波动弹簧之形，故而有人称太极拳掤劲是一种连绵的弹簧劲。

懂劲　太极推手劲法术语。太极拳把能够感知、控制、应用劲力的能力称为懂劲。懂劲，也称知劲，与听劲相似，能够听出劲力变化就是一种懂劲。“懂”，语出王宗岳《太极拳论》：“粘即是走，走即是粘；阴不离阳，阳不离阴；阴阳相济，方为懂劲。”王宗岳说：“由着熟渐悟懂劲，由懂劲而阶及神明。”太极拳把着熟、懂劲、神明作为三个练习阶段。只有把着（招），也就是拳势动作练习熟练后，才能逐渐达到懂劲。习练太极拳的第一阶段，主要是掌握动作的起止点、运行路线、肢体方位角度等形体姿态，去僵求柔，去拙求巧，所谓“拳打千遍，其理自现”。懂劲是核心阶段，包括知己和知彼功夫。知己就是在自己行拳走架中，能够明白劲力运行路线，掌握劲力的发放，练出刚柔并济的内劲；知彼就是在自己知劲的基础上，在推手技击中，能够听出对方劲力变化，进一步控制对方劲路，最终随曲就伸，不丢不顶，引进落空，舍己从人，听化拿发。懂劲之后，进一步训练，当技艺高度自动化后将进入神明阶段。

懂劲需要练劲，练劲就要明白太极劲力的属性、练习方法和步骤。太极拳的劲力主要按照阴阳属性分为柔劲（阴劲）和刚劲（阳劲）。练习方法突出功法和套路，采用先柔后刚，先单练再对练，先功法再套路，先套路再推手，先推手再散手的步骤，循序渐进，方可练出劲，应用劲，达到懂劲。

以意领气，气贯全身　太极拳劲法术语，与“以心行气，以气运身”意思相同。太极拳主要是练脑、练气和练身，其中练脑最为重要。大脑是全身的司令部，它发出的命令就是意，意到哪里，气就跟到哪里。以意领气，气就能将血运送到全身各个角落，起到健身、防身的作用。习练太极拳要以意领气，沉于丹田，继之以意将丹田之气通过脊背和腰胯贯于四肢，遍及全身。

需要长期锻炼才能达到以意领气、气贯全身的境界。关键是要做到精神集中，肢体放松，提高大脑支配神经系统、控制全身的能力，达到气贯全身的最初感觉。当意贯四梢（两手指尖、两足脚趾）时，指尖发麻、发胀。初练时精神紧张、动作速度较快是达不到以意领气、气贯全身的，锻炼时间长了，动作缓慢下来，在周身放松的情况下就会有感觉。用心练拳，记住要点，才能感觉到气感。

人身亦太极　太极拳劲法术语。人身亦太极是指将人体比喻为膨胀的太极球体。郝月如说：“太极即是周身，周身即是太极。如同气球，前进不凸，后退不凹，左转不缺，右转不陷。”练太极时要求人身像五张弓：两臂不要挺直，要有弧度，像两张弓；两腿同样像两张弓；上体也像一张弓，且像一张立着的弓，颈椎和尾闾是弓的两个弓梢，腰为弓把，腰际向后撑拉，若两臂向前掤圆，加上头部上领，脚底下沉，人身即如同一个球体。如再加上“以意领气，气贯全身”，全身即形成一个充满气的球体。太极分阴阳，这个球体亦分阴阳，即前掤、后撑，上领下沉，支撑八面。如此，人体在形成球体后，遇力之后左旋右转即行化解，发力之时沿着球的切线将对方掷出。

刚柔相济　太极拳劲法术语。太极拳中把短促、快速、脆硬、明劲以直击进攻为主的发力称为刚劲，把沉长、柔缓、粘连、暗劲、多呈螺旋形运动的发力称为柔劲。刚劲与柔劲交替使用，称为刚柔相济。

“刚柔”语出《周易·系辞上》：“刚柔相推而生变化。”“刚柔相摩，八卦相荡。”《周易·系辞下》：“刚柔相推，变在其中。”刚指阳爻，柔指阴爻，六十四卦中刚爻与柔爻互相推动。孔颖达疏：“刚柔相推而生变化，是变化之道在刚柔相推之中。刚柔即阴阳也，论其气，即谓之阴阳，语其体，即谓之刚柔也。”

刚柔相济，又称刚柔并济、外刚内柔等。一般传统武术讲究刚中寓柔，柔中寓刚，刚柔相济。但是，各门各派在刚柔比重上不尽相同，有刚柔参半，有七刚三柔，有三刚七柔，也有外刚内柔和外柔内刚等不同的劲道要求。马凤图的《游艺录·渤海通备八极合赞》中有：“岳山八极，开门短拳，七刚三柔，龙翔虎潜。”《总论拳手内劲刚柔歌》云：“……唯有五阴并五阳，阴阳（刚柔）无偏称妙手。”螳螂拳也将其技击方法按其刚柔权重分为八刚十二柔，强调遇弱则刚，猛若潮瀑，逢刚宜柔，随隙而入，刚柔相济，是为得法。

刚发柔化　太极拳劲法术语。太极拳中把短促、快速、脆硬、明劲以直击进攻为主的发力称为刚劲，把沉长、柔缓、粘连、暗劲、多呈螺旋形运动的发力称为柔劲。刚是劲力发放或主动出击，柔是劲力转化或化解攻击。刚柔概念源出《周易·系辞上》“刚柔相推而生变化”、《周易·屯·彖》“刚柔始交而难生”、《周易·小畜·彖》“柔得位而上下应之”等。传统太极拳中常用刚柔作为对立而统一的矛盾双方的代称。俞大猷在《剑经》中有“刚在他力之前、柔乘他力之后”“旧力略过，新力未发”“顺人之势，借人之力”的精辟论断，包含刚发柔化的技术和战术。

刚发是直接抢在对方出击之前，直击对方重心，击必中，中必摧；柔化是接对方来力，通过转移力点改变力向，使对方进攻落空。

《打手歌》中有“引进落空合即出”“牵动四两拨千斤”的技术方法，突出柔化。形意拳讲究“硬打硬进无遮拦”“打人如蒿草”，彰显刚发。

在技击中，刚发柔化也是一种战术。例如，柔化，当对方发力完成，让过对方攻击点，就是一种不接触的柔化；刚发，在对方用力之后尚难以再蓄劲，不能产生二次攻击之际，击打对方重心，刚发是最佳时机。

松紧 太极拳劲法术语。松紧是太极拳控制肌肉和意识的状态。关键在于内劲难得，而得内劲的诀窍在于松静。欲松先要静。松的反面是紧，因之要松，精神上勿紧张，在走架中体会松。一般说放松，是指从头到脚都要放松，即全身务必松透，以达周身一家，上下贯穿，形成有机的整体，发出整劲。

松的诀窍在两肩、两胯和脊椎。其中尤以腰、胯难松，要点在于收尾根和裹裆。收尾根需与含胸、拔背及竖项相结合，使脊椎上下相争，各节松开直垂于地。松腰是命门向后拉，还要配合呼吸和意念，但要自然呼吸，意念勿重。吸气时意入腰间，丹田处略有收缩之意；呼气时意自腰发，略加提顶之意，丹田处向外鼓撑。在健身方面，松有疏通经络、加快血液循环、调和阴阳的作用。在技击方面，体松则步活、身灵、上下协调、首尾相随。有松才有紧，松是蓄力的过程，紧是骤然发动的结果。松得愈透，发劲愈烈。

经典拳论

编者按：

太极拳的经典拳论在传承中可能存在不同版本，各版本之间可能存在少量语句差异。

《太极拳十要》 传统杨式太极拳经典拳论，杨澄甫口述，陈微明笔录。《太极拳十要》简要概括了太极拳练习的10个要领：虚领顶劲、含胸拔背、松腰、分虚实、沉肩坠肘、用意不用力、上下相随、内外相合、相连不断、动中求静。

《拳经总歌》 见于陈氏两仪堂本拳谱。歌词显然受戚继光《拳经》影响，为总括太极拳五路、长拳108势一路及炮捶一路之理法。唐豪考定《拳经总歌》为陈王廷原著。

《拳经总歌》是太极拳技法理论之一，重点介绍了一些太极拳招法的使用方法和特点，如劈打推压、扳撂横採等，不仅有技法，还有战术，如佯输诈走、引诱回冲等。这些动作似乎与一般武术拳种的区别不大，但是“诸靠缠绕”一句似乎提示了陈式太极拳缠丝的劲法特点。

全文如下。

纵放屈伸人莫知，诸靠缠绕我皆依。
劈打推压得进步，扳撂横採也难敌。
钩掤逼揽人人晓，闪惊巧取有谁知？
佯输诈走谁云败，引诱回冲致胜归。
滚拴搭扫灵微妙，横直劈砍奇更奇。
截进遮拦穿心肘，迎风接步红炮捶。
二换扫压挂面脚，左右边簪庄跟腿。
截前压后无缝锁，声东击西要熟识。
上笼下提君须记，进攻退闪莫迟迟。
藏头盖面天下有，攒心剁肋世间稀。
教师不识此中理，难将武艺论高低。

《太极拳经谱》　陈鑫（1849—1929）所著《陈氏太极拳图说》将此列为卷首（卷一之前别列一卷，以示重要），是一首拳理歌诀，是太极拳总体理论之一。这首歌诀，在阴阳统御下，从对立统一的视角对太极拳的屈伸、虚实、收放、高低等动作做了通俗的解说，其中采用了日月、如虎下山等形象化的比喻。

全文如下。

太极两仪，天地阴阳，
阖辟动静，柔之与刚。
屈伸往来，进退存亡，
一开一合，有变有常。
虚实兼到，忽见忽藏，
健顺参半，引进精详。
或收或放，忽弛忽张，
错综变化，欲抑先扬。
必先有事，勿助勿忘，
真积力久，质而弥先。
盈虚有象，出入无方，
神以知来，智以藏往。
宾主分明，中道皇皇，
经权互用，补短截长。
神龙变化，俦测汪洋？
沿路缠绵，静运无慌。
肌肤骨节，处处开张，
不先不后，迎送相当。
前后左右，上下四旁，
转接灵敏，缓急相将。
高擎低取，如愿相偿，
不滞于迎，不涉于虚。
至诚运动，擒纵由余，
天机活泼，浩气流行。
佯输诈败，制胜权衡，
顺来逆往，令彼莫测。
因时制宜，中藏妙诀，
上行下打，断不可偏。
声东击西，左右威宣，
寒往暑来，谁识其端？
千古一日，至理循环，
上下相随，不可空谈。
循序渐进，仔细研究，
人能受苦，终跻浑然。
至疾至迅，缠绕回旋，
离形得似，何非月圆。
精练已极，极小亦圈，
日中则昃，月满则亏。
敌如诈诱，不可紧追，
若逾界限，势难转回。
况一失势，虽悔何追？
我守我疆，不卑不亢。
九折羊肠，不可稍让，
如让他人，人立我跌。
急与争锋，能上莫下，
多占一分，我据形胜。
一夫当关，万人失勇，
沾连黏随，会神聚精。
运我虚灵，弥加整重，
细腻熨帖，中权后劲。
虚笼诈诱，只为一转；
来脉得势，转关何难？
宜中有虚，人己相参；
虚中有实，孰测机关？
不遮不架，不顶不延，
不软不硬，不脱不沾。

突如其来，人莫知其所以然，只觉如风摧倒。

跌翻绝妙，灵境难以言传。

试一形容：

手中有权，宜轻则轻，斟酌无偏；宜重则重，如虎下山。

引视彼来，进由我去；来宜听真，去贵神速。

一窥其势，一觇其隙，有隙可乘，不

敢不入。

失此机会，恐难再得！一点灵境，为君指出。

至于身法，原无一定，无定有定，在人自用。

横竖颠倒，立坐卧挺，前俯后仰，奇正相生。

迴旋倚侧，攒跃皆中（皆有中气放收，宰乎其中）。千变万化，难绘其形。气不离理，一言可罄。

开合虚实，即为拳经。

用力日久，豁然贯通，日新不已，自臻神圣。

浑然无迹，妙手空空，若有鬼神，助我虚灵，岂知我心，只守一敬！

《太极拳推原解》 陈鑫著，是一篇论证太极拳理的论文。

全文如下。

斯人父天母地，莫非太极阴阳之气酝酿而生。天地固此理，三教归一亦此理，即宇宙之万事万物，又何莫非此理！况拳之一艺，焉能外此理而另有一理？

此拳之所以以“太极”名也。拳者，权也，所以权物而知其轻重者也！然其理实根乎太极，而其用不遗乎两拳。且之人一身，浑身上下都是太极，即浑身上下都是拳，不得以一拳目拳也！其枢纽在一心：

心主乎敬，又主乎静。

能敬而静，自葆虚灵。

天君有宰，百骸听命。

动则生阳，静则生阴。

一动一静，互为其根。

清气上升，浊气下降。

百会中极，一体管键。

初学用功，先求伏应。

来脉转关，一气相生。

手眼为活，不可妄动。

其为气也，至大至刚。

直养无害，充塞天地。

配义与道，端由集义。

浑灏流行，自然一气。

轻如杨花，坚如金石。

虎威比猛，鹰扬比疾。

行同乎水流，止侔乎山立。

进为人所不及知，退亦人所莫名速。

理精法密，条理缕析。

放之则弥六合，卷之则退藏于密。

其大无外，其小无内。

中和元气，随意所之。

意之所向，全神贯注。

变化犹龙，人莫能测。

运用在心，此是真诀！

不偏不倚，无过不及。

内以修身，外以制敌。

临时制宜，只因素裕。

不即不离，不沾不脱。

接骨斗笱，细心揣摩。

真积力久，升堂入室。

《太极拳总论》 原题《总论》，又名《总论拳手内劲刚柔歌》《太极拳阴阳总论》，陈鑫著，是论述刚柔之间关系的一篇拳论，是太极拳总体理论之一。

这首歌诀阐述了对太极拳刚柔的配比要求。这里没有说明何为刚、何为柔，是一种练习体悟的表述。阴代表柔，阳代表刚，从肌肉用力的程度，加上形象比喻，解释了太极拳所要求的刚柔比例，重在刚柔并济，肌肉的收缩和舒张恰到好处，协调用劲即为“五阴并五阳”，称为妙手。

全文如下。

纯阴无阳是软手，纯阳无阴是硬手。

一阴九阳根头棍，二阴八阳是散手。

三阴七阳犹觉硬，四阴六阳显好手。

惟有五阴并五阳，阴阳无偏称妙手。

妙手一着一太极，空空迹化归乌有。

《用武要言》　陈长兴著，陈式太极拳经典拳论之一。1935年，陈绩甫（陈照丕）编著《陈氏太极拳汇宗》时收入此论。此论包括要诀、战斗篇和古人语等，是太极拳技击理论之一。

有研究者认为此篇拳论实际上是形意拳《九要论》与《交手法》的改写。从攻防角度分析，此篇拳论具有技击的价值，重点讲解了格斗中的技术方法和战略战术。

全文如下。

要诀云：捶自心出，拳随意发，总要知己知彼，随机应变。

心气一发，四肢皆动。足起有地，动转有位。或粘而游，或连而随；或腾而闪，或折而空；或掤而捋，或挤而捺。

拳打五尺以内，三尺以外；远不发肘，近不发手。无论前后左右，一步一捶。遇敌以得人为准，以不见形为妙！

拳术如战术：击其无备，袭其不意，乘击而袭，乘袭而击。虚而实之，实而虚之；避实击虚，取本求末。出遇众围，如生龙活虎之状；逢击单敌，似巨炮直轰之势。

上、中、下一气把定，身、手、足规距绳束。手不向空起，亦不向空落，精敏神巧全在活。

古人云：能去，能就，能刚，能柔，能进，能退。不动如山岳，难知如阴阳，无穷如天地，充实如太仓；浩渺如四海，眩耀如三光。察来势之机会，揣敌人之短长。静以待动，动以处静，然后可言拳术也！

要诀云：借法容易上法难，还是上法最为先。

战斗篇云：击手勇猛，不当击梢，迎面取中堂；抢上抢下势如虎，类似鹰鹞下鸡场。翻江泼海不须忙，单凤朝阳最为强；云背日月天交地，武艺相争见短长。

要诀云：发步进入须进身，身手齐到是为真。法中有诀从何取？解开其理妙如神。

古有闪、进、打、顾之法：何为闪？何为进？进即闪，闪即进，不必远求！何为打？何为顾？顾即打，打即顾，发手便是！

古人云：心如火药，手如弹，灵机一动，鸟难逃。身似弓弦，手似箭，弦响鸟落显神奇。

起手如闪电，电闪不及合眸；袭敌如迅雷，雷发不及掩耳。

左过右来，右过左来；手从心内发，落向前面落。力从足上起，足起犹火作。

上左须进右，上右须进左。发步时足跟先着地，十趾要抓地。步要稳当，身要庄重。去时撒手，着人成拳，上下气要均停，出入以身为主宰；不贪不歉，不即不离。拳由心发，以身催手，一肢动百骸皆随。一屈统身皆屈；一伸统身皆伸；伸要伸得尽，屈要屈得紧。如卷炮卷得紧，崩得有力。

战斗篇云：不拘提打、按打，击打、冲打，膊打、肘打，胯打、腿打，头打、手打，高打、低打，顺打、横打，进步打、退步打，截气打、借气打以及上下百般打法，总要一气相贯。

“出身先占巧地”，是为战斗要诀。骨节要对，不对则无力；手把要灵，不灵则生变。发手要快，不快则迟误；打手要狠，不狠则不济。脚手要活，不活则担险；存心要精，不精则受愚。

发身要鹰扬猛勇，泼辣胆大，机智连环，勿畏惧迟疑。如关临白马，赵临长坂。

神威凛凛，波开浪裂，静如山岳，动如雷发。

要诀云：人之来势，务要审察，足踢头前，拳打膊下。侧身进步，伏身起发。足来提膝，拳来肘拨。顺来横击，横来捧压；左来右接，右来左迎。远便上手，近便用肘；远便足踢，近便加膝。

拳打上风，审顾地形，手要急、足要轻，察势如猫行。心要整、目要清，身手齐到始为真。手到身不到，击敌不得妙；手到身亦到，破敌如摧草。

战斗篇云：善击者，先看步位，后下手势。上打咽喉下打阴，左右两肋并中心。前打一丈不为远，近打只在一寸间。

要诀云：操演时，面前如有人；对敌时，有人如无人。面前手来不见手，胸前肘来不见肘。手起足要落，足落手要起。

心要占先，意要胜人，身要攻人，步要过人。头须仰起，胸须现起。腰须竖起，丹田须运起。自顶至足，一气相贯。

战斗篇云：胆战心寒者，必不能取胜；不察形势者，必不能防人。

先动为师，后动为弟。能教一思进，莫教一思退，胆欲大而心欲小。“运用之妙，存乎一心”而已！一理运乎二气，行乎三节，现乎四梢，统乎五行。时时操演，朝朝运化；始而勉强，久而自然！拳术之道学，终于此而已矣！

《太极拳十大要论》　陈长兴著，是陈式太极拳经典拳论之一，也是太极拳总体理论之一。

此论与《用武要言》同样被一些研究者认为是形意拳《九要论》与《交手法》的改写。此论较为全面地阐释了太极拳的理论内容，包括一理、二气、三节、四梢、五脏、三合、六进、身法、步法、刚柔等。

全文如下。

一理第一

夫物散必有统，分必有合。天地间，四面八方，纷纷者各有所属；千头万绪，攘攘者必有其源。盖一本可散为万殊，而万殊咸归于一本。拳术之学，亦不外此公例。

夫太极拳者，千变万化，无往非劲。势虽不侔，而劲归于一。夫所谓一者，自顶至足，内有脏腑筋骨，外有肌肤皮肉，四肢百骸相联而为一者也。破之而不开，撞之而不散。上欲动而下自随之，下欲动而上自领之；上下动而中部应之，中部动而上下和之。内外相连，前后相需。所谓一以贯之者，其斯之谓欤！

而要非勉强以致之袭焉！而为之也，当时而动，如龙如虎，出乎尔而急如电闪；当时而静，寂然湛然，居其所而稳如山岳。且静无不静，表里上下，全无参差牵挂之意；动无不动，前后左右，均无游疑抽扯之形。洵乎若水之就下，沛然莫能御之也。若火机之内攻，发之而不及掩耳。不假思索，不烦拟议，诚不期然而已然。

盖劲以积日而有益，功以久练而后成。观圣门一贯之学，必俟多闻强识，格物致知，方能有功。是知事无难易，功惟自进，不可躐等，不可急就；按步就序，循序渐进。夫而后百骸筋节自相贯通，上下表里不难联络，庶乎散者统之，分者合之，四肢百骸总归于一气矣！

二气第二

天地间，未有一往而不返者，亦未尝有直而无曲者矣。盖物有对待，势有回还，古今不易之理也。故尝有世之论捶者而兼论气者矣！

夫主于一、何分为二？所谓二者，即呼吸也。呼吸，即阴阳也。捶不能无动静，气不能无呼吸。呼则为阳，吸则为阴；上升为阳，下降为阴；阳气上升而为阳，阳气下行而为阴；阴气上升即为阳，阴气下行仍为阴。此阴阳之所以分也。

何谓清浊？升而上者为清，降而下者为浊。清者为阳，浊者为阴。然分而言之为阴阳，浑而言之统为气。气不能无阴阳，即所谓人不能无动静，鼻不能无呼吸，口不能无出入，而所以为对待、回还之理也。然则气分为二，而贯之于一。有志于是途者，甚勿以是为拘拘焉耳！

三节第三

夫气本诸身，而身节部甚繁，若逐节论之，则有远乎拳术之宗旨；惟分为三节而论，可谓得其截法。

三节，上、中、下，或根、中、梢也。

以一身言之：头为上节，胸为中节，腿为下节。

以头面言之：额为上节，鼻为中节，口为下节。

以中身言之：胸为上节，腹为中节，丹田为下节。

以腿言之：胯为根节，膝为中节，足为梢节。

以臂言之：膊为根节，肘为中节，手为梢节。

以手言之：腕为根节，掌为中节，指为梢节。

观于此，而足不必论矣！然则自顶至足，莫不各有三节也。要之，即莫非三节之所，即莫非着意之处。盖上节不明，无依无宗；中节不明，满腔是空；下节不明，颠覆必生。由此观之，身三节部，岂可忽也！

至于气之发动，要从梢节起，中节随，根节催之而已。此固分而言之，若合而言之，则上自头顶，下至足底，四肢百骸，总为一节，夫何为三节之有哉！又何三节之中各有三节云乎哉！

四梢第四

试于论身之外，而进论四梢。夫四梢者，身之余绪也。言身者初不及此，言气者亦所罕闻。然捶以由内而发外，气本诸身而发梢，气之为用，不本诸身则虚而不实，不行于梢则实而仍虚。梢亦可弗讲乎？若手、指、足，特论身之梢耳！而未及梢之梢也！

四梢惟何？发其一也。夫发之所系，不列于五行，无关于四体，是无足论矣！然发为血之梢，血为气之海。纵不本诸发，而论气，要不可离乎血以生气；不离乎血，即不得不兼乎发。发欲冲冠，血梢足矣！

抑舌为肉之梢，而肉为气之囊。气不能行诸肉之梢，即气无以充其气之量。故必舌欲催齿，而肉梢足矣！

至于骨梢者，齿也。筋梢者，指甲也。气生于骨而联于筋，不及乎齿，即不及乎骨之梢；不及乎指甲，即不及乎筋之梢；而欲足尔者，要非齿欲断筋、甲欲透骨不能也！果能如此，则四梢足矣！

四梢足，而气自足矣！岂复有虚而不实、实而仍虚之弊乎！

五脏第五

夫捶以言势，势以言气。人得五脏以成形，即由五脏而生气。五脏实为性命之源，生气之本，而名为心、肝、脾、肺、肾也。心属火，而有炎上之象；肝属木，而有曲直之形；脾属土，而有敦厚之势；肺属金，而有从革之能；肾属水，而有润下之功。此乃五脏之义，而犹准之于气，皆有所配合焉。凡世之讲拳术者，要不能离乎斯也。

其在于内，胸廓为肺经之位，而肺为五脏之华盖；故肺经动，而诸脏不能不动也。两乳之中为心，而肺抱护之；肺之下、膈之上，心经之位也。心为君，心火动，而相火无不奉命焉，而两乳之下，右为肝，左为脾，背之十四骨节为肾。至于腰，为两肾之本位，而肾为先天之第一，又为诸脏之根源。故肾气足，则金、木、水、火、土无不各显生机焉！此论五脏之部位也。

然五脏之存乎内者，各有定位，而见于身者，亦有专属。但地位甚多，难以尽述。大约身之所系，中者属心，窝者属肺，骨之露处属肾，筋之联处属肝，肉之厚处属脾。想其意：心如猛，肝如箭，脾之力大甚无穷，肺经之位最灵变，肾气之动快如风。是在当局者自为体验，而非笔墨所能尽罄者也！

三合第六

五脏既明，再论三合。夫所谓“三合”者：心与意合，气与力合，筋与骨合，内三合也；手与足合，肘与膝合，肩与胯合，外三合也。

若以左手与右足相合，左肘与右膝相合，左肩与右胯相合，右三与左亦然。以头与手合，手与身合，身与步合，孰非外合！心与目合，肝与筋合，脾与肉合，肺与身合，肾与骨合，孰非内合！然此特从变而言之也。

总之，一动而无不动，一合而无不合，五脏百骸悉在其中矣！

六进第七

既知三合，犹有六进。夫“六进”者何也？头为六阳之首，而为周身之主，五官百骸，莫不体此为向背，头不可不进也！手为先锋，根基在膊，膊不进则手却不前矣！是膊亦不可不进也！气聚于腕，机关在腰，腰不进则气馁，而不实矣！此所以腰贵于进者也！意贯周身，运动在步，步不进则意索然而无能为矣！此所以必取其进也！以及上左必进右，上右必进左，共为六进。

此六进者，孰非著力之地欤！要之，未及其进，合周身毫无关动之意；一言其进，统全体全无抽扯之形。六进之道，如是而已！

身法第八

夫发手击敌，全赖身法之助，身法维何？纵、横、高、低、进、退、反、侧而已！

纵，则放其势，一往而不返。

横，则理其力，开拓而莫阻。

高，则扬其身，而身有增长之意。

低，则抑其身，而身有攒促之形。

当进则进，殚其力而勇往直前。

当退则退，速其气而回转扶势。

至于反身顾后，后即前也。

侧顾左右，左右恶敢当我哉！

而要非拘拘焉！而为之也，察夫人之强弱，运乎己之机关。有忽纵而忽横，纵横因势而变迁，不可一概而推。有忽高而忽低，高低随时以转移，岂可执一而论。时而宜进，不可退，退以馁其气；时而宜退，即以退，退以鼓其进。是进固进也，即退亦实以助其进。若反身顾后，而后不觉其为后；侧顾左右，而左右不觉其为左右。总之，观在眼，变化在心，而握其要者，侧本诸身。身而前，则四体不命而行矣！身而怯，则百骸莫不冥然而处矣！身法，顾可置而不论乎！

步法第九

今夫四肢百骸，主于动，而实运以步。步者，乃一身之根基，运动之枢纽也！以故应战、对战，本诸身；而所以为身之砥柱者，莫非步！随机应变，在于手；而所以为手之转移者，又在于步。进退反侧，非步何以作鼓动之机？抑扬伸缩，非步何以示变化之妙？即谓“观察在眼，变化在心”，而转弯抹角，千变万化，不至穷迫者何？莫非步之司命！而要非勉强可致之也！

动作出于无心，鼓舞出于不觉。身欲动，而步以为之周旋；手将动，而步亦早为之催迫。不期然而已然，莫之驱而若驱。所谓“上欲动而下自随之”，其斯之谓欤！

且步分前后。有定位者，步也；无定位者，亦步也！如前步进，而后步亦随之，前后自有定位也；若前步作后步，后步作前步，更以前步作后步之前步，后步作前步之后步，前后亦自有定位矣。

总之，捶以论势，而握要者，步也！活与不活，在于步；灵与不灵，亦在于步。步之为用大矣哉！

刚柔第十

夫拳术之为用，气与势而已矣！然而气有强弱，势分刚柔。气强者取乎势之刚，气弱者取乎势之柔。刚者以千钧之力而扼百钧，柔者以百钧之力而破千钧。尚力尚巧，刚柔之所以分也！

然刚柔既分，而发用亦自有别。四肢发动，气行诸外而内持静重，刚势也；气屯于内而外现轻和，柔势也。用刚不可无柔，无柔则环绕不速；用柔不可无刚，无刚则催逼不捷。刚柔相济，则粘、游、连、随、腾、闪、折、空、掤、捋、挤、捺，无不得其自然矣！刚柔不可偏用，用武岂可忽耶！

《走架打手行工要言》　李亦畬著。文章从如何引进落空展开分析，论证只有“触之则旋转自如，无不得力，才能引进落空，四两拨千斤”，并从知己知彼两方面分析技术结构，最后引用其胞弟李启轩所言，将引进落空的技术喻为以人蹬球，形象生动地揭示了太极推手的原理，很有实践指导意义。全文见人民体育出版社《太极拳谱》卷三。

《争走要诀》　陈式太极拳拳论，陈鑫作，太极拳技击理论之一。此诀阐述了争夺时机的原则，讲如何“据上游”争取机势，从时空上占据优势，立于不败。全文见人民体育出版社《太极拳谱》卷十三。

《阴阳诀》　杨式太极拳传统歌诀，据传为杨班侯所作，太极拳理论之一，阐释太极拳刚柔变化要求。此诀采用七言八句的形式，讲阴阳所代表的刚柔、开合等一对对矛盾变化。

全文如下。

太极阴阳少人修，吞吐开合问刚柔。
正隅收放任君走，动静变化何须愁？
生克二法随着用，闪进全在动中求。
轻重虚实怎的是？重里现轻勿稍留。

《虚实诀》　杨式太极拳传统歌诀，据传为杨班侯所作，太极拳理论之一，阐释虚实变化的重要性。此诀采用七言八句的形式，论述虚实变化。

全文如下。

虚虚实实神会中，虚实实虚手行功。
练拳不谙虚实理，枉费功夫终无成。
虚守实发掌中窍，中实不发艺难精。
虚实自有虚实在，实实虚虚攻不空。

《太极拳发蒙缠丝劲论》　陈式太极拳重要拳论，陈鑫著，是一篇讲缠丝劲法的专论。

全文如下：

太极拳，缠丝也。缠法如螺丝形运于肌肤之上，平时运动，恒用此劲，故与人交手，自然此劲行乎肌肤之上而不自知。非久于其道，不能也。其法有进缠，退缠；左缠，右缠；上缠，下缠；里缠，外缠；顺缠，逆缠；大缠，小缠。而要莫非以中气行乎其间，即引即进，皆阴阳互为其根之理也。或以为软手，手软何能接物应事？若但以迹象视之，似乎不失于硬，故以为软手。其周身规矩：顶劲上领，裆劲下去（要撑圆，要合住）；两肩松下，两肘沉下，两手合住，胸向前合；目勿旁视，以手在前者为的；顶不可倒塌，胸中沉心静气；两膝合住劲，腰劲下去；两足常用钩劲，须前后合住劲。外面之形，秀若处女，不可带张狂气；一片幽闲之神，尽是大雅风规。至于手中，其权衡皆本于心，物来顺应，自然合进退、缓急、轻重之宜。此太极之阴阳相停，无少偏倚，而为开合之妙用也。其为道岂浅鲜哉！

《搿手十六目》 陈式太极拳重要拳论，陈鑫著，又称《推手十六目》。此论是太极推手理论之一，阐释了推手的技术方法和运动过程。

全文初步总结了推手过程的基本技术环节，是对引进落空技术的进一步阐发。十六目以“较接沾黏，因依连随，引进落空，得打疾断”四言十六字为要目，作者对此十六字逐一诠释。

全文如下。

一、较：是较量高低。

二、接：是两人以手相接也。

三、沾：是手与手相沾，如“沾衣欲湿杏花雨”之“沾”。

四、黏：如胶漆之黏，是人既沾我手，不能离去。

五、因：是因人之来。

六、依：是我靠住人身。

七、连：是手与手相接连。

八、随：是随人之势以为进退。

九、引：是诱之使来，牵引使近于我。

十、进：是令人前进，不使逃去。

十一、落：如落成之“落”，檐水下滴于地；又如叶落于地。

十二、空：宜读去声。人来欲击我身，而落空虚之地。

十三、得：是我得机、得势。

十四、打：是机势可打，乘机打之。

十五、疾：是速而又速。稍涉延迟，即不能打，机贵神速。

十六、断：是决断。一涉游疑，便失机会，过此不能打矣！

《打穴歌》 陈式太极拳要论，陈鑫作，为四句七言歌诀。本篇是《陈氏太极拳图说》中“重要穴目”所列人体重要穴位之后的一个总结，旨在说明打穴的作用。

全文如下。

身似弓身劲似弦，穴如的兮手如箭。

按时发兮须忖正，千万莫要与穴偏。

《习拳大歌》 太极拳歌诀，和式太极拳名家和庆喜所作。此诀阐述了习练太极拳的内外要领和注意事项。

全文如下。

习拳之道多留心，神敛肌松态自然。腰脊中正虚领顶，气达周身督脉贯。虚虚实实明阴阳，身灵步活弗缰绊。拳守四法晓六合，上走下随意欲先。松肩沉肘气蓄下，妙运精气润心田。招路多拟立圆行，缠绵软柔劲相连。节节体骸归一元，能分易合臻化境。循势舍己借彼力，遂阳就阴达真玄。入门捷径须口授，功夫真善凭自修。盘架有时贵于恒，子卯时分莫间断。学好太极岂曰难，老幼强弱皆宜练。若问习拳有何益，延年益寿身自安。

《敷字诀解》 李亦畬所作。

全文如下。

“敷”，所谓“一言以蔽之”也。人有不习此技而获闻此诀者，无心而白于余。始而不解，及详味之，乃知“敷”者，包获周匝，“人不知我，我独知人”。气虽尚在自己骨里，而意恰在彼皮里膜外之间，所谓“气未到而意已吞”也。妙绝！妙绝！

《太极拳小序》 李亦畬所作，主要是对当时太极拳的发展和自己的研拳经历的记载描述，为后世研究太极拳的重要历史文献资料。

全文如下。

太极拳不知始自何人。其精微巧妙，王宗岳论详且尽矣！后传至河南陈家沟陈姓，神而明者，代不数人。我郡南关杨某，爱而往学焉。专心致志十有余年，备极精巧。旋里后，市诸同好。母舅武禹襄见而好之，常与比较。彼不肯轻以授人，仅能得其大概。素闻豫省怀庆府赵堡镇有陈姓名清平者，精于是技。逾年，母舅因公赴豫省，过而访焉。研究月余，而精妙始得，神乎技矣！

予自咸丰癸丑，时年二十余，始从母舅学习此技，口授指示，不遗余力。奈予质最鲁，廿余年来，仅得皮毛。窃意其中更有精巧。兹仅以所得笔之于后，名曰“五字诀”，以识不忘所学云。

光绪辛巳中秋念六日亦畬氏谨识

《释原论》 武澄清所作，为最早注释王宗岳《太极拳论》的作品。

全文如下。

动：“动之则分，静之则合”。分为阴阳之分，合为阴阳之合，太极之形如此。分合皆谓己而言。“人不知我，我独知人”，懂劲之谓也，揣摩日久自悉矣。

引：“引进落空合即出”“四两拨千斤”，合即拨也，此字能悟，真有夙慧者也。

夫练太极拳者须知阴阳，辨识虚实明，然后知进退，固是进中有退，退仍是进，退中隐有进机，此中须有转合。身法要有虚领顶劲，拔背含胸，气沉丹田，裹裆护肫。精神总要提起，则周身旋转自如。两手支撑八面，活似车轮，所向无敌。人劲方来，未能发出，我即打去，此谓打闷劲；人劲已来，我早静待，着身即使打去，此谓打来劲；人已落空，欲将换劲，我随之打去，此谓打回劲。由此体验，留心揣摩，自然从心所欲，阶及神明矣。

“左重”“右重”“仰之”“俯之”“进之”“退之”，是谓人也。“左虚”“右杳”“弥高”“弥深”“愈长”“愈促”，是谓己亦谓人也。虚、杳、高、深、长，是人觉如此，我引彼落空也。“退之则愈促”，迫彼无容身之地，如悬崖勒马，非懂劲不能走也。此六句，上、下、左、右、前、后之谓是矣。

“偏沉则随，双重则滞”，是比“活似车轮”而言，乃己之谓也。一边沉则转，两边重则滞，不使双重，即不为人制矣！是言己之病也。硬则如此，软则随，随则舍己从人，不致胶柱鼓瑟矣！

《五字诀》 李亦畬所作，主要讲述太极拳意气与技法的配合。

《五字诀》揭示了太极拳的技术要素，要求是心静、身灵、气敛、劲整、神聚，简称心、身、气、劲、神五字诀。心静是保持警觉的状态，关注对方劲的变化，始终保持意识领先对方，看似自己被动，其实是根据对方变化而变化，是完全的客观变化。身灵是通过虚实、轻重、进退的变化使身体如车轮般灵活转动。气敛是呼吸的原则，以劲力发放为标准，呼为开，为发；吸为合，为蓄。劲整是发力顺序从下由脚而到上肢手指，全身节节贯穿，通过神经调动，募集更多肌肉有序参与发劲，加大发劲力度，最终贯穿全身。神聚是指神经系统对全身的调控，产生气势，体悟劲力在全身的传递过程，最终在五大基本要素的共同作用下，形成精湛的太极拳技艺。

全文如下。

一曰心静：心不静则不专，一举手前后左右全无定向，故要心静。起初举动未能由己，要息心体认，随人所动，随曲就伸，不丢不顶，勿自伸缩。彼有力，我亦有力，我意在先；彼无力，我亦无力，我意仍在先。要刻刻留意，挨何处，心要用在何处，须向不丢不顶中讨消息。从此做去，一年半载，便能施于身。此全是用意，不是用劲。久之，则人为我制，我不为人制矣！

二曰身灵：身滞则进退不能自如，故要身灵。举手不可有呆像。彼之力方碍我皮毛，我之意已入彼骨内。两手支撑，一气贯穿。左重则左虚，而右已去；右重则右虚，而左已去。气如车轮，周身俱要相随。有能不相随处，身便散乱，便不得力，其病于腰腿求之。先，以心使身，从人不从己；后，身能从心，由己仍是从人。由己则滞，从人则活。能从人，手上便有分寸。秤彼劲之大小，分厘不错；权彼来之长短，毫发无差。前进后退，处处恰合，功弥久而技弥精矣！

三曰气敛：气势散漫，便无含蓄，身易散乱。务使气敛入脊骨，吸呼通灵，周身罔间。吸为合、为蓄，呼为开、为发。盖吸则自然提得起，亦拿得人起；呼则自然沉得下，亦放得人出。此是以意运气，非以力使气也！

四曰劲整：一身之劲，练成一家。分清虚实，发劲要有根源：劲起于脚跟，主于腰间，形于手指，发于脊骨。又要提起全副精神，于彼劲将发未发之际，我劲已接入彼劲。恰好不先不后，如皮燃火，如泉涌出。前进后退，无丝毫散乱。曲中求直，蓄而后发，方能随手奏效。此所谓“借力打人”“四两拨千斤”也！

五曰神聚：上四者俱备，总归神聚。神聚则一气鼓铸，炼气归神，气势腾挪；精神贯注，开合有致，虚实清楚。左虚则右实，右虚则左实。虚，非全然无力，气势要有腾挪；实，非全然占煞，精神要贵贯注。紧要全在胸中、腰间变化，不在外面。力从人借，气由脊发。胡能气由脊发？气向下沉，由两肩收于脊骨，注于腰间，此气之由上而下也，谓之“合”；由腰行于脊骨，布于两膊，施于手指，此气由下而上也，谓之“开”。合便是收，开即是放。能懂开合，便知阴阳。到此地位，功用一日，技精一日，渐至从心所欲，罔不如意矣！

《懂劲先后论》 传统太极拳论，作者待考。该论论述懂劲的含义及其技击特征。

全文如下。

夫未懂劲之先，长出顶、匾、丢、抗之病；既懂劲之后，恐出断、接、俯、仰之病。然未懂劲，故然病出；既懂劲，何以出病乎？

缘劲似懂未懂之际，正在两可，断接无准矣，故出病；神明及犹不及，俯仰无著矣，亦出病。若不出断接俯仰之病，非真懂劲，弗能不出也！

胡为“真懂”？因视听无由未得其确也，知瞻眇顾盼之视觉，起落缓急之听知，闪还撩了之运觉，转换进退之动知，则为真懂劲！则能接及神明；及神明，自攸往有由矣！有由者，由于懂劲，自得屈伸动静之妙；有屈伸动静之妙，开合升降又有由矣！由屈伸动静，见入则开，遇出则合；看来则降，就去则升。夫而后才为真及神明矣！

明也，岂可日后不慎行坐卧走、饮食溺溷之功？是所谓及中成、大成也哉！

《十三势说略》 又名《太极拳经》《十三势论》。作者有多种说法，唐豪考证为武禹襄。开头第一句各本略有不同，一种为“每一动，惟手先着力，随即松开，尤须贯串一气，不外起、承、开、合。始而意动，即而劲动，转接要一线串成”（武禹襄手抄本）。一种为“未有天地之前，太空无垠之中，浑然一气，乃为无极。无极而太极。太极者，天地之根亥，万物之原始也”（见孙剑云《太极拳学》中的“武禹襄太极拳论”）。一种为“一举动，周身俱要轻灵，尤须贯串”，此种最常见。

此拳论主要阐述了太极拳用劲原理、推手劲法原理以及拳法演练的运动要求。

1. 太极拳用劲原理

此拳论揭示了太极拳的用劲方法和过程。“惟手先着力”说明动作的着力点是手，而“随即松开”是讲劲力贯通的条件，主要是各大关节的骨缝撑开，关节周围肌肉保持适度用力状态，然后在意识引导下，由脚、腿、腰、手指形成一个整体的有序的运动链，将劲力传递到最终的着力点。

2. 推手劲法原理

“斯其根自断”“虚实宜分清楚”“若将物掀起，而加以挫之之力”是说在推手和实际应用中，要找准对方的重心所在，通过上下、虚实变化，破坏对方重心，达到不战而胜的目的。

3. 拳法演练的运动要求

“主宰于腰”“总须完整一气”“周身节节贯穿”说明太极拳运动的核心法则，重在全身的整体贯通，如果出现散乱的错误，必腰腿求之。

全文如下。

每一动，惟手先着力，随即松开。犹须贯串一气，不外起、承、转、合。始而意动，既而劲动，转接要一线串成。

气宜鼓荡，神宜内敛。勿使有缺陷处，勿使有凹凸处，勿使有断续处。其根在脚，发于腿，主宰于腰，形于手指。由脚而腿、而腰，总须完整一气，向前、退后，乃能得机得势，有不得机得势处，身便散乱，必至偏倚，其病必于腰腿求之。上下、前后、左右皆然。

凡此皆是意，不是外面。有上即有下，有前即有后，有左即有右。如意要向上，即寓下意。若将物掀起，而加以挫之之力，斯其根者断，乃坏之速而无疑。

虚实宜分清楚，一处自有一处虚实，处处总有此一虚实。周身节节贯串，勿令丝毫间断。

《太极拳论》 又名《太极拳经》。此文最初是武禹襄于咸丰二年（1852 年）在河南舞阳县某盐店发现的一本残抄拳谱，旧谱署名“山右王宗岳”。

这是到目前为止较为公认的太极拳经典理论，虽然个别观点认为此论有不实之处，甚至有“伪”的成分，但是其中所包含的太极拳原理在实践中的意义不容置疑。因此，这里重点解释其主要思想。

1. 太极拳运动总纲

此论在阴阳哲理层面揭示出太极拳运动的总纲是动与静、分与合、刚与柔、曲与伸、急与缓等矛盾双方的有机统一。由此确立了太极拳的阴阳运动总纲。

2. 太极拳技击原则

太极拳技击原则有人刚我柔、我顺人背、左重则左虚、右重则右杳、仰之则弥高、俯之则弥深、人不知我、我独知人、四两拨千斤等，体现了太极拳技击反者道之动的逆向思维特点，表现为慢打快、小胜大、老御青的独特技击原则。

3. 太极拳技术要求

虚领顶劲是对头颈部的要求，气沉丹田是对呼吸的要求，不偏不倚、立如平准是对身型的要求，活似车轮是对四肢运动的要求。由此，构成了太极拳运动技术体系的要求。

4. 太极拳训练过程

由着熟而渐悟懂劲，由懂劲而阶及神明，懂劲后愈练愈精等，描述了太极拳训练的程序是外形的着，内在的劲，内外统一的神明（达到自动化运动能力）。这个过程需要默识揣摩、用力久，需要较长的练习时间和较大的运动负荷，同时必须身心统一地投入。

原文节录如下。

太极者，无极而生，动静之机，阴阳之母也。动之则分，静之则合。无过不及，随曲就伸。人刚我柔谓之“走”，我顺人背谓之“黏”。动急则急应，动缓则缓随。虽变化万端，而理唯一贯。由着熟而渐悟懂劲，由懂劲而阶及神明。然非用力之久，不能豁然贯通焉！

虚领顶劲，气沉丹田，不偏不倚，忽隐忽现。左重则左虚，右重则右杳。仰之则弥高，俯之则弥深。进之则愈长，退之则愈促。一羽不能加，蝇虫不能落。人不知我，我独知人。英雄所向无敌，盖皆由此而及也！

斯技旁门甚多，虽势有区别，概不外壮欺弱、慢让快耳！有力打无力，手慢让手快，是皆先天自然之能，非关学力而有为也！察“四两拨千斤”之句，显非力胜；观耄耋能御众之形，快何能为？！

立如平准，活似车轮。偏沉则随，双重则滞。每见数年纯功，不能运化者，率皆自为人制，双重之病未悟耳！

欲避此病，须知阴阳：粘即是走，走即是粘；阴不离阳，阳不离阴；阴阳相济，方为懂劲。懂劲后愈练愈精，默识揣摩，渐至从心所欲。

本是“舍己从人”，多误“舍近求远”。所谓“差之毫厘，谬之千里”，学者不可不详辨焉！是为论。

《打手歌》　又名《挤手歌》，王宗岳作。

《打手歌》说明了太极推手的4个主要技法，即掤、捋、挤、按，传统说法是四正手，此外有採、挒、肘、靠四种技法，这里没有提及。推手方法的核心是上下相随，产生整体而灵活的劲。然后，通过改变对方施加在我身体上的力点、力向、力路，在对方失去重心的瞬间，本能地反向运动时，借到对方力再加上自己的顺随劲，产生合力，使对方跌出。这个运动过程要求能感知到对方力，即听劲，同时保持沾连不脱离、不硬顶的运动状态，化解对方千斤力的攻击。

原文节录如下。

掤捋挤按须认真，上下相随人难进。
任他巨力来打我，牵动四两拨千斤。
引进落空合即出，沾连黏随不丢顶。

《十三势歌》　又名《十三势行功歌》，王宗岳作。

1. 太极拳核心内容

十三势特指八法（掤、捋、挤、按、採、

挒、肘、靠）加五步（进、退、顾、盼、定），也可以说是八种劲法和五种步法。八五之数暗合八卦与五行的哲学理数。

2. 太极拳运动原则

太极拳运动原则为：要用意，关注虚实，使气遍身躯，腹内松静，气腾然，在不知不觉中修炼太极拳技艺。

3. 太极拳运动目的

太极拳以十三势为练习内容，通过意气的运动，实现益寿延年的健身目的。

全文如下。

十三总势莫轻视，命意源头在腰隙。
变转虚实须留意，气遍身躯不稍滞。
静中触动动犹静，因敌变化示神奇。
势势存心揆用意，得来不觉费工夫。
刻刻留心在腰间，腹内松静气腾然。
尾闾中正神贯顶，满身轻利顶头悬。
仔细留心向推求，屈伸开合听自由。
入门引路须口授，功夫无息法自修。
若言体用何为准？意气君来骨肉臣。
详推用意终何在？益寿延年不老春。
歌兮歌兮百四十，字字真切义无遗。
若不向此推求去，枉费功夫贻叹息。

武禹襄解摘录如下。

以心行气，务沉着，乃能收敛入骨，所谓“命意源头在腰隙”也（腰隙俗称“腰眼”，即左右两肾）。意气须换得灵，乃有圆活之趣，所谓“变转虚实须留意”也。立身中正安舒，支撑八面；行气如九曲珠，无微不到，所谓“气遍身躯不稍滞”也。发劲须沉着松静，专注一方，所谓“静中触动动犹静”也。往复须有折叠，进退须有转换，所谓“因敌变化示神奇”也。曲中求直，蓄而后发，所谓“势势存心揆（音葵，估量）用意，刻刻留心在腰间”也。精神能提得起，则无迟重之虞（音鱼，忧虑），所谓“腹内松静气腾然”也。虚领顶劲，气沉丹田，不偏不倚，所谓“尾闾正中神贯顶，满身轻利顶头悬”也。以气运身务顺遂，乃能便利从心，所谓“屈伸开合听自由”也。心为令，气为旗，神为主帅，腰为驱使，所谓“意气君来骨肉臣”也。

《十三势行功心解》　又名《十三势行功要解》，传是武禹襄所作。这是十三势的解释篇，其中进一步解释了太极拳的基本原理。

此文与武禹襄抄遗的《太极拳系列》相似。

1. 太极拳技术要求原理

此论解释太极拳是意气运动，身型要求中正安舒、支撑八面等，身法要求折叠、转化，运动状态是动静统一等。

2. 太极拳发劲原理

发劲的前提是蓄劲如张弓，劲力源头是整体身型下的力由脊发，达到发劲似放箭的功效。

全文如下。

以心行气，务令沉着，乃能收敛入骨；以气运身，务令顺遂，乃能便利从心。精神能提得起，则无迟重之虞，所谓头顶悬也。意气须换得灵，乃有圆活之趣，所谓变化虚实是也。发劲须沉着松静，专注一方。立身须中正安舒，支撑八面。行气如九曲珠，无微不到。运动如百炼钢，何坚不摧。形如搏兔之鹄，神如捕鼠之猫。静如山岳，动若江河。蓄劲如张弓，发劲如放箭。曲中求直，蓄而后发。力由脊发，步随身换。收即是放，放即是收，断而复连。往复须有折迭，进退须有转换。极柔软然后极坚刚；能呼吸然后能灵活。气以直养而无害，劲以曲蓄而有余。心为令，气为旗，腰为纛。先求开展，后求紧凑。方臻于缜密也。

又曰：先在心，后在身。腹松净，气敛入骨，神舒体静，刻刻在心。切记一动无有不动，一静无有不静。牵动往来气贴背，敛入脊骨。内固精神，外示安逸。迈步如猫行，运劲如抽丝。全身意在精神，不在气，有气则滞。有气者无力，无气者纯刚。气如车轮，腰如车轴。

《四字秘诀》　最早见于李亦畬自藏抄本，为武禹襄所作，主要讲推手的技法要领，为推手的用劲原理。“敷”是调整自己身型，产生松沉的整体劲，置于对方来劲点的上面，静听对方的变化，就像将一块大布覆盖在对方身上，使之难以动弹；“盖”是进一步找准对方的来劲部位；“对”是针对对方的使劲点，将其完全控制住；“吞”是将对方来力像吃东西一样吞入，意思是化解来力。

全文如下。

四字秘诀：敷、盖、对、吞。

“敷：敷者，运气于己身，敷布彼劲之上，使不得动也。”

“盖：盖者，以气盖彼来处也。”

“对：对者，以气对彼来处，认定准头而去也。”

“吞：吞者，以气全吞而入于化也。”

《撒放秘诀》　李亦畬所作，主要讲推手实战中的技法要领。

“擎、引、松、放”四字，有四不能：“脚手不随者不能，身法散乱者不能，一身不成一家者不能，精神不团聚者不能。欲臻此境，须避此病，不然，虽终身由之，究莫名其精妙矣！”

《撒放秘诀》的“撒放”，即发放，指太极推手发劲。秘诀，含有珍秘诀窍和深藏不露的意思。

全文如下。

擎起彼身借彼力（中有灵字）。

引到身前劲始蓄（中有敛字）。

松开我劲勿使屈（中有静字）。

放时腰脚认端的（中有整字）。

“擎起彼身借彼力（中有灵字）”中，“擎”有掤意，实质是沾而化之。太极推手基本手法中掤是化按的，掤则沾之使起，从而化解敌力，达到顺势借彼力。“中有灵字”中，“灵”即身灵。身滞则进退不能自如，故要身灵。“擎起彼身”的关键在于腰腿的灵活，手和臂的触觉灵敏，然后达到“擎起彼身借彼力”的效果。

“引到身前劲始蓄（中有敛字）”中，“引”意指引导，牵引也。引是发劲过程中的一个环节，即所谓化引拿发。引是将敌劲引到身前适当位置，给发劲创造条件，也是蓄劲的过程，蓄之既久，其发必速。“中有敛字”中，“敛”字在于“气敛入脊骨”，气敛入脊骨要通过含胸拔背，将丹田之气调到脊骨（约手掌大的地方），此时为吸、为合、为蓄。“引到身前劲始蓄”中有个时间和距离的问题，如在未引到身前时就蓄足了劲，当引到身前时，已泄去了部分劲，势必发劲不充分；又如，未引到身前就发劲，势必造成远距离发放，其结果不是失效就是收效甚微。

“松开我劲勿使屈（中有静字）”中，“松开我劲”指拿定对方劲的瞬间，要使自身肌肉筋骨尽量放松，松的程度愈大，爆发力就愈强；若肢体不松，拙力僵劲滞留于筋骨血脉之间，一旦发劲，则是力大劲小，爆发力微乎其微。“勿使屈”是说松开我劲之时要求松柔不软，不然反被对方乘机侵入。“中有静字”中，“静”即心静，心静则意专，细心体认拿住对方之顷刻，松开我劲，得实而发。得实即得机。

拳谚云："机势瞬息变，迟疑必失机。"所以，在这关键的一刹那要做到体松、心静、勿使屈，为放劲做好准备。

"放时腰脚认端的（中有整字）"中，"放"指劲力的发放，简称发劲。凡得机得势即可发劲。发劲要有腰腿功夫，劲起于脚跟，主宰于腰，发于脊背，行于手指。发劲之时要做好接劲，又称拿劲或捉劲，相当于《四字密诀》中的"对"字。拳谚说，"接劲如落榫：一对准，二吃牢，三落实"。这样发劲则万无一失。"认端的"是指发劲之时要求身躯端正，不倾不斜，此时尾闾收住即中定，所谓蓄发一定间。"中有整字"中，"整"即劲整。发劲时要求劲整，在于发劲之时必须周身一家，发出的劲是全身之力，亦即浑圆之力。

第三部分　太极拳基本技术

说明：本部分是太极拳技术的基础部分，主要从太极拳的基本动作和基本功法两大方面进行说明。

太极拳的基本动作主要包括手型、手法、拳法、掌法（臂法）、肘法、步型、步法、腿法、跳跃与基本的身型、身法、眼法等。基本动作既是练习太极拳套路的基础，也是太极拳初学者的入门功夫，更是学习复杂动作的基础。

基本功法是指完成太极拳所需的人体基本能力，包括心理、生理两个方面。其功法主要包括静功、动功、器械功。这些功法内可调息理气，外可壮力固本，是太极拳初学者进阶的必需步骤。

基本动作

太极拳的基本动作主要包括手型、手法、拳法、掌法（臂法）、肘法、步型、步法、腿法、跳跃与基本的身型、身法、眼法等。基本动作是练习太极拳套路的基础，是初学者的入门功夫，是太极拳训练的必由之路。经常进行基本功和基本动作的练习，可使身体各个关节、韧带的灵活性、柔韧性得到较全面的发展，肌肉的控制能力和必要的弹性得到提高；同时，可对提高动作质量和防止并减少练习中的伤害事故起到重要作用。

手型

手型是指手的几种形态。太极拳中主要有拳、掌、勾 3 种手型，并以掌为主，以拳、勾为辅。传统太极拳中还有指型，如四并指等。

拳　五指自然卷曲，拇指压于食指、中指第二指节上，握拳疏松，拳面齐平，用力适中。不同流派做法如下。

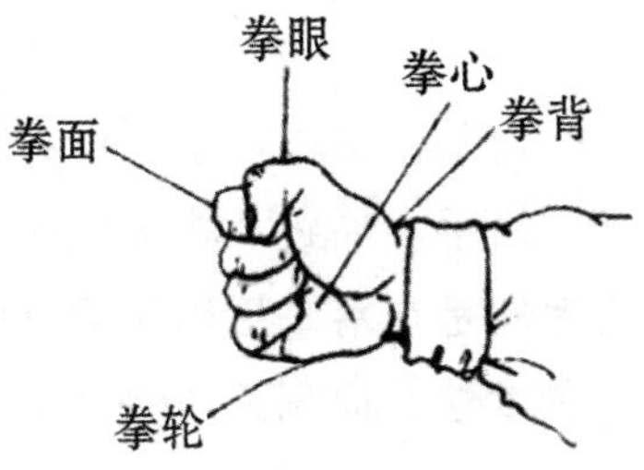

拳型方位图

【陈式】四指并拢卷曲，指尖贴于掌心，然后拇指扣压于食指与中指第二指节上呈拳形，不宜握得过紧。

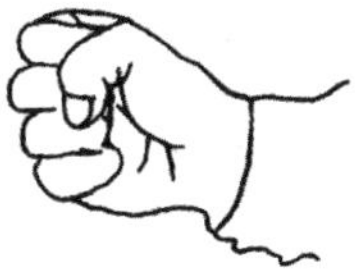

陈式拳型

【杨式】五指自然卷曲，拇指压于食指与中指第二指节上，自然握拢。

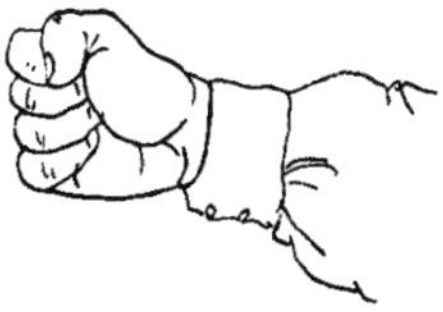

杨式拳型

【吴式】四指自然卷曲，拇指扣于食指与中指第二指节上，不可握得太紧，要有虚实的变化。做法基本同杨式。

【武式】一种做法是四指自然卷曲，拇指扣于食指与中指第二指节上，同杨式。另一种传统做法是在前一种的基础上，拇指第一指节扣在食指第一指节上，四指尖不触掌心，掌心完全含空，称作半握拳。

武式半握拳

【孙式】四指自然卷曲，拇指扣于食指第二指节上，并且拇指够（抵住）中指第二指节，中指尖顶掌心，使拳面略呈螺旋面，微微紧握，用力适中。

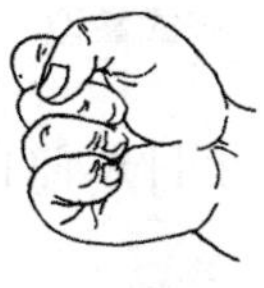

孙式拳型

【和式】四指并拢卷曲，指尖贴于掌心，然后拇指卷曲，贴于食指与中指第二指节上呈拳形，不宜握得过紧。

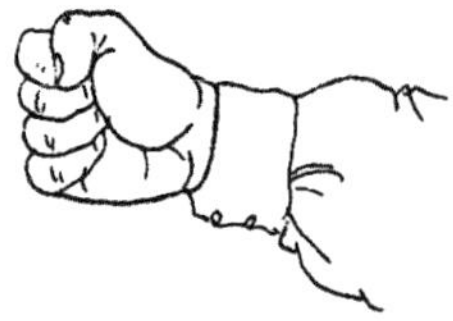

和式拳型

掌 五指自然伸直，分开，掌心含空，虎口撑圆。不同流派做法如下。

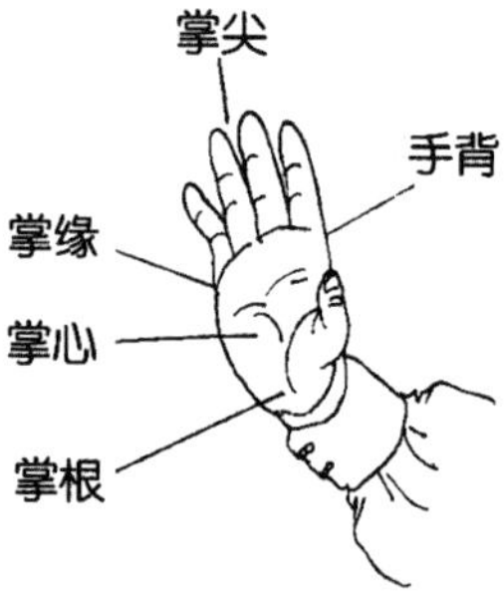

掌型方位图

【陈式】拇指指根与小指指根微内合，拇指指尖后仰，并与食指分开，其余四指微微分开，自然伸直，指尖向后弯曲，五指相错呈螺旋形。

陈式掌型

【杨式】五指自然伸直微分，掌心含空，虎口撑圆。

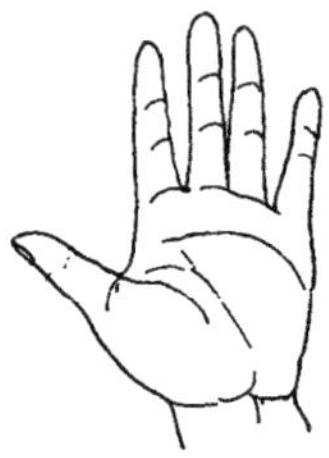

杨式掌型

【吴式】五指自然分开，虎口撑圆，其余四指微分开的距离比杨式的小，全掌呈凹形。

【武式】五指自然分开，手指向掌心侧微屈，掌心内凹，有的练法要求拇指内扣。其伸展程度比杨式大，通常要求手指尖朝上。

【孙式】孙式与武式掌型没有太大区别，只是掌心内凹程度比武式小。

【和式】五指伸直，自然并拢。

勾 屈腕，五指自然内合，指尖捏拢。

勾型

勾常称勾手，又称抓子，也有人叫钩手、钩子、吊手。徐致一将吴式的勾列入拳型，认为勾是在落掌后用手背近腕处攻击人的一种拳法，应列入拳法。也有人认为吴式、陈式勾型相同，先小指，再依次将无名指、中指、食指卷曲，小指指尖紧贴掌根，拇指贴于食指梢节之上。杨式勾手是五指指尖捏拢下垂。在陈式太极拳中，也有人勾尖领先伸出，腕关节不屈。孙式、武式无勾型。不同流派做法如下。

【陈式】五指指尖自然捏拢，腕微伸。掌心含空，呈圆形，其掌心空间比杨式大，五指不可用力。掌心可容一小球，勾顶和腕关节处无绷紧感。

陈式勾型

【杨式】五指第一指节自然捏拢，屈腕。掌心含空，五指不可用力。掌心可容一小球，勾顶和腕关节处无绷紧感。

杨式勾型

【吴式】拇指、食指、中指指尖自然捏拢，无名指、小指屈向掌心，屈腕。掌心含空，但是中间空间很小。

吴式勾型

【和式】五指指尖捏拢，腕自然松垂。

和式勾型

手法

手法指手臂的运使方法。太极拳技法的主体是手法，十三势中前八法主要依靠手法实现，可见其重要性。按手的部位和形状，手法分为掌、拳、肘、臂法。

（1）梢根互领，螺旋出入。手臂分为三节，即手为梢节，肘为中节，肩为根节。凡是手法从近身端向外出时，手领肘，肘领肩，同时肩催肘，肘催手，符合梢领中随根催三节的运动原理。凡从远身端向内收时正好相反，肩（通过松沉）领肘，肘（通过沉坠）领手。在手臂出入的同时，其要以臂的中线为轴顺逆旋转，膀随腕转，腕随掌转，互为其根，上下一线，全凭两手转，符合太极一动无有不动、动之则分、静之则合的要求。

（2）曲蓄有余，劲贯落点。在手法运行中，上肢各个关节都要保持一定的弯曲程度，肌肉要有一定的松软度，放松肩、肘、腕关节，让关节腔内似有骨缝撑开感。整个手臂的肌肉不可强直收缩，用手摸有僵硬感，也不可软缩无力，手触软塌，应做到似松非松，似刚非刚，手臂圆撑。意想整个手臂贯劲，随意想的变化最终将劲力集中到最后的落点上。这种落点可以根据外界情况和意想部位变化，不一定仅限于动作外形的落点，这一点应在练习较熟练时进行，避免练死拳。“因敌变化示神奇”很重要，在落点上最后要有吐力膨胀感，除了真正的发力外，都是意想似水银在臂内流动，练习神经对肌肉的支配力，不一定是肌肉的全力收缩。

拳法

拳法指拳的运使方法。太极拳常用拳法有冲拳、栽拳、搬拳、撇拳、贯拳、撞拳、砸拳、侧崩、弹抖拳等。

冲拳 立拳或平拳自腰间向前打出，高不过肩，低不过胸，力达拳面。

【陈式】由胸前旋臂弹抖打出，松活弹抖，快速发力。

陈式冲拳

【杨式、孙式、吴式、武式】平拳或立拳自腰间向前打出，臂微屈，沉肩坠肘，利用周身合力，力达拳面。

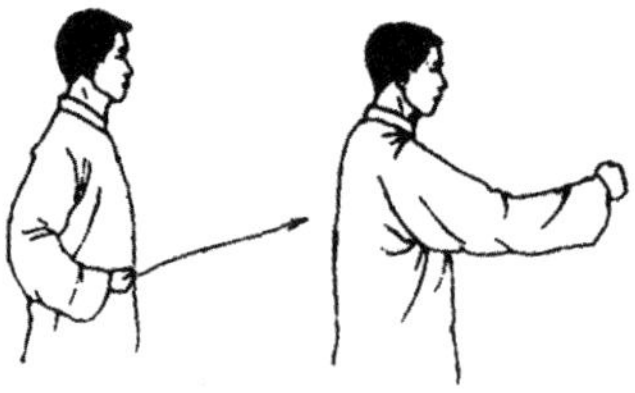

杨式冲拳

【和式】臂由屈到伸，用力向前打出。

和式冲拳

栽拳 拳自耳旁向前下方打出，拳面斜朝下，拳心朝内，高与膝平，臂自然伸直，力达拳面。

栽拳

搬拳 屈臂俯拳，自异侧而上，以肘关节为轴，前臂翻至体前或体侧，手臂呈弧形。

【杨式】一掌下压，另拳经其上向前打出，以肘关节为轴，手外旋，前臂翻至体前，拳心向上。

杨式搬拳

【武式】拳自胸前向前上，以肘关节为轴翻臂而出，与鼻同高，拳心斜向上，拳眼向右或后，力达拳背。

武式搬拳

【孙式】掌内旋，以肘关节为轴，向回、向胸前平屈握拳为搬，拳心朝下，拳眼朝内。

孙式搬拳

撇拳　一手握拳屈臂，拳心朝下，自异侧向前上方翻臂撇打，臂呈弧形。

【**陈式、吴式**】无明显的此动作，但包含此拳法。

【**杨式、吴式、陈式**】都突出了用腰带臂、力达拳背的方法。

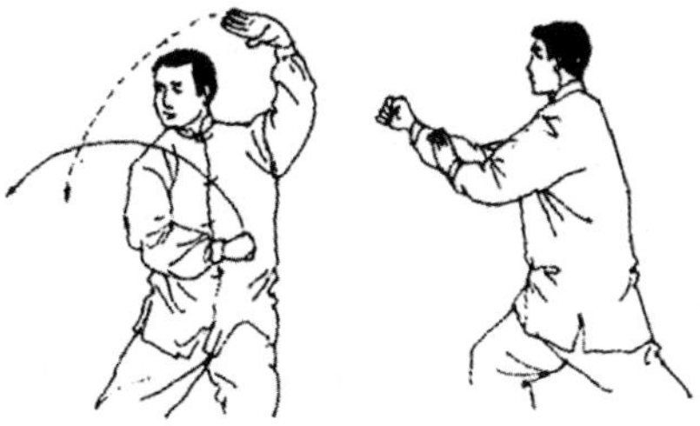

杨式撇拳

贯拳　贯拳分为双贯拳和单贯拳。双贯拳，双拳从斜下方经两侧臂内旋，弧形向前摆动横击，两拳眼相对，与太阳穴同高，两臂均呈半圆形。单贯拳同此要求，拳略高于头。

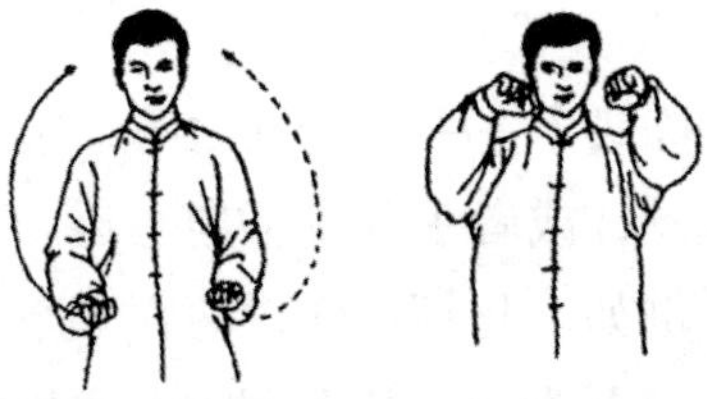

双贯拳

【**吴式、杨式**】臂内旋，双拳经两侧向前弧行合击，两拳眼相对，双拳之间基本上与头同宽。

【**和式**】拳由外向内圈打。

【**武式、陈式、孙式**】无明显的此动作。

撞拳　双拳由左右向下弹抖打出，或者经胸前横抖打击，利用身体各部位螺旋缠绕后快速发力。

【**陈式**】右脚提起，同时，两拳拳心向上，位于胸前，右脚下落，踏地震脚，同时两拳翻转，向下、向前撞击，拳心向下。

陈式撞拳

【**孙式、武式**】双拳拳心向下或向上，通过身体的整体移动，自腰部向前撞击，力达于拳面，臂微屈，目视拳。

孙式撞拳

【**杨式、吴式**】无明显的此动作。

砸拳　陈式太极拳的独特动作。臂呈弧形，拳自上而下砸击，拳心朝上，力达拳背。

砸拳

侧崩　陈式太极拳的独有动作。臂呈弧形，拳由内向外斜下弧形弹抖打出，拳心向内，力达拳轮。

侧崩

弹抖拳　主要指陈式太极拳中一些发力的拳法，如双分横抖、双拳横抖等。其特点是利用身体各部位螺旋缠绕后快速发力。

【**双分横抖**】两臂外翻，双拳经左右向下弹抖打出，拳心向上，力达拳背。

双分横抖

【**双拳横抖**】两拳向右（左），右（左）臂外旋，左（右）臂内旋，两拳经胸前向右（左）横抖打出；右（左）拳心朝上，左（右）拳心斜朝下，力达拳眼。

双拳横抖

掌法（臂法）

掌法指掌的运使方法。太极拳常用掌法有掤、捋、挤、按、单推掌、双推掌、穿掌、搂掌、云手、分掌、插掌、挑掌、架掌等。

掤　太极拳基本技法。掤为太极十三势之首，运用很广，可向任意方向运力。拳家有“太极拳无处不掤”之说。其动作做法：左臂或右臂平屈呈弓形，用前臂外侧和手背向前方推出，高与肩平，掌心朝胸。由胸向前的力，劲含体内，支撑八面，既可缓冲承接来力，又可黏随其势，伺机崩发。

掤

【**陈式**】在手臂全动之下，掌心由内向外缠丝，或者手臂由下向上运动，称为掤劲。例如，起势动作，两臂上举，劲点在腕及前臂为掤。凡上掤时两肩松沉，身体微微下沉，形成上下的对向用力。

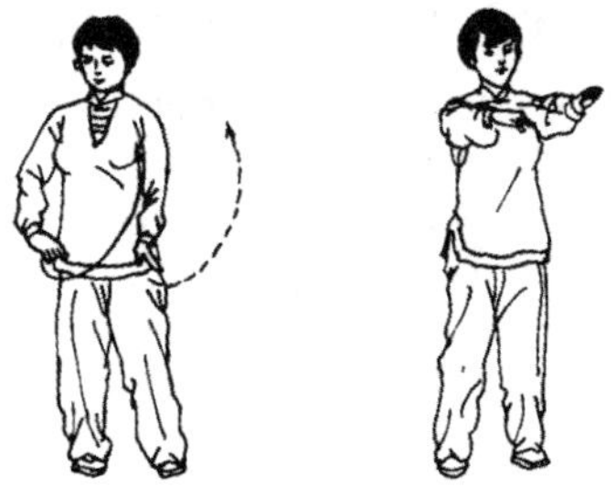

陈式掤

【杨式】屈臂呈弧形横于胸前，掌心对胸口，力达前臂外侧，肘尖下垂，不可软缩，也不可僵硬。

杨式掤

【吴式】一臂呈弧形斜横于胸前，拇指尖对鼻尖，掌心向里对胸口，力达前臂外侧，通常另一掌扶于掤臂腕侧。肘尖下垂，臂呈斜形，既不可软缩，也不可僵硬，劲力上做到掤在臂外侧。

【武式】一臂呈弧形斜竖于同侧胸前，掌心斜向外，手腕与肩平，通常另一手在掤臂手胸同侧，高与胸齐，掌心斜向外，配合掤。臂呈斜形，手不过胸中线。

吴式掤

武式掤

【孙式】手臂由下向上，沉肩坠肘起手。臂微屈，有架、黏之意。

孙式掤

【和式】手臂由下向上、向外托架，劲力圆满，有引领之意。

和式掤

捋　太极拳基本技法。捋法为太极推手八法中四正推手技法之一。一手黏其腕，一手黏其肘臂部，顺其势，以捋劲使对方劲向前或向侧牵引。以左捋为例，右臂微伸，掌心向下，掌指向前；左臂呈圆弧形，掌心向上，掌指向前，置于右前臂下；身体微左转，两掌随转体向下、向左后方弧形牵引至左腹侧，两臂弯曲，改变原劲力的方向。

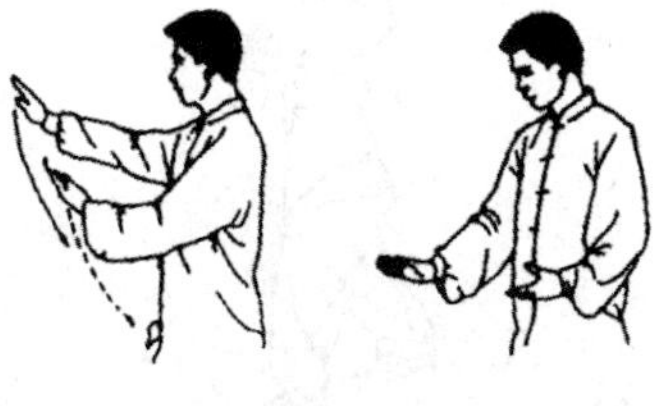

捋

【陈式】在手臂全动之下掌心由外向内缠丝，称为捋劲，如起势。掤起手后，由外向内边缠丝边向右带，也可以向下做捋，方向不定。

陈式捋

【杨式】两掌心斜相对，由体前弧形向腹前侧下收，两肘微屈，用腰带手回捋，动作走弧形。不可硬拉强拽，劲力上做到捋在掌中。

杨式捋

【吴式】一掌掌心斜向下或侧引带，另一掌扶于其腕侧，两肘微屈，用腰带手回捋，动作走弧形。

吴式捋

【武式】两掌心斜相对，由胸前向对侧下方弧形引带；用胸引领两手弧形运动。

武式捋

【孙式】一掌掌心向上，另一掌掌心向下扶于其腕向后、向侧、向下引，沉肩坠肘回带。

孙式捋

【和式】由前向后牵引对方手臂顺我方腰腹而去。

和式捋

挤　太极拳基本技法。以右挤为例，屈右臂，右掌举于胸前，掌心向里，左掌扶于右腕内侧，掌心向外；以右前臂外侧为力点，向前推击；左掌仍扶于右前臂内侧，高与胸平。挤为太极推手四正推手技法之一。挤法通常配合捋法使用，目的是推挤对方，使之失去平衡。挤劲是劲力向前，但进中寓后坐之意。

挤

【陈式】以腰脊为轴左右旋转，逐步将内劲碾转至肩、肘、手为挤劲，如金刚捣碓前掤式、斜形等。两掌要有合力，前挤之中有后撑之力。

陈式挤

【杨式】一臂屈于胸前，另一手扶于屈臂手的腕内侧，两臂同时向前用力；两臂撑圆，低不过胸口，高不过肩，劲力上做到挤在手背。

杨式挤

【吴式】一掌掌心向上，另一掌掌心向下扶于其腕，弧形平圆前伸；划弧前挤。

【武式】双掌内旋，左手在上，右手在下，随着上体向前移动，两手合力向前挤出，有推山撼岳之意。

吴式挤

武式挤

【孙式】一掌掌心向上，另一掌掌心向下，位于其腕内侧，双掌于胸前画立圆前伸；臂有裹劲，搓转挤出。

孙式挤

【和式】一掌提肘翻转至掌心向外，另一掌合力向身侧挤按。

和式挤

按　太极拳基本技法。两掌收于胸前，掌心向前下方，掌指向前上方；两掌向前、向下推按，掌心向前，掌指向上；两臂微屈。按法主要是防守、化解之法。推手时，掌以按法破挤法。按的主要目的是抑制对方来力，使其向下而不能犯上，或者随其势按而发力推按、进攻。按劲整体下沉，劲走下盘。

按

【陈式】身体带动两掌下按，意在掌根。例如，六封四闭。

陈式按

【杨式】单掌或双掌自上向下为下按，自后经下向前弧形推出为前按。两臂不可伸直，劲力上做到按在腰际。

杨式按

【吴式】一掌掌心向前，另一掌扶于其腕，一起前推。掌的劲力由虚变实，突出掌心之劲。

吴式按

【武式】两掌心向外划弧，合力向前下推。两掌合力向前下按，保持手与胸的距离无大的变化，掌不超出脚尖。

武式按

【孙式】掌心向前下或向下沉伸，可以单掌或双掌，利用周身合力。

孙式按

【和式】掌向外推为按。单掌为单按掌，双掌为双按掌。

和式按

单推掌　以右推掌为例。右掌由右耳侧向前推出，掌心向前，掌指向上，力达掌外沿、掌根。

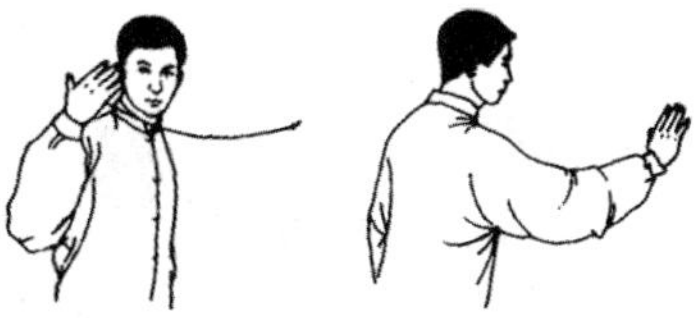

单推掌

【**陈式**】臂内旋，立掌或平掌，经脸颊处向前推出，力达掌根或掌缘。

陈式单推掌

【**杨式**】一手立掌，向前弧形推出。

杨式单推掌

【**吴式**】指尖向前，拇指向上，经耳旁内旋，向前推出，指尖高不过眉。先是指尖领先，由侧掌内旋，通过食指尖领劲变立掌。

吴式单推掌

【**武式**】竖掌，由脸颊向前推出，掌不出脚尖，由胸控制掌。

武式单推掌

【**孙式**】一掌食指尖经口角向前推出，掌心向前。掌心正对前方，不可过分顺肩露出外形。

孙式单推掌

双推掌　双掌自胸前同时向前推出，掌指朝上，宽不过肩，高不过眼，力达掌根。

陈式双推掌

杨式双推掌

吴式双推掌

武式双推掌

孙式双推掌

穿掌　侧掌或平掌沿体前穿伸，指尖与穿伸方向相同，力达指尖。

【陈式】一掌俯掌下压，另一掌经外旋向前或向上螺旋形伸出。中指尖领先含缠丝劲伸出。

陈式穿掌

【杨式】一掌俯掌下压，另一掌经其掌上前伸，或者侧掌沿体前腿内侧穿伸，指尖与穿伸方向相同。转腰送手，力达指尖。

杨式穿掌

【吴式】一掌或两掌呈侧掌，沿体前腿内侧穿伸，指尖与穿伸方向相同。双掌要保持间距不变，转腰送手，力达指尖。

吴式穿掌

【武式】武式大架动作是双掌相随，沿腿内侧穿伸，指尖与穿伸方向相同。武式小架掌经腹前向上、向前弧形伸出。指尖领先保持竖掌。

武式穿掌

搂掌　以左搂为例。左掌于右胸前，掌心斜向后，从右胸前向下、向左弧形搂至左胯外侧，掌心向下，掌指向前。

搂掌

【陈式】左掌经右侧脸颊外旋弧形向下划弧搂掌。臂有缠丝劲力，在旋腰转脊带动下完成。

陈式搂掌

【杨式】右掌由左胸前经腹前向右胯前划弧。以腰带手画平圆。

【吴式】左掌经腹前向左侧划弧，落于左髋旁。指尖朝前，以腰带手画平圆。

杨式搂掌

吴式搂掌

【武式】左掌随转身落于腹前后，向膝前搂至左胯外侧。用同侧胸控制掌的运动。

武式搂掌

【孙式】右掌随转腰向同侧髋前平搂划弧，落于右髋旁。

孙式搂掌

【和式】左脚向左前进步成弓步，身体左转。左掌由胸前绕转至腰左侧，掌心向外，右掌向前成侧立掌。

和式搂掌

云手　两掌在体前或体侧呈平圆（平云掌）或立圆（立云掌）运转。

【陈式】两掌弧形经体前上下前后交替画圆。旋膀转腕，掌心向外云翻转。

陈式云手

【杨式】两掌弧形经体前上下交叉画圆。两臂松沉不可僵硬，以腰带臂；两掌内外旋翻腕，高不过眼，低不过腹。

杨式云手

【吴式】两掌弧形经体前上下左右交叉画圆。掌心翻转，身体侧倾，保持斜中寓正。

吴式云手

【武式】两掌弧形经体前上下交替画圆。两掌指尖朝上，不翻转手腕，用胸指挥手足相随运动。

武式云手

【孙式】两掌弧形经体前上下左右交替划弧。掌心均向外，不翻转手腕，高不过眉。右掌划弧至对侧腋下，不可过分前伸。

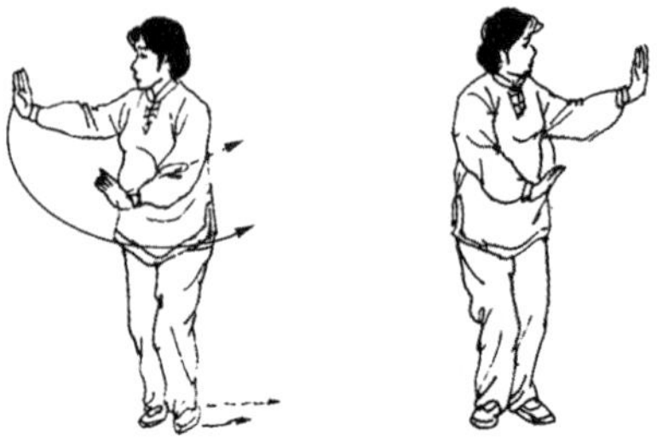

孙式云手

【**和式**】左脚开步成左弓步，右掌向左下方划弧至体前，左掌经胸向左上方划弧至体侧。右胯松沉，重心移至右腿成右弓步，右掌经胸前向右上方划弧，左掌向右下方划弧至体前，两掌成侧立掌。

和式云手

分掌　两掌交叉合抱于胸前，向左右弧形分掌，掌心均向外，掌指向上，两腕与肩同高，称平分掌。两掌交叉或相抱，斜向上或前后分开，称斜分掌。

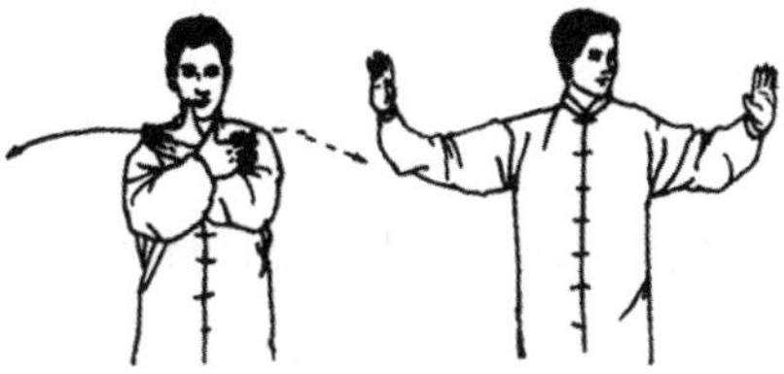

平分掌

【**陈式**】两前臂十字交叉合抱于胸前，右臂向右上方、左臂向左下方弧形旋臂分开，沉腕立掌，掌心朝外，右手腕与肩同高。沉肩坠肘，旋膀转腕，左手顺缠，右手逆缠。

陈式分掌

【**杨式**】两掌合抱于胸前，右手向右前上方划弧，左手向左下方划弧，弧形旋臂分开，两臂呈弧形，不可直臂高举、腕过头顶。

杨式斜分掌

【**吴式**】两掌十字交叉合抱于腰腹前，向左右弧形旋臂变侧掌分开，掌心朝外，一掌在上，一掌在下。

吴式分掌

【**武式**】两掌交叉合抱于胸前，向左右上下分开，右掌心朝外，左掌心向下。两手虎口、手背以及两肩有相吸相系感。

武式分掌

【孙式】两掌心相对合抱于胸前，两掌与脸同宽，向左右平行分开，腕与肩同高。边将两掌心转向外，边两手如捋长杆左右分开，开合手应与胸廓开合相结合。

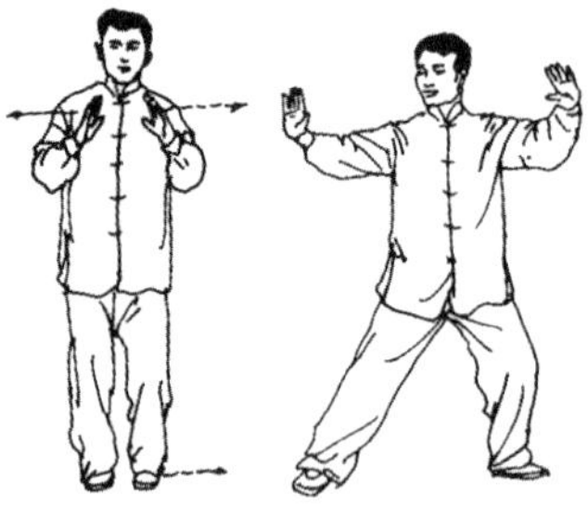

孙式分掌

插掌 臂由屈到伸，直腕向下或向斜下插掌，力达指尖。

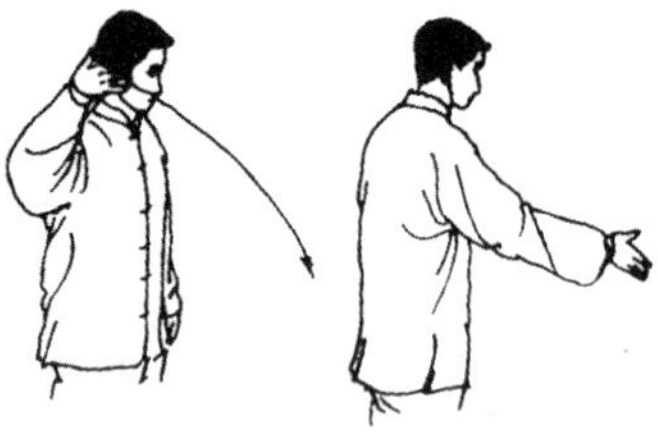

插掌

【杨式】臂由屈到伸，直腕向斜前下方伸出，力达指尖。另一掌按于同侧胯旁。臂自然伸直，力达掌尖。

杨式插掌

【吴式】臂由屈到伸，直腕向斜前下方伸出，力达指尖。另一掌常护于其内侧。

吴式插掌

【武式】武式的插掌为双插掌。两掌分别自胸、耳侧弧形向前插出，前掌与胸平，后掌与头同高，掌心斜相对，指尖向前，力达指尖。

武式双插掌

【陈式、孙式】无明显的此动作。

挑掌 手臂由身体侧下方向上翘腕，立掌上挑，力达四指。

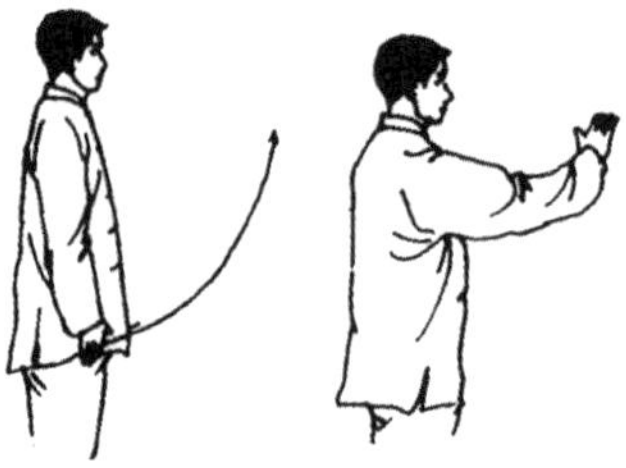

挑掌

【杨式】侧掌自下向上屈臂挑起，掌指向上。指尖高不过眉，肘不贴肋，虚腋。

杨式挑掌

【吴式】侧掌自下向上直臂挑起，拇指尖向上，高不过肩。

吴式挑掌

【孙式】侧掌自下向上屈臂挑起至耳门旁，掌指向上。掌心贴近耳门，肘尖下垂，不贴肋，虚腋。

孙式挑掌

【陈式、武式】无明显的此动作。

架掌 手臂内旋，自下向前上架至头侧上方，臂呈弧形，掌心向外，手高过头。

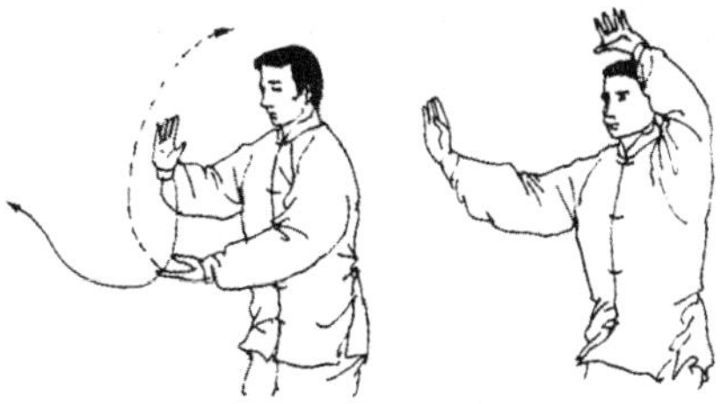

架掌

【杨式】手臂内旋，自下向前上架至头侧上方，臂保持弧形，掌心向外，手高过头。

【孙式】手臂内旋，自下向上架至头前额天庭外，掌心向外。手背贴近额前，臂呈弧形，坠肘。

杨式架掌

孙式架掌

【陈式、吴式、武式】除各自掌型不同、高低幅度略异外，动作基本相同。

抱掌 两掌由身体两侧向胸前划弧，两臂外旋，掌心向后，交叉合抱于胸前。

抱掌

拦掌　掌经身体的一侧向上，立掌向胸前拦掌；掌心朝身体的一侧，掌指斜朝上。

拦掌

开手　两掌心相对，指尖向上，指尖高与肩平，两掌向左右分开，与肩同宽。

开手

【**和式**】重心左移成左弓步，两掌向两侧分开成侧立掌。

和式开手

合手　两掌心相对，指尖向上，指尖高与肩平，慢慢里合，合至两掌间距与脸同宽。

合手

【**孙式**】文字解释同上。

【**武式**】两掌分别自腹前左右向上划弧，合于胸前，虎口斜相对，相距10厘米，掌心向前，指尖斜向上，齐下颌，两臂呈弧形，目视两掌。

武式合手

【**和式**】重心右移，左脚跟步成左虚步，两掌向上、向前合臂成侧立掌。

和式合手

劈掌　手臂由上向下运动，着力点为掌外沿。

和式劈掌

肘法

肘法是太极拳技法之一，是肘的攻防技法运用的总称。动作时，由肩达肘而运之于手，手不离肘，肘不离肋。肘法为近身攻战的主要手段。拳谚云：“远拳近肘贴身靠。”“肘打去意占胸腔。”肘的攻击力很大，有“宁挨十手，不挨一肘”之说。肘法的特点是短、快、脆等。

顶肘　一种集中使用肘部力量的技法，为近身搏击时常用，具有较大的杀伤力，多爆发劲、短劲。

顶肘

肘底看捶　陈式、杨式、和式等太极拳都有该肘法。有“明拳暗肘相交叉，恰似叶底下藏花，左右逢源拳下加，扣腕搓臂施擒拿”之说。

肘底看捶

撞肘　又称顺鸾肘。陈式太极拳典型肘法。双肘盘于胸前，使身、肘合一，两肘同时朝外弹抖，撞击对方。

撞肘

腰拦肘　太极拳肘法之一。右臂屈肘向右前方击出，左掌迎击右肘，右肘横击对方腰肋部位。

腰拦肘

掩肘　太极拳肘法之一。屈肘，前臂由外侧向体前拦格。

掩肘

靠肘　左肘后击，主要用于攻击贴在身后的对方的肋部；同时右拳向前螺旋冲拳，可击对方胸部；前拳后肘。

靠肘

滚肘　屈肘竖于体前，前臂边旋、滚，边向左或右格挡。滚肘主要用于贴住对方手臂滚进前打，或者化解对方进攻手臂的劲力。

滚肘

步型

步型指腿脚的基本形状。拳中有“百练不如一站”之说，这里的“站”包含了各种步型的练习。步型的关键是稳定，步不稳则拳乱，步型的稳定是实现各种技法的保证。

弓步　前脚向前，全脚着地，屈膝半蹲，大腿与地面接近平行，膝部约与脚尖垂直；另一腿自然蹬直，脚尖内扣，斜向前方，全脚着地。

弓步

【陈式】前腿屈膝前弓，全脚着地，大腿高于水平，后腿膝关节微屈，重心偏于前腿；保持开胯圆裆。

陈式弓步

【杨式】前腿全脚着地，屈膝前弓，脚尖朝前；另一腿自然伸直，脚尖内扣朝斜前方约45°。杨式弓步分顺弓步、拗弓步两种，顺弓步指出手和出脚同侧，如左手、左脚在前的单鞭式；拗弓步指异侧手脚在前，如右手、左腿在前的搂膝拗步。顺弓步一般要求两脚之间横向距离为10厘米，拗弓步为20厘米，后胯微屈。

杨式顺弓步

杨式拗弓步

【吴式】前腿屈膝前弓，全脚着地，后腿自然伸直，脚尖内扣，两脚尖朝前，两脚之间横向距离为20～30厘米，如同踏在“川”字的两端，所以又叫川字步；两脚尖朝前，后脚尖外撇不超过20°，前腿膝关节不超出脚尖，身体略微前倾。

吴式弓步

【武式】前腿全脚着地，屈膝前弓，后腿自然伸直。小架的弓步，两脚之间的前脚为虚，后脚为实；尾闾前送，前虚后实，重心靠后。

武式弓步

【和式】前腿屈膝前弓，后腿自然伸直。

和式弓步

侧弓步　此步型多在扣脚转身时用，如弓步前按接十字手。

【杨式、孙式】一腿屈膝侧弓，另一腿向体侧伸出。侧弓腿，膝关节不可过脚尖，两脚近似平行。

侧弓步

仆步　一腿全蹲，大腿和小腿紧靠，臀部接近小腿，全脚着地，膝与脚尖稍外展；另一腿平铺接近地面，全脚着地，脚尖内扣。

仆步

【陈式、杨式、吴式、和式】一腿全蹲，臀部接近小腿，膝与脚尖稍外展；另一腿自然伸直，平铺接近地面，全脚着地，脚尖内扣。

【武式（小架）、孙式】无仆步。

虚步　后脚尖斜向前45°，屈膝下蹲，全脚着地；另一腿微屈，脚尖或脚跟虚点地面。

虚步

【陈式】一种做法：一腿屈膝半蹲，另一腿向前迈半步，脚尖虚点地。另一种做法：两腿均屈膝，一脚踏实支撑，另一脚全脚掌虚点地，膝稍外撇。要保持开胯圆裆。

陈式虚步

【杨式、武式、孙式】一腿屈膝半蹲，另一腿脚跟或脚尖虚点地面，前后脚之间的距离根据身体条件、架势而定。

杨式虚步

【吴式】一腿屈膝半蹲，脚尖朝前或稍外撇，另一脚脚尖虚点地，或者脚跟虚着地，前后两脚外缘与肩同宽。

吴式虚步

【和式】一腿屈膝支撑，另一脚脚尖点地或以全脚掌虚着地面。

和式虚步

独立步　一腿自然直立，支撑站稳；另一腿在体前或体侧屈膝提起，大腿高于水平，脚尖自然下垂。

独立步

【陈式、杨式、武式、和式】一腿微屈支撑，另一腿屈膝提起，大腿高于水平，小腿自然下垂，脚尖斜向前，自然松垂。

陈式独立步

杨式独立步

武式独立步

和式独立步

【吴式】一腿微屈支撑，另一腿屈膝提起，第一种脚尖斜朝前；第二种脚尖外撇上翘；第三种膝外展，脚尖内扣上翘。

吴式独立步

【孙式】一腿微屈支撑，另一腿屈膝提起，大腿水平，提膝，脚尖处于自然状态。

孙式独立步

马步　两脚平行开立，相距约为脚长的3倍，全脚着地，脚尖朝前，屈膝半蹲，大腿成水平。

【吴式】两脚左右开立，相距为脚长的 2～3 倍，两腿屈膝下蹲，两脚尖分别外撇 30°，两膝与两脚尖方向一致，膝关节不可超过脚尖。

吴式马步

【杨式、武式】无明显的此动作。

偏马步　两脚左右平行开立，相距脚长的 2～3 倍，两腿屈膝下蹲，大腿略高于水平，重心偏移左或右，重量比为 4∶6，两脚尖分别外撇 30°。

陈式偏马步（也称半马步）

半马步　两脚左右开立，距离同马步，前腿稍屈，脚尖稍内扣，后腿半蹲，大腿略高于水平，脚尖略向外。

半马步

【杨式、孙式】前脚尖内扣约 10°，后脚横向外摆约 45°，两脚相距脚长的 2～3 倍，后腿屈膝支持 70% 的体重，前腿前伸支持 30% 的体重。杨式多在变弓步的过程中使用此步型。

开立步　两脚开立，屈膝半蹲或自然直立，身体直立，两脚外缘与肩同宽。

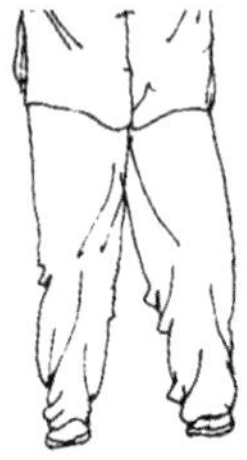

开立步

【杨式、武式】两脚开立，膝微屈，两脚尖微外撇，身体正直，开步宽不过肩。

【吴式】两脚开立，膝微屈，两脚尖朝前，身体正直，开步宽不过肩。

【孙式】两脚跟并拢，两脚尖外撇，呈 90°，膝微屈。

丁步　一腿屈膝半蹲，重心在屈膝腿上；另一腿前脚掌点地，点于支撑腿脚内侧。

丁步

歇步　两腿交叉，屈膝下蹲，前脚脚尖外撇，全脚掌着地，后脚脚尖着地，脚跟离地。传统陈式太极拳称其为坐盘步。

陈式歇步

跌叉　前腿伸直平铺地面，脚尖上翘，后腿屈膝，内侧着地，两腿紧贴地面。

陈式跌叉

步法

步法指脚步移动方法。太极拳对步法的要求是："迈步如猫行，行步如临渊，所谓有不得机得势处，身便散乱，其病必于腰腿求之。""腿"主要指步法的变化，动作的灵活与轻重全在步法。各种步法总的要求是：转换进退，虚实分明，轻灵稳健。前进时后脚掌先着地，后退时前脚掌先着地。无论是前进还是后退，均以大腿带动小腿，伸缩膝关节，不可重滞突然，重心前后移动要平稳、均匀、清楚。

上步　后脚经前脚（支撑脚）内侧向前上步，脚跟先着地，随着重心前移，全脚着地。

上步

【**陈式**】一种是后脚越过支撑腿脚内侧，后脚跟内侧擦地上步。另一种同杨式。

陈式上步

【**杨式、吴式、武式**】后脚越过支撑腿脚内侧弧形上步。

【**孙式**】后脚越过支撑腿脚内侧，向前直线迈步；或者前脚向前上步，脚跟着地，随重心前移，全脚着地，后脚跟至前脚后侧或内侧。

杨式上步

孙式上步

退步　前脚经后脚（支撑腿）内侧向后退一步，脚前掌着地，随重心后移，全脚着地。

退步

【陈式】一种是前脚越过后脚（支撑腿）内侧以脚前掌擦地弧形向后退步，随着重心向后移动，全脚着地。另一种同杨式。

陈式退步

【杨式、吴式、武式】前脚越过后脚（支撑腿）内侧弧形退步。

【孙式】前脚越过后脚（支撑腿）内侧直线向后退步。

杨式退步

孙式退步

碾步　以脚跟为轴，脚尖外展或内扣；或者以前脚掌为轴，脚跟外展。

碾步

【陈式、杨式、孙式】以脚掌或脚跟为轴灵活转动。

【武式】实腿脚跟、虚腿脚尖灵活转动。

进步　两脚连续交替上步。进步时要求步法轻灵，身体移动平稳。

进步

撤步　后脚向后移动一步。步法要轻灵，身体移动平稳。

撤步

摆步　后腿支撑，另一腿的小腿外旋，脚跟着地，脚尖外摆（45° 左右），而后全脚着地。

摆步

侧行步　两脚平行连续侧向移动。

侧行步

【**陈式**】一腿支撑，另一腿侧向开步，先以脚前掌着地，随着重心的移动逐步过渡到全脚着地，变为支撑腿。另一腿经过支撑腿后侧插步，先以脚前掌着地，逐渐过渡到全脚掌，两脚交替插步向体侧行进。

陈式侧行步

【**杨式、孙式**】一腿支撑，另一腿提脚时脚跟先起，侧向开步，落脚时脚尖先落地，随着重心横移，全脚着地，过渡为支撑腿。另一腿提起，向支撑腿内侧并步，并步时两脚间距为 10 ～ 20 厘米，两脚交替向体侧行进，保持身体平稳移动。

杨式侧行步

【**吴式**】一腿支撑，另一腿向侧迈步，脚跟先着地，以脚跟为轴，脚尖外撇 45°，随重心横移，全脚掌着地，过渡为支撑腿，另一腿以脚跟为轴，内扣收于支撑脚内侧并步，两脚平行，两脚尖同向。随即以该脚脚跟为轴，脚尖外撇 45°，随重心移回，全脚掌着地，为支撑体重的脚，另一腿以脚跟为轴，内扣收于支撑脚内侧并步，两脚平行，相距一脚长。身体移动平稳。

吴式侧行步

【**武式**】一脚随转体向同侧迈一步，脚跟着地，重心前移成弓步，以实脚脚跟为轴内扣；随转体另一脚收到支撑脚内侧，脚跟着地，重心不变；然后以脚跟为轴内扣，两脚交替，以支撑体重的脚跟为轴，扣脚转体，收脚带步侧行。

武式侧行步

跟步　后脚向前跟进半步，脚前掌先着地，后脚上半步，但不越过前脚。

跟步

【陈式】后腿屈膝，脚尖外摆，全脚掌擦地面向前脚跟靠近；前腿要屈膝坐胯，后腿的膝关节要微外撑。前跟步的后腿跟进要快速有力。

陈式侧跟步

陈式前跟步

插步　一脚支撑，另一脚经支撑脚向后侧方落步，插步的步幅不宜过大。

插步

横擦步　一脚支撑，另一脚提起，以脚跟内侧横向擦地而出，随着重心横移，全脚着地。

陈式横擦步

扣步　一脚支撑，另一脚提起，小腿内旋，脚跟先着地，脚尖内扣，而后全脚着地。

扣步

盖步　一脚支撑，另一脚经支撑脚向侧前方落地。

盖步

踏步　陈式太极拳独有步法。一脚提起后下踏落地，屈膝半蹲；另一腿同时迅速屈膝提起，然后脚尖上翘，以脚跟内侧铲地上步。

陈式踏步

跳换步　一腿屈膝提起，另一腿随之蹬地跃起，随即两脚依次落地。跳换步时，两腿依次跃起要轻灵快捷，落地要沉稳。

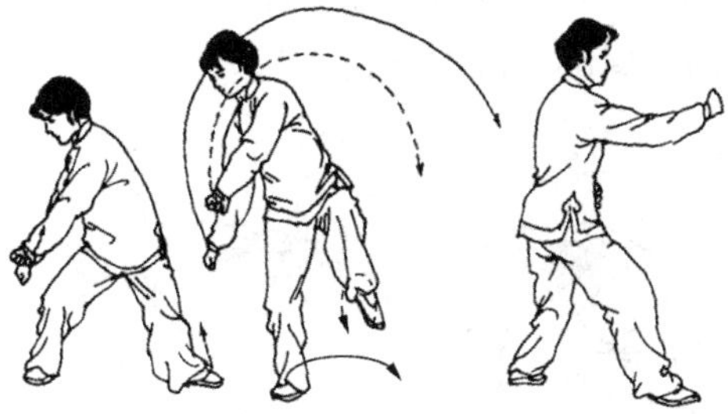

陈式跳换步

退踏步　一脚以前脚掌贴地，经另一脚内侧向后划弧或向外划弧退步，落地时以脚跟踏地。

陈式退踏步

跳插步　后脚向前上步，前脚随之蹬起，使身体腾起；随即后脚在身前落地；前脚向后腿后面插步落地。

陈式跳插步

腿法

腿法指腿的运动方法。武术历来有“手是两扇门，全凭腿赢人”的说法。太极十三势中并没有专门列出腿法的内容，但是并不是说腿法不重要。以传统杨式 85 式套路为例，仅明腿就有 9 腿，此外还有套、插、拐等暗腿，其他式太极拳中还有腾空腿法等。

分脚　支撑腿微屈站稳，另一腿屈膝提起，小腿上摆，腿伸直，脚面绷平，脚高过腰部。

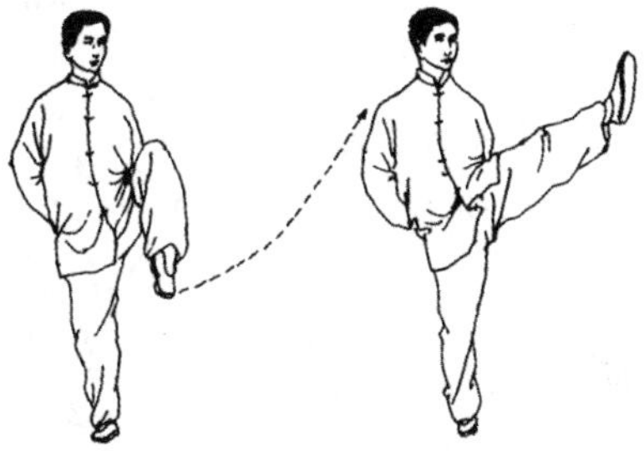

分脚

蹬脚　支撑腿微屈站稳，另一腿屈膝提起，脚慢慢蹬出（陈式快速发力蹬出），腿伸直，脚尖上勾，脚高过腰部。

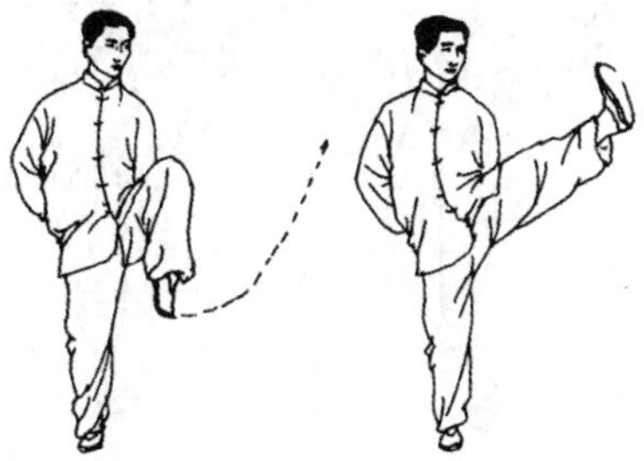

蹬脚

起脚 孙式太极拳常见腿法。支撑腿微屈站稳，另一腿直腿自然上摆，勾脚尖，脚高过腰部。

踢脚 孙式太极拳常见腿法。支撑腿微屈站稳，另一腿直腿自然上踢脚，勾脚尖，脚高过腰部。

拍脚 支撑腿微屈站稳，另一腿向上直摆，脚面展平，以同侧手或异侧手迎拍脚面。

拍脚

孙式、吴式、武式用异侧手迎拍脚面。陈式用同侧手弹拍脚面，称为擦脚。

孙式拍脚

摆莲脚 支撑腿微屈站稳，另一摆动腿从异侧摆起，经胸前向外做扇形摆动，脚面展平，两手在胸前依次迎拍脚面，击拍须两响。

摆莲脚

踹脚 支撑腿直立或稍屈，另一腿提起，脚掌向内扣，脚尖勾起，以脚掌外缘侧向迅速踹出，脚高于腰部。

踹脚

跳跃

二起脚 一腿上提，另一腿随即上摆，脚面展平，以同侧手迎拍脚面。上摆腿的脚要高过肩部，击拍响亮。

二起脚

原地跳 两脚依次跳起，原地下落震脚，踏震要沉稳。原地跳在陈式太极拳竞赛套路中叫“双震脚”，是陈式太极拳的特有动作。

原地跳

转身跳　两脚跳起转身，随即下落震脚，也可不震脚，但落地要轻灵。

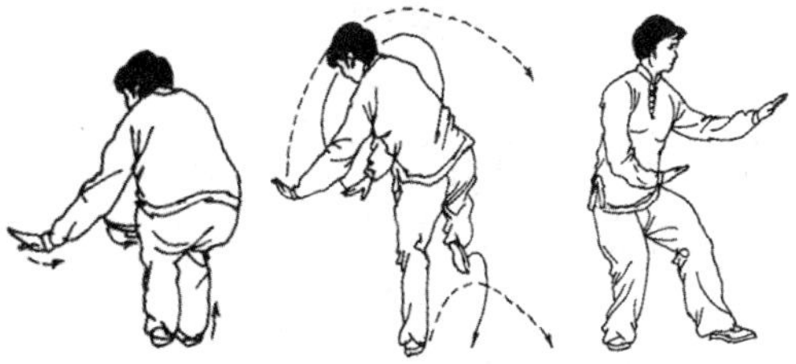

转身跳

纵跳　前腿提起，随即后腿蹬地跳起，然后前后脚依次原地或稍前下落，脚前掌先着地。

身型

身型指静止或运动中身体各部分的形态。参见本书第二部分“身型术语”各条。

身法

身法指腰带动躯干的运使方法。依拳理，不能割裂手、眼、步、身，它们实为一体，其总的枢纽在腰身。拳论讲“力由脊发，步随身换”，身即身法，身与腰密不可分，腰法实为身法。

腰为车轴，四肢为轮　太极拳习练者把自己比作一个小宇宙，是转动的球体，而且一动无有不动。其动的主体是身法动，也就是腰法动，即以脊为中轴的转动带动四肢绕轴动，做到源动于腰，旋腰转脊。

中正不偏，无过不及　身法的运动中（除个别姿势外），都要保持腰脊与地面垂直，转动中不倾斜，防止甩腰，故意摆动。主要身法有拧身法、转身法、翻身法、起身法、塌身法、伏身法、立身法、坐身法、进身法、退身法、侧身法、披身法等，下面简要介绍其中几种。

拧身法　以人体腰脊为中轴，左右肢体对扭，身体半面转动，蓄而待发，如野马分鬃的身法。

转身法　以人体垂直轴为中轴，用腰带动身体半面或整体外旋转动，通常以一脚支撑，转体135°以上，如转身蹬脚等。

翻身法　以腰脊为转轴，折叠上体变易方位复出，通常指身体由前向后做180°的翻转，如杨式太极拳中的撇身捶。头上顶，中轴竖直，即尾闾中正。

起身法　身体竖直，由下向上顶劲上提，如上步七星、金鸡独立等动作。

塌身法　身体竖直，腰部后撑下沉，如揽雀尾中按推时腰的做法等。

伏身法　整个身体由上向下降落，如海底针、下栽捶等动作。

眼法

眼法指眼的运使方法。眼是神的具体反映，俗称眼神。眼神为内心的意识表现，意识贯注于动作之中，通过眼神能反映内在意识的变化。太极拳要求“神似捕鼠之猫”，一般要威而不猛，眼随手到，要体现出形神兼备，切不可半开半闭，呆视一点，毫无神气。

手眼相随　主要从动作的攻防含义出发，在动作中要求手眼相随，手到哪，眼要随到哪。

眼随手转　眼要随身法、手法、步法的变化，顾盼两手中主要的一手。当手到达定点时，眼神要略领先到达该点。

顾盼全面　眼法口诀中讲“顾三前，盼七星”，指的是要看清对方上、中、下三路，以及注意对方头、肩、手、肘、胯、膝、足 7 个部位，眼快手捷。

眼似闪电　术语说“拳似流星眼似电”，描述在动作演练过程中眼神的犀利等表现。

注视　主要指动作定势时眼睛的一种表现。以手为目标，向手的前方注视。

随视　在动作的运行过程中，眼随主要手法动转，且要自然主动。

基本功法

基本功法包括功与法两部分，功即武功、武术之意，法就是方法、技法的意思。传统武术主要由 3 种运动形式组成，即武术套路、武术格斗和武术功法。武术功法既是武术套路和武术格斗的基础，也是二者的精华所在。习练武术套路与武术格斗，需要一定的身体素质为保障，如柔韧性、协调性、力量等，这些都要通过武术功法练习来完成。功法训练包括柔功、内功、硬功、轻功、感知功等。太极拳作为内功拳，更加注重基本功练习，主要通过一些基本动作及辅助练习手段而获得功力的精进。如果只是单纯地练习武术套路，照葫芦画瓢，最终只能得到一个花架子。拳以功为本，习武必练功，古谚“练拳不练功，到老一场空”讲的就是这个道理。

静功

静桩　采用安静站立的方式，让人在完全自然放松的状态下，注重内在意识的运用，通过调身、调息、调心等手段达到身心合一的一种锻炼方法。

要求：在练习静桩时要身体中正，脸部肌肉放松，舌顶上腭，呼吸自然。

功效：意念集中，引导身体完全处于自然放松的状态，心神合一，养身健体，延年益寿。

调息桩　具体做法：自然站立，两脚平行分开，与肩同宽，重心落至两脚之间，呼吸平缓；两手经体侧慢慢划弧上举，与肩同高，配合吸气；随后两手向内划弧交叉，经胸前缓缓下落于腹前，配合呼气。此动作可以循环练习。

要求：两手交叉划弧时手高不过头，低不过裆。注意三合，即气与力合、心与意合、意与气合。

功效：通过调节细腻深长的呼吸，进行自我内脏按摩，提高身体的免疫力。

松静桩　具体做法：身体自然站立，两脚平行分开，与肩同宽，重心落至两腿之间；两臂慢慢前举，屈抱于胸前，如同围抱大树状，掌心向内，五指自然分开，掌指微屈，掌心内含，指尖相对；目视前方。

要求：全身松静端正，精神集中，呼吸平缓自然。两指尖相对距离约 10 厘米。通过意念调整到安静的状态，最终达到天、地、人三合一的境界。

功效：通过练习控制外在平衡，起到调整内在平衡的作用。

松静桩

无极桩　具体做法：两脚并拢，身体自然直立，头顶悬，下颌微收竖颈；两肩松沉，两臂自然下垂，手指微屈舒展，指尖轻附两腿外侧；含胸拔背，松腰敛臀，两膝微屈，脚趾轻微抓地；目视前方。

无极桩

要求：圆裆松胯，精神集中，意守丹田，呼吸自然。

功效：通过思想放松入静，肩井穴下沉，膻中穴内含，心气下降，横膈膜下沉，对肩背疼痛有一定的缓解作用。

太极桩　太极桩也称“浑元桩”。具体做法：两腿并步直立，两臂放在大腿外侧；两眼平视，精神内敛，呼吸自然。身体重心微移向右腿，左脚向左开步，与肩同宽；两臂缓缓向前平举，两手与肩同高，手心向下。上体保持中正，两腿微屈；同时两臂外旋，掌心向内屈抱于胸前，手指自然展开，指尖相对，虎口撑圆，如抱球状；目视前方。

太极桩

要求：抱球时心静、体松，肩部松沉，肘略低于肩，沉肩坠肘。当两臂徐徐向胸前平举时，利用肩部和肘部的松垂催动两臂由下而上缓缓划弧抬起。

功效：通过思维意识的运用，使意识进入相对静止状态，实现人体的阴阳平衡，开通经络，调和气血，达到强身健体的目的。

虚实桩　虚实桩又称虚步桩。具体做法：并步站立，两臂放在大腿外侧，随即重心移至右腿并屈膝，左脚向前迈出，以脚跟着地，脚尖翘起；同时，两臂合于体前，左掌指同鼻高，右掌在左肘下方，掌心斜相对，指尖均朝前上方，呈“手挥琵琶”势。

虚实桩

要求：两脚虚实分清，虚腿脚跟着地，左右可互换。

功效：练习虚步桩能稳固根基，提高

身体的平衡能力和身体对于虚实的感应，起到强身健体的作用。

马步桩 具体做法：并步站立，两臂放在大腿外侧，两眼平视；身体重心微移向右脚，左脚向左开步，间距约为脚长的 3 倍，目视前方；缓缓屈膝下蹲，成马步；同时，两手从两侧抬起，屈抱于胸前，指尖相对，虎口撑圆，如抱球状。

马步桩

要求：含胸拔背，脚跟外撑，身体重心落至两脚之间。两手合抱于胸前。

功效：通过意念将气导入十指指端，对手指麻木和心肺疾病有调节作用。

弓步桩 弓步桩又称川字步，吴式太极拳内功桩法之一。具体做法：前腿屈膝前弓，膝部不得超过脚尖，后腿自然伸直，两脚尖均朝前，后脚尖外撇不得超过 20°，两脚外缘横向距离不超过肩宽。

弓步桩

要求：身体前倾，不要歪斜，保持中正，前额与脚尖垂直。可配合手一起练习。

功效：通过手足的协调以及意念的运用，手三阳与足三阳贯通经脉大循环，从而起到防治胃肠等部位疾病的作用。

中定桩 具体做法：两脚开立，与肩同宽，两膝弯曲，重心在两腿之间，两手覆盖于肚脐处（男左手在下，女右手在下），先顺时针旋转 24 圈，再逆时针旋转 24 圈，止于丹田处片刻，然后松丹田，松劳宫穴，恢复自然站立。

中定桩

要求：练习中定桩时人体的重心要垂直于地面，始终以丹田为核心，使气和力通过丹田贯通全身。目视前方或两眼做垂帘状。

功效：心气下降到脚底，引气沉入丹田，采用腹式呼吸，更新体内气息，补充能量和带动内脏活动，调节血压。

按球桩 具体做法：两腿分开站立，与肩同宽，两膝微屈，双手按于体前，与腹同高，手心向下，虎口撑开斜相对，松肘坐腕，目视前方。

要求：两手下按，略高于脐，意想双手扶按水中的木球，借木球的浮力将身体托起，百会上顶，呼吸自然。

功效：通过练习调节呼吸，舒活筋骨，通畅血脉，增强肌体活力，最终达到养生祛病、延年益智的目的。

按球桩

马步桩（小马步）　太极拳内功桩法之一，在吴式太极拳中也称为小马步。具体做法：两脚与肩同宽，两腿屈膝下蹲，身体重心完全放在两大腿股骨上，膝关节不要超过脚尖，两脚尖成内八字，约 45°，膝尖与脚尖齐合，含胸拔背，沉肩坠肘；两手掌心向内横掌至胸前，两手掌间距约 10 厘米，两腕与肩平；两眼平视前方。

马步桩

要求：头顶悬，含胸拔背，裹裆敛臀，舌顶上腭，呼吸自然，百会穴与会阴穴保持垂直，两股骨与水平面的夹角约为 60°。

功效：通过意念以气导力，可改善手指麻木和腰椎间盘突出等症状。

独立桩　吴式太极拳内功桩法之一。具体做法：左腿站立，左膝微屈，身体松沉直立。身体重心全部移至左腿，左脚尖正向前方，膝尖与脚尖齐合。含胸拔背。意想丹田，舌抵上腭，呼吸自然，精神饱满。提右腿，膝高与脐平，脚尖上勾，右脚中趾与鼻相合，鼻尖与脐相合，左手握横拳（拳心斜向下方）提至额前上方，右臂屈肘横于胸前，两肩相平；两眼平视前方。

独立桩

要求：全身松沉，百会穴与会阴穴垂直相合。

功效：有利于新陈代谢，使气血通畅，可预防骨质增生。

七星桩　吴式太极拳内功桩法之一。具体做法：右腿屈膝屈胯，膝尖与脚尖齐平，臀部垂直下坐，立身靠背，左脚前落，脚跟着地，脚尖翘起，两膝平齐，中间约距一拳宽；两掌侧掌提至胸前，右掌指尖放在左掌腕部，两腕高与肩平；眼视前下方。

七星桩

要求：身体重心七分在后，三分在前。鼻与脐合，沉肩坠肘，全身松沉。

功效：经常练习可以提高身体的平衡能力和身体对于虚实的感应，起到强身健体的作用。

斜飞桩　吴式太极拳内功桩法之一。具体做法：屈左膝下蹲，膝尖与脚尖齐合，身体重心落在左腿，身体倾向左方，背向后靠（枕头靠背），右腿成仆步伸直，两脚尖成 45° 内扣；左掌仰掌提至左前方，高与肩平，右掌俯掌向右前方下按，掌高与胯平；两眼视右前方。

斜飞桩

要求：此桩势为 90° 大架。身体重心七分落在左腿，三分落在右腿（左七右三）。左掌、左肩和左胯相合，两肩齐平。身法斜中寓直，气势雄伟。

功效：经常练习可以增强腿部肌肉的力量。

动功

动功是在静功的基础上，遵循太极拳升、降、开、合的运动规律所进行的各种综合性练习，以发展腰部和腿部功力。

要求：在练习中培养身体的协调性，在运动状态下培养意、气、形的整体运用能力。

功效：意念引导身体在完全自然放松的状态下通畅任督二脉，调节十二经气血。

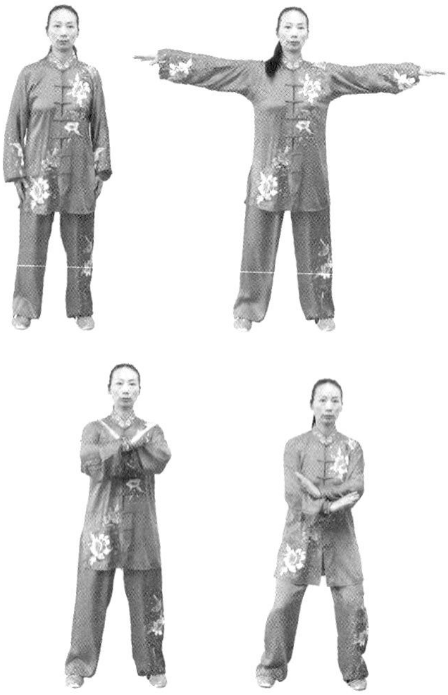

动功

开合桩　具体做法：并步站立，两臂自然放松，垂于大腿外侧，目视前方。精神内敛，呼吸自然。身体重心移向右脚，左脚向左平行开步，脚尖朝前，与肩同宽，目视前方；两臂慢慢向前平举，高与肩平，掌心向下；同时上体保持中正，两腿屈膝下蹲，两臂外旋，掌心向里，十指自然展开，指尖相对，相距约 10 厘米，抱于胸前，如抱球状，目视前方。

开合桩

要求：两臂外掤，沉肩坠肘，两掌慢慢向内合抱于胸前，两掌中指指尖相系，体会“运劲如抽丝”的感觉。

功效：经常练习可使膈肌的收缩和放松的范围增大，有助于肝、胃、脾、肠的自我按摩，促进消化液的分泌。

升降桩　具体做法：并步站立，两臂自然放松，垂于大腿外侧，目视前方。精神内敛，呼吸自然。身体重心缓缓移向右脚，左脚向左侧平开步，与肩同宽，目视前方；两臂缓缓向前平举，掌心向下，与肩同宽，此为升。上体继续保持中正，两腿屈膝，慢慢下蹲；同时两臂缓缓下按至腹前，掌心向下，目视前方，此为降。

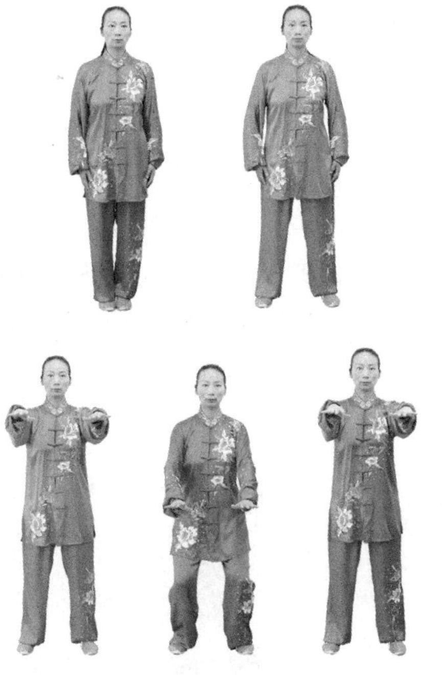

升降桩

要求：站立时沉肩坠肘，两腋松空。上体保持中正，松腰坐胯，两肘与两膝相合，配合呼气（升为吸，降为呼）。练习升降桩动作时要以意领气，从百会穴向后脑、背部至涌泉穴，再从足心出发至腹内中丹田，最后回到头顶百会穴，循环运行。

功效：经常练习可以增强腿部力量，调节月经不调。

绕球桩　具体做法：预备式同升降桩，两臂内旋前举，与肩同高，两掌心向下；双腿屈膝全蹲，两臂外旋，指尖相对，然后缓缓站起。如此反复练习。

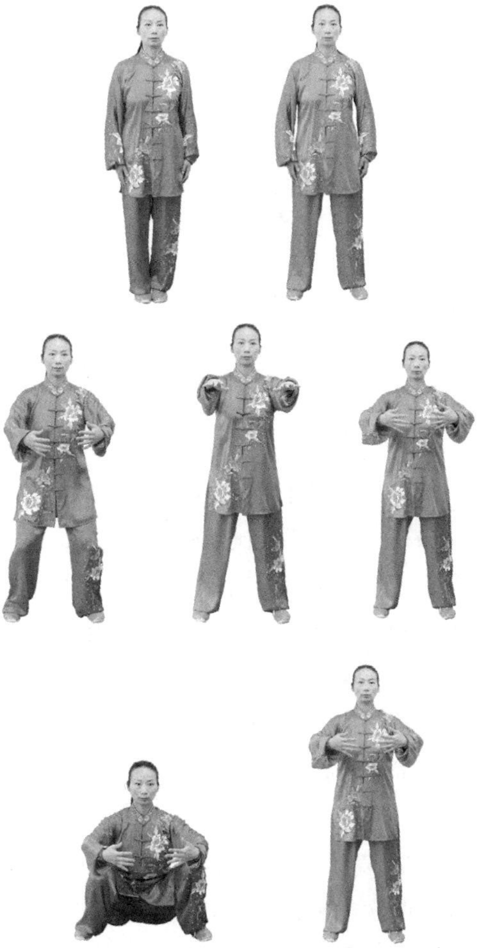

绕球桩

要求：下蹲时动作缓慢柔和，身体保持中正，沉肩坠肘，两臂保持弧形画圆。以意念贯注涌泉穴，配合动作引气沿足三阴经上行于丹田后转入命门，然后循背部督脉上行至百会穴。

功效：经常练习可以开通经络、调和气血、补养元气等。

三才桩　三才桩又称三体桩，孙式太极拳功法之一。具体做法：两脚前后分开站立，前虚后实，前腿微屈，脚尖朝前，后脚尖外摆45°，膝与脚尖垂直；左臂向上抬至胸前，掌心斜向下，掌指向前，右掌心向下，掌指向前按于下腹前，两臂保持弧形，目视前方，呼吸自然。可换手脚对称练习。

三才桩

要求：后膝内裹，上身与后大腿于一垂线上，两腿重心前三后七，两胯内收，提肛敛臀。右掌根贴于脐下丹田处，左掌前伸，三尖相对（前手食指尖、鼻尖、前脚尖相对），沉肩顺劲，坠肘护腋，含胸拔背。

功效：以意领气，调整气息，循三阴三阳、奇经八脉的通道，息息相通。

侧推桩　具体做法：两脚分开站立，略宽于肩，两膝微屈；两掌由侧面向上抬起，与肩同高，掌心朝外，掌指向上。

侧推桩

要求：两掌有外撑侧推之感，头颈正直，呼吸自然。

功效：经常练习能稳固根基，增长两腿、两臂的力量和周身的整劲，使身体高度放松，端正姿势，提高两掌听劲的技能，有健身强体的功效。

朝阳桩　因掌心朝前，如向朝阳，故名。具体做法：两脚分开站立，与肩同宽，两掌抬起，与胸同高，掌心向前，指尖朝上，两肘微屈，松腰坐胯，呼吸自然。

朝阳桩

要求：腰部松沉时微有下坐之意，百会上领。

功效：经常练习可达到调理神经紧张、舒缓身心压力、行气活血止痛的效果。

大字桩　因其形如汉字的“大”字，故名。具体做法：两脚分开站立，与肩同宽；两臂于体侧向上抬起，与肩同高，掌心向上，然后翻掌向下；目视前方。

大字桩

要求：虎口撑圆，掌心内含，沉肩松肘，腋下松畅，呼吸自然，沉肩坠肘。

功效：经常练习可以刺激上肢的三阳脉和手臂末梢神经的血液循环，能稳固根基，增强两腿、两臂的力量，使身体放松，姿势端正，起到强身健体的作用。

试桩　具体做法：两人以太极桩面对面站立，一方以手搭于对方身上，运用各种劲力相推，被推者以太极功夫化解。可反复练习或交换进行。

要求：主要用掤、捋、挤、按、採、挒、肘、靠等技击方法训练推手劲力，提高运用太极拳劲力的能力。

功效：通过练习，百会穴与会阴穴保持一条垂直线，做到虚领顶劲，尾闾中正。运动中保持中定身法，调节人体阴阳，尤其是刺激命门穴能够强肾益精，治疗肾虚体弱。

托抱桩　具体做法：两脚分开站立，与肩同宽；两手自然抬于体前，与小腹同高，手心向上，手指张开，如托球状。

托抱桩

要求：腕部松平，双臂弧形环抱。气沉丹田，腹式呼吸。

功效：经常练习能稳固根基，增强腿部力量，使丹田内气充盈，可以很好地调节中枢神经，加强中枢神经的功能，收到强身健体的功效。

托天桩　因两掌向上，形如托天，故名。具体做法：两脚分开，约与肩同宽；两掌抬起，举于头上，掌心向上，掌指斜向内，掌心内含，如托球向天，目视双手。自然呼吸，沉肩松肘，臂呈弧形。

托天桩

要求：立腰展胸，沉肩坠肘，屈臂呈弧形，全身放松。

功效：经常练习能稳固根基，舒展身体筋骨，加速全身血液循环和新陈代谢，对胃下垂、消化不良、冠心病等有很好的治疗和预防功效。

独立桩　陈、杨、孙、武、吴等太极拳都有此动作，练法大致相同，都是一腿独立支撑，另一腿屈膝提起。吴式太极拳独立桩：一腿独立支撑，另一腿屈膝提起，大腿高于水平，脚尖外撇上翘。孙式太极拳独立桩：一腿独立支撑，另一腿屈膝提起，大腿高于水平，膝外展，脚尖内扣上翘。杨式太极拳独立桩：一腿独立支撑，另一腿屈膝提起，大腿高于水平，小腿自然下垂，脚尖斜朝前；左右动作相同，方向相反。

独立桩

要求：身体保持中正，做到上虚下直，两腿可以交换站立。

功效：经常练习可以加强腿部力量，提高平衡能力，对胯、膝、足关节疼痛以及神经衰弱等有一定的治疗和预防作用。

搬拦肘　陈式太极拳内功桩法之一。具体做法：双手握拳，两腿成马步，先以双臂缠绕向左横击发力，再双拳向右横击发力。左右动作相同，方向相反。

要求：身体随重心左右移动。发力要整，不可上下起伏，左右摇摆。

搬拦肘

功效：经常练习有利于肩、肘、膝、腰和肾的气血循环。

插步桩　又称侧行步，陈式太极拳内功桩法之一。具体做法：一腿支撑，另一腿侧向开步，脚跟先着地，随重心横移，全脚着地，逐渐过渡为支撑腿；另一腿随即提起，经支撑腿的后侧向异侧插步，先以前脚掌着地，随重心横移，全脚着地，过渡为支撑腿。左右动作相同，方向相反。

插步桩

要求：身体保持中正，不可上下起伏，可和上肢一起练习。

功效：练习手与脚的连贯动作对肩周炎和颈椎病有一定的治疗作用。

马步缠丝桩（前穿掌）　陈式太极拳内功桩法之一。具体做法：身体自然直立，两腿开立，与肩同宽；两臂屈肘下按至两胯前，掌心向下，掌指向前；同时两腿屈膝下蹲，成马步；右手顺缠向上至胸前，向前旋转穿出，掌心向上，掌指向前。松肩沉肘，向上突腕，手变逆缠，向内划弧旋转，掌心反向下，掌指向前。右手下落至右胯前，掌型不变。左手顺缠向上至胸前，向前旋转穿出，掌心向上，掌指向前。接着，松肩沉肘，向上突腕，手变逆缠，向内划弧旋转，掌心反向下，掌指向前，接着左掌下落至左胯前，掌型不变。左右动作相同，方向相反。

马步缠丝桩（前穿掌）

要求：身体保持正直，百会穴上领，两臂放松下沉，前穿掌时要出现螺旋劲，周身相随，连绵不断。

功效：经常练习可以改善心、肺、脾、胃等内脏功能，对胃肠消化系统作用较大。

平圆桩　陈式太极拳内功桩法之一。具体做法：身体自然直立，两腿开立，与肩同宽；两臂屈肘下按至两胯前，掌心向下，掌指向前；同时两腿屈膝下蹲，成马步；右掌向左斜前外旋穿出，掌心向上，掌指向前，右掌变内旋，掌心向下划弧至右斜前方；右掌下落至胯下。左右动作相同，方向相反。

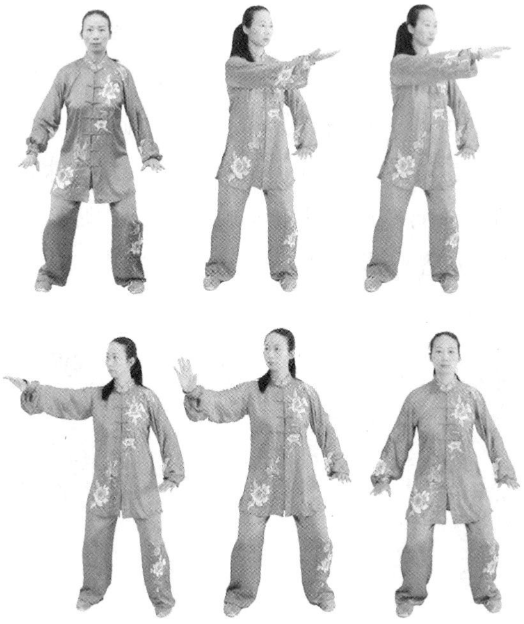

平圆桩

要求：动作协调自然，松肩沉肘、松腰坐胯。

功效：经常练习可以提高两臂与腰的旋转力，对腰椎间盘突出有一定治疗作用。

马步缠丝桩（上穿掌） 陈式太极拳内功桩法之一。具体做法：身体自然直立，头颈正直，两腿开立，与肩同宽；两臂屈肘下按至两胯前，掌心向下，掌指向前；同时屈膝下蹲，成马步；右臂屈肘，右掌顺缠向上至右肩前，掌指向上，随后逆缠向下落至右胯前，掌心向下，掌指向前；两眼平视。左右动作相同，方向相反。

要求：保持身体正直，百会穴上领，以腰部为轴缓慢运动，一动无有不动，节节贯穿。

功效：经常练习可以稳固根基，舒展身体筋骨，起到健肾、强身、防止早衰等功效。

马步缠丝桩（上穿掌）

平移桩 杨式太极拳内功桩法之一。具体做法：身体直立，一腿支撑，另一腿提起，侧向开步，以脚前掌先着地，随重心横移，全脚着地，逐渐过渡为支撑腿；另一腿提起，向支撑腿内侧并步，仍须先以脚前掌着地。左右动作相同，方向相反。

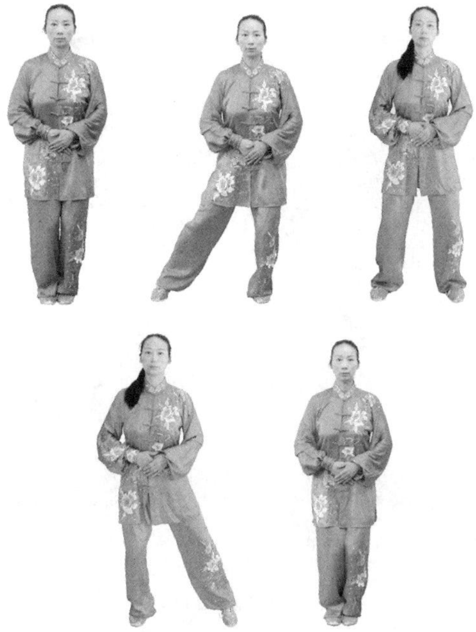

平移桩

要求：身体保持中正，气沉丹田，重心平稳移动。

功效：经常练习可以提高中枢神经系统的调节机能，使周身气血畅通。

右侧双手缠丝 陈式太极拳内功桩法之

一。具体做法：身体直立，先右脚向外摆70°～80°，身体右转，重心右移，屈膝下蹲，提左脚向左前方开一大步，同时两手捋至右侧，掌心向右后方；重心移至左腿成弓步，同时左手外旋，右手内旋，由右后左前运至腹前，掌心朝左下，随之左手内旋，右手外旋，由左下向左上划弧掤于左肩上方；重心移至右腿成右弓步，同时双手由左肩前上方划弧掤至右肩前，随之左手外旋，右手内旋，向下划弧成预备姿势动作，双手前后顺缠捋；双腿成左弓步；依次由梢节到中节再到根节顺缠，也就是在松沉下合左手、左肘、左肩到左侧腰，置于腹前，此时气已沉入丹田。右侧双手缠丝与左侧双手缠丝动作相同，方向相反。

双手缠丝

要求：在练习中，以腰牵动全身，两手相合，变换缠绕。左右转换时要注意身体重心。胯、膝、踝、脚尖要保持在同一水平面上，避免突臀、跪膝。

功效：经常练习可以促进腰部的血液循环，通畅督脉，使肾气旺盛，精力充沛，延年益寿。

进步　陈式太极拳内功桩法之一。具体做法：两脚并步，身体自然直立，两臂松沉，轻贴于大腿外侧，随之右腿向右平行开步，两掌向上缓缓抬起；两腿屈膝下蹲，两掌下按至小腹前，随后两掌继续向后，掌背贴于腰间；右腿以脚跟为轴，脚尖外摆，身体重心移至右腿，提起左脚，以脚跟内侧贴地向左前方擦出，脚跟着地，随脚尖落地成左弓步。

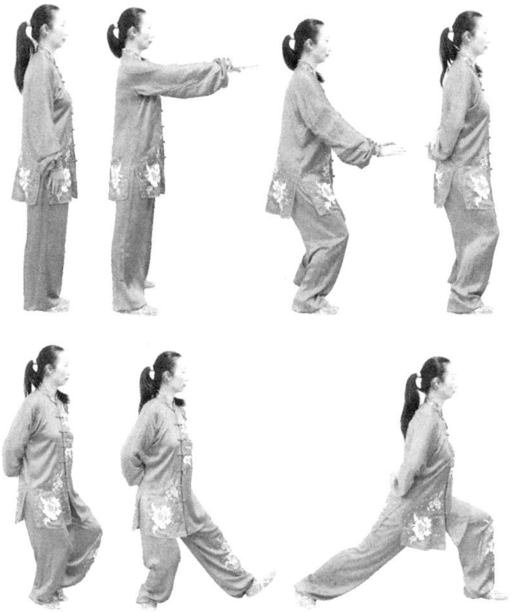

进步

要求：当脚尖落地后，向前弓膝塌腰。

功效：以意贯注百会穴，配合动作引气下行。经常练习可以使肌肉骨骼得到充分锻炼，提高代谢能力。

撤步　陈式太极拳内功桩法之一。具体做法：两脚并拢，身体自然直立，肩臂松垂，两掌轻贴于两腿外侧，头颈正直，右腿向右开步，与肩同宽；两掌前平举，屈膝下按至腹前或两掌向后贴于腰间；重心移至左腿，提起右脚，经左脚内侧向右斜后方撤步成弓步，右脚尖向内扣转；接着身体重心移至右腿，提起左腿，经右脚内侧向左斜后方撤步成弓步，左脚尖向内扣转。

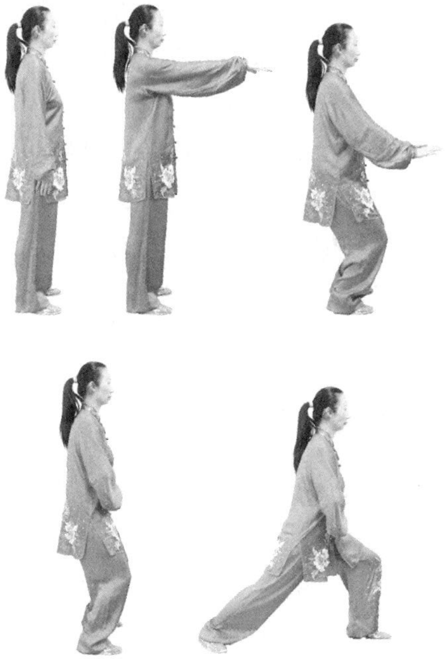

撤步

要求：身体中正，百会上领，撤步时脚尖落地。意守命门，配合动作引气循背部督脉上行至百会穴。

功效：经常练习可以治疗肝胆疾病、月经不调等。

器械功

太极尺（绞劲）　陈式太极拳内功桩法之一。具体做法：两腿分开，成马步桩站立，两膝外展，裆部撑圆；两手平握太极尺，掌心朝外，与肩同高，随后，右手由上向左斜下方拧按，沉肩坠肘，左手由下向上，两手顺缠。左右动作相同，方向相反。

要求：身体保持中正，以腰脊为轴心带动上肢旋转，两手的绞力对称。

功效：螺旋缠绕调整阴阳平衡，可以打通任督二脉、促进新陈代谢、提高免疫功能，强身健体。

太极尺（绞劲）

太极尺（采挒劲）　陈式太极拳内功桩法之一。具体做法：两腿分开，成马步桩站立，两膝外展，裆部撑圆；两手平握太极尺，掌心朝内，虎口向上，与肩同高，随后右手逆缠，向内、向下划弧捶至腹前，肘向外挒出去；目视斜前方。左右动作相同，方向相反。

太极尺（采挒劲）

要求：动作配合呼吸，下捶时动作快（呼气），还原时动作慢（吸气）。

功效：动作快慢、收缩的转换可以加强静脉的血液循环，配合呼吸，对肺的通气功能及氧气与二氧化碳的代谢功能都有很好的影响。

太极抖杆（前后）　陈式太极拳内功桩法之一。具体做法：两脚分开，成半马步站立，双手于胸前水平握持大杆，左手在前右手在后，左手掌心朝上，放松平托杆，右手持杆尾，掌心向外，与肩同高。随之腰胯向左转成左弓步；左手向前平托，右手向内逆时针画圆直出，劲达于杆尖，使杆抖动，杆高不过头，低不过肩。然后右手顺时针划弧，向下、向外提旋，同时腰胯向右转成半马步。左右动作相同，方向相反。

太极抖杆（前后）

要求：充分体会劲力的变化，而且能协调、流畅地做好每一个发力抖法。

功效：经常练习可以增长内劲，提高裆、腰、臂的爆发力，是锻炼耐力的一种特有练习方法，是检验太极拳习练者裆、腰、臂力、周身结合、内劲饱满程度的一种独特方法。

太极抖杆（横向）　陈式太极拳内功桩法之一。具体做法：两脚分开，成半马步站立，双手于胸前水平握持大杆，左手在前，右手在后，左手持杆顺时针向上提旋，右手逆时针向内、向下、向外按旋；随发力腰胯向左。随之左手持杆逆时针向内、向下按旋，右手持杆尾向外、向下运动，腰胯带动身体向右回旋。左右动作相同，方向相反。

太极抖杆（横向）

要求：发力抖击时配合短促呼气，以气助力配合抖动发力。

功效：抖大杆动作会反复摩擦双手掌心劳宫穴，可以起到健身的作用。抖完大杆后，有身心舒泰之感。

太极缠丝杠　陈式太极拳内功桩法之一。具体做法：两脚分开，成半马步站立，右手抓握杠端部，左手屈臂在胸前，拳心向下，支架杠的另一端，随身体重心左移，左手沉肩坠肘，顺缠前送，掌心由内往外翻，随后左手画圆逆缠，掌心由外往内翻。左右动作相同，方向相反。

太极缠丝杠

要求：顺缠动作中多含掤劲，逆缠动作中多含捋劲。

功效：气发于心内，由肾而生，经命门而出入，动则出，静则入，藏于丹田，入于骨缝，外达肌肤。

旋太极轮　陈式太极拳内功桩法之一。具体做法：两腿成马步开立，两手抓握太极轮两侧。上体右转，随之两手向右顺时针转动；上体左转，随之两手向左逆时针转动。左右动作相同，方向相反。

旋太极轮

要求：以腰带动两臂运转。

功效：全身肌肉由浅肌层深入到深肌层运动，内脏器官得以蠕动按摩，畅通经络、循环系统。

太极球　陈式太极拳内功桩法之一。具体做法：两腿成马步桩，用一只手托球，球贴墙壁上下旋转。左右动作相同，方向相反。

太极球

要求：体会手法和周身的协调性，通过周身的整体之力使球与墙壁在一瞬间产生摩擦阻力。

功效：通过脐下一寸半部位的丹田内转，带动太极球转动，由内及外地练习，使腹内形成活便的太极球。经常练习可促进血液循环，防止血管硬化，消除因血行受阻引起的疾病。

第四部分　太极拳套路

说明：太极拳套路是太极拳传承与传播的主要载体。本部分共收录太极拳套路近百种，基本囊括了不同历史时期太极拳套路的主要内容，包括普及推广套路、竞赛套路、传统套路、新编套路和其他套路。

套路是太极拳术语，旧时称套子或套，是表现太极拳内在结构规律的运动形式，也是太极拳传承中最重要的演练方式。太极拳套路分为普及推广套路、竞赛套路、传统套路、新编套路。太极拳套路的基本要素有身体姿势、练习轨迹、练习时间、练习速度、练习速率、练习力量、练习节奏、攻防意识8种。太极拳套路的结构一般包括起势、收势和段落三部分，段落是太极拳套路的主体内容。起始动作大多是一些有代表性的拳式，往后逐渐加大运动量和动作的难度，最后形成高潮。套路段落的划分以运动轨迹为准，大多单数段由右向左运行，偶数段由左向右运行。就同一流派的套路而言，其主要的拳路架势以及前后顺序基本相同，拳式的多寡往往与架势的分合有关。

普及推广套路

普及推广套路是原国家体委运动司组织专家编创的套路，包括24式简化太极拳、48式太极拳、88式太极拳。其基本特点是：①一致性。普及推广套路以杨式太极拳（大架）为基础，技术要求及风格特点保持一致。②连续性。24式、48式、88式三套拳式构成了一个由简到繁、由易到难、由基础到提高的阶梯式系列；近几年，国家体育总局武术运动管理中心推出了新的普及推广套路八法五步，比原来的简化太极拳更简单易学，便于普及。③科学性。普及推广套路既保留了传统太极拳的基本风格特点，又依据解剖学、运动力学、形态美学等现代科学知识对一些动作结构做了合理的调整。④健身性及群众性。普及推广套路以简明易学、先易后难为原则，以促进全民健身为目的，不过多地强调动作的难度、高度及技击作用。

24式简化太极拳　国家普及推广套路，由原国家体委运动司组织专家创编，发布于1956年，是中华人民共和国第一部由国家体育主管部门编审的武术套路。此拳以传统杨式太极拳为基础，去掉了套路中重复的动作，保留了原套路的主要结构及传统杨式太极拳舒展、轻灵、中正的风格；增加了左右对称的拳式，以起到均衡锻炼的作用。特点：动作柔和均匀，姿势中正安舒，易学易懂，老少皆宜。此套路分为8组，共24个动作名称，包括起势、收势。（参考书：《太极拳运动》（修订本），中华人民共和国体育运动委员会运动司编）

动作名称

第一组

1. 起势　　2. 左右野马分鬃
3. 白鹤亮翅

第二组

4. 左右搂膝拗步　　5. 手挥琵琶
6. 左右倒卷肱

第三组

7. 左揽雀尾　　8. 右揽雀尾

第四组

9. 单鞭　　10. 云手
11. 单鞭

第五组

12. 高探马　　13. 右蹬脚
14. 双峰贯耳　　15. 转身左蹬脚

第六组

16. 左下势独立　17. 右下势独立

第七组

18. 左右穿梭　19. 海底针
20. 闪通臂

第八组

21. 转身搬拦捶　22. 如封似闭
23. 十字手　24. 收势

48 式太极拳　国家普及推广套路，由原国家体委运动司组织专家创编，发布于 1979 年。此拳延续了 24 式简化太极拳并有所提高，在锻炼要领上与 24 式简化太极拳相一致，都较好地表现了传统杨式太极拳舒展大方、中正圆满、柔和缓慢、连绵不断的风格特点；体现了心静体松、意领身随、刚柔相济的基本要求。作为提高套路，48 式太极拳增加了技术难度，使内容更加充实，如在动作中不仅采用了杨式太极拳的立圆转换，且多次运用了吴式、陈式、孙式等传统套路的典型动作，使动作更加圆活协调，富于变化。其式架比 24 式简化太极拳增加了一倍，典型动作左右对称练习，使两腿的负荷均衡，注重了锻炼的全面性。此套路分为 6 段，共 48 个动作名称，不包括起势、收势。（参考书：《太极拳运动》（修订本），中华人民共和国体育运动委员会运动司编）

动作名称

起势

第一段

1. 白鹤亮翅　2. 左搂膝拗步
3. 左单鞭　4. 左琵琶势
5. 捋挤势（三）　6. 左搬拦捶
7. 左掤捋挤按

第二段

8. 斜身靠　9. 肘底捶
10. 倒卷肱（四）　11. 转身推掌（四）
12. 右琵琶势　13. 搂膝栽捶

第三段

14. 白蛇吐信（二）　15. 拍脚伏虎（二）
16. 左撇身捶　17. 穿拳下势
18. 独立撑掌（二）　19. 右单鞭

第四段

20. 右云手（三）　21. 右左分鬃
22. 高探马　23. 右蹬脚
24. 双峰贯耳　25. 左蹬脚
26. 掩手撩拳　27. 海底针
28. 闪通背

第五段

29. 右左分脚　30. 搂膝拗步（二）
31. 上步擒打　32. 如封似闭
33. 左云手（三）　34. 右撇身捶
35. 左右穿梭　36. 退步穿掌

第六段

37. 虚步压掌　38. 独立托掌
39. 马步靠　40. 转身大捋
41. 撩掌下势　42. 上步七星
43. 独立跨虎　44. 转身摆莲
45. 弯弓射虎　46. 右搬拦捶
47. 右掤捋挤按　48. 十字手
收势

88 式太极拳　国家普及推广套路，由原国家体委运动司组织专家创编，发布于1957年。此套路较好地保留了传统杨式大架太极拳的风格：动作舒展中正，气势恢宏凝重，劲力刚柔内含，动作柔缓连贯。套路动作名称不重复的共有36个，以十字手为界分为3段。第一段突出基本功架的练习，第二段突出腿法、身法的练习，第三段突出方向变化和平衡的练习。此套路共88个动作名称，包括预备式、起势、收势。（参考书：《太极拳运动》（修订本），中华人民共和国体育运动委员会运动司编）

动作名称

1. 预备式　2. 起势
3. 揽雀尾　4. 单鞭
5. 提手　6. 白鹤亮翅
7. 左搂膝拗步　8. 手挥琵琶
9. 左右搂膝拗步　10. 手挥琵琶
11. 进步搬拦捶　12. 如封似闭
13. 十字手　14. 抱虎归山
15. 斜揽雀尾　16. 肘底看捶
17. 左右倒卷肱　18. 斜飞势
19. 提手　20. 白鹤亮翅
21. 左搂膝拗步　22. 海底针
23. 闪通臂　24. 转身撇身捶
25. 进步搬拦捶　26. 上步揽雀尾
27. 单鞭　28. 云手
29. 单鞭　30. 高探马
31. 右分脚　32. 左分脚
33. 转身左蹬脚　34. 左右搂膝拗步
35. 进步栽捶　36. 翻身白蛇吐信
37. 进步搬拦捶　38. 右蹬脚
39. 左披身伏虎　40. 右披身伏虎
41. 回身右蹬脚　42. 双峰贯耳
43. 左蹬脚　44. 转身右蹬脚
45. 进步搬拦捶　46. 如封似闭
47. 十字手　48. 抱虎归山
49. 斜揽雀尾　50. 横单鞭
51. 左右野马分鬃　52. 进步揽雀尾
53. 单鞭
54. 左右穿梭（四斜角）
55. 进步揽雀尾　56. 单鞭
57. 云手　58. 单鞭
59. 下势　60. 左右金鸡独立
61. 左右倒卷肱　62. 斜飞势
63. 提手　64. 白鹤亮翅
65. 左搂膝拗步　66. 海底针
67. 闪通臂　68. 转身撇身捶
69. 进步搬拦捶　70. 上步揽雀尾
71. 单鞭　72. 云手
73. 单鞭　74. 高探马
75. 左穿掌　76. 转身十字蹬脚
77. 搂膝打捶　78. 上步揽雀尾
79. 单鞭　80. 下势
81. 上步七星　82. 退步跨虎
83. 转身摆莲脚　84. 弯弓射虎
85. 进步搬拦捶　86. 如封似闭
87. 十字手　88. 收势还原

太极八法五步　国家普及推广套路。国家体育总局为了更好地宣传、推广、普及太极拳，本着科学化、规范化、简易化的原则，从各式太极拳中具有共性的、最为核心的八法五步技术（掤、捋、挤、按、採、挒、肘、靠八种劲法以及进、退、顾、盼、定五种步法）入手，进行系统提炼和整理，从而形成一套具有文化性、健身性和简易性的太极拳普及套路。它内涵丰富，动作结构简单，数量合理，易学易练，是一个更加简化的、较为理想的太极拳入门套路。特点：中正圆满、速度均匀，套路结构严谨，左右对称，布局合理。此套路共32个动作名称，包括起势、收势。（参考书：《太

极八法五步》（中英双语），吕韶钧著）

动作名称

1. 起势	2. 左掤势
3. 右捋势	4. 左挤势
5. 双按势	6. 右採势
7. 左挒势	8. 左肘势
9. 右靠势	10. 右掤势
11. 左捋势	12. 右挤势
13. 双按势	14. 左採势
15. 右挒势	16. 右肘势
17. 左靠势	18. 进步左右掤势
19. 退步左右捋势	20. 左移步左挤势
21. 左移步双按势	22. 右移步右挤势
23. 右移步双按势	24. 退步左右採势
25. 进步左右挒势	26. 右移步右肘势
27. 右移步右靠势	28. 左移步左肘势
29. 左移步左靠势	30. 中定左右独立势
31. 十字手	32. 收势

竞赛套路

太极拳竞赛套路是符合国家太极拳、剑竞赛规则的套路。1989 年由国家体委武术研究院组织有关专家编创了 42 式、陈式 56 式、杨式 40 式、吴式 45 式、孙式 73 式太极拳竞赛套路，1997 年编创了武式 46 式太极拳竞赛套路。竞赛套路的共同特点：①竞技性。各式太极拳竞赛套路都必须符合国家太极拳、剑竞赛规则的规定；同时，为了突出可比性、便于评判，适当地增加了动作难度，如分脚、蹬脚高度过腰，42 式太极拳中增加了指定难度动作，如左分脚—转体 360° 右拍脚等。②规范性。竞赛套路由中国武术研究院审定公布，对动作有明确的文字说明和配套的音像教材，动作有统一的标准要求。③传统性。陈式、杨式、武式、吴式、孙式太极拳竞赛套路都是在各自传统套路的基础上改编而成的。42 式太极拳竞赛套路，是在 48 式太极拳套路的基础上，吸收了各流派太极拳典型拳式创编而成的。

42 式太极拳竞赛套路 1989 年由国家体委武术研究院组织有关专家创编。此套路内容充实、动作规范、结构严谨、布局合理，反映了现代太极拳运动的技术水平。在风格上，此套路以杨式太极拳大架为主，外形合理规范，气势大方舒展，劲力刚柔并重，动作匀速有变；在技术上，考虑到竞赛的需要，突出了规范性，如动作、方位、路线等；套路编排上有一定的难度要求，如布局、动作数量、组别等。由于套路穿插了其他流派的拳式，段落之间有所差异。第一段，以杨式动作为主，柔和缓慢；第二段，突出了吴式太极拳的手法、孙式太极拳的步法以及陈式太极拳的发力动作；第三段，以杨式太极拳动作为主，兼有吴式太极拳动作；第四段以 48 式太极拳中的第四段为主，表现为杨式风格。此套路分为 4 段，共 42 个动作名称，包括起势、收势。（参考书：《四十二式太极拳竞赛套路》，中国武术研究院、中国武术协会审定）

动作名称

第一段

1. 起势	2. 右揽雀尾
3. 左单鞭	4. 提手
5. 白鹤亮翅	6. 搂膝拗步（二）
7. 撇身捶	8. 捋挤式（二）

9. 进步搬拦捶　10. 如封似闭

第二段

11. 开合手　12. 右单鞭
13. 肘底捶　14. 转身推掌（二）
15. 玉女穿梭（二）16. 右左蹬脚
17. 掩手肱捶
18. 野马分鬃（二）

第三段

19. 云手（三）　20. 独立打虎
21. 右分脚　22. 双峰贯耳
23. 左分脚　24. 转身拍脚
25. 进步栽捶　26. 斜飞势
27. 单鞭下势　28. 金鸡独立（二）
29. 退步穿掌

第四段

30. 虚步压掌　31. 独立托掌
32. 马步靠　33. 转身大捋
34. 歇步擒打　35. 穿掌下势
36. 上步七星　37. 退步跨虎
38. 转身摆莲　39. 弯弓射虎
40. 左揽雀尾　41. 十字手
42. 收势

陈式太极拳竞赛套路　1989年由国家体委武术研究院组织专家创编。套路特点：整合了陈式太极拳一路缠丝柔和二路发劲弹抖的技术特色，结构上吸收了原套路的主要动作顺序。动作编排上由易到难，多有左右对称的动作，以求锻炼全面、发展平衡。风格特点：以丹田内转带动四肢运动，缠丝环绕，发力跳跃，节奏明快，气势宏大。此套路共分为4段，共56个动作名称，包括起势、收势。（参考书：《四式太极拳竞赛套路》，中国武术研究院审定）

动作名称

第一段

1. 起势　2. 右金刚捣碓
3. 揽扎衣　4. 右六封四闭
5. 左单鞭　6. 搬拦捶
7. 护心捶　8. 白鹤亮翅
9. 斜行拗步　10. 提收
11. 前蹚　12. 右掩手肱捶
13. 披身捶　14. 背折靠
15. 青龙出水　16. 斩手
17. 翻花舞袖　18. 海底翻花
19. 左掩手肱捶　20. 左六封四闭
21. 右单鞭

第二段

22. 云手（向右）23. 云手（向左）
24. 高探马　25. 右连珠炮
26. 左连珠炮　27. 闪通背

第三段

28. 指裆捶　29. 白猿献果
30. 双推手　31. 中盘
32. 前招　33. 后招
34. 右野马分鬃　35. 左野马分鬃
36. 摆莲跌叉　37. 左右金鸡独立

第四段

38. 倒卷肱　39. 退步压肘
40. 擦脚　41. 蹬一根
42. 海底翻花　43. 击地捶
44. 翻身二起　45. 双震脚
46. 蹬脚　47. 玉女穿梭
48. 顺鸾肘　49. 裹鞭炮

50. 雀地龙　51. 上步七星
52. 退步跨虎　53. 转身摆莲
54. 当头炮　55. 左金刚捣碓
56. 收势

杨式太极拳竞赛套路　1989 年由国家体委武术研究院组织专家创编。套路特点：保留了传统杨式太极拳基本式架，增加了拍脚动作，提高了分脚和蹬脚的高度要求，去掉了过多的重复动作，使套路的布局更加紧凑合理及统一化、规范化，以符合竞赛的要求。风格特点：动作舒展大方，身法中正圆满，气势凝重恢宏，结构和顺自然、简洁连贯。此套路分为 4 段，共 40 个动作名称，不包括预备式。（参考书：《四式太极拳竞赛套路》，中国武术研究院审定）

动作名称

预备式

第一段

1. 起势　2. 揽雀尾
3. 单鞭　4. 提手上势
5. 白鹤亮翅　6. 搂膝拗步
7. 手挥琵琶　8. 搬拦捶
9. 如封似闭

第二段

10. 斜飞势　11. 肘底捶
12. 倒卷肱　13. 左右穿梭
14. 左右野马分鬃

第三段

15. 云手　16. 单鞭
17. 高探马　18. 右蹬脚
19. 双峰贯耳　20. 左分脚
21. 转身右蹬脚　22. 海底针
23. 闪通背

第四段

24. 白蛇吐信　25. 右拍脚
26. 左右伏虎势　27. 右下势
28. 金鸡独立　29. 指裆捶
30. 揽雀尾　31. 单鞭
32. 左下势　33. 上步七星
34. 退步跨虎　35. 转身摆莲
36. 弯弓射虎　37. 搬拦捶
38. 如封似闭　39. 十字手
40. 收势

吴式太极拳竞赛套路　1989 年由国家体委武术研究院组织专家创编。套路的结构特点：保留了传统吴式太极拳的 36 个拳式，排列顺序基本参照传统套路，但有所改进。动作布局以矩形场中线为准，有多个前后、左右对称的拳式。主要风格特点：身形斜中寓正，步形突出川字步，兼有马步。整个套路动作开展适中，紧凑有度，气势端庄典雅，小巧灵活，衔接细腻和顺、轻松自然，速度均匀和缓、绵绵不断。练习中侧重柔练。此套路分为 4 段，共 45 个动作名称，包括起势、收势。（参考书：《四式太极拳竞赛套路》，中国武术研究院审定）

动作名称

第一段

1. 起势　2. 右揽雀尾
3. 左单鞭　4. 提手上势
5. 白鹤亮翅　6. 左右搂膝拗步
7. 手挥琵琶　8. 上步搬拦捶

9. 如封似闭　10. 十字手
11. 左揽雀尾　12. 右单鞭
13. 右下势　14. 金鸡独立

第二段

15. 左右倒卷肱　16. 右海底针
17. 左闪通背　18. 撇身捶
19. 肘底捶　20. 左右野马分鬃

第三段

21. 玉女穿梭　22. 云手
23. 右高探马　24. 右分脚
25. 左分脚　26. 退步打虎
27. 右蹬脚　28. 双峰贯耳
29. 斜飞势　30. 右迎面掌

第四段

31. 十字拍脚　32. 搂膝左栽捶
33. 左海底针　34. 右闪通背
35. 云手　36. 左高探马
37. 回身指裆捶　38. 左下势
39. 上步七星　40. 退步跨虎
41. 左迎面掌　42. 转身摆莲
43. 弯弓射虎　44. 退步搬拦捶
45. 收势

孙式太极拳竞赛套路　1989 年由国家体委武术研究院组织专家创编。套路的结构特点：此套路除保留传统孙式太极拳的主要拳式外，在动作衔接上也继承了传统太极拳的组合方式。凡转身换势多以开合手连接。风格特点：外形架高步活、中正舒展，气势自然活泼、轻灵敏捷，衔接进退相随、开合相连，速度柔和平稳、行云流水。此套路分为 6 段，共 73 个动作名称，包括起势、收势。（参考书：《四式太极拳竞赛套路》，中国武术研究院审定）

动作名称

第一段

1. 起势　2. 揽扎衣
3. 开手　4. 合手
5. 单鞭　6. 提手上势
7. 白鹤亮翅　8. 开手
9. 合手　10. 左搂膝拗步
11. 手挥琵琶　12. 进步搬拦捶
13. 如封似闭　14. 抱虎推山
15. 开手　16. 合手
17. 搂膝拗步（右）　18. 揽扎衣
19. 开手　20. 合手
21. 左单鞭　22. 肘底看捶

第二段

23. 左倒卷肱　24. 右倒卷肱
25. 左搂膝拗步　26. 左揽扎衣
27. 开手　28. 合手
29. 右单鞭　30. 右云手
31. 高探马　32. 左分脚
33. 右分脚

第三段

34. 践步打捶　35. 翻身二起脚
36. 披身伏虎　37. 左分脚
38. 转身右蹬脚　39. 进步搬拦捶
40. 如封似闭　41. 抱虎推山

第四段

42. 开手　43. 合手
44. 搂膝拗步（左）　45. 揽扎衣
46. 开手　47. 合手
48. 斜单鞭　49. 野马分鬃
50. 揽扎衣　51. 开手
52. 合手　53. 左单鞭

第五段

54. 左云手　55. 云手下势
56. 金鸡独立　57. 闪通背

第六段

58. 玉女穿梭　59. 高探马
60. 十字拍脚　61. 上步指裆捶
62. 活步揽扎衣　63. 开手
64. 合手　65. 左单鞭
66. 单鞭下势　67. 上步七星
68. 退步跨虎　69. 转身摆莲
70. 弯弓射虎　71. 双撞捶
72. 阴阳合一　73. 收势

武式太极拳竞赛套路　1995年由国家体委武术研究院组织专家创编。套路特点：较完整地保持了传统武式太极拳的技术风格，如出手不过脚尖、两手各管半边、实脚转动、起承开合等。通过对肢体动作和劲力的改进和创新，拳势得到统一规范。个别动作提高了难度，增加了可比性，设计了不同的组合动作及转合衔接，丰富了动作的变化，使套路的技术特点更加突出，符合竞赛的要求。风格特点：外形古朴简洁、拳势紧凑，过程起承转合、节序清晰，气势腾挪鼓荡、中正雅致，速度舒缓适中。练法上强调每势贯穿起承转合。此套路分为4段，共46个动作名称，包括起势、收势。（参考书：《太极拳竞赛套路全书》，武冬等编著）

动作名称

第一段

1. 起势　2. 左右揽扎衣
3. 左单鞭　4. 提手上势
5. 白鹤亮翅　6. 左右搂膝拗步
7. 进步左搬拦捶　8. 如封似闭
9. 白鹤亮翅　10. 抱虎推山
11. 左右野马分鬃　12. 手挥琵琶
13. 对心掌

第二段

14. 右单鞭　15. 右云手
16. 玉女穿梭　17. 高探马
18. 左右分脚　19. 转身右蹬脚
20. 按势　21. 青龙出水
22. 闪通背　23. 左单鞭

第三段

24. 左云手　25. 左下势
26. 左金鸡独立　27. 右下势
28. 右金鸡独立　29. 践步打捶
30. 翻身二起脚　31. 左右披身伏虎
32. 肘底捶

第四段

33. 左右倒卷肱　34. 青龙出水
35. 左拍脚　36. 转身十字摆莲
37. 跳步指裆捶　38. 左下势
39. 上步七星　40. 退步跨虎
41. 转身摆莲　42. 弯弓射虎
43. 上步右搬拦捶　44. 如封似闭
45. 双撞捶　46. 收势

主要流派套路

传统太极拳套路是世代相传或相沿已久并具有自身风格特点的套路，如陈式太极拳老架一路、二路，新架一路、二路，小架一路、二路。又如，杨式85式、78式、94式等。为了普及推广，将早期传统套路进行简化缩编形成的套路，也属传统套路，如陈式38式、精要18式，杨式49式、37式等套路。

陈式太极拳套路

陈式太极长拳108式　陈式太极拳早期套路。据传此拳为陈王廷创编，属陈式太极拳早期拳架。此套拳架动作古朴大方，各势不重，如长江大河滔滔不绝，颇有古风。其源自当时各派拳家，择其精要，各取几手，汇而为一。它以易为理，结合传统中医的经络学说，集导引、吐纳、武术于一体，脱而化之，推演出阴阳开合之道，蕴含着中华文化的妙趣，其中一招一式都凝聚着古代武术先贤的心血和智慧。此套路共108个动作名称，不包括起势、收势。（参考书：《陈氏太极长拳108式》，王振华著）

动作名称

起势

1. 懒扎衣立势高强
2. 丢下腿出步单阳
3. 七星拳手足相顾
4. 探马势太祖高传
5. 当头炮势冲人怕
6. 中单鞭谁敢当先
7. 跨虎势挪移发脚
8. 拗步势手足活便
9. 寿桃势如牌抵进
10. 抛架子当头按下
11. 孤身炮
12. 打一个翻花舞袖
13. 拗鸾肘
14. 左右红拳
15. 玉女穿梭倒骑龙
16. 连珠炮打的是猛将雄兵
17. 猿猴看果谁敢偷，铁甲将军也要走
18. 高四平
19. 迎风躁子
20. 小红拳火焰攒心
21. 斩手炮，打一个凤鸾藏肘
22. 窝里炮，打一个井缆直入
23. 直入势
24. 庇身拳
25. 转身吊打
26. 指裆势
27. 剪臁踢膝
28. 金鸡独立
29. 朝阳击鼓
30. 护心拳
31. 专降快腿
32. 拈肘势逼退英雄
33. 吓一声小擒拿休走
34. 拿鹰捉兔硬开弓
35. 下扎势闪惊巧取
36. 倒扎势谁人敢攻
37. 朝阳手
38. 便身防腿
39. 一条鞭打进不忙
40. 悬脚势诱彼轻进
41. 骑马势冲来敢挡
42. 一霎步往里就踩
43. 下海降龙
44. 上山伏虎
45. 野马分鬃，张飞擂鼓
46. 雁翅势穿庄一腿
47. 劈来脚势
48. 入步连心
49. 雀地龙按下
50. 朝天磴立起
51. 鸡子解胸

52. 白鹅亮翅
53. 黑虎拦路
54. 胡僧托钵
55. 燕子衔泥
56. 二龙戏珠
57. 赛过神枪
58. 丘刘势
59. 左搬右掌
60. 鬼蹴脚扑前扫后
61. 霸王举鼎
62. 韩信埋伏
63. 右山势
64. 左山势
65. 前冲后冲
66. 观音献掌
67. 童子拜佛
68. 翻身过海
69. 回回指路
70. 敬德跳涧
71. 单鞭救主
72. 青龙舞爪
73. 恶马提铃
74. 六封四闭
75. 金刚捣碓
76. 下四平
77. 秦王拔剑
78. 存孝打虎
79. 钟馗仗剑
80. 佛顶珠
81. 反蹚庄望门攒
82. 下扎势上一步封闭捉拿
83. 推山二掌
84. 罗汉降龙
85. 左转红拳左跨马，右转红拳右跨马
86. 左搭袖，右搭袖
87. 回头搂膝拗步插一掌
88. 转身三请客
89. 掩手肱拳双架梁
90. 丹凤朝阳
91. 回头高四平金鸡晒膀
92. 托天叉
93. 左搭眉，右搭眉
94. 天王降妖
95. 上一步铁幡杆
96. 下一步子胥拖鞭
97. 苍龙摆尾
98. 仙人摘乳
99. 回头一炮拗鸾肘
100. 踩子二红仙人捧玉盘
101. 夜叉探海
102. 刘海捕蝉
103. 烈女捧金盒
104. 直符送书
105. 回头闪通背窝里炮
106. 收回去双龙抹马
107. 急回头智远看瓜
108. 自转两拳护膝，当场按下
109. 满天星，谁敢与吾比併

收势

陈式太极拳老架一路　亦称大架，是陈式太极拳传统套路，由陈式太极拳第六代传人陈长兴创编。套路特点：以柔为主，柔中有刚。架势舒展大方，步法稳健轻灵，身法中正自然，内劲统领全身。动作如行云流水，发劲时松活弹抖。外形走弧线，内劲走螺旋。练习基本要求：虚领顶劲，立身中正，松肩沉肘，含胸塌腰，呼吸自然，虚实分明，上下相随，以腰为轴，以身领手，外走弧线，内走螺旋。此套路共 74 个动作名称，包括起势、收势。（参考书：《陈式太极拳全书·上卷》，陈正雷著）

动作名称

1. 起势　2. 金刚捣碓
3. 懒扎衣　4. 六封四闭
5. 单鞭　6. 金刚捣碓
7. 白鹅亮翅　8. 斜形
9. 搂膝　10. 拗步
11. 斜形　12. 搂膝
13. 拗步　14. 掩手肱拳
15. 金刚捣碓　16. 撇身捶
17. 青龙出水　18. 双推手
19. 肘底看拳　20. 倒卷肱
21. 白鹅亮翅　22. 斜形
23. 闪通背　24. 掩手肱拳
25. 六封四闭　26. 单鞭
27. 云手　28. 高探马
29. 右擦脚　30. 左擦脚
31. 左蹬一根　32. 前趟拗步
33. 击地捶　34. 踢二起
35. 护心拳　36. 旋风脚
37. 右蹬一根　38. 掩手肱拳
39. 小擒打　40. 抱头推山
41. 六封四闭　42. 单鞭
43. 前招　44. 后招
45. 野马分鬃　46. 六封四闭
47. 单鞭　48. 玉女穿梭
49. 懒扎衣　50. 六封四闭
51. 单鞭　52. 云手
53. 摆脚跌岔　54. 金鸡独立
55. 倒卷肱　56. 白鹅亮翅
57. 斜形　58. 闪通背
59. 掩手肱拳　60. 六封四闭
61. 单鞭　62. 云手
63. 高探马　64. 十字脚
65. 指裆捶　66. 猿猴探果
67. 单鞭　68. 雀地龙
69. 上步七星　70. 下步跨肱
71. 转身双摆莲　72. 当头炮
73. 金刚捣碓　74. 收势

陈式太极拳老架二路　亦称炮捶，是陈式太极拳传统套路，系陈式太极拳第六代传人陈长兴在祖传老架的基础上由博返约地创编而成。老架二路的特点是快、刚、猛。出拳速度快，以刚为主，刚中有柔。震脚发力，闪展腾挪，蹿蹦跳跃，松活弹抖，完整一气，有怪蟒出洞、猛虎下山之气魄，有蛟龙出海、雄狮抖毛之神威。基本要求：手领身随步法活，根稳劲整精神足。此套路共41个动作名称，包括起势、收势。（参考书：《陈式太极拳全书·上卷》，陈正雷著）

动作名称

1. 起势　2. 金刚捣碓
3. 懒扎衣　4. 六封四闭
5. 单鞭　6. 跃步护心拳
7. 进步斜形　8. 回头金刚捣碓
9. 撇身捶　10. 指裆捶
11. 斩手　12. 翻花舞袖
13. 掩手肱拳　14. 转身腰拦肘
15. 大肱拳小肱拳　16. 玉女穿梭
17. 倒骑龙　18. 掩手肱拳
19. 裹鞭　20. 兽头式
21. 披架子　22. 掩手肱拳
23. 伏虎　24. 抹眉肱
25. 黄龙三搅水　26. 左冲右冲
27. 掩手肱拳　28. 扫膛腿
29. 掩手肱拳　30. 全炮捶
31. 掩手肱拳　32. 捣叉
33. 左二肱右二肱　34. 回头当门炮
35. 变势大捉炮　36. 腰拦肘
37. 顺拦肘　38. 窝底炮

39. 回头井拦直入　40. 金刚捣碓
41. 收势

陈式太极拳小架一路　亦称小圈拳，是陈式太极拳传统套路，系陈式太极拳第六代传人陈有本在祖传原有套路的基础上精简归纳创编而成。小架一路除具备陈式太极拳的基本特点外，在行拳中架势较低，圈小圆活，多用马步；以柔为主，刚柔相济。架势紧凑灵活，劲走小圈立圆，动作细腻，周身守圆，劲力连绵不断，讲究由内到外，练意、练气、练神。练习时运行柔缓，蓄发兼备。讲究双手相合瓦楞掌，身为中界左右行。此套路共 75 个动作名称，包括起势、收势。（参考书：《陈式太极拳小架一路》，李素玲著）

动作名称

1. 起势　2. 金刚捣碓
3. 懒扎衣　4. 六封四闭
5. 单鞭　6. 金刚捣碓
7. 白鹅亮翅　8. 搂膝拗步
9. 初收　10. 上三步
11. 斜行拗步　12. 再收
13. 上三步　14. 掩手捶
15. 金刚捣碓　16. 披身捶
17. 背折靠　18. 肘底捶
19. 倒卷帘　20. 白鹅亮翅
21. 搂膝拗步　22. 闪通背
23. 掩手捶　24. 六封四闭
25. 单鞭　26. 上云手
27. 高探马　28. 左右擦脚
29. 中单鞭　30. 上三步
31. 下掩手　32. 二起脚
33. 兽头式　34. 踢一脚
35. 左蹬一根　36. 掩手捶
37. 小擒打　38. 抱头推山
39. 六封四闭　40. 单鞭
41. 前招　42. 后招
43. 野马分鬃　44. 六封四闭
45. 单鞭　46. 玉女穿梭
47. 懒扎衣　48. 六封四闭
49. 单鞭　50. 中云手
51. 摆脚　52. 一蹚蛇
53. 金鸡独立　54. 朝天蹬
55. 倒卷帘　56. 白鹅亮翅
57. 搂膝拗步　58. 闪通背
59. 掩手捶　60. 六封四闭
61. 单鞭　62. 下云手
63. 高探马　64. 十字脚
65. 指裆捶　66. 青龙出水
67. 六封四闭　68. 单鞭
69. 铺地锦　70. 上步七星
71. 下步跨虎　72. 摆脚
73. 当头炮　74. 金刚捣碓
75. 收势

陈式太极拳小架二路　亦称炮捶，是陈式太极拳传统套路，系陈式太极拳第六代传人陈有本在祖传原有套路的基础上精简归纳创编而成。陈式太极拳小架二路以刚为主，刚中寓柔，强调丹田内转，缠绕折叠，震脚弹抖，完整一气；要求快慢相间，刚柔相济，凸显爆发力。练习小架二路拳，应该以练好陈式太极拳小架一路为基础，达到去僵求柔，周身相随，劲力完整，内外相合，呼吸、动作协调一致后，方可习练小架二路。此套路分为 4 段，共 50 个动作名称，包括预备式、收势。（参考影像资料：中华武术展现工程《陈式太极拳小架系列之二 · 陈氏二路炮捶》，陈永福讲解）

动作名称

第一段

1. 预备式 2. 金刚捣碓
3. 跑步单鞭 4. 护心拳
5. 斜行拗步 6. 转身金刚捣碓
7. 披身捶 8. 左指裆
9. 右斩手 10. 翻花舞袖
11. 跃起掩手捶 12. 拗鸾肘

第二段

13. 大红拳 14. 小红拳
15. 高探马 16. 玉女穿梭
17. 倒骑龙 18. 掩手捶
19. 裹鞭炮 20. 掩手捶
21. 兽头势 22. 披架子
23. 左合 24. 右合
25. 掩手捶

第三段

26. 伏虎 27. 抹眉红
28. 右黄龙绞水 29. 左黄龙绞水
30. 左蹬跟 31. 右蹬跟
32. 掩手捶 33. 扫堂腿
34. 掩手捶 35. 右冲
36. 左冲 37. 倒插
38. 左夺耳红 39. 右夺耳红

第四段

40. 急三捶 41. 变式大佐炮
42. 翻身打一炮 43. 顺鸾肘
44. 窝里炮 45. 抽跟打一炮
46. 连珠炮 47. 转身摆脚
48. 当头炮 49. 金刚捣碓
50. 收势

陈式太极拳新架一路 陈式太极拳传统套路，由陈式太极拳第九代传人陈发科创编。与老架一路相比，新架缠丝劲更加明显，手法、动作更为细腻，加大了拳式难度，增加了运动量和运动强度，松活弹抖、刚柔相济的特点更为突出。若同新架二路相比，新架一路柔多刚少，柔中有刚。拳架以挪、捋、挤、按四正手的运用为主，以采、挒、肘、靠四隅手的运用为辅。动作力求柔顺，以化劲为基础，外形上有柔、缓、稳的特色。此套路共83个动作名称，包括预备式、收势。（参考书：《陈式太极拳全书·下卷》，陈正雷著）

动作名称

1. 预备式 2. 金刚捣碓
3. 懒扎衣 4. 六封四闭
5. 单鞭 6. 第二金刚捣碓
7. 白鹅亮翅 8. 斜行拗步
9. 初收 10. 前蹚拗步
11. 第二斜行拗步 12. 再收
13. 前蹚拗步 14. 掩手肱捶
15. 第三金刚捣碓 16. 披身捶
17. 青龙出水 18. 双推手
19. 三换掌 20. 肘底看捶
21. 倒卷肱 22. 退步压肘
23. 中盘 24. 白鹅亮翅
25. 斜行拗步 26. 闪通背
27. 掩手肱捶 28. 大六封四闭
29. 单鞭 30. 云手
31. 高探马 31. 右擦脚
33. 左擦脚 34. 转身左蹬一根
35. 前蹚拗步 36. 击地捶
37. 二起脚（踢二起）
38. 护心捶（兽头式）
39. 旋风脚 40. 右蹬一根

41. 掩手肱捶　42. 小擒打
43. 抱头推山　44. 三换掌
45. 六封四闭　46. 单鞭
47. 前招　48. 后招
49. 野马分鬃　50. 大六封四闭
51. 单鞭　52. 双震脚
53. 玉女穿梭　54. 懒扎衣
55. 六封四闭　56. 单鞭
57. 云手　58. 双摆脚
59. 跌叉　60. 金鸡独立
61. 倒卷肱　62. 退步压肘
63. 中盘　64. 白鹅亮翅
65. 斜行拗步　66. 闪通背
67. 掩手肱捶　68. 大六封四闭
69. 单鞭　70. 云手
71. 高探马　72. 十字单摆脚
73. 指裆捶　74. 白猿献果
75. 小六封四闭　76. 单鞭
77. 铺地锦　78. 上步七星
79. 退步跨虎　80. 转身双摆莲
81. 当头炮　82. 金刚捣碓
83. 收势

陈式太极拳新架二路　因其节奏明快、爆发力强，具有快、刚、跃的特色，故又称炮捶，是陈式太极拳传统套路，由陈式太极拳第九代传人陈发科创编。陈式太极拳新架一路以柔为主，二路则以刚为主。运动中不断旋腰转脊、旋腕转膀、旋踝转膝，形成一动全动、贯穿整体的一系列螺旋缠丝。动作蹿蹦跳跃，快速威猛，松活弹抖，意气风发，意、气、力、形在瞬间高度统一。要求动作开合有序、蓄发相变、以手带身、劲整气足。适合新架一路拳基础扎实者练习。此套路共60个动作名称，包括预备式、收势。（参考书：《陈式太极拳全书·下卷》，陈正雷著）

动作名称

1. 预备式　2. 金刚捣碓
3. 懒扎衣　4. 六封四闭
5. 单鞭　6. 搬拦肘
7. 护心捶　8. 拗步斜行
9. 煞腰压肘拳　10. 井揽直入
11. 风扫梅花　12. 金刚捣碓
13. 撇身捶　14. 斩手
15. 翻花舞袖　16. 掩手肱捶
17. 飞步腰拦肘　18. 云手（前三）
19. 云手（后三）　20. 高探马
21. 连珠炮　22. 倒骑麟
23. 白蛇吐信　24. 海底翻花
25. 掩手肱捶　26. 左裹鞭炮
27. 右裹鞭炮　28. 兽头式
29. 劈架子　30. 翻花舞袖
31. 掩手肱捶　32. 伏虎
33. 抹眉红　34. 右黄龙三搅水
35. 左黄龙三搅水　36. 左蹬一根
37. 右蹬一根　38. 海底翻花
39. 掩手肱捶　40. 扫蹚腿
41. 掩手肱捶　42. 左冲
43. 右冲　44. 倒插
45. 海底翻花　46. 掩手肱捶
47. 夺二肱　48. 连环炮
49. 玉女穿梭　50. 回头当门炮
51. 玉女穿梭　52. 回头当门炮
53. 腰拦肘　54. 顺拦肘
55. 穿心肘　56. 窝里炮
57. 井揽直入　58. 风扫梅花
59. 金刚捣碓　60. 收势

混元太极拳24式　简称混元24式，陈式太极拳套路，由陈式太极拳第十代传人冯志强结合自己数十年修炼太极功夫的实践，从传统陈式太极拳一路、二路中提炼出最典型的拳势，结合混元太极拳的功法原理创编而成。该套路不仅继承了陈式太极拳传统的演练风格，而且有其鲜明的技术特点及独特的练习方法，是习练混元太极拳的入门套路。练习要领突出动静相间、刚柔相济，练养结合、内外双修，拳功一体、周身一家等混元一气的基本要求，强调从松静轻柔入手，以丹田内转为核心，以腰带身，一动无有不动，一缠无有不缠。本套路动作规范，劲力柔顺，难易适中，适合不同年龄、体质的太极拳爱好者习练。此套路共24个动作名称，包括太极起势、收势。（参考书：《陈式太极拳入门》，冯志强编著）

动作名称

1. 起势	2. 金刚捣碓
3. 懒扎衣	4. 六封四闭
5. 单鞭	6. 白鹤亮翅
7. 斜行拗步	8. 提收
9. 前蹚拗步	10. 掩手肱捶
11. 披身捶	12. 背折靠
13. 青龙出水	14. 双推手
15. 三换掌	16. 倒卷肱
17. 退步压肘	18. 中盘
19. 闪通背	20. 击地捶
21. 平心捶	22. 煞腰压肘
23. 当头炮	24. 收势

混元太极炮捶46式　陈式太极拳套路，系陈式太极拳第十代传人冯志强创编。此套路兼有传统炮捶和散手炮两者的练法特点，融套路练习、单操练习为一体，是混元太极炮捶的核心套路。散手炮是以散手为形式、以单操为特征的技击性很强的拳法，一般不外传，只传门内弟子。习练此套炮捶可同时熟悉、了解和掌握两种练法和用法，能切实有效地提高习练者的体用能力和功夫水平，并可为进一步专修研习传统炮捶和散手炮打好基础。此套路共46个动作名称，包括无极式、金刚捶收势。（参考书：《混元太极炮捶四十六式》，冯志强编著）

动作名称

1. 无极式	2. 金刚捣碓
3. 懒扎衣	4. 封闭捶
5. 单鞭势	6. 左右搬拦捶
7. 转身护心捶	8. 进步拦手炮
9. 斜行拗步	10. 煞腰肘
11. 井揽直入	12. 风扫梅花
13. 金刚捣碓	14. 披身捶
15. 左右撇身捶	16. 斩手
17. 翻花舞袖	18. 掩手肱捶
19. 飞步拦腰肘	20. 云手
21. 高探马	22. 云手
23. 高探马	24. 连珠炮
25. 撇身捶	26. 腰拦肘
27. 顺拦肘	28. 穿心肘
29. 窝里炮	30. 雀地龙冲炮
31. 插脚拦截炮	32. 翻花舞袖
33. 转身劈挂掌	34. 进步螺旋冲炮
35. 退步挂肘炮	36. 左右冲炮
37. 左右盖炮	38. 进步腹肩靠
39. 掩手肱捶	40. 转身夺二肱
41. 穿梭转身炮	42. 抄水劈砸炮
43. 绕步连环炮	44. 平穿肘
45. 风扫梅花	46. 金刚捶收势

陈式太极拳38式　陈式太极拳精简套路，由陈式太极拳第十一代传人陈小旺在老架一路的基础上精简归纳而成。套路特

点：舒展连贯，一动无有不动，一静百骸相随；以腰为主，处处运用螺旋劲，呼吸自然，虚实分明，蓄发相变，快慢相间。该套路是习练陈式太极拳的入门套路。风格特点：柔中有刚，简练紧凑，完整一气。此套路分为4段，共38个动作名称，包括预备式、收势。（参考影像资料：《中华武藏·陈式太极拳》，陈小旺主讲演练）

动作名称

第一段

1. 预备式　2. 金刚捣碓
3. 白鹅亮翅　4. 上三步
5. 斜行　6. 搂膝
7. 前蹚拗步　8. 掩手肱捶
9. 撇身捶　10. 双推手

第二段

11. 三换掌　12. 肘底捶
13. 倒卷肱　14. 退步压肘
15. 白蛇吐信　16. 闪通背
17. 前蹚拗步　18. 青龙出水
19. 击地捶

第三段

20. 二起脚　21. 护心捶
22. 前招　23. 后招
24. 右蹬一根　25. 左蹬一根
26. 玉女穿梭　27. 懒扎衣
28. 六封四闭　29. 单鞭

第四段

30. 雀地龙　31. 上步七星
32. 小擒打　33. 云手
34. 高探马　35. 双摆莲
36. 当头炮　37. 金刚捣碓
38. 收势

陈式太极拳19式　陈式太极拳精简套路，由陈式太极拳第十一代传人陈小旺在陈式太极拳老架一路的基础上精简归纳而成。此套路作为习练陈式太极拳的入门套路，既保留了传统陈式太极拳的风格特点：柔中带刚，虚实分明，处处螺旋，蓄发相变；又具有快慢相间、精悍易学的特色。此套路共19个动作名称，包括预备式、收势。（参考影像资料：《中华武藏·陈式太极拳》，陈小旺主讲演练）

动作名称

1. 预备式　2. 金刚捣碓
3. 懒扎衣　4. 上步斜行
5. 上三步　6. 左掩手肱捶
7. 双推手　8. 倒卷肱
9. 闪通背　10. 右掩手肱捶
11. 六封四闭　12. 运手
13. 高探马　14. 右蹬一腿
15. 左蹬一腿　16. 野马分鬃
17. 玉女穿梭　18. 金刚捣碓
19. 收势

陈式太极拳精要18式　陈式太极拳精简套路，由陈式太极拳第十一代传人陈正雷在陈式太极拳老架一路的基础上精选缩编而成，是陈式太极拳养生功的一部分。套路短小精悍，较为全面地体现了陈式太极拳刚柔相济、快慢相间、松活弹抖、蹿蹦跳跃等风格特点。此套路共18个动作名称，包括太极起势、收势。（参考书：《陈式太极拳养生功》，陈正雷著）

动作名称

1. 太极起势	2. 金刚捣碓
3. 懒扎衣	4. 六封四闭
5. 单鞭	6. 白鹅亮翅
7. 斜行	8. 搂膝
9. 拗步	10. 掩手肱捶
11. 高探马	12. 左蹬一根
13. 玉女穿梭	14. 云手
15. 转身双摆莲	16. 当头炮
17. 金刚捣碓	18. 收势

太极拳养生8式　陈式太极拳精简套路，由陈式太极拳第十一代传人王西安集一生习练、教授陈式太极拳的体悟，并汲取陈式太极拳精华式架整合而成，系王西安拳法标准化教学入门课程。该套路简单易学，不受场地、时间的限制，可随时随地习练，尤其适合生活节奏快、身心压力大的精英人士。此套路共8个动作名称，包括太极起势、收势。（参考书：《陈式太极拳从零开始》，王西安著）

动作名称

1. 太极起势	2. 真气运转
3. 懒扎衣	4. 六封四闭
5. 单鞭	6. 云手
7. 弯弓射雕	8. 收势

太极拳24式　陈式太极拳精简套路，由陈式太极拳第十一代传人王西安在陈式太极拳老架一路的基础上汲取经典式架创编而成，属王西安拳法中的精品套路。风格特点：舒展大方、连绵贯穿、虚实分明、快慢相间；短而精，易学好练。此套路共24个动作名称，包括太极起势、收势。（参考书：《陈式太极拳从零开始》，王西安著）

动作名称

1. 太极起势	2. 懒扎衣
3. 六封四闭	4. 单鞭
5. 白鹅亮翅	6. 斜行
7. 搂膝	8. 掩手肱拳
9. 金刚捣碓	10. 撇身捶
11. 青龙出水	12. 双推手
13. 倒卷肱	14. 闪通背
15. 掩手肱拳	16. 六封四闭
17. 单鞭	18. 云手
19. 雀地龙	20. 上步七星
21. 下步跨虎	22. 当头炮
23. 金刚捣碓	24. 收势

陈式简化太极拳　又称陈式太极拳36式，是陈式太极拳精简套路，由阚桂香创编。此套路是在传统陈式太极拳新架一路的基础上精简而成的，设计合理、结构严谨、内容充实，保留了传统陈式太极拳的风格特点，且易学易练。该套路在编排上增加了一些左右对称的拳式，使得锻炼更加均衡。此套路分为4段，共36个动作名称，包括起势、收势。（参考书：《陈式简化太极拳入门》，阚桂香编著）

动作名称

第一段

1. 起势	2. 右金刚捣碓
3. 懒扎衣	4. 白鹤亮翅
5. 斜行拗步	6. 提收
7. 前趟	8. 掩手肱捶
9. 双推手	10. 肘底捶

第二段

11. 倒卷肱　12. 退步压肘
13. 左右野马分鬃　14. 左右金鸡独立
15. 右六封四闭　16. 左单鞭

第三段

17. 云手　18. 高探马
19. 左右擦脚　20. 蹬一根
21. 披身捶　22. 背折靠
23. 青龙出水　24. 白猿献果
25. 左六封四闭　26. 右单鞭

第四段

27. 双震脚　28. 玉女穿梭
29. 兽头式　30. 雀地龙
31. 上步七星　32. 退步跨虎
33. 转身摆莲　34. 当头炮
35. 左金刚捣碓　36. 收势

陈式太极拳45式　陈式太极拳精简套路。乔熛与刘荣淦以陈式太极拳新架一路为基础，结合运动员自身特点创编了该套路，既保留了陈式太极拳新架一路的风格，又增加了转腕缠绕等动作。手法以掤、捋、挤、按为主，以採、挒、肘、靠为辅。拳架舒展大方、中正自然，步法轻灵稳健。此套路共45个动作名称，包括预备式、收势。（参考书：《精功陈式太极拳》，乔熛、刘荣淦编著）

动作名称

1. 预备式　2. 金刚捣碓
3. 懒扎衣　4. 六封四闭
5. 单鞭　6. 金刚捣碓
7. 白鹤亮翅　8. 斜行拗步
9. 初收　10. 前蹚拗步
11. 掩手肱捶　12. 金刚捣碓
13. 撇身捶　14. 背折靠
15. 青龙出水　16. 双推手
17. 三换掌　18. 肘底捶
19. 倒卷肱　20. 退步压肘
21. 白鹤亮翅　22. 闪通背
23. 掩手肱捶　24. 六封四闭
25. 单鞭　26. 云手
27. 高探马　28. 右擦脚
29. 左擦脚　30. 前蹚拗步
31. 击地捶　32. 转身上步旋风脚
33. 蹬一根　34. 海底翻花
35. 掩手肱捶　36. 小擒打
37. 六封四闭　38. 单鞭
39. 雀地龙　40. 上步七星
41. 退步跨虎　42. 转身双摆莲
43. 当头炮　44. 金刚捣碓
45. 收势

陈式炮捶太极拳42式　陈式太极拳精简套路，由乔熛创编。该套路以陈式太极拳新架二路为基础，删减了重复的动作，保留了二路炮捶刚劲有力的风格特点。用劲以採、挒、肘、靠为主，以掤、捋、挤、按为辅。动作力求迅速坚刚，着重松弹劲的锻炼。套路结构合理，动作开合有序，速度快慢相间，刚猛而不失沉稳。此套路共42个动作名称，包括预备式、收势。（参考书：《精功陈式太极拳》，乔熛、刘荣淦编著）

动作名称

1. 预备式　2. 金刚捣碓
3. 懒扎衣　4. 六封四闭
5. 单鞭　6. 左右搬拦肘
7. 护心捶　8. 拗步斜行

9. 煞腰压肘拳　10. 井揽直入
11. 风扫梅花　12. 金刚捣碓
13. 庇身捶　14. 撇身捶
15. 斩手　16. 翻花舞袖
17. 掩手肱捶　18. 左裹鞭炮（一）
19. 左裹鞭炮（二）　20. 连珠炮（一）
21. 连珠炮（二）　22. 连珠炮（三）
23. 白蛇吐信（一）　24. 白蛇吐信（二）
25. 白蛇吐信（三）　26. 海底翻花
27. 掩手肱捶　28. 上步伏虎
29. 左蹬一根　30. 右蹬一根
31. 海底翻花　32. 掩手肱捶
33. 左冲　34. 右冲
35. 拗窝肘　36. 顺窝肘
37. 穿心肘　38. 窝里炮
39. 井揽直入　40. 风扫梅花
41. 金刚捣碓　42. 收势

陈式太极拳养生 24 式　陈式太极拳精简套路，由王二平创编。此套路汲取陈式太极拳竞赛套路以及传统陈式太极拳老架、新架之精华，结合太极功法组合而成。套路结构严谨，布局合理，动作简练而又不失传统风格。习练时要以心行气，疏通经络，使身体进入整体性的自我调整，从而达到修身养性、强身健体的功效。此套路共 24 个动作名称，包括起势、收势。（参考影像资料：《陈式太极拳养生 24 式》，王二平讲解示范）

动作名称

1. 起势　2. 金刚捣碓
3. 懒扎衣　4. 六封四闭
5. 单鞭　6. 白鹤亮翅
7. 斜行　8. 搂膝拗步
9. 掩手肱捶　10. 摆莲跌叉
11. 金鸡独立　12. 翻花舞袖
13. 海底翻花　14. 二起脚
15. 玉女穿梭　16. 顺窝肘
17. 左鞭炮　18. 护心捶
19. 穿心肘　20. 懒扎衣
21. 云手　22. 当头炮
23. 金刚捣碓　24. 收势

杨式太极拳套路

杨式太极拳老架　亦称班侯拳，是杨式太极拳传统套路，由杨班侯创编并流传下来的。该套路现主要流传于河北省永年县一带，包括大架、中架、小架、快架、提腿架等。杨班侯，河北永年人，系杨露禅次子，杨式太极拳第二代嫡宗传人。

杨班侯大架太极拳　杨式太极拳传统套路，因其步子和动作幅度大，故名。此拳架的特点是架势低、速度慢，弓步坐腿，臀部低于膝。习练大架可将周身筋骨拉开，使气血畅通无阻。由于重心低，腿部受力大，较适合青少年练习。此套路共 102 个动作名称，包括预备式、合太极。（参考书：《杨式秘传太极长拳》，庞大明著）

动作名称

1. 预备式　2. 起势
3. 揽雀尾　4. 单鞭
5. 提手上势　6. 白鹤亮翅
7. 左搂膝拗步　8. 手挥琵琶
9. 左右搂膝拗步　10. 手挥琵琶
11. 左搂膝拗步　12. 进步搬拦捶
13. 如封似闭　14. 收势
15. 披身十字手　16. 抱虎归山

17. 揽雀尾　18. 单鞭
19. 肘底看捶　20. 左倒撵猴
21. 转身左按　22. 转身右按
23. 右倒撵猴　24. 转身右按
25. 转身左按　26. 斜飞势
27. 提手上势　28. 白鹤亮翅
29. 左搂膝拗步　30. 童子抱球
31. 海底针　32. 闪通背
33. 转身撇身捶　34. 搬拦捶
35. 上步揽雀尾　36. 单鞭
37. 云手　38. 单鞭
39. 高探马　40. 左右分脚
41. 转身蹬脚　42. 践步栽捶
43. 翻身二起　44. 左打虎势
45. 右打虎势　46. 右蹬脚
47. 右双峰贯耳　48. 左双峰贯耳
49. 转身右按　50. 左按
51. 转身右蹬脚　52. 搬拦捶
53. 如封似闭　54. 收势
55. 披身十字手　56. 抱虎归山
57. 揽雀尾　58. 斜单鞭
59. 左右野马分鬃　60. 揽雀尾
61. 单鞭　62. 玉女穿梭
63. 揽雀尾　64. 单鞭
65. 云手　66. 单鞭
67. 下势　68. 左右金鸡独立
69. 左倒撵猴　70. 转身左按
71. 转身右按　72. 右倒撵猴
73. 转身右按　74. 转身左按
75. 斜飞势　76. 提手上势
77. 白鹤亮翅　78. 左搂膝拗步
79. 海底针　80. 闪通背
81. 转身白蛇吐信　82. 搬拦捶
83. 上步揽雀尾　84. 单鞭
85. 云手　86. 单鞭
87. 高探马带穿掌　88. 单摆莲
89. 进步指裆捶　90. 上步揽雀尾
91. 单鞭　92. 下势
93. 上步七星　94. 退步跨虎
95. 跨虎蹬山　96. 转身摆莲
97. 弯弓射虎　98. 搬拦捶
99. 如封似闭　100. 收势
101. 披身十字手　102. 合太极

杨班侯中架太极拳　亦称杨氏老架，是杨式太极拳传统套路。特点：姿势高低适中，弓步坐腿，膝关节不过脚尖，速度缓慢，圆活连贯，上下相随，运柔入刚，是初学者的首选。此拳架体用兼备，老少皆宜，健身效果显著。此套路共88个动作名称，包括预备式、合太极。（参考书：《杨式秘传太极长拳》，庞大明著）

动作名称

1. 预备式　2. 起势
3. 揽雀尾　4. 单鞭
5. 提手上势　6. 白鹤亮翅
7. 左搂膝拗步　8. 手挥琵琶
9. 左右搂膝拗步　10. 手挥琵琶
11. 左搂膝拗步　12. 进步搬拦捶
13. 如封似闭　14. 收势
15. 披身十字手　16. 抱虎归山
17. 揽雀尾　18. 单鞭
19. 肘底看捶　20. 左右倒撵猴
21. 斜飞势　22. 提手上势
23. 白鹤亮翅　24. 左搂膝拗步
25. 童子抱球　26. 海底针
27. 闪通背　28. 转身撇身捶
29. 进步搬拦捶　30. 上步揽雀尾
31. 单鞭　32. 云手
33. 单鞭　34. 高探马
35. 左右分脚　36. 转身蹬脚
37. 践步栽捶　38. 翻身二起

39. 左右打虎　40. 右蹬脚
41. 双峰贯耳　42. 左蹬脚
43. 转身右蹬脚　44. 进步搬拦捶
45. 如封似闭　46. 收势
47. 披身十字手　48. 抱虎归山
49. 揽雀尾　50. 斜单鞭
51. 左右野马分鬃　52. 揽雀尾
53. 单鞭　54. 玉女穿梭
55. 揽雀尾　56. 单鞭
57. 云手　58. 单鞭
59. 下势　60. 左右金鸡独立
61. 左右倒撵猴　62. 斜飞势
63. 提手上势　64. 白鹤亮翅
65. 左搂膝拗步　66. 海底针
67. 扇通背　68. 转身白蛇吐信
69. 搬拦捶　70. 上步揽雀尾
71. 单鞭　72. 云手
73. 单鞭　74. 高探马带穿掌
75. 单摆莲　76. 进步指裆捶
77. 上步揽雀尾　78. 单鞭
79. 下势　80. 上步七星
81. 退步跨虎　82. 转身摆莲
83. 弯弓射虎　84. 进步搬拦捶
85. 如封似闭　86. 收势
87. 披身十字手　88. 合太极

杨班侯小架太极拳　亦称高架，是杨式太极拳传统套路。其特点是姿势高、速度慢、动作幅度小。拳式可在方桌上演练，正所谓“拳打卧牛之地”。两手常似抱球运转，无发劲状，然其内涵却有了质的飞跃，真正将阴阳、刚柔、虚实、动静、内外、蓄发合为一体。架子虽小，但有小中寓大、无中寓有之理，健身功效更属上乘。此套路共143个动作名称，包括预备式、披身合太极。（参考书：《杨式秘传太极长拳》，庞大明著）

动作名称

1. 预备式　2. 起势
3. 揽雀尾　4. 单鞭
5. 提手上势　6. 白鹤亮翅
7. 左搂膝拗步　8. 手挥琵琶
9. 左右搂膝拗步　10. 手挥琵琶
11. 左搂膝拗步　12. 搬拦捶
13. 如封似闭　14. 收势
15. 披身　16. 揽雀尾
17. 单鞭　18. 肘底看捶
19. 左倒撵猴　20. 左开合
21. 右倒撵猴　22. 右开合
23. 斜飞势　24. 提手上势
25. 白鹤亮翅　26. 左搂膝拗步
27. 童子抱球　28. 海底针
29. 青龙出水　30. 转身撇身捶
31. 进步搬拦捶　32. 左开合
33. 揽雀尾　34. 单鞭
35. 右云手　36. 右双开合
37. 左云手　38. 左双开合
39. 右云手　40. 右双开合
41. 左云手　42. 左双开合
43. 单鞭　44. 高探马
45. 左右分脚　46. 转身蹬脚
47. 践步栽捶　48. 翻身二起
49. 左右打虎　50. 右蹬脚
51. 右双开合　52. 左蹬脚
53. 左双开合　54. 转身下势
55. 右双开合　56. 左蹬脚
57. 左双开合　58. 右蹬脚
59. 左开合　60. 双峰贯耳
61. 左蹬脚　62. 左开合
63. 搬拦捶　64. 如封似闭
65. 收势　66. 披身
67. 揽雀尾　68. 斜单鞭
69. 右野马分鬃　70. 右双开合

71. 左野马分鬃　72. 左双开合
73. 右野马分鬃　74. 右双向开合
75. 左玉女穿梭　76. 左双开合
77. 右玉女穿梭　78. 右双开合
79. 左玉女穿梭　80. 左双开合
81. 右玉女穿梭　82. 右双向开合
83. 揽雀尾　84. 单鞭
85. 小云手　86. 单鞭
87. 下势　88. 左金鸡独立
89. 右双开合　90. 右金鸡独立
91. 左双开合　92. 左倒撵猴
93. 左开合　94. 右倒撵猴
95. 右开合　96. 斜飞势
97. 提手上势　98. 白鹤亮翅
99. 左搂膝拗步　100. 海底针
101. 青龙出水　102. 翻身撇身捶
103. 左开合　104. 揽雀尾
105. 单鞭　106. 右云手
107. 右双开合　108. 左云手
109. 左双开合　110. 右云手
111. 右双开合　112. 左云手
113. 左双开合　114. 右云手
115. 右双开合　116. 左云手
117. 左双开合　118. 单鞭
119. 高探马带穿掌　120. 转身下势
121. 右双开合　122. 单摆莲
123. 进步指裆捶　124. 右开合
125. 揽雀尾　126. 单鞭
127. 下势　128. 左开合
129. 上步七星　130. 退步跨虎
131. 右蹬脚　132. 右双开合
133. 左蹬脚　134. 左双开合
135. 转身下势　136. 右双开合
137. 弯弓射虎　138. 左蹬脚
139. 左双开合　140. 搬拦捶
141. 如封似闭　142. 收势
143. 披身合太极

杨班侯快架太极拳　杨式太极拳传统套路。整套拳架可用 3 分钟左右练完，故称快架。其特点是速度快、姿势低、步子大。弓步坐腿时，大腿基本平行于地面，上步时身体不可起伏。在演练中，除了整体速度快之外，许多定式动作要发力。很多动作均含有上、中、下三个部位的打法。此架难度较大，长劲较快，直中有曲，刚中有柔。此套路共 104 个动作名称，包括预备式、披身合太极。（参考书：《杨式秘传太极长拳》，庞大明著）

动作名称

1. 预备式　2. 起势
3. 揽雀尾　4. 单鞭
5. 提手上势　6. 白鹤亮翅
7. 左搂膝拗步　8. 手挥琵琶
9. 左右搂膝拗步　10. 手挥琵琶
11. 左搂膝拗步　12. 进步搬拦捶
13. 如封似闭　14. 十字手
15. 收势　16. 起势
17. 揽雀尾　18. 单鞭
19. 古树盘根　20. 肘底看捶
21. 左倒撵猴　22. 转身左按
23. 转身右按　24. 右倒撵猴
25. 转身右按　26. 转身左按
27. 斜飞势　28. 提手上势
29. 白鹤亮翅　30. 左搂膝拗步
31. 童子抱球　32. 海底针
33. 扇通背　34. 转身撇身捶
35. 搬拦捶　36. 上步揽雀尾
37. 单鞭　38. 小云手
39. 单鞭　40. 高探马
41. 左右分脚　42. 转身蹬脚
43. 践步栽捶　44. 翻身二起
45. 左打虎势　46. 右打虎势

47. 右蹬脚　48. 右双峰贯耳
49. 左双峰贯耳　50. 转身右按
51. 左按　52. 转身右蹬脚
53. 左蹬脚　54. 搬拦捶
55. 如封似闭　56. 十字手
57. 收势　58. 起势
59. 揽雀尾　60. 斜单鞭
61. 左右野马分鬃　62. 揽雀尾
63. 单鞭　64. 玉女穿梭
65. 揽雀尾　66. 单鞭
67. 中云手　68. 单鞭
69. 下势　70. 左右金鸡独立
71. 左倒撵猴　72. 右插手
73. 右倒撵猴　74. 左插手
75. 左倒撵猴　76. 右插手
77. 斜飞势　78. 提手上势
79. 白鹤亮翅　80. 左搂膝拗步
81. 海底针　82. 扇通背
83. 转身白蛇吐信　84. 搬拦捶
85. 上步揽雀尾　86. 单鞭
87. 大云手　88. 单鞭
89. 高探马带穿掌　90. 单摆莲
91. 进步指裆捶　92. 上步揽雀尾
93. 单鞭　94. 下势
95. 上步七星　96. 退步跨虎
97. 跨虎蹬山　98. 古树盘根
99. 双摆莲　100. 弯弓射虎
101. 搬拦捶　102. 如封似闭
103. 十字手　104. 披身合太极

杨班侯提腿架太极拳　杨式太极拳传统套路，属练习腿功和桩功的架子。在习练中，每个动作都要将一条腿收回，屈膝提起，膝与肋同高。当实腿下蹲时，再将提起的腿仆步伸出。身体要保持尾闾中正，不可前俯后仰。每次提腿均含有蹬、踹、踢、挑、踩、挫等腿法。此套路共287个动作名称，包括预备式、合太极。（参考书：《杨式秘传太极长拳》，庞大明著）

动作名称

1. 预备式　2. 起势
3. 左提腿　4. 揽雀尾左挒
5. 右提腿　6. 揽雀尾右挒
7. 左提腿　8. 揽雀尾捋
9. 右提腿　10. 揽雀尾挤
11. 左提腿　12. 揽雀尾捋
13. 右提　14. 揽雀尾按
15. 左提　16. 单鞭
17. 右提腿　18. 提手上势
19. 右提腿　20. 左提腿白鹤亮翅
21. 左搂膝拗步　22. 右提腿
23. 手挥琵琶　24. 左提腿
25. 左搂膝拗步　26. 右提腿
27. 右搂膝拗步　28. 左提腿
29. 左搂膝拗步　30. 右提腿
31. 手挥琵琶　32. 左提腿
33. 左搂膝拗步　34. 右提腿搬
35. 左提腿拦　36. 进步捶
37. 右提腿如封　38. 左提腿似闭
39. 收势　40. 披身十字手
41. 右提腿　42. 抱虎归山
43. 左提腿　44. 揽雀尾左挒
45. 右提腿　46. 揽雀尾右挒
47. 左提腿　48. 揽雀尾捋
49. 右提腿　50. 揽雀尾挤
51. 左提腿　52. 揽雀尾捋
53. 右提腿　54. 揽雀尾按
55. 左提腿　56. 单鞭
57. 右提腿　58. 肘底看捶
59. 左提左倒撵猴　60. 转身右提腿按
61. 右提腿　62. 右倒撵猴
63. 转身右提腿按　64. 转身左提腿按

65. 右提腿
66. 斜飞势
67. 左提腿
68. 提手上势
69. 右提腿
70. 左提腿白鹤亮翅
71. 左搂膝拗步
72. 转身右提腿
73. 童子抱球
74. 转身海底针
75. 左提腿
76. 扇通背
77. 转身右提腿
78. 撇身捶
79. 右提腿搬
80. 左提腿拦
81. 进步捶
82. 右提腿
83. 揽雀尾右掤
84. 左提腿
85. 揽雀尾捋
86. 右提腿
87. 揽雀尾挤
88. 左提腿
89. 揽雀尾
90. 右提腿
91. 揽雀尾按
92. 左提腿
93. 单鞭
94. 左提腿
95. 左云手
96. 右提腿
97. 右云手
98. 左提腿
99. 左云手
100. 右提腿
101. 右云手
102. 左提腿
103. 左云手
104. 右提腿
105. 右云手
106. 左提腿
107. 单鞭
108. 左提腿高探马
109. 右分脚
110. 右提腿
111. 左分脚
112. 左提腿
113. 转身蹬脚
114. 践步栽捶
115. 翻身二起
116. 左提腿
117. 左打虎势
118. 右提腿
119. 右打虎势
120. 右提腿蹬脚
121. 右提腿
122. 双峰贯耳
123. 左提腿蹬脚
124. 左提腿转身
125. 右提腿蹬脚
126. 右提腿搬
127. 左提腿拦
128. 进步捶
129. 右提腿如封
130. 左提腿似闭
131. 收势
132. 披身十字手
133. 右提腿
134. 抱虎归山
135. 左提腿
136. 揽雀尾左掤
137. 右提腿
138. 揽雀尾右掤
139. 左提腿
140. 揽雀尾捋
141. 右提腿
142. 揽雀尾挤
143. 左提腿
144. 揽雀尾捋
145. 右提腿
146. 揽雀尾按
147. 左提腿
148. 斜单鞭
149. 右提腿
150. 右野马分鬃
151. 左提腿
152. 左野马分鬃
153. 右提腿
154. 右野马分鬃
155. 左提腿
156. 揽雀尾左掤
157. 右提腿
158. 揽雀尾右掤
159. 左提腿
160. 揽雀尾捋
161. 右提腿
162. 揽雀尾挤
163. 左提腿
164. 揽雀尾捋
165. 右提腿
166. 揽雀尾按
167. 左提腿
168. 单鞭
169. 右提腿
170. 对心掌
171. 左提腿
172. 左玉女穿梭
173. 转身右提腿
174. 右玉女穿梭
175. 左提腿
176. 左玉女穿梭
177. 转身右提腿
178. 右玉女穿梭
179. 揽雀尾左掤
180. 右提腿
181. 揽雀尾右掤
182. 左提腿
183. 揽雀尾捋
184. 右提腿
185. 揽雀尾挤
186. 左提腿
187. 揽雀尾捋
188. 右提腿
189. 揽雀尾按
190. 左提腿
191. 单鞭
192. 左提腿
193. 左云手
194. 右提腿
195. 右云手
196. 左提腿
197. 左云手
198. 右提腿
199. 右云手
200. 左提腿
201. 左云手
202. 右提腿
203. 右云手
204. 左提腿
205. 单鞭
206. 下势
207. 右提腿
208. 右金鸡独立
209. 左提腿
210. 左金鸡独立
211. 左提腿
212. 左倒撵猴

213. 转身左提腿按　214. 转身右提腿按
215. 右提腿　216. 右倒撵猴
217. 转身右提腿按　218. 转身左提腿按
219. 右提腿　220. 斜飞势
221. 左提腿　222. 提手上势
223. 右提腿
224. 左提腿白鹤亮翅
225. 左搂膝拗步　226. 海底针
227. 左提腿　228. 扇通背
229. 转身右提腿　230. 白蛇吐信
231. 右提腿搬　232. 左提腿拦
233. 进步捶右提腿　234. 揽雀尾右掤
235. 左提腿　236. 揽雀尾捋
237. 右提腿　238. 揽雀尾挤
239. 左提腿　240. 揽雀尾捋
241. 右提腿　242. 揽雀尾按
243. 左提腿　244. 单鞭
245. 左提腿　246. 左云手
247. 右提腿　248. 右云手
249. 左提腿　250. 左云手
251. 右提腿　252. 右云手
253. 左提腿　254. 左云手
255. 右提腿　256. 右云手
257. 左提腿　258. 单鞭
259. 左提腿高探马　260. 上步穿掌
261. 转身右提腿单摆莲
262. 右提腿　263. 进步指裆捶
264. 揽雀尾右掤　265. 左提腿
266. 揽雀尾捋　267. 右提腿
268. 揽雀尾挤　269. 左提腿
270. 揽雀尾捋　271. 右提腿
272. 揽雀尾按　273. 左提腿
274. 单鞭　275. 下势
276. 上步七星　277. 退步跨虎
278. 转身摆莲　279. 弯弓射虎
280. 右提腿搬　281. 左提腿拦
282. 进步捶　283. 右提腿如封
284. 左提腿似闭　285. 收势
286. 披身十字手　287. 合太极

杨式太极拳 78 式　杨式太极拳传统套路，由杨式太极拳第三代嫡宗传人杨澄甫编定，1931 年首载于《太极拳使用法》一书。拳架风格：松静、自然。此套路共 78 个动作名称，包括太极起势、合太极。（参考书：《太极拳使用法》，杨澄甫著）

动作名称

1. 太极起势　2. 揽雀尾
3. 单鞭　4. 提手上势
5. 白鹤亮翅　6. 搂膝拗步
7. 手挥琵琶
8. 左右搂膝拗步（三）
9. 手挥琵琶　10. 进步搬拦捶
11. 如封似闭　12. 十字手
13. 抱虎归山　14. 肘底看捶
15. 左右倒撵猴　16. 斜飞势
17. 提手上势　18. 白鹤亮翅
19. 左搂膝拗步　20. 海底针
21. 扇通背　22. 撇身捶
23. 上步搬拦捶　24. 揽雀尾
25. 单鞭　26. 左右云手
27. 单鞭　28. 高探马
29. 左右分脚　30. 转身蹬脚
31. 左右搂膝拗步　32. 进步栽捶
33. 翻身二起　34. 左右披身伏虎势
35. 回身蹬脚　36. 双峰贯耳
37. 左蹬脚　38. 转身右蹬脚
39. 上步搬拦捶　40. 如封似闭
41. 十字手　42. 抱虎归山
43. 斜单鞭　44. 左右野马分鬃
45. 上步揽雀尾　46. 单鞭

47. 玉女穿梭　48. 上步揽雀尾
49. 单鞭　50. 云手
51. 单鞭下势　52. 金鸡独立
53. 左右倒撵猴　54. 斜飞势
55. 提手上势　56. 白鹤亮翅
57. 搂膝拗步　58. 海底针
59. 闪通背　60. 白蛇吐信
61. 上步搬拦捶　62. 进步揽雀尾
63. 单鞭　64. 云手
65. 单鞭　66. 云手带穿掌
67. 转身十字腿　68. 进步指裆捶
69. 上步揽雀尾　70. 单鞭下势
71. 上步七星捶　72. 退步跨虎
73. 转身双摆莲　74. 弯弓射虎
75. 上步搬拦捶　76. 如封似闭
77. 十字手　78. 合太极

杨式太极拳 94 式　杨式太极拳传统套路，由杨式太极拳第三代嫡宗传人杨澄甫编定。此套路可谓杨式太极拳拳路的最后总结。此套路共 94 个动作名称，包括太极拳起势、合太极势。（参考书：《太极拳体用全书》，杨澄甫著）

动作名称

1. 太极拳起势　2. 揽雀尾掤法
3. 揽雀尾捋法　4. 揽雀尾挤法
5. 揽雀尾按法　6. 单鞭
7. 提手上势　8. 白鹤亮翅
9. 左搂膝拗步　10. 手挥琵琶势
11. 左搂膝拗步　12. 右搂膝拗步
13. 左搂膝拗步　14. 手挥琵琶
15. 左搂膝拗步　16. 进步搬拦捶
17. 如封似闭　18. 十字手
19. 抱虎归山　20. 肘底看捶
21. 倒撵猴　22. 倒撵猴
23. 斜飞势　24. 提手上势
25. 白鹤亮翅　26. 搂膝拗步
27. 海底针　28. 扇通背
29. 撇身捶　30. 进步搬拦捶
31. 上步揽雀尾　32. 单鞭
33. 云手　34. 单鞭
35. 高探马　36. 右分脚
37. 左分脚　38. 转身蹬脚
39. 左搂膝拗步　40. 右搂膝拗步
41. 进步栽捶　42. 翻身撇身捶
43. 进步搬拦捶　44. 右蹬脚
45. 左打虎势　46. 右打虎势
47. 回身右蹬脚　48. 双峰贯耳
49. 左蹬脚　50. 转身蹬脚
51. 进步搬拦捶　52. 如封似闭
53. 十字手　54. 抱虎归山
55. 斜单鞭　56. 野马分鬃右式
57. 野马分鬃左式　58. 揽雀尾
59. 单鞭　60. 玉女穿梭
61. 玉女穿梭（二）　62. 玉女穿梭（三）
63. 玉女穿梭（四）　64. 揽雀尾
65. 单鞭势　66. 云手
67. 单鞭下势　68. 金鸡独立右式
69. 金鸡独立左式　70. 倒撵猴
71. 斜飞势　72. 提手上势
73. 白鹤亮翅　74. 搂膝拗步
75. 海底针　76. 扇通背
77. 转身白蛇吐信　78. 搬拦捶
79. 揽雀尾　80. 单鞭
81. 云手　82. 单鞭
83. 高探马穿掌　84. 十字腿
85. 进步指裆捶　86. 上步揽雀尾
87. 单鞭下势　88. 上步七星
89. 退步跨虎　90. 转身摆莲
91. 弯弓射虎　92. 进步搬拦捶
93. 如封似闭　94. 合太极势

太极拳 85 式　亦称杨澄甫定型拳架，是杨式太极拳传统套路，由杨式太极拳第三代嫡宗传人杨澄甫在杨式太极拳老架的基础上，为适应不同人群的需要而创编。本套路分为实腿转体和虚腿转体两种练法。实腿转体为阴腿拳架，虚腿转体为阳腿拳架，所谓有阴有阳才为太极。此套路共 85 个动作名称，包括预备式、收势。（参考书：《杨式秘传太极长拳》，庞大明著）

动作名称

1. 预备式	2. 起势
3. 揽雀尾	4. 单鞭
5. 提手上势	6. 白鹤亮翅
7. 左搂膝拗步	8. 手挥琵琶
9. 左右搂膝拗步	10. 手挥琵琶
11. 左搂膝拗步	12. 进步搬拦捶
13. 如封似闭	14. 十字手
15. 抱虎归山	16. 肘底看捶
17. 左右倒撵猴	18. 斜飞势
19. 提手上势	20. 白鹤亮翅
21. 左搂膝拗步	22. 海底针
23. 扇通背	24. 转身撇身捶
25. 进步搬拦捶	26. 上步揽雀尾
27. 单鞭	28. 云手
29. 单鞭	30. 高探马
31. 左右分脚	32. 转身蹬脚
33. 左右搂膝拗步	34. 进步栽捶
35. 转身撇身捶	36. 进步搬拦捶
37. 右蹬脚	38. 左打虎势
39. 右打虎势	40. 回身右蹬脚
41. 双峰贯耳	42. 左蹬脚
43. 转身右蹬脚	44. 进步搬拦捶
45. 如封似闭	46. 十字手
47. 抱虎归山	48. 斜单鞭
49. 野马分鬃	50. 揽雀尾
51. 单鞭	52. 玉女穿梭
53. 揽雀尾	54. 单鞭
55. 云手	56. 单鞭
57. 下势	58. 金鸡独立
59. 左右倒撵猴	60. 斜飞势
61. 提手上势	62. 白鹤亮翅
63. 左搂膝拗步	64. 海底针
65. 扇通背	66. 转身白蛇吐信
67. 进步搬拦捶	68. 上步揽雀尾
69. 单鞭	70. 云手
71. 单鞭	72. 高探马带穿掌
73. 十字腿	74. 进步指裆捶
75. 上步揽雀尾	76. 单鞭
77. 下势	78. 上步七星
79. 退步跨虎	80. 转身摆莲
81. 弯弓射虎	82. 进步搬拦捶
83. 如封似闭	84. 十字手
85. 收势	

杨式太极长拳　亦称杨澄甫定型拳架，是杨式太极拳传统套路，由杨式太极拳第三代嫡宗传人杨澄甫在杨式太极拳老架的基础上，为适应不同人群的需要而创编。杨式太极长拳是在太极拳 85 式、37 式太极拳熟练的基础上，为增长功力而深入练习的拳架。其特点是速度快、步法活、身法灵、手法多。杨式太极拳谱《八五十三式长拳解》指出：“自己用功，一势一式，用成之后，合之为长，滔滔不断，周而复始，所以名长拳也。”此套路共 72 个动作名称，包括预备式、起势、收势。（参考书：《杨式秘传太极长拳》，庞大明著）

动作名称

1. 预备式	2. 起势

3. 揽雀尾　　4. 云手
5. 左搂膝拗步　　6. 手挥琵琶
7. 弯弓射雁　　8. 进步搬拦捶
9. 簸箕势　　10. 十字手
11. 抱虎归山
12. 斜单鞭（勾手势）
13. 提手上势　　14. 肘底看捶
15. 左右倒撵猴
16. 搂膝打捶（平心捶）
17. 转身蹬脚　　18. 进步栽捶
19. 左右野马分鬃　　20. 揽雀尾
21. 单鞭（推掌势）　　22. 翻身撇身捶
23. 玉女穿梭　　24. 揽雀尾
25. 单鞭（推掌势）　　26. 左右野马分鬃
27. 下势　　28. 左右金鸡独立
29. 左右倒撵猴　　30. 斜飞势
31. 提手上势　　32. 白鹤亮翅
33. 左搂膝拗步　　34. 海底珍珠
35. 扇通背　　36. 翻身白蛇吐信
37. 进步搬拦捶　　38. 上步揽雀尾
39. 单鞭（勾手势）　　40. 云手
41. 单鞭（勾手势）　　42. 高探马
43. 左右分脚　　44. 转身左蹬脚
45. 左右搂膝拗步　　46. 双插手
47. 转身右蹬脚　　48. 左打虎势
49. 双峰贯耳　　50. 左蹬脚
51. 转身右蹬脚　　52. 进步搬拦捶
53. 上步揽雀尾
54. 单鞭（勾手势）　　55. 云手
56. 单鞭（勾手势）
57. 高探马带穿掌　　58. 单摆莲
59. 进步指裆捶　　60. 上步揽雀尾
61. 单鞭（勾手势）　　62. 云手
63. 单鞭（勾手势）　　64. 下势
65. 上步七星　　66. 退步跨虎
67. 转身摆莲　　68. 弯弓射虎
69. 进步搬拦捶　　70. 如封似闭
71. 十字手　　72. 收势

杨式太极散手　杨式太极拳套路，由杨式太极拳第三代嫡宗传人杨澄甫编定。此套路是继太极拳85式、37式太极拳、太极长拳之后，进一步提高实战应用能力的上乘功夫。学习分三个阶段：第一阶段是单人练习套路，先学上手，再学下手。按架子的顺序将每式练熟，并将每式的用法、劲路揣摩透彻。第二阶段是上手和下手二人对练，对练的特点是进行化、拿、发的练习。第三阶段是拆架子，将套路拆散，把每式的用法单练，使其在实战中达到“本无定法，亦无定型”，随心所欲、出神入化的境地。此套路分为上手、下手两段，共81个动作名称。（参考书：《杨式秘传太极长拳》，庞大明著）

动作名称

上　手

1. 上步捶　　2. 上步拦捶
3. 上步左靠　　4. 打左肘
5. 左劈身捶　　6. 撤步左打虎
7. 提手上势　　8. 折叠劈身捶
9. 横挒手　　10. 右打虎
11. 上步左靠　　12. 双分蹬脚
13. 上步採挒　　14. 左挒右劈
15. 左靠　　16. 转身按
17. 双按　　18. 单推
19. 顺势按　　20. 化推
21. 採挒　　22. 右打虎
23. 上步左靠　　24. 双分靠
25. 打左肘　　26. 退步化
27. 转身上步靠　　28. 转身右分脚
29. 转身左分脚　　30. 换手右靠

31. 上步左揽雀尾　32. 右靠
33. 上步高探马　34. 转身摆莲
35. 刁手蛇身下势　36. 左打虎
37. 倒撵猴（一）　38. 倒撵猴（二）
39. 倒撵猴（三）　40. 海底针
41. 手挥琵琶　42. 转身单鞭
43. 十字手

下　手

1. 提手上势　2. 搬捶
3. 右打虎　4. 右推
5. 右靠　6. 右劈身捶
7. 转身按　8. 搬捶
9. 左野马分鬃　10. 化打右掌
11. 化打右肘　12. 换步右穿梭
13. 白鹤亮翅　14. 撤步搬臂
15. 双峰贯耳　16. 下势搬捶
17. 右搓臂　18. 化打右掌
19. 化打右肘　20. 换步搬臂
21. 转身撤步捋　22. 双分右搂膝
23. 双分左搂膝　24. 回右靠
25. 右云手　26. 左云手
27. 侧身撇身捶　28. 白鹤亮翅
29. 左斜飞势　30. 右斜飞势
31. 转身撇身捶　32. 左闪
33. 右闪　34. 上步七星
35. 扇通背　36. 弯弓射虎
37. 肘底捶　38. 抱虎归山

杨式太极拳小架　亦称快架、用架，是杨式太极拳传统套路，由杨式太极拳第三代嫡宗传人杨少侯所创。此拳架要求在练习中，身体保持中正安舒，支撑八面，气要中定，动作准确，节奏分明。发劲冷脆，化劲圆活，讲究意、气、劲的结合。动作迅速敏捷，架势短小，每招每式都要避免多余的动作。此套路共 74 个动作名称，包括太极势、合太极。（参考书：《杨少侯太极拳用架真诠》，李琏编著）

动作名称

1. 太极势　2. 揽雀尾
3. 单鞭　4. 提手上势
5. 白鹤亮翅　6. 搂膝拗步
7. 手挥琵琶势　8. 进步搬拦捶
9. 如封似闭　10. 抱虎归山
11. 斜揽雀尾　12. 肘底看捶
13. 倒撵猴　14. 斜飞势
15. 提手上势　16. 白鹤亮翅
17. 搂膝拗步　18. 海底针
19. 扇通背　20. 撇身捶
21. 退步搬拦捶　22. 上势揽雀尾
23. 单鞭　24. 云手
25. 单鞭　26. 高探马（右）
27. 右分脚　28. 高探马（左）
29. 左分脚　30. 转身蹬脚
31. 进步栽捶　32. 翻身撇身捶
33. 二起脚　34. 披身踢脚
35. 转身蹬脚　36. 搬拦捶
37. 如封似闭　38. 抱虎归山
39. 斜单鞭　40. 野马分鬃
41. 玉女穿梭　42. 上势揽雀尾
43. 单鞭　44. 云手
45. 单鞭　46. 下势
47. 金鸡独立　48. 倒撵猴
49. 斜飞势　50. 提手上势
51. 白鹤亮翅　52. 搂膝拗步
53. 海底针　54. 扇通背
55. 撇身捶　56. 进步搬拦捶
57. 上势揽雀尾　58. 单鞭
59. 云手　60. 单鞭
61. 扑面掌　62. 十字摆莲
63. 指裆捶　64. 上势揽雀尾

65. 单鞭　66. 下势
67. 上步七星　68. 退步跨虎
69. 转身双摆莲　70. 弯弓射虎
71. 游荡捶　72. 游龙戏水
73. 簸箕势　74. 合太极

杨式太极拳 103 式　杨式太极拳传统套路，由杨式太极拳第四代嫡宗传人杨振铎编定。此套路在结构顺序、拳架内容上和杨澄甫在《太极拳体用全书》中所授的 94 式一脉相承，所不同者，只是动作分合上有多有少。特点：架势舒展，中正圆满，结构严谨，动作和顺，刚柔内含，轻灵自然。架势有高、中、低之分，可根据习练者的不同体质、不同要求，适当地调节运动量。此套路共 103 个动作名称，包括预备式、起势、收势、还原。（参考书：《杨氏太极拳·剑·刀》，杨振铎著）

动作名称

1. 预备式　2. 起势
3. 揽雀尾　4. 单鞭
5. 提手上势　6. 白鹤亮翅
7. 左搂膝拗步　8. 手挥琵琶
9. 左搂膝拗步　10. 右搂膝拗步
11. 左搂膝拗步　12. 手挥琵琶
13. 左搂膝拗步　14. 进步搬拦捶
15. 如封似闭　16. 十字手
17. 抱虎归山　18. 肘底看捶
19. 右倒撵猴　20. 左倒撵猴
21. 右倒撵猴　22. 斜飞势
23. 提手上势　24. 白鹤亮翅
25. 左搂膝拗步　26. 海底针
27. 扇通背　28. 转身撇身捶
29. 进步搬拦捶　30. 上步揽雀尾
31. 单鞭　32. 左云手（一）
33. 左云手（二）　34. 左云手（三）
35. 单鞭　36. 高探马
37. 右分脚　38. 左分脚
39. 转身左蹬脚　40. 左搂膝拗步
41. 右搂膝拗步　42. 进步栽捶
43. 转身撇身捶　44. 进步搬拦捶
45. 右蹬脚　46. 左打虎势
47. 右打虎势　48. 回身右蹬脚
49. 双峰贯耳　50. 左蹬脚
51. 转身右蹬脚　52. 进步搬拦捶
53. 如封似闭　54. 十字手
55. 抱虎归山　56. 斜单鞭
57. 右野马分鬃　58. 左野马分鬃
59. 右野马分鬃　60. 揽雀尾
61. 单鞭　62. 玉女穿梭
63. 揽雀尾　64. 单鞭
65. 左云手（一）　66. 左云手（二）
67. 左云手（三）　68. 单鞭
69. 下势　70. 右金鸡独立
71. 左金鸡独立　72. 右倒撵猴
73. 左倒撵猴　74. 右倒撵猴
75. 斜飞势　76. 提手上势
77. 白鹤亮翅　78. 左搂膝拗步
79. 海底针　80. 扇通背
81. 转身白蛇吐信　82. 进步搬拦捶
83. 上步揽雀尾　84. 单鞭
85. 左云手（一）　86. 左云手（二）
87. 左云手（三）　88. 单鞭
89. 高探马穿掌　90. 十字腿
91. 进步指裆捶　92. 上步揽雀尾
93. 单鞭　94. 下势
95. 上步七星　96. 退步跨虎
97. 转身摆莲　98. 弯弓射虎
99. 进步搬拦捶　100. 如封似闭
101. 十字手　102. 收势
103. 还原

杨式太极拳 49 式　杨式太极拳精简套路，由杨式太极拳第四代嫡宗传人杨振铎编定。为了满足比赛、表演在时间上的需要，本套路在 103 式的基础上，去掉了重复的拳式，保持了杨式太极拳的一贯风格，结构精简，动作连贯、柔顺。此套路共 49 个动作名称，不包括预备式、还原。（参考书：《杨氏太极拳·剑·刀》，杨振铎著）

动作名称

预备式

1. 起势　2. 揽雀尾
3. 单鞭　4. 云手（三个）
5. 单鞭　6. 高探马
7. 右分脚　8. 左分脚
9. 转身左蹬脚　10. 左搂膝拗步
11. 手挥琵琶　12. 高探马穿掌
13. 转身十字腿　14. 左打虎
15. 右打虎　16. 回身右蹬脚
17. 双峰贯耳　18. 左蹬脚
19. 转身撇身捶　20. 进步指裆捶
21. 如封似闭　22. 十字手
23. 抱虎归山　24. 斜单鞭
25. 肘底捶　26. 左金鸡独立
27. 右金鸡独立　28. 倒撵猴
29. 斜飞势　30. 提手上势
31. 白鹤亮翅　32. 左搂膝拗步
33. 海底针　34. 扇通背
35. 转身白蛇吐信　36. 进步栽捶
37. 野马分鬃　38. 玉女穿梭
39. 揽雀尾　40. 单鞭
41. 下势　42. 上步七星
43. 退步跨虎　44. 转身摆莲
45. 弯弓射虎　46. 进步搬拦捶
47. 如封似闭　48. 十字手
49. 收势

还原

杨式太极拳老六路（杨健侯秘传）
杨式太极拳传统套路，杨式太极拳第四代传人汪永泉传承。拳架的每招每式都有其特定的内涵，身形、手式与神、意、气的配合缜密有致。此套路练习风格独特，特别强调内功劲法的运用，有培补元气、健身祛病的作用。通过对此套拳架的习练，初学者可粗通太极拳神、意、气结合的途径，为拳艺的精进打下良好的基础。此套路分为 6 路，共 89 个动作名称，包括起势、合太极。（参考书：《杨式太极拳述真》，汪永泉讲授，魏树人、齐一整理）

动作名称

第一路

1. 起势　2. 揽雀尾
3. 单鞭　4. 提手上势
5. 白鹤亮翅　6. 左搂膝拗步
7. 手挥琵琶　8. 左搂膝拗步
9. 右搂膝拗步　10. 左搂膝拗步
11. 手挥琵琶　12. 左搂膝拗步
13. 进步搬拦捶　14. 如封似闭
15. 十字手

第二路

16. 抱虎归山　17. 肘底捶
18. 倒撵猴　19. 斜飞势
20. 提手上势　21. 白鹤亮翅
22. 左搂膝拗步　23. 海底针
24. 扇通背　25. 撇身捶
26. 进步搬拦捶　27. 上步揽雀尾

28. 单鞭

第三路

29. 云手（一开一合）
30. 单鞭
31. 高探马　32. 右分脚
33. 左分脚　34. 转身左蹬脚
35. 左搂膝拗步　36. 右搂膝拗步
37. 进步栽捶　38. 翻身撇身捶
39. 进步搬拦捶　40. 小七星捶
41. 右蹬脚　42. 左打虎势
43. 右打虎势　44. 右蹬脚
45. 双峰贯耳　46. 左蹬脚
47. 转身右蹬脚　48. 进步搬拦捶
49. 如封似闭　50. 十字手

第四路

51. 抱虎归山　52. 斜单鞭
53. 野马分鬃　54. 上步揽雀尾
55. 单鞭　56. 玉女穿梭
57. 上步揽雀尾　58. 单鞭

第五路

59. 云手（两合两开）　60. 单鞭下势
61. 左金鸡独立　62. 右金鸡独立
63. 倒撵猴　64. 斜飞势
65. 提手上势　66. 白鹤亮翅
67. 左搂膝拗步　68. 海底针
69. 扇通背　70. 撇身捶
71. 进步搬拦捶　72. 上步揽雀尾
73. 单鞭

第六路

74. 云手（三合三开）
75. 单鞭　76. 高探马
77. 白蛇吐信　78. 转身单摆莲
79. 进步指裆捶　80. 上步揽雀尾
81. 单鞭下势　82. 上步七星
83. 退步跨虎　84. 转身双摆莲
85. 弯弓射虎　86. 卸步搬拦捶
87. 如封似闭　88. 十字手
89. 合太极

杨式太极拳 115 式（杨式大架） 杨式太极拳传统套路，由杨式太极拳第四代传人李雅轩创编，由其女李敏弟、婿陈龙骧整理传承。风格：拳架严谨有法，动作舒展优美，气魄雄伟。此套路共 115 个动作名称，包括预备式、收势（合太极）。（参考书：《杨式太极拳法精解》，陈龙骧、李敏弟著）

动作名称

1. 预备式　2. 起势
3. 掤手上势　4. 揽雀尾
5. 单鞭掌　6. 提手上势
7. 白鹤亮翅　8. 右搂膝拗步掌
9. 手挥琵琶势　10. 右搂膝拗步掌
11. 左搂膝拗步掌　12. 右搂膝拗步掌
13. 手挥琵琶势　14. 右搂膝拗步掌
15. 进步搬拦捶　16. 如封似闭
17. 十字手　18. 豹虎归山
19. 斜揽雀尾　20. 斜单鞭掌
21. 肘底捶　22. 右倒撵猴
23. 左倒撵猴　24. 右倒撵猴
25. 斜飞势　26. 提手上势
27. 白鹤亮翅　28. 右搂膝拗步掌
29. 海底针　30. 扇通背
31. 翻身撇身捶　32. 卸步搬拦捶
33. 上势　34. 揽雀尾
35. 单鞭掌　36. 右云手
37. 左云手　38. 右云手
39. 单鞭掌　40. 高探马

41. 右分脚　42. 左分脚
43. 转身左蹬脚　44. 右搂膝拗步掌
45. 左搂膝拗步掌　46. 搂膝栽捶
47. 翻身撇身捶　48. 卸步搬拦捶
49. 右蹬脚　50. 左打虎势
51. 右打虎势　52. 回身右蹬脚
53. 双峰贯耳　54. 披身左踢脚
55. 转身右蹬脚　56. 落步搬拦捶
57. 如封似闭　58. 十字手
59. 豹虎归山　60. 斜揽雀尾
61. 斜单鞭掌　62. 右野马分鬃
63. 左野马分鬃　64. 右野马分鬃
65. 掤手上势　66. 揽雀尾
67. 单鞭掌　68. 右玉女穿梭
69. 左玉女穿梭　70. 右玉女穿梭
71. 左玉女穿梭　72. 掤手上势
73. 揽雀尾　74. 单鞭掌
75. 右云手　76. 左云手
77. 右云手　78. 单鞭掌
79. 抽身下势　80. 右金鸡独立
81. 左金鸡独立　82. 右倒撵猴
83. 左倒撵猴　84. 右倒撵猴
85. 斜飞势　86. 提手上势
87. 白鹤亮翅　88. 右搂膝拗步掌
89. 海底针　90. 扇通背
91. 翻身撇身捶　92. 卸步搬拦捶
93. 上势　94. 揽雀尾
95. 单鞭掌　96. 右云手
97. 左云手　98. 右云手
99. 单鞭掌　100. 高探马
101. 白蛇吐信　102. 转身右蹬脚
103. 左右搂膝指裆捶
104. 上势　105. 揽雀尾
106. 单鞭掌　107. 抽身下势
108. 上步七星捶　109. 退步跨虎
110. 转身摆莲脚　111. 弯弓射虎势
112. 卸步搬拦捶　113. 如封似闭
114. 十字手　115. 收势(合太极)

杨式太极拳118式　杨式太极拳传统套路，由何明编定。何明曾先后受教于曾寿昌、李雅轩等。此套拳在李雅轩杨式太极拳115式的基础上略作调整（仍将上势和揽雀尾合称为揽雀尾，将云手从每次3个增加为5个），使上下半部都由59个式架名称组成；在步法上也稍作了些变动，但风格依然保留了杨式太极拳舒展大方、柔和轻松、缓慢均匀、动中有静、柔中有刚的特点。此套路分为两部分，共118个动作名称，包括预备式、收势。（参考书：《杨式太极拳及医疗保健》，何明、何新蓉、刘耀麟著）

动作名称

上半部

1. 预备式　2. 起势
3. 掤手上势　4. 揽雀尾
5. 单鞭　6. 提手上势
7. 白鹤亮翅　8. 左搂膝拗步
9. 手挥琵琶　10. 左搂膝拗步
11. 右搂膝拗步　12. 左搂膝拗步
13. 手挥琵琶　14. 左搂膝拗步
15. 进步搬拦捶　16. 如封似闭
17. 十字手　18. 抱虎归山
19. 斜揽雀尾　20. 斜单鞭
21. 肘底捶　22. 右倒撵猴
23. 左倒撵猴　24. 右倒撵猴
25. 斜飞势　26. 提手上势
27. 白鹤亮翅　28. 左搂膝拗步
29. 海底针　30. 扇通背
31. 翻身撇身捶　32. 卸步搬拦捶
33. 上步揽雀尾　34. 单鞭

35. 右云手　36. 左云手
37. 右云手　38. 左云手
39. 右云手　40. 单鞭
41. 高探马　42. 右分脚
43. 左分脚　44. 转身左蹬脚
45. 左搂膝拗步　46. 右搂膝拗步
47. 进步搂膝栽捶　48. 翻身撇身捶
49. 卸步搬拦捶　50. 右蹬脚
51. 左打虎　52. 右打虎
53. 回身右蹬脚　54. 双峰贯耳
55. 左踢脚　56. 转身右蹬脚
57. 落步搬拦捶　58. 如封似闭
59. 十字手

下半部

60. 抱虎归山　61. 斜揽雀尾
62. 斜单鞭　63. 右野马分鬃
64. 左野马分鬃　65. 右野马分鬃
66. 掤手上势　67. 揽雀尾
68. 单鞭　69. 左玉女穿梭
70. 右玉女穿梭　71. 左玉女穿梭
72. 右玉女穿梭　73. 掤手上势
74. 揽雀尾　75. 单鞭
76. 右云手　77. 左云手
78. 右云手　79. 左云手
80. 右云手　81. 单鞭
82. 抽身下势　83. 左金鸡独立
84. 右金鸡独立　85. 右倒撵猴
86. 左倒撵猴　87. 右倒撵猴
88. 斜飞势　89. 提手上势
90. 白鹤亮翅　91. 左搂膝拗步
92. 海底针　93. 扇通背
94. 翻身撇身掌　95. 卸步搬拦捶
96. 上步揽雀尾　97. 单鞭
98. 右云手　99. 左云手
100. 右云手　101. 左云手
102. 右云手　103. 单鞭
104. 高探马　105. 白蛇吐信
106. 翻身右蹬脚
107. 进步搂膝指裆捶
108. 上步揽雀尾　109. 单鞭
110. 抽身下势　111. 上步七星捶
112. 退步跨虎　113. 转身摆莲
114. 开弓射虎　115. 卸步搬拦捶
116. 如封似闭　117. 十字手
118. 收势

杨式秘传 129 式太极拳　杨式太极拳传统套路。套路特点：多处有别于其他杨式拳架的动作，如太极旋转、簸箕势、盘肘指裆捶、劈面肘靠、壮牛饮水、投石入水、进步肩靠、三步穿掌、单摆莲、猴儿顶云等。演练风格属杨式风格。此套路共 129 个动作名称，包括起势、合太极。（参考书：《杨式秘传一二九式太极长拳》，张楚全著）

动作名称

1. 起势　2. 太极旋转
3. 动步揽雀尾　4. 云手
5. 右搂膝拗步　6. 右手挥琵琶
7. 左换步搂膝　8. 左手挥琵琶
9. 右换步搂膝　10. 右手挥琵琶
11. 进步搬拦捶　12. 如封似闭
13. 簸箕势　14. 双托掌
15. 十字手　16. 右抱虎归山
17. 右肘底捶　18. 通背捶
19. 左抱虎归山　20. 左肘底捶
21. 通背捶　22. 猴儿顶云
23. 左右搂膝打捶　24. 转身右蹲脚
25. 盘肘指裆捶　26. 野马分鬃
27. 动步揽雀尾　28. 单鞭
29. 玉女穿梭　30. 上步揽雀尾
31. 转身野马分鬃　32. 单鞭下势

33. 金鸡独立　34. 泰山升气
35. 斜飞势　36. 提手上势
37. 白鹤亮翅　38. 搂膝拗步
39. 海底珍珠　40. 扇通背
41. 撇身捶　42. 进步搬拦捶
43. 动步揽雀尾　44. 单鞭
45. 云手　46. 单鞭
47. 高探马　48. 右分脚
49. 左分脚　50. 转身左蹬脚
51. 搂膝拗步　52. 上步栽捶
53. 双叉手　54. 转身二踢脚
55. 左披身打虎　56. 右披身打虎
57. 左蹬脚　58. 双峰贯耳
59. 右蹬脚　60. 转身左蹬脚
61. 进步双捶　62. 退步搂膝
63. 掤拳撩打　64. 垫步按
65. 掤拳撩打　66. 垫步按
67. 掤拳撩打　68. 垫步按
69. 掤拳撩打　70. 垫步按
71. 双撩中心掌　72. 窜步掌
73. 猴儿顶云　74. 转身反单鞭
75. 反云手　76. 单鞭下势
77. 金鸡独立　78. 泰山升气
79. 斜飞势　80. 提手上势
81. 白鹤亮翅　82. 搂膝拗步
83. 海底针　84. 扇通背
85. 撇身捶　86. 进步搬拦捶
87. 如封似闭　88. 簸箕势
89. 双托掌　90. 十字手
91. 抱虎归山　92. 反单鞭
93. 顺式採挒　94. 壮牛饮水
95. 劈面肘靠　96. 野马分鬃
97. 进步肩靠　98. 玉女穿梭
99. 顺式採挒　100. 投石入水
101. 劈面肘靠　102. 野马分鬃
103. 进步肩靠　104. 玉女穿梭
105. 左右风轮　106. 动步揽雀尾
107. 单鞭　108. 云手
109. 单鞭　110. 高探马
111. 三步穿掌　112. 单摆莲
113. 前后打捶　114. 手挥琵琶
115. 射雁势　116. 进步搬拦捶
117. 如封似闭　118. 三步二按
119. 单鞭下势　120. 上步七星脚
121. 退步跨虎脚　122. 转身摆莲
123. 弯弓射虎　124. 上步搬拦捶
125. 如封似闭　126. 簸箕势
127. 双托掌　128. 十字手
129. 合太极

杨式太极拳 99 式　杨式太极拳套路，由林炳尧编定。本套路在陈微明著《太极拳术》中所记录的杨式太极拳 79 式的基础上，对某些拳架名称进行了分解，如左右搂膝拗步原来为 1 式，现分解为 3 式等。此套路分为 6 路，共 99 个动作名称，包括预备式、合太极。（参考书：《杨式太极拳架详解》，林炳尧编著）

动作名称

第一路

1. 预备式　2. 起势
3. 揽雀尾　4. 单鞭
5. 提手　6. 白鹤亮翅
7. 左搂膝拗步　8. 手挥琵琶
9. 左搂膝拗步　10. 右搂膝拗步
11. 左搂膝拗步　12. 手挥琵琶
13. 进步搬拦捶　14. 如封似闭
15. 十字手

第二路

16. 抱虎归山　17. 斜揽雀尾

18. 肘底捶
19. 左倒撵猴
20. 右倒撵猴
21. 左倒撵猴
22. 斜飞势
23. 提手
24. 白鹤亮翅
25. 左搂膝拗步
26. 海底针
27. 扇通背
28. 翻身撇身捶
29. 上步搬拦捶
30. 上步揽雀尾
31. 单鞭
32. 云手
33. 单鞭

第三路

34. 高探马
35. 右分脚
36. 左分脚
37. 左转左蹬脚
38. 左搂膝拗步
39. 右搂膝拗步
40. 左搂膝栽捶
41. 翻身白蛇吐信
42. 上步搬拦捶
43. 右蹬脚
44. 左披身伏虎
45. 右披身伏虎
46. 回身右蹬脚
47. 双峰贯耳
48. 左蹬脚
49. 右转身右蹬脚
50. 进步搬拦捶
51. 如封似闭
52. 十字手

第四路

53. 抱虎归山
54. 斜揽雀尾
55. 斜单鞭
56. 右野马分鬃
57. 左野马分鬃
58. 右野马分鬃
59. 进步揽雀尾
60. 单鞭
61. 四角穿梭
62. 进步揽雀尾
63. 单鞭
64. 云手
65. 单鞭

第五路

66. 左下势
67. 左金鸡独立
68. 右下势
69. 右金鸡独立
70. 左倒撵猴
71. 右倒撵猴
72. 左倒撵猴
73. 斜飞势
74. 提手
75. 白鹤亮翅
76. 左搂膝拗步
77. 海底针
78. 扇通背
79. 撇身捶
80. 上步搬拦捶
81. 上步揽雀尾
82. 单鞭
83. 云手
84. 单鞭

第六路

85. 高探马
86. 左穿掌
87. 回身十字腿
88. 搂膝指裆捶
89. 上步揽雀尾
90. 单鞭
91. 左下势
92. 上步七星
93. 退步跨虎
94. 转身摆莲
95. 弯弓射虎
96. 进步搬拦捶
97. 如封似闭
98. 十字手
99. 合太极

杨式太极拳 105 式 又名十三势拳，是杨式太极拳传统套路，由陈炎林编定。此套拳基本保留了杨澄甫定型拳架的框架，在练习时要求侧重发劲、运气、练势。此套路共105个动作名称，包括起势、合太极。（参考书：《杨式太极拳：发劲运气练势》，青山、石恒编）

动作名称

1. 起势
2. 揽雀尾（右式）
3. 揽雀尾（左式）
4. 掤
5. 捋
6. 挤
7. 按
8. 单鞭
9. 提手上势
10. 白鹤亮翅
11. 搂膝拗步（左式）
12. 手挥琵琶
13. 搂膝拗步（1）
14. 搂膝拗步（2）
15. 搂膝拗步（3）
16. 手挥琵琶
17. 搂膝拗步（左式）
18. 撇身捶
19. 进步搬拦捶
20. 如封似闭

21. 抱虎归山　22. 掤捋挤按
23. 斜单鞭　24. 肘底捶
25. 倒撵猴（右式）　26. 倒撵猴（左式）
27. 斜飞势　28. 提手上势
29. 白鹤亮翅
30. 搂膝拗步（左式）
31. 海底针　32. 扇通背
33. 转身撇身捶　34. 进步搬拦捶
35. 上步掤捋挤按　36. 单鞭
37. 云手　38. 单鞭
39. 高探马　40. 右分脚
41. 左分脚　42. 转身蹬脚
43. 左右搂膝拗步　44. 进步栽捶
45. 转身撇身捶　46. 进步搬拦捶
47. 右踢脚　48. 左打虎
49. 右打虎　50. 右踢脚
51. 双峰贯耳　52. 左踢脚
53. 转身蹬脚　54. 撇身捶
55. 进步搬拦捶　56. 如封似闭
57. 抱虎归山　58. 掤捋挤按
59. 横单鞭
60. 野马分鬃（右式）
61. 野马分鬃（左式）
62. 野马分鬃（右式）
63. 左揽雀尾　64. 上步掤捋挤按
65. 单鞭　66. 玉女穿梭（一）
67. 玉女穿梭（二）68. 玉女穿梭（三）
69. 玉女穿梭（四）70. 左揽雀尾
71. 上步掤捋挤按　72. 单鞭（左式）
73. 云手　74. 单鞭
75. 蛇身下势　76. 金鸡独立(右式)
77. 金鸡独立(左式)　78. 倒撵猴
79. 斜飞势　80. 提手上势
81. 白鹤亮翅　82. 搂膝拗步
83. 海底针　84. 扇通背
85. 转身白蛇吐信　86. 进步搬拦捶
87. 上步掤捋挤按　88. 单鞭
89. 云手　90. 单鞭
91. 高探马　92. 十字手
93. 转身十字腿　94. 搂膝指裆捶
95. 上步掤捋挤按　96. 单鞭
97. 蛇身下势　98. 上步七星
99. 退步跨虎　100. 转身摆莲
101. 弯弓射虎　102. 撇身捶
103. 上步搬拦捶　104. 如封似闭
105. 合太极

杨式太极拳（府内派）大架 108 式

杨式太极拳套路。技术要求：在每一个定势动作运动时，要求不可忽高忽低，每势完成后都要跟步，把两条腿当一条腿用。步子和动作幅度更大一些。练习时弓步坐腿，臀部均低于膝，进退都要求在一条腿下蹲的条件下，先将一条腿收回，再仆步伸出，这样势必会增加运动量，提高功力。此套路共 108 个动作名称，包括无极式、收势（合太极）。（参考影像资料：《杨式太极拳（府内派）大架 108 式》，李正演练）

动作名称

1. 无极式　2. 太极起势
3. 揽雀尾　4. 单鞭
5. 提手上势　6. 白鹤亮翅
7. 搂膝拗步　8. 手挥琵琶
9. 搂膝拗步　10. 手挥琵琶
11. 搬拦捶　12. 如封似闭
13. 豹虎归山　14. 十字手
15. 斜搂膝拗步　16. 搂膝拗步
17. 揽雀尾　18. 揉球势
19. 单鞭　20. 肘底看捶
21. 倒撵猴　22. 撑掌
23. 高探马　24. 斜飞势

25. 提手上势　26. 白鹤亮翅
27. 搂膝拗步　28. 海底针
29. 扇通背　30. 撇身捶
31. 进步搬拦捶　32. 风摆荷叶
33. 揽雀尾　34. 单鞭
35. 云手　36. 单鞭
37. 左右高探马　38. 右起脚
39. 左右高探马　40. 左起脚
41. 转身蹬脚　42. 搂膝拗步
43. 上步裹手栽捶　44. 撇身捶
45. 进步搬拦捶　46. 左右高探马
47. 二起脚　48. 右打虎
49. 双砸掏心捶　50. 左打虎
51. 中心脚　52. 双峰贯耳
53. 左右高探马　54. 十字手
55. 退步搬拦捶　56. 如封似闭
57. 豹虎归山　58. 十字手
59. 斜搂膝拗步　60. 回身三掌
61. 揽雀尾　62. 揉球势
63. 斜单鞭　64. 野马分鬃
65. 玉女穿梭　66. 风摆荷叶
67. 揽雀尾　68. 单鞭
69. 云手　70. 单穿掌单鞭
71. 展手燕形下势　72. 金鸡独立
73. 千斤坠　74. 倒撵猴
75. 撑掌　76. 高探马
77. 斜飞势　78. 提手上势
79. 白鹤亮翅　80. 搂膝拗步
81. 海底针　82. 扇通背
83. 撇身捶　84. 进步搬拦捶
85. 风摆荷叶　86. 揽雀尾
87. 单鞭　88. 云手
89. 左右穿掌　90. 单鞭
91. 高探马　92. 转身单摆莲
93. 指裆捶　94. 风摆荷叶
95. 揽雀尾　96. 单鞭
97. 展手鹞形下势　98. 上步七星
99. 退步跨虎　100. 转腰双摆莲
101. 弯弓射虎　102. 双撞
103. 回身　104. 搬拦捶
105. 风摆荷叶　106. 揽雀尾
107. 单鞭　108. 收势（合太极）

杨式太极长拳123式　杨式太极拳套路，由孙南馨传承。此套路是在传统杨式太极拳的基础上增加了一些技击性较强的招式、活步和发明劲的动作形成的。特点：速度较快，除了蕴含暗劲外，凡用活步之处均打出刚劲有力的明劲。整套动作快慢相间，刚柔相济，较适合青壮年习练。此套路共123个动作名称，包括预备式、收势。（参考书：《杨式太极长拳》，孙南馨编著）

动作名称

1. 预备式　2. 太极起势
3. 双按　4. 活步左掤捋挤
5. 活步右揽雀尾　6. 左云手
7. 左搂膝拗步　8. 左手挥琵琶
9. 左搂膝拗步　10. 右搂膝拗步
11. 右手挥琵琶　12. 右搂膝拗步
13. 左搂膝拗步　14. 左手挥琵琶
15. 活步左搬拦捶　16. 活步右搬拦捶
17. 簸箕势　18. 双托掌
19. 十字手　20. 活步右抱虎归山
21. 左斜飞　22. 肘下通臂捶
23. 活步左抱虎归山　24. 右斜飞
25. 左肘底捶　26. 猴顶云
27. 回身搂膝打捶　28. 转身右蹬脚
29. 进步搂膝指裆捶　30. 右斜飞
31. 活步右揽雀尾　32. 回身左单鞭
33. 玉女穿梭　34. 右斜飞
35. 活步右揽雀尾　36. 回身野马分鬃
37. 右下势　38. 金鸡独立

39. 翻身左右搂膝拗步
40. 右斜飞
41. 提手上势 42. 右白鹤亮翅
43. 左搂膝拗步 44. 海底珍珠
45. 冲步扇通背 46. 翻身白蛇吐信
47. 活步右搬拦捶 48. 右斜飞
49. 活步右揽雀尾 50. 回身左单鞭
51. 左云手 52. 左单鞭
53. 高探马 54. 右分脚
55. 左分脚 56. 转身左蹬脚
57. 左搂膝拗步 58. 右搂膝拗步
59. 进步栽捶 60. 进步双按
61. 翻身二起脚 62. 右打虎势
63. 左打虎势 64. 左蹬脚
65. 双峰贯耳 66. 右蹬脚
67. 翻身左蹬脚 68. 活步左搬拦捶
69. 活步左揽雀尾 70. 回身右单鞭
71. 右云手 72. 右单鞭
73. 左下势 74. 金鸡独立
75. 倒撵猴 76. 左斜飞
77. 左提手上势 78. 左白鹤亮翅
79. 右搂膝拗步 80. 左海底针
81. 右扇通背 82. 左翻身白蛇吐信
83. 活步左搬拦捶 84. 簸箕势
85. 双托掌 86. 十字手
87. 活步左抱虎归山 88. 右单鞭
89. 野马分鬃 90. 进步肩靠
91. 玉女穿梭 92. 野马分鬃
93. 进步肩靠 94. 玉女穿梭
95. 野马分鬃 96. 进步肩靠
97. 玉女穿梭 98. 野马分鬃
99. 进步肩靠 100. 玉女穿梭
101. 左右风轮 102. 活步右揽雀尾
103. 回身左单鞭 104. 左云手
105. 高探马 106. 转身单摆莲
107. 左搂膝指裆捶
108. 回身右搂膝指裆捶
109. 右手挥琵琶 110. 弯弓射雕
111. 活步左搬拦捶 112. 如封似闭
113. 回身左单鞭 114. 右下势
115. 上步七星 116. 退步跨虎踢脚
117. 转身双摆莲 118. 弯弓射虎
119. 活步右搬拦捶 120. 簸箕势
121. 双托掌 122. 十字手
123. 收势

37 式太极拳 亦称杨澄甫定型拳架，是杨式太极拳传统套路，由杨式太极拳第三代嫡宗传人杨澄甫创编。37 式太极拳是由在太极拳 85 式的拳架中筛选出的 37 个不重复的拳式组成的，是杨澄甫定型拳架中由慢向快、进一步提高功力的一个过渡拳架。此套路在用法上和速度上更接近于实战。1931 年，杨澄甫所著的《太极拳使用法》一书出版，其中将 37 式太极拳的用法论述得很详尽，并附有拳照。此套路共 37 个动作名称，不包括起势、收势。（参考书：《杨式秘传太极长拳》，庞大明著）

动作名称

起势
1. 揽雀尾 2. 单鞭
3. 提手 4. 白鹤亮翅
5. 左搂膝拗步 6. 左右搂膝拗步
7. 琵琶势 8. 搬拦捶
9. 如封似闭 10. 十字手
11. 抱虎归山 12. 肘底捶
13. 倒撵猴 14. 斜飞
15. 海底针 16. 扇通背
17. 撇身捶 18. 云手
19. 高探马 20. 分脚
21. 左转身蹬脚 22. 进步栽捶
23. 翻身蹬脚 24. 右转身蹬脚

25. 双峰贯耳　26. 左右打虎
27. 野马分鬃　28. 左玉女穿梭
29. 右玉女穿梭　30. 单下金鸡独立
31. 右金鸡独立　32. 迎面掌
33. 搂膝指裆捶　34. 上步七星
35. 退步跨虎　36. 转身摆莲
37. 弯弓跨虎
收势

杨健侯秘传37式太极拳　杨式太极拳精简套路，由杨式太极拳第五代传人魏树人承传。本套路在杨健侯秘传老六路的基础上，去除重复的拳式缩编而成，属高级功法套路。低层次功法演示的是意与形间的关系，指明招中要有术；中层次功法演示的是意与气的运行关系，指出术从招出；而高层次的功法则以意气之球粘引双手演示，体现阴与阳的奥妙，此时，繁多化为乌有，进入无我无为、阴阳互换的境界。演练要自然引领身形手势，忽而集中、忽而分散地一开一合，欲左先右、欲上先下、欲进先退地往返折叠、迂回运走。此套路共37个动作名称，不包括起势、合太极。（参考书：《太极拳术理论与剖析》，魏树人著）

动作名称

起势
1. 左右揽雀尾　2. 单鞭
3. 白鹤亮翅　4. 左右搂膝拗步
5. 手挥琵琶　6. 左右倒撵猴
7. 白蛇吐信　8. 转身单摆莲
9. 搂膝指裆捶　10. 左右金鸡独立
11. 抱虎归山　12. 一合一开云手
两合两开云手
三合三开云手
13. 高探马　14. 左右分脚
15. 左右伏鹘势　16. 右蹬脚
17. 双峰贯耳　18. 搂膝栽捶
19. 翻身撇捶　20. 左右野马分鬃
21. 小七星捶　22. 转身左蹬脚
23. 左右玉女穿梭　24. 单鞭下势
25. 海底针　26. 扇通背
27. 转身撇身捶　28. 斜飞势
29. 提手上势　30. 肘底捶
31. 上步七星捶　32. 退步胯踩
33. 转身双摆莲　34. 弯弓射虎
35. 卸步搬拦捶　36. 如封似闭
37. 十字手
合太极

杨健侯秘传22式太极拳　杨式太极拳精简套路，由杨式太极拳第五代传人魏树人传承。此套路在杨健侯秘传老六路拳架的基础上剔除了重复的动作，择要收录了22个拳式，仍按老六路的框架排序，属中级功法，修炼以神、意、气为主旨，重意不重形，重在揭示太极拳运动的根本规律，以及太极拳深邃玄妙之内涵，招中有术。此套路分为6路，共22个动作名称，包括起势、十字手、合太极。（参考书：《杨健侯秘传太极拳内功述真》，魏树人著）

动作名称

第一路

1. 起势　2. 左右野马分鬃
3. 白鹤亮翅　4. 左右搂膝拗步
5. 手挥琵琶

第二路

6. 左右倒撵猴　7. 左右揽雀尾

第三路

8. 云手　9. 单鞭
10. 高探马

第四路

11. 右分脚　12. 双峰贯耳
13. 左蹬脚

第五路

14. 左右玉女穿梭　15. 下势
16. 金鸡独立　17. 海底针

第六路

18. 扇通背　19. 转身撇身捶
20. 卸步搬拦捶　21. 如封似闭
22. 十字手、合太极

杨式太极拳 56 式　杨式太极拳精简套路，由崔仲三编定。此套路是崔仲三在祖父崔毅士编创的杨式简化 42 式太极拳的基础上的再创。其演练风格体现了杨式太极拳的舒展大方、均缓柔和、轻灵沉稳、结构严谨、浑厚庄重等特点。此套路共 56 个动作名称，不包括预备式。（参考书：《传统杨式太极拳教程》，崔仲三著）

动作名称

预备式
1. 起势　2. 左掤
3. 右揽雀尾　4. 左搂膝
5. 右搂膝　6. 左搂膝
7. 手挥琵琶　8. 左野马分鬃
9. 右野马分鬃　10. 左野马分鬃
11. 肘底捶　12. 右倒卷肱
13. 左倒卷肱　14. 右倒卷肱
15. 左倒卷肱　16. 右倒卷肱
17. 斜飞势　18. 提手上势
19. 白鹤亮翅　20. 海底针
21. 闪通背　22. 撇身捶
23. 白蛇吐信　24. 左云手
25. 右云手　26. 左云手
27. 右云手　28. 左云手
29. 高探马　30. 右分脚
31. 左分脚　32. 回身左蹬脚
33. 进步栽捶　34. 左打虎
35. 右打虎　36. 双峰贯耳
37. 左玉女穿梭　38. 右玉女穿梭
39. 左玉女穿梭　40. 右玉女穿梭
41. 单鞭下势　42. 左独立
43. 右独立　44. 弓步穿掌
45. 转身单摆莲　46. 进步指裆捶
47. 进步揽雀尾　48. 单鞭
49. 上步七星　50. 退步跨虎
51. 转身双摆莲　52. 弯弓射虎
53. 进步搬拦捶　54. 如封似闭
55. 十字手　56. 收势

杨式大功架太极拳 43 式　杨式太极拳精简套路。本套路由蒋玉堃传授，张金普整理而成。蒋玉堃在杨式太极拳 85 式的基础上对其进行精简，删除了重复的动作，使套路更趋精练紧凑，又不失其风格。特点：舒展大方、中正安舒。此套路分为 3 段，共 43 个动作名称，不包括起势、收势。（参考书：《蒋玉堃杨式太极拳述真·上卷》，蒋玉堃著）

动作名称

第一段

起势
1. 揽雀尾　2. 单鞭

3. 提手上势　4. 白鹤亮翅
5. 搂膝拗步　6. 手挥琵琶
7. 进步搬拦捶　8. 如封似闭
9. 十字手

第二段

10. 抱虎归山　11. 肘底看捶
12. 倒撵猴　13. 斜飞势
14. 海底针　15. 扇通背
16. 云手　17. 高探马
18. 左右分脚　19. 左右蹬脚
20. 上步搂膝拗步　21. 进步栽捶
22. 转身撇身捶　23. 披身蹬脚
24. 左右打虎势　25. 回身右蹬脚
26. 双峰贯耳　27. 左右蹬脚
28. 落步搬拦捶　29. 如封似闭
30. 十字手

第三段

31. 野马分鬃　32. 玉女穿梭
33. 金鸡独立　34. 带穿掌单摆莲
35. 进步指裆捶　36. 上步下势七星
37. 退步跨虎　38. 转身双摆莲
39. 弯弓射虎　40. 白蛇吐信
41. 进步搬拦捶　42. 如封似闭
43. 十字手
收势

简化杨式太极拳 42 式　杨式太极拳精简套路，由杨式太极拳第四代传人崔毅士携其女崔秀臣在传统杨式太极拳 85 式的基础上编创而成。此套拳既适应现代生活的需要，又保留了传统太极拳的风格特点。此套路分为 5 段，共 42 个动作名称，不包括预备式。（参考书：《简化杨式太极拳》，张勇涛编著）

动作名称

第一段

预备式
1. 太极起势　2. 左右搂膝拗步
3. 手挥琵琶　4. 左右野马分鬃
5. 肘底看捶

第二段

6. 左右倒撵猴　7. 斜飞势
8. 提手上势　9. 白鹤亮翅
10. 海底针　11. 扇通背
12. 转身撇身捶　13. 白蛇吐信

第三段

14. 左右云手　15. 高探马
16. 右分脚　17. 左分脚
18. 转身左蹬脚　19. 进步栽捶
20. 右蹬脚　21. 左打虎
22. 右打虎　23. 右蹬脚
24. 双峰贯耳　25. 左蹬脚
26. 转身右蹬脚

第四段

27. 左右玉女穿梭　28. 下势
29. 左右金鸡独立　30. 高探马带穿掌
31. 转身单摆莲　32. 进步指裆捶
33. 上步揽雀尾　34. 单鞭

第五段

35. 上步七星　36. 退步跨虎
37. 转身双摆莲　38. 弯弓射虎
39. 进步搬拦捶　40. 如封似闭
41. 十字手　42. 合太极

杨式养生太极拳（24 式）　杨式太极

拳精简套路，由张勇涛编定。整个套路短小精悍，结构新颖，布局合理；节奏快慢相间；动作舒展大方，易学易练；重点突出了传统杨式太极拳养生、健身的功效。此套路分为4段，共24个动作名称，不包括预备式。（参考书：《杨式养生太极拳：24式》，张勇涛编著）

动作名称

第一段

预备式

1. 起势　2. 左右掤势
3. 左揽雀尾　4. 单鞭
5. 右揽雀尾

第二段

6. 搂膝拗步　7. 手挥琵琶
8. 野马分鬃　9. 进步搬拦捶
10. 右分脚带穿梭　11. 左蹬脚带穿梭
12. 肘底看捶

第三段

13. 左右倒撵猴　14. 斜飞势
15. 提手上势　16. 双峰贯耳
17. 上步七星　18. 退步跨虎
19. 上步穿掌

第四段

20. 转身单摆莲　21. 退步搬拦捶
22. 如封似闭　23. 十字手
24. 收势

精简杨式太极拳　杨式太极拳精简套路，由太极名家顾留馨编定。本套路既保留了传统套路的精华和风格，又适应了社会发展的需要，易学易练，可谓“拳打卧牛之地”。其技术特点可归结为连贯圆活、开合呼吸、自然协调。此套路共43个动作名称，包括预备式、十字手收势。（参考书：《精简杨式太极拳（五分钟套路）》，顾留馨编著）

动作名称

1. 预备式　2. 起势
3. 懒扎衣　4. 单鞭
5. 提手上势　6. 白鹤亮翅
7. 左搂膝拗步　8. 手挥琵琶
9. 进步搬拦捶　10. 如封似闭
11. 十字手　12. 抱虎归山
13. 肘底看捶　14. 倒撵猴
15. 斜飞势　16. 海底针
17. 扇通背　18. 撇身捶
19. 云手　20. 高探马
21. 右分脚　22. 左分脚
23. 左转身左蹬脚　24. 进步栽捶
25. 右蹬脚　26. 左打虎势
27. 双峰贯耳　28. 左蹬脚
29. 右转身右蹬脚　30. 野马分鬃
31. 玉女穿梭　32. 下势
33. 金鸡独立　34. 白蛇吐信
35. 穿掌　36. 十字腿
37. 进步指裆捶　38. 下势
39. 上步七星　40. 退步跨虎
41. 转身摆莲　42. 弯弓射虎
43. 十字手收势

杨式太极拳28式　杨式太极拳精简套路，由杨式太极拳第五代传人赵幼斌编定。赵幼斌自幼接受杨家嫡传，一生对杨式太极拳探求不辍，领悟颇深。本套路在传统杨式太极拳大架的框架下，包含了杨式太极拳的精华，基本可以满足表演、参赛、健身、练功等多层面的要求。此套路共 28 个动作名称，包括预备式、收势。（参考书：《杨氏 28 式太极拳》，赵幼斌编著）

动作名称

1. 预备式　2. 起势
3. 揽雀尾　4. 单鞭
5. 提手上势　6. 白鹤亮翅
7. 左右左搂膝拗步　8. 手挥琵琶
9. 抱虎归山　10. 肘底看捶
11. 右左右倒撵猴　12. 右分左蹬脚
13. 转身左打虎　14. 回身双峰贯耳
15. 进步栽捶　16. 翻身白蛇吐信
17. 单摆莲　18. 左玉女穿梭
19. 右野马分鬃　20. 云手单鞭
21. 下势　22. 上步七星
23. 退步跨虎　24. 转身摆莲
25. 弯弓射虎　26. 进步搬拦捶
27. 十字手　28. 收势

武式太极拳套路

武式太极拳 53 式　武式太极拳传统套路，由武式太极拳创始人武禹襄创编。此套拳架融技击、健身、养性为一体，结构简洁缜密，术法分明严谨，外形古朴典雅，风格端庄洒脱。此套路共 53 个动作名称，不包括起势、收势。（参考书：《武式太极拳》，郝少如编著）

动作名称

起势
1. 懒扎衣　2. 单鞭
3. 提手上势　4. 白鹅亮翅
5. 搂膝拗步　6. 手挥琵琶势
7. 搂膝拗步　8. 手挥琵琶势
9. 上步搬揽捶　10. 如封似闭
11. 抱虎推山　12. 单鞭
13. 肘底看捶　14. 倒撵猴
15. 白鹅亮翅　16. 搂膝拗步
17. 三甬背　18. 单鞭
19. 纭手　20. 高探马
21. 左右起脚　22. 转身踢一脚
23. 践步打捶　24. 翻身二起
25. 披身　26. 踢一脚
27. 蹬一脚　28. 上步搬揽捶
29. 如封似闭　30. 抱虎推山
31. 斜单鞭　32. 野马分鬃
33. 单鞭　34. 玉女穿梭
35. 单鞭　36. 纭手下势
37. 更鸡独立　38. 倒撵猴
39. 白鹅亮翅　40. 搂膝拗步
41. 三甬背　42. 单鞭
43. 云手　44. 高探马
45. 十字摆莲　46. 上步指裆捶
47. 单鞭　48. 上步七星
49. 下步跨虎　50. 转脚摆莲
51. 弯弓射虎　52. 双抱捶
53. 手挥琵琶势
收势

武式太极拳 96 式　亦称开合架，是武式太极拳传统套路，由武式太极拳第五代传人郝少如编定。套路特点：动作柔和饱满，姿势简洁紧凑，身正招圆，灵活规范。出手不过脚尖，两手各管半边。一个式架的运动过程包含了起、承、转、合的节序，在一个个节序之间，虽有停顿，但仍保持劲断意连。此套路共 96 个动作名称，包括预备式、收势。（参考书：《武式太极拳》，郝少如编著）

动作名称

1. 预备式　2. 左懒扎衣
3. 右懒扎衣　4. 单鞭
5. 提手上势　6. 白鹅亮翅
7. 搂膝拗步　8. 手挥琵琶势
9. 搂膝拗步　10. 手挥琵琶势
11. 上步搬揽捶　12. 如封似闭
13. 抱虎推山　14. 手挥琵琶势
15. 右懒扎衣　16. 单鞭
17. 提手上势　18. 肘底看捶
19. 左倒撵猴　20. 右倒撵猴
21. 左倒撵猴　22. 右倒撵猴
23. 手挥琵琶势　24. 白鹅亮翅
25. 搂膝拗步　26. 手挥琵琶势
27. 按势　28. 青龙出水
29. 翻身　30. 三涌背
31. 单鞭　32. 下势
33. 纭手　34. 单鞭
35. 提手上势　36. 高探马
37. 左伏虎势　38. 右起脚
39. 右伏虎势　40. 左起脚
41. 转身蹬脚　42. 单鞭
43. 践步打捶　44. 翻身二起
45. 披身　46. 退步踢脚
47. 转身蹬脚　48. 上步搬揽捶
49. 如封似闭　50. 抱虎推山
51. 手挥琵琶势　52. 右懒扎衣
53. 斜单鞭　54. 下势
55. 野马分鬃　56. 单鞭
57. 玉女穿梭　58. 手挥琵琶势
59. 右懒扎衣　60. 单鞭
61. 下势　62. 云手
63. 单鞭　64. 下势
65. 更鸡独立　66. 左倒撵猴
67. 右倒撵猴　68. 左倒撵猴
69. 右倒撵猴　70. 手挥琵琶势
71. 白鹅亮翅　72. 搂膝拗步
73. 手挥琵琶势　74. 按势
75. 青龙出水　76. 翻身
77. 三涌背　78. 单鞭
79. 下势　80. 云手
81. 单鞭　82. 提手上势
83. 高探马　84. 对心掌
85. 转身十字摆莲　86. 上步指裆捶
87. 右懒扎衣　88. 单鞭
89. 下势　90. 上步七星
91. 退步跨虎　92. 转身摆莲
93. 弯弓射虎　94. 双抱捶
95. 手挥琵琶势　96. 收势

武式太极拳新架 147 式　武式太极拳传统套路，由武式太极拳第五代传人陈固安编定。武式太极拳新架是在传统武式太极拳套路的基础上，保留其精华，去其重冗，并吸收推手和散手中的一些技法创编而成的。此套路偏重技击，着重法与术的实用，练法上仍以松、稳、慢、匀为主。此套路共 147 个动作名称，不包括预备式、起势、收势（合太极）。（参考书：《武式太极拳新架》，陈固安编著）

动作名称

预备式　起势
1. 左懒扎衣　2. 如封似闭
3. 右懒扎衣　4. 如封似闭
5. 转身单鞭　6. 提手上势
7. 如封似闭　8. 挒手搂膝打掌
9. 托掌外旋合手　10. 手挥琵琶
11. 迎面掌　12. 步斗摘星
13. 猿猴伸臂　14. 跨步旋掌
15. 搬拦捶　16. 如封似闭
17. 抱虎归山　18. 挂懒扎衣

19. 如封似闭
20. 抄手挤掌
21. 穿掌下塌掌
22. 肘底看捶
23. 右倒撵猴
24. 左倒撵猴
25. 右倒撵猴
26. 左倒撵猴
27. 滑步提手上势
28. 如封似闭
29. 掤手搂膝打掌
30. 手挥琵琶
31. 海底针
32. 扇通背
33. 青龙出水
34. 退步懒扎衣
35. 钻懒扎衣
36. 提肘塌掌势
37. 云手
38. 左右高探马
39. 穿掌外旋合手
40. 抄右肘分右脚
41. 右拨撞掌
42. 抄左肘分左脚
43. 左拨撞掌
44. 转身蹬脚
45. 掤手搂膝打掌
46. 猿猴伸臂
47. 跨步栽捶
48. 回身肘
49. 螳螂栽头
50. 上步鹰捉
51. 玉蚕吐丝
52. 拍脚二起
53. 左伏虎势
54. 大鹏展翅
55. 右伏虎势
56. 掤手挤掌
57. 巧捉龙
58. 提膝蹬脚
59. 转身跃摆十字捶
60. 狸猫上树
61. 搬拦捶
62. 如封似闭
63. 转身挽手托天掌
64. 三合掌
65. 十字靠打
66. 合手
67. 挂懒扎衣
68. 下塌掌
69. 斜单鞭
70. 野马分鬃
71. 钻懒扎衣
72. 右挫掌
73. 右提肘撩阴势
74. 左玉女穿梭
75. 左鹞子裹翅
76. 右摩肩横撞
77. 左提肘撩阴
78. 右玉女穿梭
79. 右鹞子裹翅
80. 左摩肩横撞势
81. 上步钻懒扎衣
82. 斩手势
83. 提膝抄掌蹬脚
84. 白虎探爪
85. 上步拳拦
86. 左右揉球势
87. 穿掌下势
88. 右金鸡独立
89. 燕子抄水
90. 左金鸡独立
91. 抄手跻步打掌
92. 右蝙蝠觅食
93. 左蝙蝠觅食
94. 裹手
95. 塌掌
96. 提手上势
97. 锁手
98. 带步迎门靠
99. 白鹤亮翅
100. 白虎洗脸
101. 跻步打掌
102. 左右分水势
103. 旋腕腕打
104. 螳螂捕蝉
105. 如封似闭
106. 手挥琵琶
107. 海底针
108. 闪通背
109. 翻身撇身捶
110. 拳拦
111. 鹞子裹翅
112. 左右扬鞭
113. 击掌卡膝
114. 掏步撩阴捶
115. 提腕撩击
116. 抄臂劈掌
117. 锦鸡旋涡
118. 狮子抖项
119. 钻懒扎衣
120. 云掌抹脖
121. 带步丹凤朝阳
122. 托掌
123. 塌掌
124. 拳拦
125. 玉女捧盒
126. 顶心掌
127. 白蛇吐信
128. 转身十字腿
129. 过步蹲审指裆捶
130. 钻懒扎衣
131. 合手
132. 穿掌下势
133. 上步七星
134. 退步跨虎
135. 护膝拳拦
136. 抱球势
137. 转身双摆莲
138. 海底捞月
139. 射雁势
140. 带步挫掌
141. 龙行起纵
142. 双抱捶
143. 拴马势
144. 穿掌势
145. 懒扎衣
146. 退步锁手
147. 十字手

收势（合太极）

武式太极拳108式 武式太极拳传统套路，由武式太极拳第五代传人吴文翰编定。此套路在武式传统太极拳的基础上，对拳架进行了详列并做了详解。套路特点：外形简朴，内涵丰富，重在实用。此套路在编排上先易后难，循序渐进，繁简适当，突出重点。拳势动作讲究起承开合，术法分明，紧凑缜密，圈小劲捷，内收外放，八面支撑，左右相系。此套路共108个动作名称，包括无极式、合太极。（参考书：《武派太极拳体用全书》，吴文翰编著）

动作名称

1. 无极式　2. 左懒扎衣
3. 右懒扎衣　4. 单鞭
5. 提手上势　6. 白鹤亮翅
7. 左搂膝拗步　8. 左手挥琵琶势
9. 左迎面掌　10. 右搂膝拗步
11. 右手挥琵琶势　12. 右迎面掌
13. 左搂膝拗步　14. 上步搬揽捶
15. 如封似闭　16. 抱虎推山
17. 退步懒扎衣　18. 单鞭
19. 提手上势　20. 回身白鹤亮翅
21. 肘底看捶　22. 左倒撵猴
23. 右倒撵猴　24. 左倒撵猴
25. 右倒撵猴　26. 提手上势
27. 白鹤亮翅　28. 左搂膝拗步
29. 左手挥琵琶势　30. 舒身按势
31. 青龙出水　32. 风摆荷叶
33. 三涌背　34. 单鞭
35. 左云手　36. 右云手
37. 单鞭　38. 提手上势
39. 左高探马　40. 右起脚
41. 右高探马　42. 左起脚
43. 转身蹬脚　44. 践步打捶
45. 翻身二起脚　46. 左伏虎势
47. 右伏虎势　48. 巧捉龙
49. 披身踢脚　50. 转身蹬脚
51. 喜鹊登枝　52. 上步搬揽捶
53. 如封似闭　54. 拗步飞仙掌
55. 右懒扎衣　56. 斜单鞭
57. 左野马分鬃　58. 右野马分鬃
59. 左野马分鬃　60. 迎门靠
61. 右懒扎衣　62. 单鞭
63. 上步飞仙掌　64. 左玉女穿梭
65. 转身玉女穿梭　66. 上步玉女穿梭
67. 回身玉女穿梭　68. 退步懒扎衣
69. 单鞭　70. 左纭手
71. 右纭手　72. 单鞭
73. 下势　74. 左更鸡独立
75. 右更鸡独立　76. 左倒撵猴
77. 右倒撵猴　78. 左倒撵猴
79. 右倒撵猴　80. 提手上势
81. 白鹤亮翅　82. 左搂膝拗步
83. 手挥琵琶势　84. 俯身按势
85. 青龙出水　86. 风摆荷叶
87. 火焰钻心　88. 单鞭
89. 左纭手　90. 右纭手
91. 单鞭　92. 扑面掌
93. 高探马　94. 对心掌
95. 十字腿　96. 上步指裆捶
97. 右懒扎衣　98. 白蛇吐芯
99. 回身下势　100. 上步七星
101. 退步跨虎　102. 转身摆腿
103. 弯弓射虎　104. 双抱捶
105. 拴马势　106. 退步懒扎衣
107. 十字手　108. 合太极

武式太极拳老架108式　武式太极拳传统套路，由李逊之传承。此套路具有完整丰富又邃密细腻的理法。套路特点：走内劲，以意行气，练精、气、神，三者合一。套路风格：架势紧凑、实腿转身、进步必跟、退步必随、蓄发内涵、劲路制人。两手各管半边身体，不可随便逾越。两手外旋为开，内旋为合，出手高不过眼，远不过前脚尖。此套路共108个动作名称，包括起势、收势。（参考书：《武式太极拳老架》，翟维传著）

动作名称

1. 起势　2. 左懒扎衣
3. 右懒扎衣　4. 单鞭
5. 提手上势　6. 白鹅亮翅
7. 左搂膝拗步　8. 手挥琵琶势
9. 左搂膝拗步　10. 右搂膝拗步
11. 上步搬拦捶　12. 如封似闭
13. 抱虎推山　14. 手挥琵琶势
15. 懒扎衣　16. 单鞭
17. 提手上势　18. 高探马
19. 肘底捶　20. 倒撵猴（一）
21. 倒撵猴（二）　22. 倒撵猴（三）
23. 倒撵猴（四）　24. 手挥琵琶势
25. 白鹤亮翅　26. 左搂膝拗步
27. 手挥琵琶势　28. 按势
29. 青龙出水　30. 三通背（一）
31. 三通背（二）　32. 三通背（三）
33. 单鞭　34. 云手（一）
35. 云手（二）　36. 云手（三）
37. 单鞭　38. 提手上势
39. 右高探马　40. 左高探马
41. 右起脚　42. 左起脚
43. 转身蹬一脚　44. 践步栽捶
45. 翻身二起　46. 跌步披身
47. 伏虎势　48. 踢一脚
49. 转身蹬脚　50. 上步搬拦捶
51. 如封似闭　52. 抱虎推山
53. 手挥琵琶势　54. 斜懒扎衣
55. 斜单鞭　56. 野马分鬃（一）
57. 野马分鬃（二）　58. 野马分鬃（三）
59. 手挥琵琶势　60. 懒扎衣
61. 单鞭　62. 玉女穿梭（一）
63. 玉女穿梭（二）　64. 玉女穿梭（三）
65. 玉女穿梭（四）　66. 手挥琵琶势
67. 懒扎衣　68. 单鞭
69. 云手（一）　70. 云手（二）
71. 云手（三）　72. 单鞭
73. 下势　74. 更鸡独立（一）
75. 更鸡独立（二）　76. 倒撵猴（一）
77. 倒撵猴（二）　78. 倒撵猴（三）
79. 倒撵猴（四）　80. 手挥琵琶势
81. 白鹤亮翅　82. 左搂膝拗步
83. 手挥琵琶式　84. 按势
85. 青龙出水　86. 三通背（一）
87. 三通背（二）　88. 三通背（三）
89. 单鞭　90. 云手（一）
91. 云手（二）　92. 云手（三）
93. 单鞭　94. 提手上势
95. 高探马　96. 对心掌
97. 十字脚　98. 上步指裆捶
99. 上步懒扎衣　100. 单鞭
101. 下势　102. 上步七星
103. 退步跨虎　104. 转身摆莲
105. 弯弓射虎　106. 懒扎衣
107. 退步双炮捶　108. 收势

武派太极拳新架 48 式　武式太极拳精简套路，由陈固安创编。套路结构简洁紧凑、术法分明、连环不断。招法偏重技击，手势复杂，动作结合拧裹、钻翻、螺旋、折叠、屈伸、开合等劲别。身法皆以几何为是，立身中正，力点集中，脚踏三角，进退自如。此套路体现了武式太极拳姿势优美圆活、古朴典雅、端庄秀丽的独特风格。此套路共 48 个动作名称，不包括预备式。（参考书：《武派太极技击术》，高连成著）

动作名称

预备式
1. 左右懒扎衣　2. 单鞭
3. 双托掌扎掌　4. 双印掌

5. 提肘栽捶　6. 反掌旋掌合手
7. 跻步打掌　8. 左右分水势
9. 旋臂腕打　10. 螳螂捕蝉
11. 狸猫上树　12. 搬揽捶
13. 如封似闭　14. 抱虎推山
15. 白鹤亮翅　16. 野马撞槽
17. 塌掌抱球势　18. 撩阴掌
19. 肘底看捶　20. 倒撵猴（四角）
21. 提手上势　22. 云手
23. 怀抱顽石　24. 揉缸沿
25. 左右高探马　26. 穿掌外旋合手
27. 左右分脚撞掌　28. 转身蹬脚
29. 跻步打掌蝙蝠觅食
30. 左右更鸡独立
31. 玉女捧盒　32. 顶心掌
33. 野马分鬃　34. 抱球势三合掌
35. 斜飞势　36. 云掌鹞子钻天
37. 塌掌、裹手　38. 穿掌指裆捶
39. 顶肘
40. 穿掌下势七星捶
41. 退步跨虎　42. 转身双摆莲
43. 海底捞月　44. 射雁势
45. 龙形起纵　46. 双抱捶
47. 拴马势　48. 锁手合太极

武式小架太极拳　又名功夫架，是武式太极拳精简套路，由武式太极拳第四代传人姚继祖传承。套路特点：架势小巧紧凑、虚实分明、开合有致、方圆相生。此套路充分体现出柔中有整、整内含刚、刚柔相济的技术特性。在习练中，要注重意气的循环与身体的松沉起落相结合。此套拳架适合有一定太极拳习练基础的人群练习。此套路共 37 个动作名称，包括起势、收势。（参考书：《武式太极拳小架》，翟维传著）

动作名称

1. 起势　2. 左右懒扎衣
3. 单鞭　4. 提手上势
5. 白鹅亮翅　6. 左右搂膝拗步
7. 上步搬拦捶　8. 如封似闭
9. 抱虎推山　10. 左右野马分鬃
11. 左右玉女穿梭　12. 开合势
13. 云手　14. 高探马
15. 对心掌　16. 手挥琵琶势
17. 按势　18. 青龙出水
19. 左右更鸡独立　20. 左右封肘势
21. 左右捞月势　22. 下势
23. 上步七星　24. 退步跨虎
25. 伏虎势　26. 翻身懒扎衣
27. 倒撵猴　28. 捌手靠打
29. 掤势　30. 挤势
31. 捋势　32. 按势
33. 弯弓射虎　34. 进步懒扎衣
35. 双峰贯耳　36. 退步双抱捶
37. 收势

吴式太极拳套路

全佑老架太极拳　吴式太极拳早期套路，由吴式太极拳创始人全佑创编。全佑早期学拳于杨露禅，后从杨氏次子杨班侯继续深造，兼得杨氏父子之长。套路特点：刚柔相济、轻松自然、灵活多变。其架势以低、沉、圆、活见长，专注于旋腰转脊、劲走折叠，强调动作开合、吞吐，以身运气，注重技击。此套路共 160 个动作名称，包括预备式、起势、收势（合太极）。（参考书：《全佑老架太极拳》，汪波（源修）著）

动作名称

1. 预备式　2. 起势
3. 揽雀尾（掤）　4. 揽雀尾（按）
5. 揽雀尾（靠）　6. 揽雀尾（挤）
7. 揽雀尾（捋）　8. 揽雀尾（挒）
9. 揽雀尾（拿）
10. 揽雀尾（按：双按）
11. 单鞭　12. 上步挤
13. 提手　14. 白鹤亮翅
15. 左搂膝拗步　16. 手挥琵琶
17. 左右搂膝拗步　18. 垫步搬拦捶
19. 如封似闭　20. 抱虎归山
21. 十字手　22. 斜搂膝拗步
23. 揽雀尾（掤）　24. 揽雀尾（按）
25. 揽雀尾（靠）　26. 揽雀尾（挤）
27. 揽雀尾（捋）　28. 揽雀尾（挒）
29. 揽雀尾（拿）
30. 揽雀尾（按：双按）
31. 斜飞势 32. 肘底看捶
33. 倒撵猴（左）　34. 倒撵猴（右）
35. 倒撵猴（左）　36. 倒撵猴（右）
37. 倒撵猴（左）　38. 斜飞势
39. 单鞭　40. 上步挤
41. 提手　42. 白鹤亮翅
43. 斜搂膝拗步　44. 手挥琵琶
45. 海底针　46. 扇通背（双式）
47. 翻身撇身捶　48. 退步搬拦捶
49. 上步挤　50. 揽雀尾（掤）
51. 揽雀尾（按）　52. 揽雀尾（靠）
53. 揽雀尾（挤）　54. 揽雀尾（捋）
55. 揽雀尾（挒）　56. 揽雀尾（拿）
57. 揽雀尾（按：双按）
58. 单鞭　59. 云手（左）
60. 云手（右）　61. 云手（左）
62. 云手（右）　63. 单鞭
64. 高探马　65. 左披身右踢脚
66. 高探马　67. 右披身左踢脚
68. 转身蹬脚　69. 左搂膝拗步
70. 右搂膝拗步　71. 进步栽捶
72. 翻身撇身捶　73. 上步高探马
74. 拍地二起脚　75. 打虎势
76. 双峰贯耳　77. 左踢脚
78. 转身扑面掌　79. 右踢脚
80. 进步搬拦捶　81. 如封似闭
82. 抱虎归山　83. 十字手
84. 斜搂膝拗步　85. 揽雀尾（掤）
86. 揽雀尾（按）　87. 揽雀尾（靠）
88. 揽雀尾（挤）　89. 揽雀尾（捋）
90. 揽雀尾（挒）　91. 揽雀尾（拿）
92. 揽雀尾（按：双按）
93. 斜单鞭　94. 右野马分鬃
95. 左野马分鬃　96. 右野马分鬃
97. 跃步玉女穿梭
98. 跃步玉女穿梭（东南）
99. 跃步玉女穿梭（东北）
100. 跃步玉女穿梭（西北）
101. 揽雀尾（掤）
102. 揽雀尾（按）
103. 揽雀尾（靠）
104. 揽雀尾（挤）
105. 揽雀尾（捋）
106. 揽雀尾（挒）
107. 揽雀尾（拿）
108. 揽雀尾（按：双按）
109. 单鞭　110. 云手（左）
111. 云手（右）　112. 云手（左）
113. 云手（右）　114. 单鞭
115. 蛇身下势　116. 左金鸡独立
117. 右金鸡独立　118. 倒撵猴（左）
119. 倒撵猴（右）　120. 倒撵猴（左）
121. 斜飞势　123. 上步挤
124. 扇通背（单式）
125. 白蛇吐信

126. 转身跳步单摆莲
127. 搂膝指裆捶
128. 上步揽雀尾（掤）
129. 上步揽雀尾（按）
130. 上步揽雀尾（靠）
131. 上步揽雀尾（挤）
132. 上步揽雀尾（捋）
133. 上步揽雀尾（挒）
134. 上步揽雀尾（拿）
135. 上步揽雀尾（按：双按）
136. 上步七星
137. 退步跨虎　138. 转身双摆莲
139. 弯弓射虎　140. 上步挫捶
141. 揽雀尾（掤）142. 揽雀尾（按）
143. 揽雀尾（靠）144. 揽雀尾（挤）
145. 揽雀尾（捋）146. 揽雀尾（挒）
147. 揽雀尾（拿）
148. 揽雀尾（按：双按）
149. 单鞭
150. 坐地炮（伏虎势）
151. 高探马
152. 上步揽雀尾（掤）
153. 上步揽雀尾（按）
154. 上步揽雀尾（靠）
155. 上步揽雀尾（挤）
156. 上步揽雀尾（捋）
157. 上步揽雀尾（挒）
158. 上步揽雀尾（拿）
159. 上步揽雀尾（按：双按）
160. 收势（合太极）

吴式太极拳84式　吴式太极拳传统套路，由吴式太极拳第二代嫡宗传人吴鉴泉编定，属吴式太极拳经典套路。风格特点：轻松自然，小巧灵活，立身中正，细腻绵柔，刚柔相济，快慢相间。此套路共84个动作名称，包括预备式、太极起势、合太极。（参考书：《吴式太极拳》，徐致一编著）

动作名称

1. 预备式　2. 太极起势
3. 揽雀尾　4. 单鞭
5. 提手上势　6. 白鹤亮翅
7. 搂膝拗步　8. 手挥琵琶
9. 上步搬拦捶　10. 如封似闭
11. 十字手　12. 抱虎归山
13. 揽雀尾　14. 斜单鞭
15. 肘底看捶　16. 倒撵猴
17. 斜飞势　18. 提手上势
19. 白鹤亮翅　20. 搂膝拗步
21. 海底针　22. 扇通背
23. 撇身捶　24. 卸步搬拦捶
25. 上步揽雀尾　26. 单鞭
27. 云手　28. 单鞭
29. 高探马　30. 左右分脚
31. 转身蹬脚　32. 进步栽捶
33. 翻身撇身捶　34. 上步高探马
35. 披身踢脚　36. 退步打虎
37. 二起脚　38. 双峰贯耳
39. 翻身二起脚　40. 撇身捶
41. 上步搬拦捶　42. 如封似闭
43. 十字手　44. 抱虎归山
45. 揽雀尾　46. 斜单鞭
47. 野马分鬃　48. 玉女穿梭
49. 揽雀尾　50. 单鞭
51. 云手　52. 单鞭
53. 下势　54. 金鸡独立
55. 倒撵猴　56. 斜飞势
57. 提手上势　58. 白鹤亮翅
59. 搂膝拗步　60. 海底针
61. 扇通背　62. 撇身捶
63. 上步搬拦捶　64. 上步揽雀尾
65. 单鞭　66. 云手

67. 单鞭　68. 迎面掌
69. 转身十字摆莲　70. 搂膝指裆捶
71. 上步揽雀尾　72. 单鞭
73. 下势　74. 上步七星
75. 退步跨虎　76. 转身迎面掌
77. 转身双摆莲　78. 弯弓射虎
79. 上步迎面掌　80. 翻身撇身捶
81. 上步高探马　82. 上步揽雀尾
83. 单鞭　84. 合太极

吴式传统太极拳 100 式　吴式太极拳传统套路，由吴鉴泉编定。风格特点：势正招圆，舒松自然，紧凑中自具舒展，端正严密，细腻熨帖。运动幅度适中，偏中寓正，以柔为主，平圆运动。此套路分为 6 段，共 100 个动作名称，包括预备式、起势、合太极。（参考书：《吴式太极拳械精选》，薛安日编著）

动作名称

第一段

1. 预备式　2. 起势
3. 揽雀尾　4. 单鞭
5. 提手上势　6. 白鹤亮翅
7. 搂膝拗步　8. 手挥琵琶
9. 上步搬拦捶　10. 如封似闭
11. 豹虎推山　12. 十字
13. 斜搂膝拗步　14. 翻身搂膝拗步
15. 揽雀尾　16. 斜单鞭

第二段

17. 肘底看捶　18. 倒撵猴
19. 斜飞势　20. 提手上势
21. 白鹤亮翅　22. 搂膝拗步
23. 海底针　24. 扇通背
25. 翻身撇身捶　26. 卸步搬拦捶
27. 上步揽雀尾　28. 单鞭
29. 云手　30. 单鞭

第三段

31. 左高探马　32. 左披身
33. 踢右脚　34. 右高探马
35. 右披身　36. 踢左脚
37. 转身蹬脚　38. 搂膝拗步
39. 进步栽捶　40. 翻身撇身捶
41. 上步高探马　42. 左披身
43. 右踢脚　44. 退步打虎
45. 右蹬脚　46. 双峰贯耳
47. 翻身二起脚　48. 右高探马
49. 上步搬拦捶　50. 如封似闭

第四段

51. 豹虎归山　52. 十字手
53. 斜搂膝拗步　54. 翻身搂膝拗步
55. 揽雀尾　56. 斜单鞭
57. 野马分鬃　58. 玉女穿梭
59. 转身玉女穿梭　60. 野马分鬃
61. 玉女穿梭　62. 转身玉女穿梭
63. 揽雀尾　64. 单鞭
65. 云手　66. 单鞭

第五段

67. 下势　68. 金鸡独立
69. 倒撵猴　70. 斜飞势
71. 提手上势　72. 白鹤亮翅
73. 搂膝拗步　74. 海底针
75. 扇通背　76. 翻身撇身捶
77. 上步搬拦捶　78. 上步揽雀尾
79. 单鞭　80. 云手
81. 单鞭

第六段

82. 左高探马　83. 迎面掌

84. 转身十字摆莲　85. 搂膝指裆捶
86. 上步揽雀尾　87. 单鞭
88. 下势　89. 上步七星
90. 退步跨虎　91. 转身扑面掌
92. 转身摆莲　93. 弯弓射虎
94. 上步高探马　95. 扑面掌
96. 转身撇身捶　97. 上步高探马
98. 上步揽雀尾　99. 单鞭
100. 合太极

吴式太极拳 83 式　吴式太极拳传统套路，吴式太极拳第三代传人杨禹廷传授。此套路动作连贯圆活，节节贯穿，优雅柔化，体现了传统吴式太极拳松、柔、圆、缓、匀的特点。此套路共 83 个动作名称，包括预备式、合太极。（参考书：《太极拳规范》，马有清著）

动作名称

1. 预备式（4 动）
2. 揽雀尾（8 动）
3. 斜单鞭（2 动）
4. 提手上势（4 动）
5. 白鹤亮翅（4 动）
6. 搂膝拗步（12 动）
7. 手挥琵琶（2 动）
8. 上步搬拦捶（4 动）
9. 如封似闭（2 动）
10. 抱虎归山（4 动）
11. 左右搂膝（4 动）
12. 揽雀尾（6 动）
13. 斜单鞭（2 动）
14. 肘底看捶（2 动）
15. 倒撵猴（6 动）
16. 斜飞势（4 动）
17. 提手上势（4 动）
18. 白鹤亮翅（4 动）
19. 搂膝拗步（2 动）
20. 海底针（2 动）
21. 扇通背（2 动）
22. 撇身捶（2 动）
23. 卸步搬拦捶（4 动）
24. 上步揽雀尾（6 动）
25. 单鞭（2 动）
26. 云手（6 动）
27. 左高探马（2 动）
28. 右分脚（4 动）
29. 右高探马
30. 左分脚（4 动）
31. 转身蹬脚（4 动）
32. 进步栽捶（6 动）
33. 翻身撇身捶（2 动）
34. 翻身二起脚（6 动）
35. 左右打虎（4 动）
36. 提步蹬脚（2 动）
37. 双峰贯耳（2 动）
38. 披身踢脚（4 动）
39. 转身蹬脚（4 动）
40. 上步搬拦捶（6 动）
41. 如封似闭（2 动）
42. 抱虎归山（4 动）
43. 左右斜步搂膝（4 动）
44. 揽雀尾（6 动）
45. 斜单鞭（2 动）
46. 野马分鬃（12 动）
47. 玉女穿梭（2 动）
48. 上步揽雀尾（8 动）
49. 单鞭（2 动）
50. 云手（6 动）
51. 下势（2 动）
52. 金鸡独立（4 动）
53. 倒撵猴（6 动）
54. 斜飞势（4 动）

55. 提手上势（4动）
56. 白鹤亮翅（4动）
57. 搂膝拗步（2动）
58. 海底针（2动）
59. 扇通背（2动）
60. 撇身捶（2动）
61. 上步搬拦捶（4动）
62. 上步揽雀尾（6动）
63. 单鞭（2动）
64. 云手（6动）
65. 高探马（2动）
66. 扑面掌（2动）
67. 十字摆莲（4动）
68. 搂膝指裆捶（4动）
69. 上步揽雀尾（6动）
70. 单鞭（2动）
71. 下势（2动）
72. 上步七星（2动）
73. 退步跨虎（2动）
74. 回身扑面掌（2动）
75. 转身摆莲（4动）
76. 弯弓射虎（4动）
77. 上步措捶（2动）
78. 揽雀尾（4动）
79. 单鞭（2动）
80. 上步措掌（2动）
81. 揽雀尾（4动）
82. 单鞭（2动）
83. 合太极（2动）

吴式太极拳93式　吴式太极拳传统套路，由吴式太极拳第四代传人李秉慈编定。本套路以杨禹廷传授的吴式太极拳83式套路为基础，对一些式架名称进行了规范，使之与国家现行套路动作标准接近。风格特点：意形并重，身心双修，虚实清楚，动作轻松自然，柔和连贯，细腻灵活。在动作要领上，此套路对造型、方位和内在劲力都做出了系统完整的交代。此套路分为3节，共93个动作名称，不包括预备式（无极式）。（参考书：《吴式太极拳拳照图谱》，李秉慈编著）

动作名称

第一节

预备式（无极式）
1. 太极起势　2. 揽雀尾
3. 斜单鞭（左前45°）
4. 提手上势　5. 白鹤亮翅
6. 左右搂膝拗步　7. 手挥琵琶
8. 进步搬拦捶　9. 如封似闭
10. 抱虎归山　11. 十字手
12. 左右隅步搂膝拗步
13. 隅步揽雀尾
14. 斜单鞭（右前45°）
15. 肘底看捶　16. 左右倒撵猴
17. 斜飞势　18. 提手上势
19. 白鹤亮翅　20. 左搂膝拗步
21. 海底针　22. 扇通背
23. 撇身捶　24. 卸步搬拦捶
25. 进步揽雀尾　26. 正单鞭

第二节

27. 云手　28. 正单鞭
29. 左探马　30. 右分脚
31. 右探马　32. 左分脚
33. 转身左蹬脚　34. 左右搂膝拗步
35. 进步栽捶　36. 翻身撇身捶
37. 进步左探马　38. 右蹬脚
39. 左右打虎势　40. 提膝右蹬脚
41. 双峰贯耳　42. 披身左蹬脚
43. 转身右蹬脚　44. 右搂膝拗步

45. 进步搬拦捶　46. 如封似闭
47. 抱虎归山　48. 十字手
49. 左右隅步搂膝拗步
50. 隅步揽雀尾
51. 斜单鞭（右前 45°）
52. 左右野马分鬃
53. 转身左右玉女穿梭
54. 右野马分鬃
55. 转身左右玉女穿梭
56. 上步揽雀尾（进两步）
57. 正单鞭

第三节

58. 云手　59. 正单鞭
60. 下势（左）　61. 左右金鸡独立
62. 左右倒撵猴　63. 斜飞势
64. 提手上势　65. 白鹤亮翅
66. 左搂膝拗步　67. 海底针
68. 扇通背　69. 撇身捶
70. 进步搬拦捶　71. 进步揽雀尾
72. 正单鞭　73. 云手
74. 正单鞭　75. 高探马
76. 扑面掌　77. 转身十字摆莲
78. 左右搂膝指裆捶　79. 进步揽雀尾
80. 正单鞭　81. 下势
82. 进步七星　83. 退步跨虎
84. 转身扑面掌　85. 转身双摆莲
86. 左右弯弓射虎　87. 进步措捶
88. 揽雀尾
89. 正单鞭（背向开始方向）
90. 进步措掌　91. 揽雀尾
92. 正单鞭　93. 合太极

传统吴式太极拳 108 式　吴式太极拳传统套路，由吴式太极拳第三代嫡宗传人吴公藻编定。此套拳架保留了早期吴式太极拳古朴原始的风格。风格特点：动作轻松自如，松静自然，紧凑而开展。此套路共 108 个动作名称，包括预备式、合太极。（参考影像资料：《传统吴式太极拳 108 式》，肖德高演练）

动作名称

1. 预备式　2. 太极起势
3. 提手上势　4. 手挥琵琶
5. 揽雀尾　6. 单鞭
7. 提手上势　8. 白鹤亮翅
9. 搂膝拗步　10. 手挥琵琶
11. 进步搬拦捶　12. 如封似闭
13. 抱虎归山　14. 十字手斜
15. 斜搂膝拗步　16. 转身搂膝拗步
17. 揽雀尾　18. 单鞭
19. 肘底看捶　20. 倒撵猴
21. 斜飞势　22. 提手上势
23. 白鹤亮翅　24. 搂膝拗步
25. 海底针　26. 扇通背
27. 翻身撇身捶　28. 退步搬拦捶
29. 上步揽雀尾　30. 单鞭
31. 云手　32. 单鞭
33. 左高探马　34. 右分脚
35. 右高探马　36. 左分脚
37. 转身蹬脚　38. 搂膝拗步
39. 进步栽捶　40. 翻身撇身捶
41. 高探马　42. 右分手双峰贯耳
43. 一起脚　44. 退步七星
45. 退步打虎势　46. 二起脚
47. 双峰贯耳　48. 披身踢脚
49. 转身蹬脚　50. 高探马
51. 进步搬拦捶　52. 如封似闭
53. 抱虎归山　54. 十字手
55. 斜搂膝拗步　56. 转身搂膝拗步
57. 揽雀尾　58. 单鞭
59. 手挥琵琶　60. 野马分鬃

61. 手挥琵琶 62. 野马分鬃
63. 手挥琵琶 64. 野马分鬃
65. 玉女穿梭 66. 手挥琵琶
67. 野马分鬃 68. 玉女穿梭
69. 揽雀尾 70. 单鞭
71. 云手 72. 单鞭
73. 下势 74. 左金鸡独立
75. 右金鸡独立 76. 倒撵猴
77. 横斜飞势 78. 提手上势
79. 白鹤亮翅 80. 搂膝拗步
81. 海底针 82. 扇通背
83. 翻身撇身捶 84. 上步搬拦捶
85. 上步揽雀尾 86. 单鞭
87. 云手 88. 单鞭
89. 高探马 90. 扑面掌
91. 翻身单摆莲 92. 搂膝拗步
93. 上步指裆捶 94. 上步揽雀尾
95. 单鞭 96. 下势
97. 上步七星 98. 退步跨虎
99. 转身扑面掌 100. 翻身双摆莲
101. 弯弓射虎 102. 高探马
103. 扑面掌 104. 翻身撇身捶
105. 上步高探马 106. 上步揽雀尾
107. 单鞭 108. 合太极

吴式太极快拳94式 吴式太极拳传统套路，由吴式太极拳第二代传人吴鉴泉编定。吴鉴泉在家传太极拳的基础上做了修改，去掉了重复、发劲、跳跃的动作，使拳架更加柔和、规矩。习练时，要求思想高度集中，不用爆发力，举止灵活，发力有劲而快，动作刚柔相济，快慢结合，前后相连。此套路共94个动作名称，包括预备式、合太极。（参考书：《吴式太极快拳》，吴英华、马岳梁、施梅林著）

动作名称

1. 预备式 2. 太极出手
3. 揽雀尾 4. 单鞭
5. 提手上势 6. 白鹤亮翅
7. 搂膝拗步（一） 8. 搂膝拗步（二）
9. 搂膝拗步（三） 10. 搂膝拗步（四）
11. 手挥琵琶 12. 进步搬拦捶
13. 如封似闭 14. 豹虎归山
15. 十字手 16. 斜搂膝拗步
17. 翻身搂膝拗步 18. 揽雀尾
19. 斜单鞭 20. 肘底看捶
21. 倒撵猴 22. 斜飞势
23. 提手上势 24. 白鹤亮翅
25. 搂膝拗步 26. 海底针
27. 扇通背 28. 翻身撇身捶
29. 卸步搬拦捶 30. 揽雀尾
31. 云手（一） 32. 云手（二）
33. 高探马 34. 披身踢脚（一）
35. 披身踢脚（二） 36. 转身蹬脚
37. 进步栽捶 38. 翻身撇身捶
39. 翻身二起脚（二蹦子）
40. 退步打虎
41. 右蹬脚 42. 双峰贯耳
43. 披身踢脚 44. 转身蹬脚
45. 进步搬拦捶 46. 如封似闭
47. 豹虎归山 48. 十字手
49. 斜搂膝拗步 50. 翻身搂膝拗步
51. 揽雀尾 52. 斜单鞭
53. 野马分鬃（一） 54. 野马分鬃（二）
55. 野马分鬃（三） 56. 玉女穿梭（一）
57. 玉女穿梭（二） 58. 野马分鬃
59. 玉女穿梭（三） 60. 玉女穿梭（四）
61. 揽雀尾 62. 云手
63. 下势 64. 金鸡独立（一）
65. 金鸡独立（二） 66. 倒撵猴
67. 斜飞势 68. 提手上势

69. 白鹤亮翅　70. 搂膝拗步
71. 海底针　72. 扇通背
73. 翻身撇身捶　74. 上步搬拦捶
75. 上步揽雀尾　76. 云手
77. 高探马　78. 迎面掌
79. 翻身摆莲脚　80. 搂膝拗步
81. 指裆捶　82. 上步揽雀尾
83. 下势
84. 上步七星（又名上步骑鲸）
85. 退步跨虎　86. 转身扑面掌
87. 转身双摆莲　88. 弯弓射虎
89. 上步措捶　90. 迎面掌
91. 翻身撇身捶　92. 上步揽雀尾
93. 单鞭　94. 合太极

吴式太极传统长拳　吴式太极拳传统套路。吴鉴泉在家传太极拳的基础上逐步修改，形成此松静自然、架势紧凑、缓慢连绵、不纵不跳、长于柔化的吴式太极拳套路。此套路分为6段，共89个动作名称，包括预备式、太极起势、合太极。（参考书：《正宗吴式太极拳》，吴英华、马岳梁著）

动作名称

第一段

1. 预备式　2. 太极起势
3. 揽雀尾　4. 单鞭
5. 提手上势　6. 白鹤亮翅
7. 搂膝拗步　8. 手挥琵琶
9. 进步搬拦捶　10. 如封似闭
11. 抱虎归山　12. 十字手
13. 斜搂膝拗步　14. 翻身斜搂膝拗步
15. 揽雀尾　16. 斜单鞭

第二段

17. 肘底看捶　18. 倒撵猴
19. 斜飞势　20. 提手上势
21. 白鹤亮翅　22. 搂膝拗步
23. 海底针　24. 扇通背
25. 撇身捶　26. 卸步搬拦捶
27. 上步揽雀尾　28. 单鞭
29. 云手　30. 单鞭

第三段

31. 高探马　32. 左右分脚
33. 转身蹬脚　34. 进步栽捶
35. 翻身撇身捶　36. 上步高探马
37. 披身踢脚　38. 退步打虎
39. 双峰贯耳　40. 翻身二起脚
41. 高探马　42. 进步搬拦捶
43. 如封似闭　44. 抱虎归山
45. 十字手　46. 斜搂膝拗步
47. 翻身斜搂膝拗步　48. 揽雀尾
49. 斜单鞭

第四段

50. 野马分鬃　51. 玉女穿梭
52. 揽雀尾　53. 单鞭
54. 云手　55. 单鞭

第五段

56. 下势　57. 金鸡独立
58. 倒撵猴　59. 斜飞势
60. 提手上势　61. 白鹤亮翅
62. 搂膝拗步　63. 海底针
64. 扇通背　65. 撇身捶
66. 上步搬拦捶　67. 上步揽雀尾
68. 单鞭　69. 云手
70. 单鞭

第六段

71. 高探马　72. 迎面掌
73. 转身十字摆莲　74. 搂膝指裆捶
75. 上步揽雀尾　76. 单鞭
77. 下势　78. 上步七星
79. 退步跨虎　80. 转身扑面掌
81. 转身双摆莲　82. 弯弓射虎
83. 上步高探马　84. 迎面掌
85. 翻身撇身捶　86. 上步高探马
87. 上步揽雀尾　88. 单鞭
89. 合太极

吴式方架太极拳97式　吴式太极拳传统套路，由吴鉴泉编定。套路特点：动作简练，外方内圆或形方意圆。外形运动四方八位都要受意识的控制。套路中每个招式方向明确、工整饱满，动作简洁灵活，强调以臀、腿、腰、脊为轴的转动，以保持主轴——脊椎骨中正的多轴协调转动，使全身以最低的体能消耗来维持自身的平衡，充分地伸筋拔骨，以有效的缠绕劲克敌制胜。在搏击中，快捷、轻灵是吴式方架太极拳的一大特质。此套路共97个动作名称，包括预备式、起势、收势。（参考书：《吴式方架太极拳》，孙南馨编著）

动作名称

1. 预备式　2. 起势
3. 左掤挤　4. 揽雀尾
5. 单鞭　6. 斜飞势
7. 提手上势　8. 白鹤亮翅
9. 左搂膝拗步　10. 手挥琵琶
11. 左搂膝拗步　12. 右搂膝拗步
13. 左搂膝拗步　14. 手挥琵琶
15. 按掌　16. 上步搬拦捶
17. 如封似闭　18. 十字手
19. 抱虎归山　20. 揽雀尾
21. 斜单鞭　22. 肘底看捶
23. 倒撵猴（3式）　24. 斜飞势
25. 提手上势　26. 白鹤亮翅
27. 搂膝拗步　28. 海底针
29. 扇通背　30. 翻身撇身捶
31. 卸步搬拦捶　32. 上步揽雀尾
33. 单鞭　34. 云手（2式）
35. 单鞭　36. 高探马
37. 右分脚　38. 高探马
39. 左分脚　40. 转身蹬脚
41. 左搂膝拗步　42. 右搂膝拗步
43. 进步栽捶　44. 翻身撇身捶
45. 推掌　46. 披身踢脚
47. 退步打虎　48. 右蹬脚
49. 双峰贯耳　50. 左踢脚
51. 转身右蹬脚　52. 上步搬拦捶
53. 如封似闭　54. 十字手
55. 抱虎归山　56. 揽雀尾
57. 斜单鞭
58. 野马分鬃（4式）
59. 玉女穿梭（4式）
60. 揽雀尾　61. 单鞭
62. 云手（2式）　63. 单鞭
64. 下势　65. 金鸡独立
66. 倒撵猴（3式）　67. 斜飞势
68. 提手上势　69. 白鹤亮翅
70. 搂膝拗步　71. 海底针
72. 扇通背　73. 翻身撇身捶
74. 上步搬拦捶　75. 上步揽雀尾
76. 单鞭　77. 云手（2式）
78. 单鞭　79. 高探马
80. 迎面掌　81. 转身单摆莲
82. 搂膝指裆捶　83. 上步揽雀尾
84. 单鞭　85. 下势
86. 上步七星　87. 退步跨虎

88. 转身迎面掌　89. 转身双摆莲
90. 弯弓射虎　91. 迎面掌
92. 翻身撇身捶　93. 推掌
94. 上步揽雀尾　95. 单鞭
96. 合太极　97. 收势

吴式太极拳91式　吴式太极拳传统套路，由吴式太极拳第三代嫡宗传人吴公仪传授。套路特点：动作舒展大方，屈伸开合顺乎生理自然，以腰腹为中心，全身上下协调一致。此套路分为5节，共91个动作名称，包括预备式、起势、合太极。（参考书：《吴式太极拳基础》，李仁柳编著）

动作名称

第一节

1. 预备式　2. 起势
3. 揽雀尾　4. 单鞭
5. 提手上势　6. 白鹤亮翅
7. 搂膝拗步　8. 手挥琵琶
9. 上步搬拦捶　10. 如封似闭
11. 抱虎归山　12. 十字手
13. 斜搂膝拗步
14. 翻身斜搂膝拗步
15. 揽雀尾　16. 斜单鞭

第二节

17. 肘底看捶　18. 倒撵猴
19. 斜飞势　20. 提手上势
21. 白鹤亮翅　22. 搂膝拗步
23. 海底针　24. 扇通背
25. 转身撇身捶　26. 卸步搬拦捶
27. 上步揽雀尾　28. 单鞭
29. 云手　30. 单鞭

第三节

31. 高探马　32. 披身踢脚
33. 翻身蹬脚　34. 搂膝拗步
35. 进步栽捶　36. 翻身撇身捶
37. 上步高探马　38. 披身右踢脚
39. 退步打虎　40. 右分脚
41. 双峰贯耳　42. 披身左踢脚
43. 翻身蹬脚　44. 右高探马
45. 上步搬拦捶　46. 如封似闭
47. 抱虎归山　48. 十字手
49. 斜搂膝拗步
50. 翻身斜搂膝拗步
51. 揽雀尾　52. 斜单鞭

第四节

53. 野马分鬃　54. 玉女穿梭
55. 揽雀尾　56. 单鞭
57. 云手　58. 单鞭
59. 下势　60. 金鸡独立
61. 倒撵猴　62. 斜飞势
63. 提手上势　64. 白鹤亮翅
65. 搂膝拗步　66. 海底针
67. 扇通背　68. 转身撇身捶
69. 上步搬拦捶　70. 上步揽雀尾
71. 单鞭　72. 云手
73. 单鞭

第五节

74. 高探马　75. 迎面掌
76. 十字摆莲脚　77. 搂膝指裆捶
78. 上步揽雀尾　79. 单鞭
80. 下势　81. 上步七星
82. 退步跨虎　83. 转身迎面掌
84. 转身双摆莲　85. 弯弓射虎
86. 上步迎面掌　87. 翻身撇身捶
88. 上步高探马　89. 上步揽雀尾

90. 单鞭　91. 合太极

吴式太极快拳86式　吴式太极拳传统套路，由吴式太极拳第三代传人马岳梁、吴英华传承。套路特点：顿挫相间、刚柔相济、快慢结合、前后相连、迅猛发力、大而开展。整套拳架以练心、练气、练身三结合为原则。一般锻炼时间为57分钟。动作要领：静、轻、灵、切、恒。此套路共86个动作名称，包括预备式、合太极。（参考书：《吴式太极快拳》，李立群著）

动作名称

1. 预备式　2. 太极出手
3. 揽雀尾　4. 单鞭
5. 提手上势　6. 白鹤亮翅
7. 搂膝拗步（4个）　8. 手挥琵琶
9. 进步搬拦捶　10. 如封似闭
11. 豹虎推山　12. 十字手
13. 斜搂膝拗步　14. 翻身搂膝拗步
15. 揽雀尾　16. 斜单鞭
17. 肘底看捶　18. 倒撵猴（3个）
19. 斜飞势　20. 提手上势
21. 白鹤亮翅　22. 搂膝拗步
23. 海底针　24. 扇通背
25. 翻身撇身捶　26. 卸步搬拦捶
27. 揽雀尾　28. 云手（2个）
29. 高探马（右）　30. 披身踢脚（右）
31. 高探马（左）　32. 披身踢脚（左）
33. 转身蹬脚　34. 进步栽捶
35. 翻身撇身捶
36. 翻身二起脚（二蹦子）
37. 退步打虎　38. 右蹬脚
39. 双峰贯耳　40. 披身踢脚
41. 转身蹬脚　42. 进步搬拦捶
43. 如封似闭　44. 豹虎推山
45. 十字手　46. 斜搂膝拗步
47. 翻身搂膝拗步　48. 揽雀尾
49. 斜单鞭　50. 野马分鬃(左右)
51. 玉女穿梭（2个）　52. 野马分鬃
53. 玉女穿梭（2个）　54. 揽雀尾
55. 云手（2个）　56. 下势
57. 金鸡独立（左右）
58. 倒撵猴（3个）
59. 斜飞势　60. 提手上势
61. 白鹤亮翅　62. 搂膝拗步
63. 海底针　64. 扇通背
65. 翻身撇身捶　66. 上步搬拦捶
67. 上步揽雀尾　68. 云手（2个）
69. 高探马　70. 迎面掌
71. 翻身摆莲脚　72. 搂膝拗步
73. 指裆捶　74. 上步揽雀尾
75. 下势
76. 上步七星（上步骑鲸）
77. 退步跨虎　78. 转身扑面掌
79. 转身摆莲　80. 弯弓射虎
81. 上步错捶　82. 迎面掌
83. 翻身撇身捶　84. 上步揽雀尾
85. 单鞭　86. 合太极

吴式太极慢拳86式　吴式太极拳套路，由马岳梁、吴英华传承。吴式太极拳快拳、慢拳，套路名称完全相同，但练法上有区别。慢拳的特点：柔如水、绵如丝、棉里裹铁，小而紧凑。一般锻炼时间为15～25分钟。动作要领：静、轻、慢、切、恒。

动作名称可参考吴式太极快拳86式动作名称。

吴式精简太极拳30式　吴式太极拳精简套路，由吴英华、马岳梁编定。本套路在吴式传统太极拳的基础上，保留了主要拳架，删去了重复动作。整套拳架体现了吴式传统太极拳的风格特点，在布局上合理紧凑，简短易学。此套路共30个动作名称，包括太极起势、合太极。（参考书:《正宗吴式太极拳》，吴英华、马岳梁著）

动作名称

1. 太极起势	2. 揽雀尾
3. 单鞭	4. 提手上势
5. 白鹤亮翅	6. 搂膝拗步
7. 手挥琵琶	8. 上步搬拦捶
9. 如封似闭	10. 倒撵猴
11. 斜飞势	12. 海底针
13. 扇通背	14. 云手
15. 左右分脚	16. 转身蹬脚
17. 双峰贯耳	18. 野马分鬃
19. 玉女穿梭	20. 下势
21. 金鸡独立	22. 退步跨虎
23. 迎面掌	24. 转身摆莲脚
25. 弯弓射虎	26. 上步迎面掌
27. 翻身撇身捶	28. 上步揽雀尾
29. 单鞭	30. 合太极

吴式太极拳16式　吴式太极拳精简套路，由吴式太极拳第四代传人王培生编定。本套路为适应现代生活节奏加快的需要，在保留传统吴式太极拳特色的前提下，由一些经典拳架组成。此套路共16个动作名称，不包括预备式、十字手、收势。（参考书：《吴式太极拳简化练法》，张耀忠编著）

动作名称

预备式
1. 太极起势（4动）
2. 揽雀尾（8动）
3. 野马分鬃（12动）
4. 玉女穿梭（28动）
5. 左右打虎（4动）
6. 双峰贯耳（4动）
7. 搂膝拗步（6动）
8. 倒撵猴（14动）
9. 斜飞势（4动）
10. 提手上势（4动）
11. 白鹤亮翅（4动）
12. 云手（6动）
13. 弯弓射虎（6动）
14. 卸步搬拦（4动）
15. 如封似闭（2动）
16. 抱虎归山（6动）
十字手、收势

吴式太极拳37式　吴式太极拳精简套路，由吴式太极拳第四代传人王培生编定。套路特点：以吴式太极拳83式为蓝本，删定为37式，完整保留了吴式传统太极拳的特色，顺序结构上按运动量的大小做了合理的调整。在练习中，特别强调动作的准确性、意念、气感。动作随意，意到神随，每招每式都要求符合拳理。此套路共计37个动作名称，不包括十字手、收势。（参考书：《吴氏太极拳三十七式》，于子顺编著）

动作名称

1. 起势	2. 揽雀尾
3. 搂膝拗步	4. 手挥琵琶
5. 野马分鬃	6. 玉女穿梭
7. 肘底看捶	8. 金鸡独立
9. 倒撵猴	10. 斜飞势
11. 提手上势	12. 白鹤亮翅
13. 海底针	14. 扇通背
15. 左右分脚	16. 转身蹬脚
17. 进步栽捶	18. 翻身撇身捶

19. 二起脚　20. 左右打虎
21. 双峰贯耳　22. 披身踢脚
23. 回身蹬脚　24. 扑面掌
25. 十字腿　26. 搂膝指裆捶
27. 正单鞭　28. 云手
29. 下势　30. 上步七星
31. 退步跨虎　32. 回身扑面掌
33. 转身摆莲　34. 弯弓射虎
35. 卸步搬拦捶　36. 如封似闭
37. 抱虎归山
十字手、收势

吴式太极拳左右精练 40 式　吴式太极拳精简套路，由吴式太极拳第五代传人梁秀珍编定。本套路以吴式传统太极拳为蓝本，本着继承传统、突出重点的原则，精选出 22 个可以体现吴式太极拳风格特点的拳式，除已有左右式的拳式外，其他全部改编为左右对称式。此套路强化了基础动作的训练，体现出左右对称、均衡锻炼、易学易记的特点。此套路共 40 个动作名称，不包括预备式。（参考书：《吴氏太极拳左右精练 40 式》，梁秀珍编著）

动作名称

预备式
1. 起势　2. 左提手上势
3. 右白鹤亮翅　4. 左右搂膝拗步
5. 左手挥琵琶　6. 左上步搬拦捶
7. 左如封似闭　8. 左右野马分鬃
9. 左揽雀尾　10. 右单鞭
11. 右云手　12. 右探马
13. 左蹬脚　14. 左双峰贯耳
15. 左披身摆莲　16. 右弯弓射虎
17. 右仆步下势　18. 右金鸡独立
19. 右揽雀尾　20. 左单鞭
21. 左云手　22. 左探马
23. 右蹬脚　24. 右双峰贯耳
25. 右披身摆莲　26. 左弯弓射虎
27. 左仆步下势　28. 左金鸡独立
29. 左右倒卷肱　30. 右海底针
31. 左扇通背　32. 右手挥琵琶
33. 右上步搬拦捶　34. 右如封似闭
35. 左右玉女穿梭　36. 左海底针
37. 右扇通背　38. 右提手上势
39. 左白鹤亮翅　40. 收势

吴式太极基础 13 式拳　吴式太极拳精简套路，由吴式太极拳第五代传人童红云编定。本套路以传统吴式太极拳套路为蓝本，经精简缩编而成。套路特点：既保持了吴式太极拳轻灵圆柔的独特气质，又在编排上独具个性。拳架结构合理，简单易学，动作精练。此套路共 13 个动作名称，包括太极起势、合太极势。（参考书：《吴式太极基础 13 式拳》，童红云编著）

动作名称

1. 太极起势　2. 右揽雀尾
3. 左右搂膝拗步　4. 进步搬拦捶
5. 右左野马分鬃　6. 退步倒卷肱
7. 右海底针　8. 左扇通背
9. 撇身捶　10. 搂膝指裆捶
11. 玉女穿梭　12. 正单鞭
13. 合太极势

孙式太极拳套路

孙式太极拳 98 式　孙式太极拳早期套路，由孙式太极拳创始人孙禄堂创编。此套路参考了武式太极拳的理法，融会形意拳、八卦掌的精义，以儒、道、医三家学说为理论基础。技术特点：松、空、圆、活，以式达理，中和含蓄。风格特点：动中求静，抱圆守一，顺中用逆，逆中行顺，一气贯穿，连绵不断，纯以神行。此套路共 98 个动作名称，包括无极学、无极还原学。（参考书：《太极拳学》，孙禄堂著）

动作名称

1. 无极学　2. 太极学
3. 懒扎衣学　4. 开手学
5. 合手学　6. 单鞭学
7. 提手上式学　8. 白鹤亮翅学
9. 开手学　10. 合手学
11. 搂膝拗步学　12. 手挥琵琶式学
13. 进步搬拦捶学　14. 如封似闭学
15. 抱虎归山学　16. 开手学
17. 合手学　18. 搂膝拗步学
19. 手挥琵琶式学　20. 懒扎衣学
21. 开手学　22. 合手学
23. 单鞭学　24. 肘下看捶学
25. 倒撵猴左式学　26. 倒撵猴右式学
27. 手挥琵琶式学　28. 白鹤亮翅学
29. 开手学　30. 合手学
31. 搂膝拗步学　32. 手挥琵琶式学
33. 三通背学　34. 开手学
35. 合手学　36. 单鞭学
37. 云手学　38. 高探马学
39. 右起脚学　40. 左起脚学
41. 转身踢脚学　42. 践步打捶学
43. 翻身二起学　44. 披身伏虎学
45. 左踢脚学　46. 右蹬脚学
47. 上步搬拦捶学　48. 如封似闭学
49. 抱虎推山学　50. 右转开手学
51. 右转合手学　52. 搂膝拗步学
53. 手挥琵琶式学　54. 懒扎衣学
55. 开手学　56. 合手学
57. 斜单鞭学　58. 野马分鬃学
59. 开手学　60. 合手学
61. 单鞭学　62. 右通背掌学
63. 玉女穿梭学　64. 手挥琵琶式学
65. 懒扎衣学　66. 开手学
67. 合手学　68. 单鞭学
69. 云手学　70. 云手下势学
71. 更鸡独立学　72. 倒撵猴学
73. 手挥琵琶式学　74. 白鹤亮翅学
75. 开手学　76. 合手学
77. 搂膝拗步学　78. 手挥琵琶式学
79. 三通背学　80. 开手学
81. 合手学　82. 单鞭学
83. 云手学　84. 高探马学
85. 十字摆莲学　86. 进步指裆捶学
87. 退步懒扎衣学　88. 开手学
89. 合手学　90. 单鞭学
91. 单鞭下势学　92. 上步七星学
93. 下步跨虎学　94. 转角摆莲学
95. 弯弓射虎学　96. 双撞捶学
97. 阴阳混一学　98. 无极还原学

孙式太极拳 97 式　孙式太极拳传统套路，由孙禄堂传承，孙式太极拳第二代嫡宗传人孙剑云整理、编定。套路特点：融合形意、八卦、太极三家拳术之精髓，一以贯之，纯以神行，动如行云流水，绵绵不断；在阴阳互济、内外中和的基础上，顺中用逆、逆中行顺，以求动中之静之妙与起钻落翻的气势；动作松柔协调，极尽柔顺。身体移动的水平方向，进退相随，进步必跟，退步必撤。身体移动的垂直方向，要上下无起伏，如水漂落叶，即不偏不倚，不上不下，迈步如槐虫，跟步如扛物，转身必以开合相接。一动无不动，一静无不静，周身无处不开合。此套路共 97 个动作名称，包括起势、收势。（参考书：《孙

剑云·孙式太极拳诠真》，孙剑云著）

动作名称

1. 起势　2. 懒扎衣
3. 开手　4. 合手
5. 单鞭　6. 提手上势
7. 白鹤亮翅　8. 开手
9. 合手
10. 搂膝拗步（左式）
11. 手挥琵琶（左式）
12. 进步搬拦捶
13. 如封似闭　14. 抱虎推山
15. 开手（右转）　16. 合手
17. 搂膝拗步（右转）
18. 懒扎衣
19. 开手　20. 合手
21. 单鞭　22. 肘下看捶
23. 倒撵猴（左式）
24. 倒撵猴（右式）
25. 手挥琵琶（右式）
26. 白鹤亮翅
27. 开手　28. 合手
29. 搂膝拗步（左式）
30. 手挥琵琶（左式）
31. 三通背　32. 懒扎衣
33. 开手　34. 合手
35. 单鞭　36. 合手
37. 高探马　38. 右起脚
39. 左起脚　40. 转身蹬脚
41. 践步打捶　42. 翻身右起脚
43. 披身伏虎　44. 左起脚
45. 转身右蹬脚　46. 上步搬拦捶
47. 如封似闭　48. 抱虎推山
49. 开手（右转）　50. 合手
51. 搂膝拗步（右式）
52. 懒扎衣
53. 开手　54. 合手
55. 斜单鞭　56. 野马分鬃
57. 懒扎衣　58. 开手
59. 合手　60. 单鞭
61. 右通背掌　62. 玉女穿梭
63. 懒扎衣　64. 开手
65. 合手　66. 单鞭
67. 云手　68. 云手下势
69. 金鸡独立　70. 倒撵猴
71. 手挥琵琶（右式）
72. 白鹤亮翅　73. 开手
74. 合手
75. 搂膝拗步（左式）
76. 手挥琵琶
77. 三通背　78. 懒扎衣
79. 开手　80. 合手
81. 单鞭　82. 云手
83. 高探马　84. 十字摆莲
85. 进步指裆捶　86. 通背懒扎衣
87. 开手　88. 合手
89. 单鞭　90. 单鞭下势
91. 上步七星　92. 退步跨虎
93. 转角摆莲　94. 弯弓射虎
95. 双撞捶　96. 阴阳混一
97. 收势

孙式太极拳简化套路 35 式　孙式太极拳精简套路，由孙式太极拳第二代嫡宗传人孙剑云编定。此套路是在传统孙式太极拳 97 式的基础上，去掉了原套路中一些重复的和难度较大的动作，保留了原套路中身法、手法、步法及承接转换的规则，同时完整地保留了孙式太极拳的风格特点。此套路共 35 个动作名称，包括起势、收势。（参考书：《孙剑云·孙式太极拳诠真》，孙剑云著）

动作名称

1. 起势　　2. 懒扎衣
3. 开合手　　4. 左搂膝拗步
5. 手挥琵琶　　6. 进步搬拦捶
7. 如封似闭　　8. 抱虎归山
9. 开合手　　10. 右搂膝拗步
11. 懒扎衣　　12. 开合手
13. 斜单鞭　　14. 野马分鬃
15. 懒扎衣　　16. 玉女穿梭
17. 下势　　18. 金鸡独立
19. 倒撵猴　　20. 左搂膝拗步
21. 手挥琵琶　　22. 三通背
23. 懒扎衣　　24. 开合手
25. 单鞭　　26. 云手
27. 高探马　　28. 右起脚
29. 转身左蹬脚　　30. 践步打捶
31. 翻身摆莲　　32. 弯弓射虎
33. 双撞捶　　34. 阴阳混一
35. 收势

简化孙式太极拳13式　孙式太极拳精简套路，由孙剑云编定。本套路在保持传统套路的练习方法和练功要求的基础上，对套路顺序进行了精心安排，保留了传统套路中有代表性的拳式，形成了合理科学、简便易学的风格特点。此套路共13个动作名称，不包括起势、收势。（参考书：《孙剑云·孙式太极拳诠真》，孙剑云著）

动作名称

起势
1. 懒扎衣（含起势）
2. 开合手
3. 单鞭　　4. 云手
5. 右通背掌　　6. 玉女穿梭
7. 上步七星　　8. 右起脚
9. 转身左蹬脚　　10. 践步打捶
11. 翻身双摆莲　　12. 双撞捶
13. 阴阳混一
收势

孙式太极拳49式　孙式太极拳精简套路，由孙式太极拳第四代嫡系传人孙庚辛在传统孙式太极拳98式的基础上缩编而成。此套路分为4段，共49个动作名称，不包括预备式。（参考书：《孙式太极拳四十九式》，孙庚辛、付永吉编著）

动作名称

预备式

第一段

1. 起势　　2. 懒扎衣
3. 开合手　　4. 左单鞭
5. 提手上势　　6. 白鹤亮翅
7. 开合手　　8. 左搂膝拗步
9. 左手挥琵琶　　10. 进步搬拦捶
11. 如封似闭　　12. 抱虎归山
13. 开合手　　14. 右搂膝拗步
15. 活式懒扎衣　　16. 开合手
17. 左单鞭　　18. 肘下看捶

第二段

19. 左右倒撵猴　　20. 高探马
21. 右左踢脚　　22. 践步打捶
23. 翻身右拍脚　　24. 披身伏虎
25. 左蹬脚　　26. 转身右蹬脚
27. 上步搬拦捶　　28. 如封似闭
29. 抱虎推山

第三段

30. 右转开合手　31. 野马分鬃
32. 开合手　33. 右闪通背
34. 玉女穿梭　35. 活步懒扎衣
36. 开合手　37. 左单鞭
38. 左云手　39. 金鸡独立

第四段

40. 十字摆莲　41. 进步指裆捶
42. 开合手　43. 左单鞭下势
44. 上步七星　45. 退步跨虎
46. 转角摆莲　47. 双撞捶
48. 阴阳合一　49. 收势

赵堡太极拳套路

赵堡太极拳 108 式　赵堡太极拳传统套路。风格特点：一切动作皆走圆，做到外三合，即手与足合、肘与膝合、肩与胯合。身体要求立身中正，一举动手脚齐到，方位准确，全身协调一致，周身合成一劲。刚柔相济，招招清楚，式式分明。套路结构由易到难，由浅入深。此套路共 108 个动作名称，包括预备势。（参考书：《王海洲·赵堡太极拳诠真》，王海洲、严翰秀著）

动作名称

1. 预备式　2. 领落
3. 翻掌　4. 搅插衣
5. 如封似闭　6. 单鞭
7. 领落　8. 白鹤亮翅
9. 搂膝斜行　10. 开合
11. 琵琶势　12. 搂膝腰步
13. 上步十字手　14. 搂膝斜行
15. 开合　16. 收回琵琶势
17. 搂膝腰步　18. 上步十字手
19. 搂膝高领落　20. 束手解带
21. 伏虎　22. 擒拿
23. 指因捶　24. 迎面捶
25. 肘底看拳　26. 倒撵猴
27. 白鹤亮翅　28. 拗步斜行
29. 开合　30. 海底针
31. 扇通背　32. 如封似闭
33. 单鞭　34. 云手
35. 腰步　36. 高探马
37. 转身　38. 右拍脚
39. 再转身　40. 左拍脚
41. 双峰贯耳　42. 旋脚蹬跟
43. 三步捶　44. 青龙探海
45. 黄龙转身　46. 霸王敬酒
47. 二起拍脚　48. 跳换脚
49. 分门桩　50. 抱膝
51. 喜鹊登枝　52. 鹞子翻身
53. 摞膝　54. 再摞膝
55. 研手捶　56. 迎面肘
57. 抱头推山　58. 如封似闭
59. 单鞭　60. 前招
61. 后招　62. 勒马势
63. 野马分鬃　64. 右高探马
65. 白蛇吐信　66. 玉女穿梭
67. 转身揽插衣　68. 如封似闭
69. 单鞭　70. 云手
71. 跌岔　72. 扫腿
73. 转身　74. 右金鸡独立
75. 左金鸡独立　76. 双震脚
77. 倒撵猴　78. 白鹤亮翅
79. 搂膝斜行　80. 开合
81. 海底针　82. 扇通背
83. 如封似闭　84. 单鞭
85. 云手　86. 腰步
87. 高探马　88. 十字手
89. 单摆莲　90. 指裆捶

91. 领落　92. 翻掌
93. 揽插衣　94. 右七星下势
95. 擒拿　96. 回头看画
97. 进步指裆捶　98. 黄龙绞水
99. 如封似闭　100. 单鞭
101. 右七星下势　102. 擒拿
103. 进步砸七星　104. 退步跨虎
105. 转身　106. 双摆莲
107. 搬弓射虎　108. 领落

赵堡太极拳小架72式　赵堡太极拳传统套路，由郑悟清传授。套路以柔中求刚为目的，以轻灵自然为原则，以中正平圆为攻击方法。攻，快如闪电；守，稳如泰山。自始至终以神灌顶，动如抽丝，轻若浮云。为便于学习，每个拳式基本分为4动，拳法称为4个劲，全部套路共计72个拳式、288动。此套路共72个动作名称，不包括起势、收势（合太极）。（参考书：《武当赵堡太极拳小架》，郑瑞、谭大江编著）

动作名称

起势
1. 金刚三大对（搬拦捶）
2. 懒扎衣　3. 白鹤亮翅
4. 单鞭
5. 金刚三大对（斜式）
6. 白鹤亮翅（斜式）
7. 斜行
8. 高探马（拖枪败式）
9. 跃步斜行
10. 高探马（拖枪败式）
11. 如封似闭
12. 伏虎（宽衣解带）
13. 串捶（金丝缠插）
14. 肘底藏拳
15. 倒卷肱　16. 白鹤亮翅
17. 斜行
18. 闪通背（倒扫堂）
19. 白鹤亮翅　20. 单鞭
21. 云手　22. 左高探马
23. 右拍脚　24. 右高探马
25. 左拍脚
26. 左蹬跟（一步三捶）
27. 青龙探海　28. 鹞子翻身
29. 二起拍脚　30. 分门桩抱膝
31. 踡足蹬跟　32. 鹞子翻身
33. 右蹬跟（左右拦马掌）
34. 掩手捶（七寸肘、七寸靠）
35. 抱头推山　36. 白鹤亮翅
37. 单鞭　38. 前后照
39. 野马分鬃　40. 玉女穿梭
41. 懒扎衣　42. 白鹤亮翅
43. 单鞭
44. 云手（童子拜佛）
45. 跌岔（二郎担山）
46. 扫堂腿　47. 左金鸡独立
48. 右金鸡独立　49. 双跌脚
50. 倒卷肱
51. 白鹤亮翅（斜式）
52. 斜行
53. 闪通背（倒扫堂）
54. 白鹤亮翅
55. 单鞭　56. 云手
57. 十字手　58. 单摆脚
59. 吊打指裆锤　60. 金刚三大对
61. 懒扎衣
62. 右扎七星（七寸靠）
63. 搬拦捶　64. 回头看画
65. 白鹤亮翅（背式）
66. 单鞭（背式）
67. 左扎七星（七寸靠）
68. 搬拦捶

69. 跨虎　70. 双摆脚
71. 弯弓射虎　72. 金刚三大对
收势（合太极）

太极拳道 75 式　赵堡太极拳套路。练习时要求呼吸吐纳、纯任自然，举步轻灵、身动步移，上下相随、节节贯穿。意念着重是松，要求四肢百骸、五脏六腑都在松的意念的引领下，准确而协调地完成整套拳式。此套路共75个动作名称，包括起势、收势。（参考书：《郑琛·太极拳道诠真》，郑琛著）

动作名称

1. 起势　2. 金刚三大对
3. 懒扎衣　4. 白鹤亮翅
5. 单鞭　6. 斜金刚
7. 左白鹤亮翅　8. 斜行
9. 手挥琵琶　10. 鰠步
11. 斜行　12. 转身手挥琵琶
13. 鰠步　14. 上步金刚
15. 退步伏虎　16. 擒拿
17. 串捶　18. 肘底藏捶
19. 倒卷肱　20. 左白鹤亮翅
21. 斜行　22. 闪通背
23. 白鹤亮翅　24. 单鞭
25. 云手　26. 左高探马
27. 右插足　28. 右高探马
29. 左插足　30. 踡脚蹬跟
31. 鰠步　32. 青龙探海
33. 二起插足　34. 分门桩抱膝
35. 踡脚蹬跟　36. 分马掌
37. 掩手捶　38. 抱头推山
39. 白鹤亮翅　40. 单鞭
41. 前后照　42. 野马分鬃
43. 玉女穿梭　44. 白鹤亮翅
45. 单鞭　46. 云手
47. 童子拜佛　48. 跌叉
49. 扫堂腿　50. 左金鸡独立
51. 右金鸡独立　52. 双跌脚
53. 倒卷肱　54. 左白鹤亮翅
55. 斜行　56. 闪通背
57. 白鹤亮翅　58. 单鞭
59. 云手　60. 十字单摆脚
61. 吊打指裆锤　62. 金刚三大对
63. 懒插衣　64. 右砸七星
65. 擒拿　66. 回头看画
67. 白鹤亮翅　68. 单鞭
69. 左砸七星　70. 擒拿
71. 跨虎　72. 双摆脚
73. 弯弓射虎　74. 金刚三大对
75. 收势

赵堡太极拳 13 式　赵堡太极拳精简套路，由王海洲编定。此套路在保持传统练习方法及练功要求的基础上，精心选取了传统套路中有代表性的拳式，并对结构顺序做了合理的安排，使其衔接自然、连贯一气。此套路共13个动作名称，不包括起势、收势。（参考书：《赵堡太极拳十三式》，王海洲编著）

动作名称

起势
1. 金刚三大对　2. 懒擦衣
3. 单鞭　4. 云手
5. 转身拍脚　6. 搂膝拗步
7. 倒卷肱　8. 搂膝斜行
9. 海底针　10. 闪通背
11. 野马分鬃　12. 双摆莲
13. 搬弓射虎
收势

和式太极拳套路

和式太极拳 72 式　由和兆元在陈清平原传拳架的基础上，增益完善后创编而成。和式太极拳以《周易》为拳理基础，像其形（圆），取其意（阴阳），用其理（阴阳互换）。套路特点：以圈为运动基础，以阴阳自然的运行表现太极拳的技法。圆裆活胯，步随身换，手与身应，身与手合。举动无处不是圆，圆则转，转则顺，顺则随人由己。风格特点：朴实无华，势简径捷，以体用一致为要求，促使拳架、推手、散手三合为一。此套路共 72 个动作名称，不包括起势、收势。（参考书：《和式太极拳谱》，和有禄编著）

动作名称

起势

1. 金刚三大对　2. 懒扎衣
3. 如风似闭　4. 单鞭
5. 领落上金刚　6. 白鹤亮翅
7. 斜行　8. 琵琶势
9. 跃步斜行　10. 转身琵琶势
11. 搂膝跃步　12. 伏虎
13. 指裆捶　14. 肘底看拳
15. 倒撵猴　16. 白鹤亮翅
17. 斜行　18. 海底针
19. 闪通臂　20. 如风似闭
21. 单鞭　22. 云手
23. 高探马　24. 左右拍脚
25. 旋脚蹬跟　26. 二步三捶
27. 青龙探海　28. 二起脚
29. 分马掌抱膝　30. 喜鹊登枝
31. 鷂子翻身　32. 左右裹膝
33. 掩手捶　34. 抱头推山
35. 如风似闭　36. 单鞭
37. 前后招　38. 勒马势
39. 野马分鬃　40. 玉女穿梭
41. 转身懒扎衣　42. 如风似闭
43. 单鞭　44. 云手
45. 跌岔　46. 扫蹚腿
47. 金鸡独立　48. 双震脚
49. 倒撵猴　50. 白鹤亮翅
51. 斜行　52. 海底针
53. 闪通背　54. 如风似闭
55. 单鞭　56. 云手
57. 高探马　58. 单摆脚
59. 吊打指裆捶　60. 金刚三大对
61. 懒扎衣　62. 右扎七星
63. 回头看画　64. 黄龙搅水
65. 如风似闭　66. 单鞭
67. 左扎七星　68. 进步十字手
69. 退步跨虎　70. 双摆脚
71. 搬弓射虎　72. 金刚三大对

收势

和式太极拳精要 18 式　太极拳新编套路，由和有禄、和定乾等人于 2001 年创编，首先在《中华武术》《少林与太极》杂志上刊登介绍。此套路以和有禄演示的拳架为基础，既保持传统和式太极拳的特点，融健身、技击为一体，又连贯自然、简便易学，速度可快可慢，式架可大可小。此套路共 18 个动作名称，不包括收势。

动作名称

1. 起势　2. 金刚三大对
3. 懒扎衣　4. 开合
5. 单鞭　6. 云手
7. 高探马　8. 左右拍脚
9. 肘底看拳　10. 倒撵猴
11. 白鹤亮翅　12. 搂膝斜行

13. 闪通　14. 勒马势
15. 野马分鬃　16. 回头看画
17. 弯弓射虎　18. 领落收势
收势

李式太极拳套路

太极五星捶 120 式　亦称李式太极拳，由李瑞东创编。风格特点：体松舒展，造型美观，刚柔相济，体用兼备。结构特点：总体分为春、夏、秋、冬四路，每路当中都有两式爆发力很强的刚劲式架。整套拳架柔中有刚，如行云流水。根据年龄、体质的不同有刚、柔、快、慢、大、小、松、紧、中、平 10 种架子可供习练。此套路分为 4 路，共 120 个动作名称，不包括预备式。（参考书：《太极五星捶》，马金龙编著）

动作名称

预备式

第一路　春

1. 起势　2. 问讯掌
3. 抱七星　4. 下势
5. 托天掌　6. 二郎担山
7. 左分脚　8. 左高探马
9. 右分脚　10. 右高探马
11. 左搂膝拗步　12. 右搂膝拗步
13. 风摆荷叶　14. 到云端（左右）
15. 下势搂膝拗步（左右）
16. 左右怀中抱月
17. 研磨掌　18. 顺风扫叶
19. 伏虎势　20. 燕子三抄水
21. 虎抱头　22. 十字腿
23. 左右单风贯耳　24. 歇步指裆锤
25. 进步指裆锤　26. 斜飞势
27. 虎扑子（右）　28. 抱虎推山（右）
29. 虎扑子（左）　30. 抱虎推山（右）
31. 织女纫针　32. 里云手
33. 问讯掌

第二路　夏

34. 托天掌　35. 右二郎担山
36. 左青龙探爪　37. 右青龙探爪
38. 白蛇吐信　39. 青龙出水
40. 白鹤展翅　41. 右撇身捶
42. 右肘底捶　43. 左撇身捶
44. 右肘底捶　45. 右撇身捶
46. 左肘底捶　47. 左弯弓射虎
48. 右弯弓射虎　49. 伏虎势
50. 提手上势　51. 金鸡独立
52. 右倒撵猴　53. 左倒撵猴
54. 右倒撵猴　55. 翻身撇身捶
56. 反臂卧式指裆锤　57. 左扑面掌
58. 右扑面掌　59. 怪蟒翻身
60. 抱虎推山　61. 巧女纫针
62. 里云手　63. 收势

第三路　秋

64. 托天掌　65. 二郎担山
66. 左云手　67. 右云手
68. 左云手
69. 丹凤朝阳（右）
70. 丹凤朝阳（左）
71. 提手上势
72. 金鸡独立　73. 右倒撵猴
74. 左倒撵猴　75. 右倒撵猴
76. 左倒撵猴　77. 摩云掌
78. 金鸡抖翎　79. 双峰贯耳
80. 歇步扇通臂　81. 右如封似闭
82. 左如封似闭　83. 左撩阴掌
84. 右撩阴掌　85. 右玉女穿梭

86. 左玉女穿梭 87. 巧女纫针
88. 里云手 89. 问讯掌

第四路 冬

90. 托天掌 91. 二郎担山
92. 野马分鬃（左）
93. 野马分鬃（右）
94. 野马分鬃（左）
95. 左海底针
96. 右海底针 97. 下势
98. 金鸡上架 99. 野马撒毛
100. 高步肘底捶 101. 扑面掌
102. 揽扎衣 103. 双撞捶（左）
104. 双撞捶（右） 105. 左虎跳涧
106. 右虎跳涧 107. 左单换掌
108. 右单换掌 109. 左指脚
110. 落步崩拳 111. 右指脚
112. 卧弓射虎 113. 抱莲腿
114. 左摆腿 115. 右摆腿
116. 虎靠山（1） 117. 虎靠山（2）
118. 虎靠山（3） 119. 里云手
120. 收势

太极五星捶精练套路 22 式 又称李式太极拳。此套路在传统套路的基础上精选经典拳式，结构上做了合理编排，风格上保留了传统套路的特点。此套路共 22 个动作名称，包括起势、收势。（参考书：《太极五星捶》，马金龙编著）

动作名称

1. 起势 2. 问讯掌
3. 抱七星 4. 下势
5. 托天掌 6. 二郎担山
7. 云手 8. 分手
9. 高探马 10. 提手上势
11. 金鸡独立 12. 倒撵猴
13. 摩云掌 14. 金鸡抖翎
15. 双封贯耳 16. 歇步扇通背
17. 如封似闭 18. 撩阴掌
19. 玉女穿梭 20. 巧女纫针
21. 力云手 22. 收势

武当太极拳套路

武当浑圆太极拳 85 式 武当浑圆太极拳套路。习练方法：做到十字要诀，即中正、安舒、松柔、轻灵、圆活。拳架特点：手身一致，上下相随；一处动，处处动；阴阳两气互相对应，内气连绵不断，气达四梢。此套路分为 4 段，共 85 个动作名称，包括预备式、起势、合太极。（参考书：《武当浑圆太极拳（下）》，胡转运著）

动作名称

第一段

1. 预备式 2. 起势
3. 揽雀尾 4. 单鞭
5. 提手上势 6. 白鹤亮翅
7. 搂膝拗步 8. 手挥琵琶
9. 上步搬拦捶 10. 如封似闭
11. 十字手 12. 豹虎归山
13. 揽雀尾 14. 斜单鞭
15. 肘底捶 16. 倒撵猴
17. 斜飞势 18. 提手上势
19. 白鹤亮翅 20. 左搂膝拗步
21. 海底针 22. 扇通背
23. 撇身捶 24. 卸步搬拦捶
25. 揽雀尾

第二段

26. 单鞭　27. 云手
28. 单鞭　31. 转身蹬脚
32. 进步栽捶　33. 翻身撇身捶
34. 上步高探马　35. 披身蹬脚
36. 退步打虎　37. 十字腿
38. 双峰贯耳　39. 二起脚
40. 撇身捶　41. 上步拦捶
42. 如封似闭　43. 十字手
44. 豹虎归山　45. 揽雀尾
46. 斜单鞭　47. 指天划地
48. 野马分鬃　49. 玉女穿梭
50. 揽雀尾

第三段

51. 单鞭　52. 云手
53. 单鞭
54. 神龙摆尾（穿掌下势）
55. 金鸡独立　56. 白蛇吐信
57. 倒骑驴　58. 斜飞势
59. 提手上势　60. 白鹤亮翅
61. 左搂膝拗步　62. 海底针
63. 乌龙戏水（转身大捋）
64. 揽雀尾　65. 斜单鞭
66. 转身虚步托掌　67. 黑熊探掌
68. 转身单摆莲　69. 搂膝指裆锤
70. 上步揽雀尾

第四段

71. 单鞭　72. 云手
73. 单鞭
74. 青龙探海（下势）
75. 白猿献果（上步七星）
76. 退步跨虎
77. 转身扑面掌　78. 转身双摆莲
79. 弯弓射虎（窝心炮）
80. 上步迎面掌　81. 翻身撇身捶
82. 卸步搬拦捶　83. 揽雀尾
84. 单鞭　85. 合太极

武当精简太极拳 36 式　武当精简太极拳套路。风格特点：中正安舒，松沉为要，轻灵圆活，贯穿始终。在练习中先求开展，后求紧凑。此套路共 36 个动作名称，包括无极桩、合太极。（参考书：《秘传武当太极拳》，游玄德著）

动作名称

1. 无极桩　2. 抱圆守一
3. 开太极　4. 金龟戏水
5. 怀中抱月　6. 拨云见日
7. 陆海奔潮　8. 怀中抱月
9. 拨云见日　10. 陆海奔潮
11. 海马吐雾
12. 黑虎巡山（左右式）
13. 十字手　14. 狮子回头
15. 揽雀尾　16. 推窗闭月
17. 叶底藏花　18. 丹凤朝阳
19. 回头望月　20. 海底捞月
21. 懒扎衣　22. 海底神针
23. 仙人过桥（左右式）
24. 转身伏虎　25. 玉女献书
26. 叶底摘桃　27. 将军挂印
28. 灵官架单鞭　29. 七星朝斗
30. 二仙传道　31. 蛇雀争雄
32. 五龙捧圣　33. 龙步云手
34. 狮子滚球　35. 金蛇缠柳
36. 合太极

武当气功太极拳 27 式　武当太极拳套路。拳架按道家修真的九转还丹之术的原理衍化，分上、中、下 3 段，每段 9 式，

3段各有侧重又互相联系。上段侧重于意、气的锻炼，中段侧重于形、精的锻炼，下段则侧重于桩、神的锻炼。套路特点：内功外拳，体用兼备，练养结合。此套路共27个动作名称，不包括预备式、收势。（参考书：《武当气功太极拳》，马杰著）

动作名称

预备式

上 段

1. 无极定势　2. 太极起势
3. 气机升降　4. 阴阳开合
5. 旋转乾坤　6. 左右展翅
7. 搂膝探掌　8. 通臂採捌
9. 缠丝双肘

中 段

10. 掤捋挤按　11. 拨云见日
12. 甩手单鞭　13. 下势独立
14. 倒行转肱　15. 翻身撇捶
16. 拦手搬捶　17. 右斜蹬脚
18. 左右打虎

下 段

19. 十字蹬脚　20. 指裆栽捶
21. 玉女穿梭　22. 白鹤亮翅
23. 坐跨降龙　24. 托天如海
25. 人中合气　26. 坎离既济
27. 清净依然

收势

新编套路

广播太极拳　新编太极拳套路，由张文广创编。此套路以继承、发展中国传统武术为宗旨，科学地对传统太极拳有目的、有针对性地进行改革，以杨式太极拳式架为主体，融入陈式、吴式太极拳式架，对套路在结构上做了精心的安排。套路除保留传统太极拳主要技术特点外，其自身特点为：原地练习，左右对称，音乐伴奏，简单易学，动作幅度大而开展。此套路共12个动作名称，不包括预备式。（参考书：《广播太极拳》，张文广编著）

动作名称

预备式

1. 起势　2. 挤捋势
3. 斜飞势　4. 倒卷肱
5. 搂膝拗步　6. 海底针、扇通背
7. 蹬脚贯耳　8. 金鸡独立
9. 转身冲拳、如封似闭
10. 云手　11. 揽雀尾
12. 收势

东岳太极拳　新编太极拳套路，由门惠丰、阚桂香创编。东岳太极拳博采众长，兼容并蓄，熔传统武术拳械于一炉，求真创新，承中国武术之精髓，传中华文明之神韵。此套路分为两段，共15个动作名称，不包括无极式（预备式）。（参考书：《东岳太极拳剑》，门惠丰、阚桂香编著）

动作名称

无极式（预备式）

第一段

1. 太极式（起势）
2. 懒扎衣
3. 如封似闭

4. 单鞭
5. 白鹤亮翅
6. 掩手肱捶
7. 云手
8. 右左下势独立
9. 手挥琵琶

第二段

10. 右左倒卷肱
11. 左右起脚
12. 左右搂膝拗步
13. 左右野马分鬃
14. 揽雀尾
15. 三才式（收势）

定位太极拳 10 式　新编太极拳套路，由徐伟军创编。创编者从传统套路中精心选取了 10 个有代表性的拳式，进行了科学合理的编排。结构特点：左右对称、均衡全面、易学易练。此套路共 10 个动作名称，包括起势、收势。（参考书：《定位·方位太极拳》，徐伟军著）

动作名称

1. 起势　2. 卷肱势
3. 搂膝拗步　4. 野马分鬃
5. 云手　6. 金鸡独立
7. 蹬脚　8. 揽雀尾
9. 十字手　10. 收势

16 式太极拳　新编太极拳套路，由徐伟军创编。套路特点：结构简单，内容充实，动作数量适中，易学易练。此套路分为两段，共 16 个动作名称，包括起势、收势。（参考书：《十六式太极拳十六式太极剑》，徐伟军编著）

动作名称

第一段

1. 起势　2. 左右野马分鬃
3. 白鹤亮翅　4. 右左搂膝拗步
5. 进步搬拦捶　6. 如封似闭
7. 单鞭　8. 手挥琵琶

第二段

9. 倒卷肱　10. 左右穿梭
11. 海底针　12. 闪通背
13. 云手　14. 右左揽雀尾
15. 十字手　16. 收势

定向太极拳 24 式　新编太极拳套路，由徐伟军创编。创编者以传统太极拳为基础，精心选择了有代表性的拳式，进行了合理的编排。套路特点：结构左右对称，锻炼均衡全面，简单易学。此套路既保留了传统风格特色，又在组合技术上有所创新。此套路分为 3 组，共 24 个动作名称，包括起势、收势。（参考书：《定位·方位太极拳》，徐伟军著）

动作名称

第一组

1. 起势　2. 左右野马分鬃
3. 左云手　4. 左揽雀尾
5. 右单鞭　6. 右下势
7. 金鸡独立　8. 白鹤亮翅

第二组

9. 左右搂膝拗步　10. 手挥琵琶
11. 左右倒卷肱　12. 左右穿梭

13. 右海底针 14. 右闪通背
15. 转身搬拦捶 16. 如封似闭

第三组

17. 右云手 18. 右揽雀尾
19. 左单鞭 20. 左下势
21. 金鸡独立 22. 右揽雀尾
23. 十字手 24. 收势

康复太极拳 新编太极拳套路，由刘世明创编。创编者将武术、运动医学及按摩术结合起来，以传统吴式太极拳套路为载体，从康复治疗的需要出发，对拳式的顺序做了重新组合，主要是使动作顺序、呼吸节律基本保持一致。套路结构则参照徒手操的编创原则，即上肢运动、躯干运动、下肢运动、平衡运动、整理运动。套路特点：先简后繁，先易后难，先轻后重，循序渐进。套路分为上下两组，在习练中，每一组都可以单独看成一个套路，既可单练又可合练。此套路共54个动作名称，包括起势、收势。（参考书：《康复保健太极拳》，刘世明著）

动作名称

上 组

1. 起势 2. 右琵琶势
3. 右揽雀尾 4. 左搂膝拗步
5. 左琵琶势 6. 左揽雀尾
7. 右搂膝拗步 8. 右如封似闭
9. 左搂膝拗步 10. 左如封似闭
11. 右斜飞势 12. 左提手上势
13. 右白鹤亮翅 14. 左斜飞势
15. 右提手上势 16. 左白鹤亮翅
17. 右搂膝拗步 18. 左海底针
19. 右扇通背 20. 左搂膝拗步
21. 右海底针 22. 左扇通背
23. 云手 24. 左单鞭
25. 收势

下 组

26. 起势 27. 右琵琶势
28. 右手挥琵琶 29. 左退步搬拦捶
30. 右如封似闭 31. 右双峰贯耳
32. 左蹬足 33. 左搂膝拗步
34. 左琵琶势 35. 左手挥琵琶
36. 右退步搬拦捶 37. 左如封似闭
38. 左双峰贯耳 39. 右蹬足
40. 左并步扑面掌 41. 左打虎势
42. 右并步扑面掌 43. 右打虎势
44. 左提手上势 45. 右白鹤亮翅
46. 左白鹤亮翅 47. 右搂膝拗步
48. 右下势 49. 右独立势
50. 转身左搂膝拗步 51. 左下势
52. 左独立势 53. 云手
54. 收势

经络太极拳43式 新编太极拳套路，由张俊山创编。经络太极拳是人体的经络走向与太极拳的有机结合。此套路的编排参考了中医的经络理论、气化理论以及意识的作用，力求宣郁通经，对症施治。其中一招一式都引气入经走穴、扶正祛邪、固本强身。此套路共43个动作名称，包括预备式、收势还原。（参考书：《太极养生学与经络太极拳》，张俊山著）

动作名称

1. 预备式 2. 起势
3. 白鹤亮翅 4. 右揽雀尾
5. 单鞭 6. 云手

7. 右蹬脚　8. 双峰贯耳
9. 提手上势　10. 右蹬脚
11. 进步搬拦捶　12. 如封似闭
13. 野马分鬃　14. 勾手单鞭下势
15. 金鸡独立　16. 倒卷肱
17. 斜飞势　18. 提手上势
19. 左搂膝拗步　20. 手挥琵琶
21. 海底针　22. 扇通背
23. 撇身捶　24. 进步搬拦捶
25. 单鞭　26. 云手
27. 右蹬脚　28. 野马分鬃
29. 下势　30. 金鸡独立
31. 上步栽捶　32. 右转身十字腿
33. 进步搬拦捶　34. 上步揽雀尾
35. 单鞭　36. 高探马穿掌
37. 转身右蹬脚　38. 左蹬脚
39. 掩手肱捶　40. 左玉女穿梭
41. 右玉女穿梭　42. 云手
43. 收势还原

轮椅太极拳 32 式　新编太极拳套路，由栗小平创编。轮椅太极拳是融合了中医的阴阳学说、脏象学说、经络学说和太极拳的内外兼修、内外互导理论，结合残疾人的需要而创编的。此套路共 32 个动作名称，包括无极式、收势。（参考书：《轮椅太极拳》，栗小平著）

动作名称

1. 无极式　2. 两仪
3. 右掤势　4. 左掤势
5. 白鹤亮翅　6. 披身捶
7. 右背折靠　8. 左披身捶
9. 左背折靠　10. 左单鞭
11. 右单鞭　12. 提手
13. 按势　14. 开合手
15. 左搂势　16. 右搂势
17. 右玉女穿梭　18. 左玉女穿梭
19. 海底针　20. 白鹤亮翅
21. 左搂势　22. 右转身按势
23. 开合手　24. 单鞭
25. 高探马　26. 右连珠炮
27. 左连珠炮　28. 搬拦捶
29. 护心捶　30. 白鹤亮翅
31. 无极　32. 收势

其他套路

原式太极拳 72 式　又名长拳，亦名十三式、原式太极拳套路。风格特点：强调心息相依，任其自然。原则上以静制动，以柔克刚。目标追求：练精化气、练气化神、练神还虚。以阴阳、五行、八卦、九宫等学说为探讨此拳的原理依据。速度上快慢相间、步法灵活。此套路共 72 个动作名称，包括预备式、收势。（参考书：《张三丰原式太极拳剑》，梁超群著）

动作名称

1. 预备式　2. 半面向左转
3. 提手上势　4. 右向挤手
5. 左向挤手　6. 揽雀尾
7. 手挥琵琶　8. 提手上势
9. 搂膝拗步　10. 揽雀尾
11. 搂膝拗步　12. 揽雀尾
13. 搂膝拗步　14. 揽雀尾
15. 进步搬拦捶　16. 如封似闭
17. 提手上势　18. 抱虎归山
19. 肘底看捶　20. 倒撵猴
21. 斜飞势　22. 手挥琵琶
23. 提手上势　24. 海底针
25. 撤步扇通背　26. 上步挤

27. 白鹤亮翅　28. 云手
29. 高探马　30. 转身左右分脚
31. 搂膝拗步　32. 搂膝栽捶
33. 翻身撇身捶　34. 披身踢脚
35. 翻身二起脚　36. 转身蹬脚
37. 弯弓射虎　38. 上步挤
39. 搂膝拗步　40. 揽雀尾
41. 退步搬拦捶　42. 如封似闭
43. 双峰贯耳　44. 野马分鬃
45. 玉女穿梭　46. 单鞭下势
47. 白鹤亮翅　48. 云手
49. 金鸡独立　50. 倒撵猴
51. 斜飞势　52. 手挥琵琶
53. 提手上势　54. 海底针
55. 上步扇通背　56. 上步挤
57. 白鹤亮翅　58. 云手
59. 上右步压肘　60. 上左步压肘
61. 腋下掌　62. 十字摆莲
63. 弯弓射虎　64. 上步挤
65. 上步七星　66. 退步跨虎
67. 转身摆莲　68. 弯弓射虎
69. 上步挤　70. 手挥琵琶
71. 合太极　72. 收势

八卦太极拳 98 式　八卦太极拳套路。八卦太极拳以阴阳、八卦学说为理论基础，套路按 8 个方位进行练习。风格特点：舒展大方，身法中正，动作和顺，柔和缓慢，结构严谨，安排合理。此套路共 98 个动作名称，包括无极式、太极还原。（参考书：《中国八卦太极拳》，赵增福编著）

动作名称

1. 无极式　2. 太和势
3. 托天势　4. 阴阳势
5. 防御势　6. 双手闪门
7. 抱虎势　8. 揽雀尾
9. 上步推掌　10. 左单鞭
11. 右单鞭　12. 金狮后望
13. 勾手打掌　14. 上步托月
15. 海底捞月　16. 揽手提腿
17. 左搂膝拗步　18. 右搂膝拗步
19. 肘底看捶　20. 扬手退步
21. 上步揽雀尾　22. 双手分膝
23. 双风贯耳　24. 凤凰双展翅
25. 二虎登山　26. 后转撩阴掌
27. 盘肘揽雀尾　28. 推窗亮格
29. 海底针　30. 左通臂手
31. 右通臂手　32. 揽雀尾
33. 揽手右蹬脚　34. 转身左蹬脚
35. 右龙形势　36. 左龙形势
37. 上步指裆锤　38. 盘肘右平推
39. 捋手还原　40. 左右云手
41. 活步云手　42. 活步云手
43. 活步云手　44. 丁步十字手
45. 斜飞左靠　46. 斜飞右靠
47. 正分势　48. 盘肘左平推
49. 捋手还原　50. 右高探马
51. 左高探马　52. 穿心掌
53. 封闭归山　54. 左倒撵猴
55. 右倒撵猴　56. 左回头望月
57. 右回头望月　58. 攻式栽捶
59. 转身撇捶　60. 上步飞脚
61. 青龙探海　62. 退步做盘
63. 鹰击独立　64. 蜻蜓点水
65. 紫燕斜飞　66. 左摆莲
67. 上步斩胸　68. 盘肘平推
69. 卧虎翻身　70. 引手右蹬脚
71. 引手左蹬脚　72. 採手冲天炮
73. 转身顶心捶　74. 迎面掌
75. 右摆莲　76. 连环掌
77. 金龙探爪　78. 上步揽雀尾
79. 斜单鞭　80. 右孔雀步

81. 左孔雀步　　82. 玉女左穿梭
83. 玉女右穿梭　　84. 手挥琵琶
85. 白鹤亮翅　　86. 猿猴出洞
87. 喜鹊扑门　　88. 盘肘平推
89. 野马左分鬃　　90. 野马右分鬃
91. 玉女左穿梭　　92. 玉女右穿梭
93. 上步七星　　94. 退步跨虎
95. 转身双摆莲　　96. 左右双撞捶
97. 阴阳合手　　98. 太极还原

陈济生静功缠丝太极拳 48 式　由陈飞龙创编。本套路是在陈济生静功缠丝太极拳 108 式的基础上精心选编、精简而成。风格特点：架势舒展，动作活顺，柔中有刚，轻灵自然，结构严谨，腿法独特。此套路共 48 个动作名称，包括预备式、合太极。（参考书：《陈济生静功缠丝太极拳》，陈飞龙编著）

动作名称

1. 预备式　　2. 起势
3. 捧球　　4. 抱球
5. 撵球　　6. 大捋
7. 揽雀尾　　8. 十字单鞭
9. 左右展翅　　10. 白鹤亮翅
11. 左搂膝拗步　　12. 左手挥琵琶
13. 右搂膝拗步　　14. 右手挥琵琶
15. 左搂膝拗步　　16. 搬拦捶
17. 如封似闭　　18. 左右展翅
19. 白鹤亮翅　　20. 左右搂膝拗步
21. 回身搂膝　　22. 斜揽雀尾
23. 十字单鞭　　24. 抱虎归山
25. 肘底捶　　26. 左右倒撵猴
27. 十字单鞭　　28. 左右云开手
29. 斜单鞭　　30. 左高探马
31. 右分脚　　32. 右高探马
33. 左分脚　　34. 转身右蹬脚
35. 左右搂膝拗步　　36. 野马分鬃
37. 上步挫掌揽雀尾　　38. 顺步单鞭
39. 上步七星　　40. 栽捶
41. 上步盖马捶　　42. 大捋
43. 童子拜佛　　44. 拧步跨虎
45. 回身搂膝　　46. 揽雀尾
47. 如封似闭　　48. 合太极

陈济生静功缠丝太极拳 13 式　由陈飞龙创编。本套路是在陈济生静功缠丝太极拳 108 式的基础上提炼、简化而来，目的是方便初学者习练。风格特点：架势舒展简洁，身法中正，动作活顺轻灵，结构合理严谨。此套路共 13 个动作名称，包括预备式、收势。（参考书：《陈济生静功缠丝太极拳》，陈飞龙编著）

动作名称

1. 预备式　　2. 起势
3. 抱球　　4. 大捋
5. 揽雀尾　　6. 左右搂膝拗步
7. 倒撵肱　　8. 单鞭
9. 云劈手　　10. 野马分鬃
11. 揽雀尾　　12. 如封似闭
13. 收势

第五部分　太极拳式架

说明：这一部分内容分为国家普及、竞赛太极拳套路式架和传统太极拳套路式架两大系统。条目内容包括动作名称释义、功效、基本技击含义，以及动作图和文解、各式同名称的式架比较等。本部分旨在服务于太极拳学练者，使其在尽可能短的时间内，纵观国家普及、竞赛太极拳与传统太极拳之间的传承、演变脉络。由此，可以清晰地看到天下太极是一家，尤其是杨式太极拳、吴式太极拳、武式太极拳、孙式太极拳之间，动作延续继承的脉络更直观、明显。希望读者在教与学国家普及、竞赛太极拳时，重视追根溯源，既知其然，又知其所以然。

国家普及、竞赛太极拳套路式架

国家普及、竞赛太极拳的式架比较，按照其编创时间的先后顺序进行，而各式竞赛太极拳的对比，则以陈式、杨式、吴式、孙式、武式、42式太极拳的顺序依次进行。所以，本部分以24式简化太极拳动作顺序为主线开始，当24式简化太极拳动作比较完成后，以48式太极拳动作为线索继续进行各式太极拳式架比较，以此类推。其中，有一些式架，如拳法（捶）、腿法等，并没有完全按照套路动作出现的先后排序进行对比，而是兼顾同一类技术动作，集中进行式架比较，以方便读者检索、概览。此外，竞赛陈式太极拳独有的式架，放在了章节的偏后部分。

式架　又称拳势，俗称架势、架式，是太极拳套路动作术语，也是构成太极拳套路的基本结构单位。太极拳式架包含以下几个要素：其外包括动作方向、路线、结构、节奏；其内涉及劲力、意气、神韵以及技击方法等。太极拳式架的运动过程一般包括起、承、蓄、发四个阶段，讲究手、眼、身法、步的协调配合，达到意、气、劲的统一。

预备式　在心理、意识和姿势上，为即将开始的太极拳运动做好练习套路前的准备。在传统太极拳谱中，并没有单列预备式，后人完善了其动作名称，称为预备式、无极式或太极式。

【各式比较】不同太极拳式，其预备式与起势动作切割节点划分不同。

88式：身体自然直立，两脚自然开立；两臂自然下垂于大腿外侧；目视前方。

88式预备式

杨式（竞）：两脚自然并拢，自然站立；左脚横开一步，成开立步。

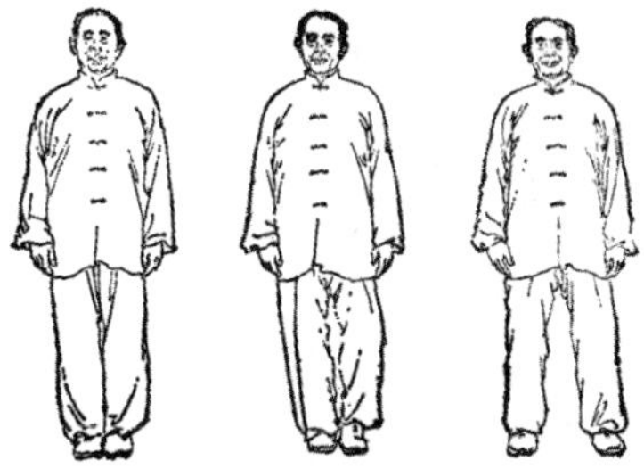

杨式（竞）预备式

武式（竞）：两脚并拢，自然站立；两臂垂放于体侧，两手轻贴两腿外侧。

武式（竞）预备式

起势　太极拳第一个动作，称为起势，身体由静到动，由无极而太极，一动一静，阴阳相分。在太极拳练习中，第一个动作的运动速度和重心直接影响甚至决定了整套太极拳的练习速度、架势和重心，也关系到整套太极拳动作的技术质量或水平。因此，做好起势是十分重要的。

【功效】起势在传统套路中俗称开门

势、初势，有“拳打开关起势”之说。起势，多采用两臂的升降动作为开始，起手吸气，落手呼气，调整呼吸，气沉丹田。

【攻防】起势动作看似简单，却包含着丰富的技术内涵。两脚开立为太极自然桩，既可摄生，又含有防守的六面（上、下、前、后、左、右）劲，守中寓攻，手法含有掤、採、捋、按等内劲的变化。例如，当有人抓住我手腕时，我即提腕上举，使腕部向前突出贴其掌心，使其后仰跌出；当有人趁势抓住我腕部向其后拉扯时，我则将五指舒伸，顺势前送再向下、向后沉採，使其向前扑跌或前栽。

【各式比较】太极拳通常以一脚移动或开步，两臂前举，随即又下落，作为起势；或者以直接开立步为站立姿势，再配合升降手法，作为起势动作。但传统太极拳套路通常把脚的移动或开步以及两掌的起落动作划分到第一式架中。

24 式：两脚平行开立，与肩同宽，随即屈膝、屈胯；两臂向前平举，与肩同高，掌心向下，再两掌向下捋按，落于腹前，掌与膝相对。

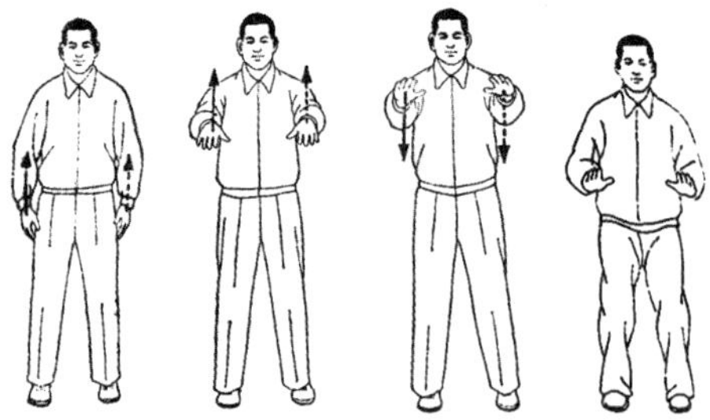

24 式起势

48 式：两脚并拢站立，左脚向左开步，两脚与肩同宽；随即两腿屈膝、屈胯，两臂向前平举，与肩同高，再两掌下按至腹前。

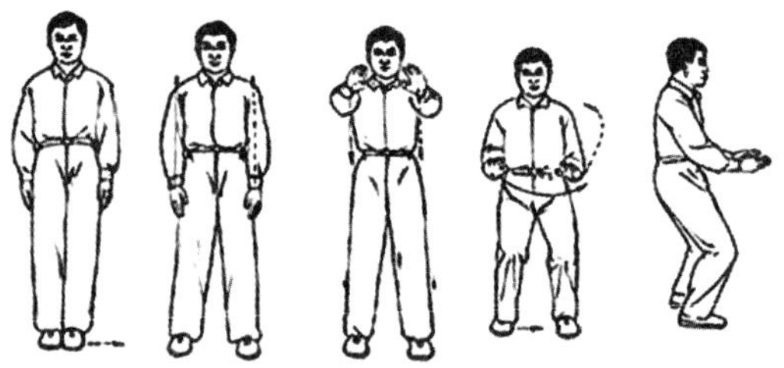

48 式起势

88 式：与 24 式起势相同。

16 式、42 式：与 48 式起势相同。

杨式（竞）：与 24 式起势基本相同，唯两掌下按于大腿外侧，下肢没有明显屈蹲动作。

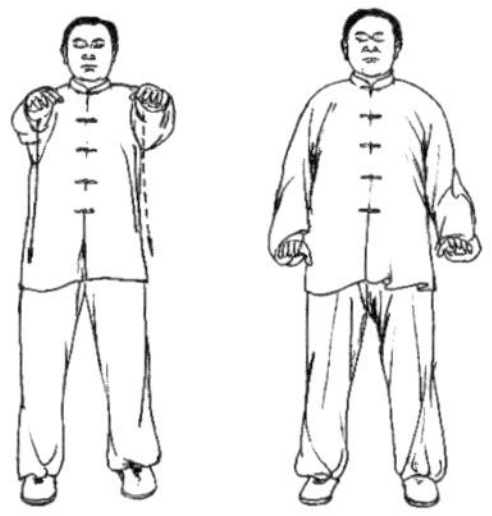

杨式（竞）起势

吴式（竞）：两脚并拢，左脚向左横开一步，两脚与肩同宽；两臂向前、向上举起，与肩同高，手腕有掤起之意，掌心斜向下；随即两腿屈膝下蹲，两掌按至胯旁。

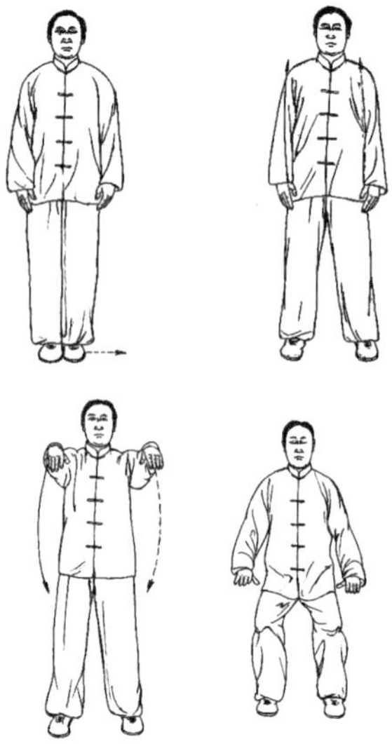

吴式（竞）起势

武式(竞)：两脚平行开立，与肩同宽；两臂上举，两掌心向上托举至肩高，再转掌心向下，按掌于腹前。

武式(竞)起势

孙式(竞)：两脚跟内侧相触，两脚尖外展，两脚夹角约 90°，右脚以脚跟为轴，脚尖向左转动 45°，身体随之左转。

孙式(竞)起势

野马分鬃 此式含有两臂左右分、靠、採的动作，似骏马奔驰时脖子上长鬃分张。

【功效】此动作主要练习臂、胸、腰、胯、腿各分劲的协调统一。经常练习此动作有利于增强臂、腰、腿内劲和下肢力量。

【攻防】若有人出右步，以右拳向我右侧背后击来，我速向右后转身，用右手黏住其右腕，顺势握住，同时上左脚成弓步，管住其右腿，以左前臂向对方右腋下用挪劲击去。

【各式比较】各式野马分鬃做法虽不完全相同，但也有共同点：下肢多为弓步，两臂均为向斜上、斜下，或前后、左右等分展的挒劲。

作为一项大众健身运动，简化太极拳主要以大众健身人群为服务对象，因此，在继承传统太极拳动作技术方面降低了对学练者运动能力的要求。在实际练习中，其野马分鬃动作之间的转换上步均可以不做点地，直接上步接下一式动作。

以 24 式的左式野马分鬃为例。左脚上步，成左弓步；两掌于体前分掌，左掌斜向上、举于体前方，右掌斜向下按于右胯侧，两臂均呈弧形。

24 式野马分鬃

48 式、88 式、16 式：与 24 式的野马分鬃动作相同。

陈式(竞)：以左式野马分鬃为例。右腿屈膝支撑，左腿屈膝提起，左脚贴地向左前铲出，成左偏马步；左掌外旋于左膝上方，随即向前穿靠，右掌内旋，向上、向右划弧于身体右侧外撑；眼看左掌。

陈式(竞)野马分鬃

杨式(竞)：右脚上步，成右弓步；两掌于体前分掌，右掌斜向上举于体前方，左掌斜向下按于左胯侧，两臂均呈弧形。杨式(竞)左右野马分鬃动作之间的步法转换没有明显的重心后移再前移上步，且上步脚经过支撑脚内侧不点地落脚。

杨式（竞）野马分鬃

吴式（竞）：以右式野马分鬃为例。右脚上步，成右弓步；左臂屈肘，左掌在右肩前，右掌落于左膝外侧上方，随即左掌向左前方下落至左胯侧，右掌向右前方上举；眼看左掌方向。

吴式（竞）野马分鬃

武式（竞）：以左式野马分鬃为例。左脚向左前上步，成左弓步；两前臂交叉合于胸前，再左上、右下分开，左前臂屈肘举于左胸前，右掌下按于右胯旁；眼看左掌方向。

武式（竞）野马分鬃

孙式（竞）：以左式野马分鬃为例。左脚收于右脚内侧，再向左前方迈步；左掌向下、向右经腹前向上经胸前向左划弧至左前方，腕与肩同高；眼看左掌。

孙式（竞）野马分鬃

42式：与陈式（竞）的动作基本相同；唯上步时没有擦地、铲出动作，且下肢定势动作为弓步。

42式野马分鬃

白鹤亮翅　两臂左右、上下对称分展，身形中正，因造型如白鹤亮翅而得名。还有一种说法，根据两臂升降旋转之势，取单展双亮之意。武式太极拳则称此式为白鹅亮翅，与其他式架仅一字之差。

【功效】在白鹤亮翅动作中，肩、臂、腰、背各部都蓄含着内劲，可以增强周身上下、左右伸缩之力。

【攻防】陈、杨两式太极拳的白鹤亮翅在动作过程中都有靠意，拳势基本用法为一手下採、一手上击或靠撞。吴式太极拳的白鹤亮翅：若对方从身体左侧击我面部，我向左转身，以右手内旋上托，黏其右腕，用左掌下贴其肘部，制服对方。武式、孙式太极拳对此式架的基本用法是对方双手击来，我则上下分其手，进步以双手反击之。若对方由左侧击来，我可速向左转体，并以右前臂（肘腕之间）接住对方击来的左臂（掌或捶），用掤劲向上提起，至头部右上方展开掌心向外，而左掌掌心向前，置右肘内侧，护住胸腹，或接对方右掌，向下沉，一上一下，可使其力分散，随即进步反击。

【各式比较】除吴式太极掌外，其他各式太极拳和白鹤亮翅式架基本类似，下肢为虚步，上肢为一掌上掤，另一掌防中有採、挒。

24 式：右脚跟进半步，左脚稍向前移，脚前掌点地，成左虚步；右掌弧形向右上领、掤起，置于右额前，左掌向身体左侧斜下分，下按至左胯旁；眼看前方。

24 式白鹤亮翅

48 式、88 式：与 24 式的白鹤亮翅动作相同，但 48 式的白鹤亮翅与 48 式的白鹤亮翅起势方向相同。

16 式：与 24 式的白鹤亮翅动作相同，但左右相反。

16 式白鹤亮翅

陈式（竞）：右脚跟步，收至左脚踝内侧略后处，形成不丁不八的虚步；左掌经面前向上，顺缠架于左前方，稍高于头，右掌经腹前向下分展，逆缠下落置于右胯旁；眼看前方。

陈式（竞）白鹤亮翅

杨式（竞）：右脚稍撤步，左脚上步，成左虚步；两手体前偏左抱球，随即右手向右、向上弧形举至右上方，掌心向外，左手按于左胯旁；眼看前方。

杨式（竞）白鹤亮翅

吴式（竞）：两腿伸直，随即屈膝半蹲；左掌向上、向右举至额的左前方，右掌举至额的右前方，再两臂外旋、两肘下垂，掌心翻向内，腕与肩平；眼看前方。

吴式（竞）白鹤亮翅

武式（竞）：右脚上步，屈膝半蹲，左脚跟步于右脚内侧；两掌分别向上、向下划弧合于胸前，右掌弧形举至右额上方，左掌下落至左胯前；眼看前方。

武式（竞）白鹤亮翅

孙式（竞）：右脚上步，脚跟着地，左腿屈膝支撑；左掌从额前沉落至左胸前，肘靠肋，掌心向外，右掌从腹前向上提至右额上方，掌背靠近额部。

孙式（竞）白鹤亮翅

42 式：上肢动作与 24 式白鹤亮翅上肢动作相同。下肢动作与 24 式上肢动作区别在于，右脚稍后撤，右腿屈膝支撑，左脚稍回收、点地，成左虚步。

搂膝拗步

拗步是一个武术术语，即左脚在前，推右掌；或者右脚在前，推左掌，形成上下肢的左右交叉式。拳法中，将手横向搂过膝关节的动作称为搂膝，是化解对方攻击下盘的方法，上下肢动作合起来，称为搂膝拗步。在陈式太极拳传统套路中，搂膝、拗步分为两个式子。

【功效】在各式太极拳套路中，搂膝拗步一般连续多次。在搂、推的手法上，各式太极拳相似，搂化对方来击，防中有攻，还以推击。练习此式可锻炼腰、脊、肩、臂、膝、腿各部，特别对下肢力量的增强及强腰健肾有很好的作用。

【攻防】若对方左弓步、以右拳向我左胸、腹及下部击打，我随即含胸，身体下沉，右腿坐实，将左腿伸出，同时左掌急向上捧起，经腹前至胸前，以採手速接其击来之右拳，顺势握其腕或用前臂黏住对方，一方面避其坚，另一方面分散其力，并将其右拳或掌引向左侧，同时我用右掌向对方胸部击出。搂膝拗步的弓腿、两臂的动作都随腰的转动而协调完成，动作迅捷，劲力完整。

【各式比较】各式太极拳的搂膝拗步，虽然动作细微之处有所不同，但基本技法相同，即一手搂膝、一手前推。除孙式太极拳外，下肢动作均为弓步。

24 式：以左式搂膝拗步为例，左脚上步，成左弓步；右臂屈肘，右掌经耳旁向胸前推出，左掌由右肩下落至腹前，经由左膝搂过，按于左胯旁；目视右掌。

24 式搂膝拗步

48 式、88 式、16 式、42 式杨式（竞）：与 24 式的搂膝拗步式动作相同。

吴式（竞）：以右式搂膝拗步为例。右脚上步，脚跟着地，成左坐步，再成右川字形弓步；右臂屈肘，右掌在左肩前，经下向右搂按至右膝外侧上方，左掌经前向上弧形提至左耳侧，随即向前推出，虎口斜向上；眼看前方。

吴式（竞）搂膝拗步

武式（竞）：以右式搂膝拗步为例。右脚上步，成右弓步；左掌由腹前向上、向后划弧提至左耳侧，右掌由胸前经左前臂内侧划弧落至腹前，随即右掌经右膝前上方向右平搂至膝外侧，左掌向前推出；目视左掌。

武式（竞）搂膝拗步

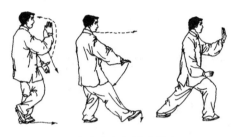

孙式（竞）：以右式搂膝拗步为例。右脚向右前上步，左脚跟步至右脚踝侧，成丁步；右掌向下、向右侧搂至右胯旁，左掌外旋划弧上举与肩同高，再经面部左侧向前平推；眼看左掌。

孙式（竞）搂膝拗步

斜行拗步　陈式太极拳独有式架。斜行是指向斜侧方向出步移动的步法；拗步是武术术语，体现的是上下肢左右配合的关系，在陈式传统套路中名为斜行。

【功效】此动作以腰为主宰，两臂、两腿的顺缠、逆缠，使上下、左右紧密配合，有助于练习时气的吐纳与收放。

【攻防】此动作的基本用法是：绞住对方两臂，并用左腿内扣套住其右腿，左掌下沉外翻，上下结合将其摔倒或击出。它是左右兼施、开合兼用、欲右先左、欲顺先逆、欲逆先顺的一种绞技法。

若是对方贴身，则用左肩靠；若对方欲逃走，可用右肘里合，击其胸部；若与对方距离稍远，可用左掌配合左腿内扣将其摔倒或绞住其两手，套住其右腿，趁势右转，同时以右肘向外扩展，用挒劲击其头部。

【各式比较】传统陈式斜行拗步与陈式（竞）动作相同。

陈式（竞）：右脚踏地、屈膝半蹲，左脚提起，向左铲出，重心左移、右移再左移，成左偏马步；右掌内旋，向右、向下划弧置于右胯旁，左掌向左、向上划弧，屈臂外旋向右、向下划弧置于左肩前；左转体，右臂屈肘，右掌由右耳侧向左、向前至胸前，左掌向右、向下、向左，经腹前过左膝变勾手，向左上方提勾于左胸前；右转体，右手向右划弧平展，再沉胯、坠肘，两臂稍外旋，右掌塌腕；眼看右掌。

陈式（竞）斜行拗步

手挥琵琶　取象形之意。两掌向里暗含合劲与托劲，外形犹如手抱琵琶。一掌向前伸出，另一掌在后护肘，两掌一前一后、一上一下，似弹拨琴弦，故称手挥琵琶，也简称琵琶式。

【功效】手挥琵琶主要练习两臂及腰部的协调合劲。

【攻防】当一掌被抓时，若要回抽化力，则要用另一掌点按对方肩窝。若对方以右掌或右拳向我胸击打，我以右手搭其右腕下，转上反握其腕，左掌托住其肘部，两掌同时用力，将其右肘托直；左掌向上收合，右掌向右下侧採，以左挒右採的手法迫使其失去自制。

【各式比较】各式手挥琵琶基本手法、劲力内涵是相同的，步型也基本一样，但虚步的步幅以及前脚着地位置略有不同。

24式：右脚跟半步，左脚向前迈步，脚跟着地，成左虚步；左掌由左下向上、向前弧形挑举，右掌收回至左肘内侧；眼看左手。

24式手挥琵琶

48式：包括左、右两式。左手挥琵琶式与24式动作有细微区别，即跟步时，右掌外旋向体前平摆，其余动作与24式的手挥琵琶相同；右手挥琵琶式，其下肢为右虚、左实的右坐步，手法为右掌由右胯侧向体前、向上划弧，左臂带回至左胸前，再两臂相合。

48式左手挥琵琶

48式右手挥琵琶

88式：与24式的手挥琵琶动作相同。

16式：与48式的左手挥琵琶动作相同。

杨式（竞）：与24式的手挥琵琶动作相同。

吴式（竞）：重心移向左腿，成左弓步，随即左腿伸膝，收右脚，两脚平行站立；左掌内旋，两掌经右向左、向前、向上划弧，与胸同高，左掌外旋上举至左前方，稍高于肩，右掌落于右腹侧；眼看左掌。

吴式（竞）手挥琵琶

武式（竞）：右脚跟半步，左脚向前上步，脚尖点地，成左虚步；两臂相合于胸前，左掌侧立，指尖同鼻高，右掌同胸高；目视左掌。

武式（竞）手挥琵琶

孙式（竞）：右脚撤步，左脚稍后撤，脚尖点地，成左虚步；左掌向上、向前伸出与胸同高，右掌收至左臂内侧，两掌虎口向上；眼看前方。

孙式（竞）手挥琵琶

提手　提，向上提物的一种劲。此式架以手臂上起，如提重物状，故取此名，也称提手上式。

【功效】提手，主要练习肩、臂、肘、腕，与腰、胯、膝、踝的上下、左右劲力相承、相反的整体平衡，有利于提高身体各关节的协调配合能力。

【攻防】当对方以掌或拳向我一侧击来时，我则一掌置于其肘上方，另一掌接其腕部，同时将两掌互相往里提合，用合劲撅其肘部，在两掌反向合击之下，彼即失去自制。

【各式比较】各式提手式的动作内核均为一掌上提、掤起，另一掌协助、防卫。88式、杨式（竞）的提手式两掌在体前，其他各式则一掌上提或掤架于头上，一掌在下。

88式：左腿屈膝，右脚脚跟着地，成右虚步。右掌暗含提劲成侧立掌，高与眉齐，左掌收于右肘内侧；眼看右手食指。

88式提手

杨式（竞）：称提手上势。左腿屈膝支撑，右脚上步，脚跟落地，成右虚步；两掌由两侧合举于胸前；眼看前方。

杨式（竞）提手上势

吴式（竞）：称提手上势。收左脚至右脚内侧，两脚约与肩同宽，两膝微伸；右勾手变掌，向上举于右额上方，左掌按于小腹前；眼看前方。

吴式（竞）提手上势

武式（竞）：称提手上势。左脚内扣，右脚提收，于左脚内侧点地；左掌举托于左额部，右掌收于右胯前；眼看前方。

武式（竞）提手上势

孙式（竞）：称提手上势。右脚收至左脚内侧，脚尖点地，成丁步；左掌经脸前上提至额前，右掌向下、向左划弧落至小腹前；眼看前方。

孙式（竞）提手上势

42 式：左腿屈膝支撑，右脚脚跟落地，成右虚步；右臂屈肘，右掌成侧立掌举于体前，左臂屈收，左掌合于右肘内侧；眼看右掌。

42 式提手

倒卷肱（倒撵猴）　两臂在退步倒行中，交替做屈、伸动作，故名倒卷肱。

传统太极拳称其为倒撵猴。倒，意为背向移动；撵，有赶走、驱逐之意；猴子，性善扑抓。先以掌引之，乘对方向前扑抓时，撤步抽掌，用另一掌推按其头部。此式将对方比喻为猴，在后退中驱赶和反击猴子的扑抓，因此名为“倒撵猴”。

【功效】此动作练习在退步中上下肢的协调配合，有助于增强腰背和下肢的力量。

【攻防】若对方用拳向我肋部击打或踢击我腹，我侧转身，以手搂开对方进击，随即用后手反击其脸或胸。

【各式比较】各式倒卷肱的共同点：在退行中，手臂由屈到伸推出。吴式（竞）、武式（竞）、孙式（竞）的倒卷肱与搂膝拗步的手法有相似之处，陈式（竞）的此式则对应斜行。拳势基本用法相同，边退边化打，即前掌搂引对方来击，后掌前击，或后转身，或摔，或推对方。

24 式：以右倒卷肱为例。左脚退步，左腿屈膝，右脚脚前掌着地，成右虚步；右臂屈肘，右掌经右耳侧向前推出，左臂弧形向下、向后採收至左肋外侧；眼看右手，再看前方。

24 式倒卷肱

48 式、88 式、16 式、杨式（竞）：与 24 式的倒卷肱动作相同。

陈式（竞）：以右式倒卷肱为例。左脚向左后方弧形擦地退步，成右偏马步；

同时两臂外旋，掌心向上，右臂内旋屈肘，右掌经右耳侧向右前经左臂上方推出，左臂内旋，左掌向下、向左划弧置于腹前；眼看右掌。右式与左式动作相同，唯左右相反。

陈式（竞）倒卷肱

吴式（竞）：分为左、右倒卷肱，以左式倒卷肱为例。右坐步，左脚尖翘起，随即左腿屈膝撤步，成右弓步；左臂外旋屈肘，提腕收至左耳侧，再向前推出，右掌向左前下方弧形下按，再搂至右膝外侧；眼看左掌。左式与右式动作相同，唯左右相反。

吴式（竞）左倒卷肱

武式（竞）：以左式倒卷肱为例。左脚内扣，身体右后转，右脚向斜前方上步，成右弓步，左脚跟至右脚后方；左掌提于左脸颊旁，右掌按至右腹前，左掌向前推出，右掌经右膝上搂至右胯前；眼看左手。

孙式（竞）：右脚内扣，上体左转，左脚撤至右踝内侧，随即左脚向左后方撤步，右脚跟至左脚后；右掌内旋，向左、向下划弧搂至右胯外侧，左掌外旋，向下、向右上划弧，经脸左侧向前推出。

武式（竞）倒卷肱

孙式（竞）倒卷肱

揽雀尾　将对方手臂比作雀尾，把自己的手臂比作绳索，缠绕自如，用双手持取雀尾，并随其上下旋转，犹如持玩雀尾而称揽雀尾。

从劲法上看，揽雀尾包括掤架、捋化、挤进、按发等劲的变化。太极十三势，即掤、捋、挤、按、採、挒、肘、靠、进、退、顾、盼、定，揽雀尾动作就占了其中4个技法，足以说明这一式架的重要性。

【功效】反复练习揽雀尾动作，能够很好地掌握、体会太极拳的技术内核，有助于太极运动技术水平的提高，也有益于身体协调性的发展，还有助于强腰固肾。

【攻防】掤。如对方以右掌或拳击来，我提起左臂，用掤劲将其臂架起，使其不得近身；我如果旋臂掌心向外，即可将其臂握住，利用採劲将其力引化至一侧，使其落空，失去重心。

捋。如对方出左手攻击，我以左掌缠抓其腕，速将我右臂搭在其手臂上方，由右向左、向后下压，左掌向上提，一压一提，使对方肘关节处于被撅之势，从而失去重心，难以自制。

挤。由捋变攻的防反变化，即当对方察觉我的意图，欲回抽其肘臂时，我则顺势旋右臂，以左掌搭在右腕处向前挤出。

按。当我挤而尚未发力时，对方已有准备，欲以坠肘摆脱，我即以左手掌心向外搭在其掌背近腕处，右掌同时以掌心向外搭在其肘部，控制其腕、肘两关节，向前推去。

【各式比较】不同流派及各式太极拳套路的揽雀尾，虽然外形动作细节略有不同，但都以掤、捋、挤、按四正法为内容。

24式：以右式揽雀尾为例。①掤，右脚上步，成右弓步；右前臂向前掤出，左掌按于左胯旁；眼看右前臂。②捋，右腿伸膝，左腿屈膝后坐；右掌翻掌前伸，左掌翻掌，经腹向上、向前伸至右前臂下方，两掌下捋至左后上方；眼看左掌。③挤，重心移向右腿，成右弓步；左掌附于右手腕内侧，向前挤出；目视前方。④按，左腿屈膝，右腿伸膝、勾脚尖；左掌经右腕上方，两掌左右分开，两肘回屈，两掌至腹前，再向前、向上按出；眼看前方。

48式：称为掤捋挤按，其动作与24式的揽雀尾动作相同。

88式：有上步揽雀尾、斜揽雀尾等不同命名。它是与衔接步法、运动方向进行了联合命名，其动作与24式的揽雀尾动作相同。

16式：与24式的揽雀尾动作相同。

24式揽雀尾

杨式（竞）：因套路动作前后编排衔接的需要，相较24式的揽雀尾动作，杨式

杨式（竞）揽雀尾

该动作包括了左、右两个掤的动作。其主体揽雀尾的动作是右臂掤时，左掌置于右前臂下方，与胸同高，两掌下捋至左腹侧，随即屈肘，两掌相搭变为挤的手法。

吴式（竞）：以右揽雀尾为例。因套路动作前后编排衔接的需要，包括了左、右两个掤的动作：①掤，左脚跟着地，成右坐步；右臂外旋、屈肘，举至面前，左掌内旋，附于右前臂内侧，右掌拇指对鼻尖；眼看右手。②挤，右弓步；右前臂横于胸前，左掌附于右腕内侧，向前挤出。③捋，左坐步；右掌内旋，向右前方伸出，左掌外旋，附于右前臂内侧，右掌向右、向下捋至右胯旁；眼看右掌。④掤，右弓步；右掌外旋，左掌内旋，经腹前向前伸出与胸同高。⑤按，左坐步；左掌附于右前臂内侧，右臂屈肘、右旋腕划弧举至右肩处；右脚内扣落地，右掌向胸前推按，再向右侧前方按出；眼看右掌。

吴式（竞）揽雀尾

42式：以杨式太极拳风格为主，基本与24式的揽雀尾动作相同，按掌属吴式太极拳风格。42式的揽雀尾结构与杨式（竞）的揽雀尾结构相同，因套路动作编排需要，包括左右两个掤的动作。其主体动作的捋、按与24式的揽雀尾动作有不同之处：①捋，右掌翻转向下、前伸，左掌翻转向上，伸至右腕下方，两掌向下后捋至腹前，随即屈臂、搭手衔接挤。②按，屈左膝，成左坐步，随即右脚内扣，成丁步；左掌附于右腕内侧，右臂向前伸臂外旋，随即屈肘，右掌向右、向后划平弧至右肩前，再内旋，立掌向右前方按出；目视右掌。

42式揽雀尾

揽（懒）扎衣　古代人交手前，首先把长袍的下摆揽腰扎入衣带，以利于作战。此动作外形与其相似，故名揽扎衣或懒扎衣。明代戚继光所著《拳经》中的32式长拳，以懒扎衣动作为第一式。

【功效】揽（懒）扎衣动作技术比较难掌握。反复练习此动作，揣摸其技术，有利于习练者对陈式太极拳技术要领的掌握，也有利于全身协调性的提高。

【攻防】陈式太极拳懒扎衣动作用法：若对方以左拳或掌向我脸、胸击打，我则用右手贴住其腕、臂，顺其劲力引领，并上步伸腿锁扣其腿脚，随即用右掌或肘反击对方的脸、胸或肋。孙式太极拳懒扎衣动作用法：若对方以两掌向我扑按，我则用两臂向上贴住其手，撤左步、坐胯、右转腰，右掌向右挂，顺其收回、撤退势，向前推掌。若其用拳向我胸、腹击打，我则顺势贴住其腕或前臂向下捋，乘其收回手臂之时，跟步前挤。武式太极拳懒扎衣动作用法：若对方用拳击打我脸、胸，我则边格挡、上架，边跟步上掤起对方的重心，另一掌推击其胸部。

【各式比较】传统的陈式、武式、孙式太极拳中均称此式为懒扎衣，新编太极拳中均用揽扎衣，各式揽扎衣动作区别较大。

其中，孙式、武式太极拳懒扎衣以掤、捋、挤、按四正法为技术结构。孙式太极拳懒扎衣起手为掤，转身为捋，进手为挤、按。武式太极拳懒扎衣以起、承、开、合为动作特点，从劲法上看，同样具有掤接来手，承接对方来力，含有捋化之意，并合住劲向前按出。

陈式（竞）：右脚向右铲出，成左偏马步；两臂在胸前交叉相合，右掌内旋，经面前向右划弧至右前方，塌腕立掌，左掌屈肘下落至腹前；眼看右掌。

陈式（竞）懒扎衣

武式（竞）：有左、右懒扎衣两式，以右式懒扎衣为例。右脚上步，成右弓步，随即左脚跟步于右脚后方；两掌向胸前举起，右掌同颌高，左掌至胸高，随即两掌下按至腹前，再左右分开划弧，合于胸前，指尖齐下颌；眼看两掌。

武式（竞）懒扎衣

孙式（竞）：有懒扎衣、活步懒扎衣之分。

（1）懒扎衣：右脚上步，左脚跟步，随即左脚撤步，再跟步至右脚后；左掌附于右手腕，右掌外旋，左掌内旋，举至胸前，向前掤、伸，右掌再向右、向后划半圆至右肩前，两掌向前推出；眼看右掌。

（2）活步懒扎衣：孙式太极拳独有拳式。其在步法变换中完成懒扎衣动作，故名活步懒扎衣。其主要是上步、跟步、撤步之间的步法转化，配合完成两掌掤、捋、挤、按的手法变化，动作基本同懒扎衣。

孙式（竞）懒扎衣

孙式（竞）活步懒扎衣

单鞭　单，单手；鞭，鞭之击打。此式两臂向两侧分开，一掌吊钩，另一掌拂面或由胸前挥出，犹如鞭之击打而得名。

【功效】单鞭，主要练习以脊柱为轴，贯通左右两臂的劲力。

【攻防】当对方顺手击我脸、胸时，我则迅速化解来力，乘机刁、捋其臂或腕，使其身体略前倾，上步反击，近用肘、远用掌击打其脸、胸和肋等部位。

【各式比较】各式太极拳单鞭动作不尽相同。下肢步型有弓步、马步、偏马步、侧弓步之分。上肢动作也有明显区别：陈式、杨式、吴式太极拳上肢动作一手为掌，一手为钩；而武式、孙式太极拳两手皆为掌。

24 式：左脚向左前上步，成左弓步；右掌变勾手，左掌经腹前向右上划弧至右肩前，再向左前方翻转，弧形推出；眼看左掌。

24 式单鞭

48 式、88 式、16 式、杨式（竞）：与 24 式的单鞭动作相同。

陈式（竞）：左脚向左铲出，重心在两腿之间，有一次左、右移动变化，最后成左偏马步；右掌内旋成勾手提至右前方，左臂屈肘，左掌外旋收至腹前，由腹前向右上托至右肩前，再内旋向左经胸前划弧至左侧，塌腕、立掌；眼看左掌。

吴式（竞）：有左单鞭、右单鞭两种，以左单鞭为例。左脚向左侧后撤步，成马步；右掌变勾手，左掌由右腕处向左经面前内旋翻掌，弧形摆至左前方，立掌；眼随左掌动。

陈式（竞）单鞭

吴式（竞）单鞭

武式（竞）：以左单鞭为例。左脚向左前上步，成左侧弓步；两掌由胸前向左右两侧分开，左掌坐腕向前推出，右掌向右伸出；眼看左掌。

武式（竞）单鞭

孙式（竞）：有左单鞭、右单鞭两种，以右单鞭为例。右脚向右侧横开步，成右横裆步；两臂内旋、掌心向外，两掌由胸前弧形向左右两侧分开，成立掌；眼看左掌。

孙式（竞）单鞭

42 式：有左、右两种单鞭。左单鞭属杨式太极拳动作风格，与 24 式的单鞭动作相同，右单鞭属孙式太极拳动作风格，与孙式（竞）的单鞭动作相同。

42 式左单鞭

42 式右单鞭

云手　两手做上下左右的回旋盘绕，似空中行云，故称云手。

【功效】云手动作主练手、臂、肩、背与腰胯协调劲力配合，对手、臂、肩、腰、背等部位的慢性病痛有防治作用。

【攻防】太极拳各式云手用法基本相同，即一手云手化解对方进击，另一手乘势发劲击之。若对方在我前方或一侧，以右拳向我胸部或肋部击来，我速将右臂提起，掌心由内以掤劲逐渐向外翻转，黏贴并握其前臂及腕部，使其身体由右向左转动，将其攻击之力化于一侧，另一手反击之。如其以左拳击来，我用同样的手法制止，以左掌攻其肩部及腋下。云手的妙用在于以腰胯的转动牵动对方重心，拨其根力。

【各式比较】在手法上，各式太极拳云手都暗含掤、捋、採劲。24式太极拳及武式（竞）的云手，两手腕有翻转；陈式（竞）的云手，两臂分别逆缠丝、顺缠丝做翻腕；吴式（竞）的云手动作比较舒展，上手经脸前至体侧后伸，前臂保持平顺。在步法上，陈式（竞）在开步与交叉步交替变化中移动；杨式、孙式太极拳都是横开步侧移；武式（竞）、吴式（竞）的下肢步法移动有扣脚、摆脚的变化，并经过弓步过渡动作再收脚成开立步。

48式、88式、16式、杨式（竞）：与24式太极拳的云手动作相同。其中，16式太极拳为向右侧移动的云手。

24式：两腿屈膝半蹲，左腿向左开步，重心移至两腿之间偏于左腿；右掌经面前转掌心向外，向右掤、捋至身体右侧上方，左掌由左下经腹前向右侧划弧上掤，经右肩向上经面前向左掤，同时右掌向下、向左划弧护于小腹前；眼随视经过面前的手。

24式云手

陈式（竞）：以向左的云手为例。左脚向左开步，右脚向左脚后插步；右掌、右臂内旋经胸前向身体右前方划弧掤出，左臂外旋经腹前向右前方撑掌，再内旋经胸前向身体左前方掤出，右臂外旋下落划弧，经腹前向左前方撑掌；眼随视向上经过体前的手。

陈式（竞）云手

吴式（竞）：以左云手为例。左脚外摆、右脚内扣，重心左移，成左横弓步，右脚收至左脚内侧成开立步；左掌向上、向左划弧掤举至左肩前上方，再内旋，向左前方伸出做採手，右掌向下划弧落于右胯旁，再划弧至左肋前；眼看左手。

吴式（竞）云手

武式（竞）：以右云手为例。右脚横向上步、脚跟着地，上体右转，重心移向右腿，成右弓步；右掌向上经脸前向右前方内旋划弧，掌心翻转向外，指尖向上，同鼻高；左掌向下、向右划弧至腹前，掌心朝上，指尖向右，随右弓步，左掌稍向上托，约与胸窝同高；眼看右掌。

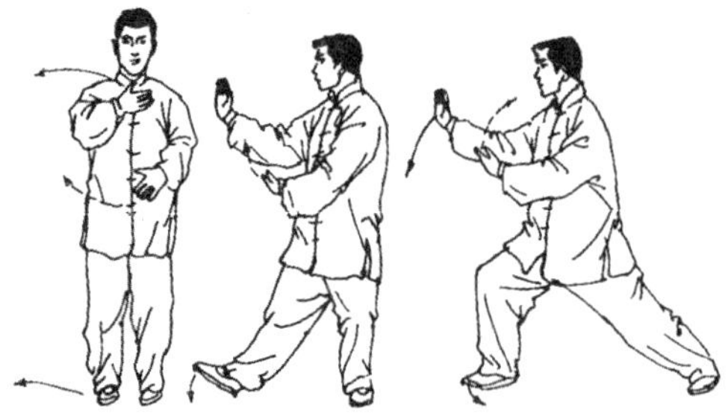

武式（竞）云手

孙式（竞）：以左云手为例。左脚向左横开一步，右腿收于左脚内侧，成开立步；右掌向下、向左划弧于左腹前，左掌向上、向左划弧至身体左前方；眼看左掌。

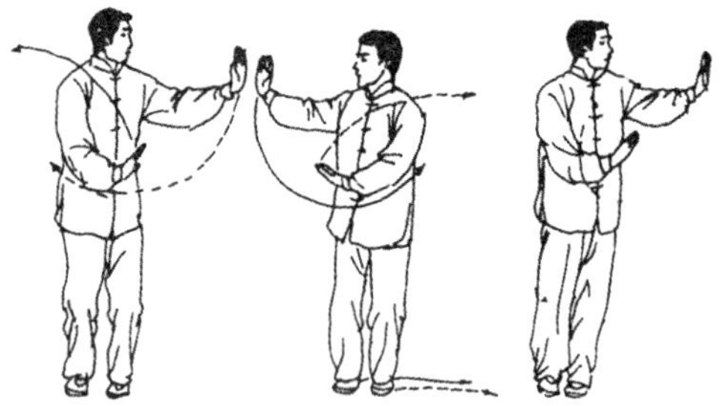

孙式（竞）云手

42 式：与 24 式的云手动作相同。

高探马　身体直立，一掌向前，一掌回带，形如骑马探身向前，故名高探马。

【功效】此动作主要练习腰、胯与臂、腿整体协调的合劲。

【攻防】各式高探马的基本用法相似：一掌接来击之臂腕，另一掌向对方颈项或面部击去，或双手相向推搓对方颈部、肘部；若对方用手向我胸部击打，我顺势向侧捋抓其前臂或手腕，另一掌反击其面部或胸部，或同时出脚踢击对方的小腹、小腿胫骨；若对方用左掌紧握我左手腕，我则沉肘、向后牵领其靠近，并用右掌搓击其面部；若其防范及时，我则出脚踢击其小腹或小腿胫骨。

【各式比较】各式太极拳的高探马，下肢一般为高虚步，一掌向前探出推按掌，另一掌回收，与之配合。武式（竞）的高探马下肢为弓步；孙式（竞）的高探马两掌在胸前成侧立掌。

24 式：左脚向前活步、脚尖点地，成高虚步；左、右两手掌心翻转向上，随即右掌经右耳侧向前探掌推出，左掌收至左侧腰前；眼看右掌。

24 式高探马

48 式：与 24 式的高探马动作基本相同，细微区别为左手收至腹前。

48 式高探马

88 式：与 24 式的高探马动作相同。

陈式（竞）：右脚内扣，左脚提收、点地至右踝内侧；右掌经耳侧向前立掌推出，左掌收至腹前；眼看右掌。

杨式（竞）：右脚跟落地踏实，左脚跟提起，脚尖点地，成左高虚步；右掌向前横掌探出，掌心向下，左掌回收与之配合。

陈式（竞）高探马

杨式（竞）高探马

吴式（竞）：有左、右两个高探马，动作相同，左右相反。以右高探马为例。左脚跟提起，脚尖点地，成左高虚步；右掌沿左掌方向向前推出，左掌收落于腹前；眼看右掌。

吴式（竞）高探马

武式（竞）：成右弓步；左掌经右掌上方向左前上方伸探，右掌收至左肘内下方；眼看左掌。

孙式（竞）：有左、右两个高探马，动作相同，左右相反，以左高探马为例。右脚撤步，左脚跟提起，脚尖点地，成左高虚步；左掌向左前伸出，右掌回收至左肘内侧，两掌拇指侧向上，成侧立掌；眼看左掌。

武式（竞）高探马

孙式（竞）高探马

蹬脚　武术的一种腿法。一腿支撑，另一腿由屈到伸、勾脚尖蹬出，力达脚跟。在太极拳中有左脚或右脚蹬出的腿法，分别称为左蹬脚、右蹬脚；左蹬脚、右蹬脚与转身相配合，名为转身蹬脚。

【功效】练习此动作可以提高下肢支撑平衡能力和腿部力量。

【攻防】当对方由前面用掌击打我胸或面部时，我迅速交叉两掌向上防守，并向左右分展化解其手臂，顺势反击其胸或面部，下肢配合起脚踢其下腹部。如对方从身后袭击，我转身掤架击来的拳或掌，两掌左右分开化解其劲力，并反击其胸或面部，配合蹬踢其下腹部。

【各式比较】杨式（竞）、吴式（竞）、孙式（竞）、武式（竞）等的蹬脚动作，因转体后衔接蹬脚，故命名为转身蹬脚或回身蹬脚。88式太极拳有转身左蹬脚、转身右蹬脚之分，动作相同：一为左后转身，蹬左脚；一为右后转身，蹬右脚。88式太极拳转身右蹬脚与杨式（竞）的动作相同。武式（竞）、孙式（竞）仅有“转身右蹬脚”。

1. 右蹬脚

24 式：左腿微屈膝支撑，收右脚于左脚内侧，随即屈膝上提，右脚脚尖上勾向右前方慢慢蹬出；两掌穿掌交叉，再向两侧弧形分开变侧立掌，再弧形下落，由腹前交叉向上合抱于胸前，随右蹬脚分别向两侧呈弧形分开；眼看右掌。左蹬脚动作同右蹬脚，方向相反。

24 式右蹬脚

48 式、88 式：与 24 式的右蹬脚动作相同。

陈式（竞）：快速向体前起腿发力蹬脚。

陈式（竞）蹬脚

吴式（竞）：左腿支撑，右脚向右前蹬出；两掌搭腕于胸前，再分别向上、向两侧伸臂分展，两掌立腕、成侧掌；眼看右掌。

吴式（竞）蹬脚

42 式：与 24 式的蹬脚动作基本相同，细微区别在于上肢动作。右掌向上、向右，再向下、向左、向上划圆，左掌向下经腰、向左、向上、向右划圆，两掌交叉合抱于面前再分展。

42 式右蹬脚

2. 左蹬脚

左蹬脚动作与右蹬脚动作相同，左右相反。

3. 转身右蹬脚

其动作要领为转体后起脚蹬出。转身蹬脚又分转身左蹬脚和转身右蹬脚，两个动作相同，左右相反。

杨式（竞）：左脚内扣，向右脚外侧落下，右后转体约 225°，再右腿屈膝上提，蹬出右脚；两掌于体侧下落，经腹前向上画圆，于胸前交叉成十字手，再向两侧弧形分开；目视右侧。

杨式（竞）转身右蹬脚

88 式：左脚下落于右脚外侧，身体右后转；双手向左右下落，向下划弧，再向上合抱于胸前成十字手，再向两侧弧形分开，同时右腿屈膝提起，右脚向右前方蹬出，眼看右掌。

88 式转身右蹬脚

武式（竞）：以左脚跟为轴，身体向右后转，随即右腿屈膝上提，右脚向前蹬出；两掌胸前相合，再向左右分撑；目视右掌。

武式（竞）转身右蹬脚

孙式（竞）：左脚下落于右脚外侧，身体右后转，右脚蹬出；两掌相合于胸前，随右脚蹬出，两掌左右分开；眼看右掌。

孙式（竞）转身右蹬脚

4. 回身蹬脚

88 式：左脚外展，身体左转，右脚收于左脚内侧，右腿屈膝上提，蹬出右脚；两掌由面前向左右两侧分开，再合抱于胸前成十字手，再向两侧弧形撑掌。

88 式回身蹬脚

双峰贯耳　拳似山峰，两拳向对方耳门贯击，故名双峰贯耳。另一种说法，因双拳贯击，疾如风行，故名双峰贯耳。

【功效】双峰贯耳是一个防守反击动作，将脊背之力贯于拳眼，要迅速、果断。练习此动作有利于增强腰脊、肩背的肌力，提高人上下肢的协调性。

【攻防】若对方用双手向我太阳穴贯打，我两臂屈肘，用前臂由下向上、向外格挡，随即翻掌向下黏按、採其双臂或腕，使其上体前倾，我则乘势反击对方两侧太阳穴或耳门，做双峰贯耳。

【各式比较】陈式、武式、孙式太极拳无此动作。杨式、吴式等各式太极拳的双峰贯耳方法相同，两拳由两侧同时呈弧形向前、向上贯打对方的耳门。

24 式：右脚下落，重心前移成右弓步；两掌经由两胯侧渐渐变拳，从两侧向上、向前弧形贯打，两臂屈成钳形；眼看右拳。

24 式双峰贯耳

48 式、88 式、杨式（竞）：与 24 式的双峰贯耳动作相同。

42 式：与 24 式的双峰贯耳动作基本相同，区别在于，42 式的此动作是两手下落经腰两侧向太阳穴或耳门贯打，24 式的此动作是两手经两胯侧变拳呈弧形向上做双峰贯耳。

下势 身体重心下降，潜身，姿势变低，故名下势。

【功效】此动作主要练习下肢柔韧性以及手、臂、脊、背、腰、腿的贯通劲。

【攻防】若对方猛力向我扑来，我用双掌或单掌向下捋化对方手臂，身体下沉，使其扑空失衡，再趁机击打对方；或者对方以右掌握我左掌，我随即放低姿势，收左掌至胸前，引伸牵制其进攻，使其身体前倾，失去重心。

【各式比较】各式太极拳的下势，因手法和不同动作的衔接，出现了不同的联合命名。所以，在不同拳式套路中，以下势为主体的动作命名有多种。其中，手法有穿掌、按掌、推掌之分；步型有仆步、三体式、高虚步的不同。

88 式：右腿屈膝全蹲，成左仆步；右掌变勾手，右臂平举于身后，左掌经右肩前，向下沿左腿内侧向前穿出；眼看左掌。

88 式下势

杨式（竞）：左腿屈膝下蹲，成右仆步；左拳变掌，由前向下、向后弧形运至左后方变勾手，右掌由前向上、向里经右胸向下沿右腿内侧向前穿出；眼看右前方。

杨式（竞）下势

吴式（竞）：左腿屈膝全蹲，成右仆步；两掌向左划弧至左肩外侧，再向下按，经腹前沿右腿内侧前穿，成侧立掌；眼看右掌。

吴式（竞）下势

武式（竞）： 右腿屈膝全蹲，左腿向左伸，成左仆步；两掌向左右两侧划弧分落。

武式（竞）下势

下势与其他动作组合的联合招式，包括单鞭下势、下势独立、穿掌下势、撩掌下势、云手下势、雀地龙（铺地锦）等。

1. 单鞭下势

单鞭下势为一掌为勾手，另一掌做穿掌的下势；或者以下势与单鞭动作相衔接的两个动作的联合命名。

孙式（竞）： 单鞭式后，扣右脚，重心在右腿上，成三体式步型；右掌收至胯侧，左掌稍下落、置于体前；眼看左掌。

孙式（竞）单鞭下势

42式： 左腿屈膝全蹲，成右仆步；左掌变勾手侧举，与左肩同高，右掌经面前摆至左肘内侧。下蹲，上体右转，右掌经腹前沿右腿内侧向前穿出；眼看右掌。

42式单鞭下势

2. 下势独立

下势独立为下势与独立支撑衔接的两个动作的联合命名。

24式： 左腿向左开步，右腿屈膝全蹲，成左仆步，随即右腿屈膝上提，成左独立支撑；右掌变勾手，左掌向上、向右划弧立于右肩前，再下落，顺左腿内侧向前穿出，右勾手变掌，由后下方呈弧形向前挑举，左手落于左胯旁。

24式左下势独立

3. 穿掌下势

下势时配合穿掌手法，即为穿掌下势。

48式： 下势时配合穿拳手法。左腿屈膝全蹲，成右仆步；右臂掩肘下落，左拳从右前臂外侧上穿，向左后上方伸展，右拳经腹前沿右腿内侧向前穿出，两拳拳眼向上；眼看右拳。

48 式穿掌下势

42 式：左腿屈膝全蹲，右腿向右侧伸出，成右仆步；两臂屈肘，两掌经面前摆至体侧，再绕转向右经腹前沿右腿内侧穿出，右掌在前，左掌在后；目视右掌。

42 式穿掌下势

4. 撩掌下势

撩掌下势为撩掌与下势相衔接的两个动作的联合命名。

48 式：右脚跟半步，两腿屈膝半蹲，落实右脚，右腿屈膝全蹲，左腿向左伸出

48 式撩掌下势

成左仆步；右掌向前下方撩出，左掌盖压、附于右前臂内侧；右掌向上、向右划弧至身体右前方变勾手，左掌下落，沿左腿内侧穿出；眼看左掌。

5. 云手下势

云手下势为云手与下势相衔接的两个动作的联合命名。

孙式（竞）：左脚上步，成三体式步型；右掌向上、向右划弧举至右前方，左掌下落至胸前；右掌经耳侧推出，左掌收至左胯外；随即左掌从右掌背向前推出，塌腕，右掌收回置于右胯侧；眼看左掌。

孙式（竞）云手下势

6. 雀地龙（铺地锦）

雀地龙为陈式太极拳独有式架。此式身法低，下势犹如贴地而行的游龙，故取名雀地龙，又名铺地锦。

陈式（竞）：左腿屈蹲，成右仆步；两臂屈肘由胸前相合，右拳从左臂内侧下落，沿右大腿内侧向前穿出，左拳向上、向左划弧举至左肩前上方；眼看右拳。

陈式（竞）雀地龙

金鸡独立（更鸡独立或独立式） 一腿独立支撑，一腿屈膝提起，一手上扬，一手下垂，状如雄鸡一爪收起、一爪独立，故命名为金鸡独立。

【功效】金鸡独立的主要用法是向上顶膝，并配合手法使用。此动作主要练习上下肢、腰背的争拔力和下肢的平衡能力。

【攻防】若在下势过程中，对方中途回撤，我顺势将身体向前，跟对方一起向上起身站立，并以左手先将其右腕提起，右手抓其左手腕向下沉，同时用膝直顶其腹部或用脚踢其下盘。

【各式比较】各式金鸡独立，在手法上有挑掌和撑掌、托掌之分，与之配合的另一手的手法有按掌和自然垂落于体侧之分。陈式、吴式太极拳的金鸡独立一手在头上做撑或架掌；杨式（竞）、孙式（竞）则挑掌于体前；武式（竞）为上托掌于头前。孙式（竞）的另一配合手垂于体侧。各式太极拳的金鸡独立，其提膝腿的脚尖动作也略有不同：吴式（竞）提膝腿的脚尖内扣上翘，孙式（竞）提膝腿的脚尖上翘。此外，有的动作虽然名称不是金鸡独立，但主要动作技术与金鸡独立相通，如独立撑掌、独立托掌。

88式：称左右金鸡独立，有左右连续两个独立式。先做右式动作，右腿独立支撑，左腿屈膝上提；左掌由下向上挑举，肘与膝相对，右掌向下按掌于左胯旁；眼看左掌。接做左式动作，与右式动作相同，左右相反。

88式左右金鸡独立

陈式（竞）：以右金鸡独立为例。右腿独立支撑，左腿屈膝上提；左掌外旋，从右前臂内侧向上穿出，举于头左侧上方，右掌下落于胯旁；眼看前方。

陈式（竞）金鸡独立

杨式（竞）：与88式的金鸡独立动作基本相同。

吴式（竞）：以左金鸡独立为例。左腿独立支撑，右腿屈膝外展、上提，右脚尖上翘；右掌经左臂外侧内旋上架至额的左前方，左掌按至右膝内侧；眼看前方。

吴式（竞）金鸡独立

武式（竞）：以左金鸡独立为例。左腿支撑，右腿屈膝上提；右臂屈肘，右腕

武式（竞）金鸡独立

内旋上托于头右前方，左掌按掌于胯侧；眼看前方。

孙式（竞）：以左式为例。左腿独立支撑，右腿屈膝上提，脚尖上翘；右掌从胯侧向前、向右提至耳旁，左掌落于左胯旁；眼看前方。

孙式（竞）金鸡独立

42式：与88式的金鸡独立动作基本相同，细节上要求上挑侧立掌，指尖高与眉齐。

48式：称独立式，包括独立撑掌、独立托掌两种。

独立撑掌：以左式为例。左腿独立支撑，右腿屈膝上提；右掌外旋，向前、向上经左前臂内穿出，撑掌于头前上方，左掌下按于左胯前；目视前方。

48式独立撑掌

独立托掌：左腿独立支撑，右腿屈膝上提；右掌上托掌于体前，左掌向左、向上划弧，撑于体侧；眼看右掌。

48式独立托掌

玉女穿梭　此动作向四个隅角（斜角）连续不断、周而复始地运动，犹如少女织布和织锦的穿梭动作，故名玉女穿梭。

【功效】做玉女穿梭时，下肢转换不同方向的动作要连贯、圆活，重心移动虚实清晰。经常练习此动作有利于提高人的方向感、下肢灵活性，以及上下肢动作的协调性。

【攻防】玉女穿梭动作灵活、方向变化丰富，是乘虚进攻的技法。若对方用掌向我头部或胸（腹）部击打，我即黏贴其击来的臂、腕或化开或架起，同时，上步用另一掌推击其胸部。若对方从侧后出手打我头（脸）部，我回转身，一掌旋架其进攻手，另一掌随上步击打其胸部或肋部。

【各式比较】玉女穿梭在传统各式太极拳套路中，均是连续向四个斜角方向的转身架、推掌；在简化太极拳或各式竞赛套路中，多为两个连续斜角的穿梭动作。各式玉女穿梭在外形上不同，但手法内涵是相同的。步法包括上步、跟步、扣脚、摆脚、碾脚等的配合运用。此式在陈式太极拳中为跃步腾空转体前穿掌。

24式：有两个连续的玉女穿梭，名为左右穿梭。右式：右脚向右斜前上步，成右弓步；右臂上架，右掌停在右额前，左掌由左腰处向前推出；眼看左掌。左式与右式动作相同，左右相反。

24 式左右穿梭

48 式：称左右穿梭，与 24 式的动作相同。

88 式：称左右穿梭，与 24 式的动作相同，但连续向四个隅角（西南、东南、东北、西北）做玉女穿梭。由于转身方向和角度大小不同，动作间衔接的步法包括扣脚和摆脚。

88 式左右穿梭

16 式：称左右穿梭，与 24 式的动作相同，但 16 式先做左穿梭，再做右穿梭。

陈式（竞）：左脚前摆，右脚蹬地做跃步；左掌由左肩前上方立掌前推，右掌架于头右上方；眼看左掌。

陈式（竞）玉女穿梭

杨式（竞）：与 24 式的玉女穿梭动作相同，但杨式（竞）先做左式。

吴式（竞）：连续两个玉女穿梭。右式：右脚向右前上步，成右弓步，再成左坐步，之后成右弓步；左掌附于右前臂内侧，右臂屈肘向右、向上划弧至体前，右掌向右后旋至右肩前上方，再内旋、屈肘上架至右额前，左掌收于左腰间，再向体前推出；眼看左掌。左式与右式动作相同，左右方向相反。两式的衔接步法为扣脚、辗转再上步。

吴式（竞）左右穿梭

武式（竞）：连续向四个斜角做玉女穿梭。左式：左脚向左前方上步，成左弓步，随即右脚跟步于左脚后方；左前臂架于左额前上方，右掌落于右腰前，再向胸前推出；眼看右掌。右式与左式动作相同，方向相反。由于转身角度大小不同，衔接步法包括扣脚、插步两种。

武式（竞）玉女穿梭

孙式（竞）：连续向四个隅角方向做玉女穿梭。左式：扣右脚，左脚向左前方上步，右脚跟步至左脚后；左臂内旋，左掌向上架于左额前上方，右掌向前推出，眼看前方。右式与左式动作相同，方向相反。动作衔接步法是扣脚、碾脚。

孙式（竞）玉女穿梭

42 式：其玉女穿梭属吴式太极拳风格。右式：右脚向右前方上步，左脚跟步，右脚再向前上步，成右弓步；左掌指附于右腕内侧，弧形上举于胸前，再两掌向右划平弧，右臂屈肘内旋，右掌向后划平弧至右肩前上方，左掌收于左腰际，随即右臂上架，右掌停于右额前上方，左掌向体前推出，眼看左掌。左式与右式动作相同，方向相反。

42 式玉女穿梭

海底针　海底指会阴穴，将四指比喻为针，暗含手指向下点插，其向下的意念如入海底之深，故命名为海底针。另一种说法认为此式以手喻为金针，点、刺对方腋下神经，故名海底针。

【功效】此动作主要练习腰、胯、肩、臂、腕的松沉劲。经常练习此动作有利于增强下肢力量。

【攻防】海底针后接的动作均为闪通臂，反映了欲上先下的技击思想。此拳势基本用法是一手下采对方手臂，另一手插击其海底穴。若其左手欲抓我胸、肩，我用右手上贴其左前臂，上提化之，左手挡或搂开其打来的右手，顺其左臂回收，向其胸、肋或腹、裆插掌。若其右手紧握我右手腕，我乘势松右肩前送，再弧形向上提右腕，顺其手臂的回收插击其胸、肋或腹、裆。

【各式比较】陈式（竞）、武式（竞）、孙式（竞）无此动作名称。杨式（竞）、吴式（竞）的海底针动作都突出了重心下降的插掌手法。

24式：左脚尖点地，成左虚步；右掌下落至右腹侧，向后、向上提收至右耳侧，再向斜前下方插掌，左掌下落至腹前，再向前、向下、向左划弧按于左胯旁；眼看前下方。

24式海底针

48式、88式：与24式的海底针动作相同。

16式：与24式的海底针动作相同，左右相反。

16式海底针

杨式（竞）：左脚尖点地，成左虚步；右掌向下、向后、向上划立圆至右耳侧，再向前下方插掌，左掌向前落，再向左划弧按至左膝外侧；眼看前下方。

杨式（竞）海底针

吴式（竞）：成左坐步，收右脚，脚尖着地于左脚前方，成丁步；左掌向下插，右掌前摆划弧屈臂向上收至左耳侧；眼看前下方。

吴式（竞）海底针

闪通臂（闪通背） 目前，推广普及的太极拳套路中多使用闪通臂这一名称，传统套路中多使用闪通背这一名称。“闪”有侧身让开之意。此式又称扇通背，把人的脊背比作扇轴，将两臂比作扇幅，在腰脊的作用下，两臂横向分张，如折扇张开，故名。此式也称肩背通，因做此动作时，两肩胛骨有相触之意而得名。此外，此式还称三通背。

【功效】该动作的劲力由脚转换于腰到肩、臂、手，贯通脊背达于掌。此动作主要练习背脊力，由脊贯通上下。

【攻防】若对方用右手击打我胸、面部或抓握我右手腕，我用右手搂抓或刁拿其腕并向上提，随即上步出左手击打其肋；或对方用右拳击来，我用右手下按，随其回抽，上提右手，化其力，再以左掌击其胸肋部。

【各式比较】各式太极拳闪通臂（闪通背）的上肢手法基本相同，一手上架、另一手前推，周身之力贯通两臂。杨式（竞）、武式（竞）的步型是弓步，陈式（竞）、吴式（竞）为马步，孙式（竞）则为三体式步型。从动作外形看，杨式（竞）和吴式（竞）相近，武式（竞）与孙式（竞）相似。另外，传统武式、孙式太极拳称此动作为三背通。“三”指三关：尾闾关、夹脊关和玉枕关，以气运劲贯通腰脊三关，劲达两臂。

24 式：左脚上步，成左弓步；右掌上提，屈臂上举架于右额前上方，左掌向前推出；眼看左掌。

48 式、88 式、杨式（竞）：与 24 式的闪通臂动作相同。

16 式：与 24 式的闪通臂动作相同，唯左右相反。

24 式闪通臂

16 式闪通臂

吴式（竞）：以左式为例。左脚上步，成马步；右臂屈肘上架至右额上方，左掌沿右臂下向前推出；目视左掌。

吴式（竞）闪通臂

武式（竞）：左右闪通臂连续动作。左侧动作，重心后移至右腿，屈蹲，再成左弓步；两掌向右上划弧，左掌收至胸前，右掌提至耳侧，两掌向前插出；眼看左掌。右侧动作与左侧相同，唯方向相反。

孙式（竞）：左右闪通臂为连续动作。左脚上半步，成三体式步型，随即扣左脚、右转体，活右脚，成三体式步型；左掌向前推，右掌架于右额上方，眼看左掌；随右转体，左手架于左额上方，右手向前推出；眼看右掌。

武式（竞）闪通臂

孙式（竞）闪通臂

搬拦捶　太极五捶（搬拦捶、肘底捶、撇身捶、栽捶、指裆捶）之一。搬，即搬移；拦，即拦阻。此式因以掌向左、右搬移岔开对方攻击的劲路，拦截对方的进攻，乘势以拳进攻其肋部、胸部而得名。另外，还有式架将身法、步法与上肢动作联合命名，称此式为转身搬拦捶、进步搬拦捶、上步搬拦捶或卸步（退步）搬拦捶。

搬拦捶在太极五捶中占有重要地位，而在实际运用中，前两个动作有时并不易从外形上看出来，而内在劲法则是变化的，且贯通一体。

【功效】此动作主要练习肩、背、胯、臂、腿等各部位，有发达肌肉、健肾益胃等功效。

【攻防】若对方用拳击时，我用手沾黏、搬开，拦截来击，配合步法蓄劲，最后以捶击打对方；或者对方用左手击来，我则右转身以腰带臂、翻腕将其左手之力化于右侧，谓之搬，再用左掌拦击对方之右手，谓之拦，当其前胸空出时，即以右捶随腰腿前移出拳，谓之捶。

【各式比较】各式太极拳拳架的搬拦捶前后衔接动作不尽相同，但核心的搬、拦、捶技法内涵是相同的。根据搬拦捶与不同的步法、身法的衔接配合，可将这些动作划分为进步搬拦捶、退步或卸步搬拦捶、转身搬拦捶等。

24 式：因搬、拦、捶时动作方向改变，故称转身搬拦捶。搬时，左脚内扣，右后转体，上右脚，脚跟着地，成右虚步；拦时，右脚向外碾转，继续右转体，左脚上步，成左虚步；捶时，重心向左腿移动，屈膝成左弓步。搬时，右掌变拳经左肋，向前翻转撇出，左掌上举于头前，再下落于左胯旁；拦时，左掌向前拦至体前，右拳收于右腰间；捶时，右拳向前打出，左掌收于右前臂内侧；眼看右拳。

（正面）

（正面）

24 式转身搬拦捶

48 式：称右搬拦捶。实质上与 24 式的转身搬拦捶动作相同，只是没有运动方向的改变。搬时，右转体，上右步，脚跟着地，成右虚步；拦时，继续右转体，右脚向外碾转，左脚上步、脚跟着地，成左虚步；捶时，成左弓步。搬时，左掌屈收至胸前，下按于左胯旁，右拳向前搬出；拦时，左掌向左、向前拦出，右拳向右划弧收于右腰间；捶时，右拳打出，左掌收于右前臂内侧；眼看右拳。

48 式右搬拦捶

88 式：称进步搬拦捶，与 48 式的右搬拦捶动作基本相同。

16 式：称进步搬拦捶，与 48 式的右搬拦捶动作相同。

陈式（竞）：传统陈式太极拳称此动作为搬拦肘。由左偏马步，变为右偏马步，

88 式进步搬拦捶

再成马步；右掌外旋，左掌内旋向左微摆，两掌变拳，向下、向右摆至右胯旁；两拳经胸前向左横击抖发；眼看左拳。向右横击动作与向左动作相同，唯左右相反。

陈式（竞）搬拦捶

杨式（竞）：右脚、左脚各上一步成左弓步；右拳向下、向里、向上由左臂内侧弧形向外搬出，左掌自前而下弧形摆至胸前，似拦，右拳收回腰侧，左掌向前伸出，似搬；随即右拳向前打出，左掌附于右肘内侧似捶；眼看前方。

杨式（竞）搬拦捶

吴式（竞）：有进步和退步两个搬拦捶。动作基本相同，区别在于一个是上步完成搬拦捶，另一个是撤步完成搬拦捶。以进步搬拦捶为例。搬时，左脚上步，重心向左腿移动，成左弓步；拦时，重心向右腿移动，左脚尖上翘，成右坐步；捶时，重心再移向左腿成左弓步。搬时，两掌上下相对，左手掌心向下置于右掌上方，微左转体，两掌向右前上方划弧置于胸前；拦时，左转体，两掌向左后划弧经左腰前，再右转体，左掌向前、向上伸出拦手，右手握拳收至右腰侧；捶时，左转体，右拳向前打出，左掌附于右前臂内侧；眼看右拳。

吴式（竞）进步搬拦捶

武式（竞）：称进步左搬拦捶。搬时，左脚上步，脚跟着地，成虚步；拦时，左腿屈蹲，右脚收至左脚内侧；捶时，右脚上步，成右弓步。搬时，左拳经右前臂内侧向前搬击，右掌落至左前臂内侧；拦时，左拳划弧收于腰间，右掌划弧拦截，立掌置于体前；捶时，右臂屈肘，右掌握拳内旋向左、向下压至胸前，左拳经右手腕上击出；眼看左拳。

武式（竞）进步左搬拦捶

孙式（竞）：称进步搬拦捶。进步搬时，右脚外摆落于左脚前，再左脚外摆上步；拦捶时，右脚跟步，脚尖着地。搬时，左掌经右掌下向前伸出，右掌收至左肘内侧，然后右掌经左掌上向前伸出，左掌收至右肘内侧；拦捶时，右掌变拳经左腕上向前打捶，左掌拦压变拳，收于右肘下；眼看右拳。

孙式（竞）进步搬拦捶

肘底（看）捶 太极五捶之一。肘底，即立肘之下；看捶，即肘底看手或见捶。因此动作暗含看、守及伺机而动之意，故又称为叶底藏花等。

【功效】此动作主要练习肩、肘、腕、胯、腰各部位的协调性与整体劲力，可提高习练者关节灵活性。

【攻防】其拳势基本用法是上手防守对方来击，下拳藏在肘下，伺机击其胸肋。若对方两手拿住我双臂欲将我推出，我乘势上步，用双手按住对方，我即右转身向下沉劲，双臂用顺、逆缠劲，右臂由上向下收回，左臂由下向前上运行，两臂形成挒、採的绞错劲，乘机用右手向其胸部击打；或者对方用右掌向我左肋击来，我向左转体，用左手向左下採其手腕，同时用右掌向右横击对方的颈部，若其迅速闪开，我即出左掌向对方面部或胸部击打。

【各式比较】各式太极拳肘底（看）捶的定势动作基本相同，但不同拳势其手法有掤、採、穿、劈之分，步法包括摆步、跟步、上步、撤步，各有不同。

48式：左脚摆脚上步，右脚跟半步，左脚向前活步，脚跟着地，成左虚步；左掌经右前臂下向左上方穿过，再内旋，向左、向下至体左侧，由左腰际成侧立掌，经右腕上向前穿劈；右掌下採，经右胯旁再向右、向前划弧至体前，变拳，收至左肘内侧下方；眼看左掌。

48式肘底捶

88式：称肘底看捶。与48式的肘底捶动作基本相同。细微区别是，左脚摆脚上步，右脚跟步时，两手手法为挒摆，而不是穿摆。

88式肘底看捶

杨式（竞）：与48式的肘底捶动作基本相同。细微区别是，右手向体前划弧前摆时，掌心向前。

杨式（竞）肘底捶

吴式（竞）：左脚尖上勾，脚跟着地，成右坐步；左掌由左腰侧握拳，经右手腕上方向前打出，右掌在体前变拳，回收至左肘下；眼看左拳。

吴式（竞）肘底捶

武式（竞）：右脚稍后撤，前脚掌虚着地，成右虚步；右臂由身体右前侧外旋屈肘，右掌变拳置于右额前，左掌由左胯旁变拳置于右肘下；眼看前方。

武式（竞）肘底捶

孙式（竞）：称肘底看捶。右脚后撤步，左脚前脚掌虚着地，成左虚步；左掌平落胸前，拇指向上侧立掌，右掌变拳置于左肘下方；眼看前方。

孙式（竞）肘底看捶

42 式：与 48 式的肘底捶动作基本相同。细微区别是，左掌经右腕上方向前劈出。

撇身捶　太极五捶之一。撇身也称闪身。此式以腰为轴，拳借弧形运动所产生的离心力，略带横劲进击对方。

【功效】此式主要锻炼腿、腰、臂的协调、劲整以及身法的灵活性。

【攻防】吴、杨两式太极拳的撇身捶基本用法相同，可防卫身后来击，闪躲避实，翻身用拳撇击对方进攻手臂。吴式太极拳的撇身捶连环出左掌击对方面部。若对方在身后，向我脊背、肋下以拳击来，我即可右后转体，同时上右步，用右拳横劲防御其手臂或击打其面部。如其躲闪得比较快，我即可变採手，顺势握住其手腕的同时，以左掌向其胸部击打。

【各式比较】杨式、吴式太极拳的撇身捶都突出了用腰带臂、力达拳背的技击方法。

48 式：称左撇身捶。由捋挤式衔接此式。收左脚于右脚内侧，再左脚上步，成左弓步；两掌向下落，左掌变握拳于小腹前，右掌向下、向右、向上、向体左侧划圆一圈，并向下附在左前臂内侧，左拳上提经右胸向前、向上撇出；眼看左拳。

48 式左撇身捶

88 式：称转身撇身捶。右脚提起向右前上步，成右弓步；左掌于头上下落于右肘内侧，右臂屈肘握拳，由左肋旁向上、向右斜前方翻转撇出；眼看右拳。

88 式转身撇身捶

吴式（竞）：右脚稍向右移步，成右弓步；右拳外旋，向右前方弧形打出，随即收右拳至右腰侧，左拳变掌，由腹前向体前推出；眼看左掌。

吴式（竞）撇身捶

42 式：与 48 式的左撇身捶动作相同，唯左右相反。

栽捶　太极五捶之一。栽捶，拳由上而下进击，如同栽插之意，故名栽捶。因配合完成栽捶的手法、步法各有不同，所以出现了进步栽捶、搂膝栽捶之分。48 式称搂膝栽捶，吴式（竞）称搂膝左栽捶，88 式、42 式称进步栽捶。

【功效】此动作有利于练习腿部、脊柱、手臂的合力。

【攻防】此拳势的基本用法是上步进击。若对方以右脚或左脚踢我腹或膝部，我以左手防守其腿法，并乘势上步向下栽捶，击打对方腹、裆等要害部位。

【各式比较】各式太极拳栽捶的基本技法相同。吴式太极拳应用栽捶时上体前倾幅度较大，头、脊背与后腿成一条直线，斜中寓正。88 式的进步栽捶与 48 式的搂膝栽捶动作相同，左右相反。

1. 搂膝栽捶

48 式：右脚上一步，成右弓步；左臂外旋，左掌向下、向后划弧上举与头平，变拳经左耳侧向前下打出，右掌经面前向左划弧，至于左胸前，向下经右膝前搂过，按于右胯旁；眼看前下方。

48 式搂膝栽捶

吴式（竞）：称搂膝左栽捶。左脚上步，成左弓步，右脚收至左脚内侧，再向前上步，脚跟着地，成左坐步，再成右弓步；左手搂至左膝外侧上方，再向前上方划弧至体前，左手外旋、屈肘、扣腕提至左耳

吴式（竞）搂膝左栽捶

侧，变拳再向前下方栽拳；右掌由右耳侧向前推出，再摆至左肩前，再向下、向右搂至右膝前上方，随即右掌附于左臂内侧；眼看左拳。

2. 进步栽捶

【各式比较】88 式、42 式的进步栽捶动作基本相同，与 48 式的搂膝栽捶相同，唯左右相反。

88 式：左脚经右脚内侧点地、上步，成左弓步；左掌由右肩前向下、向左搂膝停于左胯旁，右臂屈肘，右掌向右后方上举变拳，再向前下方打出；眼看前下方。

88 式进步栽捶

42 式：右脚尖外展前落，左脚上步，成左弓步；左掌向上、向右、再向下划弧落于腹前，自左膝上方搂过，按于左胯旁；右掌下落至腰间，再向右、向上划弧，屈肘、握拳收于右耳侧，向前下方打出；眼看右拳。

42 式进步栽捶

指裆捶　太极拳五捶之一，因拳奔裆部击打而得名。有的式架把指裆捶与手法、步法、身法配合的整体动作联合起来加以命名。所以，在不同的式架中有回身指裆捶、跳步指裆捶、上步指裆捶、搂膝指裆捶之分。

【功效】练习此动作有利于锻炼拳、腿、脊柱的合力。

【攻防】阻截对方进击的手或腿，乘虚直入，上步击打对方的小腹部或裆部。

【各式比较】各式太极拳的指裆捶，因需要与上下肢动作配合，步法有上步、跃步、跟步之分，步型有弓步、屈膝半蹲，身法包括转体、回转等。因此，不同太极拳的指裆捶命名也不同。

陈式（竞）：右脚踏地，提起左脚贴地向左前方铲出，重心向左腿移动，成左弓步；右手为拳、左手为掌合于胸前，再向左右分展，左臂外旋向左、稍向上划弧，左手成八字掌，随即左手内旋、轻贴腹部，同时右臂屈肘外旋向上、向右划弧，再右臂屈肘，右拳收于右肩前，向左前下方抖弹发出；眼看右拳。

陈式（竞）指裆捶

杨式（竞）：左脚上步，成左弓步；左掌向前弧形平抹，再微向左搂，置于左膝的左上方，右掌由前向下弧形运至腰间握拳，再向前上方打出；眼看右拳。

杨式（竞）指裆捶

吴式（竞）： 称回身指裆捶，是身体后转 180° 衔接的指裆捶。衔接前一动作，右脚尖内扣，左后转体，左脚尖外摆、翘起，再成左弓步；右手外旋，屈肘上提至右耳侧，再右手握拳向前下方打出，左手向下、向左后方划弧搂至左膝前上方，随即向外、向上划弧收落于右臂内侧；眼看右拳前方。

吴式（竞）回身指裆捶

武式（竞）： 称跳步指裆捶，是跃步后衔接的指裆捶。右脚蹬地跳起，屈膝后摆，左脚向前落步，右脚上步，成右弓步；两臂上摆，左掌变拳收于腰间，再由腰间向前下方击打，右掌弧形下按于腹前，再经右膝上方搂至右膝外侧；眼看左拳。

武式（竞）跳步指裆捶

孙式（竞）： 称上步指裆捶，是连续上步中完成的指裆捶。左脚、右脚各上一步，左脚跟至右脚后方，两腿屈蹲；右掌握拳经腰间向前下方打出，左掌扶于右手腕，随之助之；眼看右拳。

孙式（竞）上步指裆捶

披身捶　陈式太极拳独有式架，旧称神仙大脱衣。顾名思义，披身捶是对身后搂抱自己的对手采用的击前打后之法。

【功效】 此动作主要练习以腰为轴的两臂与两腿的缠丝、拧转的合劲，增强腰力、臂力、腿力，有利于丹田气的培植。

【攻防】 若对方从身后两手拦腰抱住我，欲将我摔倒在地，我则两手由顺缠变逆缠扣拿其两手虎口，使其环抱失败，并乘势将其两手向上推，出右腿绊住、逆缠其右腿，再腰、胯、腿、脚里合外弹，将其摔出。

陈式（竞）： 重心向右腿移动，上体右转，重心再向左腿移动，上体微左转，成左偏马步；左臂屈肘，左手握拳置于左前方，拳心向上，约同额高，右拳外旋收于左肘内侧下方，拳心斜向上；随右转体、重心右移，右拳向下、向右经腹前内旋、向上划弧至右胸前，约与肩同高，左拳向右经面前外旋向下划弧至右胸前，左臂屈肘；随微左转体，重心向左腿移动，左拳向下、向左划弧经腹前置于左腰侧，右臂屈肘外旋，右拳心向上、向左划弧置于右肩前，拳同肩高，拳心向里；眼看右拳。

陈式（竞）披身捶

击地捶　陈式太极拳独有式架。拳自上而下击打，犹如直击地面，故取名击地捶，与进步栽捶相似。

【功效】此动作要求周身上下高度协调配合。经常练习此动作有利于提高人体灵活性、协调性。

【攻防】其基本用法是边逼近，边防守，乘虚击打对方。此动作是借助拗步进攻对方，右臂格、缠、架对方的来手，趁对方后撤、失重心摔倒未变招之前，我用拳向其头、耳门、心口等部位下击，使其失去反攻能力。

陈式（竞）：右脚蹬地，左脚向前上一步踏实，右脚向左腿内侧收提，以脚跟内侧着地，向右铲出，成右弓步；右拳由右后方向前、向内，经右胸前，再向下、向右经右肋内旋上提至头右侧，左拳屈肘向下顺时针划一圆，经左耳侧向左前下方栽拳；眼看左拳。

陈式（竞）击地捶

践步打捶　践步，武术的一种步法，其步法移动似“马奔虎践”之形。此式将践步配以打拳，故命名为践步打捶。

【功效】此动作是防御中寓有进攻的技法。经常练习此动作有利于提高下肢动作的灵活性和身体协调性。

【攻防】若对方用拳向我胸部击打，同时用脚踢向我小腹，我一手搂开其拳，另一手握拳砸击其踢来的腿胫骨或脚背。

【各式比较】孙式与武式太极拳的践步打捶动作有较大区别。武式（竞）的步型是跪步，孙式（竞）是弓步；武式（竞）的手法是击裆，孙式（竞）是于小腿内侧垂直向下击打。

武式（竞）：左脚向前落步，随即蹬地，右脚向前跳起，右脚、左脚依次落地，左腿在前，右腿在后，屈膝，成右跪步；右掌变拳置于身体右侧，经右耳侧向前下栽出，左掌下按于腹前，划弧置于左胯旁；眼看右拳。

孙式（竞）：左脚上步，脚跟着地，再脚尖落地，重心前移成左弓步；随右转体，右手外旋向下，经腹前向右、向上举至与肩同高，左手内旋向右经面前向下、向左划弧搂至左胯侧变握拳，右手握拳经右额向下、向左踝内侧下击，拳心向上；眼看右拳。

武式（竞）践步打捶

孙式（竞）践步打捶

掩手肱捶 掩，即关、合及遮蔽；捶，即拳。掩手肱捶即两手掩合、隐蔽出拳点的冲拳。

【功效】练习此动作对腰的左右虚实转换，以及上下肢蓄而后发的爆发力都有很好的锻炼作用。

【攻防】若对方上右步用双掌向我胸部推击，我则左转、撤步，两臂沉採其两腕或两臂，再由下向外、向上圈绕其腕或臂，顺势左手横击其头面，右手变拳由胸前冲出，击打其面或胸、肋部。

【各式比较】在各流派中，唯陈式太极拳有此动作。42 式的掩手肱捶是陈式风格，与陈式（竞）的动作基本相同。

陈式（竞）：右脚震脚，左脚提起贴地铲出，开步，成左弓步；两臂分别左上、右下弧形分开，再右臂屈肘，右拳外旋向上、向左、向下收于胸前蓄劲，左手外旋，再向右、向下划弧置于左肩前，变八字掌，掌心向上；右拳随即内旋摆至右侧，再经左臂上方向右前方快速打出，左掌收于左肋侧，掌心轻贴左肋；眼看右拳。

陈式（竞）掩手肱捶

42 式：与陈式（竞）的动作相似，细微区别为下肢没有震脚。两臂屈肘外旋，两手合于胸前，再向下内旋落于小腹前，两臂向左右两侧分开，两手皆为掌；两臂外旋、肘内合，右掌变拳合于胸前，左掌收回左腰侧，右拳向前冲出。

42 式掩手肱捶

掩手撩拳　两手掩合、隐蔽出拳点的撩法。

【功效】此动作为简化的陈式风格的太极拳掩手肱捶。习练者经常练习此动作可锻炼腰腿的拧裹劲以及手臂和拳的松弹发力。

【攻防】若对方用右手向我胸部击打，我以左臂屈肘向右、向下、向左格挡并掩裹其右臂，顺势上步撩右拳击打其裆部。

48 式：左脚上步，成左弓步；两臂外旋、向怀中掩裹下落至右腰间，右拳落于左掌心中，左掌握拳收至腰间，右拳向前直臂撩出或撩弹；眼看右拳。

（正面）

48 式掩手撩拳

如封似闭　两臂交叉形如斜十字，状似封条；一手后抽、一手横拨为封，两臂屈肘、两手外开为格，两手翻转向前按出，好似关窗闭门。两手动作在技法上称封格截臂手法，故取名为如封似闭。

【功效】此动作主要练习手、肘、臂、腰、背、腿各部位的协调性及整体劲力，有愈肺、健肾、灵活手足的作用。

【攻防】如封似闭是防中寓攻的手法。其基本用法为沾黏来手引带，借势合力推击，攻防转化不留痕迹。武、孙两式太极拳的如封似闭配合有跟步，以获得更大的周身合力施加给对方。若对方以右手握我右手，我即仰左手穿过右肘下，以左手沿右肘护臂向其手腕击去。若对方换手按来，我即将右拳伸开，向怀内抽回，两手相斜交叉，如十字封条，使其不得进击，此谓封；再以右手搭其左肘上，弓腿，两手向前按出，使其不得走化分开，此谓闭。

【各式比较】杨、吴、武、孙各式太极拳竞赛套路的如封似闭，上肢动作近似。杨式（竞）、吴式（竞）的下肢动作为弓步；武式（竞）、孙式（竞）的下肢动作为跟步，成丁步。陈式（竞）有六封四闭动作，字音相近，但在外形做法上差别较大。

24 式：身体后坐，左脚尖上勾，成右坐步，再重心前移，成左弓步；左掌从右腕下穿出，两掌翻转掌心向上分开，两臂屈肘回收至胸前翻掌，向下、向上，再向前推出；眼看前方。

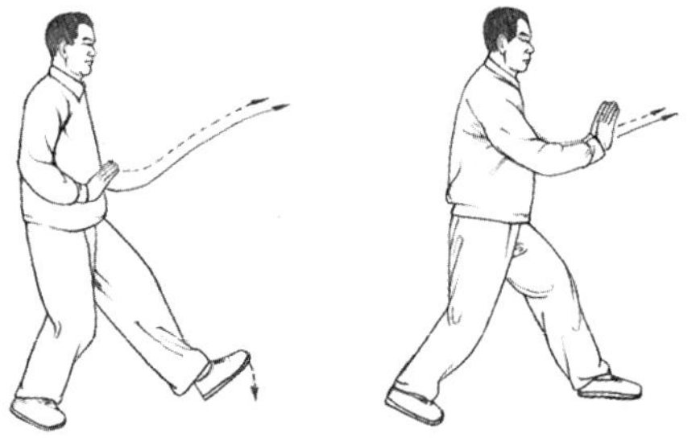

24 式如封似闭

48 式、88 式、16 式：与 24 式的如封似闭动作相同。

杨式（竞）：与 24 式的如封似闭动作基本相同。细微区别是：两臂屈肘，当两手回收至胸前时，左脚不上翘脚尖。

杨式（竞）如封似闭

吴式（竞）：与 24 式的如封似闭动作的不同之处有：成川字形弓步；左手在右臂肘关节下伸出，坐腕、立掌，手指向上、手心向右；两臂屈肘回收，两手交叉在胸前分开举于两肩前，再两手内旋向前推出；眼看前方。

武式（竞）：右脚向前上步，脚跟先着地，再全脚掌落平，重心移至右腿并屈蹲，左脚跟步，脚尖着地，收至右脚跟内侧；两掌向前推按，掌心向前，指尖向上；眼看两手方向。

吴式（竞）如封似闭

武式（竞）如封似闭

孙式（竞）：左脚向后撤步，右脚随之回撤，右脚尖着地于左脚前；左拳从右臂下前伸至两拳相齐，或右拳从左臂下前伸至两拳相齐，两拳变掌分开，屈肘收至胸前，两掌掌心向前；眼看前方。

孙式（竞）如封似闭

42 式：重心向右腿后移，屈右膝，左脚尖上勾，再向左腿前移重心，右脚跟步收至左脚侧后方，成右丁步；左掌从右前臂下穿出，右拳变掌，两掌心向上，两掌分开，两臂内旋、屈肘收至胸前，两掌翻转向下落至腹前，再向前按出；目视两掌。

42式如封似闭

六封四闭 陈式太极拳独有式架。六封，即封上、下、左、右、前、后六门；四闭，即闭东、西、南、北四方，使对方无隙可乘。

【功效】练习此动作可以锻炼周身一体向外的掤劲、按劲与推劲。

【攻防】若对方上左步插于我两脚之间，并用左肩做贴身靠，欲将我击倒，我用捋劲以左逆、右顺缠劲，向己身左侧外加掤劲；同时右手臂由顺变逆缠，上托引其肘部，顺势用右肘向其左肋部出击。若其后退，我则跟步用两手向其胸、腹等部位发劲按出，将其击倒。

陈式（竞）：以右式为例。收左脚于右脚内侧，成丁步；两臂屈肘、两前臂内旋、两掌在肩上；再将两掌向右、向下按至右肋旁；眼看两掌之间。

陈式（竞）六封四闭

捋挤势 由捋、挤两种手法组成的动作，故名捋挤势。

【功效】此动作主要锻炼整个腰、胯、肩、臂在运动过程中协调发劲的能力。攻中寓防，防中有攻，蓄而后发。

【攻防】捋、挤是太极拳八法中的两法，捋为顺势御攻之力；挤为贴住对方身体的某一部分向前挤，使其体位、发力处于劣势，达到破坏对方重心平衡、削弱其攻击力的目的。

【各式比较】42式与48式的捋挤势动作相同。

48式：左脚收于右脚内侧，再向左斜前方上步，成左弓步；左掌自右前臂上穿出，向左前方划弧平抹，右掌收至左肘内侧下方，两掌向下捋，再翻转上举，右掌指贴近左腕，两臂随弓步向前挤出；眼看左腕。

48式捋挤势

斜身靠 斜上步取斜方向站位，以肩背靠打，故名斜身靠。

【功效】此动作主要练习两臂与腰背、腿的劲力协调统一的技术，可以锻炼腰、背、腿部的力量。

【攻防】主要用于近身靠打。若对方用手向我脸、胸或腹部击打，我一臂上架，另一臂向下防护胸腹部，同时乘机上步，近身靠打对方。

48式：右脚向右前方上步，成右弓步；两臂斜十字抱于胸前，再分别向左下和右上内旋撑开，右拳停于右额前，左拳在左胯旁；眼看左前方。

48式斜身靠

斜飞势 取象形之意。此式两臂的斜上、斜下分展动作，犹如鸟展翅回旋盘绕（斜行）于天空。

【功效】此动作主要练习腰、腿、两臂的分力，有利于肾的保健。

【攻防】各式太极拳的斜飞势基本用法相同，即若对方用拳或掌击来，我一手採按，一手进击其肋或面部，并用肩、身靠击。若对方以右拳由体侧向我头部击来，我迅速右转，顺势以右手握住其右手，向左侧斜上一步，以左臂斜击其颈部或右腋下。若对方以左拳击来，在其右转体之际，我迅速屈肘进击或以背靠出。此式充分体现出远用拳、腿，近用肘击、贴身靠的规律。

【各式比较】陈式、武式、孙式太极拳中无此动作。杨式、吴式太极拳的斜飞势动作均为两臂向斜上、斜下分展，下肢为弓步或横裆步。吴式太极拳的斜飞势动作突出了身体侧倾，反映了吴式太极拳身型斜中寓正的特点，加大了斜身靠的力度。

88式：右脚向右后撤步，右转体成右弓步；右手向右上，左手向左下分开，右手高与眼齐，左手停于左胯旁；眼看右手。

88式斜飞势

杨式（竞）：与88式的斜飞势动作相同。

吴式（竞）：左脚收于右脚内侧，再向前上步，成左横弓步；左手向右下方划弧置于右膝外侧，右手内旋，屈肘收至左肩前，手心向外；两手臂在胸前交错分展，左手上举至左肩前，右手经左前臂内侧下落至右胯前，成左上掤、右下撑按的动作；眼看右侧。

吴式（竞）斜飞势

42式：右脚收于左脚内侧，再向右侧开步，成右侧弓步；左掌向上、向右划弧，收于胸前，右掌向下、向左划弧，收于腹前，随身体微左转，两掌分别向右前上方和左前下方分撑；目随左掌。

42 式斜飞势

转身推掌　转体向不同方向推掌，故得名。

【功效】转身推掌的上步、转体，需要身法变换轻巧，步法灵活，虚实分明。练习此式有益于提高人的平衡能力。

【攻防】若对方用拳击打或用脚踢我的肋和腰部，我向左或向右转体，以前手搂开对方的进击，随即上步、跟步，用另一手迎击，打其脸或胸部。

【各式比较】42 式与 48 式的转身推掌动作基本相同，唯 42 式的动作重复次数为两次，转体推掌只包括两个角度。

48 式：包括四个斜角方向的转身丁步推掌。第一个转身推掌，以左脚掌、右脚跟为轴向左后转体，左脚向西北上步，右脚跟步，成丁步；右掌屈收，经右耳侧向前推出，左掌下按，经左膝前搂过，按于左胯旁；眼看右掌。第二个转身推掌，动作同前，唯左右方向相反。第三、第四个转身推掌，重复左右转身推掌一次，唯上步方向分别向东北、西南，成丁步推掌。

48 式转身推掌

42 式：包括左、右两个转身推掌。第一个左转体推掌，左转体约 90°，左脚向体前上步，脚跟着地，重心移至左腿，成右丁步；右掌屈收于右耳侧，再向体前推掌，左掌向下、向左经腹前划弧至左胯侧；目视前方。第二个右转体推掌，右后转体，右脚向体前上步，脚跟着地，重心移至右腿，成左丁步；左掌屈收于左耳侧，再向体前推掌，右掌向下、向右经腹前划弧至右胯侧；目视前方。

42 式转身推掌

白蛇吐信　翻身转体，伸手前推试探，犹如蛇吐信试探或威胁对方，并首尾呼应，攻击猎物，故命名为白蛇吐信，也称为翻身白蛇吐信或转身白蛇吐信。

【功效】此动作主要练习腰、肩、臂、手等部位的协调配合能力。

【攻防】传统太极拳中有穿指的白蛇吐信采用的指法。此拳势的基本用法是，一手下按对方来掌，另一手攻击其面部等部位。若对方用手从身后袭击，我迅速转体、转头，一手搂抓其手臂，另一手随上步向其面、胸部击打。

【各式比较】杨式太极拳的白蛇吐信均有一手回带，另一手向前推掌的动作。

48式：有左、右两个白蛇吐信。右白蛇吐信，右脚内扣，左后转体，左脚提起、外摆，两腿交叉屈蹲，成歇步；右拳变掌经体前下落，收至腰间，左掌经耳侧向前推出；目视左掌。左白蛇吐信，同右白蛇吐信，唯左右相反。

48式右白蛇吐信

88式：称翻身白蛇吐信。左脚内扣，身体右转，右脚收回再向右后撤步，成右弓步；左掌自左向前划弧上举至头上，再下落于右前臂内侧，经右拳上方向前推出，右前臂横屈于胸前，右拳上提，再向上、向体前反背砸出，随即变掌收于右腰侧；眼看左掌。

88式翻身白蛇吐信

杨式（竞）：左脚内扣，右转体，右脚上步，成右弓步；右掌向右、向下变拳

杨式（竞）白蛇吐信

弧形运至左肋旁，再变掌向右前、向下弧形运回至右腰侧，左掌向上、向右弧形运至右前臂上方，顺右臂向右前推出；眼看右前方。

拍脚 武术的一种腿法。一腿支撑，另一腿屈膝上提、绷脚面，由大腿带动小腿向体前、向上摆踢，同时一手迎拍脚面。在太极拳中，拍脚与不同动作的配合，分别有十字拍脚、转身拍脚、拍脚伏虎等。

【功效】练习此动作有利于锻炼下肢的平衡力和爆发力，可以提高下肢的柔韧性。拍脚时，顶头、立腰，向上摆踢腿要迅速，击拍清脆，其高度因人而异。中老年人应量力而行，不必勉强拍脚面，可以用拍小腿来代替。

【攻防】若对方用手向我胸部击打，我随即闪躲，一手黏住其手臂做捋、採，或挑架其进攻手臂，乘机起腿、拍脚，踢其胸、肋部。

【各式比较】各式太极拳架中的拍脚动作基本相同，均是以掌拍击上踢的脚。

陈式（竞）：称擦脚，脚面绷直向前踢出，在手与脚接触的瞬间既有擦又有拍的腿法。

陈式（竞）擦脚

1. 右拍脚

右拍脚，即用右掌迎拍右脚。

杨式（竞）：左腿支撑，右腿屈膝上提，向右前上方摆踢；两掌由胸前交叉，向上、向左右分举，右掌拍击右脚面，左掌侧举于左后方；眼看右前方。

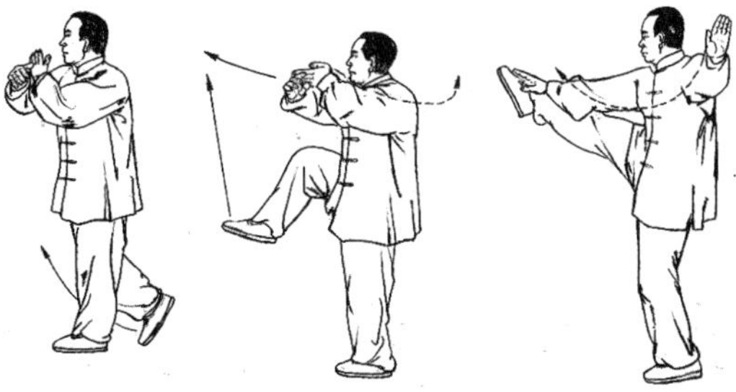

杨式（竞）拍脚

2. 左拍脚

左拍脚，即用左掌迎拍左脚。

武式（竞）：右腿支撑，左脚向左前摆踢；两掌于胸前交叉后分开，左掌向前拍击左脚面；眼看拍脚方向。

武式（竞）左拍脚

3. 十字拍脚

拍脚时，上下肢成十字交叉，故名十字拍脚。

吴式（竞）：右腿屈膝，随即伸右腿

吴式（竞）十字拍脚

支撑，摆踢左腿；两臂体前屈肘，右手在左肩前，左手在右肘下，右手拍击左脚面；眼看拍脚方向。

孙式（竞）：孙式（竞）与吴式（竞）的十字拍脚动作基本相同，唯孙式（竞）拍右脚，且一手拍脚，另一臂侧举。

孙式（竞）十字拍脚

4. 转身拍脚

转身拍脚，即转体拍脚。

42 式：左脚内扣落于右脚外侧，以右脚脚前掌碾转，向右后转体，左腿支撑，右脚向前上方踢摆；两掌由体侧下落，经腹前向上交叉于胸前，再两臂向左右弧形分展，左掌侧举于左后方，右掌体前击拍右脚面；眼看右前方。

42 式转身拍脚

5. 拍脚伏虎

拍脚伏虎由拍脚和伏虎势连接组成。

48 式：左脚上步，向上踢摆右脚；左掌由左下向后、向上划弧平举于身体左后方，右掌由后向上划弧于头右侧向前击拍右脚面；眼看右掌。随即接伏虎势。

（正面）

48 式拍脚伏虎

分脚 武术的一种腿法。所谓分脚，是指脚踢出时，脚面绷平，并有向左右分踢之意。

【功效】练习此动作可以锻炼腿部对平衡的控制力，有利于增强腰腹和下肢的肌肉力量。

【攻防】太极拳中，不主张或不轻易起高腿。其拳势的基本用法为：用手防住对方击打来之手，缠拿后用脚踢其肋部。若对方用左手进击，我以左手掌心向外搭于其左前臂，右手握住其左肘处，用採劲将其左臂向左侧捋，同时上左步提右腿，用脚向其左肋踢去；或者用两臂分其臂并握其前臂与腕，使其受制，乘势踢腿攻击对方的腹或肋部。

【各式比较】杨式（竞）为左分脚，吴式（竞）、孙式（竞）分为左分脚、右分脚两个动作。

48 式：称左、右分脚。左分脚，即右腿支撑，左膝提起，左脚向左前方慢慢踢出，脚面绷平；两掌由胸前交叉合抱，随即分左脚，两掌向左前、右后划弧撑开。右分脚与左分脚动作相同，唯方向相反。

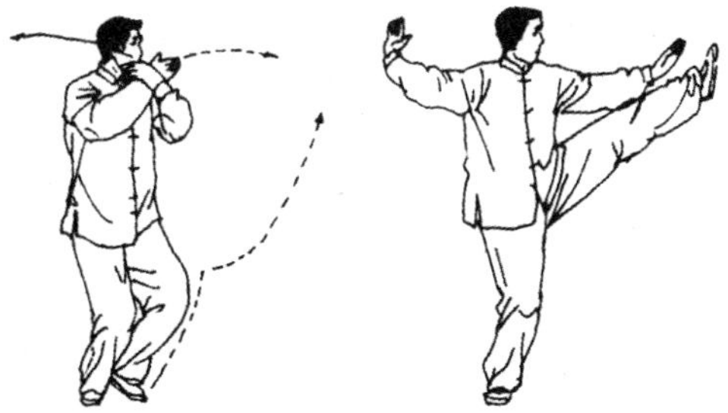

48式左分脚

杨式（竞）：右腿支撑，左腿屈膝提起，向左侧分脚；两掌交叉合抱于胸前，再两掌向左右弧形分举；眼看左侧方。

吴式（竞）：以右分脚为例。左腿支撑，右腿屈膝上提，右脚向右前分脚；两臂交叉举至额前方，两手由上向左右两侧弧形下落分开，拇指侧向上。

吴式（竞）右分脚

武式（竞）：右腿支撑，左腿屈膝上提，分脚；两腕弧形上下相对搭于胸前，两掌向左右侧分展坐腕、撑掌。

武式（竞）分脚

孙式（竞）：以右分脚为例。右脚向上踢；两掌由胸前合手向左右两侧边内旋、边立掌分开，如单鞭动作。

孙式（竞）分脚

42式：与48式的左、右分脚动作相同。

伏虎势　披身躲闪，定势犹如伺机而动的伏虎，因此得名伏虎势，又名披身伏虎。

【功效】此动作主要锻炼腰、脊、腿各部位协调用力的能力，发展脊力，促进腿力的发展。

【攻防】伏虎势以拳的贯打为主要技法。当两手被抓后或对方打拳过来时，我向侧出步、闪展，转腰捋化其力，令其跌出，或反击对方头部。若对方用右手抓握我的右手腕，我向右侧上步，右臂下沉，再向外、向上圈绕，左臂屈肘横击其胸、肋部。若其用左手向我胸部击打，我则用左手黏抓其腕，右手抓其肘关节，向左后下方捋，左脚向左侧出步，右手乘对方前扑之势，握拳横击其头部。

【各式比较】各式太极拳伏虎势的基本手法、步法和步型相同。下肢为弓步，上肢一手握拳架于头上，一手握拳，护于胸或肋部。孙式太极拳的披身伏虎动作与其他式太极拳披身伏虎动作的区别较大。

杨式（竞）：有左、右两个伏虎势。两者动作相同、方向相反。以左伏虎势为例。成左弓步；两掌向下、向左弧形运转，左掌变拳架于头的左上方，右臂屈肘，右掌变拳举于左肋旁；眼看右前方。

杨式（竞）左伏虎势

48 式：称拍脚伏虎。拍脚与伏虎连接作为一个动作整体。其伏虎势与杨式（竞）动作基本相同，细微区别是架于额前的拳拳心斜向外，在肋前的拳拳心斜向下。

48 式拍脚伏虎

88 式：称披身伏虎，有左、右披身伏虎两个动作。与杨式（竞）动作的细微区别是下方拳停在胸前，拳心向下。

武式（竞）：称左右披身伏虎，以左披身伏虎为例。成左弓步；两掌心斜相对，向左下捋，左掌变拳置于左额旁，右掌变拳置于左肋旁，拳心向上；眼看右前方。

88 式披身伏虎

武式（竞）左右披身伏虎

孙式（竞）：撤左步，成右虚步；两手握拳向下回拉，在左侧划立圆至小腹前；眼看前方。

孙式（竞）披身伏虎

打虎势　双拳上举，势如打虎之威猛，故名打虎势。因各式太极拳的打虎势衔接步法的不同，又有独立打虎、退步打虎之分。

【功效】打虎势要以腰带臂沉採、捌化对方的臂、腕，上下合劲一体。练习此动作有利于增强人的腰背之力，提高下肢的平衡力。

【攻防】若对方以右拳从背后侵袭，我迅速转身，由左向右带动臂，用採的手法顺势接住其右手腕，同时弓腿助力向下的沉劲，随即左手握拳上举攻击其头部，还可以屈膝、勾脚断其脚跟。若对方以左拳击我头部，我向左转体，以左手平接其左手腕部向上提起，右手握拳击其左肋部，并配合脚尖上勾其脚跟。

【各式比较】纵观各式太极拳的打虎势动作，其拳法是相同的，即一臂握拳上举，另一臂盘肘、握拳横举于胸或肋部。吴式（竞）的退步打虎动作与42式的独立打虎动作相同。

1. 独立打虎

独立打虎是单腿独立支撑的打虎势。

42式：称独立打虎，属吴式太极拳风格。左腿站立，右腿屈膝提起，右脚收至裆前，脚尖上翘并内扣；两掌逐渐握拳，左拳经体侧上举至左额前上方，右拳收于左胸前；眼看右前方。

42式独立打虎

2. 退步打虎

撤步接做打虎势，名为退步打虎。

吴式（竞）：称退步跨虎，右脚向右后落步，转体成右弓步，随即右腿伸膝支撑，左腿屈膝外展、提起，左脚尖翘起；两掌向下、向右捋，右手变拳屈肘架于右额上方，左手变拳屈肘置于右胸前；眼看前方。

吴式（竞）退步跨虎

擒打　擒，即捉住、抓拿；擒打，即拿与打拳结合。因擒打与不同步型、步法动作相配合，故有上步擒打、歇步擒打之分。

【功效】练习此式可以锻炼人的旋臂、旋腕，以及臂、腕、指缠拿之力，有利于增强臂力与腰、腿劲力的协调配合能力。

【攻防】擒住对方手臂，继而进步用拳打对方胸、腹部。

【各式比较】48式、42式的擒打动作分别将配合的步法、步型进行联合命名，称为上步擒打、歇步擒打。

1. 上步擒打

上步擒打是上步完成擒打动作。

48式：右脚外展落地，左脚上步，成左弓步；右掌向右外划弧，握拳收于右腰间，

48式上步擒打

左掌向左、向前划弧缠拿扣腕握拳于体前，随即右拳向前打出，左拳微向后收于右腕下方；眼看右拳。

2. 歇步擒打

歇步擒打是下肢为歇步的擒打。

42 式：右脚经左脚向前盖步，两腿交叉屈蹲，成歇步；左掌由左向前下俯掌按拿、握拳收于腹前，右拳由腰间向体前经左前臂上方向前、向下方打出；目视右拳。

42 式歇步擒打

退步穿掌　退步穿掌是退步向体前穿掌的动作。

【功效】练习此动作有利于提高上下肢的协调配合能力。

【攻防】若对方以右拳向我左侧击来，我速提起右掌贴其右拳内侧、搭腕，并退步含胸向我怀内採手，同时以左掌直向其面部或喉部冲击。

【各式比较】42 式与 48 式的退步穿掌动作相同，但前一衔接动作不同。

48 式：右脚撤步，左腿屈膝成左弓步；左掌由右前臂上方穿出，右掌横按于左肘下方；目视左掌。

48 式退步穿掌

虚步压掌　虚步，向下盖压掌，故名虚步压掌。

【功效】此动作是一个化解攻击的技法。练习虚步能增强下肢的支撑力量。

【攻防】若对方从身后用左脚向我腰部踢来，我快速右转体并撤步，以右手搂开其进攻腿，左手按压其进攻的手臂。若其从正面，上用手击我胸部，下用腿踢我小腹，我迅速后撤步的同时，一手搂开其腿，另一手下压其来拳。

【各式比较】48 式与 42 式的虚步压掌动作相同。

48 式：右后转体，成右虚步；左手自上而下横按、压于右膝前上方，右手经腹前搂按至右胯旁；目视前下方。

48 式虚步压掌

武式（竞）：称按势，其下肢动作也为虚步，与虚步压掌基本动作相同。

武式（竞）虚步按掌

马步靠　半马步配合左臂肩靠法，故命名为马步靠。

【功效】马步靠主要练习肩、臂的挤

靠发劲。经常练习此动作可以增强人的肩、臂、腰、胯、膝各关节的协调性和整体合一的发劲。

【攻防】若对方抓我的手臂向斜下捋带，当识别其意图时，我借势向前上步跟进，锁扣其一条腿，用肩、臂靠击对方的胸部。若其用右手向我胸部击打，我则用右手由上向下黏握其腕，以左手由下向上托其肘，形成撅其臂的合力；若其挣脱，我则顺势跟进靠挤其身，以左肘顶击其腹或肋部。

【各式比较】42 式与 48 式的马步靠动作基本相同。细微区别是靠出的左拳置于左膝前。

48 式：左脚上步，成半马步；左臂由胸前下落经腹前内旋，左手握拳向身体左侧靠出，置于左膝上方，右掌经右耳侧落至左肘内侧，推助左臂向前挤靠；目视左前方。

48 式马步靠

抱虎归（推）山　视敌为虎，抱而掷之，或者用抱势化其力，借力推之，故名抱虎归（推）山。

【功效】抱虎归（推）山的转身换势改变了套路行进方向。练习此动作有利于增强肩、背、腰各部位间的协调性和整体合一的劲力。

【攻防】若对方从我身后右侧用左手袭击我头部，我快速右转体，用右手搂抓其手臂，并圈绕其臂，上步欲锁扣其腿、反击对方；若其撤步、收回左手，我则顺势上步跟进，加力推击对方的胸部。

【各式比较】武式（竞）、孙式（竞）称抱虎推山。传统陈式太极拳中有抱头推山动作，传统杨式、吴式太极拳中有抱虎归山动作。虽然各式太极拳的动作名称不完全相同，但基本技击内涵相同，都突出推法。其中，杨式、吴式、武式太极拳抱虎归山动作的基本技术要素是斜向的搂膝拗步，孙式太极拳抱虎归山动作为双手前推。

88 式：称抱虎归山。右脚向右后撤步，转身成右弓步；右手由左肩前方向下、向右搂按于右膝外侧，左臂由左肩侧屈肘，左手经左耳旁向前推出；眼看左手。

88 式抱虎归山

武式（竞）：左脚上步，成左弓步；左掌向左弧形搂至左腹前，右掌由右耳侧向前推出；目视右手。

武式（竞）抱虎归山

孙式（竞）：右脚上步，左脚跟步，两腿屈膝；两手一齐向前推出；眼看两手中间。

孙式（竞）抱虎归山

转身大捋　转身，两掌做大捋手法，故名转身大捋。

【功效】练习此动作能够锻炼转体、步法变换的灵活性，增强腰的拧转劲力。

【攻防】这是一个反关节压肘动作，通过撤步、转体使对方失去平衡，并管压其肘，控制其反击能力。若对方出手击打或抓我面部或胸部，我一手抓其腕，旋拧其手臂，另一手上托其肘，撤步转身捋带其手臂，使其脚拔起、重心失控，并顺势用肘滚压对方肘关节，以控制其半侧身体。

【各式比较】42式与48式的转身大捋动作相同。

48式：右脚脚前掌碾转、脚跟外展，左脚后撤一步，身体向左转，成左侧弓步；两臂上举，右掌在身体右侧，左臂屈肘于胸前，两掌向左平捋，随即双臂外旋，左掌变拳收于左腰间，右臂屈肘滚压置于体前，右掌变拳；目视右拳。

48式转身大捋

上步七星　上步成虚步，两臂交叉，两拳（掌）斜相对，称为七星式。另一种解释为：此动作突出了身体的七个部位，即头、肩、肘、手、胯、膝、脚，恰似北斗七星，故名。

【功效】此动作主要练习周身一体的掤劲。

【攻防】若对方用拳向我面部击打，我在两臂交叉上架其手臂的同时，上步起脚踢攻对方的胫骨、裆部。

【各式比较】各式太极拳上步七星动作外形相似，用法相同。其中，陈式（竞）、杨式（竞）的下肢动作为虚步，上肢动作为两拳交叉于胸前。但吴式（竞）、孙式（竞）两手为掌，武式（竞）、孙式（竞）的下肢动作为跟步。

48式：右脚上步，成右虚步；左手握拳置于体前，右拳由后向前、向上架起，两腕交叉；目视左拳。

48式上步七星

88式、杨式（竞）、42式：动作与48式的相同。

陈式（竞）：左脚上步，成左虚步；左拳由体侧斜下方外旋，向下、向体前划弧至右腕外侧，两腕在胸前交叉，随即两拳内旋，向里、向下、向前绕一圈变掌外撑，掌心向外；再两臂外旋，两掌变拳反向回绕一圈，左拳在里；眼看前方。

陈式（竞）上步七星

吴式（竞）：右脚上步，脚跟着地，成左坐步；右手由左肘内侧向左腕下伸，两手在胸前交叉搭腕，手心皆向外；眼看两手之间。

吴式（竞）上步七星

武式（竞）：右腿收至左脚内侧，并步踏脚，两腿屈膝；右掌由体右侧后下方变拳向前、向上击拳，左拳变掌扶于右前臂内侧；眼看右拳。

武式（竞）上步七星

孙式（竞）：左脚向前活步，右脚跟步至左脚后；左臂由体前屈肘立掌，右手由右胯侧向前、向上划弧从左腕下伸出，两腕交叉；眼看两手。

孙式（竞）上步七星

退步跨虎　两腿屈膝、一实一虚，其形如跨虎之势。因结合退步完成动作，故名退步跨虎。

【功效】此动作主要练习腕、肘、肩、腰、胯、腿部关节贯穿一体的外掤劲和分捌劲。

【攻防】若对方用手击我胸部或用脚踢我小腹部，我随即撤步，并用手向一侧搂开其臂、腿或向下拍击其踢过来的脚，乘机出另一手推击对方的肋部，或用膝撞击、脚踢对方小腹部。

【各式比较】陈式（竞）的下肢动作为丁步，88式、杨式（竞）、武式（竞）下肢动作为虚步，吴式、孙式太极拳的下肢动作为一腿独立支撑、一腿屈膝上提。陈式（竞）两掌左右分开后又合于体前；杨式（竞）两掌左右分开；吴式（竞）的上肢动作为两掌左右分开后，左掌上提变勾手，右掌立掌推出；武式（竞）的上肢动作为两掌左右分开后，由掌变拳。

88式：右脚后退一步，成左虚步；两掌由胸前向下、向左右分开，右手停于右额前，左手下落，停于腰部左前侧；眼看前方。

88 式退步跨虎

陈式（竞）：左脚后撤一步，右脚收至左脚内侧，脚尖点地，成丁步；两掌分别向左右弧形分开，随即左掌向左、向上、向右划弧外旋，屈肘立掌举于左胸前，右掌向右、向上、向左划弧外旋，至左肘内侧下方；眼看左掌。

陈式（竞）退步跨虎

杨式（竞）：右脚后退一步，左脚脚前掌着地，成左虚步；两掌向下、向两侧弧形分开，右掌举于头右上方，左掌按于左胯外侧；眼看前方。

杨式（竞）退步跨虎

吴式（竞）：右脚后撤一步，成独立支撑，左腿屈膝上提，脚掌内扣；右手向下、向右后划弧至右胯旁，右臂屈肘，右手提至右耳侧，向前推出；左手向下、向右划弧至腹前，再向左搂至左膝外侧，变勾手提至体左侧；眼看左前方。

吴式（竞）退步跨虎

武式（竞）：右脚后撤一步，左脚尖虚点地，成左虚步；右掌由体前向下、向右、向上弧行举至侧前方，握拳外旋至体右前方，左掌由体前向右、向下按至腹前，再握拳收于左胯侧前方；眼看正前方。

武式（竞）退步跨虎

孙式（竞）：右脚后撤一步，左脚撤至右脚前，随即右腿独立支撑，左腿屈膝

孙式（竞）退步跨虎

上提、脚尖翘起；左手向下搂至左胯侧，右手外旋向下、向左、向上、向右划弧经额前内旋下按至腹前，再上抬；眼看右手。

42 式：退步跨虎属吴式太极拳风格。右脚向右后撤一步，左脚稍后收，随即右腿独立支撑，左腿前举，膝微屈，脚尖内扣；右掌向右下方划弧至右胯旁，再向上经头前向左、向下划弧，落于左腿外侧，向前、向上挑起成侧立掌；左掌在体前稍向右、向下经腹前向左划弧，按于左胯外侧，再变勾手上提，举于体左侧；目视前方。

42 式退步跨虎

独立跨虎 一腿支撑平衡，一腿屈膝上提成独立支撑，两臂向身体两侧分别挑掌、提勾。

【功效】此动作主要练习上下肢协调用劲。

【攻防】防守上肢进击，转腰配合，勾踢对方脚跟进行反击。

【各式比较】48 式独立跨虎动作与 42 式退步跨虎动作相同。

转身摆莲 转体，两臂与外摆腿在空中左右交错，犹如摇动中的莲花，故名转身摆莲。

【功效】此动作主要是上下相向运动，练习腰、胯的拧裹劲，以及上下反向的挫力发劲技术。

【攻防】此为上横击、下扫的方法。若对方从身后用拳击来，我随即上步转体闪开，并用手搂、格对方的手臂，顺势起外摆腿踢击对方的面、胸、肋等部位。

【各式比较】各式太极拳转身摆莲的命名略有不同，转体角度有大有小，但主体技术部分都是转体外摆腿。

48 式：以两脚脚前掌为轴，向右后转体约 270°，成右虚步，右腿提起做扇形外摆动作；右掌经胸前向左肘下方穿出，右前臂内旋，掌心转向前，举于体右侧，左掌自左后向前划弧平摆至体前，左掌自右掌内侧收回至右肩前；随右脚做扇形摆莲腿，两掌自右向左摆掌、拍脚；眼看两掌。

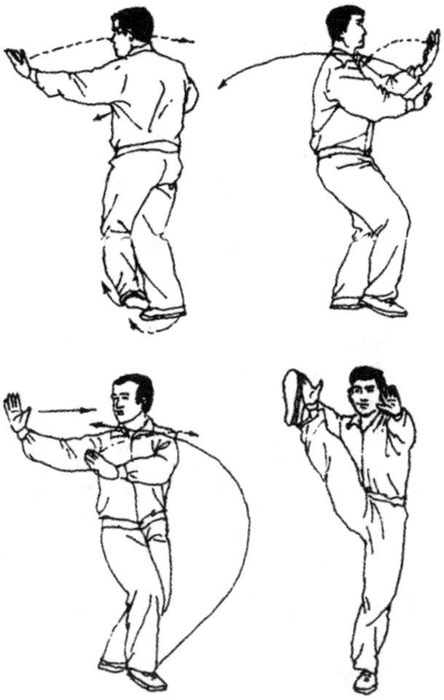

48 式转身摆莲

88 式：称转身摆莲脚。左脚内扣，右后转体，起右腿外摆；右手顺左臂外侧上举，两手经头上向右摆，再向左摆，击拍右脚；眼看双手。

陈式（竞）：左脚尖外摆，右腿向左、向上屈膝提起，再内扣落地支撑，上体左后转，左脚尖点地，随即左腿做弧形外摆腿；左手向上、向左划弧至左肩前上方，右手向右、向下划弧至右胯旁，随后两掌向左划弧，左手至左肩前方，右手至左胸前，向右摆依次拍击左脚面；眼看左手。

88 式转身摆莲

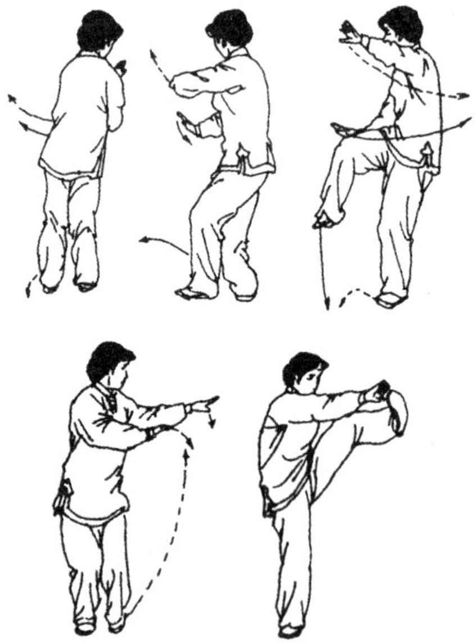

陈式（竞）转身摆莲

杨式（竞）：左脚跟外展，右脚尖外摆，左腿提起向右弧形上步，右后转体约360°，成右虚步，右腿屈膝提起、摆踢；右掌沿左臂上方向前、向右弧形摆至身体右侧，左掌由胯旁向左、向前上方弧形举于体前，两掌向右后水平摆掌，左掌置于右前臂里侧，再将两掌向左平摆依次击拍右脚面；眼看两掌。

杨式（竞）转身摆莲

吴式（竞）：左脚尖内扣，右脚掌外碾，向右后转体，成右虚步，右腿做外摆；右掌经左前臂外侧向前、向上、向右划弧至右前方，左手收落于右肘内侧，两掌向左平摆击拍右脚；眼看拍脚方向。

吴式（竞）转身摆莲

武式（竞）：右脚向前外摆上步，左腿屈膝上提，再向右脚右前方扣脚落地，随上体右转，右腿做外摆；右掌经左前臂下穿出，向右划弧举于右前方，左臂向右、向后划弧经胸前再向左划弧前举，两掌心向下，两掌由右向左平摆击拍右脚；眼看拍脚方向。

武式（竞）转身摆莲

武式（竞）的另一个转身摆莲动作，名为转身十字摆莲。衔接前一动作，右腿独立支撑，以右脚跟为轴，左后转体，左腿屈膝收提，再伸膝向右、向上、向左弧形外摆；两臂由两侧屈肘交错相合于体前，随即右掌向右拍击左脚面；眼看拍脚方向。

武式（竞）转身十字摆莲

孙式（竞）：左脚扣脚落于右脚内侧，成八字形，向右后转体约 180°，右腿做外摆腿；随转体，两掌弧形举至胸前，向左平摆击拍右脚面；眼看两掌。

孙式（竞）转身摆莲

42 式：与 48 式的转身摆莲动作基本相同，细微区别是，42 式的转身摆莲动作为左脚下落扣步在右脚前方，后转体幅度小于 48 式。

摆莲跌叉　陈式太极拳独有式架，由摆莲和跌叉两个动作组成，故名摆莲跌叉。

【功效】此动作对人的下肢柔韧性、力量都有较高的要求。经常习练此动作有利于增强人的下肢力量和髋关节的柔韧性。

【攻防】若用摆腿向外扫击对方的面部，对方迅速下潜身体躲过攻击腿法，我则一手由下向上挑挡，另一手乘虚攻击对方。

陈式（竞）：摆莲，右脚向右划弧摆腿，两掌依次击拍右脚面；跌叉，右脚于左脚内侧震脚、踏地，右腿屈膝下蹲，右膝内扣，臀部、右膝内侧贴地；左脚提起，以脚跟贴地向左前铲出；右掌变拳前平举，经面前向上、向右划弧，举于右上方，左拳外旋向右、向下划弧收于右胸前，再向前击出；眼看左拳。

陈式（竞）摆莲跌叉

弯弓射虎 形似射手开弓状，如猎人骑马拉弓向下射虎，故名弯弓射虎。这是一个双拳绕打动作，是太极拳中仅有的几个拳法动作之一。

【功效】此动作主要练习肩、臂、腰、胯各部位整体的蓄劲发力技术。

【攻防】当对方用右拳击我胸部时，我用双手黏住其臂引化，随后利用腿、腰、臂、拳的合力，以双拳贯击对方要害部位；或用右手贴其手臂上架化解，左手乘虚打其肋部。若其用右手抓握我右臂，我缠其腕向右后捋带，并向上挑架其右臂，左手顺势乘虚击打对方右肋。

【各式比较】各式太极拳弯弓射虎动作外形相似，只有孙式太极拳两手为掌。

48 式：右脚向右前落步，成右弓步；两掌向右划弧至身体右侧时变拳，随上体左转，左拳经面前向左前方打出，右拳屈肘收于右额前；目视左拳。

88 式：与 48 式的弯弓射虎动作基本相同，区别在于 88 式弯弓射虎的转体幅度较大。两手经身前向右后方划弧变拳，再经面前打出。

48 式弯弓射虎

88 式弯弓射虎

杨式（竞）：右脚向右侧落步，成右弓步；两拳自左向下、向右划弧，右拳架于头右上方，左拳由胸前向左前方打出；目视左前方。48 式打出的左拳拳眼斜向下，杨式（竞）打出的左拳拳眼向上。

杨式（竞）弯弓射虎

吴式（竞）：右脚向右前方落步，由马步变为右弓步；两手经体前向右划弧至右膝侧上方，右臂屈肘，右手变拳提至右肩前，左臂屈肘，左手变拳提至右胸前；随左转体，右拳向左前方打出置于额右前方，左拳以左肘关节为轴，经上向前、向左划一小弧再向前打出；眼看左前方。

吴式（竞）弯弓射虎

武式（竞）：左脚内扣、右脚外摆，转身成右弓步；两掌由左侧向右捋至腹前，左掌变拳提至胸前，右掌变拳提至右肩前，两臂内旋，右拳向上架于右额角，左拳向上经面前向左弧形打出；眼看左拳。

武式（竞）弯弓射虎

孙式（竞）：成右弓步；两手由腰侧同时内旋向前伸出，手心均向下，高与肩平；眼看两手之间。

42 式：右脚向右前方落步，成右弓步；两掌下落，向下、向右划弧至身体右侧时两手握拳，左拳经面前向左前方打出，右拳屈肘向左前方打出至右额前；目视左拳。

孙式（竞）弯弓射虎

42 式弯弓射虎

迎面掌　迎面出掌，直奔眼、鼻，故名迎面掌。

【功效】习练此动作有利于锻炼人的周身协调、合一用劲。

【攻防】若对方出掌或拳向我胸部击打，我则以右手捋其手臂，同时上步出左掌直奔对方，或推击、或抓戳其眼睛。

吴式（竞）：以左迎面掌为例。左脚经右小腿内侧向前落步，成左弓步；右掌内旋屈肘下落，横于胸前，左掌经右臂上方向前推出，右臂屈肘收至左肘下；眼看左手。

吴式（竞）迎面掌

对心掌　直奔心窝的推掌，故名对心掌。

【功效】习练此动作有利于锻炼腰、胯、肘、腕部关节的内劲和灵活劲。

【攻防】若对方向我胸部推击，我先将对方下引压按，利用对方的跟进借势反推对方胸部，以柔化刚。若对方用手向我胸、面部击打，我则一手格挡、贴住上架，另一手随上步击打对方胸、面部。

武式（竞）：左脚向左前上步，成左弓步；左臂屈肘向前、向上掤起，经胸前再内旋架于头前上方；右掌由胸前经左臂内侧落于腰侧，再向前推掌；眼看前方。

武式（竞）对心掌

按势　随重心下降，掌由上向下按，故名按势。

【功效】习练此动作有利于锻炼大腿股四头肌力量。

【攻防】其基本用法是将对方进击的拳或脚搂开、下按以化解之。

【各式比较】42式、48式的转身虚步按掌动作，按掌于虚步腿膝上方，近似于武式（竞）的按势。

武式（竞）：左脚上步，脚尖着地，成左虚步；右掌由体右侧向前弧形下按于体前，与左脚上下相照，与腹同高；左掌由腹前向左经左膝上方向后搂至左胯旁；眼看右掌。

武式（竞）按势

开手　孙式太极拳独有式架。因其为两手分开的手法，故称开手。

【功效】此式与合手一同体现了太极拳的动作与呼吸自然配合，即开吸合呼。经常习练开、合手可以提高胸廓、膈肌的运动弹性，有利于肺呼吸功能的改善。

【攻防】若对方从我身后用两臂抱住我上体，我以开手应对，两肘撑住、圆背，使对方两臂无法抱紧，以摆脱其束缚。

【各式比较】在各流派中，唯孙式太极拳有此动作。42式开手动作与孙式（竞）开手动作相同。

孙式（竞）：两脚平行站立，重心左移，右脚跟离地；两掌心相对，在胸前向左右开手，与肩同宽；目视前方。

孙式（竞）开手

合手　孙式太极拳独有式架。因其为两手相合的手法，故称合手。

【功效】习练合手动作有利于增加呼吸深度，增强气沉丹田的效果。

【攻防】若对方从我身后用两臂抱住我上体，我即将合手与开手配合使用，圆背、撑肘、转体，随即摆脱其束缚。

【各式比较】在各流派中，唯孙式太极拳有此动作。42 式的合手动作与孙式（竞）的合手动作相同。

孙式（竞）：两脚平行站立，重心右移，左脚跟离地；两掌在胸前慢慢里合，与脸同宽；目视两掌中间。

孙式（竞）合手

金刚捣碓　陈式太极拳独有式架。震足砸拳，如同古时用石器特制的捣米工具捣米一样，故名金刚捣碓。

【功效】砸拳、震脚要用沉坠劲，穿透性强，给对方以足够的震慑和打击。习练此动作有利于提高向下贯穿的松沉劲，以及下肢的稳定性、控制力。

【攻防】若对方上步向我胸前发力，我则用左手向前撩抖其面部；若对方退而后仰，我即左手变虚，同时右手变拳向对方胸部及下颌击去，并提膝向对方下腹部撞击，脚向下沉踩其脚背。

陈式（竞）：右脚上步，成右虚步，随即右腿屈膝提起，即刻右脚向左脚内侧踏地震脚；右掌向前撩掌变拳上提，再下落，砸击于左掌心，左掌落至腹前，掌心向上；眼看前下方。

陈式（竞）金刚捣碓

提收　陈式太极拳独有式架。提，向上提之；收，使对方进攻的劲力落空。依据其技击方法而命名为提收。

【功效】此式体现太极拳顺势借力和造势借力的巧用。它是上防下攻的膝法。两手与膝法紧密配合，周身一体，有利于锻炼人的支撑平衡能力。

【攻防】若对方上右步以双掌向前推击我，我则右转，以双臂开合顺缠的採、挒劲横击其左右肘，使其双臂被截。若对方化解了採、挒劲，进步以双肘向我击来，我则乘势以双手搂其头部用双逆缠下採、按其头部，同时提左膝向其胸、面等部撞击。

陈式（竞）：左脚收至右脚前，脚尖点地，随即左腿屈膝上提；两臂外旋，合于身体左前方，两掌收于腹前，随即两臂内旋，两掌向前推按，左掌置于左膝前，右掌置于左膝内侧；眼看左掌。

陈式（竞）提收

前蹚　陈式太极拳独有式架。上步似向前蹚步，体现穷追猛击之势，故名前蹚。

【功效】习练此动作可以锻炼人的下肢力量及平衡能力。

【攻防】当我与对方贴近时，我以两手捧其左臂，乘势近身，用右肘击其左胸或左肋部。当对方察觉左侧有被袭击危险，果断后退时，我即乘势提右腿向右前方蹬、踩其中盘和下盘；或者上右步用手击其胸、面等部。

陈式（竞）：右脚经左脚内侧向右横迈一步，成偏马步；两掌交叉于胸前，再两掌向左、右划弧展开，垂肘、沉腕，腕同肩平；眼看右掌。

陈式（竞）前蹚

背折靠　陈式太极拳独有式架。以背的折转、靠击打身后的对手，故名背折靠。

【功效】此动作通过两臂的缠绕、腰的旋拧发出开中寓合的内劲，锻炼人的腰背肌力量。

【攻防】若以右背折靠击对方右胸，如对方离我稍远，我可用右肘向其肋部、腹部击打，再用腕背点击或用拳击；如对方下沉，我则趁下沉左转，右手拿其右手逆翻向上，配合左手拿其左手逆缠沉，右肩、背、胯逆缠上翻将其挑起摔倒。

陈式（竞）：成偏马步；左臂屈肘，左拳内旋，拳面贴于左腰侧，右拳外旋屈腕向左划弧置于左肩前，随上体向右拧转靠，右拳内旋，向右上方捧架，拳置于右额前上方；眼看左脚。

陈式（竞）背折靠

青龙出水　隐蔽动作意图，藏行藏意，如水中青龙出击，难以预料，故名青龙出水。

【功效】这一动作的发劲是寸劲，发力急促，距离短。手臂缠丝动作主宰于腰背，两腿的顺缠、逆缠与之配合，使全身关节贯穿一体。习练此动作有利于锻炼人的腰、腿劲力。

【攻防】若对方用右拳击打我头、胸部，我用左手贴其手臂向下採，同时出右手直奔对方的眼或咽喉。若其用左拳向我头、胸部击打，我用右手黏贴其手臂外侧向下採；对方紧接出右手击打我胸部，我用左手化解，并乘势迅速出击右手击打其胸肋或小腹部。

【各式比较】武式（竞）与陈式（竞）的青龙出水区别很大。

陈式（竞）：成右偏马步；右拳外旋向前、向下划弧，内旋经右肋旁向下、向右、向上划弧至与肩同高，屈肘外旋；左拳由左腰侧外旋向下、向左、向右划弧至胸前，再向右、向下、向左收于左腹前；随即左拳内旋变八字掌，迅速向右前下方抖弹撩出，同腹高，右拳外旋向左合收于左上臂内侧，再内旋迅速向右前下方发力至右膝上方，左掌收贴于左腹部；眼看右拳。

武式（竞）：左脚后撤，成右弓步；左掌弧形下落于右腹前，右掌由胸前经左掌下穿出；眼看右掌。

陈式（竞）青龙出水

武式（竞）青龙出水

斩手　陈式太极拳独有式架。一手向下沉挫，另一手有上提之意，形似左手击右手，成斩手之势，故名斩手。

【功效】此动作为解脱手腕被控的手法。习练此动作有利于臂、腕力量的增强。

【攻防】右拳快速顺缠略上扬变逆缠向对方擒拿我右手腕的右手，以採出击，左手截击辅助；同时，右脚乘机向对方最近的脚面施用下沉跺踩。

陈式（竞）：右脚外摆落地，右转体，左脚震脚，落地靠近右脚内侧，两腿屈膝全蹲；右掌内旋，随右转体，右臂、右掌由下向上、向腹前反背下落，左掌向左、向上、向前、向下切掌置于右掌斜上方；眼看右掌。

陈式（竞）斩手

翻花舞袖　陈式太极拳独有式架。两臂以腰为轴的翻抖动作，犹如仙女长袖舞动，故名翻花舞袖。

【功效】两臂的上举、下砸与转腰、提膝协调一致，上、下形成合劲，单腿独立站稳。习练此动作可锻炼人的腰腹和下肢平衡能力。

【攻防】若对方用右脚蹬踹我右侧，我乘势右转，左膝上提护裆，以避对方右脚蹬劲，同时左拳逆缠上翻经胸前变顺缠向左外上翻，再向左外下沉，向对方右腿胫骨截击，右拳以顺缠经身右侧上翻至右耳右侧，以保持身体平衡稳定。若对方抓拿我左手腕、臂，我解脱被抓的同时，提膝撞击对方下身。

陈式（竞）：右腿独立支撑，左腿屈膝上提；左掌变拳在体前向下、向右、向左绕一立圆，置于左膝外侧；右掌变拳向下、向右、向上划弧上举，稍高于头；眼看左前方。

陈式（竞）翻花舞袖

海底翻花　陈式太极拳独有式架。双臂翻动、发力有如翻江倒海之势，故名海底翻花。

【功效】此式是一个蓄而后发的技法动作。蓄劲于腰，力由腿发，传于腰，力达指端末梢，形成上下整体的合劲。习练此式可锻炼人上下肢的协调性以及小脑的平衡能力，并增强上肢肌肉的爆发力。

【攻防】若对方乘我左腿单脚着地之机，从侧后上左步，双掌按来，或抓我双臂，我则乘势向右转，左腿逆缠，脚向里转，用右膝外摆撞击对方腹部、胯部，同时右拳由腹前逆缠上翻，经胸前变顺缠再向右外下砸对方胸、肋部。

陈式（竞）：左腿独立支撑，右腿屈膝上提；右臂内旋向下、向左划弧，右拳置于右膝内侧，左臂屈肘，左拳向上、向右、向下划弧停于右胸前；右拳向左、向上在胸前经左前臂内侧向上、向右经面前，再向右下划弧，外旋下压于右膝外侧，左拳向右、向下、向左经腹前外旋向左、向上举于左肩前上方；眼看右拳。

陈式（竞）海底翻花

连珠炮　陈式太极拳独有式架。两手交替连续快速进击，以迅雷不及掩耳之势快打、快收，故名连珠炮。右腿、右臂在前的连珠炮称为右连珠炮，反之称为左连珠炮。

【功效】此式是一个蓄而后发的动作。通过脚的擦地、蹬地、跟进步法助力腰、臂、手蓄力的发放。反复习练此式，可以提高腰、臂及大腿内收肌群的力量。

【攻防】若两手抓住对方左腕、肘部，向左外下採、捋时，对方后仰顶住，我随即运用欲后先前、欲下先上的身法，使其判断错误，合住劲顺势将对方推出。

陈式（竞）：以右连珠炮动作为例。右腿屈膝，脚跟提起，右脚向右活步，左脚蹬地，以脚跟擦地跟进半步；右臂屈肘，右手外旋向下、向左、向上托于右肩前，左手向下、向左划弧内旋经胸前，屈肘、屈腕掤于左耳侧；两手内旋划弧收于胸前，再合劲迅速向前推出，左手同胸高，右手同肩高；眼看右手。连续重复两次此动作。右连珠炮与左连珠炮动作相同，左右相反。

陈式（竞）连珠炮

白猿献果　陈式太极拳独有式架。提膝，右拳经由腰侧上提于体前，形如猿猴捧献果子，故名白猿献果。

【功效】习练此动作可以锻炼人的腕、肘、肩以及腰、胯、膝、踝等上下各关节的灵活性和周身的协调配合能力。

【攻防】若对方从左后侧用两手环抱住我，欲将我抱起摔倒在地，我乘势向左转约 90°，先螺旋下沉再上升，同时左腿顺缠，脚尖外摆着地，右腿逆缠里转膝上提随右拳上冲，向对方裆部撞击。左拳贴在肋部顺缠旋转、向下沉，配合右拳冲击对方下颌，上下同时进攻。

陈式（竞）： 左腿独立支撑，右腿屈膝上提；左拳向下、向左划弧收于左腰侧，右拳经腰侧向前、向上划弧至右肩前；眼看右拳。

陈式（竞）白猿献果

双推手　陈式太极拳独有式架。两手向前推掌，故名双推手。

【功效】双推手发劲时，肩催，肘随，力达掌根，腰背与推手形成反向的对拔劲。习练此动作可以锻炼胸、背吞吐、收放的灵活性。

【攻防】若我贴近对方身体时，对方撤步欲逃走，我则乘势将双臂由逆缠变顺缠伸臂，以双手推其胸、肋等部。

陈式（竞）： 右腿屈膝，左脚尖外展，点于右脚内侧，成左虚步；两手由肩上向前、向下经胸前立掌平推；眼看两手中间。

中盘　陈式太极拳独有式架。随对方防守而横向捌开，随对方下沉而攻其下盘，用法万变不离其宗，故称其为中盘。

陈式（竞）双推手

【功效】以腰的转换、胸的含展，带动两臂在胸前合臂、缠绕、划圆。两臂左右分开时，舒胸、腰脊中正。此动作可以练习胸、背的含展与灵活变换，增强腰背的肌力和下肢的支撑力。

【攻防】中盘是化打结合动作。上步锁扣对方腿脚或踏中插裆贴近对方身体，先合再开，以右肩向对方胸肋撞击。若对方退步或仰身，我用右肘向其胸、腹或肋部击打，如距离远则用右腕背向其胸部或下颌攻击。

【各式比较】陈式（竞）将中盘、三换掌融入一个动作。传统陈式太极拳将中盘、三换掌划分为两个式子。

陈式（竞）： 左脚踏地，右脚跟贴地向右侧横铲出，成右偏马步；两臂胸前相合，继而左掌向前、向左下划弧于左膝上方，右掌向前、向右上划弧，屈腕上提于头右前方；眼平视前方。

陈式（竞）中盘

前招　陈式太极拳独有式架。因左、右两个重复动作，前后连贯一体，故先做的动作为前招，第二个动作为后招。

【功效】此式是欲左先右，欲前先后，声东击西，迷惑对方的技击手法。此动作以腰带动两臂的缠绕，完成上领下打的击法。习练此动作有利于增强腰部力量。

【攻防】若对方左脚上步锁扣我右脚，向我逼近，我乘势快速右转、下沉，再左转上升，随即进身用右肩靠击对方左肋及左胸；稍远则用右肘击其胸、腹等部，同时右腿逆缠，左脚向前迈步；远可用左手向对方胸、面等部横击。若对方退右步避我进击之势，我即乘势左转上升用后招，用右臂、肘或手横击其左腰、肋部。

陈式（竞）：左脚向左前方迈半步，脚尖点地，成左虚步；右手展指，先外旋再内旋，在右肩前上方缠绕一圈置于额右前方，掌心向外，左手展腕向左、向前划弧于左膝前上方；眼看左手。

陈式（竞）前招

后招　陈式太极拳独有式架。与前招动作相同，左右相反。参见“前招”条。

陈式（竞）后招

护心捶（兽头势）　陈式太极拳独有式架。两拳合抱于胸前，护住胸（心）部，以防外来之力袭击，故名护心捶，又称兽头势或打虎势。

【功效】此动作以腰为轴带动两臂旋转缠绕，要求气沉丹田、蓄劲于内，前掤于两臂，后撑于腰部，经常习练有利于腰肾之气的培植和增强。

【攻防】若对方从我左前方用左脚向我裆部踢来，我即左转下沉，左拳、臂肘向前外下沉，以採劲截击对方，使其被击失势。同时，我右拳顺势逆缠由右后上翻，经右耳向前略下沉以肘向前向其胸、腹部击出。护心捶的两臂相合，含有截拿对方左臂反关节之意。

陈式（竞）：屈膝半蹲，成右偏马步；左拳由左腰侧向左、向上、向右屈臂划弧运至额前，再向下、向右经胸前至右肋前，右拳内旋向下、向内划弧，在腹前外旋向上，经胸前从左前臂内侧向左前方伸腕掤出，同胸高；眼看右拳。

陈式（竞）护心捶

退步压肘　陈式太极拳独有式架。退步裹肘向下採压，向前出掌横击，故名退步压肘。

【功效】此动作是蓄而后发的典型发力技术，经常习练有利于加强腰的灵活性和手臂的爆发力。

【攻防】若对方以左手拿或按住我左

手腕，同时右手制住我左肘，欲用按劲将我推出，或者想用左顺右逆的擒拿法截我左腕、肘关节，使我受制失势。我乘势右转，引进落空，同时用右手抓捋对方右手腕，配合左肘里合下沉，截其手劲，使其受制。斜后退步的目的是加强向前的挫力和支撑力，以维持身体平衡。

陈式（竞）：右脚脚前掌贴地面向左后划弧收于左脚右前方，经左脚内侧向右后擦地退步，踏地；左手向右划弧平摆，屈腕内旋上提于右胸前；右手外旋，向左划弧平摆于左肘下；左手经右臂上方横掌迅速向左前方击出，右臂屈肘回收于腹前；眼看左手。

陈式（竞）退步压肘

劈架子　陈式太极拳独有式架。有的书中又名披架子，因其技击手法而得名。

【功效】此动作对于人的跳转平衡能力、协调性有很好的锻炼作用，有利于发展腰、腿、臂的爆发力。

【攻防】挂、劈、採击对方的臂、肩、胸、头等部位，同时配以下肢的踩踏。

陈式（竞）：右腿屈膝上提，左脚蹬地跳起，身体向右后翻转 180°，右脚、左脚依次落地，两腿屈膝；左手外旋，同右手一起向上、向右、向前、向下拍掌，左手置于身体左前方，右手落于腹前；眼看左手。

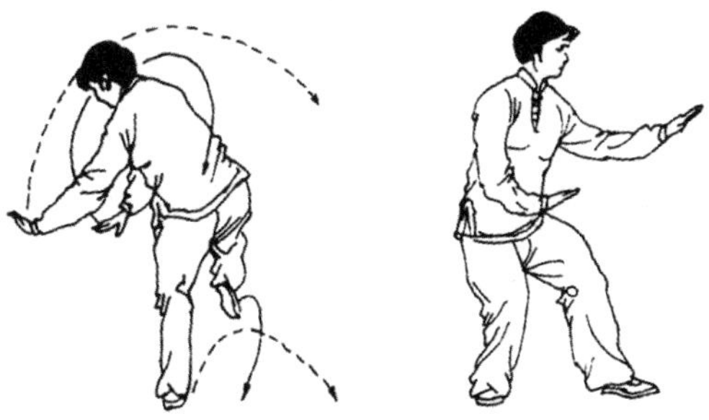

陈式（竞）劈架子

蹬一根　陈式太极拳独有式架。用脚跟蹬击对方裆、腹部，故名蹬一根。

【功效】这是一种攻击性腿法。习练此动作有利于提高人体下肢肌肉的爆发力。

【攻防】若对方踢腿之劲被截劈落空，急于收势含胸坐腰，调整重心平衡，并变招以掌或拳攻击我，我乘势转体螺旋下沉合劲蓄势，再根据对方进击的手法或格或掤架，防上击下，用脚踢打对方膝、肋或腰部。

陈式（竞）：左脚下落，重心移至左脚，右后转体，左腿支撑重心，右腿由屈到伸，脚尖内扣向右上踹出，脚与腰同高；两掌交叉于腹前变拳，两臂分别向左右上方展臂撩拳；眼看右拳。

陈式（竞）蹬一根

擦脚　陈式太极拳独有式架。脚面绷直向前踢出，以上手掩饰下盘进击之脚。此式重在脚的用法，故名擦脚。

【功效】此式是惊上取下之法。习练此动作有利于提高人下肢肌肉的爆发力。

【攻防】若对方用右脚向我胸部、腹部或裆部踢击，我则双臂逆缠，交叉向下防守，随即两臂分手，上打、下踢反击对方。这是上下（手脚）相合的用法。

陈式（竞）：右脚向左前方盖步，两腿交叉屈蹲，随即两腿伸膝，右腿支撑，左腿由屈到伸，向左前上方踢摆，脚面展平；两臂内旋，于胸前屈肘交叠，两手向上，再向左右划弧、分掌，右手分于右侧，左手拍击左脚面；眼看左手。

陈式（竞）擦脚

翻身二起　两脚腾空跃起，依次向前踢出，名为二起（脚）。此式身体翻转后做二起（动作），故名翻身二起。

【功效】此式是腾空跃起的腿法运用，经常习练可以锻炼人下肢的爆发力、弹跳力。

【攻防】若对方用拳袭击我身后，我即转身一手拦截其手臂，另一手击打其胸或面部；若其撤步躲闪，我则上步跳起弹踢对方的腹、肋或腰部。

【各式比较】武式（竞）、孙式（竞）翻身二起动作与陈式（竞）翻身二起动作的基本方法相同，只是上肢动作的某些细节略有不同。

陈式（竞）：右脚内扣，左后转体约180°，左脚活步，右脚上步，蹬地腾起做二起脚；随翻身，左拳向上、向右、向前、向下划弧置于左跨前，拳心斜向上，右拳向下、向上划弧举于头右前方，拳心向左；随左脚落实，右脚向前上步，右拳经头右侧向体前外旋下落，经右胯侧向体后绕臂，左拳经左胯向后，再向体前划圆绕臂，并随右脚蹬地起跳，左腿向上摆腿，右腿再向前摆踢腿，左拳变掌向下、向左划弧，约与肩或头同高，右拳变掌经体右侧向前、向下划弧击拍右脚面；眼看右手。

陈式（竞）二起脚

武式（竞）：左脚内扣，右后转体180°，右脚向前活步，蹬地跃起做二起脚；右拳向上经面前向体前划弧，左掌收至腰间，再右拳收于腰间，左掌经右拳上方穿出，随即右拳变掌向前拍击右脚面，左掌变拳收回腰间；目视右掌。

武式（竞）二起脚

孙式（竞）： 左脚内扣，右脚尖外摆，右后转体约 180° ，右脚向右活步踏实，左脚、右脚各上一步，右脚蹬地腾空做二起脚；右拳向上经右额向前做反背拳，约与肩平，拳心斜向上，左拳在腰间；随左脚上步，左拳外旋向前、向上经右拳上方钻出，右拳内旋收于腰间，拳心向下；随右脚上步，两腿屈膝，左拳下落，右拳后摆；随左腿向前上摆起，右脚蹬地腾空，右腿向前上方踢摆，左拳收于左腰间，右拳变掌向前上伸出，拍击右脚面；眼看拍脚方向。

孙式（竞）二起脚

双震脚　陈式太极拳独有式架。双脚腾空跃起，由空中向下沉降，震脚落地，故名双震脚。

【功效】蹬地跃起要与向上提气、聚气协调配合，落脚踏地要与敛臀沉气协调配合。练习此动作有利于锻炼气的提、托、聚、沉与动作的协调配合。

【攻防】若我将对方右臂肘及腕关节拿住，使其处于劣势，如不想放过对方，我乘势向右转，两脚蹬地腾空，左腿逆缠，右腿顺缠，同时双手快速顺缠上升，在逆缠快速下沉中用採劲猛採对方右肘及腕部，使其向前倾跌。这里用的是欲下先上身法，以加强採劲的威力。

陈式（竞）： 右脚屈膝上提，左脚蹬地跃起，左脚、右脚依次下落、踏地；两手同时外旋裹劲上托于胸前，再内旋下按于胸前，右手在前，左手在右肘内侧；眼看右手。

陈式（竞）双震脚

当头炮　陈式太极拳独有式架。抡起双拳向前迎击，劲如出膛炮弹，故名当头炮。

【功效】此动作是一个爆发力较强的进攻手法，力由腿而腰达于拳面。习练此动作有利于发展人的力量素质。

【攻防】若对方由正前方起右脚向我腹部踢来，我即乘势略向左转再向右转，身体下沉，双拳下沉，以双顺缠向对方右腿胫骨外以採劲击出，然后我再变招取胜。若想追击对方，我先向右下沉身体，以双拳快速由略顺缠变逆缠，里勾折腕，化解对方踢来的腿脚，再出拳向前上方攻对方胸、面部，使其失去反攻能力。

陈式（竞）：成偏马步；右臂屈肘与左拳一起向右前方撞出，右拳在左胸前，左拳在右前臂内下方；眼看右前方。

陈式（竞）当头炮

双撞捶　两拳同时向前撞击，故名双撞捶。

【功效】习练此动作以气运劲，有利于增强上肢力量。

【攻防】若对方两手按推向我攻来，我则两手向下採、捋其臂，随其回收之时，顺势跟进，向对方胸、肋部撞拳击打。

【各式比较】孙式（竞）上步、跟步，两拳向前撞击，拳心向下；武式（竞）跟步，两拳向前撞击，拳眼向上。

孙式（竞）：左脚上步，右脚跟至左脚后；两拳由腹前向前撞击，拳心向下，与胸同高；眼看两拳。

孙式（竞）双撞捶

武式（竞）：下肢重心前移，成左弓步，右脚跟至左脚后；两拳由腹两侧向前撞击，拳眼向上，拳高同肩平；眼看两拳。

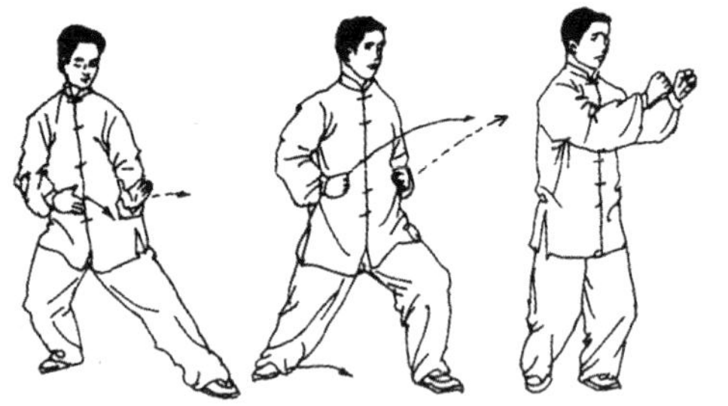

武式（竞）双撞捶

裹鞭炮　陈式太极拳独有式架。此式因两臂向身体中线交叉里合，将躯干向里裹，酷似裹紧的鞭炮而得名，又因裹的是身体，所以又名为裹身鞭，也有人称其为里变。

【功效】此式可加强胸、腰、背脊的开合、刚柔、快慢的变化练习。

【攻防】其基本用法是解脱从后搂抱或双臂被拿住的反击。

陈式（竞）：右腿屈膝提起，左脚蹬地跳起向右后转身，两脚落地，成偏马步；右臂向上绕环一周至身体右前方，斜下举，左臂向左、向上、向右划弧下劈至左前斜上方；两臂腹前交叉，随即屈肘，两拳以拳背为力点向上、向左右迅速发力分击；眼看左拳。

陈式（竞）裹鞭炮

顺鸾肘（后顶肘）　陈式太极拳独有式架。应对身后或右侧搂抱的攻击，双肘顺势向左右、后侧发劲，故名顺鸾肘，又称后顶肘。

【功效】顶肘时配合闭气以助发力。习练此动作有利于提高胸肌、肩背肌的快速收缩能力与顶肘爆发力的协调配合，提高人的自卫能力。

【攻防】若对方右脚在前，左脚在后，双手拿住我右肩肘，反拧我右臂，使我成为劣势，我乘势身先略向左转下沉，再向右转上升，再下沉，变顺缠向其右侧、裆内上步，争取有利形势，以备运用肘击。

陈式（竞）：右脚跟贴地面向右铲出，成马步；两臂向下、向内合臂交叉于左胸前，两手变拳，两臂尽量屈肘，以肘尖为力点向两侧下方发劲顶击；眼平视右侧。

陈式（竞）顺鸾肘

阴阳合一　孙式太极拳独有式架，取阴阳相交、相融为一体，回归太极之意。此式在传统孙式太极拳中名为阴阳混一。

【功效】两手腕交叉挽腕，可以刺激腕关节处的穴位，有利于疏通手臂经络。

【攻防】此式既是解脱抓腕，又是施以切腕的技法动作。

孙式（竞）：右脚后撤，左脚稍活步，脚跟着地，脚尖上翘，成左虚步；左拳由右腕下向外挽至右拳外侧，右拳内旋微向里，两拳交叉；眼看两拳。

孙式（竞）阴阳合一

十字手　因两腕胸前交叉，两臂形如“十”字而得名。

十字手在太极拳中多出现在收势之前。另外，在太极拳各种腿法起腿之前以及转身换势中，也会有类似十字手动作的两腕交叉相搭。

【功效】习练此动作有利于锻炼两臂的掤劲和腿部力量。

【攻防】十字手多用于防守动作。若对方用手向我脸、胸或腹部击打，我可两臂交错成十字向上托架，或在腹前拦挡、化开其攻击。

【各式比较】陈式（竞）、武式（竞）、孙式（竞）中无此动作名称，但在运动过程中，多次出现两手十字交叉的动作。

24式：右脚内扣里收，两脚开立，两腿慢慢直立；两臂向左、右两侧打开，再屈肘收回，两腕向下、向内于腹前交叉，举于胸前，呈斜十字形；眼看前方。

24 式十字手

48 式：与 24 式十字手的动作相同，左右相反。

48 式十字手

88 式、16 式、杨式（竞）：与 24 式十字手的动作相同。

吴式（竞）：右腿伸直，收左脚，与右脚成平行开立步，再屈膝半蹲；两手由身体两侧上举至额头前上方，两臂屈肘下垂，两腕于胸前交叉相搭，指尖斜向上；眼看前方。

吴式（竞）十字手

42 式：与 24 式十字手的动作基本相同，细微区别是，42 式十字手两掌交叉在胸前，上体微左转再转向前方。

42 式十字手

收势（合太极） 由起势到太极拳运动结束，阴阳和合，复归于无极状态，名为收势。传统太极拳称之为合太极。

【功效】收势要做到意、气、劲合一，气归丹田，具有培固元气、稳固太极和合状态的作用。

【攻防】各种流派的太极拳收势动作，其技术内涵多以采按为主，通过以柔克刚化解对方攻势。

【各式比较】48 式、88 式、16 式、杨式（竞）、42 式与 24 式的动作相同。

24 式：两脚平行开立，自然站立，收左脚与右脚并拢；两手向外翻掌，手心向下，左右分开与肩同宽，下按落于体侧，手臂自然下垂；眼平视前方。

24 式收势

陈式（竞）：两腿平行徐徐直立，收左脚，与右脚并拢；两掌成十字手，上托于胸前，随即两臂内旋、掌心向下，落于身体两侧；眼平视前方。

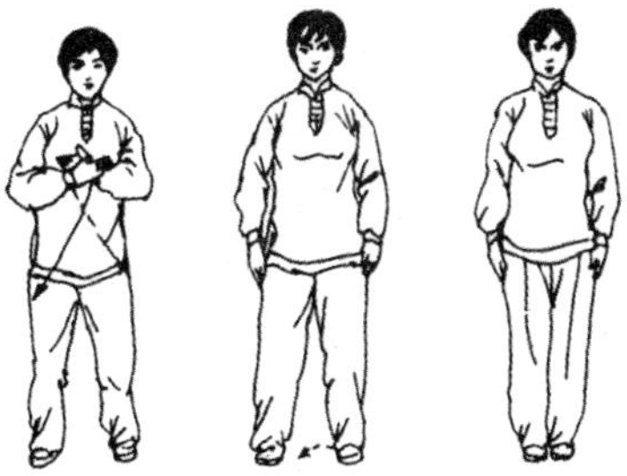

陈式（竞）收势

吴式（竞）：右弓步，收左脚，成开立步，两腿徐徐伸直，收左脚，与右脚并拢；两臂向前、向内划弧收于体前，手心向下，两掌下落垂于体侧；眼看前方。

吴式（竞）收势

武式（竞）：收左脚，成开立步，两腿伸膝立起，收左脚，与右脚并拢；两拳变掌，掌心向上再翻转向下，落于大腿外侧；眼平视前方。

武式（竞）收势

孙式（竞）：收左脚，与右脚跟靠拢，八字步站立；两拳变掌向左右分开，下落至胯侧；眼平视前方。

孙式（竞）收势

传统太极拳套路式架

本部分对传统各式太极拳式架的介绍中，以陈式太极拳老架一路动作为基准，二路为补充，按照陈式、杨式、吴式、武式、孙式的顺序依次进行比较。不同流派太极拳，虽动作名称相同，但在技术细节处理上具有差异性，前后动作衔接顺序的不同，呈现出各式太极拳个性化特点。本部分力求让大家能够清晰地纵观各式传统太极拳相同名称动作的异同点，为太极拳教学和习练，提供直观、简练的集合资料。

预备式　练习套路前的姿势，是开始动作前意识上和姿势上的准备。传统太极拳谱中没有单列预备式，后人完善了其动作名称，把它称为预备式、无极式或太极式。在具有代表性的五种传统太极拳专著之一《太极拳全书》中，除孙式太极拳，其余四式均称此式为预备式，而孙禄堂所著《太极拳学》中则称之为无极学。

【功效】帮助习练者从心理到身体姿态上，做好练拳准备。心静体松，虚领顶劲，含胸拔背，呼吸自然。

【攻防】静心凝神，观对手之变，以应其变。

【各式比较】陈式太极拳预备式两脚距离比肩略宽，两脚尖自然外撇；杨式、吴式太极拳两脚距离同肩宽，两脚平行站立；武式太极拳两脚间距约一拳宽站立；唯孙式太极拳两脚跟并拢。

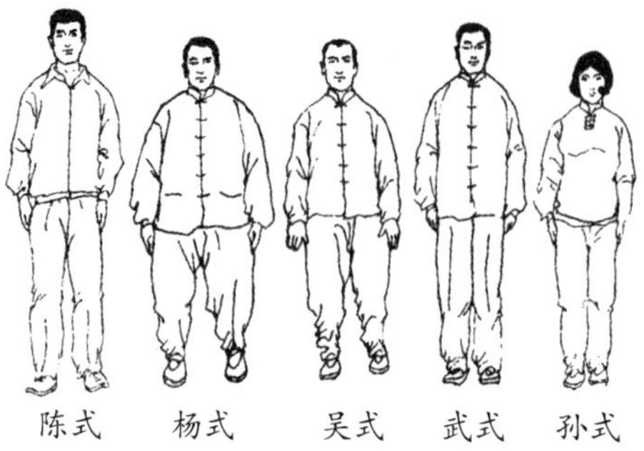

传统各式太极拳预备式

起势　由身体未动到身体开始动，完成的第一个动作，称为起势。传统套路俗称其为开门势、初势。

【功效】起吸落呼，调整呼吸，平心静气，气沉丹田，为习练整套动作做准备。有“拳打开关起势”一说，即以第一个动作的重心、速度来决定整套动作的速度、重心及架势。在比赛中，常以脚动开始计时。

【攻防】两脚开立为太极自然桩。其既可摄生，又有防守六面进攻的作用。

【各式比较】太极拳通常以一脚移动或开步，两手一起一落，屈膝屈胯，重心下降，作为起势动作，但传统太极拳套路通常把脚的移动或开步及两掌的起与落融入第一个式架中。各式由不同的动作皆回到预备式状态，有些细微不同。

陈式：以左脚向左横开步为起势。

杨式：两掌按于大腿外侧，下肢松膝、松胯，没有屈蹲动作。

陈式起势

杨式起势

吴式：右腿微屈，左脚向前迈半步，脚跟着地，脚尖上翘；两手从胯旁同时提起置于胸前，左外右内，左高右低，右手为立掌，掌心向外，指尖在左腕下，左手为侧掌，掌心向里，拇指指尖与鼻尖相对同高；眼看左掌。

吴式起势

武式：传统武式太极拳中无起势动作，直接从预备式接懒扎衣。

孙式：以左脚跟为轴向左转动 45° 落

脚，身体左转，为起势动作。两脚尖外撇，两脚约成 90° 夹角，这与孙式太极拳融合形意拳不无关系。脚跟并拢，这样较容易体会中轴贯通，保持身体中正不偏。

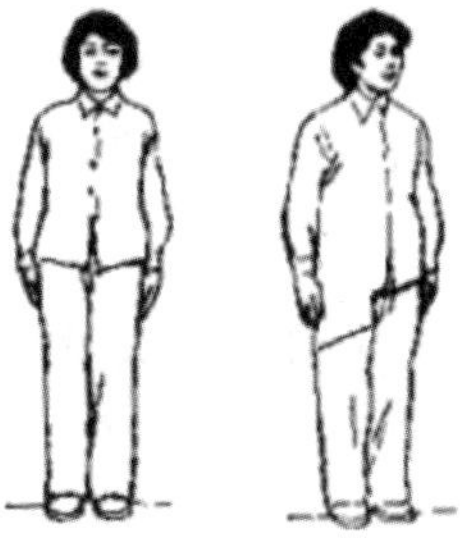

孙式起势

金刚捣碓　陈式太极拳独有式架。向下震足砸拳，如同古时用石器特制的捣米工具捣米一样，故名金刚捣碓。

【功效】砸拳、震脚要用沉坠劲，穿透性强，给人以震惊、威慑之感。习练此动作有利于提高向下的松沉劲及促进下肢的血液循环。

【攻防】实战中，当我向对方胸前发劲时，若对方退得快，我则用左手手指向对方面部眼眉之间抖发撩劲，同时右手随身向对方下盘发劲，乘势重心左移，用右脚向对方小腿胫骨踢出，做到上、中、下同行进攻。这叫上中下盘同时并取，又叫上惊下取，或下惊上取。接上一动作，我用左手向前上撩抖击其面部，如对方后仰，我则变虚，同时右手变拳向对方胸部及下颌击打，并提膝向对方下部撞击，脚下沉踩对方脚面。

【动作图解】重心移至左腿，右掌划弧外旋前撩，左掌掌心向下，屈肘向前挤出，两掌形成合劲。右腿屈膝提起，脚尖微翘起；右掌变拳，屈臂上举至下颌旁，拳心向内，左掌落至腹前，掌心向上。右脚向左脚内侧踏地震脚；右拳下落，砸击左掌心；眼看前下方。

金刚捣碓

揽（懒）扎衣　古人交手前，先把长袍的下摆揽腰扎入衣带，以利于作战。此动作外形与其相似，故名揽扎衣或懒扎衣。明代戚继光所著《拳经》中的 32 式长拳，以懒扎衣动作为第一式。揽扎衣和懒扎衣的发音相同，流传中有音转的可能，也有文词润色或修订的可能。

【功效】经常习练此动作有利于全身协调性的提高。

【攻防】在体用表现上有所不同。陈式：对方用左拳或掌向我脸、胸部击打，我用右手贴住其腕臂，顺其劲力引领，并上步伸腿锁扣对方的腿脚，随即用右手或肘反击对方的面、胸或肋部。孙式：包括掤、捋、挤、按四个手法。若对方双手向我扑按，我双臂向上贴住其手，撤左步、坐胯、右转腰，右手向右挂，顺对方收回、撤退势，我向前推掌。武式：若对方用拳击打我面、胸部，我边格挡、上架，边跟步，一手向上掤起对方的重心，另一手推击对方的胸部。

【各式比较】陈式、武式、孙式太极拳中均称此式为懒扎衣，但动作区别较大。武式、孙式懒扎衣技术内涵与揽雀尾相同，孙式懒扎衣起手为掤，转身为捋，进手为挤、按；武式懒扎衣以起、承、开、合为动作特点，从劲法上看同样具有掤接来手、承接对方来力，含有捋化之意，并合住劲向前按出。

陈式：右脚跟内侧向右铲出，成右偏马步；两臂在胸前交叉相合，右手在外，手心斜向上，右手内旋，经前向右划弧至右前方，立掌，左手屈肘下落至左腰侧。

陈式懒扎衣

武式：以右式为例，右脚上步，重心右移，随即左脚跟步落于右脚后方；两掌向胸前举起，右掌掌指向上，指尖同颌高，掌心朝前，左掌至胸高。随即两掌下按至腹前，再左右分开划弧合于胸前。

武式懒扎衣

孙式：有懒扎衣与活步懒扎衣之分。

①懒扎衣：右脚上步，左脚跟步至右踝内侧，脚尖着地；左手附于右手腕上，右手外旋，左手内旋，举至胸前，一齐向前掤伸；左脚向后撤步，脚尖外摆落地，重心移向左腿，右脚尖翘起，随即重心移向右腿，右脚全脚掌着地，左脚再跟步至右脚后约距10厘米处，脚尖着地并外展，两腿屈膝屈胯；两手再平着向右、向后划一半圆至右肩前，一齐向前推出，两臂微屈。

②活步懒扎衣：孙式太极拳独有拳势。在上步前进中完成懒扎衣动作，故名活步懒扎衣。

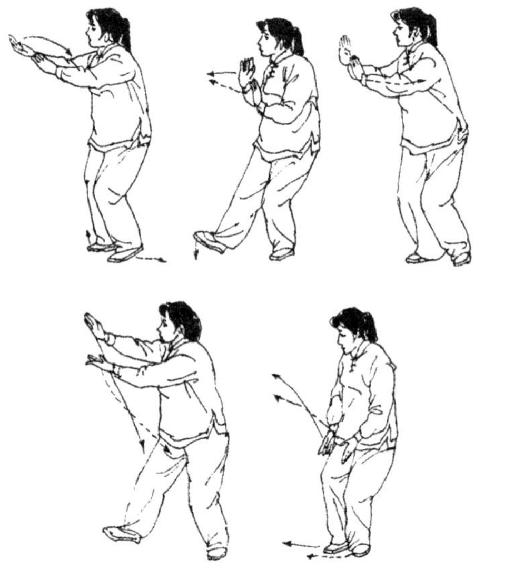

孙式懒扎衣

六封四闭　陈式太极拳独有式架，以攻防含义命名。六封即封上、下、左、右、前、后六门，四闭即闭东、西、南、北四方。此式使对方无隙可乘，故名六封四闭。

【功效】习练此动作有益于培植丹田气，发展周身的协调性。

【攻防】对方向前上左步，向我裆内插去，并用左肩向我胸部靠去，欲将我击倒。我用捋劲以左逆右顺缠劲，向己身左侧外掤；同时右手臂由顺缠变逆缠，由外而上黏连托引对方肘部，顺势用右肘向对方左肋部出击。对方左肋部被击或被黏住不得施靠劲，如后退，我即跟步，双手向对方胸、腹等部发劲按出，将对方击倒。

【动作图解】由左偏马步开始，随上肢动作的变化，下肢重心左右往复移动3次，成左弓步；右手以腕为轴向内、向外旋转绕一圈，左手轻贴左腹向左、向上内旋后屈腕上提，再外旋向右、向下、向左绕一小圈。重心移至中间；右手外旋下按，左手小指侧轻贴左腹转向下，右手继续向下、向左、向上划弧至左胸前，左手内旋，以拇指侧轻贴左肋屈腕向上、向右滚转，两手捧合于左胸前。随身体右转，重心右移；两手合劲向右上方掤挤，左手在里，右手在外，右手内旋、掌心朝外，左手外旋、掌心斜朝上。两腿屈膝半蹲；两手下沉。重心微左移，左手经下向左划弧，经胸前时，内旋屈腕，弧形向左上方掤至左耳侧，右手外旋经下向左、向上划弧托于右肩上，右掌稍低于肩。随左转体，重心移至两腿之间，两手落于耳侧。重心右移，右转体，收左脚于右脚内侧，两臂屈肘，前臂内旋，掌在肩上方，掌心向上，继而两掌向右、向下按至右前方，虎口斜相对；眼看两掌之间。

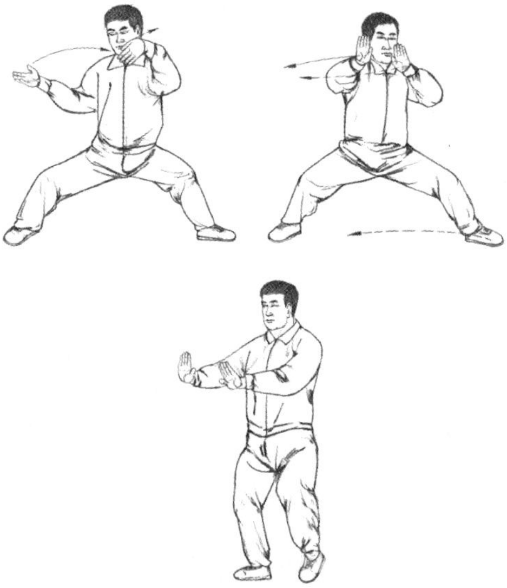

六封四闭

单鞭　单，单手；鞭，如鞭之击打。两臂向两侧分开，一手吊钩，另一手拂面或由胸前挥出，犹如鞭之击打。

【功效】主要练习将力由脊背贯通于两臂。

【攻防】化解来劲，刁拿对方臂腕，并上步进身打。

【各式比较】陈式太极拳单鞭定式时松肩，坠肘，沉腕，松腰，敛臀，气下沉。各式太极拳单鞭下肢动作有弓步、马步、偏马步、侧弓步之分。陈式、杨式、吴式太极拳单鞭上肢动作为一手是掌，另一手是勾，而武式、孙式太极拳单鞭两手均为掌。

陈式：两腿屈膝半蹲，左脚点地于右脚内侧；左手内旋向右前上方推，右手外旋在左掌下收至左前臂内侧。左脚提起向左铲出，重心左移，左腿屈膝；移重心成左偏马步；上体左转，左掌外旋，屈肘收至腹前，右掌内旋变勾手，经左掌旁向右前方上提，勾尖向下；随左脚铲出，左掌由腹前向右上托至右肩侧，内旋，掌心向外；眼看前方。

陈式单鞭

杨式：上步，重心前移成弓步，与左掌旋腕翻掌前推相一致，左掌边内旋边向前按出。

杨式单鞭

吴式：单鞭时左掌经面前边内旋边向前略呈上弧形推按。

吴式单鞭

武式：单鞭定式时前推手要注意肩、肘、腕与胯、膝、足的外三合，推掌不可过脚尖。

武式单鞭

孙式：两掌左右分开，如捋长杆，上体中正。

孙式单鞭

白鹅（鹤）亮翅　两臂左右、上下对称分展，身脊中正形如鸟翼，状如白鹅亮翅而得名，又说根据两臂升降旋转之势，还有说取单展双亮之意。杨式、吴式太极拳称该动作为白鹤亮翅，仅一字之差。

【功效】此式使胸、背、肩、臂、腰各部得到锻炼，练习周身纵向伸缩之力。

【攻防】陈、杨两式太极拳的白鹅（鹤）亮翅都是肩靠动作突出，一手下採，另一手上击或靠撞。吴式太极拳的白鹅（鹤）亮翅一手黏对方手腕，另一手下贴其肘部。武、孙两式太极拳的白鹅（鹤）亮翅以一臂接住对方击来之臂，并用掤劲向上提起，另一手或护胸腹，或接攻防手向下沉，一上一下可使对方力分散。

【各式比较】各式太极拳除吴式外，

白鹅（鹤）亮翅动作基本相似，下肢为虚步，上肢为一手上掤、另一手下按。

陈式：左脚跟步，收至右踝内侧，形成不丁不八的虚步；右掌经面前，左掌经腹前分别向上、向下分展，右掌顺缠架于右前方，左掌逆缠下落，置于左胯旁，掌心向下；眼看左前方。

陈式白鹅亮翅

杨式：右脚向后撤步，左脚向前上步成虚步；右手举至右上方，手心向外，左手按于左胯旁。

杨式白鹤亮翅

吴式：两脚与肩同宽，两膝微屈；双手向上举至额上方，两手心均向前。

吴式白鹤亮翅

武式：右脚向前上步，脚跟着地；两掌分别向上、向下划弧，右掌弧形举至额头上方，掌心斜向上，左掌下落至胸前；眼看前方。

武式白鹅亮翅

孙式：右脚向前上步，脚跟着地，左腿屈膝支撑；左手沉落至左胸前，肘靠肋，右手从腹前向上提至右额上方，手背靠近额部；眼看前方。

孙式白鹅亮翅

斜行拗步　陈式太极拳独有式架，是左右兼施、开合兼用、欲右先左、欲左先右、欲顺先逆、欲逆先顺的一种绞技法。斜行是为使用绞法，拗步是下採上击之法，根据其技击含义取名斜行拗步。在陈式太极拳传统套路中名为斜行。

【功效】此动作以腰为主宰，两臂、两腿的顺缠、逆缠，上下、左右紧密配合，可以练习气的吞吐、收放。

【攻防】可绞住对方双臂，左腿套住对方右腿，左手下沉外翻，上下结合将攻方摔倒或击出。贴身用肩靠对方，也可用肘击对方胸部。

【动作图解】左脚尖点地碾转，随即踏地落实，重心右移，右腿屈膝半蹲；左手外旋，向右、向下、向左划弧于左胯旁，右手外旋，向上、向左、向前至头右前上方。重心右移，屈膝半蹲；左手继续向左、向上外旋，向右、向下划弧置于左肩前，腕同肩高，右手内旋，继续向右、向下划弧置于右胯侧。左脚迅速提起，脚尖上翘，以脚跟内侧贴地向左铲出；上体稍右转，双手合于胸前，向前提出。上体左转，重心左移，成左偏马步；左手向下、向左划弧变勾手，停于肩左侧，右手后收至右耳侧。随右转体重心微右移，右掌由右耳侧向左、向前经胸前，向右划弧平展，左勾手向左平展。成左偏马步；两臂微屈并稍外旋，坠肘，松腕，左手勾尖向下；眼看前方。

斜行拗步

掩手肱捶 陈式太极拳独有式架。掩即关、合及遮蔽，捶即拳。掩手肱捶即为两手掩合、隐蔽出拳。

【功效】此动作对下肢力量、腰的左右虚实转换和蓄而后发的爆发力都有很好的锻炼作用。

【攻防】若对方上右步，用两掌向我胸部推击；我则左转、撤步，双手沉採对方的双腕或双臂，再由下向外、向上圈绕对方腕或臂，顺势左手横击对方头面，右手变拳由胸前冲出，击打对方的面或胸、肋部。

【动作图解】右脚提起；两拳由面前内旋，翻转下落，右掌变拳，两臂交叉（左臂在上）于小腹右侧，再向两侧分开。右脚震脚下落，左腿向左开步，随即重心移至两腿之间，屈膝半蹲；两臂外旋，肘内合，左掌置于体前，右拳合于胸前。重心微右移再左移，上体左转；右拳旋转向右前方冲拳，拳心向下，左掌后收，贴于左腹侧；眼看右拳。

掩手肱捶

撇身捶 撇身也称闪身，以腰为轴，拳借弧形运动所产生的离心力，略带横劲进击对手，故名撇身捶。它是太极五捶之一。

【功效】此动作主练腰、肘、腕及身法变化，可以发展腰脊及肩、肘、腕的灵活性。

【攻防】吴、杨两式太极拳基本用法相同，既防身后来击，闪身躲过，翻身用拳撇击对方臂，以左掌击其面部等，又趁其躲避，以右拳击对方胸部。若对方在我身后，向我脊背、肋下以拳击来，我即由左向右转体，使左脚内扣坐实，变右脚为虚步，右手逐渐握拳，在转体、上步的同时，用横劲击、压对方左手腕或面部。如对方躲闪得比较快，我右拳未能击中，即可变採手，掌心侧向下，顺势握住对方左手腕。与此同时，以左掌向对方胸部击去即可。

【各式比较】杨式、吴式、陈式太极拳的撇身捶，都突出了用腰带臂、力达拳背的击打方法。武式太极拳传统套路、孙式太极拳传统套路中没有此式，但是有相似的拳法和腰法。武式、孙式太极拳中翻身二起的转身搬拦捶动作过程颇似撇身捶，身法的转折上也类似杨、吴两式太极拳撇身捶，而且从套路编排上看，此处更为近似，都是扇通背之后所接动作，同是翻身变向出击的动作。

陈式：左偏马步；左拳先右顺左逆，再左顺右逆翻转拳背，以挒劲向左侧反击出去。右拳以小逆缠向着右后方放劲，以保持平衡。

陈式撇身捶

杨式：身体微右转；右拳置于胸前，屈肘横臂，拳心向下，左掌上举于左额前上方。重心移至左腿，身体右转，右脚提起；右拳上提至胸前，左掌随转体弧形落于右小臂外侧。右脚向右前方落下，脚跟先着地再全脚掌落地；右拳向前撇出，拳心向内，左掌弧形收至右小臂内侧。蹬左腿，成右弓步；右拳收于腰间，拳心向上，左掌向前推出；眼看前方。

杨式撇身捶

吴式：右脚稍向右移步，随之重心前移成右弓步；右手由腹前外旋向右前方弧形打出，手腕与肩同高，拳心斜向上，随即屈肘收右拳至右腰侧，左拳变掌由腹前经右臂上向体前推出，指尖向上，掌心斜向前，腕与肩同高；眼看左掌。

吴式撇身捶

青龙出水　隐蔽动作意图，藏形藏意，如水中青龙之出入，令人难以预料，故名青龙出水。

【功效】经常习练此动作可以增强腰肌力量，强肾固本。

【攻防】若对方用右拳击打我头、胸部，我用左手贴其手臂向下採，同时出右手直奔对方的眼或咽喉。若对方用左拳向我头、胸部击打，我用右手黏贴其臂外侧向下採；若对方紧接出右手击打我胸部，我用左手化解，并乘势迅速出右手击打对方的胸、肋或小腹部。

【各式比较】陈式太极拳这一动作的劲法用的是寸劲（也称捌劲），发力急促，距离短。手臂的缠丝动作主宰于腰背，两腿的顺缠、逆缠与之配合，使全身各关节贯穿一体。

武式太极拳的青龙出水动作与陈式太极拳的青龙出水动作区别很大。

陈式：重心左移，右拳自上经胸前向右弧形落于右腿侧，拳心向上，左拳由左腰逆缠向左弧形上举，拳心向内。右拳先逆缠后顺缠同时弧形上举，拳心向左，左拳顺缠，经胸前下落至腹前，拳心向上，左臂屈肘横臂。身体微左转再右转，左拳随上体右转，内旋变八字掌，迅速向右前下方抖弹撩出，同腹高，右拳外旋向左合收于左上臂内侧；右拳内旋，迅速向右前下方发力至右膝上方，拳眼斜向里，右臂屈肘，左掌迅速收贴于左腹部，掌心向里。上体中正；眼看右拳。

陈式青龙出水

武式：成右弓步；左掌弧形下落于右腹前，掌心斜朝下，指尖斜向前，右掌由胸前经左掌下穿出，掌心斜朝下，指尖斜向前；上体自然中正；眼看右掌。

武式青龙出水

双推手　陈式太极拳独有式架。为对付前方来敌，两手向前推出，故名双推手。

【功效】双推手发劲时肩催肘随到掌根，腰背与手形成反向的对拔劲。经常习练此动作可以锻炼胸背吞吐、含放的灵活性。

【攻防】当我贴近攻方时，若对方乘机撤步欲逃走，我即乘势两臂由逆缠变顺缠展肱，以两手击攻方胸、肋等部。这是贴身用肘击，“去远何能不展肱”的功用。

【动作图解】身体右转（转正），重心全部移至右腿并屈膝，左脚尖外展，点于右脚内侧约20厘米处，左腿屈膝外展成左虚步；两掌收至肩上，再向前、向下经胸前立掌平推，腕同胸高，指尖朝上，两掌心斜相对；眼看两掌之间。

双推手

肘底（看）捶　用拳守护肘底，保护自己，以静制动。因此该动作暗含看、守及伺机而动之意，故又称为叶底藏花等，是太极五捶之一。

【功效】该动作主练肩、肘、腕、胯、腰各部，可提高关节灵活度。

【攻防】若对方两手拿住我两臂，乘势上步，用两手按劲欲将我推出；我即右转身向下沉劲，两臂用顺、逆缠劲，右臂由斜上向下收回，左臂由下旋臂向前上运行，两臂形成捋、採的绞错劲，乘机用右手向对方胸部击打。另外，若对方用右手向我左肘击来，我向左转体，以左手向左下採其手腕，同时右掌向右横击对方的颈部；对方迅速闪开，我随即出左拳向对方面或胸部击打。

【各式比较】各式太极拳的肘底捶均为一臂屈肘在胸前，肘下为拳，下肢均为虚步动作。各式肘底捶的手法有掤、採、穿、劈之分，步法包括摆步、跟步、上步、撤步，各有不同。

陈式：成丁步；当身体左转时，两掌左逆、右顺，左掌向左下、右掌向右上分别展开，缠至肩平，两掌心皆朝下；当身体右转时，两掌左逆、右顺合劲，左臂由逆缠转为顺缠，左前臂竖起，掌心旋缠为朝右，右掌变拳顺缠自右前屈肘向左合劲；眼看前方。

陈式肘底捶

杨式：右脚跟步，右掌划弧至体前时，掌心斜向前；当左脚微前移成左虚步时，左掌经左腰间由右手腕上向前穿出，高与鼻平，右掌变拳成肘底捶。

杨式肘底捶

吴式：重心左移成弓步，两臂为俯掌向左平行移动至体前。重心后坐，左脚收回半步成虚步，同时两掌变拳，左臂屈臂坠肘立拳，虎口向内，右拳置于左肘下，虎口与左肘相对；眼看左拳。

吴式肘底捶

武式：右脚向前迈步，脚跟着地，脚尖上翘；右手举至胸前，手心斜向前，指尖向上。成右弓步，右手向前推出。右脚内扣 90°，上体左转，重心在右腿上，两手不变。左脚随身体左转收于右脚旁，脚尖点地，两手握拳，右拳置于左肘下，拳眼向内，左拳与头顶齐，拳眼向左；眼看前方。

武式肘底捶

孙式：先右跟步，再向后撤右步成左虚步；左臂微屈肘，左手平落于胸前，拇指向上，其余四指朝前，右手变拳，经腹部向前伸至左肘下，拳眼向上。

孙式肘底捶

倒撵猴（倒卷肱）　撵，有赶走、驱逐的含义。猴子轻灵活跃，性喜扑抓，以手引之，待猴前扑时，退步抽手，用另一手推按其头。根据此意，太极拳中将对手比喻为猴，加之退步挥手如驱赶追击之猴而名为倒撵猴。

【功效】此动作主要锻炼腰、脊、肩、背、膝、足各部位，经常习练有助于肾、足健康。

【攻防】在武式、吴式、孙式太极拳中，倒撵猴是拳中唯一连续退行的手法，实为搂膝拗步的手法，陈式太极拳对应斜行拗步手法，拳势基本用法相同，边退边化打，即前手搂引对方来击，后手进攻，或后转身，或摔，或推对方。

【各式比较】各式太极拳倒撵猴动作的共同特点：在两脚交替退行中，两掌交替由屈到伸推出。其中，吴式、武式、孙式太极拳的倒撵猴上肢动作与它们的搂膝拗步相似。

陈式：以右倒撵猴为例。重心移向右腿，左脚掌轻贴地面向左后方弧形擦地成右偏马步。两臂外旋，两掌心翻转向上，右臂内旋屈肘，右手经右耳侧向右前方从左臂上伸臂推出，腕稍高于肩，掌心向外；左手同时向下、向左划弧于腹部左前方。右倒撵猴与左倒撵猴动作相同，左右相反。

陈式倒撵猴

杨式：以右倒撵猴为例。左脚提起向后退步，由前脚掌先着地，逐渐落实全脚，

杨式倒撵猴

脚尖外撇约 45°，呈右虚步；右臂由体右侧斜后方屈肘，右掌向前推出，左臂由左前方屈肘弧形后移，掌心向上，置于左肋外侧。

吴式：成左弓步；左拳变掌向前微微落下，掌心向上，右拳在左肘下方，拳眼向上。重心右移，左脚后撤一步成右弓步；右拳变掌下搂置于右胯旁，掌心向下，左掌向左后方，经左颊旁变立掌向前推出，掌心向前；眼看左掌。

吴式倒撵猴

武式：以右倒撵猴为例，右脚向斜前上步，右掌落至腹前，左掌举至高与耳平，指尖向上。重心移动成右弓步；左掌向前推出，右掌经右膝上搂至右胯前。左脚跟至右脚后，当左掌下落至高与右掌齐时，两掌左右分开向上划弧，立掌合于胸前，眼看两掌之间。

武式倒撵猴

孙式：左脚尖内扣；右手内旋，向右下划弧搂至右胯外侧，左手外旋，向下、向左上举至高与肩平。右脚撤至左踝内侧，脚尖点地，随即右脚向右后方撤步，右转体，左脚跟步至右脚后，相距 10 厘米；左手经面部左侧向前推出，臂微屈，手心向前。

孙式倒撵猴

闪通背（闪通臂）　传统套路中多使用闪通背这一名称。“闪”有侧身让开之意。此式又称扇通背，把人的脊背比作扇轴，将两臂比作扇幅，在腰脊的作用下，两臂横向分张，如折扇张开，故名。此式也称肩背通，因做此动作时，两肩胛骨相触而得名。此外，此式还称三通背。

【功效】此动作主练脊背力，使力由脊发贯通于两臂及腿部。该动作的劲力由脚到腰，再到肩、臂、手，贯通脊背发力推掌。其拳势基本用法相同。

【攻防】对方用右手击打我胸、面部或抓握我右手腕，我用右手搂抓或刁拿其腕并向上提，随上步出左手击打对方肋部；或者对方用右拳击我，我右手下按，对方必回抽，我即上提右手，化其力，再以左掌击其胸肋部。

【各式比较】各式太极拳闪通背的上肢手法基本相同：一手上架、另一手前推，腰背之力贯通两臂。下肢配合步型：杨式、武式太极拳是弓步，陈式、吴式太极拳是马步，孙式太极拳为形意三体式步型。从结构和动作外型上，杨式太极拳与吴式太极拳相近，武式太极拳与孙式太极拳相似。

另外，在传统武式、孙式太极拳中此动作名称为三通背。“三”指三关：尾闾关、夹脊关、玉枕关，以气运劲贯通腰脊三关，劲通两臂。

陈式：以左脚跟为轴，身体迅速向右转，右脚以脚前掌贴地，随转体向右后转半圈，即以脚跟蹬地震脚；随转体，右掌顺缠内转至掌心朝外，弧形下按至右胯旁，掌心朝下，左掌屈臂上翻，经右耳旁向前下方推出；眼看前方。

陈式闪通背

杨式：左脚上步成左弓步，膝与脚尖上下相对；右臂内旋掤架于头的右前上方，掌心向外，左掌向前推，臂微屈，掌心向前，掌指向上；上体自然中正，眼看前方。

杨式闪通背

吴式：以左闪通背为例。左脚向前上步，右转体成马步；右臂体前屈肘上架至右额上方，掌心向上，左掌沿右臂下向左推出，腕与肩平，掌心向右前方；眼看左掌。

吴式闪通背

武式：右脚后退，左脚带回，重心在右腿上，左脚尖点地于右脚前，两手立掌收至胸前，左高右低，左掌与口平，两掌心均向前。左脚向前上步，成左弓步；两掌向前推出，掌心斜向前，左掌齐目，右掌与胸平。右脚向前上步，成右弓步；左掌下落收至腹前，右掌伸于体前，与胸同高，再两掌弧形提起，右掌齐目，左掌与胸平。随左脚收至右脚侧，两掌向前插出；眼看右掌。

武式闪通背

孙式：称三通背。左脚后撤，脚尖点地于右脚前方，两腿屈膝下蹲，随即左脚向前进半步；右手向前、向下按于左腿腓骨前，手心向下，指尖向左，左手收于胯外侧。重心偏右腿成形意三体式步型，随即扣左脚、右转体、活右脚，成重心在左腿的三体式步型；左手向前推，手心向前，腕与肩平，右手架于右额上方，手心向外；眼看左手。右后转体，成三体式步型；

左手向左划弧架于左额上方，右手向前推出。

孙式三通背

云手（纭手） 两手在腰脊转动的带动下，分别做上下左右的回旋盘绕，如云气旋绕，似行云飞空，故称云手。云手是太极拳掌法中的一招，在实战中是左右转换的格斗式，也可以用作左右甩掌背击技术。

【功效】此动作主练腰、背、肩、腿各部位，对手、足、腰、背等部位的疾病有防治作用。

【攻防】对方在我前方或偏向一侧，以右拳向我胸部或肋部击来，我速将右臂提起，掌心由内以掤劲逐渐向外翻转，接对攻方前臂及腕部并握住，使其随同身体由右向左转动，将对方之力化于一侧，使对方不得力，反受我支配，尤其对方空出胸部，我可以右掌击之。如对方以左拳击我，我以同样手法制之。我仍可以右掌击其肩部及腋下，如果以右臂迎接对方，就应向右转体。这一式之妙用在于腰胯的转动以牵动对方重心，拔其根力。

【各式比较】五式太极拳传统套路中同称云手，写法上有纭、云的区别，很可能是异写造成的。在做法上，杨、吴两式太极拳手腕翻转，其余三式太极拳不翻手腕；杨、孙两式太极拳下肢步法相同，横开步侧移，平行并步；武、吴两式太极拳下肢动作有扣脚、摆脚的步法变换，实腿侧脚为转动脚；陈式太极拳则两腿交叉开步，手臂缠丝而不翻手腕。

陈式：左脚向左横开步，重心左移；右掌弧形下落于右膝上方，掌心向下，左掌顺缠变逆缠置于胸前，掌心向外；重心移至左腿并屈膝，右脚向左后方插步；右掌经腹前向左逆缠于左肋前，掌心向左上方，左掌经面前弧形逆缠向左运至肩侧，掌心向左。呈左开步；随重心移至右腿，右掌内旋，向上经胸前向右划弧于身体右前方，掌心向外，左掌外旋，向左、向下、向右划弧置于右腹前，掌心向内。重心左移；右掌内旋向下经胸前向右、向下划弧置于右膝上方，掌心向下，左掌外旋向右、向下再向左划弧于胸前，掌心向外；眼随手动。

陈式云手

杨式：身微右转，重心渐渐全部移至右腿，左脚提起（脚跟先离地），右掌自右而下划弧，左臂屈臂沉肘，左掌随转体稍向前下移，高与肩平，掌心朝下；眼看右掌下移。左脚向左开半步落下，先以脚尖着地，随重心渐渐左移而至全脚踏实；身体同时微左转，左掌随转体自右向上、向左运转，高与眉齐，掌心朝里，右掌也同时自右而下向左运至腹前，同时臂微外旋，使掌心渐渐转朝里（斜朝上）；眼随转体平视转移。

杨式云手

吴式：重心右移，右脚尖外摆，左脚尖内扣，成右横弓步；右手向上，经面前向右划弧举至右肩前上方，腕略高于肩，左手向下、向上划弧落于右前臂斜下方，手心斜向上。上体左转，左手内旋，向左前方伸出，右手向下、向上划弧经腹前至左前臂斜下方；眼看左手。

吴式云手

武式：左脚向前迈步，重心左移，成左弓步；右手下落微向左抄至腹前，手心斜向下，左手经腹前向上举至额前，手心斜向上，两手上下相对；眼看前方。左脚内扣 90°，上体右后转，重心移至左腿，右脚向前上步，脚跟着地，右手从腹前向上划弧至额前，高与头平，手心向外，左手下落至腹前，手心斜向下，两手上下相对；眼看前方。右脚尖内扣 90°，重心右移，身体左后转，左脚迈步，成左弓步，左手从腹前向上划弧至额前，高与头平，手心向外，右手下落至腹前，手心斜向下，两手上下相对；眼看前方。左脚内扣 90°，上体右后转，重心移至左腿，右脚向前上步，脚跟着地，右掌从腹前向上划弧至额前，高与头平，手心向外，左手下落至腹前，手心斜向下，两手上下相对；眼看前方。

武式纭手

孙式：以向左的云手为例。重心移向右腿，左脚向左横跨一步，随重心右移，左脚虚点在右脚内侧，上体微右转，右手经胸前向左肋以指尖领先向上、向右划弧至身体右前方，手心向前，高与肩平，左手下落划弧至左腹前。随重心左移，右脚虚点在左脚内侧，上体左转；右手向下、向左划弧于左腹前，手心斜向下，左手向上、向左划弧至身体左前方，腕高与肩平，手心向左前方；眼看左手。

孙式云手

高探马 以象形取义命名。身体直立，出手向前探掌，形如骑马之际伸手向前拉缰绳、靠身试骑。

【功效】此动作主练腰、胯、膝、腿各部的协调性，有益于腰、肾的保健。

【攻防】各式架中的高探马基本用法相似，一手接对方来击之臂腕，另一手击对方颈项、面部，或双手推搓对方颈、肘部。

【各式比较】各式架中高探马的下肢动作均为高虚步，一手向前探出按掌，另一手与之配合回收。孙式手法为由面前下落，侧立掌向前上方伸出；武式的高探马下肢动作变为弓步。

陈式：重心移向右腿；两臂随重心右移外旋，左掌向前、向右划弧，右掌臂逆缠至右肩处。左脚提起收至右脚内侧；右掌旋至下颌处成立掌，左臂屈肘回收，掌心转向上。左脚跟内侧贴地向左侧铲出，随右脚尖内扣，左脚收至右脚内侧，脚尖外展点地，屈膝外展；随上体左转，两臂屈肘，左掌收至腹前，右掌经耳侧向前推出成立掌，指尖约同鼻高；眼看右掌。

陈式高探马

杨式：右脚跟步，左脚跟离地成左高虚步；右掌经右耳侧向前探掌，与胸同高，掌指斜朝左前方，左臂回屈举于体前，掌心向上；眼看前方。

杨式高探马

吴式：有左、右两个高探马，动作相同，左右相反。以右高探马为例，重心右移，左脚跟提起成左高虚步；右手向前沿左手方向推出，手心向左前方，腕与肩同高，左手收落于右肘前，手心向上，指尖斜向前；眼看右手。

吴式高探马

武式：重心右移，左脚移至右脚旁；左手自前向下、向内划弧至腹前，手心朝上，指尖向右，右手收近胸前，手心向下，两手心相对；眼看前方。

武式高探马

孙式：以左高探马为例。重心移至左腿并屈膝，右脚尖点地，与左脚成丁步；左手向下划弧至胸前微上提，虎口向上，左肘靠身体，右手前伸下落，虎口向上，高与胸平；眼看左手。

孙式高探马

左擦脚　陈式太极拳独有式架。此式是惊上取下之法，以上掤之手掩饰下盘进击之脚。脚面绷直向敌裆、腹部踢去。此式重在脚的用法，故名擦脚。

【功效】习练此动作可以提高下肢肌肉的爆发力。

【攻防】我左手及左脚同时向对方击去，若对方撤步后退，避开我的打击，再变其他手法攻我，我即乘势将左脚落在右脚前方，脚尖外转扣步变实，同时左手合于对方左腕及肘部，顺势向左转下沉，以双手逆缠捧对方左肘部，同时以右肘部向对方左肘击去，使对方左肘被击向我左外侧摔出。若对方抽身撤左步，同时将左臂收回，欲避我右肘横击的劲，我即乘势继续略向左转，重心在左，同时右腿逆缠提起，近距离即用右膝向对方下部撞击，如距离稍远，则用右脚向对方胸、腹或裆部踢去，同时我双手逆缠前后分开，以右手向对方面部扑击，左手维持身体平衡。对方上盘及中下盘同时受到攻击，必然败北。这是上下（手脚）相合的用法。

【动作图解】右脚向左脚前盖步，外摆落地，两腿交叉屈蹲，左脚跟提起，重心偏于左腿；左臂屈肘，左手内旋伸腕横臂于胸前，指尖朝右，手心向内，右臂内旋屈肘，右手向前、向左、向下划弧与左前臂相叠于胸前，左臂在上，手心向内；眼看前方。两腿伸起，重心全部移至右腿，右脚支撑，左腿由屈到伸，左脚向左前上踢摆，脚面展平；两手分别向上、向左右划弧分掌，右手分于右侧，指尖斜朝上，手心向外，左手在左前上方拍击脚面；眼看左手。

左擦脚

右擦脚　陈式太极拳独有式架。此式与左擦脚动作要领相同，唯方向相反。

蹬一根　陈式太极拳独有式架。此式是用脚跟蹬击敌裆、腹部，故名蹬一根。

【功效】此动作是一种攻击性腿法。习练此动作有利于提高下肢肌肉的爆发力。

【攻防】若对方踢腿的劲被我截劈落空失势，对方急收势，含胸坐腰，调整重心平衡，并变招以掌或拳攻击我；我乘势转体螺旋下沉，合劲蓄势，再根据对方进击的手法或格或掤架，防上击下，用脚踢打对方的膝、肋或腰部。

【动作图解】以右式为例。左腿微屈，右脚收至左脚旁，脚尖点地；两掌在体前向左右、向下弧形下落于腹前交叉，两掌变拳，左拳在外。身体继续左转，提起右脚；两臂缩小交叉圈。重心全部移至左腿，右腿由屈到伸，脚尖内扣，以脚外侧为力点，向右踹出，脚与腰同高。两臂分别向左右展臂撩拳，拳与肩平，拳心斜向下。

（正面）

（正面）

蹬一根

前蹚拗步　陈式太极拳独有式架。此式步法随对方上步向前蹚出，体现出穷追猛击之势，因此得名。

【功效】习练此动作可以锻炼下肢力量及平衡能力。

【攻防】与对方贴近，以左右手捧其左臂，乘势近身用右肘击其左胸或左肋部。当对方察觉左侧有被击危险而后退时，我即乘势提右腿向右前蹬、踩其中、下盘，或者上右步击其胸、面等部。

【动作图解】重心全部移至左腿，并屈膝半蹲；两前臂交叉，两掌内旋，掌心翻向外。右脚经左脚内侧向右横迈一步成偏马步；两掌随重心右移向左、右划弧展开，两腕同肩平，两臂微屈，指尖均朝上，掌心均向外；眼看前方。

（正面）

前蹚拗步

击地捶　陈式太极拳独有式架。拳自上而下向倒地的对方击打，犹如直击地面，故名击地捶，也称栽捶，同进步栽捶相似。

【功效】此动作是边逼进边防守，乘势击打对方，要求周身上下高度协调配合。习练此动作有利于提高人体灵活性、协调性。

【攻防】此动作是借拗步贴近对方身体，右臂格、缠、架对方的来手，乘对方后撤、失重心摔倒未变招之前，以左拳向对方头部、耳门、心口等下击，使对方失去反攻能力。

【动作图解】重心全部移至右腿，左脚提起经右踝内侧向左前上一步踏实；右掌由顺缠转逆缠，向右后划弧变拳，拳心向左；左掌顺缠，随转体经面前右移变拳，拳心向右，两拳位于头两侧。身体微左转；右拳顺缠至右耳旁，拳心向内，左拳顺缠落至左膝内侧。重心左移成左弓步；左拳逆缠屈肘向左上提起，拳心向下，右拳逆缠向前、向下击，拳心向内；眼看右前下方。

击地捶

翻身二起脚 两脚腾空跃起，依次向前踢出，名为二起（脚）。身体翻转后做二起动作，故名翻身二起。

【功效】习练此动作可以锻炼下肢的爆发力、弹跳力。

【攻防】对方用拳袭击我背部，我转身一手拦截其手臂，另一手击打对方胸或脸部，对方撤步躲闪，我上步跳起弹踢攻方的腹、肋或腰部。

【各式比较】武式、孙式太极拳的翻身二起脚与陈式太极拳翻身二起脚动作的基本方法相同，只是上肢动作的某些细节略有不同。

陈式：重心左移，右脚回收半步，脚尖点地；右拳顺缠落于右胯侧，拳心向上，左拳逆缠自左而前上举至颌前，拳心向内。左腿屈膝；右拳转臂逆缠自身后弧形上举，左拳逆缠落于左侧。重心前移，右脚落实，左脚尖绷着向前上方踢起；两拳变掌，右掌掌心朝前，向前、向上划弧，左掌掌心向下、向后划弧。左脚未落地，右脚蹬地跃起，向前上方绷脚踢起，右掌迎击右脚面，随即左脚落地，左掌向左平举至与肩同高；上体端正、挺拔，眼看右掌。

陈式翻身二起脚

吴式：两腿屈蹲成交叉步；两立拳交叉置于右颊前，左拳在外，拳心向里，右拳在里，拳心向外，两腕内侧相交。右腿伸直，左脚向前踢出；两拳左右分开变侧立掌；眼看左掌。

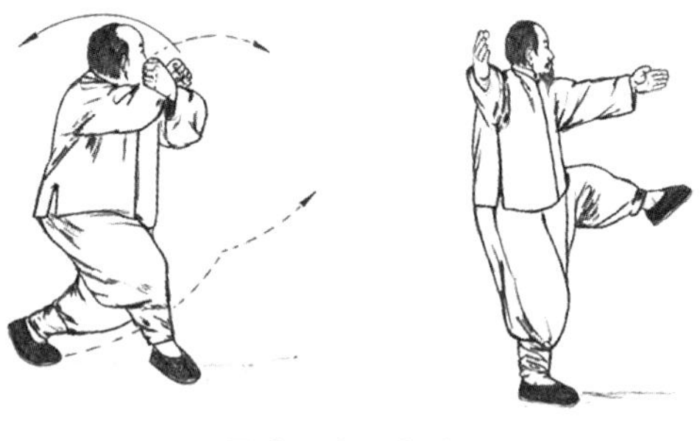

吴式翻身二起脚

武式：右脚向前上半步，重心右移，弓右腿，左腿微屈；右拳向上经面前向体前划弧，胸前变立掌，高与鼻平，左掌举至胸前，两掌右高左低，徐徐向前推出。右脚尖稍外撇，左脚向前迈步，弓左腿，右腿微屈；左掌向上划弧至与鼻平，右掌向下划弧至与颌平，两掌左高右低，徐徐向前推出。左脚尖稍外撇，重心左移，右腿提起，右脚向前踢出，高与膝齐；两掌左右分开，右高左稍低，右掌高与肩平，右肩与右腿方向一致，右掌有拍打右脚面之意；目视右掌。

武式翻身二起脚

孙式： 重心偏左腿，两腿屈膝；右拳向上经右额头向前做反背拳，与肩同高，左拳在腰间。右脚外摆，两拳下落至胯旁。左脚上一步，脚尖稍外撇；右拳在右胯旁，左拳变掌从左胯侧向上经面前往胸前下搂至左前方。右脚提起往前踢出，左掌收于腰间，右拳变掌拍右脚面，高与胸平；上体挺拔，眼看拍脚方向。

孙式翻身二起脚

护心捶（兽头势）　陈式太极拳独有式架。两拳合抱于胸前，护住心胸，以防外来之力袭击，故名护心捶。传统式架中称该动作为兽头势或打虎势。

【功效】此动作以腰为轴带动两臂旋转缠绕，要求气沉丹田，蓄劲于内，前掤于两臂，后撑于腰背，有益于腰肾之气的培植和增强。

【攻防】对方从我身左前方用左脚向我裆内踢来，我即身向左转下沉，左拳和臂肘向前、向外下沉以採劲截击对方小腿，使对方失势；同时我右拳以顺势逆缠由右后上翻，经右耳向前略下沉，以肘向前向对方胸、腹部击出。最后两臂相合时，还含有双手（拳）截拿对方左臂反关节之意。

【动作图解】右腿弯曲，左腿向左后方横出一步，仆左腿，左膝微屈；两掌随转体向右前方下落，掌心向下。重心左移，成偏左弓步；同时两掌左逆缠、右顺缠，左掌经腹前向左上缠，掌心向左，右掌自右缠至胸前，掌心向左。右脚稍左移，脚尖点地；两掌变拳，左拳经腹前向左上缠，拳心向左，右拳自右缠至胸前，拳心向左上方。左腿弯曲，右脚跟贴地向右前方铲

（正面）　（正面）　（正面）

护心捶

出；右拳顺缠屈臂收至额前，左拳逆缠收至高与头平。重心移至两腿之间；两臂逆缠，左拳右移，拳心向后，右拳经胸前下缠至右腹侧，拳心向内。身体微右转，左拳经胸前向左顺缠至右腰前，拳心向里，右拳自右后而上，转臂屈肘至右耳旁，拳心向下。重心微左移，身体左转，两腿微屈半蹲成右偏马步；右拳屈腕向前伸出，左拳向内微收至腹前，两臂合劲，两拳心皆向内；眼看右拳。

旋风脚　陈式太极拳独有式架。此动作因在快速旋转中击拍脚似旋风之意而得名。

【功效】此动作有利于提高腰功和腿部韧带的功能。

【攻防】乘其不备，攻击对方身体的中间部位。

【动作图解】重心左移，提起右腿；右掌划弧至腹前，掌心向左，左掌经腹前向左划弧至高与头平。右脚尖外撇向前上半步；右掌前推，左掌经面前向右划弧落于右小臂上方，两臂交叉合劲，两掌心皆向下。左脚自后下向上弧形裹起；两臂向左右展开，同时，左脚以脚内侧与左掌相迎击。以右脚跟为轴，向右后转体 180°，左脚随转体向上、向右扫转；两臂里合，在胸前交叉，左臂在上。继续向右后方转，左脚落地；两掌向内合，左掌心向下，右掌心向里。

旋风脚

小擒打　擒即捉住、抓拿，擒打即抓拿结合拳打。擒打与不同的步型、步法动作配合完成，名为歇步擒打、上步擒打、小擒打等。小擒打是陈式太极拳独有式架，陈式太极拳一路中的动作。两手滚缠合拿在一起为擒，继而左手上掤、右手向左前推为打。有拳诀云："后脚跟随左足前，左脚抬起再往前。左手拦起似遮架，右手一掌直攻坚。"

【功效】此动作是缠化拿打的技术。经常习练此动作有利于锻炼人上肢肌肉的灵敏性和肩、肘、腕关节的灵活性。

【攻防】对方用手向我脸、胸部击打，我一手顺着对方的来劲，缠压或缠拿化解对方的攻击，随即上步，另一手反击对方的胸、肋等部位。

【动作图解】身体右转；左臂屈肘，右拳变掌大逆缠，掌心朝下，虎口张开，左掌自左肋侧小逆缠至胸前。右脚脚尖外撇向前上步；右掌顺缠翻掌使掌心朝上，左掌顺缠并搭于右前臂。左脚向前上一大步，脚尖微内扣，仆腿，同时两掌逆缠翻掌，右掌向上、左掌向前下分开，以掌根突然削出。身微右转，重心左移，弓左腿，身向左转；右掌自右上方顺缠下落于右肋旁，掌心朝肋，左掌顺缠自下向上，前臂竖起，掌心朝前上方。左掌逆转，左臂微落，右掌顺缠自上向左，两掌内合向左发劲。

小擒打

抱头推山　以攻防含义命名。假设对方从身后如恶虎扑我，则我用抱头势化其力，借力推之；或者一人对二敌，抱擒一人，推击第二人。杨式和吴式太极拳中的此动作称抱虎归山，此式是太极拳掌法中的一招。

【功效】此动作主练肩、背、腰各部位间的协调用劲，有利于劲力的增强。

【攻防】对方从右后方用左手袭击我方的头部，我随右转体，用右手搂抓对方手臂，并圈绕其臂，上步欲锁扣其腿，反击对方。对方撤步、收回左手，我顺势上步跟进，加力推击对方胸部。

【各式比较】杨式、吴式太极拳称抱虎归山，武式、孙式太极拳的动作相同，称抱虎推山。虽然各式太极拳的动作名称不完全相同，但基本击法相同，都突出推法。其中，杨式、吴式、武式太极拳的动作实为斜向的搂膝拗步，陈式、孙式太极拳为双手前推。孙式太极拳中将如封似闭与抱虎推山单列开，其实为一个连续的动作。其他式太极拳通过此动作改变套路行进方向，转身换势。

陈式：重心移至左腿，右脚尖点地，两拳小顺缠在胸前合住劲，拳心皆朝里上。两拳变掌，以双顺缠向左右分开，两掌心相对。身体微右转再微左转；随转体两肘下沉，两掌以右顺缠、左逆缠收回至两耳旁，掌心朝两颊。右脚前迈半步，重心前移成右弓步；随重心前移，两掌自两颊旁向右微下落，随转体双顺缠向前推出；掌心朝外；眼看前方。

陈式抱头推山

杨式：左脚尖内扣踏实，两腿渐渐屈膝下蹲，随着重心移至左腿，右脚渐渐提起（脚跟先离地）；随转体，左掌自胸前下抽，向左弧形举至与左肩齐平，掌心朝上，右肘下沉，自然带动右掌下移，边移边随着臂内旋，使掌心朝下；眼先观左掌左举，即转向右平视。右脚向右斜前方迈出，先以脚跟着地，随着重心渐渐移于右腿而至全脚踏实，成右弓步，身体继续右转；右掌继续向下经膝前搂至右胯旁，左掌自左而上经左耳旁随转体向前推出；眼先观右掌搂膝，再向前观左掌前推。重心渐渐移向左腿，身体渐渐左转。左肘下沉，左臂外旋，使掌心朝里，右掌自右胯旁弧形向前，经左臂内侧举于左掌前，掌心朝外。重心稍向左移，身体微左转成虚步；左臂外旋，右臂内旋，右掌心向下，左掌心向里、向上，两掌边翻边向左捋。身体微右转，重心右移成右弓步；随转体，右臂外旋，掌心向内，左臂内旋，掌心向外，左掌按于右小臂内侧向前挤按；眼平视前方。

杨式抱虎归山

吴式：左腿向左前方上步成左弓步；右掌向左前方推出，高与肩平，掌心向前，左掌落下搂置于左胯旁，指尖向前，掌心向下。重心左移，左脚尖内扣，右后转身，提右腿向右前方迈步，成右弓步；右掌落下搂置于右胯旁，指尖向前，掌心向下，左掌向右前方推出，高与肩平，掌心向前；眼看前方。

吴式抱虎归山

武式：右脚向前上步成右弓步；右掌向右弧形平搂至右腹前，掌心翻向上，指尖向左，左掌由左耳侧向前推出，掌心朝前，指尖向上，与鼻同高；眼看左掌。

武式抱虎推山

孙式：左脚上步，右脚跟步，脚尖着地，距左脚约10厘米，两腿屈膝；两手一齐向前推出，高与肩平，两臂微屈；上体中正，眼看两手之间。

孙式抱虎推山

前招 陈式太极拳独有式架。此式是欲左先右、欲右先左、欲前先后、声东击西、迷惑敌人的技击手法。因左右两个重复动作前后连贯地衔接在一起，故右手上领、目视左手的动作为前招，第二个重复动作为后招。

【功效】此动作以腰的转化贯穿两臂的缠绕，完成上领下打的击法。习练此动作有利于加强腰肌力量，达到强腰固肾之效。

【攻防】若对方左脚将我右脚套住，贴近其身，我即乘势身体快速向右转下沉，重心偏右，再向左转，先沉再上升，随即近身，用右肩靠击对方左肋及左胸，稍远则用右肘击其胸、腹等部，同时右腿逆缠，左脚向前迈步，左臂向对方胸、面等部横击。若对方退右步避我进击之势，我即乘势身体继续左转上升，即后招，用右臂横击其左腰和肋部。

【动作图解】左腿屈膝，右脚向右前方进半步，右脚尖点地，成右虚步；左手展指，以腕关节为轴，先外旋再内旋，在左肩前上方缠绕一圈置于额左前方，指尖朝右，手心向外，右手展腕向右、向前划弧于右膝前上方约10厘米处，指尖朝前下方，手心向左斜后方；眼看右手。

前招

后招　陈式太极拳独有式架。与前招动作相同，左右相反。参见“前招”条。

野马分鬃　相传野马的长鬃是防卫的重要武器，长鬃的分甩是御敌的重要手段，同时体现出一种特有的气势。此式两臂有左右分靠的动作，恰似骏马奔驰而长鬃分张，用形象的比喻描述动作特征，名取野马分鬃。

【功效】此动作主要练习臂、胸、腰、胯、腿各部分劲的协调统一，有利于两肾的保健。

【攻防】若对方以右弓步、右拳向我右侧背后击来，我速向后转身，用右手黏住对方右腕，若对方用劲，我即顺势用右手握住对方右手腕，同时上左脚成弓步，以左前臂向对方右腋下用掤劲击去，内含捩意。若对方以左拳向我击来，我可按以上动作对称应用。

【各式比较】各式太极拳野马分鬃做法不完全相同。其共同点：下肢为弓步，上肢均为向斜上、斜下或前后、左右等分展的挒劲。

陈式：以右野马分鬃为例。右腿屈膝提收，向前上步成右弓步；右掌向下经体侧托于右膝上方，掌心向上，左掌左摆于体侧；右掌向前穿靠，掌心向上，指尖向右，腕高与肩平，左掌撑至身体左方，掌心向外，指尖斜向上，腕高与肩平；目视右掌。

陈式野马分鬃

杨式：以右野马分鬃为例。右脚上步，脚跟着地，重心前移成右弓步；两掌由抱球于体前分掌，右掌弧形斜向上，举于右前方，掌心斜向里，高与头平；左掌弧形斜向下按于左胯侧，掌心向下。

杨式野马分鬃

吴式：右脚向前方上步，脚跟着地，右脚尖落地踏实；随右脚上步，右手下落至左膝外上方，手心向左，左臂屈肘，左手置于右肩前，手心向外。随重心前移成右弓步；两手经胸前时上下相合，手心相对，左手向左前方下落，至左胯侧，手心向下，右手向右前方上举，与头同高，手心斜向上；眼看左手。

吴式野马分鬃

武式：以左野马分鬃为例。左脚向左前方上步，右脚跟步，脚尖点于左脚跟旁；右手弧形下落向左抄起至腹前，指尖向上，左手由腹前向右上划弧，举至额头上方，

武式野马分鬃

手心向外。右脚向右前方上步，左脚跟步，脚尖点于右脚跟旁；左手弧形下落，向右抄起至腹前，指尖向上，右手由腹前向右上划弧，举至额头上方，手心向外。

孙式：左脚收于右脚内侧，脚前掌着地，再向左前方迈步；左手向下、向右经腹部再向上经胸前向左划弧，手心向左，腕与肩同高；眼看左手。

孙式野马分鬃

玉女穿梭 犹如少女编织锦帛时的穿梭动作，故名玉女穿梭。此动作向四个斜（隅）角或两个斜（隅）角连续不断、周而复始地运行。在传统太极拳套路中，玉女穿梭动作重复四次。

【功效】拳势用法基本相同，即一手上架对方来击之手，另一手击对方胸部。此动作主练肩、肘、腕、腰、腿各部，锻炼灵、轻、伸、缩之力。

【攻防】玉女穿梭是乘势进攻的技法，动作变化多。若对方用手向我头部或胸（腹）部击打，我将黏贴对方击来的臂、腕，或化开，或架起，同时上一步，用另一手推击对方的胸部。对方从我的侧后方出手击打我头（面）部，我在回转身时，一手臂旋架对方的进攻手，另一手随上步击打对方的胸或肋部。

【各式比较】传统杨式、吴式、武式、孙式太极拳均是连续四个玉女穿梭，向四个斜角方向转身架、推掌。虽然这几式的玉女穿梭在外形上不同，但手法内涵是相同的，其步法涉及上步、跟步、扣步、摆步、碾步。

陈式：左脚前摆，右脚蹬地做跃步。身体腾起、空中右转；左掌由左肩前上方立掌左推，右掌由体前收架于头右上方，手心斜向上；眼看前方。

陈式玉女穿梭

杨式：杨式太极拳玉女穿梭共有四式，分别朝向四个隅角。此式是传统套路中的精彩之笔，玉女穿梭定势虽为四隅方，但整体的攻防含义和身法转换却兼顾八个方位，四正方为主防，表现为闪展腾挪，封缠拿裹。四个玉女穿梭中，第一、第三个需转身90°，第二、第四个需转身270°。此式动作旋转角度大，尤其要注意腰、胯的虚实变换，这样才能做到上下相随，姿势平稳连贯。左脚尖内扣踏实；右吊手变掌，自右向前下划弧，左掌也渐渐下移。重心全部移至左腿，身体渐渐右转，右脚提起；右掌随转体自下而左经胸前向右弧形上掤，左掌继续向前下划弧；眼观右掌。身体继续右转，右脚向右（西稍偏北）迈出，先以脚跟着地，随着重心渐渐全部移于右腿而至全脚踏实，左脚经右踝侧向前提起。随转体，左掌经腹前向右弧形移至右前臂下方；右掌也随转体继续稍右掤，即沉右肘，自然带动右掌向下移回；眼稍观右掌后移，即转向前平视。左脚向左前斜方（西南）迈出一步，以脚跟着地；左前臂经右前臂下侧向前上掤；右掌（沉肘）经左前臂上侧穿回，边穿边随着臂内旋，使掌心渐渐翻朝前下方；眼向左前平视，眼观左臂。重心渐渐移向右腿，右脚全部踏实，身体渐渐右转，弓右腿，蹬左腿，成右弓步；右前臂经面前上翻，边翻边随着臂内旋，使掌心翻朝前上方，右掌停于额前；左掌同时向前推出；眼向前平视，眼神要注视左掌前推。

杨式玉女穿梭

吴式：左脚移至右脚前成左虚步；右手从右上方向左前臂内侧落下，手心向下，左手上抄，左臂屈肘呈环抱形，置于左胸前，手高与肩平，手心向上。左脚向前迈半步成左弓步；右掌变立掌向前推出，掌心向前，左掌向上架于额前，掌心斜向上。右式与左式玉女穿梭动作相同，方向相反。两式的衔接步法为扣脚、辗转。

吴式玉女穿梭

武式：向四个斜角方向连续做四个玉女穿梭动作。以左玉女穿梭为例。左脚向左前方上步，右脚跟步，脚尖点地于左脚旁；左掌经右脸颊上举，架于左额前方，掌心斜向上，右掌下落于右腰前（立掌，坐腕，沉肘），再向胸前推出，掌心斜向前，指尖与鼻尖同高。右脚提起经左脚后移至左脚跟左侧，脚尖点地，以左脚跟为轴，左脚尖向右后方碾转，右脚上步，左脚跟步，脚尖点地于右脚旁；右掌经左脸颊上举，架于右额前方，掌心斜向上，左掌下落于左腰前（立掌，坐腕，沉肘），再向胸前推出，掌心斜向前，指尖与鼻尖同高。右式与左式玉女穿梭动作相同，方向相反。由于转身角度大小不同，衔接动作的步法包括扣脚、插步两种。

武式玉女穿梭

孙式：连续四个向四个斜角方向的玉女穿梭动作。右脚微回撤外摆；右掌收回，掌心斜向下，拇指一侧对着胸前，左手外旋举至右手前，高与肩平，手心向上。左脚向左前方迈步，右脚跟步至左脚后，两脚相距约 10 厘米；左手内旋上托，手背靠近前额，右掌由上腹部向前轻轻推出，右肘贴肋。左脚内扣，身体右转约 180° ；右手内旋微往上，手心向上，左掌向下落至胸前，掌心向下，两肘贴肋。右脚向右前方迈步，左脚跟步至右脚后，两脚相距约 10 厘米；右掌内旋上托，手背靠近前额，左掌由胸前向前轻轻推出，左肘贴肋。右脚微回撤外摆；右手收回，手心斜向下，拇指一侧对着胸前，左手外旋举至右手前，高与肩平，手心向上。左脚向左前方迈步，右脚跟步至左脚后，两脚相距约 10 厘米；左手内旋上托，手背靠近前额，右手由胸前向前轻轻推出，右肘贴肋。左脚内扣，身体右转约 180°；右手内旋微往上，手心向上，左手向下落至胸前，手心向下，两肘贴肋。右脚向右前方迈步，左脚跟步至右脚后，两脚相距约 10 厘米；右手内旋上托，手背靠近前额，左掌胸前推掌，左肘不贴肋；眼看左掌。

孙式玉女穿梭

摆莲跌叉　陈式太极拳独有式架。由摆莲和跌叉两个动作组成，故名摆莲跌叉。

【功效】此动作对人的下肢柔韧性、力量都有较高的要求。经常习练此动作有利于加强人体的下肢力量和柔韧性。

【攻防】我摆腿向外扫击对方的面部；对方躲过脚法，攻击我的脸或胸部，我迅速一手由下向上挑挡，另一手由下向上磕压对方的反击。

【动作图解】重心全部移至左腿，左腿微屈；右脚向左、向上、向右划弧摆起于胸前时，两手向左、向上依次击拍右脚面；眼看右手。右脚下落于左脚内侧并屈膝踏地震脚，随之左脚迅速离地稍提起；两掌变拳，右拳于胸前击出，拳心向上，左拳收于右上臂前，拳心向内。右腿屈膝下蹲，左脚尖翘起，以脚跟贴地向左前铲出，右膝内扣，松胯合裆下沉，臀部、右膝内侧和左腿后侧贴地；右臂微屈，右拳经面前向上、向右划弧举于右上方，拳心向外，左拳随左脚铲出前伸于左腿上方，拳心向上；眼看左拳。

摆莲跌叉

金鸡独立　一腿独立支撑，另一腿屈膝提起，一手上扬，另一手下垂，状如雄鸡单腿独立，故名金鸡独立。

【功效】此式主要体现撞膝的方法，手法与膝法配合。此式主要习练上下肢、腰背的争拔力和下肢的平衡能力。

【攻防】若在下势过程中，对方中途回撤，在此形势下，我顺势将身前移，紧跟对方。我左手先将对方右腕提起，再以右手握其左腕向下沉，同时用膝直顶对方腹部或以脚踢其下盘。

【各式比较】在各式太极拳手法中，上面的手法有挑掌和撑掌、托掌之分；在下的手法有按掌和自然垂落于体侧之分。吴式太极拳的金鸡独立一手在头上做撑架掌；杨式、孙式太极拳为挑掌于体前；武式太极拳为上托掌于头前；孙式太极拳为在下的手垂于体侧。各式太极拳金鸡独立的下肢提膝动作也略有不同，如吴式太极拳提膝腿的脚尖内扣上翘，孙式太极拳提膝腿的脚尖上翘。

陈式：以左金鸡独立为例。右腿屈膝上提，左腿独立支撑，右手外旋，向上从左前臂内侧穿出，上举于头右侧上方，掌心向右，左手下落于胯侧，掌心斜向下；目视前方。

杨式：左脚尖外撇，身体渐渐左转，重心渐渐向前移于左腿，上体前移而起，左腿屈膝前弓，蹬右腿，右脚跟先离地，向前提膝，随即左腿渐渐起立，成左独立势；左掌随着身体前起左转向前上穿，即划弧下搂至左胯侧（掌心朝下），右吊手变掌，自后而下，随着右腿向前提膝，以右前臂尺骨一侧贴近右大腿上侧向前弧形上托，置于面前，手指朝上，高与眉齐，掌心朝左；眼先观左掌前穿，当左掌左搂时即顾右掌上托，并稍先于右掌到达；眼看右掌。

陈式金鸡独立

杨式金鸡独立

吴式：以左金鸡独立为例。右腿屈膝上提，右脚尖上翘；右手经左臂外侧内旋上架至额的左前方，手心斜向上，指尖向左，左手按至右膝内侧，手心向下，指尖向右；目视前方。

武式：以左金鸡独立为例。左腿屈膝上提；左臂由下向上屈肘内旋，左腕上托于头右前方，掌心斜向上，指尖向后上方，右掌向下按掌于胯侧；目视前方。

吴式金鸡独立

武式金鸡独立

孙式：以左金鸡独立为例。随右腿屈膝上提，脚尖上翘，成左金鸡独立；右手从胯侧向前、向上提至耳旁，手心向内，左手落于左胯旁，指尖向下；目视前方。

孙式金鸡独立

十字摆莲　碾转、扣摆，弧形上步、十字交叉，两臂与外摆腿在空中形成左右交错相运，其形犹如摇动中的莲花，故名十字摆莲。

【功效】拳式基本用法为上下相向运行，上击下扫。此动作主练腰胯的拧裹劲以及上下反向的挫力。

【攻防】若对方从我身后用拳击打我，我随即上步转体闪开，并用手搂、格对方手臂，顺势起外摆腿踢击对方肋部。若对方以右拳向我胸部击打，我则以左臂向右阻截其手臂，右手臂防范对方的左手击拳，乘虚起右腿横踢其腰、肋部。

【各式比较】虽然各式太极拳的动作命名略有不同，但此动作在各式太极拳中的主要部分是一样的，即转体接外摆腿。孙式太极拳、武式太极拳称转脚摆莲，吴式太极拳称转身双摆莲。另外，在传统陈式、吴式、武式、孙式太极拳中还有转身十字摆莲。

陈式：以右脚跟为轴，身体右转，左脚尖点地；左掌自左而上向右划弧，右掌自右而下向左划弧，两掌相合于胸前。右腿屈膝下蹲，左脚向左横迈一步，成左弓步；右掌向右上，左掌向左下分别展开，掌心皆向外。重心继续左移；右掌自右而下经腹前向左缠至左腋下，掌心向后下，左臂屈肘使小臂竖起，左掌掌心向右上。身体右转，重心左移；左掌经额前向右合于右臂上方，掌心向下，右掌顺缠至左腋下，掌心向下。右脚提起，自左前而上向右外摆半圈，左掌向左迎拍右脚面外侧。

陈式十字摆莲

杨式：重心移至右腿，成左虚步；右掌自上向右而下经腹前划弧至左胸前，掌心向下，左掌自胯旁向左弧形上举至左额前，掌心斜向下。以右脚掌为轴向右后转体，左腿随转体向右后摆；两掌随转体向右后移，右掌上移与鼻齐，左掌下移与胸平，两掌心皆向下。左脚落地，重心左移，右脚掌着地成右虚步；右掌移至右前方，左掌移于右腕左侧，稍低于右掌。右腿自左向右上方弧形外摆，脚面侧向右面；两掌向左平摆依次击拍右脚面；眼随手走。

杨式十字摆莲

吴式：右脚跟提起变虚步；右掌下按于左腹前，左掌翻掌上举，掌心向前，置于额上方。右脚提起高过左膝，循弧线从左向右横踢，力达脚外侧；右掌在左腋下，左掌自上而下从右向左击拍右脚；眼看拍脚方向。

吴式转身双摆莲

武式：左腿支撑，右脚尖上翘，右腿提起自左向上、向前划弧，足心向前，高与膝齐，两腿微屈；在右腿划弧时，两手立掌向左右分开，手指向上，高与肩平；眼看前方。

武式转脚摆莲

孙式：左脚内扣与右脚成八字步；两手在胸前交叉，右手在下，手心向上，左手在上，手心向下。两腿微屈；两手变立掌交叉，右掌在外，左掌在内，拇指微靠胸；眼看两掌。左腿独立支撑，右腿提膝微外摆；两掌如单鞭左右分开；眼看前方。

孙式转脚摆莲

指裆捶　太极拳五捶之一。指裆，指向裆部；捶，即拳，击打。在不同的拳式中，指裆捶过程，配合不同步法、身法、手法动作，故有回身指裆捶、跳步指裆捶、上步指裆捶、搂膝指裆捶之称。

【功效】此动作主练肩、背部位。经常习练此动作有利于锻炼拳、腿、脊椎的合力。

【攻防】我阻截对方进击的手或腿，乘虚直入，上步击打对方的小腹部或裆部。

【各式比较】各式太极拳的指裆捶都是直奔裆部出拳的拳法，下肢的步法有上步、跃步之分，步型有弓步和屈膝半蹲之别。身法，有的转身，有的不转身。

陈式：左脚向左前方跃步，右脚蹬地在原左脚处震脚落下；左拳顺缠至左胸前，右拳顺缠至右胯旁。重心左移，左臂屈肘竖起前臂，拳心向右，右拳顺缠落于左小臂上。身体微左转，左拳顺缠下落于腹前，右拳逆缠自右而上，经右耳旁落于左臂内侧。成左弓步；左拳顺缠置左肋下，拳心向内，右拳从左拳上方向左前下方抖弹打出，臂微屈，拳心斜向下；身体稍前倾，眼看右拳。

（侧面）

陈式指裆捶

杨式：左脚上步成左弓步；左掌向前弧形平抹，再微向左搂置于左膝的左前方，掌心向下，掌指向前，右掌由前下弧形运至腰间（掌心向上）握拳，再向前下方打出，臂微屈，拳眼向上，上体自然中正，鼻尖与左膝、左脚尖上下相对；眼看前下方。

杨式指裆捶

吴式：称回身指裆捶，为身体后转180°衔接的指裆捶。左脚上步，左掌由面前下落至左膝右侧搂膝而过，右掌由胯旁变拳，屈肘提至腰间。随成左弓步，右拳向前下方打出，拳眼向上，臂微屈，拳与腹同高，左掌向外、向上划弧收落于右臂内侧，鼻尖与左膝、左脚尖上下相对；眼看右拳前方。

吴式回身指裆捶

武式：又称上步指裆捶。右脚落实，左脚向前上步；两手分立两侧。右脚跟步，脚尖点于左脚旁；左手经下落搂过左膝，置于左腿旁，右手落于右胯旁变拳，拳心向下，向前下方击出，高与裆齐，两腿微屈。

武式上步指裆捶

孙式：称上步指裆捶，是指上步与指裆捶的连接动作。左脚、右脚各上一步，左脚跟至右脚后约距10厘米处，两腿屈蹲，重心偏右腿；右手握拳经腰间向前下打出，拳眼向上，拳同腹高，左手经腰间扶于右手腕上随之助之；眼看右掌。

孙式上步指裆捶

白猿献果　陈式太极拳独有式架。此式经过身体的运化，技击点落于提拳、提膝，外形犹如猿猴捧献一只桃子，故名白猿献果。

【功效】经常习练此动作有利于锻炼人的腕、肘、肩和腰、胯、膝、踝等上下各关节的灵活性及相互配合的协调性。

【攻防】若对方从我左后侧用双手将我环抱住，欲将我抱起摔倒在地，我身向左转约90°，螺旋下沉再上升，重心由右变左，同时左腿顺缠，以脚跟为轴，脚尖外转着地，右腿逆缠，向内转膝上提（随右拳上冲）向对方裆部撞击，左拳贴在肋部顺缠旋转，配合右拳上冲向下沉，右拳继续变顺缠向前冲击对方下颌，同时向对方进攻。

【动作图解】身体微左转；右拳逆缠向左收于左腰侧，左拳在左肋前逆缠，配

白猿献果

合绕一小圈，两拳合住劲。重心右移随即仍向左移回，两掌逆缠，自左向前移至胸前，高与胸平。随身体左转，重心移向左腿，提右膝，右脚面绷平；左拳外旋，向下、向左划弧收于左腰侧，拳心向上，右拳经腰侧向前、向上划弧置于右肩前，右臂屈肘，拳稍高于肩，拳心向后上方；眼看右拳。

雀地龙（铺地锦）　陈式太极拳独有式架。此式身法低，走下势犹如贴地而行的游龙，故名雀地龙，又名铺地锦。

【功效】此动作主要练习下肢柔韧性和力量以及手、臂、脊、背、腰、腿的贯通劲。

【攻防】乘对方猛力前扑之势，向下捋化敌臂，身体下沉，使对方扑空失衡，我乘机击之。

【动作图解】身体左转，成左弓步；两手变拳逆缠，右拳自右而下经腹前向左上撩，拳心朝上，左拳向右合于右臂上方，拳心朝里，双拳合住劲。重心右移，身体右转，右腿屈膝；右拳顺缠自左前臂外侧向右上举过头，拳心朝右上方，左拳自右臂里侧自左而上逆缠，伸至左膝上方，拳心朝前。身微左转，右腿进一步弯曲，左腿下沉成仆步，右拳微下沉，左拳

雀地龙

前伸至左踝上方，拳心朝上。左脚尖外撇，蹬右腿，重心左移，成左弓步；右臂转臂顺缠，右拳下落于右胯旁，拳眼向外，左拳以拳面向前上方冲起，拳心朝里；眼平视前方。

上步七星　拳术中将两臂相交叉、两拳（掌）斜相对称为七星式。还有一种解释是，此动作突出了身上的7个部位，即头、肩、肘、手、胯、膝、脚，恰似北斗七星。此式为两臂交叉同时上步起脚踢对方的胫骨或裆部。

【功效】此动作主要练习周身为一体的内在蓄劲和掤劲。

【攻防】若对方用拳向我面部击打，我两臂交叉上架其手臂的同时，上步起脚踢对方的胫骨或裆部。

【各式比较】各式太极拳的上步七星动作外形相似，用法相同。其中，陈式、吴式、杨式太极拳的下肢动作为虚步；杨式太极拳上肢动作为两拳相交叉；陈式太极拳两拳交叉后变为掌；吴式太极拳两掌不交叉，均为立掌；而武式、孙式太极拳的下肢动作为跟步，上肢动作为两掌相交叉。

陈式：脚上步成右虚步，右拳由体侧斜下后方外旋向下、向体前划弧至左腕外侧，两腕在胸前交叉，两拳心均向里。下肢不动，以两腕相贴的交叉点为轴，两拳内旋向里、向下、向前绕一圈变掌外撑，掌心向外，右手在里；眼看两掌。

陈式上步七星

杨式： 右脚跟先离地向前经左踝内侧提起，向前迈出半步，以脚尖点地，成右虚步；左掌上抄至胸前变拳，右吊手变拳，随右脚前迈，自后经腰部向前置于左拳下侧，两拳同时向前上拥，高与颊齐，左拳心朝右后方，右拳心朝左后方；眼看前方。

杨式上步七星

吴式： 左腿屈膝支撑，右脚向前上步，脚跟着地，成右虚步；右手举至与肩平，左手举至右腕旁，两手均为立掌，手心皆向外，手指斜向上；眼看两手之间。

武式： 重心移至左腿，右脚收至左脚旁，脚尖点地，两腿屈膝；两手交叉同举至胸前，高与口齐，指尖向上，手背相对，右手在外。

吴式上步七星

武式上步七星

孙式： 左脚向前活步，右脚跟步至左脚后约距 10 厘米处，脚尖着地；左臂由体前屈肘立掌后收于颌前，右手由右胯侧向前、向上划弧从左腕下伸出，两腕交叉，距胸约 20 厘米，右手在外，手指均向上，两手心向外；眼看两手。

孙式上步七星

退步跨虎　两腿屈膝、一实一虚，其形如跨虎之势，因与退步动作配合完成，故名退步跨虎。

【功效】 此动作主要练习腕、肘、肩、腰、胯、腿各关节贯穿一体的向外的掤劲和捌劲。

【攻防】 若对方用手击打我胸部或用脚踢我小腹部，我随即撤步，并用手向一侧搂开对方进攻的臂、腿或者向下拍击对方踢过来的脚，乘机出另一手推击对方的肋部，或者用膝撞开对方的脚再踢对方的小腹部。

【各式比较】 传统陈式、杨式、武式、孙式太极拳的上肢动作均为两掌左右分开，吴式太极拳两掌左右分开后，左掌上提变勾手，右掌立掌推出。武式太极拳两手左右分开后，右手立掌，掌心向前，置于头右前方，高与头顶齐，左手落于胯前，掌心向下，指尖向前。另外，陈式、杨式、武式太极拳的下肢动作均为虚步，吴式、孙式的下肢动作为右腿独立支撑，左腿屈膝上提。

陈式： 以左脚跟为轴，身体右转后撤一步；两掌在胸前以腕部紧贴的交叉点为轴，自前而下、向里而上翻绕。重心移至两腿之间；两掌分别向下、向左右弧形分开，经两膝前上方，掌心斜向下；重心右移，左脚收至右脚旁，右掌向右、向上、向左划弧外旋、屈肘立掌举于头右前方，右腕与肩同高，掌心向左；左掌向左、向上、向右划弧外旋，至右肘内侧下方，掌心向右。身体微下沉；右掌向右上，左掌向左下分别展开，右掌心斜向右上方，左掌心斜向左上方；眼看前方。

陈式退步跨虎

杨式：右脚后退一步，重心逐渐右移，左脚前掌着地，成左虚步；两掌向两侧弧形分开，右掌举于头右上方，掌心向外，掌指朝上偏左，左掌按于左胯外侧，掌心向下，掌指向前；眼看前方。

杨式退步跨虎

吴式：右脚后撤一大步，身体右转约90°，重心移至右腿成独立支撑，左转体，左腿屈膝上提，膝高过腰，脚面展平，脚掌内扣；右手向下、向右后划弧至右胯旁，屈肘提至右耳侧后向前推出，左手向下、向右划弧至腹前，随左腿屈膝上提，向前推出，腕与肩同高，左手向左搂至左膝外侧变勾手摆提至左后方，腕略高于肩；眼看左前方。

（正面）

吴式退步跨虎

武式：重心移至右腿，成左虚步；右手向右上方立掌至头右前方，高与头顶齐，左手向左下划弧至左胯前，手心向下，指尖向前；眼看正前方。

孙式：右脚后撤一步，左脚（脚尖着地）撤至右脚前，随即右腿伸膝支撑，左腿提膝，脚尖翘起；左手由胸前向下搂至左胯侧，手心向下，右手由胸前外旋向下，由左向右、向上划弧经额前内旋下按至腹前，指尖向左，随右腿伸膝独立支撑，右手再上抬；眼看右手。

武式退步跨虎

孙式退步跨虎

转身双摆莲　参见“十字摆莲”条。此式的不同之处为身体转270°。

陈式转身双摆莲

杨式转身双摆莲

吴式转身双摆莲

武式转身双摆莲

孙式转身双摆莲

当头炮　陈式太极拳独有式架。动作外形是抡双拳迎前面之敌，故名当头炮。

【功效】此动作是一个爆发力较强的进攻手法，力由腿而腰达于拳面。经常习练此动作有利于发展人体的力量素质。

【攻防】对方由我正前方起右脚向我腹部踢来，欲将我踢伤倒地，我快速先略向左转再向右转下沉，双拳下沉，以双顺缠向对方右腿胫骨外以採劲击出，使对方失势，然后我再变招取胜。我若还不想放过对方，乘势快速先略向右转下沉，双臂先快速略顺缠变逆缠，里勾折腕，由腹前向前上攻对方胸、面部，使对方胸、面部被击，失去反攻能力。

【动作图解】重心左移成左弓步；两掌变拳，微向前上冲，拳心相对，左拳在前，右拳在后。重心后移，右腿屈蹲；两拳转臂顺缠，自前而下向里而上，弧形收于右肋旁，左拳心向内，右拳心向左。重心前移成左弓步；两拳向前弹抖，两肘微屈，左拳心向内，右拳心向左，拳眼向上。

当头炮

斩手　陈式太极拳独有式架。此式为解脱之法，左手与右手形成合力，先向下採捋，引化对方推按之力，走低势，使其来力落空，乘势以左手腕背反击，两手形似左手击右手，形成斩手之势，故名斩手。

【功效】两手一足同时并用解脱之法，左手上提，右手如刀下斩，形成左上右下的对开削竹势并辅以右脚下沉的震脚。胸腰运化折叠，腰以上劲向左上翻掤，腰以下劲向左下沉至脚底，产生斜线对称的劲，可起到使身体稳定平衡的作用。

【攻防】此动作为解脱手腕被控的手法。经常练习此动作有利于增强臂、腕力量。

【动作图解】右脚提起外摆落地，左脚提起靠近右脚内侧落地震脚，两腿屈膝全蹲；随右脚外摆落地，右掌内旋，再屈肘外旋，由下向上、向腹前反背落下，左掌向左、向上、向前、向下切掌置于右掌上；眼看右掌。

斩手

翻花舞袖　陈式太极拳独有式架。两臂以腰为轴翻抖，犹如仙女舞动两只长袖，故名翻花舞袖。

【功效】此动作主要练习上提下砸的合劲，是解脱中寓含反击的方法。经常练习此动作有利于锻炼全身的平衡能力。

【攻防】合劲于胸前，身集内劲，左手下採，右手如用斧砍柴下砍。

【动作图解】左脚随即落实，右脚向左前方迈步，成马步，重心偏左；右手由后下逆缠至体前，左手在腹前顺缠，迈右步时，右手立掌由前上向前下砍，左手向左后方採按于左大腿上方；眼看右手。

翻花舞袖

倒骑麟　陈式太极拳二路拳势之一，也称倒骑驴或倒骑龙。其练法为前行中右转身返回，此动作因象形而得名，取意于张果老倒骑驴的传说。

【功效】经常习练此动作有利于锻炼腰部肌力和肘部的击打力。

【攻防】以肘和掌配合折击对方的关节部位。

【动作图解】在上式连珠炮的3次上步后，重心前移，右腿为实；两掌相互双合，先左掌逆缠转向胸前，掌指竖起，掌心向右，同时右掌逆缠转护在左前臂之外，接着右掌逆缠摆向右后上方，左掌逆缠摆向左前下方。提起左脚，右转身；两掌由开而合，将身躯带转过来，此时右掌在右下，掌心向内，左掌在左上，指尖指向斜后方；眼看前方。

倒骑麟

裹鞭炮 陈式太极拳拳势之一。根据动作的特点，即两臂向身体中线部位交叉里合，将躯干向里裹着，酷似裹紧的鞭炮而得名。有人强调裹的是身体，所以又称其为裹身鞭，也有人称其为里变。

【功效】经常习练此动作有利于强化胸腹的开合变化，促进内脏的蠕动，从而有利于消化和促进新陈代谢。

【攻防】用以摆脱被人从后抱住或双臂被拿住的困境，并实施反击。

【动作图解】以右裹鞭炮为例。两腿屈蹲，重心在两腿之间；两臂上下弧形绕至腹前交叉，左臂在外（含胸拔背，蓄劲）。重心稍移向右腿，成偏马步；两臂屈肘，短促、迅速发力；两拳以拳背为力点向上、向左右分击，拳与肩同高；眼看左拳。

裹鞭炮

劈架子 陈式太极拳独有式架，也称披架子，因其技击手法而得名。

【功效】此动作对肩、臂的要求较高。有利于加强肩背的爆发力及抗击力。

【攻防】上肢运用披挂採靠的技法，击打对方下颌，下肢踩踢套打。

【动作图解】传统陈式太极拳此式在兽头势掤发劲之后，同时左拳向上再转一小逆缠。当两拳相对转动到左拳在下、右拳在上时，右脚跃起；同时左脚向前迈出一步，成偏马步；两拳均变为掌，两臂于胸前紧紧交叉合起来，并使裆圆而下沉，内藏近距离的肩靠劲。此时左脚为实。左掌向上、向外顺缠发劲，这是太极拳中唯一的上击劲。此式是用捶或用掌俱可的拳式。

劈架子

伏虎 此动作因披身闪展犹如伺机待动的伏虎姿态而得披身伏虎之名，又名伏虎势。传统陈式太极拳二路称此动作为伏虎。

【功效】此式主要锻炼腰、脊、膝、腿各部协调用力。经常习练此动作有利于发展脊力，促进腿力发达。

【攻防】以双拳贯打为主要技法，即双手被对方抓住后或当对方打来拳时，我向侧出步闪展，转腰捋化其力后，令其跌出或反击其头部。

【各式比较】各式太极拳的伏虎势的基本手法、步法和步型相同。孙式太极拳的动作与其他式太极拳的披身伏虎区别较大。

陈式： 右脚向后右挪展半步成右偏马步；右拳逆缠向后划一大圈，再划一小圈至左额角，左拳向左、向内划一小圈撑在左腰际；眼看前方。

陈式伏虎

杨式： 以左伏虎为例。重心左移，成左弓步；两掌（掌心向下）向下、向左弧形运转，左掌变拳架于头的左上方，拳心斜向上，拳眼向下，右臂屈肘，右掌变拳举于左肋旁，拳心向里，拳眼向上；上体中正自然，眼看右前方。

杨式伏虎

吴式： 屈左腿为弓步；右臂照原状伸向东南不变，左手上举，循抛物线向东南方落下，置于右肘的左下方，两手均为立掌，身体和视线均向东南。左脚退后一步，屈右腿为弓步，方向仍为东南；右手自上而下循弧线收回胸前，握成立拳，拳背向外。屈左腿，将右脚收回半步，变为脚尖着地的虚步，身体转向正东，目视前方。有抬腿与不抬腿两种做法，抬腿很不易做，因为本式要连续退步，还没有站稳就要抬腿，初学有困难，故此处用虚步式，使身体可以站稳。两手握拳，左拳于身体左侧划弧向上举至左额上方，虎口向下，右拳收至腹前，两拳虎口上下相对；眼看前方。

吴式伏虎

武式： 称左右披身伏虎。以左披身伏虎为例。下肢成左弓步；两掌（掌心斜相对）向左下捋，左掌变拳置于左额旁，拳心向下，右掌变拳置于左肋旁，拳心向上；眼看右前方。

武式伏虎

孙式： 撤左步成右虚步，上体左转；两手握拳向下回拉，于身前划立圆至小腹前，拳眼向前；上体随之右转，眼看前方。

孙式伏虎

抹眉红　陈式太极拳二路拳势之一，也有人写作“抹眉肱”。关于其名称来源，一说是来自右拳原在右额角上，向右下收回时，肱部挨着眉前旋转，也有将“红”解为“横”字的，武术中一个招法的术语，即横臂的动作；另一说是因反手插击对方眼眉部，不伤其眼球而得名。

【功效】经常习练此动作可以提高下肢的力量，锻炼身体的灵活性。

【攻防】我上步踩对方脚或套住其脚跟，反掌抹拨其眉弓，上下剪切使对方摔倒。

【动作图解】右脚向前跃出一大步，左脚随后跟进，两脚离地；右掌逆缠，从上向下、向前划弧，左拳逆缠至右下方后向上划一整圈收至左腰间。当右脚落地为实时，身体向左旋转180°，成右弓步；右掌随转身由上划弧至右前方，腕与肩平，左拳亦由上向下逆缠至腰间；眼看右掌。

抹眉红

黄龙三搅水　陈式太极拳二路拳势之一。其身法上下起伏，手法上下、前后缠转，如蛟龙水中搅水翻浪，因此得名。

【功效】此动作进退灵活，经常习练能够增强腿脚的灵活性。

【攻防】此动作是上惊下取一跌的技法，上扰对方心意的同时攻击其下盘，勾、套、踩对方下肢，使其失去重心。

【动作图解】以左黄龙三搅水为例。重心右移，左脚尖点地；左掌在胸前顺缠划圈，右拳撑于右腰间。重心左移，右脚尖点地；左掌向上划圈，右拳仍撑于腰间，眼看左前方，完成一次搅水。重心右移，左脚尖点地；左掌在胸前顺缠划圈，右拳仍撑于右腰间。

左黄龙三搅水

左冲（右冲）　陈式太极拳二路拳势之一。两臂在体前缠绕运圈，蓄势收回，以两拳向前上抖击，名之为冲。拳势开始时，左脚在前为左冲，右脚在前为右冲。

【功效】此动作练习抖劲，锻炼腰、腹、手臂协调发力。

【攻防】我用松活弹抖的力量攻击对方的胸部或腹部。

【动作图解】左冲：左脚震脚，向前迈步成左弓步；右拳顺缠收回，左拳逆缠向前抖击，两拳拳心相对。重心右移，收回左脚并上提；两拳向右肋侧划圈，右拳划至额上方，左拳划至与下颌同高。左脚震脚，迈右腿；两拳下落与腹同高，右拳在前，左拳于左肋侧。重心右移成右弓步；

左冲

两拳转到左肋侧后，下沉其劲，接着以双顺向前上冲撞；眼看前方。右冲：先右腿在前，再换到左腿在前；两拳先从左肋侧转到右肋侧，划两个大圈后抖出劲去。右冲的动作路线与左冲是对称的。

扫膛（堂）腿（转胫炮） 陈式太极拳二路拳势之一。一腿支撑，另一腿旋转横扫，故名扫膛腿。

【功效】经常习练此动作能够增强腰和腿部后群肌肉的力量，锻炼身体的旋转平衡能力。

【攻防】我趁对方不备，利用后转身加大力量，扫击对方的脚踝，将其击倒。

【动作图解】重心左移；右拳在前逆缠收回再向前划圈至面前；左拳在后逆缠向前又向后划圈。右脚蹬地震脚，后撤小半步；当右拳逆缠由前收至右腰前时，左拳逆缠向前上举。右脚尖外撇，形成旋转贯力，把身体向右后带转约 280° ，右腿弯曲，左腿亦随之仆腿划弧转扫 280° ，扫至右脚的西北方；右拳再逆缠由前收回到右腰前，左拳逆缠向前上举；眼看左拳。

扫膛腿

夺二肱 陈式太极拳二路拳势之一，又名左二肱、右二肱、夺二红，亦有人将左右二肱改为连环炮。其动作过程，连续两拳交替进攻，看似拳，实是臂，先发左拳为左二肱，反之为右二肱。夺二红之名取拳击人见红之意。

【功效】经常习练此动作能够锻炼腰部肌群的爆发力，增强脊柱的弹性。

【攻防】我解脱对方的擒拿并连续击打对方的胸部或腿部。

【动作图解】右脚提起向左后侧退步（横移半步）；两拳继续在胸前里外双翻合住劲顺缠，右拳在里、在前上方，左拳则在外、在前下方。重心移至左腿，右脚提起、震脚，沿地面搓出去；右臂横着由前臂发出劲去，同时左拳逆缠向左后放劲，右拳、右脚并进；眼看右拳。

夺二肱

回头当门炮 陈式太极拳二路拳势之一。以拳当炮，强攻对方中门，取火炮猛烈之意，故名当门炮，因从转身变来，所以称作回头当门炮。这是一捋一挤按的动作，两手向前方发劲。

【功效】经常习练此动作能够提高全身的协调性，锻炼上肢力量。

【攻防】我接对方攻击来力引进令其落空后，合力崩打对方中部的膻中穴等部位。

【动作图解】转身时左脚踩实，下挫时右脚踩实；右手顺缠，两臂向前上抖出劲来。

回头当门炮

拗鸾肘、顺鸾肘　陈式太极拳二路拳势之一，在陈式太极拳拳谱中名为顺鸾。鸾是鸟类，与动作无关，所以有人认为可能是口传音讹，而将鸾改为拦字。

【功效】经常习练此动作能够提高连续发力的技击能力，同时锻炼身体的协调性。

【攻防】拗鸾肘采用近距离的肘劲，用掌压在对方採的手掌上，并以此为中心，使对方的採手不易变换，再以右肘横向击出，是解脱被採的简单用法，是用作自保的拳势。顺鸾肘的用法是肘击后还未解脱，顺势分开两手，用右肘尖逆缠、左肘内夹顺缠，向下方发劲以求解脱。

【动作图解】拗鸾肘：重心左移；右前臂逆缠向胸部右前方发出肘劲，左拳放开为掌，放在右肘上，使两臂如环形。顺鸾肘：右脚沿地面铲进，左脚跟进；两拳分开，右肘尖逆缠，左肘尖顺缠，向斜下方发力。

拗鸾肘　　顺鸾肘

窝里炮　陈式太极拳二路拳势之一，因右拳从心窝处下翻向上打出而得名。

【功效】此动作主练由下向上的发力技法，强化上肢力量和上下配合的能力。

【攻防】当对方抓我左手时，我回抽左手，右拳钻出，击打其下颌或横向使劲击其面部。

【动作图解】右腿迈出去，重心前移，左腿亦随之跟进半步；以右顺左逆在胸前双含其劲，使右拳在内下方，左拳在外上方。将在前的右脚收回，形成气贴脊背的蓄势姿势；右拳立即外翻，用拳背向右前方击出，同时左拳向左后方逆缠到左腰侧放劲，以配合右拳的击发。

窝里炮

井揽直入　陈式太极拳二路拳势之一。井揽较早的出处是明朝戚继光所著《拳经》32势长拳之第15势，即中四平势，后被引入太极拳。有的人从字面理解，认为此动作如揽井绳而得名；也有人根据此动作的技击作用是直接拦截对方按我右手，我身随势右转进步採按，认为井揽可能是字误，所以，改名为径拦直入。这里“径”是直截了当、毫不迟疑的意思。在各种陈式太极拳的相关著作中，此动作基本同名，也有称之为回头井揽直入者。

【功效】上下对向用力，含展背阔肌，不仅锻炼背部肌肉，而且发力一震有利于经络畅通。

【攻防】我右手反拿对方右手，左手或打对方面部，或按其胯根，配合左脚的套踩等方法，对方必跌倒。

【动作图解】左脚提起，向右前方上步，转体 180° ，面向北方，此时右脚为实；左拳变掌，并随着左脚上步向胸前下方按劲，劲在掌根，同时右拳顺缠，亦在下沉时变掌，翻转掌心向上，近腰左侧。转体时以腰脊为中轴。

井揽直入

风扫梅花　陈式太极拳二路拳势之一。此动作是转身换步的过渡动作，原来没有式名，有的书也不列此动作。顾留馨等著《陈式太极拳》列有风扫梅花，取腿有扫转之形，像风扫花落之意。

【功效】身体扫转，可锻炼小脑，发展平衡能力。

【攻防】当对方从身后抓我肩或抱我腰时，我右臂反卷头颈上搂下扫，将对方摔倒。

【动作图解】右腿经左腿后向左侧插步，右转体 180° ，左脚为实，并作为旋转中轴，右脚随身右转而横迈于左脚的西边成右虚步；两臂上下分开，左手分于左下方胯旁，手心向前，右手分至右上方头侧，手心向外；眼看前方。

风扫梅花

煞腰压肘拳　陈式太极拳二路拳势之一。煞是极、很之意，在动作过程中，腰极力向下沉劲带动肘下压，因此得名。

【功效】转腰沉胯加大了腰部肌群的运动量，对肾脏功能有一定的保健作用。

【攻防】守方两臂的升降旋转可破解对方抓两腕。松右臂下压肘，左臂上提，可将对方摔出。

【动作图解】右掌用顺缠，当往上转时，右掌变拳置于右膝的上方，同时左掌变拳做小上中顺缠，置于左上方，与右拳遥相合劲；裆口下沉，形成低的圆裆；脚从左实变为右实。

煞腰压肘拳

转身六合　陈式太极拳二路拳势之一。取武术内外三合（内三合：心与意、意与气、气与力合，外三合：肩与胯、肘与膝、手与脚合）理论而得名。

【功效】此动作内外兼练，气下沉，锻炼下肢平衡能力。

【攻防】破解双手被对方所抓，并为下一步动作蓄劲。

【动作图解】接上式掩手肱捶，在前发劲的右拳顺缠收于左肩前，同时左拳逆缠伸于裆前，重心右移，身体微右转；接着两拳向左右分开；重心全部移至左腿，右脚提起，身体向右后转，同时两拳合拢交叉于腹前，右拳在里，两拳心皆朝里。

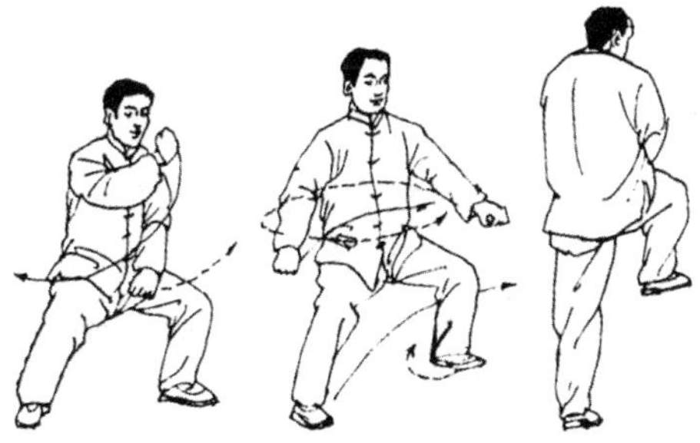

转身六合

倒插　陈式太极拳二路拳势之一。

倒插

【功效】经常习练此动作有利于锻炼下肢的平衡能力，增强腿部力量。

【攻防】一种擒拿的方法，为合中解脱，是以轻制重的范例。

【动作图解】重心左移，右脚尖点地；右拳向前下插，拳面向下，左掌护于右肩前方，掌心向内；眼看右掌。

飞步拗鸾肘　陈式太极拳二路拳势之一，是用背后折靠劲解脱被採右手的方法。

【功效】经常习练此动作可锻炼人体的平衡能力和动作的稳定性。

【攻防】飞步拗鸾肘可作为採挒方法的典型动作练习，是压住对方採来的前臂，固定对方的採点，发出横劲的一种特殊拳势。

【动作图解】右脚向前跃进，落实后，左脚向后划弧，经右脚后，落至右脚左侧，身体以右脚为轴转动270°；右掌逆缠向前，左掌逆缠向后。重心在两腿之间，成马步；右掌变拳撑于腰间，左掌立于左侧，指尖向上，掌心斜向前。重心左移；右前臂逆缠向胸右发出肘劲，右拳放开为掌，放在左肘弯处，使两臂如环形，以右掌为中心，左掌随右掌的转动而上翻至掌心向下；眼看右肘。

飞步拗鸾肘

双震脚　陈式太极拳独有式架。此式两脚腾空跃起，由空中向下沉落，落地之时有地动山摇之势，故名双震脚。

【功效】此动作锻炼气的提、托、聚、沉与动作的协调配合。蹬地跃起配合提气、托气，落地震脚要聚气、沉气。

【攻防】若对方右肘及腕关节被拿受制，处于劣势，我还不想放过对方，即乘势向右转，两脚蹬地腾空，左腿逆缠，右腿顺缠，同时两手快速顺缠上升，再逆缠快速下沉，用採劲猛採对方右肘及腕部，使对方因被採而身体前倾跌倒在地。这里用了欲下先上的身法，以加大下採之力。

【动作图解】右腿屈膝上提，左脚蹬地纵身跃起，左脚、右脚依次下落踏地，随左脚蹬地、纵身上起，两掌同时外旋裹劲上托于胸前，右腕稍高于肩，左掌在右肘内侧；随两脚踏震下落，两掌内旋下按于胸前，右掌在前，左掌在右肘内侧，掌心均向下；眼看右手。

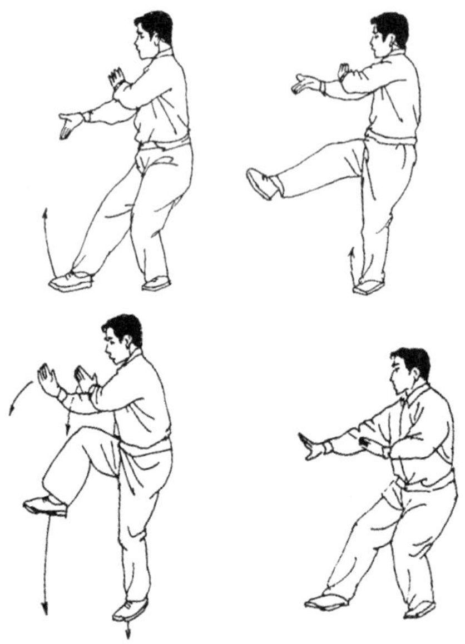

双震脚

三换掌　陈式太极拳独有式架，为肘、臂的缠拿方法，两掌交替滚出收回3次，故名三换掌。

【功效】圆转缠拿对方肘腕，变化运用左右、上下、前后捌、採的横直交错之劲击敌，两掌、两肘相互交错运用。

【攻防】若我两臂肘被对方拿住，我乘对方发力之前，身向右转下沉，两臂顺缠，形成捌、採的绞错劲，以左手向对方的胸前点击。

【动作图解】身体右转，同时右掌向里，经胸前而上缠收回，掌心朝里，左掌逆缠，转臂向前平伸，转为掌心朝上。身微左转，同时右掌逆缠掤劲推出，掌心斜朝外，左掌随转体顺缠收至腹前，掌心朝上。身体再右转，同时右掌顺缠，收至腹前，左掌由腹前向上逆缠，向前经右臂上侧掤劲推出。随着身体的转动以左脚尖点于原地碾转，左膝随转体方向转动。

三换掌

中盘　陈式太极拳独有式架。此式是化打结合的动作。身居中央，重心高度适中，随敌下沉而攻其下盘，随敌防守而横向捌开，用法千变万化，故名中盘。

【功效】习练此动作可以使胸、背的含展变换灵活，增强腰背的肌力和下肢支撑力。

【攻防】两手下沉、展开的含义有二：一是左上右下的分劲，是对称劲，有利于维持身体平衡；二是乘势捋对方右手腕向右前下分採，使对方失势前俯或右斜，同时加强了左肩、肘、腕等关节向对方击出爆发的开劲。

【动作图解】重心左移，右脚提起；右掌逆缠向右后方上举，左掌自左向右上逆缠至右肩前。右脚落于左脚旁，重心右移，左脚尖点地；右掌逆缠，自上划弧至左肩前，掌心向内，左掌顺缠下移至右肋前，掌心向上。提起左脚复又下落震脚，屈蹲，左脚以脚跟内侧贴地向左侧横铲；两臂微合，掌心转向内。重心左移，成偏马步；右掌顺缠向右下方展开，左掌逆缠向左上方展开，两掌心皆向下；目视前方。

中盘

退步压肘　陈式太极拳独有式架，由动作方法而得名。退步时肘边里裹边向下採按，紧接着出掌前击，环环相扣，故名退步压肘。

【功效】习练此动作有利于锻炼腰的灵活性，增强蓄而后发的爆发力。斜线退步目的是加强身后支撑力量，以维持身体平衡。

【攻防】若对方与我对面站立，对方以左手拿或按住我左手腕，同时右手管住我左肘，用双按劲将我推出，或用左顺右逆的擒拿法截我左腕及肘关节，使我受制失势。我乘势右转，引进落空，同时右手抓捋对方右手腕，配合左肘里合下沉，截其手劲，使其受制；捋其右手带出，使其劲落空失势，并乘势以左臂手肘击对方胸、面等部。

【动作图解】身体左转，重心左移；右掌逆缠向右上方展开，高与肩平，掌心向外，左掌顺缠，向左下方展开，高与胯平，掌心向下。身体右转，右掌顺缠向前、向里变逆缠向右绕一圈，左掌顺缠向右划弧至右肋前。重心左移，右脚尖点地，经左脚内侧向右后斜方撤步；右掌顺缠，弧形收回，手指贴于左腹，左肘经右掌里侧上掤，左掌逆缠，手指背部贴于右肋。右脚震脚落地，重心右移；右掌手指贴着身体移于右腹前，左掌向左前方斜掌推出。

退步压肘

连珠炮　陈式太极拳独有式架。两手交替连续快速进击，以迅雷不及掩耳之势快收快打，故名连珠炮。右腿、右臂在前的连珠炮称右连珠炮，反之称左连珠炮。

【功效】此动作是一个蓄而后发的技法。通过脚蹬地、跟进步法，激发腰、臂、手爆发力的发放。反复习练此动作可以加强腰、臂及大腿内收肌群的力量。

【攻防】我可运用欲后先前、欲下先上的身法，使对方判断错误，我合住劲顺势将对方推出。

【动作图解】左脚后退一步，重心左移；右手逆缠到胸右侧，手心向左，左手逆缠到胸左侧，手心向右。右脚向前迈半步，左脚跟进半步，脚跟铲地有声；两手逆缠向右前方发出挒劲，右掌心向外，左掌心向下；目视右手。

连珠炮

海底翻花　陈式太极拳独有式架。此式两臂的翻动发劲有翻江倒海之势，故名海底翻花。

【功效】此动作是一个蓄而后发的技法。习练时蓄劲于腰，由腰发力达于四肢，形成上下整体的合劲。习练此动作可锻炼人体上下肢的协调性及小脑的平衡能力，增强上肢肌肉的爆发力。

【攻防】此式在推手中运用两臂挒採劲，非常有效。此式可做单式（左右转身）练习，一合一开，一蓄一发。

【动作图解】左脚独立，右脚提起；右拳向右腰侧抡抖，拳心向前，左拳向头左上方抡举，拳心向右；眼看前方。

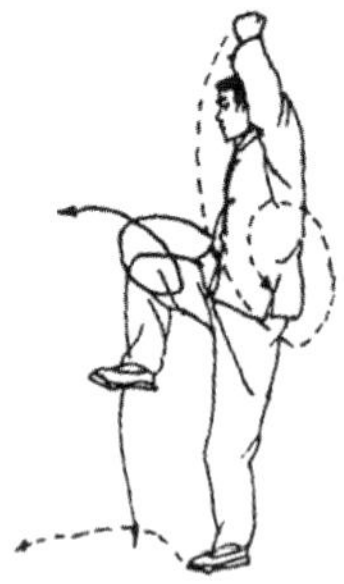

海底翻花

背折靠　陈式太极拳独有式架。以背的折靠向身后的敌人靠击，充分体现靠的用法，故名背折靠。

【功效】此动作通过两臂缠绕、腰的旋拧产生开中寓合的内劲，可以锻炼人的腰背肌群的力量。

【攻防】我以右背折靠向对方右胸靠击，如对方离我稍远，我可用右肘向其肋部、腹部回击，再用腕背点击或用拳击。如对方下沉，我趁势下沉左转，右手（原虚握拳）拿其右手逆翻向上，配合左手拿其左手逆缠下沉，右肩、背、胯逆缠上翻，将其挑起摔倒。

【动作图解】身体左转 90° ，成左仆步；右拳逆缠弧形上举，拳心向左，左拳顺缠弧形下落于左腰侧，拳心向后。身体微左转再右转，右肩背部向右后靠；右臂弯曲，右拳先逆缠后顺缠，置于头顶前方，左拳在左腰侧做极小的顺缠后，以拳面紧贴于左腰部；眼看左脚面。

背折靠

提收　陈式太极拳独有式架，取象形之意。两手内扣，像手抱琵琶；前手伸出，后手护肘，两手一前一后、一上一下，有收回琵琶之意。

【功效】此动作主要练习两臂及腰部的协调合劲。

【攻防】主要用来接对方攻击招式时，拿其肘，施以捋、拧、拿等方法，或者一手被抓，回抽化力，另一手点按对方肩窝。若对方以右掌或右拳击我胸前，我急以右手搭对方右腕反握，左手急托住其肘部，两手同时用力，将其肘托直，左手向上收合，右手向右下侧採，以左捌右採的手法，迫使其失去控制。

【动作图解】身体微右转，重心全部移至右腿；左勾手变掌，与右拳双顺缠，向左胸前以掌根合拢，左拳在前，右拳合于左肘旁。左腿旋转提起，脚尖自然下垂，右膝微屈，成右独立式；两掌变逆缠向下合劲，两掌心斜向下。

提收

披身捶　陈式太极拳独有式架，旧称神仙大脱衣。顾名思义，此式是对身后搂抱的敌人采用的击前打后之法。

【功效】此动作主要练习以腰为轴的臂、腿的缠丝、拧转劲。经常习练此动作可以增强腰力、臂力、腿力，有利于丹田气的培植。

【攻防】若对方从身后用两手将我拦腰抱住，欲将我摔倒在地，我两手由顺缠变逆缠扣拿其两手虎口，使其环抱失败，并乘势将其两手向上合，蹬出右腿绊住其右腿并逆缠，腰、胯、腿、脚跟逆缠里合，再向外崩弹，将其摔出。

【动作图解】重心在两腿之间，两腿微屈，两手向左右展开，至与肩平，手心向前。重心左移，提右脚。右脚以脚跟向右贴地铲出；两手继续上举。重心右移，成马步；两手自上向胸前顺缠交叉合拢，左手在外。重心微右移再移回中间转正；两手变拳，右拳在面前先自里向右逆缠打开，再向前变顺缠绕一圈，拳心向里，左拳向左先逆缠打开，再顺缠向右拳微合，拳心向右。重心左移，身体左转，成左弓步；两拳顺缠，右拳移至左耳前，高与头平，拳心向里，左拳在左侧原处顺缠一小圈，拳心向左前。重心右移，身体右转，成右弓步；右拳向右下弧形顺缠至右膝旁，拳心向上；左拳自左向右经面前顺缠，高与头平，拳心向里，与右拳相合；眼看左拳。

披身捶

搬拦捶　太极五捶之一。搬，即搬移，拦，即拦阻。此式因以掌向左、右搬移岔开对方攻击的劲路，拦截对方的进攻，乘势以拳进攻对方肋、胸部而得名。另外，还有将身法、步法与上肢动作联合命名者，称其为转身搬拦捶、进步搬拦捶、上步搬拦捶或卸步（退步）搬拦捶等。

【功效】此动作主练肩、背、胯、臂、腿等各部位，有发达肌肉、健肾益胃等功效。

【攻防】 搬拦捶在太极五捶中占有重要地位，本来由三部分组成，但实际中，前两个动作有时并不易从外形上看出来，而内里劲法变化是贯穿一体的。当对方用拳击来时，我用手沾黏对方搬开，拦截来击，配合步法蓄劲，最后突出捶击。以腰带臂，由右向左以俯腕握捶，将对方右手之力化于我右侧，或向右转身，以腰带臂，以翻腕握捶，将对方左手之力化于我右侧，此谓搬；左手以掌拦击对方之右手，此谓拦；当对方空出前胸时，我即以右拳随腰腿一致向对方打击，此谓捶。

【各式比较】 各式太极拳虽然外形动作不同，但搬、拦、捶三个动作技法是相同的，体现了太极拳的基本技击内涵。退步或卸步搬拦捶是退步做搬、拦、捶技术动作。

陈式： 传统陈式太极拳称此动作为搬拦肘。重心微右移再左移；两掌变拳，右拳自右向左以拳眼横击，拳心向下，左拳向下，经胸前向左，以拳眼横击，拳心向上。重心微右移；两拳左逆缠，右顺缠自左向右以拳眼横击，左拳心向下，右拳心向上。

陈式搬拦肘

杨式： 称进步搬拦捶。随右上步，右拳向下、向里、向上由左臂内侧弧形向前搬出，左掌自前而下弧形移至胸前；随左脚上步，右拳收回腰侧，左掌向前探出；重心前移，成弓步，右拳向前打出，同胸高，拳眼向上，左掌附于右肘内侧；眼看前方。

杨式进步搬拦捶

吴式： 有进步搬拦捶和退步搬拦捶。动作基本相同，区别在于步法，一个是进步，一个是退步。现以进步搬拦捶为例。搬，左脚上步，脚跟着地，重心前移，成左弓步；两手心约距10厘米；两手随腰左转，一齐向左前上方划弧置于胸前；眼看左手。拦，重心后移，成右坐式，左脚跟着地。上体继续左转，两手位置不变，划弧经左腰前，上体右转，左手向前、向上伸出拦手，手心向右，指尖斜向上，手腕高与肩平，右手逐渐变拳随转体收至右腰侧，拳心向里；眼看左手。捶，左脚尖落地踏实，重心前移，成左弓步；右拳向前打出，拳与胸同高，拳眼向上，左手附于右前臂内侧；眼看右拳。

吴式进步搬拦捶

武式：称上步搬拦捶。左脚向左前方迈步，重心左移，成左弓步，右腿微屈；右掌向右上方高举过头顶，掌心向左，五指舒展，指尖向前，左掌落至腹前，掌心向右，指尖向上，两掌随弓步一起向前推。右转，右脚经左脚旁向右斜前方迈步，重心右移，成右弓步，左腿微屈；左掌向左上方高举过头顶，掌心向右，五指舒展，指尖斜向前，右掌落至腹前，掌心向左，指尖向上，两掌随弓步一起向前推。左脚向前迈步，右脚跟步，脚尖点于左脚跟旁；左掌经面前下落向左划弧，从下抄起，又向上、向前落至腹前，指尖向上，右掌先落至右胯旁，再变掌为拳沿左掌掌背上向前慢慢击出，拳眼向上，高与胸平；眼看前方。

武式上步搬拦捶

孙式：称进步搬栏捶。左脚向前迈步，脚尖稍外摆；左手内旋向下、向左搂至左肋前，手心向下，右手外旋向上，经左手下向前伸出，手心向上、右脚向前迈步，脚尖稍外摆；左手外旋向上，向前伸出，手心向上，右手内旋向下、向右搂至右手后方，手心向下。左脚上步，右手外旋，左手内旋。重心左移，右脚跟步至左脚内侧，脚尖点地；左手回拉，手心向下，右手变拳从左手腕上直着打出，拳与胸平，拳眼向上；眼看右手食指中节。

孙式进步搬拦捶

白蛇吐信　此动作犹如蛇用吐信试探或威胁对方，并用首尾呼应，攻击猎物，故名白蛇吐信。

【功效】此动作主要练腰、肩、臂、手等部位的协调配合。

【攻防】一手可抓对方手臂，另一手随上步向对方面、胸部击打。

【各式比较】传统陈式太极拳二路的白蛇吐信一手採按，另一手向体前缠丝伸出，下肢为虚步；而杨式太极拳下肢为弓步。

陈式：左脚向前迈步，右脚铲地跟进；右手在前，顺缠一小圈用指的㧐劲击出，高与肩平，同时左手逆缠向左后发劲落至腰间；眼看右手前方。

陈式白蛇吐信

杨式：一手回带，另一手向体前推掌；下肢成弓步。

杨式白蛇吐信

收势（合太极） 对应起势，表示套路结束，又还原到起始状态。

【功效】平心静气，静而归一，调整身心。

【攻防】收势动作多以採按对方手臂来化解攻力，以柔克刚。

【各式比较】各式太极拳皆由不同的动作回到起始状态，有些细微不同。

陈式：接金刚捣碓动作，两手自然下落垂于腿侧，两腿自然伸直，目平视前方。

陈式收势

杨式：收左脚，与右脚并立，两脚与肩同宽，两眼平视前方；两掌由胸前十字手翻转至掌心向下分开，与肩同宽，两掌下按落于体侧。

杨式收势

吴式：接单鞭动作，两手落下置于胯旁，掌心向后；右脚向左脚并半步，两脚平行站立，与肩同宽，目视前方。

吴式收势

武式：收势时左脚向右脚并步，身体立起；两手由体前分开向左右下按，置于胯旁，然后两手自然下垂，目平视前方。

武式收势

孙式：收左脚，与右脚成八字站立，两脚跟靠拢，身体直立；两拳在体前变掌向左右分开，下落至胯侧；目平视前方。

孙式收势

第六部分　太极推手

说明：本部分介绍太极拳技击技术的实践应用，主要包括八个部分。“推手概述”简述了太极推手的形成和发展，核心技术的特征、习练价值以及内在的逻辑关系。“推手歌诀要义”囊括了从推手创编自始至今，历代沉淀、凝炼和总结而成的经典推手理论、推手思想，这些理论、思想既具有高屋建瓴的理论价值，也具有较强的现实指导意义。“推手的主要流派”概括性介绍了陈式、杨式、吴式、武式、孙式、赵堡太极拳六个流派推手的风格特征。“推手的分类”概述了推手的主要类型，包括单推手、双推手、定步推手、活步推手、行步推手、四正推手、四隅推手和大捋推手。“推手的劲法”概括说明了推手技术所使用的劲法。“推手的技法”从手、眼、身法、步几大方面陈述了太极推手技术的具体方法，进一步说明了劲法的运用情境。“推手式架”介绍了历史上形成的太极双人对练的单式拳架和套路内容。“太极散手对练”挖掘整理了太极散手对练、短打、对打的经典套路，是太极拳实战技术的重要部分。

推手概述

太极推手　也称推手、打手、揉手、擖手，是太极拳的双人徒手对抗练习，与太极拳套路是体与用的关系，两者互相补充，相得益彰。太极推手自陈王廷创始至今已有300多年的历史，后来其他一些流派也吸收了这一练习方式，产生了具有各自特点的推手形式。

推手的方法主要有掤、捋、挤、按、採、挒、肘、靠等。推手时，两人手臂相搭，互相缠绕，运用太极拳运劲如缠丝的劲力，按照一定的程序互相推换，周而复始，俗称打轮。在打轮过程中，双方力争牵制对方，使其失去平衡，进而乘势将对方发放出去。

太极推手从运动形式上可分为推平圆、推立圆、单推手、双推手、定步推手、活步推手、四正四隅推手、一进一退推手、三进两退推手、两进三退推手、大捋推手、烂踩花推手、散推手等。

早期的太极推手是太极拳学派继承明代民间武术技击方法并加以发展的一种独创性的竞技运动。它综合性地继承并发展了拿、跌、掷、打四种方法，因此技击性较强。早期推手被称为诸靠，陈王廷在《拳经总歌》中说："纵放屈伸人莫知，诸靠缠绕我皆依。"诸靠，在这里是指两人以手臂互靠，运用掤、捋、挤、按、採、挒、肘、靠8种方法和劲别进行对抗的运动。

18世纪末山西人王宗岳，以及19世纪中后期河北永年人武禹襄、李亦畬师徒两人，都拓展了太极拳的理论和推手练法，并根据各自练拳的经验写下了总结性的太极拳和推手的论著。这些拳论言简意赅，传抄广泛，成为近代习练太极拳和推手的指导性理论；与武禹襄、李亦畬同时期的陈家沟的陈仲甡及其子陈鑫，也阐发了陈氏历代积累总结的太极拳和推手理论。

近代发展的推手方法为了避免伤害事故的发生，限制了抓、拿、摔、跌、打等方法的使用，因此成了男女老少人人可练的一种具有游戏性的武术对抗运动，既可以用于日常练习，也可以用于竞技比赛。国家体育总局先后于1994年、2015年和2018年出台了三版推手竞赛规则，在很大程度上推动了太极推手比赛的现代化、规范化和竞赛化发展。

太极推手原本就和太极拳套路的练习相辅而行，在练拳的同时练习推手，既可将走架子得来的劲更高效地运用到对抗练习之中，又可以检验练习太极拳套路的正确程度，便于改正、完善其姿势和动作。进行对抗性推手练习，可以帮助习练者纠正某些曲解太极拳理论的练法，纠正对推手的片面性理解，提高习练者身体的灵敏度、速度、力量和柔韧等素质，从而使太极拳的技术得到更好的发展。

推手歌诀要义

推手一般要义　推手是根据太极拳"沾连黏随，不丢不顶""无过不及，随屈就伸"的原则，运用掤、捋、挤、按、採、挒、肘、靠8种方法和劲别，练习全身皮肤触觉和体内感觉的灵敏性，增强探知对方劲力大小、刚柔、虚实、长短、迟速和动向的能力，以选择合乎杠杆原理的沾黏点为支点，运用弹性和摩擦力（力点）的牵引作用，发挥引进落空、乘势借力、以轻制重的技巧，掌握"动急则急应，动缓则缓随""彼不动，己不动；彼微动，己先动"的战略战术，牵动对方重心，在时间和力点最为恰当的时候则又"以重击轻，以实破虚"地将劲发出去。这种发劲要"沉着冷静，专注一方”，由弧形而笔直发向对向目标，又稳又准，犹如放箭时箭头深入箭靶一样，顺势将对方干脆地发放出去。总的要求：能化能发、化劲松净、发劲干脆。这种竞技运动既能提高力量和耐力素质，也能提高灵敏、协调和速度等素质。

掤捋歌二首 陈式太极推手旧传歌诀，见于陈氏两仪堂的拳谱。其原文：“掤捋挤按须认真，上下相随人难进，任他巨力来打我，牵动四两拨千斤，引进落空合即出，粘连相随不丢顶。”在陈鑫的《搿手论》中，此歌诀被表述为“掤捋挤捺须认真，引进落空任人侵，周身相随敌难近，四两化动八千斤。上打咽喉下打阴，中间两胁并当心，下部两臁并两膝，脑后一掌要真魂”。上阕讲的是在推手实战过程中所要遵循的技法，下阕讲的是在死斗过程中攻击敌人要害的要诀。后又经陈子明、李亦畲等传载，出现了很多不同的版本。徐震在《太极拳考信录》中指出：“盖在陈沟，初只十口相传，久而稍异，及各据所闻，笔之于书，遂不能悉合也。”掤捋歌二首的版本虽多，但其总体内涵与精神相通。

打手要言 主要讲在打手发劲过程中由内意、内劲到身法的要点，所谓“迈步如临渊，运劲如抽丝，蓄劲如张弓，发劲如放箭”。打手要言为武禹襄所作，见于李亦畲抄赠郝为真的《太极拳谱》一书。全文如下。

解曰：以心行气，务沉着，乃能收敛入骨，所谓“命意源头在腰隙”也。意气须换得灵，乃有圆活之趣，所谓“变转虚实须留意”也。立身中正安舒，支撑八面；行气如九曲珠，无微不到，所谓“气遍身躯不稍痴”也。发劲须沉着松静，专注一方，所谓“静中触动动尤静”也。往复须有折迭，进退须有转换，所谓“因敌变化是神奇”也。曲中求直，蓄而后发，所谓“势势存心揆用意，刻刻留心在腰间”也。精神提得起，则无迟重之虞，所谓“腹内松静气腾然”也。虚领顶劲，气沉丹田，不偏不倚，所谓“尾闾中正神贯顶，满身轻利顶头悬”也。以气运身，务顺遂，乃能便利从心，所谓“屈伸开合听自由”也。心为令，气为旗，神为主帅，身为驱使，所谓“意气君来骨肉臣”也。

解曰：身虽动，心贵静，气须敛，神宜舒。心为令，气为旗，神为主帅，身为驱使，刻刻留意，方有所得。先在心，后在身。在身则不知手之舞之，足之蹈之。所谓一气呵成，舍己从人，引进落空，四两拨千斤也。须知一动无有不动，一静无有不静，视动犹静，视静犹动。内固精神，外示安逸。须要从人，不要由己；从人则活，由己则滞。尚气者无力，养气者纯刚。彼不动，己不动；彼微动，己先动。以己依人，务要知己，乃能随转随接；以己粘人，必须知人，乃能不后不先。精神能提得起，则无双重之虞；粘依能跟得灵，方见落空之妙。往复须分阴阳，进退须有转合。机由己发，力从人借。发劲须上下相随，乃一往无敌，立身须中正不偏，能八面支撑。静如山岳，动若江河。迈步如临渊，运劲如抽丝，蓄劲如张弓，发劲如放箭。行气如九曲珠，无微不到；运劲如百炼钢，何坚不摧。形如搏兔之鹄，神如捕鼠之猫。曲中求直，蓄而后发。收即是放，连而不断。极柔软，然后能极坚刚；能粘依，然后能灵活。气以直养而无害，劲以曲蓄而有余。渐至物来顺应，是亦知止能得矣。

又曰：先在心，后在身，腹松，气敛入骨，神舒体静，刻刻存心。切记一动无有不动，一静无有不静。视静犹动，视动犹静。动牵往来气贴背，敛入脊骨，要静。内固精神，外示安逸。迈步如猫行，运劲如抽丝。全身意在蓄神，不在气，在气则滞。有气者无力，无气者纯刚。气如车轮，腰如车轴。

又曰：每一动，惟手先着力，随即松开。犹须贯串，不外起承转合。始而意动，既而劲动，转接要一线串成。气宜鼓荡，神宜内敛。无使有缺陷处，无使有凹凸处，无使有断续处。其根在脚，发于腿，主宰于腰，形于手指。由脚而腿而腰，总须完整一气。向前退后，乃得机得势，有不得机势处，身便散乱，必至偏倚，其病必于腰腿求之，上下前后左右皆然。凡此皆是意，不是外面，有上即有下，有前即有后，有左即有右。如意要向上，即寓下意，若物将掀起，而加以挫之之力，斯其根自断，乃坏之速而无疑。虚实宜分清楚，一处自有一处虚实，处处总此一虚实；周身节节贯串，勿令丝毫间断耳。

五字诀　重点讲在推手过程中心、神、气、劲的要诀，由李亦畬所作，见于李亦畬抄赠郝为真的《太极拳谱》一书。（参见第64页《五字诀》）

走架打手行工要言　重点论述在行功过程中遵循太极拳根本要旨的方法，以及在打手实践中如何按照太极拳法的根本法则，做到知己知彼，百战不殆。此歌诀为李亦畬所作，见于李亦畬抄赠郝为真的《太极拳谱》一书。全文如下：

昔人云：“能引进落空，能四两拨千斤；不能引进落空，不能四两拨千斤。”语甚概括，初学未由领悟，余加数语以解之，俾有志斯技者，得所从入，庶日进有功矣。欲要引进落空，四两拨千斤，先要知己知彼。欲要知己知彼，先要舍己从人。欲要舍己从人，先要得机得势。欲要得机得势，先要周身一家。欲要周身一家，先要周身无有缺陷。欲要周身无有缺陷，先要神气鼓荡。欲要神气鼓荡，先要提起精神。欲要提起精神，先要神不外散。欲要神不外散，先要神气收敛入骨。欲要神气收敛入骨，先要两腿前节有力。两肩松开，气向下沉，劲起于脚跟，变换在腿，含蓄在胸，运动在两肩，主宰在腰。上于两膊相系，下于两腿相随。劲由内换。收便是合，放即是开。静则俱静，静是合，合中寓开；动则俱动，动是开，开中寓合。触之则旋转自如，无不得力，才能引进落空，四两拨千斤。平日走架是知己工夫。一动势先问自己周身合上数项否？少有不合，即速改换。走架所以要慢不要快。打手是知人工夫，动静固是知人，仍是问己。自己安排得好，人一挨我，我不动彼丝毫，趁势而入，接定彼劲，彼自跌出。如自己有不得力处，便是双重未化，要于阴阳开合中求之。所谓“知己知彼，百战百胜”也。

搗手　搗，挞也。《说文解字》中曰：“挞，乡饮酒，罚不敬，挞其背也。”“搗”有打的意思，也可引申为攻打，因此“搗手”通“打手”。

《搗手三十六目》是在推手中应遵循的36条原则，为陈鑫所著。

《搗手三十六病》是推手运动中易犯的36种错误，包括动作、招法、劲力，以及心理状态等诸方面的错误，为陈鑫所著。全文如下：

（1）抽：是进不得势，知己将败，欲抽回身。

（2）拔：是拔去，拔回逃走。

（3）遮：是以手遮人。

（4）架：是以胳膊架起人之手。

（5）搕打：如以物搕物而打之。

（6）猛撞：突然撞去，贸然而来，恃勇力向前硬撞，不是出于自然，而欲贸然取胜。

（7）躲闪：以身躲过人手，欲以闪赚跌人也。

（8）侵凌：欲入人之界里而凌压之也。

（9）斩：如以刀斫物。［斩表示以小指一侧的掌缘斩人，斫（读作 zhuó）表示用刀斧砍］

（10）搂：以手搂人之身。

（11）冒：将手冒下去。

（12）搓：如两手相搓之搓，以手肘搓敌人也。

（13）欺压：欺是哄人，压是以我之手强压住人之手。

（14）挂：以手掌挂人或以弯足挂人。

（15）离：是去人之身，恐人击我。

（16）闪赚：是诓愚人而打之。

（17）拨：是以我之手硬拨人。

（18）推：是以手推过一旁。

（19）艰涩：是手不熟成。

（20）生硬：仗气打人，带生以求胜。

（21）排：是排过一边。

（22）挡：是不能引，以手硬挡。

（23）挺：硬也。

（24）霸：以力后霸也，如霸者以力服人。

（25）腾：如以右手接人，而复以左手架住人之手，腾开右手以击敌人。

（26）拏：如背人之节以拏之。［拏（读作 ná），含义有二：一与“拿”同，一作“牵引”解］

（27）直：是太直率，无缠绵曲折之意。

（28）实：是质朴，太老实，则被人欺。

（29）钩：是以脚钩取。

（30）挑：从下往上挑之。

（31）搠：以硬气架起人之手，非以中气接人之手。

（32）抵：是硬以力气抵抗人。

（33）滚：恐己被伤，滚过一旁。又如圆物滚走。

（34）根头棍子：是我捺小头，彼以大头打我。

（35）偷打：不明以打人，于人不防处偷打之。

（36）心摊：艺不能打人，心如贪物探取，打人必定失败。

以上三十六病，或有全犯之者，或有犯其四、五，或有犯其一、二者。有犯干处皆非成手。手到成手时，无论何病一切不犯，益以太和元气，本无乖戾故也。然则搊手将如之何？亦曰：人以手来，我以手引之使进，令其不得势去，是之谓“走”。走者，“引”之别名。何以既名“引”，又名“走”？引者，诱之使进；走者，人来我去，不与顶势，是之谓“走”。然走之中，自带引进之劲（功纯者引之使进，不敢不进，进则我顺人背，而擒纵在我）。此是拳中妙诀，非功久不能也。

推手的主要流派

太极推手与其拳架是一体共生、体用互补的关系，因此，各个太极拳的流派都拥有具备自身流派特色的推手习练方法。太极推手主要流派有陈式、杨式、吴式、武式、孙式、赵堡等。虽然各流派的太极推手都具有本流派拳架的风格特点，但在推手的方法和技术类型上具有共同特征，所以太极推手实质上是不分流派的。

陈式太极推手　最初的推手形式由明末

清初陈王廷创编，称作诸靠，后来亦称为擖手或打手，是在继承明代民间武术技击方法的基础上，结合太极拳自身特点综合发展而成的一种独特的竞技运动。它继承了拿、跌、掷、打等技击法。缠绕相随和缠丝式的螺旋运动是它的中心内容，刚柔相济、转沉兼备的变化，灵活而富有弹性和韧性的内劲是它的特征。

杨式太极推手　系河北省永年人杨露禅赴河南温县陈家沟学得陈式太极拳和陈式太极推手后改造而成，后由其孙杨澄甫创新和发展后定型的。其特点：推手舒展简洁，结构严谨，身法中正，动作和顺，轻灵沉着，刚柔相济，掤劲大，以发劲为主。杨式太极推手由三种传统推法组成，即定步推手、活步推手和大捋推手。

吴式太极推手　系满族人全佑（后从汉姓吴）在杨式小架拳势的基础上发展创新，后经其子吴鉴泉加以改进修润而形成的一种推手流派。其特点：小巧灵活，架势开展而紧凑，动作严密细腻，守静而不妄动，亦以柔化见长。推手方法主要有单搭手、双搭手和八法推手。

武式太极推手　系清末河北省永年人武禹襄师从杨露禅学得陈式老架后又随陈清平学得新架，在此基础上，结合自己的拳势特点而创造的一种推手练习。不同于陈式和杨式推手，其自成一派。其特点：姿势紧凑，动作舒缓，步法严格，分清虚实，胸部、腹部进退旋转，而身体始终保持中正。推手中用内力虚实转换和内气潜转来支配外形。推手的步法为进三步半和退三步半。推手方法仅有活步推手一种。其动作灵活，没有呆滞之弊。

孙式太极推手　系河北省完县（现属河北省望都县）人孙福全（字禄堂）参照形意、八卦、太极各家之长，在其创编的孙式太极拳的基础上而制定的一种推手练习。孙式太极推手的动作舒缓圆活，通体虚灵。推手的方法主要有静（定）步推手、动（活）步推手、合步推手、顺步推手，八法中以掤、捋、挤、按四手为基础。

赵堡太极推手　赵堡太极拳为太极拳重要流派之一，流传于河南省温县赵堡镇一带，其早期传人为陈清平。赵堡太极推手是在赵堡太极拳发展过程中逐步创编而成的。旧时赵堡传习的推手没有单推和定步推手法，只有活步推手法。随着太极拳运动的发展，赵堡太极拳传人从教学实践出发，创编了适合初学者习练的定步推手法。赵堡太极拳的活步推手是在黏走进退中以掤、捋、挤、按、採、挒、肘、靠 8 种手法和拳架中的各种打法为基础的推手。其特点：架势紧凑，活步推手中多有大捋和大靠。

推手的分类

太极推手从技术类型上可分为以下几种：以手法分，可分为单推手和双推手两类；以推手路径分，可分为平圆推手和立圆推手两类；以步法分，可分为定步推手和活步推手两类；以太极拳的八法所对应的四正（掤、捋、挤、按）和四隅（採、挒、肘、靠）分，可分为四正推手和四隅推手两类。此外，还有一种在推手过程中捋的幅度特别大的推手形式，被称为大捋推手。

单推手　是按照上肢参与的推化情况进行分类的推手类型，是双方按照一定的手法与要求，以各自的单臂相搭而进行的推手练习。按照推手的运行路线，它可以分为平圆单推手、立圆单推手和折叠单推手等。

双推手 是按照上肢参与的推化情况进行分类的推手类型，是双方按照一样的手法与要求，在单搭手的基础上，另一手贴附于对方手臂弯处而进行的推手练习。根据推手时的运行路线，它可以分为平圆双推手、立圆双推手、折叠双推手和合步四正手等。

定步推手 是按照下肢的移动情况进行分类的推手类型，泛指两脚不移动位置的各种推手练习。常见的定步推手有单手平圆推手、单手立圆推手、双手平圆推手、双手立圆推手和四正推手。

活步推手 是按照下肢移动情况进行分类的推手类型，泛指两脚遵循一定的程序位置进行的各种推手练习。它有一定的程序变换，循环练习。常见的活步推手有进三退二、进三退三、大捋推手、四隅推手、四正推手等。

行步推手 也称随意活步推手，是按照下肢移动情况进行分类的推手类型，泛指两脚根据技击需要可随意走动的各种推手练习。其手法不受任何限制，根据需要随意变换，如烂踩花、花脚步、散推手等，都属于此类。

四正推手 四正指的是后天八卦中的4个正方位，即震、兑、离、坎。四正推手是太极推手类型之一，是根据推手技法运用情况进行分类的推手类型。其因采用四正手（掤、捋、挤、按四法）进行习练而得名，也称掤捋挤按推手法。

四隅推手 四隅指的是后天八卦中的4个斜方位，即乾、坤、艮、巽。四隅推手是太极推手类型之一，是根据推手技法运用情况进行分类的推手类型。其因采用四隅手（採、挒、肘、靠四法）进行练习而得名，在杨式大捋推手中最为常见。

大捋推手 在古拳谱中，“捋”写作“攦”，大捋推手因其中捋的幅度比定步推手中捋的幅度大而得名。杨式推手中大捋步法方向是朝着四个斜角的，故此推手技法又称四隅推手。又因它的主要动作是捋和靠，在每个循环中，合计有四个捋和四个靠的动作，所以此推手技法也称四捋四靠。陈式推手中的大捋步法是一进一退，手法为掤、捋、挤、按，练习中两腿一屈一伸，左右盘旋，运行中小腿肚贴近对方。

推手的劲法

推手的劲法是指在推手过程中蓄发劲力的方法。劲是指“其根在脚，发于腿，主宰于腰，形于末梢”的整体力量，是意、气、力合而为一的统一力量。太极推手要做到发人于无形就必须掌握好劲。因太极拳“浑身都是手，处处都是拳”，全身各个部分都可以发劲，所以其劲法非常丰富，其中以八法主导的劲力为基础，并以此八法延伸出抓、拿、化、打、黏、随、走、闪、截、堵、封、抖等诸多劲法。另外，劲法还可分明暗、开合。其中，陈式太极推手以螺旋缠丝劲为特色，杨式太极推手以抽丝劲为特点，在准确听劲的基础上发挥其技击的作用。

掤劲 在太极推手中泛指由内向外发的弹性力。身有掤劲，犹如气充周身，支撑八面。推手时，既具有缓冲承接来力的捧架作用，又有黏随其去而掷之的崩发作用。掤劲需生于腰腿，加以意气。

捋劲 在太极推手中泛指顺对方来势，由内向外或由前向后牵引的力。推手时以捋劲改变对方来力方向，或疏散其劲，使之不能聚于一点。运用捋劲时要坐腿、松臂、转腰。捋时需以腰脊为轴心，通过两腿的虚实变化，由裆劲的辅助来完成。至于捋的角度、方位、轻重，力的大小等种类甚多，在应用时需加注意，否则达不到预期的目的。

挤劲 在太极推手中泛指一种向外推挤，逼使对方不得运劲的力。推手时，将以横置前臂推击对方的动作称为挤，是挤劲的基本用例。它发于腰腿，加以意气，并与另一手的助力相合方能奏效。挤劲是占位性进击，可以使对方失去重心和有利位置，常有顺彼劲之意。挤劲在活步散手中运用更为方便。例如，对方捋我右臂，我即一臂随之向前伸展，左手搭于右上臂中节，掌心向外，在腰裆的配合下沉肩坠肘，顺缠竖掌，然后一起向对方身体挤击。

按劲 在太极推手中泛指一种向前、向下推按的力。推手时运用按劲，可封压对方来力，使其向下而不能上犯，又有黏随其去而推掷之的进攻作用。运用按劲要加腰腿劲，加以意气，眼神需注视按捺方向。在实际应用中以单手或双手向对方两臂或上体任何一个部位前推或下按，均为按劲。按劲在定步或活步（顺步）推手中运用得较为广泛。

採劲 在太极推手中泛指一种执着对方手或肘部，由上向下牵引的力。它将手指聚拢推动与牵引动作融为一体，是建立在捋劲基础上的一种劲别，其技击用法是採拿对方两臂关节活络处的各个部位。例如，一手刁拿对方腕部，另一手置于其肘关节处，双手合劲向下沉採，或採或拿等。

挒劲 在太极推手中泛指向外横推或横採的力。在太极推手中，挒劲多用于转旋对方劲力方向以及横推对手，使其后仰倾跌。它是根据捋与合的惯性原理，在捋採的基础上，劲路由顺劲变横劲而形成的劲别。挒劲也有反关节之意。

肘劲 在太极推手中泛指通过前臂转旋和肘尖发出的力。推手时，对方捋我，我随势以肘尖击之，或我一手黏其手，另一臂屈肘时旋压对方肘臂，都是肘劲的用例。肘的发击方法较多，基本肘法有腰拦肘、顺拦肘、穿心肘、上挑肘、下採肘、挂肘、立肘、双开肘和双扣肘等。

靠劲 在太极推手中泛指通过肩、背、胯向外挤靠的力。在推手过程中，与对方贴身之际，采用肩或背或胯靠击对方的击法，凡肩、背、胯的四周在任何角度发出的劲均为靠劲。靠，就是以肩的四周发击对方。靠的威力较大，带有惊闪性，发击时与对方的距离比肘劲更快、更近些才适宜。靠的发击方法较多，有侧肩靠、迎门靠、胸靠、背折靠、七寸靠和双背靠等。靠劲在四正推手或四隅推手中运用得比较多。除七寸靠、迎门靠、双背靠外，其余都是建立在捋和惊闪的基础上的方法。

听劲 太极推手中的专用术语，包含耳听、眼观及周身肌肤触觉的多重感知。

【听劲的阶段】一是骨感听之，二是皮感听之，三是毫感听之。

骨感是指初学者皮感不灵，被拿、挤、按受制时，才知自己已经被动，方才紧急应变。

皮感是指以心意为统率，以沾连黏随为根本，以肌肤为主导，在推手时，以肌肤感触觉察对方劲力的左旋右转、上起下落及轻重变化。待拳练到高级阶段时，内气非常充足，能体现出周身空灵，周身各处皮感相当灵敏。此时与人交手，定是先由毫感传至皮感，在毫感传到皮感的一瞬间，已能做出非常灵敏准确的反应。

毫感，就是当功夫达到无阴无阳（阴阳浑然）的境界时，周身随心所欲而不逾矩，身心进入化境，此时毫毛皆空，一羽不能加，蝇虫不能落，人之劲初触我毫毛，我之劲已入彼之骨髓，所以人不知我，我独知人，英雄所向无敌。

引劲　泛指黏随对方劲势诱其节节深入的力。陈鑫在《撝手十六目》中说："引，是诱之使来，牵引使迈于我。"运用引劲时，要顺其势，促其长，从而使用引劲牵动对方重心。王宗岳在《太极拳论》中说："左重则左虚，右重则右杳，仰之则弥高，俯之则弥深，进之则愈长，退之则愈促。"此即为运用引劲之要。

黏劲　也称黏化劲或沾黏劲，泛指一种通过本体感觉黏住对方，不丢不顶的劲。运用黏劲时，要心静神凝，像胶一样黏住对方，随其动而动，"动急则急应，动缓则缓随"（王宗岳《太极拳论》），跟随不离。

化劲　泛指一种圆弧走化、外似柔软、内含掤劲的力，主要用于化解对方的进攻动作。此劲的使用方法有两种：其一，改变对方的劲路方向，使其力从我身旁而去；其二，黏随对方劲势，引其落空。运用此劲，关键在于以腰为轴，通过转腰，达到引进落空或所谓四两拨千斤的效果。

【化劲分类】化劲主要有两种：凸弧滚化（外圆化，也叫化柔劲），凹弧吞化（内圆化，也叫化刚劲）。

凸弧滚化是利用圆的外缘滚动化解柔劲的主要方法。

凹弧吞化是破坏刚劲的主要方法。此化劲既利用了凹弧式退让的弧线，又利用了刚劲虽整猝但劲短的缺陷，以松柔劲走凹弧，使短促的刚劲找不到着力点，从而落空。

走劲　泛指一种弧形向后退引的柔力，常用于化解对方的进攻动作。王宗岳在《太极拳论》中说："人刚我柔，谓之走。"运用此劲时，需注意顺其来劲或发其劲向，再顺其去向引之。此外，还要松腰转胯来加大走化的幅度。

缠丝劲　泛指一种支配肢体做螺旋式的缠绕进退的力，也称螺旋劲。《陈鑫太极拳分类语录》有言："打太极拳须明缠丝劲，此劲皆由心中发，股肱表面似丝缠。"缠丝劲表现在下肢是旋踝转腿，表现在躯干是旋腰转脊，表现在上肢是旋腕转膀。缠丝劲分为顺缠、逆缠两种。上肢顺缠是掌心由内往外翻，其中多含掤劲。上肢逆缠是掌心由外往内翻，其中多含捋劲。下肢顺缠指膝关节由裆内侧往前转外向下斜缠，或由裆外侧往后转向上斜缠。下肢逆缠指膝关节由裆外侧往前转内向上斜缠，或由裆内侧往后转外向下斜缠。

【缠丝劲分类】根据太极拳缠丝劲的内涵和特点，缠丝劲可分为出劲顺缠、收劲顺缠、出劲逆缠和收劲逆缠 4 种。

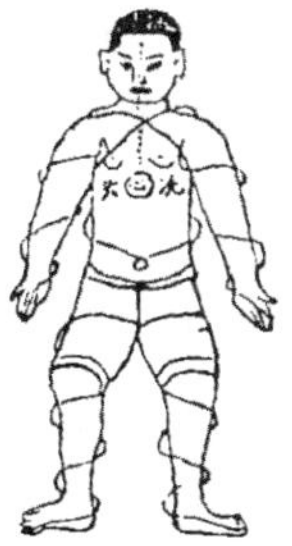

缠丝劲示意图（摘自《陈氏太极拳图说》）

出劲顺缠：凡手、脚向外伸展，内气循臂、腿内侧向前斜缠而下至于手、脚者，称为出劲顺缠。

收劲顺缠：凡手、脚向内屈收，内气循臂、腿外侧向后斜缠而上至于肩、胯者，称为收劲顺缠。

出劲逆缠：凡手、脚向外伸展，内气循臂、腿外侧向前斜缠而下至于手、脚者，称为出劲逆缠。

收劲逆缠：凡手、脚向内屈收，内气循臂、腿内侧向后斜缠而上至于肩、胯者，称为收劲逆缠。

螺旋劲　是一种支配肢体做螺旋式的缠绕进退的力，亦名缠丝劲。参见“缠丝劲”条。

抽丝劲　泛指练习时，两手运劲要像抽丝那样沉稳徐缓地用力。“抽丝劲”，语出武禹襄《打手要言》：“迈步如猫行，运劲如抽丝。”

拿劲　泛指一种握拢掌指的力。拿劲运用于捋拿动作，常见的有虚拢对方关节和抓握对方某部两种表现形式。太极拳四正推手中的按式就是克制对手肘、腕关节动向的劲力。太极拳四隅推手中的採式就用了抓握对方腕、臂、肘部的力。运用拿劲时，要注意步法和身法的配合。拿劲后可发、可打、可摔，拿的程度再加深可将对方控制至不可动弹。在陈式太极拳中，抓、拿、化、打是相辅相成的。

抖劲　泛指经充分积蓄后肌肉由松突然收缩而爆发的劲，需结合一定的方法运用。抖劲的基础是缠丝劲和腰裆劲，是一种突如其来的爆发力。其特点是快速、螺旋、气足、力猛、劲长、动短、意远。久练推手，对缠丝劲、腰裆劲的体会越来越深，“沾连黏随不丢顶，引进落空合即出”的技巧也越练越熟，逐渐发展出来一种突然的发劲动作就是抖劲。

发劲　泛指将人体的劲力发放出去。发劲有两类：一类是蓄而后发，要求意气回敛汇聚，再通过某部向攻击目标发出；另一类是一触即发，无预兆，速度快，靠肌肉的短暂收缩完成。发劲要点有顺、快、准三点，顺就是发力时节节贯穿畅达，强调起于脚，发于腿，主宰于腰，行于手；快即呼气和肌肉收缩要快；准即攻击目标准，力点要准，发劲的时机要准。

【发劲、抖劲的关系】发劲和抖劲的关系是一个概念中大概念和小概念的关系。发劲包括长劲和短劲，抖劲只是短劲，又称寸劲。两者都是在周身松沉蓄劲后产生的爆发劲。发劲、抖劲均起于脚跟，行于腿，主宰于腰，达于四梢。

【发劲的分类】根据在太极推手对抗中的不同发放情境，发劲主要分为化刚发劲、化柔发劲、攻发劲、突发劲和封发劲。

化刚发劲：拳谱上说的“化即是发，发即是化”，化发融为一体，是针对对手的刚发劲。以听劲为先导，接住对方“刚劲”的劲头顺方向化发。

化柔发劲：主要用于破坏对方刁钻的动作，必须是先掤住，待时机成熟而放之。

拳谱云："未见其动，腾空而跌。"

攻发劲：在推手中，用柔劲在进攻中找机会发放对方，所谓"引劲落空，合即（击）出"。

突发劲：乘其不备，突然用瞬间的爆发力发放对手。

封发劲：在对方欲发劲而还未发出之前发放之，使对方的劲力无法释放。

柔劲　由太极拳及推手中训练出来的一种松柔的进攻性作用力。柔劲的作用主要有两点：一是用松柔的长劲逼迫对方后退出圈而取胜；二是用松柔的长劲逼迫对方反抗，而产生过头的顶劲，使其全身僵硬紧张，成为一个整体，为转化刚劲发放创造良好的时机。拳谱云："见虚不发，见实发。"

刚劲　由太极拳及推手中训练出来的，由丹田为动力源发放出来的，一种刚猝迅猛的螺旋惊弹力。刚劲是在柔劲的配合下瞬间的爆发力。

接劲　接有接触、接合、接受等意。交手双方在肢体接触的瞬间，对劲力的处置称为接劲。在武术较技中，动作的外形体现为招法，一般称为接手，动作的内在为劲，所以拳家论劲时又称其为接劲。

顺劲　顺有顺势、顺从、顺应、顺畅、顺便、顺带、顺导、顺着制服之意。对方向我进攻，我遵循"贵化不抗、逆来顺受、顺化避害、随曲就伸"等原则，保持与对方劲力方向相同的方向运招用力称为顺劲。

堵劲　堵劲有堵塞、憋闷的含义。迎着对方力的方向而盖之称为堵劲或称闷劲。在力量发出的过程中，都会有力的起点、中间过程和力的终点。根据力学原理，力只有传递到达终点时才会释放到对方身上。也就是说，在起点和中间过程中，力量是无法有效传递给对方的。堵劲是堵对方力的起点或中间过程，此时的力将出未出，将展未展，此时抑制或堵住对方的力，使对方发不出来劲便是堵劲。

分劲　又称开劲。分有分解、分散、分隔、分化、分扰的含义，开有打开、开放、开脱的意思。分劲可以用来化人，也可以用来发人。对方进攻劲来之时可见人则开，肢体一旦接触则分散其力顺势化开，产生开门揖盗、引君入瓮、关门打狗的效用。

合劲　合有合拢、结合、合并、合成、合度、合力、合流、合拍、合适、合宜的意思。与对方劲势相合称为合劲。顺其方向可以合劲，如顺其劲、随其劲、化其劲、引其劲；逆其方向也可以合劲，如顶其劲、堵其劲等；在对方撤劲时也可以"就去则合"，如借其势发己劲。合劲技法要点在于紧凑，时机、火候掌握恰当，即恰逢其时。

开合劲　开，是伸放开展之意；合，是引、蓄、化、屈、收之意。开合，即太极拳中的一阴一阳、一刚一柔、一蓄一发的概称。开与合既是对立的，又是统一的、相辅相成的。如欲开必先合，有合才能开。开与合概括了太极劲这个统一体中的两个方面。陈鑫曰："动静循环，岂有向哉！吾所谓一动一静，一开一合，足尽拳中之妙。"

截劲　截有切断、阻拦、截击、截获、截取、截止的意思。对方用拳打或脚踢向我进攻，我从对方上肢或下肢的侧面截击或运步散开，从侧面拦腰横截对方所用劲力，即从中切断对方的劲力称为截劲，又称断劲。

随劲　随有顺从、跟随、顺便、随时、随机的意思。在双方交手中不顶不抗、顺力而走的劲法称为随劲。运用随劲要遵循贵化不抗，逆来顺受，为客不为主、舍己从人的原则。

封劲　在太极推手中，当对方用刚劲发放时，在其刚劲起动时拦击之；或者对方用柔劲进逼时，在其根节或中节拦住其进逼的来劲，使其柔劲出不来，二者均称为封劲。

明劲　泛指从外表能看出劲的运用，明晰显现的劲。

暗劲　泛指隐藏不露，只能通过接触时的触觉来加以感知的劲。暗劲与明劲结合运用，能令人有神妙莫测之感。王宗岳《太极拳论》中的“忽隐忽现”，正是明劲和暗劲结合的运用。

沉劲　泛指似紧非紧、似松非松的活动。它是通过自身作用，在全身节节松沉中依靠积功而产生的。在太极推手中，沉劲不易被攻破，能使底盘更加牢固，出手劲力浑厚。

定劲　也称中定劲。中定属五步之一。从力学角度看，其作用是稳定重心，使身体保持平衡。定劲的关键在于使内劲节节贯穿于全身。练好定劲，在推手中，能随机借势。

后劲　泛指劲力的产生和作用较迟。其获得途径不外乎开源和节流，即依靠平日身体素质和基本功的训练来获取，不要进行不必要的体能消耗，这样方能保持好后劲。

卷劲　泛指力的卷动，由大圈变为小圈，由内到外的一种蓄劲卷动之势。

放劲　泛指由内向外、由小圈化为大圈的劲，也指发劲，故有发放之称。参见“发劲”条。

空劲　又称空力或深力，泛指通过肢体引化和精神引导对方主动出现用力过头的顶劲。推手中空劲很难掌握，只有在听劲、懂劲功夫达到一定程度后，才能比较熟练地运用空劲。

出劲　泛指主动发放的劲，但不等于发劲。

消劲　一种指“化劲”的别名；另一种则专指使自己将出或已出的劲突然消失。在推手中，消劲可使劲的变化趋向灵活，做到“忽隐忽现”。运用消劲时，应避免犯“双重”的毛病，使自己处于中定之势。此外，空劲也是通过消劲来实现的。

结劲　又称结气或补气，泛指当对方内蓄气过头，在外出现虚极时，助力于对方，使其失重。

冷劲　泛指冷不防的发力，包括偷袭的劲在内。

断劲　泛指断续、停顿成弹击的力，也可以指在推手对抗过程中出其不意地改变劲力力度和方向或中断当前的劲力，让对方猝不及防而失重。

移劲　泛指移动部位发出的力，如四正推手中，由捋式採劲到按式按劲的移动过程。在推手过程中，移动的技巧是相当丰富的，移动式招式与各自内含的劲别是一致的。

拙劲　僵力、蛮力和呆力的总称。①僵力：在动作开始阶段，主动肌和对抗肌同时收缩产生的合力，这种力使关节僵紧，肌肉僵硬，动作不准确。②蛮力：不按要求，而一味用力所表现的猛力，它使动作不顺达，易断滞而不连贯。③呆力：不能因对方劲路的变化而变化的直力，常表现为对方直来则顶，横来则横抗。

长劲　是在原有化劲、发劲的基础上，继续伸长的力。它能加大化劲、发劲动作的幅度，使对方不得势、化之不尽受制。例如，太极拳四正推手的按、挤两势均可附以长劲发之。运用长劲时，要随其势，不丢不顶，有隙即进，还要注意保持自身中正，沉肩坠肘，用腰腿劲，以意气配合，切忌前倾后仰，左歪右斜。

凌空劲　泛指一种借助精神作用先声夺人的击发方法。要发此劲，需先以沾黏等劲吸引对方，使之无法抵抗，进而威慑对方的精神，此时发者仅需口中一哈，对方即因应激反应而致双足离地或后退。陈炎林《太极拳刀剑杆散手合编》云："被发者必须先明沾黏等劲，……否则发者仍无效。此劲虽奥妙莫测，但学者不必深求，反作游戏观可耳。"

推手的技法

推手的技法是指太极推手的技术方法，是习练者在比较熟练地掌握了太极劲法的基础上学习的技巧性发放方法。此类方法亦必须符合太极拳的基本思想和基本准则，即在实际推手过程中巧妙实践太极拳技击的具体法则。

插步　推手时，我用一脚向对方裆下插入，形成弓步。这种步法动作在民间被称为插步或者前插步。这种插步实际是上步的过程，但是在推手习练中，上步可以分为顺、拗、插、套、追、逼、开、合、正、斜、直、横等多种步式。

插步

套步　对方右脚在前，成右弓步，我迈出左腿套住对方右腿。套步是为了封锁对方前腿的退路，如野马分鬃、斜飞势等都含有套步动作。

套步

抓拿掷打　抓拿原来是以拿脉、抓筋、反骨为主，后来为了避免发生伤害事故，已不轻易传授和运用。推手运用拿法时也要适可而止，并发展为以拿住对方劲路为主，一举手，一投足，圆转、柔和、轻灵地控制对方劲路，既可使对方失势，无从转变，又可发劲将对方掷出；或放任以待转变，即顺应转变之点而发劲，这是拿住对方劲路的高级技术。之所以称之为掷打，是因为对方被击出就像被轻易掷出一样，加之此亦为一种打法，因此被称为抓拿掷打。

抓拿掷打

以奇破正　两人推手时,如对方掤式严正，从正面进攻不易，这时就可以用採挒手法来破坏其掤式，诱使对方在应变中露出破绽，这种技法就叫以奇破正或者“採挒闭掤”。

以奇破正

双浮　泛指动作漂浮不稳。沈家桢、顾留馨在《陈式太极拳》中写道:“双浮是双手虚，双足由于过分大虚大实，致使在运动过程中不但使虚足浮起，连实足在变换时也被牵动得站立不稳而浮起，以致全身飘渺无着落。”双浮是推手时出现的错误动作。

双重　泛指推手时两力顶抗，僵滞不动。王宗岳《太极拳论》：“立如平准，活似车轮。偏沉则随，双重则滞。”陈微明注：“譬两处与彼相黏，其力平均。彼此之力相遇，则相抵抗，是谓双重。”顾留馨的《太极拳术》认为：虚实比例转换时，必然会有双腿平均负担体重的一瞬间，客观情况需要双腿负担重量时，就需要重心落在两腿之间，因此这种步法上平均负担体重称为足的双重。

双轻　泛指动作虚实转换合度，轻灵而有着落。沈家桢、顾留馨在《陈式太极拳》中写道：“在心意虚灵不昧和清明在躬的行气之下虚领顶劲。上则两膊相系，下则两腿相随，虚实仅有微末之分，但却能自然轻灵地转换，是为双轻。”

单重　相对于下肢支撑时出现的双重而言。《陈式太极拳》注“双重是双足不分虚实”，即两脚平均负担体重。若两脚虚实分清，重心偏于一脚，即为单重。参见“双重”条。

半轻半重　泛指两脚虚实合度。沈家桢、顾留馨《陈式太极拳》注：“半者就是人身重量的重心在两腿之间距离的三分之一以内，这时两脚均有下踏劲在地面上，只不过轻重不同而已，所以称为半轻半重，又称半有着落。”

左重则左虚，右重则右杳　太极推手技法要诀，出自王宗岳《太极拳论》，指与人推手时感觉左边重时，则将我左边与对方相黏处变虚，右边亦然，使对方处处落空，不可捉摸。

偏重偏浮　泛指推手时，同侧的手和脚上下皆虚，或上下皆实，使劲偏于一边的形态。这是一种错误动作，欲避此病，应注意上下相随地分清虚实。

陈式太极拳八法　即接、引、进、转、击、蓄、留、停。陈鑫《陈氏太极拳图说》载：“太极拳之消息盈虚，本系四德，推而详之。

则有接、引、进、转、击、蓄、留、停八法。接者，交手也。引者，引诱也。进者，前进也。转者，轻关也。击者，打敌也。蓄者，含蓄也。留者，留有余地，勿十分用功也。停者，穷兵莫追也，不犯吾界即止也。”

轻灵 王宗岳《十三势论》载：“一举动，周身俱要轻灵，尤须贯串。”轻指以意念引导动作，使之轻缓，而不能过于着力，使动作重滞；灵指手脚灵活，动作自如，感觉灵敏。

闪战 亦称“闪赚”，系闪避彼实，迅击彼虚之意。顾留馨在《太极拳术》中云：“闪战是动作极小的避实就虚之法，方向、角度、力点突然转换，迅速发劲，谓之闪战。”闪战即富有弹性的一种抖劲。郝月如在《武式太极拳》中云：“身、手、腰、腿相顺相随，一气呵成。向外发出，劲若放箭，迅若雷霆，一往无敌，谓之闪战。”

腾挪 是指有动意而未动身，即预动之势。练拳时气势腾挪，腹内鼓荡，有以气覆盖对方之意。郝月如论腾挪曰：“腾挪者，即精气神也。精气神贯注于两脚、两腿、两手、两膊前节之间。彼挨我何处，注意何处，周身无一寸无精气神，无一寸非太极。”

不偏不倚 推手时对身体的要求，泛指姿势中正。“不偏不倚”语出王宗岳《太极拳论》。顾留馨注：“不偏是指形体上、神态上要自然中正，不倚是不丢顶，不要依靠什么来维持自己的平衡，而要中正安舒，独立自立。”

不丢不顶 太极拳术语。“不丢不顶”语出王宗岳《打手歌》：“引进落空合即出，沾连黏随不丢顶。”不丢指推手时手臂不离开对方，不顶指推手时毫不与对方抵抗。在推手实践中，不顶是人进我退、人刚我柔的动作，但它不是置己于被动地位任人摆布，而是主动去适应对方的动作，顺彼伸而屈，用弧形走化的动作引对方的动作前进而落空。不丢是人去我随的动作，在黏住对方随彼屈而伸的同时，还要微微送劲，逼使对方陷于不利或不稳的形势。

沾连黏随 也写为“沾连粘随”“粘连黏随”，是太极推手功夫的基本技法之一。沾连，是指沾连住对方，顺从不离，不与之发生对抗，以感知对方劲路去向和大小。其中含有走化对方的化劲。黏随，即如胶一样黏住对方，彼去我随而不使逃脱。其中含有黏连逼对方的黏劲。推手时不仅手要沾连黏随，身法、步法也要有沾连黏随之意，随人之动而伸缩进退，不先不后，处处顺应对手的变化。杨澄甫《太极拳使用法》释：“黏者，提高拔高之谓也。”与前释有所不同。

运化转关 陈子明《陈氏世传太极拳术》释：“关，即人之周身穴节……所谓运化转关者，即由柔筋活节而至接骨斗榫。”运化转关是指太极拳练到一定境界后，人体骨骼之间互相咬合，完美承接，达成一种类似中国古代建筑榫卯结构的刚体状态。当己之身体在接触对方的身体来袭之力后，己与彼之间的接触点黏走相生，互相咬合，完美承接，因此其也称为转关过角。

先求开展，后求紧凑 泛指先开，动作幅度开始较大，然后逐渐缩小动作幅度而进行习练的步骤。练推手之初，先练开展可以扩大动作吞吐的幅度。由于架势敞大，空隙也较大，动作攻防更具可观察性，双方动作运行的速度也相应较慢，因而双方都有更多的机会习练攻防招数和不丢不顶的能力。

节节贯穿　习练太极推手时，各部关节依次而动，一动全动。以动作为例，劲起于脚跟，通过踝关节，环绕着小腿上升到膝关节，再由膝关节上升，环绕大腿到髋关节，能够做到没有丝毫间断，即下身的节节贯穿。全身动作的节节贯穿要以腰脊为中心，使颈、脊、腰、胯、膝、踝、肩、肘、腕等9个主要的运动关节依次贯串，如九曲圆珠，这样才能促成全身动态像一条既有左右又有上下、前后的运动曲线，一动全动。

四两拨千斤　初见于太极拳《打手歌》："任他巨力来打我，牵动四两拨千斤。"其意为顺势借力，以小力胜大力。在习练太极推手过程中，凡加引化劲于对方动作上，诱其落空；或者先化后黏，逼使对方陷于不利地位；或者以横拨直，以直拨横，改变对方劲力方向等，均属"四两拨千斤"之法。此语经广泛传播，为各家拳派采用，泛指以巧胜拙的各种技法。

以柔克刚　交手时若对方以刚力来打，我则以柔化开对方的来力使之落空不得力。"四两拨千斤"语即以柔克刚之意。

顶、抗、瘪、丢　指推手中易犯的4种错误。顶：两力相顶。抗：拙力硬抗。《顶匾丢抗解》曰："抗者太过之谓。"抗即用硬功抵抗，欲以大力取胜。瘪：又称匾、扁，即推手时反应迟钝，腰硬手软，掤劲不足而被对方用刚劲压扁。丢：推手时黏不住，跟不上肢体的运动而脱手。

掤法　太极推手基本八法之一，指手掌撑圆外掤的技法。双方搭手时，掤法用以承接住对方劲力，感知其劲的方向、大小及变化。当对方攻进时，我掤住后引，然后将其力化至侧方，即"掤化"；或者用掤法将对方发出。不论在哪种情况下运用掤法，都要促使臂掤圆，保持肘关节角度不小于90°，上臂要离开腋，前臂与胸部要保持一定的距离，特别是在掤化和内掤转捋时，掤住对方后引不能引成肘关节夹角小于90°或臂贴住腋肋，那样肘就会被对方控制死而无变化。掤是由转腰带动臂来完成的，不能简单地由下而上，或由前向后。转身时，身体重心要稳定。参见"掤劲"条。

捋法　太极推手基本八法之一，泛指一手虚拢对方腕部，另一手黏其肘部引进的技法。运用捋法时要有掤劲，先以掤劲承其劲而直引至接近我身，再坐胯转腰，让出对方劲力继续延伸的方向，同时由掤变为捋，顺其力向用力，促其继续前伸落空。捋是由防转为攻的动作，运用时身体要稳住。参见"捋劲"条。

掤法

捋法

挤法　太极推手基本八法之一，泛指一臂掤圆在前，另一手扶对方手腕合力向前、向外推挤的动作。一般对方近身或被对方捋时用挤法应之。运用时，应以沉劲稳住身体重心，同时臂不失掤劲，以转腰之力带动臂挤出，有将对方挤至失势之意，也可由挤变为掤转按，将对方发出。挤时，上体不可前倾，一般前臂挤至与自己膝部对齐为度。参见“挤劲”条。

挤法

按法 太极推手基本八法之一，泛指一手虚拢对方腕部，一手黏其肘弧形向下压按和向前推按的技法。例如，对方以臂挤来，我以按劲向下泄其劲，同时俯胯、缩腰、坐步向回牵拉，能使其失势。如果对方发现我下按回引，舍弃挤力欲逃脱，我变为向前推按，顺其收退，将其发出。在运用中，如果下按回引得手，应在缩胯、缩腰的基础上坐步转腰，让出对方前倾跌出的地方。如果是向前推按对方，要前移重心，以对方胸、腹部为攻击目标，直按至对方失势或换用捋法时。按时禁止上体前倾。参见“按劲”条。

按法

採法 太极推手基本八法之一，泛指虚拢手指抓握对方手腕或肘关节由上向下牵引的动作。採法运用可分为三种。其一，以採导发。例如，运用按时，如先採住对方，直採至对方反抗，才发按劲，效果较不採即按要好。其二，以採助发。例如，野马分鬃，我右手採对方右手，左肩臂靠其右腋和右胸部，就有以採增强靠撞的效果。其三，以採为发。例如，海底针，我右手採对方右手腕向右下牵引，对方不反抗，我就一直牵其失重前跌。参见“採劲”条。

採法

挒法 太极推手基本八法之一，泛指横向用力，使对方身体扭转失重的技法。例如，当对方右手用力推我时，我左臂外旋，以手掌虚拢其右臂下沉，缓解其推劲；同时，左手横推其左胸，就能使对方右转向后仰倒。我左手的横推即为挒法。运用挒法时，我力应与彼力方向相反，而且两力不能在一条直线上，即对方左侧用力，我应挒其右侧。参见“挒劲”条。

挒法

肘法 太极推手基本八法之一，泛指以肘部攻防的技法。肘法主要有两种用法。其一是屈肘攻人。例如，我左手黏住对方左腕，右前臂尺侧黏对方右肘回捋，对方被捋欲转为挤，我可以左手托住其左腋，防其左臂下落，右臂则屈叠紧，以肘尖推撞对方左腕。其二是沉肘牵带。例如，对方两手托住我两肘上抬，我即内旋前臂成手心向下，拢住对方臂部，同时两肘下沉，向下、向后牵带。参见“肘劲”条。

靠法 太极推手基本八法之一，泛指与对方贴近时以肩、背、臂、胯靠撞对方的技法。在推手过程中多用肩靠。例如，对方捋我左臂，我即上左步随；如对方向左转身不够，我即可主动右转身，以左肩、臂部靠击对方胸部。运用靠时，如果前脚进步，后脚跟步，前脚再进步，则靠得更深、更烈。参见“靠劲”条。

肘法

靠法

黏走 太极推手的两种基本技法。黏是对方离去，我黏随而进；走是对方攻来，我防化而退。运用走化时，不论对方使出来的力大小，我都以柔劲主动化之。走时要注重缩胯，坐步而引，转腰而化，不能用手硬拨。黏时，要随其去向而进逼，使其退不开、躲不掉。在走时和黏时，都要注意不丢不顶，随曲就伸。走不能为逃跑，黏不能贪胜。此外还要注意黏、走相依，黏时要注意对方的变转，一旦其走化了我的进逼，能随之应变；走时要想到为黏创造条件，伺机黏进。

无过不及，随曲就伸 太极推手的基本技法要诀，泛指与人推手时，要舍己从人，随对方的变化而变化，不主观盲动。在黏随对方变化的过程中，切忌对方退少我进多或对方进多我退少，出现“过”的现象，造成两力顶抗；或者反之出现不及的现象，造成彼此分离而失去黏连。应该随对方屈而伸，随对方伸而屈；彼屈多少我伸多少，彼伸多少我屈多少；既不顶抗，也不分离。

引进落空 太极推手的基本技法原则之一。“引进落空”出自王宗岳修订的《打手歌》。引进是我采取的方法。当对方不进攻时，我故露空隙，以小利引诱其进攻；当对方进攻时，我则牵引其深入。落空是我引进对方，使其攻击偏离目标而落空。概之，就是采用引进的方法使对方攻击落空。引进含守和攻两个环节，引进的劲力包括蓄和发两个阶段，即引进对方进攻时，不顶其劲，不离其手，对方进多少我给多少，引进节节深入，并在此退引的过程中，逐步蓄劲。正好将劲蓄足之时，必先将对方引近我身或引至对方失势，此时以腰转带动上肢继续引进，对方攻势必然落空，一使劲，对方即跌出。需注意：退引时要不失掤劲，逐渐缩胯、缩腰，坐步而退，臂要保持一定的弧度和距离胸部一定的距离。

以腰为轴 太极推手的基本技法之一。以腰为轴在推手的单练架子中具有其应有的作用，同时表现出以腰化解、以腰减小引化和击发距离、以腰轴转动使此部轮周退守、彼部轮周随势出击等作用。例如，双方搭手，对方以掤劲压来，紧接着变推逼进，我在保持手掤劲的同时，不必用手化，只要随对方进攻而松胯转腰，其攻势即被引向身旁。又如，对方向后推我一肩或向上抬我一肘部等，我皆可以通过腰的转动使被推部位随对方攻势向远处转移。另一手则随腰转而接近对方身体，乘机推其用力的肩或胸部，泄其攻势。对方在推、引两力的综合作用下，必将失势。

勿先动步 泛指推手过程中，当对方出招进逼时，我应当尽可能地松腰坐胯，使对方不及，或者转腰走化，使对方之劲变老而去，在不得已的情况下，都不能轻易动步。例如，当对方进逼时，我迅速动步拉开与对方的距离，使对方攻击不及我身，当距离对方远时，又不能及时反攻对方，这在太极推手中称丢，属于能走不能黏的毛病。所以，勿先动步是太极拳“以退为进、以守为攻、攻守兼备”的重要战略，是近身贴打的首要法则。

仰之则弥高，俯之则弥深 太极推手基本技法要诀，泛指与人推手时，随其劲势去向而引之，使其不可及而失势。王宗岳在《太极拳论》中说：“仰之则弥高，俯之则弥深，进之则愈长，退之则愈促。”例如，对方向上攻来，我则引其继续向上，使其至高不可攀而掀根；对方向下攻来，我则引其继续向下，使其至深不可测而下栽；对方向前直进，我则引其继续向前，使其至长不可及而前倾；对方向后退，我则促其继续后退，使其至后退不足而后倒。

见力弃力 其解释有两种：一种是弃己力，另一种是弃彼力。弃己力，即见对方来力，我马上舍己力，随彼力，毫不顶抗。弃彼力，即见对方来力，我破坏对方劲路的转化，控制其劲沿一定方向延伸，直延至失势。

蓄而后发 蓄和发是太极推手中两个相对的词。蓄是积蓄，有蓄势、蓄劲两种。蓄势是肢体屈回，关节处于最佳发力角度，肌肉得到过渡性的预先拉长。蓄劲时气力收敛于丹田，一旦得到机会，有可乘之势才发。发是伸展出击，以丹田发力，用呼气配合。蓄是发的基础，没有蓄，则不能发，蓄得不足，则发不得力。

舍己从人 太极推手基本技法原则，泛指推手时不能主观盲动，要顺应敌势、敌力。遇敌攻势时，不猛力顶抗，应以对方的变化为依据，能舍能随，才能化去对方的攻势，保证自己平稳。在自然的顺随过程中，寻找机会，乘势借力，后发制人。

得横 泛指推手时主动创造向对方横侧位发起攻击的机会。双方在推手时，一般是两脚前后分立，其站姿支撑面是纵向长、横向狭，纵向较横向稳定。当重心位置保持中正时，纵向稳定角大，横向稳定角小，因此在推手中，强调得横、击横。这与八卦掌的避正打斜同理。

步趋身要踊 太极推手对步法和身法的要求，泛指推手中做进攻动作时，步法与身法必须协调一致，避免出现步法与身法脱节现象，即步趋身不踊或身趋步不踊。只有步法、身法、手法相随，协调一致，才能达到周身一家，从而使招法发挥最佳的技击作用。

远拳近肘贴身靠 太极推手对击打方法的要求，泛指太极推手中依据对方距离的远近而采取相应击打方法，以提高击打效果。如果违背这一要求，在发劲的距离上将大大超出范围，劲力就会失效，难以发挥作用。太极推手中远拳距离、长手距离一般用推按方法；近肘距离，即短手，一般用挤、掤方法。

引虚击实　泛指引出对方的虚处，而乘势攻击其另一端的实处。

控虚发实　控虚意指在引出对方虚处时，必须将其控制住，在另一手发放瞬间，不可丢掉虚处一手，否则会被对方控实。控制虚处击打实处，才能在发放时行之有效。

顾三前，盼七星　太极推手对眼法的要求。三前即眼前、手前、脚前，七星即对方的肩、肘、膝、胯、头、手、足7个可攻击的部位。顾是关顾、防护的意思；盼即看望，指对各个出击点的警惕。

提合蓄与放开发　太极推手对发劲技法的要求。太极推手中吸为提、为合、为蓄，呼为放、为开、为发。平时需单练和双练提放的方法，吸提时气沉小腹，呼放时，部分气下沉于小腹，部分气移行于脐部，呼气时半吐半沉，才有余不尽，滔滔不绝。上丹田，即百会穴，始终虚领顶劲，以保持吸提、呼放时立身中正。

推手式架

单搭手　太极推手的预备姿势，泛指两人相对前后站立双手定步搭推，属于推手式架的初级练习形式。做法：两人前脚内侧相对，相距1020厘米，双方均向前上方举右手或左手，双方两手背相贴，掌心朝外，高与鼻齐。因搭手和步法的顺拗不同，单搭手又分为顺步单搭手、拗步单搭手、开步单搭手。

【顺步单搭手】指同侧手脚在前的搭手。右脚在前搭右手，称右顺势单搭手，反之称左顺势单搭手。

【拗步单搭手】指异侧手脚在前的搭手。右脚在前搭左手，称右拗步单搭手，反之称左拗步单搭手。

顺步单搭手

拗步单搭手

【开步单搭手】指两脚左右开立（与肩同宽）的单搭手。双方右手互搭，称开步右搭手，反之称开步左搭手。

开步单搭手

平圆单推手　太极推手定步练习法。做法：以顺势单搭手为预备势，甲按乙手腕，乙以右手掤劲向外弧形引化；乙顺势回按甲手腕，甲右手也以掤劲向外弧形化解，两人循环练习。推手时，推化路线形成一个平圆形。练习中推按对方时，重心要前移，

平圆单推手

引化时重心则后移，此外还要转腰、坐胯，以腰带手，动作沾连黏随，不丢不顶。可左右式交换练习，以期获得全面的锻炼效果。

立圆单推手 太极推手定步练习法。做法：以顺势单搭手为预备势，甲插乙面，乙用右手掤劲承接甲的来劲，并将甲右手引向头部右前侧；乙顺势将右掌置于甲右手腕，插向甲肋，甲向侧下引化将乙手引向右胯侧，如此循环练习。推手时要沉肩坠肘，搭掤插化形成一个立圆形，勿耸肩提肘，前插时重心移成弓步，掤化时则后移重心成坐腿。可左右式交换练习。

立圆单推手

折叠单推手 太极推手定步练习法，也称8字推手法。做法：以顺势单搭手为预备势，甲右掌内旋前伸，乙用掤劲承接，并外旋回引甲腕；乙顺势用掌将甲右掌沉于乙右胯旁，乙右掌内旋伸插甲腹，甲右掌外旋回引乙腕，如此循环练习。手臂运行路线呈“8”字形。练习中前插时重心前移成弓步，回引时则后移重心成坐腿。两折叠单推手人手背要保持黏连，通过坐胯、转腰、折腰促成手臂运动呈“8”字形。可左右式交换练习，以期获得全面的锻炼效果。

折叠单推手

前臂立旋圈 太极推手定步练习法。做法：两人前臂相搭，可以正反转，进行立圈练习。向上是掤劲，向右是捋劲，向下是按劲，向左是挤劲，圈中只包含掤、捋、挤、按四正劲。这是一种做圆周运动的推手练习法。

前臂立旋圈

上臂立旋圈 太极推手定步练习法。做法：两人上臂相搭，旋转时意念上以丹田为轴、中心和起点。身体先随丹田转，然后带动臂转，随着身体起伏带动肩、肘、腕、臂划立圈，主要练习身法。正转从小逐步向大划立圈，以丹田为中心划大小圆；反转逆转，再由大向小转，起于丹田再回到丹田，先做离心运动，后做向心运动，以此求动中静、静中动。

上臂立旋圈

抓拿採捋手 太极推手定步练习法。做法:两人单臂手腕缠绕练习，在旋转中擒拿对方。在动中拿对方可以锻炼擒拿抓的指力，同时被抓拿的一方可以练习螺旋松顺的化解方法来进行解脱。要用松、柔、顺来化解，达到以柔克刚的效果。

抓拿採捋手

外肘挤捋手 太极推手定步练习法。做法：两人外肘相接，练习肘部缠绕和化解对方来力，在缠绕中练习靠击和解脱化肘的方法。

外肘挤捋手

内肘挤捋手 太极推手定步练习法。做法：两人前臂相挎，内肘相接。内肘挤捋手除了和外肘挤捋手法有相同之处外，还有搂手、带手的方法，可以锻炼锁、松、带、挑、甩的力量。

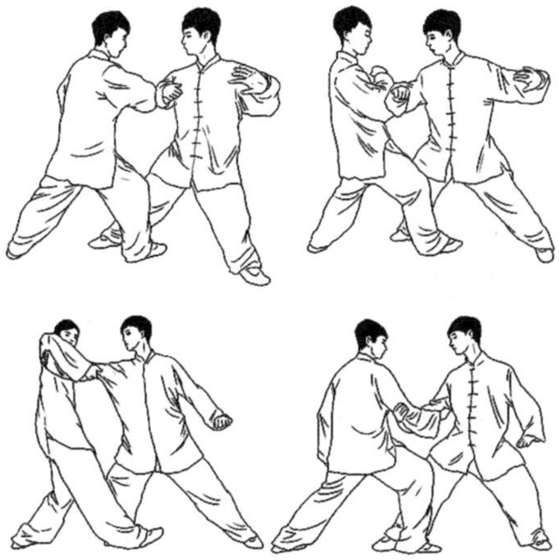

内肘挤捋手

左右挤肩 太极推手活步练习法。做法：两人用侧肩或者前后肩进行挤靠，然后换步进行另一侧肩的挤靠。在练习中不用力，而用步法，在柔中练习，以达到柔中带刚的目的。

左右挤肩

膝靠 太极推手活步练习法。做法：两人用膝关节进行松沉靠，然后换步进行另一侧的松沉靠。靠时要在对方身上先松沉一下，使对方感觉到松沉的力，不能用很大的撞击力，步法要轻灵稳健。双方接触时要放松，精神要高度集中。

膝靠

胯靠 太极推手活步练习法。胯靠与肩靠和膝靠相同，只是部位有差异，用靠击来锻炼胯部的力量。

胯靠

开合推手 太极推手定步练习法。做法：以双方双手分别相黏（一方左手与另一方右手相黏）为预备式。然后，两手各自运用太极拳技法推揉对方或化解来势。开合推手的特点是左右手各管左右半边身体的攻防，一手在同侧受制时，往往通过另一手在异侧的进攻获得化解。

开合推手

双搭手 太极推手定步练习法。做法：两人先成单搭手势，再以另一手掌心贴住对方搭手手臂的肘弯处。双搭手又分为顺步双搭手、拗步双搭手、开步双搭手 3 种。开步双搭手，以搭右手称开步双搭手右式，反之称开步双搭手左式，其余可参见“单搭手”条。

开步双搭手

合步双推手 太极推手活步练习法。做法：在合步单搭手的基础上，另一手附于对方肘弯外，根据技法要求所做推手。根据上肢推化运行路线，合步双推手可分为合步平圆双推手、合步立圆双推手、合步折叠双推手等。

平圆双推手 太极推手定步练习法，又称双手平圆捋按推手法。做法：以顺势双搭手为预备势。当甲重心前移推按时，乙重心后移以掤捋劲化解，并顺势重心前移推按，甲重心后移掤捋。以此循环练习，双方捋按形成一个平圆。要求推按时重心前移，引化时重心后移，按、掤转化要沾连黏随。

平圆双推手

立圆双推手　太极推手定步练习法。做法：以顺势双搭手为预备势。当甲右手向乙面部内旋前伸时，乙用挒劲化解对方来劲，并顺势寻弧线切按，同时左手向下按甲右肘于腹前，右手向甲腹部伸插，甲用右手挒劲化解，回势后引。依此循环练习。可左右式互换练习。

立圆双推手

折叠双推手　太极推手定步练习法，又称压腕按肘推手法。做法：以右顺势双搭手为预备势。当甲右手内旋前伸时，乙用右手挒劲承接对方来劲，左手扶于甲右肘转体引带沉压甲右手于乙腹前，同时乙右手循弧线上提并伸向甲面部，甲采用与乙同样的方法化解。依此循环练习。可左右式互换练习，方法相同。

折叠双推手

挽花　陈式太极推手方法之一，属太极推手定步练习法，是陈式太极拳基本技法练习的特有形式。根据上肢参与的情况，挽花又分为单手挽花、双手挽花两种形式。

【单手挽花】将平圆、立圆单推手相结合，以顺势单搭手为预备势。以甲领乙或以乙领甲，前后移动重心，两手腕互相听劲，沾连黏随反复练习。推化时，两手运动轨迹呈平圆形或立圆形，以锻炼上、下、左、右引进落空的劲。可左右式互换练习。

【双手挽花】采用顺步四正手，以顺势双搭手为预备势。甲领劲，乙随劲，双方结合重心左右移动，在身法、腰法的带动下两臂互相缠绕，连绵不断，沾黏不散，快慢相间，上下相随，里外结合，随机应变，周而复始，循环练习。可左右式互换练习。其特点：两手缠绵不断线，脚跟牢固意九泉。练习此类推手的目的是练到两臂如秤灵，欲加毫厘意在先。

双手挽花

进退一步推手 太极推手活步四正手的一种。做法：以左右开步右式双搭手为预备势。甲进右步双按，乙退步掤随；紧接着，乙右脚后撤半步捋甲右臂，甲左脚进半步屈右臂变挤，乙右脚进半步双按，甲左脚退半步捋乙左臂紧按乙，左脚随之跟进半步屈臂变挤。依此循环练习。两人仅在一步距离内移动，除第一步为一整步外，其余均为半步。

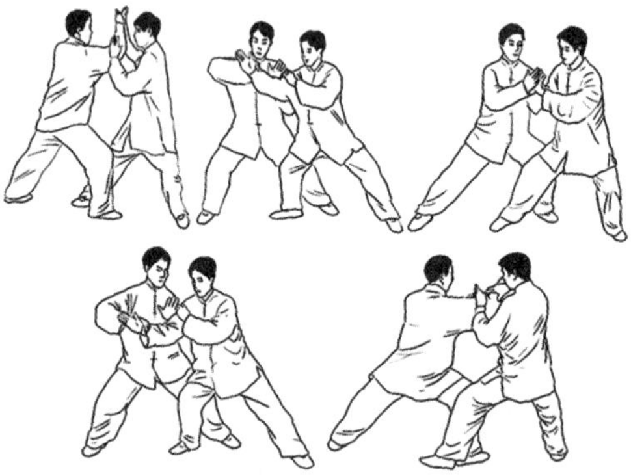

进退一步推手

顺步推手 太极推手活步练习法，也叫一进一退。此法一进一退为一圈，两人一左一右，平衡圆转，动作中均包含掤、捋、挤、按、採、挒、肘、靠8种用法以及足、膝、胯等部位的套、管、沾、黏法。其诀为：“掤、捋、挤、按须认真。上下相随人难侵，一进一退步灵活，肩肘胯靠显神威。”参见“进退一步推手”条。

进三退二 太极双推手活步练习法，因练习时一人进三步，另一人退两步而得名，又因二人交替进退步数合计为五步，故又称五步二人抢。做法：以甲左顺势双搭手，乙右拗势双搭手为预备势。甲原地挤，乙右脚绕至甲左脚内侧按，甲退左脚掤；甲再退右脚捋，乙进左脚随，乙再进右脚挤，甲左脚绕进乙右脚内侧按，然后甲进乙退。依此循环练习。

进三退二

进三退三 太极双推手活步练习法。做法：以拗势双搭手为预备势。甲原地挤，乙微提右脚下落双按，甲提左脚进步掤随，乙向下右捋；甲退左步捋，乙进右步随；乙再进左步挤，甲退右步；甲退左步，微提右脚向前乙方裆下落步双按。然后甲进乙退。依此循环练习。

进三退三

进三步半退三步半　武式太极推手活步练习法。做法：第一步、第二步前进时，进步的一脚都是踏在对方前脚的内侧，第三步前进时，一脚踏在对方裆部中间，第四步则后脚移至前脚边，脚尖虚点地，称为半步。无论踏在对方外侧还是裆部中间，都应该稍微贴近对方前脚。在一条直线上我进彼退，运用掤、捋、挤、按四手。

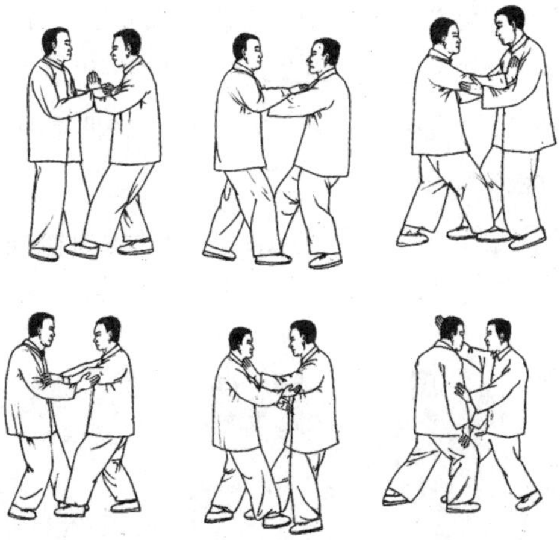

进三步半退三步半

花脚步　陈式太极推手活步练习法，也称乱踩花。其方法参见“顺步推手”条，即用掤、捋、挤、按四正手的推法和一进一退的步法。推几圈后，手法不变，步法灵活多变，或进或退，或快或慢，或大或小，连绵不断。周身协调一致，步法不受方向、位置的限制，可进一退一，也可进三退三，进五退五，并根据场地大小，任意选择方向。步法需与身法协调配合。此练习法主要练习步法，如进步、退步、垫步、偷步、横步、跃步的灵活运用。其特点是“二人推手如围棋，一来一往论高低。围列山穷水尽处，陡然一式判雄雌”。

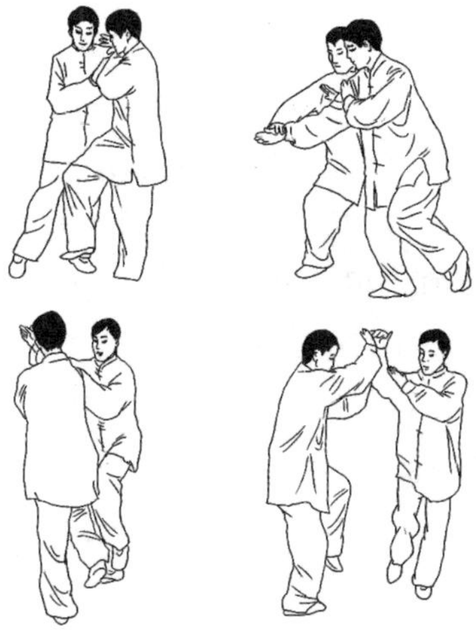

花脚步

乱踩步　陈式太极推手法，属太极拳随意活步推手练习法，也称烂踩花。其动步不拘方向，步数不受限制，因其像漫步花坛而得名。练习双方互相通过触觉感知对方劲路的变化，而各自采取相应的方法，或化或发不丢不顶，沾连黏随，步法随对方的进退而灵活多变。乱踩步是推手高级阶段练习法。通过练习乱踩步能提高推手叫劲、化劲和发劲的能力。

打轮　陈式太极推手术语，泛指两人搭手，随其自然，不顶不抗，圆转自如的推手练习。具体练法参见“合步推手”条。

合步推手　陈式太极推手法，属太极拳定步双手推手练习法，也叫打轮。做法：以顺势双搭手为预备式。甲领劲，重心前移，用右臂挤劲走下弧向上掤于乙方左臂，同时左手按乙左腕于身体右侧，乙左手接甲左手，右手按甲左肘变按劲；甲重心后移，用掤劲上捋，化解乙方按劲，乙顺势转变挤劲后，用左臂掤于甲右臂，右手按甲右腕；甲转加掤劲，化解乙方挤劲。依此循环练习。左右练法相同。其特点是“两人推手如鳔胶，沾连黏随主宰腰。功夫到达熟练时，滑如冰凌黏如胶”。

合步四正手　太极双推手定步练习法，也称掤、捋、挤、按推手法，因推手时采用“四正手”（掤、捋、挤、按四法）练习而得名。做法：以顺势双搭手为预备势。甲捋，乙挤，甲按，乙掤；乙捋，甲挤；乙按，甲捋。依此循环练习。推手中，挤按时重心前移，掤、捋时重心后移。可左右式互换练习。

合步四正手

合步步法　杨式太极推手活步练习法。做法：以左双搭手为预备式，甲退乙进。甲向前提右脚向后仍落于原地，乙向后退左脚向前仍落于原地；接着甲退左脚，乙进右脚，甲再退右脚，乙进左脚，然后转为乙退甲进。当甲退了三步，即向后提回左脚向前仍落于原地（转为进步）、乙进了三步，即向前提起右脚向前仍落于原地（转为退步）后，甲进乙退各两步。然后转为甲退乙进，如此一进一退循环练习。

套步步法　杨式太极推手活步练习法。做法：甲、乙两人相距一步对立，假设甲退乙进，乙左脚前迈，插于甲右脚内侧，同时甲左脚后退一步，接着乙前迈右脚落于甲左脚外侧，甲右脚后退一步；接着乙再迈左脚仍插于甲右脚内侧，同时甲左脚后退一步，然后转为乙退甲进。甲退了三步后，右脚即由乙左脚外侧套至内侧（转为进步）；乙向前稍提右脚向后仍落于原地（转为退步），接着甲进乙退各两步。然后转为甲退乙进，如此循环练习。

陈式大捋　陈式太极推手法，属太极双推手活步练习法，是在顺步推手的基础上进行的一种推手方法，按掤、捋、挤、按四正手，步法一进一退。随着身体各部位关节活动的拉开，身法移动幅度增大。伴随着掤、捋、挤、按的缠绕，小腿贴地左右盘旋，逐渐掺入採、挒、肘、靠四隅手，也称作大攦、大靠，可左右式互换。大捋推手主要练习腿部力量，使下盘活而稳固，裆内产生弹簧力。其特点是“两腿铺地如

陈式大捋

顽石，下盘稳固定根基。裆内自有弹簧力，灵机一转鸟难飞”。

杨式大捋 杨式太极推手法，属太极推手活步练习法。因有步法的配合，捋的幅度比定步推手的大，故得名。因步法方向是朝向四个斜角，所以又称四隅推手法；又因它的主要动作是捋和靠，在每个循环中，甲、乙两人合计有四个捋和四个靠，所以也叫四捋四靠。做法：以右手腕相交叉的双搭手为预备势。假设甲捋乙靠，甲退乙进，乙两手按甲右前臂，甲以右前臂掤接，甲右脚向西北斜方退步，体右转，翻右手採乙右腕，并以左前臂黏乙右上臂向右捋去，在甲退步的同时乙向西横跨左脚，顺甲採捋之势，迈右脚插于甲裆间，同时左手移附于右肘内侧，以肩部向甲胸前靠去；甲左前臂随腰下沉，化开乙靠劲，并以右手向乙面部一闪，乙以右腕接之，同时左手移黏于甲右肘上，恢复预备式。乙在接甲右腕的同时，上左脚，以左脚为轴向右转体，退右脚与左脚并立，转为面朝东，甲同时左脚稍提回即向南扣脚尖落步，体右转并右步转为面朝西，即走完一个斜角。第二个斜角是乙退甲进，乙捋甲靠，乙转为朝南，甲朝北。第三个斜角是甲退乙进，甲捋乙靠，甲转为朝东，乙转为朝西。第四个斜角是乙退甲进，乙捋甲靠，恢复为甲朝南，乙朝北。可换成以左手腕相交的双搭手为预备势，按上述动作练习，左右相反即可。

杨式大捋

梅花步推手 太极推手活步四正手的一种。做法：以左右步右势双搭手为预备式，原地甲按，乙随；甲向左前方斜进右方双按，乙向左斜方退左步右挤；乙按，甲换左掤；乙向右前方斜进左步双按，甲向右斜方退右步左掤；甲向左后方斜退左步左捋，乙向左前方斜进右步左挤，甲按，乙换右掤。依此循环练习。练习中不论进退，均循 45° 斜角方向动步。

开合双缠臂 新编太极推手对练动作。做法：以合步双搭手为预备式。乙伸插甲面部，甲重心后移，以掤劲承接；乙循弧线向下沉压右手于腹前，左掌经甲右前臂内侧绕至其右前臂内侧，同时右臂绕至甲右前臂内侧，甲两臂伸向腹前；乙两臂外旋上托，甲前臂外旋，贴乙前臂上；乙移重心，提左脚，甲移重心，提右脚，两臂均向上、向内合，掌心相对；甲撤步，乙上步，同时两臂均向上、向内合，掌心相对；甲撤步，乙上步，同时两臂内旋下压，甲两臂内旋于乙腹前。以下动作同前，唯进退下肢动作左右互换。要求甲乙提落步同时，上下肢动作协调，两臂沾黏缠绕不脱，肘腕和顺。该动作的目的在于黏住对方，使其不得逃脱，得机将对方发出。

合步交叉缠绕 新编太极推手对练动作。做法：甲乙两人左合步站立，双方手臂均压于对方腹前，甲手臂在外；甲重心前移，右掌向上、向左，向乙面前扇去，乙坐胯黏随甲右前臂外侧，右前臂向外挪黏甲左前臂；乙提左腿撤步，甲移重心进右步，同时乙右臂前挪，甲沾，甲顺势左掌向上、向右，向乙面部扇去。随后上下肢动作各自左右相反，手法同上。要求提脚落步准时，重心平稳，两臂沾黏缠绕不脱。

活步四正手 太极推手对练动作，是两人遵照一定的进退步法和四正手法而进行的各种推手练习。其特点是有一定的程式变换。其动作主要有进三退三、进三退二、进一退一、大捋等。

鸳鸯步换位四正手 新编太极推手对练套路动作。做法：采用顺步四正手，甲、乙两人，乙右脚向右前进步，体右转，右臂内旋，向右后捋带甲右手，甲随势右转，右脚向左前上步；乙继续右转，左脚向右脚上步内扣，继续捋带甲右臂，甲右转，左脚绕右腿前向右前上步；乙右脚后撤一步或成半马步，两手向右捋甲右臂，甲顺势右转向乙左腿内侧进步，用肩臂挤靠乙胸部；乙顺甲挤势，微左转，两手按甲右前臂，甲左臂承接乙按势，右手向右绕出扶乙左肘部；甲两手向左上挪乙左臂，乙随甲形成双挪势；甲左转两手左捋，乙顺势黏随甲捋势；乙体左转挤势，甲顺势向前推按；乙用右臂挪接，乙左臂向上托掀，甲顺势移重心，提右脚右转，同时右臂屈肘上提，化开乙托掀之劲。

活步捋挤 新编太极推手对练套路第10组动作。根据手法变化，甲、乙两人的练习过程可分为：甲挤，乙捋；乙挤靠，甲捋；甲挤靠，乙捋；乙挤靠，甲捋。

托肘挤靠 新编太极推手对练套路第11组动作。根据技法表现，甲、乙两人的练习过程可分为：甲挤靠，乙托肘；乙肘靠，甲托肘；甲肘靠，乙托肘；乙肘靠，甲托肘。

连环步四正手 新编太极推手对练套路第12组动作。根据其进退形式，甲、乙两人的练习过程可分为乙退甲进连环步和甲退乙进连环步两部分。

乙退甲进连环步 新编太极推手对练套路第12组动作。做法：甲顶靠，乙沉肘；甲右手向乙面部扑击，乙用右手向上挪接并右捋；甲右脚进步前挤，乙顺势右脚撤步坐接；甲左脚提起，右手绕乙左肘上托挪起乙左臂，乙撤左步前挤；甲随势左脚进步形成按势，乙右脚提起，右手绕至甲上臂外侧，向上托掀甲右臂；乙右脚向右后落步，向右前捋甲右臂，甲顺势右脚向前上步；甲左脚向前绕步内扣，体右转，右手内旋，向上、向右翻握乙右手腕，乙随势左脚上步，落于甲脚后侧，体微右转，左手黏随甲右臂。

太极推手对练套路 系中国武术研究院于1992年2月组织专家创编的太极推手对练套路。此套路以王宗岳《太极拳论》为理论依据，是假设性的双人对抗配合练习，具有传统性、科学性、健身性、技击性、观赏性、娱乐性。动作流畅，结构严谨，形神兼备，美观大方，符合《太极拳论》的理论思想，动作编排由简到繁，由易到难，循序渐进，练习速度、运动量适中，整套练习需 3 ～ 5 分钟，男女老少皆宜。其动作分为 14 组，拳谱如下。

1. 起势　　2. 合步四正手
3. 合步单推手　　4. 合步双推手
5. 绕步缠臂採靠　6. 合步四正手
7. 活步四正手　　8. 大捋
9. 顺步四正手　　10. 活步捋挤
11. 托肘挤靠　　12. 连环步四正手
13. 合步四正手　14. 收势

太极散手对练

太极散手　太极散手是在对拳架套路、基本功法和太极推手充分体悟的基础上，对太极拳更加深刻的实践和灵活的运用，是太极拳最高一级的运动形式，是向实战过渡的过程。太极散手可对练，也可针对太极十三式的每一式进行单练。对练套路在陈式和杨式太极拳古拳谱中均有记载，武术家沙国政还根据流传下来的古拳谱创编了太极拳对练套路。

太极散手分为单人练习和双人练习两种。单人练习的方法很多，或用掌，或用拳，或用腕，或用肘，或用肩，或用腰，或用胯，或用膝，或用足，共9节，可逐节反复练习。拳架中任何一式一手皆可单练。双人练习时即可以将全套十三式拳架中各式一一拆开，随每势用法，互相连贯，合成散手对打，也可以串连成套路，分上下手进行对练练习，也可以不按照固定形式自由对练。

太极散手既具有直接应用于实战的作用，也可以检验太极推手和太极拳拳架练习的正误。习练者若能将太极散手灵活应用，则在单人练盘架子时，既能保证姿势准确美观，又能增加练习的兴趣，身心皆可获益，乃至练推手大捋时更可以左右逢源，出奇制胜。

太极拳对练套路　由著名武术家沙国政在陈炎林所考《太极拳刀剑杆散手合编》中的“散手对打”的基础上，综合了陈、杨、孙、吴等各式太极拳的特点，充实了技术内容整理而成。本套路动作攻防合理、姿势舒展、结构合理、动作自然、刚柔相济、势势相连、连绵不断，演练起来灵巧活泼、意趣横生。全部套路分为 4 段，甲、乙共 102 式。以孙式太极拳的懒扎衣、开合式、单鞭式单练开始，中间高潮迭起，险象环生。95 式又以退步跨虎至 102 收势结束。沙国政的《太极拳对练》由人民体育出版社于 1980 年 5 月出版，全套共 4 段动作。拳谱如下。

第一段

1. 起势（甲乙同抱拳）
2. 懒扎衣（甲乙同）
3. 开合势（甲乙同）
4. 单鞭势（甲乙同）
5. 甲：上步右冲拳　　乙：撤步右提手
6. 甲：进步拦手冲捶　乙：搬手冲捶
7. 甲：换步左靠　　乙：右伏虎
8. 甲：左顶肘　　乙：右推肘
9. 甲：左撇身捶　　乙：右靠
10. 甲：左伏虎　　乙：右劈捶
11. 甲：提手上势　　乙：转身按
12. 甲：折叠捶　　乙：搬捶
13. 甲：搬手横挒
乙：左换步野马分鬃

第二段

14. 甲：右伏虎　乙：转身大捋
15. 甲：上步左靠　乙：绕步双按
16. 甲：双分蹬脚　乙：上步指裆捶
17. 甲：採手横挒　乙：换步右穿梭
18. 甲：左挒右劈拳　乙：白鹤亮翅
19. 甲：上步左靠　乙：撤步搬臂
20. 甲：转身按　乙：双峰贯耳
21. 甲：换步双按　乙：化打右捶
22. 甲：左推　乙：搬臂
23. 甲：左推按　乙：右撇身捶
24. 甲：化按　乙：换步搬肘

第三段

26. 甲：右伏虎　乙：转身大捋
27. 甲：上步左靠　乙：回挤
28. 甲：换步双分靠
    乙：换步打靠（左）
29. 甲：右顶肘　乙：金鸡独立
30. 甲：退步化　乙：双分蹬脚
31. 甲：上步左靠　乙：左搬臂
32. 甲：换步右分脚　乙：双分右搂膝
33. 甲：左分脚　乙：双分左搂膝
34. 甲：採手右靠　乙：採手回靠
35. 甲：换步左挪手　乙：右拦手
36. 甲：上步右挪手　乙：左拦手
37. 甲：右挪打
    乙：后跳步白蛇吐信

第四段

38. 甲：左探手高探马　乙：右踩腿
39. 甲：转身摆莲脚　乙：单鞭下势
40. 甲：退步栽捶　乙：右斜飞势
41. 甲：左伏虎　乙：右化劈捶
42. 甲：倒卷肱　乙：右云手
43. 甲：倒卷肱（二）　乙：左云手
44. 甲：高探马　乙：上步七星
45. 甲：海底针　乙：闪通臂
46. 甲：手挥琵琶　乙：弯弓射虎
47. 甲：虚步单鞭　乙：肘底捶
48. 甲：十字手　乙：如封似闭
49. 甲：上步双按　乙：抱虎归山
50. 甲乙：同退步跨虎
51. 甲乙：同转身摆莲脚
52. 甲乙：同左右弯弓射虎
53. 甲乙：同进步搬拦捶
54. 甲乙：同如封似闭
55. 甲乙：同十字手
56. 甲乙：同收势

陈式太极散手　此散手套路拳谱记载于两仪堂本，目前所流传的版本出自徐震所著的《太极拳考信录》。拳谱如下。

拗步搬打横桩、雁子浮水、横拦肘、穿心肘、拗拦肘、推面抓拿、乌龙入洞、朝天一炷香、封闭抓拿、里靠、外靠、十字靠、飞仙掌、抢拳、推心掌、推面掌、搭掌、推肚跌、拦手外撤脚跌、柱杖撩钩、软手提袍、斩手、回手、推打、滚手、压手、推打、拿手、拍手、採打、斩手、滚手、撩手、高挑低进、拗拦挪打、低惊高取、火焰攒心、横直劈砍、拗搭手、外拴肘、不着不架、钟馗抹额、束手解带、烈女捧金盘、孙真治虎、王屠捆猪、张飞擂鼓、拿鹰嗉、破王屠捆猪、泰山压顶、扭羊头、掐指寻父、摧指抓掌、小坐子、搬腿、后坐子、腾腿法、钩腿法、钩脚法、撤脚法、顺手、里丢手、压手、腾手、外靠、里抓跌、拗手、丢压手、腾手、搭手、丢手、搭手、十字跌、丢手、外压手、横拦肘、撤手、丢手、搬手、里靠、撤脚跌、柱杖靠打、丢打、拦手、封搬手、三封打耳、黑虎叼心、破高挑低进用压手、横拦肘、丢打、搭手、按头扫脚、往里跌、搭手、上后手、推面拍打、拿手跌、搭手、倘风拍手、推打跌、丢手、拦手、串打、压手、靠打、丢打、压打、搭捧肘、往前摔破用千斤坠、下带腾跌。

太极短打　短打拳谱出自陈氏两仪堂本，本书引文为文修堂本所载，后段为陈子明《拳械汇编》所载。拳谱如下。

里抱头推山、破抱头推山、里顺水推舟、破顺水推舟、里推山塞海、破推山塞海、里顺手穿心肘、破顺手穿心肘、里铁翻杆、三封打耳、拐李拱手、外丢、腾手里打、里丢手、斩手、外靠里打、外童子拜观音、单鸾炮、袖里一点红、顺手搬打、破拗手搬打（一本作破顺手搬打）、破顺搭手倘风、闭门铁扇子、破顺搭手倘风、里丢手抽梁换柱、里丢手外压靠打、顺手上肘摔掌、拗手压手上手摔掌、猿猴开锁、喜鹊过枝、顺水搬打横桩。

破里抱头推山、破里顺水推舟、破里推山塞海、破里顺手穿心肘、三封打耳、外丢手、里丢手、外靠里打、单銮袍、雁子浮水、破顺手搬打、破顺搭手倘风、破闭门铁扇子、里丢外压靠打、拗步压手、上肘摔掌、喜鹊过枝、破顺水搬打横桩、雁子浮水、破顺手搬打横桩。

太极亦是短打　载于徐震所考的《太极拳考信录》中。因为文修堂本中太极短打与散手连写，而此章又在散手后，所以题为“亦是短打”。拳谱如下。

迎面飞仙掌、顺手飞仙掌、里丢手、霸王硬开弓、果鞭炮（陈子明本为“里边炮”）、单鸾炮、前手顺前脚往里打踵天炮（陈子明本为前手顺，前脚亦顺，往里打冲天炮）、左手顺左脚一顺往上踵打、单鞭救主、打胳膊肚里与胳膊根。

太极一时短打　为武式太极拳传人李亦畲在光绪三年（1877年）手抄本《太极拳谱》中所载“一时短打”，与“太极亦是短打”有所不同。拳谱如下。

迎面飞仙掌、顺手飞仙掌、推心掌、推面掌、横拦肘、里栓肘、穿心肘、左採手、右採手、里靠、外靠、十字靠、七星靠、铁身靠、格手倘风、双风打耳、火焰钻心、袖里一点红、十字跌、冲天炮、推肘跌、软手提炮、拗捋掤打、裹边炮、底惊高取、不遮不架、霸王开弓、朝天一炷香、玉女捧盒、掐指寻父、桓侯擂鼓、童子拜观音、里丢手、斩手、闭门铁扇子、单銮炮、前手顺前脚往里跌、冲天炮、左手顺左脚往上冲打、单鞭救主、打胳膊肚里与胳膊根。

太极散手对打　杨式太极拳散手对练，亦称散手对打，据传为杨澄甫所作，见于陈炎林所著的《太极拳刀剑杆散手合编》中的“太极散手对打”，有图文说明。全套共88式，甲乙各44式，后经沙国政整理补充，形成了现如今我们看到的《太极拳对练》。参见“太极拳对练套路”条。拳谱如下。

上手：上步捶、上步拦捶、上步左靠、左打肘、左劈身捶、撤步左打虎、提手上势、折叠劈身捶、横挒手、右打虎（下势）、上步左靠、双分跨脚（退步跨虎）、上步採挒、左掤右劈捶、左靠、转身按（捋按）、双按、单推（右臂）、顺势按、化推、採挒、右打虎、上步左靠、双分靠（换步）、打右肘、退步化、转身上步靠、转身（换步）右分脚、转身（换步）左分脚、换手右靠、上步左揽雀尾、上步右揽雀尾、右开（掤势）、上步高探马（下蹬脚）、转身摆莲、刁手蛇身下势、左打虎、倒撵猴（一）、倒撵猴（二）、倒撵猴（三）（扑面）、海底针、手挥琵琶、转身单鞭、十字手。

下手：提手上势、搬捶、右打虎、右推、右靠、右劈身捶、转身按、搬捶（开势）、左（换步）野马分鬃、转身撤步捋、转身按、指裆捶、换步右穿梭、白鹤亮翅（蹬脚）、撤步撅臂、双峰贯耳、下势搬捶、右搓臂、化打右掌、化打右肘、换步撅、转身撤步捋、回挤、转身左靠（换步）、转身金鸡独立、蹬脚、撅左臂、双分右搂膝、双分左搂膝、回右靠、右云手、左云手、侧身撇身捶、白鹤亮翅（下套腿上闪）、左斜飞势、右斜飞势、转身撇身捶、左闪（上步）、右闪、上步七星、扇通背、弯弓射虎、肘底捶、抱虎归山。

杨式太极拳连环捶简式对打 杨式太极拳连环捶简式对打是在杨式太极拳传统的老式拳架以及王兰亨、司星三等人所创编的太极五星捶套路的基础上，以杨式太极拳中的搬拦捶、搂膝栽捶、指裆捶、撇身捶、肘底捶等五捶与杨式太极推手、散手技法相融合而创编成的套路。此套路使杨式太极拳的各捶能节节贯通、环环相连，充分发挥了捶法技击的优势。杨式太极拳连环捶简式对打既为散手、推手，也为练套子，其动作特点和技击方法同样要遵循杨式太极拳捶法和连环捶的技击特点。拳谱如下。

甲方：揽雀尾、搬拦捶、搂膝栽捶、搬拦捶、撇身捶、指裆捶、肘底捶、肘底捶、撇身捶、指裆捶、搬拦捶、撇身捶、肘底捶、搂膝栽捶、搬拦捶。

乙方：揽雀尾、搬拦捶、指裆捶、搬拦捶、肘底捶、搬拦捶、冲捶、搂膝栽捶、肘底捶、搬拦捶。

第七部分　太极器械

说明：本部分介绍了太极剑、太极刀、太极枪、太极棍、太极扇等太极器械运动，并从单练、对练，以及单器械、双器械、传统器械、新编器械套路等方面进行了阐述。太极剑是太极器械中习练者最多的，因此本书将其作为典型内容，对太极剑的流派、套路、方法、式架等方面进行比较，便于读者深入了解。

太极拳知识大全第七部分太极器械中，包含多种器械运动。太极器械运动是指太极徒手运动与器械相结合所产生的一种运动形式，是将由古代兵器演化而来的武术器械与太极拳的技法、风格特点相结合，从而形成的。鉴于各家所传器械种类相近，兹以陈、杨两派为主，辑要介绍太极器械运动。太极器械有剑、刀、枪、棍、杆、棒、双锏、朴刀、大刀、梢子棍、扇等。按照中国武术器械的分类，太极器械可分为长、短、双、软等类。古拳谱中的多数兵械都已渐渐离开太极拳运动场。目前，太极剑、太极刀、太极枪、太极棍、太极扇的习练者较多。在太极器械运动中，剑术、刀术、枪术、棍术占据主体位置，尤以剑术见长。太极器械运动多与太极拳相互补充，相得益彰。太极拳有流派之别，太极器械运动也一样。

现在，由于健身锻炼和武术竞赛的需要，我们对常用的太极器械的制作材料、重量、尺寸、硬度等都做了具体规定。常用的长器械主要有枪、棍、大刀等，短器械主要有剑、刀等。

太极剑

太极剑是太极器械运动之一，其练法兼有太极拳和剑术二者的风格特点，是太极器械运动中的重要组成部分。太极剑是在古代剑术的基础上，吸收了其他拳派的剑术内容改造发展而成的。目前各式太极剑分别由宣化剑、三才剑、乾坤剑演化而来。太极剑的练习形式大体可以分为单练、对练和集体演练 3 种，其中以个人单练为基础。太极剑按剑穗区分，还有长穗剑和短穗剑之别。太极剑运动动作优美，练起来要突出一个“意”字，在剑法运用中，要求象形取意，意领身随。太极剑的剑术风格快慢相兼，连绵不断，凝神敛气，柔中寓刚，动静相间，形神兼备，剑与神合，身与剑合，具有神舒体静、内外相合、轻灵沉稳、刚柔相济、连贯圆活、绵绵不断、身剑协调的运动特点。太极剑的身法、步法、功法与太极拳相同。剑法以抽、带、提、格、击、刺、点、崩、绞、压、劈、截、洗为主。目前流行的各式太极剑内容各异，取材不一，但是运动特点相同。中华人民共和国成立以后，太极剑运动以它的特有魅力和风采深受广大太极拳爱好者的喜爱，其开展范围远比太极刀、太极枪、太极棍等太极器械广泛，在海外广为流传。太极剑被列为全国武术比赛的正式竞赛项目。

太极剑单练　太极剑运动的一种主要演练形式，在太极拳运动的基础上，结合剑术的基本方法，一手握剑，一手成剑指，以腰为主宰，配合太极拳的身法、步法，独自练习。太极剑对练、集体练习都是在此基础上发展起来的。

太极剑对练　指在太极剑单练项目的基础上，按照刺、劈、撩、点、崩等技击方法组成，两人进行的一种具有对抗性的太极剑演练形式。习练时要求剑法丰富、布局合理、熟练逼真，既要有“阴阳变化，沾连黏随”的原则，又要有剑术、剑法相击的格斗动作。

太极剑的演练

运柔为刚，刚柔相济　剑与刀相比，剑走柔劲，刀走猛劲，剑走心，刀走身。因此在太极剑演练中，要运柔为刚，刚柔相济。

闪展吞吐，以身辅剑　姿势合法、形尽其能、扬长补短、韵度自如，方为至善。一套完整的剑术演练应该是一个完整的艺术作品，一个完美的运动艺术形象。

法由理出，势由法生　剑法的发展变化不能违背形制特征之理，如剑两边有刃，不能做缠头裹脑；剑器轻薄，不宜做大劈大砍、死格硬架等。

运劲自如，张弛有度　是剑术技法中劲力规律的重要原则，在演练中必须加以表现。而劲力的刚柔与肌肉的张弛，发力的轻重、快慢，动作的伸缩起落、进退转换等密切相关，形成了剑术演练运动节奏、气氛的生动变化。古剑谚语“似凤翱翔偕宫商”，形容并说明了剑术运动应似凤翱翔天空并富有音乐的旋律。

太极剑流派

陈式太极剑　是在陈式太极拳的基础上发展形成的剑术套路，具有以身运剑、缠绕回旋、发劲如狮、浑厚圆转、连绵不断、蓄发相变、快慢相间、轻灵沉稳的特点。由于练起来矫若游龙、稳如山岳、动静相间、刚柔相济、气势连贯、错落有序，陈式太极剑深受广大太极拳、太极剑爱好者的喜爱。

杨式太极剑　是在杨式太极拳的基础上发展形成的剑术套路，具有姿势舒展大方、架势优美，动作轻松柔和、圆活连贯，劲力内含，没有明显发力等特点。其习练原则与杨式太极拳相同。其剑姿优美，用法奥妙，但易学难精。杨式太极剑与杨式太极拳一样是广大群众所喜爱的武术运动形式。

吴式太极剑　是在吴式太极拳的基础上发展形成的剑术套路，具有剑法细腻、剑势连绵的特点。在持剑方法上，吴式太极剑突出双手合握，并有左右手换把的动作。剑有文剑、武剑之分，文剑有袍（穗），袍与剑身同长；武剑无袍（穗）。吴式太极剑套路丰富，目前常见的套路有第一路乾坤剑、第二路七星剑、第三路连环剑、第四路对剑、第五路双剑、传统吴式 64 式太极剑、36 式吴式简化太极剑等。

孙式太极剑　是在孙式太极拳的基础上创编而成的剑术套路。孙式太极剑宗师孙禄堂纳形意剑、八卦剑、太极剑三派剑法之所长创编了孙式太极剑。孙式太极剑剑指的特点是食指、中指并拢伸直，无名指与小指屈回，拇指伸直，是开指式，而且因剑势的变化，剑指也随之变化，并非固定不变。此套路揉合了八卦、形意、太极的身法、剑法，而又非三派的杂合，是三派精髓的有机融合，自成一体，风格突出。孙式太极剑分为上、下两路，既可以单练，又可以对练，攻防合理，剑法全面。

武式太极剑　是在武式太极拳的基础上创编而成的剑术套路。长期以来，由于武式太极拳的创始人武禹襄不以传拳为业，其拳械流传面不广。武式太极剑遵循拳理，讲求劲力，具有极强的实战性，势断劲不断，劲断亦可连。在技击上，要求“切记三法混一，攻守肘腕是要诀”。在演练上，气势腾挪，闪战灵活，势势相连，内劲贯剑。在练法上，剑诀不离持剑手，另一手剑指，以求助力。武式太极剑包含武式 13 剑、武式 25 剑、武式 36 剑，其中又包括大架、中架等不同架势的套路，剑理精妙，剑法独特。

和式太极剑　和式太极剑属于和式太极拳的短器械，整个套路包含55个动作。和式太极剑是太极拳运动中的一个重要内容，兼有太极拳和剑术两种风格特点。一方面它要表现出轻灵柔和、绵绵不断、重意不重力的剑法特点，另一方面它要表现出和式太极拳的特点。

武当太极剑　由著名武术家李天骥在传统太极剑的基础上创编而成。它既有太极剑的轻松柔和、绵绵不断、意领身随的特点，又有武当剑优美潇洒、剑法灵活多变、身剑合一的特色。此剑法有形如游龙、稳如泰山、动静相间、刚柔相补、气势连贯、错落有序、潇洒飘逸的韵致。武当太极剑共有49式，内容丰富，技巧性、艺术性都很高，需要一定的武术和太极拳基础才能协调自如地掌握。习练此剑术，将会帮助习练者加深对剑术的理解。

剑器

剑体　可分为剑把和剑身两段。剑把指由护手至剑首的一段，包括剑穗、剑眼、剑首、剑柄、护手5个部分。剑身指由护手至剑尖的一段，包括剑脊、剑刃（上刃、下刃）、剑尖三部分。

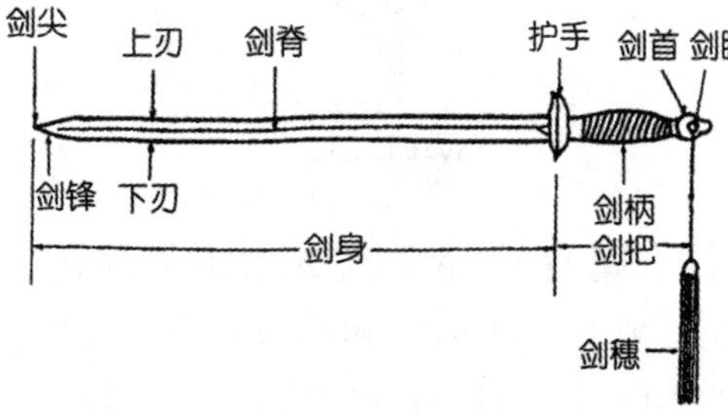

剑

剑的长度：以直臂垂肘、反手持剑的姿势为准，剑尖以不高于头、不低于耳端为宜。

剑的重量：0.5～1千克。武术竞赛规则规定：成年男子用剑不得轻于0.6千克；成年女子用剑不得轻于0.5千克；少年儿童用剑重量不受限制，因人而异。

剑的硬度：剑垂直倒置，剑尖触地，剑尖至护手20厘米处（测量点），与地面的垂直距离不得少于10厘米。

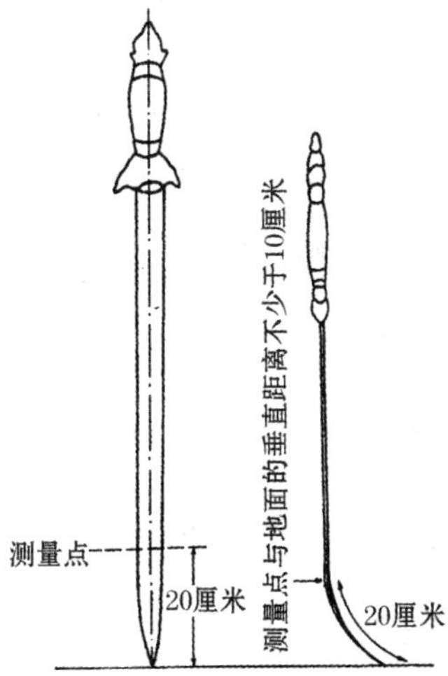

剑

剑穗　也称剑袍、穗头，是由剑环演变而来的。古代士兵骑马打仗，以剑作为防身兵器，按剑环以防脱手，也便于投掷击刺后再做回收。后来剑器成为身份的象征和健身工具，更之以各种色泽的剑穗用作装饰。剑穗有长、短两种。

剑眼　剑首上的空眼，可吹之作声，也可作拴穗之用。

剑首　也称剑镦、剑督、剑镡，指剑柄的末端柄头。

剑柄　也称剑铗、剑茎，指护手后用手持握的部位。

护手　也称剑格、剑耳，指剑身与剑柄之间，作为护手的部位。其形状有“Y”形和“A”形两种。护手总体形状为三角形，大头在上，类似英文字母“Y”，小头在上，类似英文字母“A”。

剑脊　剑身长轴中间隆起的部分。

剑锷　也称腊刃，指自剑脊到剑刃的部分。

剑身　护手到剑尖的部分。

剑刃　剑身两侧锋利的薄刃。

剑尖　剑身锋利的尖端。

握剑法

持剑　持剑也称握法、把法。正确地持剑是准确表现剑法的先决条件，握法灵活也是技术娴熟的重要标志。初学者持剑，往往生硬紧张，剑在手中不能灵活运用，致使剑法表现不清，力点不准，刚柔失度。持剑手腕要松，手指要活，手心要空。随着剑法的变化，腕、指关节应灵活圆转，手心松宽，掌缘、掌根、虎口各个部位着力轻重也各不相同。此握法被称为活把握剑，故剑谱歌诀有“手心空，使剑灵；足心空，捷步行”的说法。

左手持剑法

太极剑的持剑方法可分为左手持剑法和右手持剑法和双手持剑法三种；按照握剑手型的变化可分为满把持剑、螺把持剑和钳把持剑等；根据太极阴阳之理，按照手心的朝向可分为中阴剑、中阳剑、少阴剑、少阳剑、太阴剑、太阳剑、老阴剑、老阳剑等。

左手持剑法　常用于剑术套路的起势。持剑时，左手内旋，手心朝后握住剑柄，手心贴于左护手上，拇指扣住内侧护手，中指、无名指和小指扣住外侧护手，食指伸直贴于剑柄上，使剑身平面贴靠前臂垂于左臂后。

左手持剑法还有一些小变化，如食指与中指并拢伸直贴于剑柄上，或拇指越过护手盘扣于护手上侧等，不一而足。

右手持剑法　变化多端的剑术，主要是通过右手握剑的灵活运用表现出来的。右手持剑法包括螺把持剑、满把持剑、钳把持剑、垫把握持剑等。

双手持剑法　又称合把剑，在太极剑运动中并不多见。持剑时，右手握住剑柄前端，左手握在剑柄后部，或者左手手心贴在右手手背上。

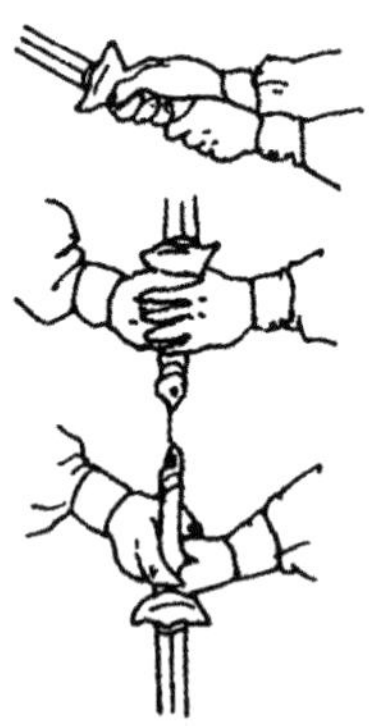

双手持剑法

直握（螺把）　手握剑柄，虎口对剑上刃，食指、中指、无名指和小指的第一指节紧扣剑柄，依次排列成螺旋形。拇指紧扣于食指的第一指节上，以食指第二指节靠近护手，腕关节微屈。这种持剑方法又称顺手剑、直握剑，一般适用于刺剑、点剑等。

直握法根据太极阴阳之理，按照手心的朝向，又可分出 8 种变化来。

中阴剑：手心向左，剑体为立剑，又称顺手正立剑。

少阴剑：手心向里转 45°，剑体为斜刺向里，与地面成 45° 角（上刃向里，下刃向外），又称顺手斜立剑。

太阴剑：手心转向下，剑体为平剑，又称俯手平剑。

老阴剑：手心继续转 45°，手背斜向下，虎口向左下，手心向右下，剑上刃向左下，前臂内旋，又称俯手斜立剑。

中阳剑：手心继续转，虎口向下，手心向右，剑下刃向上，剑上刃向下，成翻手反立剑。

老阳剑：前臂继续外旋 45°，剑上刃向右下，剑下刃向左上，又称翻手斜立剑。

太阳剑：换一次把，再转成手心向上，手背向下，虎口向右，剑体成平剑，又称仰手平剑。

少阳剑：手心向上，手臂内旋 45°，剑体成斜剑，又称仰手斜立剑。

每一种持剑法都可以以手心方向为准区分出以上 8 种变化。

直握

平握（满把）　虎口正对护手，五指如同平握拳环握剑柄，拇指屈压在食指的第二指节上，腕部挺直。这种持剑法一般适用于外托、下按、砍、架等动作。

手心对着自己胸部，称里手剑；手背对着自己胸部，手心向外，则称外手剑。

平握

钳握（钳把）　虎口靠近护手，以食指、拇指和虎口的加持之劲将剑柄钳住，其余三指自然附于剑柄上。这种持剑法比较灵活，适用于反刺、上云、穿、挂等动作。

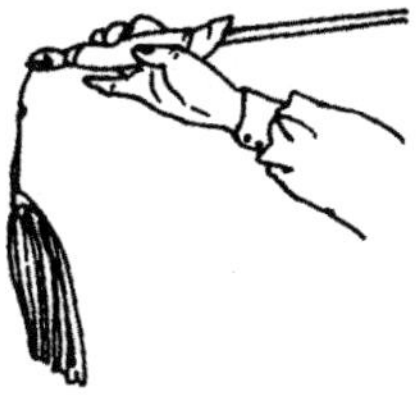

钳握

垫握（垫把）　食指伸直，垫在护手下助力或控制方向，拇指也伸直，其余三指屈握。这种持剑法多用于绞剑、削剑、击剑等动作。

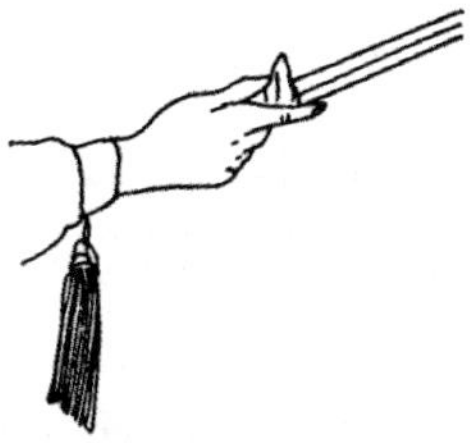

垫握

刁握　以虎口的挟持之劲将剑柄叼牢，拇指、食指和中指自然伸直虚附于剑柄上，其余两指基本上离开剑柄。

提握　腕关节屈提，拇指、食指下压，其余三指上勾。这种持剑法多用于点剑、提剑等动作。

剑指　在剑术练习中，不持剑的手要捏成剑指，古称剑诀、戟指。剑指的主要作用：①剑指与握剑手的配合，可以增大持剑的腕力，如弓步挂劈时，抡剑向右下方劈，左剑指相应向左、向上方摆，以加大劈力；②引导剑路，增强剑势，借势助力，使动作平衡、优美；③剑指前领，声东击西，可以迷惑对方视线，乘机点击对方的穴道或抢夺对方的器械。剑指主要有开指式、合指式两种形式。

开指式：又称开剑诀。拇指屈扣于食指外侧，食指与中指伸直并拢，其余两指第二指节内扣，形如戟状。

合指式：又称戟指、压剑诀。拇指压在无名指第一指节上，食指与中指伸直并拢，其余两指扣于掌心。

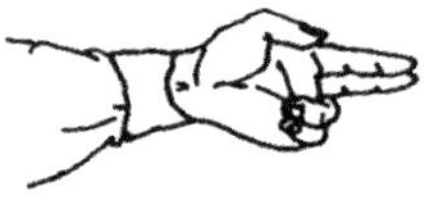
开指式

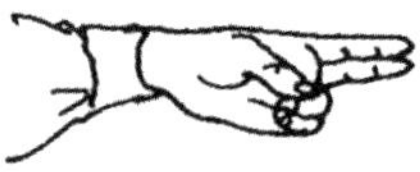
合指式

剑法

剑法是指剑术的基本方法。现代剑术中的剑法十分丰富，名称并不完全统一。根据基本剑法的劲力规律和运行，可作如下简单分类。

（1）由上而下运行的剑法：主要包括劈、下截、点、下挂等动作。这一类剑法劲力的特点是以腰带臂、肩松臂活、以腕助力、劲贯剑体。

（2）由下而上运行的剑法：主要包括挑、反挂、反撩等动作。这一类剑法劲力的特点与（1）相同，唯用力方向相反。

（3）左右横向运行的剑法：主要包括抹、带、扫、云等动作。这类剑法劲力重在由柄端向剑尖一端传递滑动变化，运行轨迹多呈弧形。

（4）左右斜向运行的剑法：主要有斜削、拦等动作。这类剑走斜向轨迹，其劲力特点是充分利用拧叠展身以身推剑，剑领身催，身剑相合。

（5）前后屈伸运行的剑法：主要为刺剑动作。这类剑走直线，其劲力特点是劲起于脚，由剑柄直透剑尖。

（6）圆弧绞转运行的剑法：主要有腕花、绞剑、缠剑等动作。这类剑多呈圆锥形、螺旋形、回环形运动。其劲力上利用关节松活，使剑身缠绕旋转，劲路也螺旋运动。练习这类剑法的关键在于寻找圆心点及手腕的松活度。

刺剑　剑尖在前，剑身与臂成一条直线刺出，力达剑尖。刺剑分为立刺与平刺。提剑虎口向上，剑刃朝向上下为立刺剑。刺剑臂必须由屈而伸，力达剑尖。根据刺剑的方向和握法不同，刺剑又可分为前刺剑、后刺剑、上刺剑、下刺剑、反刺剑、探身刺剑等。

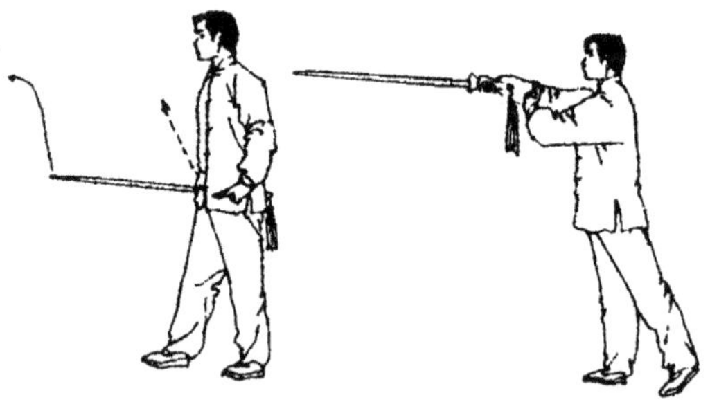
刺剑

抽剑　立剑，由前向后上方或后下方抽回，力点沿剑刃滑动，也称抽带。抽剑多用满把持剑法，其滑动路线呈上弧线为上抽剑，滑动路线呈下弧线为下抽剑，直线后抽为平抽剑。例如，32式太极剑中的怀中抱月就是典型的抽剑。

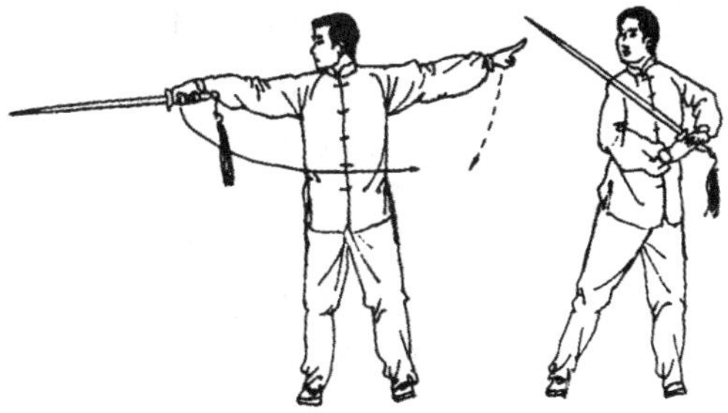

抽剑

带剑　平剑，由前向后侧方抽回为带。力点在剑刃滑动。带剑多用螺把持剑法。带剑时屈臂回抽要明显，注意沉肩、坠肘、沉腕。

带剑

提剑　立剑或平剑，剑尖下垂，屈腕提拉剑把，由下向上将剑抬起。根据前臂的旋向及左右方位，提剑可以分为倒提剑、左上提剑和右上提剑。提剑多用钳把持剑法。

格剑　持剑时使剑尖向下，剑刃向外，从前向后格；以剑刃后端近护手处为力点，弧形摆动为格。持剑手手心向里左右横摆为内格，持剑手手心向外左右摆为外格。也有人称用剑尖或剑刃前端挑开对方武器为格，左挑为左格，右挑为右格。格剑多用螺把和满把持剑法。

击剑　剑尖向前，或左或右横出，力达剑尖或剑刃前端。击剑又称平崩剑。击剑需抖腕发力，手心向上，剑尖快速向右或向左甩摆。击剑分为正击、反击。向左平崩为正击，向右平崩为反击。击剑多用满把和螺把持剑法。

击剑

点剑　持剑手提腕，立剑，用剑尖向下啄出。点剑前要充分利用反向力，体现出欲上先下、欲下先上的思想。点剑需伸臂提腕，腕关节向下屈压，以剑下刃前端向下点啄，力达剑尖，如杨式太极剑中的“等鱼式”。点剑多用螺把持剑法。

点剑

崩剑　崩剑需沉腕发力，虎口向上，剑尖快速向上勾挑。持剑手屈腕上翘、立剑，剑尖由下而上，力达剑上刃前端。传统剑术中称垂锋下击为点，挑锋上击为崩。崩剑与点剑正好运动方向相反。崩剑多用满把持剑法。

崩剑

绞剑 平剑，使剑尖顺时针或逆时针划小立圆，力在剑刃前部。绞剑多用螺把持剑法，以剑身1/2处为圆心，使剑身成立圆锥形绞动。绞剑可变化出缠法。

压剑 持剑手手心向下，平剑由上向下按压，力达剑身平面中后部。压剑多用满把持剑法。

劈剑 持剑手挥劈，立剑由上而下，劈剑力达剑下刃，臂与剑成一条直线砍下。劈剑需立剑自上而下，力达剑下刃（握剑时，拇指一侧的剑刃为上刃，四指一侧的剑刃为下刃）。根据劈剑的方向和方式，劈剑可分为前劈、后劈、下劈、侧劈、抡劈、挂劈等。劈剑多用满把与螺把持剑法。

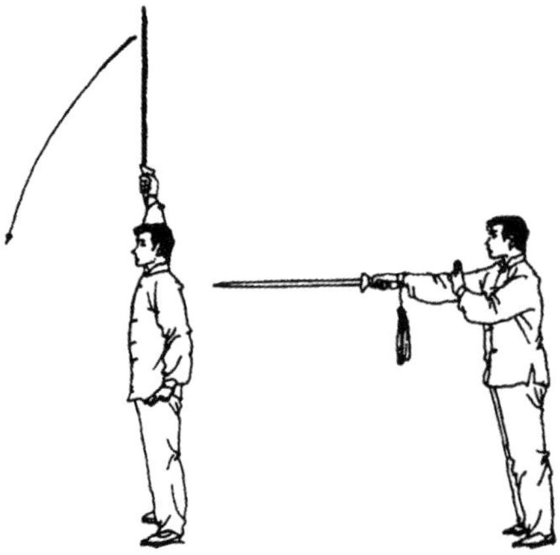

劈剑

截剑 立剑或斜立剑，使剑刃斜向上或斜向下，由左向右或由右向左着力，力达剑身前部为截。截剑需挥剑横断，阻截破坏对方进攻，力点在剑刃前部。根据截剑方向，截剑可分为上截、下截、左截、右截、后截等。截剑多用满把与螺把持剑法。

截剑

洗剑 洗是撩、带、抽、斩、扫等剑法的总称。洗剑多呈弧形运动，有运刃攻取对方、轻拨巧取之意。古代剑法分为平洗、斜洗、上洗和下洗。洗剑多用螺把持剑法。

撩剑 立剑由后向前上方撩出，力达剑刃前部。撩剑需反手持剑，由下向上撩出，力达剑下刃前部。大多数情况下，撩剑时右手持剑先在体侧绕转一周，然后顺势撩出。经身体左侧绕转撩出为左撩剑，经身体右侧绕转撩出为右撩剑。无论左撩剑还是右撩剑，剑都要走立圆。

撩剑

挂剑　立剑，剑尖由前向后上方或后下方格开对方进攻。挂剑需翘腕勾向拇指侧，剑尖向后，右臂与剑成锐角，剑尖向上、向后划弧（上挂），或向下、向后划弧（下挂），力达剑上刃前部。剑经身体左侧勾挂为左挂剑，经身体右侧勾挂为右挂剑。

左挂剑

右挂剑

推剑　剑身竖直或横平，由内向外推出，力达剑刃后部。

削剑　平剑由左侧下方向另侧右上方斜出，力达剑刃。

云剑　平剑在头部左右侧或头前上方平圆绕环，用以拨开对方进攻的兵刃，力在剑刃。

扫剑　平剑向左（右）挥摆，力达剑刃。扫剑时剑身要与地面平行，路线走圆弧。旋转扫剑要求旋转一周或一周以上。

扫剑

架剑　立剑，手心向外，由下向上方横架，力达剑刃，剑高过头。架剑为防守剑法，自下而上迎架对方攻击，力点在剑刃中部。

架剑

抹剑　平剑由前向左（右）弧形抽回，高度在胸腹之间，力达剑身。抹剑时剑身要与地面平行，圆弧平抹。旋转抹剑要求旋转一周或一周以上。

抹剑

拦剑　立剑斜向前方托架，力点在剑刃中、后部。拦剑属防守性方法，手臂的内、外旋要与剑配合协调。

拦剑

抱剑　一手持剑于胸前，另一手剑指或手心附于持剑手手背一面，双手合于胸前。

穿剑　平剑或立剑沿腿、臂、胸部弧线或身体向不同方向穿出，臂由屈而伸，力点在剑尖。

剪腕剑、撩腕剑　剪腕剑以持剑手腕为轴，立剑转腕，在身侧贴近臂由前向下、向后回环。撩腕剑与剪腕剑动作相同，但剑运动方向是由前向上、向后反向回环。

斩剑　平剑向左（右）横出，高度在头与肩之间，挥摆幅度与力度较扫剑小，臂伸直，力达剑刃。

斩剑

挑剑　立剑由下向上挑起，力达剑刃前端。

托剑　立剑将剑身横置向上托起，剑高过头，以腕部控制剑的平衡，力达剑身。上托时如果手心向内，则剑尖向右；如果手心向外，则剑尖向左。

腕花　以腕为轴，使剑在手臂的两侧或外侧绕立圆。

太极剑式架

本部分主要将国家普及套路32式太极剑的式架与国家普及竞赛套路陈式、杨式、武式、吴式、孙式及42式太极剑的动作进行对比，找出太极剑式架之间的共性和区别。

并步点剑　传统名称为海底针，因其动作如探海指针，故名。

【动作图解】以32式为例。从右弓步起，左脚向右脚靠拢成屈蹲并步；右手握剑向前下方点击，力达剑身下端剑锋，左手剑指附于右手腕；目视剑尖。习练时两臂自然平直，腕高与肩平，上体正直，避免耸肩、凸臀和拱背。

32式并步点剑

【攻防含义】攻方用直刺剑刺守方的腹部，守方则向前并步，同时将剑身抡转，用下剑锋点击守方的持剑手手腕。

【各式比较】42式与32式动作基本相同。

42 式并步点剑

独立反刺　传统名称为大魁星势。魁星，星座名，北斗七星中形成斗形的四颗星，用以形容此剑法变化的特点。此式也曾被称作朝阳剑。

【动作图解】以 32 式为例。左腿提膝，向上提过腰部，脚面自然下垂，右腿自然伸直，成右独立步；右手握剑，从右侧挑剑，向左前方反刺剑，力达剑尖，左手成剑指从右胸前向左前方推出；目视剑指前方。要求剑身横平，剑尖略低，不可歪斜。

32 式独立反刺

【功防含义】攻方用直刺剑刺守方腰部，守方以剑身中段格挡攻方的来剑，随之反刺攻方面部。剑指可想象为虚晃的动作，为反刺剑开道或戳点攻方的面部。

【各式比较】武式太极剑独立反刺与 32 式太极剑独立反刺动作基本相同；杨式太极剑独立反刺动作为提膝架剑，右手持剑从前向下、向后、向上翻腕上举过头，将剑向左上方架出，其他与 32 式太极剑独立反刺相同；陈式太极剑独立反刺动作称为朝阳剑，与杨式太极剑独立反刺动作基本相同，右手持剑，手心向外，经脸前将剑上架至额前上方，左剑指向左划弧停于左侧，剑指上翘。

武式独立反刺

杨式独立反刺

仆步横扫　传统名称为燕子抄水，因此动作轻盈优美，如一圆弧掠过水面向上而去，故名。此剑法的特点是着意于剑的下刃。

【动作图解】以 32 式为例。从左仆步到左弓步；右手握剑，手心向上，由右向左前方横扫剑，剑高与胸平，力点为剑身的下刃前段，剑指翻腕，顺左肋向后插指，外摆成架指；眼神随视剑尖。

32 式仆步横扫

【攻防含义】攻方从左至右平斩守方的头部，守方经过下蹲躲过攻方的斩剑，随之用剑身的下刃前段横扫攻方躯干。

【各式比较】杨式太极剑仆步横扫与32式太极剑仆步横扫动作基本相同。

左右平带　传统名称为左右拦扫、左右往复、拦腰横扫。

【动作图解】以32式为例。右脚向右前方迈出一步，脚跟着地后踏实，重心前移成右弓步，左脚再经右脚内侧向左前方上步成左弓步；右手持剑稍内收，再略向前引，手心翻转向下、向右侧斜带剑，剑指附于右腕内侧；右手持剑再向前伸展，翻掌将剑向左右方弧线平剑回带至左肘前方，剑指翻转经腰间架于头左上方；力在剑刃，眼看剑尖。

32式向右平带

32式向左平带

【攻防含义】攻方用直刺剑刺向守方的右腹，守方用剑身的下刃中段向右带挡攻方纵向刺来的剑身前段。接着攻方又刺向守方的左腿，守方则用剑身的下刃中段向左带挡攻方纵向刺来的剑身前段。

【各式比较】杨式太极剑此动作名为左右拦扫，动作与32式的基本相同；42式的右平带之前为左独立提剑，其他相同。

杨式左右拦扫

42 式左右平带

独立抡劈　传统名称为探海势，这一名称来源于神话传说中的形象，用以形容走剑的形态。此动作又名哪吒探海、夜叉探海等。

【动作图解】以 32 式为例。独立式；右手握剑，经下摆抡转后向前下方抡劈剑，力达剑刃前端，左手成架指；眼神随视剑尖。

32 式独立抡劈

【攻防含义】攻方用下刺剑刺守方的左腿，守方提起左腿躲开来剑，顺势抡劈或刺击攻方。

【各式比较】42 式动作名为提膝劈剑，下肢动作与 32 式的相同，剑从左至右划弧向前劈出，剑劈平直，剑指向左划弧摆举至与肩平，手心朝外。陈式动作名称为探身下刺，又名哪吒探海，下肢动作与 32 式的相同，右手持剑斜下刺出，剑指由腹前架于左侧上方。杨式动作名为独立下刺，又名夜叉探海，下肢动作与 32 式独立抡劈的动作相同，右手持剑，手心朝上向下刺出，剑指附于右腕合力。孙式动作名为探海剑，下肢动作与 32 式独立抡劈的动作相同，右剑下刺，剑指经胸前向上举于额前，手心向外，手背贴于额上。

42 式提膝劈剑

陈式探身下刺

杨式独立下刺

退步回抽　传统名称为怀中抱月、月指剑，因此式沾连敌剑顺势向怀中抱回，故名。此式又名怀中抱笏。

【动作图解】以32式为例。右虚步；右手持剑，翻腕向上抽剑回收于左肋旁，剑尖斜向上，力达剑身下刃前段，剑指成附指；目视剑尖。要求两腿虚实分清，左实右虚；肩松沉，臂抱圆，背直，腰胯松。

（正面）

32式退步回抽

【攻防含义】攻方进攻，守方用来化解来械，准备反击，意欲用剑尖刺其头部。

【各式比较】杨式动作名为怀中抱月，下肢为左独立步，右手持剑收于左肋下，剑指举于左额前。武式动作名为怀中抱笏，下肢为小马步，右手持剑向上挑剑，剑柄沉于腹前，剑指合于右腕。吴式动作名为抱月势，下肢为右虚步，右手云剑收于右腹前，剑指附于右腕。孙式动作名为怀中抱月，下肢为并步，右手持剑，手心向上收于胸前，剑指收回轻抵剑首。

杨式怀中抱月

武式怀中抱笏

吴式抱月势

孙式怀中抱月

独立上刺　传统名称为宿鸟投林，因其动作如栖息之鸟飞往林梢投宿，描绘剑由下而上的姿态，故名。

【动作图解】以32式为例。右独立步；右手持剑，手心朝上向前上方刺出，剑尖高与头平，力贯剑尖，剑指附于右腕；目视剑尖。上体可微向前倾，不可耸肩、驼背。

32 式独立上刺

【攻防含义】如果攻方用剑下刺守方的左腿，守方在上步提膝躲开攻方进攻的同时用剑尖刺其头部。

【各式比较】42 式、杨式动作与 32 式独立上刺动作基本相同，杨式动作名为宿鸟投林，42 式动作名为提膝上刺。武式动作名为提膝卷刺，又名惊涛骇浪，下肢为右独立势，右手持剑向下、向上卷动，再向斜上方刺剑。

42 式提膝上刺

杨式宿鸟投林

武式提膝卷刺

虚步下截　传统名称为乌龙摆尾，因其剑的摆动、抽带非常柔和连贯，体现出龙摆尾的特殊形象，故名。

【动作图解】以 32 式为例。右虚步；右手握剑，经左摆向右下方截剑至右胯旁，剑尖与膝同高，力达剑身下刃前段，剑指成架指；眼神随视剑尖，定势时注视右前方。

【攻防含义】攻方用剑先上刺守方头部，再下刺守方右腿。守方用剑身左摆，以剑身下刃中段防挡攻方的上刺剑，随之向右转体，顺势将剑身下摆，用剑身的下刃前段下截攻方的下刺剑。吴式太极剑乌龙摆尾的攻防含义是当守方的剑与攻方兵

32 式虚步下截

器即将接触时，守方松腕点剑刺其手，或顺攻方兵器滑落，将其压住，乘其后缩之机，反腕用剑尖从其兵器下边掏进，上挑其手、臂、胸等部位。

【各式比较】42式、杨式动作与32式虚步下截的动作基本相同；吴式动作，下肢为右弓步，上肢右手持剑内旋上撩，虎口向下，剑指合于右腕。

42式虚步下截

杨式乌龙摆尾

吴式乌龙摆尾

左弓步刺　传统名称为青龙出水。寓言故事中，龙为水族之灵长，古人以龙出水时的姿态来形容舞剑时的动态，故名。

【动作图解】以32式为例。左弓步；右手平刺剑，力达剑尖，左手成架指；目视剑尖方向。

32式左弓步刺

【攻防含义】攻方用平斩剑斩守方，守方随之黏住攻方的剑身抽卷引化，再顺势向前刺其胸肋。

【各式比较】杨式动作名青龙出水，与32式左弓步刺的动作相同。42式下肢动作与32式下肢动作相同，剑向左前下方发力刺出，左手成附指。陈式动作名青龙出水，左脚略向前移蹬成左弓步，剑从右腰侧向前立剑发力刺出。武式动作名为截腕刺心，右弓步，右手持剑，手心向上，横截剑，并向下压剑，随后两手合力，再向前平刺，左手合于右腕。孙式动作名为双龙出水，

杨式青龙出水

左弓步，左右手均向拇指方向外翻成手心向上，右手持剑，与剑一同向前穿出，与胸同高，与地面平行。

42 式弓步下刺

陈式青龙出水

武式截腕刺心

孙式双龙出水

转身斜带　传统名称为风卷荷叶，用风吹起荷叶的底面，描绘剑身翻转圆抹的形象，故名。

【动作图解】以 32 式为例。向右后转身 180° 成右弓步；右手握剑向右斜带，力达剑刃，左手成附指；眼神随视剑尖。

32 式转身斜带

【攻防含义】攻方从身后用剑刺来，守方在转身的同时，用剑刃中段带防攻方的剑身前段。

【各式比较】杨式动作名为风卷荷叶，下肢为右弓步，剑指合于右腕，两手抖腕做两次旋剑，剑下击。

杨式风卷荷叶

缩身斜带　传统名称为狮子摇头，取舞狮摇头的形象描述剑姿，故名。

【动作图解】以32式为例。右丁步；右手握剑略向后收，再向前伸，接着向左斜带剑，力达剑刃中段，左手在剑前伸时经左肋反插，斜带剑时随之成附指；眼神随视剑尖。

32式缩身斜带

【攻防含义】攻方用剑向守方胸部猛刺，守方在撤步避闪的同时，用剑刃中段向左带防攻方的剑身前段。

【各式比较】杨式动作名为狮子摇头，具体动作与32式缩身斜带的动作基本相同。

杨式狮子摇头

提膝捧剑　传统名称为虎抱头，寓意老虎身体前倾，两脚前抱如抱头，势欲向前纵跳状，意在两臂捧剑由前抱回。

【动作图解】以32式为例。左独立步；右手握剑，与剑指相合，两手向前将剑捧起，剑尖向前，剑柄贴近右膝；目视正前方。

32式提膝捧剑

【攻防含义】守方先避开攻方的一次进攻，然后上步捧剑，伺机反击攻方，此时应有一触即发之势。

【各式比较】陈式动作名为提膝收剑，又名金鸡独立，右膝提膝的同时，右手持剑翻腕外旋，屈肘上提，剑尖斜向下，剑指经胸前向左侧上方平架，目视前下方。杨式动作名为虎抱头，与32式提膝捧剑的动作基本相同。武式动作名为提膝裹剑，又名拨云摘星，下肢动作与32式提膝捧剑下肢动作相同，右手持剑，手腕外旋至手心向外，剑走一个圈，向里、向上旋裹，剑身与地面平行，剑尖与鼻尖同高，剑指合于右腕。孙式动作名为提膝抽剑，又名青龙缩尾，下肢动作与32式提膝捧剑下肢动作相同，右手持剑外翻成立剑，虎口朝上向腹前抽剑，剑首抵住腹部，身体略升起。

陈式提膝收剑

杨式虎抱头

武式提膝裹剑

孙式提膝抽剑

跳步平刺　传统名称为野马跳涧，寓意野马轻松跨越山涧。刺剑与跳步两个动作配合完成，着意于下肢向前的跨步、剑尖的平刺，故名。

【动作图解】以 32 式为例。右脚向前下方落步，左脚跳步，右脚上步，定势成右弓步；右手握剑，与剑指分至身体两侧，右为压剑，左为侧指，手心都向下，接着右剑向前平刺，左手成架指；眼神随视剑尖。

32 式跳步平刺

【攻防含义】守方用剑身前段黏住攻方的剑，跳步追击并前刺攻方胸部。

【各式比较】42 式动作与 32 式动作基本相同。陈式动作名为野马跳涧，定势为立剑下刺。杨式动作名为野马跳涧，定势为双手捧剑前刺。孙式动作名为挤步黑虎出洞，立剑刺出，剑指附于右腕。吴式动作名为猛虎跳涧，定势为左仆步，右手持剑下刺，剑指按于右腕。

42式跳步平刺

陈式野马跳涧

杨式野马跳涧

孙式挤步黑虎出洞

吴式猛虎跳涧

左虚步撩　传统名称为小魁星势，取意同大魁星势，只是动作形姿略紧缩些。

【动作图解】以32式为例。左虚步；右手持剑，经身体左侧挥摆一周后立剑向前撩出，手心向外，停于右额前，剑尖略低，力达剑刃前端，剑指附于右腕；目视剑尖。

32 式左虚步撩

【攻防含义】攻方用劈剑劈守方头部，守方翻腕抽剑挡攻方的剑身前段，随之顺势用剑刃前段撩击对方。

【各式比较】42 式、杨式动作与 32 式动作基本相同。

42 式左虚步撩

右弓步撩　传统名称为海底捞月，寓意指上取下，以剑刃向对方腿部撩击，故名。

【动作图解】以 32 式为例。右弓步；右手握剑，在身体右侧抡摆一周后向前反手（手心向外）立剑撩出，高与肩平，剑尖略低，力达剑刃前段，左手成架指；目视前方。

32 式右弓步撩

【攻防含义】守方用剑指托架攻方手臂，随之上右步用剑刃前段撩击攻方的手臂或下颌。

【各式比较】42 式动作与 32 式动作基本相同。陈式动作名为转身扫剑，左弓步；右手持剑外旋，剑经体前向左前下撩出，剑指由右经体前划弧上架于身体左侧上方，手心向外，目视前下方。杨式动作名为海底捞月，提左脚置于右膝后，以右脚为轴碾动向左后转体，探身平剑下击，剑指在右腕内侧。吴式动作名为弓步捞剑，左弓步，右手持剑，以剑尖为力点向下、向右捞出后弓步反截剑，剑指架于头上方。

42 式右弓步撩

陈式转身扫剑

杨式海底捞月

转身回抽　传统名称为射雁势，此名称会意而象形，以剑身先劈后抽，剑指向前指去，形如开弓射雁。

【动作图解】以32式为例。右弓步；右手握剑，将剑柄收引，随之向左平劈剑，接着向后回抽剑，力点是剑身下刃前段，剑指附于右手上方；目视剑指。

32式转身回抽

【攻防含义】为了防守攻方的进攻，守方用抽剑下割攻方的手臂，同时撤步伺机反攻。

【各式比较】杨式动作名为射雁势，与32式动作基本相同。武式动作名为射雁势，取坐势的高仆步，右手持剑后抽，横于头侧，剑指前切。吴式动作名为李广射石，左弓步，剑指按于右腕，合力向斜上方刺出。

杨式射雁势

武式射雁势

吴式李广射石

并步平刺　传统名称为白猿献果，双手捧剑前刺的动作，形如捧果前献之状，故名。

【动作图解】以32式为例。并步站立；双手捧剑向前平刺，剑与胸同高，力达剑刃；目视前方。

32 式并步平刺

【攻防含义】双手平端剑身，用剑尖向攻方的咽喉平刺。

【各式比较】武式动作名为白猿献果，与 32 式动作基本相同。陈式白猿献果为歇步，双手捧剑。杨式并步略屈蹲。

武式白猿献果

陈式白猿献果

杨式白猿献果

左弓步拦　传统名称为迎风掸尘，寓意拦剑犹如鸡毛掸平置于桌面左右拭动掸除尘埃，“迎风”是指顺势前抹敌人的颈部。

【动作图解】以 32 式为例。左弓步；右手握剑向左前方拦剑，剑与头平，立剑刃，左手成架指；目视前方。此式分左右，右式与左式动作相同，唯方向相反。

32 式左弓步拦

【攻防含义】攻方用劈剑袭击守方头部，守方用剑刃中段拦架攻方剑刃前段。

【各式比较】42 式动作与 32 式动作基本相同。杨式动作名为跟步斜推，下肢为蹲步，重心在左脚上，右脚蹲点于左脚内侧，右手持剑斜推，剑指附于右腕。吴式动作名为侧刺剑，下肢为左弓步，左手持剑向左侧刺出，右手按于剑柄助力。

进步反刺　传统名称为顺水推舟，寓意因利乘便如顺水行舟，意在剑身顺敌退势而推进。

【动作图解】以 32 式为例。左弓步；右手持剑向左前方反手立剑刺出，剑尖略低，力达剑尖，左手成附指；眼看剑尖。

32 式进步反刺

【攻防含义】上步反刺攻方胸部或面部。

【各式比较】42 式动作与 32 式动作基本相似，42 式向前上方探刺。杨式动作名为弓步推剑，右手持剑，手心向外，立剑向前推出，剑指由肩前切出。吴式动作名为弓步平刺，下肢为右弓步，右手持剑，手心朝上，向前上方刺出，剑指向左后方伸出。

42 式进步反刺

杨式弓步推剑

吴式弓步平刺

转身回劈 传统名称为流星赶月，用掠空而过的流星来比喻剑法的气势。

【动作图解】以 32 式为例。右弓步；右手握剑经左向右挥摆平劈剑，力达剑刃前段，左手经下落成架指；目视剑尖。

32 式转身回劈

【攻防含义】守方发现攻方在身后想要进攻，于是趁其不备，急转体，用剑的下刃前段劈攻方的头部或其持剑的手臂。

【各式比较】42 式、杨式动作与 32 式动作基本相同。陈式动作是右后转体，向前下方劈出。武式动作是左弓步，剑指附于右腕，两手合力由上向下劈剑。吴式动作是右后转体，向右前方劈剑，剑指附于右腕。

杨式流星赶月

陈式转身回劈

武式转身回劈

虚步点剑　传统名称为天马行空。汉代西域出产好马，古人把它想象为：其神马，而超出于普通马，“殆犹天马行空而步骤不凡”。这里是形容剑法驰骋纵横，犹如天马行空。

【动作图解】以32式为例。右虚步；右手握剑向前下方挥摆下点剑，力达下剑锋，左手为附指；眼神随视剑尖。

32式虚步点剑

【攻防含义】守方发现攻方从身体左侧或前面进攻，便上步挥剑下点攻方持械的手腕。

【各式比较】陈式动作与32式动作基本相同。杨式动作为劈剑。武式动作名为上步点剑，下肢为右弓步，右剑剪腕后向前下方点剑，左手合于右腕。

陈式虚步点剑

杨式天马行空

武式上步点剑

独立平托 传统名称为挑帘势，以剑尖由下往上挑起，形如挑起门上的竹帘，意在挑击敌人的手腕，故名。

【动作图解】以32式为例。右独立步；右手握剑，将剑身经身体左侧绕转一周后，向右上方平托，剑身托平，稍高于头，剑指成附指；眼看前方。

32式独立平托

【攻防含义】先抡转剑身防挡攻方的第一次进攻，随之用剑刃中段向上托架攻方劈剑的剑刃前段。

【各式比较】42式动作与32式动作基本相同。杨式动作名为提膝架剑，下肢为左独立势，剑指附于右腕，两手提剑由下向上提架，剑尖下垂与地面成45°角。武式动作名为独立上托，两手相合，右手持剑，

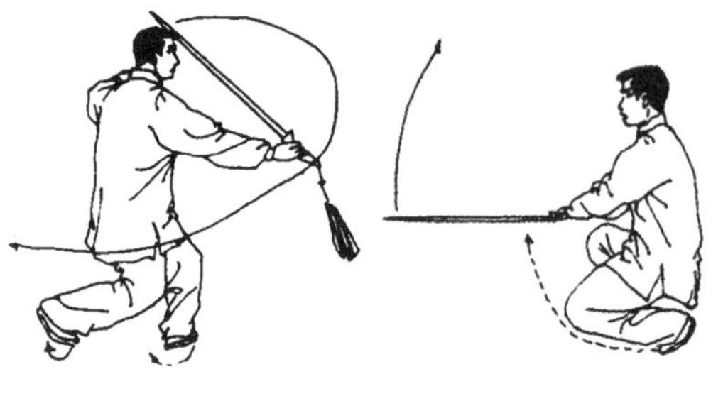

42式独立平托

由平刺横剑向下、向上走一个圆，向上撩架，剑横于头顶上方。

杨式提膝架剑　　武式独立上托

弓步挂劈 传统名称为左车轮剑，行剑如车轮灵活地滚动一般，意在以剑身向左抡挂前劈，故名。

【动作图解】以32式为例。右手握剑，使剑尖经左下方向身后左挂剑，随之向前挥摆平劈，力达剑刃前段，左手成架指；眼随视剑尖。

32 式弓步挂劈

【攻防含义】攻方用下刺剑刺守方的左腿，守方用剑刃中段挂防攻方的刺剑后，顺势上步挥剑，用剑刃前段劈攻方的头部。

【各式比较】杨式动作，劈剑时剑指伸于身体左侧。42 式动作名为挂剑前点，下肢为左摆步，上体微左转，右手握剑向左下方划弧挂剑，手心向内，剑指附于右上臂内侧，手心向外。陈式动作，下肢为左弓步，右手持剑，由右上方向后、向下、向前反手撩出，手心向外，剑柄同肩高，剑尖斜向前下方。

杨式左车轮剑

42 式挂剑前点

陈式左车轮剑

虚步抡劈　传统名称为右车轮剑，意在以剑身向右抡挂前劈，像车轮一样走圆。

【动作图解】以 32 式为例。经叉步变为右虚步；右手握剑，经下向后反撩，随之向前抡摆下劈，力达剑刃前段，剑指在体前绕转一周后成附指；眼随视剑尖。

32 式虚步抡劈

【攻防含义】守方先用剑撩击身后欲进攻的攻方，再顺势上步抡剑，用剑刃前段劈向身后攻方持剑的手臂。

【各式比较】42式动作名为挂剑前点，经右摆步成右虚步，右手握剑经上向右前下方点剑，剑指经划弧举至头上方。杨式右车轮剑动作，右脚外撇成叉步，上体右转，向下、向后反撩剑，剑指由后向上经左耳向左伸出，目视右侧。陈式动作名为右撩剑，从左弓步起，扣左脚，右脚以脚前掌贴地随转体向右后弧形后退，即以脚跟蹬地震脚，右手翻腕向下平按剑后上架剑至右侧体前，剑尖斜向前下，剑指附于右腕。

42 式挂剑前点

杨式右车轮剑

陈式右撩剑

撤步反击　传统名称为大鹏展翅，此名来自庄子的寓言：“鲲之大，不知其几千里也；化而为鸟，其名为鹏。”此动作的姿势和气势犹如大鹏展翅欲飞，故名。

【动作图解】以32式为例。右侧弓步；右手持剑向右后上方反击，手心向上，剑尖斜向上，高与头平，力在剑刃前段，剑指手心向下，向左下方分开成侧指；眼看剑尖。

32 式撤步反击

【攻防含义】守方已发现身体右侧的攻方欲用剑劈向自己的头部，撤步接近攻方之后，斜挥剑身，用剑上刃前段斜削攻方持剑的手臂或头部。

【各式比较】杨式动作名为退步下撩，为平削剑，剑指顺着右臂内侧经右肩前向正北方向平展（定势朝南）。42式动作名为弓步斜削，陈式动作名为斜飞势，二者与杨式动作基本相同，但陈式剑指停于左胯旁。吴式动作名为退步下撩，左弓步，两臂由下分开，右手持剑下撩，手心向后，剑指手心向前。孙式动作左脚在前，两脚交叉站立，重心在右脚，右手持剑，两手心向上，分别向两侧平展，剑尖位置略低于手，目视前方。

杨式退步下撩

42 式弓步斜削

陈式斜飞势

吴式退步下撩

孙式大鹏展翅

进步平刺　传统名称为黄蜂入洞，此式如黄蜂绕巢一周复入其蜂巢，喻剑如蜂，用意全在剑刃，最后落于剑尖，故名。

【动作图解】以 32 式为例。右弓步；右手握剑平摆于身体右侧，然后向前平刺，手心向上，剑高与胸平，力达剑尖，剑指架于头左侧上方；眼随视剑尖。

32 式进步平刺

【攻防含义】守方转体或上步平刺攻方胸部，架指用来托架攻方器械。

【各式比较】陈式动作名为并步直刺，并步，右手持剑经腰侧向前发力直刺，剑身平直，略高于腰，剑指收于左侧腰部。杨式动作名为弓步下刺，左弓步，右手持剑向西北角平刺（起势朝南），左手托住右手。吴式动作名为弓步穿剑，右手持剑向下、向右、向体内方向刺，剑指架于头顶。

陈式并步直刺

杨式弓步下刺

吴式弓步穿剑

旋转平抹 传统名称为风扫梅花，以剑刃向外环扫一周，如凛冽的朔风，环扫一尽落地的梅花，意在以剑刃把周围的敌人一扫而光，故名。

【动作图解】以32式为例。右脚摆步，左脚扣步，随之右脚后撤成左虚步；右手

32式旋转平抹

将剑由左向右在胸前平抹，剑指附于右腕，而后随转体变虚步时，两手左右分开置于两胯旁，手心都向下。

【攻防含义】守方用剑身翻压攻方的刺剑后，顺势动步、转身用剑刃中段平抹攻方胸部。

【各式比较】杨式动作转体后左脚铲出，落地成马步。

杨式风扫梅花

弓步直刺 传统名称为指南针，剑直指前方之敌，好像指南针指出方向一样，故名。

【动作图解】以32式为例。左弓步；右手握剑向前立剑直刺，剑高与胸平，力达剑尖，左手成附指；目视前方。

32式弓步直刺

【攻防含义】守方用剑尖直刺攻方胸部。

【各式比较】42式动作与32式动作基本相同。陈式动作（名为金针指南）、孙式动作（名为挤步黑虎出洞）、武式动作（名为专诸刺僚）都是右弓步刺剑。杨式动作是并步平刺。

42 式弓步直刺

陈式金针指南

孙式挤步黑虎出洞

武式专诸刺僚

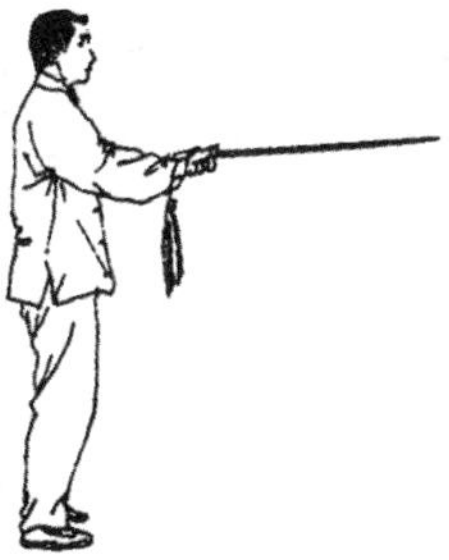

杨式指南针

弓步前指　传统名称为仙人指路，以剑指向前指出，好像仙人指引方向一样，故名。

【动作图解】以 32 式为例。左弓步；左手持剑搂于左胯旁，右手剑指经右耳旁向前指，达胸前；目视前方。

32 式弓步前指

【攻防含义】守方上步进身虚晃一招，右手剑指点击攻方面部。

【各式比较】42 式、杨式动作与 32 式动作基本相同。吴式动作名为金针指南，弓步前指，身型斜中求正。陈式动作并步前指，下肢为并步站立，其他动作与 32 式动作相同。孙式动作名为弓步探刺，左弓步，右手持剑，手心向外，将剑经额上方向左刺出，臂与肩平，剑指向后划弧摆至身后。

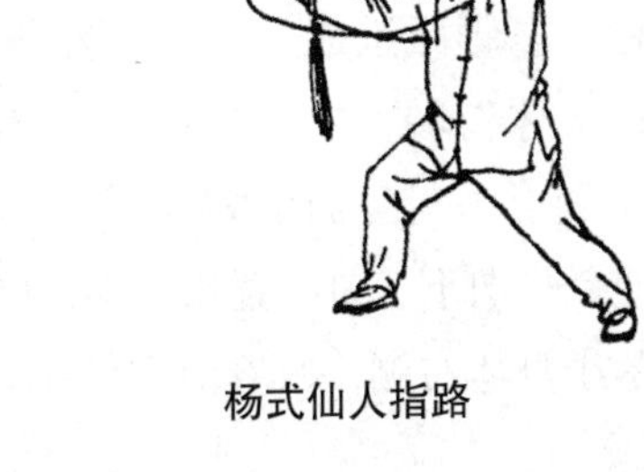

杨式仙人指路

吴式金针指南

陈式仙人指路

孙式弓步探刺

收势　太极剑套路的结束动作。

【动作图解】以32式为例。重心后移再前移，右脚跟进成开立步，左脚向右脚并拢；上体右转，左手接剑，身体左转，左手持剑上举，经面前划弧至身体左侧，右手变剑指向下、向后划弧上举，再向前、向下落于身体右侧；眼看前方。

32式收势

【攻防含义】太极剑的收势动作主要是继续保持攻防的警惕性，不能因全套动作即将结束而放松，应将这种攻防意识持续到并步持剑的结束。

【各式比较】42式动作与32式动作基本相同。42式动作，左手接剑后经腹前划弧至身体左侧。

42式收势

杨式：左手反握接剑，左手心向外，使剑脊贴于前臂后侧；下肢为撤右脚，再撤左脚，并立。

杨式收势

陈式：重心移至左腿，右脚向右后退步，左脚再向左后撤步；右手持剑，翻腕向左侧平带，右脚后撤时向右侧平带于右肩处，左手接剑，右手交剑后成剑指向右后上方划弧上举，剑和剑指均划弧下落至体侧。

陈式收势

武式：下肢从马步至开立步，左手虎口对剑柄反手接剑，其余动作与32式动作相同。

武式收势

吴式：从左弓步开始，重心移向右脚，收左脚成开立步；两手左下右上划弧还原。

吴式收势

孙式：重心移至右脚，收左脚，两脚跟并拢；上肢动作基本同吴式动作。

孙式收势

太极剑套路

32式太极剑　脱胎于传统杨式56式太极剑，是原国家体委运动司于1957年创编的太极剑普及套路。它从传统杨式太极剑中选取了32个动作，分4段，每段8个动作，往返两个来回，删去个别难度较大的动作，重新调整动作安排，简化了一些动作做法，规范了剑法要求，明确了动作路线；具备简单易学、易于推广的特点；保留了传统杨式太极剑剑势舒展大方、动作圆活连贯、劲力刚柔内含等风格特点。所以此套路深受人们喜欢，在世界各地得到了广泛发展。

37式太极剑　由王知刚于1962年根据传统的太极剑套路改编而成，与唐代三世七太极拳一脉相承。习练者宜在熟练并精通唐代三世七太极拳术以后，进一步学习37式太极剑。全套剑法共有37式，其中包括14种剑法：点、刺、扫、撩、劈、抽、带、捧、截、拦、托、击、抹、旋。主要内容包括起势、收势和振荡功预备式，将32式分成4组，每组8式。演练时面向南起势，自西而东，又自东而西走两个来回。

16式太极剑　是我国于近年推出的又一

普及型太极剑套路，由王培锟、马剑华于2002年编写成书。它的套路结构动作简洁，易学、易练、易记，虽然动作名称只有16个，但是它的动作特点和风格却保持了浓郁的杨式太极剑的韵味，舒展大方、圆活连贯、气势腾然。同时，16式太极拳也是中国武术段位制太极拳二段位必修的课程。

18式太极剑 是我国在普及型32式太极剑的基础上推出的又一新的普及型太极剑套路，同时是中国武术段位制太极拳三段位必修的课程。此套路由王培锟、马剑华于2003年编写成书。它的动作更加简洁，易学、易练、易记，更符合当代人的生活节奏。整个套路虽然只有18个动作名称（预备式未计算在内），但是它的动作特点和风格保持了杨式太极剑的韵味，剑法清晰，舒展大方，圆活连贯，动静相间，身械合一。

4段太极剑 取材于原国家体委运动司于1957年创编的32式太极剑，是根据传统杨式太极剑套路改编的。4段太极剑整套共有34个动作，分成4段，第一段有11个动作，第二段有6个动作，第三段有6个动作，第四段有11个动作，往返两个来回。内容包括13种剑法，7种步型，以及各种身法、步法。

4段太极剑路线清楚，剑法准确，动作规范，演练一遍需要3～4分钟。

42式太极剑 太极剑竞赛套路之一，1989年由中国武术研究院组织国内著名太极拳教练、太极拳专家和部分优秀太极拳运动员编写。42式太极剑以传统杨式太极剑为蓝本，兼收并蓄了陈式太极剑等内容创编而成，以提高太极剑技术水平、规范太极剑竞赛为目的，同时具有良好的健身功效。42式太极剑全套共有42个动作，包括18种主要剑法、5种步型、3种平衡、3个不同的发力动作，形成了兼收各式、内容充实、动作规范、结构合理、柔中寓刚、轻灵沉稳、剑势缠绵、适宜竞技的特点。

48式太极剑 由窦汉东创编，于2007年编写成书。在保留传统套路的风格和特点及技术要领的基础上，48式太极剑结合了现代太极剑术的风格和科学要求。此套路内容充实，风格突出，动作规范，结构严谨，布局合理，易教易学，体现了太极剑的风范。整个套路共编为5段、48节、120个分解动作，演练一遍需要3～4分钟。

陈式63式太极剑 由马虹传授、牛俊杰整理，于2011年编写成书。陈式63式太极剑是根据当代陈式太极拳传人陈发科之女陈豫侠传授63式传统陈式太极剑的原始记录整理而成的。其要领及风格与陈式太极拳一脉相承。除了具有一般剑术共有的技法之外，它的手、眼、身法、步等方面的习练要领与陈式太极拳完全相同。

陈式63式太极剑的特点：①上身中正，多走低势；②轻沉兼备，快慢相间；③松活弹抖，刚柔相济；④顺逆缠绕，开合相寓；⑤内气鼓荡，丹田带动。最突出的特征就是各种招法均在顺逆缠绕中完成。

陈式57式太极剑 太极剑套路之一，以陈式太极拳第十代传人田秀臣传授的57式太极剑为基础，又吸收了其他陈式太极剑套路内容整理而成。全套共有57个动作，其中包括刺、劈、撩、挂、点、云、抹、抱、提、托、架、崩、扫、削、截、带、摆、斩、绞、格、洗、剪等20多种剑法及各种身法和步法的变化。其内容丰富，身法、步法、剑法灵活多变，技巧性、艺术性都很高，习练者需要有一定的武术和剑术基础才能协调自如地掌握。在学习了32式太极剑和42式太极剑之后，再来学习陈式57式太极剑，将会有效地提高太极剑水平，加深对太极剑的理解。

陈式56式太极剑　由李素玲创编，于2009年编写成书。它是在传统陈式太极剑的基础上，经过技术优化，结合剑术的基本方法创编而成的。陈式56式太极剑是陈式太极剑传统套路，套路布局合理，衔接紧凑，动作刚柔相济，舒展大方，灵活多变，具有典型的陈式太极拳风格特点。全套共有56个动作，内容丰富，身法、步法、剑法灵活多变，演练时间符合国家竞赛的时间要求，是一套易学易练、便于参加竞赛的传统陈式太极剑。

陈式太极54式单剑　此套路由陈自强于2008年编写成书，是陈式剑法最古老的套路。此剑法是将陈式太极拳法中的手、眼、身法、步与陈式太极拳独有的螺旋缠丝劲相结合，使劲力用于腕部，从而使用手腕控制剑的姿态，使点、刺、劈、挂、托、扫、游、让、化等剑法得以运用。这套剑法的特点是沉稳、自然、飘洒、灵巧多变、阴阳开合有度。演练要以意导气，以气运身，劲贯剑身，最终把剑舞得像游龙一样，达到人剑合一的最高境界。

陈式49式太极剑　此套路由马畅编写成书。陈式49式太极剑是陈式太极器械中短器械的一种，几百年来广为流传，是最古老的器械套路。全套共有49个动作，包括刺、劈、撩、挂、点、抹、托、架、扫、截、扎、推、化等剑法，并结合太极拳舒展大方的身法、灵活稳健的步法，以及沾黏不散、无孔不入、变幻莫测、屈伸往来、刚劲有力的技击技法，具有忽刚忽柔、忽隐忽现、沾连黏随、蓄发相变、刚柔相济、快慢相间的特点。整个套路布局合理，衔接紧凑，习练起来如行云流水连绵不断，不仅可以收到强身健体的效果，而且能够使人心旷神怡，得到艺术美的享受。

陈式36式太极剑　由马春喜创编于2003年。在保留传统陈式太极拳风格特点的基础上，陈式36式太极剑力求新意，突出表现刚柔快慢的节奏感，松活弹抖的发力动作，缠绕折叠、回转开合的身法运用。此套路方法清楚，节奏鲜明，身械协调，神形兼备，内容的组合，套路的布局、结构，音乐的配合等方面都力求合理、新颖、流畅、优美；不仅突出了陈式太极拳的独特风格和运动特点，更表现出一种优美的意境，把健身性与观赏性融为一体。

陈式36式太极剑　由阚桂香创编，于1986年编写成书。此套简化套路在保持传统套路风格特点的同时，具有结构严谨、圆润浑厚、动作不重复、易记易学的特点。套路动作变化多端，造型古朴优美，具有松活弹抖、蓄发互变等特点，显得勇武刚健、行云流畅，具有新鲜感和吸引力。

陈式29式太极剑　由毛景广创编，于2007年编写成书，是学习陈式剑法的入门套路，在传统的陈式太极剑基础上经过优选、精编而成。此套陈式太极剑动作沉稳，连接流畅，特点突出，既保留着浓厚的陈式剑法风格韵味，又便于学习和掌握。同时，这套剑法的动作内容和演练时间符合国家竞赛的时间要求，是一套易学易练又便于参加竞赛的简化陈式太极剑。

陈式太极双剑　是陈式太极器械中双器械的一种，由著名太极大师陈照丕于1930—1938年在南京教拳时，以原有的双刀套路为基础，结合太极拳的身法和太极剑的用法创编而成。此套路共有39式，布局合理，结构严谨，剑法清晰，用法逼真；练起来动作流畅，舒展大方，连绵不断；两剑如行云流水，蛟龙出海；行走时，如蝴蝶翩翩起舞；下蹲时，有盘龙卧虎的雄伟之势；转身劈剑如怪蟒翻身、黑熊翻背，力大无穷，表现出太极拳温纯熊烈、缠绵弹抖的特点。

杨式56式太极剑　由李德印、张浩于2009年编写成书。这是一套杨式太极剑传统套路，以杨式太极拳一代宗师杨澄甫传授的剑术为基础，并参考了其他有关杨式太极剑的著作整理加工而成。本套太极剑共有56式，内容丰富，身法、步法、剑法灵活多变，尤其适合广大太极剑初学者。

传统杨式太极剑　由崔仲三于2018年编写成书。全套共有68式，是传统杨式太极拳系中一个重要组成部分。它是在传统杨式太极拳拳术套路的基础上，结合剑术的剑法与剑力的体现而形成的，因而具有独特的风格和特点。传统杨式太极剑套路是以刺、劈、点、撩、截、挂、挑等剑法，配合步型、步法、平衡、跳跃等动作构成的套路。其运动特点：剑法清晰、轻灵洒脱、气势流畅、身法矫健、柔中寓刚、富有韵律。练习传统杨式太极剑术，不仅可以培养习练者的柔韧、协调、灵敏等身体素质，而且对神经系统、运动系统、呼吸系统以及机体的代谢能力都有较好的促进作用。

杨式养生太极剑24式　由张勇涛创编，于2004年编写成书。全套共有24个动作，分为4段。其姿势美观大方，剑法缠绵平稳，刚柔相济，灵活多变，风格别致。起势即显虚实，上下左右相系；前进、后退、闪避、升降，心静体松，内外结合；劲力连贯，步法轻捷，易学易练。此套路是广大中老年人养生及健身的首选套路。

杨派太极剑13式　由张勇涛创编，于2009年编写成书。此套路以传统杨式太极剑51式套路为基础，以简便、易学、易练、易掌握为原则，在传统套路的基础上进行了精心的选编，选取原套路中部分有代表性的动作和经典剑法，保留其传统的风格特点、习练方法和练功要求，编排合理，动作合顺，简单易学。习练此套路有助于初学者掌握和习练传统杨式太极剑。其套路动作简单，易学易练，往返仅有13个动作组合，前进有6个，返回原地有7个。剑法包括缠绕、戳、截、架、刺、斩、劈、压、抽、捧等，剑势美观大方，步法清楚，剑法准确，平稳缓慢，以意运剑，身械合一。

武式太极13连环剑　由翟维传于2006年编写成书，是武式太极拳系列中的短兵器套路。其特点：步法灵活稳健，招式连绵不断，动作朴实无华。此套路虽然只有13个招式，但招招实用，式式制敌，快慢相间，蓄发相变，并特别注重剑指的配合，要求以指领剑，以身运剑，指剑相应，气象万千。武式太极13连环剑剑法精妙，布局合理，衔接紧凑，完全符合太极之理、阴阳变化之法，在习练时气势连绵，如行云流水不断，武式太极拳的特点极为突出。

武式传统强身剑　由李锦藩所传，是武禹襄在其所习练的太极拳身法和太极大杆功法的基础上创编的。它集传统太极拳拳法、刀法、枪法于一体，高层次地体现了强身、防身、修身的精妙和谐。经常习练此剑术，对人的大脑的综合协调能力和内分泌的平衡有积极的改善，有延年益寿的功效，也可以让人更深刻地理解传统太极文化的内涵。

武式 55 式太极剑　是太极拳传统器械套路，相传为武禹襄创编并流传至今，由武式太极拳传人陈固安等继承此套路，并在原来的基础上有所发展。其中包含劈、点、崩、带、击、刺、洗、格、抽、提、截、搅、压 13 种剑式剑法，故又称太极十三势剑。其主要招式有仙人指路、大魁星、燕子抄水、灵猫捕鼠等。

武式 36 式太极剑　是在传统武式太极拳的基础上创编的，全套共有 36 个动作，可分为 4 段。其剑理精妙，剑法独特，不仅遵循拳理，讲求劲力，具有极强的实战性，而且习练起来气势腾挪，闪战灵活，式式相连，富有观赏性。习练时注意势断劲不断，注重意气运动，追求内劲。习练本套太极剑可使剑与身高度和谐，周身一气，达到人剑合一的效果。

吴式 91 式太极剑　由吴英华、马岳梁创编，于 2001 年编写成书。这是以吴图南于 1936 年出版的《太极剑》为蓝本，并吸收了其他各路太极剑的精华而编成的一套风格突出的吴式太极剑。本套太极剑连贯紧凑，剑势舒展，柔软连绵，共有 91 个动作，习练起来丹田之气贯于剑尖，轻松灵活，中正安舒，剑似长虹。

吴式 64 式太极剑　由王茂斋、吴鉴泉、郭松庭创编，迄今已有 100 余年历史。此套路原本有 62 个动作，后经李秉慈整理，遂成为现今的吴式 64 式太极剑。套路内容相当丰富，吴式太极拳的特点极为突出。

吴式 40 式太极剑　由著名武术家李秉慈在传统吴式太极拳 64 式的基础上，经过精简改编而成。此套路去掉了传统吴式太极剑中繁杂、重复的部分，剑法结构更合理，招式更简单，更适宜大众习练；同时保留了传统吴式太极剑架势小巧、紧凑有度、剑法细腻、连贯缠绵、和缓自然的风格特点。

此套剑法多以弧形运动为主，没有直角的进击，剑走圆势，动作之间的衔接自然合顺。

吴式 36 式太极剑　是新创编的吴式简化太极剑套路，由李秉慈指导，吴阿敏在原 64 式太极剑套路的基础上改编而成。本套路的吴式风格特点突出，内容比较简练，易懂、易学、易掌握。

吴式 24 式太极剑　是著名武术家李秉慈在传统吴式太极剑 64 式的基础上，应广大武术爱好者的要求而创编的简化套路，适用于 3 ～ 4 分钟竞赛。吴式 24 式太极剑动作简洁合理、编排新颖、攻防皆备、巧妙精细，既保留了传统吴式架势小巧、剑法细腻、和缓自然的风格，又具有竞赛和观赏价值，给人耳目一新的感觉。

吴式 24 式太极剑注重内外兼修、以意导剑，循吴式太极拳轻静柔化、紧凑舒伸、川字步形技击法和优雅潇洒的技术风格。

吴式太极剑——玉兰剑　由张颖国、于有生以吴式太极拳的基本步法和身法为基础，吸收各家太极剑的精华创编而成，于2010年编写成书，是具有吴式太极拳风格特点的套路。此套路动作特点：意领剑随、身剑合一、剑法细腻、剑势连绵、轻灵沉稳、柔中寓刚、手空剑活。全套分4段，共32式，104个分解动作。全套动作演练一遍需要3～4分钟。整套动作科学合理，严谨流畅，技术要领准确，动作编排新颖规范。

孙式62式太极剑　是孙禄堂晚年时精研形意拳、八卦拳、太极拳并冶三家于一炉后，博采众家剑术之长，以太极阴阳动静为本而创编的一套剑术。此套路动静分明，沉稳、轻灵兼具，势停而劲与意不断。全套共有62式，分上、下节，可单练，也可两人对练。上节剑由起势至38式，下节剑从第39式起，至第62式收势止。

太极13剑　传世有两种：①由王子章、李文贞创编并传授的130式。其结构严密紧凑，符合起、伏、转、合的要求，特别是缩、小、绵、软、巧的特点更为突出。1957年有《太极十三剑》专书问世。②流传于河南郑州等地的124式，属长穗剑，由民间武术拳师傅振乾所传。其结构严谨，穗路、剑法皆丰富多变，速度缓慢匀和，洒脱而沉稳，造型美观大方，于太极剑系列里独树一帜，有很高的武术与观赏价值。此套路运动量较大，适于有一定太极拳、太极剑基础的人习练。

东岳太极剑　由门惠丰、阚桂香创编。作者在创编了东岳太极拳之后，依据拳的风格特点，又创编了此太极剑套路。东岳太极剑在动作形态、技击方法、意气劲路等方面，与东岳太极拳一脉相承。它继承了传统太极剑的精华，并有所发展，动作新颖，左右对称，运转流畅，气势雄伟、浑厚。全套路共分2段，25个式子，包括5种步型、2种腿法、13种主要剑法。习练全套动作用时约3分钟。

太极凤凰剑　由王天玉创编于2001年。太极凤凰剑在传统武术的基础上，融会传统杨式太极拳理法，以太极剑术的技术风格为主，吸收了其他剑术内容和优美的艺术造型，包含27种剑法和7种平衡动作、14种步法、10种步型、多种腿法，以及灵活多变的剑指，形成了自己独特的剑术风格。此套路动作走势圆润，造型别致，线条流畅，潇洒飘逸，趣味性强。

养生太极剑　由张广德创编，于2003年编写成书，是一套融武术太极、导引气功和诗歌、书画、音乐为一体，具有传统养生保健文化特色的剑术。全套剑分为四大段，共33个动作。动作全面，方法多变，协调顺达，婉转流利，化平为深，化俗为雅，实而不朴，文而不华。运动量、运动强度和习练速度适中，很适合各类人群习练。此套路有行站相兼、动静结合，进退有常、协调发展，剑走圆道、阴阳相抱，剑韵尽意、尽得风流的动作特点。

卢氏太极战身剑　由卢魁恩、卢魁镇、张东海创编，于2013年编写成书。卢氏太极战身剑是具有强健体魄作用和实战价值的剑术。步法以摆扣步和连环步为主要特点，剑法有勾、挂、劈、刺、崩、云、架、撩、削等；剑劲刚柔并茂，动作潇洒舒展，气势浩然浑厚。

18式圆形行功太极剑　由张楚全创编。此套路基本上采用传统太极剑的动作，按照太极剑的风格编排。套路动作具有轻灵圆满、顺和圆活、节奏均匀、刚柔相济、舒展大方的传统风格，具有好学易懂、短小精悍的特点，不受场地、时间限制。习练时要求虚领顶劲，含胸拔背，上下相隘，绵绵不断，以意运气，以腰带臂，以神引剑，剑神合一。

四维太极剑　由徐安日创编。四维太极剑在套路编排上多取隅位动作，衔接灵活多变，风格独特，与四维太极拳一致，形成系列。四维太极剑套路，势剑为用，绵剑为体，动静相兼，刚柔相济，取各家剑法所长，以连绵不断，功架规范，节奏明快、均匀的风格，配合活跃多变的步法和剑法。此套路包含 20 多种剑法、13 种步法和 7 种步型，辗转游走与四维太极拳属同一风格。

武当太极剑　是我国武术名家李天骥在传统太极剑和武当剑的基础上融合改编的剑术套路，既有太极剑轻松柔和、绵绵不断、意领身随的特点，又有武当剑优美潇洒、灵活多变、身剑合一的特色。武当太极剑练起来行如游龙，稳如山岳，动静相间，有刚有柔，气势连贯，错落有致。武当太极剑内容丰富，身法、步法、剑法灵活多变，技巧性、艺术性都很高，习练者需要有一定的武术和太极剑基础才能协调自如地掌握。它根据太极、八卦变易之理，强调剑无成法，因敌变化，后发先至，避青入红；以太极拳基本习练要领为基础，融合了武当剑法的轻灵、潇洒，以及太极腰、八卦步，习练起来超然大度、圆润活泼。

武当 65 式太极剑　流传于武当山，据传由张三丰所创。此套路以太极拳为基础，吸收百家剑法之所长，融道家养生法创编而成；体现出以柔克刚、以静制动、后发先至、四两拨千斤的特点；讲究练精化气、练气化神、练神还虚、还虚合道的道教内功理法，又有强身健体、防身自卫、延年益寿的功能，是集武术与养生于一体的剑术套路。在习练时要求虚领顶劲、含胸拔背、沉肩坠肘，习练过程中要全身一动无不动。

太极长穗剑　由马春喜创编于 2002 年。它是在太极剑和传统长穗剑的基础上，取其精华创编而成的。此套路共有 38 式，强调剑法是表现剑术技巧的核心，要求在穿、挂、点、刺、云、崩、斩、截等方法清楚的前提下，注重剑穗习练技巧，剑法与剑穗协调配合，表现出剑舞穗飞、潇洒飘逸的剑术风格特点。稳与美是太极长穗剑艺术性和观赏性的具体表现，套路中以行步、跟步、插步、盖步等多变的步法突出表现连绵柔缓、运转圆活、虚实变化、刚柔相济的特点，动作之间的过渡变化如行云流水，动作幅度比较大，特别是对肩、肘、手腕的灵活性要求比较高。

和式太极剑　和式太极剑是从属于和式太极拳的短器械，整个套路共有 55 个动作。它兼有太极拳和剑术两种风格，轻灵柔和，绵绵不断，重意不重力，优美潇洒，剑法清楚，形神兼备。一般技法特点可归纳为轻快敏捷、身活腕灵、刚柔兼备、气韵洒脱。套路编排合理、紧凑、巧妙，剑法劲走游龙，有身剑合一、流畅不滞的特点。各种剑法的轻快、准确及剑法的衔接变化都与身姿手腕的劲力运用技巧相关联。身姿俯仰吞吐、手腕灵活，能使身剑如一；手指、手掌虚实灵巧变化，手腕的扣、旋、展、转、收握，能使身法、劲力协调地融入轻快的剑法。

傅山太极剑　傅山(1607—1684),字青主,山西阳曲县人,明末清初思想家、医学家、书画家、诗人,也是一名武术家。据考证,傅山以气功养生、五禽戏、易筋经、紫微八卦舞等功法创编了子午太极拳(又名朝阳太极拳、绵山太极拳)、太极剑及太极球等功法。傅山子午太极剑共有67式,内容充实,难度适宜,既有健身性,又有观赏性;既可作为表演项目,又可参加武术套路竞赛。主要剑法有刺、劈、穿、崩、截、捧、提背花等。

太极刀

太极刀是太极器械的一类,包括太极单刀、太极双刀和太极春秋大刀等。太极刀套路具有太极拳和刀术的风格特点,是刀术和太极拳术的融合。在习练过程中,要求身法、步法、刀法与意念相结合。太极刀法可分为三类:①攻击性刀法,包括劈刀、撩刀、砍刀、扎刀、斩刀、扫刀和剁刀等;②攻防结合的刀法,包括缠头刀、裹脑刀、截刀、架刀、托刀、挂刀、推刀和藏刀等;③防守性刀法,包括格刀、滑刀和带刀等。刀只有一面刃,因此可以利用刀背贴身护体,以逼近敌身。在地面广阔之处,可以充分发挥刀的大杀大砍作用,配合身体的纵跳蹿腾,表现出刀术的刚猛。太极刀法虽不如太极剑法精细,却另有一种威风。比较流行的太极刀套路集中于陈式和杨式流派,但其他流派也有自己的太极刀套路。

太极刀刀谚　太极刀是刀器中的一种,许多长拳及其他拳种的刀术谚语同样适用于太极刀。这些用到太极刀中的谚语就称为太极刀刀谚,如刀走黑、单刀看手、双刀看肘等。

刀走黑:黑指狠毒凶猛的意思。走黑,就是说刀法要狠、要猛。因为刀本身面宽而背厚,并且为单刃面,交手之时,可大劈大砍,硬挡硬架。

单刀看手:单刀技术为右手持刀,左手空掌,在舞动单刀的过程中,左手配合很重要,只有左手和刀动作配合协调,单刀才能流畅和谐。此句刀谚主要强调在舞刀时左手空掌的作用。

双刀看肘:双刀为两手各持一刀,要在舞动的过程中避免两刀之间的碰撞,才能发挥出刀术的勇猛。要想避免两刀的碰撞必须让两肘配合好,舞动起来才会舒展大方、圆活流畅。

太极刀握法　手持刀把的方法称为握法。主要握法有以下6种。

阳手刀把:握把的手心朝上,手背向地。

阴手刀把:与阳手刀把相反,握把的手心朝地,手背向上。

顺手刀把:握把的虎口朝上,拇指向天。

逆手刀把:与顺手刀把相反,握把的虎口朝下,小指向天。

里手刀把:握把的掌心朝后,拳骨向天。

外手刀把:握把的掌心朝前,拳骨向天,手背向自己。

四刀法　太极刀法的一种总括说法。太极刀的刀法最初被总结为4句话,称为四刀用法、四刀诀法或四刀攒。现在存留的四刀法有多种说法,如吴式太极拳家杨禹廷称四刀法为砍剁、刺扎、截豁、撩剜,杨式太极拳家李雅轩称四刀法为斫剁、划、截割、撩腕。

刀法13字诀　指传统太极刀技13种方

法。长期流传的13字各有不同，主要说法有以下几种。

陈炎林13字诀：砍、剁、截、刮、撩、扎、捋、推、劈、缠、扇、拦、滑。

蒋玉堃13字诀：砍、剁、刮、撩、捋、劈、扇、拦、滑、搠、推、挡、架。

杨振铎刀法：砍、剁、截、刮、撩、扎、劈、缠、扇、拦、滑、刺、划。

李雅轩13字诀：剁、截、撩、劈、刺、扫、磕、挂、斫、挑、崩、点、抹。

冯志强陈式太极拳13字刀诀：劈、砍、崩、拦、缠、抖、剪、云、截、撩、抹、扎、挑。

刀器

太极单刀的主要材料是钢，一般由纯钢和合金钢所制。单刀长度一般以左手抱刀后，刀尖不超过耳垂为度。刀的重量通常为0.5～0.7千克，具体重量可以根据个人需求增减。近年来太极单刀的样式有了一些变化，如刀身狭长、刀头呈阴阳鱼形、护手呈“S”形等。当右手持刀时，左手讲究保持平衡，左右手之间要配合。还可以两手持刀。

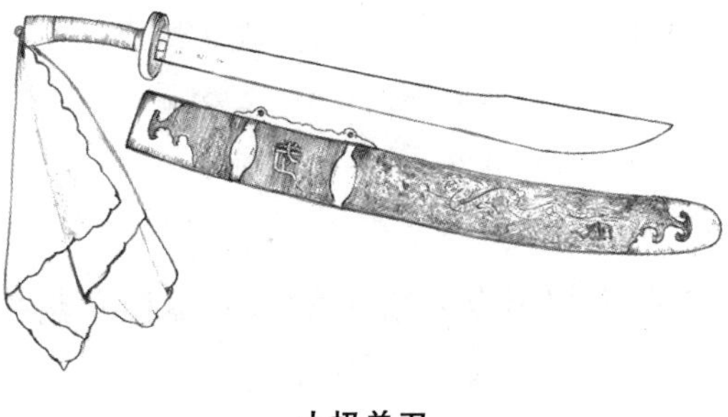

太极单刀

老式太极刀　刀身较宽，刀身前宽度为3.5厘米，向后渐宽至4厘米。护手处的刀背厚度为0.5厘米，向前渐薄，至刀尖为0.1厘米。刀尖最锋利。老式太极刀的护手不是圆盘，而是近似“S”形。刀全长101厘米，刀端有铜环系抹头，铜环直径为5厘米。刀面刻有太极图形，刀背有血槽。刀重约0.8千克。刀鞘多为红木质地，上面配有铜饰。

太极春秋大刀　又称关公刀、春秋刀。刀头呈弯月形状，刀身宽约17厘米，中部缀有红缨，此刀两端配重均匀，在中间处可以找到绝佳平衡点，使用起来力量重心操控良好，力量分配匀称。刀身宽短而重，木柄较长，从1.3米到2米不等。它是从马上战斗中发展而来的，最早出现在宋朝，柄长便于马上攻击。因大刀是大型武器，习练者需有充足饱满的内气和腰腿臂力，才能运用自如，劈、砍、推、斩、翻、滚、盘、压，无不得其自然。因杀伤力颇大，大刀被誉为“百兵之帅”。

太极刀法

太极刀法指太极刀的技击方法。主要刀法如下。

斫刀：击，以刃击之。吴式太极拳传人杨禹廷的四刀诀已将斫剁改为砍剁，比较通俗易懂。

砍刀：以刀刃向左右击敌曰砍。向左砍包括向左下砍和左平砍。

剁刀：以刀由上而下用力急落曰剁，分为两种。刀身向下剁，如搠撩剁中的剁；用刀头向下剁曰点，如墨燕点水。

点刀：见剁刀。

劈刀：以刀刃由后或举刀过头后向前平劈，如杨式太极刀的刀劈三山动作。第一刀是向西，双手劈；第二刀是向东，单手劈。

搠刀：以刀尖向前猛刺曰搠。搠刀分为平搠和斜搠，如搠撩剁中的搠是用刀尖平挒，到劈三山第二刀单手劈后再抄刀的挒是用逆手刀把向东下斜挒。刀法中的刺和扎，都包括在挒内。

扎刀：见挒刀。

扇刀：以阳手刀把由右上随左仆腿下势向下，再向左横抄曰扇。一般是先扇脚，次扇胸，再扇头，如左扇右刮。

推刀：左手扶刀脊，助右手持逆手刀把由下向上用力曰推，或持阴手刀把由后向前推。前者如推窗望月，后者如狮子盘球。

拉刀：一般向左割肉曰砍，向右割肉则曰拉，犹如剑法之左抽右带。

按刀：左手附于刀背或右腕，刀刃朝下，向下按。高与腰平为平按刀，接近地面为低按刀。

剪腕花：以腕为轴，刀在臂两侧向前下贴身立圆绕环，刃背分明。

撩腕花：以腕为轴，刀在臂两侧向前上贴身立圆绕环，刃背分明。

扫刀：刀刃向左或向右横砍，力达刀刃。扫刀包括正扫和反扫两种。正手由右向左为正扫，反手由左向右为反扫。

截刀：以刀刃迎接对方的兵器或拳脚的方法，包括横截、竖截、上截、下截、左截、右截等。

缠头刀：右手持刀，刀尖向下，刀背沿左肩贴背绕过右肩，当刀缠绕时，刀背要贴身走，接着转动平抡。左手绕右腋下从背后找左肩，右手绕左肩头找右肩头。

裹脑刀：右手持刀，刀尖向下，身体左转，持刀臂外旋上举，向背部、左肩绕行，刀背贴肩，刀尖向后，左手收至胸前。

太极刀套路

陈式13刀　是陈式太极拳中最古老的一种刀术，全套只有13个动作，故名13刀。

陈式13刀的动作名称如下。

1. 青龙出水　2. 风卷残云
3. 白云盖顶　4. 黑虎搜山
5. 苏秦背剑　6. 金鸡独立
7. 迎风滚避　8. 腰斩白蛇
9. 日套三环　10. 拨云望日
11. 白蛇吐信　12. 霸王举鼎
13. 怀中抱月

陈式太极单刀　源自陈式13刀。陈式太极拳第十代传人陈照丕于1930年至1938年间在南京授拳时，在陈式13刀的基础上增加了9个动作，创编了现在的太极单刀套路。动作要求手、眼、身法、步密切配合，做到一动无不动。劲力要连绵不断，刀法要清晰，用意要明确。

陈式太极单刀的动作名称如下。

1. 单刀起势　2. 护心刀
3. 青龙出水　4. 风卷残花
5. 白云盖顶　6. 黑虎掏心
7. 苏秦背剑　8. 金鸡独立
9. 迎风滚避　10. 腰斩白蛇
11. 日套三环　12. 拨云望日
13. 左拨草寻蛇　14. 右拨草寻蛇
15. 青龙出水　16. 风卷残花
17. 雁别金翅　18. 夜叉探海
19. 左翻身砍　20. 右翻身砍
21. 白蛇吐信　22. 怀中抱月

陈式太极双刀　是陈式太极器械套路中双兵器的一种，几百年来，在陈家沟广为流传，是最古老的双器械套路，由陈王廷所创。双刀套路共有35式，布局合理，衔接紧凑，刀法清晰，用法逼真。它以劈、砍、撩、挂、扎、截、拦、压、推、抹、横、架及舞花等刀法，结合陈式太极拳舒展大方的身法、灵活稳健的步法，将陈式太极拳刚柔相济、快慢相间、松活弹抖的特点表现得淋漓尽致。双刀套路练习，要求身法协调一致，刀与步法密切配合，故有“单刀看手，双刀看肘”之说，强调了练习双刀时步法的重要性。

陈式春秋大刀　亦名青龙偃月刀，相传为三国时期关羽所创，故又称关王刀。最早关于青龙偃月刀的记载是在《武经总要》中。陈式春秋大刀是陈式太极器械中长兵器的一种，是陈式太极拳祖师陈王廷最擅长的兵器。此大刀套路布局合理，上下呼应，左右逢源，刀法清楚，干净利落，体现了大刀如猛虎的风格。因其劈砍抹斩，杀伤力大，此大刀被誉为百兵之帅。陈式春秋大刀是古代兵器中的大型武器，习练者要练好此大刀必须有扎实的拳术基础、充盈的内气、健壮的体魄。套路名称由 13 句歌诀组成，一句歌诀包括几个动作。

陈式春秋大刀动作名称如下。

1. 关圣提刀上霸桥
2. 白云盖顶呈英豪
3. 举刀磨旗怀抱月
4. 上三刀吓杀许褚
5. 下三刀惊退曹操
6. 白猿拖刀往上砍
7. 全舞花
8. 一捌虎就地飞来
9. 分鬃刀难遮难挡
10. 十字刀劈砍胸怀
11. 磨腰刀回头盘根
12. 舞花撒手往上砍
13. 举刀磨旗怀抱月
14. 舞花撒手往下砍
15. 落在怀中又抱月
16. 全舞花刷刀翻身砍
17. 刺回一举嗔唬人魂
18. 舞花往左定下势
19. 白云盖顶又转回
20. 舞花翻身往上砍
21. 再举青龙看死人
22. 舞花往右定下势
23. 白云盖顶又转回
24. 递酒挑袍猛回头
25. 花刀转下铜判竿
26. 舞花双脚谁敢阻
27. 花刀转下铁门拴
28. 卷帘倒退难遮闭
29. 十字一刀往举起
30. 翻身再举龙探水

36 式太极刀　由马春喜创编。此套路在陈式太极拳的风格上突出刀的使用方法，在套路中把刀法中的扎、劈、撩、挂、扫、斩、截、推、缠头、裹脑等动作和各种步型、步法、手型、手法巧妙地编排起来，如腕花刀和背花刀的组合，既不失太极拳的风格特点，又给人一种刀法多变，身法自然的清新感觉。其中借鉴了陈式刀的提膝扎刀、马步推刀等发力动作，展示了刀术刚健有力的特点。整个套路突出“新、活、美”的特点，即刀的动作新颖、变化灵活、造型优美。

杨式太极刀　杨式太极刀套路共有13式，又称太极 13 刀。此套路是结合杨式太极拳的步型、步法和身法组成的刀术套路，是杨式太极拳系的著名器械套路。杨式太极刀刀法精妙，朴茂古奥，沾连黏随犹如太极拳之拳势，变幻莫测，有非常强的技击性。

杨式太极刀的动作虽然较拳、剑更为快而刚，但其风格仍柔和连贯，以心意率行，以内劲柔运。传统的杨式太极刀主要有杨健侯传授的32式太极刀、杨澄甫定型传授的太极13刀以及沈寿传授的九路八十一式太极刀。三套刀术虽刀法独特，但风格一致，有一定渊源。

由蒋玉堃所传、张金普整理的杨式太极刀动作名称如下。

起势

1. 右转七星	2. 偏腿跨虎
3. 右转七星	4. 白鹤亮翅
5. 抡刀势	6. 风卷残云
7. 推窗望月	8. 右顾左盼
9. 左托刀取经	10. 右挡刀正推
11. 玉女穿梭	12. 回头望月
13. 左右狮子盘球	14. 左托刀取经
15. 右挡刀正推	16. 巨蟒开山
17. 左扇右刮	18. 左托刀取经
19. 右挡刀斜推	20. 苍龙掉尾
21. 搠、撩、剁	22. 撩、踢
23. 金花落地	24. 漫头过顶
25. 二起脚	26. 打虎势
27. 鸳鸯腿玉连环	28. 大缠头平推
29. 左右旱地行舟	30. 滚推刀
31. 鸿雁振羽	32. 左右分水
33. 墨燕点水	34. 鱼跳龙门
35. 刀劈三山	36. 顺风扫叶
37. 抱刀势	38. 携石还巢

收势

杨班侯太极13刀　传统杨式太极器械套路，相传为杨班侯所传，流传于河北省永年县广府镇，运用太极拳的方法特点与刀术相结合来进行习练。此套路刀法的刀式虽不多，但精妙简约。其动作在速度上表现为柔和平稳，行云流水；在动作劲力上表现为内劲饱满，刚柔相济；在动作气势上表现为中正舒展，敏捷轻灵；在动作衔接上表现为进退相随，开合相接。

杨班侯太极13刀刀诀如下。

七星跨虎交刀势，腾挪闪展意气扬，
左顾右盼两分张，白鹤亮翅五行掌，
风卷荷花叶内藏，玉女穿梭八方势，
三星开合自主张，二起脚来打虎势，
披身斜挂鸳鸯脚，顺水推舟鞭作篙，
下势三合自由招，左右分水龙门跳，
卞和携石凤还巢。

杨式13式太极刀　由张勇涛创编，于2009年编写成书。此套路以传统杨式太极刀套路（30式、87个动作）为基础，以简便、易学、易练、易掌握为原则，对传统杨式太极刀套路进行了选编，选取套路中部分有代表性的动作，并保留其独特的风格特点、习练方法和练功要求。全套刀式，往返仅有13个刀式组合，前进方向有6个，返回原地有7个。刀法包括撩、架、藏、拦、推、截、刺、挂、缠头等。此套路编排合理，简便易学，演练时间短，不受场地限制。其风格特点：架势舒展大方，身法中正，动作合顺、缓慢柔和，刀势浑厚、刚柔相济，上下相随，连绵不断。

武式太极刀　又叫武式太极连环13刀，最早见于武式太极拳谱，为武禹襄依据13枪化裁而成。吴文翰初学太极刀于李圣端，后又就学郑月南，而后吴文翰将李圣瑞、郑月南所传融会为一，遂形成武式太极连环13刀（简称13刀，含四刀法）。后陈固安还创制了鱼龙刀，使之成为武式太极拳的独门器械。武式太极连环13刀，步法丰富，刀法多变，腾跳蹿挪，开合收放，节节有法。从第1式按刀始至第17式抱刀收势终，张弛有序，高潮迭起，不仅有很强的技击性，还有很高的观赏价值。

太极断门刀 武式太极器械套路，由李宝玉所传，是武式太极拳在打好劲力的基础上，进一步促进内劲发放进行的器械练习。久练能增长内劲，达到气向下沉、周身一家的状态。此套路具有快慢相兼、结构紧凑、技击性强、柔行气、刚落点等特点。全套共有36式。

吴式太极13刀 是在吴式太极拳的基础上演化而来的，具有吴式太极拳的风格特点。动是法，不动也是法，每招每式都有较强的积极含义，每式每动的技击含义都在意念之中。套路动作轻灵柔化，舒展而紧凑，步行中正圆润，气畅势猛。张全亮将王培生所传的吴式太极刀的用法概括为30个字，即扇、劈、砍、剁、切、按、扎、刺、豁、挑、推、滑、抹、带、托、截、轰、扫、捋、拦、剪、剜、掤、磕、砸、戳、拨、斩、缠、裹。

传统的吴式太极13刀歌诀只有13句，不包括起势、收势，具体内容如下。

起势
第一式 七星跨虎交刀势
第二式 腾挪闪展意气扬
第三式 左顾右盼两分张
第四式 白鹤亮翅五行掌
第五式 风卷荷花叶里藏
第六式 玉女穿梭八方势
第七式 三星开合自主张
第八式 二起脚来打虎势
第九式 披身斜挂鸳鸯腿
第十式 顺水推舟鞭作篙
第十一式 下势三合自由招
第十二式 左右分水龙门跳
第十三式 卞合携石凤还巢
收势

吴式太极单刀 此套路在吴式太极13刀的基础上，根据身体锻炼和实际用法的需要，增加了动作和难度，使整套套路结构严密，思路明确。吴式太极单刀理论精辟，动作非常细腻，身法和用法相结合，避免单刀动作的不足，如斜飞势、下势等架势都是左右对称的。习练此套路有利于提高身体的平衡性。

吴式太极刀——环月刀 由张颖国、于有生创编。此套路是创编者在传统太极刀的基础上，经过多年的潜心研究，并学习整理王辉璞生前所传13刀歌诀，汲取吴式门人的亲传，融合改编而成的刀法。

此套刀法既保留了传统刀法矫健勇猛、吞吐沉浮的特色，也体现了连绵不断、轻松自然、不纵不跳、细腻守静的吴式太极拳风格。

此套刀法共42式、97个分解动作、13种刀法，重视基本刀法的训练，突出了太极刀的内涵，且布局合理，动作规范。

吴式太极双刀 此套路由56式动作组成，是在吴式太极单刀的基础上创编的，双手持刀，两刀之间攻防结合，动静循环。吴式太极双刀由吴鉴泉传授，马岳梁、赵寿邨再传。

和式太极刀 属于和式太极拳的短兵器。它的基本要领、运动风格与和式太极拳基本一致。其风格特点以身法、步法的要求和风范为准，背刃分明。和式太极刀的技法和动作连绵不断，刀法清楚，劲力到位，刚柔相济，刀手动作协调配合。刀法有虚有实，有刚有柔，有奇有正，变幻莫测。以劈砍斩削等为主要内容，在用法上加大攻击力度，以腰助力而发挥其猛狠的动势，身法活便，同时以身法的闪展腾挪、俯仰扭转加大动势的幅度。和式太极刀共有34式，包括披、扎、撩、拦、推、架、斩、格、扫、压、截、缠头、裹脑、藏刀等太极刀技法，既有太极拳轻灵圆活、柔中寓刚的特色，又有一般刀术矫健、勇猛的特点。套路动作简洁流畅，劲力饱满浑厚，舒展敏捷，步快身灵，编排合理，结构严谨，充分体现了短刀长用的技法。

赵堡太极单刀 是赵堡太极器械中短兵器的一种，在陈清平之前都是单传。陈清平将赵堡太极拳械传向世人，使其得到推广。由张鸿道传给王海洲的赵堡太极单刀的动作名称如下。

1. 起势　2. 护心刀
3. 青龙出水　4. 风卷残云
5. 韦陀献杵　6. 黑虎搜山
7. 风卷残云　8. 苏秦背剑
9. 白猿献果　10. 腰斩白蛇
11. 日套三环　12. 拨草寻蛇
13. 白蛇吐信　14. 风卷残云
15. 燕别金翅　16. 哪吒探海
17. 黑熊反背　18. 怪蟒出洞
19. 怀中抱月　20. 收势

赵堡太极13刀 是赵堡太极器械中短兵器的一种，在陈清平之前都是单传。陈清平将赵堡太极拳械传向世人，使其得到推广。由张鸿道传给王海洲的赵堡太极13刀的动作名称如下。

1. 护心刀　2. 青龙出水
3. 白蛇吐信　4. 左右翻身砍
5. 日套三环　6. 黑虎搜山
7. 苏秦背剑　8. 力劈华山
9. 怪蟒出洞　10. 流星赶月
11. 回身朝阳刀　12. 腰斩白蛇
13. 风卷残云

赵堡太极双刀 此套路由王海洲、严翰秀于2005年编写成书。自古以来赵堡就有双刀流传。赵堡雁翎刀双刀，是赵堡太极拳体系中的一种短兵器，是历代赵堡太极拳前辈所演练传承的。赵堡太极双刀套路共有30式，主要包括劈、砍、撩、刺、绞、剁、扎、架、抹、舞花等刀法。赵堡太极双刀是按照赵堡太极拳的手、眼、身法、步的要求进行习练的，各种习练的要领与赵堡太极拳相同。同时，作为一种双刀兵器，其习练要求有：双手握刀，以走圆为主，圆中有方；符合三直、四顺，内外三和，不憋不停不流水。此套路招式分明，刀法攻防意识明确。

赵堡春秋大刀 由张鸿道传给王海洲的赵堡春秋大刀共有34式，以赵堡太极拳的理论为指导，经过数辈赵堡太极传人改造整理而流传下来，是赵堡太极拳派的著名长兵器套路。主要刀法有劈、砍、刺、撩、挂、截、挑、拨、云、压、切、割、推、点、抹、钻、崩、被、托等。

东岳太极刀29式 由门惠丰、阚桂香于2003年创编。东岳太极刀29式系东岳太极拳、械系列中的内容。刀的套路动作精选了陈式、杨式、吴式太极刀典型技术动作，并融合了新颖的传统武术刀法（六合刀、梅花刀、少林刀、金背镖刀），按太极拳运动规律、套路编排原则和单刀的技击特点编制而成。东岳太极刀29式的技术特点：①刀法技术全面，突出击法，动作规范，技理清楚；②套路结构严谨，动作衔接连贯合顺，套路布局匀称合理；③柔中寓刚，精神内敛，行功泰然，慢中显巧，人文内涵较突出；④每个动作都有技击目标，能显示出尚武神韵。动作的传统化名，能起到民族人文教育作用，如樵夫砍柴、摇橹催舟、卞和献宝等。

太极玄玄刀　相传由吴图南创编。玄玄即无穷无尽，寓意变化无穷，玄妙深奥。据吴图南《内家拳太极功玄玄刀》述，此套路始创于1929年春，完成于1933年，乃根据张三丰所传刀法为线索研编而成，以供“有志国术者，作为参考”“有志国术者，知所问津”。此全套刀法共有101式，由太极势始，至合太极止，包括劈、刺、托、探、提、撩、沉、掳、横、扫、截、斩、崩、削、砍、剁等技术方法，处处以太极内功为运用原则。练习时要求头正、颈直、含胸、拔背，以右手持单刀，或攻，或守，或急，或徐。行刀时静以待之，守而候之，注目而视之，平心而察之，运用中利刃在手，妙算于心，外窥敌之变化，内蓄百倍之精神。形如搏兔之鹄，神似扑鼠之猫，举动玲珑，身心兼顾。

任式太极双刀　由任其云创编，于2010年编写成书。此套路是在太极拳和太极单刀、双刀套路的基础上创编而成的。此创编套路集健身性、观赏性和技击性于一体，套路中招式采用有利陶冶情操的名称，演练时配合招式动作想象名称的意境，令人心情舒畅，易练出风韵。其套路演练风格，与杨式太极拳的演练风格相似。演练时要心静体松，呼吸匀深自然，动作舒缓大方，沉稳中透出轻灵，轻灵而又不显飘浮，静中寓动，动中寓静，如高空行云，似清溪流水，从而达到形、气兼练，持而久之则体健气顺，神韵自生。

太极枪

太极枪是太极器械之一。枪在古代称作矛，为刺兵。枪分为大枪和花枪，大枪长约一丈八寸（约3.6米），花枪仅长七尺（约2.3米）。通常使用的枪长为使用者正常站立并举起手臂时脚底到中指尖的距离。太极枪，由枪头、枪缨、枪杆组成。枪之身长、锋利、使用灵便，取胜之法精微独到，杀伤力大，其他兵器难以匹敌，故称为百兵之王。太极拳吸收枪技形成太极枪，有的人称之为太极杆或黏枪。据传杨露禅曾传有太极粘黏枪13枪，其中分四散枪、挒捽枪和缠枪之一路。

太极枪

武式太极拳第二代传人李亦畬与胞弟李启轩在1861年曾创廉让堂强身杆一路和二路杆或名太极一路杆、二路杆，以及太极通杆（又名掤、挑、合按通杆）和太极滨杆。

1949年1月，陈炎林在其所著的《太极拳刀剑杆散手合编》中介绍了太极扎杆，或曰13式杆，其中包括：单人扎杆法，双人平圆、立圆沾黏扎杆法，双人动步刺心、腿、肩、喉四杆法。1980年，蒋玉堃在北京传授了太极13枪。其单练包括：单练基本功，摆枪和拦、拿、扎；对枪基本功，对黏枪、对滑枪、对挑枪和对劈枪。此外，蒋玉堃还传授了太极枪的基本知识，如枪的构造、枪的握持、枪术的法规和禁忌等。1990年，《杨禹廷太极拳系列秘要集锦》介绍了太极沾黏扎杆，其中包括单人、双人进退扎杆练法和双人沾黏扎杆法。

太极枪握法指持枪的方法。双手握枪时，左手在前，右手在后，双手相距略比肩宽，要活、要稳。枪谚称："前手如管，后手如锁。"前手如管，解决了"活"的问题，即用拇指和食指、中指围住枪杆构成环状，起到支点作用；后手如锁，即要将枪根锁在掌中，紧紧贴住大鱼际（掌心拇指一侧的一块肌肉），枪根与臂骨直对，扎枪时枪杆、前臂和上臂与肩基本成一条直线，构成稳固的支撑；同时枪根握在掌心，出枪可长出两三寸，实战上达到了一寸长，一寸强之厉。

握枪最忌露把，是指后手握枪时未将枪根握在手中，而与握棍近同，露出一小段，这样握枪不稳而且出枪短，如果扎中对方，在反作用下，枪向后滑，易击中自身。程宗猷说："苟不持根，则拿捉不灵活，且根自击肋腹矣。"此外，露出枪根持枪时，前臂和枪杆会有一个夹角，向前推枪会产生分力，有碍力达枪尖。

太极枪技要领 指练枪的技术要求，主要有如下内容。

三照。三照指练枪的技术要求。刺枪要保持三照，即上照鼻尖，中照枪尖，下照脚尖，三尖上下在一条线上。能三照，则力灌枪尖，出枪不偏不倚，力点准确。

三枪。三枪指出枪的三个位置。上平枪齐乳，中平枪齐腰，下平枪齐小腹。平枪要三点成一线，以中平枪为例，枪尖、腰、枪根要保持在一条线上。

三忌。三忌指练枪时的三种避忌，即身法不正、当扎不扎和三尖不照。

四平。四平指练枪的技术要领，即顶平、肩平、枪平和脚平。顶平则头正项直，神灌于顶，精神振作；肩平则身正，气足而势稳；枪平则出枪有力，宜守宜攻；脚平则两脚着地，用力实而不虚。

四不。四不指练枪的技术，即高不拦、低不拿、捅不抬和打不架。

五合。五合指练枪的技术要求，即意、眼、身、手、足要协调一致。意即脑，为一身之司令部，意到、眼到、身到、手足一齐到。意领则神聚，神聚则精神镇定，动静自如。眼为先行，要调查敌情，以观其变，要目测距离，随时出击。身是枪者手，所以使枪者身，手使枪持而弱，身使枪则速而刚。手足则各所倚重，进退在足，制胜在手。

六合。六合在太极枪中，指攻防要照顾到上下、前后、左右6个方面。尚有内、外各三合是谓六合之说：内三合指心与意合、意与气合、气与力合，外三合指手与足合、肘与膝合、肩与胯合。

七疾。七疾即意要疾、眼要疾、手要疾、脚要疾、身要疾、出枪要疾、后退要疾。疾者，即快之意，百招皆可解，唯快无解。在太极枪里，疾有相对之意。

八面。枪有八面，上、下、里、外是四面，且有里上斜、外上斜、里下斜、外下斜。

九路。将全身分为上、中、下三路，每路再分为左、中、右，共9路，攻则胜之，防则万无一失。

十面。十面指10个对立面：线、圈，虚、实，上、下，小、大，正、变。线是直的意思。枪的攻法都是走直线。圈是枪法的灵魂，功法变化都要通过圈完成，枪谚有"能传十枪，不传半圈"之说；圈是枪尖所走的路线，有时走半圈称弧线，有时走全圈称全圆。线和圈是相互联系的，扎枪走直线用直力，防守走弧线用横力，由攻到防，则直力与横力互换，但要通过特殊的圈，即螺旋曲线来完成。虚、实指避实击虚。上、下指上则上之，下则下之，便不如上者下之，下者上之。小、大指小力破大力只能用巧力，即四两拨千斤之比喻。正、变，正是指扎、防，变指行招，即枪法攻防中的变化。

太极枪 13 字诀。太极枪 13 字诀是对太极枪技术的总结，不同拳师总结不同，如蒋玉堃 13 字诀为拦、拿、扎、抱、提、擸、崩、缠、扑、抨、劈、披、绞，李雅轩、陈炎林、杨禹廷 13 字诀为开、合、崩、劈、点、扎、拨、撩、缠、带、滑、截、扔，陈式 13 杆 13 字诀为沾、缠、绞、拦、披、崩、拖、挂、横、扎、抖、架、挑。

枪法

拦枪　是防圈外扎来的中平枪。前手随腰左转向外仰，后手向胸右翻，重心移于左腿成左坐马步，枪尖向左、向上再向下走一条弧线。如双手持枪，左手在前，右手在后，此时左手外侧为圈外，左手里侧为圈里。

拿枪　是防圈里扎来的中平枪。前手随腰右转向右一覆，后手向上一仰，重心移于右腿成左马步，枪尖向右、向上再向下走一条弧线。

扎枪　是枪法中的功法。前手向后，同时后手向前，靠近前手时加速度出满枪，身则向前成弓步。要做到进如箭，退如线，直出直入，尚需做到贴竿深入，即枪杆靠近敌方枪杆时夹角小，使敌方无力反攻。

抱枪　是防圈外扎来的上枪，犹如拦枪，如手抱琵琶，亦称白牛转角。用时要配合腰力，双手持枪向外一摆。抱亦称勾，此为护上有捉，防圈里上枪，动作较拿枪要大。

提枪　是防圈里扎来的下枪，有“提掳防下”之说。掳是防圈外扎来的下枪，用时尚需腰臂辅助向前一摆。提用屈肌，掳用伸肌，伸肌力小，故需加摆。

擸枪　是太极枪向上、向下的攻法。

崩枪　是从下向上挑击的功法。左手在前，手腕猛然用力上抬，虎口向上，右手则向右下抽拉，身向后坐，发出惊弹之力，崩击敌手。

缠枪　有大缠和小缠之分。大缠将枪从下向上掀起，抡绕，配合步法，得机时向下砸。小缠则要两枪枪颈相绕，不使之有变化之顷，待得机时用招。

扑枪　是由上向下，以枪腰将彼枪扑击在地的防法。

抨枪　是双手横向持枪向上搪击彼枪的防法。

劈枪　是由上向下，劈落来枪的防法。《耕余剩技》中说：“惟劈则上下左右可兼用也。”劈枪要视对方出枪情况，顺对方的枪杆向下滑劈；劈时若再向前出手，可直劈对方前手。右转身打法名曰鹞子扑鹌鹑，左转身劈打法名曰庄家劈柴。

披枪　击拿之意，是防法。当对方来枪，我枪在上时，我向右倾身后坐、下沉，右脚后拉，左脚紧随成蹲步，双手同时向身后擂。

点枪 用在崩枪之后，对方如后退，则乘势以枪尖向下点击其头部。

滑枪 是指以枪杆从腰部或颈部将对方来枪滑出，是进攻的先导手法。

扔枪 多用于向左或向右下挂开刺我腿部之枪。乘对方抽枪上起之势，运丹田内劲向左或向右上扔之。

扫枪 两手握枪，使枪接近地面向左（右）平行横摆，力点在梢段。

盖把 两手握枪，一手反握枪把段，使其由上向下挥落，力点靠近把段。

横把 两手握枪，一手反握枪把段，使其由身同侧向异侧平行横击。

架枪 两手握枪，两臂由屈到伸，使枪向头上平（斜）举，力点在枪身中部。

拨枪 两手握枪，使枪把端或枪头在体上（下）方，左（右）横向用力拨动。

圈枪 两手握枪，使枪梢段（枪头）按一个圆形轨迹重复划圆运动。

缠枪 两手握枪，使枪头划着圆圈螺旋前进。

太极大杆 又称太极大枪，是太极器械中长器械重兵器的一种，相传为太极祖师陈王廷所创，历代宗师精此技法。杆由3米多长、尾部较粗的白蜡杆制成。太极大杆的练法分为套路（13杆）练习和单练两种。单练是取主要单势杆法反复操练，以锻炼耐力，增长内劲，加大裆、腰、臂以及全身合力和爆发力为目的。单练主要有抖杆、披杆、崩杆、斜上刺、横扫杆（横扫眉）等。

太极枪套路

4段太极枪 由王培锟、马剑华创编，于2003年编写成书。全套共分4段，26个动作，亦称26式太极枪。4段太极枪是由《中国武术段位制》编写组编写，经国家体育总局武术研究院和武术运动管理中心审定通过的晋升太极拳四段位考核的规定套路之一，共包括9种枪法、4种把法、1种腿法、8种步法、4种步型，内容丰富，结构合理，布局匀称。此套路有一定的难度，特别是行步滚枪，此动作要求步法、身法和枪法三者高度协调配合。学习4段太极枪既能巩固太极枪的基本动作和基本技术，又能进一步提高太极枪的操练技巧。

陈式太极13杆 又称陈式太极13枪，或称13大枪（加上枪头即为枪，杆为枪练），是陈式太极器械套路中长兵器的一种。杆由3米多长、尾部较粗的白蜡杆制成。此套路短而精，没有舞花的动作，一招一式用法逼真，威力无穷。它以劈、崩、点、穿、挑、拨、扫等枪法合以黏、缠、绞、拦、披、崩、拖、挂、横、扎、抖、架、挑等杆法，方便灵活，机巧多变，独具特点，是陈式太极器械中重要的一种。全套共13组动作。其名称如下。

1. 青龙出水　　2. 童子拜观音
3. 饿虎扑食　　4. 拦路虎
5. 腰拦枪　　6. 斜披横扫眉
7. 井拦倒挂　　8. 中心入硾
9. 俊鸟入巢　　10. 面披背崩

11. 拖竿　　12. 黄龙三搅水
13. 收回（怀中抱月势）

陈式太极 24 枪 太极枪能够充分体现出太极拳的沾连黏随的特点。陈式太极枪法与其他门派的枪法有本质的区别。

陈式太极 24 枪动作名称如下。

1. 夜叉探海　　2. 中平枪（四夷宾服）
3. 上平枪（指南针）
4. 下平枪（十面埋伏）
5. 青龙爪　　6. 边拦枪
6. 黄龙点杆　　8. 裙拦枪（跨剑势）
9. 地蛇枪（铺地锦势）
10. 朝天枪　　11. 铁牛耕地
12. 滴水枪　　13. 上骑龙
14. 猿猴拖枪　　14. 抱琵琶
16. 灵猫捉鼠　　17. 泰山压卵
18. 美女纫针　　19. 苍龙摆尾
20. 闯鸿门　　21. 六封枪（伏虎势）
22. 护膝枪（推山塞海势）
23. 鹞子扑鹌鹑
24. 太公钓鱼

陈式太极 24 枪歌诀如下。

夜叉探海人莫识，舞花枪去下中平。出门先扎上平枪，卷帘倒退且留情。下平暗定埋伏势，滚地进来出青龙。青龙献爪边栏枪，缠捉往裹莫停留。黄龙点杆人难躲，花枪裙栏下无情。回头按下地蛇枪，冲天直刷往前攻。摇旗扫地朝天枪，再扫又下铁牛耕。回头滴水用提颠，拗步上去刺青龙。拨草寻蛇君复志，白猿设计用拖刀。回来乌龙方入洞，青龙转角实难攻。琵琶势钩掤进挫，高擎串扎难停，瞒天掠地快如风。灵猫捉鼠左右扑，转身刺下又回头。用钻倒打人难避，顺手往前又扎去，舞花担山反背弓。泰山压卵先立定，急演下扎纫针势，苍龙摆尾左右瞒天掠地扫。电转星飞直掩去，回头摔地往前攻。抛枪去闯鸿门势，舞花担山扫一枪。忙又按下六封势，花枪把膝来护，回头一扫真无对。回身急把鹌鹑掩，拨草寻蛇人难拒。转身杀下往前走，低掩一枪直扎去。太公钓鱼往下按，退后扎下谁敢战。若问此枪名和姓？杨家花枪二十四。

陈式太极 24 枪练法如下。

全舞花；急三枪；卸下珍珠倒卷帘；颠腿掳枪；上步捉枪扫地刺；掩两枪；挑枪扎枪，半个舞花；回头半个舞花；挑一枪、刷一枪、掩两枪、左摇旗一扫；右摇旗扫；回头半个舞花；掩两枪；上步拨草寻蛇；回头乌龙入洞；往前掩两枪；左扑右扑，转身卸刺枪，回头打一棍子，单手出枪，全舞花，二郎担山，掩两枪；回头半个舞花；回头半个舞花；背后往前挡枪，扫枪，往右再挡枪，往左再扫枪，半个舞花，往前掩两枪；半个舞花；回头扫枪，半个舞花，玉女穿梭；回头扫一枪，全舞花，掩两枪；右挡枪，转身上腿挑一棍子，扎枪，全舞花，二郎担山，扫一枪，半个舞花；往前扎一枪，往后退一步，转身扎枪。

陈氏太极 24 枪 由陈自强创编，于 2008 年编写成书。陈式太极 24 枪，以太极功法与枪的拦、拿、扎有机地结合，套路虽然短小，但不失枪法之精要。陈氏太极 24 枪动作名称如下。

1. 起势　　2. 中平枪
3. 上平枪　　4. 下平枪
5. 青龙献果　　6. 边拦枪
7. 黄龙点杆　　8. 裙拦枪
9. 朝天枪　　10. 铁牛耕地
11. 滴水枪　　12. 上骑龙
13. 猿猴振枪　　14. 抱琵琶

15. 灵猫扑鼠　16. 泰山压卵
17. 美女纫针　18. 苍龙摆尾
19. 刺闯鸿门　20. 六封枪
21. 护膝枪　22. 鷂子扑鹌鹑
23. 姜太公钓鱼　24. 回马枪（收势）

梨花枪夹白猿棍　即陈式太极枪，由陈式第十二代传人陈庆源整理，是陈式太极器械套路中长兵器的一种。它汇集枪、棍之特点，在实战应用中，既有枪扎一条线，又有棍打一大片的技击效用，结合陈式太极拳中缠绕沾黏法，故称陈式太极枪。此枪套路严密紧凑，风格特异，在太极拳协调身法的配合下，充分体现出枪、棍各具特色和相互为用的独到之处。它以扎、拦、披、崩、扫、点、挑、劈、拨、架、绞、缠、刺等以及多种舞花组成的独特用法，真正体现出梨花枪夹白猿棍在演练和使用中的神妙无穷，变幻莫测。它动如雷震，势如游龙，节奏明畅，气势磅礴，既有百兵之王和百兵之魁之威，又有长兵短用之能。此套枪共有71个枪势。

太极3杆、8杆对练　是陈式太极器械套路中长器械两人对练的一种方法。杆由3米长、尾部较粗的白蜡木杆制成。此套路是河南温县陈家沟陈氏九世祖陈王廷独创的一种黏杆法。

三杆是指两人持杆对扎。一人用杆向另一人面、胸、膝（上、中、下）部连扎3杆，另一人用披、崩、滑将杆滑空，两人交替往返对扎3下。8杆是在3杆的基础上再加上架、横打、拖杆、绞杆、抖杆等杆法灵活变换动作，两人交替往返对扎8下。

太极3杆、8杆对练套路简短，一招一式，攻防逼真，方法清晰实用。它以沾、缠、绞、拦、披、崩、抖、滑等杆法，结合太极拳的身法、内劲、功力等，才能达到良好的效果。

进行太极3杆、8杆对练，必须在练好太极枪的基础上，加之13杆的单练技法，以及掌握了沾、缠、绞、拦、披、崩、抖、挂、拖、横、扎、架等基本杆法，才能真正体现出双人黏枪的风格特点。（小架系列称4杆、6杆。4杆为上扎咽喉、下扎膝、中平枪、锁口枪，在此套路的基础上再加劈、崩就是6杆。）

杨式太极杆　亦称太极枪，原名太极13枪。杆法就是枪法，同陈式太极杆，加上枪头即为枪，杆为枪练。杨式太极杆是杨式太极长器械的一种，多以抖杆、黏杆增强劲力和练习攻防。在有关著作以及歌诀中，杆与枪的名称并用。

另有一种说法为杆法包含枪法和戟法，装上枪头即为枪，装上戟头则为戟。

杨式太极13枪　亦称作13枪或13杆，其意有两个方面或有两种说法。

（1）用13个字表示太极杆的技法，也就是太极杆13字诀，如开、合、崩、点、劈、扎、拨、撩、缠、带、滑、截、挑。此观点见于陈炎林所编著的《太极拳刀剑杆散手合编》。又如开、截、合、劈、挑、扎、撩、拨、滑、带、崩、缠、点，此观点见于宋志坚所著的《太极拳教学》下册。

（2）把太极枪的动作归纳为13种，称太极沾黏13枪或太极枪13法。这些动作，是技法，也是练法或者套路，说法也不尽统一。

杨式太极13枪动作共有24式，为杨式太极拳第四代传人蒋玉堃所传。

杨式太极13枪拳谱如下。

1. 骑龙（起势）　2. 朝天一炷香

3. 饿虎扑食　4. 拦拿枪
5. 提拿枪　6. 俊鸟入林
7. 穿梭斜劈　8. 拗拦枪
9. 横扫眉　10. 提巅
11. 地蛇枪　12. 拦路虎
13. 苍龙掉尾　14. 斜披
15. 背扦　16. 左门
17. 右门　18. 斜劈
19. 一缠　20. 二缠
21. 三缠提巅　22. 青龙出水
23. 手抱琵琶　24. 下骑龙（收势）

武当太极枪　亦曰13枪，但内容与陈式、杨式所传太极13杆迥异。此13枪指八门五步，八门者，四正、四隅；五步者，进、退、顾、盼、定。此枪被称为滑枪，滑者，贼滑，诡计多端，乱蹦似猴，指上打下，先上后下。

东岳太极枪　由门惠丰、阚桂香创编。东岳太极枪，是以太极拳为母，在13枪韵律的基础上，精选以上名枪典型动作技法，又吸收了尚派形意枪的枪法编制而成的。

单人用功法　杨式太极枪的单人练习方法，最基本的就是抖杆，或称扎杆、捅杆。关于练习方法，各人传授不一。杨澄甫《太极拳使用法》所传仅有2式，此外介绍了利用树木的练法。陈炎林《太极拳刀剑杆散手合编》中介绍了3式。曾昭然《太极拳全书》中介绍了4式。

双人对练法　杨式太极枪双人对练法，亦称黏杆、扎杆、缠枪等，主要练习沾黏劲，为杆法应用之基础。其练法有双人平圆黏杆、双人立圆黏杆、双人活步沾黏4杆、双人活步沾黏13杆等。

双人对练法

双人活步沾黏13杆　是将13枪的动作综合起来的对练套路。最基本的顺序就是傅钟文所传太极13法：平刺心窝，下刺脚面，斜刺膀尖，上刺咽喉；平刺心窝，斜刺膀尖，下刺脚面，上刺咽喉；拨、掷、崩、劈、缠。甲、乙两人对练，甲进乙退13枪，然后乙进甲退13枪，如此反复循环。若双人活步至功深熟练，就可以不分顺序，任何部位都可以随意刺，方向也可以随时改变，化发也可以随化随发。

杨式太极大枪　又称杨式太极大杆或太极13枪。此套路为杨式太极拳传人李雅轩所传。以四黏枪为主，以四离枪为重，与劈枪、崩枪、点枪、扔枪、缠枪共称13枪。其中，把平刺胸口、下刺小腿、斜刺膀尖、上刺咽喉称为四黏枪，把怪蟒钻心刺心窝、仙鹤摆头刺膀尖、鹞子扑雀刺脚背、飞燕投巢刺面门称为四离枪。全套共41组动作。

杨式太极对枪　是杨式太极枪的对打套路，为双人对练，是张金普在杨式太极名师蒋玉堃所传太极13枪的攻防套路的基础上，参照温力的六合大枪以及吴殳的《手臂录》创编的新编套路。全套共47组动作。

杨派太极枪13式　是杨式太极拳第五代传人张勇涛以崔毅士传授的传统杨式太极13枪套路为基础，结合自身经验和体会创编的一套简便、易学、易练、易掌握的太极13杆，对传统杨式太极进行了精心选编，并完整地保留其传统杨式风格特点、习练方法和练功要点。全套动作共13式。枪谱如下。

1. 起势	2. 砸枪
3. 拨枪	4. 进步缠枪
5. 架枪	6. 扣腿抡架枪
返回原地：	
7. 退步缠枪	8. 云拨枪
9. 并步扎枪	10. 一开二合三发枪
11. 仆步抡劈枪	12. 扣腿刺枪
13. 收势	

吴式太极枪24式　被太极拳名师马岳梁（满族姓氏为马佳氏）作为太极拳类长器械的单练套路推广传授。套路中以中平枪拦、拿、扎法为主体，编排了一些主要的枪法，如摆、扫、点、刺、挂、劈、平抡枪及截、戳、击、撩等把法，内容比较丰富。因马岳梁是口授此枪法，除24式《枪谱》歌诀以外没有留下其他文字记载。后经整理，其枪谱歌诀如下。

1. 起手中平万法王
2. 搂膝压枪逞刚强
3. 推挡顺膝当头棒
4. 推挡顺劈顶枪
5. 推挡当头回身点
6. 金童送书玉臂长
7. 风扫梅花咽喉锁
8. 翻身蹬脚点蛇枪
9. 金龙摆尾连环转
10. 钩挂中平势最良
11. 风摆荷叶连环上
12. 金鸡独立镇猖狂
13. 偏马压盖中平式
14. 搂膝裆头扫地蹚
15. 猛虎跳涧盘头式
16. 蛟龙出水法最良
17. 推裆当头虎翦尾
18. 左右中央换步忙
19. 地蛇拦路藏身式
20. 凤凰展翅单朝阳
21. 盘头盖项多巧妙
22. 宿鸟投林回马枪
23. 金龙摆尾归大海
24. 环抱琵琶回故乡

武式太极杆　也称太极13杆，同其他各式太极杆一样，亦是杆为枪练。武式太极拳创始人武禹襄创始时以枪法称之，到李亦畬时改为杆法。他和弟子郝为真常常用铁杆练功。

武式太极4杆　分为沾黏4杆和4散杆两部分，是双人对练法，是推手的延续。其步法与活步推手一样，采用三步半步法，身法要求与拳架的13条身法相同。沾黏4杆从右向左做圆圈运动，4散杆从左向右做圆圈运动。4杆术运用沾、连、黏、随，不丢不顶和掤、挑、合、按、缠、刺（扎）手法进行练习。沾黏4杆为平刺心窝、下刺脚面、斜刺膀尖和上刺锁项，4散杆为平刺心窝、斜刺膀尖、下刺脚面和上刺锁项。

武式太极36枪　武式太极器械套路，由武式太极拳名家陈固安根据传统太极枪套路，结合自己数十年习练太极拳的心得体会创编而成。此套枪法，枪势连绵不断，编排巧妙，结构严谨，内可以练之于精神，外可以发之于肌体，融技击和健身为一体。全套共36式。

任式双头双枪　由任其云创编，于2010年编写成书。此套路是在双头单枪（也称双头蛇）套路的基础上发展起来的。鉴于双头单枪有利于锻炼人体各部位的协调性，任其云在双头单枪及双刀和双钩等双手器械套路的基础上创编了任式双头双枪。其枪法有扎、劈、挂、搂、拨、格、穿、抽、拉、抛、绞、撩、扫、架、云、压及舞花等。双头双枪舞花时，难度大，观赏性强，这些特点构成了双头双枪演练时的独特风格。

太极棍

太极棍是太极器械之一。太极拳与棍术相结合形成了太极棍。棍为百兵之祖。以前，太极器械中并无棍的套路，只是陈式太极枪中加入了白猿棍法。中华人民共和国成立后，崔毅士等武术名家开始创编太极棍。

太极棍把法

把法　是练棍的诀窍。武谚云“只把钱来帮，不把把法传”，说明了把法的重要性。握棍要靠三个力，即拇指的扣力、中指的擎力和小指的活力，再辅以食指和无名指的靠带，要活而不死，活而有力。棍的把法：两手虎口相对，握在中节，用两头抡击为合盘手；两手手心一上一下，握在根节劈击，为阴阳手；一手握棍端，用棍身扫击，叫单提手。

竖把　主要靠拇指和食指钳握。竖把，虎口向上，五指握棍。前后把要虚实分明，前把引导，后把着力，做到前把虚、后把实。棍法的千变万化都是通过前后滑把、换把等各种把法实现的。

滑把　使棍时，要随时上下滑动，名曰滑把。劈打时双手下滑，将棍端放长，始能击远而有力。

换把　用在换势变招之时，有时从阴阳手变为合盘手，有时从合盘手变为阴阳手，有时从单提手变为阴阳手。换把时一手松握移至下姿把位，另一手迅速离开接到新把位；也有时双手松握，相向或异向移动把位。

交叉把　即两腕或两前臂相互交叉握把。

棍法

点棍　用棍端之前半尺向下一点，随即提起，似蜻蜓点水，系进攻手法，如太公钓鱼。

剪棍　剪通作挡。用腰、臂的转动带动棍端向侧上方或左或右挡开来器后，随即进攻。剪棍是进攻的先导手法，如白虎左剪。

捣棍　用棍的顶端直戳对方任何部位。捣棍系进攻手法，如霸王卸甲。

劈棍　用棍的上半截由上往下打击对方。劈棍系进攻手法，如把走泥丸。

挂棍　用棍的梢节或根节向前、向侧下的左方或右方拨开来械，棍要贴近下身，快速有力。挂棍是进攻的先导手法，如把走泥丸的起手。

横棍　单手持棍之端，用腰劈之力横击对方。横棍系攻击手法，如渔人撒网。

拦棍　用棍端向下、向左或向右挡开或截住来器。拦棍为防御手法，如旱地撑舟。

带棍　用棍端随身向后退，避开来器，顺手带击对方。带棍基本是防御手法，如撤步绷带。

绞棍　以棍端搭住来器，用螺旋缠丝劲黏住对方，不使其逃脱，伺机进攻。绞棍系防御手法，如金蝉脱壳。

遮棍　以棍身向上遮住来器。遮棍系防御手法，如架海金梁。

扫棍　棍身横行，由左向右或由右向左甩击，呈圆弧或半月形。扫棍系进攻手法，如扫地金波。

压棍　以棍身或棍端压住来械之颈而攻之。压棍系进攻的先导手法，如抡起千钧。

撞棍　以棍身向前横击对方。撞棍系进攻手法，如猪龙攻地。

挑棍　双手或单手握棍，使棍前端由下向上运动。

击棍　双手或单手握棍，使棍向左（右）挥打，力点在棍前段。

拨棍　双手握棍，使棍前端小幅度摆动。

盖棍　双手对把握棍，两手上下反向用力，两臂交叉，使棍前段由上向下打击。

挂棍　双手或单手握棍，使棍由前向上、向后或向下、向后贴身弧形绕动，力达棍前段。

戳棍　棍身直线击出，力达棍顶端。

架棍　双手握棍，向头上方横举，受力点在棍中段。

撩棍　双手握棍由下向前上方弧形击出，力达棍前段。

云棍　双手对把握棍，反向用力，两前臂交叉使棍在头前上方平圆环绕。

推棍　双手对把握棍，使棍斜立向前送击为斜推棍，横着向前送击为平推棍。

举棍　双手或单手持棍造势的姿态，有平举、斜举、立举之分。

太极棍套路

陈式太极棍　是在陈式太极拳的基础上创编的。习练时动作走圆弧，棍的扫、扎、抖、崩、护要随身催动，左旋、右转、前进、后退，一气相连，人棍合一，刚柔并济。在民间主要流传有陈式太极棍24式、陈式太极棍45式、陈式太极棍51式等传统套路。

太极齐眉棍　由陈自强创编于2008年。齐眉棍是指棍子立于地面，棍高与眉齐为度。齐眉棍有劈、崩、点、拨、拦、封、撩、扫、缠绕等棍法。习练时要求手臂圆熟，身棍合一，力透棍尖。双手执棍开合，旋转时要圆熟自如，舞棍时要求手、眼、身法、步协调合一。它是陈式太极拳械中另一个太极棍套路。太极齐眉棍共有17组动作。

杨式太极棍　由杨式太极拳传人崔毅士创编。全套共61组动作，棍式紧凑，式式相连，姿势舒展大方，气势宏大。

杨派太极棍13式　由张勇涛创编，于2007年编写成书，是杨式42式太极棍套路的缩编。张勇涛以简便、易学、易练、易掌握为原则，精选出13个棍术动作进行创编。此套路前进方向有6个动作，返回原地有7个动作，从起势到收势仅用23分钟。棍法有搂、合、压、架、挑、背、戳、云等。套路短而精，简单易学。其风格特点为棍理归拳、对把滑击、身法中正、内外相合、棍中存圈、浑厚大方、棍法清晰、身械协调。

武式太极棍　又称24式太极棍，是武式太极拳第四代传人韩钦贤、李圣瑞、郝中天三人在武式太极拳理论的指导下创编的，所以太极拳的基本原则就是太极棍法的基本原则。此套路动作呈现缓慢、轻柔、圆活、匀称之态。既然是棍法，此套路也自有独特风格，即在习练时要求灵敏神速，雄浑强劲，刚柔相济，沾连缠绕，化发相随，变幻莫测，可谓“摇动风车大旋转，前后左右都是棍，恰似疾风扫残云，酷似疾风扫落叶”。

吴式太极棍——清风棍　由张颖国、于有生创编，于2010年编写成书。此套路是在传统太极棍的基础上，经二人多年的潜心研究，汲取吴式门人的亲传精华，借鉴其他棍法并融入科学的方法而改编的吴式太极棍法。此套路动作共分4段、32式、80个分解动作、13种不同棍法。其主要特点是意领棍随，棍绕身行，棍身合一，棍势连绵，棍走弧圈，棍花相连，行云流水，动作和缓自然、连绵不断。

东岳太极棒　由门惠丰、阚桂香于2003年创编。东岳太极棒套路，以北京武术界六合门派中的六合棍技术动作为基础，融合了我国西北地区的鞭杆和嵩山少林寺的少林棍等套路中的典型技术动作。为便于普及，易学易练，此套路对棍棒动作进行精选、规范，编制成8个基本动作组合，名为东岳太极棒八势或东岳太极棒一路，融于太极拳技理框架中。习练者能原地按拍节练习单个动作，也能以套路形式进行习练。

和式太极棍　是和式太极拳的长器械。整个套路有60个动作。和式太极棍结合和式太极拳的特点，形成步法灵活而稳健，招法柔中寓刚、浑厚圆转的特点，运用棍术中拦、架、托、挑、提、格、拨、刺、扫、压、盘打、盖扫、横打等技法，合理巧妙地编排而成。其运动特点为梢把并用、横打一片、密集如雨、气势磅礴。技法特点则可以概括为：换把变招，固把激发；兼枪带棒，梢把并用；棍如旋风，纵横打一片；把法多变，长短兼施。

赵堡太极棍　由王海洲、严翰秀创编于2002年。赵堡太极棍是赵堡太极拳长兵器械的一种，整个套路共65式。习练时动作走圆弧，棍的劈、扫、挑、护要做到随身催动，走成各种空圈，圈与圈交错相连，左旋右转，前进后退，一气相连，人棍合一，刚柔相济。

太极扇

太极扇是太极拳械之一，是20世纪末我国武术园地诞生的新的器械品种。它以太极拳为基础，以扇术为主导，多方位、多角度、多层次地展现扇术的丰富性、多彩性、趣味性，成了中国人喜闻乐见的体育健身项目，具有很高的武术价值、审美价值、文化价值与修身养性价值。

太极扇与体操扇、舞蹈扇、戏剧扇以及其他一切艺术形式的扇法有着本质区别，它是武术范畴里的一种扇技，它的一招一式都与攻防有关，含有很强的攻防意识。它具有内家拳器械运动的一切特点，讲究刚柔互补，内外兼修，追求武术精气神的最高境界。

太极扇术的特点与折叠扇器本身特点有关。其一，它可开可合。合则如棍棒，击之有千钧之力，有叱咤风云之势；开则如彩蝶，在龙飞凤舞之中蕴含着绵里藏针之气。其二，由此也决定了它的美学价值的多样性，给人一种美不胜收之感。其三，它的开扇要求很强的抖劲，发出一种鼓荡的扇声，有穿透力与震慑力的特殊功效。拳谚有“刀如猛虎，剑如游龙，扇如凤舞”，所谓凤舞应该包含上述3个内容和特点。

太极扇运动从开展以来有长足的发展。在品种上，由杨式太极扇开其端，初在晋豫两地发展，接着出现陈式太极扇与杨式太极扇争奇斗艳。近年来，全民健身活动出现的一些扇术套路有杨式太极扇、太极功夫扇、陈式太极扇、四维太极扇、养生太极扇、华武太极扇、莲花太极扇等。各种形式的扇术套路相继推出，在中国大地上形成百花齐放的局面。在普及发展程度上，凡是晨练健身的场所，拳、剑、扇几乎是并有的内容；有些省、市，专业武术运动员也开始习练。在运动形式上，太极扇已先后进入不同层次的运动会，如太极拳锦标赛、太极拳友谊赛，成为不可或缺的运动竞赛项目。2009年10月，在山东济南举办的第十一届全国运动会，开幕式上的1800人太极扇术集体表演，轰动、震撼国内外，这说明了太极扇术具有强大的魅力。

10余年来，中国的太极扇术已经发展到了世界各国。意大利、法国、西班牙、日本、美国、菲律宾、新加坡等国都有中国太极扇的竞赛或演练活动。

扇器

扇器，武术所用之扇，大小可因人而异。扇的形态有扇棒、扇叶两种，合扇时称扇棒，开扇时称扇叶。

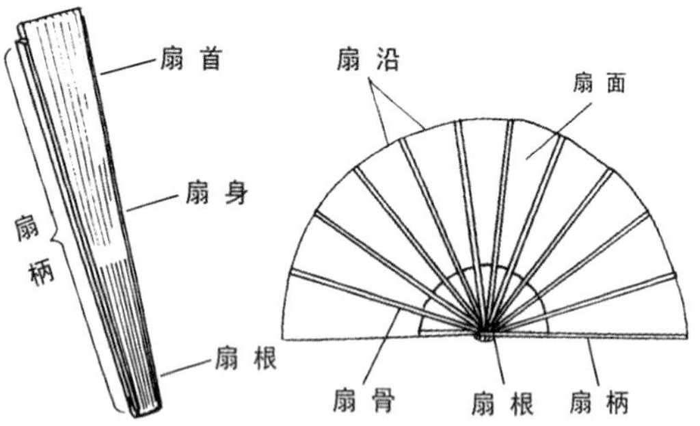

扇器部位名称

扇器握法

扇器握法主要有正手螺旋握法和开扇螺旋握法两种。正手螺旋握扇时，拇指和食指扣紧扇根部位，其他三指自然屈握于食指下方。开扇螺旋握扇时手握扇根，拇指一侧扣紧扇根，其余四指螺旋屈握扇根另一侧。

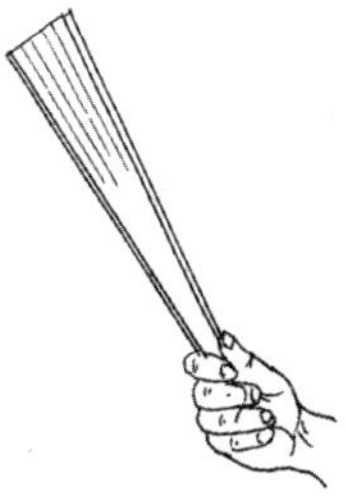
正手螺旋握法

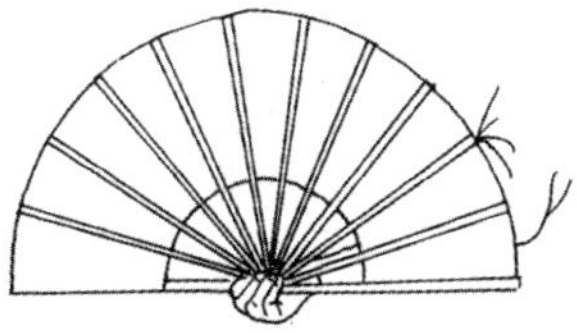
开扇螺旋握法

扇　法

开扇法　主要有正平开扇、反平开扇、正立开扇、竖立开扇、倒立开扇、反立开扇等。

正平开扇：右手握扇，在体前由右向左突然抖腕开扇，力达扇沿。

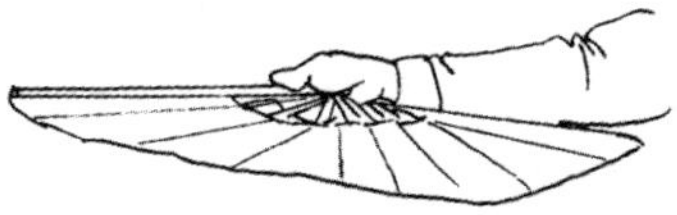
正平开扇

反平开扇：右手握扇，由左朝右，手心朝外突然抖腕开扇，力达扇沿。

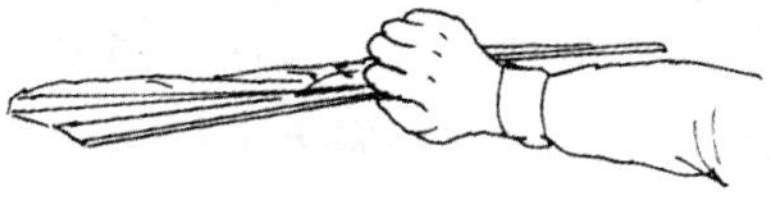
反平开扇

正立开扇：右手握扇，由下向上直臂抖腕正立开扇。

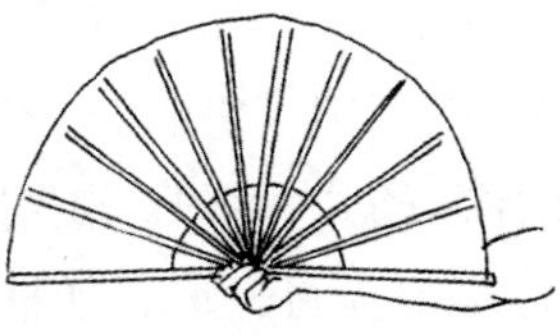
正立开扇

竖立开扇：右手握扇，直臂向上举、抖腕竖立开扇。

竖立开扇

倒立开扇：右手握扇，由上向下直臂抖腕倒立开扇。

反立开扇：右手握扇，反臂抖腕立开扇，扇柄斜向上。

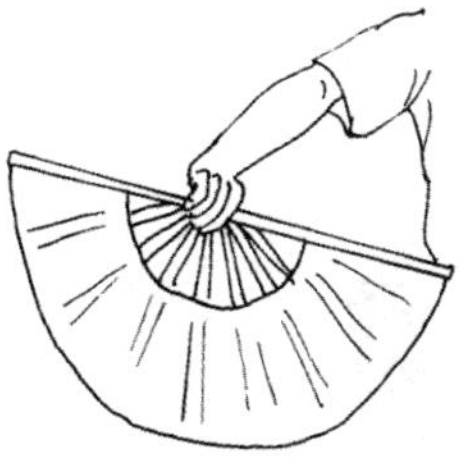
倒立开扇

反立开扇

合扇法　合扇时，着力点一般在扇棒。合扇法主要有挂扇、撩扇、劈扇、挑扇、击扇等。

挂扇：右手握扇根，虎口朝下，扣腕，由头上方向下挂，一般在身体的左右侧走立圆。

撩扇：右手握扇根，前臂外旋，小指一侧为力点，由下往上撩击。击打时以扇柄为力点。

劈扇：右手握扇，由上向下劈扇，力达扇柄。

挑扇：右手握扇，由下朝上直臂上挑，力达扇柄上方。

击扇：右手正握扇，扇首领先由腰间向体前送出击扇，或右手反握扇，扇根领先由腰间向体前送出。

抛扇法 分合扇抛接和开扇抛接两种方法。合扇抛接又分为正抛、反抛两种。

合扇正抛接：手握扇，将扇抛起，在空中调换方向，扇首朝前，落下时右手接握扇根，如收势动作。

合扇反抛接：手握扇，将扇抛起，在空中调换方向，扇落下时右手接握扇的一端，如收势动作。

开扇抛接：手握扇，将扇沿向右下回摆，顺势向上开扇抛起，在空中转一圈。落下时手接住左侧扇柄，然后向右外旋翻腕将扇合握，手心朝上，手握扇根一端。

云扇 右手握扇，在头上方划圆，翻腕转臂。

云扇

下切扇 右手握扇，以扇沿为力点，向下切击。

下切扇

穿扇 右手握扇，扇沿领先向左臂下方穿击。

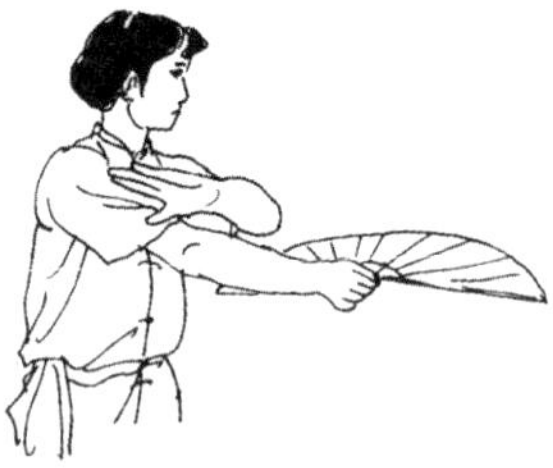

穿扇

扫扇 右手握扇，朝右斜下方扫击。

扫扇

太极扇套路

杨式太极扇 81 式 由杨丽创编。此套路含 81 个式架，分 6 段完成。它是由民间的传统清风玉侠扇提炼、加工、改编而成的。其套路内容丰富，身法灵活，扇法多变。其风格特点：动作舒展大方、刚柔相济、开合有序，既有轻快洒脱之姿，又有厚重勇猛之势，是阴柔之美与阳刚之美的统一。

杨式太极扇 73 式 由杨丽创编，是杨式太极扇系列中的高级套路。此套路含 73 个式架，分 6 段完成。它删除了 81 式中一些重复的动作，对个别式架做了修改和补充。与 81 式相比，杨式太极扇 73 式的风格更为突出，迈步如猫行，运劲如抽丝，动作柔和缓慢，扇法丰富，步法灵活，动作舒展大方，姿态优美，具有刚柔互补等特点，是杨式太极扇风格形成的定型套路。编排特点：内容丰富、结构严谨、式架规范、布局合理、难易适中、变化多端、高潮迭起、雅俗共赏。此套路有较高的武术价值与观赏价值，可以强身健体、陶冶情操。

杨式太极扇36式　由杨丽创编，是杨式太极扇系列里的普及套路。此套路共有36个式架，分4段完成。它是杨式太极扇73式套路的简化版，其中也增加了一些新颖的动作，如特别设计的左右手交换扇和抛接扇法，以及一些转身动作，在身法及扇法运用的蓄发劲上、柔劲和刚劲的反差上更为突出，习练时容易出神入化。此套路较完整地展示了杨式太极扇固有的技术风格。套路编排特点：简洁明快，难易相交，攻防动作鲜明、衔接流畅、相辅相成，动作新颖、美观大方，布局合理，节奏鲜明，高潮迭起，引人入胜。

杨式太极扇18式　由杨丽创编，是杨式太极扇系列里的初级套路。此套路共有18个式架，分2段完成。杨式太极扇18式较36式更为简单易学，是初学太极扇的入门套路。习练起来既平和又不失新颖，使初学者对太极扇的手型、步型、步法、扇法有一个基本了解，为学习杨式太极扇中级套路与高级套路打下良好基础。

杨式太极扇28式　由杨丽创编，适用于体育类院校和普通院校开设太极器械课程。杨式太极扇28式是一个初级向中级过渡的套路，短小精悍，一去一回两个段落，结构合理，衔接流畅。其特点：①由易到难，由简到繁，适宜初学者习练。②步法灵活，身法多变，基本扇技清晰。吸收了少量长拳类动作元素，如前点腿、单拍脚、鹞子翻身等，使内容更加丰富充实。③有较高的审美价值，观赏性强。不少动作体现了潇洒飘逸的美、刚柔互补的美，有时如彩蝶翻飞，有时又有鹰隼捕物、叱咤风云之势，便于展示多种风采，抒发个人情怀。④自1998年以来，杨式太极扇28式有些式架在命名时借用了其他太极扇套路相应的名称，便于习练者记忆。起势与收势也大都取相同的动作，体现出其系统性与承接性。⑤此套路演练时间在3分钟左右，适合个人表演以及各种比赛。

陈式太极扇48式　由马春喜创编。陈式太极扇48式是依据陈式太极拳的风格特点，加入了一些陈式太极拳典型动作创编而成的。其特点主要体现在以下五个方面：①保留套路的传统性，充分体现陈式太极拳的特点。②突出健身性、娱乐性和观赏性。③套路内容丰富，布局合理。④整套的创编集中了陈式太极拳的主要典型动作，如金刚捣碓、野马分鬃、左蹬一根、搬拦捶、压肘发力等，又融入了扇术的点、刺、撩、切、开、合等主要动作方法。⑤整套动作体现了缠绕折叠、松活弹抖、蓄发相间的陈式太极拳特点，同时符合轻灵柔和、扇势多变、造型优美等要求。

陈式太极扇24式　由王二平创编。此套路依据阴阳平衡，和谐自然，养身、养气、养心的太极养生原理，以太极拳和扇法动作为基础创编而成。陈式太极扇24式演练风格具有松活弹抖、缠绕折叠、轻灵柔缓、扇势多变、稳定自如、松活平稳等特点。套路编排合理，内容较全面、均衡，长期习练能够起到宜脑增智、畅经活血、强身健体、陶冶情操等作用。

太极功夫扇52式　由李德印创编。此套路编排特点突出表现在以下四个方面：①将太极拳与其他武术项目以及京剧、舞蹈动作巧妙结合。②将太极拳与扇的挥舞方法相结合，为太极器械类增加了新的内容。③将太极拳与现代歌曲相结合，形成了载歌载“武”的新的表现形式。④太极功夫扇52式造型优美，结构新颖，动作有刚有柔，节奏快慢相间，同时伴有发力发声。太极功夫扇52式全套分为6段，每段8个动作，加上起势、收势和两个过门，共计52个动作。

夕阳美太极功夫扇　由李德印创编。此套路共有56个动作，分6段完成。夕阳美太极功夫扇是李德印继太极功夫扇之后创编的姊妹篇，创编的目的是丰富老年群体健身活动内容，增加健身活动的趣味性、多样性，增强健身效果。夕阳美太极功夫扇以武术动作为基础，适当吸收京剧、舞蹈成分，结合“中国功夫”歌曲的内容、节奏，形成了载歌载舞、快慢相间、刚柔并举、活泼新颖等特色。

养生太极扇（第一套）　由张广德创编。此套路以易学的哲理及中医学中的经络学说、阴阳五行学说和气血理论为指导，以武术、太极及导引术为理论依据，在养生太极剑的基础上，融诗歌、书画、戏剧、音乐为一体创编而成。此套路在编排上疏密得当，错落有致，清而不杂，化俗为雅，在动作组合上，于朴实中现规整，虚实中藏惬当，是广大群众强身健体、自娱自乐的一种好形式。

养生太极扇（第二套）　由张广德创编。养生太极扇（第二套）与养生太极扇（第一套）为姊妹篇，二者势舞相应，珠联璧合，彼此促进，相得益彰。

太极双扇48式　由陈秀龙创编。太极双扇48式是一个深受大众喜爱的太极双扇健身套路。此套路根据太极拳的风格特点，挑选了其中最有健身价值的太极动作，结合扇术动作编排而成。其内容丰富，动作新颖，结构合理，不仅体现了太极拳的连绵不断、刚柔相济，更突出了扇术的身法多变、造型优美，非常适合大众健身锻炼和娱乐表演。

华武太极扇（初级）　由曾乃梁、卫香莲创编，也称30式华武太极扇。此套路在太极拳的基础上结合扇术动作，融合八卦掌特点创编而成，具有典雅大方、细腻柔美、声形并茂、形神兼备的特点，适合广大太极拳爱好者习练。目前此扇法套路在社会上流行较广。

华武太极扇（中级）　由曾乃梁、卫香莲创编。华武太极扇（中级）也称42式华武太极扇，吸取了陈、杨、吴、孙各式的特点，同时融合八卦掌一些摆、扣、转、行、圆的动作，具有典雅大方、细腻柔美、声形并茂、形神兼备的特点。此套路是在太极拳的基础上融合扇术的特点创编而成的。

四维太极扇　由薛安日创编。此套路共有38个动作，以横弓步、歇步、仆步、跪步、跟步、独立步、交叉步等步型为主，有多种平衡难度动作，姿势优美，形式活泼。此套路有较深的艺术内涵和较强的攻防意识，有以意导扇、虚实互变、节奏鲜明、击后清脆、气氛活泼等特点，既具普及性，又具表演娱乐性。

太极扇对练16式　由杨丽、廖本露创编。

太极扇对练16式是太极扇技术拆招应用的实战演练，在太极扇运动史上有开创之举。太极扇对练套路是在单练套路的基础上，由两人演练完成。套路编排细腻合理，动作流畅，结构严密，方法多样，攻防清晰，动作你来我往，妙趣横生。习练此套路时，即使初学者也能展现施展招数时的侠者之风。

全套动作共16式，分4小节，正常演练时间为2分10秒左右。为推广此太极扇对练套路，2008年7月，河南省体育局在郑州组织举办专业培训班，全省各地市县的体委派代表参加，河南省武术专业运动员参加了培训。2009年，在第十一届全运会开幕式上，太极扇对练的主要内容在大屏幕上展示，受到了中外人士的赞扬。

莲花太极双扇　由宗光耀创编，是一套专门为庆祝澳门回归而创编的套路，又称回归扇或40式太极扇。此套路以双扇为器械，动作舒展洒脱，挥舞起来形神兼具，充分体现了太极武术功架与扇术的完美结合。

健身太极扇　由吴阿敏创编。它是在太极拳的基础上结合扇术基本方法创编而成的武术健身套路，兼具太极拳和扇术的风格特点。第一、二段主要选取了陈、杨、吴、孙等式传统太极拳械中的主要动作，第三段融入了八卦掌名师赵大元所传授的技术，吸取了昆仑扇的独特扇法。

整个套路内容非常丰富，扇技细腻缠绵，编排严密紧凑，演练起来阴阳开合、左右交替、动静相间、长短互补、刚柔并济。

健身太极扇共36式，分为4段，每段9式。每段可作为独立的小套路单独习练，也可与另外3段一起完整习练。

太极双扇32式　由刘时荣、陈静创编。此套路是以太极13式的理论为原则，运用扇功的文饰武卫功能和神韵优美的舞蹈气氛，结合太极拳、八卦掌及其他技击武术的基本功法，融入养生保健内涵创编而成的。

太极双扇32式造型优美、姿态潇洒。其要领和太极拳的要领相同，要求习练者全神贯注、动静结合、意守拳路、气沉丹田，在动作上要求轻松柔和、外柔内刚、刚柔相济，如行云流水连绵不断，做到圆而有柔、舒展大方、上下相随、左右相兼，切忌断续、挺直、僵硬。

云水太极扇46式　由徐勤兰创编。此套路具有陈式太极拳特点，内容丰富，结构合理，动作缠绕折叠，松活弹抖，扇势多变，造型美观，具有健身性、观赏性。

太极拳稀有器械

陈式太极梢杆　梢产生于民间，是一种用于收豆子等农作物的器物，后来衍变为武术器械。陈自强于2008年编写的《陈氏太极梢杆》介绍了此器械。

太极梢杆对练　是陈式太极器械套路中长器械双人对打的一种习练方法。杆长约2.7米。梢为长把梢，把长2米，下边有钻，上边用3个铁环套着梢穗，梢穗长约40厘米，用坚硬木质制成。

练梢杆对打，必须在练好拳术的基础上，达到身法协调一致，手、眼、身法、步密切配合，与器械紧密相连。使杆的一方用扎、崩、披、拦、绞、缠、横、架等方法进攻对方，使梢的一方用撩、挡、绕、缠、横、扫、抡、打等方法，守中有攻。待两人熟练时，可互不相让，一个似蛟龙出海，一个如猛虎下山，越打越快。

陈式太极双锏　是陈式太极器械套路中双器械的一种。锏起源于先秦，沿用至清代，是一种古老的短兵器，现今习练者甚少。古时的锏用铜铁制成，现多改用木制，一般长70～90厘米。锏柄尾有孔，可穿绳索，用于套腕。锏身方形凹面，四边脚突起成棱，无刃无尖，故有凹棱锏之称。双锏的练习与运用是在陈式太极拳手、眼、身法、步相结合并与内劲协调一致的基础上，练习协调性和增强臂力的一种方法。此套路结合掤、架、推、挂、截、点、压、横、拦、劈、砸等技击方法，充分体现出陈式太极拳练到一定程度时的刚劲勇猛、力大无穷的神威。

太极单锏　单锏是陈式太极器械之一。单锏练习与运用在手、眼、身法、步相结合并与内劲协调一致的基础上，结合掤、架、推、挂、截、点、压、横、拦、劈、砸、舞花等技击方法，体现出刚劲勇猛、力大无穷的神威。

赵堡太极大斧　太极大斧是古老的赵堡太极拳体系中最重要的一种，但因流传久远，加上传授和拳派门规的原因，掌握大斧演练技术的人已经很少。赵堡太极大斧的主要动作方法是以劈砍为主，以削、砸、掏、刺、撩、啄、架、云、拍等为辅。赵堡太极大斧套路由王海洲、严翰秀于2002年编写成书。其套路共有26式，历史悠久，动作古朴，勇猛、实用，风格独特。太极大斧中的很多动作还保存有马上习练的动作，从中可以看出原始的大斧套路以马上习练的动作为主，经过时代的演变，逐渐由马上习练的动作变为以地面上习练为主。习练时要求遵循赵堡太极拳的拳理拳诀。

赵堡太极双鞭　双鞭用以砸击伤敌，因此其质地坚重。因鞭常为猛将所用，故古时称鞭为大将鞭。赵堡太极双鞭在赵堡流传久远，传说陈式太极拳第四代传人陈敬柏善用双鞭，在他去世之前嘱咐家人将他使用的兵器一起埋进墓里，其中就有双鞭。赵堡太极双鞭经过历代赵堡太极拳传人按照赵堡太极拳的原理进行改造而流传至今。赵堡太极双鞭套路由王海洲、严翰秀于2002年编写成书。赵堡太极双鞭共有12式，主要方法有砸、捅、磕、压、架、扫等。其套路运动特点：招式简朴、鞭法凶狠，使用起来变幻莫测。赵堡太极双鞭的习练要求按照赵堡太极拳的拳理拳法和要领来进行，双手握鞭分阴阳。

太极双棒棰　是陈式太极器械中的一种。“棒棰”应为“棒槌”，是用来捶打的木棒，多用来洗衣服、布匹。太极双棒棰将生活用品转化为武术器械，将太极拳的手法、步法、身法融入套路，古代多为女子习练，现会者、练者很少。太极双棒棰33式由陈式太极拳第十二代传人沈博平的弟子整理，演练时要遵循陈式太极拳的拳理拳诀。

太极狼牙棒　狼牙棒系木制，棒长四五尺（1.3~1.6米）。粗大的一端表面用铁皮包裹并带有铁钉，形似狼牙，故名狼牙棒，是一种古老的冷兵器。宋曾公亮《武经总要》载：“取坚重木为之，长四五尺……植钉于上，如狼牙者，曰狼牙棒。”狼牙棒由棒头、棒柄、棒尾3部分组成，棒头形式多样，棒柄由坚木制成，长约2米，棒头装于其上；棒尾有钻，多为铁制，下有尖，这样既可以保护棒尾不致破裂，又可以击敌或者插立在地上。

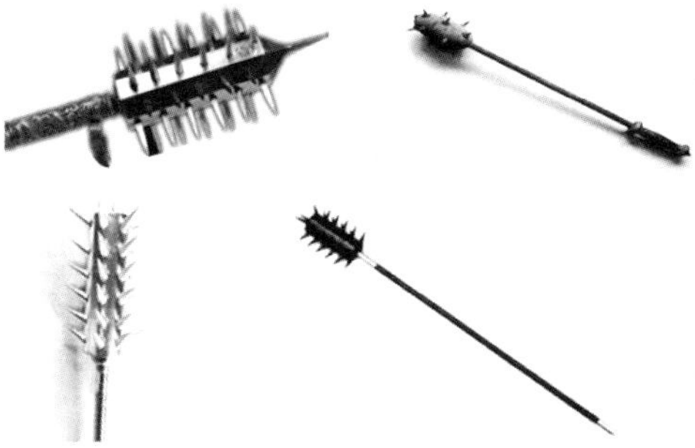

太极狼牙棒

太极单锤　单锤为太极器械中的一种。太极单锤 28 式习练用长柄单锤，技法有涮、曳、挂、砸、擂、云、盖等。武术谚语有“锤走曳式”。太极单锤是将太极拳技法与单锤技击特点融为一体的习练方法。

太极球　太极器械中的一种，习练时，初用泥球、皮革球、木球、绣球（绒球），也可用篮球或足球。球的大小最好以本人的胸宽为度，一般球的直径为 30 厘米左右。在练太极球时，意随气转，气随力转，精随气转，气随神转，静中求动，达到动静相合，阴阳相合，水火相济；同时，因人制宜，因地制宜。太极球龙形 13 式始于陈式太极拳，同时吸取了吴式、武式、杨式太极拳的精华和基本桩法。其易学易练，对心律不齐、脑力减退、精神不振等均有益处。

太极鞭杆　太极器械中短器械之一，为木制短棍，鞭杆的标准长度为三尺五寸，即 1.2~1.3 米，直径一般为 3~4 厘米。标准量法以自身高度选定尺度为宜。

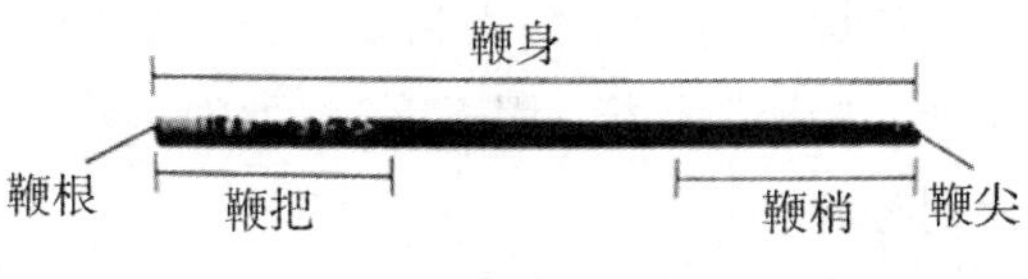

太极鞭杆

太极鞭杆 24 式由孙国玺创编于 2019 年。此套太极鞭杆系融合了马氏鞭杆、太师鞭以及刀、剑、杖等各种短兵的精华，以太极缠丝劲为核心的独具特色的优秀套路。每一个动作看似简单，但其处处走螺旋，招招式式含阴阳。它具有实用性强、招法变幻莫测、出手凶猛等攻防特点，以虚实结合的实战原则为准绳，不仅能放长击远，也能贴身短打、近身制敌。太极鞭杆的技击特点要求手不离鞭、鞭不离身、鞭中含枪、鞭中藏刀，犹如蛟龙出海、游蛇缠身一样柔贴。打法上借力打力，以分筋错骨、擒拿点穴，专攻关节、要害为主要技法。走鞭换手干净利落，动作有阴有阳，身法伸屈吞吐、闪转腾挪，劲力刚柔相济。交手时，沾连黏随，不给对方以变招换式的机会，不管距离远近，远打近攻，符合攻防兼备、攻中有防、防中有攻的太极阴阳哲理。

太极鞭杆击法歌诀如下。

撩戳挑剁点击砸，搬裹劈豁勾崩挂；
扫拦格扣掠截架，拔挎窝飞推压。
身鞭合一藏刀枪，阴阳五行央舞花；
虚实攻守玄机妙，道法自然随机化。

功力剑　太极器械之一。功力门太极 13 剑，由任炳义创编于 2018 年，全套共 54 式。功力门武术原创于清末，是在义和团于山东、直隶地区活动遗留下来的拳种的基础上发展起来的。其风格类似少林武术，尤为强调功力的强大和劲力的整合。功力门武术鲜明地提出“力由功出，无功不力”的理念，突出了功与力在此门派中的核心地位和它们的内在联系。功力门武术中有飞虎拳、六家势、小花刀、太极 13 刀、太极 13 剑等套路。

其设计目的是练功力，表现剑术功力的一面，要求劈剑雄沉，刺剑犀利，抹剑深入，撩剑豁剑通达，无不表现出力点准确和劲力透达。不仅剑上有力度功夫，而且要有控制能力。剑在手中运用要有所权衡，做到手中有数、心中有数，像外科医生拿手术刀一样。这样行剑才轻灵，剑法才准确，力度才适当，而不是一味地用力、逞一时之勇。剑上劲力的掌控，必然由扎实、稳定的功架做支持。所以，功力剑的定势，不仅表现为数量多，而且要求质量高，身正形端，势威劲遒，有似山岳，纹丝不动；要固住气、凝住神；不仅形有定力，心也要有定力，内外合一；由定转动的瞬间，先动意，以意领气，以气催动。

象形太极古传戒尺剑　太极器械之一，戒尺剑多用竹、木两种材料制成，长 50 厘米，厚 0.81 厘米，宽 3.54 厘米，主要由剑把、剑穗、剑身三大部分组成。

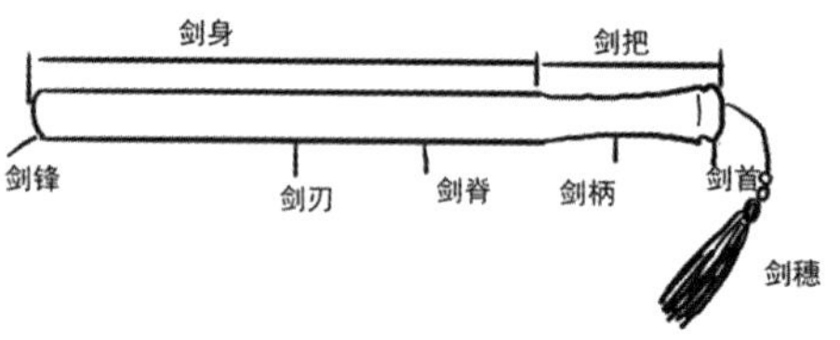

戒尺剑

清朝道光二十五年（1845），河中饧杨氏十八世嫡孙杨景丰富完善了先祖杨瞻戒尺剑的技术技法，在原有 16 种剑法的基础上增加到 28 种剑法，以象形太极（太极十三形）风格演练，节奏鲜明、快慢相间、劲力顺达、一触即发。全套戒尺剑 49 个动作传承至今，适合全民健身，匀速练习，效果甚佳。戒尺剑主要特点：象形取意，节奏鲜明；快慢相间，刚柔相济；静如秋月，动似波涛；动作轻灵，身法敏捷；扭腰转身，旋腕灵活；抖腰振臂，一触即发；潇洒飘逸，气宇轩昂；简单实用，变化多端。

戒尺剑的握法主要有平握、直握、提握、反握、钳握和左手抱剑 6 种。

平握：右手五指呈拳形，卷握剑把；剑刃向前，手心朝左；用于拦剑、崩剑、托剑、推剑等。

直握：五指呈螺形，卷握剑把；用于刺剑、劈剑、斩剑、扫剑等。

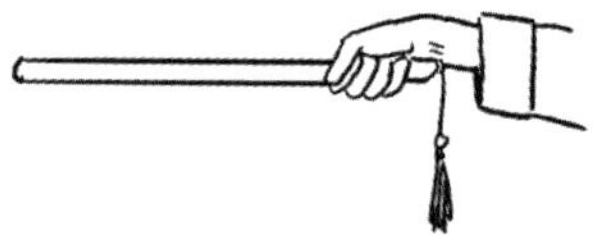

平握

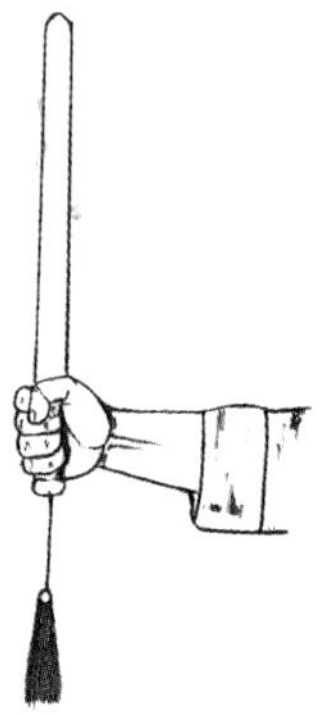

直握

提握：腕关节弯曲上提，拇指、食指下压，其余三指上勾；用于点剑、提剑等。

反握：手臂内旋，手心向外，拇指侧剑柄向下，食指侧剑刃向上用力，中指、无名指、小指向下勾压；用于撩剑、反刺剑等。

提握

反握

钳握：拇指、食指和虎口钳夹剑柄，其余三指松握剑把；用于挑剑、抽剑、挂剑、云剑等。

左手抱剑：左手食指与中指并拢，自

然伸直按压于剑把的中部，小指、无名指、拇指分别扣抓于剑柄上。

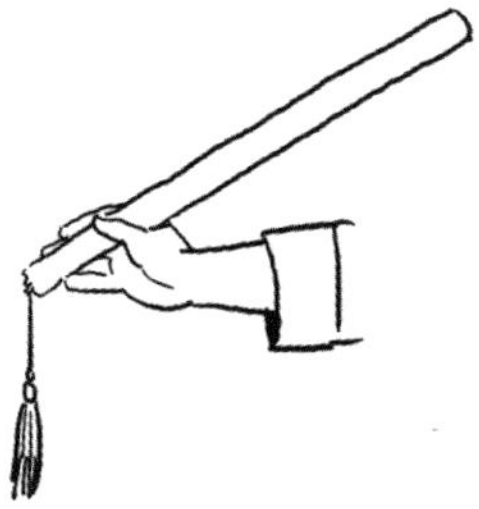
钳握

左手抱剑

其他类别

太极柔力球　由白榕发明，是一种将中国传统太极运动思想与现代球类项目相结合的全新的体育项目。

太极柔力球秉承中国传统的太极阴阳理论，属于一种太极化的球类体育运动项目。其特点是柔、圆、退、整。第一、二、三、四套太极柔力球套路由刘家骥创编，第二、三、四套柔力球套路分别在前一套柔力球套路的基础上进行丰富、补充整理、继承创新。第一、二套是根据发明人白榕的太极柔力球的基本技术，以操的形式创编而成的。第三套有一定的难度，编排新颖合理，自然流畅，优美大方，提高了习练者掌握基本难度动作及不同类型动作的技术连接的能力，促进了自选套路的发展。第四套将武术、体操、舞蹈的肢体语言与歌曲《爱我中华》相融合，采用规定动作、自编套路的形式，一套多变、编排丰富，推动了集体自选套路的发展。

双人太极球运动　由于海创编于2002年。双人太极球运动是以太极阴阳变化为理论指导，在传统太极拳练功方法的基础上，结合现代运动健身理念创编而成的双人器械健身练功方法。双人太极球技术特点鲜明，首先要求单人能够熟练运用太极球，然后两人配合通过身体部位的黏球，在沾连黏随的状态下，进行各种技法的习练。在习练时需要两人默契配合，高度协调，人随球变，球随人动。此运动以基本技术为练功核心，以游龙戏珠36式为主要习练形式，习练起来轻灵柔和、灵活飘逸、行若游龙。

太极藤球功　由刘德荣创编于2002年。太极藤球功在遵循太极运动法则的基础上，运用太极拳理论，尤其是将意念中的圆变成有形的实物藤球，并将传统的太极拳运动和现代的健身运动相结合，集武术的严谨庄重、气功的意识导引和传统医学的体表按摩于一体。行功中，虚领顶劲，松胯圆裆，气沉丹田，立身中正，以意运气，意气相随，球随意转，意随球行。在腰的带动下，全身有序转动，弧形运转。

第八部分　太极拳段位

说明：本部分主要介绍了中国武术段位制和陈式、杨式、吴式、武式、孙式、和式六个流派的段位技术。段位技术的主要内容包括单练套路、对打套路和拆招技法的动作名称。其中，单练套路是基础，对打套路是对抗实践，拆招技法是加深对攻防技击的认识，三个部分有机结合，形成了一个完整的技术体系。

中国武术段位制

中国武术段位制由国家体育总局武术运动管理中心制定，1998年在全国开始实施。它是一套全面评价习武者武术水平的等级制度，其目的在于推动武术运动的发展，增强人民体质，建立规范的全民武术锻炼体系。它根据个人从事武术锻炼和武术活动的年限、掌握的武术技术和理论水平、研究成果、武德修养，以及对武术发展所做出的贡献，划分为九段。2009年10月，中国武术段位制考评标准首次颁布，从此武术段位制从“套段”进入“考段”阶段。各段位的授予与晋升，都有具体条款和要求。2011年6月，中国武术段位制标准化管理体系建设启动，中国武术段位制标准化管理的首批文件和资证标志相继发布，包括《中国武术段位制手册》《中国武术段位制系列教程》《〈中国武术段位制〉理论考试电子题库》，中国武术段位制徽章以及武术段位训练服式样，并启动了中国武术段位制官方网站。自2016年开始，国家体育总局武术运动管理中心、中国武术协会编写了《中国武术段位（七段）考试指导手册》。2018年11月，国家体育总局武术运动管理中心、中国武术协会、国家体育总局武术研究院对中国武术段位制进行了修订。2022年12月，国家体育总局武术运动管理中心、中国武术协会对其再次修订，印发了《中国武术段位制（试行）》《中国武术段位制管理办法（试行）》。兹将上述文件列于下文，供有关读者学习和参考。

中国武术段位制（试行）

第一章　总　则

第一条　中国武术段位制是根据武术习练者从事武术运动经历，武德修养，掌握的武术技能和理论水平，获得的个人成绩，具备的业务能力，以及对武术发展所做出的贡献等，综合评价其武术水平的等级制度。

第二条　为增强人民体质，弘扬传承中华优秀传统文化，科学评定广大武术习练者武德修养、技术和理论水平，建立规范的全民武术评价体系和技术等级行业标准，构建武术全民健身公共服务体系，推动武术运动全面发展，特制定《中国武术段位制》（以下简称段位制）。

第三条　武术段位制设段级、段位和荣誉段位三部分，适用于武术套路和散打项目，武术兵道项目段位制另行制定。

（一）段级：由低至高依次设置为：一级、二级、三级、四级、五级、六级、七级、八级、九级。

（二）段位：由低至高依次设置分别为：

初段位：一段、二段、三段；

中段位：四段、五段、六段；

高段位：七段、八段、九段。

（三）荣誉段位：由低至高依次设置分别为：

荣誉中段位：四段、五段、六段；

荣誉高段位：七段、八段、九段。

第四条　武术段级、段位的授予有晋升与考段两种方式，自初认定段级或段位以后，必须逐级逐段晋升。

（一）晋升：凡已有武术段级或段位，已达到更高一级段级或段位水平和相关条件，且年限间隔已符合相应要求者，经考核合格，可申请晋升更高一级段级或段位。

（二）考段：凡无武术段级或段位，已达到一定段级或段位水平和相关条件，并为中国武术协会个人会员者，可申请参加考级或考段，经考试和考核合格，可授予相应的段级或段位；考级或考段只能申请一次，且最高只能授予六段。

第二章　晋级、晋段

第五条　晋级、晋段和考段对象

凡热爱武术运动，注重武德修养，遵守公序良俗，爱国守法，无任何违法犯罪和不良从业记录，具有相应技术和理论水平的武术习练者和从业者，均可自愿申请晋级、晋段或考段。荣誉段位只授予对武术发展作出突出贡献者。

第六条　考试、考评内容

由中国武术协会审定出版的《中国武术段位制系列教程》《中国武术段位（七段）考试指导手册》《武术散打段位晋级考评手册》和国家颁布过的普及推广套路、竞赛套路，均可作为武术段位制技术考试内容；相当于《中国武术段位制系列教程》中一至六段位动作数量与技术难度的自选套路，各地方主要传统武术拳种、器械套路等，经中国武术协会审定批准，也可作为武术段位制技术考试内容。

第七条　考试分值

武术段位制技术考试每项以10分为满分。理论考试、考评、答辩均以100分为满分。

第八条　晋级、晋段条件

（一）段级：凡参加武术锻炼的学前及学龄儿童，能接受武德教育，遵守武术礼仪，掌握《中国武术段位制系列教程》段前级的内容，或相当于段前级的武术内容，散打符合《武术散打段位晋级考评手册》段前级须掌握的技术内容，可申请晋升1—9级。

（二）初段位

一段：凡获得段级9级满半年，能接受武德教育，武术礼仪规范，能准确掌握《中国武术段位制系列教程》中任一拳种的一段单练内容，或相当于《中国武术段位制系列教程》一段动作组成的单练套路，散打符合《武术散打段位晋级考评手册》一段内容，以及参加由中国武术协会认定的相应级别武术比赛成绩合格，可申请晋升一段。

二段：凡获得一段满1年者，能接受武德教育，武术礼仪标准，能准确掌握《中国武术段位制系列教程》中任一拳种的二段单练内容，或相当于《中国武术段位制系列教程》二段动作组成的单练套路，散打符合《武术散打段位晋级考评手册》二段内容，以及参加由中国武术协会认定的相应级别武术比赛成绩合格，可申请晋升二段。

三段：凡获得二段资格满1年者，能接受武德教育，武术礼仪优秀，能准确掌握一项拳术和一项器械套路，其内容为《中国武术段位制系列教程》三段单练内容，或相当于《中国武术段位制系列教程》三段动作组成的一项拳术和一项器械套路，散打符合《武术散打段位晋级考评手册》三段内容，以及参加由中国武术协会认定的相应级别武术比赛成绩合格，可申请晋升三段。

（三）中段位

四段：凡获得三段满2年者，注重武德修养，具备武术基础理论知识，熟练掌握《中国武术段位制系列教程》四段单练内容，或相当于《中国武术段位制系列教程》四段动作组成的一项拳术和一项器械套路；散打符合《武术散打段位晋级考评手册》四段内容；以及参加由中国武术协会认定的相应级别武术比赛成绩合格，可申请晋升四段。

五段：凡获得四段满2年者，注重武德修养，具备相应的武术理论知识，熟练掌握《中国武术段位制系列教程》五段单练内容，或相当于《中国武术段位制系列教程》五段动作组成的一项拳术和一项器械套路；散打符合《武术散打段位晋级考评手册》五段内容；以及参加由中国武术协会认定的相应级别武术比赛成绩符合要求，可申请晋升五段。

六段：凡获得五段满2年者，注重武德修养，达到相应的武术理论水平，熟练掌握《中国武术段位制系列教程》六段单练内容，或相当于《中国武术段位制系列教程》六段动作组成的一项拳术和一项器械套路；散打符合《武术散打段位晋级考评手册》六段内容，以及参加由中国武术协会认定的相应级别武术比赛成绩合格，可申请晋升六段。

（四）高段位

七段：凡已获得六段满5年者，系统掌握某一拳种的技术和理论体系，并取得一定的成绩，遵守武德、品行端正，对武术运动普及推广、传承发展、全民健身、教学科研等做出一定贡献，且达到相应要求；散打符合《武术散打段位晋级考评手册》晋升七段条件，可申请晋升七段。

八段：凡已获得七段满5年者，熟练掌握两种以上拳种（含散打）的技术和理论体系，武术成绩优异、业务能力突出、理论成果丰硕，为武术挖掘整理、传承发展、普及推广、推动中华武术走出去等方面取得突出成就，武德高尚、身正为范，对武术事业发展做出较大贡献，且达到相应要求；散打符合《武术散打段位晋级考评手册》晋升八段条件，可申请晋升八段。

九段：凡已获得八段满5年者，精通两种以上拳种（含散打）的技术和理论体系，德艺双馨、德高望重，具有较大社会影响力，为武术挖掘整理、传承发展、普及推广、推动中华武术走出去等方面取得重大成就，对武术事业发展做出巨大贡献，且达到相应要求；散打符合《武术散打段位晋级考评手册》晋升九段条件，可申请晋升九段。

（五）荣誉段位的条件

对武术事业发展做出突出贡献的知名人士，或在民间具有较大影响力、德高望重的老拳师、主要拳种传承人等，可由各省（自治区、直辖市）武术段位主管部门推荐申报，经中国武术协会审核或备案，授予相应的武术荣誉段位。

第三章　管理机构

第九条　中国武术协会是武术段位制工作管理和考评的最高机构，下设段位制办公室，负责全国武术段位制日常管理和相关工作。各省（自治区、直辖市）段位制管理实行“属地管理，分级负责”的原则。

第十条　区域性一级段位制办公室是各省（自治区、直辖市）段位制工作的管理机构，各省级武术主管部门或中国武术协会区域性一级单位会员，或具有中国武术协会专业性一级单位会员资格的高等院校和全国性体育行业协会，可向中国武术协会段位制办公室申请成立一级段位制办公室，经批准后方可开展相关工作。

第十一条　区域性二级段位制办公室是各地级市（区）段位制工作的管理机构，各地级市（区）武术主管部门或中国武术协会区域性二级单位会员，可向所属辖区一级段位制办公室申请成立二级段位制办公室，经报省级武术主管部门或省级武术协会批准，并报中国武术协会段位制办公室备案后，方可开展相关工作。

第十二条　区域性三级段位制办公室是各县级市（区）段位制工作的管理机构，各县级市（区）武术主管部门或中国武术协会区域性三级单位会员，可向所属辖区二级段位制办公室申请成立三级段位制办公室，经报地市级武术主管部门或武术协会批准，并逐级报中国武术协会备案后，方可开展相关工作。

第十三条 若当地尚未设立段位制办公室，或已设有段位制办公室但未能正常开展工作，以及有其他特殊情况时，该地区考试点可由中国武术协会直接负责，或委托其他单位临时负责当地段位制相关工作。

第四章 考评机构

第十四条 段位考评机构是武术段级、段位培训、考试、评审、成绩认定的执行机构。段位考评机构设置实行“分级设点，就地考评”的原则。

第十五条 段位制考评委员会

段位制考评委员会是开展武术段级、段位培训、组织考试和成绩认定的专业考评员管理组织，分高段位考评委员会、中段位考评委员会、初段位考评委员会。执行具体段位考评、考试任务的考评员，原则上应由所属区域的考评委员会选派或推荐。

（一）高段位考评委员会由中国武术协会段位制办公室组织成立，负责执行全国高段位七、八、九段的考试考评工作。

（二）中段位考评委员会由一级段位制办公室组织成立，负责执行本区域的中段位四、五、六段的考试考评及指导工作。

（三）初段位考评委员会由二级、三级段位制办公室组织成立，负责执行本区域的初段位一、二、三段和段级1—9级的考试考评及指导工作。

第十六条 考评监督委员会

考评监督委员会是监督、检查段位考评组织与实施工作的纪律监督机构，由各级武术主管部门或武术协会设立，负责受理段位考评期间发生的争议、投诉和纠纷等，确保考评工作公平、公开、公正进行。

第十七条 段位考试点

（一）一级考试点由中国武术协会段位制办公室批准、授权和管理。各一级段位制办公室，可根据工作需要申请设立若干个一级考试点，负责组织开展六段及以下段位培训和考评工作，并报中国武术协会段位制办公室审批。

（二）二级考试点由一级段位制办公室批准、授权和管理。各二级段位制办公室，可根据工作需要申请设立若干个二级考试点，负责组织开展三段及以下段位、段级培训和考评工作，对于工作开展较好的二级考试点，可授权进行四段及以下段位、段级培训和考评工作，并逐级上报中国武术协会段位制办公室备案。

（三）三级考试点由二级段位制办公室批准、授权和管理。各三级段位制办公室，可根据工作需要申请成立若干个三级段位考试点，负责组织开展二段及以下段位、段级培训和考评工作，并逐级上报中国武术协会段位制办公室备案。

第十八条 凡在我国境内注册，具有独立法人资格，能满足组织开展段位制考评工作需要，有固定考试场地设施和人员，符合相应等级条件的各类武校、武馆、俱乐部、单项拳种研究会、武术组织、培训机构、公司企业，以及各类高等院校、中小学校、老年大学、青少年宫、社区街道健身站点等单位，均可申报设立相应段位考试点。

第五章 段位认定

第十九条 各级考评机构在其权限内，对申报晋级、晋段者的考试考评结果进行认定。段位认定实行“分级认定，逐级备案”的原则。

（一）高段位考评委员会负责晋升高

段位人员的考试、考评和认定，并报中国武术协会段位制办公室备案；

（二）一级考试点负责组织六段及以下的段位考试与成绩认定，并将认定结果报一级段位制办公室审批；

（三）二级考试点负责组织三段及以下的段位、段级考试与成绩认定，并将认定结果报二级段位制办公室审批；

（四）三级考试点负责组织二段及以下的段位、段级考试与成绩认定，并将认定结果报三级段位制办公室审批。

第二十条　中国武术协会对考试、考评认定结果通过中国武术协会段位制官方网站审核、公布，并提供免费查询。

第六章　证书、徽章与服装

第二十一条　中国武术段位制证书包括段位证、段级证、考评员资格证等。

第二十二条　徽章：

段级：一级（青熊猫）二级（银熊猫）三级（金熊猫）；

四级（青猴）五级（银猴）六级（金猴）；

七级（青狮）八级（银狮）九级（金狮）；

初段位：一段（青鹰）二段（银鹰）三段（金鹰）；

中段位：四段（青虎）五段（银虎）六段（金虎）；

高段位：七段（青龙）八段（银龙）九段（金龙）。

第二十三条　武术段级、段位服装分考试训练服、考评员服、段位礼服等，服装样式由中国武术协会统一规定。

第七章　权利

第二十四条　获得武术段级段位者，具有优先参加中国武术协会及各级单位会员主办或组织的竞赛、培训、科研等活动的资格及优惠条件。

第二十五条　获得四段及以上段位，具有担任经营性武术馆校、俱乐部、培训机构教练资格；获得五段及以上段位，具有开办经营性武术馆校、俱乐部、培训机构的资格。

第二十六条　获得武术中段位及以上者，具有优先参加各级武术师（大众教练员）、裁判员考试、考核、认定等活动的资格及优惠条件。

第二十七条　获得武术高段位及以上者，具有优先参加由中国武术协会及各级单位会员主办或组织的竞赛执裁、培训执教、段位考评等活动资格。

第八章　义务

第二十八条　自觉遵守武术段位制的各项规定，认真履行各项职责。

第二十九条　热爱武术事业，积极参与武术活动，传承优秀武术文化，弘扬武术精神。

第九章　处罚

第三十条　获得武术段级段位者，出现以下情况之一，中国武术协会和省级武术协会将根据段位制管理权限，将根据情节给予警告、通报批评和撤销其段位资格等处罚，涉嫌违法犯罪的，移交司法机关依法处理。

（一）用不正当手段获得段位证书或伪造、销售假段级、假段位证书，假运动员等级、假教练员、假裁判员等相关资格证书；

（二）加入涉嫌违规的境外武术组织，参与组织或参加不规范武术活动；

（三）随意自创门派、私下约架、恶意攻击、相互诋毁、歧视他人；

（四）自封“大师”“掌门”“正宗”“嫡传”等，欺世盗名，招摇撞骗，误导群众；

（五）以“拜师收徒”“贺寿庆典”“评比表彰”等为名收费敛财，以及其他违背公序良俗的行为；

（六）丧失武德、品德败坏，背离武术精神，虚假宣传、恶意炒作、造谣传谣、发表不当言论等；

（七）借武术之名从事其他违法违规活动。

第十章　其他

第三十一条　自发布之日起试行1年，在此之前与本文内容不一致的相关文件均以此为准。

第三十二条　解释权属中国武术协会。

中国武术段位制（试行）

根据《中国武术段位制（试行）》《全民健身计划（2021—2025年）》《关于构建更高水平的全民健身公共服务体系的意见》《“十四五”体育发展规划》等文件精神和相关规定，按照“思想大解放、逻辑更清晰、体系更成熟、管理再加强”总体要求，坚持以人民为中心，办人民满意的段位为宗旨，深化贯彻落实“放、管、服”，服务全民健身国家战略，全面推动武术段位制广泛普及推广。特制定本管理办法。

第一章　申报资格

第一条　凡热爱武术运动，注重武德修养、遵守公序良俗、爱国守法，无任何违法犯罪和不良从业记录，具有相应技术和理论水平的武术习练者和从业者，均可自愿申报。

第二章　申报条件

第二条　段级

凡能接受武德教育、遵守武术礼仪，进行武术套路或散打锻炼的学前及学龄儿童，可申请晋升段级1—9级。每半年或每修满48课时（每课时不少于45分钟），可申请晋升1次段级。

第三条　初段位

一段：凡能接受武德教育，武术礼仪规范，已到达一段技术水平和相关条件，并符合以下条件之一者，可申请晋升或授予一段：

（一）获得段级9级满半年的学前及学龄儿童，经考试合格，可晋升一段。

（二）能准确掌握《中国武术段位制系列教程》中任一拳种的一段单练内容，或相当于《中国武术段位制系列教程》一段动作组成的相应单练套路，散打符合《武术散打段位晋级考评手册》一段内容，经考试或考核合格者，可申请授予一段。

（三）参加由中国武术协会主办或授权的省级及以上武术比赛，获得套路1项拳术成绩7.0分以上，或散打比赛前32名及以上，经所属地段位制办公室审核合格者，可申请授予一段。

二段：凡能接受武德教育，武术礼仪标准，已到达二段技术水平和相关条件，并符合以下条件之一者，可申请晋升或授予二段：

（一）获得一段满1年者，经考试合格，可晋升二段。

（二）能规范掌握《中国武术段位制

系列教程》中任一拳种的二段单练套路，或相当于《中国武术段位制系列教程》二段动作组成的相应单练套路和国家颁布过的普及推广套路、竞赛套路，散打符合《武术散打段位晋级考评手册》二段内容，经考试或考核合格者，可申请授予二段。

（三）参加由中国武术协会主办或授权的省级及以上武术比赛，获得套路1项拳术成绩7.5分以上，或散打比赛前16名及以上，经所属地段位制办公室审核合格者，可申请授予二段。

三段：凡能自觉遵守武德，武术礼仪优秀，已到达三段技术水平和相关条件，并符合以下条件之一者，可申请晋升或授予三段：

（一）获得二段满1年者，经考试合格，可晋升三段。

（二）能准确掌握《中国武术段位制系列教程》中任一拳种的三段单练内容，或相当于《中国武术段位制系列教程》三段动作组成的相应单练套路和国家颁布过的普及推广套路、竞赛套路，散打符合《武术散打段位晋级考评手册》三段内容，经考试或考核合格者，可申请授予三段。

（三）获得三级武士（三级运动员）者，经所属地段位制办公室审核合格者，可申请授予三段。

（四）参加由中国武术协会主办或授权的省级及以上武术比赛，获得套路1项拳术和1项器械，两项成绩均在7.5分以上，或散打比赛前8名及以上，经所属地段位制办公室审核合格者，可申请授予三段。

第四条　中段位

四段：凡注重武德修养，具备武术基础理论知识，已到达四段技术水平和相关条件，并符合以下条件之一者，可申请晋升或授予四段：

（一）获得三段满2年者，经考试合格，可晋升四段。

（二）能熟练掌握《中国武术段位制系列教程》中任一拳种的四段单练内容，或相当于《中国武术段位制系列教程》四段动作组成的相应单练套路和国家颁布过的普及推广套路、竞赛套路，散打符合《武术散打段位晋级考评手册》四段内容，经考试或考核合格者，可申请授予四段。

（三）获得二级武士（二级运动员），经所属地段位制办公室审核合格者，可申请授予四段。

（四）获得高等院校武术专业（方向）专科学历，或在读专科学生，经考核合格者，可申请授予四段。

（五）由非物质文化遗产行政主管部门组织认定，获得区县级武术拳种非物质文化遗产代表性传承人，经所属地段位制办公室考核合格者，可申请授予四段。

（六）参加由中国武术协会主办或授权的全国性武术比赛，获得套路1项拳术和1项器械，两项成绩均在8.0分以上，或散打比赛前16名及以上，经所属地段位制办公室审核合格者，可申请授予四段。

五段：凡注重武德修养，具备相应的武术理论知识，已到达五段技术水平和相关条件，并符合以下条件之一者，可申请晋升或授予五段：

（一）获得四段满2年者，经考试合格，可晋升五段。

（二）能熟练掌握《中国武术段位制系列教程》中任一拳种的五段单练内容，或相当于《中国武术段位制系列教程》五段动作组成的相应单练套路和国家颁布过的普及推广套路、竞赛套路，散打符合《武术散打段位晋级考评手册》五段内容，经考试或考核合格者，可申请授予五段。

（三）获得一级武士（一级运动员）者，经所属地段位制办公室审核合格者，可申请授予五段。

（四）获得高等院校武术专业（方向）本科学历者，或在读本科学生获得四段满 2 年，经考核合格者，可申请授予五段。

（五）获得地市级武术拳种非物质文化遗产代表性传承人，经所属地段位制办公室考核合格者，可申请授予五段。

（六）参加由中国武术协会主办或授权的全国性武术比赛，获得套路 1 项拳术和 1 项器械，两项成绩均在 8.5 分以上，或散打比赛前 8 名及以上，经所属地段位制办公室审核合格者，可申请授予五段。

六段：凡注重武德修养，达到相应的武术理论水平，已到达五段技术水平和相关条件，并符合以下条件之一者，可申请晋升或授予六段：

（一）获得五段满 2 年者，经考试合格，可晋升六段。

（二）能熟练掌握《中国武术段位制系列教程》中任一拳种的六段单练内容或相当于《中国武术段位制系列教程》六段动作组成的相应单练套路和国家颁布过的普及推广套路、竞赛套路，散打符合《武术散打段位晋级考评手册》六段内容，经考试或考核合格者，可申请授予六段。

（三）获得武英级运动员（运动健将）者，经所属地段位制办公室审核合格者，可申请授予六段。

（四）获得高等院校武术专业（方向）硕士研究生及以上学历者，或在读硕士、博士研究生获得五段满 2 年，经考核合格者，可申请授予六段。

（五）获得省市级武术拳种非物质文化遗产代表性传承人，经所属地段位制办公室考核合格者，可申请授予六段。

（六）参加由中国武术协会主办或授权的全国性武术比赛，获得套路 1 项拳术和 1 项器械，两项成绩均在 9.0 分以上，或散打比赛前 4 名及以上，经所属地段位制办公室审核合格者，可申请授予六段。

第五条 高段位

按照申报高段位不同人群，可分为教练员系列、裁判员系列、运动员系列、教学科研系列、管理人员系列、传统拳师系列、以及其他人员等系列进行分类考评，并根据不同申报人群特点，分别对其相应条款进行重点考评。

七段：凡获得六段满 5 年，系统掌握某一拳种（含散打）的技术和理论体系，并取得一定成绩，遵守武德、品行端正，对武术运动普及推广、传承发展、全民健身、教学科研作出一定贡献，同时符合以下任一系列相关条件和要求者，可申报参加全国高段位（七段）国家考试，并申请晋升七段。

（一）教练员系列：长期从事专职武术教练员工作，符合下列条款任意 2 项及以上者：

1. 获得武术国家级教练职称，或武术高级教练职称满 5 年，或武术中级教练职称满 10 年；

2. 获得六段后，作为主要教练训练两年以上的运动员，获得过世界杯、世锦赛、亚运会、亚洲杯、亚锦赛等国际性高水平竞技武术比赛冠军 1 次及以上；

3. 获得六段后，作为主要教练训练两年以上运动员，获得过全运会、冠军赛、锦标赛等全国性高水平竞技武术比赛前三名 3 人次及以上；

4. 获得六段后，作为主要教练训练两年以上运动员，有 10 人及以上输送至上一级组织，并在四年内，其中有 5 人次及以上获得全运会、冠军赛、锦标赛等高水平竞技武术比赛前八名；

5. 获得六段后，作为主要教练训练两年以上运动员，有 20 人次及以上获得武术中段位；

6. 获得六段后，在省级以上学术期刊、杂志公开发表武术文章 1 篇及以上。

（二）裁判员系列：具备专业武术裁判员资格，精通武术竞赛规则和裁判法，多次参加武术赛事裁判或段位考评工作，符合下列条款任意 2 项及以上者：

1. 获得武术国际级裁判员，或武术国家级裁判员满 5 年；

2. 获得武术段位一级考评员满 5 年；

3. 获得六段后，在世界杯、世锦赛，亚运会、亚洲杯、亚锦赛等国际性高水平竞技武术比赛中担任过裁判员工作 1 次及以上；

4. 获得六段后，在全运会、冠军赛、锦标赛等全国高水平竞技武术比赛中担任过裁判员工作 2 次及以上；

5. 获得六段后，在国际性、全国性社会武术比赛中担任裁判长及以上职务 2 次及以上，或担任裁判员 3 次及以上；

6. 获得武术六段后，在各省市武术中段位考试担任考评长及以上职务 2 次及以上。

（三）运动员系列：从事专业武术运动训练，运动成绩优异，符合下列条款任意 2 项及以上者：

1. 获得国际武英级运动员（国际运动健将），或武英级运动员（运动健将）满 5 年；

2. 获得武术副高级职称，或武术国家级裁判员资格；

3. 获得六段后，获得过世界杯、世锦赛，亚运会、亚洲杯、亚锦赛等国际性高水平竞技武术比赛冠军 1 次及以上；

4. 获得六段后，获得过全运会、冠军赛、锦标赛等全国性高水平竞技武术比赛前六名 2 次及以上；

5. 获得六段后，曾入选国家队或国家集训队，或被选派代表国家参加比赛、外事出访、推广培训或宣传展演等 2 次及以上；

6. 获得六段后，曾参加由国家体育总局或中国武术协会组织主办的武术全民健身公益服务活动或宣传推广活动等 2 次及以上。

（四）教学科研系列：长期从事武术教学或科研工作，理论成果丰硕，符合下列条款任意 2 项及以上者：

1. 获得武术正高职称（含正高级教师），或武术副高职称满 5 年（含高级教师），或武术中级职称满 10 年（含一级教师）；

2. 获得六段后，承担或作为主要成员完成国家社科或其他国家级课题武术科研项目 1 项及以上；

3. 获得六段后，在国际 SCI 或 SSCI 学术期刊以第一作者发表武术科研论文 1 篇及以上；

4. 获得六段后，在国内 CSSCI 或 CSCD 学术期刊以第一作者发表武术科研论文 2 篇及以上；

5. 获得六段后，所撰写武术论文参加由国家体育总局、国家体育总局武术研究院、中国武术协会主办的国际性、全国性学术会议获得一等奖 2 次及以上；

6. 获得六段后，组织所任教学生参加段位制考试或考评，有 100 人次及以上获得武术段位。

（五）管理人员系列：长期从事武术管理人员，业绩突出，符合下列条款任意 2 项及以上者：

1. 从事武术管理工作满 10 年的正科级

及以上职务者；

2. 获得六段后，作为主要负责人承办由中国武术协会主办或授权的国际性、全国性武术赛事活动2次及以上；

3. 获得武术六段后，为当地武术普及推广、全民健身做出突出贡献，作为主要负责人组织举办1000人以上省级武术活动3次以上；

4. 获得六段后，负责所辖区域武术段位工作成绩突出，累计组织考评3000人以上获得武术中、初段位；

5. 获得六段后，担任武术馆校副校（馆）长及以上职务，组织考评学生累计3000人次及以上获得武术中、初段位；

6. 获得六段后，为当地传统武术挖掘整理、保护传承做出突出贡献，作为主要负责人组织编写出版当地《武术史》《武术志》《武术拳械录》，或当地传统武术拳种书籍等1部及以上。

（六）传统拳师系列：系统掌握某一传统拳种的技术和理论体系的民间拳师，社会影响力较大，符合下列条款任意2项及以上者：

1. 国家级非遗武术拳种代表性传承人；

2. 省级非遗武术拳种代表性传承人满5年，或地市级非遗武术拳种代表性传承人满10年；

3. 对某一传统拳种挖掘整理、保护传承、普及推广做出一定贡献，并精通该拳种理论技法、历史渊源、传承谱系等，在全国范围内具有一定影响力；

4. 获得六段后，为武术普及推广或传承发展做出一定贡献的武术传习者，所培养传承人20人次及以上获得武术中段位；

5. 获得六段后，担任武术段位考试点、全民健身习练辅导站点主要负责人，组织段位考评累计100人次及以上获得武术中、初段位；

6. 获得六段后，本人参加由中国武术协会举办或认可的全国性武术比赛获得2项（次）一等奖或前三名。

（七）其他人员：除以上几类人员外，与上述申报条件和技术水平、社会贡献相当的武术传习者，经所在省市武术协会和两位及以上武术高段位人员推荐，可同等条件参加。

八段：凡获得七段满5年，熟练掌握两种以上拳种（含散打）的技术和理论体系，武术业绩优异、业务能力突出、在全国范围内有较大影响力，对武术事业发展作出较大贡献者，同时符合以下任一系列相关条件和要求者，均可申请晋升八段。

（一）教练员系列：全国知名武术教练员，在全国范围内有较大社会影响力，符合下列条款任意2项及以上者：

1. 获得武术国家级教练职称满5年，或武术高级教练职称满10年；

2. 获得七段后，作为主要教练所培养运动员，获得过世界杯、世锦赛，亚运会、亚洲杯、亚锦赛等国际性高水平竞技武术比赛冠军3次及以上；

3. 获得七段后，作为主要教练所培养运动员，获得过全运会、冠军赛、锦标赛等全国性高水平竞技武术比赛冠军5人次及以上；

4. 获得七段后，担任国家队或国家集训队教练员3次以上；

5. 获得七段后，作为主要教练所培养运动员，有50人及以上获得武术中段位；

6. 获得七段后，在国家级学术期刊、杂志公开发表武术文章1篇及以上。

（二）裁判员系列：全国知名武术裁判员，精通武术竞赛规则和裁判法，在全国范围内有较大社会影响力，符合下列条款任意 2 项及以上者：

1. 获得武术段位国家级考评员满 5 年；

2. 获得武术国际级裁判员满 5 年，或武术国家级裁判员满 10 年；

3. 获得七段后，在世界杯、世锦赛，亚运会、亚洲杯、亚锦赛等国际性高水平竞技武术比赛中担任过裁判长及以上职务 1 次及以上，或担任裁判员 3 次及以上；

4. 获得七段后，在全运会、冠军赛、锦标赛等全国性高水平竞技武术比赛中担任过裁判长及以上职务 1 次及以上，或担任裁判员 3 次及以上；

5. 获得七段后，在国际性、全国性社会武术比赛中担任副总裁判长及以上职务 2 次及以上，或担任裁判长 5 次及以上；

6. 获得七段后，在全国武术高段位考试或考评工作中担任考评员 3 次及以上。

（三）运动员系列：全国著名武术运动员，在全国范围内有较大社会影响力，符合下列条款任意 2 项及以上者：

1. 获得国际武英级运动员（国际运动健将）满 10 年，或获得武英级运动员（运动健将）满 15 年；

2. 已获得武术高级职称，或武术副高级职称满 5 年；

3. 已获得武术国际级裁判员，或武术国家级裁判员满 5 年；

4. 获得武术七段后，获得过世界杯、世锦赛，亚运会、亚洲杯、亚锦赛等国际性高水平竞技武术比赛冠军 1 次及以上；

5. 获得武术七段后，获得过全运会、冠军赛、锦标赛等全国性高水平竞技武术比赛前 3 名 2 次及以上；

6. 获得武术七段后，曾入选国家队或国家集训队，或被选派代表国家参加比赛、外事出访、推广培训或宣传展演等 5 次及以上。

（四）教学科研系列：全国知名武术科研专家或教学名师，科研成果丰硕、在全国范围内有较大社会影响力，符合下列条款任意 2 项及以上者：

1. 获得武术正高职称（含正高级教师）满 5 年，或武术副高职称（含高级教师）满 10 年；

2. 获得七段后，主持并完成国家社科或其他国家级课题武术科研项目 2 项及以上；

3. 获得七段后，在国际 SCI 或 SSCI 学术期刊以第一作者发表武术科研论文 2 篇及以上；

4. 获得七段后，在国内 CSSCI 或 CSCD 学术期刊以第一作者发表武术科研论文 2 篇及以上，或公开出版武术专著 1 部及以上；

5. 获得七段后，所撰写武术论文参加由国家体育总局、国家体育总局武术研究院、中国武术协会主办的国际性、全国性学术会议，并做大会专题报告 3 次或被评为一等奖 5 次及以上。

6. 获得七段后，组织所任教学生参加段位制考试或考评，有 500 人次及以上获得武术段位。

（五）管理人员系列：恪尽职守、敬业奉献，为武术事业发展做出较大贡献，符合下列条款任意 2 项及以上者：

1. 从事武术管理工作满 10 年的处级及以上职务者；

2. 获得七段后，作为主要负责人承办由中国武术协会主办或授权的国际性、全国性武术赛事活动 3 次及以上；

3. 获得七段后，为当地武术普及推广、全民健身做出突出贡献，作为主要负责人组织举办 1000 人以上省级武术活动 5 次以上；

4. 获得七段后，负责所辖区域武术段位工作成绩突出，组织考评累计 5000 人次以上获得武术中、初段位；

5. 获得七段后，担任武术馆校长职务，组织考评学生累计 5000 人次及以上获得武术中、初段位；

6. 获得七段后，为全省传统武术挖掘整理、保护传承做出突出贡献，作为主要负责人组织编写出版本省《武术史》《武术志》《武术拳械录》，或本省传统武术拳种书籍等 1 部及以上。

（六）传统拳师系列：熟练掌握两种以上拳种（含散打）的技术和理论体系，在全国范围内具有较大社会影响力，符合下列条款任意 2 项及以上者：

1. 获得国家级非遗武术拳种代表性传承人满 5 年；

2. 获得省级非遗武术拳种代表性传承人满 10 年；

3. 对某一传统拳种挖掘整理、保护传承、普及推广做出较大贡献，并精通该拳种理论技法、历史渊源、传承谱系等，在全国范围内具有较大影响力；

4. 获得七段后，为武术普及推广或传承发展做出较大贡献的武术传习者，所培养传承人 50 人次及以上获得武术中段位；

5. 获得七段后，担任武术段位考试点、全民健身习练辅导站点主要负责人，组织段位考评累计 500 人次及以上获得武术中、初段位；

6. 获得七段后，本人参加由中国武术协会举办或认可的国际性、全国性武术比赛获得 5 项（次）一等奖或前三名。

（七）其他人员：除以上几类人员外，与上述申报条件和技术水平、社会贡献相当的武术传习者，经所在省市武术协会和两位及以上武术高段位人员推荐，可同等条件参加。

九段：凡获得八段满 5 年，精通两种以上拳种（含散打）的技术和理论体系，德艺双馨、德高望重，在国际和国内范围内具有较大影响力，对武术事业发展作出巨大贡献者，同时符合以下任一系列条件要求者，均可申请晋升九段。

（一）教练员系列：全国著名武术教练员，在国际和全国范围内具有较大影响力，符合下列条款任意 2 项及以上者：

1. 获得武术国家级教练员职称满 10 年；

2. 作为主要教练所培养运动员，获得过世界杯、世锦赛，亚运会、亚洲杯、亚锦赛等国际性高水平竞技武术比赛冠军 10 次及以上；

3. 作为主要教练所培养运动员，全运会、冠军赛、锦标赛等全国性最高水平竞技武术比赛冠军 20 人次及以上；

4. 获得八段以后，担任国家队或国家集训队主教练 5 次及以上；

5. 获得八段后，作为主要教练所培养运动员，有 100 人及以上获得武术中段位。

（二）裁判员系列：全国著名裁判员，在国际和全国范围内具有较大影响力，符合下列条款任意 2 项及以上者：

1. 获得武术国际级裁判员满 10 年；或武术高段位国家级考评员满 10 年；

2. 获得八段后，在世界杯、世锦赛，亚运会、亚洲杯、亚锦赛等国际性高水平竞技武术比赛中担任过副总裁判长及以上职务 5 次及以上；

3. 获得八段后，在国际性、全国性社会武术比赛中担任副总裁判长 5 次及以上；

4. 获得八段后，在全运会、冠军赛、锦标赛等全国性高水平竞技武术比赛中担任过副总裁判长及以上职务 5 次及以上；

5. 获得八段后，在全国武术高段位考试或考评工作中担任考评员 5 次及以上。

（三）运动员系列：世界著名运动员，

在国际和全国范围内有较大影响力，符合下列条款任意2项及以上者：

1.获得国际武英级运动员（国际运动健将）满15年，或武英级运动员（运动健将）满20年；

2.获得武术高级职称满5年，或武术国际级裁判员满5年；

3.共获得过世界杯、世锦赛，亚运会、亚洲杯、亚锦赛等国际性高水平竞技武术比赛冠军5次及以上；

4.共获得过全运会、冠军赛、锦标赛等全国性高水平竞技武术比赛冠军10次及以上；

5.获得武术八段后，被选调参加由国家体育总局或中国武术协会组织主办的武术全民健身公益服务活动或宣传推广活动等10次及以上。

（四）教学科研系列：全国著名武术专家或教学名师，德高为师、身正为范，符合下列条款任意2项及以上者：

1.获得武术正高级职称（含正高级教师）满10年；

2.获得八段后，主持并完成国家社科或其他国家级课题重大武术科研项目2项及以上；

3.获得八段后，在国际SCI或SSCI学术期刊以第一作者发表武术科研论文3篇及以上，或在国内CSSCI或CSCD学术期刊以第一作者发表武术科研论文5篇及以上，或公开出版武术专著2部及以上；

4.获得八段后，选调参加由国家体育总局、国家体育总局武术研究院、中国武术协会主办的国际性、全国性学术会议，担任大会主持专家3次或为大会做专题报告5次及以上；

5.在武术理论研究某一领域有重大突破，对传统武术挖掘整理、文化研究、学科建设、技术创新、科学健身、人才培养等方面做出巨大贡献。

（五）管理人员系列：为广泛开展武术全民健身，武术普及推广，为武术事业发展作出重要贡献，符合下列条款任意2项及以上者：

1.从事武术管理工作满5年的副司级及以上职务者；

2.获得八段后，负责所辖区域武术段位工作成绩突出，组织考评累计10000人以上获得武术中、初段位；

3.获得八段后，担任武术馆校长职务，组织考评学生累计10000人次及以上获得武术中、初段位；

4.获得八段后，为全国传统武术挖掘整理、保护传承做出突出贡献，作为主要负责人组织编写出版全国《武术史》《武术志》《武术拳械录》，或全国传统武术拳种书籍等1部及以上；

5.为武术事业的普及推广，传统武术拳种挖掘整理、传承发展、推动中华武术走出去等方面做出巨大贡献。

（六）传统拳师系列：德艺双馨、德高望重，在国际和全国范围内具有较大影响力，符合下列条款任意2项及以上者：

1.获得世界级非遗武术拳种代表性传承人；

2.获得国家级非遗武术拳种代表性传承人满10年；

3.为某一传统武术拳种挖掘整理、传承发展、普及推广等做出重大贡献的代表性领军人物；

4.获得八段后，为武术普及推广或传承发展做出较大贡献的武术传习者，所培养骨干传承人100人次及以上获得武术中段位；

5.获得八段后，担任武术段位考试点、

全民健身习练辅导站点主要负责人，组织段位考评累计1000人次及以上获得武术中、初段位。

（七）其他人员：除以上几类人员外，与上述申报条件和技术水平、社会贡献相当的武术传习者，经中国武术协会高段位委员会和两位及以上武术高段位人员推荐，可同等条件参加。

第六条　荣誉段位

遵守中国武术协会章程，为弘扬武术文化，推动中国武术段位制的全面开展，鼓励社会各界人士关心、支持武术事业，对武术事业发展做出特殊贡献的武术管理人员和社会知名人士，可由各省、自治区、直辖市武术段位主管部门推荐申报，经中国武术协会审核后，授予相应的荣誉段位。荣誉段位设荣誉中段位（四、五、六段）和荣誉高段位（七、八、九段）。

第三章　段位考评

第七条　考评形式

武术段位考评形式分为考试和评定两种。考试是对技术和理论进行现场考试。评定是根据申报者提供的技术视频、有关资料，依照段位制的文件规定、标准和要求进行评定。

第八条　理论考评

（一）段级：武术礼仪操作规范，了解武德内容。

（二）初段位：掌握武德内容，了解武术基础知识。

（三）中段位：武术基础常识的考试或提供500字以上的习武心得。

（四）高段位：七段内容为理论考试与答辩，八段、九段内容为申报理论研究成果，综合展示个人武术理论水平。

第九条　技术考试

（一）段级1—9级：考评内容以武术基本功、基本技术和青少年体能项目为主，内容可选择所习练拳种的手法、步法、腿法、身法、柔韧和练习组合等进行考评，并体现武术拳种的攻防技能和风格特点。具体内容可参照《中国武术段位制系列教程》段前级的内容，或类似于段前级水平的武术基础内容，符合《中国武术段位制段级考评办法》相应要求，以及散打《武术散打段位晋级考评手册》段前级须掌握的技术。

（二）初段位：考评内容为《中国武术段位制系列教程》初段位单练套路，国家颁布过的普及推广套路、初级竞赛套路，或经过中国武术协会审定批准的、参照《中国武术段位制系列教程》中一至三段动作数量与技术难度编写的拳种的相应单练套路；武术散打采用《武术散打段位晋级考评手册》初段位的考评内容。

（三）中段位：考评内容为《中国武术段位制系列教程》中段位单练套路，国家颁布过的普及推广套路、中高级竞赛套路，或经过中国武术协会审定批准的、参照《中国武术段位制系列教程》中四至六段动作数量与技术难度编写的拳种的相应单练套路；武术散打采用《武术散打段位晋级考评手册》中段位的考评内容。

（四）高段位七段：考评内容可从国家颁布的普及推广套路、高级竞赛套路，技术难度与动作数量相当的自选套路，各地方主要传统武术拳种，武术散打基本技术和条件实战中任选1项参加考试展示，并提供综合展示个人武术技术水平的演练视频等。

（五）高段位八段：提供两种以上拳种的套路技术或散打技术视频，以及综合展示个人武术技术水平的演练视频等。

（六）高段位九段：提供两种以上拳种的套路技术或散打技术视频，以及综合展示个人武术技术水平的演练视频等。

第四章　管理机构

第十条　管理机构组成

（一）中国武术协会设武术段位制办公室，负责全国武术段位制工作的管理、考评、审批。

（二）中国武术协会下属各级区域性单位会员或武术主管部门，可按机构组成要求设立段位制办公室，并报上一级段位制办公室审核批准后，授予相应段位管理权限。

（三）中国武术协会区域性一级、二级、三级单位会员设置的段位制办公室，负责各级区域内的武术段位制管理与段位审批工作。

（四）各级段位制办公室应设立段位制考评委员会和监督委员会，加强段位制工作的服务、监督和管理工作。

（五）各省（自治区、直辖市）武术主管部门，可根据各自基层武术管理组织机构建设情况，结合当地武术发展水平和工作实际，逐步设置三级段位制办公室，并报中国武术协会备案。

（六）若当地尚未设立段位制办公室，或已设有段位制办公室但未能正常开展工作，以及有其他特殊情况时，该地区考试点可由中国武术协会直接负责，或委托其他单位临时负责当地段位制相关工作。

第十一条　管理机构人员

（一）段位制办公室：各级段位制办公室设主任1人，副主任1—2人，专职工作人员不少于3人，必须设段位档案信息及数据库管理岗1名，财务管理岗1人，其他人员若干名。

（二）段位考评委员会：各级考评委员会设主任1人、副主任2—4人，考评员若干人。所聘人员必须为具备相应段位人员，并持有相应等级的考评员资格证，可由区域内各级考试点和辖区内符合条件的人员组成。

（三）段位监督委员会：各级监督委员会设主任1人、副主任2—4人，成员若干名。所聘人员应为本区域内较高段位人员，武德高尚、德高望重，具有一定的社会影响力和公信力的人员组成。

第十二条　中国武术协会段位制办公室职责

（一）负责武术段位制的全面管理、审批和授予武术段级、段位等工作。

（二）负责制订《中国武术段位制》相关文件，审批、管理一级段位制办公室上报的中国武术段位一级段位考试点，负责对二级、三级段位考试点备案和监管。

（三）组织开展高段位的考评，组织全国段位制比赛和考试，协调全国和区域性的武术段位培训与考评。

（四）组织各级段位制办公室管理人员的岗位培训和国家级考评人员的资格认定。

（五）负责管理武术段位制网络系统，建立段位人员和考评人员数据库。

（六）负责公告全国和各级考评机构设置情况及年度武术段位考评结果。

（七）负责各级段位考试点和考评员的年度注册、考核工作，并统一设计、制作，并颁发资格证书。

（八）负责统一设计、制作，并颁发武术段级、段位证书和徽章。

（九）完成武术段位制工作年度总结和下一年度工作计划。

第十三条　一级段位制办公室职责

（一）负责转发与实施中国武术协会对《中国武术段位制》的相关政策、制度和文件精神，组织好本区域内段位制各项工作。

（二）负责本辖区内二级、三级段位制办公室的审核、上报与管理。

（三）负责本区域内一级段位考试点的审核并报中国武术协会审批，负责对二级段位制办公室上报的二级段位考试点的审批，并报中国武术协会备案，指导二级段位制办公室做好二级段位考试点服务、监督和管理工作，充分调动二级段位制办公室和考试点的积极性。

（四）组织协调本区域内一级段位考试点上报段级、段位人员的审核、批准，并上报中国武术协会段位制办公室备案，不得以任何理由拒收、拖延、扣压各级段位考试点符合认定成绩的申报与审批。

（五）负责本区域内二级段位制办公室上报初段位及以下人员的备案。

（六）组织协调本区域内二级段位办公室、考试点管理人员岗位培训和一级、二级考评员的业务培训、资格认定和管理工作。

（七）负责管理本区域内武术段位制网络系统，做好段级、段位人员和一、二级考评人员数据信息维护。

（八）组织协调考试点证书、考评员证书、段位证书和徽章领取、打印和发放工作。

（九）完成段位制工作年度总结和下一年度工作计划。

第十四条 二级段位制办公室职责

（一）负责本辖区内三级段位制办公室的审核、上报与管理。

（二）负责本区域内二级段位考试点的组织、审核，并报一级段位制办公室审批。

（三）组织协调本区域内二级段位考试点上报的段级、段位人员的审核、批准，并报一级单位会员段位制办公室备案，不得以任何理由拒收、拖延、扣压各级段位考试点符合认定成绩的申报与审批。

（四）组织协调本区域内三级段位办公室、考试点管理人员和考评员的业务培训，资格认定和管理工作。

（五）负责管理本区域内武术段位制网络系统，做好段级、段位人员和考评员数据信息维护。

（六）组织协调考试点证书、考评员证书、段位证书和徽章领取、打印和发放工作。

（七）完成段位制工作年度总结和下一年度工作计划。

第十五条 三级段位制办公室职责

（一）负责本区域内三级段位考试点的组织、审核，并报二级段位制办公室审批。

（二）组织协调本区域内三级段位考试点上报的段级、段位人员的审核、批准，并报二级段位制办公室备案，不得以任何理由拒收、拖延、扣压考试点符合认定成绩的申报与审批。

（三）组织本区域内三级考试点管理人员岗位培训，考评员的业务培训、资格认定和管理。

（四）管理本区域内武术段位制网络系统，做好段级、段位人员和考评员数据信息维护。

（五）组织协调考试点证书、考评员证书、段位证书和徽章领取、打印和发放工作。

（六）完成段位制工作年度总结和下一年度工作计划。

第五章 考评机构

第十六条 段位考评委员会及组成

段位制考评委员会是开展武术段级、段位培训、组织考试和成绩认定的专业考评员管理组织，下设高段位考评委员会、中段位考评委员会、初段位考评委员会。执行具体段位考评、考试任务考评会员，原则上应由所属区域的考评委员会选派或推荐。

（一）高段位考评委员会：由中国武术协会段位制办公室组织成立，执行全国高段位人员的考试、考评工作。由中国武术协会行政管理人员3至5人、国家级考评员10至15人组成。

（二）中段位考评委员会：由一级段位制办公室组织成立，执行本区域内六段位及以下人员的考试、考评及指导工作。由各省一级段位制办公室行政管理人员1至2人，本区域内的国家级考评员和一级考评员组成。

（三）初段位考评委员会：由二级段位制办公室组织成立，执行本区域内三段位及以下人员的考试、考评及指导工作。由各省二级段位制办公室行政管理人员1至2人，本区域内的一级考评员和二级考评员组成。

第十七条　段位考试点及权限

中国武术段位考试点（以下简称考试点）是开展武术段位培训、组织考试和成绩认定的考评机构，下设一级、二级、三级考试点。负责组织本区域（单位）人员的段位、段级培训、组织考试和成绩认定工作。各级考试点权限如下：

一级考试点：具备对申报六段及以下段位人员的培训、考试和成绩认定的权限。

二级考试点：具备对申报三段及以下段位、段级人员的培训、考试和成绩认定的权限。对于段位制工作开展较好的二级考试点，一级段位办可授权进行四段及以下段位、段级人员的培训、考试和成绩认定的权限，并报中国武术协会备案。

三级考试点：具备对申报二段及以下段位、段级人员的培训、考试和成绩认定的权限。

第十八条　考试点申报条件

凡符合相应等级条件的中国武术协会各级单位会员，各类武校、武馆、俱乐部、单项拳种研究会、武术组织、培训机构、公司企业，以及各类高等院校、中小学校、老年大学、青少年宫、社区街道健身站点等单位，均可申报设立相应段位考试点。同时应满足以下条件。

（一）遵守中国武术协会章程及相关规章制度，接受中国武术协会领导，服从中国武术协会管理和监督，执行中国武术协会相关决定。

（二）拥有固定的场馆设施和武术专业技术的师资队伍，拥有一定数量的学员队伍，能够承担一定规模的武术段级、段位培训和考评工作。

（三）须在我国境内合法注册，具有独立法人资格，单位名称使用规范，不得违规使用“中国”“中华”“全国”“世界”“国际”“亚洲”“全球”等字样的名称。

（四）武馆、武校、俱乐部、武术培训机构等申请成立考试点，需要正常连续运营满3年以上，固定学员在100人以上，近三年内未发生重大安全生产事故，未造成恶劣社会影响，无任何违法违规和不良从业记录等。

第十九条　考试点申报流程

（一）凡符合一级考试点申报条件的组织、单位，均可向所在区域的一级段位制办公室申报；

（二）凡符合二级考试点申报条件的组织、单位，均可向所在区域的二级段位制办公室申报；

（三）凡符合三级考试点申报条件的组织、单位，均可向所在区域的三级段位制办公室申报；

（四）若所在区域未成立段位制办公室，或未能正常开展工作，可向上一级段位制办公室申报。

第二十条　考试点注册与管理

（一）中国武术协会对各级考试点，按照统一注册、分级管理、动态调整的原则实行年度注册管理制度，并根据武术段位制工作开展状况和具体工作量化指标，每两年对考试点进行考核评估。

（二）对于成绩显著的二级考试点，当达到和具备一级考试点各项工作指标与资格时，可提出申请，经中国武术协会段位制办公室验收合格，可以晋升为一级段位考试点。

（三）对于成绩显著的三级考试点，当达到和具备二级考试点各项工作指标与资格时，可提出申请，经一级段位制办公室验收，可以晋升为二级考试点。

（四）对于未完成年度注册的考试点不得开展段级、段位考试考评工作，对于未达到量化指标要求的考试点，中国武术协会有权降级或撤销。

第二十一条　考试点职责与任务

（一）各级考评委员会在各级段位制办公室领导下，统筹协调、随机抽调、认真执裁，配合各级考试点完成相应段位考评任务。

（二）各级考试点在组织段级、段位考评结束后，应立即将考评成绩和结果上传至中国武术协会段位制官方网站数据库，并提交所在区域段位制办公室审核、批准，同时缴纳相关费用。

（三）各级段位制办公室在接到所在区域内考试点网上提交的段级、段位申请后，应于15个工作日内完成审核、批准，并提交上一级段位制办公室备案；若超过15个工作日未完成审核、批准，可进行催办提醒，如超过15个工作日仍不处理，也未进行情况说明的，系统将自动向上一级提交审批。

第六章　考评员管理

第二十二条　段位考评员等级

中国武术段位制考评员分国家级、一级、二级。

第二十三条　考评员资格与认证

（一）国家级考评员须具有七段及以上段位等级，一级考评员须具有六段及以上段位等级，二级考评员须具有五段及以上段位等级。

（二）须参加中国武术协会或各级段位制办公室举办的段位考评员培训、考核。国家级考评员由中国武术协会授予资格证书；一级、二级考评员由相应各级段位制办公室授予中国武术协会统一印制的资格证书。

第二十四条　考评员职责

中国武术段位制考评员，按《中国武术段位制考评员管理办法》相关要求，参与各级武术段位考评机构组织的相应工作、公平执裁、精准评判。

第二十五条　注册与管理

（一）中国武术协会对各级段位考评员，按照统一注册、分级管理、动态管理的原则实行年度注册管理制度。

（二）各级段位考评员在取得技术等级资格证书以后，须按照中国武术协会统一要求定期进行再培训，考核合格后才能继续注册。

（三）一级、二级考评员须每2年参加

一次，由相应的各级段位制办公室组织举办培训或晋级班；国家级考评员须每3年参加一次由中国武术协会组织举办的培训班。

（四）各级考评员若四年中未参与段位制有关活动，或未按要求进行注册，则取消其考评员资格，如要恢复，须重新申报，并参加培训与考核。

第七章　经费

第二十六条　收费内容及标准

各级段位制办公室、考试点，以及由中国武术协会授权的相关单位，在组织开展段位制考试工作时，可收取相应培训技术服务费，具体内容和标准如下：

（一）段级、段位考试培训技术服务费：段级每人每级100元，一段300元、二段350元、三段400元，四段500元、五段550元、六段600元，七段700元、八段800元、九段900元。各地方可根据当地情况允许不超过20%的上下浮动，并逐级上报中国武术协会备案后方可执行。

（二）各级考评员、段级、段位电子证书不收取费用，可登录中国武术协会段位制官方网站免费下载，自行打印。如需纸版证书、徽章，可另收取证书、徽章制作成本及网络技术服务费20元（不含邮费）/每人。

（三）各级考试点收取的培训服务费须严格按照规定用于中国武术协会章程规定的业务范围和事业的发展。

第二十七条　技术服务费上缴比例

（一）一级考试点进行段位考评与成绩认定后，将收取的服务费总额的30%上缴一级段位制办公室（一级段位制办公室留存10%，上缴中国武术协会20%），70%留存一级考试点作为租赁场馆、聘请考评人员和开展日常工作的经费。

（二）二级段位考试点进行段位考评与成绩认定后，将收取的服务费总额的30%上缴二级段位制办公室（二级段位制办公室留存15%，上缴一级段位制办公室5%，上缴中国武术协会10%），70%留存二级考试点作为租赁场馆、聘请考评人员和开展日常工作的经费。

（三）三级段位考试点进行段位考评与成绩认定后，将收取的服务费总额的30%上缴三级段位制办公室（三级段位制办公室留存10%，上缴二级段位制办公室5%，上缴一级段位制办公室5%，上缴中国武术协会10%），70%留存三级考试点作为租赁场馆、聘请考评人员和开展日常工作的经费。

（四）各级考试点组织段级1–9级考试所收取的培训服务费，不参与比例分成，可全部留存考试点作为租赁场馆、聘请考评人员和开展日常工作的费用，但须缴纳段级证书、徽章制作成本及网络技术服务费。

（五）各级段位制办公室负责按比例分成逐级汇总本区域内考试点上缴段位技术服务费，每年度应于5月31日前完成上半年度汇缴，于11月30日前完成下半年度汇缴，因特殊情况，未能按期完成汇缴工作，应及时逐级报告，并说明情况。

第八章　奖励与处罚

第二十八条　奖励

（一）凡在武术段位制工作中做出突出贡献的组织，中国武术协会将给予表彰和奖励。

（二）凡在武术段位制工作中做出突出贡献的个人，中国武术协会将给予表彰和奖励。

第二十九条　对武术段位个人的处罚

（一）凡不具备相应武术段位等级，

但通过不正当手段获得段位者，将视其情节轻重给予警告、通报批评、注销其段位资格证书等处罚。

（二）凡提供的申报材料中出现剽窃、伪造、抄袭者，视情节轻重，给予三至五年内不得申报晋升段位的处罚。

（三）凡参与伪造、销售假段级证、假段位证书，假运动员等级、假教练员证、假裁判员等相关资格证书，视情节轻重，给予注销其段位资格证书，终身不得申报晋升段位处罚，或移交司法机关处理。

（四）凡丧失武德、品德败坏，背离武术精神，虚假宣传、恶意炒作、造谣传谣、发表不当言论等，视情节轻重，给予注销其段位资格证书，终身不得申报晋升段位处罚。

（五）凡加入涉嫌违规的境外武术组织，参与组织或参加不规范武术活动，以及借武术之名从事其他违法违规活动，视情节轻重，给予注销其段位资格证书，终身不得申报晋升段位处罚，或移交司法机关处理。

（六）凡随意自创门派、私下约架、恶意攻击、相互诋毁、歧视他人，或自封“大师”“掌门”“正宗”“嫡传”等，欺世盗名，招摇撞骗，误导群众，或以“拜师收徒”“贺寿庆典”“评比表彰”等为名收费敛财，以及其他违背公序良俗的行为，视情节轻重，给予注销其段位资格证书，终身不得申报晋升段位处罚。

第三十条　对武术段位考评机构的处罚

凡出现以下情况之一，中国武术协会将根据情节给予暂停或取消其考评资格。

（一）其所在区域的段位制工作管理不力，致使本地区段位工作无法正常进行。

（二）不按《中国武术段位制》考评办法及标准进行段位考评，不履行相关段位制规章制度。

（三）以段位考评为手段，以营利为目的，违反规定超标收费，造成较坏影响。

（四）在考评过程中弄虚作假、违规操作。

（五）培训服务费收取中出现乱收费等违规行为。

第九章　证书、徽章与服装管理

第三十一条　证书

（一）中国武术段级、段位、考评员资格证书由中国武术协会统一设计、制作、颁发，统一实行电子证书，可在中国武术协会段位制官方网站下载，并提供查询。

（二）如需打印纸版证书，可向中国武术协会段位制办公室或授权指定的单位购买空白证书，自行制作打印。

第三十二条　徽章

武术段级、段位徽章由中国武术协会统一设计、制作、颁发。

第三十三条　服装

武术段级、段位考试训练服、考评员服、段位礼服由中国武术协会统一设计制作。

（一）组织段位、段级考试时，考评员必须统一穿着考评员服装，佩戴段位徽章，参加考试者应穿着段考试训练服或武术表演服。

（二）凡获得各级武术段级、段位者，出席公开武术赛事活动、会议时，应主动穿着段位礼服，佩戴段位徽章。

第十章　其他

第三十四条　中国武术协会段位制办公室联系方式

通讯地址：北京朝阳区安定路3号中国武术协会

邮编：100029

电话/传真：010-64912172

电子信箱：duanweibangongshi@126.com

第三十五条　本办法自发布之日起试行1年，在此之前与本办法不一致的，均以本办法为准。

第三十六条　本办法解释权属中国武术协会。

中国武术段位制系列教程

《中国武术段位制系列教程》是由国家体育总局武术研究院组编、中国武术协会审定并颁布实施的武术段位制教学与考试用书。全套教程共27个分册，其中，公共理论教程共4个分册，包括《中国武术史》《武术概论》《武德与武术礼仪》《中国武术段位制理论考试题解》；技术教程共23个分册，拳术有《长拳》《少林拳》《五祖拳》《形意拳》《八卦掌》等17个拳种，其中太极拳拳种共有6个分册：《陈式太极拳》《杨式太极拳》《武式太极拳》《吴式太极拳》《孙式太极拳》《和式太极拳》。教程段位技术的主要内容包括基本形态、单练套路、对打套路和拆招技法的动作图解。其中，单练套路是基础，对打套路是对抗实践，拆招技法是加深对攻防技击的认识，3个部分有机结合。在纵向上，一至六段套路在拳架的难度和数量上呈递增关系。随书配售的两张教学光盘容量为200分钟，包括一至六段段位技术的完整演示、动作要点提示和分解教学。

太极拳段位

太极拳段位是中国武术段位的重要组成部分，根据太极拳习练者个人从事太极拳锻炼和太极拳活动的年限、掌握的太极拳技术水平和理论水平、研究成果、武德修养，以及对太极拳发展所做出的贡献，全面评价太极拳习练者等级。在出版的《中国武术段位制系列教程》中，陈式、杨式、吴式、武式、孙式、和式6种太极拳正式列入教程，太极拳段位的考评标准从2009年开始与其他拳种的段位考评标准同步正式施行，使太极拳的传播与推广更加标准化、规范化，从而提高了太极拳技术水平和理论水平，建立、规范了太极拳锻炼体系和技术等级评价标准。

太极拳段位系列教程编排原则

太极拳段位套路按照循序渐进、系统学习的原则，从技术元素、动作数量和难度3个方面进行了规范。其一，增加技术元素，提高段级标准，本套系列教程包含“打、踢、拿、靠、摔”5类技术元素，通过逐段增加新技术元素的方式，明确了一至五段的技术内容，六段的技术内容是对上述5类技术元素的综合运用。其二，增加动作数量，提高段级标准，即在逐段增加技术元素的同时，循序渐进地增加动作数量。其三，加大动作难度，提高段级标准，即同一技术元素在由低到高的阶段中，是通过由基础到衍生、由简到繁的顺序来表现的。

太极拳段位技术套路

以下主要介绍陈式、杨式、吴式、武式、孙式、和式6个流派的技术套路。

由中国武术协会审定出版的《中国武术段位制系列教程》《中国武术段位（七段）考试指导手册》中的晋段考评内容或相当于《中国武术段位制系列教程》中一至六

段位动作数量与技术难度的拳种、器械套路，经中国武术协会审定批准，可作为武术段位制技术考评的内容。另外，晋段有关规定在不断更新，以当年的中国武术协会审定的文件内容为执行准则。

陈式太极拳段位技术

陈式太极拳段位技术内容包括陈式太极拳一至六段技术的单练套路、对打套路和拆招技术。其中，单练套路是基础，对打套路是对抗实践，拆招技法是加深对攻防技击的认识，3个部分有机结合，使习练者从整体功能上认识陈式太极拳。在纵向上，一至六段套路在拳架的难度和数量上呈递增关系。

一段

1. 单练套路

一段技术的单练套路由10个动作组成，分为2段，每段5个动作，体现了“打、踢、拿、靠、摔”5种技术元素中的“打”。

陈式太极拳一段单练套路动作名称

预备式：并步直立					
第一段					
1	金刚起势	2	白蛇吐信	3	上步掩手汯捶
4	金鸡独立	5	上三步掩手汯捶		
第二段					
6	斜行推掌	7	拗步捋	8	抹眉汯
9	倒卷汯	10	捣碓收势		

2. 对打套路

陈式太极拳一段对打套路动作名称

预备式：并步直立		
	甲	乙
第一段		
1	金刚起势	金刚起势
2	白蛇吐信	斜行推掌
3	上步掩手汯捶	拗步捋
4	金鸡独立	抹眉汯
5	上三步掩手汯捶	倒卷汯
第二段		
6	斜行推掌	白蛇吐信
7	拗步捋	上步掩手汯捶
8	抹眉汯	金鸡独立
9	倒卷汯	上三步掩手汯捶
10	捣碓收势	捣碓收势

3. 拆招技术

金刚起势拆招
白蛇吐信拆招
金鸡独立拆招
掩手汯捶拆招
斜行推掌拆招
抹眉汯拆招
倒卷汯拆招
捣碓收势拆招

二段

1. 单练套路

二段技术的单练套路由14个动作组成，分为2段，每段7个动作，在一段技击“打”的基础上增加了“踢”。

陈式太极拳二段单练套路动作名称

预备式：并步直立					
第一段					
1	金刚起势	2	云手	3	雀地龙
4	转身献果	5	劈身捶	6	击地捶
7	双捋势				
第二段					
8	抹眉浤	9	转身摆莲	10	蹬脚
11	左右掩手浤捶	12	右二起脚	13	玉女穿梭
14	捣碓收势				

2. 对打套路

陈式太极拳二段对打套路动作名称

预备式：并步直立		
	甲	乙
第一段		
1	金刚起势	金刚起势
2	云手	抹眉浤
3	雀地龙	转身摆莲
4	转身献果	蹬脚
5	劈身捶	左右掩手浤捶
6	击地捶	右二起脚
7	双捋势	玉女穿梭
第二段		
8	抹眉浤	云手
9	转身摆莲	雀地龙
10	蹬脚	转身献果
11	左右掩手浤捶	劈身捶
12	右二起脚	击地捶
13	玉女穿梭	双捋势
14	捣碓收势	捣碓收势

3. 拆招技术

云手拆招

劈身捶拆招

摆莲拆招

蹬脚拆招

三段

1. 单练套路

三段技术的单练套路由20个动作组成，分为2段，每段10个动作，在一段和二段技术元素“打”和“踢”的基础上增加了“拿”。

陈式太极拳三段单练套路动作名称

预备式：并步直立					
第一段					
1	金刚起势	2	双捋势	3	上步合手
4	缠丝懒扎衣（右势）	5	上步大捋（转身右捋）	6	缠丝懒扎衣（左势）
7	卷浤势	8	十字绞龙	9	退步跨虎
10	前招				
第二段					
11	抹眉浤	12	懒扎衣	13	转身高捋
14	右野马分鬃	15	抱头推山	16	左野马分鬃
17	十字手	18	转身摆莲	19	后招
20	捣碓收势				

2. 对打套路

陈式太极拳三段对打套路动作名称

预备式：并步直立		
	甲	乙
第一段		
1	金刚起势	金刚起势
2	双捋势	抹眉浤
3	上步合手	懒扎衣
4	缠丝懒扎衣（右势）	转身高捋
5	上步大捋	右野马分鬃
6	缠丝懒扎衣（左势）	抱头推山
7	卷浤势	左野马分鬃
8	十字绞龙	十字手
9	退步跨虎	转身摆莲
10	前招	后招
第二段		
11	抹眉浤	双捋势
12	懒扎衣	上步合手
13	转身高捋	缠丝懒扎衣（右势）
14	右野马分鬃	上步大捋
15	抱头推山	缠丝懒扎衣（左势）
16	左野马分鬃	卷浤势
17	十字手	十字绞龙
18	转身摆莲	退步跨虎
19	后招	前招
20	捣碓收势	捣碓收势

3. 拆招技术

上步合手拆招

上步大捋拆招

十字绞龙拆招

转身高捋拆招

抱头推山拆招

四段

1. 单练套路

四段技术的单练套路由24个动作组成，分为4段，第一段7个动作，第二段5个动作，第三段6个动作，第四段6个动作，在一至三段技击元素“打、踢、拿”的基础上增加了“靠”。

陈式太极拳四段单练套路动作名称

预备式：并步直立					
第一段					
1	金刚起势	2	抹眉浤	3	小红拳
4	云手	5	开合穿掌	6	斩手
7	翻花舞袖				
第二段					
8	左挤	9	当门炮	10	蹬脚跃步
11	转身顺拦肘	12	裹鞭炮		
第三段					
13	十字手	14	穿心肘	15	单峰贯耳
16	转身大捋	17	再收	18	翻花舞袖
第四段					
19	抱头推山	20	双震脚	21	雀地龙
22	转身顺拦肘	23	前肩靠	24	捣碓收势

2. 对打套路

陈式太极拳四段对打套路动作名称

预备式：并步直立		
	甲	乙
第一段		
1	金刚起势	金刚起势
2	抹眉汯	十字手
3	小红拳	穿心肘
4	云手	单峰贯耳
5	开合穿掌	转身大捋
6	斩手	再收
7	翻花舞袖	翻花舞袖
第二段		
8	左挤	抱头推山
9	当门炮	双震脚
10	蹬脚跃步	雀地龙
11	转身顺拦肘	转身顺拦肘
12	裹鞭炮	前肩靠
第三段		
13	十字手	抹眉汯
14	穿心肘	小红拳
15	单峰贯耳	云手
16	转身大捋	开合穿掌
17	再收	斩手
18	翻花舞袖	翻花舞袖
第四段		
19	抱头推山	左挤
20	双震脚	当门炮
21	雀地龙	蹬脚跃步
22	转身顺拦肘	转身顺拦肘
23	前肩靠	裹鞭炮
24	捣碓收势	捣碓收势

3. 拆招技术

肘靠拆招

穿靠拆招

前肩靠拆招

五段

1. 单练套路

五段技术的单练套路由28个动作组成，分为4段，第一段7个动作，第二段7个动作，第三段6个动作，第四段8个动作，在一至四段技击元素“打、踢、拿、靠”的基础上增加了“摔”。

陈式太极拳五段单练套路动作名称

预备式：并步直立					
第一段					
1	金刚起势	2	右二汯	3	劈身捶
4	十字摆莲	5	抹眉汯	6	左二起脚
7	撤步捋				
第二段					
8	倒卷汯	9	白蛇吐信	10	掩手汯捶
11	风扫梅花	12	旋风脚	13	蹬一根
14	护心拳				
第三段					
15	上步踹腿	16	开合穿掌	17	海底翻花
18	退步跨虎	19	海底翻花	20	反背捶
第四段					
21	连环炮	22	倒骑麟	23	小红拳
24	十字手	25	雀地龙	26	风扫梅花
27	护心拳	28	捣碓收势		

2. 对打套路

陈式太极拳五段对打套路动作名称

预备式：并步直立		
	甲	乙
第一段		
1	金刚起势	金刚起势
2	右二汯	上步踹腿
3	劈身捶	开合穿掌
4	十字摆莲	海底翻花
5	抹眉汯	退步跨虎
6	左二起脚	海底翻花
7	撤步捋	反背捶
第二段		
8	倒卷汯	连环炮
9	白蛇吐信	倒骑麟
10	掩手汯捶	小红拳
11	风扫梅花	十字手
12	旋风脚	雀地龙
13	蹬一根	风扫梅花
14	护心拳	护心拳
第三段		
15	上步踹腿	右二汯
16	开合穿掌	劈身捶
17	海底翻花	十字摆莲
18	退步跨虎	抹眉汯
19	海底翻花	左二起脚
20	反背捶	撤步捋
第四段		
21	连环炮	倒卷汯
22	倒骑麟	白蛇吐信
23	小红拳	掩手汯捶
24	十字手	风扫梅花
25	雀地龙	旋风脚
26	风扫梅花	蹬一根
27	护心拳	护心拳
28	捣碓收势	捣碓收势

3. 拆招技术

风扫梅花拆招

护心拳拆招

六段

1. 单练套路

六段技术的单练套路由32个动作组成，分为4段，第一段9个动作，第二段7个动作，第三段8个动作，第四段8个动作，是一至五段技术元素“打、踢、拿、靠、摔”的综合递增。

陈式太极拳六段单练套路动作名称

预备式：并步直立					
第一段					
1	金刚起势	2	单鞭	3	穿心肘
4	野马分鬃	5	背折靠	6	开合穿掌
7	下掩手捶	8	前招	9	后招
第二段					
10	裹鞭炮	11	抹眉汯	12	拗步反拿
13	三进步缠丝手	14	斜行	15	初收
16	蹬一根				
第三段					
17	单鞭	18	懒扎衣	19	劈身捶
20	护心拳	21	进退步懒扎衣	22	进步肘底捶
23	左拍脚	24	右拍脚		
第四段					
25	白鹤亮翅	26	拗步缠腕	27	撤步懒扎衣
28	三退步缠丝手	29	斜行	30	猿猴献果
31	双撞捶	32	捣碓收势		

2. 对打套路

陈式太极拳六段对打套路动作名称

预备式：并步直立		
	甲	乙
第一段		
1	金刚起势	金刚起势
2	单鞭	单鞭
3	穿心肘	懒扎衣
4	野马分鬃	劈身捶
5	背折靠	护心拳
6	开合穿掌	进退步懒扎衣
7	下掩手捶	进步肘底捶
8	前招	左拍脚
9	后招	右拍脚
第二段		
10	裹鞭炮	白鹤亮翅
11	抹眉汯	拗步缠腕
12	拗步反拿	撤步懒扎衣
13	三进步缠丝手	三退步缠丝手
14	斜行	斜行
15	初收	猿猴献果
16	蹬一根	双撞捶
第三段		
17	单鞭	单鞭
18	懒扎衣	穿心肘
19	劈身捶	野马分鬃
20	护心拳	背折靠
21	进退步懒扎衣	开合穿掌
22	进步肘底捶	下掩手捶
23	左拍脚	前招
24	右拍脚	后招
第四段		
25	白鹤亮翅	裹鞭炮
26	拗步缠腕	抹眉汯
27	撤步懒扎衣	拗步反拿
28	三退步缠丝手	三进步缠丝手
29	斜行	斜行
30	猿猴献果	初收
31	双撞捶	蹬一根
32	捣碓收势	捣碓收势

3. 拆招技术

初收拆招

懒扎衣拆招

肘底捶拆招

杨式太极拳段位技术

杨式太极拳段位技术内容包括杨式太极拳一至六段技术的单练套路、对打套路和拆招技术。其中，单练套路是基础，对打套路是对抗实践，拆招技法是加深对攻防技击的认识，3个部分有机结合，使习练者从整体功能上认识杨式太极拳。在纵向上，一至六段套路在拳架的难度和数量上呈递增关系。

一段

1. 单练套路

一段技术的单练套路由8个动作组成，分为2段，每段4个动作，体现了“打、踢、拿、靠、摔”5种技术元素中的“打”。

杨式太极拳一段单练套路动作名称

入场武礼					
第一段					
1	单鞭起势	2	右搬拦捶	3	左搬拦捶
4	坐步搬拳				
第二段					
5	左穿按掌	6	右穿按掌	7	弓步穿掌
8	十字收势				
退场武礼					

2. 对打套路

杨式太极拳一段对打套路动作名称

入场武礼		
	甲	乙
第一段		
1	单鞭起势	单鞭起势
2	右搬拦捶	左穿按掌
3	左搬拦捶	右穿按掌
4	坐步搬拳	弓步穿掌
第二段		
5	左穿按掌	右搬拦捶
6	右穿按掌	左搬拦捶
7	弓步穿掌	坐步左捋
8	十字收势	十字收势
退场武礼		

3. 拆招技术

搬拦捶拆招

穿掌拆招

二段

1. 单练套路

二段技术的单练套路由10个动作组成，分为2段，每段5个动作，在一段“打”的基础上增加了“踢”。

杨式太极拳二段单练套路动作名称

入场武礼					
第一段					
1	单鞭起势	2	右云手	3	左云手
4	左搂膝拗步	5	玉女穿梭		
第二段					
6	右分脚	7	左分脚	8	右蹬脚
9	右穿掌	10	十字收势		
退场武礼					

2. 对打套路

杨式太极拳二段对打套路动作名称

入场武礼		
	甲	乙
第一段		
1	单鞭起势	单鞭起势
2	右云手	右分脚
3	左云手	左分脚
4	左搂膝拗步	右蹬脚
5	玉女穿梭	右穿掌
第二段		
6	右分脚	右云手
7	左分脚	左云手
8	右蹬脚	左搂膝拗步
9	右穿掌	玉女穿梭
10	十字收势	十字收势
退场武礼		

3. 拆招技术

云手拆招

搂膝拗步拆招

分脚拆招

三段

1. 单练套路

三段技术的单练套路由18个动作组成，分为2段，每段9个动作，在一段和二段技术元素“打”和“踢”的基础上增加了“拿”。

杨式太极拳三段单练套路动作名称

入场武礼					
第一段					
1	单鞭起势	2	提手上势	3	海底针
4	闪通背	5	左金鸡独立	6	扫腿摆掌
7	转身斜飞	8	弯弓射虎	9	上步顺插
第二段					
10	右野马分鬃	11	跟步下插	12	白蛇吐信
13	右穿掌	14	提腿拦掌	15	退步捋
16	指腹捶	17	退步捋挤	18	十字收势
退场武礼					

2. 对打套路

杨式太极拳三段对打套路动作名称

入场武礼		
	甲	乙
第一段		
1	单鞭起势	单鞭起势
2	提手上势	野马分鬃
3	海底针	跟步下插
4	闪通背	白蛇吐信
5	左金鸡独立	右穿掌
6	扫腿摆掌	提腿拦掌
7	转身斜飞	退步捋
8	弯弓射虎	指腹捶
9	上步顺插	退步捋挤
第二段		
10	野马分鬃	提手上势
11	跟步下插	海底针
12	白蛇吐信	闪通背
13	右穿掌	左金鸡独立
14	提腿拦掌	扫腿摆掌
15	退步捋	转身斜飞
16	指腹捶	弯弓射虎
17	退步捋挤	上步顺插
18	十字收势	十字收势
退场武礼		

3. 拆招技术

提手上势拆招

闪通背拆招

海底针拆招

野马分鬃拆招

低扫腿拆招

四段

1. 单练套路

四段技术的单练套路由22个动作组成，分为2段，每段11个动作，在一至三段技术元素“打、踢、拿”的基础上增加了“靠”。

杨式太极拳四段单练套路动作名称

入场武礼					
第一段					
1	单鞭起势	2	退步捋	3	退步右掤
4	如封似闭	5	搬拦捶	6	双分靠
7	左搂膝拗步	8	指腹捶	9	上步肩靠
10	退步推掌	11	换步架拳		
第二段					
12	上步靠	13	进步捋按	14	弓步盘推
15	撇身捶	16	右蹬脚	17	右穿掌
18	海底针	19	闪通背	20	后坐推掌
21	上步七星	22	十字收势		
退场武礼					

2. 对打套路

杨式太极拳四段对打套路动作名称

入场武礼		
	甲	乙
第一段		
1	单鞭起势	单鞭起势
2	退步捋	上步靠
3	退步右掤	进步捋按
4	如封似闭	弓步盘推
5	搬拦捶	撇身捶
6	双分靠	右蹬脚
7	左搂膝拗步	右穿掌
8	指腹捶	海底针
9	上步肩靠	闪通背
10	退步推掌	后坐推掌
11	换步架拳	上步七星
第二段		
12	上步靠	退步捋
13	进步捋按	退步右掤
14	弓步盘推	如封似闭
15	撇身捶	搬拦捶
16	右蹬脚	双分靠

（续表）

甲		乙
第二段		
17	右穿掌	左搂膝拗步
18	海底针	指腹捶
19	闪通背	上步肩靠
20	后坐推掌	退步推掌
21	上步七星	换步架拳
22	十字收势	十字收势
退场武礼		

3. 拆招技术

搬拦捶拆招

如封似闭拆招

海底针拆招

五段

1. 单练套路

五段技术的单练套路由24个动作组成，分为2段，每段12个动作，在一至四段技术元素“打、踢、拿、靠”的基础上增加了“摔”。

杨式太极拳五段单练套路动作名称

入场武礼					
第一段					
1	单鞭起势	2	退步捋	3	右野马分鬃
4	左野马分鬃	5	打虎势	6	高探马
7	肘底捶	8	单鞭下势	9	上步七星
10	退步分按	11	双峰贯耳	12	退步跨虎
第二段					
13	进步顺插	14	左倒撵猴	15	右倒撵猴
16	抱虎归山	17	斜飞势	18	海底针
19	闪通背	20	右蹬脚	21	弓步双插
22	十字手	23	右金鸡独立	24	十字收势
退场武礼					

2. 对打套路

杨式太极拳五段对打套路动作名称

入场武礼		
甲		乙
第一段		
1	单鞭起势	单鞭起势
2	退步捋	上步顺插
3	右野马分鬃	左倒撵猴
4	左野马分鬃	右倒撵猴
5	打虎势	抱虎归山
6	高探马	斜飞势
7	肘底捶	海底针
8	单鞭下势	闪通背
9	上步七星	右蹬脚
10	退步分按	弓步双插
11	双峰贯耳	十字手
12	退步跨虎	右金鸡独立
第二段		
13	进步顺插	退步捋
14	左倒撵猴	右野马分鬃
15	右倒撵猴	左野马分鬃
16	抱虎归山	打虎势
17	斜飞势	高探马
18	海底针	肘底捶
19	闪通背	单鞭下势
20	右蹬脚	上步七星
21	弓步双插	退步分按
22	十字手	双峰贯耳
23	右金鸡独立	退步跨虎
24	十字收势	十字收势
退场武礼		

3. 拆招技术

肘底捶拆招

倒撵猴拆招

下势拆招

上步七星拆招

左蹬脚拆招

六段

1. 单练套路

六段技术的单练套路由32个动作组成，分为2段，每段16个动作，是一至五段技术元素“打、踢、拿、靠、摔”的综合递增。

杨式太极拳六段单练套路动作名称

入场武礼					
第一段					
1	单鞭起势	2	右搬拦捶	3	左搬拦捶
4	右云手	5	左云手	6	左搂膝拗步
7	撇身捶	8	左倒撵猴	9	海底针
10	退步化	11	闪通背	12	打虎势
13	高探马	14	肘底捶	15	右倒撵猴
16	退步跨虎				
第二段					
17	左穿按掌	18	右穿按掌	19	右分脚
20	左分脚	21	右蹬脚	22	手挥琵琶
23	右野马分鬃	24	玉女穿梭	25	进步前靠
26	白蛇吐信	27	抱虎归山	28	斜飞势
29	左野马分鬃	30	指腹捶	31	右金鸡独立
32	十字收势				
退场武礼					

2. 对打套路

杨式太极拳六段对打套路动作名称

入场武礼		
	甲	乙
第一段		
1	单鞭起势	单鞭起势
2	右搬拦捶	左穿按掌
3	左搬拦捶	右穿按掌
4	右云手	右分脚
5	左云手	左分脚
6	左搂膝拗步	右蹬脚
7	撇身捶	手挥琵琶
8	左倒撵猴	右野马分鬃
9	海底针	玉女穿梭
10	退步化	进步前靠
11	闪通背	白蛇吐信
12	打虎势	抱虎归山
13	高探马	斜飞势
14	肘底捶	左野马分鬃
15	右倒撵猴	指腹捶
16	退步跨虎	右金鸡独立
第二段		
17	左穿按掌	右搬拦捶
18	右穿按掌	左搬拦捶
19	右分脚	右云手
20	左分脚	左云手
21	右蹬脚	左搂膝拗步
22	手挥琵琶	撇身捶
23	右野马分鬃	左倒撵猴
24	玉女穿梭	海底针
25	进步前靠	退步化
26	白蛇吐信	闪通背
27	抱虎归山	打虎势
28	斜飞势	高探马
29	左野马分鬃	肘底捶
30	指腹捶	右倒撵猴
31	右金鸡独立	退步跨虎
32	十字收势	十字收势
退场武礼		

3. 拆招技术

云手拆招

手挥琵琶拆招

吴式太极拳段位技术

吴式太极拳段位技术内容包括吴式太极拳一至六段技术的单练套路、对打套路和拆招技术。其中，单练套路是基础，对打套路是对抗实践，拆招技法是加深对攻防技击的认识，3个部分有机结合，使习练者从整体功能上认识吴式太极拳。在纵向上，一至六段套路在拳架的难度和数量上呈递增关系。

一段

1. 单练套路

一段技术的单练套路由12个动作组成，分为2段，每段6个动作，体现了“打、踢、拿、靠、摔”5种技术元素中的“打”。

吴式太极拳一段单练套路动作名称

预备式：并步直立					
第一段					
1	起势	2	提手上势	3	玉女穿梭
4	搂膝拗步	5	揽雀尾	6	闪通背
第二段					
7	双按掌	8	揽雀尾	9	闪通背
10	玉女穿梭	11	搂膝拗步	12	收势

2. 对打套路

吴式太极拳一段对打套路动作名称

预备式：并步直立		
	甲	乙
第一段		
1	起势	起势
2	提手上势	双按掌

（续表）

	甲	乙
第一段		
3	玉女穿梭	揽雀尾
4	搂膝拗步	闪通背
第二段		
5	揽雀尾	玉女穿梭
6	闪通背	搂膝拗步
7	收势	收势

3. 拆招技术

起势（掤）拆招

起势（肘）拆招

提手上势拆招

揽雀尾拆招

搂膝拗步拆招

单鞭拆招

闪通背拆招

玉女穿梭拆招

收势拆招

二段

1. 单练套路

二段技术的单练套路由14个动作组成，分为2段，每段7个动作，在一段“打”的基础上增加了“踢”。

吴式太极拳二段单练套路动作名称

预备式：并步直立					
第一段					
1	起势	2	高探马	3	左野马分鬃、右分腿
4	右野马分鬃、左分腿	5	转身左蹬脚	6	搬拦捶
7	肘底看捶				
第二段					
8	高探马	9	左披身踢脚	10	右披身踢脚
11	搂膝拗步、倒撵猴	12	高探马	13	转身劈掌
14	收势				

2. 对打套路

吴式太极拳二段对打套路动作名称

预备式：并步直立		
	甲	乙
第一段		
1	起势	起势
2	高探马	高探马
3	左野马分鬃、右分腿	左披身踢脚
4	右野马分鬃、左分腿	右披身踢脚
第二段		
5	转身左蹬脚	搂膝拗步、倒撵猴
6	搬拦捶	高探马
7	肘底看捶	转身劈掌
8	收势	收势

3. 拆招技术

搬拦捶拆招

高探马拆招

右分脚拆招

右蹬脚拆招

转身蹬脚拆招

披身踢脚拆招

三段

1. 单练套路

三段技术的单练套路由21个动作组成，分为2段，第一段9个动作，第二段12个动作，在一段和二段技术元素“打”和“踢”的基础上增加了“拿”。

吴式太极拳三段单练套路动作名称

预备式：并步直立					
第一段					
1	起势	2	云手	3	左野马分鬃
4	右野马分鬃	5	右打虎势	6	翻身撇身捶
7	提手上势	8	左打虎势	9	上步指裆捶

（续表）

第二段					
10	右搬拦捶	11	左搬拦捶	12	金鸡独立、弓步劈掌
13	左手挥琵琶	14	右手挥琵琶	15	披身踢脚
16	翻身撇身捶	17	搂膝拗步	18	揽雀尾
19	搂膝拗步	20	海底针	21	收势

2. 对打套路

吴式太极拳三段对打套路动作名称

预备式：并步直立		
	甲	乙
第一段		
1	起势	起势
2	云手	右搬拦捶、左搬拦捶
3	左野马分鬃	金鸡独立、弓步砍掌、左手挥琵琶
4	右野马分鬃	右手挥琵琶
5	右打虎势	披身踢脚
第二段		
6	翻身撇身捶	翻身撇身捶
7	提手上势	揽雀尾
8	左打虎势	搂膝拗步
9	指裆捶	海底针
10	收势	收势

3. 拆招技术

云手拆招

左野马分鬃拆招

右打虎势拆招

翻身撇身捶拆招

提手上势拆招

金鸡独立拆招

四段

1. 单练套路

四段技术的单练套路由25个动作组成，分为2段，第一段7个动作，第二段18个动作，在一至三段技术元素“打、踢、拿”的基础上增加了“靠”。

吴式太极拳四段单练套路动作名称

预备式：并步直立					
第一段					
1	起势	2	野马分鬃	3	搂膝拗步
4	提手上势	5	指裆捶	6	左金鸡独立
7	右金鸡独立				
第二段					
8	斜飞势	9	高探马	10	弓步靠
11	左金鸡独立	12	抱虎归山	13	斜飞势
14	闪通背	15	如封似闭	16	抱虎归山
17	右蹬脚	18	左蹬脚	19	翻身撇身捶
20	扑面掌	21	弓步靠	22	坐腿野马分鬃
23	虚步架按	24	搬拦捶	25	收势

2. 对打套路

吴式太极拳四段对打套路动作名称

预备式：并步直立		
甲		乙
第一段		
1	起势	起势
2	野马分鬃	斜飞势
3	搂膝拗步	闪通背
4	提手上势	如封似闭
5	指裆捶	抱虎归山
6	左金鸡独立	右蹬脚
7	右金鸡独立	左蹬脚
第二段		
8	斜飞势	翻身撇身捶
9	高探马	上步扑面掌
10	坐腿野马分鬃	弓腿野马分鬃
11	金鸡独立	虚步架按
12	抱虎归山	搬拦捶
13	收势	收势

3. 拆招技术

斜飞势拆招

指裆捶拆招

五段

1. 单练套路

五段技术的单练套路由28个动作组成，分为4段，第一段8个动作，第二段7个动作，第三段5个动作，第四段8个动作，在一至四段技术元素“打、踢、拿、靠”的基础上增加了“摔”。

吴式太极拳五段单练套路动作名称

预备式：并步直立					
第一段					
1	起势	2	搬拦捶	3	单摆莲
4	搂膝拗步	5	指裆捶	6	闪通背
7	双峰贯耳	8	野马分鬃		
第二段					
9	打虎势	10	左金鸡独立	11	闪通背
12	白鹤亮翅	13	下势	14	高探马
15	倒撵猴、高探马				
第三段					
16	右下势	17	高探马	18	海底针
19	如封似闭	20	弓步靠		
第四段					
21	穿掌弹踢	22	右蹬脚	23	搬拦捶
24	右贯捶	25	退步七星	26	搬拦捶
27	双摆莲	28	收势		

2. 对打套路

吴式太极拳五段对打套路动作名称

预备式：并步直立		
	甲	乙
第一段		
1	起势	起势
2	右下势	右下势
3	搂膝拗步	高探马
4	指裆捶	海底针
5	如封似闭	如封似闭
6	野马分鬃	弓步靠
第二段		
7	打虎势	穿掌弹踢
8	金鸡独立	右蹬脚
9	闪通背	搬拦捶
10	白鹤亮翅	右贯捶
11	左下势	退步七星
12	高探马	搬拦捶
13	倒撵猴、高探马	双摆莲
14	收势	收势

3. 拆招技术

白鹤亮翅（摔）拆招

如封似闭拆招

海底针拆招

双峰贯耳拆招

倒撵猴（摔）拆招

六段

1. 单练套路

六段技术的单练套路由38个动作组成，分为4段，第一段9个动作，第二段9个动作，第三段10个动作，第四段10个动作，是一至五段技术元素“打、踢、拿、靠、摔”的综合递增。

吴式太极拳六段单练套路动作名称

预备式：并步直立					
第一段					
1	起势	2	高探马	3	下势
4	退步七星	5	退步跨虎、扑面掌	6	双摆莲
7	弯弓射虎	8	左野马分鬃	9	右野马分鬃
第二段					
10	指裆捶	11	双峰贯耳	12	披身踢脚
13	下势	14	闪通背	15	左蹬脚
16	摆莲手	17	肘底看捶	18	野马分鬃
第三段					
19	斜飞势	20	搂膝拗步	21	退步七星
22	披身踢脚	23	搂膝拗步	24	双摆莲
25	弯弓射虎	26	右闪通背	27	左闪通背
28	海底针				
第四段					
29	如封似闭	30	退步七星	31	搬拦捶
32	十字手	33	高探马	34	手挥琵琶
35	弓步砍掌	36	斜飞势	37	野马分鬃
38	收势				

2. 对打套路

吴式太极拳六段对打套路动作名称

预备式：并步直立		
	甲	乙
第一段		
1	起势	起势
2	高探马	搂膝拗步
3	下势	退步七星
4	退步七星	披身踢脚
5	退步跨虎、扑面掌	搂膝拗步
第二段		
6	双摆莲	双摆莲
7	弯弓射虎	弯弓射虎
8	左野马分鬃	右闪通背

（续表）

	甲	乙
第二段		
9	右野马分鬃	左闪通背
第三段		
10	指裆捶	海底针
11	双峰贯耳	如封似闭
12	披身踢脚	退步七星
13	下势	弓腿搬拦捶
14	闪通背	十字手
15	左蹬脚	高探马
第四段		
16	摆莲手	手挥琵琶
17	肘底看捶	弓步砍掌
18	左野马分鬃	斜飞势
19	斜飞势	右野马分鬃
20	收势	收势

3. 拆招技术

双摆莲（摔）拆招

退步跨虎拆招

弯弓射虎拆招

肘底看捶拆招

武式太极拳段位技术

武式太极拳段位技术主要内容包括武式太极拳一至六段技术的单练套路、对打套路和拆招技术。其中，单练套路是基础，对打套路是对抗实践，拆招技法是加深对攻防技击的认识，3个部分有机结合，使习练者从整体功能上认识武式太极拳。在纵向上，一至六段套路在拳架的难度和数量上呈递增关系。

一段

1. 单练套路

一段技术的单练套路由10个动作组成，分为2段，每段5个动作，体现了“打、踢、拿、靠、摔”5种技术元素中的“打”。

武式太极拳一段单练套路动作名称

预备式：并步直立					
第一段					
1	起势	2	左右懒扎衣	3	左右手挥琵琶
4	搬拦捶	5	如封似闭		
第二段					
6	左右手挥琵琶	7	左右懒扎衣	8	搬拦捶
9	如封似闭	10	收势		

2. 对打套路

武式太极拳一段对打套路动作名称

预备式：并步直立		
	甲	乙
第一段		
1	起势	起势
2	左右懒扎衣	左右手挥琵琶
3	左右手挥琵琶	左右懒扎衣
第二段		
4	搬拦捶	搬拦捶
5	如封似闭	如封似闭
6	收势	收势

3. 拆招技术

左懒扎衣拆招

手挥琵琶拆招

搬拦捶拆招

如封似闭拆招

二段

1. 单练套路

二段技术的单练套路由13个动作组成，分为2段，第一段7个动作，第二段6个动作，在一段技术元素“打”的基础上增加了“踢”。

武式太极拳二段单练套路动作名称

预备式：并步直立					
第一段					
1	起势	2	左右云手	3	左伏虎右踢脚
4	右伏虎左踢脚	5	转身蹬脚	6	对心掌
7	左右云手				
第二段					
8	跨虎势	9	单鞭	10	搂膝拗步
11	懒扎衣	12	手挥琵琶	13	收势

2. 对打套路

武式太极拳二段对打套路动作名称

预备式：并步直立		
	甲	乙
第一段		
1	起势	起势
2	左右云手	左右云手
3	左伏虎右踢脚	跨虎势
4	右伏虎	单鞭
第二段		
5	左踢脚	搂膝拗步
6	转身蹬脚	懒扎衣
7	对心掌	手挥琵琶
8	收势	收势

3. 拆招技术

云手拆招

右伏虎拆招

右踢脚拆招

左蹬脚拆招

对心掌拆招

搂膝拗步拆招

三段

1. 单练套路

三段技术的单练套路由16个动作组成，分为2段，每段8个动作，在一段和二段技术元素“打”和“踢”的基础上增加了“拿”。

武式太极拳三段单练套路动作名称

预备式：并步直立					
第一段					
1	起势	2	肘底捶	3	手挥琵琶
4	上步肘靠	5	高探马	6	云手
7	巧捉龙踢脚	8	转身跨虎势		
第二段					
9	搬拦捶	10	上步肘靠	11	手挥琵琶
12	野马分鬃	13	左蹬脚	14	转身摆莲
15	弯弓射虎	16	收势		

2. 对打套路

武式太极拳三段对打套路动作名称

预备式：并步直立		
	甲	乙
第一段		
1	起势	起势
2	肘底捶	搬拦捶
3	手挥琵琶	上步肘靠
4	上步靠肘	手挥琵琶
5	高探马	野马分鬃
第二段		
6	云手	左蹬脚
7	巧捉龙蹬脚	转身摆莲
8	转身跨虎势	弯弓射虎
9	收势	收势

3. 拆招技术

肘底捶拆招

上步肘靠拆招

高探马拆招

野马分鬃拆招

四段

1. 单练套路

四段技术的单练套路由22个动作组成，分为2段，每段11个动作，在一至三段技术元素“打、踢、拿”的基础上增加了“靠”。

武式太极拳四段单练套路动作名称

预备式：并步直立					
第一段					
1	起势	2	按挤掤捋	3	上步指裆捶
4	上步野马分鬃	5	右踢脚	6	穿掌
7	右倒撵猴	8	左倒撵猴	9	进步靠
10	退步左踢脚	11	转身摆莲		
第二段					
12	掤捋挤按	13	退步跨虎	14	弯弓射虎
15	下势	16	七星捶	17	左单鞭
18	右单鞭	19	抱虎推山	20	搂膝拗步
21	下势	22	收势		

2. 对打套路

武式太极拳四段对打套路动作名称

预备式：并步直立		
	甲	乙
第一段		
1	起势	起势
2	按挤掤捋	掤捋挤按
3	上步指裆捶	退步跨虎
4	上步野马分鬃	弯弓射虎
5	右踢脚	下势
6	穿掌	上步七星
第二段		
7	右倒撵猴	左单鞭
8	左倒撵猴	右单鞭
9	进步靠	抱虎推山
10	退步左踢脚	搂膝拗步
11	转身摆莲	下势
12	收势	收势

3. 拆招技术

懒扎衣拆招

玉女穿梭拆招

单鞭拆招

採手拆招

五段

1. 单练套路

五段技术的单练套路由26个动作组成，分为2段，每段13个动作，在一至四段技术元素“打、踢、拿、靠”的基础上增加了“摔”。

武式太极拳五段单练套路动作名称

预备式：并步直立					
第一段					
1	起势	2	单鞭	3	白鹤亮翅
4	下採	5	青龙出水	6	翻身三通背
7	二起脚	8	跌步披身	9	懒扎衣
10	跃步披身	11	巧捉龙蹬脚	12	进步撇捶
13	左右採靠				
第二段					
14	提手上势	15	退步指裆捶	16	按势
17	更鸡独立	18	跃步翻身	19	践步栽捶
20	上步肘靠	21	转身採挒	22	左蹬脚
23	转身撇身捶	24	玉女穿梭	25	左右採靠
26	收势				

2. 对打套路

武式太极拳五段对打套路动作名称

预备式：并步直立		
	甲	乙
第一段		
1	起势	起势
2	单鞭	提手上势
3	白鹤亮翅	退步指裆捶

（续表）

	甲	乙
第一段		
4	下采	按势
5	青龙出水	更鸡独立
6	翻身三通背	跃步翻身
7	二起脚	践步栽捶
第二段		
8	跌步披身	上步肘靠
9	懒扎衣	转身採挒
10	跃步披身	左蹬脚
11	巧捉龙蹬脚	转身撇身捶
12	进步撇捶	玉女穿梭
13	左右採靠	左右採靠
14	收势	收势

3. 拆招技术

白鹤亮翅拆招

青龙出水拆招

巧捉龙蹬脚拆招

更鸡独立拆招

抱虎推山拆招

进步挤靠拆招

转身採挒拆招

按势拆招

六段

1. 单练套路

六段技术的单练套路由32个动作组成，分为2段，每段16个动作，是一至五段技术元素“打、踢、拿、靠、摔”的综合递增。

武式太极拳六段单练套路动作名称

预备式：并步直立					
第一段					
1	起势	2	左右懒扎衣	3	单鞭
4	提手上势	5	白鹤亮翅	6	採手
7	青龙出水	8	翻身上步靠	9	退步手挥琵琶
10	懒扎衣	11	倒撵猴	12	右踢脚
13	更鸡独立	14	上步七星	15	退步跨虎
16	弯弓射虎				
第二段					
17	退步手挥琵琶	18	云手	19	肘底捶
20	退步指裆捶	21	按势	22	更鸡独立
23	跃步披身	24	进步挤靠	25	玉女穿梭
26	右伏虎	27	左踢脚	28	转身蹬脚
29	上步打捶	30	上步七星	31	十字蹬脚
32	收势				

2. 对打套路

武式太极拳六段对打套路动作名称

预备式：并步直立		
	甲	乙
第一段		
1	起势	起势
2	左右懒扎衣	退步手挥琵琶
3	单鞭	云手
4	提手上势	肘底捶
5	白鹤亮翅	退步指裆捶
6	採手	按势
7	青龙出水	更鸡独立
8	翻身上步靠	跃步披身
第二段		
9	退步手挥琵琶	进步挤靠
10	懒扎衣	玉女穿梭
11	倒撵猴	右伏虎
12	右踢脚	左踢脚
13	更鸡独立	转身蹬脚
14	七星捶	上步打捶
15	退步跨虎	上步七星
16	弯弓射虎	十字蹬脚
17	收势	收势

3. 拆招技术

上步指裆捶拆招

上步七星拆招

提手上势拆招

倒撵猴拆招

十字脚拆招

弯弓射虎拆招

退步跨虎拆招

孙式太极拳段位技术

孙式太极拳段位技术主要内容包括孙式太极拳一至六段技术的单练套路、对打套路和拆招技术。其中，单练套路是基础，对打套路是对抗实践，拆招技法是加深对攻防技击的认识，3个部分有机结合，使习练者从整体功能上认识孙式太极拳。在纵向上，一至六段套路在拳架的难度和数量上呈递增关系。

一段

1. 单练套路

一段技术的单练套路由8个动作组成，分为2段，每段4个动作，体现了“打、踢、拿、靠、摔”5种技术元素中的“打”。

孙式太极拳一段单练套路动作名称

预备式：并步直立					
第一段					
1	起势	2	进步搬拦捶（压臂冲拳）	3	如封似闭（虚步分掌）
4	抱虎推山（进步双推掌）				

（续表）

第二段					
5	退步捋手	6	进步前挤	7	退步前掤
8	收势				

2. 对打套路

孙式太极拳一段对打套路动作名称

预备式：并步直立		
	甲	乙
1	起势	起势
2	进步搬拦捶	退步捋手
3	如封似闭（虚步分掌）	进步前挤
4	抱虎推山（进步双推掌）	退步前掤
5	收势	收势

3. 拆招技术

搬拦捶拆招

抱虎推山拆招

二段

1. 单练套路

二段技术的单练套路由10个动作组成，分为2段，每段5个动作，在一段技术元素“打”的基础上增加了“踢”。

孙式太极拳二段单练套路动作名称

预备式：并步直立					
第一段					
1	起势	2	进步打拳（进步冲拳）	3	接肘靠
4	右起脚（右分脚）	5	左蹬脚		
第二段					
6	搬拦捶（压臂冲拳）	7	错手打（弓步摆拳）	8	右虚步拦腿（右撩掌拦腿）
9	左虚步拦腿（左撩掌拦腿）	10	收势		

2. 对打套路

孙式太极拳二段对打套路动作名称

预备式：并步直立		
	甲	乙
1	起势	起势
2	进步打拳	搬拦捶
3	接肘靠	错手打
4	右起脚	右撩掌拦腿
5	左蹬脚	左撩掌拦腿
6	收势	收势

3. 拆招技术

错手打拆招

接肘靠拆招

蹬脚拆招

三段

1. 单练套路

三段技术的单练套路由14个动作组成，分为2段，第一段6个动作，第二段8个动作，在一段和二段技术元素“打”和“踢”的基础上增加了“拿”。

孙式太极拳三段单练套路动作名称

预备式：并步直立					
第一段					
1	起势	2	进步指裆捶（进步冲拳）	3	撤步捋手
4	反臂拳（反臂冲拳）	5	反背拳（反背冲拳）	6	下栽拳（下冲拳）
第二段					
7	转身下势	8	退步拦手	9	沉身反撩
10	转身下捋	11	虚步后捋	12	下势
13	转身下势	14	收势		

2. 对打套路

孙式太极拳三段对打套路动作名称

预备式：并步直立		
	甲	乙
1	起势	起势
2	进步指裆捶	退步拦手
3	退步捋手	沉身反撩
4	反臂拳	转身捋手
5	反背拳	退步后捋
6	下栽拳	下势
7	转身下势	转身下势
8	收势	收势

3. 拆招技术

指裆捶拆招

下栽拳拆招

反背拳拆招

正拿肘拆招

反拿肘拆招

四段

1. 单练套路

四段技术的单练套路由19个动作组成，分为2段，第一段10个动作，第二段9个动作，在一至三段技术元素“打、踢、拿”的基础上增加了“靠”。

孙式太极拳四段单练套路动作名称

预备式：并步直立					
第一段					
1	起势	2	野马分鬃（上步分掌）	3	单鞭（偏马步分掌）
4	三通背（弓步架推掌）	5	进步穿掌	6	撩掌拦腿

（续表）

7	手挥琵琶（虚步合掌）	8	捋手（虚步外捋）	9	左金鸡独立（左提膝挑掌）
10	右金鸡独立（右提膝挑掌）				
第二段					
11	野马分鬃（上步分掌）	12	手挥琵琶（虚步合掌）	13	白鹤亮翅（虚步提手）
14	分掌踢脚	15	进步打拳（进步冲拳）	16	反背拳（上步背拳）
17	左起脚（左分脚）	18	右蹬脚	19	收势

2. 对打套路

孙式太极拳四段对打套路动作名称

预备式：并步直立		
	甲	乙
第一段		
1	起势	起势
2	野马分鬃	野马分鬃
3	单鞭	手挥琵琶
4	三通背	白鹤亮翅
5	撩掌拦腿	分掌踢脚
第二段		
6	手挥琵琶	进步打拳
7	捋手	反背拳
8	左金鸡独立	左起脚
9	右金鸡独立	右蹬脚
10	收势	收势

3. 拆招技术

单鞭拆招

手挥琵琶拆招

白鹤亮翅拆招

五段

1. 单练套路

五段技术的单练套路由24个动作组成，分为2段，每段12个动作，在一至四段技术元素“打、踢、拿、靠”的基础上增加了“摔”。

孙式太极拳五段单练套路动作名称

预备式：并步直立					
第一段					
1	起势	2	反身撅臂	3	搬拦捶（压臂冲拳）
4	右捋手	5	左捋手	6	下势（虚步按掌）
7	白鹤亮翅（虚步提手）	8	採挒肘靠	9	云手（上步撩拨）
10	单鞭（弓步分掌）	11	肘下看捶	12	左起脚（左分脚）
第二段					
13	右踢脚	14	手挥琵琶（虚步合掌）	15	右穿掌
16	左穿掌	17	践步打锤（上步下冲拳）	18	三通背（虚步架推掌）
19	採挒肘靠	20	云手（上步撩拨）	21	退步捋手
22	上步七星（进步叉掌）	23	退步跨虎（虚步按掌）	24	收势

2. 对打套路

孙式太极拳五段对打套路动作名称

预备式：并步直立		
	甲	乙
第一段		
1	起势	起势
2	反身撅臂	退步沉肘
3	搬拦捶	右踢脚
4	右捋手	右穿掌
5	左捋手	左穿掌
6	下势	践步打锤
7	白鹤亮翅	三通背
8	採挒肘靠	採挒肘靠
第二段		
9	云手	云手
10	单鞭	退步捋手
11	肘下看捶	退步七星
12	左起脚	退步跨虎
13	收势	收势

3. 拆招技术

云手拆招

反身撅臂拆招

六段

1. 单练套路

六段技术的单练套路由41个动作组成，分为2段，第一段20个动作，第二段21个动作，是一至五段技术元素“打、踢、拿、靠、摔”的综合递增。

孙式太极拳六段单练套路动作名称

预备式：并步直立					
第一段					
1	起势	2	践步打捶（践步冲拳）	3	反背拳
4	下栽拳（下冲拳）	5	左起脚（左分脚）	6	右蹬脚
7	单鞭（偏马步分掌）	8	三通背（三体步架推掌）	9	搬拦捶（压臂冲拳）
10	退步接手	11	左手挥琵琶（左虚步合掌）	12	右手挥琵琶（右虚步合掌）
13	进步肘击	14	反身撅臂	15	退步跨虎（虚步按掌）
16	转身大捋	17	上步穿掌	18	肘下看捶（肘底藏拳）
19	三通背（三体步架推掌）	20	搂膝拗步		
第二段					
21	手挥琵琶（虚步合掌）	22	捋手	23	下势
24	左金鸡独立（左提膝挑掌）	25	右金鸡独立（右提膝挑掌）	26	手挥琵琶（虚步合掌）
27	白鹤亮翅（虚步提手）	28	穿掌	29	进步指裆捶（进步冲拳击裆）
30	左玉女穿梭（左上步架推掌）	31	右玉女穿梭（右上步架推掌）	32	抱虎推山
33	分手踢脚	34	搬拦捶（压臂冲拳）	35	上步穿掌
36	转身大捋	37	转身摆莲	38	弯弓射虎（弓步双插掌）
39	双撞捶（双冲拳）	40	懒扎衣	41	收势

2. 对打套路

孙式太极拳六段对打套路动作名称

预备式：并步直立		
	甲	乙
第一段		
1	起势	起势
2	践步打捶	手挥琵琶
3	反背拳	捋手
4	下栽拳	下势
5	左起脚	左金鸡独立
6	右蹬脚	右金鸡独立
7	单鞭	手挥琵琶
8	三通背	白鹤亮翅
9	搬拦捶	穿掌
10	退步接手	进步指裆捶
第二段		
11	左手挥琵琶	左玉女穿梭
12	右手挥琵琶	右玉女穿梭
13	进步肘击	抱虎推山
14	反身撅臂	分手踢脚
15	退步跨虎	搬拦捶
16	转身大捋	上步穿掌
17	上步穿掌	转身大捋
18	肘下看捶	转身摆莲
19	三通背	弯弓射虎
20	搂膝拗步	双撞捶
21	退步懒扎衣	进步懒扎衣
22	收势	收势

3. 拆招技术

进步肘击拆招

搂膝拗步拆招

和式太极拳段位技术

和式太极拳段位技术主要内容包括和式太极拳一至六段技术的单练套路、对打套路和拆招技术。其中，单练套路是基础，对打套路是对抗实践，拆招技法是加深对攻防技击的认识，3个部分有机结合，使习练者在整体功能上认识和式太极拳。在纵向上，一至六段套路在拳架的难度和数量上呈递增关系。

一段

1. 单练套路

一段技术的单练套路由10个动作组成，分为2段，每段5个动作，体现了“打、踢、拿、靠、摔”5种技术元素中的“打”。

和式太极拳一段单练套路动作名称

预备式：并步直立					
第一段					
1	起势	2	接手金刚（弓步掤打）	3	斜行（勾挂按掌）
4	云手（掤架推掌）	5	开合（引化合按）		
第二段					
6	接手金刚（弓步掤打）	7	斜行（勾挂按掌）	8	云手（掤架推掌）
9	开合（引化合按）	10	收势		

2. 对打套路

和式太极拳一段对打套路动作名称

预备式：并步直立		
	甲	乙
1	起势	起势
2	接手金刚（弓步掤打）	接手金刚（弓步掤打）

（续表）

	甲	乙
3	斜行（勾挂按掌）	斜行（勾挂按掌）
4	云手（掤架推掌）	云手（掤架推掌）
5	开合（引化合按）	开合（引化合按）
6	收势	收势

3. 拆招技术

接手金刚拆招

斜行拆招

云手拆招

开合拆招

二段

1. 单练套路

二段技术的单练套路由14个动作组成，分为2段，每段7个动作，在一段“打”的基础上增加了“踢”。

和式太极拳二段单练套路动作名称

预备式：并步直立					
第一段					
1	起势	2	高探马（勾腿按打）	3	玉女穿梭（进步穿掌）
4	转身懒扎衣（扫腿劈掌）	5	左蹬跟（左蹬脚）	6	右拍脚（右踢脚）
7	左右顺步倒撵猴（左右退步拦拨）				
第二段					
8	高探马（勾腿按打）	9	左右顺步倒撵猴（左右退步拦拨）	10	玉女穿梭（进步穿掌）
11	转身懒扎衣（扫腿劈掌）	12	左蹬跟（左蹬脚）	13	右拍脚（右踢脚）
14	收势				

2. 对打套路

和式太极拳二段对打套路动作名称

预备式：并步直立		
	甲	乙
1	起势	起势
2	高探马（勾腿按打）	高探马（勾腿按打）
3	玉女穿梭（仰掌穿喉）	右顺步倒撵猴（右退步拦拨）
4	转身懒扎衣（扫腿劈掌）	左顺步倒撵猴（左退步拦拨）
5	左蹬跟（左蹬脚）	右顺步倒撵猴（右退步拦拨）
6	右拍脚（右踢脚）	左顺步倒撵猴（左退步拦拨）
7	右顺步倒撵猴（右退步拦拨）	玉女穿梭（仰掌穿喉）
8	左顺步倒撵猴（左退步拦拨）	转身懒扎衣（扫腿劈掌）
9	右顺步倒撵猴（右退步拦拨）	左蹬跟（左蹬脚）
10	左顺步倒撵猴（左退步拦拨）	右拍脚（右踢脚）
11	收势	收势

3. 拆招技术

高探马拆招

玉女穿梭拆招

转身懒扎衣拆招

左蹬跟拆招

右拍脚拆招

顺步倒撵猴拆招

三段

1. 单练套路

三段技术的单练套路由18个动作组成，

分为2段，每段9个动作，在一段和二段技术元素“打”和“踢”的基础上增加了“拿”。

和式太极拳三段单练套路动作名称

预备式：并步直立					
第一段					
1	起势	2	採手金刚（採按锁肩）	3	左翻掌（翻掌拿肘）
4	右翻掌（翻掌旋肘）	5	手挥琵琶（勾手穿点）	6	肘底看拳（跟步掼拳）
7	十字手（缠腕採拿）	8	迎面肘（屈肘击面）	9	开合（引化合按）
第二段					
10	採手金刚（採按锁肩）	11	右翻掌（翻掌旋肘）	12	左翻掌（翻掌拿肘）
13	手挥琵琶（勾手穿点）	14	肘底看拳（跟步掼拳）	15	迎面肘（屈肘击面）
16	十字手（缠腕採拿）	17	开合（引化合按）	18	收势

2. 对打套路

和式太极拳三段对打套路动作名称

预备式：并步直立		
	甲	乙
1	起势	起势
2	採手金刚（採按锁肩）	採手金刚（採按锁肩）
3	左翻掌（翻掌拿肘）	右翻掌（翻掌旋肘）
4	右翻掌（翻掌旋肘）	左翻掌（翻掌拿肘）
5	手挥琵琶（勾手穿点）	手挥琵琶（勾手穿点）
6	肘底看拳（上挂掼拳）	肘底看拳（上挂掼拳）
7	十字手（缠腕採拿）	迎面肘（屈肘击面）
8	迎面肘（屈肘击面）	十字手（缠腕採拿）
9	开合（引化合按）	开合（引化合按）
10	收势	收势

3. 拆招技术

採手金刚拆招

左翻掌拆招

右翻掌拆招

手挥琵琶拆招

肘底看拳拆招

十字手拆招

迎面肘拆招

四段

1. 单练套路

四段技术的单练技术由22个动作组成，分为2段，每段11个动作，在一至三段技术元素“打、踢、拿”的基础上增加了“靠”。

和式太极拳四段单练套路动作名称

预备式：并步直立					
第一段					
1	起势	2	捋手金刚（弓步顺靠）	3	懒扎衣（上步挤靠）
4	前招（右卸劲靠）	5	右高探马（右勾踢）	6	开门迎客（闪身按肩）
7	迎门靠（进步迎靠）	8	黄龙搅水（弓步肘靠）	9	野马分鬃（进步劈按）
10	倒撵猴（退步拦压）	11	弯弓射虎（搬拦击捶）		
第二段					
12	捋手金刚（弓步顺靠）	13	懒扎衣（上步挤靠）	14	前招（右卸劲靠）
15	右高探马（右勾踢）	16	迎门靠（进步迎靠）		
17	黄龙搅水（弓步肘靠）	18	开门迎客（闪身按肩）	19	倒撵猴（退步拦压）
20	野马分鬃（进步劈按）	21	弯弓射虎（搬拦击捶）	22	收势

2. 对打套路

和式太极拳四段对打套路动作名称

预备式：并步直立		
	甲	乙
1	起势	起势
2	捋手金刚（弓步顺靠）	捋手金刚（弓步顺靠）
3	懒扎衣（上步挤靠）	懒扎衣（上步挤靠）
4	前招（右卸劲靠）	前招（右卸劲靠）
5	右高探马（右勾踢）	右高探马（右勾踢）
6	开门迎客（闪身按肩）	迎门靠→黄龙搅水
7	迎门靠→黄龙搅水	开门迎客（闪身按肩）
8	野马分鬃（进步劈按）	倒撵猴（退步拦压）
9	倒撵猴（退步拦压）	野马分鬃（进步劈按）
10	弯弓射虎（搬拦击捶）	弯弓射虎（搬拦击捶）
11	收势	收势

3. 拆招技术

捋手金刚拆招

懒扎衣拆招

前招拆招

右高探马拆招

开门迎客拆招

迎门靠拆招

黄龙搅水拆招

野马分鬃拆招

倒撵猴拆招

弯弓射虎拆招

五段

1. 单练套路

五段技术的单练套路由26个动作组成，分为2段，每段13个动作，在一至四段技术元素“打、踢、拿、靠”的基础上增加了“摔”。

和式太极拳五段单练套路动作名称

预备式：并步直立					
第一段					
1	起势	2	拦手金刚（捋挒摔）	3	套腿懒扎衣（截腿靠摔）
4	闪通背（退步闪摔）	5	两步捶（进打退拦）	6	斜行（套腿按掌）
7	倒撵猴（别腿挒摔）				
8	白鹤亮翅（进步拿摔）	9	金鸡独立（托掌提膝）	10	喜鹊蹬枝（提膝蹬脚）
11	鹞子翻身（转身闪化）	12	搂膝（接腿进摔）	13	白猿献果（进步拦打）
第二段					
14	拦手金刚（捋挒摔）	15	套腿懒扎衣（截腿靠摔）	16	闪通背（退步闪摔）
17	两步捶（进打退拦）	18	倒撵猴（别腿挒摔）	19	斜行（套腿按掌）
20	金鸡独立（托掌提膝）	21	白鹤亮翅（进步拿摔）	22	搂膝（接腿进摔）
23	喜鹊蹬枝（提膝蹬脚）	24	鹞子翻身（转身闪化）	25	白猿献果（进步拦打）
26	收势				

2. 对打套路

和式太极拳五段对打套路动作名称

预备式：并步直立		
	甲	乙
1	起势	起势
2	拦手金刚（捋挒摔）	拦手金刚（捋挒摔）
3	套腿懒扎衣（截腿靠摔）	套腿懒扎衣（截腿靠摔）
4	闪通背（退步闪摔）	闪通背（退步闪摔）
5	两步捶（进打退拦）	两步捶（进打退拦）
6	斜行（套腿按掌）	斜行（套腿按掌）
7	倒撵猴（别腿挒摔）	斜行（套腿按掌）

（续表）

	甲	乙
8	斜行（套腿按掌）	倒撵猴（别腿挒摔）
9	白鹤亮翅（进步拿摔）	金鸡独立（托掌提膝）
10	金鸡独立（托掌提膝）	白鹤亮翅（进步拿摔）
11	喜鹊蹬枝→鹞子翻身（提膝蹬脚→转身闪化）	搂膝（接腿进摔）
12	搂膝（接腿进摔）	喜鹊蹬枝→鹞子翻身（提膝蹬脚→转身闪化）
13	白猿献果（进步拦打）	白猿献果（进步拦打）
14	收势	收势

3. 拆招技术

拦手金刚拆招

套腿懒扎衣拆招

闪通背拆招

两步捶拆招

斜行拆招

倒撵猴拆招

白鹤亮翅拆招

金鸡独立拆招

喜鹊蹬枝拆招

鹞子翻身拆招

搂膝拆招

白猿献果拆招

六段

1. 单练套路

六段技术的单练套路由38个动作组成，分为6段，第一段7个动作，第二段6个动作，第三段6个动作，第四段6个动作，第五段6个动作，第六段7个动作，是一至五段技术元素“打、踢、拿、靠、摔”的综合递增。

和式太极拳六段单练套路动作名称

预备式：并步直立					
第一段					
1	起势	2	上金刚（掤捋挤按）	3	懒扎衣（进步挤靠）
4	单鞭（单鞭掌）	5	云手（左右架打）	6	跌插（仆步铲踹）
7	扫堂腿（扫腿）				
第二段					
8	顺步倒撵猴（退步拦拨）	9	扎七星（退引进靠）	10	十字手（缠腕採拿）
11	迎面肘（进步盘肘）	12	开门迎客（撤步按肩）	13	迎门靠（虚步迎靠）
第三段					
14	野马分鬃（进步劈按）	15	拗步倒撵猴（别腿捋採）	16	白鹤亮翅（进步挒按）
17	金鸡独立（提膝击掌）	18	闪通背（退步闪摔）	19	弯弓射虎（搬拦捶）
第四段					
20	上金刚（掤捋挤按）	21	懒扎衣（进步挤靠）	22	单鞭（单鞭掌）
23	云手（左右架打）	24	顺步倒撵猴（退步拦拨）	25	跌插（仆步铲踹）
第五段					
26	扫堂腿（扫腿）	27	扎七星（退引进靠）	28	迎面肘（进步盘肘）
29	十字手（缠腕採拿）	30	迎门靠（虚步迎靠）	31	开门迎客（撤步按肩）
第六段					
32	倒撵猴（别腿捋採）	33	野马分鬃（进步劈按）	34	金鸡独立（提膝击掌）
35	白鹤亮翅（进步挒按）	36	闪通背（退步闪摔）	37	弯弓射虎（搬拦捶）
38	收势				

2. 对打套路

和式太极拳六段对打套路动作名称

预备式：并步直立		
	甲	乙
	第一段	
1	起势	起势
2	上金刚（掤捋挤按）	上金刚（掤捋挤按）
3	懒扎衣（进步挤靠）	懒扎衣（进步挤靠）
4	单鞭（单鞭掌）	单鞭（单鞭掌）
5	云手（左右架打）	云手（左右架打）
6	跌插（仆步铲踹）	顺步倒撵猴（退步拦拨）
7	扫堂腿（扫腿）	顺步倒撵猴（退步拦拨）
8	顺步倒撵猴（退步拦拨）	跌插（仆步铲踹）
9	顺步倒撵猴（退步拦拨）	扫堂腿（扫腿）
10	扎七星（退引进靠）	扎七星（退引进靠）
	第二段	
11	十字手（缠腕採拿）	迎面肘（进步盘肘）
12	迎面肘（进步盘肘）	十字手（缠腕採拿）
13	开门迎客（撤步按肩）	迎门靠（虚步迎靠）
14	迎门靠（虚步迎靠）	开门迎客（撤步按肩）
15	野马分鬃（进步劈按）	倒撵猴（退步拦拨）
16	倒撵猴（退步拦拨）	野马分鬃（进步劈按）
17	白鹤亮翅（进步挒按）	金鸡独立（提膝击掌）
18	金鸡独立（提膝击掌）	白鹤亮翅（进步挒按）
19	闪通背（退步闪摔）	闪通背（退步闪摔）
20	弯弓射虎（搬拦捶）	弯弓射虎（搬拦捶）
21	收势	收势

3. 拆招技术

跌插拆招

扫堂腿拆招

扎七星拆招

第九部分　太极拳人物

说明：本部分共分五大类。第一类所列皆为太极拳正式产生以前的相关历史人物。第二类至第五类介绍了各流派代表人物，知名专家、学者，知名教练员、运动员，国际推广知名人物，共340余人。每个人都有其独特的走向太极之路的缘由。读者可以通过阅读本部分了解古今太极拳人物丰富多彩的太极人生。本部分在介绍人物时，均以武术界所熟知的称呼为检索标题，有名，也有字。

历史人物

老子（生卒年不详）　姓李名耳，字聃，一字伯阳，或曰谥伯阳，春秋末期楚国苦县（今河南鹿邑县）人，与孔子同时代而年长于孔子，世人尊称“老子”。老子是中国古代伟大的思想家、哲学家，道家学派创始人。存世著作《道德经》，亦称《老子》《五千言》，内容博大精深，其精粹是朴素的辩证法，诸如“道法自然”“万物负阴而抱阳，冲气以为和”“欲将歙之，必固张之”“有无相生，难易相成，长短相形，高下相倾，音色相和，前后相随”等等，都已成为太极拳家用于阐释太极拳理法、招式、招法的理论依据，并继续影响着太极拳的实践活动，丰富着太极拳的理论体系。

庄子（约前369—前286）　名周，字子休，战国时期宋国蒙（今河南商丘东北部）人。战国中期思想家、哲学家、文学家，道家学派的主要代表人物，是老子思想的继承和发展者，后世将他与老子并称为“老庄”，他们的哲学思想体系被学术界尊为老庄哲学。庄子崇尚自然，宣扬“天道无为”，强调事物自生自在，提出“依乎天理，因其固然”的养生法则，以达到“保身、全生、尽年”的养生目的。他以“坐忘”“离形”为养生的基本方法，强调“导引”，重视“养神”，提出“纯粹而不杂，静一而不变，惔而无为，动而以天行”的养生之道。庄子的上述思想，对太极拳理论体系的形成有着很大的影响。

华佗（约145—208）　名旉，字元化，东汉末年沛国谯县（今安徽亳州）人。中国古代著名医学家。早年游学徐州，“兼通数经，晓养性之术，年且百岁，而貌有壮容”。《后汉书·方术列传》中记载他提倡“动以养生”的思想。华佗认为“人体欲得劳动，但不当使极耳，动摇则谷气得消，血脉流通，病不得生，譬犹户枢，终不朽也”，“导引之事，熊颈鸱顾，引挽腰体，动诸关节，以求难老”，并创编了一套养生五禽戏，流传至今。其引肢体通行内气的习练方法，在后来太极拳的发展中被充分吸收。

达摩（？—536）　全称菩提达摩，系古印度僧人，于南北朝时来到中国，中国佛教禅宗始祖，故中国禅宗又称达摩宗。相传他曾会见梁武帝萧衍，并相与论禅，后渡江北上，入嵩山少林寺，从事佛教传教活动，是一位拥有诸多传奇经历的人物。相传，他曾面壁9年，悟创少林内功导引术《易筋经》。《易筋经》号称禅功之源，理论上综合了佛、道二家，功法上吸收了导引养生术。该功法非常实用，效果显著，长期习练，可使人体神、体、气三者有机结合，使五脏六腑、十二经络及全身得到充分的调理，从而达到健体祛病、延年益寿的目的。《易筋经》的内壮神勇、抻筋拔骨及导气令合等养生健体功能为后世太极拳的形成与发展提供了实践依据。

程灵洗（514—568）　字玄涤，南北朝新安郡海宁县（今安徽省休宁县）人。少年时即勇力过人，可日行200里（100千米）。相传其曾跟韩拱月精习拳术15势。据《吴图南太极拳精髓》载：该拳术“功用之要，则在超以象外，得其环中”，“人不知我，我独知人”。其要诀有《用功五志》《四性归原歌》。传至南宋翰林学士程珌，程珌传此拳术时即将其改名为小九天拳。其拳势名称为七星八步、开天门、什锦背、提手、卧虎跳涧、单鞭、射雁、穿梭、白鹤升空、大裆捶、小裆捶、叶里花、猴顶云、揽雀尾、八方掌。因其拳式名称与现代太极拳式架名称相似，故今人亦有称其拳术为太极拳初源者。

李道子（约614—？） 名儒子，字道武，号十力，游化时号道子，唐朝河内（今河南沁阳）人。《千载寺唐僧十力传碑》记载：他于贞观年间被御赐李姓。李道子文武易医，博艺皆修，传创艺无极养生武功，并提到创此武功的理论基础包括大明渡无极经、易筋经、道德经、黄庭经、千金翼方、导引吐纳。上述思想为研究太极拳的产生、流变及拳理、拳法提供了重要线索。

许宣平（生卒年不详） 新安歙县（今属安徽）人，唐代著名道士。《续仙传》《历世真仙体道通鉴》《唐诗纪事》《太平广记》对此人都有记载。据载：他于唐睿宗景云年间，隐于城阳山南坞，结庵以居。许宣平自幼习武，所传之拳，势势相连，如长江大河，滔滔不绝，名三世七。其教练之法，为单式教练，令学者一势练熟再授一势，无确定套路，功成后，各势自能互相连贯，相继不断，故又称长拳。其要诀有八字歌、心会论、周身大用论、十六关要论、功用歌等。此拳术隐于道门数百年之久，于明朝前期传于宋远桥，此时已历经十四代，宋氏后人将此技视为家传继承。直至辛亥革命时期，宋氏后人宋书铭才将宋氏拳谱公开，今国内仍有传人。

陈抟（871—989） 字图南，号扶摇子，亳州真源（今河南省鹿邑县）人。五代、宋初道士，养生学家。据《宋史·隐逸·陈逸陈抟传》载：他自幼聪悟，读经史百家之言，一见成诵，悉无遗忘。后去陕西华山云台观定居修炼，精研《易经》。他为健身而创编心意六合八法拳，后又创编十二月座功，亦称二十四段锦。该功按二十四节令行功，以中医经络学说和阴阳五行为理论依据演绎而成。其内容分为两部分，一为肢体动作，一为保健方法，能有针对性地治疗各种疾病。他还著有《指玄篇》八十一章，言导引还丹之事，另有《无极图》（刻在华山石壁上）及《先天图》。其学说后经北宋哲学家周敦颐、邵雍等加以推演完善，成为宋代理学的组成部分。据传，《太极图》亦源于陈抟。

周敦颐（1017—1073） 原名周敦实，字茂叔，号濂溪，世称濂溪先生，道州营道（今湖南道县）人。北宋著名哲学家，著有《太极图说》和《通书》等。宋代儒学集大成者朱熹称其为道学始祖、宋代理学的开创者。其著作《太极图说》提出宇宙生成论体系，建构了一个宇宙生成的逻辑结构图，提出“无极而太极”“一动一静，互为其根”等观点。作为经典，这些观点常为太极拳著作所引用。据传，周敦颐的《太极图说》源于陈抟的《无极图》。

张三丰（生卒年不详） 又名三峰，北宋末年人。相传为内家拳创始人。此说源于明末清初学者黄宗羲所撰《王征南墓志铭》。黄宗羲称：“有所谓内家者，以静制动，犯者应手即仆，故别少林为外家，盖起于宋之张三峰。三峰为武当丹士，徽宗召之。道梗不得进，夜梦玄帝授之拳法，厥明，以单丁杀贼百余。”据此，有人推导出太极拳创始人为张三丰。20世纪30年代，武术史学家唐豪撰文《少林武当考》，对张三丰创太极拳一说持否定态度。中华人民共和国成立后，国家体委专门设立研究课题，责成有关高校、研究单位以及有关地区进行专题研究，初步确定，张三丰籍贯系懿州（今辽宁省彰武县西南部）较为可靠。张三丰生前曾活动于南宋淳祐七年（1247）至明天顺八年（1464）间，一生遍游天下，潜心悟道，善拳、剑及导引之术，于内丹术造诣颇深。其传世的著作有《无根树》《大道论》《玄机直讲》等。其阐述的内丹修持理论与太极拳功法有相通之处，对太极拳的形成与发展有很大影响。

张松溪（约1506—1620）　明代嘉靖年间浙江省鄞县（今浙江省鄞州区）人。内家拳主要代表人物，创立中国内家拳松溪派。据清代《宁波府志·松溪传》载，其从孙十三老处学得内家拳法（其法源自宋之张三丰），擅长搏击，享誉宁波府。其单传之徒有王征南，王征南晚年又授徒多人。

戚继光（1528—1588）　字元敬，号南塘，又号孟诸，登州（今山东省烟台市蓬莱区）人。明代著名军事家、抗倭名将。自幼随父习武，嘉靖二十八年（1549）己酉科中武举。从戎终身，南平倭寇，北御鞑靼，身经百战，屡建奇功。历任参将、都指挥使、副总兵、总兵、太子太保、左都督加封少保等。他在铭志诗中说："封侯非我意，但愿海波平。"戚继光留有著作《纪效新书》《练兵实纪》以及《莅戎要略》《武备新书》等9种武典。其中，《纪效新书》和《练兵实纪》为其代表作，不仅是著名兵书，而且是重要武术典籍。他因练兵需要，以当时十六家著名拳术为基础，择其善者精心创编成拳经三十二势，后人称之为戚家拳。拳经三十二势直接影响到太极拳初始套路框架的形成。至今，多个太极拳流派的套路中，仍有从中传承的拳式名称。

陈州同（生卒年不详）　明嘉靖年间浙江温州人，武术家。清黄宗羲《王征南墓志铭》载："三丰之术，百年之后，流传于陕西，而王宗为最著，温州陈州同从王宗受之，以此教其乡人，由是流传于温州。嘉靖间，张松溪为最著。"

黄宗羲（1610—1695）　字太冲，号南雷。学者称其为梨洲先生，浙江省余姚人。明清之际思想家、史学家。黄宗羲博学多才，于经史百家及天文、算术、乐律以及释、道无不研究。明亡后，他隐居著书，屡拒清廷征召，上下古今、九流百家之教，无不精研，仅阅明人文集达两千余家。他一生著述颇丰，依史学、经学、地理、律历、数学、诗文杂著为类，多至50余种，800多卷，史学成就尤大。著名学者顾炎武赞其为"三代之治可复也"。其代表作有《宋元学案》《明儒学案》《明夷待访录》《南雷文定》等。在《王征南墓志铭》中，黄宗羲对内家、外家拳有精辟的记述，保存了珍贵的武术史料。该铭载："少林以拳勇名天下，然主于搏人，人亦得以乘之。有所谓内家者，以静制动，犯者应手即仆，故别少林为外家。""三丰之术，百年之后流传于陕西，而王宗为最著。温州陈州同从王宗受之，以此教其乡人，由是流传温州。嘉靖间，张松溪为最著……"后来此铭所言成为中国武术史及武术分类的重要依据。

王征南（1617—1669）　名来咸，字征南，浙江省宁波府奉化人，晚明武术家。早年从军，官至都督佥事副总兵。参与反清复明，事败后隐居乡野授艺。王征南去世后，黄宗羲曾为其撰《王征南墓志铭》。黄宗羲之子黄百家受艺于王征南学内家拳法。黄百家将王征南事迹和拳法编述为《王征南先生传》。

黄百家（1643—1709） 原名百学，字主一，号不失，又号耒史，别号黄竹农家，黄宗羲之子，浙江余姚人。明末清初数学家、历法学家、武术家。自幼习拳术，师从王征南，精通内家拳，著有《内家拳法》一书，较系统地介绍了内家拳的拳理、拳法。

陈卜（生卒年不详） 原籍山西泽州（今晋城市）东土河村。明洪武五年（1372年），陈卜由山西洪洞县移民到怀庆府东南，筑土为墙，结草为舍，建起一个村庄，命名为陈卜庄。明洪武七年（1374），陈卜率全家迁居温县城东常阳村（现在的陈家沟）。据载，陈卜为人宽厚，且精拳艺，以耕读习武传家。他曾在村里设武学社，闲暇时教子孙习武练拳（1933年《温县志稿·技艺篇》）。陈氏十六世陈鑫在其著作《陈氏太极拳图说》卷四中称："明洪武七年，我始祖讳卜，耕读之余，而以阴阳开合、运转周身者，教子孙以消化饮食之法。理根太极，故名太极拳。"

流派人物

陈式太极拳

陈王廷（1600—1680） 又名奏庭，河南温县陈家沟人。陈式太极拳创始人。自幼文武双修，明末为武庠生，清初为文庠生，承继祖传武技，精通拳械，堪称名手。明崇祯十四年（1641）任温县乡兵守备。明亡后隐居乡里，忙时耕田，闲时造拳。他在祖传拳技的基础上，依据《易经》阴阳之理，结合中医经络学说及道家导引吐纳之术，并吸收借鉴了戚继光所著的《纪效新书·拳经捷要篇》，创编了长拳十三势、炮拳等拳套七路及推手、黏枪之法。其拳势螺旋缠绕，快慢相间，意、气、形密切配合，将养生、健身与技击融为一体，创造了陈式太极拳。后经陈长兴增益，该拳更臻完备。其著作现存有《拳经总歌》《拳势总歌》《遗词》等。

蒋发（1574—？） 籍贯不详。据《陈氏太极拳志》载，陈家沟人习惯称之为蒋把式。蒋发为明末登封农民起义首领李际遇的部将，起义失败，李际遇被杀，蒋发结识了陈王廷，投奔陈家，常与陈王廷在一起切磋拳艺，结为至交，故有陈王廷晚年画像，蒋发持刀立其背后状（此画像原存陈氏祠堂，20世纪70年代遗失）。蒋发死后，因无后人，陈氏族人将其葬于陈家沟西北小五叉口，传有蒋把式墓。另一说认为，蒋发是赵堡太极拳第一代开创者，从王宗岳学太极拳后传赵堡镇。

陈所乐（生卒年不详） 河南温县陈家沟人，陈式太极拳第二代传人。师承陈王廷。生性豪爽，深得乡民和同道推崇。生前曾在村中设帐授徒，从学佼佼者有陈光印、陈正如等。太极拳名家陈敬柏、陈继夏、陈公兆、陈耀兆、陈有恒、陈有本、陈仲甡、陈季甡、陈鑫、陈森、陈淼、陈焱、陈垚等均为其后代传人。

陈汝信（生卒年不详）　河南温县陈家沟人，陈式太极拳第二代传人。师承陈王廷，后勤学苦练，功夫日臻炉火纯青，深得陈王廷喜爱。其子陈大鹍、陈大鹏得其真传，皆为陈式太极名手。后代传人有陈长兴、陈耕耘、陈延熙、陈发科、陈照丕、陈照奎等。

陈敬柏（1663—1745）　字长青，河南温县陈家沟人。陈式太极拳第四代传人。拳艺出神入化而善“靠”。曾于山东服役，有“盖山东”之称。据传其久历江湖没遇到过对手，晚年归隐乡里。拳艺高超，陈家沟有“陈继夏肘，陈敬柏靠”之说。温县民间有“打死黑狸虎，累死陈敬柏”的谣谚。

陈继夏（生卒年不详）　字炳南，河南温县陈家沟人，陈式太极拳第四代传人。因家庭清贫，陈继夏平日以给人磨面为生。他借推磨练内劲，久而久之，练出了惊人的功夫。他全身肌肉、汗毛极为灵敏，善用肘，练起拳来，无处不是圈，无处不是拳。当时传有“陈继夏肘，陈敬柏靠”之说。

陈公兆（1715—？）　字德基，河南温县陈家沟人，陈式太极拳第五代传人。陈公兆武德高尚，拳艺精湛，至今陈家沟还流传着他的养生歌诀：“三十年不停拳（坚持锻炼），三十年不饱饭（饮食有节），三十年独自乐（乐观），三十年独自眠（节欲）。”

陈耀兆（生卒年不详）　字有光，河南温县陈家沟人，陈式太极拳第五代传人。为人乐善好施，治家严谨，训子有方，子孙皆入庠。太极拳造诣颇深。生前陈家沟练太极拳者多从其教，其精妙处未有出其右者。

陈秉旺（生卒年不详）　河南温县陈家沟人。陈式太极拳第五代传人。与陈秉奇、陈秉壬乃叔伯兄弟，三人从小即拜族叔陈继夏为师，学习陈式太极拳术，苦练基础功夫5年。其后，陈继夏对三人分别传授了技击、点穴、卸骨等绝技。兄弟三人得真传后，个个艺精技神，被誉为“陈氏三雄”。

陈长兴（1771—1853）　字云亭，河南温县陈家沟人。陈秉旺之子，陈式太极拳第六代传人。陈式太极拳发展史上里程碑式人物。自幼随父习武，技艺高超，精熟陈式太极拳械。由于演拳走架保持立身中正，故有“牌位先生”之称。陈长兴在陈王廷创编的一至五路拳套的基础上，精简归纳，创造出今天的陈式太极拳老架一路及老架二路（今人称之为老架，亦称大架）。一路以柔为主，柔中有刚；二路以刚为主，刚中有柔。其著作有《太极拳十大要论》《用武要言》《太极拳战斗篇》等。

陈有恒（生卒年不详）　字绍基，河南温县陈家沟人。陈公兆之子，陈式太极拳第六代传人。道光初入庠，受业于其父。对太极拳极有揣摩，功夫上乘，善攻，侧重发力。惜中年溺于洞庭湖中。

陈有本（1780—1858）　字道生，河南温县陈家沟人，陈公兆之子，陈式太极拳第六代传人。自幼得父言传身教，对祖传拳术颇有领悟。精研拳理、拳法，善引化，以守见长，技艺炉火纯青，且勇于创新。在祖传拳套的基础上，摒弃了某些高难及发力动作，创编出风格迥异的陈式太极拳新架一路及二路，世人亦称之为小架、文房架、功夫架。陈有本主要传人有陈清平等。见《赵堡和式太极拳》中“陈清平”条。

陈仲甡（1809—1871） 字志曛，又字宜篪。河南温县陈家沟人，陈有恒之子，陈式太极拳第七代传人。自幼从父习武，父亡后，继续随叔父陈有本学拳。受父辈熏陶，涉经史，读兵书，文武兼备，与胞弟季甡同为武庠生。做人孝悌仁厚，淡泊名利。晚年精心授徒，所教弟子盈门。

陈耕耘（生卒年不详） 字霞村，河南温县陈家沟人，陈长兴之子，陈式太极拳第七代传人。自幼勤学苦练，年轻时已成太极名手，在同辈中出类拔萃。曾承父业保镖山东，拳艺惊人，威震贼胆。山东莱州百姓曾为其立碑传名。

陈延熙（1848—1929） 河南温县陈家沟人，陈耕耘次子，陈式太极拳第八代传人。天资聪慧，5岁随父精习太极拳，行拳出神入化，动作刚柔相济，气势磅礴。与人过招，身法多变，柔化刚发，迅猛如雷。他的金钱镖技法精湛，百发百中。由于拳艺高超，他曾应邀到袁世凯府内教授拳术。为弘扬陈式太极拳做出了杰出贡献。

陈鑫（1849—1929） 字品三，河南温县陈家沟人，清末岁贡生，陈仲甡之子，陈式太极拳第八代传人，陈式太极拳理论家。自幼随父习武，天资聪慧，文武兼备。晚年发奋专心著书。其重要著作以《陈氏太极拳图说》（原名《太极拳图画讲义》）为代表。此书的写作历时12个春秋，图文并茂，是其呕心沥血之作，1933年由河南开封开明书局出版。该书出版后，被武林同人赞为“本易理之奥旨，阐阴阳之变化，循生理之穴脉，证经络之学说，解每势之妙用，指入门之诀窍”，已成为陈式太极拳的经典要籍。

陈复元（生卒年不详） 字旭初，河南温县陈家沟人，陈式太极拳第八代传人。初学太极拳于陈耕耘，后从陈仲甡习新架（小架），在太极拳大小架武式上均功夫纯厚，发手能柔如棉，坚如钢，刚柔随心，在太极拳理论方面造诣颇深，有拳论传世，后由其子陈子明阐发成书。

杨书文（1860—1929） 又名杨虎，原籍河南武陟县，后定居温县王圪垱村。赵堡太极第九代传人。师从李景延。以授拳为业，在温县、武陟县、博爱县收徒颇多，对太极忽雷架的完善、发展和传播做出了重要贡献。其所传忽雷架被人称为杨虎架。其弟子谢功吉、陈铭标、杨绍舜、陈应德、王立贤等均为太极拳名家。

陈子明（1872—1951） 字洞，河南温县陈家沟人，陈复元之子，陈式太极拳第九代传人。自幼从父、叔学习陈式太极拳，练就一身纯厚功夫，年轻时已成名手。后经人推荐到上海、南京、西安、汉中等多地教授陈式太极拳术，受者甚众。陈子明在南京授拳期间，结识了中央国术馆的唐豪。1930年陪同唐豪到陈家沟实地调查、搜集资料，考证太极拳源流。其著作有《陈氏世传太极拳术》《太极拳精义》等，将自己的习武心得、师承教诲、太极拳大要、架势详加解释，深受武术同人欢迎。

陈椿元（1877—1949） 河南温县陈家沟人，陈式太极拳第九代传人。自幼随父习武研文。1929 年前在湘设馆授拳，兼做生意。1929 年其叔父陈鑫年迈无子，恐所著《太极拳图画讲义》手稿散失，召其返乡。陈椿元回乡后一方面在焦作设馆授拳，一方面同其兄陈雪元等对陈鑫的手稿妥为保存，并进行修订、整理，最后更名为《陈氏太极拳图说》，多方奔走，使此著作得以出版发行。

陈铭标（1878—1924）　太极拳忽雷架重要代表人物之一。河南温县陈家沟人，陈式太极拳第八代传人。后移居温县赵堡镇王圪垱村。自幼随父辈习练武术，后拜太极拳忽雷架宗师杨书文为师，学练忽雷架，勤学苦练，刻苦钻研，终于功夫大成。应聘至翰林院大学士杜严府当护卫，教授徒弟杜毓泽武艺，后杜毓泽移居台湾，对太极拳忽雷架在台湾地区和美国传播做出了贡献。

陈鸿烈（1887—1945）　河南温县陈家沟人，陈式太极拳第九代传人。出身武术世家，从小因受父辈熏陶，酷爱太极拳。从族祖陈鑫和族叔陈椿元习练太极拳小架。先后在开封、郑州、洛阳、西安、甘肃和本籍教拳。陈鑫去世后，为尽快将《太极拳图画讲义》刊行于世，他不顾天气严寒，沿凌渡过黄河，赴开封多方奔走，终于与多人一起促成了这部太极拳理论著作的出版，为陈式太极拳的传承发展做出了贡献。其嫡系传人、女儿陈立清被焦作国际太极拳年会评为太极拳名师。

陈发科（1887—1957）　字福生，河南温县陈家沟人，陈式太极拳第九代传人（陈长兴曾孙），陈式太极拳新架的创编者。幼承家学，20 岁时功夫已达上乘，是陈式太极拳承前启后的一代大师。1928 年应邀到北平（今北京市）传拳，他以“挨着何处何处击，将人击出不见形”的高超拳艺博得北平武术界的叹服，开创了陈式太极拳走出陈家沟的新时代。陈发科教学有方，从学者众，培养出了如洪均生、李经梧、李剑华、雷慕尼、田秀臣、陈照奎、许禹生、冯志强、沈家祯、顾留馨等一大批优秀的太极拳高手。他是陈式太极拳发展中里程碑式人物。

陈照丕（1893—1972）　字绩甫，河南温县陈家沟人，陈登科之子，陈式太极拳第十代传人，曾任全国武术协会委员，被授予“太极拳名家”称号。据传，不论严寒酷暑，陈照丕必日练拳 30 遍，拳艺甚精。1928 年，应北京同仁堂聘请传授陈式太极拳，声名大振。不久受聘于南京中央国术馆任教。1937 年后，先后于西安、洛阳、开封等地授拳。1958 年退休后，归故里陈家沟，免费办班，培养了一大批高水平的太极拳后继人才，其中代表性人物有陈小旺、陈正雷、王西安、朱天才、陈庆州等。他一生著述颇丰，主要著作有《陈氏太极拳汇宗》《太极拳入门》《太极拳引蒙》《陈氏太极拳须知》等。

陈金鳌（1899—1971）　字文斗，河南温县陈家沟人，陈式太极拳第十代传人。自幼随祖父陈垚、嗣祖父陈鑫和父亲陈上元学文习武，为陈式太极拳小架代表人物之一。1928 年被河南大学聘为武术教师。后因社会动荡辗转至武汉、宝鸡、西安等地开馆授徒。

洪均生（1907—1996）　河南禹县人，陈式太极拳第十代传人。1930 年在北平从陈发科习陈式太极拳，得师言传身教，技高艺纯，形成了自己独特的拳风。洪均生把习拳所得融于套路中，将其称为“陈式太极拳实用拳法”（有一路、二路）。他在太极拳理上首次提出手法的公转与自转，公转的正旋、反旋，自转的顺逆以及腿部缠法的具体要求；提出太极拳要求随遇平衡；首次提出眼法上也有虚实顺逆之分；特别强调“太极是掤劲，动作走螺旋”，对掤劲做出了更具体的说明，对螺旋缠丝进行了详尽的探讨和解释。洪均生毕生致力于传播太极拳，弟子及再传弟子遍及世界各地。他撰写有30余万字的文章，在国内及美国的刊物上发表。他积数十年研究陈式太极拳的经验，七易其稿，用心血所著《陈式太极拳实用拳法》一书，全面地发展、丰富了太极拳学。

陈照旭（1911—1960）　河南温县陈家沟人。陈发科次子，陈小旺之父，陈式太极拳第十代传人。他是陈式太极拳第十代传人中的一位集大成者，深得家传太极绝学三昧。陈照旭自幼随父练拳，16岁时随父进京，22岁时功夫便至上乘，同时习绘画、二胡等。在其父陈发科的教导下，日练太极拳老架几十遍，行功寒暑不辍，融会贯通，功夫大成。在北平期间，陈照旭帮助父亲教拳，也到西安、南京等地授拳，在陈家沟培养青年人，其弟子有陈德旺、王太、李金生等。

雷慕尼（1911—1986）　湖北武昌县花山乡（今武汉市洪山区花山街道）人，陈式太极拳第十代传人，为陈发科入室弟子。曾任北京市武术协会委员、北京市武术协会顾问、陈式太极拳研究会副会长。1928年进入北平国术馆高级训练班。师从国术馆馆长许禹生学习太极拳。1932年春被陈发科收为入室弟子，尽得真传。长期在北京教授陈式太极拳，培养了众多中外优秀太极拳手，毕其一生，为传播、发展陈式太极拳做出了贡献。著有《陈式太极拳三十三式》一书。

田秀臣（1917—1984）　河北完县（今河北省顺平县）人，陈式太极拳第十代传人。曾任北京市陈式太极拳研究会副会长。自幼酷爱武术，学过形意拳、少林拳及其他传统武术器械。1946年正式拜陈发科为师。由于功夫纯正，曾受师委托，代师传授太极拳，其拳法规正纯净，神意饱满。1978年应邀在北京体育学院讲课，不少体院教师随其习练。在教学期间还拍摄了珍贵的陈式太极拳的资料片。一生承师志，广收徒，献身太极拳事业。

陈立清（1919—2008）　女，河南温县陈家沟人，陈式太极拳第十一代传人。出身武术世家，9岁随父陈鸿烈精研陈式太极拳（小架）及器械，终身习武不辍，是陈式太极拳小架的代表性人物。曾两次奔赴山西，苦寻已失传多年的陈式108式长拳。应邀在全国各地及海外讲学，为陈式太极拳培养了众多人才。其著作有《学练太极拳十三要》等。

陈立宪（1923—1983）　河南温县陈家沟人，后迁入沁阳市。陈式太极拳第十一代传人，人称三绝（拳术、正骨、土木工程设计），早年毕业于西北工学院（现西北工业大学），深得祖传太极拳之奥妙，功夫深厚纯正，理论扎实渊博。总结一生练拳经验，编成《陈氏太极拳拳式讲解》一书，整理出《陈氏太极拳要领》等。

马虹（1927—2013）　原名郭毓堃，河北深州前磨头镇人。中国武术八段，陈式太极拳第十一代传人。曾任石家庄市武术协会副主席，石家庄市陈式太极拳研究会理事长。1961年开始习练太极拳，1972年拜陈照奎为师，倾注心血，潜心钻研。多次赴北京、河南向陈照奎学拳。3次将陈照奎接到家中，请其讲拳、拆拳，教推手及辅助功夫，尽得陈式拳谱、拳理、拳法之妙谛。多次参加全国、省级太极拳比赛和邀请赛，取得优异成绩。创办刊物《陈氏太极拳研究》。在全国多地办班授拳，并先后应邀到美国、意大利、加拿大、新西兰、马来西亚讲学、授拳，弟子遍布海内外。在多种刊物上先后发表太极拳论文10多篇，其著作有《陈氏太极拳体用全书》（陈照奎讲授，马虹整理）、《陈氏太极拳拳理阐微》《陈氏太极拳技击法》，出版了多张陈式太极拳教学光盘。

陈照奎（1928—1981）　河南温县陈家沟人，陈发科幼子，陈式太极拳第十代传人。7岁从父学拳，深得陈式太极拳精髓。擅长擒拿及各种技击方法，弹抖功夫卓绝。常应邀外出授拳，足迹遍及北京、上海、广东、江苏等地，开办培训班逾百期，培养了大量太极拳人才，是近代广泛传播陈式太极拳的代表性人物之一。其弟子有金一鸣、马虹、张志俊等。其著述有《陈式太极拳体用全书》等。

冯志强（1928—2012）　河北束鹿（今辛集市）人。中国武术九段，陈式太极拳第十代传人。曾任北京市武术运动协会副主席、北京市陈式太极拳研究会会长。出身武术世家。8岁习武，后拜心意拳名家胡耀贞为师，刻苦学习心意六合拳。24岁正式拜陈发科为师，系统学习陈式太极拳。多年双修、双练，融会贯通，将心意、太极融为一体。其拳艺风格大气磅礴，刚柔相济，看似随意挥洒，其实处处暗含玄机。曾先后10余次应邀出国讲学，弟子遍及海内外，在国际上享有盛誉。勤于著述，出版有《陈式太极拳精选》《陈式太极拳入门》等多部著作。集毕生武学之精粹，创编了心意混元太极拳等套路。为陈式太极拳的创新、发展、传播做出了贡献。

何淑淦（1933—2013）　山东定陶人。洪均生最早入门的弟子，陈式太极拳第十一代传人。6年中，师徒几乎朝夕不离，情逾父子。为人和拳风深受其师影响，于其他拳种毫无门户之见。他秉承师学，不空谈意气，不弄玄虚，依照现代科学阐述拳理拳法，明晓易懂，为传承太极拳做出了贡献。

陈庆州（1934—2015）　河南温县林召乡徐吕村人，陈式太极拳第十一代传人。自幼习武，1962年拜陈照丕为师，潜心习艺，精于走化。擅长陈式太极拳行功太极球。曾任河南温县武术协会副主席。1986年被评为河南省武术先进辅导员。1996年获河南省“武术优秀人才输送奖”。多次在国内及国际太极拳比赛中获大奖。数次应邀到海外讲学及授拳，弟子遍及国内外。其著作有《陈氏太极拳行功太极球》《陈氏太极拳功夫荟萃》及多篇太极拳论文。

田秋信（1942—　）　北京人，陈式太极拳第十一代传人，中国武术七段。师承家叔田秀臣。20世纪90年代初在北京创立华诚武术社并任社长，培养了大量国内外弟子。经常被邀在大学、公园讲学授拳。其所演练的陈式太极拳形神兼备，劲路通畅清晰，松活弹抖，舒展大方，颇具独特风格。全面继承了自陈发科至田秀臣一脉正传。

王西安（1944— ） 河南温县陈家沟人，中国武术八段，陈式太极拳第十一代传人。河南温县陈家沟武术院院长。师承陈照丕、陈照奎，研习陈式太极拳老架、新架、器械及推手技法。1982年在北京举办的首届全国推手邀请赛中获优秀奖。曾先后多次赴法国、日本、美国、西班牙、瑞士、荷兰等国家讲学和授拳，在国内外培养了大量优秀太极拳人才，享誉海内外。其著作有《陈式太极拳老架》《陈式太极推手技法》《陈式太极拳老架技击秘诀》，并出版了多种由其示范演练的影像制品。

朱天才（1945— ） 河南温县陈家沟人。中国武术九段，陈式太极拳第十一代传人，国家非物质文化遗产项目——陈式太极拳项目传承人。任河南温县陈式太极拳研究会副会长、陈家沟太极专修院院长等职。幼年拜陈照丕为师，系统学习陈式太极拳老架、新架、推手、擒拿、器械及功法。14岁就获沁县南张羌公社举行的学生运动会（数千名学生参加）太极拳比赛第一名。后又拜陈照奎为师，潜心钻研拳理、拳法，拳术纯熟精湛。其著作有《陈家沟太极拳》《陈氏太极拳引蒙入路》。创编了陈式三十八式太极拳套路并出版了多种语言的太极拳教学的影像制品。在海内外多地传播太极拳，培养了数以万计的海内外弟子。

陈小旺（1945— ） 河南温县陈家沟人，中国武术九段，中国武术高级教练，陈式太极拳第十一代传人。第七届全国人大代表，第七届河南省政协委员。现任深圳市武术协会名誉会长，世界陈小旺太极拳总会会长。1988年获国家体委武术研究院颁发的武术贡献奖。2013年获“第二届中华非物质文化遗产传承人薪传奖”，同年荣获首届中华之光“世界传播中国文化十大杰出人物奖”。幼承家学，随父辈陈照旭、陈照丕、陈照奎系统习练陈式太极拳，深得陈式太极拳理法功技的奥妙，精通套路、器械、推手、散手，在全国武术太极拳比赛中曾多次荣获金牌。成立了世界陈小旺太极拳总会，在世界各地60多个国家和地区有分会，总计培训30多万人次。在国内举办太极拳培训班数期，学员参加各种比赛，获得奖牌达到千枚。1978年，在河南电视台拍摄的《拳乡行》中担任主演，在《太极拳》《少林弟子》中担任艺术顾问。1983年，在中央新闻电影制片厂拍摄的《陈式太极拳》中担任主演。其论著有《世传陈氏太极拳》《陈氏三十八式太极拳》等，出版了《拳学阐微》等大量太极拳教学光盘及录像带，为陈式太极拳走出国门做出了卓越的贡献。

陈正雷（1949— ） 河南温县陈家沟人，中国武术九段，陈式太极拳第十一代传人。先后担任河南省武术运动管理中心副主任、河南省武协副主席。1995年被国家体委、中国武协评为中国“十大武术名师”。2019年在《中华武术》杂志举办的活动中被评为“中国太极拳最具影响力人物”。是国家级非物质文化遗产项目——陈式太极拳代表性传承人。自幼随陈照丕习练陈式太极拳老架一路、二路，后又从陈照奎系统学习陈式太极拳新架。其拳技经冬历夏，千锤百炼，娴熟纯正。1974年至1988年连续多次在全国、国际武术比赛中获大奖。应邀数十次出访日本、美国、法国、德国、意大利等30余个国家和地区讲学。

他思维敏捷，紧跟形势，善于捕捉市场信息，利用互联网开展太极拳的传播活动。其著作甚丰，有《陈氏太极拳械汇宗》《陈氏太极拳养生功》《陈家沟陈氏太极拳术》《陈氏太极拳术》等，另录制有陈式太极拳、剑、推手、养生功等系列教学片。自传拳授艺以来，他在国内外各地办培训班多期，培训教练员及学员万人次。

李恩久（1950—　）　陈式太极拳第十一代传人。中国武术八段，中国武术高级教练。国家级武术裁判员，山东省武术协会副秘书长。自幼师从山东国术馆教练员马永奎学习查拳、各种兵器及中国式摔跤。1964年入济南市代表队。师从于承惠学习螳螂拳、孙膑拳、醉剑、双手剑、穿林枪等。1974年拜洪均生学习陈式太极拳、推手及陈式器械。发表《中国文化与武术》《推手技术动作分析》《拳击与太极推手对比研究》等论文。应中国武术院邀请，编著了《中国太极推手》，并制作了《三十六把擒拿》VCD盘。1982年在电视剧《水浒》中成功扮演操刀鬼曹正及病大虫薛勇。2019年在《中华武术》杂志举办的活动中被评为“中国太极拳最具影响力人物”。

冯秀芳（1951—　）　女，北京人，中国武术七段，陈式心意混元太极拳创始人冯志强长女，混元太极拳第二代嫡传人。现任北京市武术运动协会委员、陈式太极拳研究会副会长、志强武馆秘书长、北京混元太极武术文化发展中心董事长。自幼秉承家学，拳风舒展松活，意气形内外相合，周身一家，功底深厚，有乃父之风。曾多次在国内许多省市地区和世界多个国家教拳讲学。策划组织了两届混元太极拳国际交流会，取得了圆满成功。在摄制制作VCD教学光盘《混元太极拳系列教学片》中协助父亲，担任拳解说和拳套教学演示，为推广普及混元太极拳做出了贡献。2019年在《中华武术》杂志举办的活动中被评为“中国太极拳最具影响力人物”。

陈小星（1952—　）　河南温县陈家沟人。陈发科嫡孙，陈式太极拳第十一代嫡宗传人。陈家沟太极拳学校校长、陈家沟陈式太极拳协会会长。自幼随父辈习练家传太极拳，又得胞兄陈小旺指导，精熟陈式太极拳各种套路、器械、推手、散手。参加河南省及国家级太极拳竞赛，共7次荣获太极拳、太极剑、太极推手冠军。应邀出访日本、韩国等国，进行陈式太极拳教学、交流。自1983年起，出任陈家沟太极拳学校校长，为陈家沟培养出一批批太极精英。1996年被河南省武术协会授予“优秀人才输送奖”。

冯秀茜（1957—　）　女，北京人，冯志强之女，陈式心意混元太极拳第二代传人。中国传媒大学凤凰学院客座教授，现任北京武术协会混元太极拳研究会副主任。冯秀茜随父亲修炼混元太极拳多年，具有数十年的海内外教学经验，足迹遍布10余个国家，数十万学生获益良多，入室弟子也近百人。她功底深厚，技术全面，教学经验丰富，风格亲切活泼，深受广大学生的喜爱。

陈沛山（1962—　）　河南温县陈家沟人，陈立宪之子，陈式太极拳第十二代传人。工学博士。任国际陈氏太极拳联盟主席、日本陈氏太极拳协会主席、法国传统太极拳协会名誉主席、日本八户工业大学教授、国际空间结构协会会员、专业研究委员等职。自幼从父学习家传陈式太极拳，又受姑母陈立清的严格教导，深得真传，是陈式太极拳小架代表人物。其拳风具有舒展而紧凑、混元柔和、发力强等特点。注重技击运用，同时致力于健康理论的研究。1988年赴日本留学，其间，在日本、法国、美国、意大利、德国、荷兰、英国、瑞典等国教授传统陈式太极拳小架，其弟子遍布世界各地。

陈沛菊（1965— ） 女，河南温县陈家沟人。中国武术七段，陈立宪之女，陈式太极拳第十二代传人，国家武术高级教练员，国家级武术裁判员。河南省体育局武术运动管理中心原副主任。自幼随父陈立宪、姑母陈立清习练陈式太极拳小架，深得小架拳理、拳技。1987年考入北京体育学院武术系深造。1989年至1991年，先后在全国及国际太极拳、剑、推手比赛中获得女子陈式太极拳第一名。多次应邀到法国、德国、意大利等国家传授陈式太极拳。所培养的学生中有7人获得全国冠军。与河南大学教授乔凤杰合作著述《陈氏太极拳图说译注》（卷首），参与编写“中国少林拳竞赛套路丛书”等。

王占海（1968— ） 原名王战海，河南温县陈家沟人。王西安之子，陈式太极拳第十二代传人，王西安拳法研究会副会长及执行总教练、太极禅文化国际发展公司技术总监。自幼在其父言传身教下，勤学苦练陈式太极拳各种套路、推手及功法。长期在实战中揣摩开悟，深得太极真谛。16岁便夺得河南温县陈家沟交手擂台赛冠军，1985年至1987年蝉联3届全国太极拳、剑、推手赛冠军。曾代父教拳，潜心钻研并自创多项太极拳交手技法，带出了一批杰出的太极拳高手。在之后的10多年间，其带领的团队在国际太极拳比赛中摘取了众多级别的金牌。2013年，他出版了著作《太极，王者之道》，希望将太极打造成代表中国的文化符号，向全世界推广中华太极文化。

朱保林（1968— ） 河南温县陈家沟人。国家一级教练员，中国武术六段，陈式太极拳第十二代传人，国家非遗项目陈式太极拳传承人。陈家沟国际天才太极院副院长，深圳天才太极院院长兼主教练。自幼随父朱天才习练陈式太极拳、械，秉承父训，勤学苦练，尽得父亲真传。多次在各项大赛中获奖。一直致力于陈式太极拳文化的传播。多年来受邀到全国各地教授陈式太极拳，培养了国内外数以千计的学员。

孙冬侠（1969— ） 河南温县武术协会特邀副主席，深圳市武术协会副主席。中国武术六段，陈式太极拳第十二代传人。陈小旺太极拳全球推广中心暨训练基地总教练，世界陈小旺太极拳总会执行会长。多年来伴随陈小旺在全球推广太极拳，组织完成陈小旺太极拳诸多大型培训活动，同时担任教学工作。协助陈小旺完成陈小旺太极拳标准化体系建设。协助陈小旺重新编撰“陈小旺太极拳系列著作”。

张东武（1970— ） 河南温县人。中国武术七段，国家一级拳师，陈式太极拳第十二代传人。自幼习武，是陈正雷大师的入室弟子。现任温县陈式太极拳研究会副会长、香港陈式太极拳总会副主席、焦作市陈式太极拳协会副会长、河南陈正雷太极文化有限公司陈家沟太极拳馆副馆长。1996年，在全国武术精英赛中获太极拳冠军，并获“武林精英”称号。2000年，率队参加全国武术太极拳锦标赛，获得两金两铜。多次赴法国、德国、意大利等国家传拳授艺。在全国武术杂志上发表多篇论文，其中3篇获国际太极拳年会优秀论文奖。其著述有《陈式太极拳精选》（法文版）及教学带等。其讲解示范的《太极武术实战系列》VCD面向市场发行。其业绩载入《世界优秀人才大典》《中国民间武术家名典》《中国太极拳辞典》。

陈炳（1971—　）　河南温县陈家沟人，自幼随叔父陈小旺、陈小星习练家传陈式太极拳，陈式太极拳第十二代传人。中国武术七段，现任陈家沟太极拳协会会长、陈家沟国际太极院院长、共青团焦作市委副书记。多次获全国武术太极拳锦标赛推手冠军，是河南省首位太极全能冠军，温县国际太极拳年会擂台赛冠军。系河南省优秀武术教练员、河南省政协委员，被联合国环境生态保护组织授予“联合国青年陈氏太极拳形象大使”称号。常年授拳于全国及世界各地，在16个国家开设有陈炳太极院，国内有近百家分院。出版有《陈氏太极拳新架二路》《陈氏太极拳老架二路》《陈氏太极推手法》《陈氏太极拳技击用法》等教学光盘及《陈氏太极拳基础入门》等专著。创编有陈氏太极拳和谐十三式、陈氏太极拳放松功等太极功法。

张福旺（1971—　）　河南温县陈家沟人。中国武术七段，一级拳师，陈式太极拳第十二代传人。陈家沟太极拳推广中心副主任、温县武协常务理事、陈家沟功夫馆馆长兼总教练。自幼习武，师承王西安。获国际太极拳年会推手三连冠及其他冠军30余次。多年来，应邀到国内外多地传拳授艺、进行太极文化交流，学生遍布国内外。出版发行有《陈家沟太极功夫》教学光盘。2007年随河南省文化代表团到美国进行文化交流访问。其事迹被载入《中国民间武术家名典》《中国优秀人才大典》等书。

张保忠（1972—　）　河南武陟县人。中国武术七段，一级拳师，陈式太极拳第十二代传人。中国陈家沟太极拳推广中心主教练、陈家沟太极拳功夫协会常务理事。自幼练拳习武，1955年拜王西安为师。擅长太极推手及散手。多次在全国太极拳、太极剑、太极推手竞赛中获太极推手70公斤级第一名，并蝉联4届中国温县国际太极拳年会太极推手70公斤级冠军。1998年在全国武术锦标赛中获太极推手85公斤以上级冠军。先后应邀到新加坡、马来西亚、泰国等国授拳，学生遍及东南亚及国内各地。被评为温县太极拳十杰之一、十佳拳师之一。入编《当代武林名家大典》《陈氏太极拳志》等书。

朱向前（1972—　）　河南温县陈家沟人。朱天才之子，陈式太极拳第十二代传人。中国武术七段。自幼随父学习陈式太极拳、械，曾在河南省太极拳观摩交流会上获一等奖。多次在中国·温县国际太极拳年会中担任裁判员工作。1993年受马来西亚陈氏太极拳研究会特邀，参加吉兰丹国际交流会，获优胜奖。1994年被香港陈家沟太极拳研究会聘为永久教练员，多次赴韩国、新加坡等国传拳。1998年，被马来西亚陈氏太极拳总会特邀为海外教练员，在马来西亚传授太极拳达10年之久，其学生遍及东南亚。

朱向怡（1974—　）　河南温县陈家沟人。

朱天才的三子，陈式太极拳第十二代传人，陈家沟天才太极院总教练。自幼随父朱天才习练陈式太极拳，十几岁便系统地掌握了陈式太极拳老架一路、二路，新架一路、二路，刀、剑等器械的演练。多次在国内太极拳竞赛中获奖。2005 年在首届国际天才（新加坡）陈氏太极拳交流赛中获太极拳金牌。多次到西安、洛阳、深圳、南昌、上海等地授拳，培养学生千余人，其学生多次在太极拳大赛中获奖。2007 年创办上海天才太极院。

王占军（1974— ） 河南温县陈家沟人。一级武士，中国武术七段，王西安之子，陈式太极拳第十二代传人。河南省武术协会副主席，王西安拳法研究会副会长。被河南外事办授予“太极拳文化传播大使”称号。自幼随父习武，系统学习陈式太极拳老架、新架和国家规定竞赛套路、器械、推手及散手，在实战方面颇有造诣，尤其擅长太极推手、擒拿。致力于中华武术的研究和探索，经过长期习练、切磋、感悟，渐渐突破了传统流派的限制，逐步形成了自己独特的技艺风格。自 1988 年起，他多次在各种太极拳大赛中荣获冠军，他培养的运动员在国内外各类武术竞赛中荣获金牌 500 余枚。他曾多次赴马来西亚、日本、法国、新加坡、美国、意大利等国及国内各地讲学，并以其浑厚的内功、超群的技艺，在河南省多届太极拳武术锦标赛、全国武术太极拳锦标赛以及国际太极拳年会比赛中屡获冠军。2019 年在《中华武术》杂志举办的活动中被评为“中国太极拳最具影响力人物”。

弓大鹏（1974— ） 河南省武术协会副主席，中国武术六段，陈式太极拳第十二代传人。自幼随父学习大、小洪拳，稍长又从师于田文治，学习陈式太极拳。后由田文治推荐，拜马虹习拳，被马虹收为入室弟子，深得真传。2002 年，为弘扬所热爱的陈式太极拳，他毅然放弃了自己经营多年的企业，成为专职拳师。几年下来，凭着深厚的功底，他多次在国内、国际竞赛中获得优秀成绩。目前，其学员已达 600 余人，除本地学员外，还有来自辽宁、四川、北京、香港等地的太极拳爱好者。他培养的学员曾多次获得全国竞赛的大奖。2006年，他在郑州市成立了大鹏太极武馆。

郑冬霞（1974— ） 女，河南温县人。中国武术七段，国家一级裁判员，河南省优秀教练员，陈式太极拳第十二代传人。温县太极少林武术学校总教练、陈家沟太极拳馆教练员。毕业于武汉体育学院，自幼随父亲郑国瑞学习陈式太极拳，后师从陈正雷，擅长陈式太极拳、械及推手、擒拿等技法。1991 年以来，多次参加国际太极拳年会和省级太极拳、剑、推手竞赛，获得 12 个第一名，2 个一等奖。两次率队参赛，共获得推手和太极拳竞赛 5 金、5 银、1 个集体项目第一名。2006 年参加第二届世界传统武术交流大会，获得太极拳、太极剑两个项目的第一名。多年致力于陈式太极拳教学，培养了许多优秀人才。

陈迎军（1976— ） 河南温县人。陈小旺次子，陈式太极拳第十二代传人。3 岁开始随父亲学习家传陈式太极拳，少年时随父亲移居澳大利亚悉尼。自此一边读书，一边跟父亲刻苦习练太极拳。每日必练几十遍，几十年如一日，后在澳大利亚教太极拳。自 1996 年起，随父亲开始在欧洲、美洲的多个国家教授并传播太极拳功夫，拳迷遍及世界各地。

陈自强（1977—　）　河南温县陈家沟人。中国武术七段，陈小星长子，陈式太极拳第十二代传人。陈家沟太极拳学校总教练、陈家沟陈氏太极拳协会秘书长、世界太极拳联谊会秘书长。自幼随父习练陈式太极拳，擅长太极拳及各种器械套路，对太极推手、太极散手颇为谙熟，动作弹抖靠发、迅猛冷脆，功夫极具威力。自1998年在陈家沟太极拳学校任教至今，多次率领陈家沟与陈家沟太极拳学校的太极拳选手参加全国比赛，均取得了优异成绩。曾获CCTV-5（中央电视台体育频道）《武林大会》总冠军。长期致力于太极拳的海外传播活动，被众多媒体采访报道。

陈娟（1977—　）　女，河南温县陈家沟人。中国武术七段，陈正雷之女，陈式太极拳第十二代传人。“一带一路”中国文化世界行专家导师，广东省武术协会副会长，广州市文化馆特邀国学导师，广州陈正雷太极会馆馆长。7岁始随父习练家传陈式太极拳，后入北京体育大学武术系深造。先后出访英国、美国、日本、法国等国进行太极文化交流和教学。2009年设立广州陈正雷太极会馆，2013年发起“太极星火”全球巡回讲学活动，几年时间全球巡回30余站，反响热烈；2017年8月，在第十三届全国运动会上获陈式太极拳群众项目冠军。自2011年开始在广州长期开设青少年班，培养正宗陈式太极拳传承人；同时结合青少年生理特点创编了校园系列大课间“智明八式”课程，受到好评。

朱向华（1977—　）　河南温县陈家沟人。中国武术七段，国家一级裁判员。朱天才之子，陈式太极拳第十二代传人。温县政协委员，焦作市政协常委，自幼随父习练陈式太极拳，不仅掌握了父亲传授的陈式太极拳、械所有套路，还精通所有国家规定的太极拳竞赛套路。2017年获陈式太极拳和太极剑的世界冠军。他的拳架纯朴中透出潇洒，缠丝中突发刚猛，在陈式太极拳界备受关注，深受拳迷喜爱。其足迹遍布全球，并不断研究太极拳的教学方法、教学手段等方面的内容，培养太极拳人才。

陈斌（1979—　）　河南温县陈家沟人。中国武术七段，陈正雷之子，陈式太极拳第十二代传人。国家一级拳师，陈式太极拳高级教练员。河南省陈氏太极拳协会副秘书长，香港陈式太极拳总会副会长。自幼随父系统习练陈式太极拳套路、器械、推手及功法，二十载学拳不辍。1996年至今，在国内外太极拳、太极剑竞赛中多次获得冠军。2001年创办河南太极健身培训中心，任负责人和主教练。其论文有《太极拳亟待做成大产业》，著述有《零基础学正宗陈氏太极拳》《正宗陈氏太极拳养生功》《正宗陈氏太极拳实战绝技》及部分影像制品。近年来应邀赴美国、英国等多个国家传拳授艺，传播太极文化。

陈媛媛（1982—　）　女，河南温县陈家沟人。中国武术七段，国家一级武士，陈正雷之女，陈式太极拳第十二代传人。河南省陈式太极拳协会常务理事、郑州市陈式太极拳协会会长、陈家沟太极拳馆郑州总馆馆长。6岁随父习练陈式太极拳，悉得真传。2003年毕业于郑州大学，在校期间曾组织成立了郑州大学武术协会，任副会长。致力于陈式太极拳在校园内的普及，授众达400余人。2007年随父前往美国传播太极拳，2008年随父赴西班牙、法国、德国、瑞士、比利时、荷兰、卢森堡进行太极拳教学。2000年至今曾多次参加国际、国内太极拳大赛并获得大奖，如在第六届国际太极拳年会中荣获传统套路太极拳一等奖，在中国·焦作第二届国际太极拳年会中荣获规定套路成年组女子太极剑第一名。2012年8月成功组织第十四届国际陈式太极拳高级培训班、第五届陈家沟太极功夫精英赛等。

陈自军（1980—　）　河南温县陈家沟人。陈小星次子，陈式太极拳第十二代传人。国家一级散打裁判员、国家一级武士，陈小星武术院院长。自幼随父习练陈式太极拳，擅长太极推手与散手。1998年起随父到深圳、鹤壁、邯郸等地授拳。2001年7月获得中国江西庐山杯国际太极拳邀请赛男子60公斤级太极推手和太极剑两项第一名；2001年参加海南三亚世界首届国际太极拳大赛，获男子60公斤太极推和太极剑两项第一名。2005年获得河南省“武协杯”太极拳邀请赛男子75公斤级推手冠军。2007年参加焦作国际太极拳年会，获男子B组75公斤级推手冠军。

杨式太极拳

杨露禅（1799—1872）　名福魁，又名福同，字禄禅（后改为露禅）。河北永年县（现邯郸市永年区）闫门寨人，后移居广府南关。杨式太极拳创始人。幼家贫，喜拳脚，尤精洪拳。后经广府太和堂药店掌柜推荐，赴河南温县陈家沟学陈式太极拳，师从陈长兴。陈长兴很欣赏他的勤奋好学，加倍关注和指导，杨露禅皆心领神悟，功夫大长。他先后三赴陈家沟，尽得太极拳精髓。道光二十年（1840），他返回故里，以授拳为生。后经武汝青推荐，到北京教拳，曾任清朝旗营武师。他武艺高强，与人较量，无往不胜，从而名噪京城，有“杨无敌”之称。在京授拳期间，在陈式太极拳的基础上创编了杨式太极拳，后经杨氏三代不断研习，由杨澄甫定型为广泛流传的杨式大架太极拳。

杨凤侯（生卒年不详）　名锜，字凤侯。杨露禅长子。河北永年县广府镇人。杨式太极拳第二代传人。许多记载言其“早亡”。在永年广府民间记忆里，其幼时即跟父杨露禅学拳，功夫深厚。也有拳书对其小有记述，说杨凤侯天性聪明，得父真传，功夫扎实。他擅长太极十三杆，因其性格和善，前来学艺者众多。

杨班侯（1837—1892）　名钰，字班侯。河北永年县广府镇人。杨露禅次子，人称二先生，杨式太极拳第二代传人。幼随父杨露禅学杨式太极拳，精杆术，得太极之奥，能以空胜人，武艺高超，尤善散手，在北京颇负盛名。返回故里后，曾在家设场授徒，对杨式太极拳的发展有突出贡献。其弟子有陈秀峰、张信义、李万成、全佑等。其所传拳架有杨式大架、中架、小架、快架、提腿架、散手等，至今仍在永年一代流传。

杨健侯（1839—1917）　名鉴，字健侯，号镜湖。河北永年县广府镇人。杨露禅第三子，人称三先生。杨式太极拳第二代传人。自幼从父习练杨式太极拳。后随父常住北京，以教拳为生。其拳术精绝，刚柔并济，实臻化境。对刀、剑、枪等也极力钻研。性格温和，德高望重，门生众多。

在比武时，对任何人都不轻视，此其制胜之源。他对太极拳的发展所起的作用巨大，如杨澄甫的杨式太极拳85式是在其架子的基础上变化而成的，定步推手、四正手、活步推手等皆为之所定。生有三子，兆熊、兆元、兆清，除次子早逝外，皆为杨式太极拳名家。

杨兆林（生卒年不详）　字振远。杨凤侯之子，人称“杨老振”。河北永年县广府镇人。杨式太极拳第三代传人。幼随叔父杨班侯、杨健侯习练家传拳术。杨露禅到北京教拳后，永年当地杨式太极拳的传承、传授多系杨兆林所为。邢台王志恩文《王式太极拳渊源和发展》中有此记载：“……刘瀛洲老先生晚年也开始推崇太极拳，而与太极名宿杨兆林成为挚友，交往甚密，刘之弟子们后又大多拜杨为师，学习杨家太极拳。”杨兆林曾应邀到南和县、任县、尧山、隆平等多地教拳授艺。其弟子有李宝玉、王其和、翟文章等人。据传，在邢台南和县还有弟子在传承其拳架。其拳架特点是架势低、步幅大、势紧凑。

杨少侯（1862—1930）　名兆熊，字梦祥，晚字少侯，杨健侯长子。河北永年县广府镇人。杨式太极拳第三代传人。后人呼其为大先生。7岁即习太极拳术，其艺得祖父杨露禅、伯父杨班侯、父亲杨健侯三人亲传，拳风似杨班侯。擅散手，功夫上乘。其拳架小而刚，动作快而沉，且灵活多变，招法迅捷，处处求紧凑，为杨式太极技击拳架小快式。其教授太极拳之要诀有三：①盘架子；②推手；③发劲与化劲。

杨兆元（？—1903）　字仲侯。杨健侯次子。河北永年县广府镇人。杨式太极拳第三代传人，早殁。得家传太极拳，在广府教授传播，王其和等拳家均得到过他的指点。

杨澄甫（1883—1936）　名兆清，字澄甫。河北永年县广府镇人。杨健侯三子，杨式太极拳第三代传人。杨式太极拳定型人。自幼资质聪颖，性情温和，从其父学拳剑刀枪、推手、散手，日夜苦练，渐悟拳术精妙。为了利于推广传播，杨澄甫在家传拳架的基础上集三代人的经验，完善杨式太极拳并将其定型，形成当今流传极广的杨式太极拳。民国初期，曾授拳于北平体育研究社。后巡回教拳于上海、江浙、两广等地。1929年，在上海第二次国术考试中任裁判员。曾任南京中央国术馆武当门掌门、浙江省国术馆教务长等职。其一生培养了大批太极拳优秀人才，盛名遍及海内外，著名的有陈微明、董英杰、田兆麟、崔毅士、傅钟文、郑曼青、李雅轩、武汇川，以及其子杨振铭、杨振基、杨振铎、杨振国等。其著作有《太极拳术十要》《太极拳使用法》《太极拳体用全书》等。

杨兆鹏（1892—1938）　名凌霄，字兆鹏。河北永年县广府镇人。杨班侯遗腹子，杨式太极拳第三代传人。幼年随叔父杨健侯学拳，后从学于堂兄杨澄甫。早年在家乡传拳，后跟随杨澄甫南下沪、杭传授拳术。曾赴广西教授杨式太极拳，后客逝他乡。广西有其再传弟子。

杨振声（1878—1939）　河北永年县广府镇人。杨少侯之子，杨式太极拳第四代传人。杨振声的拳术得到他父亲杨少侯和三叔杨澄甫二人传授，其太极拳功底深厚。

陈微明（1881—1958） 字慎先，名曾则，号微明。湖北蕲水县（今浠水县）人。武术教育家，杨式太极拳第四代传人。清末举人，民国时曾任清史馆纂修、致柔拳社社长。自幼文武双修，1915年从孙禄堂精学形意拳、八卦掌等技艺，后从杨澄甫系统学习杨式太极拳，并得杨健侯亲自指点，深明杨式太极拳的理法、精髓。1925年编著《太极拳术》一书，由中华书局出版，书中辑录了其师杨澄甫口述《太极拳术十要》，并做简要诠解。还注释了《太极拳论》《十三势功行心解》《打手歌》，并且图解杨式82式太极拳和基本推手用法等，是最早著述杨式太极拳的学者。尚有《太极拳》《记太极拳》《太极拳、剑问答》等书问世。1926年在上海创办致柔拳社，传授杨式太极拳及八卦、形意等拳术。其间，摒弃门户之见，常邀杨健侯、杨澄甫、吴鉴泉、孙禄堂等名家到致柔拳社教拳。继而又在苏州、广州等地设致柔拳社分社。曾应邀赴香港授拳。

武汇川（1890—1936） 河北昌平（今属北京）人，杨式太极拳第四代传人。1912年从学于杨澄甫，在平时教学中，经常辅助杨澄甫演示技击功夫。杨澄甫教拳只示范，不多言，徒弟只有在推手或黏杆对练时，细心体会杨澄甫的身势、发劲、表情，揣摩学习。武汇川多年作为杨澄甫的推手、散手（也称相手）搭档，逐渐熟悉杨澄甫的松沉发劲方法，从中学到了发寸劲，尤善推手，经过长期锻炼，周身各处均可发劲。20世纪30年代，他曾在上海开办汇川太极拳社，专门传授杨式太极拳、械、推手、散手功夫，来自各阶层的学拳者众多。其弟子中佼佼者有张玉、吴云倬、武贵卿等。

崔毅士（1892—1970） 名立志，河北任县（今邢台市任泽区）人，杨式太极拳名家。杨式太极拳第四代传人。曾任北京市武术运动协会委员，于1958年创建北京永年太极拳社并任社长。自幼酷喜武术，曾习练三皇炮捶及开合太极拳。1909年慕名拜杨澄甫为师。潜心研拳，深得其精华。1928—1936年随师授拳于北平、南京、广州、汉口等地。1936—1945年先后授拳于南京、武汉、西安、兰州等地。1945年后定居北京，终生授拳，享誉京城。1964年创编简化杨式太极拳42式、杨式太极棍，流传至今。崔毅士毕生致力于杨式太极拳的研修和普及，从其学习者众多。弟子中佼佼者有崔秀辰、崔仲三、张勇涛、和西青、吴文考、殷建尼、吉良晨、杨俊峰、刘高明、李鸿、黄水德、王永桢、沈德丰、曹彦章、崔彬等。

褚桂亭（1892—1977） 名德馨，字桂亭。河北任丘县（今任丘市）人，杨式太极拳第四代传人。13岁拜姜玉和为师。青年时即精通各种拳术，尤其擅长形意拳、太极拳、八卦掌。先后从师于李存义、梁振甫、张占魁、孙禄堂、尚云祥、黄柏年等名家。太极拳受业于杨澄甫、杨少侯，并随李景林习练武当剑。1929年被聘为浙江国术馆教师。20世纪50年代，受邀参与简化太极拳创编的研讨工作。传有弟子严承德、贡仲祥、张英武等。

田兆麟（1891—1960） 北京人，杨式太极拳第四代传人。1915年拜杨澄甫为师，同时得到杨健侯、杨少侯指教，苦练杨氏家传的快拳及散手。曾在杭州国术比赛擂台夺冠。20世纪30年代初，在上海南市珠宝公所设馆授拳，许多工商界人士慕名而来从学。后又在上海外滩公园设立拳场授拳，达数十年之久，培养了大批太极拳人才。其弟子有叶大密、陈志进、杨开儒、沈荣培等。他的《太极拳刀剑杆散手合编》为研究杨式太极拳的重要著作，是由田兆麟口述、弟子陈炎林笔录的书籍。

李雅轩（1894—1976）　名椿年，字雅轩。河北交河县（今泊头市交河镇）人。杨式太极拳第四代传人。20 世纪 50 年代初，曾被聘为成都市政协委员，50 年代末曾担任全国武术比赛裁判员。幼年家贫，酷爱武术。师从少林拳师陈殿福学拳，1914 年拜杨澄甫为师，系统学习杨式太极拳。1928 年报考中央国术馆被录取。1929 年任教于浙江省国术馆。在以后的岁月里，追随杨澄甫继续习拳深造。1934 年就任南京太极拳社社长。在太极拳理、拳法方面多有其独到的见解。1938 年入川定居，至此穷其毕生，以其精纯的武功、高尚的武德，使杨式太极拳在四川省广为流传。

董英杰（1897—1961）　河北任县（今邢台市任泽区）北街人。杨式太极拳第四代传人。师从李增魁学习十三式，又向太极拳家李香远学习拳艺。继而成为杨澄甫入室弟子，深得其赏识。曾随杨澄甫游历，以武会友，尽学杨式拳艺之精华，成为杨氏传人中的代表性人物。杨澄甫之《太极拳使用法》即为其手编。20 世纪 30 年代，在香港创建太极健身院，广收港澳地区弟子，传拳授艺，名声显赫。其功夫自然淳厚，拳架气势宏大，在技术上有所创建，在理论研究上亦独有心得。著有《太极拳释义》，广受好评。长期在国内、美国、新加坡等地授拳，弟子遍布海内外。在国际武术界很有影响力。

郑曼青（1902—1975）　名岳，字曼青，别号玉井山人，浙江永嘉（今温州市鹿城区）人。杨式太极拳第四代传人。台湾太极拳的主要传播者之一。精拳、诗、书、画、医，尤以太极拳卓著于世。早年因体弱健身，师从于杨澄甫，得其精心传授，获杨式太极拳、械功技。1934 年任国民党中央陆军军官学校拳术教师，后任教于国民党中央训练团。1938 年任湖南国术馆馆长，在杨式太极拳的基础上，删繁就简，创编了郑子太极拳 37 式。1949 年定居台湾。1951 年在台北成立时中拳社，向台湾地区民众传授太极拳术。客居纽约后，就地创办太极拳社，广收生徒。著有《郑子太极拳十三篇》《郑子太极拳自修新法》等。

傅钟文（1903—1994）　原名宗文，河北永年人。杨式太极拳第四代传人。中国首届“中华武林百杰”之一。1993 年应邀访问洛桑国际奥委会总部，并被授予国际奥林匹克奖章。曾任上海市武术协会副主席。9 岁习武，后从杨澄甫学习杨式太极拳。1927 年杨澄甫南下授拳，傅钟文随从并协助教拳。长期伴随杨澄甫教拳、研拳，深得其真传。1944 年在上海成立永年太极拳社，任社长，为社会培养了众多太极拳人才。1956 年曾担任 12 省市武术比赛的裁判员。1958 年上海市武术队建立，与蔡龙云、王效荣一起担任首批武术教练员，培养出邵善康、王新武、杨秉诚、李福妹等多位全国武术冠军。1984 年获“中国太极十三名家”称号。1988 年在中国国际武术节上荣获“武术贡献奖”。先后到全国多地、海外多国讲学授拳。著作有《杨式太极拳》（合著）、《杨式太极刀教材》等，并被译为多种文字在海外发行。

赵　斌（1906—1999）　字海元，河北永年人。杨式太极拳第四代传人。7 岁学拳，得到外公杨兆元传授。后与傅钟文随杨澄甫在杭州国术馆习武，技艺日臻成熟。曾参加北伐，系黄埔军校第六期学员。1934 年，在杨虎城将军第 17 军步兵训练班任武术教官。后退出军界，定居西安。20 世纪 50 年代起，曾任陕西省文史馆馆员、西安市武术协会委员，创办西安永年杨氏太极拳协会。授徒不辍，从学者数万，使西安成为杨式太极拳的传播基地。1991 年，为促进两岸交流，在西安成功举办首届海峡两岸杨式太极拳交流大会。为纪念其一生对太极拳继承、传播所做出的卓越贡献，2009 年“赵斌太极园”在河北省邯郸市永年区广府生态园区内落成。

杨振铭（1910—1985）　字守中。河北省永年县广府镇人。杨澄甫长子，杨式太极拳第四代传人。8 岁随父习拳，14 岁即精通拳理，通晓刀、剑、枪各法，常为其父做助教。拳势酷似其父，推手犹见功夫。19 岁始赴安徽、江苏、浙江、福建、广东、上海等地传拳。1949 年移居香港。长期在香港授徒，为人低调，不喜社交，专心拳学，功夫精纯。将太极拳推广到我国港、澳、台地区及东南亚各国，桃李满门，遍布海内外。主要传人有黎学荀、张世贤、叶大德、朱振顺、朱景雄、宋耀文、徐滔、马伟焕等。著有《双人图解及变化太极拳用法》等书。

杨振国（1928—2013）　河北永年县广府镇人。杨澄甫四子，杨式太极拳第四代传人。幼年随父习拳，终身致力于杨式太极拳的推广与普及工作，门人弟子众多。多次受邀在国际性太极拳大会上做示范表演及教学活动。国家级非物质文化遗产——杨式太极拳代表性传承人。杨振国为人质朴，授拳规范，通俗易懂。著有《杨氏太极拳三十七式简介》等。

汪永泉（1904—1987）　号在山，北京人。北京市武术协会副主席。杨式太极拳第四代传人。其父汪崇禄（溥伦贝子府总管家）是杨健侯的弟子，并经常负责代教贝子溥伦。汪永泉 7 岁开始跟随其父向杨健侯、杨少侯父子学习拳艺，因体格魁梧、聪明好学，备受杨家父子青睐，并常为杨少侯当陪练。1917 年，杨健侯指定杨澄甫指导其学习，直至杨澄甫 1928 年南下为止。他的拳架风格开展、美观、大方；推手发劲充分，体现出“动中求静、以静制动、刚柔相济、以柔克刚”的内涵。1926 年开始招徒授拳，从学者有朱怀元、孙德善、张广龄、高占魁、张孝达、魏树人、孙德明、齐一、王平凡等。1990 年在他去世 3 周年之际，《杨式太极拳述真》一书作为他的遗作面世，详述了杨式太极拳的精髓。

傅宗元（1914—1984）　河北永年人。杨式太极拳第四代传人。自幼习拳，1929 年随兄傅钟文赴上海从杨澄甫系统学习杨式太极拳。曾在上海精武体育会任太极拳教练员。1944 年，傅钟文在上海成立永年太极拳社，傅宗元任拳师。1966 年，傅宗元回家乡广府定居，其后的岁月里，长期传授杨式太极拳，是杨澄甫定型架的继承者、传播者。弟子中佼佼者有傅秋花、王河江、郭庆亭、李保书等。

崔秀辰（1918—1992）　河北任县人。崔毅士之女，杨式太极拳第五代传人。曾任北京市杨式太极拳研究会首任会长，1964

年与其父创编杨式太极拳简化 42 式、杨式棍术等。

杨振基（1921—2007）　河北永年县广府镇人。杨澄甫次子，杨式太极拳第四代传人。曾任邯郸市武术协会名誉主席，邯郸市杨式太极拳协会会长。幼即从父及堂叔杨兆鹏学习家传杨式太极拳，继而随大哥杨振铭继续修炼，奠定了深厚、纯正的拳术功底。后与杨振铭南下广东教拳。1948 年，被广东中山县一中聘为国术专任导师，其学拳者有学生、教职员工及社会各界人士，在广州及周边区域产生了极大影响。20 世纪 50 年代，经傅钟文举荐，受中共中央华北局第一书记李雪峰等领导邀请，前往北京、天津、上海、青岛、南京、秦皇岛等地教授太极拳。改革开放以来，杨振基和夫人裴秀荣携手开班讲学，带徒授艺。应原邯郸地区体委邀请，先后举办了多期太极拳教练员培训班，使来自邯郸地区各单位数百名拳师和太极拳爱好者得到深造，其中不乏后来活跃在各地的太极拳名家。90 年代后期，在全国各地及海外教授太极拳，美国、英国、德国、澳大利亚、日本及南非等国家和地区的太极拳爱好者慕名纷纷前来登门求教。其著作有《杨澄甫式太极拳》等书。

杨振铎（1926—2020）　河北永年县广府镇人。中国武术九段，中国武术研究院首批专家委员会专家。杨澄甫三子，杨式太极拳第四代传人。国际杨式太极拳协会董事会主席，山西省杨式太极拳协会会长，山西省武协杨式太极拳研究会名誉会长。早年毕业于黄埔军校第七分校，20 世纪 60 年代调入山西省政府，专职负责省领导健身保健工作。自 1971 年起，坚持每星期日在太原迎泽公园藏经楼前义务授拳四十余载，后惠及全省，延伸至海外，成为山西武术界的名片。是杨家第一位迈出国门的人。自 1985 年起，远涉数十个国家和地区推广太极拳。1996 年，被推举为美国得克萨斯州圣安东尼奥市名誉市长。1999 年，美国特洛伊市长为其颁发该城市金钥匙。他性情敦厚谦恭，胸襟宽广，与世无争，淡泊名利，倡导“天下太极是一家”，积毕生精力和热忱传播杨式太极拳。其著作有《杨氏太极拳·剑·刀》及光盘、《杨式太极拳》（英文版）等。

吉良晨（1928—2010）　字晓春，满族，北京市人。杨式太极拳第五代传人，著名医学家。北京中医院主任医师、教授，世界中医药协会高级顾问，美国太极中心教授，中国医学基金会理事，北京市武术运动协会永年太极拳社终身名誉社长。自幼好武，1951 年拜崔毅士为师，学习杨式太极拳。由于长期从事医务工作，他对武医养生方面有较深入的研究并且有独到之处。著有《杨氏太极拳真义》一书。

傅声远（1931—2017）　河北永年县广府镇人。傅钟文之子，杨式太极拳第五代传人，太极拳全球传播的奠基人之一。在 40 多个国家讲学。一生足迹遍布欧洲、亚洲、美洲、非洲、大洋洲的多个国家和地区。9 岁随父习练杨式太极拳，1949 年后任上海市体校武术教练员。20 世纪 60 年代起，在上海精武体育会教拳。曾任同济大学、上海戏剧学院、华东理工大学等大学太极拳教练员，教授学生逾万人。1986 年移居澳大利亚，曾创建多个国际性太极拳机构。任澳大利亚永年太极拳社社长、世界永年太极拳联盟主席等。著作有中英文版的《嫡传杨式太极拳教练法》（与傅钟文、傅清泉合著）、《杨家传太极拳体用秘法》（与傅清泉合著）等。

刘高明（1931—2003） 河北任县人。杨式太极拳第五代传人。曾任北京市杨式太极拳协会会长。1953年师从崔毅士学习太极拳，学到了杨式太极拳的精髓，后又从常振芳、李天骥、田秀臣学习查拳和太极拳。1985—1991年，在北京体育师范学院（今首都体育学院）任教。多年致力于将太极拳推向世界，曾担任外国政要的太极拳指导教师，多次受聘赴日本教授太极拳。长期从事武术教练和裁判工作，在继承和发扬杨式太极拳方面做出了贡献。

扎西（1932—2019） 女，又名东娃敢措，藏族，青海互助土族自治县人。杨式太极拳第五代传人，中国武术七段。咸阳永年杨氏太极拳学会会长，西安市永年杨氏太极拳学会副会长。20世纪70年代，师从太极名家赵斌系统习练杨式太极拳，并求学于傅钟文、傅声远两位大师，技艺日益提高。1986年荣获全国首届太极拳、剑竞赛的杨式太极拳银牌。1987年开始义务教拳，弟子众多。1994年创办咸阳永年太极拳协会，下属有30多个辅导站点。参加各种太极拳大型竞赛，共获得金、银、铜牌200余枚，是第一个把太极拳传播到西藏的人。1997年央视《夕阳红》栏目以“播撒吉祥的人”为题报道了其事迹。其著有《感恩太极：扎西解析传统杨式太极拳八十五式》一书，并出版了多种教学演示光盘。

张勇涛（1943— ） 生于西安，祖籍河北任县（今邢台市任泽区）。杨式太极拳第五代传人。中国武术八段。出身于武术世家，外祖父崔毅士为著名杨式太极拳家，母亲崔秀辰为北京杨式太极拳研究会首任会长。他自幼随外祖父习武，得杨式太极拳真传。20世纪60年代多次参加北京市及全国太极拳竞赛，并获得优异成绩。常年进行太极拳的社会推广普及工作，曾应邀赴日本讲学，参与天安门广场万人表演，参与天坛中、日、韩三国太极拳交流等大型太极拳活动的组织表演工作。参加国家体育总局武术运动管理中心组织的内蒙古呼和浩特站、吉林四平站、成都站、安徽黄山站、广西桂林站等全民健身武术走基层活动。出版有《传统杨式太极剑》《杨式太极拳及其防身应用》《简化杨式太极拳》等书。

崔仲三（1948— ） 北京人（祖籍河北任县）。杨式太极拳第五代传人。毕业于北京体育大学。中国武术八段。曾任北京市武术运动协会理事、北京永年太极拳社社长、世界太极科学联合会太极拳总会秘书长。幼时起随祖父崔毅士习练传统杨式太极拳、械及推手，练就了扎实严谨的基本功。自1957年起参加各类太极拳、剑竞赛，均获得优异成绩。1986年在全国太极拳、剑赛事中任北京代表队教练员。数次参与太极拳、推手竞赛规则的研讨与编写工作，积极参与北京市武术挖掘整理工作并获得嘉奖。在国内大型太极拳表演赛事中多次任教练员。数次获得优秀太极拳辅导员称号。2019年在《中华武术》杂志举办的活动中被评为“中国太极拳最具影响力人物”。20多年来，数次接待来华学习、交流太极拳的多国外宾，并应邀到日本、美国等国进行太极拳讲学及教学。在武术杂志发表多篇论文，出版有《杨式太极拳》《杨式太极刀》《杨式太极拳体用图解》等多部著作及系列太极拳、剑、刀教学光盘。

陈龙骧（1948— ） 四川成都人。中国武术套路一级裁判员，中国武术八段。杨式太极拳第五代传人。中国国际太极拳年会副秘书长，成都市武术协会常委，李雅轩太极拳武术馆馆长。8 岁起即追随其师李雅轩习练太极拳，承师衣钵。1983 年被评为全国优秀武术辅导员，1986 年获全国武术比赛雄师奖。多次应邀到国外讲学，在国内外有较大的影响力及知名度。其专著有《李雅轩杨氏太极拳法精解》《杨氏太极剑法精解》《杨氏太极刀枪精解》《三才剑法精解》《武当剑法精解》《李雅轩杨氏太极拳架精解》等。在《武林》《武魂》《精武》《太极拳》，以及新加坡的《武坛》等刊物上发表多篇文章。其事迹被录入《中国武术人名辞典》《中国民间武术家辞典》《世界名人录》。

洪日镜（1948— ） 广西合浦县人。中国武术八段。杨式太极拳第五代传人。广西武术协会副主席、广西永年太极拳研究院院长兼总教练。自幼习武，1965 年开始学习太极拳。1989 年拜傅钟文为师。谨守武德，勤学苦练，终得杨式太极拳真谛。1991 年先后创办广西武协永年太极拳社及广西永年太极拳研究院。教授学员逾万，并培养了一大批教练员、辅导员，亦有不少海外学员、弟子。录制出版了《传统杨式太极拳 85 式》教学光盘，发行于海内外，颇受学员欢迎。

赵幼斌（1950— ） 又名靠恩，河北永年县人，出生于西安。中国武术八段。赵斌次子，杨式太极拳第五代传人。西安市武术协会委员、西安永年杨式太极拳学会会长。中国西北地区杨式太极拳代表人物之一。7 岁从父及姑父（傅钟文）和表兄（傅声远）习练杨式太极拳、剑、刀、杆等，打下了严谨坚实的基本功。16 岁起陪伴其父教拳。1994 年后，开始了专业的教拳生涯。先后应邀到天津南开大学、香港中文大学和哈尔滨、武汉、深圳等地教拳。在泰国曼谷、北榄坡分别成立了永年杨式太极拳协会，传授学员逾千人。2005 年在西安主持举办了杨式太极拳国际邀请赛暨名家座谈会。2009 年先后在武汉、西安、邯郸主持举办了 3 届“赵斌杯”太极拳文化交流大赛。西安永年杨氏太极拳学会于 2006 年 9 月荣获中国武术协会、国家体育总局武术运动管理中心授予的“全国太极拳推广工作先进单位”称号，2010 年荣获“全国全民健身活动先进单位”称号，2010 年、2011 年获得省级、市级武术协会先进团体单位的荣誉称号。其著有《杨氏 28 式太极拳》和《杨氏 51 式太极剑》等书，并出版了系列教学光盘。

杨振河（1953— ） 字元君，河北永年县广府镇人，中国武术七段。杨式太极拳第五代传人。永年杨式太极拳总教练，德国永年杨式太极拳学院院长，欧洲永年杨式太极拳协会主席，永年太极拳协会副主席，永年县政协常委，邯郸政协委员。自幼喜爱武术，1967 年拜永年杨式、武式太极拳传人翟文章学艺，后师从杨式太极拳第四代传人杨振铎学艺。1992 年参加全国太极拳比赛，获得教练交流奖杯。曾在中国·永年国际太极拳联谊会中任千人培训总教练。

杨志芳（1959— ） 河北永年县人。杨振国之子，杨式太极拳第五代传人。邯郸市武术协会杨式太极拳委员会主席。自6岁起，即随父学习杨式太极拳，后又跟二伯父杨振基学拳。为使杨家太极拳事业后继有人，杨振基遵循祖训，按照门内家规严格训导杨志芳，使其得以承接正脉嫡传太极拳技艺。后杨志芳又向三伯父杨振铎学习并深入研究太极拳理法。

杨军（1968— ） 河北永年县人。杨振铎长孙，杨式太极拳第六代传人。现任国际杨式太极拳协会会长、山西省杨式太极拳协会常务副会长。自幼随祖父习练杨式太极拳。1989年毕业于山西大学体育系，后随祖父在海内外各地传授杨式太极拳，学员众多。在山西杨式太极拳协会的多次大型活动中担任组织、领导工作。1998年，在美国创立了杨式太极拳协会，经过十几年的努力，一个集文化交流、教学评级等配套措施完善的太极拳组织初具规模，并对未来太极拳走向世界发挥着越来越大的影响力。

傅清泉（1971— ） 河北永年县人，中国武术七段，傅声远之子，杨式太极拳第五代传人。世界永年太极拳联盟主席，澳大利亚傅声远国际太极拳学院院长，精武体育总会太极总教练。2019年在《中华武术》杂志举办的活动中被评为“中国太极拳最具影响力人物”。5岁便开始跟随祖父傅钟文及父亲傅声远习练太极拳，深得杨式太极拳真传。20世纪80年代进入上海市武术队接受正规武术训练。1985—1987年曾3次蝉联上海市杨式太极拳比赛冠军。1988年在全国太极拳、剑竞赛中获得冠、亚军。1989年代表中国国家队参加中日太极拳比赛，获得杨式太极拳冠军。1999年，在央视播出的杨式太极拳、剑、刀及推手系列教学片中担任主讲。2000年整理出版了《嫡传杨式太极拳教练法》一书及VCD光盘。2011年作为河北卫视的文化使者，特别录制了以英文讲解的太极拳教学片，在澳大利亚、美国、加拿大、以色列和坦桑尼亚等国播放。2012年应中国东方航空集团有限公司的邀请，创编了《微空太极养身法》，在国内外航线上热播。20世纪80年代末，前往国外传播中华传统太极文化，足迹遍布欧洲、亚洲、美洲、非洲和大洋洲的40多个国家和地区，其弟子和学生遍及海内外。

杨斌（1972— ） 河北永年县人，后移居山西太原。杨振铎次孙，杨式太极拳第六代传人。中国武术七段，现任山西省杨式太极拳协会副会长。少年起从祖父杨振铎习练传统杨式太极拳、剑、刀。兄杨军赴美后，在国内主要由他跟随祖父致力于传统杨式太极拳的普及和发展工作。在无锡、杭州、大同、焦作等地举办的培训班中，担任祖父的教学助手。2003年应邀赴意大利协助兄长举办国际性培训班。

赵亮（1978— ） 陕西西安人。赵幼斌之子，杨式太极拳第六代传人，中国武术七段。任深圳武协杨式太极拳专业委员会副会长、国际永年杨式太极拳总会副会长、西安永年杨式太极拳学会副会长、美国太极拳学会荣誉顾问。6岁随祖父赵斌、父亲赵幼斌习拳，系统、全面地继承了杨式太极拳。2013年，在首届中国武术段位制国考中，以杨式太极拳单练套路第一名的成绩考取武术七段，后随父亲教授太极拳，足迹几乎遍及所有国内省份。曾在10多个国家传拳授业。2007 年始，以深圳为基地，向境内外传播杨式太极拳，仅在深圳培训过的机关、单位就达 20 多家。2012 年和父亲一起创立杨式太极拳培训中心和陕西永年杨式太极拳推广中心，立足于西安、深圳，向国内外传播杨式太极拳。多次被《中华武术》《武当》等武术杂志社聘请为名家讲坛讲师。

陈骊珠（1980—　）　女，四川成都人。陈龙骧之女，杨式太极拳第六代传人。自幼随其父习练杨式太极拳。在第二届中国·温县国际太极拳比赛中获剑术第一名。1996—2000 年在中国·永年国际太极拳年会中获杨式太极拳、孙式太极拳、太极刀三项第一名。2001 年参加三亚太极拳首届健康大会，获得传统太极拳一等奖。1996 年起，担任成都市少年宫武术教练员，并担任成都市李雅轩太极拳武馆教练员，为培养武术、太极拳优秀人才做出贡献。

武式太极拳

武禹襄（1812—1880）　名河清，字禹襄，号廉泉。清直隶广平府（今河北省邯郸市永年区）人。武式太极拳创始人。出身望族，博览群书，祖辈及诸兄弟皆善文嗜武。约清道光三十年（1850），从杨露禅处学陈式老架太极拳，打下基础。后又在河南温县赵堡镇从陈清平学习赵堡太极拳，曾在河南舞阳盐店得王宗岳《太极拳谱》，读后大悟。后悉心研究，反复实践体会，将所学融会贯通后创编了武式太极拳。其动作简洁紧凑，步法严谨，要求出手不超足尖，左右各管半边，步法灵活，虚实分明。讲究起、承、开、合，连贯顺随，要求以心行气，以气运身，意动身随，达到意、气、势合一。传世拳论有《十三势行功要解》《太极拳解》《打手要言》《四字秘诀》等。其传人有李亦畬、李启轩。

武澄清（1800—1884）　字霁宇，号秋瀛，清直隶广平府（今河北省邯郸市永年区）人。武禹襄胞兄。进士出身，曾任河南舞阳县知县。在舞阳盐店得王宗岳《太极拳谱》，交弟武禹襄带回。武澄清原习家传武艺，后习太极拳。在太极拳研究上，与武禹襄各有论述。通过王宗岳《太极拳论》释义出“原论”，为《释原论》，此为最早注释王宗岳《太极拳论》之作。后经李亦畬、李启轩陆续抄赠乡友，《太极拳论》等文方公开传世，被习太极拳者奉为经典，太极拳之名也风靡于世。

李亦畬（1832—1892）　名经纶，字亦畬，河北永年县人。武式太极拳第二代传人。咸丰元年（1851）为岁贡生，同治元年（1862）举孝廉方正。性敏慧，工小楷。曾入河南督师郑元善的幕府以巡检用，后辞归故里。22 岁从武禹襄学太极拳，练功数十年，精钻研、善总结，已明其理。据载，其太极功夫已达出神入化之境。在实践中，每有心得，则随时记录，后整理成文，著有《五字诀》《撒放秘诀》《走架打手行工要言》《太极拳小序》等。是武式太极拳的继承、完善者。于 1880—1881 年，将王宗岳、武禹襄拳论及其心得整理后手抄了三本，一本自存，一本交其弟李启轩，一本交其传人郝为真，为太极拳文化留下了重要的史料，是研究太极拳理论的宝贵财富。

李启轩（1835—1899）　名承纶，字启轩，河北省永年县人。李亦畬胞弟，武式太极拳第二代传人。光绪乙亥年（1875）恩科举人，候选训导。喜爱考据之学。与其兄同从武禹襄研习太极拳，造诣颇深，于太极理论方面有独到见解。著有《敷字诀解》及《各势白话》。得其传者有葛顺成、马静波，其子宝琛、宝箴、宝恒。

李石泉（1837—？） 河北永年县人。李亦畬长子，武式太极拳第三代传人。其主要拳学观点记录在《授艺精言》中。传人有李锦藩、祁锡书等。

郝为真（1849—1920） 名和，字为真，河北永年县人。武式太极拳第三代传人，是武式太极拳承上启下、发扬光大的重要人物。自幼性情笃厚，酷爱武术。后拜太极拳名家李亦畬为师，李亦畬对其深为嘉许，将拳术奥秘尽力传授于他。后经长期刻苦习练、潜心研究，其技艺日臻化境。其拳势中正安舒、开合有致，有活步太极拳之称。传弟子众多，有四子，皆练拳，其中郝月如成就最大。后郝为真因病得孙禄堂悉心照料，遂倾心授拳于孙禄堂，奠定了孙禄堂日后创孙式太极拳的基础。

李逊之（1882—1944） 名宝让，字逊之，河北永年县人。李亦畬次子，武式太极拳第三代传人。幼年在其父督促下学练太极拳，既习文，又习武，常常与其兄推手较技。主张太极拳的抽丝劲和缠丝劲是相互联系的，能掌握抽丝劲就有了缠丝劲；从神、气方面讲抽丝是直的，可是这一转手、转身、转腿、转腰、转臂，就形成了缠丝，产生了劲路。终身揣摩、研究太极拳，拳艺精巧卓绝。存世著作有《初学太极拳练法述要》《不丢不顶浅释》《授艺精言》等。传人有姚继祖、李锦藩、魏佩霖、刘梦笔、赵蕴园等。

郝月如（1877—1935） 名文桂，字月如，河北永年县人。郝为真次子，武式太极拳第四代传人。曾任永年国史馆馆长。自幼一边随父练拳，一边从李亦畬读书，得二位大家指导，通晓阴阳相济之理，遂拳艺精进。1929 年，孙禄堂任江苏国术馆副馆长，曾荐其为教员。1930 年，郝月如到南京教拳，从学者日众，学生中，张士一、徐震皆为太极名流。1931 年被当时的国立中央大学聘为教员，在教学中，循序渐进，处处要求学生明规矩、守规矩、合规矩。为武式太极拳的发展及传播做出了极大贡献。其晚年著成一万余言的拳论。1963 年郝少如出版的《武式太极拳》一书，将郝月如的一部分遗作编入发表。

李圣端（1888—1948） 名斌，字圣端。回族，河北邢台人。武式太极拳第四代传人。自幼酷爱武术，曾随乡友习查拳、弹腿。后拜郝为真为师，习练武式太极拳。至此摒弃杂务，潜心练拳。每日走架 6 趟，日练 3 次。寒暑不易，风雨无间。经过多年苦练，成就惊人武功。1928 年与王彭年、郝中天、郑月南、陈兰亭等人共同组建邢台国术研究社，并任社长。此间，广收学员，所聘拳师皆为一时人杰。培养出众多优秀武术人才，为普及武式太极拳奠定了良好的基础。传人有马荣、王陛卿、陈固安、吴文翰、王万庆等。如今这些弟子及其后辈已将武式太极拳传遍了世界各地。

魏佩林（1913—1961） 河北永年县广府镇人，武式太极拳第四代传人。李逊之弟子。性情豪爽，为人正直，尊师爱友，深得人们敬重。练拳非常刻苦，架子天天走，杆子不离手，每晚从师父家练拳回来后仍不休息，在自家院里直练到后半夜。一招一式反复琢磨，务求精湛，数十年如一日，把自己毕生精力全部用在练拳上，因此，深得武式太极精髓。与人推手能随心所欲，对手像皮球一样可以任其拍来拍去，身不由己。

祁锡书（1916—2006）　河北永年县广府镇人。武式太极拳第四代传人。自幼习武，从李石泉习武式太极拳。1928年，在永年国术馆从郝月如、韩钦贤系统习练武式太极拳、推手及器械。1936年，就任河南开封国术馆太极拳总教练。整理编纂了《杨、武式太极拳发展史》等文稿。其子女均承传其艺，以四子祁悦曾为著。

姚继祖（1917—1998）　河北永年县人。武式太极拳第四代传人。曾任邯郸太极拳研究会副会长、永年武式太极拳研究会会长、永年武式太极拳学校校长。幼年随祖父练拳，曾在永年国术馆随郝月如习练武式太极拳、械及推手。郝月如南下后，则拜李逊之为师，得其拳艺精髓。其为人谦和，拳艺精湛，授徒颇多。提出改进太极拳的教法及做法，为弘扬武式太极拳做出了贡献。著有《武氏太极拳全书》《太极拳拾遗》《论内外三合》等。弟子中佼佼者有金竞成、翟维传、胡凤鸣、钟振山等。

李锦藩（1920—1991）　河北永年县人。武式太极拳第四代传人。邯郸太极拳研究会顾问。自幼从李逊之习练武式太极拳，随李石泉学习器械，受二师器重，在继承传统武式太极拳上下了很大功夫。经过多年的苦练，尽得祖辈技艺，完整地继承了武式太极拳的精华。数十年不间断，以超人的毅力追求太极拳艺，使其拳风内功纯正，气势浑厚。著有《旧谱再缮》《掘遗缀初》《诲艺精言》等。一生授徒颇多，弟子有乔松茂、王润生、李德龙、荆双增、孙乾坤等。

郝少如（1907—1983）　名梦修，字少如，河北永年县人。郝月如之子，武式太极拳第五代传人。曾任上海市武术协会委员、上海市徐汇区武术协会顾问。自幼在祖父及父亲的悉心指导下习练武式太极拳，全面掌握了武式太极拳的拳理、拳法，深悟其中奥妙。21岁出任永年县太极拳社助教，1928年，随父到南京等地授拳。1932年，任教于国民党政府时期的国立中央大学等单位，教授武式太极拳。后经张士一介绍赴沪代父教拳，这也是武式太极拳首次传入上海。1937年，在上海创办郝派太极拳社。1961年，经顾留馨推荐，到上海市体育馆教授武式太极拳。著有《武式太极拳》一书。

陈固安（1914—1993）　名恩福，回族，河北邢台人。武式太极拳第五代传人，13岁拜郝为真为师，是武式太极拳承上启下的创新型人物。曾任河北邢台市武术协会副主席、邢台市武式太极拳研究会会长。出身武术世家。幼随伯父习查拳、弹腿，后从李圣端系统习练武式太极拳，喜得韩钦贤、郝中天诸前辈悉心指导，遂毕生研习武式太极拳。根据自己的实践体会，创立了顺、逆、变、空、玄五段拳论，创编了定步单缠、活步单缠、定步大缠、活步大缠、旋步走圈大缠、散手二十八法、技击十二连环等一整套科学的训练方法，极大地丰富了武式太极拳的拳理、拳法。曾创建河北邢台市、河南许昌市武式太极拳研究会。追求武艺七十载，曾创编了武式太极拳新架，此套拳架融心意、形意、八卦、太极、螳螂、查拳、通背等拳法精髓为一体；又创编了太极长拳、太极棍。其著作有《武式太极拳新架》《太极棍》《武式太极拳汇宗》等。

翟文章（1919—1989） 河北永年县人。武式太极拳第五代传人。曾任邯郸市太极拳研究会副会长、永年太极联谊会副会长、邯郸地区武协拳师、永年太极拳学校校长兼太极拳学校对外交流会会长。幼年常随其父翟连臣出入于老城各派拳友之家，耳濡目染，对太极拳情有独钟。后入其姑父韩钦贤（郝为真高足）门下。不计严寒酷暑，每日练刀、剑、杆数十遍，与人推手至深夜，如此几载，尽得郝氏真传。太极名宿杨兆林（杨露禅之孙）见他痴迷太极拳，欣然将他收于门下，倾杨家所传。至此，翟文章集诸家所长，把武式太极拳的点、打、短、发与杨式太极拳的崩、缠、横、放等技击特点熔为一炉，功夫渐臻化境，七八人不得近身。翟文章传下来的杨式、武式太极拳拳架太极精功38式、108式杨式太极拳系列拳架是永年较为原始的太极拳传统套路，拳架古朴，动作间或有发力、跳跃、发声，动作时而缓慢均匀，时而惊弹冷脆，较多地保留了早期杨式太极拳的技击内容。他集中精力研究太极奥秘，留有遗著《太极拳解析》《太极拳对敌要言》《太极拳静功秘诀》等数篇。

吴文翰（1928—2019） 字润章，号澧阳老人。河北南和县人。武式太极拳第五代传人。河南郑州武式太极拳研究会及美国武式太极拳研究会名誉会长。幼年曾拜李圣端为师，系统学习武式太极拳。多次应邀参加各种国内外重要太极拳交流及学术研讨活动。1998年第五届中国·永年国际太极拳联谊会授予其“特级大师”称号。吴文翰先后在《武林》《武魂》《少林与太极》等杂志上发表过数百篇有关武史、武学研究和拳理、拳法的文章。著作有《武派太极拳体用全书》《太极拳书目考》《吴文翰武术文存》等，对武式太极拳的历史沿革、拳理拳法做了详尽的介绍。

李光藩（1937— ） 河北邯郸齐固村人。李亦畬曾孙，李槐荫之子，武式太极拳第五代传人。自幼随父习练太极拳。在永年师范学校学习期间，校长郑炎曾聘郝为真的曾孙郝向荣（名长春）教武式太极拳。此时郝向荣任师范学校总务主任，他教拳时让李光藩助教。有时约拳师张振宗、魏佩林、姚继祖秘密练拳。李光藩曾与翟文章同居一院。翟文章可谓太极迷，两人见面便谈拳，谈拳便推手，每日早、晚必在一起习练太极拳。1990年春，由乔松茂倡议，李光藩、瞿金禄、赵玉林共同组织筹办中国永年太极拳联谊会。1991年至1995年，由李光藩担任该联谊会资料处处长，并主编了《太极名家谈真谛》《永年太极拳资料集成》《太极拳论文集》。

翟维传（1942— ） 河北永年县广府镇人。中国武术八段，武氏太极拳第五代传人。河北省武术协会委员，邯郸市武式太极拳研究会副会长，永年县武式太极拳研究会常务副会长。自幼习武，师从于魏佩林、姚继祖，得二人悉心传授，自己刻苦训练，且常与拳友、同门切磋探讨，深得武式太极拳真谛。多次受邀到国内外多地授拳及文化交流，如今弟子遍及国内外，为传播、推动、弘扬太极拳文化做出了重要贡献。曾参与国家《武式太极拳竞赛套路》的编订工作。在国内多种武术类刊物上发表文章30多篇。著作有《武式太极拳述真》《武式太极拳术》等，录制有《武式太极拳系列》教学光盘等。

钟振山（1949—　）　河北永年县广府镇人。中国武术八段，武式太极拳第五代传人。现任邯郸市太极拳协会副会长，邯郸市武式太极拳研究会副会长，永年武式太极拳研究会秘书长，北京大学武式太极拳研究会名誉会长，北美武（郝）太极总会海外顾问，河南理工大学、河北邯郸职业技术学院太极拳学院客座教授。钟振山是武禹襄的嫡玄孙之婿。自幼受到广府镇浓厚的太极拳氛围熏陶，酷爱武术，13岁拜姚继祖为师，随其习练武式太极拳36年，尽得真传。2019年，在《中华武术》杂志举办的“中国太极拳最具影响力人物”评选中被评为“中国太极拳最具影响力人物”。

乔松茂（1955—　）　河北张家口市人。武式太极拳第五代传人。曾任河北省武术协会副主席、河北省武式太极拳研究会会长。20世纪70年代初，从李锦藩习练武式太极拳。擅长传统武式太极拳、剑、大杆及推手。多年来致力于太极文化的推广与传播。1993—1998年先后6次到新加坡、马来西亚、英国等国讲学、传艺，弟子遍及国内外。著有《武式太极拳诠真》《武式太极拳十三式》等书并录制了系列光盘。

孙建国（1964—　）　河北永年广府镇人。中国武术七段，武式太极拳第五代传人。自幼喜武，16岁拜李锦藩为师，刻苦研练，深得其师拳艺精髓。任邯郸市永年区武式太极学院院长。9次率队参加中国·永年国际太极拳联谊会，共获得优胜奖及金、银牌数十枚。1991年任中国·永年国际太极拳联谊会开幕式千人总教练。1998年参加全国名人名家邀请赛，获金杯奖。曾陆续在《武当》《武魂》《少林与太极》等杂志上发表武式太极拳套路及文章多篇。著作有《武氏太极拳秘笈》《武氏家传太极拳》。

高连成（1951—　）　北京人。中国武术七段，一级拳师，武式太极拳第六代传人。河南省郑州市武式太极拳研究会会长、日本太极拳协会高级顾问。曾先后拜陈固安、吴文翰为师。系统学习武式太极拳、械及推手。曾多次在各类太极拳竞赛项目中获奖。数次应邀海外讲学、授拳，弟子遍及海内外。2002年被永年国际太极拳联谊会授予“功勋杯”。曾撰写论文数十篇，发表于《武魂》《少林与太极》等杂志上。著有《武派太极技击术》一书并录制了系列教学光盘。

吴式太极拳

全佑（1834—1902）　满族，姓吴福氏，河北大兴县（今北京市大兴区）人。吴式太极拳奠基者。曾从杨露禅学习杨式太极拳大架，后遵师命拜杨露禅次子杨班侯学杨式小架。习武笃诚，经多年勤学苦练，融会贯通，拳式兼杨式大、小架所长，以善柔化著称。推手时，守静而不妄动。后根据自己的感悟，自创太极拳架，该拳架被视为吴式太极拳雏形。后传其子吴鉴泉，弟子王茂斋、郭松亭、常远亭、夏公甫、齐阁臣等。

刘采臣（1862—1939）　字文海，又名凤山，河北宁津县（现为山东省宁津县）人。武术教育家，吴式太极拳第二代传人。自幼爱武成痴，闻有名师便设法求教。曾拜刘德宽学六合拳，从全佑学太极拳，从耿继善学形意拳。经多位名家指导，拳艺日渐精湛。“五四”运动后，应邀出任北京大学武术教授。多年在四民武术研究社、北平国术馆广泛授徒，弟子中名人辈出，遍及国内外。

王茂斋（1862—1940）　名有林，字茂斋，山东掖县（今莱州市）人。杰出太极拳家，吴式太极拳第二代传人。王茂斋是吴式太极拳中极具影响力的人物，素有“南吴北王”之美誉。曾创办北平太庙太极拳研究会，此研究会太极高手云集。少从全佑为师，极用功，身手非凡，空松自如，已入化境。全佑去世后，为弘扬吴式太极拳，与其同门师弟共同深研拳理、拳法、拳术，闭门苦练数年，练就了拿、闭、点穴、卸骨等独特太极技法，为确立吴式太极拳在武林中的地位奠定了基础。自师弟（吴鉴泉）南下后，其留北京传拳，受业者众多，人才辈出，德高望重。其弟子中佼佼者有王子英、修丕勋、杨禹廷、赵铁庵、王培生、李秉慈、战波等。

郭松亭（生卒年不详）　又名郭芬。吴式太极拳第二代传人。师从全佑学习吴式太极拳。苦练多年，功力扎实深厚。全佑去世后，与师兄王茂斋、师弟吴鉴泉共同深研、细究拳术、拳理、拳法达10多年，相互切磋，各有所长，从技术层面上极大地丰富了吴式太极拳的内涵。

吴鉴泉（1870—1942）　又名爱绅，满族，从汉姓吴。河北大兴县（今北京市大兴区）人。全佑之子，吴式太极拳第二代传人。自幼秉承家学，刻苦钻研，造诣颇深。1914年受聘在北京体育研究社及北京体育讲习所任教，教授杨式太极拳小架，其间他对家传太极拳进行大胆改革，突出轻柔、缓慢、圆活、连绵的运动特点，创编成风格独特的吴式太极拳，时称“吴鉴泉式太极拳”。1928年吴鉴泉应邀南下，到上海教拳，并以上海为中心，将吴式太极拳传播至江南及港澳地区。主要传人有徐致一、金寿章、金云峰以及子女吴公仪、吴公藻、吴英华，婿马岳梁，侄吴耀宗等。

吴图南（1884—1989）　又名吴荣培。蒙古族，原姓乌拉汗，名乌拉布，北京人。原籍辽宁省喀喇沁左翼蒙古族自治县。吴式太极拳第三代传人。曾任中国武术协会委员、北京市武术协会副主席。幼从吴鉴泉、杨少侯习练太极拳多年，得太极拳之精髓。后又广泛涉猎通背拳、形意拳、八卦拳、少林拳、摔跤等。精通文史、考古，博学多识，治学严谨。中华人民共和国成立前，曾任中央大学、西北联大、北平艺专等高等院校教授。中华人民共和国成立后，继续坚持太极拳的普及和研究工作。1984年获中国武术协会颁发的“武术教育贡献奖”，1988年获中国国际武术节组委会颁发的“武术贡献奖”。弟子遍及海内外。著有《国术概论》《科学化的国术太极拳》《太极剑》《太极刀》《太极拳之研究：太极拳概论》等书。主要传人有杨家仓、黄震寰、于志钧、马有清、陈惠良、沈保和等。

杨禹廷（1887—1982）　名瑞霖，字禹廷，北京人。吴式太极拳第三代传人。曾任中国武术协会委员、北京市武术协会副主席。自幼习武，曾随数位名家练过八卦掌、形意掌、长拳、弹腿、太极拳等，涉猎颇广，青年时已驰名武林。后数十年从王茂斋精习吴式太极拳，且得吴鉴泉指教，拳艺愈加精湛，日臻化境。特别注重武德修养。中华人民共和国成立后仍教拳不辍，其弟子遍及海内外。20世纪50年代初期，倡议成立北京市武术界联谊会。许多知名人士及一些外国使馆官员皆向其学习过太极拳、器械。著作有《太极拳动作详解（教学讲义）》《太极拳动作解说》。弟子中佼佼者有李经梧、王培生、李秉慈、翁福麒、赵任情等。

修丕勋（1892—1976）　字桂臣，号柱臣，山东莱州市人。吴式太极拳第三代传人。曾任莱州市政协委员。自幼习练八卦掌，后拜王茂斋为师，系统习练吴式太极拳，之后回到莱州开馆授徒，精心传授吴式太极拳，甚有名望。20世纪30年代，任掖县（今山东省莱州市）国术馆教务主任兼教练员。积极倡导乡民修习太极拳，其弟子遍布莱州。曾多次协助体委筹办武术赛事，年逾七旬，仍出场示范表演。主要传人有修良、修占、温铭三、孙镜清、周凤岐、战波等。

徐致一（1892—1968）　浙江余姚人。吴式太极拳第三代传人。毕业于北京法政专门学校。曾任中国武术协会第一、二届委员，上海国术联谊会主席，上海精武体育会总干事。1920年师从吴鉴泉，习练吴式太极拳，得其真传。1927年在上海精武体育会教授太极拳。1933年任上海运动会国术比赛副裁判长。1937年被聘为上海精武体育会理事长。中华人民共和国成立后，任上海武术联谊会会长。1957年在全国武术评奖观摩大会上任总裁判长。一生致力于太极拳的推广传播，曾在《体育报》上发表文章《一柔到底》。著作有《太极拳浅说》《吴式太极拳》等。其中，《太极拳浅说》为较早运用现代科学来讲解和分析太极拳的专著，在太极拳爱好者中影响极大。其传人有武淑清、白玉玺等。

吴公仪（1899—1968）　名润泽，字子镇，满族，河北大兴县（今北京市大兴区）人。吴鉴泉长子，吴式太极拳第三代传人。曾任上海鉴泉太极拳社社长、香港鉴泉太极拳社社长。北京体育讲习所首届毕业生。幼承家学，悟性极高，很早就代父授拳。曾任黄埔军校学生部及高级班太极拳教官、中山大学体育系讲师。曾命长子吴大揆、次子吴大齐、侄吴大新分赴新加坡、马来西亚、菲律宾等国设立鉴泉太极拳分社，至此，吴式太极拳被广泛传播到东南亚各地。1954年，与陈克夫的比武轰动武林。著有《初学太极拳须知》一书。传人众多，佼佼者有易在勤、胡念群、王建农等。

马岳梁（1901—1998）　字嵩岫，满族，北京人。吴式太极拳第三代传人，为吴鉴泉之婿。历任上海鉴泉太极拳社副社长、社长。曾任中国武术协会荣誉委员。被中国武术协会、国家体育总局武术运动管理中心授予“中华武林百杰”称号。幼喜武术，学过三皇炮捶、通背拳、八卦掌等。1921年拜吴鉴泉为师，专攻太极拳，在吴鉴泉指导下勤学苦练，悉心钻研，深得吴式太极拳精髓。几十年练拳、教拳生涯，使其拳艺炉火纯青。在耄耋之年尚应邀在国内外讲学授艺，其弟子遍及海内外。编著有《吴鉴泉氏的太极拳》（与陈振民合著）、《吴氏太极拳详解》（与吴英华、马海龙合著）、《吴式太极推手》（与徐文合著）、《正宗吴式太极拳》（与吴英华合著）、《吴式精简太极拳》（与吴英华合著）等书。

吴公藻（1901—1983）　名润沛，字雨亭，满族，河北大兴县（今北京市大兴区）人。吴鉴泉次子，吴式太极拳第三代传人。北京体育讲习所首届毕业生。自幼秉承家学，尤以理论见长。曾任教于国民革命军第十三军、上海精武体育会。1933 年受聘为湖南国术训练所教官兼国民党省党部教习。1934 年，南京中央国术馆举办第二届全国武术考试，吴公藻任湖南省教练员，成绩斐然。1937 年南下香港，与兄吴公仪共同建立香港及澳门鉴泉太极拳社。1980 年在香港出版《吴家太极拳》一书（原名《太极拳讲义》），堪为吴式太极拳之经典。

吴英华（1905—1997）　女，满族，河北大兴县（今北京市大兴区）人。吴鉴泉之女，吴式太极拳第三代传人。曾任上海鉴泉太极拳社副社长、社长。1992 年被中国武术协会评为“中国武术协会荣誉委员”。自幼随父习练吴式太极拳，功深艺精，架势酷似其父。1921 年任北京国术馆太极拳教师。1938 年至 1941 年在上海国术馆教太极拳。中华人民共和国成立后，受聘于上海市体育宫，为太极拳教练员。曾多次受邀到国内外讲学授拳，毕生致力于教拳传艺，门徒众多。吴英华传授家学时，尚保留其祖全佑传袭的旧套，人称为“吴式快架子”。与马岳梁合著《吴氏太极拳详解》《吴式精简太极拳》《正宗吴式太极拳》等，与马岳梁、施梅林合著《吴式太极快拳》。

曹幼甫（1906—1988）　名刚，满族，北京人。吴式太极拳第三代传人。曾任吴式太极拳研究会名誉会长。带头资助儿童基金会，为人称道。曾从名师学习弹腿、八卦掌、通背拳等。20 世纪 30 年代拜王茂斋为师。自进入太极门，勤学苦练，刻苦钻研拳理、拳法。其武林知识渊博，被誉为“武林活字典”。20 世纪 60 年代退休后，常年坚持义务教拳，弟子众多，佼佼者有葛润江、柳恩久、果毅、刘俊仁等。

刘光斗（1912—？）　山东蓬莱人。吴式太极拳第三代传人。幼时迁居北京。出身书香门第，毕业于北京的朝阳大学，后从事法律工作。不仅事业有所成就，在京城武林中也很有名。是王茂斋高徒，人称“铁胳膊刘”。在 20 世纪 40 年代初期突然失踪，下落不明，一直没有音信。

赵任情（1900—1969）　辽宁抚顺人。吴式太极拳第四代传人。杨禹廷最后一批弟子之一。青年时从事文学活动，后由于患肺病，习练太极拳，是早期北平太庙太极拳研究会的学员，长期随杨禹廷学拳。

刘晚苍（1906—1990）　山东蓬莱人。吴式太极拳第四代传人。曾任北京市武术协会委员、北京市吴式太极拳研究会会长。自幼习武，22 岁拜刘光斗为师，苦心习练吴式太极拳，十载不辍，尽得一身真功夫，尤精太极推手。在京传拳数十载，亲身喂招推手，培养了一大批太极人才。晚年致力于太极研究，尤其对太极推手的探研有极大的贡献。著作有《太极拳架与推手》（与刘石樵合著）。京、沪、华东及西北地区多有其亲传弟子，弟子中佼佼者有赵兴昆、王举兴、马长勋、赵德奎、刘光鼎、刘培一、刘培俊、刘培良、张南平等。

王辉璞（1912—1995）　山东文登县人。吴式太极拳第四代传人。由于家境贫寒，16 岁只身来到丹东学手艺。后由于身患多种疾病，多方治疗无效，经人指点习武强身。1954年春拜在杨禹廷门下。王辉璞深受杨禹廷喜爱，杨禹廷不仅把吴式太极拳的拳、剑、刀、枪、杆及推手传于他，还把难得一见的九阳功法传于他。王辉璞被誉为丹东吴式太极拳第一传人。曾任丹东市吴式太极拳研究社社长、北京市吴式太极拳研究会顾问。

张福有（1914—1981）　河北衡水人。吴式太极拳第四代传人。20世纪40年代从杨禹廷学拳，不避寒暑，不辞劳苦，执着追索。因从事旧书收售工作，收藏了很多武术书籍。在武术的“三献”中将珍藏献出，获得“银狮奖”。

郑时敏（1914—1997）　浙江宁波人。吴式太极拳第四代传人。曾任北平太庙太极拳研究会理事，北京市吴式太极拳研究会第一届委员、第三届名誉主席。20世纪30年代起，师从杨禹廷系统学习吴式太极拳，数十载不辍，深得其功夫之精髓。1957年获北京市武术选拔赛太极拳第3名，1958年获北京市太极拳比赛第2名，1969年获北京市武术比赛太极拳、剑冠军，1978年获北京市老年运动会太极拳第1名。曾先后受聘于中国人民解放军后勤部、解放军报社、友谊医院、第三机床厂等单位教授简化太极拳、太极剑，为普及太极拳培养了大量优秀人才，其弟子遍布海内外。郑时敏为人和蔼可亲、拳艺精湛且教学有方，直到耄耋之年还在为传播弘扬太极拳努力耕耘。弟子中佼佼者有聂秀芬、刘素琴、关振军、王俊岭、李宗蒲、孙文亮等。

冯士英（1914—2003）　河北束鹿县（今辛集市）人。吴式太极拳第四代传人。曾任北平太庙太极拳研究会理事。少时学形意拳、八卦拳、戳脚等功夫，20世纪40年代拜杨禹廷为师，勤奋、刻苦、好学，拳艺日渐炉火纯青，尤喜推手实战，对吴式太极拳的拿、化、发、打功夫尤其深有体会，当时在北京的武术界有“活泥鳅”之称。60年代初，响应国家号召回乡支援农业，但仍练拳、授拳不辍。是一位将太极拳从城市带到农村的传播者。

王培生（1919—2004）　原名力泉，号印诚，河北武清县（今天津市武清区）人。中国武术八段，吴式太极拳第四代传人。曾任汇通武术社副会长，北京市武术协会第二、三届委员，中国人体气功科学研究会常任理事，北京市吴式太极拳研究会会长、名誉会长。自幼随数位名家习八卦掌、形意拳、通背拳、弹腿等。后拜杨禹廷为师，习练吴式太极拳，此间常常得到王茂斋的指点。其好学不倦、广采博纳，勤学苦练，将所学融会贯通，功夫日臻上乘。20世纪50年代以来，曾长期受聘于北京师范大学、北京工业大学、中央戏剧学院等10多所院校及中国科学院、人民日报社等机关单位任武术教练员。1957年在全国武术射箭观摩交流大会上任武术比赛裁判长。创办东方武学馆、培生武学馆，任馆长。曾受邀出访日本、美国等国，讲学授艺。弟子遍及海内外，佼佼者有张耀忠、周世勤、高壮飞、李和生、关振东、马金龙、李琴等。著作有《太极拳的健身和技击作用》《吴式太极拳诠真》《太极功及推手精要》《太极拳的健身和技击作用》《吴氏太极拳三十七式行功图解》《三才门乾坤戊己功功谱》《太极推手术》，并且录制有太极拳、剑、刀等教学光盘。

马汉清（1920—1997）　北京人。吴式太极拳第四代传人。曾任北京强身武术研究社社长、北京市吴式太极拳研究会顾问、北京市螳螂拳研究会会长。幼年曾拜于杨禹廷门下，学习吴式太极拳、剑、刀、杆及推手。后又随名家学习弹腿、查拳、螳螂拳。20世纪60年代以来，曾分别在北京体育师范学院、北京石油学院体育系、北京什刹海体校等单位任武术教练员。曾参与创办北京市东城区武术馆，并任教务长及武术教练员。1958年荣获全国武术观摩大会太极拳冠军。同年在全国武术交流大会上荣获太极拳、双钩、凤翅镗3项优秀奖。1982年参与制定国家散手比赛裁判规则，并担任全国太极拳、推手比赛裁判长。拳艺高超、治学严谨，弟子遍及国内外。曾在《中国体育报》《武林》《武魂》等刊物上发表数十篇文章，阐述武学见解。著有《十八般兵器图解》等。

戴玉三（1920—1993） 河北三河县（今三河市）人。吴式太极拳第四代传人。曾任北京吴式太极拳研究会副会长。出身中医世家，幼年与武术结缘，曾先后学过弹腿及陈式太极拳。后拜杨禹廷为师，系统学习吴式太极拳、剑、刀、黏杆及推手，尤以推手见长。将太极内功贯入针灸术，独创导气补法，颇受患者欢迎。几十年来，行医授拳不避寒暑，使吴式太极拳在京西一带广为传播。其传人有李植元、傅崇贵、张顺江、郭清风、李裕钧等。

杨炳城（1925—1975） 福建仙游市人。师从张达泉，曾任上海市武术队教练员。先后获得1958年和1960年全国武术运动会太极拳冠军。1956年作为全国太极拳整理研究代表成员，曾出版过《太极拳解密》《太极功同门录》等书藉。

柳恩久（1922—2013） 辽宁省盘山县人。中国武术七段，国家一级裁判员，吴式太极拳第四代传人。曾任北京市吴式太极拳研究会名誉会长、长春市武术协会副主席、长春市太极拳研究会会长。自幼酷爱武术，习练武当拳、形意拳、八卦掌、杨式太极拳等，又游历多地，遍访名师。20世纪70年代初，拜曹幼甫为师，系统学习吴式太极拳、械及推手。数十年来共举办太极拳辅导员培训班、教练员提高班、太极拳学习班200余期，培养出教练员、辅导员近百人。其弟子遍及国内外。被吉林省武术协会、长春市体育总会、长春市武术协会授予“武术事业特殊贡献”奖。著作有《精简吴式太极拳》《吴式太极拳·剑精简》等。

吴大揆（1923—1972） 满族，河北大兴县（今北京大兴区）人。吴公仪之子，吴式太极拳第四代传人。自幼受到祖父吴鉴泉及父亲的精心指导，武功深厚，且善于实战。青年时拳艺已扬名于佛山一带。后定居香港，为推广吴式太极拳多次奔走于菲律宾、新加坡、马来西亚等国家及我国澳门地区，传拳授艺并设立鉴泉太极拳分社。曾应邀在新加坡的电视台讲解太极拳，为吴式太极拳广泛传播于东南亚做出了贡献。

李和生（1926—2015） 北京人。吴式太极拳第五代传人。北京市吴式太极拳研究会名誉副会长。自幼好武，拜在吴式太极拳传人王培生的门下，还曾追随杨禹廷深造。曾先后任北京市炎黄传统医学研究所所长、北京市现代管理学院东方武学馆馆长、中国嵩山少林寺武术协会顾问、美国中医药研究院教授、日本中日友好协会名誉理事。著有《内功解秘：杨式太极拳老六路》一书。

马有清（1927—2012）　北京人。吴式太极拳第四代传人。毕业于北京中法大学。1958 年，拜杨禹廷为师开始练习太极拳。1961 年被选为北京市武术运动协会第一届委员会成员，聘为太极拳研究组秘书。后拜吴图南为师。与吴图南、徐致一、刘世明、杨禹廷、崔毅士等编写了《太极推手竞赛规则》，这是我国第一部太极推手竞技规则。后移居香港。1986 年作为香港代表参加了武汉首届国际太极拳刀剑表演大会，并表演了太极十三刀，受到大会观众的一致好评。出版了《太极拳之研究：太极拳概论》，参与编写了《太极拳之研究：吴图南太极功》等图书。

李秉慈（1929—2022）　北京人。中国武术八段，国家级裁判员，吴式太极拳第四代传人。中国武术协会委员，北京市东城区武术协会副主席、武术馆副馆长。北京吴式太极拳研究会会长。自幼习武，1946 年拜杨禹廷为师习练吴式太极拳。后又博采众长，从多位名家习大悲拳、八卦掌、形意拳、六合螳螂拳等。1958 年在全国武术观摩交流大会上获得太极拳优秀奖。1977 年、1987 年被评为全国体育训练先进工作者。1995 年被中国武术协会评为“中华武林百杰”。多次应邀到日本、新加坡等国家及我国香港地区讲学传艺。参与了众多吴式太极拳推广及竞赛套路的编创工作。在长期武术教学及训练工作中，为国家培养了大批优秀武术人才，如刘伟、宗维洁、吴阿敏、景德敏、童云红等。著作有《杨禹廷太极拳系列秘要集锦》《吴式太极拳拳械述真》《吴式太极拳拳照图谱》《吴式太极拳十三式》等，录制有数十部太极拳、械、推手教学光盘。

翁福麒（1931—2021）　满族，辽宁辽阳人。吴式太极拳第四代传人。先后当选为北京市吴式太极拳研究会秘书长、副会长、名誉会长。幼从数位名师学习形意拳、八卦掌、混元功、太极拳等。20 世纪 50 年代中叶，拜杨禹廷为师，习练吴式太极拳、械及理法，数十年练拳、授拳、研拳不辍。曾协助其师杨禹廷记录、整理出版了《太极拳动作解说》一书。1982 年，任北京东城武术馆太极拳教练员。1990 年开始，在北京中医药大学等单位义务教拳。主要传人有李永和、刘坤、余建文、丁得光等。在国内《中华武术》《武魂》及新加坡《武坛》等刊物上发表多篇有关太极拳的文章。与李秉慈合作编写了《杨禹廷太极拳系列秘要集锦》一书。

祝大彤（1932—　）　北京人。中国武术七段，吴式太极拳第四代传人。北京市吴图南武术思想研究社副社长兼秘书长、北京大学武术协会顾问、福建省武术队太极拳技术顾问。自幼习武，曾练长拳及其他竞技体育项目。20 世纪 50 年代以来，师从吴图南、汪永泉习练传统吴式太极拳、杨式太极拳。长期跟随杨禹廷深入修炼吴式太极拳法、拳功、拳艺。创办祝大彤太极拳网站，为太极拳习练者答疑解惑。在《中华武术》《武魂》《精武》《武当》《武林》《少林与太极》等刊物上发表论文百余篇。其中《话说太极脚》等在太极拳爱好者中引起广泛关注。著作有《太极解秘十三篇》《太极内功解秘》《太极内功养生法》《自然太极拳》等，并录制有多部音像制品。

马长勋（1933—2023） 河北枣强县人。中国武术七段，吴式太极拳第五代传人。历任北京武术协会委员、吴式太极拳研究会名誉副会长、中国民间中医药研究开发协会武术医疗研究会名誉副会长、传统太极拳健身推手研究社社长。师承太极拳家刘晚苍，全面继承了刘晚苍的太极拳技艺。青年时代，不仅刻苦钻研拳艺，而且善于领悟拳理，许多武术前辈如吴式太极拳第二代名家王子英、李文杰、张继之、杨禹廷等在拳艺、推手及理论上都对他产生过深刻的影响。马长勋十分注意学习其他流派太极拳的长处，如向杨式太极拳的第三代传人鲍全福学习纪子修的拳式和道家养生功法，向吴斌芝学习杨澄甫的拳式及剑、刀、黏杆等器械，还学习了李香远的武式太极拳。他常教导弟子说：“专心练拳为的是修养德操，领悟其中的哲理。抱有胜人之心，不但练胜人的功夫，更要悟出太极拳的真谛。”

虞志荣（1933— ） 艺名雄伯，上海人。中国武术七段，吴式太极拳第四代传人。1952年师承吴式太极拳大家杨炳诚。现任浙江省武术协会理事、嘉兴市武术协会副主席、海盐县武术协会会长。2006年至2014年多次参与《中华武术》举办的中华武术大学堂培训。2006年荣获陕西“电讯杯”首届中华武术传统拳演武大会一等奖；2008年获嘉兴市迎奥运“拳王杯”武术比赛第一名，获浙江省传统武术锦标赛第一名；2010年获第七届浙江国际传统武术比赛冠军，获第六届香港国际武术比赛3项冠军。常年坚持义务教拳，弟子遍布各个阶层。2013年在推广中国武术段位工作中贡献突出，荣获中国武术协会“全国百名优秀考评员”称号。

马海龙（1934— ） 满族，北京人。吴式太极拳第四代传人，系吴英华、马岳梁之子。现任上海鉴泉太极拳社社长。出身于太极世家，幼年曾得到外祖父吴鉴泉指点，后随母吴英华系统学习吴式太极拳，勤奋刻苦，得其真传。在读书、工作的几十年中，仍然练拳不辍，且注重对太极拳理论的研究。特别是退休后，全力以赴地投入上海鉴泉太极拳社的工作中，定期组织太极拳观摩表演及学术讲座。曾多次应邀出席国内外大型太极拳讲学、授拳及交流活动。著作有《吴氏太极拳详解》（与吴英华、马岳梁合著）等。

张耀忠（1925—2013） 字丹诚，山西阳泉人。中国武术八段，吴式太极拳第五代传人。曾任北京市武术协会委员、北京吴式太极拳研究会名誉会长，东方武学馆和培生武学馆教练员、武当武术联合会顾问。出身武术世家，自幼随父习练少林拳及道家闭气功，奠定了扎实的武术基础。20世纪50年代初，习练杨式太极拳、剑。80年代初，拜王培生为师，数十年不间断习练吴式太极拳、乾坤戊己功等。笔耕不辍，被誉为太极拳界的高产作家。在《中华武术》《武魂》《精武》等刊物上发表太极拳相关文章数十篇。著作有《太极拳古典经论集注》《张耀忠专辑·太极玄门剑》《吴式太极拳简化练法》《精功十三式太极拳》《八卦散手掌》《太极十三刀》《王培生传吴式太极剑》《周天太极拳》《气功穴位指南》（合编）、《中华武医穴位治病图解》（合编）、《气功按摩穴位实用手册》（合编）、《三十九式太极拳劲意直指》《王培生教范八卦散手掌》（合编）、《王培生内功心法太极拳》（合编）、《太极推手奥秘》（合编）、《王培生太极拳体用解》

（合编）等。

张全亮（1941— ） 回族，北京大兴人。中国武术八段，吴式太极拳第五代传人。北京吴式太极拳研究会副会长、北京市武术协会委员。王培生入室弟子。吴式太极拳北京市市级非物质文化遗产代表人。1953年开始习练武术，学习查拳、形意拳、太极拳、通背拳。1974年随李子鸣习练八卦掌，1985年随王培生学习吴式太极拳。多年来致力于吴式太极拳的推广教学，所教弟子遍布全国各地。在北京大学、中国艺术研究院等国内外多个院校武术团体担任荣誉顾问，曾连续5年被评为北京市体育先进个人。出版有8部武术著作，发表论文200余篇。2019年在《中华武术》杂志举办的活动中被评为“中国太极拳最具影响力人物”。

关振军（1944— ） 北京人。吴式太极拳第五代传人，北京市吴式太极拳研究会会长、中国艺术研究院东方人体文化特约研究员、江南气功医疗研究中心研究员。深造于中华气功进修学院。20世纪60年代始习武，曾习练吴式、杨式、陈式太极拳，大悲拳，查剑，五星捶等。后被王培生收为入室弟子，精研吴式太极拳，得其精髓。在中医、传统养生等方面均有深入研究，以气功、点穴见长。曾应邀担任第二、第三届中华民间武艺精粹邀请赛的副总裁判长。注重气功、武术的理论研究，主张将太极拳运动与气功修炼相结合。曾发表数篇有关太极拳的研究文章，如《长寿拳探秘》《太极拳解密》《太极功同门录》等。

吴光宇（1946— ） 满族，北京大兴人。吴大揆长子，吴式太极拳第五代传人。国际吴式太极拳协会主席，香港鉴泉太极拳总社社长。自幼秉承家学，随祖父吴公仪及父亲习练吴式太极拳。1969年助父执教于香港鉴泉太极拳社，受业者众。早在20世纪70年代，已将吴式太极拳传至伦敦、多伦多、底特律、新泽西、夏威夷等地。为了促进吴式太极拳国际化，1995年在加拿大多伦多创办国际吴式太极拳协会，并在欧美多国先后设立10多个鉴泉太极拳分社。应美国、加拿大医院机构之邀，创立医疗太极拳。

刘伟（1967— ） 辽宁丹东人。中国武术七段，吴式太极拳第五代传人。国家一级裁判员，国家级社会体育指导员。现任北京市吴式太极拳研究会副会长、北京东城区体育局高级武术教练员。毕业于北京体育大学。开蒙于形意拳，师从李秉慈习练传统吴式太极拳、械，擅长八卦掌、形意拳等。精通多种流派太极拳，其吴式太极拳造诣颇深。曾蝉联9届全国武术锦标赛吴式太极拳冠军、6届中日太极拳对抗赛吴式太极拳第一名。在国际、国家级武术竞赛中获金牌30多枚。2010年获得世界传统武术锦标赛太极拳项目金奖。曾任北京武术队太极拳项目教练员。数十年的教学、训练，培养了多名优秀太极拳运动员，如孔祥东、范雪萍、李焱等。多次受中国武术协会派遣，赴日本、新加坡、澳大利亚讲学。2009年接受中央电视台国际频道《体育在线》栏目的采访。多次应邀担任中华武术太极名家大讲堂辅导老师。2019年在《中华武术》杂志举办的活动中被评为“中国太极拳最具影响力人物”。

宗维洁（1969— ） 女，北京人。中国武术七段，吴式太极拳第五代传人。北京吴式太极拳协会副会长，北京体育大学武术学院副教授。12 岁从骆大成学习形意拳，随李秉慈学习传统吴式太极拳、太极剑等。又从王世祥、刘敬儒学习形意拳、八卦掌。1989 年考入北京体育学院，学习各式太极拳、剑及戳脚、查拳等。1988 年至 1993 年连续 6 年荣获全国女子吴式太极拳冠军。1990 年至 1991 年获全国女子杨式太极拳竞赛套路亚军，多次获得中日太极拳交流赛女子吴式太极拳冠军。数次应邀参加日本太极拳交流大会，做裁判、表演及讲学交流。著作有《吴式太极拳》《杨式太极拳》等。演练示范的教学光盘有《十六式太极拳》《传统吴式八十三式太极拳》《八十一式杨式太极拳》等。

孙式太极拳

孙禄堂（1860—1933）　名福全，字禄堂，晚号涵斋。河北完县（今河北省顺平县）人。孙式太极拳创始人。自幼酷爱武术，先后拜李奎元、郭云琛为师，习形意拳达 11 年之久。为研究拳与“易”的关系，又从程廷华习练八卦掌。此后四海访艺，徒步壮游大江南北，访少林，朝武当，拜峨眉。50 岁后有缘识郝为真，向其学习武式太极拳。拳学百家，且潜心深究拳理。熔形意拳、八卦拳、太极拳为一炉，融会贯通，取其精华，创孙式太极拳。该拳上下相随，迈步必跟，退步必撤，每转身则以开合承接，如行云流水，绵绵不断，时人称之为开合活步太极拳。孙禄堂创办蒲阳拳社，广收门徒，其间声名鹊起。1928 年受聘南京国术研究馆任武当门门长，后任江苏省国术馆副馆长兼教务长，门生满天下。深通黄老、易学、丹经，并博学百家，故能集中国传统哲学思想、武技于一体，提出“拳与道合”的武学思想，并以此为指导完成形意拳、八卦拳、太极拳合一的理论及修为体系。自 1915 年至 1932 年，孙禄堂先后撰写《形意拳学》《八卦拳学》《太极拳学》《拳意述真》《八卦剑学》《八卦枪学》《论拳术内外家之别》《详述形意、八卦、太极之原理》等重要专著和文章，影响极为深远。

孙存周（1893—1963）　名焕文，字存周，号二可。河北完县（今河北省顺平县）人。孙禄堂次子，孙式太极拳第二代传人。自幼秉承家学，全面继承其父武学技理。深得太极拳、形意拳、八卦拳之精髓，尤以武术技击见长。后游历各地，遍访名师，切磋、授拳，声名鹊起。20 世纪 20 年代初应邀在沪、杭等地传拳授艺。1929 年，在浙江省国术游艺大会上被聘为首席监察委员，后受聘为江苏省国术馆代理教务长。20 世纪 30 年代先后任教于山东国术馆、江苏国术馆。1935 年在第六届全国运动会上担任国术评委。一生远浮名，对武学研修求真忘我。其武学思想，散见于早年少量著述、晚年授拳的心得随笔之中，承其父“拳与道合”的武学思想具有自然、简约、圆融、致用、中庸等特征，且极具实践性，对后世影响较大。

孙雨人（1909—1986）　河北定兴人，孙式太极拳第二代传人，原定兴县政协委员，孙禄堂弟子孙振岱之子，幼年秉承家学，也得到伯父孙振川及师叔孙存周传授。拜孙剑云为师，年轻时随父亲、伯父及孙禄堂一起到镇江的江苏省国术馆工作。

王禧奎（1909—1986）　河北任丘人。孙式太极拳第二代传人。曾任上海武术协会委员，上海市武术协会武术辅导员。13岁拜入孙禄堂门下，天资聪颖，刻苦认真，拳架仿师惟妙惟肖，深得师之喜欢，常常亲自传授。随师数年得其衣钵，拳艺愈加精湛。曾任教于上海尚德国术社，一生以教拳为业，弟子众多。精形意、通八卦、悟太极，以内功精纯、拳架工整、身法灵活、德高望重享誉上海。多次承担武术评判工作。自20世纪70年代以来，为推广、传播传统武术做了大量工作。

孙剑云（1914—2003）　女，名贵男，字书庭。河北完县（今河北省顺平县）人。中国武术八段，孙禄堂之女，孙式太极拳第二代传人。曾任北京市武术协会副主席、北京市孙式太极拳研究会会长、北京市形意拳研究会会长、中国武术研究院特邀研究员。秉承家学，9岁起随父习八卦、形意、太极等拳术且文武兼修。17岁随父赴江苏省国术馆任教。其为人谦和，武德高尚，追求武学真谛，终生不辍，拳艺造诣颇深。1957年在全国第一届武术比赛中，被聘为武术裁判员。1959年在第一届全国运动会武术比赛中任裁判长。1983年创立北京孙式太极拳研究会。1994年、1995年任第二、三届国际太极拳修炼大会太极拳导师。1995年被评为当代“十大武术名师”。著作有《孙式太极拳》《孙氏太极拳剑》等，并有教学录像及光盘问世。曾多次应邀到日本等地讲学授拳，弟子遍及海内外。

孙叔容（1918—2005）　女，河北完县（今河北省顺平县）人。中国武术七段，孙存周之女，孙式太极拳第三代传人。曾任北京市太极拳研究会顾问、河南省开封市武术协会顾问、河南省开封市孙式太极拳研究会会长。幼承家传，得祖父孙禄堂指点，经父亲言传身教，武艺精进。20世纪五六十年代，先后在北京北海、月坛公园授拳，寒暑无间，从学者众。70年代随夫到河南大学，也将孙式太极拳带到了河南大学。1981年担任日中友好武术学习访华团形意拳教练员。1988年被河南大学聘为特约拳师。1990年创开封市孙式太极拳研究会。1993年被河南省体委授予“河南省武术老拳师”称号。多年来，曾先后在《中州武术》《少林武术》等刊物上发表数十篇论文及文章。著作有《孙禄堂武学著作大全简注》（合著）、《孙式太极剑》（参与校注）等。

孙婉容（1927—　）　女，河北完县（今河北省顺平县）人。孙存周次女，孙式太极拳第三代传人。国家级非物质文化遗产代表性项目孙式太极拳代表性传承人。河南省开封市孙式太极拳研究会理事。毕业于北京师范大学体育系。曾担任河南大学客座教授、原北京体育学院竞赛委员会秘书长、北京市高等院校竞赛委员会委员等职。秉承家学，终生练拳不辍。曾在中国科学院等单位开办孙式太极拳学习班。多次赴四川、河南、广西等地做孙式太极拳辅导。数次为日、美来访的太极拳代表团讲学授课。著作有《孙禄堂武学著作大全简注》（合著）、《孙式太极拳竞赛套路教与学》（合著）、《孙氏太极剑及孙氏太极剑对练》和《孙式太极拳剑》等。制作有孙氏太极拳传统套路、简化套路以及竞赛套路教学录像带。2019年在《中华武术》杂志举办的活动中被评为“中国太极拳最具影响力人物”。

李慎泽（1933—2014）　北京人。太极拳名家，孙式太极拳第三代传人。郑州大学教授。曾任北京孙式太极拳研究会副会长，沈阳孙式太极拳研究会会长、名誉会长。自幼习武，曾拜刘正邦为师，习练孙式太极拳、形意拳、八卦掌、弥宗罗汉拳（自然门）及器械等。曾获北京市第一届体育运动大会形意拳少年组冠军。20 世纪六七十年代曾在沈阳传授孙式太极拳、形意拳等。80 年代初拜入孙剑云门下，系统学习孙式太极拳。于 1998 年创立了沈阳市孙式太极拳研究会。应国家体育总局武术研究院的邀请，参与了《中国武术段位制系列教程》中《孙式太极拳》的编写。著作有《武林名宗孙禄堂》《孙禄堂武学著作大全简注》（合著）等。多年来在《精武》《少林与太极》等刊物上发表论文及文章 40 余篇。1999 年入编《世界名人录》。

孙宝亨（1933—2014）　河北完县（今河北省顺平县）人。孙存周之子，孙式太极拳第三代传人。国家级非物质文化遗产代表性项目孙式太极拳代表性传承人。曾任北京市孙式太极拳研究会首任秘书长、河南开封孙式太极拳研究会顾问。秉承家学，幼时即随父辈系统学习孙式太极拳、形意拳、八卦掌及器械，深谙孙氏武学之道。曾在北京体育科学研究所从事运动医学的教学工作。著作有《孙禄堂武学著作大全简注》（合著）、《孙氏太极拳竞赛套路教与学》（合著）等，在《武魂》《武林》《体育与科技》等刊物上发表多篇有关拳术、运动医学方面的论文及文章。

周世勤（1941—2018）　山东烟台人。中国武术八段，国家一级武术裁判员，孙式太极拳第三代传人（曾拜孙剑云为师）。曾任北京市武术运动协会副秘书长、学术委员会副主任，北京市孙式太极拳研究会常务副会长，北京市吴式太极拳研究会常务副会长。7 岁习武，拜多位武术名家为师。擅长孙式太极拳、械，吴式太极拳、械以及太极五星捶、八极拳和形意拳等。20 世纪 60 年代初，曾代表清华大学参加高校太极拳竞赛，获得优异成绩。近 70 年练武生涯，数十年从事武术研究及教学工作，培养出众多优秀太极拳传人。1983 年被评为全国“优秀武术辅导员”。多次担任北京市、区武术比赛的总裁判长、裁判长。探研众家武术，在《中华武术》《武魂》《精武》等刊物上发表论文数十篇。合著《燕京武术》，编著《精练太极拳剑》等书籍。出版了《李式太极拳》《李式太极拳精练套路》《传统孙式太极拳九十七式精解》《李式太极剑》等教学光盘，为中华武术的挖掘、整理、传播做出了重要贡献。

戴建英（1946—　）　河北博野县人。孙式太极拳第三代传人，孙剑云的入室弟子，河北省非物质文化遗产代表性项目孙式太极拳代表性传承人。曾担任保定市孙禄堂武术院院长。2001 年福建省东南电视台拍摄并播放其演练的孙式纯阳剑。所撰写的《孙式太极拳与养生》一文发表于 2003 年《保定晚报》。2004 年担任《太极宗师——孙剑云》一书的编辑工作。为 2013 年出版的《太极宗师孙剑云逝世十周年纪念文集》一书担任执行主编。2014 年出版了新作《太极之用——孙式太极拳推手与技击》，该书出版后获得 2014 年河北省非物质文化遗产保护理论成果一等奖。2015 年被《武魂》杂志评为“武魂百杰”。

孙永田（1948—　）　河北沧州人。中国武术八段，孙式太极拳第三代传人。曾任北京航天神龙汽车销售服务有限公司董事长兼总经理、北京市武术运动协会副主席、美国及中国香港孙式太极拳研究会永久名誉会长。自幼酷爱武术，曾习练过长拳、唐拳等多种拳械，自1982年始，从孙剑云学习太极拳、形意拳、太极剑、太极推手等。多年来，寒暑不辍，对太极拳、形意拳有深入的研究。德艺双馨，尊师重教，团结众人，积极弘扬孙禄堂的武学思想，不遗余力地继承及推广孙式太极拳。经孙剑云推荐，并广泛征求门内弟子的意见，孙永田于1995年被确立为孙式太极拳第三代传人。孙永田协助整理出版了孙禄堂一生武学精华所在的《孙禄堂武学录》，并于2001年6月在北京温泉百亭公园为孙禄堂树立纪念铜像，以供后人瞻仰。2003年协助孙剑云出版了《孙式太极拳诠真》一书。多次担任中华武术大学堂名家讲堂主讲名家。2019年在《中华武术》杂志举办的活动中被评为"中国太极拳最具影响力人物"。

霍培林（1948—　）　江苏镇江人。孙式太极拳第三代传人。现任国际孙禄堂武学联合会副主席兼秘书长、江苏镇江孙式武学研究院院长。江苏省镇江市非物质文化遗产代表性项目孙式太极拳代表性传承人。自幼酷爱武术，1974年师从张祚玉习练少林拳、杨式太极拳、形意拳、八卦掌。1984年正式拜孙剑云为师，专修孙式太极拳、形意拳、八卦掌等三拳三剑，40年不辍，潜心研究"拳与道合"的武学思想及拳理拳法。多年来往返于国内外各地，致力于孙式武学的传播工作，足迹遍布10余个国家和地区，在国内11个省、市建立了47个非遗孙式太极拳传承基地，入门弟子达300余人。2011年担任第二十六届世界大学生运动会开幕式孙式太极拳表演总教练。曾多次在香港、北京、上海举办的国际武术大赛中获得太极拳、形意拳、游身八卦连环掌第一名，在法国中法文化交流大会上被联合国教科文组织授予"孙式太极拳优秀表演奖"及"和平使者"称号。

张茂清（1949—　）　天津宁河县（今天津市宁河区）人。中国武术八段，孙式太极拳第三代传人。孙式武协国际联合会副主席、执行主席，香港孙式太极拳研究会名誉会长，天津武术协会副主席，天津市孙式太极拳研究会会长，天津市滨海新区武术协会第一常务副主席，天津市宁河区武术协会主席。自幼随多位名家学习少林拳、形意拳、八卦掌、峨眉掌等，打下了坚实的武术基础。后为深入钻研内家拳拳理拳法，拜在孙剑云门下深造，习练孙式形意拳、八卦掌、太极拳等。理论功底扎实，武艺炉火纯青。多次参加国际、国内武术竞赛，均取得佳绩。创建天津宁河长荣武馆，任副馆长。踏遍大江南北，访武术同人，成立天津孙式太极拳研究会。2019年在《中华武术》杂志举办的活动中被评为"中国太极拳最具影响力人物"。

王振清（1952—　）　天津人。中国武术六段，国家一级裁判员，国家级体育社会指导员，孙式太极拳第三代传人。现任天津市武术协会党支部副书记、天津市孙式太极拳研究会副会长、天津市静海区武术协会主席。自幼习练武术，2002年拜孙剑云为师，是孙氏武学在天津地区主要传承人之一。普及推广太极拳，受众达上千人，多次参加国内、国际重大赛事，获得第一名、一等奖等优异成绩，并在第二届世界太极拳交流大会上做专家演讲。担任全国网络太极拳交流大赛副主任、第十三届全国运动会仲裁委员等。

张振华（1954—　）　北京人。中国武术六段，孙式太极拳第三代传人。北京孙式太极拳研究会会长。自幼习武，自20世纪60年代起随孙剑云系统学习孙式太极拳，至今武学生涯已60多年，能够系统全面地掌握孙式太极拳、形意拳、八卦掌及器械等拳理拳法。1983年，正式拜入孙剑云门下，成为首批十大弟子之一。曾多次陪师父到河北等地传授孙式太极拳。数次应邀到德国、法国、英国、荷兰等国家讲学授拳。在天津、河北、广东、江苏、西藏等地区筹备建立了孙式太极拳研究会，弟子遍及海内外。1999年，参与录制了由人民体育出版社出版的《孙式太极拳》及《形意拳》等教学光盘。创办孙式太极拳网站，为孙式太极拳爱好者打造了一个学习、交流的平台。

刘树春（1956—　）　北京人。中国武术八段，孙式太极拳第三代传人。自幼师从著名孙式太极拳大师孙剑云，是其首批入室弟子，也是当今对孙式太极拳拳械套路掌握得比较全面的人。曾任北京市武术协会学术委员会副主任、北京市孙式太极拳研究会会长。现任北京市武术协会孙式太极拳专业委员会主任、北京市孙禄堂武学文化发展中心主任。

胡俭雷（1957—　）　河北沙河人。孙式太极拳第三代传人。中国武术协会会员，河北省非物质文化遗产孙式太极拳代表性传承人，沙河市孙式太极拳研究会会长。1973年至2003年师从孙禄堂的弟子胡俭珍、女儿孙剑云学习孙式太极拳，是陈家沟世界太极名人墙首批入围人员。从1979年教孙式太极拳至今已有40多年，曾为国际自行车大赛和邢台旅发大会孙式太极拳表演做总教练、总指挥，将孙式太极拳传播到河北、上海、福建、江苏、浙江、山东、山西等地，并向国外推广。创编了适合在公园推广的孙式简化太极拳42式和入门孙式太极拳16式，2020年成为孙式太极拳国际推广套路编委成员。

童旭东（1959—　）　北京人。武学理论家，孙式太极拳第三代传人。曾拜孙剑云为师，学习孙式太极拳，长期致力于孙禄堂武学理论及近代武术史资料的搜集与研究工作，是研究孙禄堂及其武学的权威人士，发表了众多有关孙禄堂及其武学研究的文章。其主要著作有《孙氏武学研究》等。曾协助孙剑云编写《孙式太极拳剑》一书，协助孙叔容等先后成立了北京孙禄堂武学文化发展中心及国际孙禄堂武学联合会等机构。为孙式太极拳的理论建设及传播、发展做出了重要贡献。

沈宝发（1961—　）　江苏太仓人。中国武术七段，孙式太极拳第三代传人。自幼酷爱武术，先从镇江徐立祥学习孙氏三拳、三剑等，1990年拜入孙剑云门下，系统地学习孙式太极拳、形意拳等。参加北京市第七届国际武术邀请赛获得1金2银，参加香港国际武术邀请赛获得3金，参加杭州第四届国际武术比赛获得2金1银。

目前担任国际孙禄堂武学联合会副主席、香港孙氏太极拳研究会名誉会长、江苏镇江形意拳运动协会名誉会长、太仓市武术协会副主席、太仓孙氏太极拳研究会会长。2011年7月入选《中国太极拳大百科》，当选“中华武术优秀推广人”。

张春光（1968—　）　河北定兴县人。孙式太极拳第四代传人。中国武术协会会员，保定市非物质文化遗产代表性项目孙式太极拳代表性传承人，定兴县春光拳友孙氏拳协会发起人。师从孙雨人，系统学习孙式太极拳、形意拳、八卦掌，曾得孙剑云亲传。1999年拜刘清淮为师。2000年以后，多次参加和带队参加石家庄、邯郸、北京、三亚等地的国内、国际各级别武术赛事，均获优异成绩，并利用业余时间广泛传播孙式武学，现已培养出教练员上百人。十几年如一日义务授拳，直接受益者近6000人。2017年9月，参加邯郸第十三届国际太极拳运动大会，荣获集体太极拳一等奖、单人6金15银。2018年6月，倡导并发起成立定兴县春光拳友孙氏拳协会，会员626人。同年“定兴县春光拳友孙氏太极进社区”项目被中国成人教育协会评为2018年终身学习品牌项目。2019年张春光成功组织策划了“黄金台武术节”2000人集体太极拳表演。

赵堡、和式太极拳

陈清平（1795—1868）　亦作陈清萍或陈青平，河南温县陈家沟人，赵堡太极拳早期传承人。从陈家沟陈有本学习陈式太极拳小架。15岁随父移居赵堡镇，开武馆授徒，在师传基础上，根据实践经验，为赵堡拳建立了一套理论知识和技术体系。他的拳突出圆环特点，层层运圈环扣，小巧紧凑，动作逐步加圈，与师传拳套迥然不同，时人为区别之，称陈有本之架为“略”，称陈清平之架为“圈”，陈清平练拳为“赵堡架”，也称赵堡太极拳。所授弟子中佼佼者有和兆元、李景炎、任长春、李作智、武禹襄等。

和兆元（1810—1890）　字育庵。河南温县赵堡镇人。太极拳名家，赵堡太极拳第八代传人，和式太极拳创始人。出身于中医世家，师承陈清平。随师习拳十载，刻苦勤勉，全面继承了赵堡太极拳的拳理、拳法，武艺精湛，得师赏识。后广交武林同道，勤于实践，博采众长，创编了一套体用一致且独具特色的代理架，后人称之为和式架。其风格中正松柔，轻灵圆活，顺遂自然，集拳架、推手、散手于一体。著作有《太极拳谱》《太极拳行功要论》等。传人有其子和润芝、和勉芝、和敬芝、和慎芝等。

李景炎（1825—1898）　幼名李盾，又作李景颜或李景延，河南温县陈辛庄人。赵堡太极拳传人，陈清平弟子。据《忽雷太极拳》（张满宏著）一书讲：李景炎是一个阅历丰富、善于学习、富有改革创新精神的人。他居住的陈辛庄村，西与陈家沟仅一沟之隔，东与赵堡镇相邻相望。在浓郁的习武之风影响下，他自幼学习陈氏小架，后又精练赵堡太极拳，功夫精湛。他出师后收徒，闯荡江湖多年，见多识广，加上善于学习总结，吸取他派之长，继而创编了风格独特的“忽雷架”。

任长春（1835—1906）　河南温县赵堡镇西辛庄人，陈清平弟子。刻苦勤奋，拳技精湛。晚年，结合阴阳学说，把历代太极拳理论与实践相结合，形成了独具风格的领落太极拳，他的3个儿子均得真传，弟子仅传沁阳市镇义庄人杜元化。

和润芝（1836—1916）　字泽甫。河南温县赵堡镇人。和兆元长子，和式太极拳第二代嫡系传人。自幼随父习拳，兼承家传医术，精中医内科。清咸丰年间，在赵堡镇经营药肆，行医治病，医术、拳技备受镇人推崇。因其淡泊名利，医德、武德甚高，声誉极佳。传人有其子庆喜、庆文、庆台等。

李作智（1844—1914）　字镜心，河南温县南张羌村人，清朝武庠生，是太极拳名家陈清平五大著名弟子之一。在师传拳艺基础上，结合多年习武心得，遂创“腾挪架”。该拳的特点：拳走低架、身桩下扎、螺旋起伏、处处裆胯带动，演练起来气势磅礴，古朴典雅，独具风格。

和敬芝（1850—1918）　字式甫。河南温县赵堡镇人。和兆元三子，和式太极拳第二代传人。在拳术上得父真传，才兼文武。同治年间，随李建（李棠阶之子）参赞政务，例授“文林郎”。后在河朔书院讲书。存世著作有《高手武技论》等，由和氏后人收藏。

和庆喜（1857—1936）　字福堂。河南温县赵堡镇人。和兆元长孙，和式太极拳第三代嫡系传人。为人和善，德高望重，为推广和式太极拳，晚年收徒授艺，善于教学，因材施教，培养了众多杰出弟子，如和学信、和学敏、郑伯英、郑悟清、刘世英等，成为推广太极拳的重要人物。存世有《习拳歌》《耍拳解》等拳论。

杜元化（1869—1938）　字育万，河南沁阳县（今沁阳市）人。童年曾习练72路战锤、炮锤及六合拳等，后师从任长春（陈清平徒弟），也曾得到张敬芝的指导。数年钻研，深得太极拳真传。20世纪30年代初，参加河南省国术馆的考试，被录取为武士。后任河南国术馆教头兼裁判。著作有《太极拳正宗》，对赵堡太极拳的拳理拳法做了系统描述，提出了具有独创性的反映太极拳运动规律的认识。

和庆文（1872—1948）　河南温县赵堡镇人。和润芝之子，和式太极拳第三代传人。出身于中医及太极拳世家，医拳皆精，尤其潜心医学，精通中医内科、跌打损伤及疑难杂病的治疗。开设文盛堂药号，乐善好施，对贫病者施医舍药，得其乡里推崇。传人有其子和学信、和学惠等。

和学信（1890—1957）　字世孚。河南温县赵堡镇人。和庆文长子，和式太极拳第四代传人。和式太极拳主要传承人。抗战期间随父迁避宝鸡，广传和式太极拳。弟子众多，其子和士英、和士俊拳艺最优，承袭衣钵。收藏有多部家传的拳理拳论。

郑悟清（1895—1984）　又名梧卿，字凤臣。河南温县赵堡镇人。赵堡、和式太极拳名家。曾任西安市国术馆委员、陕西省政府国术教官、西安市体委委员。与郑锡爵一起被武术界誉为“西北太极二郑”。师从和庆喜。传授太极拳技艺数十载，培养了大批优秀的太极拳人才。1987年，其国内外弟子在赵堡镇竖立了“太极拳师郑悟清先生纪念碑”。郑悟清悉心探研儒、释、道、医、兵等诸家学说，并使之融入拳理、拳法之中；强调修炼太极拳与太极内功相结合。传人主要有郑钧（郑悟清次子）、顾泰隆、孙兰亭、王秉瑞、郭兴梁、原宝山等。其一生为赵堡太极拳的继承、传播、创新与发展做出了极大贡献。

郑锡爵（1906—1961）　字伯英，河南温县赵堡镇人。曾任陕西省国术馆馆长、西安市武术协会委员。师承和庆喜，为人忠厚，痴迷武技，曾日练拳300余遍，拳艺超群。1931年参加开封太极拳擂台赛，力克群雄，获得优胜，被时人称为“神手”。后任国民革命军第四集团军总部武术教官。20世纪40年代迁居西安，广收门徒，传授赵堡太极拳。其功力雄厚，善技击，誉满西京，与郑悟清一起被武术界誉为“西北太极二郑”。弟子中佼佼者有郭士奎、柴学文、王德华、赵增福、周静波等数十人。

和学惠（1910—1979）　字子宣。河南温县赵堡镇人。和庆文次子，和式太极拳第四代传人。得其伯父和庆喜亲传，经年练拳不辍。1979年，国家抢救挖掘传统武术，慕名拜访问艺者络绎不绝，其不厌其烦，示范讲解。主要传人有其子和保森、徐秋等。

和士英（1918—1987）　字立明，温县赵堡镇人，和学信长子，和式太极拳第五代传人。1983年开始搜集、整理拳理拳论，对和式太极拳的继承发展做出了贡献。传人有子和定光、和定乾、和定中（又名少平）、和定国（又名有禄），侄和定宇等。

原宝山（1929—2003）　河南温县赵堡镇人。出身于太极世家。自幼习武，后拜郑悟清为师。近60年的练拳生涯，深得太极拳真谛。为弘扬赵堡太极拳，躬身制作了《武当赵堡太极拳》录像带，编著出版了《武当赵堡太极拳》一书。中央电视台《闻鸡起舞》栏目为其制作了《武当赵堡太极拳》《武当赵堡太极推手》两档电视节目及教学光盘。他先后在《武当》《搏击》等杂志发表拳史、拳艺、搏击实战等文章30余篇。

侯尔良（1937—　）　河南温县赵堡镇人，和式太极拳第四代传人，师从和庆台、郑悟清。他先后任赵堡和式太极拳研究会副会长兼教练部主任、西安国术研培学校首席顾问、铜川市太极拳协会第一名誉主席等。

和学俭（1938—　）　河南温县赵堡镇人。和庆台之子，和式太极拳第四代嫡系传人。自幼随父习拳，1993成立赵堡和式太极拳研究会，任第一任会长。为推广太极拳，热情接待来自国内外的武术学员，并积极带领弟子参加各种武术赛事，数次取得优异成绩，为太极拳传播做出了贡献。曾被授予“河南省武术老拳师”荣誉称号。弟子有和宝龙、和保国等。

王海洲（1945—　）　河南温县赵堡镇人。赵堡太极拳名家，赵堡太极拳第十二代传人。曾任河南省温县武术协会常务理事、河南温县赵堡太极拳总会副会长及总教练等。初因体弱多病，师从张鸿道（郑伯英的徒弟）习练赵堡太极拳、械。数十年练拳不辍，获益良多，全面地掌握了赵堡太极拳的拳理、拳法。20世纪80年代初被温县武术协会评为拳师。著作有《秘传赵堡太极拳》《赵堡太极拳诠真》《赵堡太极秘传兵器解读》《杜元化〈太极拳正宗〉考析》等，并制作了多部赵堡太极拳教学光盘。应邀参加各种国内外太极拳活动，有广泛影响。

和保森（1949—　）　又名和士诚，温县赵堡镇人。和式太极拳第五代传人。自幼随父和学惠习练家传拳技。现任赵堡和式太极拳研究会常务副会长。曾先后在河南、江苏、浙江、湖南等地授拳。

和定乾（1955—　）　温县赵堡镇人，和式太极拳第六代传人。师从其父和士英习练家传太极拳。1993 年赵堡和式太极拳研究会成立，作为主要发起人，和定乾担任研究会的副会长，多年来在全国各地推广和传播和式太极拳。

和有禄（1963—　）　河南温县赵堡镇人。和式太极拳国家级非物质文化遗产传承人。中国武术八段，国家一级武术裁判员。和士英之子，和式太极拳第六代传人。赵堡和式太极拳研究会会长，优秀社会体育指导员。幼年随父习拳，40 多年苦练不辍，终于成就一身功夫。曾在国内举办的多种太极拳比赛中获套路及推手冠、亚军。2001 年带领和式太极拳代表队参加三亚世界太极拳健康大会，其中多人获优异成绩。为传播和式太极拳，其足迹遍及西北、西南、中原各地。1993 年创立赵堡和式太极拳研究会。曾在《武当》《少林与太极》等杂志上发表多篇有关太极拳的文章。出版了《和式太极拳谱》一书及教学光盘。2019 年在《中华武术》杂志举办的活动中被评为“中国太极拳最具影响力人物”。

武当太极拳

徐本善（1860—1932）　号伟樵，道号乾乙真人，河南杞县人，武当太极拳传人。武当山知名道士。精通武当内功及拳、械。自幼习文练武，少年时随父朝拜武当山，被道士演练的精湛拳术所倾倒。20 岁入武当，拜王复邈、刘复宝为师，研经习武。数年后，被明了真人纳为弟子，授以武当内功、拳术。在师父的严格教导下，勤学苦练，夜行曲径，定时往返。深谷野岭，励志练胆。独臂取水，悬空击袋。闻鸡起舞，风雨无阻。习艺十多载，武功日臻上乘，深得武当拳术奥秘。传有武当太极拳等套路。

郭高一（1921—1996）　河南商丘人。武当太极拳传人。少时学习二郎拳、少林拳。抗日战争爆发后，在东北参加抗战，后有幸结识太极拳传人杨奎山、郭应山等，讨教内家武术。后因部队被打散，到辽宁省北镇闾山道观出家，隐身学艺，得闾山道观武当三丰自然派传人杨明真道长传授武当三丰太极拳。1983 年回武当山紫霄宫常住，并开始在武当山道人内传授武当功夫。1984 年武当山道教协会成立后，任武当山道教武术总教练。在道教界有“南郭（郭高一）北匡（匡常修）”之称。在武当山道教所传弟子有钟云龙、蔡亚庭、张嗣永、吴华军、刘嗣传等。

钱惕明（1929—　）　江苏无锡人。武当丹派传人。现任美国西雅图国际武当武术协会会长、江苏常州武术协会终身名誉主席、武当山武当拳法研究会顾问。自幼习武，擅长武当剑、武当太极拳、太极阴符棍、八卦掌、形意拳及太极静坐法、易筋经等武艺功法。数十年来，研习古代的太极哲学观及传统的人文思想，对以往秘不外传的太极拳内功心法有着独到的体悟。提出“武当山发展关键在于突出武当特色”的建议，主张武当特色文化是指以道家文化为核心，包括养生、医药、音乐、旅游等在内的系列文化体系。武当弟子无论在国内或国外传授武当武术，都应突出文化内涵，摆脱就拳说拳的老路子。

游玄德（1965—　）　字彦学，号玉京子，河北晋州人。武当太极拳传人，著名武当武术家。武当山道教协会会长、武当山道教养生院院长。出身于武术世家，1988年入道武当山，拜吕明道、朱诚德为师，习练武当太极拳，多年精研其拳理、拳法，得其衣钵。拳风轻灵浑厚，龙行虎步，潇洒飘逸。为了弘扬武当武术文化，曾受邀到欧美、日韩等多国及地区讲学，弟子遍及海内外。著作有《秘传武当太极拳》《武当游龙八卦掌》等。

钟云龙（1964—　）　道名清微，号云龙。湖北阳新县排市镇人，系武当山玄武派传人。自幼习武，13岁拜谈运叶为师，学习岳家拳、杨家拳。1982年，到河南嵩山少林寺习练少林拳法；1983年，从少林转投武当；1988年，接任武当山道教协会武术总教练；1996年，全票通过当选紫霄宫住持。归宗武当，深受武当山在庙道人郭高一、朱诚德及山东崂山匡飞腿（匡长修）等多位老道长的厚爱和栽培。多次参加国内、国际大型功夫交流竞赛活动，多次随团、组团出访东南亚、欧洲、美洲等诸多国家和地区。多年来，为国内外培养了许多武当功夫人才，在武坛上享有盛名。

刘嗣传（1964—　）　号留阳道人。湖北天门人。武当三丰太极拳传人。自幼习武，先后掌握洪拳、七星活气功及器械。1992年入道武当山。追随郭高一学习武当内丹功、玄功拳、八卦掌等系列功夫，并深入研究道教五派丹法，随后师从李诚玉、王光德，深入探究道教根源及道教武学。曾在云游时遍访各派太极拳名人，交流切磋。先后应邀到国内外多地授艺、讲学交流，广泛传播武当三丰太极拳。著有《武当三丰太极拳》一书并录制了教学光盘。

杨群力（1953—　）　湖北郧阳人。中国武术八段，国家级武术高级教练员，国家级武术裁判员。毕业于武汉体育学院武术系，武当太乙五行拳第十八代传人，国家级非物质文化遗产代表性项目武当武术代表性传承人。先后任职于湖北省郧阳地区体委，在十堰市体育运动学校担任副校长、武术教练员。现任武汉体育学院武当山国际武术学院副院长、武术教授。先后挖掘整理、编著出版了《青少年武术操》《武当拳18势》等书，其中《武当拳18势》获湖北省重大科技成果奖。

李式太极拳

李瑞东（1851—1917）　名树勋，字文侯，号瑞东。河北武清县（今天津市武清区）人。李式太极拳创始人。曾任中华武士会会长，中华武德会会长。自幼嗜武，兼习医学。一生历数位名师传授武功，后从杨露禅学习杨式太极拳。集多门派武学精华创编了李式太极拳（又称太极五星捶）。1890年任端王府武术教官。曾主持天下群英会。参与创办天津中华武士会，任名誉总教练，系民国初年北方太极拳的积极推广、传播者，在京津地区有很高的声望。主要传人有子李伯英、李仲英、李季英以及弟子李子廉、李进修、杨润田、张滔、陈继先、蒋志农、高瑞周等。

高瑞周（1900—1958）　名金城。河北武清县（今天津市武清区）人。著名武术家，李式太极拳第二代传人。曾任北京汇通武术研究社社长。20世纪50年代初，多次率弟子参加北京市体育运动会进行武术表演。

1953年在全国民族形式体育表演及竞赛大会担任武术评判员。1954年，积极参加国家体委组织的精简太极拳的编写工作。他精于医术，善针灸，曾是京剧艺术大师梅兰芳的武术教练。主要传人有白玉玺、武淑清、赵淑琴、张旭初、周世勤等。

白玉玺（1933—　）　北京人。李式太极拳第三代传人，吴式太极拳传人。北京李式太极拳研究会名誉会长、北京崇文汇通武术社社长。20世纪40年代末随高瑞周习练传统武术、器械及李式太极拳（太极五星捶），是高瑞周的得意弟子。培养了一批优秀武术教练员、运动员。1953年参加华北地区武术运动会，表演的李式太极拳获优秀奖。高瑞周去世后，又拜徐致一为师，习练吴式太极拳，深得其精髓，成为全面继承徐致一太极功夫的传人。曾任菲律宾世纪武术馆馆长兼总教练。积极推广李式太极拳、吴式太极拳，弟子遍及海内外。数十年来为推广太极拳做出了很大贡献。

马金龙（1934—　）　北京人。中国武术八段，李式太极拳第三代传人。自幼习武，先后师从高瑞周、马玉清、常振芳、王培生、任万良等。一直热爱武术，苦修50余年而不辍。1981年在全国武术观摩交流大会上获李式太极拳第一名。1994年曾赴国外表演，获国外武术界好评。多年来有美国、日本、瑞士、瑞典等国家的国际友人慕名前来学艺。其著述颇丰，目前已出版《太极五星捶》《太极剑》《李氏太极五龙拳》《李氏太极拳二十二式》等多部著作和光盘。

张绍堂（1952—　）　河北廊坊市人。李式太极拳第四代传人。河北廊坊市武术协会副主席、河北廊坊市李式太极拳研究会会长、河北廊坊市李式太极拳传播中心总教练。7岁习拳，在父亲张万生的言传身教下，刻苦练功，学得李式太极拳的全部功法。步入中年后，逐渐体悟到李式太极拳法的内涵。在长期的钻研、修炼中，坚持悟练结合，写出了上百篇心得和论文，其部分论文在《武当》《武魂》等刊物上发表。与其弟子杜子宇共同编撰了“李派功法系列丛书”，现已全部出版。录制的音像教学片在大陆和台湾广泛传播。曾被特聘为北京体育大学国际武术研习班教授。

知名专家、学者

王宗岳（1535—1606）　山西绛州（今新绛县）人，太极拳理论家。其身世不详。据乾隆六十年（1795）佚名氏为《阴符枪谱》所作序中称，王宗岳少时即喜读经史与黄帝、老子之书及兵家言，通击刺之术，枪法尤精，曾在洛阳和开封设馆教书、授拳。王宗岳悉心研究拳术理论及拳械技艺数十年，有精辟见解。著有《太极拳经》，被太极拳习练者奉为经典，影响极大。其内容包括“太极拳论”“太极拳释名”“十三势行功歌”“打手歌”等拳论，相互关联，相互照应，自成体系。据武禹襄称：此书于1852年在河南舞阳盐店偶得，作者署名为“山右王宗岳”。近人唐豪著有《王宗岳太极拳经研究》，并有考辩。

姚馥春（1879—1941）　名兰，字馥春，河北遵化人。河北形意名家张兆东弟子。精于绵掌、太极拳、形意拳、八卦拳。与其师弟姜容樵等人成立了上海尚武进德会。曾任中央国术馆教员。与姜容樵合著《太极拳讲义》，并创编过“姚式太极拳”，该拳融汇了太极拳、形意拳、八卦拳3种拳术的精髓。

许禹生（1878—1945）　字龙厚，北京人，原籍山东济南。武术教育家。早年毕业于晚清译学馆，后任北平教育部专门教育司主事。出身武术世家，自幼在父兄督促下练习查拳、谭腿等拳术。曾向刘凤春、杨健侯学习八卦掌和太极拳。后遍访武术名家，博采众长，自成风格。常年苦练、体悟，掌握了传统武术中的真谛，为日后创办武术团体奠定了基础。1912年创办北京体育研究社，任副社长。1916年倡导并成立了北平体育讲习所，聘请吴鉴泉、杨澄甫、孙禄堂、刘恩绶、纪子修、程有龙等武术名家来社传艺。讲习所以培养大、中、小学校武术师资为目标，以国术为主。此举受到蔡元培及国民政府教育部的嘉许，由教育部提供经费，并行文各省市，选派学员来学习，大大促进了太极拳在全国各地的发展。1929年，应时势之变，许禹生成立北平国术馆，并任副馆长兼《体育月刊》主编。开设民众国术训练班、国术教员讲习班达746期，编辑印制教材150余种，接受培训人员数万人次。著有《太极拳势图解》《许禹生武学辑注》《中国武术史略》等专著和文章。

傅振嵩（1881—1953）　字乾坤，河南怀庆府沁阳县马坡村人。自幼喜爱武术，一生尚武，师承八卦掌贾岐山和陈式太极拳陈延禧，创编了傅式太极拳、太极剑，是"五虎下江南"的五虎之一。北拳南传带头人和贡献者之一，曾任两广国术馆副馆长、总教练，南方太极拳、八卦掌主要传播者。曾弃农从军，离开军队后与杨澄甫、孙禄堂、李文书、霍殿阁等武术家共同切磋学习，精研中华武术。1928年，被聘为中央国术馆八卦掌总教师。博采众家之长，陆续创编了傅式初级、中级、高级太极拳，太极闪电拳和八卦推手等套路，逐步形成了傅家拳刚柔相济、舒展稳固、灵活轻巧的独特风格。有《傅式太极拳》《斯文体育》等著作。

张之江（1882—1969）　字子姜，号保罗，河北盐山人。著名武术活动家。行伍出身，曾任冯玉祥国民军旅长、代总司令等职。1927年脱离军界，任国民政府委员。同年在南京创办中央国术馆，任馆长。1933年又创办国立国术体育师范专科学校，任校长。张之江在任职期间，以其身份、地位和社会影响力，广泛动员各界支持对武术的推广。大量聘请专家名流执教国术馆，改革教法，破除门户之见，一批太极拳家，如杨澄甫等受邀传拳，有力地推动了太极拳及各类拳种的普及。后定居上海。中华人民共和国成立后，任全国政协委员。著作有《国术与体育》等。

李玉琳（1885—1965）　字润如，河北任丘人，著名武术家。先后师从郝恩光、孙禄堂等名家，学习少林拳、形意拳、八卦掌和孙式太极拳等。曾任天津中华武士会教员、上海中华体育会武术教员、山东国术馆教务主任。1930年后，在东北开办太极拳研究社，于哈尔滨、长春、沈阳等地广泛传授孙式、杨式太极拳，是东北太极拳活动的代表性人物之一。其子李天池、李天骥均为当代太极拳名家。

吴志青（1887—1949）　安徽歙县人。著名武术活动家、教育家。幼好技击，兼学翰墨。师从于振声、马金彪、杨澄甫等。

1919年初，创建中华武术会，后任总干事。1923年，创办中华武术会体育师范学校，任校长。1928年，任南京中央国术馆教务处副处长、编审处处长等职，并参加中华武术会的复会工作。著有《太极正宗》一书，影响颇大。晚年皈依佛教，1949年入藏，染病故于途中。

沈家桢（1891—1972）　江苏南通人。著名太极拳理论家。自幼习武，早年参加辛亥革命，参与武昌起义。早期从杨健侯学习杨式太极拳，后从陈发科学习陈式太极拳，历时10年，得其拳法之精妙。后被推举为北平国术馆名誉董事长。中华人民共和国成立后，致力于太极拳的普及推广和理论研究工作。与顾留馨合作编著的《陈式太极拳》一书，为权威的陈式太极拳理论和技术的专著，影响颇大。

姜容樵（1891—1974）　字光武，河北沧州人。著名武术家、太极拳家。先后习少林拳、形意拳、八卦掌、太极拳等多种拳术。拳、械并重，被时人称为“国术界之干才”。从汤士林、李景林习练武当剑、太极拳。1932年任中央国术馆编审处处长，主编《国术丛刊》，先后出版有《八卦掌》《形意母拳》《昆吾剑》等专著。与姚馥春合著《太极拳讲义》，影响颇广。弟子有沙国政等。

陈泮岭（1891—1967）　字峻峰，河南西平县人。武术活动家、教育家。自幼习武，从李存义、许禹生、纪德等人学习形意拳、八卦掌、太极拳。1920年毕业于北京大学土木工程系。后发起创办了河南省国术馆，任馆长；1939年受聘为中央国术馆副馆长。1949年至台湾，继续组织、创立武术民间组织，进行武术的推广和教学工作，组织编写过大量的太极拳教材及各类其他武术教材。

郑怀贤（1897—1981）　又名郑德顺。河北安新县人。当代武术家，中医骨伤科专家，被后人尊为“武医宗师”。曾任中国武术协会第一任主席、中华体育总会常委、全国运动医学学会委员、成都体育学院运动医学系主任等职。1936年作为中华武术表演团成员之一赴德国参加第十一届奥运会武术表演。在武技训练上有自己独到的见解。以孙式形意拳、八卦掌、太极拳为骨架，融会戳脚翻子拳、八极拳、劈剑、大枪等技艺，形成一个训练体系，形成无中生有、刚柔相济、长短兼备、动静如一的劲力结构。

唐豪（1897—1959）　原名文豪，字范生，号棣华，江苏吴县人。著名武术史学家。幼喜文好武，曾任上海尚公小学校长，在校期间倡导武术活动。师从刘震南，后拜陈发科为师，习练陈式太极拳。1927年赴日本留学，攻政法，兼习柔道、劈刺之术，回国后任中央国术馆编审处处长。中华人民共和国成立后，任国家体委顾问，专门研究中国体育史和武术史，主编《中国体育史参考资料》（共8辑）。其著作有《太极拳研究》《太极拳考》《王宗岳太极拳经·王宗岳阴符枪法·戚继光拳经》等，考据扎实，材料翔实，结论客观公允。其治学态度为后来武术史研究者之楷模。唐豪的中国体育史研究的成就是多方面的，他奠定了中国科学武术史研究的基础，许多观点带有开创性质。例如，20世纪二三十年代，在附会之风盛行之时，他力排众议，提出中国的太极拳原创于河南温县陈家沟之说，历史证明，他的结论是符合实际的。

徐震（1898—1967）　字哲东，江苏常州人。国学教授、太极拳理论家。师从国学大师章太炎，先后任光华大学、中央大学、武汉大学等高等学府的国学教授。幼喜武术，曾从名家于振声、马金彪、周秀峰等习武，又从杨少侯、郝月如、李雅轩等习练杨式太极拳、武式太极拳。以严谨、科学的学风，致力于武术史的研究。主要著作有《太极拳考信录》《太极拳谱理董辨伪合编》《太极拳发微》等。

顾留馨（1908—1990）　又名兴，上海市人。武术家、太极拳理论家。曾任中国武术协会委员兼技术研究会副主任、上海市武术协会主席、中国武术学会委员。幼酷爱武术，先学南拳，后从吴鉴泉、孙禄堂、陈发科、宫荫轩、徐致一诸名家学习心意六合拳、形意拳、八卦掌、太极拳、太极推手及器械等。著作有《简化太极拳》《怎样练习太极拳》《太极拳术》《陈式太极拳第二路——炮捶》《精简杨式太极拳》，以及《陈式太极拳》（与沈家桢合著）、《太极拳研究》（与唐豪合著）等。为太极拳的理论建设与传播做出了重要贡献。在全国武术竞赛中，曾多次出任正、副总裁判长。曾任《中国大百科全书·体育》编委、上海体育学院兼职教授。

陈盛甫（1902—1996）　山东武城县人。著名武术家，国家级武术裁判员，1995 年中国武术协会将其列为“十大武术教授”之一。陈盛甫出身武术世家，13 岁随祖父习武，学八段锦。后从鞠朝栋学练太极拳、形意拳、八卦掌等拳术套路以及扬眉剑、四门刀与技击术等。后师从杨明斋学孙膑拳。1926 年毕业于上海东亚体专，其间随王怀琪学易筋经、五禽戏等；随赵保成学少林门拳械；后从张含之精习鞭杆，成为山西鞭杆传人。其著述颇丰，编写并出版了《鞭杆》《十六手对打》《中老年健身操》《扬眉剑》《技击制敌三十二掌》《五手拳》《陈盛甫养生功》等书。

陈济生（1904—1988）　河北唐山人。著名武术家，静功缠丝太极拳创始人。幼年随父陈德浦习练少林拳、五子棍、十手艺，并随祖父陈鹏万习练八盘掌。后从陈子素、陈鸿滨等名家系统学习太极拳、八卦掌、形意拳、大枪等，经常与王子平、孙禄堂、姜容樵等名家切磋武艺，在技术、理论上得到全面发展。1940 年开始教拳，先后在济南、上海、南京、太原、北京、唐山等地授徒。1953 年于南京药学院任教，当选南京武术协会副主席。曾任江苏省武术队领队、总教练。1964 年调任济南市体委武术教练员。1986 年被山西大学聘为武术教授。武术界知名人士钱源泽、王常凯等均为他的学生。其出版专著有《静功缠丝太极拳》。

沙国政（1904—1993）　山东荣成人。著名武术家。曾任中国武术协会委员、云南省武术馆馆长、武当拳法研究会顾问。自幼择师习武，先后习练形意拳、八卦掌、通背拳、少林拳、太极拳等。曾于中央国术馆芜湖分馆、贵阳青年会太极班任武术教练员。20 世纪 50 年代初，以行医授拳为业，1958 年起担任云南省武术队教练员。其学生苏自芳多次获全国及国际性太极拳比赛冠军。他创编了沙式太极剑 24 式、沙式太极剑 36 式、沙式太极剑 64 式等套路，存世著作有《太极拳对练》。沙俊杰、唐建新合著的《太极拳之美——沙国政传统太极拳》，从美学和鉴赏角度对沙式太极拳做了阐释。

周遵佛（1905—2006） 山东牟平人。著名武术家，精于太极拳、形意拳、八卦掌等内功拳法。曾为北京市武协八卦掌研究会名誉顾问。幼年时家境贫寒，身体瘦弱多病，受家乡尚武之风的影响，生习拳强身之志。因条件所限，初时只是随乡里拳师粗练动作路数，后辗转移居北平，幸遇杨式太极拳传人王矫宇亲授杨露禅拳艺，拳法纯正，得窥太极拳奥妙。20 世纪 30 年代，又从陈式太极拳名家陈发科处学得陈式太极拳精髓，遂成为身兼多学的武术名家。一生授徒较少，但教学极为严格，强调套路、内功、技击与理论的结合。

温敬铭（1905—1985） 河北蠡县人。武汉体育学院武术教授，著名武术教育家，国家级裁判员，中国武术协会副主席。7 岁习武。1930 年，任山西太原军官教导团武术教练员。同年参加在南京举行的第二届国术大考，取得短兵器（刀、枪）第二名。后被聘入中央国术馆。1936 年，被选拔为中国体育代表团武术队队员，赴德国柏林参加第十一届奥运会武术表演。在柏林、慕尼黑等城市表演了少林拳、刀、枪、剑、棍等武术技法，参加了太极拳集体表演，名声大振。1956 年于武汉体院教授武术，培养了大批武术人才。1985 年，湖北省人民政府赠其“一代武宗”金字大匾。其出版有《短兵术》等著作，并与张文广教授主持编写全国武术教材，成绩斐然。参与制定了《武术竞赛规则》《中国式摔跤规则》，参与创编了初级、乙级和甲级长拳套路及女子拳等。

何福生（1910—1998） 河南南阳人。著名武术家。曾为中国武术协会委员、云南省武术协会主席、国家级武术裁判员。中国武术九段。祖父何玉山为查拳名师，人称“江南镖客”。何福生 6 岁随祖父习武，后拜武术名家于振声、马金彪为师，深钻查拳。1928 年 10 月，参加在南京举行的第一届国术国考比赛，获优秀奖。1929 年公费考入中央国术馆第三期教授班学习，系统掌握了太极拳、形意拳、八极拳、摔跤等武术功夫。1931 年毕业后留中央国术馆任教。1933 年调任国立国术体育专科学校武术教师。后任中央国术馆教务处副处长兼学生队队长。1960 年获全国武术比赛传统项目一等奖。长期担任云南省武术队教练员，曾应邀出访日本等国，进行讲学、表演。1983 年获国家体委颁发的体育运动三等荣誉奖章。1983 年参演影片《八百罗汉》。

李经梧（1912—1997） 山东掖县人。杰出太极拳家。曾任河北省运动医学会理事兼副秘书长、秦皇岛市武术协会主席、北京市吴式太极拳研究会顾问、北京市陈式太极拳研究会顾问。少年习武，拜刘子源学习弥宗拳数年，后拜杨禹廷学习吴式太极拳。20 世纪 40 年代，从陈发科学习陈式太极拳及推手。学习不拘门户，博采众长，融会贯通，使其拳架古朴典雅，法度严谨，气势宏大。1956 年，参加北京市武术运动会获得太极拳第一名，同年在全国第一届武术运动会中获金牌。参与了国家体委组织的《24 式简化太极拳》《88 式太极拳》的编订工作。曾应邀在铁道部、北京铁道学院、中国科学院、卫生部、北京市体委等单位任太极拳教练员。自 1959 年起，担任北戴河气功疗养院太极拳指导教师。长期致力于太极拳的健身、教学、研究工作，培养了大量太极拳人才，积累了宝贵的实践经验。一生为推广、普及、研究太极拳做出了卓越贡献。曾在《体育报》发表论文《对太极拳缠丝劲等问题的体会》。著有《太极内功》一书。主要传人有李树椿、李树峻、李美江、李芳、杨培文、国超群、刘云宽、潘序伍、陆尚君等。

蒋玉堃（1913—1986）　浙江杭州人。武术家，杨式太极拳第四代传人。7岁习武，学习少林拳、摔跤等。1930年进浙江国术馆，师从杨澄甫习练太极拳、太极剑。1933年以优异的成绩考入南京中央国术馆深造，得刘百川、姜容樵、黄柏年、龚润田等亲授。国术馆年终考核时获得拳术第一名，得到馆长张之江的赏识。1930年在浙江省不分轻重级别、无护具的打擂比赛中夺得第一名。1956年在全国武术比赛中获得散打和摔跤两项冠军。1975年被国家体委聘为全国武术辅导员集训队教练员。著作有《杨式太极拳述真》《太极对拳》《太极剑》等。

傅淑云（1915—2004）　女，天津人。著名武术家。出身于武术世家，自幼习武，后入天津国术馆习拳，打下坚实基础。1933年考入中央国术馆，通晓陈式、杨式、吴式、武式、孙式5种太极拳，善绵拳及八卦连环腿。1935年参加全国第六届国术比赛，获得女子器械双人冠军。1936年随中国武术代表团赴德国参加第十一届奥运会，做武术表演。1949年赴台湾，在冈山寿天宫广场、高雄龙泉寺、体育场等地传授武技。曾出演《潮州怒汉》《日落紫禁城》等电影中的武打角色。

李天骥（1915—1996）　河北安新县人。著名武术家，中国“十大武术名师”之一。曾任中国武术协会副秘书长。自幼随父李玉琳习武，并受到孙禄堂、张兆东、李景林诸前辈指导。1931年毕业于山东省国术馆。精少林拳、形意拳、太极拳、武当剑，以及散打、摔跤等。1932年任山东省国术馆教师。中华人民共和国成立后受聘哈尔滨工业大学，任武术讲师。1954年调中央体育学院竞技指导科，任武术班总教练，培训了新中国第一批优秀武术运动员。在贺龙的关怀下，经集体讨论，执笔编写了《简化太极拳》。嗣后陆续出版了《八段锦》《八十八式太极拳》《太极剑》《六路弹腿》《太极推手》。1955年任国家体委竞技指导科武术班教练员。后调国家体委武术研究室、武术处，从事武术研究和整理工作。长期在武术行政工作岗位上，尽职尽责，廉洁奉公，为发展武术事业、完善竞赛制度、提高武术水平做出了巨大贡献。1985年，国家体委授予他“新中国体育开拓者”奖章。

张文广（1915—2010）　回族，河南通许县人。北京体育大学教授，著名武术教育家，中国武术九段。曾任中华全国体育总会委员、中国武术联合会委员。1928年、1929年先后拜查拳名师张凤岭、常振芳学习弹腿、查拳。1933年考入南京中央国术馆，系统学习长拳、太极拳、形意拳、八卦掌等拳术、器械以及摔跤。1936年6月，作为中国体育代表团武术队队员，赴德国柏林参加第十一届奥运会武术表演。后相继在上海体育专科学校、国立体育专科学校、河北师范学院体育系任教。1953年创建北京体育学院（今北京体育大学）武术教研室，为国家培养了大批武术人才，其中有张山、吴斌、门惠丰、夏柏华、康戈武、徐伟军、郭志禹、郝心莲、林柏原、陈峥等一大批教授和高级教练员。1988年获“国际武术贡献奖”。1995年国家体委主任李梦华为其亲书贺幅“武术界功臣”。其专著有《中国查拳》等。任《中国大百科全书·体育》《青少年奥林匹克武术基础知识及训练技巧》主编。以组长身份主持创编各式传统太极拳竞赛套路，制定武术竞赛规则等。主持编写并出版《中国武术教材》，填补了武术教材的空白。中国武术协会授予其“中国十大武术名教授”“武术三泰斗”等荣誉称号。

林墨根（1920—2010） 四川资中人。杨式太极拳名家，太极推手高手，中国武术八段。师从杨式太极拳第四代传人李雅轩习练杨式太极拳、推手。曾任四川省武术协会太极推手研究会会长、四川武术协会顾问、四川鼎缘东方文化传播有限公司名誉董事长、鼎缘太极会馆名誉馆长、四川省国光文化科技研究院名誉院长、四川乐山市武协太极拳委员会总顾问。教学数十年，授徒众多，桃李满天下，以其太极推手之神功扬名海内外。

张继修（1922—2003） 山东掖县人。太极拳名家，中国武术七段，高级武术教练员。16岁拜李玉琳为师，学练太极拳、形意拳，尤精于孙式太极拳。1956年获全国武术表演太极推手第一名，1957年获全国武术观摩大会一等奖，1959年获第一届全国运动会武术比赛太极拳第二名，1960年获全国武术比赛太极拳第二名。曾参与国家体委新编《太极竞赛套路》的编写。参与制定《太极推手竞赛规则》《太极拳、剑竞赛规则》，任《太极剑竞赛套路》编写组长及录像技术指导。多次担任国家体委武术研究院举办的武术训练班教练员及全国、国际武术比赛的裁判员、裁判长。1995年，中国武术协会授予其“十大武术名师”称号。

魏树人（1924—2013） 北京人。杨式太极拳著名拳师，杨健侯太极拳内功继承人。青年时代即对太极拳产生浓厚兴趣。习练杨式太极拳24式和88式、陈式太极拳一路和二路，以及太极剑、太极刀、太极棍等。1982年拜在我国著名武术家、杨式太极拳大师汪永泉门下。1992年参加九省市太极推手交流会，并以其纯正的杨式太极拳内功劲法和精湛的揉手技艺博得高度评价。后应湖南省太极拳协会邀请赴长沙交流讲学，被聘为湖南省太极拳协会高级顾问。1994年应澳大利亚墨尔本武馆特邀，前往交流讲学。1996年应台北国术馆邀请，前往交流讲学。著有《杨式太极拳述真》（汪永泉口授、魏树人整理）、《杨式太极拳述真续集》《杨健侯秘传太极拳内功述真》等。

昌沧（1924— ） 湖北仙桃人。1949年毕业于同济大学法律系，曾任新华社团中央分社、《中国青年》杂志社、《农垦报》社编辑、总编室主任、社编委会委员、编译委员会副主任等。1982年受中国武术协会及人民体育出版社委派，筹划并主持创办《中华武术》杂志，工作10余年；创办英文版及丛刊《武踪》。多年来撰写各类作品100余万字，著作有50余万字的《余生迹》等，终审了1700余万字书刊文稿；担任《徐才武术文集》《中国武术百科全书》《武术科学探秘》《中国武术史》《中国武术人名辞典》等书的责编。1988—1990年先后获得中国国际武术节组委会颁发的“先进个人宣传奖”，1995年被中国武术协会、国家体委武术运动管理中心授予首届“中华武林百杰：武术宣传贡献奖”，终身享受国务院颁发的“政府特殊贡献奖（新闻出版）津贴”。2004年10月，中共中央组织部授予其“全国老干部先进个人”荣誉称号。

徐才（1926—2019）　山东邹城人。毕业于国立北平大学。体育活动家。历任《中国青年报》副总编辑，国家计委研究室负责人，《体育报》总编辑、社长。改革开放后，任中华全国体育总会副主席、武术研究院院长。1985年任国际武术协会筹委会主任。曾任亚洲武术协会主席、中共国家体委纪律检查组组长、中国体育记者协会主席、全国新闻工作者协会主席团委员、中国武术协会主席、中国体育发展战略研究会副会长。19岁参加革命，中华人民共和国成立后长期从事青年和新闻工作。1977年调到国家体委体育报社任社长。1981年任国家体委副主任。1980年撰文《我们时代需要最高精神》，在全国好新闻评选中获“好评论奖”。在武术领导岗位上撰写了许多很有见地的文章，对武术事业的发展起到了指导性作用，他的“大武术”思想得到了业界的赞同，《“太极拳好”的遐思》一文耐人寻味，另有《徐才武术文集》问世。

周元龙（1927—1997）　上海人。曾任上海市武术协会副主席、上海市武术研究院研究室主任。6岁受父亲周文遂的影响，入上海精武体育总会接受系统的武术训练。少年至青年时期学得十二路弹腿、功力拳、长拳、少林拳、鹰爪拳、通背拳及吴式太极拳等多种拳种。1943年师从田兆麟学习杨式太极拳、械及推手。1949年师从拦手拳名师父采轩学得拦手拳及拦手门气功法。20世纪50年代后期从陈发科等名师学得陈式太极拳。此后成为太极拳械和拦手拳的重要传人。年幼时受叔叔绘画的影响，攻国画技法并颇有造诣，曾在1956年上海美术展上获奖。他既懂武术又擅长绘画，传统太极拳类图书《陈式太极拳》《杨式太极拳》《吴式太极拳》《武式太极拳》及《24式简化太极拳》《88式太极拳》的插图，均出自周元龙之手。蔡龙云的《武术运动基本训练》，姜容樵的《八卦掌》，唐豪、顾留馨的《太极拳研究》等书的插图也多出自他手。脍炙人口的24式太极拳音乐，是20世纪70年代初，他受上海市体委委托，组织有关人员创编出来的。1972年中美、中日邦交正常化后，他多次出访日本及美国讲授太极拳理论与技术。1998年其女周佩芳据其遗稿编写了《杨氏太极拳的攻防技法》一书，于台湾出版。

沈寿（1930—2018）　本名洪水，浙江宁波人。太极拳理论家。自幼习武，1942年开始学习太极拳，后从师父钟文深入研习杨式太极拳。长期坚持太极拳的研究、推广工作。组织成立宁波市永年太极拳社并任社长。勤于著述，著有《太极拳法研究》《太极拳走架推手问答》等书，点校、考释了太极拳古典理论专著《太极拳谱》。2004年将所发表的一些代表性文章汇总出版了《沈寿·太极拳文集》，为太极拳理论传播做出了杰出的贡献。

王新武（1934—2005）　回族，山东济南人。著名武术家，中国武术八段，国家级武术裁判员。出身于武术世家，自幼习武，尤擅太极拳、查拳、弹腿、心意拳等。曾任中国武术协会副主席、宁夏回族自治区武术协会副主席、银川市体委副主任。创办银川市武术协会，曾获全国太极拳冠军。获得国家体委颁发的“新中国体育开拓者”荣誉奖章和“雄狮奖”。1979 年受国家体委的委托编写《48 式太极拳》。著有《四十八式太极拳》一书。

习云太（1935— ） 河北省唐山市人。武术理论家，中国武术九段，国家级裁判员。曾任成都体育学院武术系主任、教授、硕士研究生导师，中国体育科学学会理事，中国武术协会常委，国家教委教学指导委员会委员。自幼好武，1953 年考入中央体育学院，师从张文广、张立德等学武术、摔跤、拳击。毕业后任教西南体育学院，并从郑怀贤、王树田精习武艺。数十年来从事体育教学与研究，培养武术优秀运动队和优秀运动员，重视武术遗产的挖掘整理。于 1980 年撰写出版新中国第一部武术史专著《中国武术史》，其中对太极拳有科学的总结。曾任《中国大百科全书·体育》武术分支学科副主编，参与修订全国武术竞赛规则和制定武术运动员等级标准。1985 年获国家体委颁发的“新中国体育开拓者”荣誉奖章。1995 年获国务院颁发的在体育事业中有突出贡献的荣誉证书，并享受政府特殊津贴；同年，被中国武术协会评为“十大武术名教授”。

张山（1937— ） 北京人。著名武术家，中国武术九段。曾任中国武术协会秘书长、国家体委武术研究院副院长、中国武术协会专职副主席、中国体育科学学会委员、中国武术研究院专家委员会专家等。毕业于北京体育学院。1973 年率领中国武术代表团第一次访问美国，1974 年率团访问英国，1975 年率团访问非洲各国，为中国武术走向世界开创了新局面。多次组织大型武术竞赛活动以及参加武术竞赛规则的修订工作。1984 年以中国武术代表团团长的身份参加日本首届武术太极拳比赛大会，并任大会总裁判长。曾组织并参与《四十八式太极拳》中陈、杨、吴、孙 4 个流派《太极拳竞赛套路》的编写及散手技术等级标准的制定。著有《武林春秋》《28 式太极拳》等书，主编《中国太极推手》《中国武术百科全书》《28 式综合太极拳》《28 式综合太极剑》《28 式综合太极扇》等书。张山在中国武术协会任职期间，正值武术大发展时期，在一些重大的事件中发挥了管理者的作用，掌握政策，把控标准，呕心沥血，勤勤恳恳，兢兢业业，对中国武术事业发展做出的贡献，丹青可书。

门惠丰（1937— ） 天津市静海县（今静海区）人。北京体育大学武术教授，著名武术家，国际级武术裁判员，中国武术九段。武术研究院专家委员会专家。曾任中国武术学会委员、中国武术协会委员、北京体育大学武术系主任等职。毕业于北京体育学院（现北京体育大学）武术系，并留校任教。自幼喜爱武术，对拳艺孜孜以求，精通戳脚、劈挂、翻子拳、太极拳、形意拳，对长拳、八卦掌、八极拳等多种拳术以及对练、器械亦造诣颇深。自 20 世纪 60 年代以来，参与一系列国家武术重大工程建设。多次在国内外武术大赛中任裁判长、总裁判员、仲裁员，1991 年任第一届世界武术锦标赛总裁判长。1992 年应《中华武术》杂志及中央电视台邀请，进行太极拳系列讲座。参与主持创编《太极拳推手对练套路——教与学》《四式太极拳竞赛套路》等。为中国太极拳技术向系统化、规范化发展做出了贡献。其著作有《四十八式太极拳入门》《东岳太极拳》《戳脚》等。创编了太极八势，为太极拳初学者提供了入门途径。在国内首推传统武术弹弓术，名扬国内外。2000 年 1 月 1 日，应中央电视台之邀，在泰山顶上向全世界展演中国的太极拳术，在此基础上，创编了东岳太极拳，影响了大半个中国。1995 年，中国武术协会授予其“十大武术名教授”称号。他桃李满天下，其中佼佼者有康戈武、席耀祖、杨丽、初学玲、曹德勇、竺玉明、袁琳琳、王玲等。

吴彬（1937—　）　浙江湖州人。著名武术家，国家级教练员，中国武术九段。国家体育总局武术研究院专家委员会专家。曾身兼北京武术院院长、北京市武术协会常务副主席、北京市政协委员、中国武术协会副主席、国际武术联合会技术委员会主任、亚洲武术联合会技术委员会主任等职。1963 年毕业于北京体育学院。1970 年参与筹建北京市武术队，1975—1985 年，任北京市武术队副领队兼总教练。该队在全国武术比赛中获团体十连冠，队员个人获得金牌及奖牌共百枚。他培养了一批又一批的世界冠军和全国冠军，男运动员有李连杰、王群、李志洲、王建军、殷玉柱、王珏、吴京、唐来伟、张显明、孙建明、喻绍文、杨永立，崔亚辉、孔祥东等，女运动员有李霞、郝致华、黄秋燕、张桂凤等。1986 年进入中国武术研究院，先后担任过技术研究部主任、技术开发部主任等。1993 年，吴彬重返北京武术舞台，任北京武术院院长，兼任北京武术队总教练。1994 年，在全国武术锦标赛上，北京队以 4 枚金牌、2 枚银牌和 4 枚铜牌的优异成绩高居各队之首，吴彬再次培养出集世界冠军、亚洲冠军、全国冠军于一身的“三冠王”刘清华。中国武术协会授予其“十大杰出教练”称号。吴彬曾参与国际比赛套路的创编，主持召开国际武术教练员、裁判员的培训，担任过多届世界武术锦标赛、亚运会、亚洲锦标赛等重大赛事的总裁判长、仲裁主任。他的武术朋友遍及全世界，弟子满天下。

夏柏华（1937—　）　安徽郎溪人。著名武术家，中国武术九段。曾任中国武术协会副秘书长、国家体委武术研究院理论研究部主任、技术研究部主任、中国武术协会副主任、中国武术协会传统武术委员会副主任。毕业于北京体育学院，师从武术名家张文广。1961 年留校任教，后任武术硕士生导师。精查拳、太极拳、形意拳、八卦掌等拳术。对太极拳理论有较深的研究，曾应邀在首届世界太极拳健康大会上做名家辅导。中国武术协会授予其“十大武术名教授”称号。

李德印（1938—　）　河北安新县人。著名武术家，太极拳家，中国人民大学武术教授，中国武术九段，中华武术百杰，国际武术裁判员。曾任北京市武术运动协会副主席、北京大学生武术协会主席等。出身于武术世家，擅长太极拳、形意拳、八卦掌、少林拳、武当剑。1961 年毕业于中国人民大学，留校专事武术教学、研究工作。多次担任国内外武术太极拳、剑、推手大赛的总裁判长。1990 年任中国武术队太极拳教练员，带队取得第十一届亚运会太极拳男、女项目金牌。应邀赴日本、英国、美国、瑞士、瑞典等国家及我国港澳台地区讲学传艺。先后参与了《四十八式太极拳教与学》《42 式太极拳》《42 式太极剑》竞赛套路的编写和审定工作。出版了许多太极拳著作和示范教学光盘，为太极拳的普及推广做出了卓著贡献。2019年在《中华武术》杂志举办的活动中被评为“中国太极拳最具影响力人物”。

魏保仲（1938— ）河北南宫人。中国武术七段，中国武术协会会员，国家级社会体育指导员，杨式太极拳第五代传人，天津市优秀社会体育指导员，天津市武术协会杨式太极拳研究会首任会长。师从杨振国，习拳50余年，学生千余人。致力于继承、传承、弘扬太极拳文化。组织并参与千人以上大型活动数次，主持组织天津市大型太极拳比赛10余次，组织参与国家级、国际级太极拳和气功比赛多次。

刘鸿雁（1940— ）河北衡水安平人。国家体育总局武术研究院专家委员会专家，中国武术九段。曾任河北省武术队领队兼教练员，河北体育学院副院长、纪委书记，中国武术协会委员，河北省武术协会主席。“当代中华武林百杰”之一。自幼受家庭武学氛围的熏陶，进入大学后，跟随中国武术史专家刘万春教授习练武术。1974年，被聘为河北省武术队领队兼教练员，培养出徐向东等一大批优秀运动员。在他的指导下，河北武术队全国运动会男子团体成绩由倒数第14名跃居冠军。刘鸿雁一直醉心于河北省各武术流派的挖掘整理工作，20世纪80年代，组织河北省各流派武术家先后挖掘整理出戳脚、阴阳八盘掌、青萍剑、鹰爪翻子拳、三皇炮捶拳、高阳短拳、关公十八刀等大批优秀拳械套路。发表多篇论文和专著，出版了20万字的《健康道》专著。曾在1996年首届全国全民健身养生交流大会上做重点发言，对中国传统养生文化进行了详细的阐述，并获金匾一块。

江百龙（1940— ）湖北潜江人。武汉体育学院武术教授，武术名家，中国武术九段。出身于中医世家，在著名武术家温敬铭教授门下系统地习练过各门派拳术、器械。1962年于武汉体育学院毕业，并留校任教，从事武术教学与研究工作。曾任武汉体育学院科研处处长、教务处处长、武术系主任，中国武术协会常委，湖北省武术协会主席，获中国“武林百杰”称号。从20世纪80年代开始，致力于民间传统武术的挖掘和整理工作，专事武当拳方面的研究，出版《武当拳之研究》专著，被称为“武当拳研究第一人”。其他著作有《武术理论基础》《徒手技击术》《实用防身绝招》《中国摔跤》《现代散打》《擒拿手》《竞技推手》《武术家》《中国短兵》等。

曾乃梁（1941—2019）祖籍福建福州。著名武术家，中国武术协会专家委员会成员，国家级教练员，国家级武术裁判员，中国武术九段。原福建省武术队总教练。曾任福建省武术协会副会长。培养多位国家级、世界级太极拳冠军，其中有被誉为“太极之花”的林秋萍、被称为“太极女神”的高佳敏和被称为“太极王子”的陈思坦等。中国武术协会授予其“十大武术教练”称号。1992年、1994年两次获国家体委颁发的“体育运动荣誉奖章”；1993年获国务院颁发的“优秀专家证书”，享受国务院政府特殊津贴；1994年获福建省政府授予的“福建省劳动模范”称号；1995年被中共福建省委、福建省人民政府评为“福建优秀专家”；1996年获世界太极修炼大会组委会授予的“世界太极科技贡献奖”。

王培锟（1942— ）福建福州人。上海体育学院教授，博士生导师，武术家，中国武术九段，武术国际级裁判员。曾任国家体育总局武术研究院专家委员会专家，上海市武术协会副主席，上海精武体育总会总教练，中国武术协会委员，中国武术科学学会常委。1964年毕业于上海体育学院武术专业，留校任教。先后任上海体育学院武术队和散打队总教练、上海市武术队总教练。培养出多名优秀的教练员、运动员与硕士研究生。1995年开始享受政府特殊津贴。1996年在“中华武术百杰”评选中被评为中国“十大武术名教授”。1963年以后，历任国家级重大武术赛事的裁判员、裁判长、副总裁判长、总裁判长、仲裁委员、副主任、主任等。曾任《武术国际教程》副主编、“中国武术段位制·太极拳类辅导丛书”主编等。同时，参与了《全国体院武术教材》《第十一届亚运会武术裁判员训练班教材》《国际武术裁判员、教练员训练班教材》《国际武术套路竞赛规则》《中国武术大辞典》等的编写。

于海（1942—2023）　祖籍山东烟台，现居济南市。中国武术家、影视演员。1954年拜七星螳螂拳大师林景山为师，学习正宗的螳螂拳。擅长螳螂拳、陈式太极拳，技术达到炉火纯青的程度，曾多次取得全国螳螂拳冠军。1982年参与拍摄由张鑫炎执导的电影《少林寺》，饰演昙宗大师，并兼任该片武术动作指导，大获成功，从此踏入了武打演员的行列。1999年出演由张鑫炎执导的电影《新少林寺》，仍饰演昙宗。2015年出演抗战剧《地雷战》等。1958年起代表山东省参加全国武术比赛，多次获剑术、棍术、螳螂拳等项冠军。改革开放后，随中国武术代表团到美国、墨西哥、埃及、土耳其、摩洛哥、阿尔及利亚等多国进行访问。

马明达（1943—　）　河北沧州人，回族。著名武术研究家，历史学教授，博士生导师。出身于武术世家。父亲马凤图、叔父马英图都是民国时期著名的武术家。兄马颖达、马贤达、马令达都是著名武术家，兄弟四人在武术界被誉为“马氏四杰”。马明达自幼随父学艺，文武并修。现任广州暨南大学历史系教授、兼华南师范大学体育科学学院客座教授、西北民族大学历史系客座教授、广东省武术文化研究会会长。主要从事中国文化史、民族史和中外关系史的教学和研究工作。发表中国古代史、民族史和武术史研究论文上百篇。在传统武术理论以及太极拳发展史的研究上成就颇丰。参与创作的书籍有《中国武术大辞典》《广河县志》《中国回回历法辑丛》等。

温力（1943—　）　河北蠡县人，生于重庆市。中国武术九段，武汉体育学院教授，武术理论家，国际武术裁判员。曾任中国武术协会委员，中国体育科学学会委员，湖北省第八届、第九届政协委员会常委，湖北省武术协会副主席。其父温敬铭、母亲刘玉华皆为我国著名武术家。幼年习家传拳术，打下坚实基础。1976年毕业于武汉体育学院。1981年被聘为武汉体育学院武术教师。1984年被国家体委评为全国武术挖掘整理先进个人。多次被国家体委评为全国体育优秀裁判员。2007年被评为“全国优秀教师”。出版理论著作《中国武术概论》，这是中华人民共和国成立以来第一部有关武术理论的力作。书中从各个方面对武术进行理论概括，对研究太极拳有指导意义，特别是第三章“中国传统哲学对武术发展的影响”，特设“中国传统哲学的太极观念与太极拳”一节，直接对太极拳命名的由来做了鞭辟入里的阐释，颇有启迪性。

邱丕相（1943—　）　山东青岛人。上海体育学院（现上海体育大学）武术专业博士生导师，著名武术家，中国武术九段，国际级裁判员。师从蔡龙云教授。曾任上海体育学院武术系主任和民族传统体育理论研究中心主任、上海市政协委员、国务院学位委员会体育学科评议组成员、中国体育科学学会理事兼武术分会副主任、中国武术协会常委兼裁判委员会副主任、全国体育学院武术教材组长、全国武术教练员岗位培训指导组副组长。1993年获国务院颁发的政府特殊津贴。1995年被中国武术协会评为“中国武术十大名教授”。出任第十一届、第十二届亚运会武术比赛和第二届世界武术锦标赛的总裁判长，并多次参与国际、国内武术竞赛规则的制定与修改。技术上主要擅长长拳、华拳、太极拳、八卦掌、剑术、棍术、鞭杆等。近十几年对武术中的传统美学、哲学进行了较深入的研究探索，发表了多篇论文，提出了不少新见解。编著和参编的教材或著作有《青萍剑术》《武术理论基础》《太极拳习练知识问答》《武术初阶》《防身绝招100例》《武术基础练习（下）：棍术、枪术》《轻松学练太极拳》《中国武术教程》《中国传统体育养生学》等。

郝心莲（1944—2022）　江苏沛县人。武术硕士，教授，“中华当代武林百杰”，中国武术九段。曾任中国武术协会委员，科研委员会副主任，甘肃省武术协会主席，《体育科研》杂志总编。自幼习武，先后从一代武儒王天与、著名武术家张文广等学艺，深得武术真谛。先后毕业于兰州艺术学院、北京体育学院（现北京体育大学）研究生部。精于形意、八卦、太极、螳螂、八门、八极等拳种。诗、书、画、篆刻亦是绝活，被誉为“文武全才”。出版《中华武术实用百科》《八门拳术》《甘凤池技击法》《炮拳·九环捶》《精义八卦掌》《中国武术与传统文化》等著作。多次应邀赴欧美、东南亚国家进行讲学。被授予世界武术领袖楷模终身成就奖。《人民日报》撰文称其为“武林奇人”。

钱源泽（1944—　）　江苏南京人。著名武术家，高级武术教练员，太极拳专家，中国武术九段，中国武术协会专家委员会成员，国际级武术裁判员。自幼习武，师从多位名师，擅长少林、太极、形意、八卦、八极等拳械，造诣颇深。20世纪五六十年代多次参加全国重大武术竞赛，获优异成绩。自1970年始，历任江苏省武术队教练组长、总教练、领队，培养了一大批优秀运动员，如张成忠、张跃宁、张安继、王振田等。曾多次出国访问、讲学。1981年12月赴墨西哥任教一年，是新中国派出的第一个援外武术教练员。曾多次担任国际、国内武术竞赛总裁判长。注重研究，撰写了众多武术论文发表于海内外报刊。曾参与编写“中国武术精华丛书”《太极拳推手对练套路》《全国武术训练教材》等书，参与武术训练大纲、竞赛规则的编撰工作。任《中国武术百科全书》编委会成员。1985年被国家体委授予“新中国体育开拓者”荣誉奖章，1995年被评为“中国十大武术教练”。

翟金录（1945—　）　河北省广平县人。文化学者，中国·永年国际太极拳联谊会的创始人。毕业于南开大学，曾任邯郸市哲学学会会长、邯郸市收藏协会会长。其兴趣爱好非常广泛，喜欢文化和收藏，他收集的纵贯华夏文明几千年的藏品，显示出了其渊博的知识和丰富的阅历。酷爱武术，熟知太极拳领域里的人物，讲起来如数家珍。一生中最为得意的一件事是发起召开中国·永年国际太极拳联谊会，把一项普通的民间活动策划成辉煌的城市文化符号，揭开了邯郸中外文化交流的序幕。如今这项活动得到了国家的支持，已经举办了多届，成为国内太极拳界一个有影响力的文化品牌。

阚桂香（1940—　）　女，河南人。北京体育大学武术学院教授，中国武术九段，武术研究院专家委员会专家，太极拳专家。师从陈式太极拳宗师田秀臣。致力于太极拳的研究、教学工作。担任北京体育大学武术队教练员期间，带队参加全国太极拳比赛，获得多项太极拳冠军。在传统太极拳套路基础上创编有陈式太极拳简化36式、陈式太极剑58式，后者收编于《太极剑运动》一书。为国家体委陈式太极拳竞赛套路主要创编人，后与门惠丰教授合作创编了东岳太极拳，并出版了《东岳太极拳》一书和录像带。

武世俊（1945—　）　北京人。中国武术八段，中国武术协会成员，国家级武术裁判员。曾任北京人文大学武学院研究生导师，山西武术推手研究会委员，中国子午门功夫研究会永久顾问，西安武当赵堡太极拳研究会名誉主席，大同市陈式太极拳研究会会长，山西宋派形意拳第三代传人，陈式太极拳第十一代传人，全国中华武术展现工程的项目总监。幼年从父学习形意拳，8岁投师学习梅花、八法、通背以及查、华、炮、洪等拳种。1966年在北京上大学期间，拜田秀臣为师，潜心钻研陈式太极拳，后又受到冯志强、邓杰等太极名师的精心指导，受益颇深。经常参加中国武术运动管理中心举办的裁判工作。为“中国武术段位制系列教程”编务办公室成员。著有《八法拳·八法枪》《精编陈式太极拳拳剑刀》《太极拳实用技击法》《龙形九势健身法》等书。2007年被评为“世界十大武术作家”，2008年被评为“世界武林百杰”。

康戈武（1948—　）　云南昭通人。中国武术研究院资深研究员，中国武术理论家，中国武术九段，武术研究院专家委员会专家，太极拳研究家。自幼习武，启蒙自彭勤，1964年起，师从沙国政和何福生。1981年毕业于北京体育学院（现北京体育大学）研究生部，获教育学硕士学位。在半个多世纪的武术生涯中，相继被选拔为云南省武术队、北京市武术队和国家武术代表团运动员，先后执教于云南省武术队、北京体育学院和德国科隆体育学院。1990年调入国家体委武术研究院，致力于武术研究和传播工作。曾任国家体育总局武术研究院秘书长、专家委员会常务副主任、执行专家，中国武术协会常委、段位制办公室主任。多次赴日本、美国、意大利、德国、西班牙、澳大利亚等国进行武术讲学。代表作有《中国武术实用大全》《中国武术春秋》《八卦掌教程》（教学光盘）等。曾撰写数十篇学术价值很高的科研论文，主要有《八卦掌源流之研究》《以发展的眼光迎接传统武术的腾飞》《从全球化视角探讨武术教育的生存与发展》等。主编的书籍有“中国武术段位制系列教程”《全国中小学生系列武术健身操》《我国中小学武术教育改革与发展的研究》《武术功法运动教程》《中华武术图典》等。

徐伟军（1949— ） 黑龙江牡丹江人。北京体育大学武术教授，博士生导师。中国武术九段，国际级武术裁判员。太极拳理论家。曾任武术研究院专家委员会专家、中国武术协会裁判委员会副主任、北京市武术协会副主席、北京体育大学学位委员会委员。擅长太极拳、查拳、通背拳、形意拳。多次赴日本、美国、意大利、西班牙、澳大利亚等国进行武术讲学。数次在国际、国内武术教练员训练班和裁判员训练班承担太极拳理论与技术教学工作。多次担任全国重大武术比赛的总裁判长。曾撰写并发表数十篇具有高学术价值的科研论文。其在中国武术段位制的制定、竞技武术套路技术体系的构建及竞赛规则修改等方面做出了重要贡献。2008 年获全国高校多媒体课件一等奖，同时获教育部最佳教学设计奖；2009 年获北京市“太极拳网络精品课程”奖。2013 年任世界太极拳精英赛总裁判长，并负责新规则的制定和实验。2014 年在成都举办的第一届世界太极拳锦标赛中任总裁判长，负责制定的国际太极拳新规则正式实施。编著和参与编写了《中国武术段位制理论教程》《吴式太极拳竞赛套路：教与学》《定位·方位太极拳》等，出版有 48 式、88 式太极拳教学光盘。

关铁云（1950— ） 满族，辽宁沈阳人。中国武术九段，武术国际 A 级裁判员，沈阳体育学院教授，中国武术协会委员，吉林省太极拳协会名誉会长。1995 年被评为“中华当代武林百杰”。曾任沈阳体育学院民族传统体育（武术）系主任、中国武术协会常委。先后参与《中国武术拳械录》《中国武术大辞典》《中国武术百科全书》和《通臂拳》的编写。录制的音像制品《太极拳系列教程》列入中华武术展现工程。在意大利出版专著《通背养生功》。多次被国家体育总局武术运动管理中心聘为中国武术段位制高段位评委和中国武术研究院课题评审组组长。2015 年被辽宁电视台生活频道特约担任解答大众习练太极拳常识的嘉宾。多次在国内外武术竞赛中担任裁判长以上职务，1997 年在全国武术锦标赛（太极拳、剑、推手）中担任总裁判长。先后赴俄罗斯、日本、英国、韩国、德国、意大利、老挝、法国等 30 多个国家教授太极拳。学生关博获第三届农运会太极拳冠军，亚洲体育节太极拳、剑冠军；学生关泽芸 2018 年获全国武术锦标赛（太极拳赛区）42 式太极拳亚军。

陈顺安（1946— ） 浙江杭州人。中国武术九段，国家级武术教练员，中国武术研究院专家委员会专家。毕业于上海体育学院。现任浙江省武术协会副主席、浙江省体育科学学会武术专业委员会副主任，浙江省武术队总教练，多次担任中国武术代表团教练员，出访亚洲、非洲、拉丁美洲的 30 多个国家和地区。从事武术教学、训练工作 50 年，培养了大批优秀武术运动员，多次参加国内外重大武术竞赛，共获金牌 123 枚。参与我国第一部《武术训练大纲》《武术训练教材》《武术竞赛规则》《传统武术竞赛办法》和《中国武术段位制》的制定和编写。被中国武术协会评为“中华武林百杰”“全国十佳武术教练员”。

荣获中华人民共和国体育荣誉奖章。近年来先后在杭州成功举办浙江国际传统武术比赛，在香港举办香港国际武术比赛暨国际健身气功展示会。与美国少林武术中心合作，在美国举办了6届美国哈特福特国际武术比赛、美国洛杉矶国际武术比赛等。

林伯原（1950—　）　陕西西安人。1981年毕业于北京体育大学研究生部，获教育学硕士学位。后赴日留学，获学术博士学位。后任日本国际武道大学教授，并为日本早稻田大学、日本中央大学的兼职教授。长期从事中国武术史的研究，对太极拳的历史、流派、人物、技法演变、文化特征等都颇有研究。著述有《中国体育史》（该书获北京社会科学一等奖）、《中国武术史》《近代中国武术的发展》（日本不昧堂出版）、《中国武术史——先史时代至十九世纪中期》（日本技艺社出版）等。历年来，发表了大量的中国体育史、武术史、太极拳史及导引养生史的学术论文，其中《关于陈式太极拳到杨式太极拳演变过程的历史考察》的论文及《以太极拳为例说明清代以来武术与气功结合训练的发展趋势的研究》，都是太极拳研究上的重要成果。20世纪70年代初，师从通背拳家马贤达习练通背拳、翻子拳、八极拳，又师从张文广教授习练查拳、形意拳及散打等，同时师从田秀臣、周元龙习练陈式太极拳和杨式太极拳械及太极推手。1989年获北京体育大学举办的国际武术比赛大会48式太极拳第一名。

王静（1951—　）　女，陕西西安人。教授，硕士生导师，国家级武术裁判员，中国武术八段。现任中国武术协会委员、中国武术协会裁判委员会委员、中国武术协会新闻委员会副主任、陕西省武术协会副主席、陕西红拳文化研究会名誉主席。1974年参加全国武术套路比赛，获太极拳成年组第二名、规定棍术第三名。1976年毕业于西安体育学院并留校任教，从事武术套路教学、训练、科研、竞赛、裁判等工作。多次代表国家出访他国，完成太极拳教学任务。退休后除继续承担高校外聘太极拳教师和民间太极拳辅导工作，还承担武术段位制考评员和包括太极拳项目在内的培训工作。曾担任国家级以上武术套路综合性比赛和太极拳专项比赛的总裁判长、仲裁委员、仲裁主任等职务。

温佐惠（1952—　）　女，教授，硕士生导师。中国武术九段，国际A级武术裁判员。中国武术协会专家委员会专家，中国武术协会理事，四川省武术协会副主席，成都市武术协会副主席，四川省非物质文化遗产保护委员会专家委员，四川省老年体协太极拳专委会执行副会长。曾任成都体育学院武术系主任、中国武术协会裁判委员会副会长。曾多次担任武术国际级、国家级裁判员培训、晋级考试工作，并多次参与国际、国内武术套路竞赛规则的修改审定工作。多次担任世界武术锦标赛、亚运会、东南亚运动会、全国运动会等国际、国内重大武术比赛的总裁判长。多次应邀赴美国、英国、芬兰、意大利、日本、罗马尼亚、卡塔尔等国访问交流。编写武术专著3部；参编教材10余部；发表论文30余篇；参与国家课题，主持厅级、省部级课题10多项。

初学玲（1954—　）　女，青岛大学体育教学部教授。中国武术八段，国家级武术裁判员。曾任中国武术协会裁判委员会委员、青岛市武术协会副主席、山东省高校武术协会副主席。1976年毕业于北京体育学院（现北京体育大学）运动系武术班。1974年参加全国武术比赛，获女子全能第六名、女子棍术第一名、拳术第二名。1975年第三届全国运动会，代表北京队获得团体第一名、男女混合棍术第五名。1975年随中国武术代表团出访英国和莫桑比克等国家。2000年获国家体育总局颁发的“全国优秀裁判员”称号。在从事武术教学科研的工作中，发表了多篇有关教学与武术产业方面的论文。

竺玉明（1954— ） 女，山东青岛人。北京体育大学中国武术学院教授，中国武术八段，国家级裁判员。1970年进入山东体工大队武术队。1973年考入北京体育学院（现北京体育大学）运动系武术专业，毕业后留校任教。承担过院武术代表队教练员工作。从事武术专业教学训练与科学研究工作30多年，培养了国内外大批优秀的武术专业人才。任教期间主要承担了武术专项训练和武术理论、太极拳精品课教学。担任北京体育学院武术套路代表队教练员，培养全国冠军30人次。从事留学生教学训练工作，培养的学生在世界武术竞赛上获得冠军20多人次。多次担任国际、国内大型武术比赛总裁判长及中国国际武术段位的评审专家。1986年至1993年出访日本、法国等国，进行武术讲学。2000年由国家体育总局武术运动管理中心派出，执教越南国家武术队，并率队参加第五届亚洲武术锦标赛，取得团体总分第二及单项冠、亚军等成绩。在中央电视台体育频道武术栏目中，教授32式太极剑及42式太极剑，并出版了相关教学光盘。参与撰写《少林武术教程》《全国武术馆（校）教材》《中国武术百科全书》等。

周佩芳（1954— ） 女，上海人，著名武术太极拳家周元龙之女。1977年毕业于北京体育学院（现北京体育大学）运动系。1977年获全国武术比赛太极拳第三名；同年，在华北六省市武术比赛中获陈式太极拳冠军。1978年，作为特邀代表出席在湖南湘潭举办的全国武术比赛大会，并在大会上做了陈式太极拳表演。后留学日本，1995年毕业于日本静冈大学，获教育学硕士学位。长期从事太极拳研究与教学。出版了《陈式太极剑》《太极拳入门》（德文·英文版）、《陈式太极拳》等著作，以及《关于日本太极拳发展现状之研究》《论二十四式太极拳的重心移动问题》《太极拳熟练者在表演中的心率变化》《关于大学体育教学中武术及太极拳教学法的研究》《论从陈式太极拳到杨式太极拳技术发展之演变》等多篇学术论文。曾任日本静冈文化艺术大学教师，现任日本静冈大学、静冈福祉大学教师，从事中国文化及武术教学与研究。同时担任日本静冈SBS电视台文化讲坛及浜松体育俱乐部的讲师，教授中国武术、太极拳及中国传统健康法。

杨丽（1956— ） 女，河南济源人。北京体育大学武术学院教授，中国武术九段，国家级裁判员，中国武术协会理事。1971年被国家选拔到北京体育学院（现北京体育大学）青训队，师从门惠丰教授。擅长剑术类项目，1974年在全国武术比赛中获规定棍术第三名、双剑第四名。1975年入选中国武术代表团，前往埃及、土耳其等6国访问。1976年毕业于北京体育学院（现北京体育大学）运动系武术班，并留校从事武术教学、科研、训练、竞赛工作达 40 年。曾担任北京体育大学武术代表队教练，被学校评为优秀教练员、优秀教师。曾担任全国武术比赛副总裁判长、总裁判长、仲裁主任等职务。多次前往意大利、西班牙、日本等国家及我国香港地区讲学。曾在中央电视台综合频道、中文国际频道的体育栏目进行剑术教学。1999 年创编杨式太极扇，在国内外产生巨大影响。2001 年先后两次由中国武术协会派往西班牙进行讲学活动，2002 年北京世界知识音像出版社将其太极扇术技术系列拍成光盘，翻译成 4 国语言对外推广。2004 年北京体育大学将太极扇引入学校课堂，开设任选课和武术学院必修课。2013 年第十一届全国运动会开幕式上进行扇术对练表演。国家体育总局社会体育指导中心自 2016 起连续 3 年在全国体育指导员中进行杨式太极扇培训，旨在全民推广。主编《太极拳辞典》大型辞书，执行主编中国武术段位制系列教程《剑术》，参与编写《中国武术百科全书》《全国武术馆（校）教材》；专著有《杨式太极扇》《太极扇教程》等。2019 年 11 月在《中华武术》杂志举办的活动中被评为“中国太极拳最具影响力人物”。

王建华（1956—　）　北京人。北京师范大学体育与运动学院教授，中国武术八段，中国武术协会传统武术委员会和青少年与学校武术指导委员会委员，中央国家机关太极拳协会教练员。全国优秀教师“宝钢奖”和“大成国学奖教金”获得者。自幼习武，1978 年 3 月考入北京师范大学体育系武术专业。1982 年 1 月毕业留校任教，一直从事校内外和国内外武术教学、训练、科研工作。曾参与首届和第二届世界太极拳健康大会国际段位制培训和太极拳名家表演，并负责西藏武术理论、技术、段位培训班等教学工作。多次承担中央国家机关太极拳讲习班和 10 余个部委的太极拳教学工作。曾担任中央国家机关太极拳代表队的教练工作，参加首届世界太极拳健康大会，在比赛中获优异成绩。主要著作有《太极拳太极剑学练 500 问》《形意拳快速入门不求人》《简易太极拳健身功》《日本合气道：健身与修养》《太极拳内涵指要》《武术养生十三篇》《学校武术》等。

梅墨生（1960—2019）　河北迁安人。中国武术八段，北京吴式太极拳研究会副会长，中国太极文化研究会常务副会长兼秘书长，武当山武当拳法研究会顾问，著名书画家，国家一级美术师。14 岁习长拳，15 岁师从隐逸武师俞敏习内家拳。25 岁始习太极拳，为著名太极拳家李经梧入室弟子、胡海牙弟子，从学传统吴式、陈式太极拳及推手。《李经梧太极内功及所藏秘谱》为《大道显隐：李经梧太极人生》的姊妹篇，由梅墨生和李经梧次子李树峻编著。书中集中展示了李经梧的武术文献和太极功夫，收录了李经梧传太极内功、手抄《太极拳秘宗》及笺注、李经梧陈式太极拳经典拳照，为太极拳的习练者提供了难得的参考和借鉴。

沙俊杰（1962—　）　云南昆明人。中国武术八段，著名武术家沙国政之子，云南省非物质文化遗产代表性项目沙式武术代表性传承人。云南省武术协会副主席，云南沙国政武术馆馆长，沙国政武术体育文化（云南）有限公司总顾问。云南师范大学特聘教授。曾代表中国国家队参加第四届世界传统武术锦标赛，斩获形意拳对练和形意拳两枚金牌。著有《太极拳之美：沙国政传统太极拳》（合著），担任中国武术段位制系列教程《形意拳》《通背拳》和《八卦掌》的执行主编，参与主编《沙式通背拳》《沙国政武术经典套路》，拍摄了由国家体育总局武术研究院监制的“中华武藏·沙国政武学系列”光盘39盘，指导监修由日本发行的《武林名门沙家武术大全》上下卷光盘，录入由中国邮政出版的“华夏情中国梦”武术纪念邮册。数次应邀赴德国、英国、日本等国进行教学、表演及交流活动。组织并带领云南沙国政武术馆代表队、全国“市长杯”云南代表队积极参加国际、国内武术大赛，培养和辅导的弟子及学生获金、银、铜等各类奖牌百余枚。

李平（1963— ） 女，北京人。1985年毕业于北京大学。1994年调入人民体育出版社任《中华武术》杂志编辑、记者，以鲁夫的笔名采写了大量具有影响力的文章。2000年担任中国体育报业总社《中华武术》杂志主编，组织主办了多项武术活动：与中央电视台联合主办“继承传统面向未来”大型论文评选活动；与山东卫视联合创办《中华武术》电视栏目；主办中华武术传统拳演武大会、“太极水杯”武陵山国际太极拳交流大赛等；2006—2019年，连续14年举办中华武术大学堂名家讲堂，在国内外产生积极影响；2013年举办《中华武术》创刊三十周年庆典暨中华武文化高峰论坛，评选出30位在中华武术30年发展中最具影响力人物，并邀请文化界、影视界、书画界知名人士探讨中华武术文化发展方向；2019年，举办中国太极拳最具影响力人物评选活动，参与人次达1600多万，覆盖五大洲多个国家；与国家体育总局武术研究院共同创办《中华武术·研究》，促进了社会武术、竞技武术、学校武术的交流融合。对保持《中华武术》杂志在武术媒体中的引领地位和旗帜性的影响力发挥了重要作用。

余功保（1964— ） 太极拳文化学者，太极拳国际网络推广者。毕业于北京大学物理系。北京大学武术协会创办者，致力于国际文化的交流推广，创办世界太极拳网络学院，并担任院长。曾先后在北京大学、中国农业大学从事研究、教学工作。在国家武术主管部门工作期间，积极开展中国武术文化研究，为多家媒体特约撰稿人。发表各类武术文章近百万字，并出版多本太极拳著作，部分被翻译成外文，传播到一些国家和地区。曾在国内外大型活动中担任学术主讲人。著有《随曲就伸——中国太极拳名家对话录》《中国太极拳辞典》《中国太极拳大百科》《中国当代太极拳精论集》等书。多年来，研究现代传媒与互联网技术的发展与应用，并从事有关开发工作，积极推进现代传媒产业的整合性运营工作，先后与多家企业合作开展中国传统文化推广工作，并成功组织运作了一些具有国际影响力的大型太极拳活动。

黄康辉（1966— ） 山东济南人。北京体育大学武术学院教授，中国武术八段。自幼随父学习少林拳，从于宪庭学习八极拳，后拜李恩久学翻子拳、陈式太极拳、推手、器械等。1991年考入北京体育大学武术系，师从门惠丰教授，专攻武术专业理论和太极拳。多次参加全国太极拳、剑、推手竞赛，连续8届蝉联太极推手冠军。参加国家级太极拳竞赛，获陈式太极拳、吴式太极拳第一名。出版《跟冠军学推手》《养生太极推手》《陈式太极拳体用全书》《陈式太极拳竞赛套路练习与技击运用》《杨式太极拳竞赛套路练习与技击运用》《武式太极拳竞赛套路练习与技击运用》《吴式太极拳竞赛套路练习与技击运用》《陈式太极拳简化练法》《陈式太极剑》等著作。曾在中央电视台综合频道《闻鸡起舞》栏目中教授陈式太极拳一路、二路传统套路，在中央电视台体育频道教授陈式太极拳竞赛套路、养生太极推手等。

武冬（1968—　）　山西大同人。北京体育大学武术学院教授，博士生及博士后导师，中国武术七段，国家级裁判员。1988年考入北京体育学院（现北京体育大学）武术系，获学士学位，留校任教，2003年攻读硕士学位。2000—2003年被评为校青年骨干教师。录制《自学24式太极拳教学》英语版影像；承担北京市课题7项，编写太极拳精品双语教材2本，录制51盘教学光盘。2005年获北京体育大学教学成果二等奖，2007年获武术学院教学基本功一等奖，多次获国家、国际武术论文报告会论文一等奖。先后赴意大利、法国、希腊、加拿大等国讲学，兼任珠海武式太极拳协会名誉会长、珠海市太极拳协会技术顾问等职。主编《太极剑全书》《太极拳普及套路全书》等。

李斌（1970—　）　云南昆明人。中国武术八段，云南省非物质文化遗产代表性项目沙式武术代表性传承人，云南沙国政武术馆副馆长、沙国政武术体育文化（云南）有限公司董事长。为云南师范大学特聘教授。曾代表中国国家队参加第四届世界传统武术锦标赛，斩获形意拳对练金牌。参编《八卦掌》并做教学光盘演示，担任《沙式通背拳》《沙国政武术经典套路》的编委、执笔和示范，参与拍摄了由国家体育总局武术研究院监制的“中华武藏·沙国政武学系列”光盘39盘，指导监修由日本发行的《武林名门沙家武术大全》上下卷光盘，录入由中国邮政出版的“华夏情中国梦”武术纪念邮册。数次应邀赴德国、英国、日本、泰国、新加坡、印度尼西亚等国进行教学、表演及交流活动。组织并带领云南省代表队参加全国市长杯太极拳赛，荣获金、银、铜等各类奖牌数十枚。

曾卫红（1970—　）　女，福建福州人。曾乃梁太极文化传承人，中国武术七段，福建省武术协会副秘书长，国家级社会体育指导员。留日硕士。师从其父——著名太极拳家曾乃梁，擅长太极拳、太极剑、太极扇、太极对练及健身功法。2011年获“对外教学贡献奖”，2015年中央电视台体育频道对其事迹进行了专题报道。2019年在《中华武术》杂志举办的活动中被评为“中国太极拳最具影响力人物”。2017年获全国运动会群众太极拳比赛（广东赛区）武式太极拳冠军。曾发表论文《南、北少林武术同宗异派论——以南、北少林武术风格特点为视角》（国家社科基金项目）、《高职太极拳实践教学改革的若干思考——以福建体育职业技术学院为例》等。出版书籍有《太极拳入门三篇：识拳·练拳·用拳》《太极拳修炼精要》等。

知名教练员、运动员

邵善康（1934—2015）　浙江鄞县（今浙江省鄞州区）人。中国武术九段，国家级裁判员，高级教练员。中国武术协会委员，中国武术协会教练委员会副主任。14岁习武，拜王子平为师，并得益于褚桂亭、傅钟文的指导。精形意拳、八卦掌、查拳等，其中醉拳、太极拳尤负盛名。多次担任国内外太极拳重大赛事的裁判员、裁判长及中国武术集训队教练员。1961年起担任上海武术队教练员，培养出许多优秀武术运动员，带队获得过多项全国比赛冠军。

周树生（1940—2023）　广西梧州人。国家级教练员。自幼热爱武术，从多位师父习练武术，精研200余套内、外家拳术和器械。精于六合八法拳、太极拳、南拳、鹰爪拳。曾拜在太极拳大师李经梧门下。执教于广西武术队多年，任总教练。出任第十一届亚运会中国武术队领队兼教练员。主抓太极拳、南拳，其弟子多人获得全国、亚洲、世界武术竞赛冠军。出访新加坡后，受聘于新加坡国术总会，任教练员。带领新加坡武术队在国际竞赛中取得优异成绩。

马春喜（1940—　）　女，回族，河南开封人。中国武术九段，国家级武术裁判员，高级教练员。出身于武术世家，6岁随祖父习武。1953年，与母亲一起代表中南区赴天津参加第一届全国民族形式体育表演及竞赛大会，获金牌。1965年毕业于北京体育学院（现北京体育大学）武术系，师从张文广教授，擅长查拳、刀、枪、八卦掌、太极拳等项目，多次参加武术竞赛，获金、银、铜奖。曾任河南省武术队女队教练员，培养了陈静、王立新、肖素荣、刘志华等世界、亚洲和国家级太极拳冠军。先后赴泰国、菲律宾、韩国等国访问教学。任世界锦标赛、亚洲锦标赛和第十三届亚运会的裁判员与教练员。退休后，热心于社会武术活动，其所创编的陈式太极扇、36式太极刀深受广大武术爱好者欢迎。

徐毓茹（1944—　）　女，河北沧州人。高级教练员，国家级裁判员，中国武术九段，著名太极拳教练员。曾任陕西省武术协会副主席、陕西省武术协会太极拳委员会主任、西安体育学院武术系客座教授。任第十一届、十五届亚运会中国武术集训队太极拳教练员，任第九届世界武术锦标赛、第七届亚洲武术锦标赛、北京2008武术比赛中国武术代表队男子太极拳教练员。曾获国家体育总局、中国奥委会颁发的“2008年北京奥运会突出贡献个人”荣誉称号、中华人民共和国体育运动荣誉奖章。自20世纪70年代起担任陕西省武术队主教练，2001年起担任陕西省武术队太极拳专职教练员，培养了吴雅楠、李瑾、杨顺洪等一批全国和世界太极拳冠军。在收集和整理徐雨辰养生功研究成果的基础上，结合太极拳技法特点，编著出版了《太极盘根功法》一书。

乔熛（1949—2017）　河南洛阳人。中国武术九段，国家级裁判员，国家级教练员，全国太极拳著名教练员，郑州大学体育学院武术系主任，河南省武术管理中心副主任，河南太极拳队总教练，郑州大学体育学院中原武术文化研究中心副主任、硕士生导师。自幼习练武术和摔跤，1974年考入北京体育学院（现北京体育大学）运动系，专攻武术。1979年被任命为河南省武术男队教练员。执教期间，先后培养出了丁杰、王二平、马健超、张振兴等全国优秀运动员，多次获得全国锦标赛太极拳冠军。1990年带领河南武术男队参加全国武术大赛，获全国团体冠军。1997年任澳门武术总会总教练，为澳门培养出了两名世界武术冠军，实现了澳门体育史上世界武术冠军零的突破。一生热爱武术事业，为河南省武术的发展赢得了无数荣誉，被河南省委宣传部评为“世纪十佳”教练员。发表多篇关于太极拳的论文，出版有《精功陈式太极拳》等书籍。

苏自芳（1950—　）　女，回族，云南楚雄人，著名武术运动员。1964年入云南省武术队，1972年开始担任武术教练员，曾先后6次赴亚、欧诸国考察与讲学。1974年在西安全国武术比赛中获规定拳、剑两项第一名；1975—1987年，在第三至第六届全国运动会及全国武术比赛中，曾获得太极拳、八卦掌、枪术等项目第一名10多次；1990年，获第十一届亚运会武术比赛太极拳冠军。1978年被评为云南省“优秀教练员”。1983年获国家体委“体育运动荣誉奖章”，立三等功。1986年被评为云南省“十佳运动员”。1990年荣立一等功。曾为云南省政协委员，省武术队教练员。

何瑞虹（1952—　）　北京人。北京体育大学教授，硕士生导师。中国武术九段。1976年毕业于北京体育学院（现北京体育大学）体育系。任教期间多次被评为“校优秀教练员”“杰出教练员”“功勋教练员”，被国家体育总局授予“国家体育运动奖章”。精于长拳，对刀、枪、双鞭等器械和太极拳也尤为擅长。担任教练员后，培养了北京体育大学多个全国性武术比赛冠军。他指导下的运动员蝉联4届全国运动会的对练冠军，蝉联两届全国太极拳锦标赛的太极拳、太极剑冠军，他们是冯凯杰、范雪萍、柴云龙、马岚等。《武术新规则实施后竞技武术技术走向分析》获全国武术论文报告会一等奖，《浅析武术套路新规则实施结果，对适应性训练及规则完善的思考》获全国体育院校武术论文报告会一等奖。

薛毅（1955—　）　河南新乡人。1976年7月毕业于北京体育学院（现北京体育大学）运动系武术专业。武术高级教练员。曾任北京武术队男队主教练、湖南省武术队总教练。1962年10月开始习武，先后师从于张文广、门惠丰，擅长螳螂、双钩、枪术、南刀、南棍、太极拳等。1994年任中国国家武术队主教练，率队参加在日本广岛举行的第十二届亚运会，获5枚金牌。培养的学生曾8次获得世界武术锦标赛冠军，曾4次获国家最高荣誉人民体育证章。历年来，率队连续5年获男子团体冠军。曾为瑞士、比利时、美国、日本、加拿大等国家培养武术人才300余名。研究论文发表于《中华武术》《中国体育科技》等刊物。参加编写并出版《南刀竞赛套路》《南棍竞赛套路》。2002年移居加拿大温哥华，创办星辰国际武术学院。辅导欧盟委员会下属体育部的太极拳训练多年。2007年在美国休斯敦创办了玄武堂武术学院。

丁杰（1963—　）　河南商丘人。著名武术运动员。1977年进入河南省体校武术队，后入选河南省武术队，师从太极拳教练乔熛、陈式太极拳传人陈小旺，主练陈式太极拳。演练拳路清晰流畅，架势中正，刚柔相济，先后10余次获得全国及国际性太极拳大赛的冠军。退役后，在日本普及和推广太极拳。

王二平（1968—　）　河南平顶山人，武英级运动员，国家级武术高级教练员，太极拳名师，中国武术七段。现任广东省体育局武术管理中心主任。7岁习武，13岁入选河南省武术队，师从乔熛、陈小旺、陈正雷。1988—1995年，在中日太极拳、剑交流比赛中5次蝉联太极剑和陈式太极拳冠军；1992年，在第三届亚洲武术锦标赛中获太极拳冠军；1993年，在第七届全国运动会武术比赛中获太极拳、剑全能冠军；1994年在第十二届亚运会武术比赛中获太极拳冠军。1995年，在第三届世界武术锦标赛中，获太极拳冠军。曾参加国家体育总局武术研究院、中国武术协会编写的《太极剑竞赛套路》的编审、拍照及录像工作。先后随中国武术代表团出访新加坡、朝鲜、日本、韩国、美国、越南等国。1995年，获国家体委颁发的“体育运动荣誉奖”，被评为中国“十大武星”。在广东省武术队担任教练员期间，专教太极拳项目，培养出了崔文娟、张芳、杜昊莹等一批全国及世界太极拳冠军。

林秋萍（1964—　）　女，福建福州人，武英级运动员。13岁入选福建省武术队，师从曾乃梁。在1980—1988年的全国武术比赛和第五届全国运动会上，6次获太极拳冠军；1985年、1986年，连续两次获国际武术邀请赛女子太极拳冠军；1988年，在中国国际武术节武术比赛中获女子太极拳冠军。曾参加由国家体委编写的新编太极拳套路24式、48式及杨式太极拳动作示范演练。先后随国家武术代表团出访波兰、罗马尼亚、日本、菲律宾等国。曾在内地与香港合拍的影片《木棉袈裟》中担任主角。1985年被评为福州“十佳运动员”。1989年，获国家体委颁发的三级荣誉奖章。1987年，进入北京体育学院（现北京体育大学）武术系深造，毕业后赴英国授拳。

高佳敏（1966—　）　女，福建福州人。武英级运动员，中国武术七段，中国“十大武星”之一。8岁开始习武，师从孙崇雄、曾乃梁。曾获1989年第二届中国太极拳、剑对抗赛88式太极拳冠军；1990年在北京举行的第十一届亚运会上，获女子太极拳亚军；1991—1993年，先后在首届世界武术锦标赛、第三届亚洲武术锦标赛、首届东亚运动会武术比赛中获得女子太极拳冠军；1994年获全国第七届运动会女子太极拳冠军，同年获第十二届亚运会女子太极拳冠军。演练太极拳的风格特点为典雅端庄、柔美细腻、形神兼备、拳情合一，被日本、新加坡誉为“太极女皇”。曾多次随中国武术代表团出访日本、新加坡、菲律宾、韩国等国家，进行教学和表演。在电影《木棉袈裟》中担任重要角色。为国家拍摄了24式太极拳、太极剑的录像带和挂图。曾获国家体委颁发的体育运动荣誉奖章。2019年在《中华武术》杂志举办的活动中被评为“中国太极拳最具影响力人物”。

邵英兼（1967—　）　上海人。武英级运动员，国家级裁判员。父亲邵善康为国内著名的武术教练，邵英兼自幼受父亲的影响，深爱武术，在各种拳术器械方面受正规的训练，在1991年全国武术锦标赛中获杨式太极拳第一名。邵英兼不仅在武术界成绩突出，而且在影视界也很有建树，1991年，参与拍摄电视剧《三侠五义》，饰演白玉堂，是公认的最符合原著的白玉堂；1997年，在电影《鸦片战争》中任武打设计。2019年，在《中华武术》杂志举办的活动中被评为“中国太极拳最具影响力人物”。

陈思坦（1967—　）　福建福州人。中国武术七段，武英级运动员，著名太极拳运动员，被武术界称为“太极王子”。现为国际太极拳健身气功协会主席，国际武术联合会段位评审专家委员会委员、技术与推广委员会第一副主任。美国纽约市太极大赛创办人。中国第一位集世锦赛、亚运会、全国运动会三大赛事太极拳剑冠军。曾获国家体育总局授予的“体育运动荣誉奖章”，并获“中华武林百杰”荣誉称号，当选第十届全国政协委员。陈思坦6岁习武，10岁入选省专业队，师从曾乃梁，2019年在《中华武术》杂志举办的活动中被评为“中国太极拳最具影响力人物”。与李晖合著出版《太极拳学堂：精练24式太极拳》，与教练曾乃梁合著出版《新编太极拳对练》。

李晖（1969—　）　女，广西桂林人。国际武术健将，著名太极拳运动员。曾师从太极拳名师门惠丰、阚桂香。1998年获香港武术公开赛太极拳冠军，1999年获世界武术锦标赛太极剑冠军，2000年获亚洲武术锦标赛太极拳、剑全能冠军，2001年获第三届东亚运动会太极拳冠军，同年获世界武术锦标赛太极剑冠军。2002年荣获香港特别行政区杰出运动员奖。编著出版《太极拳学堂：图解太极十三势》和《四十二式太极剑》（李晖示范，彭芳撰文）。

梁晓葵（1970—　）　女，广西南宁人。国际级运动健将级运动员，国家级武术裁判员，中国武术七段，著名太极拳运动员。7岁开始学习武术，师承太极拳冠军潘淑仪。曾获1999—2001年全国武术锦标赛女子太极拳、剑冠军，第九届全国运动会武术比赛女子太极拳、剑全能冠军，2000年第五届亚洲武术锦标赛女子太极剑冠军。出版《杨式太极拳》和中英文对照对练指导丛书的《42式太极拳竞赛套路》《杨式太极拳竞赛套路》等书籍和影像作品。曾多次受国家体育总局武术运动管理中心、广东省文化厅、顺德市政府委派，赴美国、法国、英国、日本、韩国、新加坡等国家进行国际竞赛及文化交流等活动。2019年在《中华武术》杂志举办的活动中被评为“中国太极拳最具影响力人物”。

范雪萍（1974—　）　女，又名范雪平，安徽蚌埠人。著名太极拳运动员，国际武术健将。8岁习武，1987年入选安徽省体工大队。1993年获全国第七届运动会武术比赛太极拳、太极剑全能第三名。1994—1998年连续5次蝉联全国武术锦标赛太极拳冠军；1995年，获第六届中日太极拳对抗赛42式太极拳、42式太极剑双项冠军；1996年，获第七届中日太极拳对抗赛42式太极拳冠军；1995年，获第三届世界武术锦标赛太极拳冠军；1997年，获全国第八届运动会武术比赛太极拳冠军。先后随中国武术代表团赴纽约、华盛顿等城市巡回表演。1996年，获中国体育运动委员会颁发的荣誉奖章。其拳架舒展大方，融阴柔与阳刚之美为一体，自成风格。

童红云（1974—　）　女，国家高级教练员，国家级裁判员，武英级运动员，中国武术七段。武汉体育学院体育教育硕士。现任深圳市体工大队武术队太极组主教练。师从陈道云、李秉慈、王二平。从业已30余年，是杨式太极拳段位套路示范者。所培养的多名学生陈伟杰、杜奕鸿、庄家泓获得世界冠军，董庆、徐佳仪获得世界青少年武术套路锦标赛冠军、亚洲青少年武术套路锦标赛冠军，陈雨婷、李洋获得全国武术套路锦标赛冠军，董庆、秦泓宇获得全国青年运动会武术比赛太极拳冠军。曾担任2013年亚洲青少年武术套路锦标赛国家青少年队教练员，先后赴巴西、秘鲁、意大利、奥地利、德国等国家进行太极拳推广培训。随“一带一路”中国太极文化世界行活动，入欧洲推广、弘扬太极文化。曾多次获得全国武术套路锦标赛吴式、陈式太极拳冠军。出版了《中华太极拳：国家标准竞赛套路24式》《中华太极拳：国家标准竞赛套路42式》《吴式太极标准竞赛套路45式拳》《吴式太极基础13式拳》《吴式40式太极剑》等书籍。

黑志宏（1975— ） 香港特别行政区人，祖籍北京。国际级武术健将，国际级武术裁判员，中国武术七段。曾在北京武术队习武，后加入香港武术协会。曾获世界锦标赛枪术金牌、亚洲锦标赛太极拳金牌、东亚运动会男子对练金牌、北京奥运会太极全能银牌、亚洲运动会太极全能银牌、世界运动会太极全能银牌、全国武术锦标赛42式综合太极拳剑冠军、全国武术锦标赛劈挂拳冠军、全国武术锦标赛吴式太极拳冠军、香港特别行政区行政长官社区服务奖等。

邱慧芳（1975— ） 女，湖北黄石人。著名太极拳运动员，国际武术健将。毕业于武汉体育学院。1998年，获全国太极拳、剑锦标赛冠军和武式太极拳冠军；1999年，包揽全国武术锦标赛个人赛、世界武术锦标赛的太极拳冠军；2001年，获第九届全国运动会太极拳、剑全能第三名；2002年，获全国锦标赛太极拳冠军。现就职于北京理工大学。2019年在《中华武术》杂志举办的活动中被评为“中国太极拳最具影响力人物”。邱慧芳所演练的太极拳，特点为下盘扎实、动作松弛、沉稳踏实而又不失轻灵飘逸。

吴阿敏（1967— ） 女，安徽人。自幼习武，安徽省体工队武术运动员，毕业于北京体育大学武术系。国家级武术裁判员，中央电视台《青春之光》栏目的武术教练员。擅长太极拳、械、推手，师从吴式太极拳名家李秉慈，系吴式太极拳第五代传人。1997年，在第五届国际武术邀请赛中，获吴式太极拳第一名、42式太极剑第一名；1998年，获全国武术锦标赛女子太极拳、剑、推手全能第一名，女子太极推手（56公斤级）第一名；1999年，获第六届国际武术邀请赛女子陈式太极拳第一名、42式太极剑第一名；2000年，获全国武术锦标赛女子吴式太极拳第一名，女子太极拳、剑、推手全能第一名。参与了《中国太极拳运动标准示范图示》的编演。创编阿敏九式拳、剑、扇、刀、杖、拂尘、鞭杆等30多个套路并出版光盘。2008年至今，在美国致力于太极拳的教学推广。

孔祥东（1979— ） 北京人。著名太极拳运动员，国际级运动健将。获各类太极拳、械比赛冠军数十次。1998年，获全国太极拳、剑大赛冠军；1996年，获第四届亚洲太极拳锦标赛冠军；1999年，获第五届世界武术锦标赛太极拳、剑冠军。退役后到日本武术太极拳联盟从事太极拳教学工作，在日本开展太极拳运动。

易鹏（1979—　）　湖北武汉人。武汉理工大学体育部副教授、硕士生导师，国家级精品课程教学名师。中国武术六段，国际级运动健将，国家级武术裁判员，国家级社会体育指导员。湖北省体育总会理事、湖北省武术协会理事。2001 年，获第九届全国运动会太极拳全能冠军；2001 年，被湖北省委省政府授予“新长征突击手”荣誉称号；2001—2004 年，连续 4 年蝉联湖北省“十佳运动员”；2003 年，荣获“国家体育荣誉勋章”；2003 年，获第七届世界武术锦标赛太极拳冠军、对练冠军。首创课程“太极拳文化与功法习练”，该课程 2015 年获批“国家级精品视频公开课”，2016 年获批中国大学 MOOC（慕课），2017 年入选教育部首批“国家级精品在线开放课程”，2018 年获湖北省教学成果一等奖。易鹏累计发表学术论文 20 余篇，出版著作、教材 4 部，出版发行多张太极拳、剑系列教学光盘。主持完成多项国家、省部级教学、科研课题。2019 年，受邀参加湖北电视台教育频道拍摄的大型武术纪录片、教学片——《功夫武当》。

周斌（1980—　）　福建宁德人。著名太极拳运动员，国际级运动健将，中国武术七段。福建省体育总会委员、福建省青年联合会委员。1992 年，进入福建省体工队习武。2002 年、2003 年，两次夺得全国武术锦标赛太极拳第一名；2004 年，获全国男子武术套路锦标赛太极剑第一名，同年 5 月，在全国武术太极拳锦标赛中连夺 3 金；2007 年、2011 年，分别获第十届和第十一届全国运动员武术比赛男子太极拳、剑全能冠军；2011 年 12 月，在越南河内举行的第八届世界武术锦标赛中夺得太极拳冠军，被媒体称为“太极王子”。

崔文娟（1982—　）　女，河北沧州人。国际级运动健将，著名太极拳运动员。暨南大学应用心理学硕士。早年曾练习长拳和枪剑，在一次重伤后，追随著名教练王二平改练太极拳。2005 年，获东亚运动会武术比赛太极拳冠军；2006 年，获全国武术冠军赛太极剑第一名；2007 年，获第九届世界武术锦标赛太极拳冠军；2008 年，获北京奥运会特设武术比赛太极拳、剑全能冠军；2008 年，获第七届亚洲武术锦标赛太极拳冠军；2005 年、2009 年，获第十届和第十一届全国运动会武术比赛太极拳、剑全能金牌。

吴雅楠（1986—　）　回族，陕西西安人。著名太极拳运动员，国际级运动健将。12 岁入陕西省武术队，14 岁开始专练太极拳，师从徐毓茹，19 岁入选国家武术集训队。毕业于西安体育学院民族传统体育系武术套路专业，是陕西省竞技武术的领军人物。2005 年，获东亚运动会太极拳冠军；2006 年，获多哈亚运会太极拳、剑全能冠军；2006—2011 年，获第九届和第十一届世界武术锦标赛太极拳、剑冠军；2008 年，获北京奥运会特设武术比赛太极拳、剑全能冠军；2013 年，获全国运动会武术比赛太极拳、剑全能冠军。

马建超（1987—　）　河南郑州人。著名太极拳运动员，国际级运动健将。1999 年入选河南省青年武术队，师从著名太极拳教练乔熛。2006 年，获全国武术套路冠军赛太极剑冠军；2008 年，获全国武术套路锦标赛太极拳冠军；2009 年，获东亚运动会太极拳、太极剑全能冠军；2011 年，获全国武术冠军赛太极拳、剑全能冠军；2014 年，获首届世界太极拳锦标赛男子自选太极拳冠军。2007年，在央视春节联欢晚会《行云流水》节目中担任主角；2007年，在中国第八届艺术节《知音琴台》节目中担任主角；2011年，获广东卫视《武术亚洲功夫达人》选秀大赛冠军；在电影《功夫世家》中担任男主角。

黄颖祺（1986— ） 福建漳州人。著名太极拳运动员，国际级运动健将。2009年，获第十届世界武术锦标赛太极拳、剑双项冠军；2010年，获2010年世界武搏运动会男子太极拳、剑全能金牌；2011年，获全国武术太极拳锦标赛男子42式太极拳金牌。

张振兴（1988— ） 河南郑州人。著名太极拳运动员，武英级运动员，中国武术六段。1996年开始习武，师从著名太极拳教练乔熛。曾获2005年全国太极拳锦标赛陈式规定太极拳、陈式传统太极拳冠军，2006年全国太极拳锦标赛陈式太极拳冠军，2007年全国武术套路锦标赛男子赛区太极拳、剑全能冠军，2008年全国武术套路冠军赛陈式太极拳冠军，2011年全国太极拳锦标赛陈式太极拳冠军，2012年伊朗“总统杯”武术比赛太极拳冠军，2013年东亚运动会太极拳、剑全能冠军。

陈洲理（1989— ） 福建莆田人。著名太极拳运动员，武英级运动员。在2012年6月的全国锦标赛上，赢得男子组双人吴式太极拳、双人杨式太极拳、男子自选太极剑等3块金牌；2012年，获第八届亚洲武术锦标赛男子太极剑项目冠军；2013年，获第十二届全国运动会武术套路项目男子太极拳、太极剑全能冠军；2014年，获仁川亚运会男子太极剑、太极拳全能冠军。

庄莹莹（1989— ） 女，福建莆田人，毕业于集美大学。自幼受武术套路专业训练，至今已从事武术活动20多年，其间由长拳转太极拳。多次参加国际和国内武术赛事，在2013年第十二届世界武术锦标赛上获得太极拳冠军。参演2017年中央电视台春节联欢晚会武术节目《中国骄傲》。2017年担任中国国家武术队队长。多次受邀参加中外文化交流活动，出访美国、法国、日本、马来西亚以及非洲各国，为弘扬和传承中国武术文化做出很大贡献。

杨顺洪（1990— ） 陕西眉县人。武英级运动员。从7岁起在原宝鸡少林武术院跟随陈东生教练员进行训练。小小年纪，初入“武行”，由于表现突出，很快进入陕西省武术专业队，随后开始练习太极拳。2018世界杯年武术套路赛在缅甸仰光举行，在比赛中，杨顺洪将太极拳的柔美、劲力、身法完美展现，最终以9.71的高分夺得太极拳冠军，为中国武术在世界上争得了荣誉。2019年，在全国武术套路锦标赛（男子赛区）中，杨顺洪夺得男子太极拳项目冠军。他是陕西武术运动管理中心培养出的新一代太极项目领军者。

巨文馨（1991— ） 女，国际级运动健将。从小受到严格的专业训练，凭着良好的天赋和吃苦耐劳的精神，青少年时期就崭露头角。曾获2008年全国青少年武术锦标赛太极拳第一名，2015年全国太极拳锦标赛杨式太极拳第一名，2016年全国武术套路锦标赛混合双人太极拳第一名，2016年世界太极拳锦标赛冠军，2017年全国武术套路冠军赛太极拳、太极剑、混合双人第一名，2018年全国武术套路锦标赛太极拳、太极剑第一名，2019年全国武术套路锦标赛太极剑第一名，2019 年第十五届世界武术锦标赛太极剑冠军。曾随中国武术队出访印度尼西亚、韩国、俄罗斯、英国等国，参加非洲四国大型武术专场友好交流演出活动，并跟随国家领导人出席中非青年领导人论坛开幕式，展示精彩的武术表演。2019 年在《中华武术》杂志社举办的评选活动中被评为“中国太极拳最具影响力人物”。

杜昊滢（1994—　）　女，国际级运动健将。出身于武术世家，自幼随祖父习武，入选中国国家武术队和广东省武术队。在华南师范大学体育科学学院攻读体育博士学位。共获得国内外重要赛事奖牌 50 余枚。2014 年，获第一届世界太极拳锦标赛陈式太极拳冠军、集体项目冠军。2013—2019 年，获全国武术套路冠军赛（传统项目）女子传统太极器械冠军；2014—2018 年，连续多年获得全国武术套路冠军赛（传统项目）以及女子陈式太极拳冠军。2013—2018 年，连续多次获得全国武术套路锦标赛（太极拳）女子陈式太极拳冠军。2015 年，随广东省政协主席出访南太平洋诸岛，进行武术教学以及表演工作。2016 年，代表中国国家武术队参加在人民大会堂举行的中共中央、国务院春节团拜会表演。2017 年，受邀参演中央电视台春节联欢晚会武术节目《中国骄傲》。

梁璧荧（1998—　）　女，国际健将级运动员，中国武术五段。2010 年，进入广东省体校进行训练。2011 年，被选入广东省武术专业队。2013 年，获全国青少年武术套路锦标赛女子 42 式太极拳冠军；同年，在全国武术套路锦标赛（太极拳）中获得女子双人杨式太极拳冠军。2016 年，获世界青少年武术锦标赛太极拳冠军。2017 年，在中国武术王中王争霸赛中获女子太极拳王的称号。2019 年，在上海举办的第十五届世界武术锦标赛中获得女子太极拳冠军。

黄雪晴（1998—　）　女，祖籍湖北荆州。中国武术六段，国家健将级运动员。现就读于北京体育大学。7 岁开始习武，后进入安徽省体工队进行专业训练。2014 年，参加南京青奥会，获得女子太极拳、太极剑全能冠军；同年，于土耳其参加世界青少年武术锦标赛，获得女子太极拳冠军。2015 年，参演央视春晚《江山如画》节目。2017 年参加“一带一路”国际合作高峰论坛，为 28 国领导人配偶表演太极节目《山居吟》，获得了好评。

国际推广知名人物

说明：“国际推广知名人物”指多年在国际上普及推广太极拳的知名人士。他们将人生的主要时间都用在了弘扬、传播太极拳及太极拳文化上，成就卓著，影响颇大。这类人物，有的放在“流派人物”栏目进行介绍。

古井喜实（1903—1995）　曾任日本国会议员。于 1959 年 10 月与国会议员松村谦三一起访问中国。当时周恩来总理接见代表团时认为太极拳能为中日友好做贡献，将太极拳介绍给他们。当时创编 24 式简化太极拳的李天骥给他们介绍了 24 式简化太极拳。之后古井喜实为中日建交做出过很大努力，他为信守对周总理的诺言，在日本普及太极拳，以中日友好为主线发起成立了日中太极拳交流协会。1986 年，在代代木国立综合体育馆的第二体育馆第一次举办了全日本太极拳交流大会。北京体育学院（现北京体育大学）张文广教授等一行5人参加了盛大的交流大会。在此之后，交流大会每年都在代代木国立综合体育馆的第一体育馆举办，参赛及出席人员约5000人次。

杨名时（1924—2005）　祖籍山西五台县，宋朝杨门后人。曾任日本健康太极拳协会会长。幼年随父习武，1943年赴日留学，毕业于东亚高等学校，后考入京都大学法学部，1948年毕业。历任东京中华学校校长，大东文化大学、明治学院大学、早稻田大学汉语教师，NHK（日本广播协会）电视语言学讲师。被聘为大东文化大学名誉教授、中国山西大学名誉教授。1960年，在日本创立八段锦太极拳（受众称之为杨名时太极拳），并开始弘扬“健康，友好，和平”的太极理念。他较早地用日语翻译出版《简化太极拳》，是在日本介绍中国太极拳的先驱。他翻译的中国武术著作在欧美有广泛影响。他的众多弟子在日本全国教授太极拳，成绩卓著。杨名时关心中日民间文化交流，在山西大学设立基金会，成立中日关系研究中心，创立日本健康太极拳协会，兼任日本山西同乡会名誉会长。数十年来，他通过推广和普及太极拳，使日本民众对中国传统文化有了较多的了解，使太极拳成为中日两国民间文化交流的一座友谊桥梁。

马伟焕（1937—2019）　山东郓城人。中国武术八段，太极拳名家，杨式太极拳第五代传人。香港杨式太极拳总会创会会长，广东省武术文化研究会顾问。自20世纪60年代起，追随杨振铭系统学习杨式太极拳、太极剑、太极刀及功法，得其真传。70年代初，倡立香港太极拳学会，任名誉会长；1975年，受聘为香港康体处太极拳导师，同年任第一届师资训练班导师，为香港培养了一大批杨式太极拳的师资人才，其弟子遍及世界多地。2004年及2007年，主持举办了传统杨式太极拳国际邀请赛、传统杨式太极拳国际论坛。2012年，举办大型活动——中华武艺研讨会。主编出版《传统杨式太极拳国际论坛文存：正脉承传》。为继承、发展、传播杨式太极拳做出了重要贡献。

杨进（1947—　）　祖籍山西五台县，出生于日本京都。杨名时之子。北里大学药学硕士，国际武术裁判员，日本健康太极拳协会理事长，日本太极拳交流协会主任兼指导员。1958年，在日本从王树金习练形意拳。1982年，成立内家拳研究会，并在东京开馆授徒，这一年拜师李天骥习练内家拳。擅长形意拳，杨式、孙式太极拳，以及武当太极剑。1984年，获武汉国际太极拳（剑）表演观摩会太极剑金牌。出演过NHK（日本广播协会）的《爱因斯坦之眼》太极拳影片。先后多次参与国际太极拳交流大会，任日本国内外武术大赛裁判员，原日本奥运委员会太极拳教练员，原日本武术太极拳联盟理事、第一代裁判委员长。出版技术录像光盘《太极推手入门》《太极拳护身术》《阴阳理论和动作要领》《太极拳经解释》《甩手》等。在日本出版多部著作。

肖长根（1951—　）　山东青岛人。1976年，毕业于北京体育学院（现北京体育大学）武术系，师从门惠丰教授。新加坡长斌武术学院院长。1978—1991年担任河北省体工队武术队高级教练，培养出许多优秀运动员，获国家体委颁发的运动证书和奖章。

其培养的运动员，在 1990 年亚运会中获冠军、亚军的有 3 人，在 1993 年东亚运动会中获冠军的有 7 人。1986 年，任英国国家武术队教练员。1988 年，赴英国、法国、德国、爱尔兰进行巡回教学。1991 年至 1993 年，任新加坡国家武术队教练，培养了一批国际太极拳优秀运动员。1999 年至 2002 年，任新加坡国家武术少年队教练员。1987 年，编著《八盘腿》和《八趟金刚捶》，由中国展望出版社出版。

孟祥文（1953—　）　女，天津人。1973 年，在北京北京体育学院（现北京体育大学）运动系就读武术专业，师从门惠丰教授。1976 年，被分配到河北师范大学体育系，从事武术专业的教学与训练工作。1995 年，移居新加坡，从事新加坡青少年武术和成年人太极拳的教学训练工作。现为新加坡长斌武术学院副院长。

陈峥（1957—　）　黑龙江人。毕业于北京体育学院（现北京体育大学），获硕士学位，中国武术七段。现为日本太极养生道协会会长，全日本健身气功联合会会长。1976 年，考入北京体育学院武术系学习。1979 年，考入北京体育学院研究生部深造。1985—1990 年，留学日本体育大学，在石井喜八教授的指导下从事人体动作学研究，又主攻太极拳的动作学原理，日本的《朝日新闻》及中国的《参考消息》报道了其研究成果。1991 年回国，在北京体育学院武术教研室工作。与徐伟军教授合作研究的“太极拳运动与膝关节损伤与预防”的课题，获得重大科研成果奖。1993 年移居日本，成立日本太极养生道协会，并担任会长。喜欢研读唐豪、顾留馨的武术著作，提出新的见解，撰写并出版日文版太极拳源流考——十三势套路的发现方面的书。2011 年，和同道组织举办太极拳和健身气功交流大会，参赛人数超过 2000 人，颇见规模，得到同道的认同。

李德芳（1958—　）　女，北京人。中国武术八段。自幼随父李天骥习武，擅长太极拳、形意拳、八卦掌、武当剑等。1977 年，考入北京师范大学体育系，毕业留校任武术讲师。1982—1983 年，在全国武术观摩大会上获得武当太极剑、太极拳金奖。1984 年，参加北京市武术比赛，取得武当太极剑、形意拳第一名。1987 年，代表北京参加在广东举行的第六届全国运动会武术比赛太极拳决赛，并取得好成绩。1985—1986 年，应日本东京太极拳协会邀请，赴日本教授太极拳。1988 年，应日本日中友好会馆、日中健康中心邀请，赴日本教授太极拳。其间，在日本各地传授太极拳，培养出许多日本太极拳冠军。参与《武当剑术》《武当绝技：秘本珍本汇编》等书的编写。在日本与吴增乐共同出版多部著作以及教学录像带。现任日中太极拳协会、日中健康中心太极拳讲师、日本龙飞会代表。

张小燕（1959—　）　女，浙江平阳人。武英级运动员，中国武术八段，中法武术总教练，曾为浙江省武术队专业运动员。连续多年在全国武术锦标赛上获得蛇拳、双剑、枪术等单项冠军及全能冠军。后进入电影圈，拍摄了《自古英雄出少年》《赌王出山》《决战天门》等影片。2017 年拍完电影后，移居法国。1995 年到 2007 年，连续 12 年担任法国国家武术队总教练，同时与巴黎 13 区市政府合作开办武术学校，教授各种武术国际比赛标准套路和太极拳，培养了数千名“洋弟子”，在她的带领下，法国武术队多次在世界武术锦标赛上夺魁。

韩劲松（1959—　）　吉林长春人。国际级武术裁判员，中国武术八段。国际武术联合会技术委员会委员，大洋洲武术联合会秘书长，澳大利亚武术联合会秘书长。1988年，毕业于北京体育学院（现北京体育大学）武术系并留校任教。1992年，留学澳大利亚，获澳大利亚维多利亚大学运动心理学硕士。1999年，成为日本早稻田大学亚太研究学院MBA交换留学生。1991年至1992年，被聘为澳大利亚维多利亚大学太极拳教师。1995年至今，任澳大利亚国家武术队总教练。1992年，创建了澳大利亚太极学院，任院长兼总教练。2000年，在中央电视台纪录频道进行太极拳、太极剑教学。

吕小林（1961—　）　女，四川成都人。国际武术太极拳A级裁判员。国际武术联合会技术委员会委员，美国武术联合会副主席，泛美武术总会技术委员会主任，国际武术联合会海外武术发展联络会委员，美国峨眉少林武术功夫学院院长。成都体育学院客座教授，乔治梅森大学武术教授，美国武术队教练员。1982年，毕业于北京体育学院（现北京体育大学）武术系。1986年任成都体育学院助教期间，获武术研究生硕士学位。任成都体育学院武术队教练员期间，促成成都体院队参与中国武术甲级队比赛。1989年，赴美参加国际武术比赛，获3项冠军。移居美国后，于1993年创办美国峨眉少林功夫武术学院。自1995年起，在第二至第十二届世界武术锦标赛上，担任裁判长、总裁判长、仲裁。2014年南京青奥会期间，受国际武联指派，教授前国际奥委会主席罗格太极拳。在乔治梅森大学教授太极拳和太极剑学分课程，多次被美国武术联合会评为年度最佳教练员，被美国《功夫》杂志评为2001年全美最佳教练员。2003年，获加拿大武术联合会最佳武术贡献奖。她培养出来的运动员数次在国际大赛上获得多次冠军、亚军或季军。她利用多种机会和形式弘扬中国武术。参加了NBC（美国全国广播公司）的新闻节目《早安美国》中的太极拳演示课。多次组织中国武术冠军在美国巡演，包括在联合国大厅举行的武术表演。

栗小平（1962—　）　女，山西太原人。武英级运动员，中国武术七段。1973年进入省武术队。1979年至1987年，先后获23项全国武术冠军，仅1983年即获6项冠军和女子全能冠军。1985年，进入北京体育学院（现北京体育大学）深造。1989年，大学毕业，留校任教。自1983年连任两届中华全国青年联合会常委。4次以中国武术代表团成员身份出访表演。1992年，移居日本东京。1994年，任日本东洋大学非常勤讲师。1997年，成立紫丹太极拳研究所。2003年，任日本国士馆大学非常勤讲师。1993年，出版《轮椅太极拳》一书。在日本杂志上发表了《孕妇太极拳》和《产后太极拳》。为日本培养了众多传统武术冠军，东京有线电视、广播、报刊对其事迹多有报道。

穆子彦（1962—　）　北京人。日本健身太极拳协会理事长，日本中国太极文化学院院长。1979年，入北京体育学院（现北京体育大学），毕业后在清华大学任教。

1986年起，先后在日本北海道大学教育学部、国立鹿屋体育大学体育科学学部、早稻田大学体育科学学术学院留学。1989年，在日本体育施设运营（株）担任部门主管，主要负责太极拳教学以及气功和太极拳教材出版等工作。2003年，成立日本健身太极拳协会，主要为老年人开办太极拳教学。2006年，成为日本健身太极拳协会法人。2010年，在东京都杉並区高井户设“中国太极文化学院”。2011年，与同道人在代代木国立综合体育馆的第二体育馆成功举办第一次全日本健身气功、太极拳练功大会，担任大会事务局局长。

孙汉香（1963—　）　女，湖北武汉人。中国武术八段，国际级武术裁判员。曾任武汉大学副教授、武汉市技击技术协会副秘书长。现任澳大利亚鱼龙武术太极学院院长、墨尔本大学武术太极俱乐部主教练。经常受邀在各种文化节、中国节日活动中表演，得到澳大利亚和其他国际友人的认可。是把武术段位制引入澳大利亚的第一人，多次举办武术段位套路培训班。担任澳大利亚武术太极练习者协会执委，每年都参与组织澳大利亚武术比赛活动，多次担任澳大利亚武术比赛的裁判长等职。2010年至2012年，作为澳大利亚武术队主教练，带队参加了在中国和新加坡举行的国际武术比赛。教授的多名学生在国际和澳大利亚的武术比赛中获得金牌或银牌。自2012年始，连续3年荣获澳大利亚年度“最杰出教练奖”。

李自力（1964—　）　云南昆明人。体育科学博士。武英级运动员，中国武术七段，国家级裁判员。自幼习练武术。1976年，进入云南省武术队。1988年，毕业于北京体育学院（现北京体育大学）武术系，留校任教。1993年及1995年，在全国太极拳、剑锦标赛中，先后获男子孙式太极拳冠军及杨式太极拳亚军。先后担任北京体育大学武术套路代表队、太极拳代表队教练员。擅长太极拳、形意拳、八卦掌、通背拳及长拳。曾多次赴美国、加拿大、印度尼西亚、日本等国进行武术讲学和担任教练员。1998年，到日本进行太极拳推广教学，培养的学生在世界武术锦标赛、亚洲武术锦标赛及亚运会武术比赛中都取得了优异成绩。2002年，考入日本体育大学体育文化、社会科学系，获硕士、博士学位。参与编写并出版多部教材及《杨式太极拳竞赛套路——教与学》《四十二式太极剑》等书籍。录制《二十四式太极拳教与学》教学VCD，并在中国中央电视台体育频道和中文国际频道播出。在日本专业杂志上发表了具有影响力的太极拳论文。

门敢红（1970—　）　女，武术名家门惠丰、阚桂香之女。武术国际裁判员，中国武术七段。美国加利福尼亚州中医药大学客座教授，现任门惠丰武术院院长、韩国东岳武术院院长。2010年，成立国际东岳太极拳协会，出任会长。5岁开始随父母习练武术。1993年，毕业于北京体育大学，后在北京武术院任教。1994年至1995年，在北京国际武术太极拳、剑邀请赛上获陈式太极拳第一名和孙式太极拳第一名；1994年，拍摄《陈式56式太极拳》教学录像带。1995年，摄制40集《32式太极剑教学》，在中央电视台中文国际频道播放。1998年，旅居韩国。2003年，与母亲阚桂香合著《陈式太极拳五功八法十三势》。2011年，录制《东岳太极拳》第一路系列教学DVD。赴韩期间曾在明知大学、驻韩中国文化院、韩神大学等进行太极拳教学。2008 年起，连续 6 年成功主办了韩国国际太极拳交流大会。在世界多国进行教学。2013 年，被韩国政府授予“大韩民国多文化艺术大奖”。

第十部分　太极拳诀、拳谚、名言

说明：本部分收录整理近百条太极拳诀、拳谚和名言，是对太极拳动作要领、风格、拳理、练法、用法等的描述和提炼。这些拳诀等读起来朗朗上口，易于习练者记忆和传播，功能上，既能激励、启迪初学者，又能持续地引导和帮助检验高阶习练者水平的提高，是太极拳功夫修炼实践的总结和理论的精华。本部分收录的拳诀、拳谚和名言是一代代拳家口口相传下来的，在多方调研求证的基础上给出相对科学、具有较高可信度的解读。

百练不如一站 太极拳谚。站桩是中国武术中独具特色的训练方式。身体保持一定的结构与形态的静态练习，使身心放松，神意安然，内气顺畅，知觉灵敏，使拳法体用兼备。没有内在基础的拳架乃无根之木、无源之水。拳界又有“练拳无桩步，房屋无立柱”之说。故站桩为练习太极拳不可或缺的内容，既是入门初学的基本功，也是练拳到了高级阶段的必修课。

彼不动，己不动；彼微动，己先动 太极拳名言。语出武禹襄《太极拳论要解》。速度是拳术的要素之一，有动就有速度。速度的目的有二：一曰协调，二曰抢得先机。太极拳对于中国武术的贡献之一，就是巧妙地将速度的运用上升到一个新的高度。它系统解决了从零速到缓速再到高速等一系列的过渡，使速度的全过程皆统一在意的支配下，发挥出最大的潜能。“彼不动，己不动”，但我意已合于彼方，彼方无论怎样动都已处于背势或劣势；能沉着便能顺遂，达到“彼微动，己先动”，进而实现“我先达”的效果。

避风如避箭 太极拳名言。在中医里，风被认为是“邪”，风入体易损伤气血，降低免疫力。练习太极拳时，要求热身在先，全身放松，此时毛孔处于开放的状态，如有邪风，极易深入体内，对身体造成伤害。故练拳时应选择避风的场所。

不偏不倚，忽隐忽现 太极拳名言。语出王宗岳《太极拳论》。拳势的任何变化都有其可控范围，偏离了这一阈值即为“失”，故“不偏”不是否定变化，而是讲究变化的方式、幅度的原则，即“沿着正确的路线”行拳。动就有中心，到了无极态则均匀一片，处处是太极，处处似有似无，有无相生，故为“不倚”。“现”为可以看见或可以察觉到，“隐”则是无形无象。“隐”和“现”的程度与对手的水平高低有关：对一个人来说为“隐”，对另一个人来说就可能为“现”。一般来说，“隐”和“现”的法则有二：一是敌主动来攻我时，我即隐，使其无所得，敌回收时我则适时而现，攻其虚处；二是我之现相对敌为隐时，即实施攻击，制敌于不觉，或者以隐法诱敌出现破绽，再实施攻击。杨澄甫云：“隐者，藏也。现者，露也。”“犹如龙之变化，能升能降。降能隐而藏形，现能飞升太虚。”

出手不见手，手到不能走 太极拳谚。太极拳的修炼如果仅停留在形式上，只能得到“皮毛”，要想进阶还需做到超越形式。在养生中，“物我相融”“浑然不觉内外”才能逐渐靠近“天人合一”的理想境界。在技击中，“出入无方”“往来无度”，达到“莫测”的境界，实现“人不知我，我独知人”的效果。此处的“手”概指要表现和达到的意念及效果，如攻击方法等。这里的关键有两点：一是虚中有实，实中有虚；二是意气需换得灵。

打架如推手，推手即打架 太极拳诀，说明了练习与实践的关系。打架即练习太极拳架。这是起点，开始就要培养严格的实战观念，把攻防意识随时都贯彻在训练中，否则为“空架”。在推手中，要有意识地运用练习拳架时积累的技术、意念和感觉，逐渐达到推手即打架的从容境界。打架和推手又是太极拳的两种练习方式，训练的侧重点各有不同，但在根本上是一致的。

走架即是打手，打手即是走架　太极拳谚。相对于技击而言，练习拳架就是体，打手为用，体用结合才能互相升华。平时练习走架，无敌似有敌，这样才能在临战时做到有敌似无敌。当然，在拳架中的体验与模拟还需要不断在实际技击中加以印证。

打人如亲嘴　太极拳谚。太极拳为以柔克刚之术，需调动起敌方，再使其落空而击出之。在技击过程中应以静制动，顺敌之势而反之。“如亲嘴”意为使敌人靠近、送上门来挨打，在敌完全背势的情况下再打；这也是“彼不动，己不动；彼微动，己先动”的关窍所在。

动贵短，意贵远，劲贵长　太极拳谚。“动短”则能随变就变，主动灵活。“意远”则拳势连贯，韵味深厚。“劲远”则穿透力强，打击力量大。“动短”是形，必须与“意远”相结合，这样“短”就变成了“长”，否则就是真短，就会被动挨打。

动急则急应，动缓则缓随　太极拳名言。语出王宗岳《太极拳论》。太极之理在于合，练拳时自我处处相合，上下相应，内外合一。临敌时与敌相合，敌慢我慢，敌快我快，不瞻其前，不落其后，故能制敌而不受制。无论何种情况，太极拳一味讲缓、讲慢，是对太极之理法的误解。

动之则分，静之则合　太极拳谚。练拳一动就是太极态，阴阳立分。静时为无极态，处处合一。意念一动，又传递身体各处，分而动之，但协调一致。

喝口陈沟水，就会翘翘腿　太极拳谚。陈家沟既是陈式太极拳的发源地，又是太极拳发扬光大的地域。其基础有二：一是不断产生高水平的拳家；二是太极拳在此地具有广泛的普及性，无论男女老幼人人习练。这是陈家沟太极拳历经多年而不衰的原因所在。

后人发，先人至　太极拳名言。后发先至是太极拳技击的一大特色。后发是待机而动，不是为后而后，是动得好，动得恰到好处，以最短的距离、最快的速度到达最佳位置，故能“先人至”。如果做不到这一点，则只能“落后”。

化即是打，打即是化　太极拳谚。“化”具有防守和瓦解敌方进攻的双重含义。虽然攻防是矛盾的两个方面，但优秀的进攻技法应包含良好的防守意识。同样，在成功的防守中，应含有进攻的成分。太极拳以柔为刚，将防守与进攻融为一体。有时以防守作为进攻的手段，有时甚至将自己置于形式上的被动地位来获得实质上的主动。

会不会，金刚大捣碓　太极拳谚。金刚捣碓为陈式太极拳独有拳势之一，也是一路拳法开头第一势，内涵丰富，用法层出，变化多端。陈家沟习拳之风极盛，男女老幼皆会练拳，此语形容以拳相会、切磋武功的尚武之风。

极柔软，然后极坚刚　太极拳名言。语出《十三势行功心解》。练拳宜从柔处入手，充分体验拳架、拳式的内在结构和功用。有了“柔”的基础，柔软功夫练到一定程度，自然向坚刚转化，“刚”的力度则更纯。“柔”还要防止“懈”，在柔中注重劲力训练，柔无形，刚无方。

劲断意不断　太极拳名言。这是一句容易产生歧义的拳谚，甚至引起一些争议。太极拳讲究连贯、顺达、完整，故劲实不可断。此处所谓“劲断”应作“劲似断”解或外形如有所断，故强调“意不断”。“意”为帅，“劲由意生”，意不断，劲就断不了。太极拳的劲力系统是个非常复杂的体系，应在练习中不断体会升华。

刻刻留心在腰间，腹内松静气腾然　太极拳诀。语出王宗岳《十三势歌》。腰是关键，所以要“刻刻留心”。留心不能太着意，不是僵化的执着。如果把意念死死地放在腰间，带来的就不是“松”，而是紧，紧了，气就不顺畅，不仅会造成腰不灵活，而且会成为累赘，形成一个死结。要实现腹内松静，就要做到无杂念地“守”，静下来，气才能“腾然”，生机勃勃，周转不息。

力发于根，主宰于腰，形于手指　太极拳名言。任何一个力学过程，从力的产生到传递都有一定的章法可循。发力是否科学、传递是否合理，决定了运动系统的效率高低，也直接影响其作用效果。太极拳将它的力学过程的第一阶段（第二阶段即作用于外部实物上），即自身运作阶段分成了三个小步骤，即发、主宰、形（达）。如此才能形成力的整体性。有的拳论详细地指出：力发于足，主宰于腰，行于脊，由脊而膊，形于手指。要注意，这是分解划分法，在实际练习中，不管中间过程多细，总须一气贯穿而成。

立如平准，活似车轮　太极拳名言。语出王宗岳《太极拳论》。“稳”与“活”是一对辩证的矛盾因素，在拳术中妥善地处理好它们的关系即“阴阳和谐”。太极拳讲究立身中正，支撑八面，这样才使内气流畅循环，往复不断，即所谓“活似车轮”。

练拳不练功，到老一场空　太极拳谚。强调练习太极拳内功的重要性。功是拳的基础，没有功，拳架子就是空的。功既是拳的基础，也是拳的高级形态。各种太极拳无不把练功作为重点。

练拳无人似有人　太极拳谚。太极拳注重对意念的训练，特别是技击方面的意识是太极拳的灵魂。习练套路者要了解和弄清每一招式的技击含义及用法，这样每个动作才能做到位。练拳架时，脑海中要设想与对手过招，这样一则精神饱满，不会怠慢；二则每一式的动作和劲力更准确、更具内涵。

练拳须从无极始，阴阳开合认真求　太极拳谚。中国古典哲学中的“无极”是一种原始的状态，“无极生太极”的哲学理论在太极拳中被赋予更明确、更具体的意义。太极拳道法自然，最终要回归圆融的本原态，由无极生而归于无极，起点合于终点，构成一个圆；而中间过程即阴阳开合。练拳伊始需培养对于整体松畅和谐的生命本原体验，并将这种体验贯穿于习拳始终。具体方法有无极桩、单式操练及各种内功练习等。

练拳须明理，理通拳法精　太极拳谚。练习太极拳要明阴阳之理，这样才能提高太极拳的技术水平。明理就是明技击的攻防之理、养生的和谐之理、拳架的法度之理。

迈步如猫行，运劲如抽丝 太极拳谚。语出武禹襄《打手要言》。太极拳的行架走步出腿似猫，轻且灵，干净利落又柔若无骨。“运劲如抽丝”：一者连绵不断，二者细腻悠远，三者曲折回环，四者均匀和缓。

慢练为养，快练为伤 太极拳法理观点。太极拳家冯志强讲过，人们往往对陈式太极拳有一个错误的认识，认为它刚猛、暴烈，单纯讲究发力，因而许多人在练习陈式太极拳时刻意追求发力、震脚。这样长久练习易造成气血的损伤。练习陈式太极拳的原则应该是“慢练为养，快练为伤；柔练为养，刚练为伤；舒展大方，圆活运动；气沉丹田，培养浑圆之气”。太极拳的高级阶段是达到浑圆一气，使全身的经络畅通，气血旺盛，达到强体健身的效果。

面前有手不见手，胸前有肘不见肘 赵堡太极拳经典名言。有多种解释，其中之一认为，“面前有手不见手”，就是练拳架时，掌心朝外旋，使得自己看不见自己的掌心；“胸前有肘不见肘”，就是两肘始终要垂肘下沉。另一种解释认为，此言阐述的是高级化技法，前面的手、肘能看见，但摸不着，当对方拿我手、肘时，我突然松掉，使其顿失所向，无从着落，我即时回击，打击其劲力薄弱环节。

内固精神，外示安逸 太极拳名言。“内固精神”，就是精神要扎实、饱满，练拳时不要慌乱，要沉着、沉静，这样外在表现才能从容、安逸。相应地，只有外形练好，内在精神才能稳固。固精神需要一定的物质基础，外形虚弱不整，精神也难以安固。

气宜鼓荡，神宜内敛 太极拳谚。此处之“气”为内气，是以神意为帅的内在生命活动，其“鼓荡”亦为内在的鼓荡，虽内盈而不溢出于外。要做到这一点必须神采内收，达到意气相合，如此才可延年益寿。

气以直养而无害 太极拳谚。养气为健康的基础，自古为中国养生家所提倡。孟子就有“吾善养吾浩然之气”。“直养”，为依据自然法则、以简捷之法来颐养，大道至简，反对刻意追求。

擎起彼劲借彼力，引到身前劲始蓄，松开我劲勿使屈，放时腰脚认端的 太极拳名言。语出李亦畬《撒放秘诀》。李亦畬著有多篇太极拳论，本篇是非常有特色的一篇。原文每句话后注有一个字，提示该句要义，第一句关键在“灵”，第二句关键在“敛”，第三句关键在“静”，第四句关键在“整”。这四句话说的是技击的关窍，也是养生的关窍。自己要能空、能虚，不着对方的力，化解掉紧张点，伸屈有度，完整一气。

拳不敌法，法不敌功 太极拳名言。法是方法、用法、规律性的东西，能够举一反三的内核，这是比一招一式更为重要的。练拳必须拳功一体，从练拳到练功，才能实现拳的升华。太极拳的练习质量如何，不在于你掌握了多少式子，而在于你对每个式子的理解程度。要从根本上重视法和功。

拳打千遍，其义自现 太极拳谚。强调多练拳的重要性。义，指拳的准确要领、运动规律、内在含义。拳的学习既需师父的指导，又需要自己的领悟，还要不断地习练，这样才能把师父的指导和自己的领悟真正贯彻到拳中。多练是体悟太极拳精髓必不可少的途径。

人不知我，我独知人 太极拳谚。太极拳练习达到一定水平时的技击境界。高度的体察力与反应灵敏度，使我处处占得先机，使对方茫然不觉。

人体处处皆太极 太极拳名言。语出太极拳家陈鑫。习练太极拳时人体的每一部分、每一个动作和每一个招式均蕴含太极结构并体现阴阳的平衡。在练拳过程中，要把握处处有太极、每动有太极的特点。

柔里有刚攻不破，刚中无柔不为坚 太极拳名言。太极拳的刚柔必须是一体的，缺一不可。柔中没有刚，就会软塌无力，技击无用，养生无神；刚中没有柔就过硬，技击上遇强易折，养生上造成努气。

任督犹车轮，四肢若山石。无念之发，天机自动 太极拳诀。太极拳也是导引、行气的功夫。在传统内功养生中，有行周天之说，大周天行气路线遍布全身，小周天行气路线为练任督二脉。太极拳中不完全要求意念引导内气运行周天，但一些拳论认为，长期坚持太极拳锻炼，自然能使气行周天，因为太极拳的很多动作本身就有导气的效果。

三分练，七分养 太极拳谚。强调科学练拳，要注意练养结合，在练拳的强度、时间等方面适度控制，注意练拳的健身要领，不能一味追求大运动量，追求大力发劲。

十三总势莫轻视，命意源头在腰隙 太极拳诀。腰是太极拳的最要紧所在。武术上有“八卦步，太极腰”之说。认为能否练好太极拳关键在于是否弄懂了腰的作用、会不会运用腰。腰是全身的枢纽，动作要具有整体性得靠腰。从运气上说，气沉丹田，在腰；从运劲上说，劲发于足，主宰于腰，行于脊，由脊而膊，形于手指。杨澄甫说：“能松腰，然后两足有力，下盘稳固，虚实变化，皆由腰转。”腰的要点，一是松，松腰松胯，中间才松，劲力上下通达顺畅。腰容易僵硬，这是人的通病，很多人跳舞跳得不好，也是腰僵硬所致，练拳的要求要更高些。二是活，能灵活转动。三是整，和全身连接一体。太活、太散了也不行，要以腰带动全身。有人说练拳长腰劲，就是指腰带动四肢的作用要发挥出来。要在每一个动作中体会“腰为主宰”的感觉。

身如火药，一动即发 太极拳谚。遇敌则打，发劲迅猛快捷，不可拖沓，但关键是目标要准确。在拳术技击中，身体就是武器，正确处理好蓄与放的关系是有效发挥武器效能的关键之一。

手慢打手快，无力打有力 太极拳谚。讲述太极拳的技击方法。“慢”是法、是过程，快是结果。“无力”是不用多余的力，不用拙力，在最后的瞬间应是有力，有整力，有巨大的爆发力。开始“有力”就会被拿、被打，但最终无力也没有功夫。能把意、气、力相结合使用，为太极拳的技击法要。

松柔则长，僵劲则滞 太极拳谚。松柔为太极拳的“正品”。达到了松柔的程度，肢体的伸缩就可获得最大限度的自由，功夫也随之逐渐增长。若僵劲去不掉，则灵活度不够，气滞、力滞、行滞，只能流于下乘功夫。

虽变化万端，而理为一贯　太极拳名言。语出王宗岳《太极拳论》。太极拳在中国武术中虽形成较晚，但发展最快。流派众多，招式亦洋洋大观，内功、内劲层次丰富。技术上尚巧善变，临敌随曲就伸，舍己从人，故曰变化万端。但无论是哪种太极拳，无论是练拳架还是运用于技击实战，所遵循的基本法则是统一的，即太极之道，符合阴阳变化的规律。这是太极拳的科学内核。这里的“理”是中国古代哲学和人体科学结合的产物，也是衡量一个人太极拳水平的重要标准。

太极本无法，动即是法　太极拳谚。行拳前的准备状态为无极，动之则分，生出阴阳，阴阳的交互规律为“法”。每一动皆要循乎阴阳规律，须臾不可脱离。

太极处处皆是手　太极拳谚。人体为一太极，处处含阴阳，每点都可作为发力点。一动无有不动。

太极者，无极而生，阴阳之母也　太极拳名言。此为王宗岳《太极拳论》的开宗明义，解释“太极”的含义以及太极拳的由来。练太极拳不可不知“太极”，这里说明了把握太极拳的两大要点：一是整体观，二是平衡和谐。“无极”是一个整体的概念，中国哲学认为，“无极”乃是天地之始，也是人体之始，是人的婴儿状态，练太极拳就是返璞归真，去杂念，健身心。开始练习太极拳时，很多师父要求弟子站无极桩，就是体验无极的状态，还有分阴阳的状态，体验人体内外的完整性。由“无极”到“太极”，分了阴阳，有了阴阳，就有了矛盾，一阴一阳之谓道，太极拳就是解决、处理、平衡、和谐人体各种阴阳矛盾的一门学问。太极拳运动的关键也在于把握运动中的阴阳要素，如收放、开合、进退、内外、快慢、攻防等，依照科学规律来锻炼，就会取得良好效果。

体松静气内外合，虚实刚柔聚一身
太极拳谚。太极拳是心、意、气、神、形完整合一的运动，气由体内静，神领形体松，内外相合后，阴阳自然协调，全身劲气神意充足，虚实刚柔兼备。

调息绵绵，操固内守　太极拳诀。呼吸之道，在于自然。绵绵调息，就是不间断，轻微、深长、均匀。调息也要和意念相结合，有时注意行拳、调息过程中身体的一些感受和反应，就是调息和动作、内气相呼应，不是孤立、简单的呼吸。

太极浑身都是手　太极拳谚。指通过系统的训练，掌握了太极拳的技击方法，身上有了太极内功后，全身处处协调一致，感觉灵敏，随处可感知劲，可化劲、运劲。每个部位都可用于防守和进攻。

太极十年不出门　太极拳谚。太极拳功夫精深，层次丰富，反复揣摩，不断有新的内容，需长期坚持不懈地习练方可登堂入室。“十年”形容其所花费的人的精力、功夫之大。练拳若想有成，需精心揣摩、勤加练习，最忌浅尝辄止。

无处不是圆，无处不是拳　太极拳谚。太极拳从一定意义上说，是一种画圈的技术，由大到小，由有序到乱环再到空无，圈的质量能衡量拳的质量。拳法练到深处，就是将太极之道贯彻到一切言行举止中，以拳理行事，即为入了拳道。

无使有缺陷处，无使有凹凸处 太极拳名言。人是一个整体，拳师发现，混元状态有利于发挥人体的最大潜能。混元状态的要求之一就是圆满，形要圆，意要贯，不出尖，不塌不瘪，劲力舒张充沛，拳势流畅通达，于是心手相应，环环相生。

先动为师，后动为弟。能教一思进，莫教一思退 太极拳名言。武术技击说到根本是一门争先的艺术。争先有直接与间接的形式区别。根据不同的对手及态势选择适当的方法就是一种功夫。行拳、临敌时，处处要存一份进取心。能进时坚决进，在技术性的“退”时，要把握转“进”的时机。

先求开展，后求紧凑 太极拳名言。虽然练拳的程序没有严格的一定之规，甚至不同老师的教学差别也很大，但要少走弯路还是有规律可循、讲究章法的。先开展后紧凑是大家比较认可的一个原则。这是因为：其一，开展易练，紧凑难掌握，故入手先开展，由大而小较为自然；其二，开展为松，可先去习练者的僵硬感，打下良好的基础，至紧凑时才能做到内外合一；其三，开展幅度较大，动作的形态感较强，有助于初学者体会动作要领，紧凑时，习练者可更多地注重对拳理内涵的体悟及神气的贯彻。

先在心，后在身 太极拳谚。要体察事物的本质，就要在众多矛盾中找到主要矛盾，并随时掌握矛盾性质的变换。习练太极拳，心意为核心，形体为其外在的表现。故在练拳中应重点体会精、气、神的锻炼，同时使拳架尽量符合内在需求。尤其在初学时，在动作基本到位后，要把重点放在“心”上。待功夫精深，心身一体，身动则心随，身动则心应，处处皆太极，此时就到了“后在身”的程度了，即不必“专心”而心意自在。

心为令，气为旗 太极拳谚。太极拳是一种讲求内功的拳法，通过形体引导行气。人之一身，心气相通，心血相连，一切源于意念的活动。心、气的关系是内功的关键之一，以心行气，意到气到。但这里有个协调的问题，即气若完全实现心之所向，其中的传导机制是关键，太极拳通过种种方法所练习的就是改善心到气的连通性。

心为一身之主，肾为性命之源 太极拳诀。中国古典养生理论一贯将心、肾相连，从五行的角度看，心为火，肾为水，心肾相交，水火既济，才能阴阳平衡。如果肾气不足，严重亏损，就是伤了根本，如同大树枯根，枝叶难以茂盛。所以养生必先养肾，练拳也要先固肾。固肾的一个重要条件就是清心寡欲，要把练拳和修心结合起来。

形如搏兔之鹄，神如捕鼠之猫 太极拳名言。静是太极拳的一种形态，不是它的全部内涵。动也是太极拳的内容之一，包括3个方面：形为其一，势为其二，神为其三。其中形包括了方向、转折、蓄放等，神则是动的内在因素。

行气如九曲珠，无微不至；运劲如百炼钢，何坚不摧 太极拳名言。“九曲珠”，一种解释为“一个珠内有九曲弯”，另一种解释为“九”为虚数，代表“很多”之意。太极拳能练到行气遍布全身，无处不至，处处圆润，则内气功夫即成。运劲的过程如同炼钢一样，要由生至熟，由粗到细，由柔转刚，自然无坚不摧。

蓄劲如张弓，发劲如放箭 太极拳谚。太极拳之劲力为内功，一要外无形，让敌无从把握；二要圆满充沛，如弓张满。发劲时要准确、迅捷，敌尚不觉，而作用过程已实施完成。

眼乃心之苗 太极拳谚。练拳中十分注重眼法的运用，眼神的表现具有强烈的形式感，但不能仅局限于对其外形的把握，应通过它来体现真正的心意活动。拳架的动作形态、眼神的空间伸展方向、心意的活动状态这三者需达到完整统一。

仰之则弥高，俯之则弥深 太极拳名言。语出《太极拳论》。俯仰为太极拳的高层次技术，又指太极拳的上下方位，仰为上，俯为下。敌意高，我意则更高，使其觉高不可攀。敌意在下，我意更下，使其觉深不可测，敌便顿然失控。俯仰技术还有个转换问题，在上时需有下意，在下时需有上意，如此方意气换得灵。

要想拳好练，除非圈小练 太极拳谚。太极拳是圆形的运动。初练时，圈画得大而显，进而由中圈至小圈，由有形至于无形，逐渐舍弃形式，深入髓里。

一动无有不动，一静无有不静 太极拳名言。心动则体动，心静则体静。一点动则点点随，主次分明但浑然一片。动和静之间还要有平滑的过渡，不能产生强烈的跳跃。

一举动，周身俱要轻灵 太极拳名言。轻灵即松柔中寓活泼，太极拳从头至尾皆应持此风格。不论发劲、蓄劲，不论起、落、转、承，不论单练还是对阵，都要将这一点作为一把标尺来衡量。

一羽不能加，蝇虫不能落 太极拳名言。喻指太极拳修炼的高层境界所达到的对外界的敏感程度。通过长期习练太极拳，习练者对外界环境的变化有着高度敏感的体察力，对些微劲力均可产生反应，从而始终占据技击的主动。也指练习太极拳过程中应轻快灵敏。

以气运身，务令顺遂 太极拳名言。练气是太极拳中重要的一环。练气包括养气、运气两大方面。运气又有循行经络、气运全身等方式。以气运身，其目的是获得气在形体内外的顺遂，要达到以气运身的功效，行拳架势也必须顺遂。

以心行意，以意导气，以气运身 太极拳名言。心、意、气是内功的三大要素。互相之间密不可分，一体连贯。分而论之，只是层次的区别。心为最内核的部分，是人本性、本能对自然的体悟之所在。用心发挥的层次就是发挥本源能量的层次，意、气皆为运作、修炼阶段。太极拳内功练习要有循序渐进的过程，不能杂乱无章。

阴阳明而手足得其用，虚实定而攻守得其宜 太极拳谚。掌握了阴阳的基本规律，身体各部分的运用就会最大限度地发挥功效，自然达到合理的状态。

盈虚有象，出入无方 太极拳名言。盈虚变化为自然界阴阳消长的规律。“方”是原则，“出入无方”是一种高度自如的境界，是脱开种种束缚后的厚实，如此，其间的盈虚便合于道了。

用意不用力 太极拳谚。强调意念运动在太极拳练习中的重要作用。阐释了太极拳练习中精神与形体、意识与内功的相互关系，向来被视为太极拳训练的练功依据。此处的力指拙力、僵力及未经锻炼的、影响人体内外放松的习惯性用力方法。用意念来协调全身，使之得到高度入静、放松，并进而自松而整、由柔而刚，练就高层次的太极拳内劲。人体的健康有赖于身心的和谐，意念的适当运用是达到这一目的的必要保证。

由懂劲而阶及神明 太极拳谚。太极的劲力训练是分层次的。首先是消除非太极拳之劲，其次是明白太极拳之劲，再次是深化提高所明白的太极拳劲力，最后豁然贯通，举手投足皆太极拳之劲。前两者为懂劲阶段，后两者为“阶及神明”的过程。要懂劲，有很多练习、体悟方法，但有两点必不可少：一是要领准确，二是拳架精熟。阶及神明是一个长期的过程，循序渐进、持之以恒才有可能实现。

有上则有下，有前则有后，有左则有右 太极拳谚。太极拳是立体化运动的拳术，人体就是一个立体化的科学结构，最大限度地发挥其潜能也只有立体化的运动才能实现。这种立体化表现方式有多种，其中最明显的是运动方向的立体化，即上下相应，前后相对，左右相承，再加之内外相合，于是具有了支撑八面的感觉，处于不倒之地。

有意莫带形，带形必不赢 太极拳诀。兵法云“莫测谓之神”。拳术中，意的作用具有两个突出的特点：其一为从根本上调动了人体潜能参与运作，其二为具有了脱形的莫测性。但意又与形相联结，以意使形，“使”的高级境界是“合”，合的含义之一就是适时地形诸外。如果意的含蕴性不够，就是“带形”，就暴露了“意”图，为对方所乘，此为下乘功夫，必然“不赢”。

只求神意足，不求形骸似 太极拳诀。太极拳是练意的拳法。内壮精气神是它的基本内涵。神意足自然就形骸正，求神意足的过程就是正形骸的过程。因此从练习伊始，就应由求神意入手，以其为准绳。如果忽视了这一点，过多地把着眼点放在求形骸相似上，则是颠倒了本末，容易形骸似而神意死，这样练拳是一种僵化的机械模式。

左重则左虚，右重则右杳 太极拳名言。语出王宗岳《太极拳论》。杳，无影无形，无从体察之意。重，实、不动之意。对方自左方来攻，当其形成定势，无法再变之际，我则将左方虚之，使对方落空。右方同理。这也是舍己从人的法则。

周身一齐合到一块，神气不散，方能一气贯通，卫护周身 太极拳名言。练拳要求一个整劲。周身合在一块，不是拘谨地紧贴，而是四肢、躯干互相之间有着一种很协调的对应关系，这样才能将神气抱成一团，是一种开展性的“合”，于是气息很顺畅地周流全身，起到护卫作用。

提顶吊裆心中悬，松肩沉肘气丹田；裹裆护肫须下势，含胸拔背落自然 太极拳名言。语出《身法八要》。反复被各种太极拳论文使用。头部既要正直向上，又不能使劲顶，体会“提”字，仿佛头上有线吊着，而且一直吊到裆部，上下一线，又直又松。只有做到松肩沉肘才能气沉丹田，肩不能耸、不能端，肩和肘的关节都是松开的。也有人将太极拳练拳中的肩部毛病比喻为“寒肩”，就像是感觉到寒冷缩起肩来。“裹裆”是保持裆部的开圆，裆部开圆了，行步就能分清虚实，也使人体中、下部气脉贯通。肫是鸟类的胃，这里代指人体的胸腹部位，沉身静气对人体内脏有温养作用。胸略内含，不可硬挺，依然保持虚和松的状态。脊背要自然挺拔，胸含背不拔就会窝住，背一拔身形就展开了。概括理解身法八要，勾画出了太极拳的整体形象，各部分要领虽说法有别，但原则是一致的，而且各部分是相互关联的，一个部位出了问题，其他部位也很难做好。

尾闾中正神贯顶，满身轻利顶头悬　太极拳诀。中正是太极拳的一个要领。这里强调了中正的关键点之一“尾闾”的作用。中正是对全身的要求，但尾闾首先要调正，尾闾一正，对应头顶竖起，就上下贯通，精神提起，头顶上就像轻轻悬起。“悬”字表明既轻且正，正直向上，不沉重，达到所谓神贯顶的身体状态。把这种形态定型，形成自然后，就会觉得全身放松。不把顶上功夫练好，很难做到一身松开，即使躯干端正，也会僵硬。所以练习太极拳，头部要领很关键。

无过不及，随曲就伸　太极拳名言。练习太极拳的重点是要把握“中”的原则，保持最适度的状态。太极拳把人体比作太极，身体一动，就分了阴阳。在打拳过程中，要动中有静，阴阳元素即使分开时，也要时时处处有相合之意、合的趋势，这样才平衡，而且是动态的平衡，始终抱元守一，不能散。不散的一个方法就是不能过，也不能泄，这就是“无过不及”，守中。身体中正，意念中和。“随曲就伸”就是顺应人体运动的自然规律。

虚灵顶劲，气沉丹田；不偏不倚，忽隐忽现　太极拳名言。气顺，需上下贯通。百会穴有向上领起之意，但又不能死顶，以免造成气血上涌，所以要“灵”，要虚领起，精神就提起来了。脚松下去，上下有了端正挺拔的感觉。中间气沉丹田。这样上中下三位一体。动起来也要保持这种状态，不能前仰后合，左晃右摇，变化上虚实分明，劲力运转流畅。

一处有一处虚实，处处总此一虚实
太极拳名言。语出《太极拳论》。太极拳的每一处都含有一对虚实矛盾：练拳时，手脚有虚实，行功开合有虚实；技击时，敌我有虚实；发劲时，蓄放有虚实。故有拳师强调，太极拳即为虚实拳。但千变万化的虚实又统一于大的虚实之下，所谓“总此一虚实”，这一原则包括虚中有实、实中有虚，虚实相生、虚实相应、虚实相依，虚实相分等内容。

意气君来骨肉臣　太极拳名言。语出《十三势歌》：“若言体用何为准，意气君来骨肉臣。”在太极拳中，练“意”是根本、核心；“意”为源，无源之形体为枯朽；“意”为帅，统一身筋骨血之纲。“意”在先，骨肉从之，方可使拳势浑然一体。

学拳容易改拳难　太极拳谚。这里的“易”和“难”是相对而言的。初学拳时，不严格，不求甚解，不明细节，不按规格、要领去练，重复错误动作，一旦形成错误的动力定型，再要改变错误，重新建立正确动力定型，就比初学时更加困难了。所以，这条拳谚要求学拳时，严格遵照正确的动作规格，扎扎实实地建立正确的动力定型，掌握一式，再学下式，力避贪多求快、囫囵吞枣。

眼无神，拳无魂 太极拳谚。眼乃心之苗、心灵之窗。武术运动要求以眼神表达动作的攻防意识，展示习练者的个性。而动作的攻防意识、习练者的个性，正是拳技的重要内涵，恰如人之灵魂。故言“眼无神，拳无魂”。

练拳不活腰，终究艺不高 太极拳谚。腰在武术技法中的作用非常重要。外形动作要以腰为轴，内劲蓄发要求从腰脊发力。此外，身法动作全依赖腰部的运动。因此，腰是否“活”，“活”的程度如何，是衡量武技水平的基本指标之一。如果腰不柔活，又不下功夫练，那么其技艺终究是高不了的。

打拳不溜腿，必是冒失鬼 太极拳谚。溜腿概指腿功练习中踢摆腿等“动转”练习方法。溜腿具有锻炼、提高下肢动转幅度和变换灵活性的作用，还可作为每次练拳开始时的专项准备活动之一。如果练拳前不溜腿，由于下肢没有得到大幅度的动转锻炼，练拳时突做踢腿和腾空腿法等动作时，就可能拉伤肌肉。如果习练者始终不溜腿，下肢动转幅度必然得不到提高，就会使行拳和攻防格斗时下盘不灵活，起腿和迈步感到勉强，导致支撑脚站立不稳，甚至出现失势或倾跌。

先看一步走，再看一出手 太极拳谚。步法是人体移动、出手打拳的根基。因此，在评论某人太极拳水平高低时，要先看其步型、步法是否合乎规格，移动是否轻灵，踏地是否沉稳，再看其上肢的技能高低。

迈步如犁行地，落地如树生根 太极拳谚。指迈步时，脚贴近地面（不能高离地面），犹如犁地一般。落步时，全脚掌着地，五趾抓地，沉稳踏实，如树生根一样。

外练筋骨皮，内练一口气 太极拳谚。“筋骨皮”指人体的肌肉、肌腱、韧带、骨骼和皮肤，引申为人的体表。“气”指呼吸之气和意气支配在体内运转的内气。这一谚语要求练武者既要外练又要内练，外形与内气协调。练外与练内的统一，在硬功练习中特别突出。练功时以意领气，意气到处或承抗外力，或发力攻坚，这样内外相兼地练功，可达到内壮外强的目的。在一般拳技练习中，则是在以体导气、以气运身的要求下，使“筋骨皮”和“内气”同时得到锻炼。也有习练者采用注重练气的功法，配合注重练外的功法或拳技进行练习，达到内外俱练的目的。

学会三天，练好三年 太极拳谚。谚语中的“三”是概数，“三天”比喻时间短，“三年”比喻时间长。意思是短期内虽然能够学会一些招法或一个拳路，但要想练好它，必须坚持长期刻苦训练，这样才能由会到熟，由熟到悟，逐步达到巧妙的程度，方可言好。

一日练一日功，一日不练十日空 太极拳谚。强调练武必须常年不辍、持之以恒，这样才能使动作在反复强化的过程中形成动力定型，使机体在不断接受运动刺激的过程中提升素质或者增强某些部位攻击和抵御能力。一般地，能坚持适量的锻炼，练一天就有一天的功效。但对“一日不练十日空”，也不能机械地理解为一日不练，前面十天就白练了。据有关研究，已建立的条件反射，有一段时间的保持期，已获得的运动素质也能保持一段时间。只要不是三天打鱼两天晒网地对待锻炼，那么由于社会和个人身体状况等原因偶尔停练一两天，并没有“十日空”的危险。如果在工作和锻炼中过于劳累时停练（休息）一两天消除疲劳，在身体获得超量恢复时再练，效果会更好。

柔过渡，刚落点　太极拳谚。阐述了武术发劲方法的一般特征。发劲动作处于过渡、变转过程时，肌肉相对放松，外形运转较柔缓，可呈圆弧形；当发劲动作接近攻击目标时，加速收缩肌肉，外形动速急增，呈直线形，刚硬重实地击中目标。

附录

附录一　太极拳运动重要事件

1372—1374 年　明洪武五年（1372），陈卜由山西洪洞县移民至河南怀庆府东南建村定居，后村名改为陈卜庄。明洪武七年（1374），陈卜率全家迁居温县城东陈家沟，时称常阳村。陈卜为陈家沟陈氏立业第一世。

1374 年　明洪武七年，为御盗匪，陈卜于常阳村设武学社，收徒传艺，“开陈家沟世代习武之先河”。

1562 年　明嘉靖四十一年（1562），民族英雄、军事家戚继光（1528—1588）著《纪效新书》刊行，为太极拳的创编提供了拳术套路及拳架名称的基础。

1600—1680 年　陈王廷（1600—1680），又名奏庭，为陈家沟陈氏家族第九世。明亡，晚年归隐家中，“闲来时造拳，忙来时耕田”，他吸纳前人积累的有关知识成果，结合家传武术与自身一生习武经验，初创一种刚柔相济的陈氏新拳架，实乃中国太极拳之发端。

1771—1853 年　陈长兴（1771—1853），字云亭，陈家沟陈氏第十四世，陈氏太极拳第六代传人。他在祖传太极拳的基础上，由博返约，加工整理，创编出陈式大架一路和二路（炮捶），亦称老架一路、二路。陈长兴撰有《太极拳十大要论》《用武要言》《太极拳战斗篇》等。

1780—1858 年　陈有本（1780—1858），字道生，和陈长兴同一辈分，在原创陈氏老架的基础上，创编出陈式太极拳小架一路、二路，亦称新架一路、二路。

1795—1868 年　陈清平（1795—1868），陈家沟陈氏第十五世，陈式太极拳第七代传人。他师从陈有本，于赵堡镇设馆授徒，在师传基础上又有创新，时称“赵堡架”。后称赵堡太极拳。

1799—1872 年　杨露禅（1799—1872），原名福魁，直隶省永年县（今河北省邯郸市永年区）广府镇人。16 岁时，他赴河南陈家沟从陈长兴学陈式太极拳（大架），凡三往，得真传。约 1842 年，他赴京教拳，创杨式太极拳。

1810—1890 年　和兆元（1810—1890），河南温县赵堡镇人。从陈清平学陈式小架太极拳，后创和式太极拳。

1812—1880 年　武禹襄（1812—1880），名河清，直隶省永年县（今河北省邯郸市永年区）广府镇人。他从陈清平学陈式小架，融王宗岳《太极拳谱》拳理，创武式太极拳。

1854—1859 年　武澄清（1800—1884），字霁宇，清直隶省永年县（今河北省邯郸市永年区）广府镇人。他时任河南舞阳县令，在任 5 年，于该县北舞渡镇盐店得王宗岳《太极拳谱》。

1851—1917 年　李瑞东（1851—1917），名树勋，字文侯，清直隶省武清县（今天津市武清区）人。他从杨露禅学太极拳，综合杨式各种捶法于一炉，创编“太极五星捶”，亦称李式太极拳。

1860—1933 年　孙禄堂（1860—1933），

名福全，清直隶省完县（今河北省顺平县）任家疃人。他从郝为真学武式太极拳。约于1918年前后，将太极拳、形意拳、八卦掌熔于一炉，创孙式太极拳。

1867年 李亦畬（1833—1892），《太极拳谱》初稿编成。此书当是一部太极拳论文合集，是王宗岳、武禹襄、李亦畬等众多太极拳宗师的著作。

1870—1942年 全佑（1834—1902），清直隶省大兴县（今北京市大兴区）人，字公甫，满族。他从杨露禅、杨班侯习杨式太极拳。他融杨露禅大架和杨班侯小架为一体，自成太极拳功架。其子吴鉴泉（1870—1942），原名爱绅，从汉改姓吴。他在父传太极拳的基础上，对杨式小架拳又有发展，独创一种以柔化为主的新拳架，人称吴式太极拳。

1881年 李亦畬编《王宗岳太极拳论》，亲手抄三本，一本赠友人郝和，一本授李启轩，一本自留，后世称老三本。

1914年 永年直隶省立十三中学向学生传授太极拳。这是太极拳进入正规学校的开端。

1915年 当时的教育部明令将中国传统武术列入学校体育课程。

1923年 中华全国武术运动大会在上海举行，是中国体育史上第一次武术单项运动会。

1924年 中华民国第三届全国运动会首次将武术套路列为表演项目。

1928年 3月15日，“中央国术研究馆”经南京国民政府批准备案，于3月24日正式开办，馆长为张之江。6月，研究馆易名为“中央国术馆”，隶属南京国民政府。

杨澄甫应张之江邀请赴南京任中央国术馆太极拳教授。

和式太极拳在西北产生较大影响。

郝为真的回族弟子李圣端创办了邢台武术团体——少林社，后改名为邢台国术研究社，首次将太极拳传给回族民众。

10月15日，第一届“全国国术国考”在南京举行。

1929年 中央国术馆创办《国术旬刊》，翌年，更名为《国术周刊》。

1932年 中央国术馆在南京设立“中央国术馆体育传习所”，后更名为“国立国术体育专科学校”。

1935年 2月，杨澄甫举家南迁，以杨振铭、董英杰为助教，到广州中山大学及政府机关教授太极拳。

1936年 1—4月，中央国术馆与国立国术体育专科学校联合组织南洋旅行团，先后在新加坡、吉隆坡、马尼拉等地做了40场武术表演，含太极拳。

7—8月，第十一届奥林匹克运动会在德国柏林举行，国术队随中国代表团赴德表演。队员有郝明、张文广、温敬铭、郑怀贤、金石生、张尔鼎、寇运兴、翟涟源（女）、傅淑云（女）、刘玉华（女）、顾舜华等11人。国术队在柏林、汉堡、法兰克福、慕尼黑举行多场表演，向世界体坛展示了中国武术的风采，博得了观众的赞誉，太极拳也随之彰显了它的魅力。

1937 年 郝少如在上海创办郝派太极拳社。

1941 年 国立国术体育专科学校改名为国立国术体育师范专科学校。

1944 年 10 月 1 日，永年太极拳社成立于上海，傅钟文任首任社长。

1951 年 傅钟文多次带队深入工厂机关学校为抗美援朝募捐，做专场太极拳表演。

1952 年 武术被国家列为推广项目，并设置民族形式体育研究会，依据“取其精华、去其糟粕，百花齐放、推陈出新”的方针，进行武术等民族形式体育的挖掘、整理、继承与推广工作。

1953 年 新中国举行了全国民族形式体育运动大会，包括太极拳在内的中华武术作为大会的主要项目。

11 月 8—12 日，在天津市举行全国民族形式体育表演及竞赛大会，武术是这次大会的主要表演项目之一。大会期间，时任政务院副总理兼国家体委主任贺龙提出了发掘、整理、提高、发扬光大武术的主张。该主张对武术运动发展有着重要的指导意义。

11 月，中央体育学院成立，钟师统为院长，赵斌为副院长。

1954 年 1 月 17 日，为了给慈善事业筹款，吴式太极拳家吴公仪和白鹤派拳家陈克夫在澳门新花园公开比武。此活动受到舆论界的关注。

5 月，国家体委对武术工作制定了“挖掘、整理、研究、提高”的方针，成立了武术研究室，决定从太极拳着手，组织编写统一规范的武术教材，为普及开展武术健身活动创造条件。

7 月，中央体育学院成立了武术教研室，由张文广先生担任首位教研室主任。

1955 年 国家体委运动司下设武术科（后改为武术处）。

国家体育运动委员会武术处毛伯浩、李天骥、唐豪、吴高明等专家多次研究，决定创编一套简单易学、容易普及推广的太极拳。之后，以杨式太极拳为基础，他们创编出了一套简化太极拳。

1956 年 2 月，国家体委运动司武术科所编的 24 式简化太极拳正式公布。吹响了向全民推广太极拳的号角。

9 月，中国武术协会成立，下设教练委员会、裁判委员会、科研委员会，各省、市设武术协会分会。

1957 年 国家体委运动司武术科组织专家在传统杨式太极拳的基础上，创编了 88 式太极拳，用于推广。

6 月 16—21 日，全国武术评奖观摩大会在北京举行。这次大会除提出发展包括太极拳在内的长拳类外，还要求发展传统项目。

1958 年 7 月，北京体育学院（现北京体育大学）成立武术系（后改为体武部、武术学院），其后上海、成都、武汉等地区的体育院校也相继恢复或成立了武术系。武术系皆设太极拳课。

1959 年 10 月 1 日，日本自民党顾问松村谦三应周恩来总理之邀，率团来京参加国庆盛典。总理会见时，谈到太极拳是中国的一种优秀传统文化，学练太极拳可以强身健体、修身养性。松村谦三即渴求学练。由国家体委指派武术家李天骥向松村谦三传授简化太极拳，此为中华人民共和国成立以来太极拳正式传入日本之始。

1960 年 毛泽东主席在送审的党中央《中共中央关于卫生工作的指示》草稿中加了一段话："凡能做到的，都要提倡做体操，打球类，跑跑步，爬山，游水，打太极拳及各种各色的体育运动。"3 月 18 日，批语在《人民日报》发表。

1961 年 6 月，国家将推广的简化太极拳编入体育学院《武术》教材，从此太极拳正式纳入高等学校教学内容。

1972 年 2 月，美国总统尼克松一行访问中国。2 月底的一天，基辛格由国家体委主任李青川等陪同前往北京体育学院（现北京体育大学）参观，并参观了国家体操队和武术青训队的表演，由门惠丰、夏柏华两位教练员负责组织安排。坐在主席台上的基辛格第一次看中国武术表演，连连竖起大拇指叫好，过后曾当面向周恩来总理提出邀请中国武术代表团去美国访问。这为中国武术走向世界做了铺垫。

4 月，日本友好人士古井喜实来中国学习太极拳。此间，由李天骥、张山向古井喜实教授了 24 式太极拳、88 式太极拳和太极剑。20 世纪 60 年代，周恩来总理向古井喜实推荐了中国太极拳。古井喜实在日本率先举办了日中友好太极拳健康大会，发起成立了日中太极拳交流协会，促进了太极拳在日本的发展，促进了日中友谊的发展。

1973 年 4 月，应广州交易会的邀请，由张山率领中国武术代表团为中国春季广交会表演。

1973 年下半年，中国正式开始选拔优秀运动员组团访问美国，至此迈出了武术走出国门的重要一步。而后相继往多国派出武术代表团，打开了武术走向世界的大门。

1974 年 6 月 5—17 日，由佐藤隆之助为团长的日本太极拳代表团访问我国北京、上海、杭州和广州等城市。

1976 年 国家体委运动司武术科组织专家门惠丰、李德印、王新武等，在传统杨式太极拳的基础上，新编出 48 式太极拳。

1978 年 11 月 16 日，日本国会议员以三宅正一为团长的代表团访华，邓小平接见代表团全体成员。三宅正一介绍了太极拳在日本的开展情况，并请求邓小平为太极拳题词，邓小平欣然接受，题写了"太极拳好"。该题词对中日太极拳的发展乃至世界太极拳的发展产生了深远影响。

1979 年 国家体委武术处建立技术等级制度，确定了一批在武术活动中发挥骨干作用的知名武术家作为第一批国家级裁判员，批准了蔡龙云、邵善康、顾留馨、王菊蓉、李天骥、何福生、沙国政、马贤达、温敬铭、潘清福 10 人为国家级裁判员。

由人民体育出版社正式出版发行《四十八式太极拳》。该书由门惠丰教授执笔撰写。48 式太极拳套路与简化太极拳套路形成初级、中级的系列。

1980 年 5 月，国家体委在北京召开全国武术工作座谈会。参加会议的有来自全国各地的老教授、老拳师、教练员、基层体委干部、武协委员、科研人员、出版社编辑等。会议回顾总结了中华人民共和国成立30年来武术开展的情况、经验和问题。会议对武术遗产的挖掘、整理、研究等方面的问题以及对武术技术发展方向的问题进行了讨论，认为：武术是体育项目之一，不仅能增强体质，有健身价值，而且具有技击价值，因而不能忽视技击方面的技术。国家体委主任荣高棠、副主任李梦华到会讲话。

1981年 3月，全日本太极拳协会理事长三浦英夫率团30人到河南温县陈家沟访问学习。

1982年 11月，《中华武术》杂志在北京创刊。由中国武术协会主办、人民体育出版社出版。

11月，在中华全国体育总会、中国武术协会的大力协助下，武术界德高望重的李天骥和沙国政赴日本参加讲习会，之后每年都派遣太极拳名师赴日举办讲习会。

12月6日，中华人民共和国成立以来，第一次全国武术工作会议在北京召开。28个省（自治区、直辖市）共367人参加了大会。大会上，时任国家体委副主任的徐才先生作了“团结起来，共同奋斗，开创武术新局面”的报告，提出“要积极稳步地把武术推向世界”。国家体委主任李梦华在会议上作了总结讲话。会议结束后，国家领导人在人民大会堂会见全体与会同志并合影留念。

12月，北京大学成立武术学会，其中专门设立了太极拳学会分会。这是我国高等院校的第一个太极拳组织。此后，全国100多所高校陆续成立了太极拳组织，培养了一批又一批的高校学生太极拳爱好者。

1983年 5月，国家体委武术挖掘整理领导小组在江西南昌召开全国武术挖掘整理工作会议，研究和落实在全国推进武术挖掘整理工作，即1983年至1986年3年时间全面完成挖掘整理工作。

7月，陈正雷、王西安应邀访问日本，陈家沟拳师首次走出国门。

9月，在上海举行第五届全国运动会，5000名来自社会各界的太极拳爱好者齐聚上海人民广场，表演太极拳，开了大型团队集体表演太极拳的先河。

1984年 1月，由中国武术协会、《中华武术》杂志等联合举办的全国“全国千名优秀武术辅导员”评选活动揭晓，同时在北京召开表彰奖励大会，其中有一大批太极拳优秀教练员受到表彰。

4月，在武汉成功地举办了国际太极拳（剑）表演观摩会，有来自加拿大、美国、日本、新加坡等12个国家民间团体参加，我国北京、上海、广州等代表队参加了比赛。

6月，应日中友好协会的邀请，中国武术代表团一行12人抵达日本大阪参加首次全日本太极拳——中国武术表演大会。

9月，全国太极拳、剑邀请赛在黑龙江省哈尔滨市成功举行，为太极拳在全国列为单一专项比赛奠定了基础。

10月，应中国武术协会邀请，法国、德国、意大利、日本、墨西哥、菲律宾、新加坡、瑞典、美国、泰国等国家和我国香港、澳门地区的武术组织负责人到武汉市参观了全国武术比赛，借机就武术如何在世界进一步发展的问题充分交换了意见。他们一致认为，武术不仅是中国的宝贵文化遗产，也是世界各国人民的共同财富，并建议尽快成立国际武术组织，希望中国武术协会在1985年组织国际武术邀请赛。这是中国武术走向世界的重要一步。

1985年 1月，国家体委首次颁布《武术运动员技术等级试行标准》，将运动员分为武英级、一级、二级、三级和武童级5个技术等级。

8月，国际武术联合会筹备委员会在中国西安成立，比利时、加拿大、法国和中国等17个国家和地区的代表参加。秘书处设在中国，徐才任筹委会主任。

9月，全国太极拳邀请赛在哈尔滨举行。这为此后太极拳列为单项比赛打下了良好基础。

1986年 3月，成立国家体委武术研究院。主要任务是对武术运动的历史、理论、技术和有关方针政策进行研究，培养和训练武术骨干队伍。

3月20日—4月9日，国家体委在北京召开全国武术遗产挖掘整理成果汇报会，并举办成果展览，其中很大一部分是有关太极拳的珍贵史料。一批极有价值的太极拳技、拳理的祖传孤本、善本、抄本成为继承、发展太极拳的宝贵史料。

8月，日本代代木国立综合体育馆的第二体育馆第一次举办了全日本太极拳交流大会，邀请以北京体育学院（现北京体育大学）张文广教授为团长的5人代表团赴日本，参加盛大的交流大会。在此之后，交流大会每年都在代代木国立综合体育馆的第一体育馆举办。

11月3日，亚洲武术联合会筹委会成立。筹委会委员包括中国、日本、斯里兰卡、菲律宾、新加坡、泰国6个国家和中国香港、澳门地区。中国为筹委会主席国，秘书处设在北京。

武术挖掘整理取得了丰硕成果。初步查明，流传各地的“源流有序、拳理明晰、风格独特、自成体系”的拳种有129个；各省市编写的典籍总计字数达651万多字；录制70岁以上老拳师拳艺395小时；收集有关文献资料482本，古兵器392件。其中属于太极拳领域的成果蔚为可观。

1986年开始，国家体委正式决定，将太极拳这一特殊拳种单列为国家级专项比赛项目，每年举行一次。此举为推动太极拳运动在全国向高层次发展的战略性举措。

1987年 6月，中国体育科学学会武术学会在北京成立。

6月，中国武术协会、国家体委武术研究院等部门，首次在北京联合举办全国武术学术研讨会。研讨会上，太极拳论文数量占一定比例。

8月，国家体委印发《关于加强武术工作的决定》。

9月，在日本横滨国际会议场举行了亚洲武术联合会筹委会全体代表大会。中国、日本、尼泊尔、菲律宾、马来西亚、斯里兰卡、印度尼西亚、新加坡、泰国等国家和地区代表参加了大会。大会通过了《亚洲武术联合会章程》，选出了亚洲武术联合会领导机构。

1987年9月，徐才于杭州主持召开国际武术联合会筹委会扩大会议。

1988年 10月，中国国际武术节在杭州召开。

1989年 中国武术研究院组织创编并公布了杨式40式、陈式56式、吴式45式、孙式73式四种太极拳竞赛套路，突破了民间传统太极拳与竞技太极拳之间的隔阂，把传统武术纳入竞技体系。

中国武术研究院组织著名教练员、太极拳名家和部分优秀运动员创编了《42式太极拳竞赛套路》。

中国武术协会、中国武术研究院授意武汉体育学院于1989年联合郧阳地区体委组成了“武当拳派的源流、拳系及内容研究”课题组，并列入1990年亚运会科研攻关课题，这也是中华人民共和国成立以来武术界第一个部委级科研课题。1992年7月结题并开了认证会。

1990年 《42式太极拳竞赛套路》被定为亚运会武术比赛规定套路。

9月，北京第十一届亚运会开幕式上，中日两国1500名太极拳选手集体表演了24式简化太极拳。

9月，亚洲武术联合会在北京举行了第三次代表大会，村冈久平以出色的工作成效和不负众望的外交能力当选为亚洲武术联合会秘书长。此后，他为将武术列为1994年在日本广岛举行的第十二届亚运会比赛项目做了大量的卓有成效的工作。

10月3日，国际武术联合会在北京正式成立，以推动各个国家和地区武术团体的联合与统一。38个会员中的31个国家和地区代表参加了成立大会。

11月20日，永年县人民政府公布杨露禅故居、武禹襄故居为县级重点文物保护单位。

1991年 8月，西安永年杨式太极拳协会与台湾中华太极拳馆联合举办海峡两岸杨式太极拳交流大会。

10月27日，全日本太极拳协会会长及川勋子从日本带来6株樱花树，分别亲手植到杨露禅墓地与武禹襄故居。

11月，杨露禅墓地被列为县级重点文物保护单位。

1992年 9月5日，首届中国·温县国际太极拳年会在温县举行。原中共中央副主席、中共中央顾问委员会常委、中国武术协会名誉主席李德生，河南省委副书记、省长李长春参加开幕式。

9月，全国重点单位太极推手观摩交流大会在山东济南顺利举办。这次大会内容丰富，有交流座谈，各位拳师和教练员、运动员积极发言，提出了许多珍贵意见。有11个代表队介绍了他们的练功方法。这也是开展推手10年来第一次举行这种活动。

11月5日，永年县被国家体委命名为“全国武术之乡”。

傅钟文被国际奥委会瑞士总部授予“奥林匹克奖章”。

12月4日，温县被国家体委命名为“全国武术之乡”。

1993年 9月，在浙江省杭州市举行全国太极推手观摩交流大会，北京、上海等10多个城市的70多名运动员参加。

1994年 国家体委提出了全民健身计划和奥运争光计划。武术在这两项计划中肩负特殊使命，其中太极拳承担着重要任务。

9月，杨振河应德国太极拳组织邀请前往德国教授杨式太极拳，并在德国创立中德太极拳永年太极拳学院。

10月22日，国际单项体育联合会总会在摩纳哥蒙特卡湾举行第二十八届代表大会，国际武术联合会被接纳为国际单项联合会正式会员。

1995 年 3月，第六届中日太极拳交流比赛大会在日本神奈川县海老名市举行，以张耀庭为团长的中国武术太极拳代表团参加了大会。

6月，国家体委颁布《全民健身计划纲要》，太极拳已经成为练习人数最多的一项健身运动。

9月，北京武术代表团一行18人到中国台湾地区进行友好访问。这是大陆与台湾的第一次武术界的正式交流。

12月18日，国家体委武术研究院、中国武术协会主办的“中华武林百杰”评选活动在山东省莱州市举行，共评出百名武杰、十大武术教授、十大武术名师、十大武术教练和十大武星。很多太极拳名家和著名运动员榜上有名。

12月，中国武术协会、中国武术研究院组织有关专家和传人以钟振山拳架为蓝本编写《武式太极拳竞赛套路》。

1996 年 上海体育学院开始招收武术专业博士研究生。

8月20日，《太极》杂志在永年县创刊，编辑部设在永年广府镇。

1997 年 经国家体委批准，中国武术段位制于1997年下半年开始试行，武术段位分为九段。

中国武术研究院、中国武术协会主持编写的《武式太极拳竞赛套路》公布并出版。

春节前夕，北京市武术院举办了一次别开生面的祝寿活动，庆贺1937年（丑年）出生的同是属牛的武术家、太极拳家夏柏华、门惠丰、吴彬、张山的六十大寿。“四牛”的老师张文广教授出席了活动。

1998 年 4月，国家体育总局武术运动管理中心在北京首次颁发武术段位证书。此次获得段位证书的不仅有德高望重的太极拳师，还有很多活跃在基层，从事太极拳辅导工作的骨干。获得九段的有张文广、何福生、蔡龙云3人，获得八段的有刁云泰、门惠丰、马振邦等26人，获得七段的有83人。

10月，为纪念邓小平题词“太极拳好”发表20周年及中国武术协会成立40周年，由中国武术协会主办，在天安门广场举办“太极杯”万人太极拳表演大会。参加者包括国内外的太极拳爱好者和国家太极拳代表团。中央电视台进行了现场直播。本次活动在中外太极拳界引起了巨大的轰动。

1999 年 1月，杨振国协同郝金祥等应中国台湾郑子太极拳研究会邀请，赴中国台湾地区进行太极拳学术交流。

10月8日，在河北永年广府杨露禅故居前，举行太极宗师杨露禅诞辰200周年祭奠仪式。

2000 年 1月，千禧之年元旦，红日升起之时，中央电视台《东方时空》栏目邀请中国著名武术家门惠丰教授在泰山极顶展演象征着中华民族文化的太极拳，以直升机航拍形式，通过卫星传播给世界各国人民。

3月，由国家体育总局武术运动管理中心、中国武术协会、三亚市人民政府共同主办，中国各地和世界部分国家和地区的万名太极拳爱好者参演的集体太极拳演练在三亚大东海的广场进行。这一活动被载入吉尼斯世界纪录。

4月，中国武术协会制定太极拳全球化发展战略规划——太极拳健康工程，拟将太极拳作为一项体育文化品牌，持续推向世界。

5月，中国武术协会为大力宣传、普及太极拳运动，启动“太极拳健康月”活动，并决定将每年的5月定为“太极拳健康月”。

7月，在国际武术联合会执委会会议上，通过决议，将每年的5月定为“世界太极拳月”，各国各地要举行“太极拳健康月”宣传活动。

10月，太极拳家武禹襄、李亦畲、郝为真、李圣端4位大师塑像立碑仪式在河北永年广府武禹襄故居举行。

2001年 3月21—26日，由国家体育总局武术运动管理中心、中国武术协会、海南省三亚市人民政府共同主办，在三亚举行首届世界太极拳健康大会，来自20多个国家和地区的180多个太极拳团体及3000名太极拳爱好者参加。国际奥委会主席萨马兰奇发来贺词，多位中央领导发来贺词。此次大会在世界武术界引起巨大反响。

7月，在于泰山之巅向世人展演太极拳的基础上，门惠丰和阚桂香经过努力和研究，创编出东岳太极拳、东岳太极剑、东岳太极棒、东岳太极刀、东岳太极枪等一系列颇具特色的太极拳系套路，产生良好反响。

2002年 2月，国际武术联合会获得国际奥委会承认，是唯一领导和管理武术运动的最高国际组织，也是国际奥委会承认的国际体育联合会总会（ARISF）会员。

8月，为纪念中日邦交正常化30周年和中韩建交10周年，在北京天坛公园和国家奥林匹克体育中心举行中、日、韩太极拳交流会。三国太极拳爱好者约3000人集体演练24式太极拳。

美国加州大学生物医学院院长林兴教授（美国卫生部补充与替代医学专业咨询委员会专家）与太极宗师陈正雷一起研究太极运动对身体的保健和康复作用。

7月，美国《时代》周刊将中国古老的太极拳运动比喻为完美运动。

2003年 9月，在北京居庸关长城举行万人太极拳表演。此项活动是北京为迎接2008年奥运会组织的文化活动之一。表演者有武术明星、大中小学生、公安、武警等1.1万人。

2004年 4月，在第二十二届河南洛阳牡丹花会开幕式上举行了名为“激情河洛舞太极”的大型太极拳表演活动，将牡丹花卉、全民健身和迎2008年奥运会活动有机地结合在一起，参加人数达3万，太极拳各流派代表与广大太极拳爱好者一起进行了太极拳表演。此活动载入了吉尼斯世界纪录。

9月，傅公纪念祠落成典礼在河北永年广府镇举行。“傅公”指傅钟文。

2005年 8月21日，太极拳初创之人陈王廷铜像揭幕仪式在河南温县陈家沟举行。

8月，国家体育总局武术运动管理中心、中国武术协会为焦作市颁发“太极圣地”牌匾。

12月，第二届世界太极拳健康大会，以“团结、友谊、健康、和平”为主题，在海南省海口市举行，受到全世界广泛关注。

2006年 5月，国务院发文，将太极拳（陈式太极拳、杨式太极拳）列入第一批国家级非物质文化遗产名录。

5月，中国武术协会委派专家组张山、夏柏华、吴斌3人，参加在巴黎举办的由中国武协主办、法国武术总会承办的中国武术段位欧洲考评班，有意大利、英国、比利时、德国、法国等国100多人参加。

11月，中国民间文化遗产抢救工程经验交流会暨河南省首批民间文化杰出传承人表彰大会在郑州召开。陈小旺、陈正雷被授予“河南省民间文化杰出传承人”荣誉称号。

7月16日，由华南师范大学和加拿大联邦学院共同举办的“2006年太极拳国际论坛”于加拿大安大略省桑德贝市举行。国际武术联合会、加拿大有关政府部门、加拿大武术总会、中国及其他国家的太极拳组织出席会议，中国太极拳主要传人与来自世界其他各地的太极拳专家、学者齐聚加拿大，进行太极拳学术交流。论坛主题为“增强身心健康、提倡文明休闲——促进太极拳在世界科学化传播与发展。”

12月12日，焦作市举办首届全国新农村农民太极拳健身大赛。

2007年 4月，中央电视台军事·农业频道《乡土》栏目播出专题片《太极寻踪陈家沟》。

4月，国务院总理温家宝访日期间在东京市锻炼身体，与日本百姓一起跑步、打太极拳。

6月，中国民间文艺家协会主席刘铁良、副主席夏挽群等到温县陈家沟为温县颁发“中国太极拳发源地”和“中国太极拳文化研究基地”牌匾。

7月，中国武术协会在温县陈家沟举行“中国武术太极拳发源地”揭牌仪式。国家体育总局副局长冯建中，国际武术联合会副主席、泛美武术联合会主席、美国武术联合会主席吴廷贵，国家体育总局武术运动管理中心党委书记何青龙等出席了揭牌仪式。

2008年 8月8日，北京奥运会，武术被设为奥运会特设项目，全称为2008年北京奥运会武术比赛，设套路和散打项目。

10月28日，第三届世界传统武术节在十堰市武当山开幕。

中国武术协会、中国武术研究院修订《中国武术段位制》，从此中国段位制由“套段”转为“考段”，进入规范化、标准化的发展阶段。

2009年 8月8日是全国首个“全民健身日”。为庆祝北京成功举办奥运会、残奥会1周年，迎接中华人民共和国成立60周年，全国“全民健身日”活动启动仪式在北京举行。北京市举行万人表演24式太极拳，以示庆贺。

10月，“中国武术段位制系列教程”由国家体育总局武术研究院组织编写，高等教育出版社正式出版，为由中国武术协会审定并颁布实施的武术段位制教学与考试用书。太极拳系列有陈式太极拳、杨式太极拳、武式太极拳、吴式太极拳、孙式太极拳、和式太极拳等。本书为中国段位制的考评提供了客观标准。

11月，中华人民共和国第十一届运动会在山东济南举办。在开幕式上，在全民健身这一节目中，由1800名女青年集体表演杨式太极扇，创编人杨丽教授在悬空大屏幕上和其学生做扇术对演，开创了大型太极扇器械表演的先河。

2010年 1月，全球功夫网、《全球功夫》杂志专家委员会成立仪式暨首届武术高峰论坛会在北京国际会议中心举行。全球功夫网专家委员会由傅彪担任主席。

12 月，第三届世界太极拳健康大会在杭州举行。

2011 年 10 月，首届中国（泰山）国际太极拳交流大赛在山东泰安举行。

7 月，第八届浙江国际传统武术比赛暨首届国际东岳太极拳比赛在杭州举行。

2012 年 6 月，全国太极拳传统活步推手理论研讨会暨培训班在河南温县太极武术馆开班。

7 月，第十一届上海国际武术博览会举行。此届国际武术博览会有来自加拿大、西班牙、日本、韩国等 20 余个国家和中国香港等地区的近 2000 名武术精英参赛。德国、英国、法国、瑞士等以武会友。本届博览会是有史以来项目设置最多、规模最大的一届。

8 月，“永固杯”第四届中国·温县和式太极拳交流大赛暨非物质文化遗产项目和式太极拳展演大会在温县文化广场开幕。

2013 年 1 月，由文化部、国务院新闻办公室、国务院侨办、广电总局和中央电视台共同主办的“中华之光——传播中华文化年度人物评选”活动揭晓，陈式太极拳大师陈小旺获得“传播中华文化年度人物”称号。

5 月，大型舞台秀《太极图》全球巡演北京首发式在中国剧院上演。共分为 4 个篇章：生命之元、时间之门、能量之变和太极之行。

5 月，由河南省博物院、河南省摄影家协会共同举办的李英杰《太极》摄影作品展在河南博物院展出。

8 月，国家体育总局在京发布中国武术段位制推进情况。国家体育总局领导出席发布会并在讲话中指出，标准化是全面推广、普及段位制的基础。按照由易到难的顺序，从技术元素、动作数量、动作难度 3 个方面，逐段增加技术元素、动作数量，既符合循序渐进、系统学习的原则，又方便习练者理解，使习练武术真正成为老百姓健身的科学方法；要将武术段位制融入全民健身公共服务体系；通过落实全民健身工作“三纳入”的要求，保证武术段位制标准化管理体系的全面实施和常态化发展；要与教育部门合作，将武术段位制教程纳入中小学体育课和课外活动，令人倍感欣慰的是，目前已有近百所高校、中小学将段位制教程列入教学大纲或作为校园课外活动的内容；要将武术段位制实现国际化发展，让越来越多的国外武术爱好者享受段位制带来的健康和快乐；中国武术协会应尽早实施国际武术段位制，满足世界各地武术爱好者参与段位培训和考试、晋升武术段位的需求。

9 月，首届太极文化嘉年华在上海举行，推广太极拳与中国传统文化，让更多年轻人加入到太极队伍中。

2014 年 6 月，第十二届中国·邯郸国际太极拳运动大会在邯郸学院举行，其中太极拳学术报告会着重在太极文化建设和高校责任两方面做了探讨，启迪了人们对太极文化与城市建设以及太极拳现代化发展的思考。

8 月，第五届太极拳散手高级培训班在焦作市正式开课，由国家级非物质文化遗产代表性传承人、太极拳大师王西安亲授。

11 月，全国武术段位制工作会议在北京召开，同期举行了 2014 年全国武术段位制进学校高峰论坛、2014 年国家武术研究院专家委员会年会及换届仪式、国家体育总局武术研究院青年学者工作委员会工作会议。

11 月，2014 年全国武术套路锦标赛（太极拳）在浙江舟山市召开。这次比赛项目设置全面，比赛形式丰富，既有按照分数高低来排名的项目，也有采取“PK”形式的比赛。在团体比赛中，参赛的队员必须把陈式、杨式、吴式、武式、孙式 5 种太极拳都练好，如果不熟练掌握 5 种拳式，很有可能无缘参赛。本次大会主办方采用电子显示屏作为背景，在运动员比赛时播放视频，一改以往固定背景的形式，这样比赛欣赏起来不仅形式变得灵活了，而且非常美。此次赛事为舟山地区的百姓全面展示了高水平的太极拳运动，展示了太极拳运动的核心内容，展示了当代运动员的精神风貌，让大家共享太极盛宴。

11 月，泰国曼谷中国文化中心揭牌 2 周年庆祝晚会在泰国首都曼谷举行，河南省文化代表团在文化中心举办了河南温县太极拳图片展，进行太极拳展示、表演、培训、交流、推广，在泰国的友人、华侨社团中刮起了一股强劲的太极风，为“2014 泰国 · 中国河南文化年”活动画上了精彩的一笔。

11 月，全国武术段位制进学校高峰论坛在北京举行。国家体育总局科教司、国家体育总局武术运动管理中心、教育部体卫艺司等领导参加了本次论坛，并为本次论坛致辞。来自北京体育大学武术学院、河南大学体育学院、徐州市教育局、河北师范大学体育学院、《搏击》杂志、武汉体育学院等的 8 位专家就武术段位制进学校的推广战略、推广模式、竞赛考评办法、专项业务评价标准以及《武术段位制推广十年规划》的意义等相关问题进行了深入探讨。

11 月，在太极禅与古熙集团强强联合之下，太极禅首家生活馆正式落户重庆。

11 月，北京市武术协会东岳太极拳研究会成立 10 周年庆祝大会在京举行，来自海内外的东岳太极拳协会组织代表和武术界同人约 150 人出席庆祝大会。国家体育总局武术运动管理中心主任、中国武术协会主席高小军出席大会并发表了讲话。

11 月，第四届国际太极拳集体演练暨手搏竞技交流活动在巴黎西郊的圣日耳曼昂莱举行。

11 月，全国武术段位制工作会议在北京召开。来自全国 27 个省市自治区的中国武术协会一级会员单位、武术段位制推广试点单位及相关高校的代表共 200 余人参加了本次会议。

12 月，由国务院批准公布的第四批国家级非物质文化遗产代表性项目名录及其扩展项目名录中，和式太极拳名列其中。

2015 年 1 月 14—27 日，由中国武术协会主席高小军率领的中国武术代表团一行 18 人访问了毛里求斯、南非和马达加斯加，并在三国进行了太极拳等武术项目的表演和培训，访演获得圆满成功，达到了传播友谊、推广中国传统文化的预期目的。

4 月 24 日，国务院办公厅印发的《中医药健康服务发展规划（2015—2020 年）》指出：“推广太极拳、健身气功、导引等中医传统运动，开展药膳食疗。”

5 月 16 日，李克强总理陪同印度总理莫迪在祈年殿观赏太极、瑜伽表演，并指出“太极和瑜伽内在有许多相似之处：有对美的追求，有对稳定的地区环境的祈愿，还有对世界和平的持久渴望”。

6 月，根据国际武联技委会 2015 年的工作计划，国际武术教练员培训班和运动员太极拳训练营、国际传统武术教练员培训班分别在意大利都灵、波兰华沙成功举办。培训班举办期间，国际武联技术委员会主任王玉龙率10人专家组赴两国主持培训。

10月，“友成杯”2015杭州萧山国际武术文化湘湖论坛在浙江杭州萧山举行，本次盛会由国家体育总局武术研究院、中国武术协会、浙江省体育局主办。其中，湘湖论武、名家访谈于当日下午进行。国际武术联合会副主席吴廷贵、国家体育总局武术研究院副院长陈国荣、陈式太极拳宗师陈小旺、著名武术演员吕克·本扎等名家亲临现场，谈拳论剑。

10月，河南省焦作市市委书记在京拜会了国家体育总局武术运动管理中心主任张秋平，就推进双方战略合作、太极拳申遗、筹办太极大学等事宜进行了充分的沟通和交流。张秋平表示，全民健身计划已经列入国家战略，太极拳本身就是全民健身的一项重要活动。国家体育总局非常重视太极拳申遗工作，武术运动管理中心也将全力协助做好这些工作，推进焦作市太极事业发展，加大太极拳的国际推广力度。

10月，中法人文交流高层磋商机制项目——首届中华武林大会在法国鲁昂市举行。本次活动期间，130余名法籍学员参加了由中国武术协会组织的太极拳竞赛、段位制套路培训，50人参加了段位制考试。

10月，中英人文交流高层磋商机制项目——太极拳培训在英国南安普敦市举行。3位在国内外享有盛名、有丰富的教学经验的太极拳专家刘伟、邱慧芳、吴雅楠应邀教学并圆满完成任务。

11月，由北京体育大学60余位师生组成的国家体育总局慰问团前往山西省繁峙县、代县进行为期5天的扶贫慰问活动。慰问期间，国家体育总局局长助理高志丹，北京体育大学党委书记杨桦、副校长刘大庆代表慰问团看望了繁峙县、代县两县的精准扶贫对象。同时，慰问团师生60余人深入繁峙县、代县两县的校园、社区、广场、体育馆进行指导，涉及户外、导引、太极拳等12个项目。

12月，国家体育总局在《对十二届全国人大三次会议第4339号建议的答复》中指出：《关于以中国功夫为载体推进中华文化传播的建议》收悉，中国武术协会与太极禅公司合作研发了《太极禅技术体系》，就是政府和企业合作开发的尝试；与国家体育总局群体司、北京体育大学联合研发全民健身《太极拳健康工程技术体系》，正在探索全民健身有效途径，扩大受众范围，让更多人受益。

12月，国家体育总局在《对十二届全国人大三次会议第6045号建议的答复》中指出：《关于加强中国传统文化推广传播的普及性和大众化的建议》收悉，我国非常重视中国传统武术文化的国际传播，英国伦敦南岸大学中医孔子学院组织“万人太极拳”项目，在伦敦3家大型公园连续举办3个月太极拳教学活动，吸引了上万民众参与学练。

12月，第三届中国东盟武术节在广西壮族自治区柳州市举行，共有包括中国、越南、马来西亚、印度尼西亚、文莱、英国、法国等9个国家和地区的400余名选手参加此次武术节。国家体育总局武术运动管理中心副主任张玉萍、广西体育局副局长陈立基、柳州市有关单位领导出席了本次武术节的开幕式。本次武术节由中国武术协会、广西体育局主办，广西体操武术运动发展中心、广西武术协会、中国东盟武术交流基地、柳州市体育局联合承办。

2016年 3月，《教育部直属机关工会2015年工作要点》指出："继续推动实施《教育部机关干部职工健身行动计划》，开展丰富多彩的群众性文体活动，坚持开展以广播操、太极拳为主要内容的工间操。"

6月，国务院印发的《全民健身计划（2016—2020年）》指出："扶持推广武术、太极拳、健身气功等民族民俗民间传统和乡村农味农趣运动项目，鼓励开发适合不同人群、不同地域和不同行业特点的特色运动项目。"

7月，国家体育总局社会体育部启动本年度的全国社会体育指导员培训活动，培训内容为杨丽创编的太极扇。

7月，由国家体育总局武术运动管理中心、中国武术协会主办，北京健康促进会·一太极文化发展中心承办的"太极拳健康工程——太极拳进机关（医疗机构）公益活动"第二期医疗人员太极拳骨干培训班在国家体育总局武术运动管理中心结束。参加此次培训的学员均获得了由中国武术协会颁发的结业证书。

8月，《中医药发展"十三五"规划》指出："推广普及中医养生保健知识、技术和方法，推广太极拳、八段锦、五禽戏、导引等中医传统运动。"

9月，全国武术之乡工作会议在江苏省徐州市召开。国家体育总局武术运动管理中心主任、中国武术协会主席张秋平在会上回顾并充分肯定了"十二五"时期的武术之乡工作，在全国武术之乡和全国太极拳公开赛的影响下，各武术之乡依据地方特色举办的赛事逐年增加。张秋平认为，赛事的举办不仅提高了当地的知名度，还为当地带来了较大的社会影响和经济效益，实现了武术与经济互惠互利的双赢发展。

9月，来自全国23个省（自治区、直辖市）35家单位的61名专家齐聚上海体院，参加《中国武术蓝皮书》研制工作会议。专家们对全国47所城市"太极拳认知、太极拳习练人群特点、太极拳功理功效"的调研进行了研讨。

9月，应冰岛武术协会的邀请，中国武协专家组4人来到风光旖旎的冰岛执行教学任务，这也是中国武协首次派专家赴冰岛教学。此次，中国武协特别派出了于君玲和侯雯两名专家分别教授杨式和陈式太极拳。

10月，中共中央、国务院印发《"健康中国2030"规划纲要》，明确指出："鼓励开发适合不同人群、不同地域特点的特色运动项目，扶持推广太极拳、健身气功等民族民俗民间传统运动项目。"

10月，福建省人民政府印发的《福建省全民健身实施计划（2016—2020年）》指出，"扶持推广武术、太极拳、健身气功、龙舟、舞龙舞狮等民族民俗民间传统运动项目"。

11月，国家体育总局系统全民健身工作会议召开，总局领导出席会议并做重要讲话。武术运动管理中心做了题为"实施太极拳健康工程，助力健康中国建设"的发言。

11月，第四届中国—东盟"太极一家亲"交流活动日前在广西桂林象山景区开幕。此次活动由国家体育总局武术运动管理中心、中国武术协会、广西壮族自治区体育局、桂林市人民政府联合主办。中外太极名家汇聚桂林山水之间，学习交流太极和养生之道，共谋"太极＋健身""太极＋旅游""太极＋养生"融合发展之路，推动太极运动和健康产业的发展，进一步深化中国和东盟国家的体育交流合作。

11月，以"休闲体育新供给、健康中国新动力"为主题的中国运动休闲大会

2016年度峰会在宁海县开幕。中国运动休闲大会是在国家体育总局和体育系统相关单位的支持下，在浙江省宁海县举办的大型系列活动，已连续6年获得圆满成功。20个项目入围“创青春”决赛，创业领域集中在跑步、健身、足球、太极拳、科技视频等热点领域，大部分以赛事运营和初创融资为主。

11月，第二届太极文化与健身气功国际论坛新闻发布会在北京对外经贸大学国际报告厅举行。国家体育总局健身气功管理中心主任、国际健身气功联合会常务副主席兼秘书长常建平，国家体育总局健身气功管理中心科研宣传部主任崔永胜，世界太极拳网总编、著名太极文化学者余功保，国际养生文化专家、法国东方文化传播中心创始人柯文等多名中外领导、专家学者出席了新闻发布会。

11月，四川省人民政府印发的《四川省全民健身实施计划（2016—2020年）》指出：“扶持推广武术、太极拳、健身气功、龙舟、健身秧歌、健身腰鼓等民族民俗民间传统运动项目。”

11月，河南省人民政府印发的《河南省全民健身实施计划（2016—2020年）》指出：“着力办好‘四赛’（焦作太极拳国际交流大赛、郑开国际马拉松赛、万村千乡农民篮球赛、信阳国际自行车公开赛）”“支持登封‘世界功夫之都’、焦作‘世界太极城’、安阳航空城、济源篮球城、漯河排球城等城市特色体育品牌建设。”

11月，山东省人民政府印发的《山东省全民健身实施计划（2016—2020年）》，对“十三五”时期山东省全民健身工作作出了总体部署。其中指出：“支持青岛市打造‘帆船之都’和‘足球名城’城市文化品牌、日照市打造水上运动之都、德州市打造中国围棋文化名城和太极拳文化名城”“扶持推广武术、太极拳、健身气功、秧歌、龙舟等民族民俗传统项目。”

12月，“运动成都”太极拳嘉年华系列活动在成都市金牛体育中心举办。作为今年“运动成都”太极拳系列健身活动的压轴大戏，本届太极拳嘉年华吸引了来自成都市各区（市）县的太极爱好者及市民2万余人，共享这场太极盛宴。

12月，“太极拳健康工程”太极拳进企业交流会在北京懋隆文创园举行。来自中国仪器进出口集团、国家开发银行、神华集团、三元产业园投资有限公司等10多家企业的近40位员工参加了此次包括太极文化介绍、太极拳体验、太极拳互动交流、指导、答疑等丰富内容的活动。本次活动由体育总局武术运动管理中心主办。

12月，新华社发表了题为《中国武术推广普及靠“八法”》的文章。文章指出：“2016年，中国武术虽然没能最终入围2020年奥运会项目，但是武术在国内和世界各地普及和推广的步伐并没有受阻，而是以“武术八法”的方式继续大踏步前进。”并进一步指出：“深入推进‘太极拳健康工程’建设，大力培养太极推手的骨干力量。”

2017年 3月，安阳市“全民健身 健康安阳”广场万人免费学太极拳活动暨太极拳“六进”活动启动仪式在万达广场举行。

3月，教育部部长陈宝生在人民大会堂“两会部长通道”上就优秀传统文化进校园、融入教学体系等问题进行了解答，指出：针对不同的学段，小学阶段、中学阶段、大学阶段，适合什么内容，教材里面就进什么内容。在校园文化里，传统的戏曲、国画、书法，甚至中医药内容都可以进，还包括传统体育、武术、太极内容，都可以进，以拓展校园文化，为优秀传统文化创造良好的沃土和氛围。

3月，《中国体育报》发表题为《“太极拳健康工程”形成全民健身服务体系》的文章，指出：“‘太极拳健康工程’以武术中群众喜闻乐见的‘太极拳’为载体，旨在形成特色明显、技术适宜、形式多样、科学规范的太极拳全民健身服务体系。”

3月，全国“太极拳健康工程”系列活动——太极拳培训班（第一期）在四川省都江堰市开班。作为国家级的太极拳培训，首期培训师资阵容强大，包括陈式太极拳第十一代传人、陈家沟“四大金刚”之一的朱天才，杨式太极拳第五代传人、北京市武术协会委员张勇涛，吴式太极拳第五代传人、第九届全国太极拳锦标赛冠军刘伟，杨式太极拳第五代传人、国际级裁判员邵英健四位太极拳名师。

3月，孙式太极拳峰会在天津宁河举行，来自世界各地的孙式太极拳名家、传人汇集一堂，展现中国传统太极拳的丰富内涵。

6月，为期4天的全国杨式太极拳峰会系列活动在杨式太极拳发源地邯郸市结束。全国杨式太极拳峰会是“三亚南山”第二届世界太极文化节的系列内容之一，目的在于促进全球杨式太极拳的研究、交流与发展。

6月，河南大学举办2017年太极拳高峰论坛，邀请太极拳各派名家共同探讨“互联网+”形式下太极拳的传承与发展。

7月，《教育部对十二届全国人大五次会议第5386号建议的答复》指出：“太极、武术等是孔子学院最受欢迎的文化活动之一。目前，孔子学院总部正在与国家体育总局商签战略合作协议，拟选拔培训太极、武术方面的专门师资，赴各国孔子学院指导开展相关活动。并拟与中体未来公司合作举办‘太极文化世界行’活动，研究启动‘汉语桥’世界大、中学生太极拳夏令营等项目。”

8月，全国社会体育指导员健身技能培训在大庆市举办。本次培训由国家体育总局社会体育部主办，属于香港马会助力全民健身公益系列活动，培训内容为杨丽太极扇。

9月，世界百城千万人太极拳展演终点站——焦作站展演活动在市太极体育中心太极广场举行。国家体育总局武术运动管理中心主任张秋平宣布展演开始，并授予焦作市“国家体育总局武术研究院太极文化研究中心”牌匾。出席展演活动的还有国家级非物质文化遗产项目代表性传承人陈小旺、陈正雷、崔仲三、翟维传、孙永田、和有禄，国家级运动健将、北京市武协吴式太极拳研究会会长刘伟等太极拳名人。

11月，“日中友好太极拳健康交流大会”在日本东京代代木国立综合体育馆举办，参赛及出席人员约5000人次。2017年迎来了第31次交流大会的召开，并聘请了中国太极拳专家李德印、杨丽、邢登江老师参加了大会。

11月，国家体育总局、教育部、中央文明办、国家发展改革委、民政部、财政部、共青团中央7部门联合印发《青少年体育活动促进计划》，指出：鼓励各地举办武术、太极拳、健身气功、民族式摔跤、赛马、龙舟等项目的青少年比赛、交流、展示等活动，发展具有民族特色的传统体育项目。

12月，国家体育总局办公厅在《对十二届全国人大五次会议第4944号建议的答复》中指出：“2014年10月，国务院印发了《关于加快发展体育产业促进体育消费的若干意见》，正式将全民健身上升为国家战略，打造健康中国成为国家发展目标之一。”在这样的背景下，太极拳作为优秀的健身项目，必将在全民健身和健康中国的国家战略中发挥重要的作用，而太极拳比赛将作为展示武术魅力和扩大武术影响力的重要平台。

2018 年 4 月，由韩国武术协会主席朴昶范率领的韩国武术协会代表团于 2018 年 4 月 4 日拜访了中国武术协会。国际武术联合会秘书长、中国武术协会主席张秋平接见了代表团一行 4 人。

5 月，文化和旅游部官方网站公布了第五批国家级非物质文化遗产代表性项目代表性传承人名单，温县和式太极拳院院长和有禄名列其中，正式成为国家级非物质文化遗产代表性项目代表性传承人。

5 月，中国老年人体育协会太极拳专项委员会在焦作市挂牌成立。同时，2018 年全国老年人太极拳健身推广展示大联动焦作主会场活动暨焦作市全民健身月启动仪式拉开帷幕，当日共有约 5 万人参与展示。全省 18 个省辖市和 10 个省直管县（市）共有约 10 万人同步展演，为河南省第 8 个全民健身月助力添彩。

11 月，第五届中国—东盟“太极一家亲”交流活动在久负盛名的桂林阳朔县隆重举行。来自中国、文莱、柬埔寨、马来西亚、印度尼西亚、老挝、越南等国家和地区的 3000 余名代表参加了为期 3 天的交流活动。本次交流活动由国家体育总局武术运动管理中心、中国武术协会、广西壮族自治区体育局主办，广西体操武术运动发展中心、桂林市体育局、阳朔县人民政府、广西武术协会、中国—东盟武术交流合作基地等多家单位联合承办。

2019 年 1 月，国家体育总局《关于政协十三届全国委员会第一次会议第 1544 号（文化宣传类 124 号）提案答复的函》指出：关于申议永年太极古城为中国五派太极拳发源地的提案收悉，提案中提出的“申议太极拳发源地”的建议，目前掌握的情况是历史依据不清，不好把握。对于“五派太极发源圣地”“三源归一”“万派归元”“八门合一宗”等用词称谓是否恰当，都有待于进一步考证。

3 月，“人民太极”平台在北京正式启动。国家体育总局、中国武术协会、卫健委、全国总工会、文化和旅游部等部委及地方政府的领导，全国各大高校、研究机构、医疗机构的专家学者，太极拳界各大主流门派代表人物及传人，以及众多产业界和媒体界人士近 300 人共同出席了“人民太极”平台启动仪式暨“人民太极、健康中国”公益大行动节目新闻发布会，共同见证“人民太极”平台的启动。

4 月，国家体育总局印发的《关于开展 2019 年全国广播体操、工间操展演活动的通知》指出：要将广播体操、健身操、毽球、跳绳、太极拳、健身气功、“科学健身 18 法”等作为开展“6 · 10”“全民健身日”和冬季运动推广普及活动的主要内容。

6 月，我国 2019 年“文化和自然遗产日”当天，50 个国家级非遗代表性项目优秀实践案例发布，河南省有包括豫剧、太极拳（陈式太极拳）、中医正骨疗 3 个案例入选。

7 月，国家体育总局等 14 部委印发的《武术产业发展规划（2019—2025 年）》指出：推广适合大众广泛开展的各式太极拳、器械等项目，实施太极拳健康工程。

8 月，武术套路竞赛规则研讨会在浙江省杭州市召开。国家体育总局武术运动管理中心党委书记陈恩堂参加了会议。本次竞赛规则研讨会是为适应竞技武术国际化、规范化、标准化和时代发展的实际需要而召开的，旨在健全竞赛机制，倡导科学量化，追求公正准确，引领技术方向，提高竞技水平。

9月，“2019年第十届中国·焦作国际太极拳高峰论坛”在河南省焦作市举办。此届论坛由国家体育总局武术运动管理中心、中国武术协会、河南省体育局、河南省文化和旅游厅、焦作市人民政府主办，河南省武术运动管理中心、焦作市加快太极拳文化产业发展工作领导小组办公室、河南理工大学、焦作市体育局、焦作市文化广电和旅游局、焦作市非物质文化遗产保护中心、河南省高校人文社科重点研究基地太极文化研究中心承办。

10月，《中共中央　国务院关于促进中医药传承创新发展的意见》指出：“大力普及中医养生保健知识和太极拳、健身气功（如八段锦）等养生保健方法，推广体现中医治未病理念的健康工作和生活方式。”

10月，为落实中法人文交流活动计划和中法建交55周年纪念活动，国家体育总局武术运动管理中心派一支13人的队伍赴法国进行了武术表演和指导武术训练营。

11月，2019年国际太极拳健康科学大会在北京师范大学举行。此次大会聚焦前沿与热点问题，以“太极拳的国际之路：科学、健康与养生”为主题，旨在搭建太极拳国际学术平台，交流太极拳科学研究的新成果，探索太极拳健康服务的新路径，为现代医疗健康体系提供新理念、新思路、新方法。大会由北京师范大学和美国亚利桑那大学联合主办，北京师范大学体育与运动学院和北京师范大学武术与民族传统体育文化推广研究中心承办，中国健康管理协会心肺健康专委会、中国国际教育电视台、北京健康促进会和北京市武术运动协会等单位协办。

11月，国家体育总局印发《关于组织开展2019—2020年全国群众冬季运动推广普及活动的通知》。该通知中指出：“要充分发掘群众喜闻乐见的冬季运动项目，开展跑步、冬泳、跳绳、武术、太极拳等各项目的冬季运动，进行项目推广，宣传项目文化。”

11月，太湖世界文化论坛世界文化技艺（龙子湖）交流中心成立仪式暨中外文化交流高级别会议开幕式在安徽蚌埠“湖上升明月”古民居博览园举行。崔仲三发表了主题为“守正创新，让太极拳成为时尚健康的生活方式”的演讲。

12月，首届澳中太极文化交流会于珀斯海德公园隆重举办。此次交流会由西澳大利亚太极拳协会、澳大利亚中国传统文化促进会、珀斯蔡李佛拳社、西澳妇女联合会、珀斯华星艺术团联合举办。

12月，由国家体育总局健身气功管理中心、中国老年人体育协会、中国健身气功协会、福建省体育局、厦门市体育局、厦门市思明区人民政府联合主办的“奥佳华杯”2019年第一届全国健身养生大会在厦门市国际会议展览中心举行。来自全国各地的95支代表队的700余名运动员齐聚鹭岛，就中国健身气功、太极拳、柔力球项目进行交流，推广民族传统运动。

12月，中国体育报业总社《中华武术》杂志“中国太极拳最具影响力人物”评选活动揭晓，包括陈正雷、杨振铎、李德印等多位对太极拳传承、传播、发展具有相当影响力的人物当选。

附录二　太极拳文献书目提要

说明：本书目提要并非有书必录，而是以原创性、学术性、技术性、权威性、资料性以及适当照顾类别为遴选标准。因囿于资料，难免会有遗漏。

1560年（明代）　《纪效新书》，刊行，戚继光著。此书为研究太极拳的重要史料之一。陈王廷创拳，吸收了其中的29个拳式作为基础材料。

1852年（清代）　《太极拳谱》，王宗岳著。清咸丰二年（1852），河北永年人武澄清（字霁宇）任河南舞阳县知县，于该县北舞阳盐店得此书，后亦称《太极拳经》。内有《太极拳论》一文。

1881年　《太极拳谱》，李亦畬编著（初稿）。此书是一本太极论文合集，书中王宗岳拳论排在前面，次列武禹襄拳论，再次列李亦畬拳论。

《王宗岳拳太极论·附小序并五字诀》，李亦畬编著。编者手抄三本，一本送传人郝和，一本赠胞弟李启轩，一本自存，后世称“老三本”。其中王宗岳的《太极拳论》一文，在历代太极经典拳论中评价最高。后“郝和本”流传于世，此书内容有《山右王宗岳太极拳论》《十三势架》《身法》《刀法》《枪法》《十三势》《十三势行功心解》《打手要言》《打手歌》《太极拳小序》《五字诀》《撒放秘诀》《走架打手行工要言》等。上述论著，后世先后收入徐震《太极拳谱理董辨伪合编》、郝少如《武式太极拳》、郝振铎《郝为真氏开合太极拳术》等书中。

1911—1949年《太极拳谱》，民国初，有多种“老三本”之抄录本问世，最精者当为李子实手书。《太极拳谱》之“修订本”，于1991年出现沈寿的“点校考释本”。新旧《太极拳谱》历来被太极拳界奉为经典。

1921年　《太极拳势图解》，许龙厚（名禹生）著，京城印书局出版。全书分上、下编。上编论太极拳之意义，太极拳名称之由来，太极拳合于易象之点；下编图解说明太极拳套路动作及推手诸法。

1924年　《太极拳学》，孙禄堂著。孙式太极拳奠基著作，上海中华书局出版。书中介绍了作者融太极、形意、八卦为一体而创编的太极拳套路。连同作者所写的《太极拳学》自序，对太极拳的发展、理法及作者自己研拳的过程都有记述。

1925年　《太极拳术》，陈微明著，中华书局出版。此书为作者创办“致柔拳社”时刊印。其中多为杨澄甫拳照，书后有作者注释王宗岳《太极拳论》之文。

1930年　《太极拳讲义》，姚馥春、姜容樵著，上海武学书局出版。此书介绍太极拳九十式，演述了太极拳的秘诀、魂魄，有太极形意八卦合一说，论述了太极拳的四忌八要、八方五位图等内容。

1931年　《太极拳使用法》，杨澄甫著，上海光华印务馆出版。此书图解杨式太极拳套路78式，阐述太极拳37个拳式的使用方法，并对《太极拳谱》有关歌诀要言进行了注释。

《永年拳术》，抄本，署中华民国二十年（1931），阴历辛未七月。系民国初年永年县纂修县志时汇集的武术家列传。所撰之人皆为永年籍，资料价值颇高。

1933年　《陈氏太极拳图说》，陈鑫著，开封开明印刷局出版。此书是一部最早用文字记述和总结的陈有本一系太极拳练拳经验之作。书后附有《陈氏家乘》等文献，是一部研究陈式太极拳理论的经典之作。此书完成于清末民初，几经周折，方于1933年面世。

《太极拳图解》，蔡翼中编，上海吴承记书局出版。此书主要对田兆麟所授91式杨派太极拳式予以图解，阐明练法用法。文字浅显，动作规范，便于学习。

《太极操》，褚民谊编著，上海大东书局出版。此书是当时国术馆适用的教范，由蔡元培和李景林题字。该书介绍了太极操练习要点、技法要求，是我国较早的太极操著作，为后人研究太极操的重要资料之一。

《太极拳》，李先五著。作者所介绍的拳式名称和练法大都同于杨派练法。

1934年　《太极拳体用全书》，杨澄甫著，上海大东书局出版。此书仍用《太极拳使用法》书中的拳照，演练及使用的内容与《太极拳使用法》无太大区别。

1935年　《太极拳讲义》，吴公藻编，1985年上海书店出影印版。书中论述太极拳的要领，附录部分收有太极法说、吴鉴泉拳式、吴公仪拳式和金庸跋。照片气韵生动，神全意足。

《太极拳根源》，唐豪著，唐氏研究太极拳史的代表作。此书要目有七，内容丰富，说理精到，其要旨在于说明：其一，太极拳深受戚继光《拳经》影响，创始人是陈王廷，而不是张三丰；其二，学武重在实用，不尚花法；其三，戚继光的武学思想含有与时俱进的精神。

《陈氏太极拳汇宗》，陈绩甫（名照丕）著，南京仁声印书局出版。书中分两大部分：第一部分《太极拳学入门总解》，第二部分《太极拳图画讲义初集拳谱》（为陈鑫遗作，收于此）。

《太极拳释义》，董英杰著，上海书店曾据“英杰太极拳学院”本影印出版。此书为作者理论研究与实践的总结，不仅讲解了81式太极拳动作套路，介绍了太极推手的方法，还对一些古典拳论进行了解释。

《王宗岳考》，唐豪编著，最早载于1935年出版的《武艺丛书》。《王宗岳考》是唐豪的力作之一，由若干专题篇目组成。作者考证，王宗岳是山西人，“山右王先生”就是王宗岳。王宗岳先后在洛阳、开封教书。据此，唐豪认为：“太极拳的发源地，在河南怀庆府温县陈家沟村。”“奉张三丰为太极拳鼻祖，出于附会。”

《李氏太极拳谱》，清代李亦畲著作集，山西太原刊印行世。民国初年，“老三本”之手抄、石印、油印颇多，篇目错讹，文字亦有出入，遂滋学者疑窦。李亦畲后人李槐荫、李福荫将先人所遗手稿《太极拳谱》重新编次，刊行于世。书名定为《李氏太极拳谱》。

《廉让堂太极拳谱考释本》，唐豪著，收入1935年出版的《武艺丛书》。其价值在于恢复了王宗岳、武禹襄、李亦畲拳论的本来面目，订正了太极拳源流上的臆说和歪曲部分。

《太极拳正宗》，编著者杜元化，由开封魁士德印刷。主要内容有太极拳溯始和太极拳启蒙规则。杜元化在书中首次提出：太极拳是河南怀庆府温县小留村人蒋发（生于1574年）所传，其师为太谷县王林祯，蒋发以降，衍传为邢喜槐、张楚臣、陈敬柏……直至陈清平。

1936年 《国术概论》，吴图南著，上海商务印书馆印制。此书第三章“国术原理”中的第二节专论太极拳，有用功论、敛聚神气论、行功要论、打手论等。第四章“国术史略”中，关于太极拳的产生，作者开列多个源头：①南北朝程灵洗所传；②唐许宣平所传；③唐李道子所传；④唐胡境子所传；⑤元张三丰所传，明王宗岳承其学。《国术概论》是作者在中央国体专校教授国术理论时所编的讲义，只提“所传”，未根究“所创”，且亦未作论证，遂造成后世关于太极拳认识上的混乱。

《太极正宗》，吴志青编著，大东书局出版。此书分为上下两编，上编太极拳理论，下编各家太极拳论著，包括太极拳各个练法和各派别之间的异同，都为后人研究太极拳提供了重要参考文献。

1937年 《太极拳考信录》，徐震著，上海正中书局出版。此书是徐震研究太极拳史的代表作。全书分上、中、下三卷。上中两卷以考证太极拳史实为主，下卷以拳谱资料为主。通过资料分析，徐震指出太极拳出自张三丰诸说，“羌无故实，其为伪托，不待深辨”。认为王宗岳传太极拳于蒋发，蒋发传拳于陈长兴。陈王廷所创不是太极拳，而是长拳、短打、炮捶。

《太极拳谱理董辨伪合编》，徐震著，上海正中书局出版。作者较为详尽、精辟地考证与辨析了许多名家太极拳谱著作，内容有王宗岳、武禹襄、李亦畬等武术名家的论著。

《手臂余谈》（一名《行健斋随笔》），唐豪著。初为散编，发表于《国术声》，1937年汇集成册，上海市国术馆发行，后收入《武艺丛书》中。《手臂余谈》是作者研究传统武术的考据之作，以随笔文体发表。其中与太极拳史有关的篇目有《蒋发》《杨福魁与杨露禅》《李亦畬手抄〈太极拳谱及跋〉》《陈氏家谱》等12篇。

1948年 《太极拳释义》，董英杰著，由中华书局香港印刷厂印刷发行。此书是作者理论研究与实践的总结，并对古典拳论进行了释解，目前有多个版本。

1949年 《太极拳刀剑杆散手合编》，陈炎林著，上海国光书局出版，1943年由国光书局分册出版，1949年再版时方合订为两册线装本。陈炎林师从杨式名家田兆麟，所撰杨式拳势、刀、剑、杆、散手皆为其师所授，但陈炎林所著此书，只字未提其师之名，武界认为这是剽窃行为。客观地看，其武德固不可取，然辛苦之劳、存史之功亦不可没。

1950年 《郑子太极拳十三篇》，郑曼青著，1950年出版。郑曼青师从太极宗师杨澄甫，又博采众家之长，自成一家。他把教授太极拳和传播中华传统文化相结合，成绩卓然，故人们把他所传拳式称作郑子太极拳。此书分上下两卷，上卷收《拳论》13篇，下卷收《绪论》3篇及《太极拳论疑义答弟子问四节》和《后记》等。

1957年 《孙式太极拳》，孙禄堂原著，孙剑云整理，人民体育出版社出版。此书是孙式太极拳权威之作，介绍了孙式太极拳的动作演练技法和路线，后附多篇经典太极拳拳论。

1958年　《太极拳九诀八十一式注解》，吴孟侠、吴兆峰编著，人民体育出版社出版。作者师从牛连元，牛连元系名家杨班侯高足，得杨氏秘传太极拳九诀，作者吴孟侠将所得杨家祖传公诸于世。9个诀的含义，全讲的是技击用法，有评曰“字字珠玑，句句锦绣”。太极拳九诀81式旧称大功架，与杨澄甫所传大架子大同小异。

《太极拳（吴鉴泉式）》，徐致一编著，人民体育出版社出版。作者师从著名太极拳家吴鉴泉习吴式太极拳，此书所介绍的拳式是吴鉴泉的拳式，插图大多也是根据吴鉴泉遗留拳照绘制，比较准确地反映了吴式太极拳的风格特点。

《太极拳常识问答》，张文元著，人民体育出版社出版。此书针对性强，多从理论上回答了习拳者所提出的各种问题。

1962年　《太极拳运动》，国家体委运动司编，人民体育出版社出版。为促进太极拳在全国开展而创编的几种普及推广拳套路的合编，包括24式太极拳、48式太极拳、88式太极拳以及32式太极剑、42式太极剑、太极推手等内容。

1963年　《杨式太极拳》，傅钟文演述，周元龙笔录，顾留馨审，人民体育出版社出版。全书共三章，作者自幼跟随杨澄甫学拳，书中拳套姿势都是依据杨澄甫传授时的要求编写的，是杨式太极拳中很有影响力的一部著作。附录有王宗岳、武禹襄等太极拳论、歌诀等。

《陈式太极拳》，沈家桢、顾留馨著，人民体育出版社出版。此书阐明了陈式太极拳的特点，收录了诸多陈式太极拳的重要拳论，是一本关于陈式太极拳的权威著作。

1964年　《太极拳研究》，唐豪、顾留馨著，人民体育出版社出版。此书共分4章，作者参考了各家武术著作，系统、综合地阐述太极拳理论，并收录了唐豪对廉让堂本《太极拳谱》的考释及部分太极拳经、拳谱和部分太极拳家的小传。对研究太极拳理论有参考价值。

《太极十三枪谱注》，李英昂著，麒麟图书公司出版。作者耗时10年，博考周证，始得十三枪真相。此书共分4章：第一章，陈派太极枪谱考注。第二章，杨派太极枪谱考注。第三章，武派太极枪谱考注。第四章，结论。作者认为：太极十三枪式架脱之梨花六合枪；杨露禅、武禹襄之枪法，全得力于陈家沟；梨花八母枪之八枪对扎法，当即杨派之粘黏四枪，及採、挒、掷、铲四枪。《太极十三枪谱注》不仅对太极枪的来历予以探讨，而且对太极拳的历史沿革也做了大量考证，可供研究太极拳史者参考。

1965年　《太极拳集要》，邓梦痕著，香港强华合记印务公司出版发行。作者操平易浅显之笔，阐深邃变化之理，“诚初学者之津梁，入室者之范式”。书前有太极名家郑荣光、冯长风之序。内容构架，亦多可采，是一本学习吴式太极拳的好书。

1967年　《郑子太极拳自修新法》，郑曼青著。此书是郑曼青晚年所作，为无师自习者编写，故名“自修新法”，是作者“四十年心力所铸之结晶”。要目为“去三病”“三无畏”“谈心得”“绪论”“自修要略”“功架37式之分释图解”“后记”等。郑之37式太极拳自成一家，故被传人誉为郑子太极拳。

《李氏精简太极拳》，李英昂著，麒

麟图书公司出版发行。此书要点：其一，详细介绍太极拳史；其二，阐释养生疗病的生理根据；其三，对王宗岳、武禹襄、李亦畲拳论做浅释；其四，提出太极拳练法要领；其五，精简了传统太极拳式。

1973 年 《简化太极拳》，国家体委运动司编，人民体育出版社出版。简化太极拳又称 24 式太极拳。为了提高国民身体素质，国家体委于 1956 年组织专家编定此套路，并迅速向全社会推广。

1980 年 《太极拳发微》，徐震遗著。1980 年 8 月，由香港东亚图书公司编入“太极拳考”丛书印刷发行，是一部系统阐述太极拳理论的专著。此书约于 1943 年于四川乐山完成，时值抗战，未能付梓。《太极拳发微》收文 13 篇，末篇是作者写作本书的动机。全书用古文体，较难懂。

《吴家太极拳》，吴公藻著，香港鉴泉太极拳出版小组出版。吴公藻承家父吴鉴泉拳学，深得精要。此书为作者晚年扛鼎之作，是吴家太极拳的总结，是研习太极拳艺、研究吴式太极拳的重要著作。全书共分 12 章，有“概论”“太极原理”“阴阳动静”等 15 个专论。附录有《八法秘诀》拳论 9 篇、上册初版自序、吴家太极拳发展简史等。

1982 年 《陈式简化太极拳》，田秀臣、阚桂香编著，人民体育出版社出版。此书详细介绍了作者在传统陈式太极拳套路基础上创编的 36 式简化套路。

《太极拳术》，顾留馨著。上海教育出版社出版。书中提到的《太极拳论》及明万历版《三才图会》都是宝贵的太极拳史料；且汇集太极拳各流派的经验和体会，兼抒作者己见，是一部颇有学术价值的太极拳专著。

1983 年 《炮捶——陈式太极拳第二路》，顾留馨编著，香港海峰出版社出版。此书共分 5 章，对于习练太极拳及理论研究者颇有参考价值。

1984 年 《太极拳选编》，太极拳著作汇宗，中国书店出版。书中收录了徐致一著《太极拳浅说》、许禹生著《太极拳势图解》、陈微明著《太极拳术》及杨澄甫著《太极拳使用法》等作品。

《吴氏简化太极拳》，王力泉、王辉璞编著，辽宁人民出版社出版。此书由作者依据杨禹廷、王茂斋等所传老架吴式太极拳删编而成，共 37 个拳架。

《太极刀剑合编》，马有清著，中国友谊出版公司出版。作者师从著名太极拳家杨禹廷，且一直为杨禹廷担任助教。此书将杨禹廷所授太极刀与太极剑编撰成册，并根据作者早年学习的笔记及教学讲稿加以充实修订。书末附杨禹廷太极剑照片 12 幅，以飨读者。

1985 年 《世传陈式太极拳》，陈小旺著，人民体育出版社出版。此书系统论述了陈式太极拳的技术体系与循序渐进的练习方法。书后附有陈式太极拳家陈长兴的论著《太极拳十大要论》和《用武要言》。

《太极推手二十六式》，张卓星著，贵州人民出版社出版。此书介绍了杨式传统推手法，其中不乏作者个人的创建。

《中国武术史》，习云太著，人民体育出版社出版。中国第一部武术史专著，其中第二部分“各拳种和器械发展史”对太极拳源流及学派进行了总结性的阐述。

1986 年 《陈氏三十八式太极拳》，陈小旺编著，科学普及出版社出版。陈氏太极拳 38 式是作者根据陈式传统拳新编的简化教学套路，分 4 段，共 38 个拳式。

《太极内功》，李经梧、张天戈著，人民卫生出版社出版。此书主要介绍了作者多年来用于健身和增强太极拳技击能力的一种太极内功，它是使太极拳术达到高深阶段的一种锻炼方法。

1987 年 《吴氏太极拳三十七式行功图解》，王培生、王辉璞编著，辽宁人民出版社出版。吴式太极拳 37 式由作者王培生根据吴式太极拳老架整理、提炼、简化而成。

《太极拳一百零八势》，陈济生编著，山西人民出版社出版。书中详细讲解了 108 式太极拳的技术动作，并配有全套作者拳照 500 多幅。

1988 年 《太极拳全书》，由人民体育出版社编定并由该社出版，汇集了陈式、杨式、吴式、武式、孙式五大拳派的传统太极拳著作。此书不仅保持了原书风貌，还将它们汇为一编，便于武术爱好者学习和研究。

《武当太极剑——演练教程》，裴敬珍、潘云霞、白淑媛编著，航空工业出版社出版。此书为太极剑演练教程，介绍了剑术的基本知识，讲解了武当太极剑的技术内容及教学方法。

《武当剑术》，李天骥编著，中国武术协会审定，人民体育出版社出版。武当剑是我国主要传统剑法之一，属《中华武术文库》器械部器械类的一种。此书是在传统武当剑术的基础上，结合作者本人习练体会整理编写而成的。书末摘录宋唯一著古谱《武当剑术》的部分内容，供武术爱好者学习研究。《武当剑术》为今人编写《武当太极剑》提供了蓝本。

《太极拳的健身和技击作用》，王培生著，人民日报出版社出版。此书在继承传统的基础上，结合作者本人一生的练拳经验，对太极拳的健身与技击做了深入浅出的说明。

《太极拳技理与训练》，罗红元、古岱娟著，广东高等教育出版社出版。该书以罗基宏对太极拳理法的认识为基础，以罗基宏生前授拳的方法为骨架，结合作者的练拳教拳体会总结而成，尤其在训练方法上有所侧重。

1989 年 《四式太极拳竞赛套路》，中国武术研究院组织专家编写及审定，人民体育出版社出版。编写组和技术审查组都是武术界德高望重的武术学者和拳家。此书内容包括《杨式太极拳竞赛套路》《陈式太极拳竞赛套路》《孙式太极拳竞赛套路》《吴式太极拳竞赛套路》。竞赛套路的推出对太极拳运动的进一步发展起到了重要推动作用。后又补编了《武式太极拳竞赛套路》。

《陈式太极拳械汇宗》，陈正雷著，高等教育出版社出版。作者将陈式太极拳、械系统整理，结集出版。

《陈式太极拳实用拳法》，洪均生著，山东科学技术出版社出版。洪均生征得陈发科允许，将他所讲解的各种招法融汇于原来所学套路中，期冀为习练者开辟一条走向掌握太极拳技法微妙的捷径，从 1956 年后以此套拳法传于济南学生。通过实践，效果卓然，已逐渐扩展到南北各地，日本、美国、东南亚友人亦陆续来学。

1990 年 《杨禹廷太极拳系列秘要集锦》，

李秉慈、翁福麒编著，奥林匹克出版社出版。此书总结了杨禹廷80年的太极拳教学与研究经验，为研究吴式太极拳的重要史料。

《中国太极名拳——陈氏太极拳详解》，范春雷著，中国国际广播出版社出版。此书由作者根据陈家沟陈氏后代陈立清传授的套路笔记整理，并结合拳理、医理写作完成。此书介绍了独具特色的陈式太极小架拳。

《武术大全》，李诚编著，北京体育学院出版社出版。此书较全面、系统地介绍了武术知识的各个方面，资料丰富，内容翔实，集知识性、实用性、趣味性于一体，是武术爱好者不可多得的工具书。

《中国武术实用大全》，康戈武编著，今日中国出版社出版。此书内容包括中国武术概论、武术技法原理、武术教学与训练、拳种流派、古今兵械、武术实用功法、武术拳械基本技法、武术攻防基本技法和习武常识等九大部类，共1400余个篇目，700多幅图版，可称得上是一部简明中国武术百科全书。此书笔法新颖、精练，着墨不多但知识覆盖面大，它梳理了武术繁杂的内容，浓缩了武术广博的知识，是一部学习和提高武术修养的可读之书。

《陈式太极拳精选》，冯志强编著，人民体育出版社出版。此书重点介绍了作者多年实践及研究创编而成的48式陈式太极拳套路。

《杨式太极拳述真》，汪永泉讲授，魏树人、齐一整理，人民体育出版社出版。此书详细论述了杨式太极拳理、拳法结构，并对太极拳的内功锻炼做了重点说明。

1991年 《太极拳谱》，清代王宗岳等著，沈寿点校考释，中国武术协会审定，收入《中华武术文库》古籍部，人民体育出版社出版。全书共14卷，收录了各家太极拳古典理论文献共140篇，是自太极拳创始以来收文最多、内容最丰富的一部太极拳论著，五大太极拳流派各自的经典著作均收于其中。这是一部太极拳经典汇著。

《中华武术实用百科》，郝心莲编，北京体育学院出版社出版。此书分常用术语、名家拳论、拳术套路、器械套路等十三大类。

《吴图南太极拳精髓》，吴图南著，人民体育出版社出版。此书将吴图南在20世纪30年代编写出版的《科学化的国术太极拳》《内家拳·太极功·玄玄刀》《太极剑》《国术概论》等四部专著合为一集出版，集中体现了吴图南的武学思想及拳术风格。

《秘传赵堡太极拳》，王海洲演述，严翰秀整理，广西人民出版社出版。赵堡太极拳是太极拳中的一大流派，此书详细阐述了赵堡太极拳的特点及其技术体系和练习要领。

《太极拳内劲》，吴宗周编著，贵州科技出版社出版。作者依据60年练拳经验，运用多学科知识对太极拳内劲进行了分析。

《传统杨式大架太极拳械推手》，栗子宜著，四川科学技术出版社出版。此书为一本较为全面的杨式太极拳技术书籍，主要介绍由杨澄甫所传、李雅轩教授的杨式太极拳械。

《常式太极拳》，樊继芬著，上海教育出版社出版。吴全佑高徒常远亭善技击，曾于清宫中任职，其子常云阶继父技艺，后传拳于上海，后人称之为“常式太极拳”。

1992年 《太极剑竞赛套路》，中国武术研究院、中国武术协会审定，人民体育出版社出版。此套路共42个剑式，专为全国太极剑冠军赛编定。剑法丰富，难易适度，适用于各种流派、各个层次的太极剑竞赛。国际太极剑竞赛也多采用之。

《孙禄堂武学著作大全简注》，孙叔容、李慎泽、孙婉容、孙宝亨著，海燕出版社出版。此书主要内容包括形意拳学、八卦拳学、太极拳学、八卦剑学、拳意述真、论拳术内家外家之别等。原书皆以文言写成，古字繁体，引文浩繁，今之读者，困难实多。孙叔容等借再版，遂加标点，并加简注，以利读者。

《武式太极拳》，郝少如编著，顾留馨审，人民体育出版社出版。此书在1962年出版的《武式太极拳》的基础上重新撰写，拳理深入浅出，图文并茂。

《太极拳秘奥剖析》，曹树伟著，香港中文大学出版社出版。作者拜叶大密为师学习太极拳，故人称曹树伟的太极拳有“叶派风韵”。此书共8篇：①认识篇；②规律篇；③健身篇；④功夫篇；⑤太极拳的气和气功；⑥艺术哲学篇；⑦源流篇；⑧基本术语篇。另有作者对这套拳架的介绍以及太极拳架套路。

《杨氏太极拳法精解》，陈龙骧、李敏弟著，四川科学技术出版社出版。书中包括两部分：一是介绍有关杨式太极拳的人物、轶事及杨式太极拳套路，二是介绍杨式太极推手。

1993年　《太极推手对练套路》，国家体委武术研究院组织太极拳专家研编，中国武术协会、亚洲武术联合会审定，北京体育大学出版社出版。此书系太极推手规范教程。

《陈式太极拳入门》，冯志强编著，人民体育出版社出版。作者在整理数十年练拳经验的基础上，从中遴选出一些形式简单、效果快捷的功法拳架编成此书。

《陈式二路太极拳》，刘鹏编著，北京体育大学出版社出版。作者为陈照奎弟子，书中重点讲解了陈式二路炮捶的练法。

《42式太极拳·剑》，门惠丰编，中国武术研究院、中国武术协会审定，北京体育大学出版社出版。此书阐释了竞赛套路《42式太极拳》《42式太极剑》的动作要领，是参加太极拳、剑竞赛的必备用书。

《健身太极拳》，蒋玉堃传授，张金普整理，北京体育大学出版社出版。书中介绍了杨式大架太极拳（简化为43式）、杨式小架太极拳（简化为46式）及杨式太极拳对打，重点讲述了与太极拳健身有关的理法。

1994年　《武术太极推手竞赛规则》，中华人民共和国体育运动委员会审定，人民体育出版社出版。

《杨式太极拳：发劲、运气、练势》，青山、石恒编，北京体育大学出版社出版。此书为陈炎林著《太极拳刀剑杆散手合编》的整理本。

《陈微明太极拳遗著汇编》，人民体育出版社出版。此书是综合性太极拳著作，为陈微明3种著作的汇编本，包括《太极拳术》《太极剑》《太极问答》。

《杨式太极长拳》，孙南馨编著，北京体育大学出版社出版。全套动作共100多式。

1995年　《武当赵堡和式太极拳》，刘瑞著，广东高等教育出版社出版。此书系统介绍了赵堡和式太极拳技理、拳架、推手。

《太极拳运动》（增订本），人民体育出版社编写并出版。在原有《24式太极拳》《48式太极拳》《88式太极拳》《32式太极剑》的基础上，增加了《42式太极拳》和《42式太极剑》。

《徐才武术文集》，人民体育出版社出版。此书是作者徐才10余年来，在领导中国武术运动的过程中，潜心穷究武术真谛的结晶。此书阐述了武术是中华民族的传统文化，论证了武术与文、史、哲、理、医诸学科的血肉联系和相互渗透的渊源，使武术归属于人体生命科学范畴。徐才提出的“大武术”思想，对当前的武术运动有着重要的指导意义。

《传统气功站桩太极五行拳》，陈广德编著，中国人民公安大学出版社出版。

《武当赵堡大架太极拳》，赵增福、赵超著，陕西科学技术出版社出版。

1996年 《吴氏太极拳械精选》，薛安日编著，北京体育大学出版社出版。此书系统介绍了吴式传统太极拳100式、92式，吴式传统太极枪24式，等等。

《吴氏方架太极拳》，孙南馨编著，北京体育大学出版社出版。此书解析了吴鉴泉晚年定型的97个拳式。

《太极拳奇人奇功》，严翰秀著，人民体育出版社出版。此书是作者行万里路，调查、整理、研究太极拳名家和代表人物风范的一个重要成果，属人物传记性报告文学的合集，学术性、可读性均强。这类著作适应了时代的需要，深受读者欢迎。

《陈式太极拳养生功》，陈正雷著，人民体育出版社出版。此书分为两部分：第一部分是作者将祖传的太极内功养生法通过整理公诸于世，第二部分是作者创编的18式陈式拳。此书的英文版为海外初习太极拳习练者提供了方便。

《四十八式太极拳入门》，门惠丰编著，安徽科学技术出版社出版。此书介绍了48式太极拳的教学实践中运用的教学方法、手段和步骤，图文并茂，易学、易记、易于读者领会精神实质，是开展群众性太极拳运动的好教材。

1997年 《太极拳走架推手问答》，沈寿著，人民体育出版社出版。此书对学练太极拳、推手时常遇到的问题进行了解答。

《孙式太极拳·剑》，孙剑云著，山西科学技术出版社出版。此书内容包括孙式太极拳溯源及宗师、其理论和套路图解、孙式太极推手、传统套路图解，是研究孙式太极拳的权威著作。

《太极拳论谭》，沈寿著，人民体育出版社出版。此书主要内容有太极拳古典拳论浅释、太极拳研究随笔、太极拳与气功、太极剑的诀要、太极推手漫谈等。

《中国武术史》，国家体委武术研究院主持编撰，人民体育出版社出版。此书以严谨、求实、公允的学术态度对数千年来中国武术运动的发展历史做了科学的总结。

1998年 《中国武术百科全书》，《中国武术百科全书》编撰委员会编，中国大百科全书出版社出版。此书作为国家立项的项目，动用了众多有关系统领导、资深专家、著名教授以及专业工作者的力量。此书内容共设9个分支学科，每个分支学科的主编，也都特聘造诣高深的专家学者担纲，由国家体育总局局长、《中国武术百科全书》编委总顾问伍绍祖作序。此书是中国武术史、学术史、技术史等方面研究成果的大梳理、大总结，着重反映了自1978年改革开放20年来武术运动的新进展和武术科研的新成果。

《陈式太极拳拳法拳理》，陈照奎传

授，马虹编著，北京体育大学出版社出版。此书共分上、下两篇，结合陈照奎、马虹二人多年的练拳心得体会，将拳理、拳法有机融合，为深入研究陈式太极拳提供了新资料。

《太极拳理传真》，张义敬编著，重庆出版社出版。此书从多角度探讨了太极拳的理论与技法，收录有太极拳名家李雅轩谈拳书信录。

《余生迹》，昌沧著，人民体育出版社出版。作者系业绩卓越的编辑家，曾筹办《中华武术》杂志的出版，参加过《中国武术史》《中国武术百科全书》的编写。《余生迹》是他多年写作的文集，其中上篇《走进武林》，谈及数十年来中国武术事件及其人物的事迹。

《张三丰太极拳》，陈占奎编著，金盾出版社出版。此书内容包括太极拳的健身养生作用、太极拳 18 式、太极功。

《杨式太极拳用法解要》，庞大明编著，北京体育大学出版社出版。此书内容依次为杨式太极拳的基本要领、传统套路、太极拳诸劲论、技击用法、推手、杨式太极拳拳谱。

《陈式太极拳推手技法》，王西安著，河南科学技术出版社出版。此书为陈式太极推手专著。

《杨家太极拳》，严昭法编著，杭州大学出版社出版。此书共分 6 章，是杨式太极拳专著。

《武氏太极拳图解及太极论·诀》，李鸿义编著，南海出版公司出版。武式太极拳专著。

《中华武术图典》，中国武术协会编著，人民体育出版社出版。此书为大型图文版图书，展现了中国武术协会 40 年来的发展，凸显了改革开放 20 年武术建设的巨大成就。此书汇集了考古发掘出的各种武术文物和挖掘民间武术获得的拳经、武谱，采集了武术重要事件和人物的图绘、照片，选编了不同拳械名手的招式和英姿。力求通过图片直观地展现出武术运动的历史。书中对太极拳的产生、流派特点都有科学、精要的总结。

《太极拳普及套路全书》，武冬等编著，北京体育大学出版社出版。此书将国家普及推广的 24 式、48 式、88 式太极拳汇为一编，以方便武术爱好者学练。

1999 年　《太极剑全书》，武冬主编，北京体育大学出版社出版。作者根据太极剑技术及掌握运动技术的规律将各派各种套路的太极剑汇编成册，适合各类人群习练。

《正宗吴式太极拳》，吴英华、马岳梁著，北京体育大学出版社出版。此书内容包括吴式太极拳概要、吴式精简太极拳、世传吴式太极拳、吴式太极推手、吴式太极快拳等。

《传统杨式太极拳教程》，崔仲三编著，青岛出版社出版。此书为杨式太极拳专著。

《杨式太极刀》，崔仲三编著，青岛出版社出版。此书为杨式太极刀专著，共分 3 章。

《杨式太极六十六式弓林拳》，张楚全编著，人民体育出版社出版。弓林拳属于太极长拳类，名称与太极长拳相似，但部分功架和动作名称有所不同，在内容及拳理方面也都有新的增加。

《武氏太极拳全书》，姚继祖著，山西科学技术出版社出版。此书为武式太极拳专著，主要内容包括武式太极拳特点及身法概要、武式太极拳传统套路图解、武式太极推手等。

《太极拳剑标准教程》，李德印、李德芳选讲，北京体育大学出版社出版。此书内容包括24式太极拳、32式太极剑、48式太极拳、42式太极拳和42式太极剑。

《养生太极推手》，黄康辉、李小明编著，北京体育大学出版社出版。此书从养生健身的角度讲授太极推手的功能。

《精选太极拳辞典》，余功保编著，人民体育出版社出版。此书以基础实用为原则，选录的词条涉及太极拳理论和实践的各个方面。

《陈式太极拳老架技击秘诀》，王西安著，河南科学技术出版社出版。此书主要内容包括陈式太极拳老架技击十大劲论、陈式太极拳练习前的准备活动以及练习后的整理活动等。

《杨式太极拳术述真》，魏树人著、王洁助编、蓝清雨整理，人民体育出版社出版。此书的技艺构架，由内功理法、行拳心法、拆架拆手、太极功法和内功劲法5部分组成。这些内容是太极拳功夫在中级阶段由低到高、分层递进的阶梯。书中记述了著名太极拳家杨健侯、杨少侯及汪永泉相传的行拳要诀，皆言简意赅而切中要害。

《孙式太极剑》，孙禄堂遗著，孙叔容等整理编著，北京体育大学出版社出版。此书主要内容包括孙式太极剑概述、孙式太极剑基本要领及孙式太极剑套路的分步自学等。

《中国太极推手》，张山主编，人民体育出版社出版。中国太极推手界权威人士集体审定。此书为太极推手专著。

《武当赵堡太极拳大全》，原宝山编著，世界图书出版公司出版。此书共分为9章。

2000年 《武当赵堡太极拳小架》，郑瑞、谭大江编著，人民体育出版社出版。此书主要内容包括太极拳源流概述，赵堡太极拳源流、理论体系、传授方法、用功形式、技术套路等。

《杨式太极扇》，杨丽著，北京体育大学出版社出版。此书为介绍中国武术太极扇的第一本书，整体上体现了杨式太极拳的风格。此书内容包括太极扇的性质和特点、太极扇的基本技术、81式太极扇的打法。

《陈式太极拳拳理阐微》，马虹著，北京体育大学出版社出版。此书是作者学拳笔记和个人体悟的文稿汇编。全书分为原理篇、养生篇、解惑篇和附录篇。

《太极拳道》，郑琛、山新楼著，陕西科学技术出版社出版。此书为太极拳论专著，内容包括概论、武德篇、理论篇、基本篇、拳架篇、推手篇、散打篇、太极拳道三层九级制标准以及训练法。

《吴式太极拳拳械述真》，李秉慈、翁福麒编著，北京体育大学出版社出版。书中汇集作者近40年练拳、教拳的经验与心得体会，全面、完整地再现了传统吴式太极拳、剑、刀、杆的真实面貌。

《传统杨式太极剑》，张勇涛编著，北京体育大学出版社出版。此书是杨式太极剑的规范教程，介绍了杨式太极剑风格特点、技法要求、基本功法等。

《杨式太极刀》，王志远著，人民体育出版社出版。此书内容包括杨式太极刀概述、刀制、刀术以及杨式太极刀法实用假设练习。

2001年 《太极推手绝技》，安在峰编著，人民体育出版社出版。此书内容包括太极推手概述、太极推手功法、揉手练习、粘手练习、太极推手基本技术、散推制胜20招等。

《太极解秘十三篇》，祝大彤著，京华出版社出版。此书内容包括太极松功修炼篇、太极脚修炼篇、太极手修炼篇、太极揉手艺术修炼篇、太极技击修炼篇等。

《武当三丰太极拳》，刘嗣传著，人民体育出版社出版。此书内容主要包括太极拳与道教概论、武当三丰太极拳综述、武当三丰太极拳内容详解等。

《武派太极拳体用全书》，吴文翰编著，北京体育大学出版社出版。此书技术与理论并重，全面介绍了武式太极拳的内容和风格特点，且融合了作者大量研究成果。

《杨氏太极拳真传》，赵斌、赵幼斌、路迪民著，北京体育大学出版社出版。作者自幼受杨澄甫影响，勤学苦练，根基扎实雄厚，将杨派传统各势用法的秘传歌诀披露于世。此书内容丰富，图文并茂，具有较强的知识性、指导性及实用性。

《42式太极拳意气势练法》，安在峰编著，北京体育大学出版社出版。此书介绍了42式太极拳的套路结构、技术特点、练法要求，还介绍了在习练时的呼吸配合、意念中的导气法、观想法和技击法等。

《陈式太极拳体用全书》，洪均生传授、黄康辉编著，北京体育大学出版社出版。此书系统而全面地介绍了陈式太极拳传统一路、二路（炮捶）以及养生健身和技击应用。

《陈式太极拳意气势练法》，居山编著，北京体育大学出版社出版。此书着重介绍了练习套路、功法动作时的呼吸配合，意念中导气法、观想法和技击法等。

《国术太极拳》，吴图南著，山西科学技术出版社出版。此书主要内容包括太极拳总论、史略、拳势说明，太极拳打手法总论、打手法说明等。

《陈式太极拳简化练法》，黄康辉、李小明主编，北京体育大学出版社出版。此书主要内容包括陈式太极拳的起源与发展、陈式太极拳的风格与特点、简化陈式太极拳的基本训练方法、陈式太极拳单式训练、陈式太极拳竞赛套路分段简化练法。

《武派太极拳》，刘常春著，辽宁人民出版社出版。此书为武式太极拳专著，共分为7章。

《吴式太极剑》，吴英华、马岳梁著，人民体育出版社出版。此书为吴式太极剑的传统重要专著，价值颇高。

《东岳太极拳剑》，门惠丰、阚桂香编著，人民体育出版社出版。此书系作者创编的太极拳、剑新作。

2002年　《陈式太极拳剑刀》，陈正雷著，中州古籍出版社出版。此书对陈式太极拳论、拳术套路、器械套路等做了系统整理，并对多年练拳体悟和研修成果做了补充。

2003年　《太极拳规范教程》，李德印编著，人民体育出版社出版。此书既有竞赛套路又有传统套路，具有很高的实用价值。

《杨式太极扇（36式）》，杨丽著，北京体育大学出版社出版。新编太极扇套路，同原创81式太极扇高级套路比，编入的18式、36式更适于初、中级人群演练；在技术风格上，扇法更加严谨，技法特点更加突出。

《和式太极拳谱》，和有禄编著，人民体育出版社出版。作为第一本由和氏后人整理并公开出版的专著，它较为完整地展现了和式家传拳架的本来面目以及和藏拳谱的内容，不仅是习练太极拳赵堡架的好教材，也是进行太极拳专项研究和对武术进行宏观研究的难得资料。

2004年 《杨式养生太极剑（24式）》，张勇涛编著，北京体育大学出版社出版。杨式养生太极剑24式是作者在传统杨式太极剑51式的基础上创编的健身套路，既体现了传统杨式太极剑的独特风格，又注入了崭新的内容。

《太极拳辞典》，杨丽主编，北京体育大学出版社出版。此书是对历史和现时的太极拳知识的大梳理、大总结，以《中国大百科全书》体例构建。

《杨式养生太极拳（24式）》，张勇涛编著，北京体育大学出版社出版。此书内容既适应现代生活，又保留传统特色。

2005年 《中国武术概论》，温力著，人民体育出版社出版。作者用科学的世界观和方法论，对中国武术史及各个方面做了理论性的概括。

2006年 《永年太极拳志》，永年太极拳志编纂委员会编，人民体育出版社出版。这是我国第一部由地方政府领导策划编撰出版的太极拳志。此书以志为主，辅以表格、图片，采用编、章、节条目结构，综述史实沿革，横记流派支系。全书共计9编、36章，并附录大事记等。

《中国太极拳辞典》，余功保编著，人民体育出版社出版。此书在《精选太极拳》的基础上，适当调整并增加了一些内容，使本书涉及面更加广泛，太极拳综合信息量更大。

《吴文翰武术文存》，山西科学技术出版社出版。此书汇集了吴式太极拳名家吴文翰的文章，其中大多谈论的是太极拳方面的内容，如武德修养、武史探迹、武学理论、武林人物、武林轶事、武术器械等。

《六合八法拳》，吴翼翚、陈亦人著，山西科学技术出版社出版。六合八法拳，据传为唐末宋初道人陈抟以导引术、吐纳养生之理创编而成，又名水拳、先天十二势。至近代，六合八法成型拳术套路并传而授之，当推著名武术家吴翼翚先生。六合八法，全名为心意六合八法三盘十二势，归属内家拳术。该拳法讲究“重心意，轻拙力”，强调“用意不用力，劲断意不断”，注重“静定守虚，天人合一”的意境。六合八法拳演练形态近似太极拳，但步随腰动、鼓荡起伏、快慢相间、形神兼备之风格又区别于运劲如抽丝的太极拳。其“既有形意拳整劲、崩劲、螺旋劲的内涵，又有八卦步法变化之虚实，且有太极拳刚柔缠绵之柔劲”的技术风格，深受武术爱好者喜爱。

2007年 《我的太极之路》，马国相著，中国中医药出版社出版。此书是自传文体，记述了20世纪80年代初期陈家沟太极文化风情及陈式太极拳的家传奥秘，描述了作者克服艰难困苦探求陈家沟太极拳真善美的心路历程，阐释了陈式太极拳的传统拳势要义以及技击功能等。

《李雅轩杨氏太极拳法精解》，陈龙骧、李敏弟编著，四川科学技术出版社出版。此书主要记录了李雅轩太极拳精论、太极拳源流、太极拳名人武技轶事、李雅轩宗师生平事迹、太极拳练法要领以及整套太极拳的练法用法和五种推手的具体练法。

2008年 《陈式太极拳志》，焦作市地方史志办公室、温县人民政府编，中州古籍出版社出版。此书详细记载了太极拳的渊源、发展，太极拳研究、开发、普及、推广以及历届“中国·焦作（温县）国际太极拳年会”等方面的情况，是迄今为止最为全面、系统、权威的太极拳信史。此书附有陈式太极拳大事记。

《中华太极拳大全》，杨川主编，中国画报出版社出版。此书文字部分简明扼要，图文并茂，还有练拳释疑、武当太极拳功架歌诀和太极拳散手秘诀等，适合初学者阅读。

2009年　“中国武术段位制系列教程”丛书，国家体育总局武术研究院组编，中国武术协会审定，高等教育出版社出版。此系列丛书围绕武术段位技术考评内容和标准编写，每册内容包括概述和1~6段位技术的基本形态、单练套路、对打套路和拆招技法。内含太极拳6个分册，它们都是国考太极拳段位的规定用书；同时可作为高等学校武术专业教材、大中小学武术教师培训教材和各级各类武术馆校教学用书，也可作为大众习练各派太极拳的范本。6个分册如下：

《陈式太极拳》，执行主编陈小旺，参编人员黄康辉（执笔）、陈小星、张东武、陈斌、孔超。教学光盘演示陈小旺、黄康辉、张东武。

《杨式太极拳》，执行主编杨振铎，参编人员田金龙（执笔）、赵幼斌、谢文德。教学光盘演示梁晓葵、童红云、赵幼斌、田金龙、龙剑峰。

《武式太极拳》，执行主编钟振山（执笔），参编人员杨德高、崔志光、孙建国。教学光盘演示钟振山、王艳萍、刘力嘉、于京东、吴孟瑶。

《吴式太极拳》，执行主编吴光宇，参编人员李秉慈、马海龙、高壮飞、崔建功、张俊峰、仝保民（执笔）、汪翀。教学光盘演示吴光宇、张俊峰、陈俊华。

《孙式太极拳》，执行主编孙永田，参编人员李慎泽、李德祥（执笔）、洪浩（执笔）、魏戎。教学光盘演示孙永田、邱慧芳、赵伟。

《和式太极拳》，执行主编和有禄（执笔），参编人员洪浩（执笔）、和保森、李随成、李健。教学光盘演示和有禄、康涛、张恒。

《太极拳往事》，季培刚编著，吉林大学出版社出版。此书全面呈现了太极拳各派的传递脉络与承接状况，汇聚了众家太极拳传承人的记忆和智慧，展示了晚清、民国以来不同历史背景下太极拳名师拳艺与人生融为一体的人生历程。

《杨式太极拳阐微》，庞大明、何丽萍、庞英睿著，河南科学技术出版社出版。此书详细论述了太极拳与健身、十天干、十二地支、二十四节气的关系。

《陈式太极拳全书》上、下两部，陈正雷著，人民体育出版社出版。此书不仅对陈式太极的源流、发展及特点进行了概述，而且对拳理和拳论也做了通俗性介绍，并分别把身体各部分的要求、手型、步型的特点做了专项阐述。此书在介绍拳术套路分解动作时，还注明了呼吸、内劲运行及技击用法。

《陈氏太极拳剑刀》，陈正雷著，中州古籍出版社出版。此书为陈式老架一路、单剑、单刀和推手的合编。

《秘传武当太极拳》，游玄德著，人民体育出版社出版。此书叙述了武当太极拳的创始者以及武当太极拳的重要功效。

《太极剑教学与训练英汉双语教程》，武冬著，北京体育大学出版社出版。此书立足国内，面向国际，采用英汉双语编写，内容系统，编排体例新颖，同时技理统一，全面实用。

《朱天才解读太极拳》，朱天才著，中原农民出版社出版。此书介绍了陈式太极拳简史、陈式太极拳十解、陈式太极拳的特点和技击用法、陈式太极拳的养生之道、陈式太极拳套路辨析、陈式太极拳九论等内容。

《武式太极拳剑：中国太极拳传世经典》，洪丽著，北京体育大学出版社出版。此书全面概述了武式太极拳历代传人、武式太极拳练习要旨以及武式太极拳拳论，较能全面反映武式太极拳的概貌；同时介绍了武式太极拳的传统竞技套路。

《太极拳书目考》，吴文翰著，人民体育出版社出版。此书所收内容大多为经典之作，作者以严谨的治学态度，比较客观、求实地对每本书做了介绍，从中透露出一些太极拳史方面的信息。

2010 年 《陈式太极拳拳谱·拳法·拳理》，马虹编著，北京体育大学出版社出版。此书详细介绍了陈式太极拳每招每式的拳理体现，细致入微，是太极拳爱好者学习的好书。

《杨式太极拳竞赛套路分解教学：40式》，张自山编写，安徽科学技术出版社出版。此书对每个太极拳的定势动作进行了精当的分解，每个分解动作都配有准确而清晰的照片以及步法方位平面图，所有说明文字都按运动过程、动作要点、注意事项、呼吸和攻防含义的顺序逐条分述。

《太极密码》，余功保著，人民体育出版社出版。此书阐明了太极拳是一种有效的、可操作的生命修养方法，希望它能成为每个人的健康挚友。

《侯氏太极拳》，艾光明、张昱东著，山西科学技术出版社出版。此书以周易文化作为指导思想，把阴阳学说与太极拳的起源、发展、特点、功夫、养生、技击相结合，同时和现代哲学、现代科学相联系，给予了太极拳以科学合理的解释，见解新颖，颇有价值。

《陈式太极拳技击基础 13 式》，郭传光编著，成都时代出版社出版。此书以太极技击为主要练习点，可谓太极拳中主张向外发力、主动技击的代表。

《陈式太极拳精蕴》，张茂珍著，人民体育出版社出版。此书重点探讨陈式太极拳心法和技法中的核心理论，并提炼出“意象运动和肢体语言的完美融合”。

《图解太极拳法二十四式》，国医绝学健康馆编委会著，重庆出版社出版。此书主要介绍了防病强身的养生国术、太极拳的起源，太极拳的流派、太极拳五大养生保健功效、太极拳的功法特点、太极拳的基本功等。

《42 式太极拳竞赛套路：教与学》，李德印著，北京体育大学出版社出版。此书对 42 式太极拳竞赛套路进行分解教学的方式与方法，对每一动作的要点、易犯错误、纠正方法及攻防含义都做了介绍。

《洪均生陈式太极拳：陈式洪架太极拳法传真》，蒋家骏著，人民军医出版社出版。此书不仅对陈式洪架太极拳法做了解读，而且对陈式洪架太极拳一路和二路拳做了详释。

《杨氏太极真功》，孙以昭著，人民体育出版社出版。此书不仅首次披露了杨家极为珍视的八段锦和老架，而且对太极拳的理论基础、功法要领和历史源流等皆有详细的说明。

《陈式太极拳拳法拳理》，马虹编著，北京体育大学出版社出版。此书内容主要分为陈式太极拳的习练、宗师理论、太极拳理论技法三大部分，旨在为不同阶段的习练者阐述练拳的注意事项及要领等。具体内容包括陈式太极拳的基本特征、习练太极拳的主要过程及其要点、陈式太极拳十大要领、陈王廷《拳经总歌》、陈鑫《太极拳论》等。

2011年　《陈氏太极拳四十八式》，刘云香著，山西科学技术出版社出版。此书以陈式老架一路为主体拳架，拳套特点以柔为主、柔中有刚、舒展大方、快慢相间、螺旋缠绕、松活弹抖、蹿蹦跳跃、完整一气。

《杨式秘传三十七式太极拳》，庞大明、何丽萍、庞颖睿编著，河南科学技术出版社出版。此书具有较高的使用和收藏价值，是广大杨式太极拳爱好者的良师益友。

《陈式太极拳内功心法》，王永其著，人民体育出版社出版。此书主要讲述内功心法。内功即意功，心法即意念，内功心法就是练拳时用的意念之法。

《太极拳之美：沙国政传统太极拳》，沙俊杰、唐建新著，云南美术出版社出版。此书主人公沙国政，是我国著名武术家和太极拳家，他形成了自己的一种特殊风格，其子沙俊杰深得其父真传。本书从美学和鉴赏的视角来阐释沙式太极拳的特点和神韵，是一种新的尝试、新的突破。此书风格画风“清素写意”，文风“行云流水”，让读者在诗画一体、自然清新之美中学得沙式拳艺。

《洪均生陈式太极拳全书》，洪均生著，李恩久编，山东画报出版社出版。此书收录了洪均生一生在太极拳研究上的重要文献，是一部全面展示其一生太极拳学体系的著作。

《感恩太极：扎西解析传统杨式太极拳八十五式》，扎西口述，李海水、杨大卫整理，人民体育出版社出版。此书汇集了藏族太极拳家扎西的多年习拳心得，对了解和学习传统杨式太极拳者多有启迪。

《陈式太极拳老架一路：意气势练习及用法》，安在峰编著，人民体育出版社出版。此书重点介绍了陈式太极拳老架一路的练习方法及基本用法，重点在意和气的解析。

《中国太极拳大百科》，余功保主编，人民体育出版社出版。此书带有实用性、资料性、求实性、学术性的总体特点。此书共收录图片3000多幅，属于“图文版”太极拳大百科。

2012年　《李经梧传陈吴太极拳械集》，梅墨生主编，王大勇、吕德和、梅墨生、李树峻编著，当代中国出版社出版。此书收入了李经梧传授的陈式和吴式太极拳、械的主要套路，具有重要参考价值。

《太极图谱解析》，王经石著，中州古籍出版社出版。此书是一部系统讲述阴阳理论的专著。全书以阴阳哲学理念和大量的图形示例为线索阐述了“太极图”是宇宙、自然、万物、社会的载体，是人生、思维、行为、意识的标志。

《武氏太极拳全典》，孙建国著，辽宁科学技术出版社出版。此书是一部全面系统介绍武式太极拳徒手套路的精品著作。

《曾庆宗太极拳》，曾庆宗著，曾华艳整理，四川科学技术出版社出版。此书内容丰富，是一部太极拳的重要著作。

《杨健侯太极拳真传》，胡学智著，辽宁科学技术出版社出版。此书汇聚了作者多年所学、所思、所悟。

《太极拳》，李雪莹编著，泰山出版社出版。此书共分为5章，内容包括：中华武术殿堂的奇葩——太极拳，各派宗师自成体系——主要流派及其传承，博大精深，跨越古今——太极拳的非凡魅力，太极拳练习，太极拳现状与发展等。

《太极冠军演练图谱：四十八式太极拳》，乔熛、侯雯编著，河南科学技术出版社出版。此书搜集了众多太极冠军的太极动作，一步一图，动作精准，线路示意，简单易学。

《杨式太极拳中架与内功》，马京钢、齐一编著，人民体育出版社出版。此书以内功的表象、作用、效果等基本原理为线索，深入开展对内功练习理论和功法的研究，试图通过对杨式太极拳中架套路的解析和实验，阐述拳师练形生精、练精化气、练气化神、练神还虚的过程。

《武当武技与开合太极拳》，李仁平著，人民体育出版社出版。此书主要介绍武当武技和开合太极拳的基本知识、源流、历史传承、形式、内容、理念以及具体的演练方法与诀窍。

《中国太极拳史》，于志钧著，中国人民大学出版社出版。此书以“太极拳是谁发明的”为主线展开，追溯了中国太极拳的发展变迁史，对太极拳史上的一些争论和存疑问题展开了辩论，并提出了自己的看法。

2013 年 《陈式太极拳新手初上路》，张富香、崔路明编著，河南科学技术出版社出版。此书内容新颖，通俗易懂，具有较强的实用性、操作性、阅读性。

《太极密码：太极拳心法体悟》，余功保著，人民体育出版社出版。作者归纳了数十个太极拳心法的重点问题，并做了深入浅出的阐释，解决了困惑许多习练者的难点。

《太极养生增气功与散手》，王西安、阎素杰著，河南科学技术出版社出版。此书首次呈现了太极与养生的密切关系，且全图阐释了太极散手的内容。

《传统太极拳全书》，人民体育出版社出版。该书由当代传统太极拳六大流派的名家代表陈正雷、崔仲三、李秉慈、乔松茂、孙剑云、王海洲等6位先生合著，他们分别阐述了各个流派的历史源流、风格特点、健身养生价值、练习步骤和注意事项，并详解了各流派代表套路的练习方法和要领。

《自然太极拳29式》，祝大彤著，人民体育出版社出版。此书由作者从自然太极拳81式中萃取拳之精华编著而成，介绍其基本原理、基本动作和习练方法等内容，是自然太极拳爱好者的入门读物。

“传统杨氏太极拳丛书”，杨振铎著，山西科学技术出版社出版。此系列丛书用图解方法介绍了杨式太极拳、剑、刀的基本套路和要领，还介绍了杨式太极拳表演、比赛套路。

《王培生内功心法太极拳》，张耀忠、张林编著，山西科学技术出版社出版。此书全面阐述了王培生内功心法太极拳的八法、七星八步、八要、五行步、十三势、修炼十三要点以及推手的方法、劲法等。

《吴氏太极拳述真精选二十式》，鲁胜利编著，北京体育大学出版社出版。此书主要描述了吴式太极拳拳架的习练方法。

《太极拳之研究：太极拳概论》，吴图南讲授、马有清编著，世界图书出版公司出版。此书搜集了吴图南的口述及研究文章，理清了太极拳的始末真相，为天下太极正本清源，首次公开了其养生秘术，弥足珍贵。

《多元循环太极拳》，宋仁彬著，湖南科学技术出版社出版。此书介绍了多元循环太极拳的含义、特点和功效及动作解析，还有多元循环太极拳的组合练习方法、循环练习方法。

《太极拳讲义》，山东省国术馆编辑科编著，河南科学技术出版社出版，白话文版本。这是一本具有较高珍藏价值的太极拳著作，读者可从中领会老拳谱的精髓。

《大道太极：太极拳修炼理论与实践》，黄震寰著，新星出版社出版。此书以老子《道德经》为理论准则，创新地将太极拳道和太极丹道修炼相结合，带领读者由“形和术”的锻炼进而修炼“大道”。

《85式杨式太极拳意气势练习及用法》，安在峰编著，人民体育出版社出版。此书揭示了动作与呼吸、意念密切结合的奥秘，披露了动作在实战中的应用方法，这都是其他同类书中很少涉及的。

《吴图南太极拳精粹》，于志钧编著，当代中国出版社出版。书中全面展示了吴图南的37式太极拳、玄玄刀、乾坤剑等功技，同时记述了吴图南太极内功修炼、太极松功练法、九宫步练法等不传之秘。

《太极扇教程》，杨丽著，北京体育大学出版社出版。此书是杨丽教授有关扇术的新作，作者就太极扇术理论、知识、技能做了较系统的阐释。其中28式太极扇、16式对练扇术都是第一次正式发表，单练28式和对练16式皆适于教学、表演，有较高的审美价值。

2014年　《武当太极拳》（一函两册），钟云龙著，线装书局出版。作者历时3年多才编写完成。此书系统全面地介绍了武当太极拳历史、内涵文化、传承关系、八法技击及养生心法等，图文并茂地收录了武当太极拳28式与武当太极拳108式的详细练法。

《上善若水：王氏水性太极拳讲记》（修订版），王壮弘口述，杨云中、蓝晟整理，海南出版社出版。此书从哲学、美学、艺术、科学的高度，以实证功夫为基石，梳理归纳太极十三总势放大、缩小、旋转、螺旋、翻动、扶摇、羊角等规律，反复阐述点、线、面、体、超立体、四大皆空、八门五步、驾虚、摩空、乘幽、控寂的进阶途径。

《太极内功的奥妙：太极拳速成之路》，邓文平著，北京体育大学出版社出版。此书叙述了太极拳的历史、人物、典故、技术、内功修炼等，内容丰富，以内功练习方法、体会一线贯穿，因为都是作者的亲身经历，所以可信度高。作者用第一人称的方式叙事，亲切感强，真实感强，拉近了与读者的距离。

《太极拳拳法精解》，苑得时著，北京时代华文书局出版。此书首先介绍了太极拳的十三要素及理念，并对重点拳法太极拳十三段锦进行了详细介绍。书中通过实拍照片逐步示范太极拳十三段锦的动作要领，并辅以文字注解，直观明了地展示出全套太极拳十三段锦的一招一式。同时，此书对太极拳法中的传统练习方法单独进行了详细剖析，方便读者领会个中要义。

《王培生太极拳体用解》，张耀忠、厉勇编著，人民体育出版社出版。此书是著名武术家王培生的弟子、中国武术八段、北京市武术协会委员张耀忠的最后一部作品。书中详细介绍了王培生演练的太极基本八法、五行法、37式太极拳以及王培生对太极拳技击的作用、理念、心法和一些秘传实战技巧。

《妙谛传心：太极拳经秘谱汇宗》，何欣委编著，人民体育出版社出版。此书认为太极拳是我国最为著名的内家拳之一，具有极好的养生与技击效果。其既是拳术，又是道功，历来为武术爱好者、文人乃至道门中人所喜爱，时至今日，更成为大众养生健身的法宝。何欣委治学严谨，其于道学、佛学乃至易筋洗髓经皆有较深研究。《妙谛传心：太极拳经秘谱汇宗》既可作为太极爱好者习练的理论依据，又可成为太极研究者收藏研究的宝贵资料。

《以拳证道》，李光绍著，华夏出版社出版。此书内容包括知阴阳、明动静、辨刚柔、分虚实、理法、何谓道、何谓拳、何谓无、何谓中、何谓空、何谓松、说紧、说重、说舍、说运、何谓沉、何谓分、何谓劲、何谓势、何谓变、何谓机、何谓应等。

《太极拳与静坐》，南怀瑾讲述，上海书店出版社出版。此书由两部分组成：第一部分是南怀瑾1966年的一次讲演记录，前段讲述南怀瑾习武经过，十分生动有趣；后段谈及他养生与练太极拳的心得，亦十分有参考价值。第二部分是在拍摄南怀瑾亲自示范“如何静坐”录像时，与现场参加学生的问答录音记录，可供初学静坐者参考。这两份记录从未公开发表，十分珍贵。

《太极拳的奥秘》，余功保编著，人民体育出版社出版。此书通过数十位太极拳名家的切身体悟和研讨阐释了太极拳运动的诸多难点和要点，揭示了太极拳运动的诸多规律性的内涵。此书列了数个专题，分别阐述了太极拳文化、太极拳的交流、太极拳内功、太极拳技击、太极拳养生等。

《陈氏世传太极拳术》，陈子明著，山西科学技术出版社出版。此书与陈鑫所著《陈式太极拳图说》可视为姊妹篇，是迄今为止最早正式出版的关于陈式太极拳的著作，堪称武术文物。《陈氏世传太极拳术》主要内容有：陈式太极拳基本拳理、套路、功法，拳谱歌诀，养生、技击要略等。

《戴氏心意拳秘谱解读》，程庆余著，人民体育出版社出版。此书经珍藏数百年后传于戴家再传于程家，并秘密保存于程家近百年后公开出版，实属珍贵。此书的第一部分是作者家传《心意拳谱》影印件，随后几章对拳谱内容择要解读。此书对于心意拳、形意拳习练者及研究者，非常有收藏及研究价值。

《中国传统赵堡落地大架太极拳238式》，赵增福著，赵旭整理，世界图书出版公司出版。此书为“中国太极名师经典”系列丛书之二，是赵堡太极传世珍藏版，隐踪数百年，秘传不出村之赵堡太极全貌问世，内容包括：十一代传人赵增福亲授老架110式；赵堡养生气道、健身功架，技击推手奥窍；为自学者传式、授理，为初学者解劲势、传用法；言传身教、分解动作；细讲阴阳，说透虚实刚柔。

《峨眉环禅道太极拳》，曾庆宗、姚鑫主编，北京师范大学出版社出版。作者深入浅出的写作手法和图文并茂的表现方式能够为武术爱好者习练之用，可作为普通院校公共体育课程的教学内容，还可作为体育院校武术及相关专业学生的辅助教材。《峨眉环禅道太极拳》力争让中国青年练好太极拳的技击术，用《峨眉环禅道太极拳》的办法来养生祛病有很好效果，瑞典曾庆宗武医学院在瑞典实证了太极拳的养生健身祛病的良好效果。坚持长期正确习练，能给予习练者理想的效果。

《合步平圆单推手：太极推手入门、

纠偏、提高》，魏坤梁著，北京体育大学出版社出版。此书选定学习太极推手时首先练习的合步平圆单推手，以其动作过程作为编写的顺序，逐个动作穿插进相关的传统太极拳基本理论，并以此为指导，分析讲解如何正确地习练合步平圆单推手，纠正习练中容易犯的错误；并根据太极拳经论指出了现代太极拳界存在的错误观点，是太极拳习练者入门和提高的实用书籍。

《陈氏太极拳小架（小圈）精要》，职汝垒著，北京体育大学出版社出版。此书分为三大部分：上篇名“学拳须知”，包含了太极拳小架简述和主要传人，基本手形、步法，以及对在书中经常使用的一些特定词语的注释。中篇“拆解”部分篇幅最大，所撰写的内容和讲拳的方式实际上很接近传统所言的“拆架子”。下篇理论研究部分，分别围绕太极与形体、阴阳与太极、推手和法则通窍等4个板块展开，帮助习练者进一步深入拳理、探究并领悟太极之奥秘。

《太极纯功一百零八式太极拳》，吴家新、刘金凤编著，湖北科学技术出版社出版。此书图文并茂地介绍了太极纯功108式太极拳各式的口令、歌谣和使用方法。图片分单练和对练。此书附带双DVD视频光盘。

《太极拳文化溯源与内功实练》，齐犁、鲁耕编著，首都经济贸易大学出版社出版。作者从太极拳文化的角度探索太极内功的性质、特点、内涵和练法，不介绍各家各派的特征。在这一点上，没有门派之别，正应了“天下太极是一家”这句话。太极拳内功，可称为术。术也可以说是内功的用法，在技击的作用上，是内功外化的表现。

《太极拳散手阐微》，刘笃义主编，山西科学技术出版社出版。此书内含6个原则：①以许禹生对王宗岳《太极拳经》详注为理论基础；②以王新午对《太极拳论》附注及其太极拳散手法为指导原则；③以李云龙太极大道内功及王锦泉太极拳姿势为功法；④以46式散练功法及推手实践应用为练法；⑤以许禹生创编太极推手法和王新午创编实际应用之技术为用法；⑥以八翻手散手360招为辅助功法。

2015年　《太极拳古典经论集注》，张耀忠、张林编，北京体育大学出版社出版。此书分为两部分，即“太极拳古典经论集注”和“太极拳柔术法诀大观”。这两部分内容精选了古今太极拳家的经典论述及歌诀，展现了华夏神功太极拳产生与发展的文化根源。

《世传陈氏太极拳小架》，陈永福著，陕西科学技术出版社出版。此书全面介绍了陈式太极拳小架相关套路及实战用法，从太极拳概述到陈式太极拳小架一路、二路到实战用法，最后列选了陈式太极拳的秘籍精选。

《太极拳行法释要》，任刚著，上海辞书出版社出版。此书分为文化篇、习练篇、拳论篇（王宗岳《太极拳论》释要）、释疑篇（太极拳网络问答录）和附录等5个部分。

《太极内功简法揭秘》，关永年著，人民体育出版社出版。此书介绍了太极拳内功利于技击和养生，但在复杂的太极拳体系中，究竟哪些内容是至关重要的，一般习练者很难说清楚和认识到。此书揭示了太极内功奥秘，内容方面特色鲜明，对太极拳养生和技击有理论指导作用。

《太极拳拳架一点通》，成仁芬、刘月鹏编著，人民体育出版社出版。此书主要内容包括：简易快速学练法是速通太极拳拳架的捷径及对太极拳爱好者学练此法的几点要求，24 式太极拳简介、24 式太极拳拳术名称、24 式太极拳口令词、24 式太极拳口令词图解及要领一点通、42 式太极拳简介、42 式太极拳拳术名称等。

《太极拳流行套路实用教程》，付从柱编著，中国文联出版社出版。此书共分 5 个部分：第一部分是太极拳 5 个流行较广的太极拳套路、太极拳的基本知识、太极拳论、太极拳练习要领及练拳须知等内容，第二部分是太极剑基本知识和 3 个流行较广的太极剑套路，第三部分是 36 式太极刀，第四部分是 52 式太极功夫扇，第五部分则是与太极拳活动内容相关的附录。

《太极可道：李和生传杨式老六路内功太极拳解密》，李和生、李聪著，人民体育出版社出版。此书作者集自身 60 余年习拳的体悟，创内功太极拳修炼三乘功法。书中对太极松功、太极桩功、内功太极推手秘技、太极拳理论均有独到论述。

《王其和太极拳探秘》，王贵群著，河北美术出版社出版。此书详尽地介绍了王其和太极拳形成的来龙去脉、功法特点、传承情况，堪称一部太极拳佳作，对推广弘扬王其和太极拳起到重要作用。

《杨式太极拳教程》，奚桂忠著，北京体育大学出版社出版。此书作者根据杨式太极拳第四代传人傅钟文的言传、身教、拳照、录像片、著作和杨公的拳照、著作，并结合自己学练和教拳的点滴认识，对全套杨式太极拳 85 式的练法逐式进行释解。

《中国太极拳》，严双军编著，河南人民出版社出版。此书从太极文化与太极拳诞生及发展、太极拳的衍生流派、太极拳在清末民初的传播、太极拳在港台的传播、新中国太极拳的繁荣发展等方面讲述了太极拳的产生、发展及演变过程。

《杨氏老架九十八式太极拳（田谱）释解》，蔡天彪著，人民体育出版社出版。此书所著内容经典，有一定的传承价值。主要介绍了田谱杨式老架 98 式传统套路的拳理拳法、技法演练要求与窍要解析。

《龙虎太极拳》，马希平、马锴果编著，北京体育大学出版社出版。此书用翔实的历史资料讲述了龙虎太极拳发展史上历代宗师级人物鲜为人知的故事，讲述了龙虎太极拳的历史渊源和发展，用丰富的图片及文字说明全面演绎了龙虎太极拳的功架及功法，勾画出了这支流传于我国民间 400 多年，风格独特、代代秘传的太极拳流派。

《汪永泉传杨式太极拳心法探秘》，陈田良、张海松编著，北京体育大学出版社出版。此书从杨式太极拳汪脉拳法身形上和内功中的特点讲起，着重介绍了杨式太极拳汪脉基本功的松静功、抻筋拔骨塑身形、气血流注充四梢、节节贯穿通劲法、松活弹抖任开合、左旋右转练腰裆、内外相合听动静、单式练习以及杨式太极拳（汪脉老六路）拳谱习练拳架的基本要求和拳架详解，并介绍了揉手、心法与劲法、太极杂谈等内容。

《杨式太极拳英汉双语基础教程》，郭振兴主编，北京理工大学出版社出版。此书综述了太极拳的源流、基本特征和基本技术，概述了杨式太极拳的起源与发展，阐述了杨式太极拳的技术要求、习练程序，讲述了 28 式太极拳套路，摘选了太极拳的经典拳论。编写采用中英文对照，有助于海内外太极拳爱好者在学习太极拳的同时学习英语或汉语。书中 28 式杨式太极拳是依照杨式太极拳的技术要求和杨澄甫的动作编排的。

《李雅轩杨氏太极拳法精解》，陈龙

骧、李敏弟、陈骊珠编著，四川科学技术出版社出版。此书第一部分是李雅轩太极拳精论，这是李雅轩一生练拳的经验总结，是习练太极拳的指导性论著。第二部分和第三部分说明太极拳的源流、太极拳的名人武技轶事、李雅轩的生平事迹、太极拳的练法要领，以及整套太极拳的具体每招每式的用法和5种推手的具体练法。

《洪均生传授　陈式太极拳　原理探析　用法详解》，杨喜寿著，人民体育出版社出版。此书描述拳式时配有详细的图片，在讲解套路时，对每一式的每一个动作都详细说明其攻防技击用法。

《陈式太极拳初学入门．二路炮捶：细节分解教与学》，李觉民著，北京体育大学出版社出版。此书内容主要包括陈式太极拳的手型、陈式太极拳的主要步型、陈式太极拳二路71式每一式分解教学法。

《陈式太极拳教与学》，崔广博著，中州古籍出版社出版。此书分上下两篇：上篇为陈式太极拳教程，内容包括太极拳的发源地和创始人、缠丝劲、陈式28式太极拳；下篇为太极拳理论，内容包括揭开内劲的神秘面纱、太极拳修炼探讨等。

《零基础学习吴式方架太极拳》，吴维叔著，北京时代华文书局出版。此书从吴式方架太极拳的理论着手，介绍了方架太极拳的源流、特点及习练套路，并深度剖析了方架太极拳的技法特点、练习方法等。

《传统陈式太极拳：老架83式》，程克锦编著，成都时代出版社出版。此书介绍的是陈式太极嫡传的拳架传统83式，由陈式太极拳第四代正宗传人完整示范教学，分解动作解析详尽，武术精髓与练习要点细致提示，同时还收录了陈式太极拳的内功养生心法及秘传攻防技法，呈现太极古法的精髓所在，是陈式太极拳进阶的必备书。

《太极的力量》，柳海林、王娟编著，河南科学技术出版社出版。此书讲述了王西安与135位弟子之间的故事。以弟子们认识太极、接触太极，再到深入太极为主线，讲述他们与太极大师王西安之间的缘分。

《林墨根太极拳精要》，王建业编著，四川科学技术出版社出版。此书着重描写林墨根的太极人生及太极拳精要。全书共4章，内容包括林墨根大师传奇、林墨根的太极文章、林墨根谈太极拳的练法记录、林墨根传授的杨式太极拳。

《杨健侯国学太极拳》，李德润著，辽宁大学出版社出版。此书主要阐述杨健侯老架太极拳的拳架和推手精要技术，以及太极文化在国学文化中的体现，反映了作为太极拳大师的李德润多年来对太极拳的领悟和武学修为。

2016年　《太极游艺：新简易二十四式太极拳》，林添进著，中国书籍出版社出版。此书由传统108式太极拳著作整理提炼出来，并重新梳理、注释，从动作顺序、动作名称、动作要领、教学方式等方面进行了修润。

《太极拳行功心解详解》，苏峰珍著，人民体育出版社出版。此书讲述了《行功心解》是太极拳重要的经典之一，详述了太极拳的深层内涵，以及太极拳的修炼方法。

《洪传吴式太极拳述真：洪涤怀文献及其阐释》，洪涤怀、李方明著，光明日报出版社出版。此书收录了洪涤怀著述的吴式太极拳理论、拳架、功法、歌诀、书信等珍贵的历史文献资料，并配以其入室掌门弟子李方明的完整拳架和阐释。

《太极新书》，赵海鑫、张梅瑛著，江苏人民出版社出版。此书介绍了太极拳练习中9个阶段的不同内容，内容包括知篇、尝篇、醒篇、证篇、悟篇、懂篇、圆篇、明篇、清篇。

《太极拳师图谱》，闫忙种主编，中州古籍出版社出版。此书收录的人物分为历史人物和当代人物两部分，历史人物部分所收录者，都是在太极拳发展过程中做出过积极贡献的太极拳宗师；当代人物部分收录的是太极拳名家、太极拳拳师等人物。

《曾庆宗太极拳实战绝技．腿法》，曾庆宗著，四川科学技术出版社出版。此书汇集作者数十年武学精髓，内容包括实战中腿部的基本招法、套路演练、攻守演示等。

《曾庆宗太极拳实战绝技．手法》，曾庆宗著，四川科学技术出版社出版。此书共39招，主要讲解了对指法的创新应用。

《太极拳启蒙》，蔡光復编著，上海书店出版社出版。此书阐述了太极拳的教与学，太极拳的健身、养生、修身养性等方面的内容，既有助于初学者对太极拳的认识，又助于有基础的习练者对传统太极拳的深入理解和探究。

《太极功法二十四势》，于子顺编著，河南科学技术出版社出版。太极功法24式，是以太极拳一动一太极的阴阳之理和用意不用力的要求为主，结合吴式太极拳的“神领、意催、气运身”的特点，将太极拳的功法和易筋经、一指禅、燕青手的太阳功与大成拳的桩功等整理而成，有通经络，强身壮体，治疗多种慢性疾病的功效。

《太极内丹功》，王凤鸣编著，人民体育出版社出版。此书包括太极内丹功理论基础、太极内丹功习练方法、太极内丹功修炼法、太极内丹功功效研究、太极内丹功知识问答等内容。

《太极拳技击研究》，李万斌著，人民体育出版社出版。此书从拳术技击通则、太极拳遵循的技击法则、先贤练功启示、太极拳的技击思想、太极拳基本技术与方法、技理探索、真功训练等几大方面，对太极拳技术做了严谨、科学的阐释。

《褚传杨氏太极长拳》，褚玉诚、罗欣编著，东华大学出版社出版。此书内容包括杨式太极长拳的传承概况、杨式太极长拳的特点概况、太极长拳主要的基本姿势动作等。

《陈氏太极长拳108式》，王振华编著，北京体育大学出版社出版。太极拳博大精深之貌逐渐为人所识。各代传人以太极拳的规律不断地对它进行进一步的加工整理，既保留其原貌，又与太极同体，一招一式都凝聚着陈氏先贤的智慧和心血。后人不仅能在演练此拳的过程中体会古代的武术原貌，还能体味中华文化的妙趣。

《孙禄堂武学集注．太极拳学》，孙禄堂著，孙婉容校注，北京科学技术出版社出版。此书分为太极拳和太极拳打手用法两编。

《以心悟道练太极——从一点不会到太极拳高手》，刘骏涛著，人民体育出版社出版。此书分为心道太极拳筑基、心道太极拳体悟上下两部分。具体内容包括去伪存真话太极、练太极拳的三个阶段、入门功夫需口授、站桩养气筑根基、六面争力成浑圆、单式练习有要求、心道太极拳的理论基础、太极推手到太极拳散手等。

《武当张三丰秘传太极拳》，布援强著，山西科技出版社出版。此书共分14章，内容包括武当张三丰秘传太极拳之述要、武当张三丰秘传太极拳之图解、武当张三丰秘传太极拳之运转法、武当张三丰秘传太极拳之实用技法等。

《国学与太极拳》，蓝晟著，当代中国出版社出版。此书以别开生面的太极拳教程来开释人生哲理，展示国学智慧，让人在修炼太极拳的过程中存心养性、修心炼性等。对于每个积极向上、求真务实的人来说，有着常读常新的恒久魅力，此书更是太极拳习练者迈入太极之门的铺路基石。

《太极法说》，二水居士校注，北京科学技术出版社出版。太极法说，俗称“三十二目”，为杨氏家传拳谱，具备独特的拳学概念，系统的拳学理论，且层次分明，逻辑严密，对太极拳界有至尊的理论指导意义。本版次选用吴鉴泉题签“太极法说”为扫描本加以点校，并作详细注释。

《太极体用全书》，杨澄甫著，邵奇青校注，北京科学技术出版社出版。此书为杨澄甫传世之作，民国出版《太极拳使用法》与《太极拳体用全书》影印点校套装，两者参照，可看出太极拳技击练用法与养生用法的侧重之不同。

《三爷刘晚苍：刘晚苍武功传习录》，刘源正、季培刚编著，北京科学技术出版社出版。此书是一部刘晚苍习武与授艺生涯的真实记录。刘晚苍之师刘光斗学自张玉连（谭腿）、王茂斋（太极功）、兴石如（八卦功）。此书是刘晚苍传人首次完整披露刘晚苍所学谭腿、太极功、八卦功的功谱。

《太极拳使用法》，杨澄甫著，邵奇青校注，北京科学技术出版社出版。此书立足于杨澄甫武学著作的学术价值，融民国版原貌与现代横排简体版为一体，加以点校、注释和导读，阐明了杨式太极拳练用方法。

《巧学精炼 42 式太极拳》，杨静编著，吉林科学技术出版社出版。此书对 42 式太极拳的动作方法、动作路线、动作角度都做了详尽的讲解和示范，增加了在习练过程中的要点提示，使习练者在学习技术动作的同时，进一步加深对太极拳技术合理性的认识，从而达到修身养性、科学健身的目的。

《武氏·杨氏·陈氏太极拳入门套路 33 式》，李正藩、石磊编著，四川科学技术出版社出版。此书从3个部分讲解了武式、杨式、陈式太极拳入门套路 33 式对每一招的动作要领、关键技术。

《传统杨氏 85 式太极拳拳谱》，王培昌著，人民体育出版社出版。此书是以拳谱的形式图解了传统杨式 85 式太极拳。拳谱采取七言律体格式，对每一招式的运劲、身体各部运动线路、整体形态、发力方法、攻敌效果等做了描述，再配以套路动作图片（加线路），简单明了，附文阐述了太极拳的基本理论。

《传统杨式太极拳剑刀精粹》，张润华编著，开明出版社出版。此书系统介绍了杨式太极拳、剑、刀的传统武艺，既有与现代太极拳、剑、刀的对比，又有对传统太极拳技艺的分析，同时糅合了对武术理论的概括，且兼涉对武术伦理的探讨，是一部不可多得的太极拳剑刀论著。

《张策传杨班侯太极拳 108 式》，张喆著，韩宝顺整理，北京科学技术出版社出版。此书共分 5 章，包括 108 式太极拳练拳十要则、太极拳架练习及推手动作要领、练功要领与呼吸方法及 108 式太极拳技法解析、太极推手等内容。

《陈式太极拳初学到高手》，陈以斌主编，汉竹编著，江苏凤凰科学技术出版社出版。此书分为 4 章，内容包括走进陈式太极拳、陈式太极拳基本功、陈式太极拳精华、陈式太极拳精华 32 式技击运用等。

《正宗陈氏太极拳》，陈炳著，江苏凤凰科学技术出版社出版。此书从陈式太极拳的起源讲起，从基本功开始，将陈式太极拳需要注意的事项、习练中容易出现的错误动作都清晰地标注出来，让读者在对照习练时能够及时避免出现错误，少走弯路。

《吴式太极拳经典十六势》，于子顺编著，河南科学技术出版社出版。此书主要内容包括吴式太极拳经典十六势名称顺序及动作图解，谈太极拳的特点、太极拳功法、太极推手训练的3个问题及太极拳歌诀等。

《中国26式陈氏太极拳：英汉双语教程》，成正凯、任天麟主编，北京体育大学出版社出版。此书共分两大部分：陈式太极拳的教与学以及陈王廷太极拳理论。

《太极拳：中国传统健脊术》，姜南著，四川大学出版社出版。此书主要内容包括研究理论背景及研究综述、太极拳运动健脊理论系统的科学基础等。

《太极功源流支派论》，宋书铭著，二水居士校注，北京科学技术出版社出版。此书以范愚园抄赠的扫描本为底本，重新将陈耀庭藏本作为重要的参阅文本，拳谱影印加以点校，内容包括原版影印、太极功源流支派论、太极功源流支派论宋远桥绪记（附三十七式名目）、八字歌、三十七心会论、三十七周身大用论、十六关要论、功用歌、俞家先天拳源流、十三势名目并论说等。

《太极·文化——教与学》，王玉林主编，北京体育大学出版社出版。此书共7章，分别介绍了太极文化、太极入门基础、8式太极拳、16式太极拳、简化24式太极拳、太极拳的健身价值、武术比赛的组织等内容。

《老子·太极拳本原》，张文鼎编著，湖北科学技术出版社出版。此书是作者多年以来研习道家先哲李道子、许宣平、张三丰等人的道家学说，为一探太极拳道之究竟，遵循老子《道德经》第八十一章之规范，逐章寻求，以期体悟无极而太极、无为而无不为、无中生有、脱有入无的真意。

《十五式办公室太极拳》，张大辉著，山西科学技术出版社出版。主要内容包括15式办公室太极拳概述、拳式图文解析、15式办公室太极拳连续图谱、太极文化精要、太极宗师语录、作者文章选编等。

《武式太极拳拳械汇编》，高连成编著，人民体育出版社出版。此书主要介绍了作者随陈固安、吴文翰式所习武式拳艺，包括武式太极拳架传统架108式、新架184式、108式太极长拳，武式太极推手，器械方面有关武禹襄传承的十三刀、十三枪，有关陈固安、吴文翰继承古传刀（枪）杆器械发展衍化创编的太极棍、太极枪、太极刀、太极剑。书后还记录有作者所参加的主要武术社会活动和部分武术赛事，以及吴文翰转赠的太极拳老三本资料，影印于后，供太极拳爱好者参悟学习。

《中国太极拳学》，常怀民编著，武汉大学出版社出版。此书主要以太极拳学的传承发展为线索，将张三丰《学太极拳须敛神聚气论》《太极拳经》与王宗岳《太极拳论》《太极拳用功秘诀》合在一起，由《太极功源流支派论》探讨太极拳学的原貌，以便大家认识传统太极拳文化。

《陈氏太极拳小架炮捶精要》，职汝垒著，北京体育大学出版社出版。此书对陈式太极拳小架二路炮捶进行解说，对每一拳势的“拆解”通用命名释义、拳架拆分运作、内劲细听、技法运用、节解明理、俚语等分别进行表述。

《吴式太极·南湖传习录》，马长勋口述、王子鹏整理，华文出版社出版。此书内容分为两部分：第一部分为人物事迹，主要介绍吴式太极拳第二、三代传人的武功和故事，以及马长勋在第四代传人刘晚苍处的学习经历；第二部分为太极拳拳理，包括马长勋对传统拳论、歌诀的理解，作者数十年的太极修炼体会等。

《赵堡太极拳传人秦胜家回忆录》，曹亮著，世界图书出版公司出版。此书分为上、中、下3篇：上篇共8章，为秦胜家的人生回忆；中篇共5章，是对秦胜家祖传清代古籍《老君碑庙古字解》的作者及成书年代等内容的考证；下篇共5章，是秦胜家撰写的关于修行体会、道医实践、感恩师父的文章。

《边氏太极》，边治中、边乾晋著，中央编译出版社出版。此书讲述的是中国道家文化中太极文化的一个分支，主要介绍了边氏太极的创立、发展过程，以及边氏太极文化的主要文化内容、文化价值和文化传承情况。

《陈微明武学辑注》，陈微明著，二水居士校注，北京科学技术出版社出版。陈微明出生在累世为儒的家族，担任过《清史稿》的编修。著名太极学者二水居士通过解读《太极拳术》《太极剑》《太极答问》，揭秘了以太极拳为代表的近代武学。此书在民国原版影印的基础上加以全新校注，载陈微明之师杨澄甫早期拳照，为研究杨式太极拳的重要史料。

2017年 《太极拳道：实战模拟推手》，郑琛著，人民体育出版社出版。此书包括太极拳道三层九级制标准与训练法、三阶九段位并轨及互通运用，拳架着法在推手中的运用，推手能力的训练，四大技法，实战模拟推手十三势技法训练，太极拳道八五法五行十三势技法等内容。

《董英杰太极拳释义》，董英杰著，杨志英校注，北京科学技术出版社出版。董英杰是杨式太极拳第三代传人杨澄甫的弟子，是既懂得如何练，也懂得如何教的太极拳家，后创“英杰快拳”。在本书中，他详解了杨式所传“三十二目”，提出了至今在太极拳界都引为箴言的“经验谈”。

《陈式太极拳套路》，温县职业技术教育中心中国太极拳职业教育中心校本教材编写委员会编写，中州古籍出版社出版。此书分为陈式太极拳老架一路和陈式太极拳新架一路两部分，以图文形式进行了太极拳套路、器械的演练展示。

《陈式太极器械推手》，温县职业技术教育中心、中国太极拳职业教育中心校本教材编写委员会编写，中州古籍出版社出版。此书主要内容包括太极拳器械、陈式太极单刀动作说明、陈式太极单剑动作说明、推手概述、陈式推手方法及要领、太极推手十大劲论等。

《武氏太极拳诠真》，姚志公、郭振兴著，吉林大学出版社出版。此书从理论和实践两个方面阐述了武式太极拳的形成、发展、演变全过程，讲述了太极拳技击原理、技击特点和技击方法以及由此而起到的健康养生、益智生慧、愉悦身心的作用。

《吴式太极拳剑》，吴秉孝著，山西科学技术出版社出版。此书分上下两篇，分别介绍了吴式太极拳和吴式太极剑。吴式太极拳和吴式太极剑均为作者父亲吴桐改编的新套路，结构精简、内容全面。

《中国赵堡太极拳》，崔彦星著，人民体育出版社出版。此书包括赵堡太极拳的特点、内功训练方法、注意事项、基本动作及75式动作分解、16种技击方法和36势技击图示分解、经典拳经解读等内容。

《太极拳真义》，玉昆子著，团结出版社出版。此书共分16章，包括太极拳起源考、太极拳理与道家思想的理论关系、道家精气神观念与武学的关联、静功练习原理及注意事项、无极桩功、动静兼修的养生原理等内容。

《太极拳兴起——走向都市》，李通国著，哈尔滨工程大学出版社出版。此书分为10章，包括大师的故乡、杨露禅初识柔拳、在“太和堂”大药店习武、拜师陈长兴、广平府的哥们等内容。

《太极拳推手入门与提高》，王荣泽著，人民体育出版社出版。此书介绍了太极拳入门的基础知识和基本技术。基本技术包括训练方法和对抗方法。训练方法包括画圈、三尖触接失重定步推手法。对抗方法包括以小博大的7种常用方法，找梢节、串中节、锁死根节以及太极八法，并对这些基本技术进行了理论分析。

《杨式太极拳推手和散手诠释．理论篇》，王志远著，人民体育出版社出版。此书主要内容有太极拳心经、太极正果功三乘、三十七势诸解、折叠之研究、太极拳体用全诀、太极拳百歌法、太极百劲推原解、太极拳十大捶斠解等。

《太极拳文化与健身》，高国忠著，河北科学技术出版社出版。此书共分6章，内容包括太极拳文化发展述要、太极拳文化的健身理念、太极拳文化的健身医理、太极拳健身价值、太极拳健身要领、太极拳拳式健身功效等。

《太极拳发力探微——地圈天盘蓄法圆形二元至五元》，袁兴著，群众出版社出版。此书为三圈三盘体系，对传统武术的一些词语和描述动作以及力量的一些概念进行了全新的解读。书中不仅从传统武术骨骼动作内动入手，揭示了武术动作和人体动作的本质规律，解释了发劲动作的本质规律，实现了传统武术的科学化，还以其独特的描述方式，为武术运动和体育运动创建了新的更加精确的语言表达体系。

《太极拳实战心法》，张武俊著，人民体育出版社出版。此书采用万物类象和取象类比的方法，把生活中某些与太极拳有关的现象联系起来，阐述了生活中的太极原理与太极拳理的关联；图解了太极拳的用招、取势、找劲、谋局以及对敌作战的战略战术和克敌制胜的技术技巧；讲解了为实战而进行的太极拳基本功训练。

《太极拳与太极剑》，宋晓洁编著，吉林摄影出版社出版。此书中对太极拳与太极剑这两类传统武术在日常锻炼中的运用进行了专业而细致的讲解。内容包括太极拳的社会和文化作用、太极拳的发展史、太极主要流派、太极剑基本功法等。

《太极拳文化与功法习练》，易鹏编著，高等教育出版社出版。此书共2篇14章。其中，上篇7章，主要阐述了太极拳文化，包括绪论、太极拳的流派与风格、太极拳与中国传统文化、太极拳文化与技击、太极拳文化与养生、太极拳文化与大学生素质培养等；下篇7章，主要阐述了太极拳功法习练，包括太极拳练习的准备、太极拳基本功练习、8式太极拳套路教学、24式太极拳套路教学等。

《太极拳养生治病智慧——武医同源保健康》，谢守忠、张昊、谢征东著，辽宁科学技术出版社出版。此书共分6章，包括五脏养生功法、延年益寿功法、六合手功法、五行收功法、晨起养生功法、四季练功养生要略等内容。

《太极拳入门指要》，王锐著，远方出版社出版。此书内容包括太极概要、攻防技法、精武22式、体悟心得、你问我答5个部分。系统梳理了20种化法、34种打法、26种拿法和18种跌法。

《太极拳养生与实战》，姜有奎著，人民体育出版社出版。此书详细介绍了精、气、神的锻炼方法及通过训练精、气、神对身体产生的养生保健功效和特殊的内功功夫，还对阴阳规律做了介绍。

《太极拳力学探析》，刘继连编著，人民体育出版社出版。此书主要从太极拳概说、“周易”与太极拳、力与力学的基础概念、太极拳技法的力学原理、太极拳练功、太极推手、太极拳应用7个部分对太极拳与力的关系进行了阐述。书中，作者首次用力偶、力矩及三维空间结构、肢体杠杆原理剖析太极拳运动的各种关系，如以柔克刚、以轻制重、以慢制快、四两拨千斤等。

《话说太极拳》，严双军著，团结出版社出版。此书分为太极拳的传承与发展、太极拳在港澳台的发展、太极拳的技法功用和价值、太极拳历史发展大事记4个部分，主要包括话说太极拳、始祖陈王廷、细说太极拳理等内容。

《杨式太极推手和散手诠释．练习篇》，王志远著，人民体育出版社出版。此书内容包括杨式太极推手与散手概述、杨式太极推手简介、杨式太极散手对打简介、杨式太极散手对打诠释。

《杨班侯大功架太极拳精要》，喻承镛著，人民体育出版社出版。此书收录了杨班侯传九诀、五个要领原文，并加以注解，展示了杨班侯81式大功架太极拳。

《道家云房太极拳》，范良慰编著，湖北科学技术出版社出版。此书共4篇：序篇、拳理篇、功法篇和拳式篇。序篇包括宗师介绍和无名老师，拳理篇包括3首云房太极拳拳歌，功法篇包括云房太极拳的动功、行功、蹲功、坐功、卧功和周天护体功，拳式篇包括云房太极拳第一段41式、第二段44式、第三段55式。各式皆为作者演练示范，并配有拳谱和图解，便于读者借鉴研习。

《傅山太极拳剑套路汇编》，张希贵主编，山西科学技术出版社出版。此书是傅山拳剑套路的汇编，内容包括傅山拳法精选套路、傅山拳法传统套路、傅山拳法拆招、傅山子午太极剑、傅山拳法修炼实践等。

《高式太极拳》，高德华编著，上海财经大学出版社出版。此书是高德华根据自创“高式太极拳”所编著的高式太极拳校本教材，共分9章，包括太极拳起源和流派介绍、高式太极拳创编介绍、《道德经》和《太极拳论》的关系、高式太极拳运动体系等内容。

《传统杨式太极拳115式》，游忠志编著，山西科学技术出版社出版。此书首先介绍了杨式太极拳的起源和发展，然后介绍了基本功法，包括手形、手法、步形、步法、功法练习等，最后介绍了杨式太极拳大架115式套路。

《杨式精要37式太极拳及力学分析》，顾杰、郭振兴、王万宾等著，北京理工大学出版社出版。此书首先分析了杨式精要37式的设计、图解及力学原理，然后论述了杨式太极拳基本要领的力学与养生功能，最后剖析了太极拳的数理模型和人体参数。

《传统太极拳技击的原理、习练方法及应用》，于浩俊著，人民体育出版社出版。此书以太极拳发明者的论述为依据，用通俗的语言和科学的分析讲解太极拳，将一些前辈太极拳大师论述中的术语用通俗语言进行分析。

《杨氏太极拳系列启蒙教程五段教学法》，王德明编著，中国铁道出版社出版。此书分为6章：第一章，太极内功练习，包括天地人和、风摆荷叶、三盘落地、顺水推舟、一彻万融、和风佛面、移步换影、万法归宗、动静内功练习与身心健康；第二章，太极石球功法练习；第三章，杨氏太极拳入门13式；第四章，杨氏太极拳39式；第五章，附录，包括山右王宗岳太极拳论、武禹襄简述、膜论等内容；第六章，传承论。

《赵堡太极拳图说》，孙永城编著，上海科学技术文献出版社出版。此书作者从10余年教授太极拳的亲身经验入手，首先介绍了太极拳的基本理念，其次通过对传承长达400年的赵堡太极拳的基础75式进行了详细的解读，从上身动作、下盘动作到整体动作，规范地展示了如何正确掌握赵堡太极拳的基本姿势。

《24式太极拳》，韩旭主编，化学工业出版社出版。此书通过图文结合的形式对24式太极拳的每一招、每一式都进行了详细讲解，并针对动作要领和易犯错误给予提醒和纠正，使太极拳爱好者能够更加规范、科学地习练。每天几分钟，循序渐进，最终达到强身健体、延年益寿的养生功效。

《顺平历史文化丛书孙氏太极拳》，马汉宁主编，中国书籍出版社出版。此书共分4编，包括武学宗师孙禄堂、孙禄堂武学著述、孙禄堂的弟子们、孙氏武学在家乡的传播与发扬。

《腾挪太极拳典藏》，申国卿、裴彩利、程高芳著，人民体育出版社出版。此书共8章，内容包括话说腾挪太极拳、腾挪太极拳的风格特征、腾挪太极拳的武学体系、腾挪太极拳的两步半推手、腾挪太极拳的技术要领等。

《杨式24式太极拳教练法》，常关成、张平编著，光明日报出版社出版。此书从杨式太极拳中选择了23个不重复的动作，编排了一套杨式24式太极拳，并对每式动作进行详细的图解，介绍了杨式太极拳的学练程序和技术要求。

《杨式太极拳推手入门》，庞大明编著，河南科学技术出版社出版。此书主要介绍了杨式太极拳的形成与发展，在此基础上介绍了杨式太极推手的形成和发展，然后对杨式太极推手一至六段的技法，用图文相结合的方式进行讲解，深入浅出，简单易学，并附有课时安排和课后训练。

《简化太极拳理论与实践》，吴昊主编，北京大学出版社出版。此书是在总结多年教学经验的基础上，根据运动技能形成的基本规律，通过阐述太极拳技术基本原理，并融会现代科学知识，进行太极理论探索而凝结成的新科研成果。

《混元太极拳功法学》，释延龙著，人民体育出版社出版。此书主要阐述人体内在系统的修炼方法。认为人体分内外两个系统，外形的身躯与四肢是第一系统，而精、气、神则为第二系统。一般性的锻炼皆属于第一系统。

《武当顾式太极拳探究》，刘登信著，人民体育出版社出版。此书共分5章，主要介绍了武当顾式太极拳的渊源、传人、特点及在各地的传播状况，套路图解和推手，拳诀与功理，养生保健功能等内容。

《崔世斌心身太极拳．第二套．拥有健康》，佟立纯主编，北京体育大学出版社出版。此书分别介绍了认识真正的健康、为什么许多人是亚健康、心身太极拳的原理、心身太极拳与健康养生、心身太极拳第二套“拥有健康”心理引导语及动作图解、心身太极拳第二套“拥有健康”穴位按摩与功效等内容。

《董英杰太极拳释义》，董英杰著，杨志英校注，北京科学技术出版社出版。此书内容包括太极拳源流、拳论详解、歌诀论解、太极拳式、太极推手、习拳须知、附录。书中重在“点”，疏于“校”，侧重于拳理、拳法、拳史的评述。

《长寿之乡原地养生太极拳》，杨嵩春编著，人民体育出版社出版。此书包括原地养生太极拳、24 式太极拳原地练习法、太极杂谈、爱好者习练体悟、太极拳古典拳论精粹等内容。

《传统吴式太极拳入门诀要》，张全亮著，北京科学技术出版社出版。此书介绍了吴式太极拳的基础知识，由浅入深地详解了传统吴式太极拳 10 式、传统吴式太极拳 18 式、传统吴式太极拳 28 式 3 种套路，其动作都是在王培生传授的传统吴式太极拳 37 式的基础上截取组合而来。

《陈氏洪派太极拳实用拳法释解》，李玉福编著，南方出版社出版。此书是李玉福 20 多年陈式洪派太极拳的学习和教拳体会的总结。全书共分 3 章，内容包括：基本功动作、一路图解、二路图解。

《陈式太极拳竞赛套路分解教学（56式）》，刘淑慧编著，安徽科学技术出版社出版。此书介绍了陈式太极拳竞赛套路的结构特点、陈式太极拳竞赛套路的技术特点、教学陈式太极拳竞赛套路的 4 个阶段、陈式太极拳竞赛套路基本方法等内容。

《吴式传统五十一式太极拳》，赵万龙、陈立鹏著，黑龙江人民出版社出版。此书介绍了吴式太极拳的渊源、拳理拳法、主要技术特征及习练要领、基本动作要求、主要桩功，吴式传统 51 式太极拳套路 191 个动作分解和吴式太极推手、散手、接手等相关知识。

《陈式太极拳 36 式套路分解教学》，刘淑慧编著，安徽科学技术出版社出版。此书内容包括陈式太极拳 36 式套路的结构特点、陈式太极拳 36 式套路的技术特点、分解教学陈式太极拳36式套路的三个阶段、陈式太极拳 36 式套路的基本方法等。

《吴式太极拳标准宝典》，刘伟编著，人民体育出版社出版。此书以国家规定套路为主干，介绍了吴式太极拳规范技术动作、演练方法与窍要，讲解了健身过程中出现的问题及错误动作和如何避免与解决的方法，以更好地推广国家制定的规范化吴式太极拳。

《杨禹廷太极拳诠真》，翁福麒主编，中国中医药出版社出版。此书共分三部分：第一部分为太极拳 83 式动作解说，根据杨禹廷 20 世纪 60 年代所出版的《八十三式太极拳动作解说》进行整理，并附有杨禹廷宝贵的拳照图片；第二部分为太极拳传统理论，收录了 19 首传统太极拳歌诀；第三部分对杨禹廷太极拳进行解读。

《李经梧传陈吴太极拳械集》，王大勇等编著，当代中国出版社出版。此书集中收入了李经梧学习并传授的陈式和吴式太极拳械的主要套路，包括陈式太极拳一路和二路（炮捶），吴式太极拳、剑、刀，太极推手和太极杆。同时此书收入了李经梧入室弟子、再传弟子最新名录。

《陈鑫陈氏太极拳图说》，陈鑫著，北京科学技术出版社出版。此书在陈鑫所著《太极拳图画讲义》的基础上，经后人整理、修订，重新补写而成，主要介绍了陈式太极拳架 64 势的练法以及太极拳的基本理论，并阐述了陈式太极拳发展脉络和时人的评述文章。

《陈式太极拳功夫架与竞技推手》，陈有刚、李拴成编著，河南科学技术出版社出版。此书共分两大部分 4 个章节。第一部分全面讲述了老架一路功夫架的特点、健身作用和动作分解及要点；第二部分重点讲述了对抗性太极推手的训练方法及技术，这也是广大有志于太极推手对抗的朋友最为关注的部分。

《陈式太极拳从零开始》，王西安著，浙江教育出版社出版。此书主要收录了王西安太极拳 8 式、24 式的拳法。太极拳养生 8 式非常适合初学者入门学习，也适合精进者夯实基础。王西安 24 式太极拳在 8 式基础上更进一步。两套拳都易学易记，由浅入深，相辅相成。

《传统陈氏太极拳图谱》，杨合发编著，九州出版社出版。作者原汁原味地演示了传统陈式太极拳一路（83 势）、二路（71 势）拳架。拳架标准规范，拳势分解科学，拳势动作到位，正侧面演示明晰。

《陈氏太极拳》，陈国灿著，四川科学技术出版社出版。此书是一本指导练习陈式太极拳的书。书中介绍了陈式太极拳的一路、二路和技击法，并附有陈式太极拳的正宗传人陈国灿亲自演示的教学光盘。

《陈式太极拳内功健身与技击术》，王永其编著，人民体育出版社出版。此书从四个方面进行了挖掘：一是挖掘整理了练太极如何健身，阐述了太极拳随着冷兵器时代的结束，其功能也逐渐发生了变化；二是挖掘整理了“拳圣”陈发科由一个多病的少年是怎样成为陈式太极拳绝顶高手的；三是梳理了陈式太极拳实战理法，从实战应用角度编写了“陈式太极拳二路炮捶”；四是挖掘整理了关于“只知其名，而不知其法”的内功点（打）穴术。

2018 年 《王其和太极拳十三式简化套路》，河北省王其和太极拳协会编，人民体育出版社出版。此书分为基本功法和王其和太极拳 13 式简化套路两部分，内容包括眼法、腿法、预备势、起势、左金鸡独立、右金鸡独立等。

《太极拳图画讲义》，陈鑫著，陈东山点校，山西科学技术出版社出版。此书是太极拳一代宗师陈鑫历经十二载，四易其稿，最终写就的鸿篇巨制。此书图文并茂、技理交触，从无极图、太极图说起，到河图、洛书，再到八卦、三才图，最后以陈式太极拳小架 64 势为蓝图，对太极拳的拳理、拳论、拳诀都做了详尽释疑。

《武氏家传太极拳. 实践篇》,孙建国、程涛、韩军文编著，李锦藩传授，人民体育出版社出版。此书主要内容有武氏家传太极拳的一路中捋架、二路炮捶、三路小架、推手、龙凤剑、龙头回肠刀、一二路十三杆等套路动作特点、名称与技术解析，以及传承谱系和相关文章。

《四十八式和杨式四十式太极拳》，成仁芬、刘月鹏编著，人民体育出版社出版。此书主要内容包括简易快速学练法是速通太极拳拳架的捷径、对太极拳爱好者学练此法的几点要求、48 式太极拳简介、48 式太极拳拳术名称、48 式太极拳口令词图解及要领一点通、杨式 40 式太极拳简介、杨式 40 式太极拳拳术名称等。

《杨振基传太极拳内功心法》，胡贯涛著，北京科学技术出版社出版。此书讲解了原生态的杨式太极拳内功，给读者指明了真正的内功训练方法。

《洪式太极拳》（上、下卷），洪均生著，人民体育出版社出版。此书是武术家洪均生一生研究太极拳法的结晶，他对太极拳理法阐述精辟、细致、全面、系统。此书是继陈鑫《太极拳图说》之后的又一部经典著作。

《杨式太极拳三十七式内功述真》，魏树人著，人民体育出版社出版。此书主要内容包括内功循序、阴阳概念、有关益寿延年论述、内功释疑、拳术详解。

《传统杨氏太极拳》，杨斌著，山西科学技术出版社出版。此书内容分为两部分：一是基础理论，二是杨式太极拳103式动作解析。书中详细介绍了家传杨式太极拳的标准功架，并配以多幅示范拳照。

《许禹生武学辑注．陈式太极拳第五路　少林十二式》，许禹生著，唐才良校注，北京科学技术出版社出版。此书收录了《陈式太极拳第五路》和《少林十二式》。《陈式太极拳第五路》是中国武术的一块“活化石”，此次复原，也让大众看到了陈式太极拳第五路与现在流行的太极拳有很多不同，它确实比较刚烈威猛。《少林十二式》动作简单，便于教授。

《冯志强混元太极拳48式》，冯志强编著，冯香芳、冯秀茜助编，北京科学技术出版社出版。此书分太极内功基本修炼法、缠丝功基本修炼法、混元48式太极拳详解以及拳论汇编四大部分。其中重点介绍了混元48式太极拳的练法，图解了其动作过程，并指明习练要点。

《杨式八卦太极拳》，李随印著，路迪民整理，人民体育出版社出版。此书分为杨式八卦太极拳综述和杨式八卦太极拳动作详解两章，包括八卦太极拳源流、张骧伍传略、八卦太极拳动作名称、八卦太极拳动作图解等内容。

《传统杨式太极拳108式精要·筑基进阶》，李亚萍著，人民体育出版社出版。此书以杨式太极拳大家崔毅士在京传授的杨式太极拳108式为载体，对杨式太极拳的传统练法加以剖析，以通俗的语言、直接的可操作方式展现给读者一个真实的杨式太极拳。

《走近太极内核》，狄锡杰著，人民体育出版社出版。此书共分12章，内容包括：认识太极拳、研究对象、习练内要、太极风范、太极拳的文化内涵、太极拳的艺术品位、三教思想共铸太极拳、太极拳与其他、内核要论等。

《许禹生武学辑注．太极拳势图解》，许禹生著，唐才良校注，北京科学技术出版社出版。此书分为上下两编，包括绪言、太极拳之意义、十三式名称之由来（附八方图、五步图）、太极拳合于易象之点（附太极图、衍易图）、太极拳之流派、《太极拳经》详注、太极拳路之顺序及运动部位图（附说明）等。

《慰苍先生金仁霖太极传心录》，金仁霖著，北京科学技术出版社出版。此书内容包括拳谱、拳照、要诀，拳学札记，太极拳历史、源流、轶闻的严谨考证，孙存周、田兆麟、徐哲东、马岳梁的亲笔书信，叶大密太极拳功法笔记，等等。

《赵堡太极拳拳理拳法秘笈》，王海洲著，北京科学技术出版社出版。此书以图文结合的方式展现了赵堡太极拳108式正宗拳架，并对赵堡太极拳的拳理拳法、独特练法、宗师言传身教等进行了详细的阐述。

《28式太极拳》，张山、黄康辉、苏长来、刘玉强主编，北京体育大学出版社出版。此书以杨式太极拳为基础，吸收陈式、吴式、武式、孙式太极拳中有代表性、难度适中的动作。主要内容包括太极拳源流简介、中华人民共和国成立后太极拳运动的开展、太极拳的生理保健作用、28式太极拳基本技术要领、28式太极拳动作图解等。

2019 年 《26 式传统杨式太极拳》，崔仲三编著，崔毅士亲授，人民体育出版社出版。26 式传统杨式太极拳术套路是以 20 世纪 30 年代杨澄甫宗师在北京所传 108 式传统杨式太极拳为蓝本，依据杨澄甫入室弟子崔毅士前辈所传套路，由其嫡孙崔仲三编创的，是传统杨式太极拳系列套路练习中重要的组成部分。此书主要介绍了 26 式传统杨式太极拳的动作规格和套路解析。

《大学太极拳教程》，于善安、胡志麟著，高等教育出版社出版。此书共三章：第一章，太极拳概述，介绍了太极拳的起源、发展，运动形式及特点，太极拳的健身价值以及 24 式简化太极拳的创编过程和特点；第二章，24 式太极拳教学，对学习内容进行了重新分割和组合，以降低学习难度，并逐步完成动作技能的学习和知识技能的内化整合；第三章，太极拳探研，是作者在多年太极拳练习的基础上，对切身体悟和心得的高度概括与总结。

《陈氏太极拳老架一路 74 式完全图解：视频学习版》，高崇、灌木体育编辑组编著，人民邮电出版社出版。此书是广为流传的陈式太极拳老架一路的动作指导书。全书采用图文结合的形式，细致讲解了老架一路 74 式的基础知识和基本技法，尤其是老架一路 74 式的每一式都采用太极拳冠军亲自示范标准动作的方式呈现在读者面前，便于大家理解动作套路、跟学连贯动作、轻松习得动作技法和要领。

《太极拳理心得》，王明柱著，北京体育大学出版社出版。此书介绍了太极拳拳法、身法、桩功、推手等基础理论知识和身、心、神、意等方面的习练要领，讲述了作者习练太极拳近40年来的心得体会，阐明了太极拳的养生保健作用，最后对杨式 115 式太极拳架进行了分步讲解。

《武当赵堡承架太极拳阐秘》（上、下册），李万斌、罗名花著，人民体育出版社出版。此书共分九卷：卷一，拳史源流阐秘；卷二，理论信念阐秘；卷三，承架要求阐秘；卷四，追求武技阐秘；卷五，技术方法阐秘；卷六，先贤练功阐秘；卷七，功技训练阐秘；卷八，拳经歌诀阐秘；卷九，承架当代传人。

《习练太极拳之见闻与体悟》，陈惠良著，北京科学技术出版社出版。此书共分名师引路、吴图南传系、王培生传系、体悟走架与推手、太极拳与健康、附录（夹道有传人）6 个专栏，收录了《道传有心人》《吴图南武术思想之研究》《王培生老师传授的“按窍运身”》《我所认知的太极拳走架与推手》等文章。

《吴式太极拳八法》，张全亮、马永兰著，北京科学技术出版社出版。此书共有吴式太极拳八法真解、王培生推手与八法两编，包括八法概说，八法各论，八法与化、引、拿、发等 14 章。

《陈式太极拳探微》，张东武、唐利光著，山西科学技术出版社出版。此书共分三个部分：第一部分为太极总论，共分为七论，分别为纵横论、心意论、气血论、形体论、缠丝论、实战论、研修论，主要阐述了太极的基本原理，为研修太极拳提供了必要的相关知识，为读懂分论打下了基础；第二部分为太极图论，共有 24 幅图，主要阐述了太极、无极、八卦图、人体经络图、人体骨骼图等，并进行标注、解释，加深了读者对太极养生机理的理解；第三部分为太极分论，共 46 篇，主要是对陈式太极老架一路的 46 式逐一进行了翔实的论述，每一招式中的分解动作分别从形体、心意、气血 3 个方面层层加以剖析。

《轨迹太极：太极拳科学训练八周通》，

于学风、李永坤、杨浩编著，人民体育出版社出版。此书以“实质大于形式”为根本出发点，突破了传统太极拳师父带徒弟的训练模式。教程以训练的先后顺序，依次分划为筑基、走架、实战推手实践与总结复习 4 个阶段。

《太极拳与中医学价值研究》，胡建平、胡精超、赵新平著，郑州大学出版社出版。作者通过查阅前期太极拳研究的文献资料，总结个人几十年来对太极拳的学习体会，尝试运用现代医学原理解释太极拳的健身养生价值，并从中医学、阴阳学说、经络学说等方面探求太极拳的奥秘。全书包括总论，太极拳强身生理机制与养生功效，太极拳健身疗疾的中医学原理，人身太极论，太极拳的养生意义等章节，多维度地论述了太极拳的中医学价值。

《太极拳文化及其传承研究》，杨现钦、王凤仙著，厦门大学出版社出版。此书通过对太极拳相关文化内涵、太极拳各大流派、太极拳拳理、太极拳习练诸多方面的解读，阐述了太极拳文化的博大精深，剖析了其特点与传承方式。

《三十二式太极拳》，侯雯编著，河南科学技术出版社出版。此书介绍了 32 式太极拳，包括起式、左单鞭、左琵琶式、进步搬拦捶、如封似闭、右单鞭、右云手、海底针、转身撇身捶、左分脚、金鸡独立等内容。

《修习心悟》，黄仁良著，上海科学技术出版社出版。此书在杨式太极拳基本理论的基础上，结合自己的理论研究和心得感悟编写而成。全书着重阐述了太极拳中的阴阳之理、阴阳转化与平衡和谐，强调习练中的生理和心理的统一，强调应用中对立统一的辩证关系。

《杨氏太极拳 40 式竞赛套路完全图解：视频学习版》，高崇等编著，人民邮电出版社出版。此书在简单介绍杨式太极拳的基础上，重点讲解了 40 式竞赛套路的基本知识和基本技法，用 500 余幅真人演示标准动作照片，全方位展示了连贯动作的步骤、细节和要领，帮助习练者轻松学练，掌握并提高拳法技艺。

《活步综合太极拳：四十九式》，江连珠著，北京时代华文书局出版。此书是作者在数十年来研练陈式、杨式、吴式、孙式各家太极拳的体悟的基础上，吸收各流派代表动作、拳式特点，集各家之所长，融为一体，构思编著的一套 49 式综合活步太极拳集。此书主要着重于进、退、攻、防拳架招式中身、步、手法的灵活变换与技击功能及太极 13 式，阴阳开合、旋转、缠丝、折叠等招式劲法在运行过程中的应用。

附录三　太极拳论文索引提要

公开发表的论文

说明：本部分收录了近 20 年来公开发表于体育院校学报和有关杂志的论文，个别文章采自报纸，起自 1992 年，截至 2019 年。

1992 年　《中国太极拳修心养性的价值与修为的效果》，作者邱丕相。刊载于《上海体育学院学报》第 1 期。提要：中国太极拳，突出东方民族体育的浓厚色彩，蕴含着中国传统哲学中的养生思想、伦理观念，注重内外兼修，形神兼备，融健身与养性为一体。该文具有很高的武术价值和较深的理论论述。

《初学太极拳时的协调性诱导练习》，作者孙建国、邱丕相。刊载于《上海体育学院学报》第2期。提要：依据运动生理学中的诱导现象和技能迁移原理，总结、提炼出太极拳练习中常见动作的圆运动规律；设计了适宜太极拳初学者采用的圆运动诱导性练习。此练习方法简明、实用，能提高动作的协调性。

1994年 《长拳、太极拳理论的儒学成分研究》，作者郭志禹。刊载于《上海体育学院学报》第2期。提要：通过对长拳、太极拳理论中有关7个儒家思想范畴内容的比较分析，发现有6个范畴的论述相似。不同的是，太极拳理论深受周敦颐、朱熹学说的影响，颇具儒学文化色彩；而长拳理论较多地吸收了张载的学术思想，与现代唯物辩证法相贴近。

1995年 《太极拳运动医疗保健效果及机制的探讨》，作者李华庆、季守祥。刊载于《上海体育学院学报》增刊第1期。提要：太极拳有广泛的群众基础，对人体生理机能有良好的调节作用，且在防治某些疾病和防衰抗老等方面有着显著的效果。该文通过调查分析，论述坚持太极拳锻炼，对人体各器官系统有着良好的调理和保健作用。

《中国哲学的太极观念与太极拳》，作者温力。刊载于《武汉体育学院学报》第4期。提要：太极拳的命名反映了古代中国人效天法地的思想。太极十三势吸收了周敦颐《太极图说》中的阴阳理论，并以五行取代四象八卦的学说。太极“内动”在太极拳中体现为“太极元气”，并强调在体内的运动。“心为太极”的思想则体现为演练太极拳时强调“心贵静”等。

《吴氏太极拳对老年人外周血NK细胞活性的影响》，作者李志清、沈茜。《中国运动医学杂志》第1期。提要：对8名多年习练吴式太极拳的老年人练拳前后外周血NK细胞活性和NK细胞数量进行了动态观察，同时观察了白细胞介素-2（IL-2）及皮质醇的变化。通过它们与NK活性的相关分析讨论了吴式太极拳练习影响NK活性的机理。

1996年 《24式简化太极拳连续练习一套～三套对老年人心、血管机能的影响》，作者刘玉萍、杨柏龙、柏晓玲。刊载于《北京体育大学学报》第3期。提要：24式简化太极拳是国家重点推广的太极拳套路内容。作者从人体生理机能特点进行研究，观察习练太极拳的老年人心血管系统发生了哪些变化。这是研究太极拳的生理功效的实验性论文。

1997年 《我国优秀太极拳运动员最大有氧能力及个体通气阈的研究》，作者柏晓玲、贾金榜、刘柏。刊载于《北京体育大学学报》第2期。提要：高水平太极拳运动员在递增运动负荷中的心脏泵血功能、通气功能、摄氧功能较强，能够达到优秀耐力项目运动员的标准。缓慢圆活的太极拳运动能获得如此好的心肺功能反应，与太极拳意念引导下的拳式呼吸和运动训练强度与无氧阈水平的特点有关。同时，太极拳运动员的氧利用率高，对骨骼肌细胞等也起到了良好的作用。

1998年 《中日太极拳练习者基本特征的社会调查与分析》，作者吕韶钧。刊载于《体育科学》第5期。提要：日本在太极拳普及推广方面取得了显著成绩。作者根据中日两国太极拳练习的群体、年龄阶段、时间和空间等内容进行调查论述，为了解和研究两国的太极拳运动的开展提供了参考价值。

2001 年　《文化瑰宝 健身益友——太极拳发展概略》，作者康戈武。刊载于《人民日报》2月4日，第4版和第8版。提要：本文全面概括了太极拳的历史发展、太极拳的技术和太极拳理论，站在一定的高度，客观评价太极拳的历史、发展源流，和对太极拳源流有争议的问题，站在客观的角度举事实、摆道理，具有重要的参考价值。

《太极拳对现代人心理调节的作用》，作者王岗。刊载于《武汉体育学院学报》第1期。提要：本文分析了太极拳的基本理论，在论述了现代社会对人产生的种种心理困惑后，认为太极拳运动对现代社会人的心理调节有着独特作用。通过太极拳的学习与演练，能够达到返璞归真和回归自然的境界，起到缓解和控制心理疾病的作用。

《太极拳不宜继续作为竞技武术比赛项目》，作者温力。刊载于《武汉体育学院学报》第6期。提要：太极拳曾为竞技武术的发展做出过重要贡献。但太极拳柔和、缓慢、轻灵的技术特点，使它不具有竞技体育所需要的观赏价值，它的比赛也缺少竞技体育所必须的区分度，所以太极拳不宜继续作为竞技武术的比赛项目。太极拳如果脱离了竞赛规则的限制，将以更自由、更多姿的方式在更大的范围内得到更全面的推广和发展。

《理根太极　拳传八方——论太极运动观》作者康戈武。刊载于《中华武术》杂志第4、5、6期。提要：此文章包括上、中、下共3篇，作者透过太极拳运动的表象揭示出太极运动观的要素，提炼出太极运动观的特点，并对太极运动观的时代意义进行必要的探索。上篇指出太极运动观包含六大要素：①以动养生法则；②以内养外法则；③顺应阴阳法则；④逆向运动法则；⑤中和律己法则；⑥和谐处外法则。另外，上篇对①②两个要素进行了阐述。中篇对③④⑤⑥ 4个要素进行了阐述。下篇阐述了太极运动观的特征与时代价值，并指出太极运动观扩展了武术的锻炼功能：低于生活节奏的内外双修功能，圆形绕转的整体健身功能，培养中和人格与和谐精神的功能。

《全面梳理太极拳发展脉络》，作者康戈武。刊载于《中华武术》第3期。提要：此文试以太极拳发展的无形时期、成形时期、成熟时期、繁衍时期，从规范化向多样化发展时期为序，纵观太极拳发展的全貌。①无形时期指太极拳尚未脱胎形成之前，彼时构成太极拳的武技基因、哲理基因、养生基因三大主要成分，都已逐渐发展成为中华民族传统文化的重要组成部分。②成形时期指明末清初时期，经明代戚继光等武术家规范提倡的武术套路运动形式已经成为各家兵法传播的主要方式，陈王廷顺应了这一形式而创编拳架。③成熟时期指清朝中叶，其特征有三：出现了突出健身功能的拳架、出现了从太极拳实践中总结出的太极拳经典文论、出现了太极拳走向社会化的趋势。④繁衍时期指进入20世纪上半叶之后，太极拳发展日益兴旺，拳派繁衍，传说频生，太极拳考据学也随之兴起。⑤从规范化向多样化发展时期指20世纪下半叶之后，其特征是太极拳的规范化发展促进了太极拳的大普及，太极拳的多样化发展促成了百花齐放、异地争艳的局面。

2002 年　《中国传统文化对太极拳美学

思想的影响》，作者庄建国。刊载于《北京体育大学学报》第2期。提要：从中国哲学与美学视角，探讨中国传统文化对太极拳美学思想的影响。通过对太极拳美学思想、起源、发展进程等不同侧面的分析研究，从美学的角度增进国人对太极拳的认识，对构建太极拳理论体系框架有一定的参考意义。

2003年 《太极拳锻炼对中老年人血脂、脂蛋白代谢的影响》，作者赵海军、牛晓梅。刊载于《体育学刊》第6期。提要：为探索太极拳运动对中老年人健身防病的作用，本研究测定了长期坚持太极拳运动的中老年锻炼组与非锻炼组血脂、脂蛋白代谢等指标的变化情况。实验结果表明，常年坚持太极拳运动可降低血脂、改善脂类代谢，预防心血管疾病的发生。

《太极拳锻炼对老年人下肢肌力影响的研究》，作者姚远、杨树东。刊载于《中国运动医学杂志》第1期。提要：本研究采用太极拳运动作为干预因子，探讨太极拳运动对老年人下肢肌肉力量的影响。实验结果表明，男、女运动组屈、伸膝肌群耐力均显著高于对照组，运动组自身前后对照显示，各项肌力指标除屈、伸肌爆发力外均出现显著性差异。

《长期太极拳运动对中老年女性心肺机能影响的跟踪研究》，作者刘静、陈佩杰、邱丕相、陈新富。刊载于《中国运动医学杂志》第3期。提要：动态观察长期太极拳运动过程中，中老年女性心血管功能、呼吸机能和有氧工作能力的变化。实验结果表明，长期太极拳运动后，中老年女性安静时血压显著性下降，肺活量、第一秒用力呼气量/时间肺活量显著性提高；机体有氧工作能力提高，表现为递增负荷运动后心率、血压恢复速度加快，最大摄氧量等指标显著升高。

2004年 《长期太极拳练习者脑血流动力学的经颅多普勒检测》，作者刘勇、马霞、王颖。刊载于《北京体育大学学报》第7期。提要：为探讨长期太极拳习练对中老年人脑血流状况的影响，应用经颅多普勒对一组长期习练太极拳者和一组相应年龄无锻炼经历者脑底动脉环各血管的收缩峰速度、舒张峰速度、平均速度、搏动指数等指标进行检测和对比。实验结果表明，长期习练太极拳组的中老年人对比相当年龄不锻炼者脑血流状况有一定的改善。

《竞技运动与太极拳运动对人体有序状态的影响》，作者李忠京。刊载于《体育科学》第2期。提要：竞技运动与太极拳运动在发挥人体调控系统功能对人体有序状态进行调节时利用了不同方式，主要表现在对人体生物场及经络系统功能的调节上的不同。此文提出，两者的有机结合，在增强人体机能上能够更加安全，可避免多种伤病的发生。

《太极拳养生文化考》，作者郭志禹。刊载于《上海体育学院学报》第2期。提要：获取大量的养生和太极拳的相关资料，在考量、论证中采用交叉文化比较法、同异交比法和因素分析法、实证分析法等，在阐述论点时将现实的评述与历史的解释相结合，以整体思维、辩证思维及其逻辑方法解读“太极拳养生”的时代价值和学术意义，具有一定的参考价值。

《老年知识分子打太极拳负荷对心肺功能影响的纵向观察》，作者倪红莺、雷芗生。刊载于《体育科学》第4期。提要：采用XXG–D型心功能仪对集美老年大学太极拳班老年知识分子习练42式太极拳负荷后即刻心血管功能检测。1 年的纵向观察表明，老年知识分子坚持 42 式太极拳锻炼有助于增强心血管功能，但对呼吸系统功能的提高尚不显著。提示习练太极拳时要注意动作与呼吸配合，加强呼吸肌耐力训练。

2005 年 《论太极拳的普遍和谐价值观》，作者邱丕相、田学建。刊载于《体育学刊》第 3 期。提要：太极拳运动所追求与自然、社会及自身和谐的价值取向，体现了中国传统文化的普遍和谐价值观念。在和平与发展的主题下，太极拳运动理念对构建和谐社会、人类生存文明具有较大的意义。

《太极拳的休闲理念与奥林匹克精神的融合》，作者张志勇、吉灿忠。刊载于《武汉体育学院学报》第 6 期。提要：中国太极拳运动的健康和休闲理念与产生于西方的奥林匹克人文精神是在不同文化背景下形成的两种生活观念。当今太极拳在世界上的广泛传播表明两种文化已经或正在建立起一种融合，这种融合是对中国传统体育文化有效的继承与发展，也是对当代世界奥林匹克体育精神的补充和完善。太极拳以独特的运动形式和养生思想，把轻松、自然、和谐、安逸的健身与休闲观念融为一体，而这正是与当代奥林匹克精神融合的最佳契合点。

《太极拳运动对高血压患者血液流变性的影响》，作者毕业、陈文鹤。刊载于《中国运动医学杂志》第 5 期。提要：观察太极拳运动对高血压患者血液流变性的影响，初步探讨其可能的作用机制。结果：长期坚持太极拳运动的高血压患者多项血液流变指标得到改善，长期坚持太极拳运动有利于高血压患者的康复。

2006 年 《太极拳改善训练者心理健康状态的作用》，作者陈庆合、李曙刚、郑永成、杨洪涛。刊载于《中国临床康复》第 43 期。提要：经过 1 个月以上系统的太极拳练习后，100% 习练者均有心情愉快的感受；所有学生和 95% 以上的教师习练者有改善睡眠、调节情绪、消除紧张、遇事沉稳等良好感觉。习练太极拳起到缓解生活和工作压力的作用。

《新规则试行后竞技武术太极拳自选套路技术发展现状研究》，作者刘凤霞。刊载于《北京体育大学学报》第 3 期。提要：本文根据武术竞赛新规则修改实施后，对竞技武术自选套路太极拳技术发展状况及其相应的训练对策进行比较分析，讨论与分析竞技自选套路太极拳技术发展现状，找出与其相适应的训练对策，有助于教练员和运动员在训练中找到相关合理、科学的练习方法。

《中国太极拳健康文化系统的研究》，作者郭志禹、姜娟。刊载于《上海体育学院学报》第 3 期。提要：从构成要素、结构功能、技理与文化举隅等方面阐释了中国太极拳文化系统的 3 个子系统。此文认为：运动健身子系统主要适合青少年、中年人群，运动养生子系统主要适合老、弱、病人群，运动健心子系统连接其他两个子系统。此文指出：运动健身子系统与运动养生子系统非截然割裂，只是适宜对象侧重不同。

2007 年 《盲人习练太极拳的教学研究》，作者杨玉冰。刊载于《北京体育大学学报》第 5 期。提要：以北京市盲校中专部的 40 名学生为研究对象，进行为期 2 个月的教学实验。结果表明，采用有效的教学方法，盲人这个特殊的群体能够与正常人一样，在一定时间内学会太极拳，享受太极拳带给他们的快乐。

《太极拳运动中的足底压力分布研究》，作者杨春荣。刊载于《北京体育大学学报》第5期。提要：结果表明，在太极拳运动中，脚底第一跖骨头和第一脚趾的压力载荷显著大于其他部位，在太极拳的向前、向后和左右脚步动作中，足底压力中心的内外侧方向上的位移显著大于正常步行，太极拳运动的足底压力分布特征可能是造成太极拳运动能够提高平衡和控制肌肉力量的重要因素之一。

《杨澄甫定型架的意义和启示》，作者康戈武。刊载于《体育文化导刊》第4期。提要：本文思考了“杨澄甫定型架”的定型基础、定型过程及定型以后产生的社会意义和学术价值，获得了一些启示。这些启示归纳如下：拳架发展要走标准化之路，制定拳架标准必备的条件，规范拳架需融体用明理法，和而不同，自立于世界体坛。

《高、中、低架势太极拳运动的气体代谢反应》，作者周雷、王健、吴飞。刊载于《中国运动医学杂志》第2期。提要：探讨高、中、低架势太极拳运动的气体代谢与能量消耗。结果：受试者采用3种架势进行太极拳练习时的呼吸频率和氧脉搏无明显变化，而其肺通气量、心率、耗氧量、相对耗氧量、糖消耗等指标有明显变化，提示3种架势太极拳运动的气体代谢反应特征明显。

《陈鑫与杜元化太极拳技术及拳论的比较研究》，作者安献周。刊载于《华南师范大学学报》第6期。提要：太极拳是传统文化的一种载体；陈鑫与杜元化分别是民国时期陈式太极拳和赵堡太极拳的两位代表人物，其理论著作是两家太极拳理论方面的第一次全面总结。两家太极拳的主要聚集地相隔不足2.5千米，却持有不同的源流观点，发展状况也相去甚远，这种现象对探讨两个人及两个拳种之间的关系有很好的研究价值。

《太极拳运动心身调节机理研究》，作者刘静、陈佩杰、邱丕相。收入第八届全国体育科学大会论文摘要汇编（一）。提要：本研究正是基于前人的研究成果和对健康的全面认识，在实验研究的基础上，动态观察6个月太极拳运动后中老年女性T淋巴细胞亚群及NK、NKT细胞、注意力、情绪和幸福度的变化，进而深入了解太极拳促进和维护健康的作用。另外，本研究希望通过生理、心理相关性的探讨，系统、深刻地揭示太极拳健身的本质特征。

《民国时期太极拳著作的主要特点及其历史价值研究》，作者周庆杰。刊载于《体育科学》第2期。提要：本研究主要采用文献研究方法，从时代特点、分布特点、类型特点、作者背景及其师承关系的特点、内容特点5个方面对民国时期的太极拳著作进行了研究，并对民国时期太极拳著作的历史价值进行剖析。

2008年 《解读：“温县被命名为中国武术太极拳发源地”》，作者康戈武。刊载于《体育文化导刊》第1期。提要：本文通过梳理现传各式太极拳的传承沿革，指出太极拳吴式、李式源自杨式，杨式溯源至陈式；郝式、孙式源自武式，武式溯源至赵堡镇陈清平。陈家沟和赵堡镇相邻，同属河南温县辖地。因此，太极拳发源于河南省焦作市温县。

《杨式太极拳演习者髌骨外移现象及其纠正》，作者徐伟军、李英奎。刊载于《北京体育大学学报》第10期。提要：本文从形态学和解剖学的角度，对杨式太极拳习练者下肢膝关节髌骨外移现象进行了观察研究和分析，找出了导致这一现象的主要原因，为避免髌骨外移，提出了纠正方法及相关建议。

《忽雷架源流考》，作者张立新、李小燕。刊载于《首都体育学院学报》第5期。提要：忽雷架是太极拳的一个小分支，流行于河南温县一带，有着极为特别的技术风格。忽雷架是由清末河南温县赵堡乡陈新庄的李景炎在师承赵堡镇拳师陈清平的太极拳基础上逐渐发挥创新而来。自研创以来，忽雷架代代有传人，逐渐形成了以张国栋和杨书文为代表的两系。

《太极拳的文化内涵和太极运动观》，作者康戈武。刊载于《邯郸学院学报》第3期。提要："理根太极，故名太极拳"的太极拳运动，通过融摄"太极哲理"，以太极哲理规范太极拳技，完成了太极哲理与太极拳拳理的融合，促成了人体运动规律与"太极哲理"的交融，构建起了包容有以动养生、以内导外、逆向运动、顺应阴阳、中和律己、和谐处外六大要素的太极运动观。它以区别于西方体育运动观的特征和独具特色的运动价值从文化学意义上丰富了世界体坛的多样性，从生命学意义上为当代社会提供了一种已被亿万人锻炼实践证明、经现代科学研究验证的太极健身运动方法。

《太极拳的国际传播与中国软实力的提升》，作者孙喜莲、余晓惠、梅林琦、陈伟、刘永红。刊载于《武汉体育学院学报》第6期。提要：本文从文化学和传播学的视角提出，太极拳在国内外都有着广泛的基础，通过太极拳的传播来推广民族传统文化，扩大中国在世界的影响力，是提升我国软实力的有效途径，并就太极拳在国际上的传播提出了切实可行的方案与建议。

《太极拳新文化现象探骊》，作者郭志禹。刊载于《武汉体育学院学报》第10期。提要：当前，竞技武术正在发生着适应性的变革，作为竞技武术之一的竞技太极拳在适应这场"难度革命"中产生了一系列变化，这些变化需要及时进行理论总结，发现亮点，提炼精要，以新文化现象的面貌展现出来。以历史唯物主义的观点，采用辩证分析、追踪考察这一文化现象的方法探讨其新意新论，以期确立竞技太极拳新文化现象的时代意义与价值。

《论传统太极拳传播方式的转型》，作者炊遂堂。刊载于《体育学刊》第7期。提要：传统太极拳原有的传播方式多以门派为载体，呈线性传播模式，存在一定的局限性；其流派师承、技击、传统训练、传统文化等一系列内容的保护工作刻不容缓。传统太极拳必须顺应市场经济发展的潮流，依靠自身价值的产业化转变，走流派师承的传播方式和市场经济控制的俱乐部运营模式相协调的道路。由部分的发展带动整体继承，这是时代发展的必然选择。

《太极拳锻炼对原发性骨质疏松症患者骨密度及骨代谢的影响》，作者宋桦。刊载于《体育学刊》第11期。提要：将原发性骨质疏松症患者分成对照组和太极拳组，实验前后对两组患者骨密度值、血清骨钙素、碱性磷酸酶及骨痛的变化情况进行比较分析。结果发现，实验后太极拳组与对照组的腰椎骨、股骨、胫骨密度差异呈显著性，骨痛积分两组间比较差异具有显著性。这说明太极拳锻炼是防治原发性骨质疏松症的有效方法。

《对太极拳在现代化进程中的几点思考》，作者刘刚、吉灿忠。刊载于《体育学刊》第4期。提要：太极拳在现代化进程中存在着源流缺乏定论、技击功能淡化、研究与现代科学断裂、学与术不分等问题。

作者认为，太极拳在现代化进程中要尽快理清源流，正确对待传统性向现代化转化、文化性和科学性等问题，合理开发太极拳的健身价值和技击功能。

《对〈周易〉与太极拳内在联系的探讨》，作者杜晓红、李强。刊载于《体育与科学》第2期。提要：探讨《周易》与太极拳的内在联系，追溯太极拳理论和实践方法形成的哲学基础，有助于人们从根本上深刻地了解和认识太极拳的基本理论及其文化内涵。太极生两仪的宇宙生成论为气在太极拳中的运用，万物有一太极的宇宙本体论是太极拳本体论的哲学基础；“一阴一阳之谓道”的辩证思维为太极拳提供了构建方式；“天人合一”思想为太极拳的思维方式提供了范型；等等。

《太极拳申报“人类非物质文化遗产代表作”的研究》，作者虞定海、牛爱军。刊载于《上海体育学院学报》第6期。提要：太极拳已被列入国内各级非物质文化遗产保护名录，是我国民族传统体育中较有希望入选“人类非物质文化遗产代表作”的项目。作者认为太极拳应作为一个包含各式流派的整体“申遗”项目，并抓住联合国申遗制度改革的有利时机，建立长效机制，完善准备材料，健全申报机构，为成功申报奠定良好基础，并提出“申遗”的具体步骤与方案。

《太极拳运动对女大学生心境以及安静状态下 β－内啡肽的影响》，作者李钢、尹剑春。刊载于《北京体育大学学报》第3期。提要：研究结果表明，太极拳运动组女大学生实验后心境状态在精力、自尊感两个积极分量表上得分显著高于实验前，而在紧张、疲劳、抑郁3个消极心境分量表上得分皆显著低于实验前，消极情绪纷乱总分显著低于实验前，心境状态得到改善，对照组女大学生的心境各分量表得分在实验前后无显著变化。

《太极拳运动对老年人下肢平衡力学因素的影响》，作者阮哲、熊开宇、陈自旺、郭亮。刊载于《北京体育大学学报》第4期。提要：太极拳对改善老年人平衡能力具有较好的功效性，但鲜有研究报道，因此本研究利用与平衡能力相关的一些常用测试手段研究太极拳对老年人平衡能力力学因素的影响。研究表明，太极拳对老年人的平衡能力的改善具有一定程度的作用。

《哲学视域下的〈太极拳论〉——以程朱理学为背景》，作者史怀刚、黄今。刊载于《北京体育大学学报》第4期。提要：研究认为，王宗岳《太极拳论》中所体现出的哲学思想深受当时程朱理学的影响。此文分析了无极而太极的宇宙生成论与太极拳定名的关系，儒家“时中”思想与中正安舒之道、道家“时变”与舍己从人的原则，以及“所以一阴一阳，道也”与以拳悟道的关系，探究理学思想、道家思想在拳论拳理上的体现。

《二十四式太极拳锻炼对腰椎间盘突出症影响的研究》，作者宋桦、高立。刊载于《北京体育大学学报》第5期。提要：研究得出，24式太极拳练习有利于腰部肌肉放松，缓解肌肉紧张、僵硬，能够增强肌肉力量和弹性，改善腰椎间盘突出症患者的临床症状和体征，使外周神经的传导功能得到改善。

《论太极拳理论的文化渊源》，作者杨静。刊载于《北京体育大学学报》第5期。提要：在以往对太极拳的研究中，太极拳的理论引用频率很高，并带有一定的神秘色彩，使人觉得有距离感。此论文观点：太极拳的理论所包含的都是传统文化中的生活之道、生存之道，是传统文化精神的体现和发扬，是了解传统文化的窗口和途径。

《太极拳对中老年人血脂及肥胖Ⅱ型糖尿病的调节作用》，作者张迎军、陈明坤。刊载于《北京体育大学学报》第5期。提要：通过检测长期坚持太极拳运动的中老年人锻炼后血脂、脂蛋白代谢及肥胖Ⅱ型糖尿病患者各项指标，结果显示，经常坚持太极拳运动可降低血脂，调节脂类代谢，特别是对改善肥胖Ⅱ型糖尿病患者代谢紊乱起到调节作用。

《太极拳运动对Ⅱ型糖尿病患者免疫机能影响的研究》，作者齐敦禹、李兴海、王耀光、刘万洪。刊载于《北京体育大学学报》第7期。提要：采用自身对照的方法，测定太极拳习练者锻炼前后免疫机能的变化。结果显示，参加太极拳运动后，补体C3、白细胞介素-2（IL-2）明显升高（$P<0.05$），可溶性白细胞介素-2受体（S-IL-2R）明显下降（$P<0.05$），淋巴细胞亚群辅助性T细胞明显升高、CD4+/CD8+比值无明显变化。所以太极拳运动锻炼有助于提高Ⅱ型糖尿病患者机体的免疫机能。

2009年 《从传播类型的角度审视孙氏太极拳的发展现状》，作者陈威、俞大伟。刊载于《北京体育大学学报》第1期。提要：本文从传播学的角度对孙式太极拳的传播进行研究，探析其不如其他太极拳流派传播广泛的原因。结果发现，影响孙式太极拳传播的主要传播类型因素有：①传播过程中以人际传播为主，主要是群体传播给予一定的补充的师徒传承方式；②虽形成了一些相关的发展组织，但实际上并没有形成传播组织；③大众传播和网络传播运用得不够。

《闽台两岸太极拳交流平台构架系统的可行性分析与对策研究》，作者章颖、龚德胜、林松。刊载于《北京体育大学学报》第2期。提要：通过对太极拳的强优势因素及福建地理优势的分析，发现在福建建立海峡两岸太极拳交流平台具有可行性。构想出平台的复合构架系统模式、平台运作的枢纽核心及平台功能运行的流程模式。

《太极拳勃兴折射的武术生存状态变迁》，作者申国卿。《体育科学》第9期。提要：以陈式、杨式、武式、吴式、孙式等为代表的各式太极拳已经广泛传习于五湖四海，从杨露禅北京授拳前中国武术的“乡间把式房”生存状态到现在以太极拳风行世界为标志的中国武术文化。回首太极拳发展历程，其中有一些不同寻常的规律和原因，通过研究方法，找出这些规律和原因，促进太极拳的发展。

《太极拳：一种体认和谐的典型音符》，作者王国志、邱丕相、郭华帅。刊载于《上海体育学院学报》第1期。提要：在文化学、社会学的视野下对太极拳的和谐思想进行梳理和解读。作者认为，太极拳多门派的共同发展是和谐理念的最好体现，太极拳技术运动的核心价值观是“阴阳和谐”，太极拳的完美追求是身心和谐，太极拳讲究自我与他者的和谐相处，主体与自然的和谐是太极拳的哲学思想基础，和谐美使太极拳成为解读中国传统美学的“钥匙”。

《太极拳动作基本时空特征及其对平衡稳定性的作用》，作者朴美子、金昌龙。刊载于《上海体育学院学报》第1期。提要：分析24式太极拳动作的基本时空特征，探讨太极拳运动影响平衡能力的要素。结果显示，习练24式太极拳过程中，单脚支撑是一个难度较高且不稳定的动作，单脚支撑占1/3的时间；长期习练太极拳，有利于发展中高龄习练者的平衡能力，增强其生理机能。

《太极拳概念的界定》，作者孔祥华、刘小平。刊载于《体育学刊》第7期。提要：本文分析讨论了目前几个有代表性的太极拳概念，在确定太极拳概念的内涵和外延后，按照逻辑学法则给太极拳下定义：以太极学说为理论基础，以掤、捋、挤、按、採、挒、肘、靠、进步、退步、左顾、右盼、中定十三法为运动技术核心，包括套路、推手、散手和功法的武术徒手项目。

《太极拳：一种典型的水文化》，作者王岗、郭华帅。刊载于《武汉体育学院学报》第3期。提要：水是生命之源，它不仅给予人类生活的物质基础，更重要的是人类的思想、智慧在很多方面都受之启发。运用文献资料法、专家访谈法，对太极拳的文化与水文化的渊源进行梳理。结论认为，太极拳的外形与内涵和水有着相形相近的特点，太极拳的变化特点与水的特性有着不可或缺的联系，太极拳的技击指导原则就是水之道的现实写照等。

《孙氏太极拳传播的研究》，作者陈威、徐伟军。刊载于《中国体育科技》第2期。提要：从传播者、传播内容、传播媒介、传播方式、传播环境等与传播活动过程相关的主要环节对孙式太极拳传播中存在的不足进行研究，得出影响孙式太极拳传播的原因主要有：积极主动推广不够，没有形成专职的传播者；传播内容单一、文字媒介和电子媒介运用力度薄弱；以师徒传承为主要特点的传播类型受限；社会变革（激变）及政府的支持不足；等等。

《太极拳运动对弱体质老年人移动能力的影响》，作者杨光、白翠瑾、牛凯军、郭辉、永富良一。刊载于《中国体育科技》第2期。提要：通过动态观察长期习练太极拳对弱体质老年人的下肢肌耐力、平衡能力、柔韧能力，特别是长期有规律的太极拳运动对弱体质老年人移动能力的影响。对80名70岁以上弱体质老年人在太极拳练习组与普通运动组实验的前、后及组间的身体能力各指标的比较后得出：8式太极拳运动可使弱体质老年人行动的敏捷性、协调性等能力得到增强，特别是移动能力呈显著性提高。

《明清太极拳演变的因素及其特征分析》，作者吉灿忠、邱丕相。刊载于《成都体育学院学报》第9期。提要：明清太极拳形成与演变的过程也是中国传统文化蜕变的过程。它的形成蕴含着中国传统宗教、哲学、血缘、族群、地域、古代内养修炼术和诸多拳种技法等因素的痕迹。太极拳所承载的贵生论、矛盾观、系统论、流派的衍生，以及大众、健身和休闲功能等，无不是传统文化蕴养之果。

《女子太极拳旋风脚转体360° 接提膝独立起跳技术的运动学研究》，作者高丽。刊载于《成都体育学院学报》第10期。提要：运用生物力学原理与方法，对太极拳竞赛套路高难度B级跳跃动作旋风脚转体360° 接提膝独立起跳技术进行运动学特征的研究，揭示了起跳技术特点及运动学规律，为科学指导运动训练提供理论依据。

《世界优秀太极拳运动员技能水平的甄别研究——兼对第9届世界武术锦标赛太极拳难度技术的分析》，作者王俊法、韩英甲。刊载于《中国体育科技》第3期。提要：对第九届世界武术锦标赛太极拳比赛的运动现状及运动员的技术发挥进行分析。结果表明，亚洲运动员，尤其是东南亚国家和地区的运动员太极拳水平十分突出，几乎占据了前12名所有的席位；男子太极拳比赛中，演练水平分是影响最后得分的主导因素，其次为难度动作；女子太极拳比赛中，影响最后得分的主导因素是动作质量，其次为难度动作；优秀运动员的难度失分点主要集中在连接难度上。

2010年 《太极拳对中老年人健身效果的研究现状及展望》，作者袁金宝、李阳。刊载于《体育学刊》第3期。提要：作者收集了近10年来国内外有关太极拳对中老年人健身效果的相关文章，综合归纳分析得出：长期进行太极拳习练对中老年人心肺功能、免疫功能、心理健康水平、运动机能、细胞因子及血脂代谢功能均有显著促进作用，是中老年人群理想的锻炼方式。

《太极拳中的礼法文化》，作者夏琼华。刊载于《体育学刊》第5期。提要：太极拳以“哲拳”“文化拳”而著称。太极拳在形成和发展过程中受中国传统礼法文化的影响，处处体现以礼为先、以德为范、以敬为尊、以和为贵等礼法文化特征，彰显了人文精神、民族素养、民族心理和民族情绪。太极拳由俗而雅、由陋而精的发展历程，其外因是社会文化背景的转变，内因则是太极拳礼法文化使然。

《改革开放30年我国太极拳运动科学研究进展》，作者李富刚、栗胜夫。刊载于《中国体育科技》第2期。提要：以1979—2008年国内公开出版发行的13种体育类核心期刊和《中国运动医学杂志》上有关太极拳方面的学术论文为研究对象，分析了30年来我国太极拳运动科学研究的现状。调查结果显示：我国太极拳研究经历了从无到有、逐渐攀升的过程，研究领域与方法从单一学科研究到交叉学科研究、从描述性研究到实证性研究、从技术性研究拓展到多个不同领域的研究，研究内容主要集中在太极拳健身价值、教学、现状发展、文化和技术训练等方面。

《太极拳运动对乳腺癌患者术后患肢功能及生活质量的影响》，作者王运良、孙翔云、王亚斌、周丽华、方红霞、刘丽娜。刊载于《中国体育科技》第5期。提要：探讨太极拳运动对乳腺癌患者术后患肢功能康复及提高其生活质量的效果。将患者分为实验组和对照组，实验组在10天后采用太极拳康复训练。对照组采用常规的乳腺癌康复锻炼。以肩功能测评标准和生活质量简表为测评依据，对患者术后6个月进行测评。结果显示，太极拳运动可以促进乳腺癌术后患者患侧上肢功能康复和提高患者生活质量。

《太极拳传播现象的文化解读》，作者李吉远、郭志禹。刊载于《西安体育学院学报》第2期。提要：太极拳在世界的广泛传播，是一个值得注意的文化现象。认识这一文化现象，需要将太极拳放在产生本土文化和民族文化的历史背景下加以审视。晚清社会化转型和理学考据学术之风使太极拳经历了由乡村进入城市，由民间低位文化趋向士大夫高位文化的发展道路，同时走上了一条由北方至南方，由南方至海外的传播之路；晚清冷兵器时代的结束，使拳术跃居诸艺之冠；太极拳运动形式的变革，使其运动方式由“粗俗”走向“儒雅”，扩大了太极拳的传播文化层次和习练人群。

《不同水平太极拳练习者运动感知特点研究》，作者文建生。刊载于《西安体育学院学报》第2期。提要：从太极拳角度来研究关节位置感，一方面在于寻找形成新技能的“关键性线索”，另一方面在于探索传统技术的科学性。用关节位置感测定方法对不同水平习练者进行了感觉测量和分析。实验得出，这种方法的测定能够反映出习练者的水平。

《和式太极拳研究的新任务——纪念和兆元先生诞辰两百周年》，作者康戈武。刊载于《搏击》第10期。提要：在纪念和兆元诞辰两百周年之际，作者围绕和兆元与陈清平提出了一系列问题。对于前者，作者提出3个问题：①理学知识对其太极拳拳论有哪些影响；②其自身经历或许有助于确定太极拳拳名出现时间；③其是否受到京城武风和皇家气魄的影响，这种影响对于其拳技和拳理又产生了怎样的作用。对于后者，作者提出2个问题：①和兆元、李棠阶是否参与了武禹襄与陈清平的研究活动；②武禹襄自离开赵堡镇后才传出的《王宗岳太极拳论》的来源问题。

《太极拳锻炼对老年人震后身心康复影响研究》，作者杨啸原。刊载于《北京体育大学学报》第6期。提要：通过对“5·12”地震灾区65～70岁的老年太极拳人群锻炼前后和老年非锻炼人群进行调查，分析和探讨太极拳锻炼对地震灾后老年人的身心康复的影响。结果发现，老年太极拳人群组锻炼后的身心康复状况明显好于锻炼前和老年非锻炼人群组，18项指标中有12项生理和心理指标分别具有显著性和非常显著性差异。

《太极拳：中国艺术元素体现诠释》，作者王岗、吴志强、吴松。刊载于《北京体育大学学报》第3期。提要：进入21世纪以来，在体育学视野下的中国太极拳似乎到了“穷途末路”的困境。此文从文化学和艺术学的角度对中国太极拳与中国艺术两者之间的关系进行了深入研究。研究表明，中国太极拳的“圆美”“中和”“妙悟”“气韵”“心境”“艺道”6个特性与中国艺术表现出高度的一致性。

《武术太极拳自选竞赛套路高难度323B+3动作的生物力学研究》，作者高丽。刊载于《北京体育大学学报》第4期。提要：运用运动生物力学三维影像解析法，对中华人民共和国第十届运动会女子太极拳决赛（自选套路）的前6名优秀运动员高难度323B+3动作进行定量分析与讨论。研究发现，武术竞赛规则中对太极拳旋风脚转体单脚落地动作转体度数的确定方法及连接难度的分值设置欠合理。

《长期太极拳练习对男大学生骨健康的影响》，作者张斌南、王力、郭义军、刘晓军、黄京韬、宇文展。刊载于《北京体育大学学报》第5期。提要：分析长期太极拳练习对男大学生骨健康的影响。研究发现，太极拳运动能够改善男大学生机体骨量和骨强度，促进骨健康状况改善，尤其是改善跟骨、股骨和腰椎的骨健康状况。本研究为预防和延缓骨质疏松症的发生提供了理论依据。

《太极推手各阶段技术动作的表面肌电特征》，作者牛建华。刊载于《北京体育大学学报》第7期。提要：运用肌电测试系统来记录太极推手初学者与优秀武术运动员之间的肌电图的变化。结果显示，太极推手过程中初学者技术动作不协调，表现为部分上肢肌肉、躯干肌肉和下肢肌肉同时开始放电；而优秀的武术运动员则表现为部分下肢肌肉和腰腹肌肉率先放电，技术动作协调、连贯，即优秀武术运动员表现为力由下肢而生，传递于腰腹，最后达于上肢的过程。

《长期习练太极拳对老年女性骨健康状况与骨代谢的影响》，作者高元元、王志鹏、刘晓军。刊载于《北京体育大学学报》第9期。提要：通过测定常年习练太极拳老年女性和无锻炼习惯老年女性的骨强度、骨密度及骨代谢调节水平的指标，发现太极拳运动能够有效改善老年女性股骨和腰椎的骨密度，提高跟骨的骨强度，提高骨代谢调节水平，全面改善骨健康状况。说明太极拳是适合老年女性锻炼的有益运动，对提高老年人预防和延缓骨质疏松症发生有积极的作用。

《太极拳从“推己及人”到“内圣外王”》，作者李蓉蓉、王岗。刊载于《成都体育学院学报》第11期。提要：本文在查阅文献资料的基础上，从文化学的视角出发，对太极拳的人文价值进行了相关研究。结果表明，太极拳是一种内涵厚重且具有人文精神的拳种。太极拳是关乎“人”的一门学问。太极拳所阐释的“正己”“知己”“舍己”“随人”成就了太极拳关于人生价值以及实现人生价值的基本思想，并在这些思想的相互联系中构成了统一的价值观——“推己及人”“内圣外王”。

2011年　《太极拳理论与方法的诠释》，作者徐伟军、李英奎。刊载于《北京体育大学学报》第9期。提要：本文在吸取太极拳传统经典论文创新思想的基础上，对太极拳的基本范畴、哲学方法、运动模式、技术动作结构和身体运动控制等方面的问题进行了探讨。此文认为，太极拳运动有着丰富的哲学思想和科学内涵，它的技术手段有着雄厚的人文、心理学和生物学意义等。

《太极拳运动干预防治高血压病的实证研究》，作者王晓军、李艳君、刘宁宁。刊载于《北京体育大学学报》第9期。提要：遵循运动处方原理和模式，以太极拳运动防治“肝肾阴虚证”高血压病为例，探讨其临床实效性。实验结果表明，16周实验后，实验组C-反应蛋白浓度降低与实验前相比有差异，收缩压较实验前有显著性降低，而舒张压有极其显著性降低。运动后受试者感觉心情愉悦、平衡能力增强、头脑清醒、身心轻松、精力充沛、无不适感等，受试者自觉失眠、多梦、头晕、耳鸣、乏力、烦躁等不适症状得到改善，表明太极拳运动处方防治高血压病效果显著。

《不同技术水平练习者太极拳运动过程中的心肺和代谢反应》，作者熊开宇、何辉、韩云峰。刊载于《北京体育大学学报》第12期。提要：通过比较10名高水平太极拳运动员和10名普通水平太极拳习练者在简化24式太极拳习练期间的生理参数，发现高水平组在能量消耗、心率、摄氧量和潮气量上明显高于普通组。结果表明，技能水平对太极拳习练中的心肺和代谢反应有相当大的影响。

《太极散手的技术演绎与太极拳技击功能的弱化》，作者张志勇。刊载于《体育学刊》第6期。提要：随着太极拳技术的逐步成熟与发展，太极拳的养生作用凸显，其技击功能不断弱化。太极推手和太极散手都是太极拳的辅助运动形式，还需加强太极拳技击理论和实践的研究，审慎地组织太极各种技击攻防格斗的实践活动。

《陈式太极拳劲力蓄发的能量转换模型分析》，作者张正红、刘志兰、王阳春。刊载于《武汉体育学院学报》第3期。提要：本文对陈式太极拳劲力蓄发的能量转换过程建立模型并进行分析，阐述了太极拳劲力蓄发互变的实质。此文认为，太极拳的练习过程实质上是对身体筋骨、肌肉、韧带弹性的锻炼过程，相当于把一个没有弹性的或者是弹性不大的弹簧通过螺旋拉升、压缩，使其具有更大弹性的过程。其重点是通过习练来增大人体弹性系数和人体关节间隙。

《论形而上的太极拳文化传播》，作

者詹华宁、蒋志升、罗江。刊载于《武汉体育学院学报》第12期。提要：太极拳包含形而上和形而下两个部分，以太极阴阳理论为基础的形而上是太极拳的精髓。太极拳传播不仅仅是技术动作的传播，更重要的是在“理”“法”“术”“功”传播中融入形而上的内涵。以生命哲学的方式来看待和理解太极拳，才能体现太极拳的养气、守意、平心、练性、厚德等。

《太极拳的生理医学效应研究进展》，作者王雪芹。刊载于《中国体育科技》第4期。提要：本文采用文献资料调研等方法就太极拳对人体各系统产生的生理医学效应的研究进行梳理。研究认为，太极拳习练能促进人体神经系统和内分泌系统的功能；太极拳习练能改善人体心血管系统、免疫系统、呼吸系统和运动系统的功能；太极拳是通过对人体各大系统的综合作用，达到其健身和养生效果的。

《“身体美学”视野中的太极拳艺术》，作者李江。刊载于《体育与科学》第1期。提要：太极拳运动通过对松沉、动静、神意的强调，对心身协调的追求，培养与完善身体，给人提供不同于普通运动的身体经验。此文以身体美学为视角，试图深入探讨太极拳运动独特的身体经验，探讨其作为一门生活艺术对于当代人的意义。研究认为，身体美学可以帮助我们去更好地认识太极拳所蕴含的健身价值、审美价值乃至伦理价值。

《太极拳锻炼空间的口述史研究》，作者晁改英、戴国斌。刊载于《上海体育学院学报》第5期。提要：以空间之视角，运用口述史方法，深入太极拳锻炼的“田野”获取太极拳习练者的实践素材，结合文献资料，分析太极拳锻炼空间的形成、太极拳锻炼空间的运作及太极拳锻炼空间的特征。

《冲突与融合：国际版本学视角下“太极拳”一词的译介研究》，作者周庆杰。刊载于《体育科学》第12期。提要：本文采用文献资料调研、专家访谈和归纳推理等方法，对国内外文版太极拳图书中“太极拳”一词译介后的拼写形式进行研究。研究认为，汉语拼音译介加海外认知度较高的威妥玛拼音进行后缀是目前译介“太极拳”一词较为适宜的方法。“太极拳”一词译介后的拼写形式无论是采用威妥玛拼音的历史延续性还是汉语拼音的本土文化声张，都归属于中西方文化的一种相互交流。

《武禹襄太极拳论的实践意义和启迪》，作者康戈武。刊载于《搏击》第8期。提要：作者通过对武禹襄太极拳实践依据进行分析，肯定了武禹襄《太极拳论》的价值，指出该理论对于太极拳实践在技术方面和训练方法上具有重要的指导意义，《太极拳论》还具有一定的文化教育价值，主要包括两个方面：①武术的发展、太极拳的发展都应该按照注重实践来发展，相关研究要从实际出发。②对于武禹襄《太极拳论》在太极拳中的地位和作用需要实事求是地进行研究，要用第一手的资料研究该拳论的形成和出现，从而确立它的地位。

《上海市区太极拳练习者膝关节疼痛调查分析》，作者朱东、李立、邱丕相、王三、谢业雷、陈新富。刊载于《中国运动医学杂志》第9期。提要：采用现场发放问卷方式，对上海市各区参与有关太极拳习练者膝关节疼痛的1025人进行调查。调查内容包括疼痛发生时间、类型、程度、持续时间、发生在练习的什么阶段，以及每次习练时疼痛的时段、是否就医、医生诊断结果、膝关节实际疼痛部位等。结果显示，练太极拳后有膝关节疼痛（下称练后膝痛群）404 人，占 48.2%；练太极拳前有膝关节疼痛（下称练前膝痛群）385 人，其中，练太极拳后膝关节无疼痛者（下称练后无膝痛群）151 人，占 39.2%。分析显示，练前膝痛群与练后膝痛群存在一定关联。练后膝痛群中，61.5% 的习练者疼痛持续时间在 10 分钟以内。练后膝痛群中，57% 在初学阶段、23.6% 在初学至中等水平阶段膝关节出现疼痛，中等水平时痛者占 9.7%。结果表明，太极拳习练者膝关节疼痛阶段主要在初学至中等水平阶段。拳龄与膝关节疼痛存在关联。

《清代太极拳产生、发展、兴盛因素探析》，作者王虹。刊载于《武汉体育学院学报》第 2 期。提要：分析认为清代特殊的社会环境为太极拳的产生、发展、兴盛奠定了广泛的群众基础和深厚的文化基础，在实践基础上的理论创新、技艺创新、风格创新是太极拳产生、发展、兴盛的灵魂，摈弃门户偏见是太极拳产生、发展、兴盛的基础。

2012 年 《基于知识图谱的国外太极拳运动研究热点与演化分析》，作者王俊杰、王培勇、徐坚、刘峰。刊载于《体育科学》第 10 期。提要：以 SCIE、SSCI 和 A&HCI 所收录的国外太极拳运动相关文献为研究对象，利用 CiteSpace Ⅱ 软件对 1981 年以来国外太极拳运动 414 篇研究论文及其相关参考文献进行可视化分析，探测国外太极拳运动研究热点与演化过程。分析表明，现阶段国外太极拳运动研究力量主要集中在欧美发达国家，研究热点主要集中于平衡能力、跌倒、肌肉力量、心率、血压、（心理）压力等方面，研究演化历经奠基、拓展及深化 3 个阶段，且各个阶段研究侧重点各不相同。

《基于文化符号圈理论的太极拳文化符号结构研究》，作者张杰。刊载于《体育科学》第 12 期。提要：研究认为洛特曼“文化符号圈”理论适合用来解释太极拳文化符号结构；太极拳文化符号是以身体感知为主的运行图式，具有“中心”和谐、“边缘”活跃、“界限”规范的特点，并组成特有的符号空间体系；太极拳文化符号圈具有不匀质性，肢体文本是主要的物质载体，在外体现为拳势和套路，在内蕴含着伦理与思维方式；太极拳文化符号具有体势性、表意性、隐喻性、整体性特点；太极拳文化符号结构决定了它“回到事物本身”的发展之道。

《面向体验经济的传统武术产业发展模式——以陈家沟陈式太极拳为例》，作者周兰萍。刊载于《上海体育学院学报》第 2 期。提要：运用文献资料、专家访谈、实地考察等研究方法，基于体验经济理论，对陈家沟陈式太极拳产业发展的缺失与潜力进行分析。从体验主题、体验过程、体验效果视角构建陈家沟陈式太极拳产业体验经济发展模式。文章建议决策者尽快转变观念，把发展重点从资金投入转移至陈家沟的旅游者、崇拜者、习练者等的心理体验上，并精心设计、安排、实施体验过程，促进陈家沟陈式太极拳产业的发展。

《太极拳空灵境界的证悟》，作者田金龙。刊载于《上海体育学院学报》第 5 期。提要：通过经验总结、现象描述与理论分析，探讨太极拳的空灵技术及其原理与方法。研究认为：从我方、对方、触点三个方面分析空性是太极拳空灵技术的切入点；太极拳存在有限之空与无限之空两个技术体系；当身心默契空灵、弥合有限与无限的差别性时，才能真正地契合太极拳的空灵境界。

《竞技太极拳发展研究：冲突与认同》，作者王伟、邱丕相。刊载于《体育学刊》第3期。提要：竞技武术改革之后，竞技太极拳、剑的比赛率先得到了社会认可，其背后存在着一系列的冲突和认同。冲突在于竞技太极拳融入了长拳的难度动作，传统武术人士一时难以接受，并认为其偏离了太极拳的内涵。但竞技太极拳基于赛场这一特殊的环境，潜在地调整了功能展示次序，突出了评判、表演，也与传统认知相左。认同在于观众接受了竞技太极拳的审美超越。从传播角度看，竞技太极拳不时出现在电视节目中，散发影响力；从时间角度看，大众逐渐接纳磨合了业内曾经的争议，而且竞技太极拳的社会地位也在磨合中不断提升。

《太极拳和快走练习对老年女性平衡能力的影响》，作者孙威、毛德伟、逄峰等。刊载于《中国体育科技》第5期。提要：31名老年女性被随机分成太极拳组和快走组。两组受试者分别接受16周的太极拳练习和快走练习，测试指标包括睁眼和闭眼状态下的单腿站立时间、足底压力中心在左右方向的最大位移量、足底压力中心在前后方向的最大位移量。结果显示，太极拳和快走练习均可以提高老年人的平衡能力，太极拳提高得更快；两种练习方式对平衡能力均有较好的维持作用，但太极拳的维持效果更好。

2013年 《太极拳舞台表演艺术化发展》，作者吕福祥。刊载于《武汉体育学院学报》第11期。提要：以太极拳舞台表演的艺术化表现形式为切入点，立足于武术套路技术的发展，从太极拳舞台表演概念的界定、太极拳舞台表演的基本特征、太极拳舞台表演的艺术多元化3个方面进行研究，认为太极拳舞台表演不仅推动了武术的大发展，也彰显了其表演功能，将太极拳所具有的文化内涵和艺术表现性以舞台艺术的形式展现，提升了艺术观赏价值。

《从太极拳技术演变的历史谈太极拳的起源与发展》，作者张志勇。刊载于《体育学刊》第1期。提要：无论是晚清曾被推崇一时的“张三丰创太极拳说”，还是20世纪30年代初由唐豪提出的“陈王廷创太极拳说”，明显偏离了太极拳技术演变与发展的客观主线，缺乏对戚继光明代创编并收录在其著作《纪效新书》中的“拳经三十二势”长拳与晚清成熟的太极拳技术体系之间渊源的重视与考究。研究认为，太极拳源于戚式三十二势长拳，传于炮捶，成于“十三势”，而这一演变与发展明显被忽略和扭曲。

《关于民国时期太极拳著作中“序”的研究》，作者张立新。刊载于《体育学刊》第2期。提要：通过对民国时期太极拳著作中“序”的研究，了解民国时期人们对于太极拳的认识和态度。研究发现，太极拳被赋予了强种强国的政治任务，太极拳健身功效被普遍认可，太极拳出现了理论不断渗入和被借鉴的现象。张三丰创拳是当时太极拳源流观的主流，太极拳成为中西体育文化对抗中的“武器”。

《高校体育保健课开设坐式太极拳的必要性与可行性》，作者黄兴裕、吴秀华、黄海。刊载于《体育学刊》第6期。提要：在我国尚有超过1/4的高校未开设体育保健课，即使已开设的高校所开设的教学内容也难以满足学生的需求。为此，坐式太极拳获得了进入高校体育保健课的良好时机。坐式太极拳具有简单易学与锻炼要求低的特点，并具有高校现有的太极拳教学师资等优势，决定了坐式太极拳在高校体育保健课的开设具有极大的可行性。

《河南省开封市汴京公园太极拳习练点40年生存样态和文化解读》，作者石立江。刊载于《中国体育科技》第2期。提要：以翔实的数字资料和多个真人真事，记录了开封市汴京公园太极拳习练点40余年的演变历史，反映了基层太极拳习练群体不同生存样态。介绍了“文化大革命”前、后的情况，改革开放以后10多年的发展情况，进入世纪之交，习练点返璞归真的情况，并介绍习练点逐渐成为传承陈鑫拳架知名站点等内容。

《太极拳：老年女性体适能健康促进》，作者倪红莺、郑旭旭、王海州等。《中国体育科技》第5期。提要：以集美老年大学太极拳班女学员为实验对象，以书法班、摄影班、诗词班女学员为对照组，对两组学员进行身体工作能力、最大耗氧量、肺活量、握力、腿力、前臂关节活动度、肘关节本体感觉敏感性、体脂率、腰臀比、身体质量指数进行检测。结果显示，实验组各项指标均大于对照组。说明老年女性长期坚持太极拳运动能全面提高心血管适能、肺功能、肌肉力量和柔韧适能等。

《太极拳技术原型的提炼与推手技术体系的构建》，作者田金龙、邱丕相。《上海体育学院学报》第6期。提要：通过对陈式、杨式、武式、吴式太极拳技术原型的归纳与分析，提炼出掷、挂、偏、拧4种推手技法，探讨其技术原理与方法。研究虚无的衔接技术，将4种推手技法提升为一式四法的太极推手技术体系。

《专业武术教育改革的标志性突破——〈武术套路基础教程〉述评》，作者王海鸥。刊载于《西安体育学院学报》第3期。提要：以精选众多拳种的典型招法作为主干内容的《武术套路基础教程》打破了半个多世纪以来的武术教材以成套的套路形式为主干内容的格局，是专业武术教材改革的一次历史性的重大突破。论文阐述了该教材作为集大成之作的前沿性，以及在整个武术专业教育和普及教育中举足轻重的地位，并提出了几个有建设性的提议。

2014年　《太极拳干预老年人原发性高血压的气体信号分子机制》，作者解会娟、白彩琴。刊载于《武汉体育学院学报》第2期。提要：本文以探讨太极拳改善老年人原发性高血压的气体信号分子调控机制为目的，得出太极拳运动可多途径提高原发性高血压患者血清NO和H_2S水平，改善原发性高血压患者的健康，提示内源性NO和H_2S水平改善可能是太极拳降压效应的分子生物学机制之一。

《太极拳的现代化分化发展》，作者王晓燕、杨建营。刊载于《武汉体育学院学报》第4期。提要：本文在简要总结武术的现代化分化发展基础上，首先对原生态的太极拳进行性质定位，指出它虽然有多种价值功能，但仍属于技击防卫之术范畴。接着分析了太极拳在现代化发展过程中分化成性质不同的三大类，即健身养生类、艺术展现类、技击防卫类。指出这三大类分属不同领域的技术内容，连同原生态的太极拳，将构成太极拳技术的新格局。最后分析各类太极拳发展不平衡的现状，探讨平衡发展的路径。

《台湾太极拳发展及海峡两岸交流平台构建》，作者张银行、杜舒书、邱瑞瑯。刊载于《武汉体育学院学报》第3期。提要：作者认为台湾太极拳源自大陆，所流传的太极拳几乎涵盖诸家，且多为正宗嫡传，在继承和延续传统的同时又有所创新和发展，从而使台湾太极拳园地愈显多姿多彩。因海峡阻隔、社会形态差异等自然与人文因素造就了台湾与大陆不同的太极拳发展模式和存在形态，包括发展阶段、社会组织管理、海外流播等。发展差异的存在与交流不畅的矛盾迫切呼唤交流平台的搭建。两岸一体、闽台同宗、太极拳同门是平台构建的基础与前提，政策的支持、种族与文化亲缘的关联、武术发展战略的贯彻及太极拳交流与保护的需要给平台构建以可行性、必要性与紧迫性的预设。作者尝试构筑了官方、民间及闽台中转3座平台，以积极发挥太极拳在深化两岸交流、促进统一进程中的角色担当的作用。

《关节力学负荷与骨关节炎的发生发展：太极拳在治疗康复中的应用》（英文），作者李静先。刊载于《天津体育学院学报》第2期。提要：此文综述骨关节炎生物力学及病理机制的研究状况、生物力学干预在骨关节炎治疗康复中的应用，以及太极拳的生物力学特征及其在骨关节炎治疗康复中应用的最新研究进展。基于目前上述领域和太极拳生物力学特征的科学研究状况分析，以及美国风湿病学会在2012年发表的最新骨关节炎非手术和药物治疗指引中将太极拳列为膝骨关节炎运动干预方式之一所带来的国际影响，提出了深入探索太极拳在下肢骨关节炎治疗康复效果的机制，并发展有科学研究事实支持的太极拳运动干预康复方案。作者认为，未来此领域的研究需要致力于研究骨关节炎患者身体活动时的关节生物力学变化，典型太极拳运动的生物力学特征，以及骨关节炎患者在太极拳运动干预过程中下肢关节力学的变化特征。

《陈式太极拳在河南省开封市传播历史的文化观察和思考》，作者石华胜。刊载于《首都体育学院学报》第3期。提要：作者以文化社会学和文化哲学的视角，对陈式太极拳在开封的传播历史分阶段进行梳理。《陈氏太极拳图说》虽然于20世纪30年代在开封出版发行，但当时并未在开封得以传播。太极拳在开封传播是以陈氏后裔移居开封而始。从20世纪70年代起，陈式太极拳由线性传播进入开封市体育委员会构建的太极拳普及网络后，才逐渐在较大范围内传播。陈式太极拳在开封的传播历史，证明了一种地域文化能够成功实现跨地域、跨文化传播。

《太极拳特定动作和瑜伽特定动作练习对白领员工腰腹部成分代谢的调查研究》，作者王凯源。刊载于《中国体育科技》第2期。提要：本文通过探讨太极拳特定动作和瑜伽特定动作练习对公司员工腰腹部成分代谢的影响，从而为合理减肥和大众健身提供理论依据。应研究需要，从上海3家不同的公司抽选30名腰腹部微胖的员工，随机分为3组，一组进行6个月的太极拳特定动作训练，另一组进行6个月的瑜伽特定动作练习，第3组作空白组。分别于练习前、3个月后、6个月后测量3组员工的体重、腰围值、腰腹部脂肪含量、腰腹部脂肪百分比。结果显示，经过3个月的太极拳特定动作和瑜伽特定动作练习，员工体重、腰围值、腰腹部脂肪含量、腰腹部脂肪百分比均有了显著下降（$P<0.05$）；6个月的太极拳特定动作和瑜伽特定动作练习，员工体重、腰围值、腰腹部脂肪含量、腰腹部脂肪百分比有了非常显著的下降（$P<0.01$）。同期空白组受试白领员工体重、腰围值、腰腹部脂肪含量、腰腹部脂肪百分比均有小幅上升。此文得出太极拳特定动作和瑜伽特定动作练习可以促进白领员

工腰腹部脂肪的分解代谢，有助于白领员工腰腹部减重，有利于减肥和健身的结论。

《太极拳技击中的“物理”分析》，作者徐意坤、高峰。刊载于《首都体育学院学报》第4期。提要：作者研究发现，前人的很多太极拳习练方法都是直白的文字表述和抽象比喻表达，或者是直觉型，让太极拳习练者往往无从理解或根本无法领略出其真正的含义，故将通过理论力学原理对于太极拳的借力用力、四两拨千斤、离心力、向心力等进行分析，并结合太极拳理论规律，进一步说明这些经典技击动作的运动学规律，同时再利用人体运动力学进行分析，旨在让读者更好地明白太极拳各种力的来去之道，为什么可以借力用力、四两拨千斤，怎样才能借力用力、四两拨千斤等，也让读者在习练过程中能更好地领悟太极拳技击遵循的规律。武术的提升必须有强有力的理论科学基础，故借物理力学和人体运动力学等理论对太极拳理论体系进行补充，使太极拳的技击更具有真实性。

《太极拳不同速度练习者的脑电比较》，作者李宁。刊载于《体育学刊》第3期。提要：作者为了揭示以不同速度习练太极拳的被试者的脑电活动特点，对经严格训练和筛选的在太极拳的认知和习练特点无明显差异的6名被试者进行实验研究。结果显示：一次性的故意减慢太极拳练习的速度，不但不能增强，反而减弱太极拳习练过程原有的大脑皮质神经元同步化活动效果，降低太极拳习练的神经作用。同时，由于是一次性习练，没有习练效果的积累，加上习练时间不长，以两种速度习练时的被试者的神经活动的变化，不能延续到习练后的闭眼静坐过程。

《身体技术论视角下太极拳身体技术的习得——以日本千叶县太极拳教室的质性研究为例》，作者马晟。刊载于《体育学刊》第5期。提要：本研究以马塞尔·莫斯、皮埃尔·布尔迪、米歇尔·福柯等人的身体技术理论为基础，以质性研究方法为主要手段，采用参与观察与深度访谈，对日本千叶县不同水平的太极拳学员在太极拳身体技术习得过程中的实际情况进行调查，以检验太极拳身体技术的习得与社会结构，以及与身体抵抗之间的关系。研究表明太极拳身体技术的习得的影响因素不但包括权威的模仿、习练的规则化、规训等社会结构因素，而且包括因身体构造而引发的身体抵抗等诸多因素。

《膝骨关节炎患者的太极拳干预——选择还是放弃》，作者李海鹏、刘宇、伍勰。刊载于《中国体育科技》第4期。提要：传统骨关节炎治疗多依赖于药物、关节置换手术等，其副作用或心理负担难以避免。虽然近来有报道称太极拳能够治疗膝骨关节炎，但在实际生活中，无论是医生还是膝骨关节炎患者，都对此说法半信半疑，不敢贸然习练。有鉴于此，此文从梳理骨关节炎的定义、诊断标准及发生率入手，搜寻国内外太极拳促进膝骨关节炎康复的实证，为“膝骨关节炎患者的太极拳干预——选择还是放弃”这一疑问寻求答案。

《现代核心训练理念审视下传统太极拳技术原理及应用》，作者蔡开明。刊载于《北京体育大学学报》第8期。提要：作者从太极拳的操作技术原理出发，借鉴现代核心稳定力量训练理念，论述太极拳操作技术与核心稳定力量训练的理与法及其对现代竞技运动的作用，旨在挖掘我国传统武术的技艺精髓，促进现代竞技运动水平的提高。结论：①太极拳的操作技术原理与现代核心稳定力量训练理念相吻合；②太极拳主要体现了平衡重心、能量转换和协调运作的机制；③太极拳采取以腰部为核心的圈转、波浪和螺旋相结合的三维运动形式，强调在“意”的支配下进行有序运动；④太极拳对现代竞技运动的功用主要体现在加强“鞭打”、增进“旋转”、平衡身体、提高对抗、预防损伤、加强应变等能力。

《武术段位制太极拳对打套路要则探析》，作者田金龙。刊载于《西安体育学院学报》第3期。提要：为使武术段位制太极拳得到更好的推广普及，在理论分析、教学实践与经验升华的基础上，此文归纳并阐述了太极拳对打套路的习练要则。太极拳对打套路的习练应从招式、技法、劲力3个方面入手，通过建立攻守秩序、熟练技法运用、体验劲力粘绵的技术提高过程，逐步达到动作准确到位、演练宛如一人的技术境界。

《文化审美视角下的太极拳美学思想与文化内涵》，作者戴薇。刊载于《成都体育学院学报》第5期。提要：本文通过对太极拳的美学思想特征、形式及文化内涵等不同侧面的研究，探讨了太极拳从名称、结构、造型、姿势等不同角度体现的美学要素，通过太极拳的动中求静之美、阴柔之美、曲线之美等美学形式认识其美学思想，以及在其形成和发展过程中的文化内涵。

《太极拳锻炼促进老年人认知功能的研究综述》，作者梁东梅、唐文清、骆聪等。刊载于《体育学刊》第4期。提要：维护老年人认知功能具有重要的理论和现实意义。体育锻炼可提高老年人认知功能，太极拳尤为适合老年人参加，并对延缓老年人认知功能衰退有积极作用。研究发现，太极拳对老年人认知的塑造主要包括执行功能、记忆功能、注意功能和全脑认知状态。后续研究可从“身体锻炼—认知中介模型”和选择性提高假说探讨这一作用的机制切入。这些发现对促进老年人参与体育锻炼，推广中国传统体育项目，促进老年人健康，减轻人口老龄化给家庭和社会带来的压力有重要意义。

《身体意识培养的遮蔽与开启——基于太极拳身体美学的实践探析》，作者王欢、杜高山。刊载于《北京体育大学学报》第7期。提要：通过文献资料法，此文从身体美学视角出发，对太极拳身体训练与身体意识培养的共性进行探析，得出以下结论：①身体意识培养是太极拳身体训练的固有功能，在存在感缺失的现代社会，其可作为身体治愈的首要运动实践形式推广，同时在武术全球化、科学化过程中，如果抓住“身体意识培养”这一主线，给予身体关怀，其发展空间巨大；②太极拳身体训练与身体意识培养相辅相成，互通互导，互利共赢，太极拳可以提高身体意识，引导身体进入深层的愉悦境界，身体意识也同样影响身体的外在表现形式。当今社会实用主义思潮多元杂陈，太极拳作为促进身心健康的最佳运动方式，更应受到重视。

《师徒制下的武术文化传承——基于吴式太极拳师徒传承的个案研究》，作者王巾轩。刊载于《上海体育学院学报》第4期。提要：此文以吴式太极拳为个案，采用访谈与口述史方法，对吴式太极拳的师承网络及其传承人进行分析，解析师徒制在武术文化传承中的内涵及其运行机制。从理想与现实的不同角度，揭示师徒制在现代武术文化传承中发挥作用的条件与阻碍，展望武术文化传承师徒制的未来走向：发挥师徒制武术文化传承机制的作用，直面师徒制在现代适应中的“不良反应”。

《太极拳基础动作“野马分鬃”膝关节运动学、关节负荷及肌肉活动的特征比较》，作者陶萍、于璐。刊载于《体育科学》第9期。提要：作者运用生物力学原理，通过对太极拳“野马分鬃”下肢的正确动作与错误动作的分析，了解其膝关节的运动学、关节负荷及肌肉活动的特征，并对可能造成太极拳膝关节损伤的原因进行探讨，为太极拳健身及如何有效预防习练过程中的膝关节损伤提供理论参考。其方法如下：受试者为武英级女性一名，习武41年。动作选择为“野马分鬃”的正确动作与错误动作。采用Vicon运动捕捉系统、Kistler三维测力台和Delsys表面肌电采集系统分别对正确和错误动作的膝关节运动学、地面反作用力和股四头肌（股内肌、股外肌）及股后肌群（半腱肌和股二头肌）的肌电图（均方根振幅）进行同步测量，并采用SPSS 15统计软件，对不同动作的关节角度、关节力矩和肌肉活动等生物力学指标进行独立样本T检验。最后，作者提出“野马分鬃”的错误动作各阶段用时、动作周期总用时显著高于正确动作，且错误动作右膝具有更大幅度的外展与外旋。“野马分鬃”动作的整个过程中，右膝关节处的伸肌力矩起主要作用，同时错误动作的膝外展和外旋力矩更大。错误动作在转脚时右腿股内肌、股外肌的活动显著更大。在一定程度上提示，错误的太极动作会对右膝产生更大的负荷，而长期这样习练很可能会造成运动员膝关节的损伤。

2015年　《身体观视域下太极拳的哲学意蕴》，作者闫民。刊载于《体育科学》第2期。提要：太极拳凭借身体的“体悟”和“习悟”，达到身心统一、内外兼修的目的。基于传统身体观视野认为，太极拳运动立足于客观的身体、通过客观身体沟通自然、社会和自身、注重客观身与主观身的高度合一、从身体实践中感悟人生、关爱生命价值的身体行为文化，与中国传统哲学的身心合一观相吻合，与儒家倡导的修身、道家养生的思想一致。

《“太极拳健康工程”实施的核心内容》，作者吕韶钧。刊载于《北京体育大学学报》第9期。提要：应充分利用太极拳所独有的健身文化资源，打造中国太极拳健康文化品牌，树立太极拳健康社会形象，更好地发挥太极拳在全民健身中的作用。其中，打造文化品牌是“太极拳健康工程”的出发点，提升服务意识是“太极拳健康工程”的着力点，搭建信息平台是“太极拳健康工程”的关键点。太极拳健康工程的实施从根本上应实现太极拳由“技术教学”向“文化推广”和“健康服务”的重要转型。

《太极拳文化形象及品牌塑造的路径》，作者闫民、梁勤超、李源。刊载于《体育学刊》第6期。提要：此文对太极拳文化形象及文化品牌塑造的路径进行阐述，认为太极拳形象作为一种客观存在，其定位不仅是太极拳发展模式、发展方向和发展战略的集中体现，也是太极拳品牌塑造的基础。塑造太极拳国家形象及品牌，提升太极拳国家品牌的文化内涵和核心价值，实施太极拳“走出去”战略是当今太极拳国际化发展的重要环节。此文提出太极拳文化品牌塑造的几点途径：强化国家意志，加强顶层设计；挖掘太极拳品牌内涵价值，确立民族文化身份；借鉴少林品牌模式，设计品牌传播标志；加强太极拳国际交流，促进国际社会情感认同等。

《明清以降太极拳的思想流变研究》，

作者常朝阳。刊载于《体育学刊》第1期。提要：此研究对太极拳的工具理性进行了归纳分析，太极拳的工具理性实际上是科学技术发展和人类理性观念的产物。当今太极拳发展表现出强烈的工具理性，不仅是太极拳发展过程中不可逾越的历史阶段，更是太极拳保持鲜活生命力的重要支撑。明清以来，太极拳由生活需要的乡间把式到社会需要的政治工具，最后是工具理性的科学价值回归。这种思想流变的文化内因是太极拳浓厚的儒家入世思想表征：达则兼济天下的扬“礼”而立、君子无所争的天下情怀；历史动因是特定时期的国难当头——蛮夷之扰到西方殖民者入侵的转变、鸦片战争的国弱民疲、武以图存的政治选择、武术改良的导火索。

《张三丰创太极拳说考论》，作者洪浩、梁宇坤。刊载于《武汉体育学院学报》第3期。提要：此文从文献、实物、考古3个方面论证张三丰与太极拳没有关系。张三丰的籍贯、名字号、体貌特征及生活习惯与太极拳创立没有关系；张三丰道教思想与太极拳创立没有关系，张三丰是道教理论家和实践者，但并不是太极拳的创始人；明朝皇帝寻求张三丰的踪迹与太极拳创立没有关系；张三丰治病仙方与太极拳创立没有关系；张三丰仙游行迹与太极拳创立没有关系；等等。

《太极拳练习前后脑电信号变化特点的研究》，作者杨苗苗、王晓娜、周越。刊载于《北京体育大学学报》第3期。提要：进行太极拳运动时能够使快波（β 波）功率值升高，慢波（θ 波、δ 波）功率值降低，且 β 波功率值的升高主要集中在大脑右侧区域，提高了两侧大脑的协同化；太极拳运动后，被试者处于安静状态时，50% 的脑区功率值较运动前的安静状态有所下降，提示可将太极拳作为运动员的放松手段；运动后即刻和运动后安静状态下额区的脑电功率值都有所增加，提高了植物神经系统对内脏活动的调节功能。

《八段锦及太极拳锻炼对乳腺癌患者术后生活质量的影响》，作者吕峰、于洋、梁栋等。刊载于《武汉体育学院学报》第7期。提要：相对于常规锻炼，太极拳和八段锦对于乳腺癌患者术后的康复有着明显的优势，且与八段锦相比，太极拳的优势更为显著，二者在促进乳腺癌患者术后康复及提高患者术后生活质量方面，具有潜在的优势，值得大力推广。

《太极拳典型动作与行走、广场舞、慢跑运动的膝关节动力学的仿真比较分析》，作者张彦龙、陈民盛。刊载于《北京体育大学学报》第6期。提要：研究所建立的仿真模型真实性和可靠性较高（R_1^2=0.956 和 R_2^2=0.905），且方法简便；太极拳与行走对膝关节的载荷影响较一致；在额状面内，膝关节内外侧髁在对抗接触负荷上扮演着重要作用；太极拳膝关节力矩在额状面内绕矢状轴内收、外展力矩较其他两面的峰值力矩大；在矢状面内，太极拳峰值力矩最小，慢跑运动膝关节力矩峰值最大。这反映出太极拳运动在矢状面引起运动损伤的可能性较小，也有助于解释报道中其他运动矢状面内损伤发生率一般都高于额状面和水平面的原因。

《由东向西：亚洲体育项目在北美的组织与发展——以跆拳道、太极拳和乒乓球为例》，作者张铁、Minkil Kim、Brenda G. Pitts 等。刊载于《上海体育学院学报》第4期。提要：通过建立消费者意识、迎合消费者健身和自我保护的需要、招募俱乐部会员和设计完备的竞赛系统，跆拳道在北美的推广较为成功，乒乓球在北美的组织与发展水平次之，太极拳在北美的组织与发展水平最低。研究建议，建立地区网络进行积极的市场推广，通过表演赛、青少年训练营、媒体渗透等方式，调整项目的非本地元素以适应本地环境，促进亚洲体育项目在北美的良性发展。

2016年 《太极拳治疗骨关节炎的系统评价和Meta分析》，作者谢辉、潘建科、洪坤豪等。刊载于《中华中医药杂志》第5期。提要：太极拳可改善骨关节炎患者的疼痛及行动能力。在生活质量方面，两组差异无统计学意义。研究结论指出，太极拳可有效改善骨关节炎患者的疼痛及关节功能，且无明显不良反应。

《太极拳象形取意的隐喻认知》，作者李圣、虞定海。刊载于《上海体育学院学报》第3期。提要：受中国“象思维”的影响，太极拳中多运用“观物取象”“立象尽意”的方式进行心理训练。以隐喻学理论为视角，在多年练功体悟的基础上，对太极拳象形取意的隐喻认知进行探讨后指出定位映射点、构建知识草案、激活心理图式、体悟意图定点、处理主客关系，是构建太极拳隐喻认知的核心要素。

《太极拳运动对中老年女性外周血白细胞和红细胞表面CD55/CD59表达的影响》，作者赵影、虞定海、杨慧馨。刊载于《中国运动医学杂志》第5期。提要：①太极拳锻炼对血细胞表面CD55和CD59的影响不同，其中对红细胞的影响更为明显，可以为进一步研究运动与红细胞免疫提供理论支撑。②太极拳运动后外周血白细胞及红细胞表面CD55、CD59发生的变化与血细胞计数关系不大。③太极拳锻炼时间越长，CD55、CD59在淋巴细胞和红细胞上的协同作用越明显，可有效对抗年龄依赖性免疫机能下降。

《文化地理学视野下杨式太极拳传播研究》，作者吕旭涛、孟田。刊载于《武汉体育学院学报》第7期。提要：杨式太极拳的文化源地是永年广府，其独特的自然与人文地理环境为杨式太极拳的诞生奠定了基础。杨式太极拳在国内的文化扩散以迁移扩散为主，而在国外既有迁移扩散又有规划性扩散。杨式太极拳文化区演变均属于形式文化区，而且以都市为核心区，遵循由北向南再向北的发展路径，文化区的范围逐渐扩大。

《长期练习24式太极拳对中年人身体机能的影响》，作者权黎明。刊载于《中国体育科技》第5期。提要：选取22名中年人为研究对象，其中11名为技术熟练者（SG），11名为初学者（NG）。测量受试者的心率、呼吸率、头皮脑电、表面肌电以及体适能。数据表明，SG组受试者纵跳相对值、闭目单脚站立时间、坐位体前屈及仰卧起坐显著优于NG组受试者。NG组受试者完成24式太极拳运动时的运动强度似乎要小于SG组受试者。运动后静息状态时，SG组受试者表现出更高的心率、更低的呼吸频率，闭眼状态表现为更高的标准化 α 波段能量。SG组受试者大脑中央区的 α% 显著高于NG组受试者，同时，SG组受试者大脑中央区的 α% 也显著高于枕区。下肢肌肉表面肌电数据表明，SG组受试者表现出更强的耐疲劳性和更好的神经肌肉控制能力。结论显示：长期习练24式太极拳运动可以从多方面提高中年人的生理机能，尤其在改善脑功能和提高神经对肌肉的控制能力方面。

《长期太极拳和广场舞锻炼老年女性骨骼肌含量、骨骼肌力量以及平衡能力的研究》，作者李旭鸿、范年春、许鑫华等。

刊载于《中国运动医学杂志》第9期。提要：广场舞组和太极拳组的四肢骨骼肌含量，上、下肢骨骼肌力量水平均高于无规律锻炼组，太极拳组的下蹲力与无规律锻炼组呈显著性差异（$P<0.05$）。广场舞组和太极拳组COP（Center of pressure，压力中心）在AP（Anterior-Posterior，前后）和ML（Medial-Lateral，左右）方向上的最大位移和平均速度也均低于无规律锻炼组，太极拳组与之呈显著性差异（$P<0.05$，$P<0.01$）。加上稳定性训练垫后，太极拳、无规律锻炼两组在AP和ML方向上的COP最大位移有所增大，而广场舞组却出现减小。结论指出，长期太极拳锻炼在减缓下肢骨骼肌力量流失和改善静态平衡能力上作用明显，而在不稳定状况下广场舞组保持稳定的能力较好。

《三星堆器物与三星太极拳关系的双向实证研究》，作者孙德朝、赵明、康意。刊载于《上海体育学院学报》第6期。提要：此文运用知识考古学和体育人类学图像截图分析等研究方法，探讨三星堆器物与三星太极拳的关系。正向实证结果显示，三星堆器物对三星太极拳形成具有重要的文化启示，三星太极拳受三星堆文化的启示而衍生；逆向实证结果显示，三星太极拳蕴含丰富的三星堆文化元素，是三星堆文化思维方式、观念和主张的凝练。据此提出三星堆文化对三星太极拳推广的启示。

《批判与辩护：武术门户概念的辨析》，作者侯胜川、周红妹。刊载于《上海体育学院学报》第6期。提要：本研究从武术社会中常见的门派、流派、门户等概念切入，对始于中央国术馆期间的武术“门户之见”，以及武术门户的形成与生产等进行辨析。研究认为，对“门户之见”的批判是第三方对小群体思想的不认可，并非针对现实武术社会中的门户。作为实际存在的武术门户现象，对其批判不符合中国武术发展的百花齐放、百家争鸣战略，武术门户的生成和发展具有一定的积极意义。

《24式太极拳运动前、中、后HRV的变化特征》，作者宋涛。刊载于《中国体育科技》第1期。提要：长期、有规律的习练24式太极拳可提高受试者心脏的自主调控能力，但一轮24式太极拳习练受运动强度及持续时间的限制，不能充分锻炼心脏和提高有氧运动能力。在24式太极拳运动中，受试者HRV（heart rate variability，心率变异性）减小，运动后又逐渐恢复，其中心交感神经活动在运动中加强，副交感神经活动在运动中减弱，运动后两者均有所恢复，但两者间的平衡倾向于交感神经活动占优势。受试者在24式太极拳运动前、中、后，其Poincare散点图呈现规律变化，但能否反映受试者是否处于过度训练，尚需进一步深入研究。受试者HRV的变化受年龄、性别因素的影响。

《中国国家形象建构中太极拳文化符号的运用》，作者姜南、梁勤超、李源。刊载于《武汉体育学院学报》第1期。提要：太极拳是中华传统文化的典型符号，以“和谐”为最高的价值追求，正与中国国家形象的和谐定位相吻合。太极拳跨文化传播过程中，通过身体运动的外感形式，在拳理的规范下，实现武学修为之道，最终达到人自身之和谐、人与自然之和谐、人与社会之和谐的完美状态。因此，太极拳在对外文化交流上理应担当起塑造“和谐中国”国家形象的历史使命。

《符号学视域下的太极拳品牌消费研究》，作者云峰、王岗。刊载于《成都体育学院学报》第1期。提要：当前太极拳品牌消费仍然停留在低端层面，太极拳品牌文化含金量不高，文化产品缺乏附加利益，健身培训产业结构层次较低。太极拳品牌消费必须重视符号意义的建构，使太极拳品牌消费具有身份、地位的象征意义，并重视太极拳品牌消费空间的拓展。唯其如此，太极拳品牌才能彰显出巨大的产业价值。

《太极拳运动健脊理论体系及科学基础》，作者姜南。刊载于《中国体育科技》第2期。提要：在太极拳完成“意”“气”“形”的要求的同时实现太极拳运动健脊、运动整脊的过程，各种健脊因素在相互联系、相互作用中实现整体功能的最大化，使脊柱系统处于平衡稳定、和谐健康的“骨正筋柔”状态。

《多元智能理论下民族传统体育专业太极拳教学方法探究》，作者艾泽秀。刊载于《南京体育学院学报（社会科学版）》第1期。提要：以多元智能教学为理论依据，对目前以传授技能为主体的传统教学方法提出改革新思路，旨在将现代教育理念运用于教学过程中，培养全面发展的高素质武术人。

《竞技太极拳“322B+3”落地阶段下肢肌肉用力的特征研究》，作者马庆、曾逵、丁保玉。刊载于《天津体育学院学报》第4期。提要：本研究对竞技太极拳“322B+3”落地阶段下肢肌肉用力的特征进行研究，主要对该技术动作的落地阶段各个环节，即落地点环节、缓冲点环节、独立步点环节中腿部6块肌肉的激活顺序、用力持续时间和积分肌电值3个方面进行分析，并根据运动解剖学知识与运动生物力学原理结合竞技太极“322B+3”的动作技术要领，全面地阐释了其动作的肌肉用力特征机制，旨在提高该技术动作的落地稳定性，对竞技太极拳跳跃类难度落地专项动作技术和专项力量训练有着十分重要的指导意义。

2017年　《唐豪武术学术思想研究》，作者喻德桥。刊载于《武汉体育学院学报》第1期。提要：本研究对唐豪的主要武术论著进行了深入的研究，对其主要武学思想进行精简，唐豪的贡献主要在于对旧有的学术观点质疑，注重实地考证，力求通过去伪存真的科学研究促进中国武术史和武术文化研究科学化发展。

《陈鑫〈太极拳图画讲义〉的文献价值及学术地位》，作者张志勇。刊载于《体育学刊》第1期。提要：《太极拳图画讲义》这部遗著集陈鑫太极拳学思想精髓与理论创新之大成，表现为确立陈式太极拳的基本概念、凝聚太极拳的文化思想、提出“缠丝劲”法的技术特点、创新“十三势”程式化的教学法。长期以来，这部著作未能得到学界普遍承认和客观评价，甚至其学术思想被明显歪曲和篡改，其原因与20世纪30年代初以来，唐豪和陈子明指出的“陈王廷创拳说”观点相悖有直接关系。

《太极推手新竞赛模式及竞赛规则解析》，作者黄康辉、杨建营。刊载于《北京体育大学学报》第2期。提要：根据打造一个现代武术对抗类竞赛项目的实际需要，采取了“限定技术、精选技法、形成简明技术体系”的整体改革思路。经比赛试验可知，新的竞赛方法不仅消除了曾多年困扰竞技太极推手发展的顶牛、搂抱、抓衣服、像摔跤、满场跑等现象，而且使竞技太极推手比赛回归了传统，成为众多太极拳家心目中的太极拳。采用先合手演练，再对抗竞技的比赛模式，既坚持了传统太极拳的“打练结合”，也具有浓厚的现代竞技体育气息，是一个突出的创新。

在新的竞赛规则引导下，必将形成新的竞技太极推手技术体系。

《太极拳在美国的传播：一项基于美国大众媒体语料库的研究》，作者杨素香。刊载于《体育科学》第3期。提要：①从传播形式看，太极拳的传播在美国大众媒体中以报纸和杂志为主，其次是小说、口语（广播电视）和学术期刊。②从传播内容看，太极拳在美国的传播主要是有关减缓衰老、治疗慢性病、健身、医疗保健、太极演练。不同媒体报道的侧重点不尽相同，它们从不同侧面反映太极拳运动在美国的宣传和传播规律，为太极拳在美国的传播现状提供实证数据，对未来扩大太极拳在国际社会中的传播范围具有一定的参考价值。

《太极拳健骨机理》，作者邓晓琴、郑松波。刊载于《中国体育科技》第4期。提要：经过系统梳理后发现，太极拳促进骨骼健康主要通过以下三大调控体系：①力学调控体系；②神经—心理—免疫调控体系；③化学调控体系。这三大调控体系既相互独立又相互影响，各体系发挥最大效能且体系间良好运作才能很好地促进骨骼健康。

《太极拳运动对老年人认知功能影响的系统评价与Meta分析》，作者张建国、唐纯志、孔令朔。刊载于《中医杂志》第17期。提要：Meta分析结果显示，在认知功能受损的老年人的认知功能结局评价中，太极组在整体认知功能、语言流畅度和延迟回忆测验评价中均显著优于对照组，对记忆广度改善不明显。在健康老年人的结局指标评价中，太极组在整体认知功能评价中明显优于对照组，语言流畅度评价差异无统计学意义，但有潜在优势；在执行力评价连线测验A（TMT–A）中优于对照组，在连线测验B（TMT–B）中较对照组差异无统计学意义。此研究结论指出，太极拳运动对于健康与认知受损的老年人的认知功能有较好的改善效果。

《长期步行和太极拳锻炼对老年人情绪面孔识别和记忆的影响》，作者罗丽、张晓斐、疏德明等。刊载于《体育科学》第8期。提要：老年人对负性、中性情绪面孔识别和记忆的能力下降，长期步行、太极拳锻炼都能增强老年人情绪面孔识别能力，长期步行锻炼改善了老年人对情绪面孔的记忆能力。情绪效价对老年人情绪面孔识别和记忆的影响与青年人相似。

《中老年女性24式太极拳与导引养生功运动心率变化特点及健身效果观察》，作者李晙熙、黄传业。刊载于《中国体育科技》第5期。提要：24式太极拳和导引养生功是中老年女性安全有效的有氧健身方式，太极拳在改善心血管功能方面更具有优势。

2018年 《48周太极拳、快走和广场舞运动对老年女性骨密度的影响》，作者宋京林、程亮、常书婉。刊载于《山东体育学院学报》第6期。提要：此文通过探讨相同周期及锻炼频率的太极拳、快走和广场舞运动对老年女性骨密度的影响，为运动健身提升老年人骨质结构、预防骨质疏松提供依据。结论指出，48周的太极拳运动能够增加老年女性第二至第四腰椎、股骨颈骨的密度，快走和广场舞提升骨密度的效果不明显，但能延缓因增龄引起的骨密度下降。

《24式太极拳运动对中年女子练习者的脑电波以及情绪变化的影响》，作者姬瑞敏。刊载于《成都体育学院学报》第6期。提要：通过观察练习24式太极拳运动对中年女子习练者脑波以及情绪变化的影响，此研究认为，24式太极拳运动可以使中年女子习练者的身心处于一种放松状态，习练后能够使情绪状态得到改善。

《陈式太极拳“懒扎衣”动作下肢关节活动特征研究》，作者周丽娟、樊永安。刊载于《广州体育学院学报》第6期。提要：研究借助Vicon三维运动捕捉系统，对陈式太极拳传承人王西安的“懒扎衣”动作进行数据采集，获得运动学参数，以太极拳、运动学、生物力学理论为分析依据，结合“懒扎衣”动作下肢关节活动特征进行研究，以期能帮助习练者更加直观地认识并掌握不易察觉的技术细节，为规范习练者运动技术，更深层次理解和掌握太极拳运动技术提供参考。

《太极拳练习对慢性非特异性下背痛患者作用的事件相关电位研究》，作者刘静、赵文楠、袁咏虹。刊载于《中国运动医学杂志》第10期。提要：基于事件相关电位技术，探讨太极拳对慢性非特异性下背痛影响的中枢认知机制。结论认为，习练太极拳可改善慢性非特异性下背痛患者的症状和日常生活活动能力，从而降低失能程度，且效果优于核心稳定训练。这可能与太极拳习练改变患者对日常易产生疼痛动作的认知加工过程，提高前馈控制，进而增强姿势稳定性，减少对疼痛的感觉有关。

《传播与变迁：太极拳在英国的发展历程与传播动力》，作者马秀杰、高瞻、Paul Bowman等。刊载于《上海体育学院学报》第3期。提要：通过分析太极拳在英国传播相关的书籍、期刊、报纸及网站等介质的文本内容，结合实地调研对太极拳在英国的传播历程及传播与变迁的动力学因素进行研究。此研究认为，太极拳在英国的传播过程可划分为道教文化“启蒙阶段”、杨式太极“主导阶段”、多家流派“发展阶段”，其传播变迁的动力学因素主要包括太极拳的健康和技击动力因素、中国香港的交流枢纽因素、“功夫热潮”的宣传动力因素、海外华人移民的传播动力因素、“改革开放”与“文化走出去”战略的政治动力因素等。

《扰动性太极拳对老年女性下肢肌力、本体感觉及抗跌倒风险的干预效果》，作者华冰。刊载于《天津体育学院学报》第3期。提要：利用水作为扰动因素来构建扰动性太极拳，比较扰动性太极拳与非扰动性太极拳对老年女性跌倒风险干预效果的优劣。结论认为，扰动性太极拳习练能显著增强老年女性下肢肌力、本体感觉及动态平衡能力，降低跌倒风险，且更优于非扰动性太极拳。

《美国近20年太极拳研究热点与内容分析》，作者史海阳、郭玉成。刊载于《中国体育科技》第1期。提要：太极拳与预防跌倒、提高平衡能力、提高生活质量等领域的研究是美国太极拳研究热点，对抑郁症、痴呆等神经系统疾病和骨关节炎等运动系统疾病的干预是美国太极拳研究前沿；美国太极拳研究领域形成了以太极拳与睡眠质量研究为基础，逐步发展至对认知功能的研究和以太极拳与姿势控制研究为基础，逐步发展至对运动系统疾病研究的两个知识群。研究层次分明，且逐步加深。太极拳研究正逐步被医学领域广泛接受。

《新规则下太极推手技术的运用特点及发展趋势》，作者李怀续、黄康辉、刘宁宁等。刊载于《北京体育大学学报》第1期。提要：新规则对太极推手技术的影响包括两方面。一是太极推手技法更加丰富，技术风格突出，项目特色鲜明。二是太极推手技术的发展趋势是在对太极拳“核心”技术回归的前提下，注重太极拳盘手中“听”劲的提高、组合劲力的主动进攻及“化发劲”转换能力的防守反击。

《“一带一路”国家文化战略背景下太极拳国际化传播策略》，作者宋清华、申国卿。刊载于《武汉体育学院学报》第3期。提要：①太极拳作为中华民族文化的优秀载体，在我国“一带一路”倡议中起着文化助力作用，但当前太极拳在跨国传播进程中面临着区域文化差异、观念认识冲突、优秀传播人才匮乏，以及如何科学理性地解释太极拳等诸多挑战和困惑。②在调整和完善太极拳国际化传播策略过程中，宏观上，既要从大政方针等政策方面制定对外传播的策略，也要结合相关对策以完善和调整上层政策；微观上，政策或对策能否得到妥善执行，依赖于相关措施、手段和方法等细节工作的推进程度。③应理顺传播策略体系中各组成元素的关系，建立良好的信息反馈机制、疏通信息传播渠道，有利于完善太极拳国际化传播的整体策略及提高其执行的质量。

《太极拳习练过程中安全性的Meta分析》，作者崔华、李俊峰、阎彬等。刊载于《北京体育大学学报》第6期。提要：在随机对照实验中，太极拳干预与其他运动或非运动干预相比是安全的，特别是适合心脏病患者习练。希望今后的研究采用更严谨的研究方法，纳入足够的样本量，报告高质量的不良反应数据，这样才能更好地总结、归纳、评价太极拳的安全性。

《太极拳规定竞赛套路创编专家口述史——门惠丰、阚桂香教授访谈录》，作者武冬、芦胜男、韩卓君。刊载于《北京体育大学学报》第8期。提要：本文内容包括创编太极拳规定竞赛套路的动因与申请、创编太极拳规定竞赛套路的组织与实施、太极拳规定竞赛套路的撰写与拍摄、太极拳规定竞赛套路技术的规范与流变、太极拳规定竞赛套路的历程、反思与建议。

《论“太极拳道”》，作者王纳新。刊载于《北京体育大学学报》第8期。提要：道家的“阴阳”“八卦”与“五行”演化太极拳的世界图式，太极拳承袭道家、道教的“身体观”“内景观”的内求文化导向，道家、道教命功的根劲、养炁、洗髓、蓄神构成太极拳的功夫机理，与道之本体的合和向度，决定太极拳修为之高低，道家的“道化德生”造就太极拳性功的客观效应，太极拳的终极价值是以武入道、拳道合一。此文对挖掘、还原太极拳文化的原初属性具有一定的参考价值。

《太极拳助力健康中国建设的科学支撑与路径研究》，作者姜娟、刘志华、孙爱平等。刊载于《沈阳体育学院学报》第4期。提要：本文着眼于太极拳助力健康中国建设的视角，明晰了太极拳在健康中国建设中的应然性，梳理了太极拳对人的健康的促进作用和对慢性疾病辅助疗效的系列科学研究成果，为太极拳在健康中国建设中发挥其应有的作用提供科学支撑。在此基础上，根据太极拳的开展现状，此文提出太极拳助力健康中国建设的两条路径：一是以需求为出发点，完备协会组织，深耕传播路径，全面、深入实施太极拳健康公共服务；二是以太极拳技术和运动处方为产品，试行推出线上线下同步的太极拳健康有偿服务。

《太极推手技法的哲理诠释》，作者刘有缘、石爱桥、王岗。刊载于《武汉体育学院学报》第6期。提要：太极推手技理的哲学意义表现在以下四个方面。①沾连黏随求得机得势；②引化拿发达以柔克刚；③刚柔并济显以巧斗力；④舍己从人示和谐向善。文章最后指出：在太极推手技法体系中，各个环节是一个统一的有机体，沾连黏随是基础，引化拿发是表现，刚柔并济是手段，舍己从人是目标。

《近20年中美太极拳与健康促进研究的对比分析》，作者杨亮斌、郭玉成、史海阳。刊载于《体育科学》第4期。提要：中国和美国在发文数量、学术平台的数量及质量、高产作者的核心性方面存在差异；以高中心性关键词为核心对近20年太极拳的发展进行了阶段划分，并对发展的路径进行分析；通过知识图谱分析确定了中美两国研究的知识群结构，以及每个知识群的研究主题，并着重分析了知识群的形成过程及发展趋势，最后对两国形成的知识群从研究理念、发展趋势、研究内容3个方面进行了对比。

《门惠丰教授访谈录》，作者张路平、郭发明、赵光圣等。刊载于《北京体育大学学报》第4期。提要：作者访谈整理了武术家门惠丰教授的武术经历及其参与的武术史事，旨在推进新中国武术史研究与建设，如习武与授武之路、武术文化交流、创立东岳太极拳、武术继承与发展等。

《太极拳文化海外传播的理论研究与问题消解》，作者常朝阳。刊载于《西安体育学院学报》第3期。提要：本文借鉴“波纹理论”从宏观上提出了集团化传播思路；从太极拳文化作为经验总结和身体感悟的文化特点，提出了立体式传播构思；从文化学视角提出了海外核心文化圈传播路径选择的理论思路；从社会学视角提出了太极拳文化分化与自律过程中，应树立“大太极”理念作为传播者意识形态的灵魂。

2019年 《24式太极拳典型动作的下肢生物力学特征》，作者王会会、纪仲秋、张子华等。刊载于《成都体育学院学报》第6期。提要：运用AnyBody人体建模仿真软件计算24式太极拳行进间典型动作（野马分鬃、倒卷肱、云手）中的下肢运动学、动力学和肌肉用力特征，分析不同水平24式太极拳习练者下肢生物力学特点。此研究认为，太极拳习练过程中，膝关节在垂直轴方向上受力的峰值时刻，专业太极拳运动员髋关节会表现出较大的髋关节旋转角度，较大的踝关节屈曲角度，较大的矢状轴方向上受力，较小的额状轴和冠状轴方向上的受力。初学者在太极拳习练过程中应注意躯干的旋转，控制髋关节内收、外展的角度，在习练中应感受髋关节及躯干周围大肌群肌肉用力，进而促进太极拳练习过程中姿势的控制能力。

《1947年版〈太极拳〉英文本考论》，作者金艳。刊载于《成都体育学院学报》第6期。提要：采用文献整理法，结合文本“回译”及其副文本信息，对1947年版《太极拳》英文本的著译者、出版内容、出版机构及影响进行了考证。研究认为，该英文本是目前发现的首个系统英译太极拳拳理拳技的出版物，至今已由海外不同出版社接连再版17次，流传70余年，是宝贵的太极拳文化遗产。它为中华文化外译史、中国武术史、中国体育史提供了新的史料，具有重要的历史文献价值和学术价值。

《回归与复兴：太极拳文化主旨及当代价值探析》，作者彭国强、郑丽莎、于均刚。刊载于《山东体育学院学报》第1期。提要：此文主要运用文献资料、实修体悟等研究方法对太极拳文化主旨及当代价值进行研究。研究认为，太极拳文化主旨，即“反动与弱用”是太极拳文化的鲜明特点，“和谐自然”赋予太极拳文化的核心命脉，“术道融合”彰显太极拳文化的最高要义。太极拳文化的当代价值，即“反动与弱用”作为时代精神的灯塔，对我国在当今国际社会中处理国家关系、实现和平崛起有极为重要的指导意义；“和谐自然”的文化命脉则是缓解当代人、社会、自然三者之间关系紧张的最佳良药；“术道融合”的最高要义给当代武术研究发展提供了别样路径，助力实现中华民族伟大复兴的中国梦。

《新时代太极拳文化传承的危机与对策——由一场“街头之争”引发的思考》，作者徐锋、徐俊。刊载于《体育学刊》第1期。提要：以新时代为背景，对太极拳文化传承的危机与对策进行研究。对一场“街头之争”所暴露出的太极拳文化传承面临的多重危机进行阐述，并进而对引发危机的太极拳道德根文化的丢失、功能认识上的偏差、传统传承模式的弱化和文化传承保护的缺位等内在原因进行了深度分析。研究认为，要想彻底摆脱危机，当前必须采取深入发掘太极拳的文化传承功能、回归太极拳的技击本性、探索太极拳的活态传承方式和建立太极拳文化传承的多元保护机制等措施。

《大健康视野下老年功能性力量评估——以武汉市老年太极人群为例》，作者肖剑、邹克宁、李小兰。刊载于《武汉体育学院学报》第2期。提要：此文以马步蹲起、弓箭步蹲起、肘撑侧桥、肘撑侧桥举腿等与日常生活活动相关联的4个基础动作为测试内容。研究表明，受试人群普遍存在下肢与躯干的功能性力量不足、左右侧肌肉链力量不均衡的问题。样本人群虽然经常进行以太极拳为主要形式的体育锻炼，但在锻炼过程中侧重于套路技能的演练，对功能性力量训练的认识不足及缺乏相应的训练方法，存在科学性盲区，需要引起重视。

《运动项目文化符号与“三生教育”关系理论与实践讨论》，作者孙德朝、敖森、周红红。刊载于《成都体育学院学报》第1期。提要：体育功能价值的实现，需要以身体为载体，通过具体项目方能实践施行，运动项目文化符号与“三生教育”融通关系，可通过“身体造反”的牵引和导向、通过身体的培育和塑造双向循环实现；挖掘体育在国家层面生产力、群体层面凝聚力、个体层面生命力和思想力功能，实现青少年对身体健康、心理健康和社会适应健康的高度统合，实现体育与社会秩序建构的高度融通，是实现“三生教育”的优化路径。

《对韩国文献太极拳理论研究的计量学分析》，作者焦春、李爱增。刊载于《广州体育学院学报》第1期。提要：本文通过对韩国学术界的太极拳文献进行计量学统计分析，着重分析了文献的发表时间、作者、发行单位、研究主题和研究方法，旨在研究太极拳在韩国的发展史和传播过程，从社会学、文化学、体育学、传播学等角度，探索太极拳在异国推广和传播的规律及有效的推广方法，以期太极拳在世界大舞台上发扬光大，将太极拳的正能量传播到世界的各个角落。

《健康中国背景下太极拳健身功效研究》，作者冯卫。刊载于《广州体育学院学报》第1期。提要：此文主要以文献资料法综述了国内外太极拳健身功效方面的文献。①太极拳能改善心血管的功能，能改善呼吸机能，能改善人体的免疫机能，能增加人体的关节活动度，能增强人体的肌肉力量，能改善人体的平衡能力。②太极拳作为民族的、传统的运动项目，将会大力推动全民健康及健康中国战略的实施，为中国健康事业的发展贡献力量。推广好太极拳项目，发挥好太极拳作用，利用好太极拳的文化传播，使其在健康中国背景下大显身手。

《运动疗法治疗腰痛的专家共识》，作者王雪强、陈佩杰、矫玮等。刊载于《体育科学》第3期。提要：本文通过检索国际、国内常用电子数据库，参考英国牛津大学循证医学中心的证据水平进行分级，结合我国正在积极推行“体医融合和非医疗健康干预”的国情，制定了符合中国特色的运动疗法治疗腰痛的规范和推荐建议，旨在更好地指导物理治疗实践和推行体医融合理念。

《太极拳和广场舞锻炼对女性老年人工作记忆的影响：一项ERP研究》，作者杨子燚、梅剑、陈爽等。刊载于《天津体育学院学报》第1期。提要：研究24式杨式太极拳和广场舞锻炼对老年人工作记忆能力的影响。结论认为：太极拳与广场舞锻炼可以改善老年女性的工作记忆能力。在工作记忆的早期匹配、判断过程中，加速刺激的处理，并可在中期分配更多的注意资源，对大脑功能有可塑性的影响。

《非物质文化遗产视域下太极拳传承与保护的理性思考》，作者任天平、王国亮。刊载于《西安体育学院学报》第2期。提要：太极拳作为非物质文化遗产，在传承中应该参考原真性、整体性、活态性原则加以保护；创设和完善太极拳的协同传承机制、太极拳师市场准入及民间拳师管理等机制、太极拳专项保护政策制度体系、政府主导的太极拳传承体系和激励机制等，是推进太极拳传承和保护的基本路径。

《运动干预老年人跌倒研究的国际前沿热点与演化分析》，作者朱建明。刊载于《上海体育学院学报》第2期。提要：国际有关运动干预老年人跌倒研究的发文量持续递增，研究热点围绕老年人跌倒的流行病学研究及对不同类型老年人的平衡、步态、身体功能等方面进行抗阻力、平衡、全身振动、耐力训练等干预。结论认为：老年人跌倒问题持续受到重视与关注，运动干预老年人跌倒研究体现“体医融合”趋势，多种运动结合的干预方式对老年人防跌倒更有效。

《近代太极拳家的工匠精神》，作者申国卿。刊载于《上海体育学院学报》第2期。提要：“拳不离手的行为表现，阐幽发微的追求目标，博采众长的武学开新，以技入道的生活方式”凸显了大巧若拙的传统武术气质与厚德载物的武术文化风骨；工匠精神所反映的深蕴民间的武学匠心，构成了近代以来太极拳的传播基础与动力。

《基于sLORETA脑成像技术探究太极拳运动对中老年人安静状态下脑波影响的研究》，作者吕墨、竹郭峰。刊载于《沈阳体育学院学报》第2期。提要：长期习练太极拳能够使中老年人安静状态下的脑波得到改善，从某种程度上来说，长期习练太极拳可以改善中老年人的脑功能。

《基于24式太极拳促进平衡影响因素的研究》，作者王会会、纪仲秋、庞博等。刊载于《天津体育学院学报》第3期。提要：习练太极拳可以提高身体重心在前后方向和左右方向上的平衡能力，下肢关节位置觉、力量觉能力以及下肢关节伸肌群和屈肌群力矩峰值。

《基于AGIL模型的传统体育组织发展研究——以上海J太极拳社为个案》，作者孟欢欢、李健、谢松林。刊载于《沈阳体育学院学报》第3期。提要：依据AGIL理论模型，采用个案法和访谈法，明确传统体育组织发展应具备的功能、功能失调状况及社会机理，从新视角提出组织发展经济，即搭建政府、社会和市场沟通渠道和信息平台，提高组织资源衔接能力，增强适应功能；以政府购买公共体育服务为手段，推进政府职能转移，通过让渡公共体育空间为组织赋权，实现公共性价值；推进各级体育总会实体化，通过扶持和培育为组织增能，提高整合功能；优化组织发展的内外环境，增强组织文化认同，完善维模功能。

《太极拳干预前后屈膝站立时COP运动信号的样本熵研究》，作者王明伟、王建军、李立等。刊载于《体育与科学》第3期。提要：样本熵算法可以评估太极拳干预后的COP（center of pressure，压力中心）运动信号，且效果显著。通过样本熵分析可得到一个重要信息，即太极拳训练可以改善COP运动信号的信息数据结构，并最终增加COP运动信号的有序程度，样本熵评估算法可以捕捉到这类数据信息结构的变化，也得到太极拳运动可增进姿势平衡和预防跌倒的新实践证据。

《传统体育生活化的空间延伸——基于太极拳习练者群体的考察》，作者罗湘林、邱芬。刊载于《北京体育大学学报》第4期。提要：传统体育因其独有的文化特质，不仅能够融入日常生活，还能摆脱日常的乏味与重复；习练太极拳既不离日常，又超越日常，其缘由在于“感知空间”与“构想空间”等多个空间的伸展和超越；本文由此探寻传统体育生活化的空间特点、延伸路径和内在机制，进而挖掘其延续于现代社会的内在活力。

《杨氏太极拳习练者静息状态下比率低频振幅及工作记忆特征》，作者梅剑、杨子燚、陈爽等。刊载于《中国运动医学杂志》第6期。提要：研究杨式太极拳练习对老年人大脑静息状态下比率低频振幅的改变情况，为进一步阐明运动延缓认知脑老化的机制提供理论支持。结论显示，太极拳组存在静息态下与工作记忆相关的左侧额中回活动增强，推测太极拳可能通过改善工作记忆功能进而延缓老年人认知功能衰退。

《太极拳练习对大学生肩颈腰背疼痛的改善效果评价》，作者徐永峰、张丽。《中国学校卫生》第7期。提要：对于大学生久坐引起的肩颈、腰背疼痛，坚持习练太极拳，能够有效放松肩颈腰背肌肉，活动各部位关节，缓解肩、颈、腰、背各部位疼痛，应用效果显著。

《太极拳锻炼对女大学生抑郁情绪及血清炎症因子的影响》，作者陈金霞、李元昊、吴英清等。刊载于《中国学校卫生》第7期。提要：16周太极拳习练可降低抑郁女大学生血清皮质醇及促炎因子TNF-α，IL-6水平，增加抗炎因子IL-10水平，对改善女大学生抑郁状态具有积极作用，可作为大学生进行心理康复的有效手段。

《竞技太极拳中32系列难度动作单脚支撑落地稳定性训练探析》，作者易鹏、王飞、夏成才等。刊载于《武汉体育学院学报》第8期。提要：可通过瑞士球上俯卧转体等训练提高核心肌群的协调控制能力，半圆平衡球上单双腿直立或半蹲等练习增强髋关节肌群的离心收缩能力和协调控制能力，仰卧屈膝足跟夹瑞士球、手法松解等方式增强膝关节不同肌群的等长收缩、向心收缩、神经协调控制能力；通过踝关节本体感受神经肌肉促进法拉伸、跖趾关节PNF拉伸等增强足底非固有肌离心收缩能力和柔韧性，提高足底固有肌的神经协调能力。

《太极拳运动对COPD-OSAHS重叠综合征患者认知电位P300及肺通气功能的影响》，作者于雅洁、张新安。刊载于《沈阳体育学院学报》第5期。提要：太极拳运动对COPD-OSAHS重叠综合征患者的认知及肺功能具有良好的干预效果，值得在呼吸系统疾病的社区及家庭康复中推广。

《竞赛规则下竞技太极拳推手技法中"掤"的特质与作用分析》，作者杨静、杨通。刊载于《广州体育学院学报》第5期。提要：竞赛规则是影响竞技太极推手技术发展的主要因素之一。从理论层面上看，"掤"在太极推手中不仅仅是指某个技术动作，更是一种攻防意识和反应状态；从技术层面上看，"掤"是在两点接触控制外，第三点出现变化而形成的滚动的力，形成滚动力的要素与发力的方向和路线相关，从而达到破坏对手身体平衡的作用；利用试验方法阐述"掤"劲的原理、作用及延伸性，客观地反映太极拳技法的科学原理，为竞技太极推手技法在实际运用中的合理性提供理论依据。

《"气本论"视角下太极拳本质：着熟·懂劲·神明》，作者尹永佩、姜传银。刊载于《上海体育学院学报》第6期。提要：太极拳的"着熟"是找回先天固有的身心知觉，"懂劲"是觉知自我气脉流通的心理体验，"神明"是心神明透、自然无为的天人合一状态。结论认为：太极拳的3个进阶层面皆以"气"为缘起，太极拳的本质为"一气流行"的合道状态，太极拳是返本合"道"的途径。

研究生优秀论文选编

研究生优秀论文是在"中国知网"可查阅的论文，可供本科生、硕士研究生选题参考。

2001年　《太极拳的美学思想研究》，作者尹洪兰。提要：太极拳走向世界，其表演艺术性产生了越来越大的作用。很多外国人不仅视太极拳为一个健身的拳种，更视它为一种文化，一种代表中国古典哲学和美学思想的传统文化。他们把学练太极拳作为了解中国的有效途径。

2004年　《中国传统健身运动对老年女性某些生理指标的影响》，作者李晙熙。提要：以95名老年妇女为研究对象，观察老年女性习练太极拳、导引养生功过程的心率变化特征和定量运动负荷过程的心率变化规律，研究从事太极拳、导引养生功和综合锻炼方式的受试者的功能能力、身体成分、血脂代谢和氧化应激等内容。

2005年　《对太极拳的社会学分析》，作者乔超。提要：通过对太极拳与人的社会化、太极拳与社会行为、太极拳与社会互动、太极拳与初级社会群体、太极拳与社会分层、太极拳与社会控制、太极拳与社会现代化和后现代化、太极拳与社会问题等内容展开研究，梳理其中的关系，寻求太极拳的合理定位。

2006年　《论太极拳的整体劲的发放》，作者张君。提要：深谙太极拳理的人都知道，"不用力"并不是否认太极拳力的存在，而是强调太极拳所用之力不是“拙力”，是太极拳之“劲”。太极拳的核心是技击，而技击的核心是劲力，实现太极拳劲力的整体性并提高其发放效果是技击制胜的关键。

2007年 《论太极拳文化与和谐社会》，作者王洪杰。提要：太极拳文化根植于五千年文明史的深厚沃土，吸收了诸多文化的滋补与营养，承载了传统文化的基本精神和主导倾向。作为太极拳文化载体的太极拳，要求形、神、意、气的统一，修身与技艺的统一及人与自然的统一，体现了身心和谐、人际和谐、天人和谐的“和谐”观。和谐作为太极拳文化的核心，是太极拳长盛不衰的主动力。

2010年 《24式太极拳下肢肌肉肌电特征分析》，作者温爱玲。提要：太极拳的动作对下肢力的影响比较明显。选取16名受试者进行测试，通过习练24式太极拳，选取典型动作对受试者下肢肌肉几点特征进行力学分析。结果显示：高水平组主要用力肌肉为股内侧肌、股外侧肌、阔筋膜张肌、胫骨前肌、股直肌，且左右侧下肢承受负荷均衡；低水平组下肢肌肉放电比高水平组少，且变化小。

《杨式太极拳“野马分鬃”动作肩胸与骨盆旋移运动的生物力学分析》，作者姜南。提要：采用红外远射三维运动测试分析系统对胸肩和骨盆在杨式太极拳“野马分鬃”这一动作中三个维度上的移动进行生物力学分析。将野马分鬃分为5个阶段：支撑前期、支撑后期、单支撑前期、单支撑后期和第二双支撑。实验结果显示：肩胸和骨盆部位的运动特征具有一致性；肩胸在X轴上的位移幅度、绕Y轴、Z轴的转动角度较大；为了保持身体的中正及形成有利于身体转动的转动轴，动作表现出相应的变化。

《陈氏太极拳起源研究——基于口述历史范式的研究》，作者王旭浩。提要：陈式太极拳是历史最悠久的太极拳流派，对于它的起源和发展众说纷纭。作者运用口述历史范式、文献资料等方法分别对许宣平、李道子、张三丰、陈卜、王宗岳、陈王廷、李仲、李岩等创拳说进行对比辨析，对陈式太极拳的起源进行研究考证。最终得出结论：唐村李氏与陈家沟陈氏有姻亲关系，肯定了王宗岳的存在。

《太极拳非物质文化遗产挖整的分层研究》，作者李建威。提要：从国内外非物质文化遗产的挖掘和保护方面的研究出发，以文化学、人类学研究视角，对于太极拳非物质文化遗产的挖掘整理进行横向层次的研究，制定出更加有效、合理的保护措施。结论：太极拳产生于民间，许多有价值的东西还应该从民间去寻找；建立相关的监督机制，把挖掘出来的东西尽早公布于世。

《太极拳运动对长春市更年期女性心理健康影响的研究》，作者朱咏梅。提要：对长春市更年期女性进行实验，选取SCL-90心理健康量表多因子测试、视觉感受阈限、本体感觉、动作反应时、空间深度知觉能力5个试验项目。实验结果显示：太极拳运动能有效降低躯体化、偏执、焦虑和抑郁等心理症状，有助于缓解更年期所出现的心理不适宜症状；参加习练太极拳的更年期女性的心理指标优于未参加习练太极拳的更年期女性。

《长期太极拳运动对绝经后妇女骨密度和平衡能力的影响》，作者林菲。提要：选取59例绝经女性志愿者为实验对象，通过测试骨密度、静态平衡能力、动态平衡能力等指标探讨太极拳运动对于绝经后妇女的影响，进行实验对照。其结论是：习练太极拳可以预防和治疗骨质疏松症，增强绝经后妇女的骨密度值，而且可以增强中老年人的平衡能力。

《太极拳运动对中老年高血压患者生存质量的影响研究》，作者孙芹芹。提要：以高血压和生存质量的相关知识为理论依据，选取80名中老年高血压患者进行长达半年的实验对照。实验结果显示：3个月的实验前后中老年高血压患者的SF-36量表8个维度的平均得分有了大幅度提高，生存质量水平改善效果显著；除年龄因素以外，由于性别、习练阶段的不同，结果表现出不同。在情感方面男性优于女性，生理和心理健康方面则相反。在不同的习练阶段，生理和心理等方面的效果表现出明显的差异性。

《太极拳治疗女大学生原发性痛经效果及相关机制的研究》，作者卢艳红。提要：随着社会各方面的压力尤其是就业压力不断增加，原发性痛经在女大学生中较为常见，但并非只能采取药物治疗。为探究太极拳是否有利于这一病症的缓解，选取12名符合原发性痛经诊断条件患者进行实验对照。最后验证得出：习练太极拳对于影响痛经的相关指标因素具有显著效果，受试者痛经症状积分明显降低，太极拳锻炼能降低经血腺素含量。

《〈陈氏太极拳图说〉卷首的哲学研究》，作者张元驰功。提要：《陈氏太极拳图说》是清朝末期陈式太极拳传人陈鑫所著。本研究以中国传统文化为背景，以《陈氏太极拳图说》卷首为主题，深刻分析《陈氏太极拳图说》卷首的核心概念，对于太极拳核心技法的思想升华与精要进行了阐释，为普及和推广太极拳、继承和发展武术文化、弘扬中国传统文化起到积极的作用。

《太极拳干预对非小细胞肺癌术后患者外周血细胞表面CD55和CD59表达的影响》，作者张亚军。提要：当前国内外尚无习练太极拳引起淋巴细胞及红细胞方面变化的报道，本研究为此选取10名非小细胞肺癌术后患者，通过测试皮质醇、β-内啡肽、儿茶酚胺、淋巴细胞对太极拳干预对非小细胞肺癌术后患者外周血细胞表面的补体调节蛋白CD55和CD59表达的影响进行实验验证。结果显示：受试者血浆儿茶酚胺水平明显下降；淋巴细胞所占淋巴细胞百分比显著下降；淋巴细胞表面CD55表达显著性升高，淋巴表面CD59表达明显下降；红细胞表面CD55表达明显降低，红细胞表面CD59表达显著性上升。结论：太极拳锻炼对患者免疫调节机能改善具有积极意义。

《24式太极拳运动过程中三组不同水平练习者呼吸、心率与运动节奏之间的比较》，作者魏珊珊。提要：为探讨呼吸、心率与运动节奏三者在太极拳行拳过程中的相互关系，作者选取18名太极拳习练者进行分组对照实验，将相关数据进行统计处理，得出三者之间的相关性关系。实验结果显示：心率会随着时间的变化有明显增高的线性趋势，高水平组运动频率和呼吸频率与初级水平相比较小。

2011年　《太极拳运动对中老年人静态平衡能力影响的实验研究》，作者庞丹丹。提要：随着年龄的增加，中老年人最容易摔倒，这主要与他们的静态平衡能力下降有直接关系。作者选取155名中老年人进行分组实验，进行长达6个月的太极拳练习，在此过程中测量多种指标。结果显示：实验组各指标在各种姿势状态下均小于实验前，陈式、杨式太极拳组与快走运动组在平衡能力测试中的各指标在各种姿势状态下均小于空白组。系统规律的太极拳锻炼对中老年人静态平衡能力有较好的改善作用。

《太极拳配合美多巴对帕金森病患者的运动控制作用》，作者李建兴。提要：帕金森综合征一直以来是医学界的难题，但是并非只能进行药物治疗。作者大胆提出假设，从帕金森病的相关机制出发，试图验证习练太极拳配合美多巴对于帕金森病患者的运动控制作用，为此选取56名患者为实验对象，并结合对相关指标测试进行对照实验，验证习练太极拳配合美多巴对帕金森患者起到运动控制作用。结论：习练太极拳配合美多巴能加强对帕金森患者的运动控制，改善其运动障碍症状。

《论太极拳的“无极之境”》，作者李宇飞。提要：从文化学和哲学角度出发，以“无极”和“太极”相关研究为理论基础，研究太极与无极之间的内在联系，透过太极拳表演、技击、养生三个方面探究太极拳中的无极之境，使太极拳的拳理更加丰富。结论：太极拳运动是在“无极而太极”思想指导下无极心法与太极身法的完美结合，太极拳“无极之境”是太极拳修心功能的体现，太极拳中太极身法以无极心法为指导，等等。

《不同状态下太极拳练习者的脑电图变化》，作者黄燕萍。提要：太极拳习练中特别强调意念的作用。作者提出假设，选取实验对象和太极拳动作在不同状态下进行实验对照。经过多功能脑电检测分析得出实验结论：专业组大脑皮质神经中枢的兴奋性较对照组强；根据不同区的变化曲线来看，脑电活动在练习不同动作过程中的变化具有一致性；专业组皮质脑电波出现同步化与去同步化的有序变化；运动员对动作的控制感比较好；太极拳运动能够挖掘人类大脑的智能，特别是右额区潜在功能的开发。

《杨式太极拳“野马分鬃”下肢动作的运动学分析及肌肉用力特征》，作者闫顺程。提要：选取杨式太极拳“野马分鬃”动作，通过肌电测试，从解剖学和生物力学角度进行研究。结论：太极拳以腰为轴转动，带动肩、髋产生躯干的扭转，带动四肢；在第一双支撑后期，以左侧肢体为轴转动带动身体向左前旋移；野马分鬃的运动轨迹是多维的而非某一方向上的单一运动；通过各肌肉间的协同、主动收缩活动，使下肢关节产生联动。建议：可利用表面肌电测试法采用多机同步法对太极拳技术动作进行分析研究。

《“递加循环法”教学在简化太极拳教学中的应用研究》，作者谢潇。提要：太极拳的教学尤为重要。作者受田麦久教授项群理论的启发，探究递加循环法在太极拳教学中的可行性。结论：该方法的教学效果优于传统教学法，利于学生学习兴趣的提高，缩短学习动作的时间，提高教学质量，构建较科学完整的太极拳教学方法。

《世界太极拳健康大会赛事组织与传播研究》，作者国盛涛。提要：从赛事目标演变、赛事发展历程、组织机构设置、竞赛管理、赛事效果等方面对该赛事进行调查研究，结果显示：国际化推广目标完成效果不太理想；国内太极拳推广效果不明显；赛事整体组织运作不专业，缺少赛事市场开发和市场营销。建议：建立世界太极拳健康大会的中国分会，建立中国太极拳文化传播公司，发展太极拳文化产业；采用太极拳单项赛事的“点圆式”赛事组织运作模式。

《对陈氏太极拳足底压力的实验研究》，作者贾金钢。提要：太极拳在习练过程中主要作用于足部。为探究太极拳对于足部的压力到底多大强度，作者以陈式太极拳为例，选取太极拳基本动作，运用足底压力分布测试系统对足部压力的变化情况进行实验研究。结果显示：当重心左移时，左右足压强变化一致；当重心右移时，蹬地脚作用力主要集中在足后区和足前区外侧；当重心前移时，压力多集中在足后区；重心后移时，蹬地脚主要是足前区内侧用力。建议：习练陈式太极拳时应重视对足底各部位小肌肉群和踝关节的训练。

《太极拳右蹬脚动作的生物力学特征分析》，作者王晓艳。提要：选取太极拳基本动作“右蹬脚”，采用足底压力测试仪、8通道肌电图仪等对足底压力、下肢肌肉活动和关节角度从生物力学角度进行各个环节的测试研究。结论：我们应该适当加强前脚掌内侧的第一跖趾骨部位触觉感受器的传入和反馈，增大支撑腿下肢相应肌肉的活动来积极对抗蹬伸腿的反作用力对身体重心的改变，两组受试者支撑腿和蹬伸腿下肢各关节活动在运动形态和幅度上都存在差异，两组受试者神经控制系统存在差异。

《简化24式太极拳运动对老年人步态特征影响的研究》，作者郭永。提要：选取30名调查对象，以习练简化24式太极拳为例，从生物力学角度，运用摄像机拍摄和足底压力测试仪，对于足部压力及对步态的变化情况进行实验研究，从而为太极拳习练者，尤其是初学者提供正确的理论指导。结论：太极拳训练后老年人步态变长，步速加快，膝关节活动幅度显著性增大，等等。

《论小提琴右臂运弓中太极拳思维的运用》，作者蔡悦。提要：音乐可以净化我们的心灵，但是乐器的演奏需要的不只是天赋，还需要具备一定的身体素质，如柔韧性、肌肉力量和肌肉耐力的要求。作者从太极拳行拳和小提琴演奏时的意、气、形角度出发，研究太极拳与小提琴演奏状态的内在联系，不再单单从音乐专业领域去解决小提琴演奏中出现的问题。最终得出结论：太极拳的演练身法，同样可用于提高小提琴的技法。

《太极拳的多元化发展策略》，作者许之星。提要：通过分析当前世界文化和太极拳发展趋势，对太极拳的发展战略、生物科学和运动心理学、养生和文化等方面进行阐释，认为实现太极拳文化的多元化发展，应该从以下几个方面来努力：①保持太极拳的传统面貌；②加大对武术及太极拳的科研力度；③张扬太极拳的精神和个性；④发展学校体育、大众休闲体育；⑤健全太极拳的后备人才培养机制等。

《陈氏太极拳与少林拳契合点研究》，作者张连杰。提要：太极拳和少林拳都是传统拳种的两大门派，两者之间是否存在着一定的联系呢？作者选取太极拳的“母拳”陈式太极拳，分别从两大拳种的理论体系，文化、技击等方面，寻求两大拳种之间的契合点。结论：两大拳种有很多相通点，它们所处的地域文化是相通的，技击特点有许多内容相一致，两者之间没有完全的界限，两大拳种的发展不是独立的；两大拳种的精神内涵及文化魅力是通过简单朴实的技击动作折射出来的，两者在文化上相互包容与吸纳，符合现在和谐社会的主题。

《全日本太极拳交流大会发展现状的调查研究》，作者宗维洁。提要：太极拳文化引进日本以后，得到了很好的发展，不管是健身还是竞赛，人数之多，规模巨大，为此作者对日本太极拳交流大会的基本特征、态度、组织管理、参赛项目、报名费用、参赛途径等方面进行了调查研究，希望对我国的太极拳发展提供一定的借鉴。结果显示：全日本太极拳交流大会组织管理非常严谨，环环相扣，参赛项目以24式太极拳为主，习练人数逐年增加，女性多于男性；比赛资金周转灵活；中国武术人的大力支持对大会起到了示范效应。不足：参赛者对于各式太极拳放在一组进行评分微有异议等。

《对竞技太极拳腾空外摆莲360° 接独立平衡的运动学特征分析》，作者陈俊华。提要：随着竞赛制度和规则不断改变，太极拳竞赛更加追求高难度美性。作者选取5名优秀武术运动员作为研究对象，选择竞技太极拳难度动作——腾空外摆连360° 接独立平衡，从运动生物力学角度，采用现代科学仪器三维运动测试仪对于该动作的每个环节进行测试分析。结果显示：滞空时间的延长可以为运动员的空中姿态保持和调整提供充分保证；躯干角度应该保持在正常略有倾斜的变化状态中；肩髋夹角的变化则是先小后大；上肢的速度整个曲线呈现先变快再变慢再变快的趋势；身体重心先升高，然后保持，最后降低，呈现梯形图线。

《中强度与小强度24式太极拳治疗原发性高血压病效果的实证研究》，作者荆治坤。提要：太极拳对于高血压影响已经得到证实，但是对于不同强度的太极拳练习是否会对其有不同的作用呢？作者选取46名高血压患者进行几种强度分组对照试验，实验过程中测试血压、身高、体重、腰围、臀围、坐站、焦虑自评量表、抑郁自评量表等指标。结果表明：小强度和中强度收缩压和舒张压具有显著性差异，中小强度可以有效改善身体状态，提高心血管系统的功能。

《竞技太极拳旋风脚360° 接提膝独立动作的运动生物力学分析》，作者晁燕丽。提要：作者选择旋风脚360° 接提膝独立平衡，从运动生物力学角度，采用三维运动测试仪从技术和表面肌电对该动作的各个环节进行研究分析。结论：起跳阶段两脚间距离要适当；起跳阶段左侧竖脊肌持续放电时间最长，右侧股内侧肌用力最大；腾空阶段，右侧腹外斜肌用力最大，腾空高度决定其在空中滞留的时间；落地阶段，腰腹肌和支撑侧腿肌肉保持一定程度的紧张等。

《对外汉语太极拳文化课基础教材设计》，作者王唯。提要：由于外国人对于中国的汉字文化不理解，在教授和学习太极拳过程中会产生一定的障碍。为此，作者希望将太极拳引入对外汉语教学课堂，在遵循针对性、实践性、趣味性、知识性、真实性、实用性、多样性、创新性、立体性九大原则的基础之上，为具有初级汉语水平的外国太极拳习练者编写教材，从而将太极拳更好地推向世界。

《太极拳运动配合钙尔奇D治疗原发性骨质疏松症疗效观察》，作者张文宙。提要：骨质疏松症是老年人中的常见病症。作者从太极拳运动防治骨质疏松症的相关研究出发，选取72例骨质疏松症患者进行分组实验对照，通过测试实验前后的骨密度值变化情况，探究太极拳对该病症的影响。经过12～24周的实验期，最终得出结论：太极拳运动配合药物治疗效果明显好于单纯的药物治疗，并且安全、副作用小。

《留学生文化选修课：太极拳课程与

书法课程设计》，作者杨华星。提要：太极拳和书法是中国传统文化的两大代表，也是留学生比较喜欢的课程。作者认为这两门艺术应该成为留学生的必修课程，真正实现留学的价值，推动中国文化的传承与发展。另外，作者对课程设计做了规划，希望本科留学生在必选太极拳课和书法课方面修得学分；同时设计出适合初级汉语水平的留学生的太极拳和书法教材，更好地推广和宣传中国文化。

2012年 《东岳太极拳对太极拳发展的影响研究》，作者向阳。提要：由于风格特点的不同，太极拳形成了不同的流派，东岳太极拳是由门惠丰教授创编的。作者从文化学和社会学角度出发，研究东岳太极拳对于太极拳发展的影响。得出结论：东岳太极拳的创立是太极拳运动在中国武术运动发展史上的一种必然结果。东岳太极拳凝聚了门惠丰、阚桂香两位教授几十年来的心血，作为一个新的太极拳流派，它已经建立了较为完善的技术体系和理论体系。东岳太极拳对丰富、完善、继承、创新太极拳技术体系有着积极的促进和引导作用。

《太极拳对青年人群儿茶酚胺、血管紧张素Ⅱ的影响》，作者袁明珠。提要：儿茶酚胺和血管紧张素与人体的血管功能有密切联系。作者选取28名大学生志愿者，以24式太极拳为运动方式，研究太极拳对青年人群血液中的儿茶酚胺、血管紧张素Ⅱ的影响。实验结果显示：实验前所有指标浓度显著高于安静状态，实验后三个指标明显降低。得出结论：太极拳运动可以影响儿茶酚胺、血管紧张素Ⅱ的分泌水平，调节安静血压，从而有效地改善体质状况。

《吴式太极拳弓步动作运动生物力学研究》，作者彭莹。提要：从运动生物力学角度出发，运用三维运动测试仪、本体感觉系统和足底压力测试系统，研究吴式太极拳中弓步的各个阶段及部位的生物力学变化，从而为吴式太极拳习练者尤其是初学者提供理论指导。结论：膝关节平均角度在123.419°，灵活性和最大肌力发挥；不要过分追求“斜”，根据自身条件选择合理的练习方式；重心主要集中在在弓步腿上，不影响弓步动作稳定性；通过控制髋关节可以有效预防“跪膝”现象的发生。

《陈正雷太极拳推广模式与教学形式的研究》，作者吴曦。提要：陈式太极拳是各大门派中历史最悠久的太极拳，在太极拳传播过程中出现了很多做出较大贡献的传承者，其中陈正雷是陈式太极拳第十一代传人，在传播过程中形成了一套自己的传播模式和教学模式。作者从推广模式和教学形式经验研究分析，最终得出结论：陈正雷太极拳推广模式与教学形式具有特殊性和前瞻性，因此，在武术界具有学习和推广意义。

《太极拳的文化软实力研究》，作者席永平。提要：在“十二五”规划的号召下，对软实力和民族传统文化太极拳的发展现状和内在联系进行研究分析。结论：太极拳具备了文化软实力的属性，可将其作为提升国家文化软实力的有效途径。本文为太极拳的国际化发展和推广提出建议：建立太极拳交流平台；梳理太极拳脉络；加强宣传，丰富传播手段，制定文化战略。

《辽东半岛地区太极拳俱乐部推广模式策略的研究》，作者王猛。提要：选取辽东半岛7个城市的太极拳健身俱乐部作为研究对象，分别从俱乐部建立、推广模式、习练者文化程度、习练动机、消费水平方面进行现状调查分析。结果显示：习练者主要是中老年人，尤以退休人员为主，学历和收入不高；习练者首先看重俱乐部的价格和服务水平，其次是俱乐部环境和教练员水平。建议：国家应该加大资金投入，俱乐部应该设在人群居住比较密集的地区，俱乐部应该根据实际情况合理安排练习时间，俱乐部应该建立信息反馈机制，等等。

《河南省太极拳文化产业发展模式研究》，作者苗田野。提要：太极拳发源于河南温县陈家沟，具有太极拳文化产业发展的雄厚的群众基础。作者从文化产业的相关研究出发，运用SWOT［strengths（优势）、weaknesses（劣势）、opportunities（机会）、threats（威胁）］方法分析河南省太极拳文化产业发展优势和劣势，探讨太极拳资源基础型和创意型。发展对策：成立专门的太极拳研究机构，挖掘整理太极拳文化理论；整合文化资源，树立太极拳文化产业特色；打造太极拳品牌，实行品牌运营策略；等等。

《太极拳步法联合Prokin平衡训练仪对脑卒中偏瘫患者平衡功能障碍的影响》，作者李海勇。提要：脑卒中偏瘫会导致平衡能力严重下降，对于该患症的治疗，功能性恢复训练很重要，当前最常采用的是Prokin平衡训练仪。作者提出假设，认为太极拳的健身功效能够起到一定的辅助作用，为此选取40名患者为研究对象，运用平衡训练仪，对脑卒中偏瘫患者平衡功能障碍的影响进行分组对照实验。结果显示：患者的*FMB*（Fugl-Meyer平衡功能量表）值、*BBS*（Berg balance scale伯格平衡量表）值和A-T-E（本体感受指数差异平均值评估）指数的改善程度较对照组显著改善，太极拳步法联合Prokin平衡训练仪可以有效改善患者的平衡功能和本体感觉能力。

《艺术维度下的太极拳美之研究》，作者崔良芳。提要：太极拳有“东方芭蕾”的美誉，由此可见太极拳的美学价值所在。作者总结多位太极宗师的创作和审美体验，在艺术维度下，分别从3个方面和11个切入点入手，对于太极拳的外在美（形体姿势美、动作结构美、劲力美、节奏美）、内在美（技击美、意境美、动作名称美、礼仪美）和配饰美（服装美、配乐美、器械美）等方面进行了解析，综合研究得出结论：太极拳是历代武术人不断完善的艺术珍品。

《太极拳运动中流畅体验的结构研究》，作者刘红波。提要：作者通过一项访谈和两个调查研究，试图形成太极拳流畅体验自测量表，最终建立因素结构。结论：太极拳的流畅体验包括动作意识融合、专注、忘我、控制感和清晰反馈5个结构因素；不同练拳年限的太极拳锻炼者的流畅体验的差异具有显著性；性别和练拳年限对太极拳流畅体验的影响无交互作用；在年限为6年以上习练者中，男性容易获得动作意识融合和高度控制感体验。

《太极拳的国际化传播：基于孔子学院的调查》，作者安畅。提要：作为中国文化传播媒介，孔子学院在很多国家成立。作者从当前太极拳及武术的国际化传播的现状出发，采用文献研究和跨学科的研究方法，对孔子学院太极拳的文化内涵和传播进行解析。发现存在的问题：太极拳课程缺乏专业的教师，地区分布不平衡，中国文化教材不足，等等。提出对策：制定传播太极拳的日常教学规划，建设高水平的教师队伍，拓宽太极拳的传播范围，编写适合海外传播且具有梯度的太极拳教材，等等。

2013年 《王宗岳〈太极拳论〉研究》，

作者文声国。提要：《太极拳论》是太极拳拳理的重要理论文献，对中国武术尤其是太极拳的发展产生深远的影响。作者对拳论中涉及的拳论出处、流传史及作者等方面进行求证，并从哲学（太极论、中庸思想、阴阳论、气论、中国古代辩证法思想、知行合一）和技术（知己知彼、以静待动、以柔克刚、后发制人、攻守相寓、舍己从人）两方面对拳论进行解读，从而加深对于经典著作的理解。结果显示：拳论由武禹襄时代已开始外传，时代的变迁和理解偏差的相关字词造成了对拳论的不同理解，王宗岳《太极拳论》成就了中国武术哲学雏形，拳论对于太极拳的技术和拳理构建起到了关键作用。

《周易对太极拳形成的影响研究》，作者刁乃松。提要：作者以《易经》和《周易》与太极拳及武术的影响研究为理论依据，通过文献资料的分析，解读了《周易》对太极拳发展过程中受到的影响。研究结果显示：周易是太极拳的心法和基本拳理的核心思想，太极拳是一项处处皆是圆弧的运动，周易是太极拳技击理论的基础，传统养生思想主要来源于中国传统哲学、医学等领域。

《基于超声心动图初步研究太极拳锻炼对中老年人心功能的影响》，作者何小才。提要：选取 77 名 50 ～ 70 岁的中老年人作为研究对象，应用飞利浦 Ie33 彩色多普勒超声诊断仪及其配置的 TDI（Tissue Doppler Imaging，组织多普勒成像技术）仪，联机分析软件，通过检测超声指标、定量组织速度成像指标、组织多普勒 Tei 指数指标研究太极拳锻炼对中老年人心功能的影响。结论：太极拳运动能促进中老年人心脏心肌收缩、舒张能力增强，心泵收缩、舒张功能间相互协调且更为优化，但不能逆转因为年龄增长导致的心功能的下降趋势。

《对竞技武术套路自选太极拳技术演进趋势的研究》，作者马林。提要：随着竞赛规则的不断改变，竞技武术为了取得优异竞赛成绩，对于技术动作的要求也相应地发生改变。作者运用文献资料法、数理统计和录像解析等方法从两方面研究竞技武术套路自选太极拳技术的演变过程，并对太极拳动作技术的发展趋势进行探究。结果显示：动作内容编排趋于细致化，动作内容创新趋于规范化，“乐动”趋于合理化，跳跃难度趋于主导化，难度动作编排趋于均衡化，技术方针趋于导向化。

《太极拳谱的演变研究》，作者郑飞。提要：太极拳拳谱是重要的思想理论基础。作者从拳谱的相关研究出发，在历史背景下，对于拳谱在明、清、中华民国、中华人民共和国不同时期的发展进行了梳理，从发展过程中寻找可以突破的点。研究结论：拳谱是在拳种传承中记录提高拳术技击方法的书籍；《拳经总歌》标志着太极拳谱的萌芽，《太极拳论》标志着太极拳拳理的建立；民国时期太极拳谱演变为陈式、杨式、孙式、吴式、武式太极拳等种类；竞赛套路更加统一规范。

《聋哑学生习练太极拳对其身心健康影响的研究》，作者梁青峰。提要：聋哑人作为一个特殊的群体应该引起我们的关注。作者以体育运动对于残疾人体质和心理影响为理论依据，选取实验对象，通过测试身体功能指标研究太极拳对聋哑人身体机能和适应能力的影响。结果显示：太极拳运动对调节聋哑学生的心血管功能、柔韧性和平衡能力有较好的促进作用，并使其学习能力和克服困难的能力有所提高。

《陈家沟陈式太极拳传承人的生存状态影响因素研究》，作者郭建菊。提要：

太极拳的传授方式是“口传身授”，继承人的重要性可见一斑。作者对陈式太极拳继承人的生存环境和现状进行调查研究，得出结论：陈家沟有适宜人生活的自然资源，有引人生慧的人文资源。建议：应加大对传承人的政策倾斜，实行传承人与高校的对接，增强对传承人的利益保护，提高对传承人的社会支持，规范对传承人的管理标准。

《温县和式太极拳的现状调查及发展策略研究》，作者樊发祥。提要：太极拳在发展过程中，形成不同的流派，其中和式太极拳与其他门派比较起来相对较小。作者从习练人数、相关比赛、馆（校）、研究机构、师资、政府支持的态度与支持情况等方面对河南温县和式太极拳的发展现状进行调查研究。结论：温县和式太极拳尚处于快速发展阶段，需要加大宣传力度；家族传承、师徒传承、学校传承为主要传承方式。不足之处：和式太极拳在校园的发展不理想，和式太极拳研究较少，政府支持和资金投入不足，师资队伍严重缺乏，等等。

《太极拳典型动作膝关节角度变化与下肢肌电的关联性分析》，作者罗姗。提要：“揽雀尾”是太极拳套路中比较典型的动作，对于该动作的理解有不同的见解。作者选取上海体育学院16名学生作为研究对象，从运动生物力学角度出发，从3个不同角度和脚尖方向运用生物肌电遥测系统和三维运动系统来测试下肢表面肌电和膝关节旋转角度。结论：掤、捋、挤、按四个阶段，屈蹲高度与脚尖方向对下肢股二头肌放电量均有显著性差异；不同支撑腿脚尖朝向影响关节旋转角度；膝关节的旋内角度均值接近膝关节旋内角度的最大值10°，将会对膝关节造成一定的损伤；在掤阶段，下肢表面肌电与膝关节的旋内角度存低度负关联。

《陈式太极拳掩手肱捶劲力发放效果的比较研究》，作者华红光。提要：太极拳中的技击原理主要是人体对于意与力的控制，陈式太极拳以缠丝与弹抖劲为主的掩手肱捶便是典型动作的代表。作者利用三维运动分析系统，通过测量人体重心位移、重心速度、右上肢各关节角速度及髋关节旋转角度等指标，分析不同年限陈式太极拳的习练者做掩手肱捶动作时劲力的发放情况。研究结论：实验组的重心速度明显快于对照组，实验组3个关节的配合和协调性优于对照组，实验组髋关节旋转角度和角速度明显于对照组，实验组对于“脚下根”的掌握和转换比较清晰，实验组击打加速度上的最大值都明显高于对照组。

《太极拳练习对慢性下腰痛患者膝踝关节本体感觉的影响》，作者田小培。提要：由于生活和工作各方面的压力，慢性下腰痛成为当前的一种职业病。作者选取上海市杨浦社区43名患者作为研究对象，采用多关节等速测力仪和视觉模拟评分量表，对习练太极拳患者踝关节本体感觉的影响进行试验研究。结果显示：在视觉模拟评分和膝关节本体感觉方面，太极拳组呈现显著变化，习练太极拳可改善慢性下腰痛患者的疼痛，改善左侧膝、踝关节本体感觉的功能，等等。

《太极拳练习对慢性下腰痛患者肌肉工作特征影响的实验研究》，作者贺锁平。提要：随着现代生活节奏的加快，慢性下腰痛患者逐渐增多。作为大众健身运动项目，太极拳讲究“刻刻留心在腰间，腹内松静气腾然”。作者选取42名患者，采用肌电测试仪来研究太极拳对于患者肌肉特征的影响。实验结果显示：太极拳组各组肌肉平均肌电值均有增大的趋势，太极拳组竖脊肌肌肉耐力优于核心稳定性训练组，太极拳组与核心训练组静态和动态肌力之间没有显著差异。

《太极拳运动的中医理论诠释》，作者张文。提要：太极拳之所以是中国传统文化的一个代表符号，主要是因为它是多学科的交叉，太极拳的健身医疗价值就是建立在中医养生学的基础之上。作者通过文献资料法对太极拳运动的功法原理和健身防病之间的相互联系进行中医理论的诠释。结论：太极拳运动中意念与动作、呼吸与动作有机结合，太极拳运动的发展需要中医理论的支持，太极拳运动对人的肝、心、脾、肺、肾等人体脏器具有良好的强健作用。

《基于动作捕捉的太极拳数字化保护研究》，作者于涛。提要：数字信息化已经成为当今生活的主要特征，信息的保存也有了更多的选择。作者将它引用到太极拳保护上，以文化遗产的数字保护和动作捕捉技术相关研究为理论依据，选择常用套路——简化24式太极拳，通过采集和处理数字信息建立动作捕捉骨骼模型，从而将该套路动作以数字信息保存起来。

《日本福岛县太极拳活动现状与发展对策》，作者堀米昭义。提要：太极拳虽然起源于中国，但是随着各国习练人数的不断增多，形成了一定的规模。作者采用文献资料法和问卷调查法对日本福岛县喜多市太极拳活动发展现状进行调查研究。结论：参与者女性多于男性，以老年人为主，学历不高，对基本技法认识较低；室内习练为主，24式太极拳为主要习练内容；增进健康为主要习练动机；指导员水平较高且获得好评。对策：希望政府加大宣传和投入力度，提高不同性别、年龄阶段太极拳活动参与程度和参与人数。

《开封市中老年太极拳运动开展情况的调查研究》，作者刘子震。提要：作者选取291名老年习练者为研究对象，分别从性别比例，习练太极拳的地点和时间，习练动机等方面对河南开封市5个社区太极拳运动的发展现状进行调查研究。结果显示：习练者女性多于男性，主要是工人，学历不高；场地主要是公园和广场，内容以简化太极拳为主；早上习练时间最多，每周3~5次；习练动机主要为强身健体、增加社会交往等。有些中老年人认为应该加强太极拳理论知识的学习，多组织交流比赛。另外，作者提出进一步发展的对策。

《PBL教学法在体育专业太极拳普修中应用研究——以福建师范大学为例》，作者黄鑫云。提要：作者以PBL教学（problem based learning，问题式教学法）研究为理论依据，选取福建师范大学体育专业学生为研究对象，进行16学时的教学实验来验证PBL教学法的可行性。结果显示：该方法能够提高学生发现、分析、解决问题的能力和沟通能力及武术理论成绩，培养他们的团队合作意识，提高他们的综合素质。建议：实施过程中，精心设计好问题，结合教学中的重点、难点和实际的情景；分组时要考虑学生的性格、技术水平等因素。

《太极拳“云手”的运动学分析》，作者林伟峰。提要：“云手”是太极拳的基本动作之一，但是对于该动作的理解却各有不同。作者选取20名研究对象，从解剖学和生物力学角度，通过对肩关节、躯干、髋关节、膝关节、踝关节的活动范围变化，对“云手”进行实验研究分析。最终得出结论：专业组习练者重心位移改变大，下肢力量和身体平衡能力改善明显。

《太极拳运动对练习者执行控制的影

响: 来自ERPs的证据》,作者赵红霞。提要:对于反应的控制属于认知能力的范畴,需要注意力的集中,太极拳的技术动作要求恰恰与之相对应。两者之间是否有内在联系呢?作者选取首都体育学院26名大学生作为研究对象,使用Flanker实验范式进行分组实验对照,验证太极拳对于认知控制能力的影响。结果显示:太极拳组与控制组相比,在不一致性的刺激类型上其错误率存在显著差异;在不一致的刺激类型下,太极组后测的P300幅值相对于基测而言有所增加。最后得出结论:慢性太极拳运动对于习练者的认知控制能力有积极的影响。

《基于Silverlight的中华太极拳学习系统的设计与实现》,作者赵思思。提要:由于教学组织的传统性再加上技术动作的复杂性,太极拳所蕴含的文化不容易被太极拳习练者理解和接收,这对于太极拳世界性的传播无形中形成了一大障碍。作者针对太极拳教学的需要,采用新的Web技术、多触控人机交换技术以及多媒体技术,从系统需求分析、概要设计、详细设计到最后的系统实现,对太极拳学习系统进行设计,希望提供内容更加完整的学习系统。

《陈氏太极拳大架在西安的传播及演变》,作者陈斌。提要:陈式太极拳在长期的发展过程中,由于受到地域文化的差异性影响,在技术风格和特点上出现了不同程度的变化。作者对陈式太极拳从河南温县传播到陕西西安后的演变过程、特点和传播模式进行了研究分析。结果显示:西安太极拳对太极拳技术层面和理论层面深化起到了重要作用,技术精湛的拳师促进了太极拳在西安的传播。建议:在师徒传承的基础上,加大专业研究和组织与传播。

2014年 《太极拳运动对慢性下腰痛患者步态影响的实验研究》,作者张晶。提要:此研究将36例慢性下腰痛患者随机分成3组,每组12人。A组进行太极拳训练,B组进行核心稳定训练,C组不参加有计划的训练。通过Vicon系统、测力台、无线表面肌电测试仪3种仪器同步进行,分别测试3组人员的自由步态与跨越障碍步态的特征。研究结论:①习练太极拳能够增加步伐的稳定性,增强下肢肌肉力量;②太极拳的习练可以提高髋关节、踝关节的屈伸能力以及髋、膝、踝三关节的运动范围;③习练太极拳后,髋、膝、踝三关节的力矩与做功分配比较均匀,使步态模式更加协调;④腓肠肌与胫骨前肌共同的收缩,太极拳运动可能起到维持踝关节稳定的作用。研究结论:12周太极拳习练能够改善慢性下腰痛患者的步态特征,具有一定的康复治疗效果。

《太极拳运动对中老年高血压患者的影响》,作者黄日峰。提要:此研究选取50名中老年高血压患者为研究对象,随机进行分组。通过8周的实验观察,对中老年高血压患者在进行太极拳运动之后,所产生的各项生理指标进行分析,借此探讨太极拳对高血压的干预效果。研究结论:①太极拳运动可加速血液循环、降低外周阻力,增强心肺功能。②通过对高血压患者的大脑皮质功能区与运动区的影响,太极拳运动可以调节人的兴奋抑制情况,降低血管运动中枢紧张度,有助于使血压趋向于稳定、正常状态。③包括心理上的矛盾、压抑以及情绪上的紧张、应激等情况,都可能引发高血压病的情况。太极拳运动可以调节情绪,陶冶情操,防止意外发生。

《健身气功、太极拳、瑜伽的对比研究》,作者邝良聪。提要:此文将中国传统运动养生方法中的健身气功、太极拳与印度瑜伽进行比较研究。对健身气功、太极拳、印度瑜伽三者的文化背景、养生哲学、健身原理、健身功能、运动形式及传播模式进行系统整理，研究分析出三者之间的异同点。研究认为：①健身气功、太极拳、印度瑜伽虽有着各自相对独立的养生哲学思想，但都体现着“道法自然”思想，都是通过对自然界的观察体悟自然法则，并验证到人体自身。不同的是中国先哲强调“天人合一”，而印度大师追求的是“梵我一如”的人生境界。②三种健身方法对人的身心健康具有积极的作用，只是侧重点不尽相同。③三种运动的习练过程中，要求速度缓慢，讲究通过“调身”“调息”“调心”的三调合一来达到良好的健身效果。④健身气功、太极拳、瑜伽作为东方经典的运动养生方法，已经在全世界范围内推广，并有上亿的习练群众，但在市场经济中最具竞争力的是瑜伽，其次是太极拳，健身气功的潜力还有待开发。

《太极拳的国际传播路径研究》，作者肖小金。提要：作者对我国太极拳的国外主要传播路径进行了调查，并对太极拳国际化传播过程进行了实地考察，研究分析了太极拳对外传播过程中的问题及原因，如语言方面存在的差异、国内外文化的差异、系统完善的组织机构和充分的资金保障的缺乏、太极拳国际化传播中重技术轻文化、师资力量薄弱、教师的文化素质不高等，这些都影响了太极拳的广泛传播。通过对这些问题的研究，本文得出如下结论。①我国太极拳国内传播路径的启示主要有：学校体育教育传播主要以教育教学为主。②太极拳向国际传播的主要路径有：国内外高校间的交流传播路径，国外太极拳组织机构的传播路径，国际太极拳竞技比赛活动的传播路径，媒体网络媒介传播路径。③太极拳国际传播路径存在的问题探析：东西方文化的差异；语言方面的差异；组织宣传系统不够完善；没有充分的资金保障；师资力量薄弱，太极拳国际化传播人才匮乏；传播过程重技术轻文化；太极拳诠释的深度影响了太极拳的对外传播；等等。

《太极拳运动和北欧健步走对事件相关电位 P50 和 P300 的影响》，作者李焕玲。提要：本研究通过人口统计学特征、身体活动指数问卷，筛选出符合此实验要求的健康女大学生作为研究对象。所有受试者随机分为以下三组。①实验一组：进行每周 3 次、每次 40 分钟、为期 7 周的北欧健步走运动；②实验二组：进行每周 3 次、每次 40 分钟、为期 7 周的太极拳运动；③实验三组：不进行任何规律运动，按原作息规律生活。通过观察 7 周太极拳与北欧健步走运动对研究对象听觉事件相关电位 P50 和 P300 的影响，探讨不同运动形式对人体注意能力的影响，以便评价听觉事件相关电位在健身运动影响下的变化规律。研究结论：① 7 周太极拳训练和 7 周北欧健步走训练对感觉门控 P50 均有良好的促进作用，太极拳训练的效益可能优于北欧健步走训练。②太极拳及北欧健步走训练对事件相关电位 P300 成分的影响规律是相同的，均表现为波幅增加、潜伏期缩短、反应时缩短，且这种运动收益呈现一定的后作用。从运动效益出现早晚和持续时间而言，似乎北欧健步走训练对 P300 的影响更加明显。

《太极拳运动与功能锻炼对肩周炎康复效果的对比研究》，作者谢烽。提要：本研究严格按照随机对照单盲的方法对 60 例肩周炎患者在物理因子治疗的基础上分别进行太极拳运动和功能锻炼的干预，探讨不同方式的定量康复锻炼对肩周炎的防治作用。观察两组患者近期及远期的临床疗效，从多角度、多方面评价不同运动方式对肩周炎患者的整体康复效果。研究结论：①两组方法治疗肩周炎均取得了较好的临床疗效，都能改善肩周炎患者的疼痛、肩关节功能活动受限及肌力状况，两组总体疗效相当；②太极拳组在疼痛改善方面优于功能锻炼组，而功能锻炼组在改善关节功能活动方面优于太极拳组，两组之间肌力的改善没有差别；③太极拳组在改善患者焦虑状态方面效果显著优于功能锻炼组；④太极拳组的主动肌、拮抗肌同步增强，协同发展，背阔肌、斜方肌代偿能力减弱，而功能锻炼组只有主动肌增强，且斜方肌持续性紧张；⑤治疗结束后，太极拳组的持续性效果优于功能锻炼组，对肩周炎起到很好的治疗、预防作用，并对患者的生活质量提高产生长期效应。

《八方线教学方法在吴式太极拳教学过程中的价值研究》，作者鲁鹏。提要：①“中正安舒，轻灵圆活”是太极拳最基本的要求，八方线解决的恰好也是这个问题。②通过八方线教学法，有助于帮助习练者建立“空间定位”的概念，使习练者在习练过程中能够不自觉地通过这一概念去规范动作的方向、方位。③八方线教学法符合人体运动解剖的生理结构，使动作灵活圆活，也能避免使关节发生损伤。从运动学角度看，步法、手法按八方线的前后、左右的角度来变化，表现出控制自由得当，且轻便灵活的特点。④八方线教学法有助于提高教学效果。

《普通高校学生体质健康促进下的太极拳教学设计》，作者张颖。提要：①本文设计的太极拳“三段教学模式”包括调身阶段、调息阶段和两调和一阶段等三个过程，三个过程循序渐进。②实验前两班级学生在身体机能、心理健康水平与学习情况方面并没有显著差异，实验结束后实验班在身体机能测试指标方面的提升幅度皆高于对照班，心血管与呼吸系统功能的改善情况优于对照班；实验结束后实验班在 SCL-90 各因子上的得分皆明显低于对照组得分，心理素质状况要优于对照班；实验结束后实验班学生的学习兴趣显著高于对照班。③本文设计的太极拳“三段教学模式”在改善大学生身体机能、心理素质与学习情况方面的情况皆显著优于传统教学，说明课程设计是相对合理的。

2015 年 《陈式太极拳在临沂市的传承发展研究》，作者徐欣波。提要：①陈式马虹太极拳在“缠丝”特点的基础上又突出了松、圆的特点。②马虹的武学贡献：开合美、螺旋美、轻沉美、意境美，实用技击的观点，武艺高低以人品为准的思想。③陈式马虹太极拳以基本功、套路、推手及精确的力学原理的应用为技术体系。④陈式马虹太极拳在临沂传承发展的状况。⑤陈式马虹太极拳在套路式子数量上符合易理，式名上更接近生活，练法上较精细缜密，较为突出实用的特点。⑥陈式马虹太极拳蕴含丰富的文化内涵。

《邯郸市太极拳文化普及推广模式研究》，作者虞文敏。提要：在邯郸市政府主导下，太极拳文化在国内、国外、民间推广普及传承上形成了邯郸独有的模式，但也存在一些不足。本文通过对邯郸市现有的太极拳文化推广模式存在的问题进行综合整理与分析，为太极拳文化推广提供可行性的建议。

《上海市太极拳馆调查研究》，作者秦永胜。结论：①上海市太极拳馆注重对太极拳馆硬件的投入，对太极拳馆的软件投入不足。②上海市太极拳馆注重太极拳教练员的专业技能，忽视其综合素质，没有严格、统一的评价标准，对其经费投入不足。③太极拳教练员持证上岗人数占调查人数的66.7%，持证上岗的教练员相对不足。④部分会员对于太极拳的认识存在不足，会员选择太极拳馆的原因多样化，练习太极拳的目的和动机也是多样化的。⑤太极拳馆的会员年龄呈现年轻化趋势，多采用快餐式消费方式。

《探析太极拳文化传播困境与对策》作者苑凤玲。建议：①要将中国文化融入太极拳传播的实践当中；②树立太极拳文化品牌；③将媒介网络整合起来，推动太极拳文化的传播；④要建立官方组织与民间组织的合作机制；⑤扩大段位制的范围，使得中国的段位制得到国际上的一致认可。

《陈家沟陈氏太极拳的口述史研究》，作者朱超。研究结果表明：①陈家沟太极拳的传承依赖一批具有无私奉献精神的拳师。②动力来自家族传习的惯性，如今传承方式则是为了适应社会而形成的以拳营生的方式。③陈家沟陈氏宗族人群的习拳动机带有传承宗族文化的使命感，习拳是农村枯燥生活的消遣，技术持有者具有一定的社会地位。④技术与拳理融合方面，学生需要老师的言传身教；套路只代表追索运动规律的方法与过程。⑤传承人奉“巧劲”为最终目标。⑥训练体系建立在老师对拳术感性与经验的认识上，不同的练功环境构建了独特村落传承文化方式。⑦太极拳的传承已表现为无仪式胜似仪式的家族传承；除仪式外，对传承的责任建立在一定拳术水平上。

《成都市中老年人习练太极拳现状调查与分析——以武侯等六城区为例》，作者鲍啸宇。提要：①以青城道教文化为基础，由政府引导，实现“运动成都太极蓉城”。②加大宣传力度，建立完善的太极拳运动体系，增大太极拳运动在群众中的影响力，打造蕴含太极文化的新成都。③加快太极拳运动相关的社会体育辅导站建设，扩大社会体育指导员队伍。④加强政府职能部门的管理，促进成都市太极拳运动在各区域协调发展，提高太极拳在成都市的普及程度。⑤在发展中老年太极拳运动的同时，引导更多其他年龄段的人加入到这一运动中来。

《成都市主城区轮椅（坐式）太极拳运动开展现状与推广策略研究》，作者罗云洋。推广策略：①重视残疾人健身需求，健全轮椅（坐式）太极拳运动管理机构，建立良好畅通的信息交流平台。②加强轮椅（坐式）太极拳运动健身功效的宣传与展示，提高其在残疾人中的影响力。③积极调动社会各界力量，多渠道、多方式地筹集资金，健全残疾人体育设施服务平台。④体育部门、武术协会加强轮椅（坐式）太极拳运动指导员队伍的建设，推进技术创新。⑤各区残联、街道及社区可与地方高校合作，设立志愿服务实践活动基地。

《焦作国际太极拳交流大赛产业化发展研究》，作者杜四远。结论：①大赛的产业化发展对拉动焦作经济发展有很大作用。②相关赛事的产业化发展有待进一步提高。③大赛的产业化发展为焦作创造了良好的经济效益。④大赛的成功举办塑造了焦作市在国际上的良好形象。⑤焦作市有效利用一赛一节的良好机遇，形成了一条独特的太极拳文化产业发展模式，赛事举办期间，吸引了大量的投资资金，为其经济发展提供了强有力的支撑。

《邯郸国际太极拳运动大会发展现状研究》，作者曹冬松。建议：①大会举办者要以举办初衷来把握大会的发展方向。②以“选拔”代替“限制”，优化运动大会规模的控制方式。③充分挖掘具有地方特色和流派特色的项目，改善运动大会项目的同类化。④完善运动大会的奖励制度，要物质奖励和精神奖励并重。⑤结合运动大会对太极文化产业进行充分带动，实现经济和文化的双赢。

《竞技武术套路长拳与太极拳配乐的研究》，作者戴传晋。结论：①从 1991 年开始增加配乐并演变到现在长拳和太极拳配乐。②音乐的选取与创编十分重要。③音乐元素与套路动作的融合是对套路内容演练的提升，也是对动作结构的完善。④长拳套路配乐普遍采用快节奏的音符和切分节奏，太极拳的配乐则采用慢节奏的音符和切分节奏。⑤应该尽量选择有蓝本的音乐进行剪辑编排，或者选择气势恢宏的乐曲作为伴奏音乐。

《洪洞通背拳与陈氏太极拳源流关系考——以相关拳谱为主要考证对象》，作者雷季明。结论：①两拳共有的《拳经总论 / 歌》、“108 势”长拳谱等拳谱各自都拥有相关言传身教的传承经历。②除已知的两拳种在“108 势长拳”拳谱、“24 势”拳谱、“13 势”拳谱三套拳谱相同外，还有其他相似或相同的拳谱内容，如滚法、双刀套路、枪法套路。③洪洞通背拳与陈式太极拳之间的渊源关系可能有二：一是洪洞通背拳源于陈家沟，洪洞通背拳源于未形成太极拳的陈家拳（陈氏家传武学）；二是洪洞通背拳与陈式太极拳中两拳相同的拳法套路内容均源自其他拳种或拳派。

《太极拳运动对强制隔离戒毒人员康复效果研究》，作者李飞。结论：①两组运动方式能有效改善强制隔离戒毒人员的焦虑及精神病性症状，但太极拳组在改善患者躯体化、强迫症状、人际关系方面优于对照组。②两种运动方式有效地改善了患者的社会功能，但是太极拳组在躯体功能改善方面优于对照组。③太极拳运动促进了强制隔离戒毒人员的体质提高，其中，在提高平衡能力、降低血压方面，改善效果优于传统的康复广播操手段。④实验结果证实，太极拳运动对强制隔离戒毒人员的康复有着积极作用，既可以提高身体体质，也可以促进心理健康水平，可以作为吸毒人员康复训练手段。

《传播学视野下近代太极拳流派的形成——以杨式太极拳为切入点》，作者梁安祥。提要：在近代“强国强种”的时代背景下，以杨式太极拳为代表的太极拳流派，紧跟时代需求（强身健体），通过培养精英传播者（一代代传人），利用新兴传播媒介（杂志、照相等），扩大传播对象（太极拳受众），更新传播内容（太极拳拳架），建构了近代太极拳缓练、柔练的社会形象，推进了武式、孙式、吴式太极拳的流派形成，确立了近代太极拳发展的流派格局。

《戒毒人员练习太极拳的心路历程：一项口述史研究》，作者周道鑫。提要：戒毒人员习练太极拳的历程有四个阶段。一是在习练太极拳过程中体会到了“自由”，可以随心所欲控制身体，习练场地成为寻求自由的地方；二是将这种“自由感”引向“制度化的戒毒生活”，在制度的束缚中松绑“心灵”；三是在太极拳习练中，增强了体质，改变了精神面貌，使他们“自觉”地注重身心健康；四是在收获健康的同时，使隔离的生活变成交融的生活，促成了和谐的人际关系，提升了交往能力。本文还对如何运用太极拳运动戒毒提出一些建议。

《太极拳干预对老年膝骨关节炎患者临床康复效果及步态生物力学的影响》，作者黄灵燕。结论：①在进行6个月新型太极拳康复方案干预后膝骨关节炎患者可明显缓解关节疼痛、关节僵硬，并改善关节功能。②在一定程度上提高膝骨关节炎患者的步速，改善膝骨关节炎患者左右步长、步频的对称性，改善其行走能力。③在一定程度上减少了患者在行走过程中身体左右晃动的幅度和速度，姿势稳定性得到提高，动态平衡能力改善。④新型太极拳方案可以减少膝骨关节炎患者的外翻肌力矩，减缓病程进展。⑤新型太极拳康复方案是一项针对膝骨关节炎有效的运动干预方法。

《竞技太极拳技术分类及评价指标体系构建与应用研究》，作者李英奎。提要：①竞技太极拳技术体系分为拳式、剑式，平衡，腿法和跳跃，对分类后的技术体系细化、选编内容、建立起动作内容。②竞技太极拳的评分结构分为动作完成、动作演练和难度三大结构并对其进行标准化命名。③竞技太极拳评分沿用切块打分的方法，对评分结构实施评判；采用扣分制评判动作完成；对动作演练继续细化评判维度，沿用给分制评分，裁判员对运动员的演练定档—定级—给分；对难度采取确认制和扣分制相结合的评判方法实施评价；等等。

《24式太极拳云手动作身型身法的研究》，作者闫晓朋。提要：①太极拳运动能够对人体脊柱的曲度和活动度起到很显著的锻炼功效。②太极拳云手动作身型的表现体现了太极拳身型要领中的“含胸、拔背、松腰”等特征。③从太极拳云手习练过程中，论证得出“均匀缓慢、拟合交互、一动俱动、周身相随”的身法变化规律。④在理论上论证了太极拳动作身体型与法特征的文化哲理、技击目的和健身功用。

《太极拳与慢走运动对中老年人跌倒风险影响效果的研究》，作者杜龑。结论：①不同的健身运动可以影响中老年人的平衡能力，但是通过平衡能力的组间差异比较难以预测中老年人的跌倒风险。②通过对中老年人跌倒史的生存分析发现，运动组的跌倒概率显著低于对照组，而且太极拳组的跌倒概率显著低于慢走组。③健身方式作为发生跌倒事件的抑制因素，对跌倒事件的发生具有显著影响，其中太极拳运动对中老年人平衡能力的改善作用优于慢走运动。

《和式太极拳的传承与发展》，作者金小斌。提要：①加强和式太极拳的组织机构的建设。②整合赵堡资源，加强对和式太极拳的宣传力度。③深层次发掘和式太极拳的历史资料以及文化内涵，进一步完善和式太极拳的理论体系。④为太极拳的持续性传承建立好人才梯队的建设。⑤扩大和式太极拳在社会上的知名度与影响力。⑥完善和式太极拳的体系。⑦和式太极拳的运营模式应逐渐与市场接轨，采用学习俱乐部运营的模式，以太极会馆的形式去运营，结合太极技击、太极养生、茶道、国学走出适合市场发展的道路。

《竞技太极拳跳跃类难度动作训练方法研究》，作者张浩。提要：①全国各省竞技太极拳的训练方法主要有分解训练法、完整训练法、重复训练法和比赛训练法。②针对不同类型的难度动作，应采用合适的训练方法。③加强基础循环训练法、信息反馈训练法、组合动作训练法。④加强运动员对难度动作自我校正的能力。⑤某些运动员对难度动作过程的技术环节不清楚，在训练和竞赛中不能很好地处理跳跃类难度动作在套路中出现的运动节奏，应加强难度动作与套路的结合练习，提高运动员自主训练的能力，提高运动员主观能动性。⑥在进行力量辅助训练时，要与难度动作相结合，重点训练下肢肌肉爆发力和耐力，对于腰腹肌的训练也必不可少，力量素质决定了技术动作在难度动作中发挥的效果与质量。

《知行太极拳调理身心的效应研究》，作者李庆年。提要：①知行太极拳属于对传统太极拳的传承，秉承了中国传统体育养生文化，以修炼形体、修养心理、提高人的生活质量为主要目的。主张天人合一、动静相宜、阴阳调和及形神兼养的优点。②试验前3组，即知行太极拳组、现代运动组和空白对照组，在性别、年龄、症状总积分等方面的差异无统计学意义，具有可比性。③知行太极拳调理身心的效应最佳，优于现代运动方式及不规律运动。④知行太极拳可作为有质量和安全的运动处方和平易近人的本土化认知行为疗法。⑤知行太极拳与全养生观的交融，符合全程性、原典性、基础性3个基本特点。其动作简便易学，符合老年人生理、心理特点，有助于向大众推广，应对老龄化社会。

2016年 《太极推手发放技术生物力学特征探析》，作者王志强。提要：①发放前，利用灵活性和缓冲力，沾连黏随化掉对方来劲，赢得时间和空间来积蓄力量，伺机发放；发放时，各关节屈伸协调一致，五弓合一，能有效提高发放效果。②在引化时，重心、上肢、躯干、下肢，多以局部走圆弧轨迹为主，而发放时，主要是以整体为主，力走直线，专注一方。③蓄劲过程体现了太极拳动作非圆即弧不僵直的特点。④在整个过程中，初学者重心后移不明显或未后移，高水平运动员注重保留回旋转换余地。⑤发放者主动牵制对方重心，发放前，身体松沉，重心低于对方，有利于向前、向上发放。⑥高水平组后腿蹬地水平和垂直方向力均大于初学组。

《太极拳对中医偏颇体质者的体质及亚健康状态干预效果的研究》，作者杜万里。提要：太极拳运动是干预中医偏颇体质者亚健康状态的有效手段，太极拳运动为干预亚健康状态和偏颇体质状况提供了安全、有效、便捷的途径，值得在临床应用中大力推广。

《和兆元拳学理念之研究》，作者陈志鑫。提要：①从行功走架的角度来说，和兆元在其所提倡的“要拳”的拳学理念下，衍生出“三直五顺”“气如车轮，腰如车轴”“轻灵自然，柔中求刚”和“虚实转换，圆活随势”四个方面的理念内涵。②在技击对抗方面，和兆元强调“因势利导”的拳学理念，包括“因人之势，以静制动”“因力之势，沾连黏随，差米填豆”“因势顺势，要啥给啥，吃啥还啥”和“因势让势，引进落空”四个方面的内容。③在拳理内涵方面，和兆元注重“代理架”的拳学理念，表现为“以理促拳”“以拳明理”和“以意领形”三个方面。

《非物质文化遗产视角下陈氏太极拳技术的传承研究》，作者林亚飞。提要：本文作者通过深入陈式太极拳的发源地河南温县陈家沟，走进当地的太极拳学校以及借助参加第八届中国·焦作国际太极拳交流大赛的机会，对陈式太极拳的技术的传承内容、传承人、传承对象、传承途径以及传承方式进行调查、走访，从非物质文化遗产视角出发，对陈式太极拳的技术方面的传承进行研究，并总结传承过程中的优势与不足；本文的创新点在于注重对陈式太极拳的技术传承过程中传承优势的总结。

《太极拳公共服务体系建构要素研

究》，作者裴孝成。提要：①太极拳公共服务体系建构要素是为满足对公众的太极拳需求，由政府、企事业单位、其他社会组织或个人等多个主体提供的太极拳公共服务体系基本单元。②太极拳公共服务体系的三个基本维度包括供需维度、保障维度及评价维度。③太极拳公共服务体系的供需维度包括太极拳公共服务供需要素。④太极拳公共服务体系的保障维度包括太极拳公共服务保障要素，即太极拳公共服务体制保障、太极拳公共服务机制保障、太极拳公共服务法治保障及太极拳公共服务信息科技保障。⑤太极拳公共服务体系评价维度包括太极拳公共服务监测要素，即太极拳公共服务监督管理、太极拳公共服务绩效评价及太极拳公共服务信息反馈。

《6个月太极拳练习对女性膝骨关节炎患者步行稳定性的影响》，作者李欣。提要：①6个月太极拳练习干预能显著改善膝骨关节炎患者的功能性步行能力。②三维动态刚体模型中的破坏稳定力可用于评价膝骨关节炎患者的动态稳定性。③太极拳练习有益于膝骨关节炎的疾病管理，并推测其可能降低患者的跌倒风险。

《太极拳对老年人下肢肌肉力量及本体感觉运动觉的影响》，作者曲冰。提要：①太极拳运动与健步走运动相比，表现出更好的下肢肌肉力量和更敏感的本体感觉运动觉的阈值。这对于综合改善人体平衡功能具有积极意义。②太极拳是老年人跌倒防治的优先运动选项与干预措施，应用该策略性训练技术，可能有助于老年人跌倒的预防，有助于减轻跌倒的后果与危害。

《太极拳对上海市女性合成毒品成瘾人员身心康复效果的研究》，作者耿敬敬。提要：①长期习练太极拳对于女性合成毒品成瘾强戒人员的体质改善的效果明显优于对照组。②长期习练太极拳能有效缓解强戒人员的躯体化、强迫症状、恐怖等症状。③太极拳干预对女性合成毒品成瘾强戒人员的身心健康具有明显的促进作用，太极拳可以作为强制隔离女戒毒所中一种行之有效的康复手段。

《太极拳运动对脑卒中患者运动功能及神经兴奋性的影响研究》，作者黄友德。提要：①6个月太极拳习练对脑卒中患者总体健康水平具有明显的提高作用，但对其总体生存质量的提高不明显。②太极拳习练显著提高了脑卒中患者的平衡能力、步行速度、单脚站立能力及食指敲击速度。③6个月太极拳习练对脑卒中患者健侧和患侧肌肉运动诱发电位振幅均有显著的增加，能有效地改善其神经兴奋性。

《太极拳练习对脑卒中患者执行功能影响的实验研究》，作者刘思。提要：①6个月太极拳习练后，实验组在蒙特利尔认知测量量表中与实验前比较在定向和总分上具有显著性差异；在延迟记忆、注意力、语言得分上差异具有非常显著性，其他各项得分增加较明显，说明太极拳习练对促进脑卒中患者认知功能有明显效果。②6个月太极拳干预后，实验组在N-back实验范式中，正确率提高，说明太极拳运动有助于改善脑卒中患者的工作记忆。③6个月太极拳干预后，实验组在Go/No-go实验范式中的错误率减少，说明太极拳运动有助于脑卒中患者抑制能力的提高。

《太极拳锻炼对大学生执行功能影响实验研究》，作者贠小波。提要：24式简化太极拳锻炼能够有效地提高男女大学生抑制功能、刷新功能与转换功能。抑制功能随24式简化太极拳锻炼时间的持续而持续增强，且女生明显好于男生，男大学生对于运动改变刷新功能的效果随着时间的推移要好于女大学生，且具有较强的显著性；而男女大学生在转换功能的改善上没有显著性差异，只是个体间成绩的高低变化，并且每项子功能前4周的改善幅度要略大于于后4周的改善幅度。

《太极拳产业化发展的SWOT分析》，作者毛朝阳。提要：本文通过对我国太极拳产业的发展现状和发展趋势进行研究，从理论角度上寻找当前太极拳产业存在的优势，包括：①健身功效明显；②文化内涵丰富；③市场基础雄厚；④品牌认知度较高；⑤良好的国际化传播态势；⑥宽松的政策环境；⑦体育产业的极大发展；⑧健康生活理念的普及等。现阶段存在的问题包括：①转型带来的缺陷；②缺乏统一的标准和规则；③缺乏系统的发展规划；④市场定位模糊；⑤管理体制机制不健全；⑥外来文化的冲击；⑦缺乏专业的经营与管理人才；等等。

《太极拳运动对老年人在双重任务条件下上楼梯身体稳定的影响》，作者邱华伟。提要：在双重任务和单任务的条件下，与无锻炼组老年人相比，太极组的老年人呈现出更低的头部倾斜角度、躯干倾斜角度、髋关节角度、横向冲量，以及更高的脚踝角度和加载速率。在双重任务条件下，无锻炼组老年人的横向冲量增加，身体稳定性降低，而太极组的老年人的身体稳定性保持不变。与无锻炼组的老年人相比，太极组的老年人在上楼时通过保持头部和躯干向上，增加他们的脚踝角度，并减少他们的髋部最大角度，让他们拥有了更好的身体稳定性。

2017年 《和式太极拳推广模式研究》，作者张庭秀。提要：此文从和式太极拳的历史演变、发展现状、推广策略等方面进行研究分析，试图通过传统和现代方法相互结合、互为补充的形式，促进和式太极拳的蓬勃发展。应该充分利用当今社会中新媒体的优势，在青少年中大力宣传和式太极拳的健身价值，纠正他们对和式太极拳的偏见，使和式太极拳能够健康长远地发展。

《太极拳训练对前庭神经元炎的干预研究》，作者郭祥轩。提要：①验证组A患者治疗前和治疗后眩晕残障评分差异不大，B患者明显降低。②实验组患者（右腿均为优势腿）2周后左脚和右脚闭眼单脚独立SV、UAPL与实验前相比变化不大，而4周后比2周后显著变好；2周后与4周后左脚和右脚单脚闭眼站立时间差值、坐—走实验测试时间差差距显著。后期验证患者A数据恢复不明显，患者B数据变化幅度大，基本恢复正常。研究结论显示，太极拳训练对治疗前庭神经元炎有效。

《武术太极拳术语在欧洲教学中的应用现状及发展对策研究》，作者于景楠。提要：欧洲教学中太极拳术语应用情况一般，在教学中讲解深度与重视度不足，教学语言则以英语为主，未进行汉语方面的介绍。研究建议，在今后的教学中多融合汉语教学，通过历史、文化等角度对太极拳术语进行讲解，编写参考书目为自学者提供参考。

《太极拳治疗2型糖尿病随机对照实验的系统评价与Meta分析》，作者王齐。提要：①太极拳对于降低2型糖尿病患者的血糖水平有一定作用，且与其他有氧运动相比表现出等效性。②糖化血红蛋白指标合并时产生的高异质性表明，研究者在进行报道时未能全面报道相关变量，造成无法确定异质性来源，影响系统评价。③习练太极拳对2型糖尿病患者血糖水平的控制效果相关研究的方法学质量较差，大部分研究未能正确使用随机方法、盲法和分配隐藏等。

《全国太极拳锦标赛舞台化发展研究》，作者尹洪攀。建议：①有效地宣传和推广全国太极拳锦标赛比赛舞台化模式，加强运动员舞台表现的能力，提高运动员艺术修养。②利用互联网等新媒体宣传太极拳发展新途径，使更多的人关注太极拳的舞台化，促进太极拳的发展。

《全国武术套路锦标赛（太极拳赛区）的赛制演进研究》，作者彭鲁静。提要：①全国武术套路锦标赛（太极拳赛区）已经成为国内最专业、最具影响力的太极拳比赛。②纵观赛制改革演进过程，本文梳理了全国武术套路锦标赛（太极拳赛区）赛制改革的主要几个内容。③全国武术套路锦标赛（太极拳赛区）在近5年赛制改革周期缩短，改革频率越来越高，而且越来越重视细节。④运动队把赛制今后的改革方向概括为3个方面，即竞赛项目、竞赛规模和质量、竞赛日程安排。⑤全国武术套路锦标赛（太极拳赛区）赛制存在足够的创新空间。今后针对全国武术套路锦标赛（太极拳赛区）的赛制的研究应倾向于赛制创新研究。

《永年传统杨式太极拳足底压力平衡转换特征的研究》，作者范江涛。提要：①传统杨式太极在广府一带传承中少数人为左脚偏重右脚偏轻，多数人为左脚偏轻右脚偏重。②膝关节受力与足底压力值成一致性，单腿支撑膝关节受力与体重在垂直方向上成正比。③平衡状态足底压力百分比不同与其他各动作左右脚足底压力大小比例成一致性。④中定控制力稳定的人在做弓步时左右脚足底压力比值为1∶2。⑤研究显示习练年限长的人中定控制力更加稳定，在做各种动作时虚实更加明显。

《吴式与杨式太极拳上步动作的运动生物力学分析》，作者冯平平。提要：①吴式太极拳和杨式太极拳都有利于增强腿部力量和平衡性、稳定性。吴式太极拳上步动作更有利于增强腿部力量，而杨式太极拳上步动作更有利于步法的稳定性。②吴式太极拳和杨式太极拳在上步动作过程中躯干受力变化不大，保证了重心的稳定，髋关节和膝关节受力变化较大，说明上步动作对下肢的锻炼作用较大。③杨式太极拳的立身中正和吴式太极拳的斜中寓正有共同特点，都要求躯干和骨盆在几乎同一条直线上。④太极拳在上步动作过程中主要依靠髋关节的拧转来上步，膝关节几乎没有拧转。

《孙氏太极拳典型拳势运动模式研究》，作者李伟昂。提要：①受试者拳势演练过程中各关节角度变化、峰值时刻及重心起伏，能直观反映出拳势演练水平，是划分技术动作质量的有效依据。②受试者中枢神经系统及本体感觉对自身两侧肢体的协调与控制并非等同。在放松状态下，各关节均保持合理屈曲，且运动过程中各环节运动顺序并非一味以大带小，顺序会因拳势结构、功能、目的等具体需求而异。③太极拳中的“立身中正”并非盲目追求躯干与地面垂直，应保持一定合理倾斜角度，孙式太极拳懒扎衣、开合手过程中脊柱倾斜角度在0°～17.3°，范围随拳势变而变。

《太极拳推手右进步靠动作的生物力学分析》，作者高小丽。提要：①在完成动作的整个过程中，优秀组的动作幅度变化大于普通组，虚实转换明显，整体速度快，对提高发放效果有积极的作用。②优秀组重心转移大于普通组，这可能与其肩、肘、髋、膝各个关节屈曲、伸展和旋转活动范围大有关，从而使优秀组的动作更加流畅和充分。③太极推手右进步靠的发劲是通过蹬地、腰胯的扭转提高运动速度，以此增强靠击力，劲力的传递符合“起于脚、传于腰、达于梢”的顺序。

《太极拳运动对轻度认知障碍老年人神经心理的影响》，作者沈超。提要：两组轻度认知障碍老年人的年龄、身高、体重以及 MoCA（蒙特利尔认知测试）得分均未出现显著性差异。练习太极拳的轻度认知障碍老年人的左、右手指频均显著高于无运动习惯的轻度认知障碍老年人（$P<0.05$）；两组在行为学数据正确率和反应时间上无显著性差异，但在 N2 潜伏期太极拳执行功能组明显低于无运动执行功能组（$P<0.05$），P300 波幅显著高于无运动执行功能组（$P<0.01$）。结论：长期习练太极拳可以提高轻度认知障碍患者的反应速度并增强其执行功能。

《核心区稳定性训练对竞技太极拳运动员难度动作完成质量的影响研究》，作者梁琪。建议：①建议全国各专业队配备专门的体能教练员及核心区稳定性训练相关器材，或组织教练员参加相关体能训练培训。②教练员在设计训练时，应遵循一般力量训练的原则与核心区稳定性训练的要求，从细节出发，严格要求动作的完成质量。③教练员应明确，核心区稳定性训练作为辅助性练习手段，并不能直接影响运动员难度动作的完成质量，应根据运动员的个体差异，找出问题，从而选择针对性的训练方法。

《太极拳对帕金森病患者身心健康的影响及生化机制研究》，作者朱明泽。提要：①习练太极拳对帕金森病患者日常生活质量具有明显的提高作用。②习练太极拳能有效地改善帕金森病患者的情绪及身心整体功能，尤其体现在改善抑郁和焦虑方面。③太极拳习练显著提高了帕金森病患者外周血液中 5- 羟色胺、去肾上腺素等血液指标的数值，推测这些血液指标与帕金森病伴发抑郁具有相互关系。

《太极拳搂膝拗步动作中膝关节生物力学的实验和仿真研究》，作者李岩。提要：相对于慢跑与步行，搂膝拗步动作有着更大的关节运动范围，且半月板与软骨的接触应力峰值更小，峰值区域变化更大，太极拳对膝关节疾病的康复作用可能与其有关。搂膝拗步动作练习过程中如果动作不正确，有着较大的损伤风险。

《符号学视域下解读中国太极拳》，作者刘永华。提要：①文化的传播需要借助符号进行，没有符号的认识与交际功能，文化的传承将受到极大的阻力，甚至无法进行。②通过对太极拳系统要素的符号学分类研究发现，太极拳文化传承主要是依靠各类符号的流传而得以被后人传承。③通过对太极拳动作名称和行为路线等研究发现，太极拳文化大量汲取了中国传统哲学文化，如《易经》《孙子兵法》《庄子》《论语》等。④中华民族传统文化的继承与发展需要开辟新的道路，符号学方法就是其中一种。

《核心力量和太极拳锻炼改善女性中老年人跌倒风险效果的研究》，作者王亚慧。提要：① 12 周核心力量锻炼和 12 周太极拳锻炼对于女性中老年人降低跌倒风险具有显著干预效果。②两种锻炼方式在改善女性中老年人的身体成分、身体素质和静态平衡能力方面无显著性差异。但在改善女性中老年人动态平衡能力和降低跌倒风险的效果上，核心力量锻炼效果要优于太极拳锻炼。

《核心力量训练对陕西省高水平男子太极拳运动员影响的实验研究》，作者崔营。提要：本文通过研究核心力量训练对陕西省高水平男子太极拳运动员的影响，探索出了一套科学理论，以期为陕西省太极拳队科学训练提供理论依据和参考价值。①建议针对易失分的难度动作增加专门性训练；②核心力量训练的科学理论与方法在教练员与运动员中的普及需要进一步加强；③核心力量训练要结合传统力量训练符合太极拳项目特点的专项力量训练才能达到良好的效果。

《太极拳技击思想在推手中的应用研究》，作者牛一凡。提要：①在太极推手的听劲阶段中，应用太极拳中沾连黏随、随曲就伸、知己知彼的技击思想来达到感知对方劲力虚实、大小和方向的目的。②在太极推手的引化阶段中，要运用“引进落空”的技击思想化解对方来劲并使其失去重心，同时完成蓄劲准备发放。③在太极推手的发放阶段中，应以“擎引松放”技击思想为指导，运用各种技术将对方的进攻化解，同时将其“拔根”，使其失去重心，而后将其发放。④在太极推手实战中，针对不同的对手需要采用不同的技击思想来安排战术应对。主要运用的技击思想有后发先至、将欲取之，必固与之、刚柔相济、虚实结合等。

《老年人24式简化太极拳经典动作的肌电学分析》，作者权琳琳。提要：①太极拳对大小腿前后侧肌肉的锻炼较为均衡，并不是只针对部分肌肉，并且有益于提高身体的平衡能力。②“搂膝拗步”对大腿肌肉的锻炼有着重要意义。③“倒卷肱”左腿做后撤动作时左大腿肌肉更为活跃，左腿做支撑动作时左小腿肌肉更为活跃。④“云手”对大腿肌肉的锻炼有着重要意义。⑤“蹬脚”左腿单腿支撑时需要左腿4块肌肉都保持较长时间的收缩。⑥“揽雀尾”右脚在前时对左腿前侧肌肉的锻炼更多。左脚在前时对左腿股二头肌的锻炼更多。

《从世界太极拳锦标赛看太极拳的全球化发展》，作者郑小康。提要：本文以2014年和2016年两届世界太极拳锦标赛比赛基本情况作为研究对象，首先针对国内外现有关于太极拳全球化发展的文献进行总结和梳理，为研究提供参考和借鉴。其次从全球化语境出发，分别从体育赛事、竞赛规则、文化传播3个角度分析了太极拳的全球化发展态势，总结出我国太极拳全球化发展中的不足和问题，并给予对策解决，为太极拳全球化发展提出战略性参考意见。

2018年　《太极拳“法”“理”研究——以道文化为视角》，作者尹永佩。提要：本文首先从根源上梳理中国传统道文化的起源，寻找太极拳的母体特征；再分别从道、儒和释三家文化的演变中求同存异，归纳三家文化体系中的共通领域，总结太极拳与儒、释、道三家文化一脉相承的内在联系。

《大学太极拳“术道融合”教学的理论与实践研究》，作者王纳新。提要：太极拳文化教学重视育人的根本价值，是心性的磨炼与生命的卫护，对运动参与目标的实现程度效果明显；身体健康、社会适应目标的实现程度有一定效果；运动技能、心理健康目标的改善效果甚微，功夫与心性增长需要时间，以武入道、改善习练者的形体与心神、重塑健全人格，是太极拳文化教学的初衷与归宿。

《我国高等体育院校太极拳课程体系优化研究》，作者徐卫伟。提要：①我国高等体育院校太极拳课程体系的优化属于课程体系中观层面的优化，包括结构优化和要素优化两个部分。体系优化中，应把握国家对人才培养的要求，遵循深化武术课程改革、推动拳种课程建设、强调学生技能培养、突出社会职业能力和关注学生群体差异等原则。②当前我国高等体育院校太极拳课程体系结构分类基本合理，专业类和非专业类的划分符合专业设置与学生需求；专业类课程结构应更具层次性，以适应学科发展和满足不同专项学生需求；非专业类课程结构应更具针对性，可以B+Un（基础模块＋应用模块）模式设置课程，保留拳种的基础本质，突出不同专业的技能应用，等等。

《高认知要求运动改善老年人抑制功能的特征及其机制》，作者纪之光。提要：①支持适应能力模型，参加较高认知要求运动对老年人的抑制功能影响更大，并且既表现在高抑制控制的抑制任务上，也表现在低抑制控制的知觉速度任务上，且更早表现出干预效果。②参加较高认知要求运动老年人，其认知加工过程中具有更快速的搜索任务的能力和更积极的资源投入，额叶神经活动水平较低认知要求运动老年人更高。③参加高认知要求运动对老年人额叶包括前额叶局部脑血流的影响显著高于低认知要求运动，这可能是导致参加不同认知要求运动的老年人抑制功能差异的原因。

2019年 《太极拳运动对老年女性双任务模式楼梯行走姿势控制能力的影响》，作者孙威。提要：在单任务与双任务条件下，楼梯行走运动学、动力学参数重测信度及重测相关性较好，数据重测可信度较高；老龄化和双任务干扰均会导致老年女性楼梯行走姿势控制能力下降，且老年女性姿势控制能力随着双任务难度增大而降低；太极组老年人受到双任务干扰时，通过降低步速、增大步宽、延长双支撑时相的步态调节策略，增大支撑腿膝踝关节力矩及功率的肌骨系统调节策略，增大摆动腿踝关节运动幅度及跨越角度的动作调节策略，达到保持质心—压心稳定性，提高跨越台阶抬脚高度的稳定控制效果，进而降低跌倒风险。

《太极拳锻炼对苯丙胺类兴奋剂依赖者身心康复的研究》，作者张志雷。提要：太极拳锻炼方案本质上是健康行为干预，促进苯丙胺类兴奋剂依赖者的生理与心理康复，可能影响苯丙胺类兴奋剂滥用的不健康行为，有助于行为方式的改善。苯丙胺类兴奋剂依赖者滥用药物是生理、心理、行为的综合反应。太极拳锻炼的过程也是依赖者身心康复和行为转变的过程，若养成牢固的长期锻炼习惯，可能促进依赖者逐步实现健康观念替代、社交人群替代、生活习惯替代，形成健康的体育生活方式，这对于依赖者最终戒断药物、防止复吸具有重要意义。

主要参考书目

［1］王宗岳，等．太极拳谱［M］．北京：人民体育出版社，1995.

［2］陈鑫．陈氏太极拳图说［M］．开封：开明印刷局，1933.

［3］唐豪．行健斋随笔·唐豪太极少林考［M］．太原：山西科学技术出版社，2008.

［4］吴图南．国术概论［M］．上海：商务印书馆，1936.

［5］徐震．太极拳考信录［M］．上海：正中书局，1937.

［6］徐震．太极拳谱理董辨伪合编［M］．上海：正中书局，1937.

［7］孙禄堂，孙剑云．孙式太极拳［M］．北京：人民体育出版社，1957.

［8］徐致一．太极拳（吴鉴泉式）［M］．北京：人民体育出版社，1958.

［9］郝少如，顾留馨．武式太极拳．［M］．北京：人民体育出版社，1964.

［10］傅钟文，周元龙，顾留馨．杨式太极拳［M］．北京：人民体育出版社，1963.

［11］沈家桢，顾留馨．陈式太极拳［M］．北京：人民体育出版社，1963.

［12］中华人民共和国体育运动委员会运动司．太极拳运动（修订本）［M］．北京：人民体育出版社，1962.

［13］唐豪，顾留馨．太极拳研究［M］．3 版．北京：人民体育出版社，1996.

［14］人民体育出版社．太极剑运动［M］．北京：人民体育出版社，1997.

［15］中国武术研究院．四式太极拳竞赛套路［M］．北京：人民体育出版社，1989.

［16］康戈武．中国武术实用大全［M］．北京：中华书局，2004.

［17］中国武术百科全书编撰委员会．中国武术百科全书［M］．北京：中国大百科全书出版社，1998.

［18］陈正雷．陈氏太极拳术［M］．太原：山西科学技术出版社，2000.

［19］杨振铎．杨氏太极拳、剑、刀［M］．太原：山西科学技术出版社，2000.

［20］李秉慈，翁福麒．吴式太极拳拳械述真［M］．北京：北京体育大学出版社，1999.

［21］姚继祖．武氏太极拳全书［M］．太原：山西科学技术出版社，1999.

［22］张山．中国太极推手［M］．北京：人民体育出版社，1999.

［23］顾留馨，顾元庄．顾留馨文存［M］．太原：山西科学技术出版社，2007.

［24］国家体委武术研究院．中国武术史［M］．北京：人民体育出版社，1996.

［25］中国武术协会．中华武术图典［M］．北京：人民体育出版社，1998.

［26］和有禄．和式太极拳谱［M］．北京：人民体育出版社，2003.

［27］吴图南．科学化的国术太极拳［M］．太原：山西科学技术出版社，2001.

［28］《永年太极拳志》编纂委员会．永年太极拳志［M］．北京：人民体育出版社，2006.

[29] 焦作市地方史志办公室，温县人民政府.陈式太极拳志 [M].郑州：中州古籍出版社，2008.

[30] 吴志青.太极正宗 [M].太原：山西科学技术出版社，2007.

[31] 国家体育总局武术研究院组.中国武术段位制系列教程：太极拳 [M].北京：人民体育出版社，2009.

[32] 吴文翰.太极拳书目考 [M].北京：人民体育出版社，2009.

[33] 马有清.吴图南太极功 [M].北京：世界图书出版公司北京公司，2012.

[34] 姚馥春，姜蓉樵.太极拳讲义 [M].2版.太原：山西科学技术出版社，2007.

[35] 张山.武林春秋 [M].北京：人民体育出版社，2012，

[36] 余功保.中国太极拳大百科 [M].北京：人民体育出版社，2011.

[37] 洪均生.洪式太极拳 [M].北京：人民体育出版社，2018.

[38] 吕韶钧.太极八法五步 [M].北京：北京体育大学出版社，2018，

[39] 国家体育总局武术研究院.陈式太极拳 [M].2版.北京：高等教育出版社，2019.

[40] 国家体育总局武术研究院.杨式太极拳 [M].2版.北京：高等教育出版社，2019.

[41] 国家体育总局武术研究院.吴式太极拳 [M].北京：高等教育出版社，2009.

[42] 国家体育总局武术研究院.武式太极拳 [M].北京：高等教育出版社，2009.

[43] 国家体育总局武术研究院.和式太极拳 [M].北京：高等教育出版社，2009.

[44] 国家体育总局武术研究院.孙式太极拳 [M].北京：高等教育出版社，2009.

编后记

为了能够呈献给读者一本较满意的太极拳综合性资料集，我们赴永年广府，几下陈家沟，获得了这些地区武术协会领导的支持和帮助，他们将太极拳第一手资料提供给我们。我们几次拜访陈小旺、陈正雷、杨振铎、李秉慈、翟维传、朱天才、孙永田、陈沛菊等。陈正雷老师将自己所有的太极拳专著无偿地送给我们。陈小旺老师在百忙中帮助我们仔细审查了有关部分，并在多次交谈中，谈了自己的看法和修改意见。杨振铎先生身居并州，年事已高，仍在普及推广太极拳上倾注自己的心血。在拜访中，他一方面就辞典本身提出了意见，另一方面，还谈了太极拳的脉流，谈到当今杨式太极拳风格歧出的原因，谈技术、谈内修，谈到高兴处还亲自演示，使我们再次看到杨家嫡传太极拳的风采。李秉慈老师将他多年保存的珍贵太极拳资料，特别是20世纪二三十年代的珍本、孤本毫无保留地提供给我们。针对一些有关太极拳的问题，门惠丰教授、康戈武教授、袁林林先生给予我们很大的帮助和指导。我们登门拜访徐才主任，中国武术运动管理中心原主任张山、王筱麟，电话采访人民体育出版社资深记者昌沧老师等。他们对我们毫无保留地支持和帮助，我们感激不尽。所有的经历让我感慨万千，不管读者对我们这本书如何评价，我们都会坦荡地说：我们努力了，我们付出了太多太多。

参加撰写的人员大部分是院校武术专业的教授、副教授，武术专业的博士、硕士生等，老师们承担着繁重的教学、训练、科研任务和社会工作，在每一部分撰写上反反复复，不厌其烦修改其稿，做得很辛苦，很认真，很执着。

本书得到了北京体育大学、北京体育大学中国武术学院提供的科研资金支持，同时鸣谢青岛康顿健康产业有限公司、邢台市千木盛绿化工程有限公司孙跃峰、邢台佳杨商贸有限责任公司杨玲珠对本书的赞助支持。

最后感谢我的父亲，郑州大学文学系杨择令教授，这本书从立意到完成，倾注了他大量的心血，他的治学态度、做事精神都给了我很大的影响，在此衷心地感谢。

杨　丽

2022年11月